Essential
English/Spanish and Spanish/English
Legal Dictionary

BASED ON THE THIRD EDITION OF THE

**English/Spanish and Spanish/English
Legal Dictionary**

KLUWER LAW INTERNATIONAL

Essential
English/Spanish and Spanish/English
Legal Dictionary

Steven M. Kaplan

Wolters Kluwer

Law & Business

AUSTIN   BOSTON   CHICAGO   NEW YORK   THE NETHERLANDS

ISBN   978-90-411-2737-2

Published by:
Kluwer Law International
P.O. Box 316
2400 AH Alphen aan den Rijn
The Netherlands
Email: sales@kluwerlaw.com
Website: http://www.kluwerlaw.com

Sold and distributed in North, Central and South America by:
Aspen Publishers, Inc.
7201 McKinney Circle
Frederick, MD 21704
United States of America

Sold and distributed in all other countries by:
Turpin Distribution Services Ltd.
Stratton Business Park
Pegasus Drive
Biggleswade
Bedfordshire SG18 8TQ
United Kingdom

Printed on acid-free paper

© 2008 Kluwer Law International

Permissions to use this content must be obtained from the copyright owner. Please apply to: Permissions Department, Wolters Kluwer Law & Business, 76 Ninth Avenue, Seventh Floor, New York, NY 10011, USA.
E-mail: permissions@kluwerlaw.com. Website: www.kluwerlaw.com.

Preface and Notes on the Use of This Dictionary

This Dictionary provides over 45,000 entries covering all areas of law, plus relevant terms in related spheres of expertise, and is based on the Third Edition of the *English/Spanish and Spanish/English Legal Dictionary*, which provides over 100,000 entries and over 135,000 equivalents. These are the Dictionaries that lawyers, translators, and those working in English and Spanish in law and associated fields have been trusting since the First Edition was published in 1993.

Because of its straightforward and naturally intuitive format, there are no special rules or indications for the use of this Dictionary. The user simply looks up any desired word or phrase, gets the equivalent, and returns to whatever was being worked on. The general presentation of the Dictionary is easy on the eyes, and facilitates finding the desired terms and equivalents with the least time and effort.

The Internet was used extensively throughout the preparation of this Dictionary, and if multiple people in serious endeavors used a given term in the areas covered by this Dictionary, it is quite likely to be included here. Even so, if a user feels that there are terms that should be added to a future edition of this book, or wishes to otherwise comment on this Dictionary, an email may be sent to the author at: **diccionarios@gmail.com**. Any such emails will certainly be appreciated.

Here are the abbreviations utilized:

adj	adjective	*m*	masculine noun
adv	adverb	*m/f*	common gender noun
conj	conjunction	*n*	noun
f	feminine noun	*prep*	preposition
int	interjection	*v*	verb

Prólogo y notas sobre el uso de este diccionario

Este diccionario provee más de 45.000 entradas cubriendo todas las áreas del derecho, más términos pertinentes en esferas relacionadas de pericia, y está basada en la Tercera Edición del *English/Spanish and Spanish/English Legal Dictionary*, el cual provee más de 100.000 entradas y más de 135.000 equivalentes. Estos son los diccionarios en que abogados, traductores, y aquellos trabajando en Inglés y Español en derecho y campos asociados han estado confiando desde que se publicó la primera edición en 1993.

Debido a su formato directo y naturalmente intuitivo, no hay reglas ni indicaciones especiales para el uso de este diccionario. El usuario sencillamente busca cualquier palabra o frase deseada, obtiene el equivalente, y regresa a lo que se haya estado trabajando. La presentación general del diccionario es agradable a la vista, y facilita encontrar los términos y equivalentes con el mínimo de tiempo y esfuerzo.

El Internet se usó extensamente a través de la preparación de este diccionario, y si múltiples personas en asuntos serios usaron un término dado en las áreas cubiertas por este diccionario, es muy probable que esté aquí incluido. Aun así, si un usuario siente que hay términos que se deberían añadir a una edición futura de este libro, o desea de algún otro modo comentar sobre este diccionario, se le puede enviar un email al autor a: **diccionarios@gmail.com**. Se agradecerán tales emails, desde luego.

Aquí están las abreviaciones utilizadas:

adj	adjetivo	*m*	sustantivo masculino
adv	adverbio	*m/f*	sustantivo de género común
conj	conjunción	*n*	sustantivo
f	sustantivo femenino	*prep*	preposición
int	interjección	*v*	verbo

Acknowledgments

Once again I am very happy to have the opportunity to express my gratitude to Karel van der Linde, Publishing Manager of Kluwer Law International (a part of Wolters Kluwer Law and Business), who supervised the preparation of this Dictionary from start to finish, providing support and trust at all times.

I would also like to most sincerely thank Joanne Nagano, Managing Director of Kluwer Law International, and David Bartolone, Director of Sales of Kluwer Law International.

Knowing that great people such as these believe in and support my work enables me to prepare the best possible dictionaries!

I would also like to thank Assistants to the Publisher Hanneke Verbeek and Sytske Feenstra.

And, I wish to recognize the efforts of two people who each dedicate themselves to law-related matters with honesty, integrity, and good will: Migdalia Parés, and Cary Tremble.

This book is dedicated to nice people, most especially those that are also tolerant, open-minded, and independent thinkers. It is dedicated to those who are honest, respectful, considerate, and kind with others. In a society that encourages and rewards lies, greed, exploitation, manipulation, intolerance, violence, hate, cruelty, ignorance, fear, rudeness, conformism, unimaginativeness, and superficiality, you are true anarchists. It takes real courage to be a nice person in this world, and you really do make a difference!

Steven M. Kaplan   Europe, 2008

Reconocimientos

Nuevamente me alegro mucho de tener la oportunidad de expresarle mi gratitud a Karel van der Linde, Jefe de Edición de Kluwer Law International (una unidad de Wolters Kluwer Law and Business), quien supervisó la preparación de este diccionario de principio a fin, proveyendo apoyo y confianza en todo momento.

También quiero dar mis más sinceras gracias a Joanne Nagano, Directora Ejecutiva de Kluwer Law International, y David Bartolone, Director de Ventas de Kluwer Law International.

¡El saber que gente estupenda como esta apoya y confía en mi trabajo me permite preparar los mejores diccionarios posibles!

También quisiera darle las gracias a Hanneke Verbeek y Sytske Feenstra, Asistentes del Jefe de Edición.

Además quiero reconocer los esfuerzos de dos personas quienes se dedican a asuntos relacionados al derecho con honestidad, integridad, y buena fe: Migdalia Parés, y Cary Tremble.

Este libro está dedicado a la buena gente, muy especialmente aquellos que además son tolerantes, de mente abierta, y pensadores independientes. Está dedicado a aquellos que son honestos, respetuosos, considerados, y amables con los demás. En una sociedad que fomenta y recompensa las mentiras, avaricia, explotación, manipulación, intolerancia, violencia, odio, crueldad, ignorancia, miedo, grosería, conformismo, falta de imaginación, y superficialidad, ustedes son anarquistas reales. Requiere valor genuino ser una persona buena gente en este mundo, ¡y ustedes realmente hacen una diferencia!

Steven M. Kaplan   Europa, 2008

English to Spanish

Inglés a Español

A

a/c (account) – cuenta
a contrario sensu – en sentido contrario, a contrario sensu
a fortiori – con más razón, a fortiori
a.k.a (also known as) – también conocido como
a priori – desde el principio, deductivamente, a priori
a.s.a.p (as soon as possible) – tan pronto como sea posible
ab initio – desde el principio, ab initio
ab intestat – intestado, ab intestat
ab intestato – de un intestado, ab intestato
ABA (American Bar Association) – Asociación Americana de Abogados
abandon *v* – abandonar, evacuar, renunciar
abandon a child – abandonar un hijo, abandonar un niño
abandon a claim – abandonar una reclamación
abandon an action – abandonar una acción
abandon goods – abandonar bienes
abandon land – abandonar tierra
abandon property – abandonar propiedad
abandoned *adj* – abandonado, evacuado
abandoned action – acción abandonada
abandoned appeal – apelación abandonada
abandoned assets – activo abandonado
abandoned child – hijo abandonado, niño abandonado
abandoned claim – reclamación abandonada
abandoned contract – contrato abandonado
abandoned easement – servidumbre abandonada
abandoned goods – bienes abandonados
abandoned husband – esposo abandonado
abandoned infant – infante abandonado
abandoned land – tierra abandonada
abandoned patent – patente abandonada
abandoned property – propiedad abandonada
abandoned rights – derechos abandonados
abandoned spouse – cónyuge abandonado
abandoned wife – esposa abandonada
abandonee *n* – beneficiario de un abandono
abandoning *n* – abandono, renuncia
abandonment *n* – abandono, renuncia
abandonment and desertion – abandono y deserción
abandonment clause – cláusula de abandono
abandonment loss – pérdida por abandono

abandonment of a child – abandono de un hijo, abandono de un niño
abandonment of actions – abandono de las acciones
abandonment of appeal – abandono de apelación
abandonment of assets – abandono de activo
abandonment of cargo – abandono de carga
abandonment of claim – renuncia a una acción
abandonment of contract – abandono de contrato
abandonment of copyright – abandono de derechos de autor
abandonment of easement – abandono de servidumbre
abandonment of freight – abandono de flete
abandonment of goods – abandono de bienes
abandonment of insured property – abandono de propiedad asegurada
abandonment of land – abandono de tierra
abandonment of patent – abandono de patente
abandonment of property – abandono de propiedad
abandonment of rights – abandono de derechos
abandonment of suit – abandono de acción, abandono de litigio
abandonment of trademark – abandono de marca
abandonment of wife – abandono de esposa
abase *v* – rebajar, humillar, envilecer
abatable *adj* – abatible, abolible, reducible
abatable nuisance – estorbo que se puede eliminar
abate *v* – abatir, disminuir, anular, reducir
abate a bequest – disminuir un legado
abate a debt – cancelar una deuda
abate a devise – disminuir un legado
abate a legacy – disminuir un legado
abate a tax – rebajar un impuesto, eliminar un impuesto
abate an action – anular una acción
abatement *n* – disminución, abolición, mitigación, extinción de una demanda
abatement and revival – suspensión y restablecimiento
abatement of a legacy – disminución de un legado
abatement of a nuisance – eliminación de un estorbo
abatement of action – extinción de la acción
abatement of debts – rebaja de deudas
abatement of taxes – rebaja de impuestos, eliminación de impuestos

abbreviate v – abreviar, resumir, compendiar
abbreviated adj – abreviado, resumido, compendiado
abbreviation n – abreviación, resumen, compendio
abbreviature n – abreviación, resumen, compendio
abdicate v – abdicar, renunciar
abdication n – abdicación, renuncia
abduct v – secuestrar, raptar
abduction n – secuestro, abducción
abductor n – secuestrador, raptor
aberrance n – aberración, anormalidad
aberrancy n – aberración, anormalidad
aberrant adj – aberrante, anormal
aberration n – aberración
abet v – inducir, incitar, instigar
abetment n – apoyo, instigación
abettor n – instigador, incitador
abeyance n – suspensión, espera
abeyancy n – suspensión, espera
abeyant adj – en suspenso, en espera
abhor v – aborrecer, odiar
abhorrent adj – aborrecible
abide v – aceptar, atenerse, someterse, cumplir
abiding adj – obediente
abiding by – atenerse a, someterse a
abiding conviction – convicción de culpabilidad con certidumbre
ability n – habilidad, aptitud, capacidad
ability to act – capacidad de actuar
ability to compete – capacidad de competir
ability to contract – capacidad de contratar
ability to earn – capacidad de ganar
ability to pay – capacidad de pagar
ability-to-pay principle – principio de la capacidad para pagar impuestos
ability to perform – capacidad de ejecutar
ability to reason – capacidad de razonar
ability to sue – capacidad de demandar
ability to support – capacidad de mantener
ability to work – capacidad para trabajar
abject adj – abyecto, despreciable
abject poverty – pobreza absoluta
abjection n – abyección, bajeza
abjuration n – abjuración, renuncia
abjure v – abjurar, renunciar
abjurement n – abjuración, renuncia
abjurer n – quien abjura, quien renuncia
ablaze adj – en llamas, ardiendo, encendido
able adj – capaz, hábil, competente
able-bodied adj – fuerte y sano
able to earn – capaz de ganar
able to pay – capaz de pagar
able to work – capaz de trabajar
ableness n – capacidad, habilidad
ably adv – hábilmente, competentemente

abnegation n – abnegación, negación
abnormal adj – anormal, irregular
abnormal risk – riesgo anormal
abnormality n – anormalidad, irregularidad
abnormity n – anormalidad, irregularidad
abode n – hogar, residencia, domicilio
abolish v – abolir, anular, derogar
abolishment n – abolición, anulación, derogación
abolition n – abolición, derogación
abominable adj – abominable
abomination n – abominación
abort v – abortar, suspender, abandonar
aborted adj – abortado, fracasado
aborted crime – crimen abortado
abortion n – aborto, terminación del embarazo
abortionist n – abortador
abortive adj – abortivo, fracasado
abortus n – producto del aborto
about-face n – cambio de parecer, media vuelta
about the person – cerca de la persona, acerca de la persona
above-cited adj – anteriormente citado
above-described adj – descrito anteriormente
above-mentioned adj – antedicho, anteriormente mencionado
above-written adj – antes escrito
aboveboard adj – abiertamente, honestamente
abreast adv – lado a lado, parejo, al tanto
abridge v – abreviar, reducir, limitar
abridged adj – abreviado, reducido, limitado
abridgment n – abreviación, condensación, compendio
abroad adj – en el extranjero
abrogate v – abrogar, revocar, anular
abrogated adj – abrogado, revocado, anulado
abrogation n – abrogación, revocación, anulación
abrogation of agreement – abrogación de contrato
abrogative adj – abrogativo
abrupt adj – abrupto, repentino
abruption n – ruptura
abruptly adv – abruptamente, repentinamente
abscission n – abscisión, separación
abscond v – fugarse, huir y esconderse, robar e huir
abscond on bail – fugarse bajo fianza
absconder n – fugitivo, prófugo, contumaz
absconding debtor – deudor prófugo
absence n – ausencia, no comparecencia
absence from the state – ausencia del estado
absence of authority – ausencia de autoridad
absence of consideration – ausencia de

contraprestación
absence of credibility – ausencia de credibilidad
absence of doubt – ausencia de duda
absence of fraud – ausencia de fraude
absence of heirs – ausencia de herederos
absence of issue – ausencia de descendencia
absence of negligence – ausencia de negligencia
absence of notice – ausencia de aviso
absence of wrongdoing – ausencia de daño
absent *adj* – ausente, no compareciente
absent and absconding debtor – deudor ausente y prófugo
absent creditor – acreedor ausente
absent debtor – deudor ausente
absent defendant – demandado ausente, acusado ausente
absented *adj* – ausentado
absentee *n* – ausente, quien se ausenta
absentee ballot – voto ausente, voto por poder
absentee landlord – arrendador ausente, propietario ausente
absentee lessor – arrendador ausente
absentee owner – dueño ausente
absentee voting – voto ausente
absenteeism *n* – absentismo, ausentismo
absolute *adj* – absoluto, incondicional, definitivo
absolute acceptance – aceptación absoluta
absolute admission – admisión absoluta
absolute assignment – cesión absoluta, cesión incondicional
absolute auction – subasta absoluta
absolute beneficiary – beneficiario absoluto
absolute bequest – legado irrevocable, legado absoluto
absolute certainty – certeza absoluta
absolute conveyance – traspaso absoluto
absolute conviction – convicción absoluta
absolute deed – título absoluto
absolute devise – legado irrevocable, legado absoluto
absolute discretion – discreción absoluta
absolute divorce – divorcio absoluto
absolute estate – título absoluto
absolute exemption – exención absoluta
absolute fee simple – título absoluto
absolute gift – donación absoluta
absolute guarantee – garantía absoluta, garantía incondicional
absolute guaranty – garantía absoluta, garantía incondicional
absolute immunity – inmunidad absoluta
absolute injuries – perjuicio absoluto, daños absolutos
absolute interest – interés absoluto, derecho

absoluto
absolute law – ley absoluta
absolute legacy – legado irrevocable, legado absoluto
absolute liability – responsabilidad objetiva, responsabilidad absoluta
absolute monopoly – monopolio absoluto
absolute nullity – nulidad absoluta
absolute obligation – obligación absoluta
absolute owner – dueño absoluto
absolute ownership – propiedad absoluta
absolute pardon – perdón incondicional, perdón absoluto
absolute priority – prioridad absoluta
absolute privilege – privilegio absoluto, inmunidad del proceso civil
absolute property – propiedad absoluta
absolute right – derecho absoluto
absolute sale – venta definitiva
absolute terms – términos absolutos
absolute title – título absoluto
absolute transfer – transferencia absoluta
absolute warranty – garantía absoluta
absolutely *adv* – absolutamente, completamente
absolutely and unconditionally – absoluta e incondicionalmente
absolutely privileged – absolutamente privilegiado, inmune del proceso civil
absoluteness *n* – carácter absoluto
absolution *n* – absolución, perdón
absolutism *n* – absolutismo
absolutist *adj* – absolutista
absolutist *n* – absolutista
absolve *v* – absolver, exonerar, dispensar
absorb *v* – absorber, asimilar a fondo
absorbed *adj* – absorbido
absorption *n* – absorción
absque hoc – sin esto, absque hoc
abstain *v* – abstenerse, privarse
abstemious *adj* – abstemio, frugal
abstention *n* – abstención, inhibición
abstention doctrine – doctrina de la abstención
abstinence *n* – abstinencia
abstract *n* – resumen, extracto, resumen de título
abstract *v* – resumir, remover, separar, sustraer
abstract company – compañía que prepara resúmenes de título
abstract instruction – instrucción abstracta al jurado
abstract of evidence – resumen de pruebas
abstract of judgment – resumen del fallo
abstract of record – resumen breve del expediente
abstract of title – resumen de título

abstract update – actualización de resumen de título
abstracted *adj* – resumido, compendiado, abstraído
abstracter *n* – preparador de resúmenes
abstraction *n* – abstracción, hurto, sustracción
abstruse *adj* – abstruso, incomprensible
abstruseness *n* – incomprensibilidad
absurd *adj* – absurdo, irracional
absurdity *n* – absurdidad, irracionalidad
absurdness *n* – absurdidad, irracionalidad
abuse *n* – abuso, injuria
abuse *v* – abusar, injuriar
abuse a child – abusar de un hijo, abusar de un niño
abuse a spouse – abusar de un cónyuge
abuse of authority – abuso de autoridad
abuse of child – abuso de niño, abuso de hijo
abuse of drugs – abuso de drogas
abuse of husband – abuso de esposo
abuse of law – abuso de derecho, abuso de la ley
abuse of legal process – abuso de proceso legal
abuse of minor – abuso de menor
abuse of power – abuso de poder
abuse of privilege – abuso de privilegio
abuse of process – abuso de proceso
abuse of trust – abuso de confianza
abuse of wife – abuso de esposa
abused *adj* – abusado, injuriado
abused and neglected – abusado y descuidado
abusive *adj* – abusivo, injurioso
abusive husband – esposo abusivo
abusive language – lenguaje abusivo
abusive tax shelter – abrigo contributivo abusivo
abusive wife – esposa abusiva
abusiveness *n* – carácter de abusivo
abut *v* – lindar, colindar, confinar, terminar en
abutment *n* – linde, lindero, confín
abuttals *n* – colindancias, lindes, límites
abutter *n* – dueño de propiedad colindante
abutting *adj* – colindante, limítrofe
abutting land – tierra colindante
abutting owner – dueño de propiedad colindante
abutting property – propiedad colindante
abysmal *adj* – abismal, profundo
academic *adj* – académico, teórico
academic question – pregunta académica
academy *n* – academia
accede *v* – acceder, consentir
accede to – acceder a, consentir a
acceding *adj* – accediendo, consintiendo

accelerant *n* – acelerante
accelerate *v* – acelerar
accelerate payment – acelerar pago
accelerated *adj* – acelerado, adelantado
accelerated decision – decisión acelerada
acceleration *n* – aceleración
acceleration clause – cláusula de aceleración
acceleration doctrine – doctrina de aceleración
acceleration of estate – aceleración de una sucesión
accentuate *v* – acentuar, intensificar
accept *v* – aceptar, admitir, recibir, aprobar
accept a bill – aceptar una letra, aceptar una cuenta
accept a bribe – aceptar un soborno
accept a contract – aceptar un contrato
accept a deposit – aceptar un depósito
accept an obligation – aceptar una obligación
accept an offer – aceptar una oferta
accept conditionally – aceptar condicionalmente
accept delivery – aceptar entrega
accept goods – aceptar bienes
accept liability – aceptar responsabilidad
accept responsibility – aceptar responsabilidad
acceptable *adj* – aceptable, admisible
acceptable bid – oferta aceptable, puja aceptable
acceptable conditions – condiciones aceptables
acceptable evidence – prueba admisible
acceptable identification – identificación aceptable
acceptable quality – calidad aceptable
Acceptable Use Policy – política de uso aceptable
acceptance *n* – aceptación, aprobación, admisión
acceptance bonus – bono de aceptación
acceptance conditions – condiciones de aceptación
acceptance date – fecha de aceptación
acceptance liability – responsabilidad de aceptación
acceptance responsibility – responsabilidad de aceptación
acceptance of a bribe – aceptación de un soborno
acceptance of a contract – aceptación de un contrato
acceptance of bids – aceptación de ofertas
acceptance of delivery – aceptación de entrega
acceptance of goods – aceptación de bienes
acceptance of liability – aceptación de

responsabilidad
acceptance of offer – aceptación de oferta
acceptance of responsibility – aceptación de responsabilidad
acceptance of risk – aceptación del riesgo
acceptance supra protest – aceptación bajo protesta
acceptation *n* – aceptación, aprobación
accepted *adj* – aceptado, aprobado, admitido
accepted bid – oferta aceptada, propuesta aceptada
accepted bribe – soborno aceptado
accepted conditions – condiciones aceptadas
accepted contract – contrato aceptado
accepted delivery – entrega aceptada
accepted goods – bienes aceptados
accepted liability – responsabilidad aceptada
accepted obligation – obligación aceptada
accepted offer – oferta aceptada
accepted price – precio aceptado
accepted proposal – propuesta aceptada
accepted responsibility – responsabilidad aceptada
accepted risk – riesgo aceptado
accepted terms – términos aceptados
accepter *n* – aceptante, aceptador
acceptilation *n* – aceptilación, relevo de deuda
accepting *adj* – aceptante
acceptor *n* – aceptante, aceptador
access *n* – acceso, entrada, paso, acceso carnal
access code – código de acceso
access easement – servidumbre de paso
access right – derecho de acceso
access to courts – acceso a la justicia
accessibility *n* – accesibilidad, asequibilidad
accessible *adj* – accesible, asequible
accession *n* – accesión, adhesión, toma de posesión, incremento
accession of property – toma de posesión de propiedad
accessorial *adj* – accesorio, suplementario
accessory *n* – accesorio, cómplice
accessory action – acción accesoria
accessory after the fact – cómplice encubridor
accessory before the fact – cómplice instigador
accessory building – edificación auxiliar
accessory during the act – cómplice presente
accessory obligation – obligación accesoria
accessory to a crime – cómplice
accident *n* – accidente, desgracia, casualidad
accident analysis – análisis del accidente
accident and health benefits – beneficios por accidentes y enfermedades

accident and health insurance – seguro contra accidentes y enfermedades
accident benefits – beneficios por accidentes
accident insurance – seguro contra accidentes
accident policy – póliza contra accidentes
accident report – informe de accidente
accidental *adj* – accidental, imprevisto, fortuito
accidental damage – daño accidental
accidental death – muerte accidental
accidental death benefit – beneficio por muerte accidental
accidental death insurance – seguro de muerte accidental
accidental event – acontecimiento accidental
accidental homicide – homicidio accidental
accidental injury – lesión accidental
accidental killing – homicidio accidental
accidentally *adv* – accidentalmente, fortuitamente
acclaim *v* – aclamar, proclamar
acclamation *n* – aclamación, voto unánime
acclamatory *adj* – aclamatorio
accommodate *v* – acomodar, proveer, adaptar
accommodated party – parte acomodada, parte beneficiada
accommodating *adj* – servicial, complaciente, flexible
accommodation *n* – favor, acomodamiento, garantía, alojamiento
accommodation bill – documento de favor, letra de favor
accommodation draft – giro de favor, letra de favor
accommodation endorsement – endoso de favor
accommodation endorser – endosante de favor
accommodation guarantor – garante de favor
accommodation line – pólizas de seguros aceptadas por deferencia al agente
accommodation paper – documento de favor
accommodation party – quien firma de favor
accommodation signer – quien firma de favor
accompaniment *n* – acompañamiento, accesorio
accompany *v* – acompañar, escoltar
accompanying *adj* – acompañante
accomplice *n* – cómplice
accomplish *v* – efectuar, lograr, realizar
accomplished *adj* – realizado, ejecutado
accomplishments *n* – logros, realizaciones
accord *n* – convenio, acuerdo
accord *v* – acordar, otorgar, convenir

accord and satisfaction – acuerdo y satisfacción

accordance *n* – acuerdo, conformidad

accordant *adj* – en conformidad, de conformidad

according *adj* – conforme

according to agreement – de acuerdo al contrato

according to contract – de acuerdo al contrato

according to custom – de acuerdo a las costumbres

according to law – de acuerdo a la ley

accordingly *adv* – en conformidad, por consiguiente

accost *v* – dirigirse a, abordar

accouchement *n* – parto

account *n* – cuenta, informe, relación

account activity – actividad de cuenta

account closed – cuenta cerrada

account due – cuenta vencida, cuenta en mora

account in trust – cuenta en fideicomiso

account management – administración de cuenta

account manager – administrador de cuenta

account name – nombre de cuenta

account number – número de cuenta

account overdrawn – cuenta sobregirada

account overdue – cuenta vencida, cuenta en mora

account past due – cuenta vencida, cuenta en mora

account payable – cuenta por pagar

account report – informe de cuenta, reporte de cuenta

account settled – cuenta saldada

account stated – acuerdo de balance para cancelación

account statement – estado de cuenta

account summary – resumen de cuenta

account terms – términos de cuenta

accountability *n* – responsabilidad

accountable *adj* – responsable

accountable official – oficial responsable

accountable receipt – recibo de dinero acompañado de una obligación, recibo de propiedad acompañada de una obligación

accountancy *n* – contabilidad, contaduría

accountancy books – libros de contabilidad, libros contables

accountancy chief – jefe de contabilidad, contable jefe, contador jefe

accountancy conventions – prácticas contables, prácticas de contabilidad

accountancy department – departamento de contabilidad, departamento contable

accountancy director – director de contabilidad, director contable

accountancy documents – documentos contables, documentos de contabilidad

accountancy error – error contable, error de contabilidad, yerro de cuenta

accountancy evidence – prueba contable, prueba de contabilidad

accountancy method – método contable, método de contabilidad

accountancy practices – prácticas contables, prácticas de contabilidad

accountancy principles – principios de contabilidad, principios contables

accountancy records – registros contables, registros de contabilidad

accountancy standards – normas contables, normas de contabilidad

accountancy statements – estados contables, estados de contabilidad

accountancy system – sistema contable, sistema de contabilidad

accountancy year – año contable

accountant *n* – contador, contable

accountant general – jefe de contabilidad, contable jefe, contador jefe

accountant's certificate – certificado del contador, certificado del contable

accountant's liability – responsabilidad del contador, responsabilidad del contable

accountant's opinion – opinión del contador, opinión del contable

accountant's report – informe del contador, informe del contable, reporte del contador, reporte del contable

accountant's responsibility – responsabilidad del contador, responsabilidad del contable

accountholder *n* – tenedor de cuenta, titular de cuenta, cuentahabiente, cuentacorrentista

accounting *n* – contabilidad

accounting books – libros de contabilidad, libros contables

accounting chief – jefe de contabilidad, contable jefe, contador jefe

accounting conventions – prácticas contables, prácticas de contabilidad

accounting department – departamento de contabilidad, departamento contable

accounting director – director de contabilidad, director contable

accounting documents – documentos contables, documentos de contabilidad

accounting error – error contable, error de contabilidad, yerro de cuenta

accounting evidence – prueba contable, prueba de contabilidad

accounting method – método contable, método de contabilidad

accounting practices – prácticas contables, prácticas de contabilidad
accounting principles – principios de contabilidad, principios contables
accounting records – registros contables, registros de contabilidad
accounting standards – normas contables, normas de contabilidad
accounting statements – estados contables, estados de contabilidad
accounting system – sistema contable, sistema de contabilidad
accounting year – año contable
accounts payable – cuentas por pagar
accounts receivable – cuentas por cobrar
accounts uncollectible – cuentas incobrables
accouple *v* – unir, unir por matrimonio
accredit *v* – acreditar, reconocer
accreditation *n* – acreditación, identificación
accredited *adj* – acreditado, reconocido
accredited agent – agente autorizado
accredited law school – escuela de leyes acreditada
accredited representative – representante autorizado
accrete *v* – aumentar
accretion *n* – acreción, acrecentamiento
accretive *adj* – acrecentador
accroach *v* – invadir, usurpar
accrual *n* – acrecimiento, acumulación
accrue *v* – acumular, devengar
accrued *adj* – acumulado
accrued earnings – ingresos acumulados
accrued income – ingresos acumulados
accrued interest – interés acumulado
accrued payroll – nómina acumulada
accrued rent – renta acumulada
accrued right – autoridad legal para requerir reparación
accrued salary – salario acumulado
accrued taxes – contribuciones acumuladas, impuestos acumulados
accrued wages – salario acumulado
accruer *n* – acrecimiento
accruing *adj* – incipiente
accumulate *v* – acumular
accumulated *adj* – acumulado
accumulated annuity – anualidad acumulada
accumulated damages – daños acumulados
accumulated earnings – ingresos acumulados
accumulated judgment – fallo acumulado
accumulated legacy – legado acumulado
accumulated sentence – sentencia acumulada
accumulating *adj* – acumulativo
accumulation *n* – acumulación
accumulation trust – fideicomiso de acumulación
accumulative *adj* – acumulativo
accumulative judgment – fallo acumulativo
accumulative legacy – legado adicional
accumulative sentence – sentencia acumulativa
accumulator *n* – acumulador
accuracy *n* – precisión, exactitud
accurate *adj* – preciso, exacto
accurately *adv* – con precisión, con exactitud
accusable *adj* – acusable
accusal *n* – acusación
accusation *n* – acusación, denuncia
accusatorial *adj* – acusatorio
accusatorial procedure – procedimiento acusatorio
accusatorial process – procedimiento acusatorio
accusatory *adj* – acusatorio
accusatory instrument – instrumento acusatorio
accusatory procedure – procedimiento acusatorio
accusatory process – procedimiento acusatorio
accuse *v* – acusar, delatar, denunciar, sindicar
accuse falsely – acusar falsamente
accuse unfairly – acusar injustamente
accuse unjustly – acusar injustamente
accused *adj* – acusado, delatado, denunciado
accused party – parte acusada
accuser *n* – acusador, delator, denunciante
accusingly *adv* – de forma acusadora
accustomed *adj* – acostumbrado
accustomed practice – práctica acostumbrada
acerbate *v* – exasperar, exacerbar, irritar
acerbity *n* – acerbidad, aspereza
achievable *adj* – alcanzable, factible
achieve *v* – lograr, ejecutar, obtener
achievement *n* – logro, realización
acknowledge *v* – reconocer, certificar, acusar recibo
acknowledge a debt – reconocer una deuda
acknowledge a document – reconocer un documento
acknowledge a signature – reconocer una firma
acknowledge receipt – acusar recibo
acknowledged *adj* – reconocido
acknowledged father – padre reconocido
acknowledgment *n* – reconocimiento, certificación, acuse de recibo
acknowledgement certificate – certificado de reconocimiento
acknowledgment of debt – reconocimiento de deuda

acknowledgment of deed – reconocimiento de título

acknowledgment of guilt – reconocimiento de culpabilidad

acknowledgment of paternity – reconocimiento de paternidad

acknowledgment of payment – reconocimiento de pago

acknowledgment of receipt – acuse de recibo, reconocimiento de pago

acknowledgment of service – reconocimiento de entrega de notificación de actos procesales

acknowledgment of signature – reconocimiento de firma

acme *n* – cima, colmo, apogeo

acquaint *v* – familiarizarse con, enterarse de

acquaintance *n* – conocido, conocimiento

acquaintanceship *n* – relación, trato

acquainted *adj* – familiarizado

acquest *n* – propiedad adquirida

acquets *n* – propiedad adquirida durante el matrimonio

acquiesce *v* – aquiescer, consentir sin palabras

acquiescence *n* – aquiescencia, consentimiento sin palabras

acquiescent *adj* – aquiescente

acquirable *adj* – adquirible

acquire *v* – adquirir

acquire by fraud – adquirir mediante fraude

acquire by inheritance – adquirir mediante herencia

acquire by purchase – adquirir mediante compra

acquire by will – adquirir mediante testamento

acquired *adj* – adquirido

acquired immune deficiency syndrome – síndrome de inmunodeficiencia adquirida

acquired rights – derechos adquiridos

acquiree *n* – ente adquirido

acquirement *n* – adquisición

acquirer *n* – adquiriente

acquisition *n* – adquisición, compra

acquisition agreement – acuerdo de adquisición

acquisition by purchase – adquisición mediante compra

acquisition certificate – certificado de adquisición

acquisition conditions – condiciones de adquisición

acquisition date – fecha de adquisición

acquisition method – método de adquisición

acquisition of property – adquisición de propiedad

acquisition price – precio de adquisición

acquisition proof – prueba de adquisición

acquisitive *adj* – adquisitivo, codicioso

acquisitive offenses – delitos de hurto, delitos de robo

acquit *v* – absolver, exonerar, exculpar

acquitment *n* – absolución, exoneración, exculpación

acquittal *n* – absolución, exoneración, exculpación

acquittal by jury – absolución mediante jurado

acquittal in fact – absolución de hecho

acquittal in law – absolución inferida por la ley

acquittance *n* – recibo, carta de pago, quitanza

acquitted *adj* – absuelto, exonerado, exculpado

acre *n* – acre

acreage *n* – área en acres

acronym *n* – acrónimo, sigla

across the board – incluyendo todo

act *n* – acto, acción, ley, decreto, hecho

act as agent – actuar como agente

act as mediator – actuar como mediador

act dishonestly – actuar deshonestamente

act illegally – actuar ilegalmente

act improperly – actuar impropiamente

act in collusion – actuar en colusión

act in opposition – actuar en oposición

act in pais – acto fuera de tribunal

act jointly – actuar conjuntamente

act of aggression – acto de agresión

act of bankruptcy – acto de quiebra, acto que puede llevar a un procedimiento involuntario de quiebra

act of cruelty – acto de crueldad

act of embezzlement – acto de desfalco

act of God – acto de Dios, causa de fuerza mayor

act of grace – amnistía

act of harassment – acto de hostigamiento

act of honor – acto de honor

act of hostility – acto de hostilidad

act of incorporation – acta constitutiva, escritura de constitución, carta constitucional, instrumento constitutivo

act of insolvency – acto de insolvencia, acto que demuestra insolvencia

act of law – efecto jurídico

act of nature – acto de la naturaleza, acto de fuerza mayor

act of sale – escritura de compraventa

act of sexual harassment – acto de hostigamiento sexual

act of state – acto de gobierno, acto de estado

act of the parties – acto de las partes

act of treason – traición

act on behalf of – actuar de parte de
acting *adj* – interino, desempeñando, actuando
acting chair – presidente interino
acting chairman – presidente interino
acting chairperson – presidente interino
acting chairwoman – presidenta interina
acting director – director interino
acting executor – albacea interino
acting judge – juez interino
acting officer – funcionario interino
acting president – presidente interino
acting trustee – fiduciario interino
action *n* – acción, acción judicial, acto, proceso
action brought – acción iniciada
action commenced – acción comenzada
action ex contractu – acción basada en un contrato
action ex delicto – acción por daños y perjuicios
action for breach of contract – acción por incumplimiento de contrato
action for damages – acción por daños y perjuicios
action for defamation – acción por difamación
action for dissolution – acción para disolución
action for division – acción para dividir un reclamo
action for fraud – acción por fraude
action for libel – acción por libelo, acción por difamación
action for misrepresentation – acción por declaraciones falsas
action for specific performance – acción para la ejecución de lo estipulado
action in personam – acción personal
action in rem – acción contra la cosa
action in tort – acción por ilícito civil, acción por daño legal, acción por agravio
action of assumpsit – acción por incumplimiento de contrato
action of contract – acción contractual
action of ejectment – acción de desahucio
action of foreclosure – acción de ejecución hipotecaria
action of replevin – acción de reivindicación
action on the case – acción por daños y perjuicios
action pending – acción pendiente
action to quiet title – acción para resolver reclamaciones opuestas en propiedad inmueble, acción para eliminar defectos en un título de propiedad
action to recover damages – acción por daños y perjuicios

actionable *adj* – justiciable, enjuiciable, accionable
actionable claim – reclamación justiciable
actionable fraud – fraude justiciable
actionable misrepresentation – declaración falsa justiciable
actionable negligence – negligencia justiciable
actionable nuisance – estorbo justiciable, acto perjudicial justiciable, perjuicio justiciable
actionable tort – ilícito civil justiciable, daño legal justiciable, agravio justiciable
actionable words – calumnia justiciable, palabras calumniosas
actionable wrong – agravio justiciable
actionary *n* – accionista
activate *v* – activar
active *adj* – activo, vigente
active account – cuenta activa
active administration – administración activa
active business – negocio activo
active capital – capital activo
active concealment – ocultación activa
active employee – empleado activo
active employment – empleo activo
active file – archivo activo
active job – empleo activo, trabajo activo
active management – administración activa
active manager – administrador activo
active negligence – negligencia activa
active partner – socio activo
active trust – fideicomiso activo
actively *adv* – activamente
activism *n* – activismo
activist *n* – activista
activity *n* – actividad
activity report – informe sobre la actividad
actor *n* – actor, demandante
actual *adj* – actual, real, efectivo, existente
actual age – edad actual, edad real
actual agency – agencia real, agencia actual
actual authorisation – autorización real
actual authority – autoridad real
actual authorization – autorización real
actual bailment – depósito efectivo
actual case – caso actual, caso real
actual controversy – controversia actual, controversia concreta
actual damages – daños y perjuicios efectivos, daños efectivos
actual debt – deuda actual, deuda corriente
actual delivery – entrega efectiva
actual doubt – duda razonable
actual eviction – evicción efectiva, desahucio efectivo
actual force – fuerza real
actual fraud – fraude real, fraude efectivo

actual insurance – seguro corriente, seguro vigente
actual intent – intención real
actual knowledge – conocimiento efectivo
actual licence – licencia actual, licencia corriente
actual license – licencia actual, licencia corriente
actual malice – malicia real
actual market – mercado actual, mercado real
actual member – miembro vigente
actual membership – membresía vigente
actual notice – notificación efectiva
actual operations – operaciones en curso
actual owner – dueño real
actual policy – póliza corriente, política corriente
actual possession – posesión actual, posesión efectiva
actual practice – práctica efectiva, práctica actual
actual rate – tasa real, tasa corriente
actual residence – residencia corriente, residencia actual
actual salary – salario actual, salario real, salario efectivo
actual state – estado actual, estado corriente
actual status – estado actual, estado corriente
actual terms – términos actuales
actual use – uso actual, uso efectivo
actual violence – acometimiento con violencia
actual wages – salario actual, salario real, salario efectivo
actual year – año en curso, año actual
actuarial adj – actuarial
actuarial basis – base actuarial
actuarial liability – responsabilidad actuarial
actuarial life expectancy – expectativa de vida actuarial
actuarial table – tabla actuarial
actuary n – actuario
actuate v – activar, accionar
actus reus – acto criminal, acto culpable, acto prohibido, actus reus
acuity n – agudeza, acuidad
acumen n – cacumen, agudeza
ad (advertisement) – anuncio
ad (advertising) – publicidad
ad gimmick – truco publicitario, truco de publicidad
ad hoc – tratándose de esto, para esto, a esto, ad hoc
ad hoc committee – comité ad hoc, comisión ad hoc
ad hoc officer – oficial ad hoc
ad idem – de acuerdo, en acuerdo, ad idem
ad infinitum – infinitamente, sin fin, ad infinitum
ad interim – en el ínterin, mientras tanto, ad interim
ad litem – para el proceso, para el litigio, ad litem
ad literature – literatura publicitaria
ad nauseam – hasta nausear, ad nauseam
ad perpetuam – perpetuamente, ad perpetuam
ad quem – al cual, para el cual, ad quem
ad rem – a la cosa, ad rem
ad standards – normas de publicidad
ad strategy – estrategia publicitaria
ad trick – truco publicitario
ad valorem – de acuerdo al valor, según el valor, ad valorem
ad vitam – por vida, ad vitam
ad voluntatem – sujeto a la voluntad, por voluntad, ad voluntatem
adamant adj – inflexible, obstinado
adapt v – adaptar
adaptation n – adaptación
adaptive adj – adaptivo
adaptive management – administración adaptiva
adaptive technology – tecnología adaptiva
added collateral – colateral adicional
added coverage – cobertura adicional
added insured – asegurado adicional
added security – seguridad adicional
added tax – impuesto adicional
added-value tax – impuesto al valor agregado, impuesto de plusvalía
addendum n – apéndice, suplemento, adición
addendum to a contract – suplemento a un contrato
addible adj – añadible
addict n – adicto, drogadicto
addicted to alcohol – adicto al alcohol
addicted to drugs – adicto a las drogas
addiction n – adicción, drogadicción
additament n – aditamento, añadidura
addition n – adición, suma
additional adj – adicional
additional appropriation – apropiación adicional
additional beneficiary – beneficiario adicional
additional clause – cláusula adicional
additional collateral – colateral adicional
additional coverage – cobertura adicional
additional credit – crédito adicional
additional damages – daños adicionales
additional easement – servidumbre adicional
additional insured – asegurado adicional
additional legacy – legado adicional
additional liability – responsabilidad adicional
additional responsibility – responsabilidad

adicional
additional security − garantía adicional, seguridad adicional
additional servitude − servidumbre adicional
additional stipulation − estipulación adicional
additional tax − impuesto adicional
additive *adj* − aditivo
additur − aumento a la indemnización mas allá de lo otorgado por el jurado
address *n* − dirección, domicilio, discurso
address the court − dirigirse al tribunal
address for service − dirección para recibir notificaciones de actos procesales
addressee *n* − destinatario
addresser *n* − remitente
adduce *v* − aducir, alegar, citar, presentar
adduce evidence − aducir pruebas
adeem *v* − revocar, retirar
adeem a bequest − revocar un legado
adeem a devise − revocar un legado
adeem a gift − revocar una donación
adeem a legacy − revocar un legado
adeemed *adj* − revocado, retirado
ademption *n* − revocación de un legado
adept *adj* − experto, adepto
adequacy *n* − suficiencia, capacidad, competencia
adequacy of coverage − suficiencia de la cobertura
adequacy of financing − suficiencia de la financiación
adequacy of insurance − suficiencia de la cobertura
adequacy of reserves − suficiencia de las reservas
adequate *adj* − adecuado, suficiente
adequate care − cuidado adecuado, precaución adecuada
adequate cause − causa suficiente
adequate compensation − indemnización justa
adequate consideration − contraprestación adecuada, contraprestación suficiente
adequate coverage − cobertura adecuada
adequate disclosure − divulgación adecuada
adequate income − ingresos adecuados
adequate notice − notificación suficiente
adequate pay − paga adecuada
adequate protection − protección adecuada
adequate provocation − provocación suficiente
adequate remedy − remedio adecuado
adequate remuneration − remuneración adecuada
adequate salary − salario adecuado
adequate security − seguridad adecuada
adequately *adv* − adecuadamente

adhere to − adherirse a, acatarse a
adherence *n* − adherencia, adhesión, fidelidad
adherent *adj* − adherente, partidario, adhesivo
adherent *n* − adherente, partidario, seguidor
adhering *adj* − adhiriendo
adhesion *n* − adhesión
adhesion contract − contrato de adhesión
adhibit *v* − admitir, unir
adjacency *n* − adyacencia, contigüidad
adjacent *adj* − adyacente, contiguo
adjacent land − tierra adyacente
adjacent owner − dueño adyacente
adjacent property − propiedad adyacente
adjective law − derecho procesal, ley adjetiva
adjective provision − disposición procesal
adjoin *v* − juntar, colindar, lindar con
adjoining *adj* − adyacente, contiguo
adjoining landowners − dueños de propiedades colindantes
adjoining properties − propiedades colindantes
adjourn *v* − suspender, diferir, aplazar, clausurar
adjourn a case − aplazar un caso
adjourn a meeting − aplazar la reunión, levantar la sesión
adjourn a session − aplazar la sesión, levantar la sesión
adjourned *adj* − aplazado, diferido, suspendido
adjourned summons − citación llevada a cabo en el despacho del juez y luego trasladada al tribunal a ser debatida entre abogados
adjourned term − sesión continuada, sesión aplazada
adjournment *n* − aplazamiento, suspensión
adjournment day − día de aplazamiento
adjournment sine die − aplazamiento indefinido
adjudge *v* − juzgar, sentenciar, dictar sentencia, fallar
adjudge bankrupt − decretar en quiebra
adjudge insolvent − decretar insolvente
adjudicate *v* − adjudicar, juzgar, fallar, decretar, sentenciar
adjudicatee *n* − adjudicatario
adjudication *n* − adjudicación, fallo, decisión, sentencia
adjudication of bankruptcy − adjudicación de quiebra, declaración judicial de quiebra
adjudication of insolvency − adjudicación de insolvencia, declaración judicial de insolvencia
adjudicative *adj* − adjudicativo
adjudicative facts − hechos adjudicativos

adjudicative power – poder adjudicativo
adjudicator *n* – juez, árbitro, adjudicador
adjudicatory *adj* – adjudicatorio
adjudicatory authority – autoridad
adjudicatoria
adjudicatory hearing – audiencia
adjudicatoria
adjudicatory process – proceso adjudicatorio
adjudicature *n* – adjudicación, fallo,
sentencia
adjunct *adj* – adjunto, auxiliar, subordinado
adjunct *n* – auxiliar, subordinado, adjunto
adjunction *n* – adjunción, añadidura
adjuration *n* – juramento solemne
adjure *v* – ordenar bajo juramento solemne
adjust *v* – ajustar, conciliar
adjustable *adj* – ajustable
adjustable loan – préstamo ajustable
adjustable mortgage – hipoteca ajustable
adjustable rate – tasa ajustable, tipo ajustable
adjusted *adj* – ajustado
adjusted basis – base ajustada
adjusted rate – tasa ajustada
adjuster *n* – ajustador, liquidador, arreglador
adjusting entry – asiento de ajuste
adjustment *n* – ajuste, liquidación
adjustment entry – asiento de ajuste
adjustment of a claim – liquidación de una
reclamación
adjustment of accounts – ajuste de cuentas
adjustment of contract – ajuste de contrato
adjustment of status – ajuste de estado,
ajuste de estatus
adjustor *n* – ajustador, liquidador, arreglador
adjuvant *adj* – ayudante, auxiliar
admeasurement *n* – repartición
adminicular *adj* – auxiliar
adminicular evidence – prueba auxiliar
adminiculate *v* – dar evidencia auxiliar
administer *v* – administrar
administer an oath – tomar juramento
administer commerce – administrar el
comercio
administer negligently – administrar
negligentemente
administer poorly – administrar mal
administer punishment – castigar
administer rates – administrar las tasas
administer trade – administrar el comercio
administered *adj* – administrado
administered company – compañía
administrada
administered corporation – corporación
administrada
administered currency – moneda
administrada,
administered economy – economía
planificada, economía dirigida

administered inflation – inflación
administrada
administered market – mercado administrado
administered rates – tasas administradas,
tipos administrados
administered trade – comercio administrado
administered wages – salarios administrados
administering *adj* – administrante,
administrador
administrate *v* – administrar, dirigir
administrate commerce – administrar el
comercio
administrate rates – administrar las tasas
administrate the economy – administrar la
economía
administrate trade – administrar el comercio
administrated *adj* – administrado
administrated commodities – mercancías
administradas
administrated company – compañía
administrada
administrated corporation – corporación
administrada
administrated economy – economía
planificada, economía dirigida
administrated rates – tasas administradas
administrated salaries – salarios
administrados
administrated trade – comercio administrado
administrated wages – salarios
administrados
administration *n* – administración, dirección
administration agency – agencia
administrativa
administration audit – auditoría
administrativa
administration board – junta administrativa
administration director – director
administrativo
administration irregularity – irregularidad
administrativa
administration of estate – administración de
sucesión
administration of justice – administración de
justicia
administration officer – oficial
administrativo, funcionario administrativo
administration personnel – personal
administrativo
administration practices – prácticas
administrativas
administration procedures – procedimientos
administrativos
administration system – sistema
administrativo
administrative *adj* – administrativo
administrative accountancy – contabilidad
administrativa

administrative accounting – contabilidad administrativa
administrative action – acción administrativa, acto administrativo
administrative acts – actos administrativos
administrative agency – agencia administrativa
administrative agent – agente administrativo
administrative audit – auditoría administrativa
administrative authority – autoridad administrativa
administrative board – junta administrativa
administrative body – cuerpo administrativo
administrative capacity – capacidad administrativa
administrative commission – comisión administrativa
administrative committee – comité administrativo
administrative contract – contrato administrativo
administrative control – control administrativo
administrative council – consejo administrativo
administrative court – tribunal administrativo
administrative crime – crimen administrativo
administrative deviation – irregularidad administrativa
administrative function – función administrativa
administrative guide – guía administrativa
administrative hearing – vista administrativa
administrative irregularity – irregularidad administrativa
administrative job – empleo administrativo
administrative judge – juez administrativo, juez de derecho administrativo
administrative law – derecho administrativo
administrative law judge – juez de derecho administrativo
administrative officer – oficial administrativo
administrative order – orden administrativa
administrative power – poder administrativo
administrative practices – prácticas administrativas
administrative remedy – remedio administrativo
administrative reorganisation – reorganización administrativa
administrative reorganization – reorganización administrativa
administrative report – informe administrativo
administrative ruling – fallo administrativo
administrative structure – estructura administrativa

administrative style – estilo administrativo
administrative system – sistema administrativo
administrative tribunal – tribunal administrativo
administrator n – administrador
administrator pendente lite – administrador temporal
administratrix n – administradora
admiralty n – almirantazgo
admiralty court – tribunal marítimo
admissibility n – admisibilidad
admissible adj – admisible, aceptable
admissible evidence – prueba admisible
admission n – admisión, confesión, entrada, reconocimiento, ingreso a prisión
admission against interest – admisión contra intereses propios
admission by flight – admisión por fuga
admission of guilt – admisión de culpabilidad
admission of liability – admisión de responsabilidad
admission of responsibility – admisión de responsabilidad
admission to the bar – ingreso al colegio de abogados
admission under duress – confesión bajo coacción
admissions n – reconocimientos, confesiones
admissive adj – concesivo
admit v – admitir, confesar, declarar, reconocer, dejar entrar
admit a claim – admitir una reclamación
admit guilt – admitir culpabilidad
admit liability – admitir responsabilidad
admit to bail – liberar bajo fianza
admittance n – admisión, entrada
admitted adj – admitido
admitted claim – reclamación admitida
admitted to the bar – colegiado, autorizado a ejercer como abogado
admixture n – mezcla
admonish v – amonestar, advertir, aconsejar
admonishment n – amonestación, advertencia
admonition n – admonición, advertencia
admonitory adj – admonitorio, exhortativo
adolescent adj – adolescente
adopt v – adoptar, aceptar
adopt a child – adoptar un niño
adopt a law – adoptar una ley
adopt a resolution – adoptar una resolución
adoptable adj – adoptable
adopter n – adoptador, adoptante
adoption n – adopción

adoption by estoppel – adopción basada en un impedimento por actos propios
adoption by reference – incorporación por referencia
adoption of children – adopción de niños
adoption process – proceso de adopción
adoptive *adj* – adoptivo
adoptive act – ley que entra en vigor por consentimiento de los habitantes de la región donde aplica
adoptive child – hijo adoptivo
adoptive father – padre adoptivo
adoptive mother – madre adoptiva
adoptive parent – padre adoptivo
ADR (alternative dispute resolution) – procedimientos para resolver disputas sin litigio
adulterant *n* – adulterante
adulterate *v* – adulterar
adulteration *n* – adulteración
adulterator *n* – adulterador
adulterer *n* – adúltero
adulterine *adj* – adulterino
adulterous *adj* – adúltero
adultery *n* – adulterio
adulthood *n* – edad adulta, mayoría de edad
advance *adj* – anticipado
advance *n* – adelanto, anticipo, préstamo
advance *v* – adelantar, anticipar, ascender
advance commitment – compromiso anticipado
advance deposit – depósito anticipado
advance directive – testamento vital
advance fee – cargo anticipado
advance health care directive – testamento vital
advance health directive – testamento vital
advance medical directive – testamento vital
advance notice – aviso anticipado, preaviso
advance premium – prima anticipada
advance tax – impuesto anticipado, contribución anticipada
advanced *adj* – avanzado, adelantado
advanced country – país desarrollado
advanced economy – economía avanzada
advancement *n* – anticipo, ascenso
advancer *n* – impulsor, promotor
advantage *n* – ventaja, beneficio
advantageous *adj* – ventajoso, beneficioso
advantageousness *n* – ventaja, beneficio
adventitious *adj* – adventicio, fortuito, imprevisto
adventure *n* – aventura, empresa, empresa conjunta
adventurer *n* – aventurero
adventurous *adj* – aventurado, audaz, arriesgado
adversarial system – sistema adversarial

adversary *n* – adversario, contrario
adversary hearing – vista adversativa, vista contenciosa
adversary process – procedimiento contencioso
adversary proceeding – procedimiento contencioso
adverse *adj* – adverso, contrario, hostil, opuesto
adverse action – acción contraria
adverse claim – reclamación contraria
adverse claimant – reclamante contrario
adverse enjoyment – posesión adversa contra los intereses de otro
adverse interest – interés adverso
adverse opinion – opinión adversa
adverse party – parte contraria
adverse possession – posesión adversa, prescripción adquisitiva
adverse selection – selección adversa
adverse title – título adquirido mediante prescripción adquisitiva
adverse use – uso sin permiso
adverse verdict – veredicto adverso
adverse witness – testigo hostil
adversity *n* – adversidad, infortunio
advert *n* – anuncio
advert *v* – referirse a, prestar atención a
advertise *v* – anunciar, publicar, divulgar
advertisement *n* – anuncio, aviso
advertiser *n* – anunciante
advertising *n* – publicidad, propaganda
advertising agency – agencia de publicidad
advertising campaign – campaña de publicidad
advertising gimmick – truco de publicidad
advertising injury – daño legal ocasionado por publicidad
advertising literature – literatura publicitaria
advertising materials – materiales de publicidad
advertising ploy – estratagema de publicidad
advertising standards – normas de publicidad
advertising trick – truco de publicidad
advertorial *n* – publireportaje
advice *n* – consejo, comunicación
advisable *adj* – aconsejable, prudente
advise *v* – aconsejar, informar, advertir
advised *adj* – aconsejado, informado
advisedly *adv* – intencionalmente
advisement *n* – consideración, consulta
adviser *n* – asesor, consejero
advisor *n* – asesor, consejero
advisory *adj* – asesor, consultor
advisory board – junta asesora
advisory committee – comité asesor
advisory council – consejo asesor

advisory judgment – fallo que resuelve una diferencia pero no la controversia
advisory jury – jurado consultivo
advisory opinion – opinión del tribunal
advisory report – informe de asesoría
advisory verdict – veredicto consultivo del jurado
advocacy *n* – apoyo, defensa
advocacy advertising – publicidad apoyando una causa
advocate *n* – abogado, defensor
advocate *v* – abogar, recomendar
Advocate General – Abogado General
affair *n* – asunto, acción, juicio, aventura
affairs *n* – negocios, trámites
affect *v* – afectar, influir
affect adversely – afectar adversamente
affecting *adj* – conmovedor, que afecta
affecting commerce – concerniente a los negocios
affection *n* – hipotecar para asegurar el pago de dinero o la prestación de servicios, afecto
affiance *v* – prometerse
affiant *n* – declarante, deponente
affidavit *n* – affidávit, declaración jurada
affidavit of defence – declaración jurada del mérito de la defensa
affidavit of defense – declaración jurada del mérito de la defensa
affidavit of loss – affidávit de pérdidas
affidavit of merits – declaración jurada del mérito de la defensa
affidavit of notice – affidávit de notificación
affidavit of paternity – declaración jurada de paternidad
affiliate *n* – afiliado, asociado, filial
affiliate *v* – afiliarse
affiliated *adj* – afiliado, asociado
affiliated bank – banco afiliado
affiliated company – compañía afiliada
affiliated corporation – corporación afiliada
affiliated enterprise – empresa afiliada
affiliated union – sindicato afiliado, unión afiliada
affiliation *n* – afiliación, asociación, determinación de paternidad
affiliation proceedings – juicio de paternidad, juicio de filiación
affinity *n* – afinidad, parentesco
affirm *v* – afirmar, confirmar
affirm a contract – afirmar un contrato
affirm a decision – afirmar una decisión
affirm under oath – afirmar bajo juramento
affirmance *n* – afirmación, confirmación
affirmant *n* – afirmante, declarante
affirmation *n* – afirmación, declaración
affirmation of fact – declaración de un hecho
affirmation of truth – afirmación de la verdad

affirmation under oath – afirmación bajo juramento
affirmative *adj* – afirmativo
affirmative action programs – programas diseñados para remediar prácticas discriminatorias
affirmative charge – instrucción al jurado que remueve un caso de su consideración
affirmative covenant – estipulación afirmativa
affirmative defence – defensa afirmativa
affirmative defense – defensa afirmativa
affirmative easement – servidumbre afirmativa
affirmative pregnant – afirmación que a su vez implica una negación favorable al adversario
affirmative proof – prueba afirmativa
affirmative relief – compensación otorgada al demandado
affirmative servitude – servidumbre afirmativa
affirmative statute – ley que ordena una conducta en vez de prohibirla
affirmatory *adj* – afirmativo
affirmer *n* – afirmante, declarante
affix *v* – adherir, agregar, pegar
affix a date – fechar
affix a signature – firmar
affixed document – documento adjunto
affixed to the freehold – fijado al terreno
afflict *v* – afligir, acongojar
affliction *n* – aflicción, calamidad
affluence *n* – riqueza, opulencia
afforce *v* – añadir, acrecentar
affordability *n* – calidad de asequible
affordable *adj* – asequible, razonable
afforest *v* – convertir en bosque
afforestation *n* – forestación
affranchise *v* – liberar, manumitir
affranchisement *n* – liberación, manumisión
affray *n* – riña
affreightment *n* – fletamiento
affront *v* – afrentar, insultar, confrontar
aforecited *adj* – anteriormente citado, antedicho
aforedescribed *adj* – anteriormente descrito, antedicho
aforegoing *adj* – anterior, precedente
aforementioned *adj* – anteriormente mencionado, antedicho
aforenamed *adj* – anteriormente nombrado, antedicho
aforesaid *adj* – susodicho, anteriormente mencionado
aforestated *adj* – anteriormente mencionado, antedicho
aforethought *adj* – premeditado

after-acquired *adj* – adquirido luego de
after-acquired clause – cláusula de
propiedad adquirida luego de la transacción
after-acquired property – propiedad
adquirida luego de la transacción
after-born child – hijo nacido después de un
testamento
after-born heir – heredero póstumo
after-effects *n* – repercusiones,
consecuencias, efectos posteriores
after the act – luego del acto
after the fact – luego del hecho
aftercare *n* – cuido posterior, ayuda posterior
aftereffects *n* – repercusiones, consecuencias
aftermath *n* – consecuencias, secuelas
afterthought *n* – pensamiento posterior
against all risks – contra todos los riesgos
against documents – contra documentos
against fair trade – contra la competencia
justa y razonable
against her will – contra la voluntad de ella
against his will – contra la voluntad de él
against interest – contrario al interés propio
against payment – contra pago
against the form of the statute – contrario a
lo prescrito por ley
against the law – contra la ley
against the peace – contra la paz
against the rules – contra las reglas
against the will – contra la voluntad
age admitted – aceptación de la edad
declarada por un asegurado
age discrimination – discriminación por edad
age discrimination act – ley contra la
discriminación por edad
age exemption – exención por edad
age of consent – edad de consentimiento
age of discretion – edad de discreción
age of majority – mayoría de edad
age of reason – edad en que se considera a
un niño responsable de sus acciones
age of responsibility – edad de
responsabilidad
aged *adj* – envejecido, maduro
aged account – cuenta vencida
aged person – persona de edad avanzada
ageism *n* – discriminación por edad
agency *n* – agencia, organismo, mandato
agency agreement – convenio de agencia
agency by estoppel – agencia por
impedimento
agency by necessity – agencia establecida
por circunstancias de necesidad
agency by operation of law – agencia por
fuerza de la ley
agency contract – contrato de agencia
agency coupled with an interest – agencia
en que el agente tiene interés en la materia

agency relationship – relación de agencia
agency to sell – autorización para vender
agency shop – organización donde los no
agremiados pagan cuotas sindicales
agenda *n* – agenda, programa, orden del día
agent *n* – agente, representante, delegado
agent bank – banco agente
agent for service of process – agente para
recibir notificaciones
agent provocateur – espía, agente
provocador
agent's implied authority – facultades
implícitas del agente
agglomeration *n* – aglomeración
aggravate *v* – agravar
aggravated *adj* – agravado
aggravated assault – asalto grave,
acometimiento grave
aggravated assault and battery – asalto y
agresión grave
aggravated battery – agresión con agravantes
aggravated larceny – hurto agravado
aggravated robbery – robo agravado
aggravating circumstances – circunstancias
agravantes
aggravation *n* – agravación, circunstancia
agravante
aggregate *adj* – total, global, agregado
aggregate *v* – agregar, reunir
aggregate indemnity – beneficio máximo de
una póliza
aggregate insurance – seguro total
aggregation *n* – acumulación, agregación
aggregative *adj* – agregativo
aggression *n* – agresión, acometida, asalto
aggressive *adj* – agresivo, emprendedor
aggressive accounting – contabilidad
agresiva
aggressor *n* – agresor
aggrieve *v* – agravar, perjudicar, damnificar
aggrieved *adj* – agraviado, dañado,
damnificado
aggrieved party – parte agraviada, parte
afectada
aggrieved person – persona agraviada
agio *n* – agio, usura, especulación
agiotage *n* – agiotaje, usura, especulación
agitation *n* – agitación, incitación
agitator *n* – agitador, incitador
agnates *n* – agnados
agnation *n* – agnación
agnomination *n* – apellido
agnostic *adj* – agnóstico
agnostic *n* – agnóstico
agony *n* – agonía, angustia
agrarian *adj* – agrario, agrícola
agrarian activity – actividad agrícola
agrarian credit – crédito agrícola**

agrarian development – desarrollo agrícola
agrarian labor – trabajo agrícola
agrarian labour – trabajo agrícola
agrarian laws – leyes agrícolas
agrarian policy – política agrícola
agrarian reform – reforma agrícola
agrarian subsidy – subsidio agrícola
agree *v* – acordar, concertar, convenir, pactar
agreeable *adj* – conforme, adaptable, agradable
agreed *adj* – acordado, concertado, convenido, pactado
agreed case – proceso en que se dicta una sentencia basada en los hechos acordados por las partes
agreed charge – cargo pactado, cargo convenido
agreed conditions – condiciones pactadas
agreed obligation – obligación pactada
agreed statement of facts – declaración de hechos acordada por las partes
agreed terms – términos pactados
agreed to – pactado, convenido, acordado
agreed-upon *adj* – convenido, acordado, pactado
agreement *n* – convenio, acuerdo, contrato, pacto
agreement in writing – acuerdo por escrito
agreement of sale – contrato de compraventa
agreement to buy – acuerdo de compra
agreement to fix prices – acuerdo para fijar precios
agreement to purchase – acuerdo de compra
agreement to sell – contrato de compraventa
agri-business *n* – agroindustria
agri-food *adj* – agroalimentario
agribusiness *n* – agroindustria
agricultural *adj* – agrícola
agricultural agreement – convenio agrícola
agricultural commerce – comercio agrícola
agricultural commodities – productos agrícolas
agricultural cooperative – cooperativa agrícola
agricultural labor – trabajo agrícola
agricultural labour – trabajo agrícola
agricultural laws – leyes agrícolas
agricultural subsidy – subsidio agrícola
agricultural tariff – arancel agrícola
agriculture *n* – agricultura
agrifood *adj* – agroalimentario
agro-business *n* – agroindustria
agro-economic *adj* – agroeconómico
agro-industry *n* – agroindustria
agronomy *n* – agronomía
agrotourism *n* – agroturismo
AI (artificial intelligence) – inteligencia artificial

aid *n* – asistencia, ayuda, apoyo
aid *v* – asistir, ayudar, auxiliar, apoyar
aid and abet – instigar y/o ayudar a cometer un delito
aid and comfort – ayuda, aliento, colaboración
aid prayer – petición para la suspensión de un acto judicial
aide *n* – ayudante, asistente
aider and abettor – cómplice, accesorio
aider by verdict – saneamiento de una sentencia
aiding an escape – asistiendo en una fuga
AIDS (acquired immunodeficiency syndrome) – SIDA
ailment *n* – dolencia, enfermedad, malestar
aim *n* – propósito
aim *v* – apuntar, dirigir, aspirar
aim a weapon – apuntar un arma
air contamination – contaminación del aire
air mail – correo aéreo
air pollution – contaminación del aire
air piracy – piratería aérea
air rights – derechos aéreos
air time – tiempo en el aire, tiempo en antena
air waybill – carta de porte aéreo, guía aérea
airbill *n* – carta de porte aéreo, guía aérea
airmail *n* – correo aéreo
airspace *n* – espacio aéreo
airway *n* – ruta de navegación aérea
airtime *n* – tiempo en el aire, tiempo en antena
aka (also known as) – también conocido como
akin *adj* – consanguíneo, similar
alcoholic beverage – bebida alcohólica
alderman *n* – concejal, regidor
aleatory *adj* – aleatorio
aleatory contract – contrato aleatorio
aleatory promise – promesa aleatoria
aleatory transaction – transacción aleatoria
alert *n* – alerta, aviso
alia – otras cosas
alias *n* – alias, nombre supuesto, sobrenombre
alias summons – un emplazamiento sustituto preparado cuando el original no funcionó por razones tales como expiración o falta de entrega
alibi *n* – coartada, excusa
alien *adj* – extranjero, extraño
alien *n* – extranjero
alien company – compañía extranjera
alien corporation – corporación extranjera
alien immigrant – extranjero no naturalizado
alien laws – leyes de extranjería
alien registration – registro de extranjero
alienability *n* – transferibilidad

alienable *adj* – alienable, transferible, enajenable

alienage *n* – condición de ser extranjero

alienate *v* – enajenar, alienar, transmitir

alienation *n* – enajenación, alienación, transmisión

alienation clause – cláusula contractual concerniente a la transferencia de la propiedad

alienation of affection – enajenación de afectos

alienation of property – enajenación de bienes

alienee *n* – beneficiario de la transferencia de propiedad

alieni juris – bajo la autoridad de otro

alignment *n* – alineación

aliment *n* – alimento, sostén

alimony *n* – pensión alimenticia. pensión alimentaria

alimony award – adjudicación de pensión alimenticia

alimony in gross – pago único de pensión alimenticia

alimony income – ingresos por pensión alimenticia

alimony judgment – fallo de pensión alimenticia

alimony pendente lite – pensión alimenticia en espera de litigio de divorcio

alimony trust – fideicomiso para pensión alimenticia

ALJ (administrative law judge) – juez de derecho administrativo

all and singular – todos sin excepción, todos y cada uno

all costs – todas las costas, todos los costos, todos los costes

all faults – todos los defectos

all fours – dos casos o decisiones similares en todos los aspectos relevantes

all-in cost – costo con todo incluido

all-in policy – póliza de seguros contra todo riesgo

all-in price – precio con todo incluido

all-inclusive *adj* – con todo incluido

all-inclusive price – precio con todo incluido

all loss – toda pérdida

all-loss insurance – seguro contra toda pérdida

all-out strike – huelga con todos los empleados y/o miembros de la unión

all rights reserved – todos los derechos reservados

all-risk insurance – seguro contra todo riesgo

all-risk policy – póliza de seguros contra todo riesgo

all risks – todo riesgo

allegation *n* – alegación, alegato

allegation of facts – alegación de hechos

allege *v* – alegar, sostener, afirmar, declarar

allege a crime – alegar un crimen

alleged *adj* – alegado, supuesto, afirmado

alleged breach – supuesto incumplimiento

alleged default – supuesto incumplimiento

alleged non-compliance – supuesto incumplimiento

alleged noncompliance – supuesto incumplimiento

allegedly *adv* – alegadamente, presuntamente

allegiance *n* – lealtad, fidelidad

allen charge – instrucción al jurado para que traten de evaluar los aspectos importantes tomando en consideración los puntos de vista de los otros miembros del jurado

alliance *n* – alianza, unión, liga

allied *adj* – aliado, relacionado

allied enterprise – empresa aliada

allied union – sindicato aliado, unión aliada

allision *n* – choque de una embarcación con otra

allocable *adj* – distribuible, asignable

allocate *v* – distribuir, asignar, repartir

allocate resources – asignar recursos

allocated *adj* – asignado, destinado

allocated resources – recursos asignados

allocation *n* – asignación, repartición

allocation of resources – asignación de recursos

allocatur – certificado de costos

allocution *n* – alocución

allodial *adj* – alodial

allodial property – propiedad alodial

allodium *n* – alodio

allonge *n* – anexo para endosos

allot *v* – distribuir, asignar, repartir

allotment *n* – cuota, asignación, distribución

allotment certificate – certificado de asignación

allotment letter – carta de asignación

allotted *adj* – asignado, destinado, repartido

allotted resources – recursos asignados

allottee *n* – beneficiario de una distribución

allow *v* – permitir, asignar, dar, admitir

allowable *adj* – permisible, admisible

allowable losses – pérdidas permisibles

allowance *n* – concesión, permiso, asignación, rebaja, mesada, pensión, descuento

allowance for bad debts – reserva para deudas incobrables

allowance for claims – reserva para reclamaciones

allowance for doubtful accounts – reserva para cuentas dudosas

allowance for expenses – reserva para gastos

allowance pendente lite – orden judicial para
  pensión alimenticia temporera antes de
  finalizar el litigio
allowed *adj* – permitido
allowed assets – activo permitido
allowed by law – permitido por ley
allowed claim – reclamación permitida
allowed time – tiempo permitido
allowed transactions – transacciones
  permitidas
allurement *n* – atractivo
alluvion *n* – aluvión
alluvium *n* – aluvión
ally *n* – aliado
alms *n* – limosna, caridad
almshouse *n* – casa de beneficencia
alone *adj* – solo, único, solitario
also known as – también conocido como
alter *v* – alterar, cambiar, modificar
alter ego – álter ego
alter ego doctrine – doctrina del álter ego
alter the books – alterar los libros
alteration *n* – alteración, cambio,
  modificación
alteration of a check – alteración de un
  cheque
alteration of a cheque – alteración de un
  cheque
alteration of contract – alteración de contrato
alteration of instrument – alteración de
  instrumento
alteration of the books – alteración de los
  libros
alteration of trust – alteración de fideicomiso
alterations and improvements –
  modificaciones y mejoras
altercation *n* – altercado, disputa
altered *adj* – alterado
altered check – cheque alterado
altered cheque – cheque alterado
alternat *n* – alternación
alternate *adj* – alterno, alternativo, suplente,
  sustituto
alternate *v* – alternar
alternate beneficiary – beneficiario
  alternativo
alternate judge – juez suplente, juez sustituto
alternate legacy – legado alternativo
alternating *adj* – alternante, alterno
alternative *adj* – alternativo
alternative *n* – alternativa, opción
alternative contract – contrato alternativo
alternative dispute resolution –
  procedimientos para resolver disputas sin
  litigio
Alternative Investment Market – Mercado
  Alternativo de Inversiones
alternative judgment – sentencia alternativa

alternative legacy – legado alternativo
alternative mortgage – hipoteca alternativa
alternative punishment – pena alternativa
alternative relief – indemnización alternativa
alternative writ – mandamiento alternativo
alto et basso – alto y bajo, acuerdo para
  someterse a arbitraje
amalgamate *v* – amalgamar, fusionar, unir
amalgamation *n* – fusión, unión
amanuensis – amanuense, escribano
amass *v* – amasar, acumular
ambassador *n* – embajador, enviado
ambidexter *n* – hipócrita, quien recibe paga
  de ambas partes
ambiguity *n* – ambigüedad, imprecisión
ambiguous *adj* – ambiguo, impreciso
ambiguous language – lenguaje ambiguo
ambiguously *adv* – ambiguamente
ambit *n* – ámbito, contorno
ambulance *n* – ambulancia
ambulance chaser – picapleitos
ambulatory *adj* – ambulante, variable
ambulatory court – tribunal ambulante
ambush *n* – emboscada
ameliorate *v* – mejorar
ameliorations *n* – mejoras
amenable *adj* – responsable, receptivo,
  flexible
amenable to the law – responsable ante la ley
amend *v* – enmendar, modificar, rectificar
amend a certificate of incorporation –
  enmendar un certificado de incorporación
amend a law – enmendar una ley
amend a will – enmendar un testamento
amendable *adj* – enmendable, modificable,
  rectificable
amendatory *adj* – enmendatorio
amended *adj* – enmendado, modificado,
  rectificado
amended return – declaración enmendada de
  la renta
amended tax return – declaración
  enmendada de la renta
amendment *n* – enmienda, modificación
amendment certificate – certificado de
  enmienda
amendment to a law – enmienda a una ley
amendment to a will – enmienda a un
  testamento
amendment to articles of incorporation –
  enmienda al acta constitutiva
amends *n* – indemnización, compensación
amenities *n* – amenidades, comodidades
amerce *v* – multar
amercement *n* – multa
American Bar Association – Asociación
  Americana de Abogados
amicable *adj* – amistoso, amigable

amicable action – acción amistosa
amicable agreement – convenio amistoso
amicable settlement – arreglo amistoso
amicus curiae – amigo del tribunal, amicus curiae
amity *n* – amistad, paz
amnesia *n* – amnesia
amnesty *n* – amnistía
amoral *adj* – amoral
amortisable *adj* – amortizable
amortisation *n* – amortización
amortise *v* – amortizar
amortised *adj* – amortizado
amortizable *adj* – amortizable
amortization *n* – amortización
amortize *v* – amortizar
amortized *adj* – amortizado
amotion *n* – despojo, desalojo
amount *n* – cantidad, monto, cuantía, suma
amount *v* – significar, ascender a
amount at risk – cantidad en riesgo
amount due – cantidad debida, monto debido
amount in controversy – cantidad en controversia
amount in dispute – cantidad en disputa
amount insured – cantidad asegurada
amount lost – cantidad perdida
amount of credit – cantidad de crédito
amount of damage – cantidad del daño
amount of evidence – cantidad de prueba
amount of loss – cantidad de la pérdida
amount of subsidy – cantidad del subsidio
amount outstanding – cantidad pendiente, saldo
amount overdue – cantidad vencida
amount paid – cantidad pagada
amove *v* – remover, llevarse
ampliation *n* – prórroga, aplazamiento, aumento
amusement *n* – diversión, recreo
analogous *adj* – análogo, paralelo
analogy *n* – analogía
analyse *v* – analizar
analysis *n* – análisis
analysis certificate – certificado de análisis
analyst *n* – analista, analizador
analytical *adj* – analítico
analytical accounting – contabilidad analítica
analytical jurisprudence – jurisprudencia analítica
analytical review – revisión analítica
analyze *v* – analizar
anarchist *adj* – anarquista
anarchist *n* – anarquista
anarchy *n* – anarquía
anatocism *n* – anatocismo, usura
anatomical gift – donación anatómica
ancestor *n* – antepasado, predecesor

ancestral *adj* – ancestral
ancestral actions – acciones ancestrales
ancestral debt – deuda ancestral
ancestral estate – bienes inmuebles adquiridos por sucesión
ancestral property – propiedad adquirida por sucesión
ancestry *n* – linaje, abolengo, alcurnia
anchorage *n* – tarifa de anclaje
ancient *adj* – antiguo, anciano
ancient deed – título de más de 30 años
ancient document – documento de más de 30 años
ancient lights – servidumbre de luz y aire
ancient records – documentos de más de 30 años
ancient writings – documentos de más de 30 años
ancienty *n* – prioridad, antigüedad
ancillary *adj* – auxiliar, dependiente, accesorio
ancillary action – acción accesoria
ancillary agreement – convenio auxiliar
ancillary attachment – embargo auxiliar
ancillary claim – reclamo auxiliar
ancillary covenant – estipulación auxiliar
ancillary jurisdiction – jurisdicción auxiliar
ancillary legislation – legislación auxiliar
ancillary probate – proceso auxiliar para la legalización de un testamento
ancillary proceeding – procedimiento auxiliar
ancillary receiver – síndico auxiliar
ancillary remedy – remedio auxiliar
ancillary suit – acción accesoria
and Co. (and company) – y compañía
and company – y compañía
and/or – y/o
and others – y otros
anew *adv* – nuevamente, de nuevo
anguish *n* – angustia, tormento
animus – ánimo, mente, intención, animus
animus furandi – intención de hurtar, animus furandi
animus lucrandi – ánimo de lucro, animus lucrandi
animus testandi – intención de hacer testamento, animus testandi
annex *n* – anejo, anexo
annex *v* – anexar, anejar, unir
annexation *n* – anexión, incorporación, unión
annexation by reference – incorporación por referencia
annihilate *v* – aniquilar, destruir
annihilation *n* – aniquilación, destrucción total
anniversary *n* – aniversario

anniversary of policy – aniversario de póliza
annotate *v* – anotar, comentar
annotation *n* – anotación, comentario
announce *v* – anunciar, avisar
announced *adj* – anunciado, avisado
announcement *n* – aviso, declaración,
   anuncio
announcement date – fecha de aviso
annoy *v* – molestar, incomodar
annoyance *n* – molestia, incomodidad
annual *adj* – anual
annual audit – auditoría anual
annual average earnings – promedio de
   ingresos anuales
annual financial statement – estado
   financiero anual
annual general meeting – asamblea general
   anual
annual income – ingresos anuales
annual limit – límite anual
annual meeting – reunión anual, asamblea
   anual
annual percentage rate – tasa porcentual
   anual
annual policy – póliza anual
annual premium – prima anual
annual rate – tasa anual, tipo anual
annual rent – renta anual
annual report – informe anual, reporte anual
annual salary – salario anual, sueldo anual
annual shareholders' meeting – asamblea
   anual de accionistas
annual statement – estado anual, balance
   anual
annual stockholders' meeting – asamblea
   anual de accionistas
annual wage – salario anual
annualise *v* – anualizar
annualised *adj* – anualizado
annualize *v* – anualizar
annualized *adj* – anualizado
annually *adv* – anualmente
annuitant *n* – rentista, pensionado
annuitise *v* – comenzar los pagos de una
   anualidad
annuitize *v* – comenzar los pagos de una
   anualidad
annuity *n* – anualidad, pensión, pensión
   vitalicia
annuity contract – contrato de anualidad
annuity due – anualidad pagada antes del
   período
annuity insurance – seguro de anualidad
annuity policy – póliza de anualidad
annul *v* – anular, cancelar, abrogar
annul a contract – anular un contrato
annul a marriage – anular un matrimonio
annullable *adj* – anulable

annulling *adj* – anulador
annulment *n* – anulación, derogación,
   abrogación
annulment of contract – anulación de
   contrato
annulment of marriage – anulación de
   matrimonio
anomalous *adj* – anómalo, irregular
anomalous plea – alegato con elementos
   positivos y negativos
anomaly *n* – anomalía
anonymity *n* – anonimato
anonymous case – caso anónimo
answer for – responder por, responsabilizarse
answer to interrogatories – contestación a
   los interrogatorios
answerable *adj* – responsable, que se puede
   contestar
antagonise *v* – antagonizar
antagonist *n* – antagonista
antagonize *v* – antagonizar
antecedent *adj* – antecedente
antecedent *n* – antecedente
antecedent claim – derecho anterior
antecedent debt – deuda contraída
   anteriormente
antecessor *n* – antecesor
antedate *v* – antedatar
antedated *adj* – antedatado
antedated check – cheque antedatado
antedated cheque – cheque antedatado
antenatal *adj* – antes de nacer
antenuptial *adj* – antenupcial, prenupcial
antenuptial agreement – pacto antenupcial,
   capitulaciones matrimoniales
antenuptial contract – pacto antenupcial,
   capitulaciones matrimoniales
antenuptial gift – donación antenupcial
antenuptial will – testamento antenupcial
anthropometry *n* – antropometría
anti-avoidance legislation – legislación
   antievasión
anti-competitive *adj* – anticompetitivo
anti-competitive practices – prácticas
   anticompetitivas
anti-cyclical *adj* – anticíclico
anti-dumping *adj* – antidumping
anti-dumping act – ley antidumping
anti-dumping action – acción antidumping
anti-dumping agreement – convenio
   antidumping
anti-dumping code – código antidumping
anti-dumping duty – tarifa antidumping,
   impuesto antidumping
anti-dumping law – ley antidumping
anti-dumping legislation – legislación
   antidumping
anti-dumping practices – prácticas

antidumping
anti-dumping regulations – reglamentos antidumping
anti-dumping tariff – tarifa antidumping, impuesto antidumping
anti-dumping tax – impuesto antidumping
anti-government *adj* – antigubernamental
anti-governmental *adj* – antigubernamental
anti-inflation *adj* – antiinflacionario
anti-inflationary *adj* – antiinflacionario
anti manifesto – proclamación de porqué una guerra es defensiva
anti-monopoly *adj* – antimonopolio
anti-monopoly laws – leyes antimonopolio
anti-nuclear *adj* – antinuclear
anti-pollution *adj* – anticontaminación
anti-recession *adj* – antirecesión
anti-sexist *adj* – antisexista
anti-social *adj* – antisocial
anti-takeover measures – medidas contra tomas de control corporativo
anti-trust *adj* – antimonopolio, antimonopolista
anti-trust acts – leyes antimonopolio
anti-trust laws – leyes antimonopolio
anti-trust legislation – legislación antimonopolio
antichresis *n* – anticresis
anticipate *v* – anticipar, prever
anticipated *adj* – anticipado
anticipated defence – defensa anticipada
anticipated defense – defensa anticipada
anticipation *n* – anticipación, previsión, expectación
anticipatory *adj* – anticipador
anticipatory breach – incumplimiento con anticipación
anticipatory breach of contract – incumplimiento con anticipación
anticipatory offense – delito que consiste en prepararse para otro delito
anticipatory repudiation – repudio anticipado
anticompetitive *adj* – anticompetitivo
anticompetitive practices – prácticas anticompetitivas
anticonstitutional *adj* – anticonstitucional
antidumping *adj* – antidumping
antidumping act – ley antidumping
antidumping action – acción antidumping
antidumping agreement – convenio antidumping
antidumping code – código antidumping
antidumping duty – tarifa antidumping, impuesto antidumping
antidumping law – ley antidumping
antidumping legislation – legislación antidumping
antidumping practices – prácticas

antidumping
antidumping regulations – reglamentos antidumping
antidumping tariff – tarifa antidumping, impuesto antidumping
antidumping tax – impuesto antidumping
antigovernment *adj* – antigubernamental
antimonopoly *adj* – antimonopolio
antinomy *n* – antinomia
antinuclear *adj* – antinuclear
antipode *adj* – opuesto
antipollution *adj* – anticontaminación
antiquity *n* – el pasado remoto
antirecession *adj* – antirecesión
antisexist *adj* – antisexista
antisocial *adj* – antisocial
antitrust *adj* – antimonopolio, antimonopolista
antitrust acts – leyes antimonopolio
antitrust laws – leyes antimonopolio
antitrust legislation – legislación antimonopolio
anxiety *n* – ansiedad, anhelo
any other business – ruegos y preguntas
AOB (any other business) – ruegos y preguntas
apartment *n* – apartamento, departamento, piso
apartment building – edificio de apartamentos
apartment house – casa de apartamentos
apiece *adv* – cada uno, por cada uno
apex *n* – ápice, cima
apolitical *adj* – apolítico
apology *n* – disculpa
apostles *n* – escrito concerniente a la apelación a un tribunal superior
apparatus *n* – aparato, instrumentos
apparent *adj* – aparente, evidente, manifiesto
apparent agency – agencia aparente
apparent agent – agente aparente
apparent authority – autoridad aparente
apparent boundaries – límites aparentes
apparent damage – daño aparente
apparent danger – peligro aparente
apparent defects – defectos aparentes
apparent easement – servidumbre aparente
apparent error – error aparente
apparent heir – heredero aparente
apparent liability – responsabilidad aparente
apparent ownership – propiedad aparente
apparent partnership – sociedad aparente
apparent possession – posesión aparente
apparent risk – riesgo aparente
apparent servitude – servidumbre aparente
apparent title – título aparente
apparent use – uso aparente
apparently *adv* – aparentemente

appeal *n* – apelación, recurso, llamado, solicitud
appeal *v* – apelar, recurrir
appeal bond – fianza de apelación
appeal against conviction – apelación contra condena
appeal committee – comité de apelación
appealable *adj* – apelable, recurrible
appealable interest – interés apelable
appealable judgment – sentencia apelable
appealable order – orden apelable
appealer *n* – apelante
appeals court – tribunal de apelaciones
appeals officer – oficial de apelaciones
appear *v* – aparecer, comparecer, presentarse
appearance *n* – comparecencia, apariencia
appearance bail – fianza de comparecencia
appearance bond – fianza de comparecencia
appearance docket – registro de comparecencias
appearance of authority – apariencia de autoridad
appearance of validity – apariencia de validez
appearing party – parte compareciente
appeasement *n* – apaciguamiento
appellant *n* – apelante, recurrente
appellate *adj* – de apelación
appellate court – tribunal de apelaciones
appellate jurisdiction – jurisdicción de apelaciones
appellate review – revisión por un tribunal de apelaciones
appellee *n* – apelado
appellor *n* – apelante, recurrente
append *v* – añadir, fijar, adjuntar, anexar
appendant *adj* – accesorio, anexo
appendant powers – poderes accesorios
appendix *n* – apéndice, anexo
appertain to – pertenecer a, corresponder a
appliance *n* – artefacto, instrumento, electrodoméstico
applicability *n* – aplicabilidad, pertinencia
applicable *adj* – aplicable, pertinente
applicable law – ley aplicable, derecho aplicable
applicant *n* – solicitante, candidato
application *n* – solicitud, petición, aplicación
application date – fecha de solicitud
application for change of venue – solicitud para traslado de sala
application for subsidy – solicitud de subsidio
application form – formulario de solicitud
application procedure – procedimiento de solicitud
applied *adj* – aplicado
apply *v* – aplicar, solicitar, pedir

apply for a patent – solicitar una patente
appoint *v* – nombrar, designar
appoint an agent – nombrar un agente
appoint an executor – nombrar un albacea
appointed *adj* – nombrado
appointed director – director nombrado
appointee *n* – designado, beneficiario
appointing power – poder de nombramiento
appointment *n* – designación, nombramiento
appointment of trustee – designación de fiduciario
appointor *n* – persona quien designa
apportion *v* – repartir, asignar, distribuir
apportioned *adj* – prorrateado, distribuido
apportionment *n* – prorrateo, distribución
apportionment of damages – distribución de los daños
appraisable *adj* – tasable, evaluable
appraisal *n* – tasación, evaluación, valoración, avalúo
appraisal certificate – certificado de tasación
appraisal report – informe de tasación
appraisal value – valor de tasación, valoración
appraise *v* – tasar, evaluar, valorar, avaluar
appraised *adj* – tasado, evaluado, valorado
appraised value – valor tasado, valoría
appraisement *n* – tasación, evaluación, valoración, avalúo
appraiser *n* – tasador, evaluador, avaluador
appreciable damages – daños apreciables
appreciate *v* – apreciar, reconocer, comprender
appreciation *n* – apreciación, valoración, evaluación
apprehend *v* – aprehender, comprender, detener, arrestar
apprehension *n* – aprensión, temor, captura, detención, arresto
apprehensive *adj* – aprensivo, tímido, perspicaz
apprentice *n* – aprendiz
apprenticeship *n* – aprendizaje, noviciado
apprise *v* – informar
approach *n* – acercamiento, enfoque
approach *v* – acercarse a, hacer propuestas a
approach the bench – solicitud al juez para acercarse al estrado
approach the witness – solicitud al juez para acercarse a un testigo
approbate *v* – aprobar
approbation *n* – aprobación, sanción
appropriate *adj* – apropiado, adecuado
appropriate *v* – apropiarse, asignar
appropriate remedy – remedio apropiado
appropriated *adj* – apropiado, asignado
appropriation *n* – apropiación, asignación
appropriation of land – expropiación

appropriator *n* — quien realiza un acto de apropiación
approval *n* — aprobación, consentimiento
approve *v* — aprobar, ratificar, consentir
approved *adj* — aprobado, ratificado
approved benefits — beneficios aprobados
approved terms — términos aprobados
approx. (approximate) — aproximado
approximate *adj* — aproximado
approximate subsidy — subsidio aproximado
approximate tax — impuesto aproximado
approximately *adv* — aproximadamente
approximation *n* — aproximación, estimado
appt. (appointment) — cita
appurtenances *n* — anexidades, accesorios
appurtenant *adj* — anexo, accesorio
appurtenant easement — servidumbre predial
appurtenant structure — estructura anexa
apt words — palabras aptas, palabras apropiadas para lograr un efecto jurídico
AQL (acceptable quality level) — nivel de calidad aceptable
APR (annual percentage rate) — tasa porcentual anual, tasa anual equivalente
apt. (apartment) — apartamento
apud acta — entre las leyes registradas, en el expediente
aquatic rights — derechos de agua
arbiter *n* — árbitro, arbitrador
arbitrable *adj* — arbitrable
arbitrage *n* — arbitraje
arbitrage house — casa de arbitraje
arbitral *adj* — arbitral
arbitral agreement — acuerdo arbitral
arbitrament *n* — laudo arbitral
arbitrarily *adv* — arbitrariamente
arbitrariness *n* — arbitrariedad
arbitrary *adj* — arbitrario
arbitrary act — acto arbitrario
arbitrary action — acción arbitraria
arbitrary and capricious — arbitrario y caprichoso
arbitrary power — poder arbitrario
arbitrary punishment — condena arbitraria, condena discrecional
arbitrary taxation — imposición arbitraria
arbitrary verdict — veredicto arbitrario
arbitrate *v* — arbitrar
arbitration *n* — arbitraje, arbitración
arbitration acts — actos de arbitraje
arbitration agreement — convenio de arbitraje
arbitration award — laudo arbitral
arbitration board — junta de arbitraje, junta arbitral
arbitration body — cuerpo arbitral, órgano arbitral
arbitration clause — cláusula arbitral
arbitration court — tribunal arbitral

arbitration decision — laudo arbitral
arbitration proceedings — procedimiento arbitral
arbitration tribunal — tribunal arbitral
arbitrative *adj* — arbitrativo
arbitrator *n* — árbitro, arbitrador, tercero
archetype *n* — arquetipo
archive *n* — archivo
archive *v* — archivar
archivist *n* — archivista
area *n* — área, zona, terreno
area manager — gerente regional
area of expertise — área de pericia
argue *v* — discutir, sostener, exponer
arguendo — poner por caso, pongamos por caso
argument *n* — argumento, alegato, discusión
argument to jury — alegato dirigido al jurado
argumentation *n* — argumentación, razonamiento
argumentative *adj* — argumentativo, discutidor
argumentative question — pregunta tendenciosa
argumentum *n* — argumento
arise *v* — surgir, levantarse, resultar de
arise from — proceder de, resultar de
arising *adj* — procediendo de, surgiendo de
arising out of a contract — surgiendo de un contrato
arising out of employment — surgiendo del empleo
aristo-democracy *n* — aristodemocracia
aristocracy *n* — aristocracia
aristocrat *n* — aristócrata
ARM (adjustable-rate mortgage) — hipoteca de tasa ajustable
arm's length — transacciones en buena fe entre partes independientes actuando con intereses propios
arm's length bargaining — negociaciones en buena fe entre partes independientes con intereses propios
arm's length negotiations — negociaciones en buena fe entre partes independientes con intereses propios
arm's length transactions — transacciones en buena fe entre partes independientes con intereses propios
armed *adj* — armado
armed burglary — robo a mano armada
armed forces — fuerzas armadas
armed robbery — robo a mano armada
armistice *n* — armisticio
armory *n* — armería
arms *n* — armas
arraign *v* — leer la acusación, procesar, acusar formalmente

arraignment *n* – lectura de la acusación, acusación formal
arrange *v* – arreglar, ordenar, fijar, organizar
arrangement *n* – arreglo, concordato
arrangement with creditors – concordato, convenio con acreedores, quita y espera
array *n* – grupo de personas del cual se escogerán los miembros del jurado
arrearage *n* – atraso, demora
arrears *n* – atrasos
arrears in alimony – atrasos en los pagos de pensión alimenticia
arrears in payment – atrasos en los pagos
arrest *n* – arresto, detención, paro
arrest bond – fianza de arresto
arrest of judgment – suspensión de la sentencia
arrest record – expediente de arrestos, historial de arrestos
arrest warrant – orden de arresto
arrested *adj* – arrestado, detenido, parado
arrestee *n* – a quien se arresta
arrester *n* – quien arresta
arretted *adj* – convenido ante un juez
arrival *n* – llegada
arrive *v* – llegar, arribar
arrogation *n* – arrogación
arsenal *n* – arsenal
arson *n* – incendio provocado
arson clause – cláusula de incendios provocados
arsonist *n* – incendiario
art *n* – arte, habilidad, oficio
articled clerk – aprendiz, novicio, pasante
article *n* – artículo, cláusula, sección, objeto
articles of agreement – cláusulas de un contrato
articles of amendment – modificaciones a la acta constitutiva
articles of association – acta de fundación, artículos de asociación
articles of dissolution – acta de disolución
articles of impeachment – escrito de impugnación
articles of incorporation – acta constitutiva, acta de constitución, artículos de incorporación
articles of partnership – contrato para formar una sociedad
articulate *adj* – articulado, elocuente
articulate *v* – articular, pronunciar
articulately *adv* – articuladamente, elocuentemente
artifice *n* – artificio, artimaña
artificer *n* – artífice, artesano
artificial *adj* – artificial, afectado
artificial insemination – inseminación artificial

artificial intelligence – inteligencia artificial
artificial person – persona jurídica
artificial presumptions – presunciones jurídicas
artisan *n* – artesano
artwork *n* – material gráfico
as amended – según enmendado
as is – tal y como está
as is selling – ventas de cosas tal y como están
as of – desde tal momento
as of right – según derecho
as per – de acuerdo a, de acuerdo con, según
as per agreement – de acuerdo a lo convenido
as per contract – de acuerdo al contrato
as soon as possible – tan pronto como sea posible
as soon as practicable – tan pronto como sea razonablemente posible
as yet – hasta ahora
ASAP (as soon as possible) – tan pronto como sea posible
ascend *v* – ascender, elevarse
ascendants *n* – ascendientes, antepasados
ascent *n* – ascensión
ascertain *v* – averiguar, comprobar, investigar
ascertainable *adj* – comprobable, averiguable
ascertainable damages – daños comprobables
ascertainment *n* – averiguación, determinación
ascribe *v* – atribuir, adscribir
ascribe a motive – atribuir un motivo
ask *v* – preguntar, pedir, invitar
asking price – precio inicial, precio de venta
aspect *n* – aspecto
asperse *v* – calumniar, difamar
aspersions *n* – calumnias, difamaciones
asportation *n* – acto de llevarse algo ilegalmente
assail *v* – asaltar, acometer, agredir
assailant *n* – asaltante, agresor
assailer *n* – asaltante, agresor
assassin *n* – asesino, magnicida
assassinate *v* – asesinar
assassination *n* – asesinato, magnicidio
assault *n* – asalto, acometimiento, ataque, agresión
assault and battery – asalto y agresión, asalto y lesiones
assault with a deadly weapon – asalto a mano armada
assault with intent to kill – asalto con intención de matar
assault with intent to murder – asalto con

intención de asesinar
assault with intent to rape – asalto con intención de violar
assault with intent to rob – asalto con intención de robar
assay *n* – ensayo, ensaye
assayer *n* – ensayador, aquilatador
assecuration *n* – seguro marítimo
assecurator *n* – asegurador marítimo
assemblage *n* – asamblea, combinación
assemble *v* – reunir, convocar, recopilar
assembly *n* – asamblea, reunión, montaje
assemblyman *n* – asambleísta
assemblyperson *n* – asambleísta
assent *n* – consentimiento, asentimiento
assent *v* – consentir, asentir
assent by acts – consentimiento mediante actos
assent by silence – consentimiento mediante silencio
assert *v* – aseverar, afirmar
assertion *n* – aserto, afirmación
assertory oath – juramento asertorio
assess *v* – valorar, tasar, evaluar, amillarar, imponer contribuciones
assess a tax – amillarar
assessable *adj* – imponible, gravable
assessable insurance – seguro con primas adicionales posibles
assessable policy – póliza con primas adicionales posibles
assessed *adj* – valorado, tasado, amillarado
assessed valuation – valor catastral, valuación fiscal
assessment *n* – contribución, imposición, impuesto, amillaramiento, tasación
assessment base – valor de la propiedad en un distrito fiscal
assessment district – distrito fiscal
assessment list – lista de contribuyentes
assessment notice – aviso de imposición
assessment of damages – determinación de daños
assessment of deficiency – determinación de deficiencia
assessment of risk – evaluación del riesgo
assessment of taxes – imposición de impuestos
assessment roll – registro de contribuyentes
assessor *n* – asesor, tasador
asset *n* – activo, elemento del activo, valor activo
asset administration – administración de activos
asset and liability sheet – balance
asset and liability statement – balance
asset-backed *adj* – respaldado por activos
asset-covered *adj* – respaldado por activos

asset financing – financiamiento respaldado por activos
asset freeze – congelación de activos
asset liquidation – liquidación de activos
asset management – administración de activos
asset stripping – adquisición de una entidad con la intención de liquidar sus activos
asset value – valor de activos
assets *n* – bienes, activo, haberes
assets and liabilities – activo y pasivo
assets in hand – activos en mano
assets of an estate – acervo hereditario
assets per descent – bienes hereditarios
asseveration *n* – aseveración
assign *v* – asignar, designar, transferir, ceder
assign a lease – transferir un arrendamiento
assign a salary – salariar
assign benefits – asignar beneficios
assign contracts – asignar contratos
assign quotas – asignar cuotas
assignability *n* – transferibilidad, cesibilidad
assignable *adj* – asignable, transferible, cedible
assignable contract – contrato transferible
assignable interest – interés transferible
assignable lease – arrendamiento transferible
assignation *n* – asignación, designación
assigned *adj* – asignado, transferido, cedido
assigned benefits – beneficios asignados
assigned contracts – contratos asignados
assigned counsel – abogado de oficio
assigned quotas – cuotas asignadas
assigned risk – riesgo asignado
assignee *n* – beneficiario, cesionario, causahabiente
assigner *n* – cedente, transferidor, causante
assignment *n* – asignación, transferencia, cesión
assignment for benefit of creditors – cesión de bienes para el beneficio de acreedores
assignment notice – aviso de asignación, aviso de transferencia
assignment of account – transferencia de cuenta
assignment of benefits – transferencia de beneficios
assignment of claim – transferencia de créditos
assignment of contract – transferencia de contrato
assignment of copyright – transferencia de derechos de autor
assignment of counsel – designación de abogado
assignment of debts – transferencia de deudas
assignment of error – motivos de recurso

assignment of funds – transferencia de fondos
assignment of income – transferencia de ingresos
assignment of lease – transferencia de arrendamiento
assignment of mortgage – transferencia de hipoteca
assignment of rights – transferencia de derechos
assignment of risk – transferencia de riesgo
assignment of salary – transferencia de salario
assignment of trademark – transferencia de marca
assignment of wages – transferencia de salario
assignment with preferences – transferencia preferencial
assignor *n* – cedente, transferidor, causante
assigns *n* – cesionarios, sucesores
assimilation *n* – asimilación
assist *v* – asistir, ayudar, apoyar
assistance *n* – asistencia, ayuda, apoyo
assistance of counsel – derecho a defensa apropiada
assistant *n* – asistente, ayudante
assistant administrator – subadministrador
assistant commissioner – subcomisionado
assistant director – subdirector
assistant judge – juez asistente
assistant manager – subgerente
assistant official – oficial asistente
assisted person – persona asistida
assisting *adj* – asistiendo, ayudando
assistive technology – tecnología asistiva
assize *n* – sesión de un tribunal
associate *n* – asociado, socio, miembro
associate *v* – asociar, relacionar, juntar
associated *adj* – asociado, relacionado
associate member – miembro asociado
associated *adj* – asociado
associated bank – banco asociado
associated enterprise – empresa asociada
association *n* – asociación, alianza, organización
association agreement – convenio de asociación
association bookkeeping – contabilidad de la asociación
association liability – responsabilidad de la asociación
association records – registros de la asociación
assoil *v* – absolver, liberar, exonerar
assumable *adj* – asumible
assume *v* – asumir, suponer, adoptar
assume a risk – asumir un riesgo

assume an obligation – asumir una obligación
assume control – asumir control
assume responsibility – asumir responsabilidad
assumed *adj* – asumido, adoptado, fingido
assumed facts – hechos presuntos
assumed name – alias
assumpsit *n* – promesa de pago a otro, acción por incumplimiento de contrato
assumption *n* – asunción, suposición
assumption of liability – asunción de responsabilidad
assumption of risk – asunción de riesgo
assurable *adj* – asegurable
assurance *n* – promesa, aseveración, garantía, seguro
assurance policy – póliza de seguro
assure *v* – asegurar, garantizar, prometer
assured *adj* – asegurado, garantizado, prometido
assured tenancy – arrendamiento con derecho a permanecer indefinidamente bajo ciertas condiciones
assurer *n* – asegurador
asylum *n* – asilo
asylum seeker – quien busca asilo
asymmetric information – información asimétrica
asymmetric taxation – imposición asimétrica
at (@) – arroba, @
at all times – en todo momento
at any time – en cualquier momento
at arm's length – transacciones en buena fe entre partes independientes actuando con intereses propios
at bar – ante el tribunal
at issue – en controversia, bajo discusión
at large – libre, fugitivo, en general
at law – de acuerdo a la ley
at owner's risk – a riesgo del dueño
at risk – a riesgo
at the time – en el momento
at will – a voluntad
atheism *n* – ateísmo
atheistic *adj* – ateo
atheist *n* – ateo
ATM (automatic teller machine, automated teller machine) – cajero automático
atomic energy – energía atómica
atrocious *adj* – atroz
atrocious assault – asalto agravado con crueldad y brutalidad
atrocious assault and battery – asalto y agresión agravada con crueldad y brutalidad
atrocious battery – agresión agravada con crueldad y brutalidad
atrocity *n* – atrocidad

attach v – anexar, adjuntar, anejar, embargar
attachable adj – embargable, que se puede anexar
attaché n – agregado, maletín
attached adj – anexo, anejo, adjunto, embargado
attached account – cuenta embargada
attached copy – copia adjunta
attached document – documento adjunto
attached file – archivo adjunto, fichero adjunto
attached property – bienes embargados, propiedad embargada
attachment n – embargo, fijación, anejo, secuestro, incautación, archivo adjunto
attachment bond – fianza para liberar un embargo
attachment of assets – embargo de bienes
attachment of earnings – embargo de ingresos
attachment proceedings – diligencia de embargo, juicio de embargo
attack n – ataque, acometimiento, asalto
attack v – atacar, acometer, asaltar
attack credibility – atacar la credibilidad
attacker n – atacante, acometedor, asaltante
attain v – alcanzar, llegar a, conseguir
attainder n – extinción de derechos civiles
attaint v – acusar, corromper
attempt n – intento, tentativa, atentado
attempt v – intentar, procurar
attempt to defraud – intento de defraudar
attempt to monopolise – intento de monopolizar
attempt to monopolize – intento de monopolizar
attempt to murder – intento de asesinar
attempt to rape – intento de violar
attend v – atender, cuidar, asistir
attendance n – asistencia, atención, presencia
attendant circumstances – circunstancias concomitantes
attention n – atención, cuidado
attenuate v – atenuar, amortiguar
attenuating circumstances – circunstancias atenuantes
attenuation n – atenuación, amortiguamiento
attest v – atestiguar, dar fe, deponer, testificar, certificar
attestation n – atestación, testimonio
attestation clause – cláusula de certificación
attested adj – atestiguado, certificado
attested copy – copia certificada
attested signature – firma certificada
attesting notary – notario autorizante
attesting witness – testigo certificador
attestor n – quien certifica, quien atestigua

attorn v – transferir, ceder
attorney n – abogado, apoderado, agente legal
attorney ad hoc – abogado para una acción específica, abogado ad hoc
attorney at law – abogado autorizado, abogado
attorney-client privilege – privilegio de comunicaciones entre abogado y cliente
attorney ethics – código de ética de abogados
attorney general – procurador general
attorney-in-fact n – apoderado, abogado privado
attorney of record – abogado que consta
attorney's fees – honorarios del abogado
attorney's license – licencia de abogado
attorney's oath – juramento del abogado
attorney's privilege – privilegio del abogado
attornment n – reconocimiento de un nuevo dueño por el arrendatario
attractive nuisance – peligro atrayente
attribution n – atribución, cualidad
attrition n – agotamiento, desgaste
auction n – subasta, almoneda, remate
auction v – subastar, martillar, licitar, rematar
auction off – subastar, martillar, licitar, rematar
auctioneer n – subastador, martillero, rematador
audience n – audiencia, entrevista, público
audit n – auditoría, intervención, revisión contable, compulsa, arqueo
audit v – auditar, examinar cuentas, intervenir, comprobar, revisar
audit accounts – auditar las cuentas
audit certificate – certificado de auditoría
audit committee – comité de auditoría
audit examination – examinación de auditoría
audit opinion – informe del contador público autorizado
audit report – informe de auditoría
audit scope – alcance de auditoría
audit verification – verificación de auditoría
auditability n – auditabilidad
auditable adj – auditable
audited adj – auditado
auditee n – quien es auditado
auditing n – auditoría, intervención, revisión
auditing of accounts – auditoría de cuentas
auditing scope – alcance de auditoría
auditor n – auditor, contralor, intervenidor, fiscal de cuentas, revisor
auditor's certificate – dictamen del auditor
auditor's office – oficina del auditor, revisoría
auditor's opinion – opinión del auditor

auditor's report – informe del auditor
augment *v* – aumentar, acrecentar
augmented estate – patrimonio extendido de acuerdo a lo provisto por las leyes aplicables
augmentation *n* – aumento, acrecentamiento
austerity *n* – austeridad
autarchic *adj* – autárquico
autarchical *adj* – autárquico
autarchy *n* – autarquía
authentic *adj* – auténtico, legítimo, fidedigno
authentic act – acta auténtica, acta protocolizada
authentic copy – copia auténtica
authentic interpretation – interpretación auténtica
authenticate *v* – autenticar, autentificar, legalizar
authenticated signature – firma autenticada
authentication *n* – autenticación, legalización de documentos
authentication of documents – autenticación de documentos
authentication of identity – autenticación de identidad
authentication of signature – autenticación de firma
authorisation *n* – autorización, concesión, habilitación
authorise *v* – autorizar, justificar
authorised *adj* – autorizado, apoderado
authorised agent – agente autorizado
authorised by law – autorizado por ley
authorised transfer – transferencia autorizada
authoritarian *adj* – autoritario
authoritative *adj* – autoritativo
authorities *n* – autoridades, citaciones
authority *n* – autoridad, experto, representación
authority by estoppel – autoridad por impedimento
authority certificate – certificado de autoridad
authority certification – certificación de autoridad
authority evidence – prueba de autoridad
authority of the court – autoridad del tribunal
authority proof – prueba de autoridad
authority to contract – autorización para contratar
authorization *n* – autorización, concesión, habilitación
authorize *v* – autorizar, justificar
authorized *adj* – autorizado, apoderado
authorized agent – agente autorizado
authorized by law – autorizado por ley
authorized transfer – transferencia autorizada
auto allowance – asignación para gastos de automóvil
auto car insurance – seguro de automóvil
auto insurance – seguro de automóvil
auto liability insurance – seguro de responsabilidad pública de automóvil
auto registration – matrícula de automóviles
autocracy *n* – autocracia
autocrat *n* – autócrata
autograph *n* – autógrafo
Automated Clearing Settlement System – sistema de liquidación automatizada
automated clearinghouse – casa de liquidación automatizada
automated data processing – procesamiento automático de datos
automated teller – cajero automático
automated teller machine – cajero automático
automatic coverage – cobertura automática
automatic data processing – procesamiento automático de datos
automatic extension – extensión automática
automatic guarantee – garantía automática
automatic guaranty – garantía automática
automatic insurance – seguro automático
automatic licensing – otorgamiento automático de licencia
automatic premium loan – estipulación de póliza de seguros que permite usar cualquier valor de préstamo disponible para pagar primas tras los días de gracia
automatic renewal – renovación automática
automatic stay – aplazamiento automático
automatic teller machine – cajero automático
automatic transfer – transferencia automática
automation *n* – automatización
automobile car insurance – seguro de automóvil
automobile guest – a quien se invita a viajar en automóvil
automobile insurance – seguro de automóvil
automobile liability insurance – seguro de responsabilidad pública de automóvil
autonomous *adj* – autónomo
autonomy *n* – autonomía
autopsy *n* – autopsia
autoptic evidence – prueba a ser vista por el jurado
autoptic proference – artículos presentados para observación en tribunal
autre droit – el derecho de otro
autre vie – la vida de otro
autrefois acquit – previamente absuelto por el mismo delito
autrefois convict – previamente condenado por el mismo delito
auxiliary *adj* – auxiliar
auxiliary clause – cláusula auxiliar

auxiliary covenant – cláusula auxiliar
availability n – disponibilidad
available adj – disponible, obtenible, válido
available for work – disponible para trabajo
avails n – el producto de la venta de propiedad
aval n – aval
avarice n – avaricia
Ave. (avenue) – avenida
aver v – aseverar, alegar
average adj – promedio, medio, mediocre
average n – promedio, media, avería
average adjuster – liquidador de averías
average wage – salario promedio, sueldo promedio
average workweek – semana laboral promedio
averment n – afirmación, aseveración, verificación
aversion n – aversión, repugnancia
avocation n – ocupación menor, diversión
avoid v – evitar, evadir, eludir, anular, huir de
avoidable adj – evitable, anulable
avoidable consequences doctrine – doctrina según la cual la parte perjudicada debe tratar de minimizar los daños
avoidance n – evitación, evasión, elusión, anulación
avoidance of claims – evitación de reclamaciones
avoidance of contract – evitación de contrato
avoidance of risk – evitación de riesgo
avoidance of taxes – evitación de impuestos
avouch v – afirmar, declarar, responder de
avoucher n – afirmante, declarante, quien responde por
avow v – declarar, confesar, reconocer
avowal n – declaración, admisión, confesión
avowant n – declarante, quien confiesa
avowed adj – declarado
avowry n – justificación
avulsion n – avulsión
await v – esperar
award n – laudo, fallo, decisión, adjudicación
award v – adjudicar, otorgar, fallar
award of contract – adjudicación de contrato
award of damages – adjudicación de daños
award wages – salario mínimo otorgado
away-going crop – cosecha del arrendatario
ayant cause – cesionario, causante

B

B/E (bill of exchange) – letra de cambio
B/L (bill of lading) – conocimiento de embarque
B/S (bill of sale) – factura de venta
baby act – defensa de minoridad, defensa de menores
baby sitter – niñera
bachelor n – soltero, bachiller
bachelor of laws – licenciado en derecho
back n – dorso, reverso
back v – respaldar, apoyar, endosar, financiar
back channel – canal clandestino y/o extraoficial de comunicaciones
back-dated adj – antedatado
back lands – tierras no contiguas
back matter – apéndice, índice
back office – oficina de servicios de apoyo
back pay – atrasos, sueldos atrasados
back rent – rentas atrasadas
back taxes – impuestos atrasados
back-to-office report – informe tras volver de una investigación
back up – respaldar, copiar, crear una copia de seguridad
back wages – atrasos, sueldos atrasados
backbiter n – murmurador, quien habla mal de un ausente
backbond n – contrafianza
backdate v – antedatar
backdated adj – antedatado
backdating n – acto o práctica de antedatar
backdoor adj – clandestino, secreto, con alevosía
backdown n – retractación, cesión
backed adj – respaldado, apoyado, endosado, financiado
backer n – garante, fiador, patrocinador, partidario, financiador
background n – trasfondo, medio, fondo, antecedentes
background check – comprobación de trasfondo
background document – documento de antecedentes
background investigation – investigación de trasfondo
backing n – respaldo, apoyo, patrocinio, ayuda
backlog n – acumulación
backside n – parte posterior

backstair *adj* – clandestino, secreto
backtrack *v* – retroceder, retirarse
backtracking *n* – antigüedad
backup *n* – respaldo, apoyo, copia de seguridad, acumulación de asuntos pendientes
backwardation *n* – prima de aplazamiento
backwater *n* – agua de rechazo, agua estancada
bad account – cuenta incobrable
bad character – mal carácter, mala fama
bad credit – crédito incobrable, mal crédito
bad debt – deuda incobrable
bad debt reserve – reserva para deudas incobrables
bad debtor – deudor moroso, persona que no acostumbra pagar sus deudas
bad delivery – entrega sin todo en orden
bad faith – mala fe
bad law – fallo o sentencia que no está en acorde con la ley
bad loan – préstamo incobrable
bad motive – acto ilícito a sabiendas
bad reputation – mala reputación
bad risk – mal riesgo
bad title – título imperfecto
bad will – mala voluntad
badge *n* – insignia, placa
badges of fraud – señales de fraude
bail *n* – fianza, caución, fiador
bail *v* – dar fianza, pagar caución, liberar bajo fianza
bail appeal – apelación de fianza
bail absolute – fianza absoluta
bail bond – escritura de fianza, póliza de fianza
bail out – pagar una fianza, sacar de apuros económicos, sacar de apuros
bail piece – inscripción de fianza
bail schedule – tabla de fianzas
bailable *adj* – caucionable
bailable action – acción caucionable
bailable offense – delito caucionable
bailable process – proceso caucionable
bailee *n* – depositario, depositario de fianza
bailee for hire – custodio de propiedad personal a título oneroso
bailer *n* – depositante, fiador
bailiff *n* – alguacil, administrador, oficial de justicia
bailiwick *n* – alguacilazgo, jurisdicción
bailment *n* – depósito, entrega, caución, arraigo
bailment contract – contrato de depósito, contrato de custodia
bailment for hire – depósito a título oneroso
bailment lease – arrendamiento con opción de compra

bailor *n* – depositante, fiador
bailout *n* – rescate
bailsman *n* – fiador
bait *n* – cebo, carnada
bait and switch – atraer clientela con una mercancía y ofrecer otra
balance *n* – balance, balanza, saldo, equilibrio
balance *v* – balancear, saldar, equilibrar
balance sheet – balance, hoja de balance, estado de situación, estado de contabilidad
balanced *adj* – balanceado, equilibrado
bale out – sacar de apuros económicos, sacar de apuros, pagar una fianza
ballistics *n* – balística
balloon *n* – pago final mayor, abono final mayor
balloon loan – préstamo con pago final mayor
ballot *n* – papeleta, sufragio, votación
ballot rigging – pucherazo
balloter *n* – elector
ban *n* – prohibición
ban *v* – prohibir, proscribir
banal *adj* – banal, trivial
banality *n* – banalidad, trivialidad
banc *n* – tribunal
bancassurance *n* – la combinación de actividades bancarias y aseguradoras por la misma entidad
band *n* – banda, partida
bandit *n* – bandido, proscrito, bandolero
banish *v* – desterrar, expulsar, deportar
banishment *n* – destierro, expulsión, deportación
bank *n* – banco, tribunal, entidad bancaria
bank accounting – contabilidad bancaria
bank activity – actividad bancaria
bank administration – administración bancaria
bank auditor – auditor bancario
bank authorities – autoridades bancarias
bank board – junta bancaria
bank bookkeeping – contabilidad bancaria
bank certificate – certificado bancario
bank commission – comisión bancaria
bank deregulation – desregulación bancaria
bank director – director de banco
bank group – grupo bancario
bank guarantee – garantía bancaria
bank guaranty – garantía bancaria
bank holding company – compañía tenedora de banco
Bank Holding Company Act – ley de compañías tenedoras de bancos
bank insolvency – insolvencia bancaria
bank ledger – libro mayor bancario
bank liquidity – liquidez bancaria

bank management – administración bancaria
bank of deposit – banco de ahorro, banco de depósito
bank officer – oficial de banco
bank official – oficial de banco
bank regulation – reglamentación bancaria
bank reserves – reservas bancarias, encaje bancario
bank robber – ladrón de banco
bank run – corrida bancaria
bank supervision – supervisión bancaria
bank syndicate – sindicato bancario
bankable *adj* – negociable, comerciable conforme a la práctica bancaria
bankbook *n* – libreta de banco, libreta de ahorros
banker *n* – banquero
banker's acceptance – aceptación bancaria
banking *n* – banca
banking activity – actividad bancaria
banking bookkeeping – contabilidad bancaria
banking commission – comisión bancaria
banking deregulation – desreglamentación bancaria
banking holding company – compañía tenedora de banco
banking hours – horas bancarias
banking institution – institución bancaria
banking laws – leyes bancarias
banking regulation – reglamentación bancaria
banking system – sistema bancario
bankroll *n* – fondo, caudal
bankroll *v* – financiar
bankrupt *adj* – quebrado, en quiebra, en bancarrota, insolvente
bankrupt *n* – quebrado, fallido
bankrupt *v* – quebrar, llevar a la quiebra
bankrupt company – compañía quebrada
bankrupt corporation – corporación quebrada
bankrupt firm – empresa quebrada
bankrupt law – ley de quiebra
bankrupt person – quebrado, fallido
bankrupt's assets – activo de la quiebra
bankrupt's estate – masa de la quiebra
bankrupt's property – bienes del quebrado
bankruptcy *n* – quiebra, insolvencia, bancarrota
bankruptcy assets – activo de la quiebra
bankruptcy code – leyes de quiebra, código de las quiebras
bankruptcy costs – costos de quiebra
bankruptcy court – tribunal de quiebra
bankruptcy creditor – acreedor de quiebra
bankruptcy discharge – rehabilitación del quebrado

bankruptcy distribution – distribución de bienes del quebrado a los acreedores
bankruptcy estate – masa de la quiebra
bankruptcy laws – leyes de quiebra
bankruptcy notice – aviso de quiebra
bankruptcy order – orden de quiebra
bankruptcy petition – petición de quiebra
bankruptcy proceedings – juicio de quiebra, procedimiento de quiebra
bankruptcy protection – protección bajo ley de quiebras
bankruptcy risk – riesgo de quiebra
bankruptcy trustee – fideicomisario de la quiebra, síndico de la quiebra
banned *adj* – prohibido, proscrito
banner *n* – banner, pancarta
banning *n* – prohibición, exclusión
banns of matrimony – amonestaciones matrimoniales, aviso público de matrimonio
banter *v* – burlarse de
bar *n* – tribunal, colegio de abogados, abogacía, barra
bar *v* – prohibir, excluir
bar admission – admisión al colegio de abogados
bar association – colegio de abogados
bar docket – lista extraoficial de causas por juzgar
bar exam – reválida, reválida para poder ejercer como abogado
bar to marriage – impedimento matrimonial
barbaric *adj* – barbárico
barbarity *n* – barbarie, barbaridad
barbed *adj* – cortante, mordaz, barbado
bare *adj* – descubierto, desnudo, vacío, escueto
bare-handed *adj* – a manos vacías, desarmado
bare licensee – a quien se le tolera la presencia
bare owner – nudo propietario
bare patent licence – permiso para vender un producto patentado sin derecho de exclusividad
bare patent license – permiso para vender un producto patentado sin derecho de exclusividad
bare trustee – fiduciario de un fideicomiso pasivo
barely *adv* – apenas
bareness *n* – desnudez, deficiencia
bargain *n* – negocio, convenio, contrato
bargain *v* – negociar, convenir, regatear
bargain and sale – compraventa, contrato de compraventa
bargain and sale deed – escritura de compraventa
bargain collectively – negociar

colectivamente
bargain money – depósito, anticipo, señal
bargainee n – comprador
bargainer n – negociador, vendedor
bargaining n – negociación, regateo
bargaining agent – agente de negociaciones
bargaining unit – cuerpo participante en negociaciones colectivas a nombre de los obreros
bargainor n – negociador, vendedor
barge n – barcaza, embarcación recreativa
barrator n – picapleitos, pleitista
barratrous adj – fraudulento
barratry n – baratería, incitación a pleito
barred adj – inadmisible, obstaculizado
barren money – dinero improductivo, deuda que no devenga intereses
barrenness v – esterilidad
barretor n – picapleitos, pleitista
barricade n – barricada, barrera
barrier n – barrera, obstáculo
barrier-free adj – sin barreras
barrier line – línea demarcadora
barring prep – exceptuando
barrister n – abogado, procurador
barroom n – cantina
barter n – permuta, cambio, canje, trueque
barter v – permutar, cambiar, canjear, trocar
barter transaction – transacción de permuta
barterer n – trocador, cambiador
bartering n – trueque, cambalache, cambio
basal adj – básico, fundamental
base adj – bajo, deshonesto, vil
base n – base, fundamento
base agreement – convenio base
base line – línea divisoria, línea demarcadora
base pay – sueldo base, paga base
base tax – impuesto base, contribución base
base wage – salario base, sueldo base
based on valuable consideration – a título oneroso
baseless adj – sin fundamento, infundado
baseness adj – bajeza
bash n – golpe, golpe fuerte, gran fiesta
basic adj – básico, fundamental, sencillo
basic agreement – convenio básico
basic commodities – productos básicos, productos de primera necesidad
basic industry – industria básica
basic tax – impuesto básico, contribución básica
basic wage – salario básico, sueldo básico
basis n – base, fundamento
basis of bargain – garantía explícita
basket of currencies – canasta de monedas
batter v – golpear, abusar, maltratar
battered adj – maltratado, agredido, abusado
battered child – niño maltratado, hijo

maltratado, menor maltratado
battered husband – esposo maltratado
battered spouse – cónyuge maltratado
battered wife – esposa maltratada
battering n – paliza, golpiza
battery n – agresión, agresión física, violencia física
battle n – batalla, lucha
battle of the forms – las distintas formas para aceptar y confirmar los términos de contratos
bawdy house – burdel
Bcc (blind carbon copy) – copia ciega, copia oculta, copia carbón ciega, copia carbón oculta
be it enacted – decrétase
be it known – sépase, publíquese
be it resolved – resuélvase
bear v – portar, llevar, aguantar, prestar, devengar
bear arms – portar armas
bear false witness – perjurar, mentir
bear interest – devengar intereses
bear witness – atestiguar
bearable adj – tolerable, aguantable, soportable
bearer n – portador, tenedor
bearer bill – efecto al portador
bearer bond – bono pagadero al portador
bearer certificate – certificado al portador
bearer check – cheque al portador
bearer cheque – cheque al portador
bearer note – pagaré al portador
bearer paper – obligación al portador, documento al portador
bearer policy – póliza al portador
bearer proxy – poder al portador
bearer securities – valores al portador
bearing n – presencia, porte
bearing date – fecha del instrumento
beast n – bestia, bruto
beat v – golpear, azotar, vencer
beater n – batidor, que golpea
beating n – paliza
become obsolete – quedar obsoleto
bed and board – separación conyugal sin divorcio, mesa y lecho
bedlam n – olla de grillos, manicomio
bedrock n – fundamento
before me – ante mi
before-tax adj – preimpuestos, antes de impuestos
before trial – antes del juicio
beforehand adv – de antemano, con antelación, anteriormente
beg v – pedir, pedir limosna
beget v – procrear, engendrar
beggar n – mendigo
beggar-my-neighbor policy – política de

empobrecer al vecino
beggar-thy-neighbor policy – política de
empobrecer al vecino
begging n – mendicidad
begin v – empezar, comenzar, instituir
begin work – empezar trabajo
beginning n – comienzo, origen, principio
beginning of the period – comienzo del
período
begun adj – comenzado, empezado,
instituido
behavior n – conducta, funcionamiento
behaviour n – conducta, funcionamiento
behind closed doors – a puertas cerradas,
tras bastidores
behoof n – provecho, utilidad, ventaja
being n – ser, vida
being struck – ser chocado, ser golpeado
belated claim – reclamación tardía
belittle v – menospreciar, minimizar
belligerence n – beligerancia
belligerency n – beligerancia
belligerent adj – beligerante
bellum n – guerra
bellwether n – indicador de tendencias
belongings n – pertenencias, bienes
below prep – inferior, abajo, debajo
bench n – corte, tribunal, cuerpo de jueces,
estrado del juez, banco
bench and bar – jueces y abogados
colectivamente
bench blotter – registro de policía con
arrestos y demás
bench conference – conferencia en el estrado
del juez con abogados
bench trial – juicio sin jurado
bench warrant – orden de arresto de parte del
tribunal
benchmark n – punto de referencia, cota de
referencia
beneath prep – debajo, abajo
benefactor n – benefactor
benefice n – beneficio
benefice de discussion – beneficio de
discusión
beneficial adj – beneficioso, útil, provechoso
beneficial enjoyment – disfrute de un
derecho para beneficio propio
beneficial estate – derecho real de propiedad
para beneficio propio
beneficial interest – derecho de usufructo
beneficial owner – usufructuario
beneficial ownership – propiedad en
usufructo
beneficial use – uso provechoso, derecho de
uso y disfrute
beneficiary n – beneficiario
beneficiary of a policy – beneficiario de una

póliza
beneficiary of trust – beneficiario del
fideicomiso
benefit n – beneficio, provecho, ganancia,
disfrute
benefit of cession – inmunidad de
encarcelamiento del deudor quien asigna toda
su propiedad a sus acreedores
benefit of counsel – derecho a abogado
defensor
benefit of discussion – beneficio de
discusión
benefit of inventory – beneficio de inventario
benefits in kind – beneficios adicionales no
monetarios
benevolence n – benevolencia, buena
voluntad
benevolent adj – benévolo, bondadoso
benevolent association – sociedad de
beneficencia
benevolent company – compañía de
beneficencia, sociedad de beneficencia
benevolent corporation – corporación de
beneficencia, sociedad de beneficencia
benevolent entity – entidad de beneficencia
benevolent foundation – fundación de
beneficencia
benevolent institution – institución de
beneficencia
benevolent organisation – organización de
beneficencia, sociedad de beneficencia
benevolent organization – organización de
beneficencia, sociedad de beneficencia
benevolent trust – fideicomiso de
beneficencia
benign neglect – negligencia benévola
bequeath v – legar
bequeathment n – legado
bequest n – legado
bereaved adj – afligido
beset v – acosar, hostigar, molestar
besiege v – asediar, acosar
besieger n – asediador, acosador
besot v – atontar, infatuar
best ability – la mejor habilidad
best and highest use – el uso que produzca
el mayor provecho de un inmueble
best bid – la mejor oferta
best-case scenario – escenario más favorable
best effort – el mejor esfuerzo
best evidence rule – regla de la mejor
evidencia
best information available – la mejor
información disponible
best interests – los mejores intereses
best judgment – el mejor juicio
best offer – mejor oferta
best use – el uso óptimo, el mejor uso

bestow v – conferir, otorgar, donar a
bestowal n – donación, otorgamiento
bet n – apuesta
bet v – apostar
betray v – traicionar, engañar, revelar
betrayal n – traición, engaño, revelación
betroth v – comprometerse a matrimonio
betrothal n – compromiso de matrimonio
betrothed adj – prometido, prometida
betterment n – mejoramiento, mejora
betting n – el apostar
betting shop – agencia de apuestas
bettor n – apostador
beverage n – bebida, bebida alcohólica
beyond a reasonable doubt – más allá de duda razonable
beyond control – más allá del control
beyond seas – ultramar
beyond the jurisdiction – más allá de la jurisdicción
bi-annual adj – semestral, semianual
bi-weekly adj – bisemanal, quincenal
bias n – sesgo, parcialidad, prejuicio, predisposición
biased adj – sesgado, parcial, prejuiciado, predispuesto
bibliotics n – examen de documentos para verificar la autenticidad
bicameral adj – bicameral
bicker v – reñir por insignificancias
bid n – oferta, licitación, propuesta, oferta pública de adquisición, oferta de toma del control
bid v – ofrecer, pujar, licitar, proponer
bidder n – postor, licitador, pujador
bidding n – licitación, remate, ofertas, orden, mandato
bidding conditions – condiciones de licitación
bidding requirements – requisitos de licitación
bids wanted – se solicitan ofertas
biennial adj – bienal
bifurcate v – bifurcar
bifurcated trial – juicio bifurcado
bifurcation n – bifurcación
big business – las grandes empresas, empresa grande
bigamist n – bígamo
bigamous adj – bígamo
bigamy n – bigamia
bilateral adj – bilateral
bilateral agreement – convenio bilateral
bilateral commerce – comercio bilateral
bilateral contract – contrato bilateral
bilateral mistake – equivocación bilateral
bilateral obligation – obligación bilateral
bilateral tax treaty – tratado contributivo bilateral

bilateral trade agreement – acuerdo comercial bilateral
bilateralism n – bilateralismo
bilaterally adv – bilateralmente
bilingual adj – bilingüe
bill n – proyecto de ley, proposición de ley, factura, petición, efecto, letra, documento, billete de banco
bill v – facturar
bill for a new trial – petición para juicio nuevo
bill for foreclosure – petición para ejecución de hipoteca
bill holder – tenedor de letra
bill in equity – demanda en equidad
bill obligatory – pagaré sellado
bill of appeal – escrito de apelación
bill of attainder – ley que señala y penaliza a individuos específicos sin el beneficio de un juicio
bill of certiorari – recurso de equidad para llevar un litigio a un tribunal superior
bill of complaint – escrito de demanda
bill of credit – carta de crédito
bill of debt – pagaré, cambial
bill of discovery – petición para descubrimiento, moción para descubrimiento
bill of entry – conocimiento de entrada
bill of evidence – transcripción del testimonio
bill of exceptions – escrito de impugnaciones
bill of exchange – letra de cambio, cédula de cambio
bill of freight – carta de porte
bill of health – certificado de salud, certificado de sanidad
bill of indictment – escrito de acusación del gran jurado
bill of lading – conocimiento de embarque, conocimiento, carta de porte
bill of mortality – informe público de muertes
bill of pains and penalties – ley con penalidades sin juicio previo
bill of particulars – moción de especificación de la demanda
bill of peace – recurso de prevención de litigios múltiples
bill of privilege – acción especial para demandar a funcionarios de un tribunal
bill of review – recurso de revisión, solicitud de revisión
bill of revivor – recurso de restablecimiento
bill of rights – declaración de derechos, carta de derechos
bill of sale – factura de venta, contrato de venta, carta de venta, comprobante de venta, documento de venta, escritura de compraventa

billable adj – facturable
billboard n – cartelera, valla publicitaria
billing n – facturación
billing error – error de facturación
bimester n – bimestre
bimestrial adj – bimestral
bimonthly adj – bimestral
bind v – vincular, obligar, comprometer
binder n – documento provisional de seguro, resguardo provisional, recibo vinculante
binding adj – vinculante, obligante, obligatorio
binding agreement – convenio vinculante
binding arbitration – arbitración vinculante
binding instruction – instrucción vinculante
binding offer – oferta vinculante
binding over – caución para comparecencia
binding precedent – precedente vinculante
binding signature – firma vinculante
biological father – padre biológico
biological mother – madre biológica
biological parent – padre biológico
biomass n – biomasa
biometrics n – biométrica
binnacle n – bitácora
bipartisan adj – bipartidario
bipartite adj – bipartito, duplicado
birth n – nacimiento, parto, origen
birth certificate – acta de nacimiento, partida de nacimiento
birth record – estadísticas oficiales de nacimientos
birthplace n – lugar de nacimiento
birthrights n – derechos de nacimiento
BIS (Bank for International Settlements) – Banco de Pagos Internacionales
bissextile n – bisiesto
bite marks – marcas de mordeduras
bitty adj – fragmentado, incoherente
biweekly adj – quincenal, bisemanal
biyearly adj – semestral
black and blue – amoratado
black economy – economía sumergida, economía negra
black letter law – principios legales básicos y explícitos en una jurisdicción
black list – lista negra
black market – mercado negro, estraperlo
blackball v – votar en contra de, ir en contra de
blackleg n – estafador, tahúr
blacklist v – poner en una lista negra
blacklisting n – discriminación contra miembros de una lista negra
blackmail n – chantaje, extorsión
blackmail v – chantajear, extorsionar
blackmailer n – chantajista
blackout n – apagón, desmayo, censura o supresión de noticias
blackout period – período durante el cual ciertas actividades están restringidas o prohibidas
blame n – culpa, censura
blameless adj – sin culpa, inocente
blameworthy adj – culpable, censurable
blank adj – en blanco, vacío
blank n – espacio en blanco, formulario en blanco
blank acceptance – aceptación en blanco
blank bill – letra de cambio al portador
blank check – cheque en blanco
blank cheque – cheque en blanco
blank form – formulario en blanco
blank instrument – instrumento en blanco
blanket adj – global, general, colectivo
blanket agreement – convenio global
blanket bond – caución de fidelidad colectiva
blanket contract – contrato de seguro múltiple
blanket coverage – cobertura múltiple
blanket insurance – seguro general
blanket loan – préstamo colectivo
blanket mortgage – hipoteca general
blanket policy – póliza de seguro de cobertura múltiple
blanket search warrant – orden de allanamiento general
blast n – explosión, chorro, ráfaga
blasting n – voladura, estallido
blatant adj – evidente, flagrante, descarado
blaze n – fuego vivo, incendio, esplendor
bleed dry – chupar la sangre, explotar despiadadamente
bleed white – chupar la sangre, explotar despiadadamente
blend v – mezclar, armonizar
blending n – mezcla, combinación
blighted area – área intencionalmente deteriorada
blind adj – ciego, oculto
blind alley – callejón sin salida
blind carbon copy – copia ciega, copia oculta, copia carbón ciega, copia carbón oculta
blind corner – esquina ciega
blind entry – asiento ciego
blind trust – fideicomiso ciego
bloc n – bloque
block n – bloque, lote, cuadra
block v – bloquear, impedir, obstruir, congelar
block assets – congelar activos
block funds – bloquear fondos, congelar fondos
blockade n – bloqueo, obstrucción
blockade v – bloquear, obstruir

blockading *n* – bloqueador, obstructor
blockbusting *n* – inducir a vender propiedad usando como la razón la presencia de grupo étnico
blocked *adj* – bloqueado, congelado
blocked account – cuenta congelada
blocked funds – fondos bloqueados
blood *n* – sangre, linaje
blood alcohol content – contenido de alcohol en la sangre
blood alcohol count – nivel de alcohol en la sangre
blood feud – enemistad entre familias o clanes
blood grouping test – prueba de sangre para determinar paternidad
blood money – dinero obtenido por matar a otro, dinero de recompensa por convicción de un supuesto criminal
blood relatives – parientes consanguíneos
blood test evidence – análisis de sangre como prueba
blow-out *n* – ruptura repentina de neumático de carro
bludgeon *n* – cachiporra, macana
blue-chip securities – valores de primera calidad
blue-collar work – trabajo manual
blue-collar worker – trabajador manual
blue laws – leyes de cierre los domingos
blue ribbon jury – jurado altamente calificado
blue-sky laws – leyes estatales reguladoras del comercio bursátil
blueprint *n* – plan detallado, anteproyecto, cianotipo
bluff *n* – engaño con simulación, acantilado, barranca
bluntly *adv* – bruscamente
Blvd. (boulevard) – bulevar
board *n* – junta, tribunal, consejo, directiva
board assembly – sesión de la junta
board of aldermen – junta municipal
board conference – conferencia de la directiva
board meeting – sesión de la directiva
board of appeals – junta de apelaciones
board of arbitration – junta de arbitraje
board of arbitrators – junta de árbitros
board of audit – junta de auditoría
board of directors – junta directiva, junta de directores, directiva
board of elections – junta electoral
board of examiners – junta examinadora
board of governors – junta de gobernadores, junta de dirección
board of health – junta de sanidad
board of pardons – junta de clemencia
board of parole – junta de libertad bajo

palabra
board of review – junta revisora
board of supervisors – consejo de supervisión
board of trade – junta de comercio
board of trustees – junta de fiduciarios, junta de síndicos
board of underwriters – junta de aseguradores
boarder *n* – huésped, pensionista
boardinghouse *n* – casa de huéspedes
boardroom *n* – sala de juntas, sala de sesiones
bodily *adj* – corporal, físico
bodily contact – contacto corporal
bodily exhibition – exhibición obscena
bodily harm – daño corporal
bodily heirs – descendientes directos
bodily injury – lesión corporal
body corporate – ente corporativo, persona jurídica
body execution – arresto para obligar a pagar deudas
body of an instrument – lo clave de un documento
body of laws – colección de leyes, ordenamiento jurídico
body of regulations – conjunto de reglamentos
body of the crime – cuerpo del delito
body of the offense – cuerpo del delito
body politic – entidad política, entidad pública
bodyguard *n* – guardaespaldas
bogus *adj* – falso, falsificado, fraudulento
bogus check – cheque falso
bogus cheque – cheque falso
bogus company – compañía fantasma, compañía inexistente
bogus corporation – corporación fantasma, corporación inexistente
bogus entity – entidad fantasma, entidad inexistente
boiler room – lugar de donde llaman quienes intentan vender inversiones dudosas con presión excesiva
boiler-room transactions – venta de inversiones dudosas con presión excesiva
boiler shop – lugar de donde llaman quienes intentan vender inversiones dudosas con presión excesiva
boiler-shop transactions – venta de inversiones dudosas con presión excesiva
boilerplate *n* – lenguaje estandarizado en documentos legales
boilerplate language – lenguaje estandarizado en documentos legales
bolstering *n* – uso inapropiado de prueba

bolting n – argumentación de casos en privado
bomb threat – amenaza de bomba
bona confiscata – propiedad confiscada
bona fide – de buena fe, bona fide
bona fides – buena fe, bona fides
bond n – caución, fianza, afianzamiento, bono, garantía, vínculo, título, obligación
bond v – caucionar, afianzar, vincular
bond call – rescate de bonos, redención de bonos
bond certificate – certificado de bono
bonded adj – afianzado
bonded debt – deuda garantizada por bonos
bonded goods – mercancías puestas en almacén afianzado
bonded factory – fábrica afianzada
bonded warehouse – almacén afianzado, almacén fiscal
bondholder n – tenedor de bonos, bonista, rentista
bonding n – afianzamiento
bonding company – institución de fianzas
bonding requirement – requisito de afianzar
bondsman n – fiador, garante, afianzador
bonification n – bonificación
bonification of taxes – bonificación de contribuciones
bonus n – bonificación, prima, bono
bonus incentives – incentivos por bonificaciones
bonus plan – plan de bonificaciones
boodle n – soborno, botín
boodling n – prácticas legislativas corruptas
book n – libro, registro, tomo, ficha
book v – reservar, efectuar una entrada, contabilizar
book account – estado detallado de cuenta
book audit – auditoría de los libros
book entry – asiento contable, anotaciones en libros de contabilidad
book-entry securities – valores sin certificados
book-keeper n – contable, tenedor de libros
book-keeping n – contabilidad, teneduría de libros
book of accounts – libro de cuentas, libro de contabilidad
book of original entries – registro de transacciones
book value – valor contable
booked adj – comprometido, destinado
bookie n – corredor de apuestas
booking n – procedimientos para fichar al arrestado, reserva
bookkeeper n – contable, tenedor de libros
bookkeeping n – contabilidad, teneduría de libros

bookkeeping entry – asiento contable
bookkeeping method – método de contabilidad
bookmaker n – corredor de apuestas
bookmaking n – recibo y pago de apuestas
books n – libros de cuentas, libros contables, libros de una entidad
books and papers – todo tipo de documento requerido durante la etapa procesal de prueba
boost interest rates – aumentar tasas de interés
bootleg adj – pirata, ilegal
bootlegger n – quien vende artículos pirateados, contrabandista
booty n – botín, despojo
border n – frontera, confín, orilla
border control – control fronterizo
border line – frontera, límite
border patrol – patrulla de frontera
border search – búsqueda en la frontera
border warrant – proceso de búsqueda y arresto de inmigrantes ilegales cerca de fronteras
border worker – trabajador fronterizo
bordereau n – memorando
bordering adj – colindando
borderline adj – limítrofe, incierto
born adj – nacido, innato
born alive – nacido vivo
borough n – municipio, distrito
borough courts – tribunales de distrito
borrow v – tomar prestado, pedir prestado
borrow money – tomar dinero prestado
borrowed adj – prestado
borrowed money – dinero prestado
borrower n – prestatario, mutuario, tomador de crédito
borrowing of money – el tomar dinero prestado
borrowings n – préstamos recibidos
boss n – jefe
bottleneck n – cuello de botella, embotellamiento
bottleneck facilities – instalaciones esenciales
bottom line – ingresos netos, pérdida neta, lo esencial
bottomry n – préstamo a la gruesa
bought adj – comprado
boulevard n – avenida, bulevar
boulevard rule – regla que exige que el que viene por camino secundario ceda el paso
bounce v – rechazar un cheque, girar un cheque sin fondos
bounced check – cheque rechazado, cheque rebotado
bounced cheque – cheque rechazado, cheque rebotado

bound *n* – frontera, límite, linde, lindero, confín
bound *adj* – atado, limitado, obligado, destinado
bound bailiff – auxiliar del alguacil
boundary *n* – linde, lindero, frontera, límite, confín
bounders *n* – marcas u objetos de agrimensura
bounds *n* – límites, confines
bounty *n* – dádiva, recompensa, generosidad
bounty hunter – cazarrecompensas
bourse *n* – bolsa, bolsa de valores
bowie knife – cuchillo de caza
boycott *n* – boicot
boycott *v* – boicotear
bracket *n* – clasificación contributiva, categoría
bracket creep – entrada en clasificación contributiva más alta por la inflación
bracket system – sistema de clasificación contributiva
Braille *n* – Braille
brain *n* – cerebro, intelecto, planificador
brain death – muerte cerebral
brainwash *v* – lavar el cerebro
brainwashing *n* – lavado de cerebro
braking distance – distancia para frenar un carro
branch *n* – rama, sucursal, departamento
branch office – sucursal
brand *n* – marca, marca de fábrica
brass *n* – alta gerencia, alta dirección
brass knuckles – manopla
brawl *n* – riña, altercado
breach *n* – incumplimiento, violación, rompimiento
breach *v* – incumplir, violar, romper, quebrantar, faltar
breach of agreement – incumplimiento de acuerdo, incumplimiento de contrato
breach of authority – abuso de autoridad
breach of close – translimitación
breach of condition – incumplimiento de condición
breach of confidence – abuso de confianza
breach of contract – incumplimiento de contrato
breach of copyright – violación de derechos de autor
breach of covenant – incumplimiento de pacto, incumplimiento de cláusula contractual
breach of duty – incumplimiento de deberes, violación de deberes
breach of marriage promise – incumplimiento de compromiso de matrimonio

breach of official duty – prevaricación
breach of peace – alteración del orden público, perturbación de la paz
breach of prison – fuga de una cárcel
breach of privilege – abuso de privilegio
breach of promise – incumplimiento de promesa
breach of the peace – alteración del orden público, perturbación de la paz
breach of trust – abuso de confianza, prevaricación
breach of warranty – incumplimiento de garantía
breadth *n* – extensión, ancho
breadwinner *n* – sostén económico familiar
break *n* – descanso, receso, pausa, interrupción, rotura
break *v* – romper, violar, quebrar, dividir
break a contract – romper un contrato
break a strike – romper una huelga
break-in *n* – entrada forzosa
break in – entrar a la fuerza
break the law – violar la ley, infringir la ley
break-up *n* – disolución, rotura
breakage *n* – garantía del manufacturero al comprador de mercancía en transporte
breakdown *n* – avería, malogro, ruptura
breaking *n* – rompimiento, violación
breaking a case – discusión de un caso entre jueces
breaking a close – violación de propiedad
breaking and entering – escalamiento, violación de propiedad
breaking and entry – escalamiento, violación de propiedad
breaking bulk – hurto de bienes por depositario
breaking doors – forzar puertas
breaking into – escalamiento
breaking jail – fuga de la cárcel
breakup *n* – disolución, rotura
breath specimen – muestra de aliento para determinar el nivel de alcohol en la sangre
breathalyzer test – prueba de aliento para determinar el nivel de alcohol en la sangre
breath test – prueba de aliento para determinar el nivel de alcohol en la sangre
brethren *n* – hermanos, hermanas
breviate *n* – sinopsis, informe
brevity *n* – concisión, brevedad
bribe *n* – soborno, cohecho
bribe *v* – sobornar, cohechar
bribe a juror – sobornar un jurado
bribe a witness – sobornar un testigo
briber *n* – sobornador, cohechador
bribery *n* – soborno, cohecho
bribery at elections – soborno del electorado
bridge financing – financiamiento puente

bridge insurance – seguro puente
brief *adj* – breve
brief *n* – escrito, informe, breve, resumen
brief *v* – informar, instruir, resumir
brief of title – resumen de título
briefing *n* – sesión informativa, informe
briefing meeting – reunión informativa
brig *n* – calabozo
bring *v* – traer, producir, inducir
bring suit – iniciar acción judicial
bristle *n* – erizar, encrespar
broad interpretation – interpretación liberal
broadcast *n* – transmisión, emisión
broadcast *v* – transmitir, emitir
broadcasting *n* – transmisión, radiodifusión
broadside objection – objeción sin especificar
brocage *n* – corretaje
brochure *n* – folleto informativo, folleto publicitario
broke *adj* – sin dinero
broken *adj* – violado, roto, en quiebra
broken contract – contrato roto
broker *n* – corredor, agente, agente comercial
broker-agent *n* – corredor-agente
broker commission – comisión de corredor
broker contract – contrato de corredor
broker-dealer *n* – corredor que además mantiene cuenta propia
broker fee – cargo de corretaje
brokerage *n* – corretaje, correduría
brokerage services – servicios de corretaje
Bros. (brothers) – hermanos
brothel *n* – burdel
brother-in-law *n* – cuñado, hermano político
brother-sister corporations – corporaciones con los mismos dueños
brownout *n* – apagón parcial
bruise *n* – magullar, abollar, herir
bruit *v* – rumorear
brutal *adj* – brutal, cruel, salvaje
brutalize *v* – tratar brutalmente
BS (balance sheet) – balance, hoja de balance, estado de situación, estado de contabilidad
bubble *n* – período en que propiedades y/o valores están excesivamente sobrevalorados
bucket shop – lugar para compraventas ficticias de valores, lugar para compraventas de valores cuestionables
bucketing *n* – recibo de órdenes de corretaje sin intención de realizar dichas transacciones
budget *adj* – barato, asequible, presupuestario
budget *n* – presupuesto
budget *v* – presupuestar, presuponer
budget administration – administración presupuestaria

budget law – ley presupuestaria
budget year – año presupuestario
budgetary *adj* – presupuestario
budgetary administration – administración presupuestaria
budgetary law – ley presupuestaria
budgetary year – año presupuestario
budgeted *adj* – presupuestado
budgeting *n* – presupuestación
budgeting administration – administración presupuestaria
buffer zone – área separando dos tipos de zonificación
bug *n* – micrófono oculto, error
buggery *n* – sodomía, bestialismo
bugging *n* – vigilancia electrónica
build *v* – construir, formar, establecer, edificar
builder *n* – constructor, constructora
builder's risk insurance – seguro de riesgos de constructor
builder's warranty – garantía del constructor
building *n* – edificio, construcción
building activity – actividad de construcción
building code – código de edificación, reglamento de edificación, ley de edificación
building contract – contrato de construcción
building contractor – contratista de construcción
building is covered – el edificio tiene cubierta de seguro
building laws – leyes de edificación
building lease – arrendamiento para edificación
building lien – gravamen del constructor
building line – línea de edificación
building loan – préstamo para edificación
building lot – solar
building materials – materiales de construcción
building permit – permiso para edificación
building regulations – reglamentos de edificación
building restrictions – restricciones de edificación
building society – sociedad de ahorro y préstamo para la vivienda
built-in *adj* – incorporado a, empotrado
built-in stabilizer – estabilizador incorporado
built-up *adj* – urbanizado
bulk *n* – agregado, bulto, cargamento, mayoría
bulk commodity – mercancía a granel, productos de gran consumo
bulk email – email enviado a una cantidad enorme de destinatarios
bulk goods – mercancía a granel
bulk mail – correo regular enviado a una gran

cantidad de destinatarios
bulk sales laws – leyes para proteger a
acreedores de ventas a granel clandestinas
bull pen – celda
bullet *n* – bala
bulletin *n* – boletín, comunicado
bulletin board – tablón de anuncios
bullion *n* – metal precioso en lingotes
bullion reserve – reserva metálica
bum *n* – vagabundo
bumper *n* – parachoques
bumping *n* – antigüedad, desplazamiento de
un empleado por otro con más tiempo en el
trabajo
bumpy *adj* – desigual, agitado
bunco *n* – estafa
bunco game – juego para estafar
bundle *n* – montón, manojo, suma de dinero
buoy *n* – boya
burden *n* – carga, peso, obligación
burden of producing evidence – obligación
de presentar prueba, carga de la prueba
burden of proof – carga de la prueba, peso de
la prueba
burdensome *adj* – opresivo, pesado
bureau *n* – negociado, oficina, agencia
bureau of customs – negociado de aduanas
bureaucracy *n* – burocracia
bureaucrat *n* – burócrata
bureaucratic *adj* – burocrático
bureaucratisation *n* – burocratización
bureaucratization *n* – burocratización
burglar *n* – ladrón, escalador
burglar alarm – alarma antirrobo
burglarious *n* – con intención de robo
burglarize *v* – robar, escalar
burglary *n* – robo, escalamiento, escalo,
hurto
burglary insurance – seguro contra robos
burgle *v* – robar, escalar
burial *n* – entierro, sepultura
burn *v* – quemar
burn-out *n* – agotamiento, agotamiento por
trabajo excesivo
burn rate – ritmo de agotamiento de capital
antes de generarse un flujo de fondos
positivo
burnout *n* – agotamiento, agotamiento por
trabajo excesivo
burrow *v* – excavar, esconderse
bursar *n* – tesorero
bursary *n* – tesorería
burst *v* – reventar, explotar, derribar
burying-ground *n* – cementerio
business *n* – negocio, negocios, comercio,
empresa, ocupación
business accounting – contabilidad de
negocios, contabilidad de empresas

business activity – actividad comercial,
actividad empresarial
business address – dirección comercial,
dirección del negocio
business administration – administración de
empresas, gestión de empresas
business agent – agente comercial, agente de
negocios
business bankruptcy – quiebra de negocio,
quiebra empresarial
business broker – corredor de empresas,
corredor de negocios
business contract – contrato de negocios,
contrato empresarial
business credit – crédito empresarial, crédito
de negocios
business crime – crimen de negocios
business day – día laborable, día hábil
business deal – transacción de negocios,
transacción empresarial
business done in state – negocio comenzado
y completado en el mismo estado
business earnings – ingresos empresariales,
ingresos comerciales
business ethics – ética en los negocios, ética
comercial
business failure – quiebra de negocio,
quiebra empresarial
business hours – horario comercial, horas de
oficina
business insurance policy – póliza de
seguro comercial, póliza de seguro
empresarial
business judgment rule – regla que exime a
miembros de directivas de responsabilidad
mientras sus actos se hayan llevado a cabo
con buena fe y cuidado razonable
business law – derecho mercantil, derecho
comercial
business liability – responsabilidad
comercial, responsabilidad empresarial
business licence – licencia comercial,
licencia de negocios
business license – licencia comercial,
licencia de negocios
business name – nombre de la empresa,
nombre comercial
business or occupation – negocio u
ocupación
business owner – dueño de negocio,
propietario de negocio
business practices – prácticas comerciales,
prácticas mercantiles
business premises – local empresarial, local
comercial
Business Process Outsourcing –
outsourcing de procesos de negocios,
externalización de procesos de negocios

business records – expedientes del negocio, expedientes empresariales

business regulations – reglamentos empresariales, reglamentos comerciales

business restrictions – restricciones comerciales, restricciones empresariales

business scam – estafa comercial, timo comercial

business trust – fideicomiso comercial

business usage – uso comercial, uso empresarial

business year – ejercicio anual, año comercial

businesslike *adj* – sistemático, eficiente, formal

businessman *n* – hombre de negocios, persona de negocios, comerciante, empresario

businessperson *n* – persona de negocios, comerciante, empresario

businesswoman *n* – mujer de negocios, comerciante, empresaria

bust out – escaparse de la cárcel

bust-up takeover – compra apalancada en la cual la empresa adquiriente vende parte de la compañía adquirida para financiar la toma de control

busy schedule – agenda apretada, programa apretado

buttals *n* – lindes

button-down *adj* – conservador, convencional, poco imaginativo

butts and bounds – lindes, linderos

buy *v* – comprar, creer en

buy-back *n* – recompra

buy on credit – comprar a crédito

buy out – comprar todas las acciones

buy outright – comprar enteramente

buyback *n* – recompra

buyer *n* – comprador, agente comprador

buyer agreement – convenio del comprador

buyer education – educación del comprador

buyer ignorance – ignorancia del comprador

buyer in bad faith – comprador de mala fe

buyer in good faith – comprador de buena fe

buyer protection – protección del comprador

buyer rights – derechos del comprador

buying in – compra en subasta por el mismo dueño

buying on margin – compra de valores usando crédito en una firma bursátil

buyout *n* – adquisición de un porcentaje de acciones que permita controlar una corporación

buzzword *n* – palabra o frase trillada de popularidad efímera

by-bidder *n* – postor contratado por el dueño

by-bidding *n* – ofertas hechas por un postor contratado por el dueño

by color of office – so color de cargo

by contract – por contrato

by courtesy of – por cortesía de, de regalo

by law – de acuerdo con la ley

by-laws *n* – reglamentos internos, reglamentos interiores, estatutos de sociedades

by mutual consent – por consentimiento mutuo

by order of – por orden de

by-product *n* – subproducto, producto secundario

by proxy – por poder

by the book – por el libro

by trade – de oficio

by virtue of – en virtud de

bypass *v* – pasar de lado, pasar por alto

bypass trust – fideicomiso para evitación de impuestos sucesorios

bypath *n* – desvío

byroad *n* – camino solitario y apartado

bystander *n* – espectador, circunstante

bystreet *n* – callejuela

byway *n* – desvío

C

c/o (care of) – para entregar a

CA (Certified Accountant) – contador autorizado, contable autorizado

cabinet *n* – gabinete

cabinet council – consejo de ministros

cabinet meeting – reunión de gabinete

cabotage *n* – cabotaje

cache *n* – escondite, reserva secreta

cachet *n* – sello distintivo, prestigio

cadastral *adj* – catastral

cadastral value – valor catastral

cadastre *n* – catastro

cadaver *n* – cadáver

caducity *n* – caducidad

cafeteria benefit plan – plan de beneficios estilo cafetería

cagey *adj* – astuto, evasivo

cageyness *n* – astucia, cautela

cajole *v* – engatusar, persuadir

cajolery *n* – engatusamiento

calaboose *n* – calabozo

calamity *n* – calamidad, desastre

calculated *adj* – premeditado, calculado
calculated risk – riesgo calculado
calculating *adj* – calculador, prudente
calculation *n* – cálculo, premeditación
calculation of subsidy – cálculo de subsidio
calendar day – día calendario, día civil, día natural
calendar month – mes calendario, mes civil
calendar week – semana calendario, semana civil
calendar year – año calendario, año civil
call *n* – citación, llamada, invitación, convocatoria, visit
call *v* – citar, llamar, invitar, convocar, visitar, redimir
call a loan – demandar el pago de un préstamo
call a meeting – convocar una reunión
call a strike – declarar una huelga
call as a witness – citar como testigo
call compensation – compensación por comparecencia
call for bids – llamada a licitación, convocar a licitación
call for tenders – llamada a licitación, convocar a licitación
call girl – prostituta
call pay – pago por comparecencia
call to order – llamar a la orden
call to the bar – admitir al ejercicio de la abogacía
callable *adj* – pagadero a la demanda, retirable, redimible
callable securities – valores redimibles
called bond – bono retirado, bono redimido
called meeting – reunión extraordinaria
called upon to pay – obligado a pagar
caller *n* – visitante, llamador
calling card – tarjeta de visita
calumniate *v* – calumniar
calumniator *n* – calumniador
calumnious *adj* – calumnioso
calumny *n* – calumnia
Calvo doctrine – doctrina Calvo
camouflage *n* – camuflaje, engaño
campaign *n* – campaña
campaign contributions – contribuciones de campaña
canal *n* – canal, zanja
canalisation *n* – canalización
canalization *n* – canalización
canalise *v* – canalizar
canalize *v* – canalizar
cancel *v* – cancelar, anular, eliminar
cancel a contract – cancelar un contrato
cancel out – anular mutuamente, cancelar mutuamente
cancelable *adj* – cancelable

cancelation *n* – cancelación, anulación
cancelation clause – cláusula de cancelación
cancelation evidence – evidencia de cancelación
cancelation notice – aviso de cancelación
cancelation of agreement – cancelación de convenio
cancelation of contract – cancelación de contrato
cancelation of policy – cancelación de póliza
canceled *adj* – cancelado
canceled claim – reclamo cancelado
canceler *n* – anulador
canceling *adj* – anulador
cancellable *adj* – cancelable
cancellation *n* – cancelación, anulación, eliminación
cancellation clause – cláusula de cancelación
cancellation evidence – evidencia de cancelación
cancellation notice – aviso de cancelación
cancellation of agreement – cancelación de convenio
cancellation of contract – cancelación de contrato
cancellation of policy – cancelación de póliza
cancellation of trademark – cancelación de marca
cancelled *adj* – cancelado
cancelled claim – reclamo cancelado
canceller *n* – quien anula, quien cancela
cancelling *adj* – anulador
candid *adj* – imparcial, sincero
candidacy *n* – candidatura
candidate *n* – candidato
candidature *n* – candidatura
candidly *adv* – cándidamente, ingenuamente
candor *n* – candor, imparcialidad
cannibalisation *n* – canibalización
cannibalise *v* – canibalizar
cannibalization *n* – canibalización
cannibalize *v* – canibalizar
cannily *adv* – astutamente, sutilmente
canniness *n* – astucia, sutileza
canon *n* – canon, regla
canons *n* – normas, cánones, reglas
canons of construction – normas de interpretación, normas de hermenéutica
canons of descent – normas de sucesión
canons of ethics – normas de ética, cánones de ética
canons of inheritance – normas de sucesión
canons of judicial ethics – normas de ética judicial
canons of professional responsibility – normas de ética profesional, cánones de ética profesional
canons of taxation – normas de imposición

canvass *n* – escrutinio, solicitación de votos, buscar clientes potenciales

canvasser *n* – quien cuenta votos, quien solicita votos

cap *n* – límite, límites, límites en demandas por daños

cap *v* – limitar, establecer un tope

capability *n* – capacidad, aptitud, competencia

capability to compete – capacidad de competir

capability to contract – capacidad para contratar

capability to earn – capacidad para devengar ingresos

capability to pay taxes – capacidad para pagar impuestos

capability to work – capacidad para trabajar

capable *adj* – capaz, competente, hábil

capable of contracting – capaz de contratar

capable of inheriting – capaz de heredar

capable to marry – capaz de contraer matrimonio

capacitate *v* – capacitar, acreditar

capacity *n* – capacidad, aptitud legal, competencia

capacity defence – defensa basada en la incapacidad de responder por las acciones

capacity defense – defensa basada en la incapacidad de responder por las acciones

capacity of parties – capacidad de las partes

capacity to act – capacidad de actuar

capacity to compete – capacidad de competir

capacity to contract – capacidad para contratar

capacity to earn – capacidad para devengar ingresos

capacity to pay taxes – capacidad para pagar impuestos

capacity to reason – capacidad de razonar

capacity to sue – capacidad para demandar

capacity to support – capacidad de mantener

capacity to tolerate – capacidad de tolerar

capacity to understand – capacidad de entender

capacity to work – capacidad para trabajar

capax doli – capaz de cometer crimen

capias ad respondendum – orden para arrestar al demandado y traerlo ante el tribunal

capital *n* – capital, caudal

capital adequacy – suficiencia de capital

capital case – juicio en que el crimen conlleva la pena capital

capital crime – crimen capital

capital financing – financiación de capital

capital flight – fuga de capitales, huida de capitales

capital gains – ganancias de capital, plusvalías

capital laundering – blanqueo de capital

capital resources – recursos de capital

capital risk – riesgo de capital

capital tax – impuesto sobre el capital, contribución sobre el capital

capitalisation *n* – capitalización

capitalise *v* – capitalizar

capitalised *adj* – capitalizado

capitalism *n* – capitalismo

capitalist *adj* – capitalista

capitalist *n* – capitalista

capitalist economy – economía capitalista

capitalistic *adj* – capitalista

capitalization *n* – capitalización

capitalize *v* – capitalizar

capitalized *adj* – capitalizado

capitation *n* – capitación

capitation tax – impuesto de capitación

capitulary *adj* – capitulario

capitulate *v* – capitular

capitulation *n* – capitulación, recapitulación

capped rate – tasa que puede fluctuar pero no exceder cierto límite

caprice *n* – capricho

capricious *adj* – caprichoso

capricious and unlawful – caprichoso e ilegal

captaincy *n* – capitanía

captains of industry – magnates de la industria

captainship *n* – capitanía

captation *n* – captación

caption *n* – encabezamiento, leyenda, epígrafe

captious *adj* – capcioso, criticón, censurador

captive agent – agente cautivo

captive audience – público cautivo, audiencia cautiva

captivity *n* – cautiverio, prisión

captor *n* – captor, apresador

capture *v* – capturar, tomar, acaparar

car bomb – coche bomba, carro bomba

car insurance – seguro de automóvil

carbon copy – copia carbón

carcass *n* – cadáver

carcelage *n* – derechos de cárcel

card index – fichero, índice

card member agreement – convenio de titulares de tarjeta

card reader – lector de tarjetas

card security – seguridad de tarjeta

cardholder *n* – titular de tarjeta, poseedor de tarjeta

cardinal *adj* – principal, fundamental

cardmember *n* – titular de tarjeta, poseedor de tarjeta

care and custody – cuidado y custodia
care and maintenance – cuidado y mantenimiento
care of – para entregar a, al cuidado de, cuidado de
care order – orden de colocar a un niño en manos de las autoridades
care proceedings – procedimiento de otorgamiento de patria potestad
careen *v* – carenar, volcar
career *n* – carrera, curso de vida
career-oriented *adj* – orientado hacia la carrera
careful *adj* – cuidadoso, meticuloso
carefully *adv* – cuidadosamente, meticulosamente
carefulness *n* – cuidado, cautela
careless *adj* – descuidado, negligente
careless and negligent – descuidado y negligente
carelessly *adv* – descuidadamente, negligentemente
carelessness *n* – descuido, negligencia
cargo *n* – carga, cargamento
cargo shipping – transporte de carga, envío de carga
carnage *n* – matanza, carnicería
carnal *adj* – carnal, sexual
carnal abuse – abuso carnal
carnal knowledge – ayuntamiento carnal, coito
carnality *n* – carnalidad, lujuria
carnet *n* – documento que permite que mercancías o vehículos puedan atravesar fronteras sin pagar impuestos
carnosity *n* – carnosidad
carping *adj* – capcioso, mordaz
carpool *n* – uso compartido de automóviles con fines tales como economizar o reducir la contaminación ambiental
carriage *n* – transporte, flete, porte
carriage and insurance paid – transporte y seguro pagado
carrier *n* – transportista, portador, cargador
carrier's liability – responsabilidad del transportista
carrier's lien – gravamen del transportista
carry *v* – cargar, llevar, tener, portar, acarrear
carry a concealed weapon – portar un arma oculta
carry a weapon – portar un arma
carry an election – ganar una elección
carry arms – portar armas
carry insurance – estar asegurado, poseer seguro
carry on a business – mantener un negocio
carry out – llevar a cabo, cumplir, efectuar
carry weapons – portar armas

carrying away – llevarse algo, hurtar
carrying concealed weapons – llevar armas ocultas
cartage *n* – transporte, costo del transporte
carte blanche – carta en blanco, carta blanca
cartel *n* – cartel, asociación, monopolio
cartel for price fixing – cartel de precios
cartulary *adj* – cartulario
cartelisation *n* – cartelización
cartelization *n* – cartelización
carve-out *n* – escisión parcial
case *n* – caso, causa, acción
case agreed on – acuerdo de las dos partes sobre los hechos
case certified – controversia de ley llevada de un tribunal inferior a uno superior
case history – antecedentes
case in point – caso en cuestión, ejemplo pertinente
case law – precedentes, jurisprudencia
case made – acuerdo entre abogados presentado al tribunal
case or controversy – caso o controversia
case stated – acuerdo de las dos partes sobre los hechos
case study – estudio de caso
case system – estudio de leyes a través de la jurisprudencia
casebook – libro de casos con discusiones
caseworker – trabajador social
cash *adj* – al contado
cash *n* – efectivo, dinero, dinero en efectivo
cash *v* – cambiar, cobrar, convertir en efectivo
cash a check – cobrar un cheque
cash a cheque – cobrar un cheque
cash administration – administración de efectivo
cash against documents – pago contra documentos
cash audit – auditoría de caja
cash bail – fianza en efectivo
cash bond – fianza en efectivo
cash collateral – colateral en efectivo
cash entry – asiento de caja
cash flow problems – problemas de liquidez
cash guarantee – garantía en efectivo
cash guaranty – garantía en efectivo
cash management – administración de efectivo
cash offer – oferta en efectivo
cash on delivery – pago contra reembolso
cash payment – pago en efectivo, pago al contado
cash-poor *adj* – de escasos fondos, de fondos insuficientes
cash register – caja registradora
cash requirement – requerimiento de

efectivo
cash reserve − reserva de efectivo, encaje
cash sale − venta al contado
cash settlement − liquidación en efectivo, entrega inmediata
cash value − valor en efectivo
cashable adj − convertible en efectivo
cashback n − reembolso en efectivo
cashbook n − libro de caja
cashed check − cheque cobrado
cashed cheque − cheque cobrado
cashflow n − flujo de efectivo, flujo de fondos
cashier n − cajero
cashier v − despedir, dar de baja en desgracia
cashier's check − cheque de caja, cheque de cajero
cashier's cheque − cheque de caja, cheque de cajero
cashiered adj − despedido, dado de baja en desgracia
cashless society − sociedad sin dinero, sociedad sin efectivo
cashpoint n − cajero automático
cassation n − casación, anulación, revocación
cast v − lanzar, echar, depositar
cast away − rechazar
castaway n − náufrago
castigate v − castigar
castigation n − castigo
casting vote − voto decisivo, voto de calidad
castle doctrine − doctrina que permite defender el hogar a como de lugar
casual adj − casual, accidental, ocasional
casual condition − condición aleatoria
casual employee − empleado temporero
casual employment − empleo temporero
casual evidence − prueba incidental
casual job − trabajo temporal, empleo temporal
casual labor − trabajo temporal
casual labour − trabajo temporal
casual sale − venta ocasional
casual worker − trabajador temporero
casually adv − casualmente, informalmente
casualty n − accidente, contingencia, baja
casualty insurance − seguro de accidentes, seguro contra accidentes
casualty loss − pérdida por accidente
catastrophe n − catástrofe, calamidad
catastrophic adj − catastrófico
catch n − trampa, pega
catch v − atrapar, coger, agarrar
catch-all account − cuenta en la cual se coloca lo que esta inadecuadamente dirigido
catch question − pregunta capciosa
catching bargain − negocio abusivo

catchings n − presas
categorical question − pregunta categórica
categorisation n − categorización, clasificación
categorise v − categorizar, clasificar
categorised adj − categorizado, clasificado
categorization n − categorización, clasificación
categorize v − categorizar, clasificar
categorized adj − categorizado, clasificado
category n − categoría
category killer − cadena de tiendas grandes que usa su poder para quebrar a sus competidores
cattily adv − maliciosamente
caucasian adj − caucásico
caucus n − junta de dirigentes
causa mortis − por causa de muerte, causa mortis
causa mortis gift − regalo por causa de muerte
causa sine qua non − causa necesaria, causa sine qua non
causal adj − causal
causal connection − conexión causal
causal relation − relación causal
causation n − causalidad, proceso causativo
causation in fact − causalidad de hecho
causative adj − causante
causator n − quien causa, litigante
cause n − causa, juicio, acción
cause v − causar, obligar
cause and consequence − causa y consecuencia
cause and effect − causa y efecto
cause célèbre − caso célebre
cause in fact − causa que ocasiona otro evento
cause list − lista de causas
cause of action − derecho de acción, causa de la acción
cause of death − causa de la muerte
cause of injury − causa de la lesión
caution money − fianza
causeless adj − sin causa
caution n − cautela, precaución
caution v − advertir
cautionary instruction − instrucción al jurado que limita la prueba a propósitos específicos
cautious adj − cauteloso, prudente
cautiously adv − cautelosamente, prudentemente
caveat n − aviso formal indicando precaución, advertencia, caveat
caveat emptor − que tenga cuidado el comprador, caveat emptor
caveat venditor − que tenga cuidado el vendedor, caveat venditor

caveator *n* – quien advierte, oponente
cc (carbon copy) – copia carbón
CD-ROM *n* – CD-ROM
CDW (collision damage waiver) – renuncia a la recuperación de daños por accidente automovilístico
cease *v* – cesar, desistir
cease and desist order – orden para cesar alguna actividad
cease-fire *n* – tregua
cease to be valid – dejar de ser válido
cease work – cesar de trabajar
ceasefire *n* – tregua
ceaseless *adj* – incesante, perpetuo
cedant *n* – cedente, transferidor
cede *v* – ceder, traspasar
cede jurisdiction – ceder jurisdicción
ceiling rate – tasa tope
celation *n* – ocultación de embarazo o parto
celebration of marriage – celebración del matrimonio
celibacy *n* – celibato
celibate *adj* – célibe
cell *n* – celda, cédula
cell phone – teléfono móvil, teléfono celular
cellular phone – teléfono móvil
censor *n* – censor
censorial *adj* – censorio
censorship *n* – censura
censurable *adj* – censurable
censure *n* – censura
censure *v* – censurar
census *n* – censo, empadronamiento
census data – datos del censo
central *n* – central, principal
central bank intervention – intervención del banco central
central criminal court – tribunal penal central
central information file – archivo central de información
central liability – responsabilidad central
central office – oficina central
centralisation *n* – centralización
centralisation of government – centralización del gobierno
centralise *v* – centralizar
centralised *adj* – centralizado
centralised government – gobierno centralizado
centralism *n* – centralismo
centralist *n* – centralista
centralist *adj* – centralista
centralization *n* – centralización
centralization of government – centralización del gobierno
centralize *v* – centralizar
centralized *adj* – centralizado
centralized government – gobierno centralizado

centrally planned economy – economía centralmente planificada
centrist *n* – centrista
centrist *adj* – centrista
CEO (chief executive officer) – jefe ejecutivo
ceremonial marriage – matrimonio solemne
certain *adj* – cierto, fijo, inevitable
certain contract – contrato cierto
certainly *adv* – ciertamente
certainty *n* – certeza, algo seguro
certifiable *adj* – certificable
certificate *n* – certificado, testimonio, obligación, boleta
certificate of a notary public – notariato
certificate of acknowledgment – certificado de reconocimiento
certificate of amendment – certificado de enmienda
certificate of birth – partida de nacimiento
certificate of death – partida de defunción
certificate of dissolution – certificado de disolución
certificate of employment – certificado de empleo
certificate of eviction – orden de desahucio
certificate of good conduct – certificado de buena conducta
certificate of health – certificado de salud
certificate of identity – certificado de identidad
certificate of incorporation – certificado de incorporación
certificate of insurance – certificado de seguro
certificate of manufacturer – certificado de manufacturero
certificate of marriage – partida de matrimonio
certificate of occupancy – certificado de ocupación
certificate of origin – certificado de origen
certificate of protest – certificado de protesto
certificate of quality – certificado de calidad
certificate of registry – certificado de registro
certificate of sale – certificado de venta
certificate of title – certificado de título
certificate of use – certificado de uso
certificateless securities – valores sin certificado
certification *n* – certificación
certification mark – marca de certificación
certification of acknowledgement – certificación de reconocimiento
certification of analysis – certificación de análisis
certification of claim – certificación de reclamación

certification of damage – certificación de daños
certification of eligibility – certificación de elegibilidad
certification of employment – certificación de empleo
certification of health – certificación de salud
certification of identity – certificación de identidad
certification of incorporation – certificación de incorporación
certification of insurance – certificación de seguro
certification of manufacturer – certificación de manufacturero
certification of occupancy – documento certificando que un local cumple con las leyes de edificación y/o zonificación
certification of origin – certificación de origen
certification of ownership – certificación de propiedad
certification of purchase – certificación de compra
certification of quality – certificación de calidad
certification of sale – certificación de venta
certification of title – certificación de título
certification of trust – certificación de fideicomiso
certification of use – certificación de uso
certification of value – certificación de valor
certification of weight – certificación de peso
certification stamp – sello de certificación
certified adj – certificado, auténtico
Certified Accountant – contador autorizado, contable autorizado
certified appraisal – tasación certificada
certified appraiser – tasador certificado
certified balance sheet – balance certificado
certified bill of lading – conocimiento de embarque certificado
certified check – cheque certificado
certified cheque – cheque certificado
certified copy – copia certificada
certified document – documento certificado
certified financial statement – estado financiero certificado
certified letter – carta certificada
certified mail – correo certificado, correspondencia certificada
Certified Public Accountant – contador público autorizado, contable público autorizado
certified signature – firma certificada
certified statement – estado certificado
certified true copy – copia auténtica certificada

certifier n – certificador
certify v – certificar, atestiguar
certifying adj – certificatorio
certiorari n – auto de certiorari, auto de avocación
certitude n – certidumbre
cesarean adj – cesáreo
cessation n – cesación, suspensión
cesser n – cesación, cesación de responsabilidad
cession n – cesión
cession of goods – cesión de bienes
cessionary adj – cesionario
cessionary n – cesionario
cessionary bankrupt – insolvente que cede sus bienes a sus acreedores
cessment n – contribución, impuesto
cessor n – quien abandona un deber tiempo suficiente como para poder sufrir consecuencias legales
cestui que trust – el beneficiario de un fideicomiso
cestui que use – persona que cede el uso de una propiedad a otra
cestui que vie – persona a quien se le ceden bienes de por vida
CFO (chief financial officer) – director financiero, funcionario financiero principal
chaffer v – negociar, regatear
chaffery n – comercio, negocio
chagrin n – mortificación, disgusto
chain n – cadena, cadena de establecimientos que ofrecen los mismos productos y/o servicios
chain gang – grupo de penitenciarios encadenados entre si
chain of circumstances – cadena de circunstancias
chain of command – cadena de mando
chain of custody – cadena de custodia
chain of possession – cadena de posesión
chain of title – cadena de título
chair n – presidente, presidencia
chair v – presidir
chair of the board – presidente de la junta directiva
chairman n – presidente
chairman and chief executive – presidente y director ejecutivo
chairman of the board – presidente de la junta directiva
chairmanship n – presidencia
chairperson n – presidente
chairperson and chief executive – presidente y director ejecutivo, presidenta y directora ejecutiva
chairperson of the board – presidente de la junta directiva, presidenta de la junta

directiva
chairwoman *n* – presidenta
chairwoman and chief executive –
presidenta y directora ejecutiva
chairwoman of the board – presidenta de la
junta directiva
challenge *n* – recusación, objeción, tacha
challenge *v* – recusar, objetar, retar, desafiar
challenge for cause – recusación justificada
challenge to jury array – recusación del
jurado completo
challenger *n* – demandante, objetante,
retador
challenging *adj* – retador, desafiante
chamber *n* – cámara, cuarto, recámara
chambers *n* – despacho del juez
champertor *n* – quien mantiene una demanda
por un tercero con interés creado
champertous *adj* – en la naturaleza de una
demanda mantenida por un tercero con
interés creado
champerty *n* – mantenimiento de una
demanda por un tercero con interés creado
chance bargain – contrato a riesgo propio
chance-medley *n* – riña resultando en un
homicidio en defensa propia o por
encontrarse en un estado de emoción
violenta, riña fortuita
chancellor *n* – canciller, decano
chancer *v* – ajustar a los principios del
tribunal de equidad
chancery *n* – equidad, tribunal de equidad
chancy *adj* – arriesgado, peligroso
Chancellor of the Exchequer – Ministro de
Hacienda
Chandler Act – enmienda a la ley de quiebras
de 1938
change *n* – cambio, alteración, trocamiento
change *v* – cambiar, alterar, trocar
change hands – cambiar de manos, cambiar
de dueño
change of address – cambio de dirección
change of beneficiary – cambio de
beneficiario
change of circumstances – cambio de
circunstancias
change of domicile – cambio de domicilio
change of duties – cambio de deberes
change of heart – cambio de parecer
change of name – cambio de nombre
change of ownership – cambio de propiedad
change of parties – cambio de partes
change of possession – cambio de posesión
change of venue – traslado de sala
changeable *adj* – cambiable, variable
changeless *adj* – inmutable, constante
changeover *n* – cambio, alteración
channel *n* – canal, cauce, caño

channel *v* – canalizar
chaos *n* – caos
chaotic *adj* – caótico
chapter *n* – capítulo, organización local
chapter 7 bankruptcy – bancarrota directa,
quiebra
chapter 11 bankruptcy – reorganización del
negocio bajo la ley de quiebras
chapter 12 bankruptcy – convenio especial
para el pago de deudas del granjero familiar
bajo la ley de quiebras
chapter 13 bankruptcy – convenio para el
pago de deudas por un deudor asalariado
bajo la ley de quiebras
character *n* – carácter, temperamento
character and habit – las características
morales de una persona determinadas por su
reputación y conducta
character assassination – el uso la
difamación con el propósito de arruinar la
reputación de una persona
character evidence – prueba concerniente a
la reputación de una persona
character witness – testigo sobre el carácter
de una persona
characteristic *n* – característica, cualidad
characterisation *n* – determinación de las
leyes aplicables a un caso
characterization *n* – determinación de las
leyes aplicables a un caso
charge *n* – acusación, carga, cargo,
responsabilidad, comisión
charge *v* – acusar, imponer una carga, cobrar
chargé d'affaires – representante diplomático
subordinado o sustituto
charge of crime – acusación de crimen
charge-sheet *n* – registro policial
charge to the jury – instrucciones al jurado
chargeable *adj* – acusable, imponible, sujeto
a cobro
chargeback *n* – transacción devuelta
charges *n* – cargos, acusaciones
charging lien – gravamen de abogado
charging order – orden a favor de un
acreedor de embargar ciertos valores o bienes
de un deudor
chariness *n* – cautela
charisma *n* – carisma, liderazgo
charitable *adj* – caritativo, benéfico
charitable bequest – legado caritativo
charitable gift – donación caritativa
charitable organisation – organización
caritativa
charitable organization – organización
caritativa
charitable trust – fideicomiso caritativo
charitably *adv* – caritativamente
charity *n* – caridad, beneficencia, bondad

charlatan *n* – charlatán, embaucador
charlatanism *n* – charlatanismo
chart *n* – diagrama, gráfico, tabla, esquema
charta *n* – carta, escritura, cédula, documento constitucional
charter *n* – carta, escritura de constitución, carta constitucional
charter *v* – fletar, fletear, alquilar
charter agent – agente de fletamento
charter agreement – contrato de fletamento
charter broker – corredor de fletamento
charter flight – vuelo chárter
charter member – miembro fundador
charter of affreightment – fletamento
charter party – contrato de fletamento
chartered accountant – contador público autorizado, contador público titulado
chartered bank – banco autorizado
Chartered Financial Consultant – asesor financiero autorizado
Chartered Life Underwriter – suscriptor de seguros de vida autorizado
chartered vessel – embarcación fletada
charterer *n* – fletador, fletante
chartering *n* – fletamento
chary *adj* – cuidadoso, cauteloso
chasm *n* – abismo, ruptura
chaste *adj* – casto, puro
chaste character – carácter puro
chastely *adv* – castamente, púdicamente
chasteness *n* – castidad, pureza
chastise *v* – castigar, corregir
chastity *n* – castidad
chattel interest – interés parcial en un bien mueble
chattel lien – gravamen sobre un bien mueble
chattel mortgage – hipoteca sobre bienes muebles, hipoteca mobiliaria
chattels *n* – bienes muebles, mobiliario
chaud-medley *n* – homicidio pasional
chauvinism *n* – chovinismo
chauvinist *n* – chovinista
cheat *n* – tramposo, trampa, engaño
cheat *v* – engañar, hacer trampa
check *n* – cheque, control, verificación, inspección, revisión
check *v* – controlar, verificar, inspeccionar, revisar
check authorisation – autorización de cheque
check authorization – autorización de cheque
check card – tarjeta de cheque
check certification – certificación de cheque
check forgery – falsificación de cheques
check kiting – girar un cheque sin fondos en anticipación de depósitos futuros
check list – lista de cotejo
check point – punto de inspección

check signer – firmante de cheques
check stub – talón de cheque
check verification – verificación de cheque
checkbook *n* – libreta de cheques
checkless *adj* – sin cheques
checklist *n* – lista de cotejo
checkout *n* – caja, punto de pago
checkpoint *n* – punto de control, punto de inspección
checks and balances – sistema de control y balance entre las ramas del gobierno
chemical analysis – análisis químico
cheque *n* – cheque
cheque authorisation – autorización de cheque
cheque authorization – autorización de cheque
cheque card – tarjeta de cheque
cheque certification – certificación de cheque
cheque forgery – falsificación de cheques
cheque kiting – girar un cheque sin fondos en anticipación de depósitos futuros
cheque signer – firmante de cheques
cheque stub – talón de cheque
cheque to bearer – cheque al portador
cheque verification – verificación de cheque
chequebook *n* – libreta de cheques
chequeless *adj* – sin cheques
cherry-pick *v* – seleccionar solo lo que se percibe como lo mejor o más ventajoso
cherry-picking *n* – selección de solo lo que se percibe como lo mejor o más ventajoso
ChFC (Chartered Financial Consultant) – asesor financiero autorizado
chicane *n* – trampa, tramoya
chief *adj* – principal
chief *n* – jefe, líder, director
chief accountant – jefe de contabilidad, contable jefe, contador jefe
chief accounting officer – director de contabilidad
chief clerk – secretario del tribunal
chief executive – director ejecutivo, jefe ejecutivo, ejecutivo en jefe
chief executive officer – jefe ejecutivo, funcionario ejecutivo principal
chief financial officer – director financiero, director de finanzas
chief information officer – jefe de información, director de información
chief judge – presidente de un tribunal, juez presidente
chief justice – presidente de un tribunal, juez presidente
chief magistrate – primer magistrado, presidente del tribunal supremo
chief of police – superintendente de la policía

chief of state – jefe de estado
chief officer – funcionario principal
chief operating officer – director general, jefe de operaciones
chief operations officer – director de operaciones, jefe de operaciones
chief witness – testigo principal
chiefly *adv* – principalmente
child abuse – abuso de menores
child allowance – pago social para la manutención de menores
child care center – centro de cuido de niños
child care centre – centro de cuido de niños
child custody – custodia de menores
child labor – empleo de menores
child labor laws – leyes para proteger a menores en el empleo
child labour – empleo de menores
child labour laws – leyes para proteger a menores en el empleo
child support – alimentos para menores, obligación alimenticia
child support laws – leyes sobre alimentos para menores
child support order – orden de alimentos para menores
child's part – parte de una herencia correspondiente a un hijo, parte de una herencia correspondiente a una hija
childbirth *n* – parto
childcare center – centro de cuido de niños
childcare centre – centro de cuido de niños
children's court – juzgado de menores, tribunal de menores
chilling a sale – conspiración para obtener bienes bajo el valor justo de mercado
chilling bids – actos o palabras para impedir la libre competencia entre postores en subastas
Chinese wall – barrera de comunicación entre abogados de un mismo bufete que permite a dicha firma representar a una parte aun cuando algún miembro haya defendido a la parte adversaria en otra ocasión
chip card – tarjeta con chip, tarjeta inteligente
chirograph *n* – quirógrafo, escritura, contrato
chirographum – algo escrito a mano
choate *adj* – completo, perfeccionado
choate lien – gravamen perfeccionado
choice *n* – selección, opción
choice of law – selección de la ley aplicable
choke *v* – estrangular, ahogar, asfixiar
chose in action – derecho de acción para recobrar algo
chose in possession – cosa en posesión
chronic alcoholism – alcoholismo crónico
chronically *adv* – crónicamente
chronicle *n* – crónica

chronicle *v* – relatar
chronological *adj* – cronológico
chronologically *adv* – cronológicamente
churning *n* – transacciones excesivas de parte de un corredor de valores para generar comisiones
cipher message – mensaje en clave
circa *prep* – alrededor de, circa
circuit *n* – circuito, jurisdicción
circuit court – tribunal de circuito
circuit court of appeals – tribunal federal de apelaciones
circuit judge – juez de circuito
circuity of action – curso indirecto de una acción
circulate *v* – circular
circulated *adj* – circulado, diseminado
circulation *n* – circulación, diseminación
circulator *n* – divulgador
circumambiency *n* – medio, ambiente
circumambulate *v* – vagar, andar alrededor de
circumscribe *v* – circunscribir, limitar
circumscription *n* – circunscripción, limitación
circumspect *adj* – circunspecto, discreto, cauteloso
circumspection *n* – circunspección, discreción
circumstances *n* – circunstancias, incidentes
circumstantial evidence – prueba circunstancial
circumstantially *adv* – circunstancialmente
circumvent *v* – circunvenir, enredar, burlar
circumvent the law – circunvenir la ley
circumvolution *n* – circunvolución, rodeo
citation *n* – citación, cita, mención
citation of authorities – mención de autoridades y precedentes
citators *n* – tomos que recopilan el historial judicial de los casos
citatory *adj* – citatorio
cite *v* – citar, mencionar
cite a case – citar un caso
citizen *n* – ciudadano
citizen-informant *n* – informador sin recompensa
citizen's arrest – arresto por persona particular
citizenry *n* – ciudadanía
citizenship *n* – ciudadanía
citizenship papers – certificado de ciudadanía
city council – concejo municipal, consejo municipal
city courts – tribunales municipales
city hall – municipalidad, gobierno municipal
civic *adj* – cívico, ciudadano

civil *adj* − civil, ciudadano, atento
civil action − acción civil
civil arrest − arresto civil, arresto por persona particular
civil authorities − autoridades civiles
civil authority clause − cláusula en póliza de seguros que protege contra daños ocasionados por las autoridades civiles
civil bail − caución por acción civil
civil case − caso civil
civil cause − causa civil
civil ceremony − ceremonia civil
civil code − código civil
civil cognation − cognación civil
civil commitment − confinación civil
civil commotion − insurrección civil
civil conspiracy − conspiración civil
civil contempt − desacato civil
civil contract − contrato civil
civil court − tribunal civil
civil damage − daño civil
civil damage acts − leyes que responsabilizan a quien sirve alcohol a una persona cuando esa persona se lesiona posteriormente
civil day − día civil
civil death − muerte civil
civil defence − defensa civil
civil defense − defensa civil
civil disabilities − incapacidad jurídica
civil disobedience − desobediencia civil
civil disorder − desorden civil
civil fraud − fraude civil
civil injury − daño civil, perjuicio civil
civil jurisdiction − jurisdicción civil
civil jury trial − juicio con jurado en acción civil
civil law − derecho civil
civil lawyer − abogado en materia civil
civil liability − responsabilidad civil
civil liability acts − leyes que responsabilizan a quien sirve alcohol a una persona cuando esa persona se lesiona posteriormente
civil liability insurance − seguro de responsabilidad civil
civil liberties − libertades civiles, derechos civiles
civil marriage − matrimonio civil
civil nature − de naturaleza civil
civil nuisance − estorbo civil, acto perjudicial civil
civil obligation − obligación civil
civil offense − infracción civil
civil office − oficina municipal, función civil
civil officer − funcionario civil
civil penalties − penalidades civiles
civil possession − posesión civil
civil procedure − procedimientos de la ley civil, procedimiento civil

civil process − proceso civil
civil remedy − recurso civil, acción civil
civil responsibility − responsabilidad civil
civil rights − derechos civiles
civil rights act − ley de derechos civiles
civil rules − procedimientos civiles
civil servant − funcionario público
civil service − servicio civil, administración pública
civil side − sala de lo civil
civil statute − ley civil
civil suit − litigio civil
civil trial − juicio civil
civil union − unión civil
civil unrest − descontento social
civil war − guerra civil
civilian *n* − civil
civiliter mortuus − civilmente muerto
claim *n* − reclamo, reclamación, alegación, demanda, derecho, título
claim *v* − reclamar, demandar, alegar, peticionar, afirmar, pedir
claim adjuster − ajustador de reclamaciones
claim and delivery − acción para recobrar bienes personales más daños y perjuicios
claim for damages − demanda por daños y perjuicios
claim settlement − liquidación de reclamación
claim verification − verificación de reclamación
claimable *adj* − reclamable
claimant *n* − demandante, reclamante
claimer *n* − demandante, reclamante
claims adjuster − ajustador de reclamaciones
claims court − tribunal para juicios contra el gobierno
clampdown *n* − imposición de medidas represivas
clandestine *adj* − clandestino
clandestine operation − operación clandestina
clandestinely *adv* − clandestinamente
clandestinity *n* − clandestinidad
clarification *n* − clarificación, esclarecimiento
clarify *v* − clarificar, esclarecer
clash *v* − chocar, discordar
class action − acción de clase, demanda colectiva
class action suit − acción de clase, demanda colectiva
class legislation − legislación clasista
class struggle − lucha de clases, guerra de clases
class war − lucha de clases, guerra de clases
classic *n* − clásico, típico
classical economics − economía clásica

classifiable *adj* – clasificable
classification of crimes – clasificación de crímenes
classificatory *adj* – clasificador
classified *adj* – clasificado, secreto
classified ad – anuncio clasificado
classified advertisement – anuncio clasificado
classify *v* – clasificar
clause *n* – cláusula, artículo, estipulación
clawback *n* – utilización de imposición u otros medios por parte de un gobierno que desea recuperar gastos desembolsados
Clayton Act – ley federal con reglamentos contra monopolios
clean *adj* – limpio, inocente, libre, honesto
clean acceptance – aceptación general, aceptación libre, aceptación incondicional
clean air acts – leyes para el control de la contaminación del aire
clean bill – letra limpia, letra de cambio libre de otros documentos
clean bill of exchange – letra limpia
clean bill of health – certificado de salud
clean bill of lading – conocimiento de embarque limpio
clean hands – inocencia
clean hands doctrine – doctrina que niega remedio a demandantes que han obrado culpable o injustamente en la materia del litigio
clean opinion – opinión sin reserva
clean-up fund – fondo de gastos finales adicionales
clean water acts – leyes para el control de la contaminación del agua
cleanhanded *adj* – con las manos limpias
cleanup fund – fondo de gastos finales adicionales
clear *adj* – claro, libre, limpio, líquido
clear *v* – aclarar, absolver, librar, limpiar, compensar, liquidar
clear and convincing evidence – prueba clara y contundente
clear and convincing proof – prueba clara y contundente
clear and present danger – peligro claro e inmediato
clear chance – oportunidad clara para evitar un accidente
clear-cut *adj* – evidente, inequívoco
clear evidence – prueba clara, prueba positiva
clear-headed *adj* – racional
clear legal right – derecho deducible por ley
clear title – título limpio
clear view doctrine – doctrina que permite a la policía en un allanamiento legítimo

confiscar objetos a simple vista y luego presentarlos como evidencia
clearance *n* – autorización, franquicia, despacho, liquidación
clearance card – carta describiendo el trabajo de una persona al finalizar su servicio
clearance certificate – certificado de cumplimiento de los requisitos de aduana
clearance papers – certificación de cumplimiento de los requisitos de aduana
clearing *n* – aclaración, compensación, despeje
clearing agency – agencia de compensación
clearing agent – agente de compensación
clearing bank – banco de compensación
clearing house – casa de liquidación
clearing title – saneamiento de título
clearinghouse *n* – casa de liquidación
clearly *adv* – evidentemente, abiertamente
clearly erroneous – evidentemente erróneo
clearly proved – claramente demostrado
clearness *n* – claridad
clemency *n* – clemencia, indulgencia
clement *adj* – clemente
clerical *adj* – clerical
clerical error – error de escritura, error de pluma, error de copia
clerical misprision – error intencional del secretario del tribunal
clerk *n* – secretario del tribunal, empleado de oficina, oficinista, empleado
clerk of the court – secretario del tribunal
clerkship *n* – período en que un estudiante de leyes trabaja para un abogado o juez
client-oriented *adj* – orientado al cliente
client records – registros de clientes
client rights – derechos del cliente
cliff vesting – adquisición de todos los derechos de pensión a partir de cierto momento en vez de gradualmente
climactic *adj* – culminante, decisivo
clock in – registrar la hora de entrada
clock off – registrar la hora de salida
clock on – registrar la hora de entrada
clock out – registrar la hora de salida
clone *n* – clon
close a bank – cerrar un banco
close a case – cerrar un caso
close a deal – cerrar un negocio
close an account – cerrar una cuenta
close an investigation – concluir una investigación
close copies – copias informales
close company – compañía cerrada
close corporation – corporación de pocos accionistas
close down – cerrar, cerrar en definitiva
close interpretation – interpretación

restringida
close of books – cierre de los libros
close of business – al finalizar las horas acostumbradas de trabajo
close out – liquidar, cerrar en definitiva
close range – de cerca
close resemblance – gran parecido
closed account – cuenta cerrada
closed chapter – asunto concluido
Closed-Circuit TV – televisión de circuito cerrado
closed company – compañía cerrada
closed contract – contrato cerrado
closed corporation – corporación cerrada
closed economy – economía cerrada
closed investigations – investigaciones privadas
closed session – sesión a puerta cerrada
closed shop – taller cerrado
closed trial – juicio a puerta cerrada
closed union – unión cerrada
closely held company – compañía cerrada
closemouthed adj – discreto, callado
closeness – cercanía, exactitud
closing n – cierre
closing a contract – finalización de la negociación de un contrato
closing a loan – cierre de un préstamo
closing account – cuenta del cierre
closing agreement – convenio final
closing argument – resumen de los puntos sobresalientes de un juicio de parte de uno de los abogados
closing of the books – cierre de los libros
closing statement – resumen de los puntos sobresalientes de un juicio de parte de uno de los abogados
closing title – transferencia de título
closure n – clausura, cierre, limitar el debate
cloture n – limitar el debate
cloud on title – nube sobre título
cloudily adv – obscuramente, nebulosamente
cloudy n – obscuro, nebuloso
club n – club, garrote
club v – golpear, unir
club-law – gobierno a garrote, gobernación por la fuerza
clue n – pista, indicio
clumsy adj – torpe
clutter n – desorden, confusión
Co. (company) – compañía
co-administrator n – coadministrador
co-applicant n – cosolicitante
co-creditor n – coacreedor
co-debtor n – codeudor
co-defendant n – codemandado, coacusado
co-executor n – coalbacea
co-heir n – coheredero

co-insurance n – coaseguro
co-lessee n – coarrendatario
co-lessor n – coarrendador
co-maker n – codeudor
co-mortgagor n – codeudor hipotecario
co-obligor n – codeudor
co-op n – cooperativa
co-operation n – cooperación
co-operative adj – cooperativo
co-operative n – cooperativa
co-opetition n – cooperación entre competidores
co-owner n – copropietario
co-ownership n – copropiedad
co-partner n – consocio
co-partnership n – sociedad
co-payment n – pago conjunto
co-respondent n – codemandado
co-sign v – cofirmar
co-signatory n – cosignatario, cofirmante
co-signature n – firma conjunta
co-signer n – cosignatario, cofirmante
co-surety n – cofiador
co-tenancy n – tenencia conjunta
co-tenant n – copropietario, coposesor
coaction n – coacción
coactive adj – coactivo
coalition n – coalición, federación
coast guard – guardacostas
coast waters – aguas costeras
coastal trade – cabotaje
coastland n – costa, litoral
coastline n – línea costera, costa
coax v – persuadir, engatusar
coaxing n – engatusamiento, persuasión
cobelligerent n – cobeligerante
COD (cash on delivery) – pago contra reembolso
COD (collect on delivery) – pago contra reembolso
code n – código, compilación de leyes
code of arbitration – código de arbitración
code of commerce – código de comercio
code of conduct – código de conducta
code of criminal procedure – código de procedimiento criminal
code of ethics – código de ética
code of fair competition – código de competencia leal
code of good conduct – código de buena conducta
code of judicial conduct – código de conducta judicial
code of practice – código de procedimientos
code of procedure – código de procedimientos
code of professional ethics – código de ética profesional

code of professional responsibility – código de responsabilidad profesional
code penal – código penal
code pleading – alegato
codex *n* – código
codicil *n* – codicilo, adición o cambio a un testamento
codicillary *adj* – codicilar
codification *n* – codificación
codify *v* – codificar
coemption *n* – acaparamiento de mercancía
coequal *adj* – recíproco
coequality *n* – reciprocidad
coerce *v* – coercer, forzar, obligar
coercible *adj* – coercible
coercion *n* – coerción
coffers *n* – fondos, tesoro
cogent evidence – prueba convincente
cognation *n* – parentesco
cognition *n* – entendimiento, conocimiento
cognizable *adj* – conocible
cognizance *n* – jurisdicción, conocimiento
cognize *v* – conocer
cognomen *n* – apellido, nombre, apodo
cognoscible *adj* – conocible
cognovit *n* – admisión de sentencia
cohabit *v* – cohabitar
cohabitant *n* – cohabitante
cohabitation *n* – cohabitación
cohabitation agreement – contrato de cohabitación
coheir *n* – coheredero
cohere *v* – adherirse, cooperar
coherence *n* – coherencia, consistencia
coherent *adj* – coherente
coherently *adv* – coherentemente
cohesion *n* – cohesión
cohesive *adj* – cohesivo, coherente
cohorts *n* – secuaces
coinheritance *n* – herencia conjunta
coinstantaneous *adj* – simultáneo
coinsurance *n* – coaseguro
coinsured *adj* – coasegurado
coinsurer *n* – coasegurador
coitus *n* – coito
cold-blooded murder – asesinato a sangre fría
cold-bloodedly *adj* – despiadadamente, a sangre fría
cold war – guerra fría
collaborate *v* – colaborar
collaboration *n* – colaboración
collaborative *adj* – colaborativo
collaborator *n* – colaborador
collapse *n* – colapso, derrumbe, caída
collate *v* – colacionar, revisar, ordenar
collateral *adj* – colateral, accesorio
collateral *n* – colateral, garantía

collateral action – acción colateral
collateral affinity – afinidad colateral
collateral ancestors – antepasados colaterales
collateral attack – reclamo colateral
collateral consanguinity – consanguinidad colateral
collateral contract – contrato colateral
collateral descent – sucesión colateral
collateral estoppel – impedimento colateral
collateral evidence – prueba colateral
collateral facts – hechos colaterales
collateral fraud – fraude colateral, fraude extrínseco
collateral heir – heredero colateral
collateral issue – asunto incidental, asunto colateral
collateral kinsmen – parientes colaterales
collateral limitation – limitación colateral
collateral line – línea colateral, sucesión colateral
collateral negligence – negligencia colateral, negligencia subordinada
collateral note – pagaré con garantía prendaria, pagaré con garantía
collateral power – poder colateral
collateral proceeding – procedimiento colateral
collateral promise – promesa colateral
collateral security – garantía prendaria
collateral warranty – garantía colateral
collateralise *v* – colateralizar, garantizar
collateralised *adj* – colateralizado, garantizado
collateralize *v* – colateralizar
collateralized *adj* – colateralizado
collateralized debt obligation – obligación de deudas colateralizadas
collateralized mortgage obligation – obligación hipotecaria colateralizada
collaterally *adv* – colateralmante
collation *n* – comparación, colación
collation of seals – comparación de sellos
collator *n* – colador, cotejador
collect *v* – cobrar, coleccionar, juntar
collect a debt – cobrar una deuda
collect taxes – cobrar impuestos
collectable *adj* – cobrable, coleccionable
collected *adj* – cobrado, tomado de varias fuentes, mesurado
collected and delivered – cobrado y entregado
collected debts – deudas cobradas
collected taxes – impuestos cobrados
collectible *adj* – cobrable, coleccionable
collectibles *n* – artículos coleccionables
collecting agency – agencia de cobros
collection *n* – colección, cobro, acumulación

collection agency – agencia de cobros
collective *adj* – colectivo
collective action – acción colectiva
collective agreement – convenio colectivo
collective assets – activos colectivos
collective bargaining – negociación colectiva
collective bargaining agreement – convenio de negociación colectiva
collective bargaining unit – unidad de negociación colectiva
collective contract – contrato colectivo
collective insurance – seguro colectivo
collective labor agreement – convenio colectivo de trabajo
collective labour agreement – convenio colectivo de trabajo
collective liability – responsabilidad colectiva
collective negotiation – negociación colectiva
collective ownership – propiedad colectiva
collective policy – póliza colectiva
collectively *adv* – colectivamente
collectivism *n* – colectivismo
collectivist *adj* – colectivista
collectivist *n* – colectivista
collector *n* – cobrador, recaudador, colector
collector of internal revenue – recaudador de rentas internas
collector of the customs – recaudador de derechos aduaneros
collectorate *n* – colecturía
collegatary *n* – colegatario
collegium – colegio
collide *v* – chocar
colligate *v* – coligar
colligation *n* – coligación
collision *n* – colisión, choque, oposición
collision coverage – cobertura de colisión
collision damage waiver – renuncia a la recuperación de daños por accidente automovilístico
collision insurance – seguro contra accidentes automovilísticos
collocate *v* – colocar
collocation *n* – ordenamiento de acreedores
colloquium *n* – declaración de que las palabras difamatorias iban dirigidas al demandante
collude *v* – coludir, confabularse
collusion *n* – colusión, confabulación
collusive *v* – colusorio
collusive action – acción colusoria
collusive bidding – licitación colusoria
collusive practices – prácticas colusorias
collusive suit – acción colusoria
colonialism *n* – colonialismo
colonialist *adj* – colonialista
colonialist *n* – colonialista

color of authority – autoridad aparente
color of law – color de la ley, semejanza de derecho, apariencia de derecho
color of office – actos de funcionario no autorizado
color of title – título aparente
colorable *adj* – aparente, falsificado
colorable claim – reclamo superficial
combination patent – patente que combina patentes anteriores
combine *n* – combinación, asociación, consorcio, cartel
combine *v* – combinar, sindicar, unir
combined *adj* – combinado, unido, junto
combined insurance – seguro combinado
combined liability – responsabilidad combinada
comes and defends – comparece y se defiende
comfort care – cuidado paliativo
comfort letter – carta de recomendación financiera
comity of nations – cortesía entre naciones
command *n* – orden, ordenanza, dominio
command *v* – ordenar, dirigir, poseer
command economy – economía dirigida
commandant *n* – comandante
commandeer *v* – tomar a la fuerza, expropiar
commander in chief – comandante en jefe
commandite *n* – sociedad en comandita
commemorate *v* – conmemorar
commemoration *n* – conmemoración
commemorative *adj* – conmemorativo
commence a suit – comenzar una acción
commence an action – comenzar una acción
commencement of a declaration – inicio de la declaración
commencement of action – inicio de la acción
commencement of coverage – comienzo de la cobertura
commencement of criminal proceeding – comienzo de la acción penal
commencement of insurance – comienzo del seguro
commend *v* – recomendar, encomendar
commendable *adj* – recomendable
commendably *adv* – meritoriamente
commendation *n* – recomendación, elogio
commensurate *adj* – proporcional, apropiado para
commensurately *adv* – proporcionalmente
comment *n* – comentario, explicación, observación
comment *v* – comentar, explicar, observar
comment on evidence – comentar sobre la prueba
commentary *n* – comentario, observación

commerce *n* – comercio, negocio, tráfico
commerce address – domicilio de comercio
commerce agreement – convenio de comercio
commerce arbitration – arbitraje de comercio
commerce code – código de comercio
commerce contract – contrato de comercio
commerce court – tribunal comercial
commerce ethics – ética comercial
commerce fraud – fraude de comercio
commerce insurance – seguro de comercio
commerce intelligence – inteligencia de comercio
commerce licence – licencia para comercio
commerce license – licencia para comercio
commerce-oriented *adj* – orientado hacia el comercio
commerce regulations – reglamentos de comercio
commerce scam – estafa de comercio
commercial *adj* – comercial, mercantil
commercial *n* – anuncio
commercial address – domicilio comercial
commercial agent – agente comercial
commercial agreement – convenio comercial
commercial arbitration – arbitraje comercial
commercial bank – banco comercial
commercial bankruptcy – quiebra comercial
commercial code – código comercial
commercial concern – empresa comercial
commercial court – tribunal comercial
commercial domicile – domicilio comercial
commercial ethics – ética comercial
commercial etiquette – etiqueta en los negocios
commercial failure – quiebra comercial
commercial fraud – fraude comercial
commercial frustration – circunstancia imprevisible que exime a una parte de cumplir con un contrato firmado
commercial insolvency – insolvencia comercial
commercial insurance – seguro comercial
commercial law – derecho comercial, derecho mercantil
commercial lending – préstamos comerciales
commercial letter of credit – carta de crédito comercial
commercial liability – responsabilidad comercial
commercial licence – licencia comercial
commercial license – licencia comercial
commercial name – nombre comercial
commercial records – registros comerciales, expedientes comerciales
commercial regulations – reglamentos comerciales, normas comerciales
commercial scam – estafa comercial

commercial standards – normas comerciales
commercial swindle – estafa comercial
commercial taxes – impuestos comerciales, contribuciones comerciales
commercial trust – fideicomiso comercial
commercialisation *n* – comercialización
commercialise *v* – comercializar
commercialised *adj* – comercializado
commercialism *n* – comercialismo
commercialization *n* – comercialización
commercialize *v* – comercializar
commercialized *adj* – comercializado
commination *n* – conminación, amenaza
comminatory *adj* – conminatorio, amenazante
commingle *v* – mezclar, compenetrar
commingled *adj* – mezclado
commingled accounts – cuentas mezcladas
commingled trust fund – fondos en fideicomiso mezclados
commingling *n* – mezcla
commingling of funds – mezcla de fondos
commingling of property – mezcla de propiedades
commissary *n* – delegado, comisionista
commission *n* – comisión, junta, encargo, nombramiento
commission *v* – encargar, capacitar, nombrar
commission government – gobierno municipal en manos de pocos
Commission of the European Communities – Comisión de las Comunidades Europeas
commission work – trabajo a comisión
commissioner *n* – comisionado, comisario
commissioner of banking – comisionado de banca
commissioner of insurance – comisionado de seguros
commissioner of patents – encargado del negociado de patentes
commissioners of bail – oficiales encargados de recibir fianzas
commissioners of deeds – notarios con permiso gubernamental para ejercer en otro estado
commissive waste – desperdicio activo
commit *v* – cometer, perpetrar, confinar, confiar, consignar
commit a crime – cometer un crimen
commit fraud – cometer fraude
commit perjury – cometer perjurio
committal proceedings – vista preliminar ante un tribunal de magistrados, vista preliminar en un juzgado de paz
commitment *n* – auto de prisión, confinamiento, compromiso
commitment letter – carta de compromiso
committed *adj* – comprometido, obligado

committee *n* – comité, junta
committee assembly – reunión de un comité
committee conference – conferencia de un comité
committee meeting – reunión de un comité
committee of management – comité administrativo, junta directiva
committing magistrate – magistrado examinador, juez de paz
commix *v* – mezclarse
commixtion *n* – mezcla, confusión
commixture *n* – mezcladura
commodities *n* – productos, mercancías, productos básicos, mercaderías
commodities cartel – cartel de productos, cartel de mercancías
commodities contract – contrato de productos, contrato de mercancías
commodities exchange – mercado de productos, mercado de mercancías, lonja de productos, lonja de mercancías
commodities futures – futuros de productos, futuros de mercancías, contrato de futuros
commodities management – administración de productos, administración de mercancías
commodities pricing – fijación de precios de productos, fijación de precios de mercancías
commoditisation *n* – medidas empleadas para aumentar la comercialidad o liquidez de algo
commoditization *n* – medidas empleadas para aumentar la comercialidad o liquidez de algo
commodity *n* – producto, mercancía, producto básico, mercadería
commodity cartel – cartel de productos, cartel de mercancías
commodity contract – contrato de productos, contrato de mercancías
commodity exchange – mercado de productos, mercado de mercancías, lonja de productos, lonja de mercancías
commodity futures – futuros de productos, futuros de mercancías, contrato de futuros
commodity management – administración de productos, administración de mercancías
commodity pricing – fijación de precios de productos, fijación de precios de mercancías
common *adj* – común, familiar, corriente
common *n* – ejido, derecho conjunto
common agency – agencia común
Common Agricultural Policy – Política Agrícola Común
common ancestor – antepasado común
common annuity – anualidad común
common bar – especificación por parte del demandante de dónde precisamente ocurrió el escalamiento alegado

common carrier – transportador público, portador público
common council – ayuntamiento
common counts – cargos generales
common creditor – acreedor común
common currency – moneda común
Common Customs Tariff – Arancel de Aduanas Común
common defence – defensa común
common defense – defensa común
common design – intención común para un acto ilícito
common disaster – muerte simultanea de dos personas con intereses en la misma propiedad asegurada
common fund doctrine – doctrina del fondo común
common good – para el bienestar general
common ground – asunto de interés mutuo
common highway – carretera pública
common in gross – derecho en común sobre algo asociado con una persona en particular
common informer – informante común
common intendment – sentido usual
common insurance – seguro común
common intent – intención común
common interest – interés común, intereses comunes
common jurisdiction – jurisdicción común
common jury – jurado ordinario
common knowledge – de conocimiento común
common land – tierra común, tierra comunal
common law – derecho común, derecho jurisprudencial, derecho consuetudinario
common-law action – acción bajo el derecho común
common-law contempt – desacato criminal
common-law courts – tribunales del derecho común
common-law crime – crimen castigable bajo el derecho común
common-law husband – esposo de hecho, esposo en un matrimonio de hecho
common-law jurisdiction – jurisdicción bajo el derecho común
common-law lien – gravamen bajo el derecho común
common-law marriage – matrimonio de hecho, matrimonio consensual, matrimonio de derecho común
common-law trademark – marca bajo el derecho común
common-law trust – fideicomiso bajo el derecho común
common-law wife – esposa de hecho, esposa en un matrimonio de hecho
common nuisance – estorbo público, acto

perjudicial público
common ownership – condominio
common partnership – sociedad común
common peril – peligro común
common practice – práctica habitual
common property – propiedad comunal,
copropiedad
common rent – renta común
common repute – reputación pública
common resources – recursos comunes
common right – derecho bajo el derecho
común, derecho consuetudinario
common seal – sello corporativo
common shareholder – accionista ordinario
common shares – acciones ordinarias
common stock – acciones ordinarias
common stockholder – accionista ordinario
common tariff – tarifa común
common tenancy – tenencia sin derecho de
supervivencia
common thief – ladrón habitual
common traverse – negación general
common trust fund – fondos en fideicomiso
comunes
common voting – votación común
common wall – pared compartida
common weal – bienestar público
common year – año común
commonable *adj* – con derecho conjunto
commonage *n* – terreno comunal
commonalty *n* – ciudadanía
commonance *n* – comuneros
commonplace *adj* – común
commonwealth *n* – bienestar público,
comunidad de naciones, república, nación
autónoma
commorancy *n* – domicilio transitorio
commorant *n* – residente, residente
transitorio
commotion *n* – conmoción, tumulto
commove *v* – conmover, agitar
communal *adj* – comunal
commune *n* – comuna, comunidad
commune forum – foro común
communicability *adv* – comunicabilidad
communicable *adj* – comunicable,
contagioso
communicant *n* – comunicante, informador
communicate *v* – comunicar, comunicarse
communication *n* – comunicación, mensaje
communications *n* – comunicaciones
communicative *adj* – comunicativo
communicativeness *n* – comunicatividad
communicatory *adj* – comunicatorio
communiqué *n* – comunicado
communism *n* – comunismo
communist *adj* – comunista
communist *n* – comunista

community *n* – comunidad, sociedad
community action – acción comunitaria
community home – hogar para acoger
menores
community law – derecho comunitario
community of interest – interés común,
interés comunitario
community of profits – comunidad de
ganancias
community property – bienes gananciales,
bienes comunales
community rules – reglas comunitarias
community service – servicio a la
comunidad, servicio comunitario
community tax – impuesto comunitario
commutation *n* – conmutación, cambio
commutation of sentence – conmutación de
la sentencia
commutation of taxes – conmutación
impositiva
commutative contract – contrato
conmutativo
commutative justice – justicia conmutativa
commute *v* – hacer viajes entre el hogar y el
lugar de trabajo regularmente, intercambiar
commute a sentence – conmutar una
sentencia
commuter *n* – quien hace viajes entre el
hogar y el lugar de trabajo regularmente
commuting *n* – el hacer viajes entre el hogar
y el lugar de trabajo regularmente
comortgagor *n* – codeudor hipotecario
compact *n* – convenio, contrato
companionship *n* – compañía, asociación
company *n* – compañía, sociedad, empresa
company accountability – responsabilidad
empresarial
company accounting – contabilidad
empresarial
company administration – administración
empresarial, administración social
company bankruptcy – quiebra empresarial,
quiebra social
company benefits – beneficios empresariales
company bookkeeping – contabilidad
empresarial
company books – libros empresariales, libros
sociales
company correspondence – correspondencia
empresarial
company database – base de datos
empresarial
company director – director empresarial
company insider – persona informada de la
compañía
company insurance – seguro empresarial
company liability insurance – seguro de
responsabilidad empresarial

company licence – licencia empresarial
company license – licencia empresarial
company limited by guarantee – compañía en la cual los accionistas se responsabilizan por deudas hasta una cantidad máxima en caso de bancarrota
company limited by shares – compañía en la cual los accionistas se responsabilizan por deudas hasta el valor de sus acciones no pagadas en caso de bancarrota
company management – administración empresarial, administración social
company officers – funcionarios empresariales
company records – registros empresariales
company scam – estafa empresarial
company seal – sello empresarial
company swindle – estafa empresarial
company takeover – toma del control de la compañía
company taxes – impuestos empresariales
company union – unión que favorece a la compañía
comparable offer – oferta comparable
comparable properties – propiedades comparables
comparably *adv* – comparablemente
comparative *adj* – comparativo, relativo
comparative interpretation – interpretación comparativa
comparative jurisprudence – derecho comparado
comparative law – derecho comparado
comparative negligence – negligencia comparada
comparative rectitude – rectitud comparada
comparatively *adv* – comparativamente
compare *v* – comparar, cotejar
comparison *n* – comparación, cotejo
comparison of handwriting – comparación de escritura
comparison of negligence – comparación de negligencia
compart *v* – dividir en partes
compartment *n* – compartimiento, división
compartmentalize *v* – dividir en compartimientos
compassion *n* – compasión
compassionate *adj* – compasivo
compatibility *n* – compatibilidad
compatible *adj* – compatible
compatriot *n* – compatriota
compel *v* – obligar, compeler, exigir
compel to testify – obligar a testificar
compelling *adj* – obligatorio, apremiante
compelling need – necesidad apremiante
compendium *n* – compendio
compensable *adj* – compensable,

indemnizable
compensable death – muerte indemnizable
compensable injury – lesión indemnizable
compensate *v* – compensar, indemnizar
compensated *adj* – compensado
compensated absence – ausencia compensada
compensating *adj* – compensatorio
compensating error – error compensatorio
compensating tariff – arancel compensatorio
compensation *n* – compensación, indemnización, reparación
compensation agreement – acuerdo de compensación
compensation and benefits – compensación y beneficios
compensation for damages – compensación por daños
compensation for injuries – compensación por lesiones
compensation for pain and suffering – compensación por dolor y sufrimiento
compensation package – paquete de compensación
compensation tax – impuesto de compensación
compensative *adj* – compensativo
compensatory *adj* – compensatorio, indemnizatorio
compensatory damages – indemnización compensatoria
compensatory measure – medida compensatoria
competence *n* – competencia, capacidad
competence proceedings – procedimiento para determinar la competencia judicial
competency *n* – competencia, capacidad
competency of a witness – competencia de un testigo
competent *adj* – competente, capaz
competent authority – autoridad competente
competent court – tribunal competente
competent evidence – prueba admisible
competent jurisdiction – jurisdicción competente
competent parties – partes competentes
competent proof – prueba admisible
competent to stand trial – competente para ser juzgado
competent witness – testigo competente
competently *adv* – competentemente
competition *n* – competencia, competición
competitive *adj* – competitivo, competido
competitive advantage – ventaja competitiva
competitive disadvantage – desventaja competitiva
competitive salary – salario competitivo
competitive wage – salario competitivo

competitiveness *n* – competitividad
competitivity *n* – competitividad
competitor *n* – competidor, rival
compilation *n* – compilación, recopilación
compile *v* – compilar, recopilar
compiled statutes – recopilación de leyes en vigor
compiler *n* – compilador, recopilador
complacence *n* – complacencia
complacency *n* – complacencia
complacent *adj* – complaciente
complain *v* – demandar, entablar demanda, quejarse, querellarse
complainant *n* – demandante, acusador, querellante
complaint *n* – demanda, querella, denuncia, queja, reclamación
complaint handling – manejo de quejas
complaint procedure – procedimiento para quejas
complement *n* – complemento, accesorio
complemental *adj* – complementario
complementary *adj* – complementario
complete *adj* – completo, acabado, consumado, terminado
complete *v* – completar, acabar, terminar
complete abandonment – abandono completo
complete acceptance – aceptación completa
complete agreement – acuerdo completo
complete audit – auditoría completa
complete authority – autoridad plena
complete contract – contrato completo
complete conveyance – traspaso completo
complete coverage – cobertura completa
complete delivery – entrega completa
complete disclosure – divulgación completa
complete exemption – exención total
complete guarantee – garantía completa
complete guaranty – garantía completa
complete in itself – completo por sí mismo
complete indorsement – endoso completo
complete insurance – seguro completo
complete jurisdiction – jurisdicción completa
complete liquidation – liquidación completa
complete monopoly – monopolio completo
complete obligation – obligación completa
complete ownership – propiedad completa
complete payment – pago completo, pago final
complete price – precio completo, precio total
complete receipt – recibo completo
complete record – registro completo
complete refund – reembolso completo
complete remedy – remedio completo
complete report – informe completo
complete sale – venta completa

complete title – título completo
complete transfer – transferencia completa
completed *adj* – completo, completado
completely *adv* – completamente, totalmente
completeness *n* – entereza, totalidad
completion *n* – terminación, finalización
completive *adj* – completivo
complex *adj* – complejo, complicado
complex trust – fideicomiso complejo
complexion *n* – tez, aspecto
complexity *n* – complejidad
compliance *n* – cumplimiento, acatamiento, conformidad, sumisión
compliance audit – auditoría de cumplimiento
compliance certificate – certificado de cumplimiento
compliance inspection – inspección de cumplimiento
compliance report – informe de cumplimiento
compliant *adj* – obediente, sumiso, acatador
compliantly *adv* – obedientemente
complicacy *n* – complejidad
complicate *v* – complicar, enredar
complication *n* – complicación
complice *n* – cómplice
complicity *n* – complicidad
complier *n* – consentidor
complimentary *adj* – gratuito, de cortesía
comply *v* – cumplir, acatar, acomodarse, obedecer
comply fully – cumplir completamente
comply with – cumplir con, acatarse a, acomodarse a, obedecer
component *n* – componente
comportment *n* – comportamiento
compos mentis – sano juicio, compos mentis
compose *v* – componer, redactar, arreglar
composed *adj* – sereno
composedly *adv* – serenamente
composite *adj* – compuesto
composite photograph – fotografía compuesta
composite work – obra colectiva, obra conjunta
composition *n* – arreglo, convenio, composición
composition agreement – convenio con acreedores
composition deed – convenio con acreedores
composition of creditors – convenio con acreedores
composition with creditors – convenio con acreedores
composure *n* – compostura
compound *adj* – compuesto
compound *v* – componer, arreglar, agravar,

complicar, mezclar, capitalizar
compound journal entry – asiento del diario compuesto
compound larceny – hurto complicado
compound tariff – arancel compuesto
compounded v – compuesto, capitalizado
compounded rate – tasa de interés compuesto
compounder adv – componedor, mediador
compounding a crime – acuerdo ilícito por parte de la víctima de un crimen de no denunciar al perpetrador a cambio de una contraprestación
compounding a felony – acuerdo ilícito por parte de la víctima de un crimen de no denunciar al perpetrador a cambio de una contraprestación
comprehend v – comprender, concebir
comprehensibility n – comprensibilidad
comprehensible adj – comprensible
comprehension n – comprensión
comprehensive adj – comprensivo, global, abarcador, extenso, completo
comprehensive agreement – acuerdo global
comprehensive health insurance – seguro de salud global
comprehensive insurance – seguro a todo riesgo
comprehensive liability insurance – seguro de responsabilidad a todo riesgo
comprehensive medical insurance – seguro de salud global
comprehensive policy – póliza a todo riesgo
comprehensive report – informe exhaustivo
comprehensive zoning – zonificación global
comprehensively adv – comprensivamente
comprehensiveness n – abarcamiento
compress v – resumir, comprimir
compressed work week – semana de trabajo comprimido
comprise v – comprender, constituir
compromise n – concesión, arreglo
compromise v – conceder, arreglar
compromise and settlement – convenio para someterse a arbitraje
compromise verdict – veredicto de jurado a través de concesiones
compromising adj – comprometedor
comptroller n – contralor, contador principal
comptroller general – interventor general, contralor
comptrollership n – contraloría
compulsion n – compulsión, apremio
compulsive adj – compulsivo, apremiante
compulsively adv – compulsivamente
compulsiveness n – carácter compulsivo
compulsory adj – compulsorio, obligatorio, forzoso

compulsory agreement – convenio compulsorio
compulsory appearance – comparecencia obligatoria
compulsory arbitration – arbitraje obligatorio
compulsory attendance – asistencia obligatoria
compulsory automobile liability insurance – seguro compulsorio de responsabilidad pública de automóvil
compulsory condition – condición obligatoria
compulsory coverage – cobertura compulsoria
compulsory disclosure – divulgación forzosa
compulsory education – educación obligatoria
compulsory insurance – seguro obligatorio
compulsory joinder – litisconsorcio obligatorio
compulsory licence – licencia obligatoria
compulsory licencing – licenciamiento obligatorio
compulsory license – licencia obligatoria
compulsory licensing – licenciamiento obligatorio
compulsory liquidation – liquidación obligatoria
compulsory nonsuit – sobreseimiento involuntario
compulsory pay – paga compulsoria
compulsory payment – pago obligatorio, pago bajo coacción
compulsory remuneration – remuneración compulsoria
compulsory reserve – reserva obligatoria
compulsory retirement – jubilación forzosa
compulsory sale – venta forzosa, venta forzada
compulsory self-incrimination – autoincriminación forzada
compulsory tax – impuesto compulsorio, contribución compulsoria
compulsory testimony – testimonio obligatorio
compulsory winding-up – liquidación obligatoria
computation n – cómputo, cálculo
computed adj – computado, calculado
computer accounting – contabilidad informatizada
computer-aided adj – asistido por computadora
computer-assisted adj – asistido por computadora
computer-based adj – basado en computadoras, informatizado, computarizado

computer communications − teleinformática
computer conference − conferencia por computadora
computer conferencing − conferencia por computadora
computer-controlled adj − controlado por computadora
computer equipment − equipo de computadora
computer file − archivo de computadora, archivo de ordenador, fichero de ordenador
computer fraud − fraude informático
computer hardware − hardware, equipo de computadora
computer network − red de computadoras
computer-operated adj − operado por computadora
computer security − seguridad de computadoras
computer telecommunications − teleinformática
computer terminal − terminal de computadora
computerisation n − informatización, computerización
computerise v − informatizar, computarizar
computerised adj − informatizado, computarizado
computerization n − informatización, computerización
computerize v − informatizar, computarizar
computerized adj − informatizado, computarizado
computing n − informática, computación
con n − opinión contraria, desventaja, timo
con v − timar, estafar
con artist − estafador, timador, embaucador
con man − estafador, timador, embaucador
con woman − estafadora, timadora, embaucadora
conation n − conación, voluntad
conative adj − conativo
conceal v − ocultar, esconder, encubrir
conceal a crime − ocultar un crimen
conceal damages − ocultar daños
conceal facts − ocultar hechos
conceal information − ocultar información
concealed adj − oculto, escondido
concealed assets − activo oculto
concealed crime − crimen oculto
concealed damage − daño oculto
concealed defects − defectos ocultos
concealed facts − hechos ocultos
concealed information − información oculta
concealed subsidy − subsidio oculto, subvención oculta
concealment n − ocultación, encubrimiento
concealment of crime − ocultación de un

crimen
concealment of damages − ocultación de daños
concealment of facts − ocultación de hechos
concealment of information − ocultación de información
concede v − conceder, admitir, reconocer
conceivable adj − concebible
conceive v − concebir, engendrar
conception n − concepción, comprensión
concern n − asunto, negocio, incumbencia
concern v − concernir, importar, tratar de
concerned adj − interesado, preocupado
concerning prep − concerniente a
concernment n − asunto, importancia
concert v − concertar, componer
concerted adj − concertado, coordinado
concerted action − acción concertada
concession agreement − convenio de concesión
concessionaire n − concesionario
concessional adj − concesionario
concessionary adj − del concesionario
concessive adj − concesivo
conciliate v − conciliar
conciliation act − acto de conciliación
conciliation board − junta de conciliación
conciliation efforts − esfuerzos de conciliación
conciliation officer − oficial de conciliación
conciliation process − proceso de conciliación
conciliative adj − conciliativo
conciliator n − conciliador
conciliatory action − acto de conciliación
concise adj − conciso
conclave n − cónclave, conciliábulo, junta
conclude a hearing − concluir una vista
conclude a trial − concluir un juicio
conclusion n − conclusión, deducción
conclusion of fact − conclusión de hecho
conclusion of law − conclusión de derecho
conclusive adj − conclusivo, concluyente
conclusive admission − admisión conclusiva
conclusive evidence − prueba conclusiva
conclusive presumption − presunción concluyente
conclusive proof − prueba conclusiva
conclusively adv − concluyentemente
concoct v − fabricar, tramar
concoction n − fabricación, trama
concomitance n − concomitancia
concomitant adj − concomitante
concord n − concordia, arreglo
concordance n − concordancia, armonía
concordat n − convenio
concourse n − confluencia
concrete adj − concreto, preciso, real

concubinage *n* – concubinato
concubine *n* – concubina
concupiscence *n* – concupiscencia
concupiscent *adj* – concupiscente
concur *v* – concurrir, coincidir, concordar
concurator *n* – cocurador, coguardián
concurrence *n* – concurrencia, coincidencia
concurrency *n* – concurrencia, coincidencia
concurrent *adj* – concurrente, coincidente
concurrent acts – actos concurrentes
concurrent causes – causas concurrentes
concurrent consideration – contraprestación concurrente
concurrent contracts – contratos concurrentes
concurrent covenant – convenio recíproco
concurrent estates – condominio
concurrent insurance – cobertura concurrente
concurrent interests – intereses concurrentes
concurrent jurisdiction – jurisdicción concurrente
concurrent lease – arrendamiento concurrente, locación concurrente
concurrent legislation – legislación concurrente
concurrent liens – gravámenes concurrentes
concurrent negligence – negligencia concurrente
concurrent obligation – obligación concurrente
concurrent ownership – propiedad concurrente
concurrent powers – poderes concurrentes
concurrent sentences – sentencias concurrentes
concurrent stipulations – estipulaciones concurrentes
concurrent tortfeasors – aquellos quienes independientemente le hacen un daño a la misma persona
concurrently *adv* – concurrentemente
concurring opinion – opinión concurrente
concussion *n* – intimidación, concusión
condemn *v* – condenar, sentenciar, expropiar
condemnable *adj* – condenable
condemnation *n* – expropiación, condena
condemnatory *adj* – condenatorio
condensed *adj* – condensado
condescendingly *adv* – con aire de superioridad
conditio sine qua non – condición indispensable, conditio sine qua non
condition *n* – condición, estado, estipulación
condition collateral – condición colateral
condition concurrent – condición concurrente
condition of employment – requisito de trabajo
condition precedent – condición previa
condition subsequent – condición subsiguiente
conditional *adj* – condicional, condicionado
conditional acceptance – aceptación condicional
conditional bequest – legado condicional
conditional contract – contrato condicional
conditional conveyance – traspaso condicional
conditional devise – legado condicional
conditional discharge – liberación condicional
conditional gift – donación condicional
conditional judgment – sentencia condicional
conditional legacy – legado condicional
conditional liability – responsabilidad condicional
conditional obligation – obligación condicional
conditional offer – oferta condicional
conditional pardon – perdón condicional
conditional payment – pago condicional
conditional permit – permiso condicional
conditional promise – promesa condicional
conditional release – libertad condicional
conditional right – derecho condicional
conditional sale – venta condicional
conditional sentence – sentencia condicional
conditional will – testamento condicional
conditionality *n* – limitación
conditionally *adv* – condicionalmente
conditioned *adj* – condicionado
conditions concurrent – condiciones simultáneas
conditions and qualifications – condiciones y salvedades
conditions and terms – condiciones y términos
conditions concurrent – condiciones simultáneas
conditions of acceptance – condiciones de aceptación
conditions of approval – condiciones de aprobación
conditions of employment – condiciones de empleo
conditions of payment – condiciones de pago
conditions of sale – condiciones de venta
condo *n* – condominio
condominium *n* – condominio
condominium association – asociación de condominio
condominium insurance – seguro de condominio

condonation *n* – condonación
condone *v* – condonar, tolerar, perdonar
conduce *v* – contribuir
conduct *n* – conducta, dirección, manejo
conduct *v* – conducir, dirigir, administrar
conduct money – dinero pagado para los gastos de un testigo
conductor *n* – conductor, arrendador
conduit *n* – conducto, caño
confabulate *v* – confabular
confabulation *n* – confabulación
confederacy *n* – confederación, conspiración
confederation *n* – confederación
confer *v* – conferir, otorgar
confer authority – otorgar autoridad
confer jurisdiction – otorgar jurisdicción
confer rights – conferir derechos
conferee *n* – conferido, quien participa en una conferencia
conference *n* – conferencia, junta, reunión
conference board – consejo de conferencias
confess guilt – confesar culpabilidad
confessedly *adv* – por confesión propia
confession *n* – confesión, reconocimiento
confession and avoidance – confesión y anulación
confession of error – reconocimiento de error
confession of judgment – admisión de sentencia
confessor *n* – confesor, confesante
confidant *n* – confidente
confide *v* – confiar
confidence *n* – confianza, confidencia
confidence artist – estafador, timador
confidence game – estafa, timo
confidence man – estafador, timador
confidence trick – estafa, timo
confidence trickster – estafador, timador
confidence woman – estafadora, timadora
confidential communications – comunicaciones confidenciales
confidential file – archivo confidencial
confidential information – información confidencial
confidential relation – relación de confianza
confidential statement – declaración confidencial
confidentiality agreement – acuerdo de confidencialidad
confidentiality clause – cláusula de confidencialidad
confidentiality requirement – requisito de confidencialidad
confidentially *adv* – confidencialmente
confine *n* – confín, término
confine *v* – confinar, restringir, recluir
confinement *n* – confinamiento, reclusión,

encierro
confining condition – condición confinante
confining medical condition – condición médica confinante
confirm *v* – confirmar, ratificar, corroborar
confirmation *n* – confirmación, ratificación
confirmation letter – carta de confirmación
confirmation notice – aviso de confirmación
confirmation of authority – confirmación de autoridad
confirmation of eligibility – confirmación de elegibilidad
confirmation of employment – confirmación de empleo
confirmation of health – confirmación de salud
confirmation of identity – confirmación de identidad
confirmation of incorporation – confirmación de incorporación
confirmation of insurance – confirmación de seguro
confirmation of manufacturer – confirmación de manufacturero
confirmation of origin – confirmación de origen
confirmation of ownership – confirmación de propiedad
confirmation of sale – confirmación de venta
confirmation of signature – confirmación de firma
confirmation of title – confirmación de título
confirmation of value – confirmación de valor
confirmation request – solicitud de confirmación
confirmation stamp – sello de confirmación
confirmed letter of credit – carta de crédito confirmada
confirmee *n* – beneficiario de una confirmación
confirming *adj* – confirmante
confirmor *n* – quien confirma
confiscable *adj* – confiscable
confiscate *v* – confiscar, decomisar
confiscated *adj* – confiscado, decomisado
confiscation *n* – confiscación, decomiso
confiscator *n* – confiscador
confiscatory *adj* – confiscatorio
conflict *n* – conflicto
conflict of interest – conflicto de intereses
conflict of jurisdiction – conflicto de competencia, conflicto de jurisdicción
conflict of laws – conflicto de leyes
conflicting *adj* – conflictivo, contrario
conflicting evidence – pruebas conflictivas
conflicting interests – intereses conflictivos
conflicting jurisdiction – jurisdicción

conflictiva
conflicting provisions – disposiciones conflictivas
confluence *n* – confluencia
conform *v* – ajustarse, someterse, conformarse
conformably *adv* – en conformidad
conformance *n* – conformidad
conformed *adj* – conformado
conformed copy – copia conformada
conforming loan – préstamo conforme
conforming mortgage – hipoteca conforme
conformity certificate – certificado de conformidad
confound *v* – confundir
confounded *adj* – aturdido
confrère *n* – colega
confront *v* – confrontar, hacer frente a
confrontation *n* – confrontación, careo
confuse *v* – confundir, desconcertar, mezclar
confused *adj* – confundido, confuso
confusedly *adv* – confusamente
confusedness *n* – confusión
confusing *adj* – confuso, desconcertante
confusion *n* – confusión, perturbación
confusion of boundaries – confusión de lindes
confusion of rights – confusión de derechos
confusion of titles – confusión de títulos
confutation *n* – confutación, refutación
confute *v* – confutar, refutar, invalidar
congest *v* – congestionar
conglomerate *n* – conglomeración
conglomeration *n* – conglomeración
congregate *v* – congregarse, juntarse
congregation *n* – congregación
congress *n* – congreso, reunión
congressional district – distrito electoral
congressional powers – poderes del congreso
congressman *n* – congresista
congressmember *n* – congresista
congresswoman *n* – congresista
congruence *n* – congruencia, concordancia
congruent *adj* – congruente
congruently *adv* – congruentemente
congruity *n* – congruidad, congruencia
congruous *adj* – congruo, congruente
congruously *adv* – congruentemente
conjecturable *adj* – conjeturable
conjectural *adj* – conjetural
conjecturally *adv* – conjeturalmente
conjecture *n* – conjetura, suposición
conjecture *v* – conjeturar, suponer
conjoin *v* – unirse
conjoint *adj* – conjunto
conjoint will – testamento conjunto
conjointly *adv* – conjuntamente

conjoints *n* – cónyuges
conjugal rights – derechos conyugales
conjugally *adv* – conyugalmente
conjunct *adj* – conjunto, unido
conjunctive *adj* – conjuntivo
conjuration *n* – conjuración
connatural *adj* – connatural
connect *v* – conectar, relacionar, unir, vincular
connected *adj* – conectado, relacionado, unido, vinculado
connection *n* – conexión, unión, enlace, relación, contacto
connections *n* – vínculos familiares, contactos
connivance *n* – connivencia, confabulación
connive *v* – hacer la vista gorda
conniver *n* – cómplice
connotation *n* – connotación
connotative *adj* – connotativo
connote *v* – connotar, implicar
connubial *adj* – connubial
consanguineous *adj* – consanguíneo
consanguinity *n* – consanguinidad
conscience *n* – conciencia
conscience of the court – la conciencia del tribunal
conscience-stricken *adj* – arrepentido
conscienceless *adj* – desalmado
conscientious *adj* – concienzudo, escrupuloso
conscientious objector – objetor de conciencia
conscientious scruple – escrúpulo de conciencia
conscientiously *adv* – concienzudamente
conscientiousness *n* – rectitud
conscious *adj* – consciente
conscious act – acto consciente
conscious indifference – indiferencia consciente
conscious parallel action – acción paralela consciente
consciously *adv* – conscientemente
conscript *adj* – reclutado
conscript *n* – recluta
conscript *v* – reclutar
conscription *n* – reclutamiento
consecution *n* – sucesión, secuencia
consecutive sentences – sentencias consecutivas
conseil d'État – consejo de estado, conseil d'État
consensual *adj* – consensual
consensual contract – contrato consensual
consensual sex – sexo consensual
consensus *n* – consenso, acuerdo
consensus ad idem – entendimiento y acorde

común
consent *n* – consentimiento, permiso,
aquiescencia
consent decree – decreto por consentimiento
consent in writing – consentimiento por
escrito
consent judgment – sentencia acordada por
las partes
consent jurisdiction – jurisdicción por
acuerdo de las partes
consent of the victim – consentimiento de la
víctima
consent search – allanamiento con
consentimiento
consent to be sued – consentimiento a ser
demandado
consent to notice – consentimiento a ciertas
formas de notificación
consenting adults – adultos que consienten
consequential damages – daños y perjuicios
indirectos
consequential loss – pérdida consecuente
consequently *adv* – consiguientemente, por
consiguiente
conservancy *n* – conservación, área
reservada
conservation *n* – conservación, preservación
conservation of energy – conservación de la
energía
conservation of natural resources –
conservación de los recursos naturales
conservatism *n* – conservadurismo,
conservatismo
conservative *adj* – conservador, cauteloso
conservative *n* – conservador
conservator *n* – conservador, protector
conserve *v* – conservar
conserve energy – conservar energía
conserve resources – conservar recursos
consider *v* – considerar, examinar
consider on the merits – considerar según
los méritos
considerable *adj* – considerable, notable
considerably *adv* – considerablemente
consideration *n* – consideración,
contraprestación, causa, motivo, recompensa
consign *v* – consignar, enviar
consignatary *n* – consignatario, depositario
consignation *n* – consignación
consigned *adj* – consignado
consignee *n* – consignatario, destinatario
consigner *n* – consignador, remitente
consignment *n* – consignación, envío
consignment contract – contrato de
consignación
consignment note – hoja de embarque
consignor *n* – consignador, remitente
consist *v* – consistir

consistency *n* – consistencia, coherencia
consistent *adj* – consistente, consecuente
consistent cases – casos compatibles
consistent decisions – decisiones
consistentes
consistent defences – defensas consistentes
consistent defenses – defensas consistentes
consistent interpretation – interpretación
consistente
consistently *adv* – consistentemente,
consecuentemente
consistory *n* – consistorio, asamblea
consociate *v* – asociarse
consociation *n* – asociación
consolation *n* – consolación, consuelo, alivio
consolidate actions – consolidar acciones
consolidated loans – préstamos consolidados
consolidated statement – estado consolidado
consolidated tax return – declaración
consolidada de la renta
consolidation *n* – consolidación, unión
consolidation of actions – consolidación de
acciones
consolidation of cases – consolidación de
casos
consolidator *n* – consolidador
consonance *n* – consonancia
consonant *adj* – consonante
consort *n* – consorte
consortium *n* – consorcio, consorcio
conyugal
conspicuous *adj* – conspicuo
conspicuous clause – cláusula conspicua
conspicuous term – cláusula conspicua
conspicuously *adv* – conspicuamente
conspiracy *n* – conspiración, conjura
conspirator *n* – conspirador
conspire *v* – conspirar, conjurarse
constable *n* – agente de policía, alguacil
constantly *adv* – constantemente
constate *v* – establecer, constituir
constituency *n* – distrito electoral
constituent *n* – constituyente, elector
constituent instrument – instrumento
constitutivo
constitute *v* – constituir, designar
constitute a crime – constituir un crimen
constituted *adj* – constituido
constituted authorities – autoridades
constituidas
constitution *n* – constitución
constitutional *adj* – constitucional
constitutional convention – asamblea
constitucional
constitutional court – tribunal constitucional
constitutional freedoms – libertad
constitucional, derechos fundamentales
constitutional homestead – hogar seguro

garantizado por la constitución
constitutional law – derecho constitucional
constitutional liberty – libertad constitucional
constitutional limitations – limitaciones constitucionales
constitutional right – derecho constitucional
constitutionally adv – constitucionalmente
constitutor n – fiador
constrain v – constreñir, limitar, restringir, obligar
constrained adj – constreñido, limitado
constraining factor – factor limitante
constraint n – constreñimiento, limitación
construct v – construir, edificar
construction n – construcción, interpretación
construction code – código de construcción, código de edificación, reglamento de construcción
construction contract – contrato de construcción
construction contractor – contratista de construcción
construction permit – permiso de construcción, licencia de construcción
construction restrictions – restricciones de construcción
constructionist n – interpretador
constructive adj – constructivo, establecido en derecho, implícito
constructive assent – consentimiento implícito
constructive authority – autoridad implícita
constructive contempt – desacato indirecto
constructive contract – contrato implícito
constructive conversion – apropiación ilícita deducida
constructive delivery – entrega simbólica
constructive dismissal – despido constructivo
constructive entry – entrada implícita
constructive eviction – desahucio constructivo
constructive flight – fuga implícita
constructive force – intimidación, amenazas
constructive fraud – fraude implícito
constructive intent – intención implícita
constructive knowledge – conocimiento implícito
constructive larceny – hurto implícito
constructive loss – pérdida implícita
constructive malice – malicia implícita
constructive notice – notificación implícita
constructive possession – posesión implícita
constructive receipt – percepción implícita de ingresos
constructive service of process –

notificación implícita, notificación por edicto
constructive taking – intención de tomar algo
constructive total loss – pérdida total implícita
constructive treason – traición imputada
constructive trust – fideicomiso implícito
constructive trustee – fideicomisario constructivo
construe v – interpretar, explicar
constuprate v – violar
consuetudinary law – derecho consuetudinario
consul n – cónsul
consul general – cónsul general
consular adj – consular
consular courts – tribunales consulares
consular marriage – matrimonio por vía consular
consulate n – consulado
consulship n – consulado
consult v – consultar
consult with counsel – consultar con el abogado
consultancy n – consultoría
consultant n – consultor
consultary response – opinión de un tribunal en un caso específico
consultation n – consulta, conferencia
consultative adj – consultivo, consultativo
consultative body – cuerpo consultivo
consultative capacity – capacidad consultiva
consulting adj – consultivo, consultor
consulting body – cuerpo consultor
consulting capacity – capacidad consultiva
consumable adj – consumible
consumable goods – bienes consumibles
consumer n – consumidor
consumer action – acción de los consumidores
consumer advocacy – defensa de los consumidores
consumer credit code – código para proteger el crédito del consumidor
consumer credit protection laws – leyes sobre la protección del crédito del consumidor
consumer fraud – fraude del consumidor
consumer protection laws – leyes de protección al consumidor
consumerism n – consumismo
consumerist adj – consumista
consumerist n – consumista
consumeristic adj – consumista
consummate adj – consumado, completo
consummate v – consumar, completar
consummation n – consumación
consumption n – consumo
consumption of intoxicating substances –

consumo de sustancias intoxicantes
consumption of liquor – consumo de licor
contain v – contener, incluir
contaminant n – contaminante
contaminate v – contaminar
contaminated adj – contaminado
contaminating adj – contaminante
contamination n – contaminación
contamination of air – contaminación del aire
contamination of water – contaminación del agua
contemnor n – quien comete desacato
contemplate v – contemplar, proponerse
contemplation n – contemplación
contemplation of bankruptcy – contemplación de quiebra
contemplation of death – contemplación de muerte
contemplation of insolvency – contemplación de insolvencia
contemplation of marriage – contemplación de matrimonio
contemplative adj – contemplativo
contemporaneous adj – contemporáneo
contemporaneous construction – interpretación por costumbre
contemporaneous declaration – declaración contemporánea
contemporary adj – contemporáneo
contempt n – desacato, desdén
contempt of court – desacato al tribunal
contempt power – poder del tribunal para castigar el desacato
contemptible adj – despreciable
contemptible act – acto despreciable
contend v – alegar, sostener, disputar
contention n – contención, discusión
contentious adj – contencioso
contentment n – satisfacción
contents n – contenido, capacidad
contents unknown – contenido desconocido
conterminous n – contérmino, adyacente
contest n – concurso, debate, disputa
contest v – impugnar, disputar
contest of will – impugnación de testamento
contestable adj – disputable, contestable
contestable clause – cláusula disputable
contestation n – contestación
contested case – caso impugnado
contested election – elección impugnada
contiguity n – contigüidad
contiguous adj – contiguo, próximo
contiguous property – propiedad contigua
continental adj – continental
contingency n – contingencia
contingency clause – cláusula de contingencias
contingency insurance – seguro de

contingencias
contingency management – manejo de contingencias
contingent adj – contingente, condicional
contingent annuity – anualidad contingente
contingent beneficiary – beneficiario contingente
contingent bequest – legado condicional
contingent contract – contrato contingente
contingent damages – daños contingentes
contingent debt – deuda contingente
contingent devise – legado condicional
contingent estate – patrimonio contingente
contingent event – evento contingente
contingent interest – interés contingente
contingent legacy – legado condicional
contingent liability – pasivo contingente, responsabilidad contingente
contingent limitation – limitación contingente
contingent obligation – obligación contingente
contingent offer – oferta contingente
contingent remainder – derecho a suceder condicional, derecho condicional
contingent right – derecho contingente
contingent trust – fideicomiso contingente
contingent trustee – fiduciario condicional
continual adj – continuo
continuance n – aplazamiento, continuación
continuation n – continuación
continuation of benefits – continuación de beneficios
continue v – continuar, mantenerse
continue an action – continuar una acción
continuing adj – continuo, constante
continuing breach of contract – incumplimiento reiterado de contrato
continuing consideration – contraprestación continua
continuing nuisance – peligro atrayente continuo, acto perjudicial continuo
continuing offense – delito continuo
continuing trespass – transgresión continua
continuity n – continuidad
continuity of life – continuidad de la existencia corporativa
continuous adj – continuo
continuous absence – ausencia continua
continuous adverse possession – posesión adversa continua
continuous audit – auditoría continua
continuous crime – crimen continuo
continuous disability – discapacidad continua
continuous easement – servidumbre continua
continuous employment – empleo continuo

continuous injury – daño continuo, agravio repetido
continuous nuisance – peligro atrayente continuo, acto perjudicial continuo
continuous policy – póliza continua
continuous possession – posesión continua
continuous residence – residencia continua
continuous servitude – servidumbre continua
continuous tort – ilícito civil continuo, daño legal continuo
continuous trespass – transgresión continua
continuous wrong – agravio continuo
contort *v* – torcer
contra *prep* – contra, de otra forma
contraband *n* – contrabando
contraband of war – contrabando de guerra
contract *n* – contrato, convenio, contrata
contract *v* – contratar, convenir, contraer
contract a loan – contraer un préstamo
contract agreement – acuerdo por contrato
contract award – otorgamiento de contrato
contract bond – garantía para el cumplimiento de contrato
contract broker – agente de contratación
contract carrier – portador por contrato
contract clause – cláusula de la constitución que le prohíbe a los estados menoscabar las obligaciones contractuales
contract expiration – expiración de contrato
contract expiration date – fecha de expiración de contrato
contract for sale – contrato de venta
contract for services – contrato de servicios
contract holder – tenedor de contrato
contract labor – mano de obra contratada
contract labour – mano de obra contratada
contract negotiation – negociación del contrato
contract of adhesion – contrato de adhesión
contract of affreightment – contrato de fletamento
contract of carriage – contrato de transporte
contract of employment – contrato de empleo
contract of hire – contrato de trabajo
contract of indemnity – contrato de indemnidad
contract of insurance – contrato de seguro
contract of record – contrato de registro público
contract of sale – contrato de venta
contract out – subcontratar, contratar
contract rent – renta de contrato
contract rights – derechos de contrato
contract to buy – contrato para comprar
contract to sell – contrato para vender
contract under seal – contrato sellado

contract work – trabajo contratado
contracted *adj* – contratado
contracting *adj* – contratante
contracting out – subcontratación
contracting party – parte contratante
contraction *n* – contracción
contractor *n* – contratista
contractor services – servicios de contratista
contractor's liability insurance – seguro de responsabilidad del contratista
contractual *adj* – contractual
contractual benefits – beneficios contractuales
contractual clauses – cláusulas contractuales
contractual conditions – condiciones contractuales
contractual consideration – contraprestación contractual
contractual liability – responsabilidad contractual
contractual obligation – obligación contractual
contractual pay – paga contractual
contractual provision – provisión contractual
contractual remuneration – remuneración contractual
contractual right – derecho contractual
contractual salary – salario contractual
contractual term – plazo contractual
contractual wage – salario contractual
contradict *v* – contradecir
contradiction *adj* – contradicción
contradiction in terms – frase contradictoria de por sí
contradictorily *adv* – contradictoriamente
contradictory *adj* – contradictorio
contradictory evidence – evidencia contradictoria
contradictory instructions – instrucciones contradictorias
contradictory judgment – sentencia contradictoria
contradictory statement – declaración contradictoria
contraposition *n* – contraposición
contrariety *n* – contrariedad
contrarily *n* – contrariamente
contrariness *n* – contrariedad
contrary to law – contrario a la ley, ilegal
contrary to the evidence – contrario a la prueba
contrary to the provisions – contrario a las provisiones
contravene *v* – contravenir, desobedecer
contravention *n* – contravención, infracción
contribute *v* – contribuir
contributed capital – capital contribuido
contributing cause – causa contribuyente

contributing negligence – negligencia contribuyente
contribution n – contribución, cuota
contribution holiday – intervalo durante el cual un patrono no aporta al fondo de pensiones de empleados
contribution plan – plan de contribuciones
contributor n – contribuyente
contributory adj – contribuyente, contributivo
contributory infringement – infracción de patente por actos contribuyentes
contributory negligence – negligencia contribuyente
contributory pension plan – plan de pensión contribuyente
contributory pension scheme – plan de pensión contribuyente
contributory retirement system – sistema de retiro contribuyente
contrite adj – contrito, arrepentido
contrition n – contrición, arrepentimiento
contrivable adj – imaginable, factible
contrivance n – artificio, invención
contrive v – ingeniar, maquinar
contrived adj – fabricado, rebuscado
control code – código de control
control commerce – controlar el comercio
control trade – controlar el comercio
controlled commodities – mercancías controladas, productos controlados
controlled company – compañía controlada
controlled corporation – corporación controlada
controlled economy – economía controlada
controlled exchange rates – tipos de cambio controlados
controlled rates – tasas controladas
controlled salaries – salarios controlados
controlled substance – sustancia controlada
controlled trade – comercio controlado
controlled wages – salarios controlados
controller n – contralor, controlador, interventor, contador principal
controllership n – contraloría, dirección
controlling adj – gobernante, que controla
controlling company – compañía que controla
controlling interest – interés mayoritario
controlling shareholder – accionista mayoritario
controlling stockholder – accionista mayoritario
controversy n – controversia, debate
contumacious conduct – conducta contumaz
contumacy n – contumacia
contumelious adj – contumelioso, injurioso
contumely n – contumelia, injuria

conusant adj – sabiendo
convalescence n – convalecencia
convenable adj – apropiado, conforme
convene v – convocar, iniciar una acción
convener n – convocador, presidente, representante sindical
convenience n – conveniencia, utilidad
convenient adj – conveniente
convenor n – convocador, presidente, representante sindical
convention n – convención, congreso, convenio
conventional adj – convencional, contractual, de poca imaginación
conventional energy – energía convencional
conventional market – mercado convencional
conventional mortgage – hipoteca convencional
conventional trust – fideicomiso convencional
conventions n – pactos concernientes a la extradición
converge v – convergir, converger
convergence n – convergencia
convergency n – convergencia
conversable adj – conversable, tratable
conversant adj – familiarizado con
converse adj – converso
converse v – conversar
conversion n – conversión, apropiación ilícita
conversion of property – conversión de propiedad
conversion rights – derechos de conversión
convert v – convertir
convertibility n – convertibilidad
convertible assets – activo convertible
convertible insurance – seguro convertible
convertible loan – préstamo convertible
convertible securities – valores convertibles
convertibles n – valores convertibles
convey v – ceder, traspasar, transferir, transportar
convey ownership – traspasar propiedad
convey property – traspasar propiedad
conveyable adj – traspasable, transferible
conveyance n – cesión, traspaso, escritura de traspaso
conveyance deed – escritura de traspaso
conveyance of ownership – traspaso de propiedad
conveyance of title – traspaso de título
conveyancer n – escribano de escrituras de traspaso
conveyancing n – hacer las varias funciones de traspasar propiedad
convict n – convicto, presidiario

convict *v* – condenar
conviction *n* – condena, convicción
convince *v* – convencer
convincing proof – prueba convincente
convocation *n* – convocación
convoke *v* – convocar, citar
convoluted *adj* – complicado, confuso
convoy *n* – escolta
COO (chief operating officer) – director general, jefe de operaciones
COO (chief operations officer) – director de operaciones, jefe de operaciones
cook the books – falsificar registros financieros, falsificar declaraciones financieras
cool blood – en mesura, sangre fría
cool state of blood – sin que el coraje afecte la razón y las facultades
cooling-off period – período en que se suspenden las acciones para calmar los ánimos, período de enfriamiento
cooling time – tiempo para recobrar la mesura tras gran excitación, período de enfriamiento
coolly *adv* – fríamente, serenamente
coop *n* – cooperativa
cooperate *v* – cooperar, colaborar
cooperating *adj* – cooperador, cooperativo
cooperation contract – contrato de cooperación
cooperative *adj* – cooperativo, cooperador
cooperative *n* – cooperativa
cooperative negligence – negligencia contribuyente
cooperator *n* – cooperador
coopetition *n* – cooperación entre competidores
cooptation *n* – cooptación, elección
coordinate efforts – coordinar esfuerzos
coordinate jurisdiction – jurisdicción concurrente
copartner *n* – consocio
copious *adj* – copioso, rico
copiously *adv* – copiosamente
copulation *n* – copulación, coito
copy *n* – copia, texto, ejemplar
copyright *n* – derechos de autor, derechos de propiedad intelectual, propiedad literaria
copyright and related rights – derechos de autor y derechos conexos
copyright notice – aviso de derechos de autor
copyright office – oficina de derechos de autor
copyright owner – propietario de derechos de autor
copyright piracy – piratería lesiva del derecho de autor
copyright protection – protección de los derechos de autor
copyright registration – registro de derechos de autor
copyright reserved – todos los derechos reservados
coram judice – dentro de la jurisdicción del tribunal, coram judice
coram nobis – ante nosotros, coram nobis
coram non judice – ante persona no juez, coram non judice
coram vobis – ante usted, coram vobis
core business – negocio principal
core labor standards – normas fundamentales del trabajo
core labour standards – normas fundamentales del trabajo
corespondent *n* – codemandado
cornered market – mercado acaparado
cornering *n* – acaparamiento
corollary *n* – corolario, resultado
coroner *n* – médico forense, investigador de muertes sospechosas
coroner's court – tribunal de quienes investigan muertes sospechosas
coroner's inquest – pesquisa por parte del investigador de muertes sospechosas
corp. (corporation) – corporación, persona jurídica, sociedad anónima
corporal *adj* – corporal, físico
corporal appearance – comparecencia física
corporal oath – juramento solemne
corporal punishment – castigo físico, pena corporal
corporal touch – contacto físico
corporate *adj* – corporativo, social, empresarial
corporate accountability – responsabilidad corporativa, responsabilidad empresarial
corporate act – acto social, acto corporativo
corporate activity – actividad corporativa
corporate address – domicilio social
corporate administration – administración social
corporate affairs – asuntos corporativos
corporate assets – activo social
corporate authorities – funcionarios municipales
corporate bankruptcy – quiebra social
corporate benefits – beneficios corporativos
corporate bookkeeping – contabilidad corporativa, contabilidad social
corporate books – libros sociales
corporate capital – capital social
corporate car – carro empresarial
corporate charter – instrumento mediante el cual se crea una sociedad, instrumento mediante el cual se crea una corporación
corporate citizenship – ciudadanía

corporativa
corporate contract – contrato corporativo
corporate correspondence – correspondencia corporativa
corporate crime – crimen corporativo
corporate data – datos corporativos
corporate database – base de datos corporativa
corporate debt – deuda corporativa
corporate director – director corporativo
corporate domicile – domicilio social
corporate establishment – establecimiento corporativo
corporate franchise – carta de constitución, carta orgánica, concesión social
corporate fraud – fraude corporativo, fraude empresarial
corporate governance – gestiones de la junta directiva
corporate insider – persona informada corporativa
corporate insurance – seguro corporativo
corporate joint venture – empresa conjunta corporativa
corporate law – derecho corporativo, derecho empresarial
corporate liability – responsabilidad corporativa
corporate licence – licencia corporativa
corporate license – licencia corporativa
corporate management – administración corporativa, gestión corporativa
corporate name – razón social, nombre corporativo
corporate officers – funcionarios corporativos
corporate policy – política corporativa, póliza corporativa, política empresarial, póliza empresarial
corporate practices – prácticas corporativas
corporate premises – local empresarial
corporate property – propiedad corporativa
corporate purpose – propósito corporativo
corporate raider – tiburón
corporate records – registros corporativos
corporate regulations – reglamentos corporativos
corporate reorganisation – reorganización corporativa
corporate reorganization – reorganización corporativa
corporate report – informe corporativo, informe empresarial
corporate resolution – resolución corporativa
corporate seal – sello corporativo, sello de la empresa
corporate structure – estructura corporativa

corporate swindle – estafa corporativa, timo corporativo
corporate takeover – toma del control corporativo
corporate taxation – imposición de sociedades
corporate treasurer – tesorero corporativo
corporate trust – fideicomiso corporativo
corporate trustee – fiduciario corporativo
corporate union – unión corporativa, unión que favorece la compañía
corporate vehicle – vehículo empresarial
corporate veil – velo corporativo
corporate year – ejercicio social, año corporativo
corporation *n* – corporación, persona jurídica, sociedad anónima
corporation accounting – contabilidad de corporación
corporation activity – actividad de la corporación
corporation address – domicilio de la corporación
corporation administration – administración de la corporación
corporation agent – agente de la corporación
corporation assets – activo de la corporación
corporation bankruptcy – quiebra de la corporación
corporation bookkeeping – contabilidad de corporación
corporation charter – autorización de la corporación
corporation de facto – corporación de hecho, corporación de facto
corporation de jure – corporación autorizada, corporación de jure
corporation director – director de la corporación
corporation fraud – fraude de la corporación
corporation group – grupo de corporaciones
corporation licence – licencia de la corporación
corporation license – licencia de la corporación
corporation limited by guarantee – corporación en la cual los accionistas se responsabilizan por deudas hasta una cantidad máxima en caso de bancarrota
corporation limited by shares – corporación en la cual los accionistas se responsabilizan por deudas hasta el valor de sus acciones no pagadas en caso de bancarrota
corporation management – administración de la corporación
corporation premises – local de la corporación
corporation seal – sello de la corporación

corporation sole – sociedad unipersonal, corporación constituida por una sola persona
corporation union – unión que favorece a la corporación, unión de la corporación
corporatise *v* – convertir en corporación
corporatism *n* – corporativismo
corporative *adj* – corporativo
corporativism *n* – corporativismo
corporatize *v* – convertir en corporación
corporator *n* – miembro de una corporación
corporeal *adj* – corpóreo
corporeal hereditaments – bienes heredables
corporeal possession – posesión material
corporeal property – propiedad material
corporeal right – derecho real
corporeally *adv* – corporalmente, materialmente
corps *n* – cuerpo, asociación
corps diplomatique – cuerpo diplomático
corpse *n* – cadáver
corpus *n* – cuerpo, bienes tangibles
corpus delicti – cuerpo del delito, corpus delicti
corpus juris – cuerpo de la ley, corpus juris
correct *adj* – correcto, exacto, justo
correct *v* – corregir, enmendar
corrected policy – póliza de seguros que corrige una anterior con errores
correcting entry – contraasiento
correction *n* – corrección, enmienda
correctional facilities – instituciones correccionales
correctional institutions – instituciones correccionales
correctional system – sistema correccional
corrective measures – medidas correctivas
correlative rights – derechos correlativos
correspondence audit – auditoría por correspondencia
correspondent bank – banco corresponsal
correspondent firm – firma corresponsal
corresponding *adj* – correspondiente
corrigendum *n* – errata
corroborant *adj* – corroborante
corroborate *v* – corroborar
corroborating circumstances – circunstancias corroborantes
corroborating evidence – prueba corroborante
corroborating proof – prueba corroborante
corroborating testimony – testimonio corroborante
corroborating witness – testigo corroborante
corroborative circumstances – circunstancias corroborantes
corroborative evidence – prueba corroborante
corroborative proof – prueba corroborante

corroborative testimony – testimonio corroborante
corroborative witness – testigo corroborante
corroboratory *adj* – corroborativo, corroborante
corrupt *adj* – corrupto, inmoral
corrupt *v* – corromper, alterar
corrupt practices acts – leyes que regulan las contribuciones y los gastos de campañas electorales
corruption *n* – corrupción
corruptly *adv* – corruptamente
cosign *v* – cofirmar
cosignatory *n* – cosignatario, cofirmante
cosignature *n* – firma conjunta
cosigner *n* – cosignatario, cofirmante
cosinage *n* – primazgo
cost *n* – costo, coste, costa, precio
cost accounting – contabilidad de costos
cost and freight – costo y flete
cost and insurance – costo y seguro
cost contract – contrato a costo
cost-free *adj* – sin costo, sin coste
cost, insurance, and freight – costo, seguro y flete
cost of labor – costo de la mano de obra
cost of labour – costo de la mano de obra
cost of living – costo de vida
cost of living adjustment – ajuste por costo de vida
cost of living allowance – asignación por costo de vida
cost-plus contract – contrato a costo más ganancias
cost to repair – costo para reparar
costing *n* – costeo
costs and charges – costos y gastos
costs of collection – gastos de cobranza
costs of the day – costas del día, costos del día, costes del día
cosurety *n* – cofiador
cotenancy *n* – tenencia conjunta
cotenant *n* – copropietario, coposesor, coarrendatario, coinquilino
coterminous *adj* – colindante
cottage *n* – casa de campo
council *n* – consejo, ayuntamiento
council housing – viviendas con subsidio gubernamental
council of arbitration – consejo de arbitraje
Council of Europe – Consejo de Europa
Council of Ministers – Consejo de Ministros
councilor *n* – concejal
councillor *n* – concejal
counsel *n* – abogado, consejero, consultor
counsel of record – abogado que consta
counseling *n* – asesoramiento
counselling *n* – asesoramiento

counsellor *n* – abogado, consejero, consultor
counselor *n* – abogado, consejero, consultor
counselor at law – abogado, asesor legal
count *n* – cargo, conteo, recuento, escrutinio
countenance *n* – semblanza, apoyo
counter *adj* – contrario, opuesto
counter *n* – mostrador, ventanilla, contador
counter *v* – oponerse a, contestar a
counter-bid *n* – contraoferta
counter-complaint *n* – contrarreclamación
counter-measure *n* – contramedida
counter-offer *n* – contraoferta
counteract *v* – contrarrestar
counteraction *n* – acción contraria
counteraffidavit *n* – afidávit contradictorio
counterbalance *v* – contrapesar, contrabalancear
counterbid *n* – contraoferta
counterbond *n* – contragarantía
counterclaim *n* – contrademanda
countercomplaint *n* – contrarreclamación
counterfeit *adj* – falsificado, falso
counterfeit *n* – falsificación, imitación
counterfeit *v* – falsificar, simular
counterfeit money – dinero falsificado
counterfeiter *n* – falsificador
counterfoil *n* – talón de cheque
counterletter *n* – contradocumento
countermand *n* – contraorden
countermand *v* – revocar
counteroffer *n* – contraoferta
counterpart *n* – contraparte, contrapartida
counterparty *n* – contraparte
counterparty risk – riesgo de la contraparte
counterproposal *n* – contrapropuesta
countersecurity *n* – contragarantía
countersign *n* – contraseña, refrendata
countersign *v* – refrendar
countersignature *n* – refrendación
countersignature law – ley de refrendación
countertrade *n* – comercio de trueque entre países
countervail *v* – contrapesar, compensar
countervailable subsidy – subsidio de compensación
countervailing *adj* – compensatorio
countervailing duty – tarifa compensatoria
countinghouse *n* – oficina de contaduría
country of manufacture – país de manufactura
country of origin – país de origen
country of registration – país de registro
country of residence – país de residencia
county *n* – condado, distrito
county attorney – procurador del condado
county clerk – secretario del condado
county courts – tribunales de distrito
county-town *n* – capital del condado

coup d'etat – golpe de estado, coup d'etat
coupled with an interest – mandato en el que el agente tiene un interés
courier service – servicio de mensajería
course *n* – curso, dirección, procedimiento
course of action – curso de acción
course of business – marcha de los negocios, curso de los negocios
course of employment – en el curso del empleo
course of trade – marcha de los negocios
court *n* – corte, tribunal, comitiva, juzgado
court above – tribunal superior
court act – acto judicial
court action – acción judicial
court below – tribunal inferior
court day – día en que se reúne el tribunal
court facilitator – empleado de un tribunal que ofrece ayuda con formularios y procedimientos pero que no da consejos legales
court-martial *n* – consejo de guerra
court of admiralty – tribunal marítimo
court of appeals – tribunal de apelaciones
court of arbitration – tribunal arbitral
court of auditors – tribunal de auditores
court of bankruptcy – tribunal de quiebras
court of cassation – tribunal de casación
court of chancery – tribunal de equidad
court of claims – tribunal para juicios contra el gobierno
court of competent jurisdiction – tribunal de jurisdicción competente
court of conciliation – tribunal de conciliación
court of criminal appeals – tribunal de apelaciones criminales
court of customs and patent appeals – tribunal con competencia en materias de aduanas y patentes
court of equity – tribunal de equidad
court of first instance – tribunal de primera instancia
court of general jurisdiction – tribunal de jurisdicción general
court of general sessions – tribunal de instancia en materia penal
Court of International Trade – Tribunal de Comercio Internacional
court of justice – tribunal de justicia, sala de justicia
court of last resort – tribunal de último recurso
court of law – tribunal judicial, juzgado
court of limited jurisdiction – tribunal de jurisdicción limitada
court of nisi prius – tribunal de primera instancia en lo civil

court of original jurisdiction – tribunal de jurisdicción original

court of probate – tribunal testamentario

court of protection – tribunal de protección

court of record – tribunal que lleva un expediente y puede imponer penas, tribunal de registro

court of sessions – tribunal penal

court of special sessions – tribunales formados sólo para casos específicos, tribunal ad hoc

court order – orden judicial, auto judicial

court procedure – procedimiento judicial

court reporter – escribiente del tribunal

court rule – norma procesal

court system – sistema judicial

courtesy *n* – cortesía, derechos del marido en los bienes de su difunta esposa

courthouse *n* – edificio del tribunal, palacio de justicia, palacio de los tribunales

courtroom *n* – sala del tribunal, sala de justicia

courtyard *n* – patio, atrio

covenable *adj* – conveniente

covenant *n* – contrato, convenio, estipulación

covenant against encumbrances – garantía de que un inmueble está libre de gravámenes

covenant against incumbrances – garantía de que un inmueble está libre de gravámenes

covenant for further assurance – cláusula por la cual el que vende un inmueble se compromete a hacer lo necesario para perfeccionar el título

covenant for quiet enjoyment – garantía contra el desahucio

covenant in gross – obligación no relacionada con el inmueble

covenant in law – obligación presumida por ley

covenant not to compete – acuerdo de no competencia

covenant not to sue – obligación de no demandar

covenant of seisin – cláusula a través de la cual el vendedor afirma ser dueño de lo que vende

covenant of warranty – cláusula de garantía

covenant running with the land – obligación vinculada con el inmueble

covenant to convey – acuerdo de transferir bienes bajo ciertas circunstancias

covenant to renew – acuerdo de renovar

covenantee *n* – garantizado, contratante

covenantor *n* – garantizador, obligado

covenants, conditions, and restrictions – convenios, condiciones, y restricciones

covenants for title – el conjunto de garantías que da el vendedor de un inmueble

cover *n* – cobertura, cubierta

cover *v* – cubrir, asegurar, proteger

cover-all clause – cláusula que abarca todas las circunstancias de un caso

cover letter – carta de remisión, carta acompañante, carta de cobertura

cover note – declaración escrita de cobertura de parte del agente de seguros

cover up – encubrir

cover-up *n* – encubrimiento

coverage initiated – cobertura iniciada

coverage of hazard – cobertura del riesgo

covered by insurance – cubierto por seguro

covered risk – riesgo cubierto

covering letter – carta de remisión, carta acompañante, carta de cobertura

covering note – declaración escrita de cobertura de parte del agente de seguros

covert *adj* – secreto, protegido

covertly *adv* – secretamente

coverture *n* – estado de mujer casada, derechos de la esposa

covin *n* – fraude, colusión

covinous *adj* – fraudulento, colusorio

cowboy *n* – chapucero, grosero, quien hace las cosas sin darle importancia a la honestidad o a los daños que pueda ocasionar

coworker *n* – colega de trabajo

coy *adj* – esquivo, reservado, tímido

CPA (Certified Public Accountant) – contador público autorizado, contable público autorizado

CPI (consumer price index) – índice de precios al consumidor

craft *n* – destreza, oficio, nave

craft union – sindicato de trabajadores del mismo oficio

crafty *n* – astuto, mañoso

cramdown *n* – ratificación por un tribunal de quiebras de una reorganización corporativa

crash *n* – choque, estallido, colapso de precios de acciones, colapso de mercado de valores

crash *v* – chocar, romper, invadir, colapsar

crave *v* – implorar, apetecer

cream of the crop – lo mejor de lo mejor

created by fraud – creado por fraude

created by law – creado por ley

creative accounting – contabilidad creativa

credentials *n* – credenciales, referencias

credibility gap – brecha de credibilidad

credibility problem – problema de credibilidad

credible *adj* – creíble, verosímil

credible evidence – prueba creíble

credible person – persona digna de confianza

credible witness – persona competente para

testificar
credibly informed – informado por un tercero confiable
credible proof – prueba creíble
credit *n* – crédito, reconocimiento, fe, reputación
credit *v* – acreditar, abonar
credit agreement – convenio de crédito
credit bureau – agencia de crédito, negociado de crédito
credit card crime – crimen cometido con tarjeta de crédito
credit denial – denegación de crédito
credit derivatives – inversiones derivadas usadas para reducir riesgos al otorgar crédito
credit enhancement – realzado de crédito
credit file – archivo de crédito
credit history – historial de crédito
credit rating – calificación crediticia
credit record – registro de crédito
credit report – informe de crédito
credit scoring – puntuación de crédito
credit verification – verificación de crédito
creditor *n* – acreedor
creditor at large – acreedor quirografario
creditor bank – banco acreedor
creditor beneficiary – un tercero que se beneficia de un contrato
creditor's bill – acción entablada por un acreedor en equidad
creditor's claim – derecho del acreedor
creditors' committee – comité de acreedores
creditor's suit – acción entablada por un acreedor en equidad
creditors' meeting – asamblea de acreedores
creditworthiness *n* – solvencia
creditworthy *adj* – solvente, de crédito aceptable
creed *n* – credo
creeping *adj* – lentamente progresivo
cremate *v* – cremar, quemar
crepuscule *n* – crepúsculo
crest *n* – cresta, cima
crew *n* – tripulación, personal
crier *n* – pregonero
crime *n* – crimen, delito
crime against nature – acto sexual desviado
crime against property – delito contra la propiedad
crime insurance – seguro contra crímenes
crime of omission – crimen de omisión
crime of passion – crimen pasional
crime of violence – crimen con violencia
crime statistics – estadísticas criminales
criminal *adj* – criminal, penal
criminal *n* – criminal, culpable
criminal act – acto criminal
criminal action – acción penal, acción

criminal, causa
criminal capacity – capacidad criminal
criminal charge – acusación penal
criminal code – código penal
criminal conduct – conducta criminal
criminal conspiracy – complot criminal
criminal contempt – desacato criminal
criminal conversation – adulterio, coito ilegal
criminal conviction – condena penal
criminal court – tribunal penal, tribunal criminal
criminal history – antecedentes penales, antecedentes criminales, historial criminal
criminal homicide – homicidio criminal
criminal insanity – insania que impide que una persona sepa que está haciendo el mal
criminal intent – intención criminal
criminal judgment – fallo penal, fallo criminal
criminal jurisdiction – jurisdicción penal
criminal law – derecho penal
criminal lawyer – abogado penalista
criminal liability – responsabilidad penal
criminal mischief – daño voluntario y malicioso castigable por ley
criminal negligence – negligencia criminal
criminal offense – delito penal
criminal procedure – procedimiento penal
criminal process – proceso penal, proceso criminal, orden de arresto
criminal prosecution – acción penal, enjuiciamiento criminal, enjuiciamiento penal
criminal record – antecedentes penales, antecedentes criminales, historial criminal
criminal responsibility – responsabilidad penal, responsabilidad criminal
criminal sexual conduct – conducta sexual criminal
criminal simulation – simulación criminal
criminal solicitation – el buscar de algún modo que otro cometa un acto criminal
criminal syndicalism – sindicalismo criminal
criminal trespass – violación de propiedad criminal
criminal trial – juicio penal, juicio criminal
criminalisation *n* – criminalización
criminality *n* – criminalidad
criminalization *n* – criminalización
criminally *adv* – criminalmente
criminally negligent – criminalmente negligente
criminate *v* – incriminar, acusar, censurar
crimination *n* – incriminación
criminative *adj* – acusatorio
criminological *adj* – criminológico
criminology *n* – criminología
criminous *adj* – criminoso, criminal

crisis management – administración de crisis
criteria *n* – criterios
criterion *n* – criterio
critical circumstances – circunstancias críticas
critically *adv* – críticamente
crony capitalism – capitalismo de camarilla
cronyism *n* – amiguismo
crook *n* – pillo, estafador
crooked *adj* – deshonesto, fraudulento
crop *n* – cosecha
cross *v* – marcar con una cruz, cruzar
cross a picket line – cruzar un piquete
cross-action *n* – contrademanda
cross-appeal *n* – contraapelación
cross-border *adj* – transfronterizo
cross-check *v* – verificar con fuentes múltiples
cross-claim *n* – contrademanda
cross-collateral *n* – colateral cruzado
cross-complaint *n* – contrademanda
cross default – incumplimiento cruzado
cross-demand *n* – contrademanda
cross-examination *n* – contrainterrogatorio, repreguntas
cross-examine *v* – contrainterrogar, repreguntar, interrogar
cross-interrogatories *n* – contrainterrogatorio, repreguntas
cross-liability *n* – responsabilidad cruzada
cross-ownership *n* – propiedad cruzada
cross-question *v* – repreguntar
cross-reference *n* – referencia cruzada
cross-section *n* – grupo representativo
cross-subsidy *n* – subsidio cruzado
crossed check – cheque cruzado
crossed cheque – cheque cruzado
crossing *n* – cruce, intersección, paso
crossroad *n* – cruce de caminos
crowd-out *v* – excluir, llenar a capacidad
crucial *adj* – crucial, crítico
crude oil – petróleo crudo
cruel and unusual punishment – castigo cruel e inusual
cruel treatment – trato cruel
cruelty *n* – crueldad
cruelty to animals – crueldad contra animales
cruelty to children – crueldad contra niños
crux *n* – punto crítico
cry *v* – vocear, llorar
cryer *n* – pregonero, subastador
cryptic *adj* – misterioso
cuckold *n* – cornudo
cue *n* – señal
cul-de-sac *n* – calle sin salida
culmination *n* – culminación
culpability *n* – culpabilidad
culpable *adj* – culpable

culpable homicide – homicidio culpable
culpable ignorance – ignorancia culpable
culpable neglect – descuido culpable
culpable negligence – negligencia culpable
culpably *adv* – culpablemente
culprit *n* – culpado, culpable, acusado, criminal, delincuente
cultural sensitivity – sensibilidad cultural
cumulative criminal acts – actos criminales acumulativos
cumulative effect – efecto acumulativo
cumulative evidence – prueba cumulativa
cumulative insurance – seguro acumulativo
cumulative liability – responsabilidad acumulativa
cumulative remedy – recurso adicional
cunning *adj* – astuto, diestro
curative *adj* – curativo
curator *n* – curador, encargado, tutor
curator ad litem – curador ad litem
curator bonis – curador de bienes
curatorship *n* – curaduría, curatela
curb *n* – algo que limita, algo que controla
curb *v* – limitar, controlar
cure *v* – curar, remediar
curfew *n* – toque de queda
currency *n* – moneda, divisa
currency area – área monetaria
currency standard – patrón monetario
currency zone – zona monetaria
current *adj* – corriente, al día, popular
current filing – registro corriente
current insurance – seguro corriente
current licence – licencia corriente
current license – licencia corriente
currently covered – corrientemente cubierto
currently insured – corrientemente asegurado
curriculum vitae – currículo, currículum vitae
cursorily *adv* – superficialmente
cursory *adj* – superficial
cursory examination – inspección somera
curtail *v* – acortar, reducir
curtesy *n* – derechos del marido en los bienes de su difunta esposa
curtilage *n* – terreno que rodea una casa
cushion *n* – reserva, intervalo de protección
custodia legis – custodia de la ley
custodial *adj* – relacionado a la custodia
custodial account – cuenta mantenida para otro a quien se tiene bajo la custodia
custodial interference – el físicamente evitar que un niño esté con quien tiene derecho a su custodia
custodial parent – padre con custodia
custodial person – persona con custodia
custodian *n* – custodio, guardián
custodian account – cuenta de custodia
custodian bank – banco depositario

custodianship *n* – custodia
custody *n* – custodia
custody account – cuenta de custodia
custody and control – custodia y control
custody and visitation – custodia y visitación
custody of children – custodia de hijos, custodia de niños
custody of property – custodia de propiedad
custom *n* – costumbre, costumbres
custom and usage – uso y costumbre
custom-free *adj* – exento de contribuciones aduaneras
customary *adj* – acostumbrado, usual
customary agency – agencia acostumbrada
customary business practices – prácticas de negocios acostumbradas
customary insurance – seguro acostumbrado
customary interpretation – interpretación usual
customer agreement – convenio del cliente
customer cooperative – cooperativa de clientes
customer credit – crédito del cliente
customer debt – deuda del cliente
customer ignorance – ignorancia del cliente
customer information – información para el cliente, información sobre los clientes
customer records – registros de clientes
customer relations – relaciones con clientes
customer service – servicio al cliente
customhouse *n* – aduana
customs *n* – aduana, impuestos aduaneros, costumbres, prácticas
customs administration – administración aduanera
customs agency – agencia aduanera, agencia de aduanas
customs agent – agente aduanero, agente de aduanas
Customs and Border Protection – Oficina de Aduanas y Protección Fronteriza
Customs and Excise – departamento gubernamental que cobra derechos aduaneros e impuestos indirectos
Customs and Excise Department – departamento gubernamental que cobra derechos aduaneros e impuestos indirectos
customs and patent appeals court – tribunal de apelación de asuntos de aduanas y patentes
customs and practices – costumbres y prácticas
customs area – área aduanera, área de aduanas
customs authorities – autoridades aduaneras
customs broker – corredor aduanero, agente aduanero
customs clearance – despacho aduanero

customs court – tribunal aduanero
customs declaration – declaración aduanera
customs documentation – documentación aduanera
customs duties – derechos aduaneros, impuestos aduaneros
customs-exempt *adj* – exento de derechos aduaneros
customs-free *adj* – exento de derechos aduaneros
customs-house *n* – aduana
customs regulations – reglamentos aduaneros
customs tariff – tarifa aduanera
cut-off date – fecha de corte
cut-off time – tiempo de corte
cut workers – despedir empleados
cutback *n* – recorte, despido de empleados para economizar
cutpurse *n* – carterista
CV (curriculum vitae) – currículo, currículum vitae
cy pres – tan cerca como posible
cybercrime *n* – cibercrimen
cyberspace *n* – ciberespacio
cycle *n* – ciclo
cyclical unemployment – desempleo cíclico
cyclically *adv* – cíclicamente
cyclically adjusted – ajustado cíclicamente

D

dactylography *n* – dactiloscopia
dactyloscopic *adj* – dactiloscópico
dactyloscopy *n* – dactiloscopia
dagger *n* – puñal
daily allowance – asignación diaria
daily rate of pay – salario diario, jornal
daily wage – salario diario, jornal, paga por día
daisy chain – transacciones que manipulan el mercado de modo que un valor aparente tener mucha actividad
dale and sale – nombres de lugares ficticios
dam *n* – represa, dique
damage *n* – daño, lesión
damage *v* – dañar, lesionar, perjudicar
damage certification – certificación de daños
damage claim – reclamación de daños
damage control – control de daños

damage due to negligence – daños por negligencia
damage evidence – prueba de daños
damage proof – prueba de daños
damage verification – verificación de daños
damageable *adj* – susceptible al daño
damages *n* – daños, daños y perjuicios
damages for delay – daños por aplazamiento de una sentencia
damnification *n* – lo que ocasiona un daño
damnify *v* – perjudicar, dañar
damnum – pérdida, daño
damnum absque injuria – daño sin recurso legal, damnum absque injuria
danger *n* – peligro, riesgo
danger invites rescue – doctrina que estipula que un demandado que crea un peligro para una persona responde por los daños causados a quien acude a ayudar a esa persona
danger money – plus de peligrosidad
danger zone – zona de peligro
dangerous animal – animal peligroso
dangerous condition – condición peligrosa
dangerous conduct – conducta peligrosa
dangerous criminal – criminal peligroso
dangerous defect – defecto peligroso
dangerous driving – el conducir peligrosamente
dangerous employment – empleo peligroso
dangerous goods – mercancías peligrosas
dangerous machinery – maquinaria peligrosa
dangerous per se – peligroso de por sí
dangerous structure – estructura peligrosa
dangerous waste – desperdicios peligrosos
dangerous weapon – arma peligrosa
dangerous work – trabajo peligroso
dangerously *adv* – peligrosamente
data *n* – datos
data acquisition – adquisición de datos
data control – control de datos
data encryption – codificación de datos
data integrity – integridad de datos
data management – gestión de datos
data manipulation – manipulación de datos
data mining – minería de datos
data privacy – privacidad de datos
data protection – protección de datos
Data Protection Agency – Agencia de Protección de Datos
data recovery – recuperación de datos
data security – seguridad de datos
data storage – almacenamiento de datos
database *n* – base de datos
database management system – sistema de gestión de base de datos
date *n* – fecha, compromiso, cita
date *v* – fechar
date back – antedatar

date certain – fecha fijada, fecha cierta
date due – fecha de vencimiento
date of acceptance – fecha de aceptación
date of application – fecha de solicitud
date of bankruptcy – fecha de la declaración de quiebra
date of birth – fecha de nacimiento
date of death – fecha de fallecimiento
date of execution – fecha de ejecución
date of filing – fecha de registro
date of injury – fecha de lesión
date of invoice – fecha de factura
date of judgment – fecha del fallo
date of loss – fecha de pérdida
date of maturity – fecha de vencimiento
date of notification – fecha de aviso
date of payment – fecha de pago
date of publication – fecha de publicación
date of record – fecha de registro
date of registration – fecha de registro
dated *adj* – fechado
dative *adj* – dativo, nombrado por autoridad pública
datum *n* – dato, referencia
daughter-in-law *n* – hija política, nuera
day book – libro diario
day calendar – lista de causas preparadas para el día
day certain – día fijo, día cierto
day in court – oportunidad de ejercer los derechos en un tribunal competente
day laborer – jornalero
day labourer – jornalero
day of hearing -- día de la audiencia, día de la vista, día del juicio
day off – día libre
day pay – jornal, paga por día, salario diario
day rate – tasa diaria, jornal, paga por día
day rate of pay – salario diario, jornal, paga por día
day shift – turno diurno, jornada diurna
day-to-day *adj* – de día a día
day trading – compra y venta de los mismos valores el mismo día buscando aprovechar cualquier variación en precio
day wage – salario diario, jornal, paga por día
day worker – trabajador diurno
day's pay – jornal, paga por día, salario diario
daybreak *n* – alba, amanecer
daylong *adj* – todo el día
days of coverage – días de cobertura
days of demurrage – demora en la duración de un viaje
days of grace – días de gracia
daytime *n* – la parte del día con luz natural
daze *v* – aturdir, ofuscar
dazedly *adv* – aturdidamente
DBA (doing business as) – en negocios bajo

el nombre de
de facto – de hecho, de facto
de facto corporation – corporación de hecho
de facto court – tribunal de hecho
de facto government – gobierno de hecho
de facto guardian – tutor de hecho
de facto judge – juez de hecho
de facto marriage – matrimonio de hecho
de facto officer – funcionario de hecho
de facto trust – fideicomiso de hecho
de jure – de derecho, válido bajo la ley, de
jure
de jure corporation – corporación autorizada,
corporación de jure
de novo hearing – repetición de una vista
de quota litis – convenio para honorarios
contingentes
de son tort – por su propio daño
de-skilling *n* – reducción de destrezas de
empleados
dead *adj* – muerto, inactivo, improductivo
dead assets – activos improductivos
dead body – cadáver
dead-born *adj* – nacido sin vida
dead-end job – trabajo sin oportunidades
para mejoramiento
dead hand – manos muertas
dead letter – carta muerta, letra muerta
dead loss – pérdida total
dead man's part – la parte de los bienes de
quien muere que pasa al administrador
dead pledge – hipoteca
dead stock – inventario no vendible, capital
improductivo
dead storage – almacenamiento de bienes,
mercancías inmovilizadas
dead time – tiempo muerto
deadbeat *n* – deudor moroso
deadline *n* – fecha límite, fecha de
vencimiento, término
deadliness *n* – efecto mortífero
deadlock *n* – estancamiento, empate
deadlocked jury – jurado que no puede llegar
a un veredicto
deadly attack – ataque mortal
deadly force – fuerza mortal
deadly weapon – arma mortal
deadweight loss – desperdicio de recursos a
consecuencia de una situación en que nadie
se beneficia
deaf and mute – sordo y mudo
deafen *v* – ensordecer
deafening *adj* – ensordecedor
deal *n* – negocio, contrato, acuerdo, trato
deal *v* – negociar, comerciar, repartir, tratar
dealer *n* – comerciante, intermediario,
corredor
dealer in narcotics – narcotraficante

dealer's talk – exageraciones usadas para
vender algo
dealership *n* – concesionario
dealings *n* – negociaciones, tratos, comercio
death benefits – beneficios por muerte
death certificate – certificado de defunción
death duty – impuesto sobre herencias
death penalty – pena de muerte, pena capital
death sentence – pena de muerte, pena
capital
death taxes – impuestos sobre herencias
death warrant – orden de ejecución de pena
de muerte
deathbed *n* – lecho de muerte
deathtrap *n* – trampa mortal
debacle *n* – debacle, fracaso, fiasco
debarment *n* – exclusión
debatable *adj* – discutible
debate *v* – debatir, discutir
debauch *v* – corromper, seducir
debauchery *n* – corrupción, libertinaje
debenture *n* – obligación sin hipoteca o
prenda
debilitate *v* – debilitar
debit *n* – débito, debe, saldo deudor, cargo
debit *v* – debitar, cargar en cuenta
debit and credit – debe y haber
debit card – tarjeta de débito
debit insurance – seguro industrial
debitor *n* – deudor
debris *n* – escombros, desperdicios
debt *n* – deuda, obligación
debt administration – administración de la
deuda
debt assignment – transferencia de la deuda
debt by contract – deuda por contrato
debt cancellation – cancelación de deuda
debt collection – cobro de deudas
debt collector – cobrador de deudas
debt due – deuda exigible
debt evidence – prueba de deuda
debt factoring – venta a descuento de las
cuentas por cobrar
debt-for-environment swap – intercambio de
deudas por mejoras ambientales
debt-for-nature swap – intercambio de
deudas por mejoras ambientales
debt forgiveness – condonación de la deuda
debt holder – acreedor, deudor
debt management – administración de la
deuda
debt moratorium – moratoria de la deuda
debt of record – deuda declarada en un juicio
debt repudiation – cancelación de la deuda
debtee *n* – acreedor
debtor *n* – deudor
debtor country – país deudor
debtor in possession – negocio que sigue

operando durante su reorganización bajo la ley de quiebras
debtor nation – nación deudora
decapitalisation *n* – descapitalización
decapitalization *n* – descapitalización
decapitate *v* – decapitar
decapitation *n* – decapitación
decartelisation *n* – descartelización
decartelization *n* – descartelización
decay *n* – deterioro, degeneración
decease *n* – muerte, fallecimiento
decease *v* – morir, fallecer
deceased *adj* – difunto, muerto
deceased *n* – difunto, muerto
decedent *n* – difunto, muerto
deceit *n* – engaño, dolo, decepción
deceitful *adj* – engañoso, falso
deceitfully *adv* – engañosamente
deceitfulness *n* – falsedad
deceivable *adj* – engañoso
deceive *v* – engañar, embaucar
deceivingly *adv* – engañosamente
decency *n* – decencia, normas de conducta
decent *adj* – decente, adecuado
decentralisation *n* – descentralización
decentralise *v* – descentralizar
decentralised *adj* – descentralizado
decentralization *n* – descentralización
decentralize *v* – descentralizar
decentralized *adj* – descentralizado
deception *n* – engaño, fraude
deceptive *adj* – engañoso
deceptive marketing – marketing engañoso
deceptive packaging – empaque engañoso
deceptive practice – práctica engañosa
deceptive sales practices – prácticas comerciales engañosas
deceptive statement – declaración engañosa
deceptiveness *n* – apariencia engañosa
decidable *adj* – determinable
decide against – decidir en contra
decide in favor – decidir a favor
decided *adj* – decidido, resuelto
decipher *v* – descifrar
decision *n* – decisión, sentencia, fallo
decision maker – quien toma las decisiones
decision on appeal – decisión del tribunal de apelación
decision on merits – decisión por los méritos de una cuestión
decisive *adj* – decisivo, determinante
decisive oath – juramento decisivo
decisively *adv* – concluyentemente
declaim *v* – declamar
declamation *n* – declamación
declamatory *adj* – declamatorio
declarable *adj* – declarable
declarant *n* – declarante

declaration *n* – declaración, exposición, demanda, primer alegato
declaration against interest – declaración contraria a los intereses propios
declaration in chief – demanda principal
declaration of bankruptcy – declaración de quiebra
declaration of death – declaración de fallecimiento
declaration of intent – declaración de intención
declaration of law – declaración de ley
declaration of legitimacy – declaración de la legitimidad de un hijo
declaration of means – declaración de medios financieros
declaration of need – declaración de necesidad
declaration of solvency – declaración de solvencia
declaration of trust – declaración de fideicomiso
declaration of war – declaración de guerra
declaration under penalty of perjury – declaración bajo pena de perjurio
declarations section – sección de declaraciones
declaratory *adj* – declaratorio
declaratory judgment – sentencia declaratoria
declaratory legislation – legislación declaratoria
declaratory statute – ley declaratoria
declare a strike – declarar una huelga
declared *adj* – declarado
declassify *v* – suspender el carácter clasificado
declination *n* – declinatoria, declive, rechazo
declinatory exception – excepción declinatoria
decline jurisdiction – declinar jurisdicción
decode *v* – descodificar, descifrar
deconglomeration *n* – desconglomeración
deconsolidate *v* – desconsolidar
decontrol *n* – descontrol
decontrol *v* – descontrolar
decoy *n* – señuelo
decoy *v* – atraer con señuelo, engañar
decrease *n* – disminución, reducción, baja
decrease *v* – disminuir, reducir, bajar
decree *n* – decreto, sentencia, mandato
decree absolute – sentencia absoluta
decree in absence – sentencia dictada en ausencia
decree nisi – sentencia provisional
decree of divorce – sentencia de divorcio
decree of insolvency – declaración judicial de que los activos no alcanzan a cubrir las

deudas
decree of nullity – auto de nulidad
decrement *n* – decremento, disminución
decrepit *adj* – decrépito
decretal order – orden preliminar
decriminalisation *n* – descriminalización
decriminalization *n* – descriminalización
decruitment *n* – despido de empleados
decry *v* – desaprobar, menospreciar
decrypt *v* – descifrar, descodificar
decryption *n* – descifrado, descodificación
dedicate *v* – dedicar, dedicar un inmueble al
uso público
dedication and reservation – dedicación
reservándose ciertos derechos
dedition *n* – dación, entrega
deduce *v* – deducir, inferir
deduct *v* – deducir
deductible *n* – deducible, franquicia
deduction *n* – deducción, descuento
deductive *adj* – deductivo
deductively *adv* – deductivamente
deed *n* – escritura, título, hecho, acto
deed in fee – escritura mediante la cual se
transfiere dominio absoluto sobre un
inmueble
deed in lieu of foreclosure – entrega de
escritura en vez de juicio hipotecario
deed indenture – escritura de traspaso
deed intended – escritura mediante la cual se
transfieren los derechos sobre un inmueble
deed of agency – fideicomiso con el
propósito de pagar deudas
deed of conveyance – escritura de traspaso
deed of covenant – escritura de garantía
deed of foundation – escritura de fundación
deed of gift – escritura de donación
deed of incorporation – escritura de
constitución
deed of partition – escritura de división de
copropiedad
deed of partnership – escritura de sociedad
deed of sale – escritura de compraventa
deed of separation – escritura de separación
deed of transfer – escritura de transferencia
deed of trust – escritura de fideicomiso
deed poll – escritura unilateral
deed restriction – restricción de escritura
deem necessary – estimar necesario
deface *v* – desfigurar, borrar, destruir
defalcate *v* – desfalcar, malversar
defalcation *n* – desfalco, malversación
defamacast *n* – difamación por transmisión
defamation *n* – difamación, calumnia, injuria
defamatory *adj* – difamatorio, calumniante
defamatory libel – difamación por escrito,
libelo
defamatory per se – palabras difamatorias de

por sí
defamed *adj* – difamado, calumniado
defamer *n* – difamador, calumniador
default *n* – incumplimiento, omisión, mora,
falta de pago, rebeldía
default *v* – incumplir, no pagar
default divorce – divorcio incontestado
default judgment – sentencia en rebeldía
default of obligations – incumplimiento de
obligaciones
default of payment – incumplimiento de pago
defaulter *n* – incumplidor, moroso, quien no
paga, rebelde
defeasance *n* – contradocumento, anulación,
revocación
defeasance clause – cláusula que permite la
extinción de una hipoteca
defeasibility *n* – revocabilidad
defeasible *adj* – anulable, revocable
defeat *v* – derrotar, impedir, revocar
defect *n* – defecto, vicio
defect in title – defecto de título
defect of form – defecto de forma
defect of substance – defecto material
defection *n* – defección, abandono, renuncia
defective *adj* – defectuoso, viciado
defective construction – construcción
defectuosa
defective title – título defectuoso
defective verdict – veredicto defectuoso
defence *n* – defensa, amparo, oposición
defence attorney – abogado defensor
defence of insanity – defensa basada en la
insania
defenceless *adj* – indefenso
defencelessly *adv* – indefensamente
defencelessness *n* – vulnerabilidad
defend *v* – defender
defendant *n* – demandado, acusado
defendant in error – recurrido
defender *n* – defensor
defense *n* – defensa, amparo, oposición
defense attorney – abogado defensor
defense of insanity – defensa basada en la
insania
defenseless *adj* – indefenso
defensible *adj* – defendible
defer *v* – diferir, retrasar, ceder, aplazar
deference *n* – deferencia, acatamiento
deferment *n* – aplazamiento
deferment period – período durante el cual
no hay beneficios
deferrable *adj* – aplazable
deferral *n* – aplazamiento
deferred *adj* – diferido
deferred annuity – anualidad diferida
deferred compensation plan – plan de
compensación diferida

deferred contribution plan – plan de contribuciones diferidas
deferred income – ingresos diferidos
deferred liability – pasivo diferido, responsabilidad diferida
deferred-payment annuity – anualidad de pagos diferidos
deferred profit sharing – participación diferida en los beneficios
defiance *n* – desafío, obstinación
deficiency *n* – deficiencia, insuficiencia
deficiency assessment – la diferencia entre lo que calcula el contribuyente y lo que reclaman las autoridades
deficiency decree – fallo de deficiencia
deficiency judgment – fallo de deficiencia
deficiency letter – carta de deficiencia
deficiency notice – aviso de deficiencia
deficiency reserve – reserva para deficiencias
deficiency suit – acción para obligar al deudor en una ejecución de hipoteca a pagar la diferencia entre lo que se debe y lo que se devengó
deficient *adj* – deficiente, incompleto
deficit spending – gastos deficitarios, gastos en exceso de los ingresos
defile *v* – manchar, corromper, violar
defilement *n* – contaminación, corrupción, violación
define *v* – definir, interpretar, establecer
defined *adj* – definido, establecido
defined-benefit plan – plan de pensión de beneficios definidos
defined by law – definido por ley, establecido por ley
defined-contribution plan – plan de contribuciones definidas
definite interest – interés definitivo
definite sentence – sentencia definitiva
definition *n* – definición, claridad
definitive *adj* – definitivo, concluyente
deflation *n* – deflación
deflationary *adj* – deflacionario
defloration *n* – desfloración
deforcement *n* – usurpación, detentación
deforciant *n* – usurpador
deforestation *n* – deforestación
defraud *v* – defraudar, estafar
defraudation *n* – defraudación, estafa
defrauder *n* – defraudador, estafador
defray *n* – costear, pagar, sufragar
defunct *adj* – difunto, terminado
defy *v* – desafiar, resistir
degenerate *n* – degenerado
degradation *n* – degradación, deterioro
degrade *v* – degradar, rebajar, corromper
degrading *adj* – degradante, denigrante
degree *n* – grado, título, título universitario

degree of care – grado de cuidado
degree of certainty – grado de certidumbre
degree of crime – grado del crimen
degree of disability – grado de discapacidad
degree of negligence – grado de negligencia
degree of proof – fuerza de la prueba
degrees of kin – la relación entre el difunto y sus sucesores
degression *n* – degresión
degressive *adj* – degresivo
degressive tax – impuesto degresivo
degressive taxation – imposición degresiva
deindustrialisation *n* – desindustrialización
deindustrialization *n* – desindustrialización
dejection *n* – aflicción, depresión
dejeration *n* – juramento solemne
delate *v* – acusar, delatar
delator *n* – acusador, delatador
delay *n* – demora, aplazamiento
delay *v* – demorar, aplazar
delay clause – cláusula de demora
delay rent – renta pagada para usar un terreno más tiempo
delayed *adj* – demorado, aplazado
delayed annuity – anualidad demorada
delayed benefits – beneficios demorados
delayed remuneration – remuneración demorada
delayed retirement – retiro demorado
delaying tactics – tácticas dilatorias
delegable duty – deber delegable
delegate *n* – delegado, diputado
delegate authority – delegar autoridad
delegated *adj* – delegado
delegation of authority – delegación de autoridad
delegation of duty – delegación del deber
delete *v* – suprimir, borrar
deleterious *adj* – dañoso, perjudicial
deletion *n* – supresión, borradura
deleveraging *n* – desapalancamiento
deliberate *adj* – intencional, deliberado
deliberate *v* – deliberar, meditar, discutir
deliberate act – acto intencional
deliberate and premeditated – intencional y premeditado
deliberately *adv* – intencionalmente, deliberadamente, con premeditación
deliberation *n* – deliberación, premeditación
delictual *adj* – delictual, criminal
delictum *n* – acto criminal, acto dañoso
delimit *v* – delimitar, demarcar
delimitate *v* – delimitar
delimitation *n* – delimitación, demarcación
delineate *v* – delinear
delinquency *n* – delincuencia, morosidad
delinquent *adj* – delincuente, moroso
delinquent loan – préstamo en mora

delinquent taxes – impuestos morosos
delinquently *adv* – delincuentemente, criminalmente
delirious *adj* – delirante
delirium *n* – delirio
deliver *v* – entregar, remitir, librar, depositar
deliverable *adj* – entregable
deliverance *n* – veredicto del jurado, entrega
delivered by hand – entregado en mano
delivered duty paid – entregado derechos pagados
delivered duty unpaid – entregado derechos no pagados
delivered email – email entregado
delivered mail – correo entregado, email entregado
delivery *n* – entrega, remesa, transmisión de posesión
delivery bond – fianza para reintegración de bienes embargados
delivery notice – aviso de entrega
delivery of deed – entrega de la escritura
delivery of possession – transmisión de la posesión
delivery slip – albarán
delivery versus payment – entrega contra pago
delusion *n* – ilusión, decepción
demand *adj* – a la vista, exigible
demand *n* – demanda, exigencia, reclamación
demand *v* – demandar, exigir, reclamar
demand and supply – demanda y oferta
demand bill – letra a la vista
demand deposit – depósito a la vista
demand draft – letra a la vista
demand for a jury trial – solicitud para un juicio por jurado
demand for payment – requerimiento de pago
demand letter – carta de requerimiento
demand liability – obligación a la vista
demand loan – préstamo a la vista
demand money – dinero a la vista
demand mortgage – hipoteca a la vista
demand note – pagaré a la vista
demandable *adj* – demandable, exigible
demandant *n* – demandante
demander *n* – demandador, demandante
demarcate *v* – demarcar
demarcation *n* – demarcación
dematerialisation *n* – el proceso de eliminar certificados en papel como evidencia de posesión de valores
dematerialization *n* – el proceso de eliminar certificados en papel como evidencia de posesión de valores
demeanor *n* – porte, comportamiento, conducta
demented *adj* – demente
dementia *adv* – demencia
demerger *n* – separación de partes de una compañía
demesne *n* – dominio, posesión, propiedad
demesnial *adj* – relacionado con el dominio
demise *n* – transferencia de dominio, arrendamiento, defunción
demise *v* – transferir temporalmente, arrendar, legar
demise and redemise – derechos recíprocos de arrendamiento sobre un inmueble
demise charter – fletamento temporal
demised premises – propiedad arrendada
demo (demonstration) – demostración, demo
democracy *n* – democracia
democratic *adj* – democrático
democrat *n* – demócrata
demographic *adj* – demográfico
demographics *n* – demografía
demography *n* – demografía
demolish *v* – demoler
demolition *n* – demolición
demonetisation *n* – desmonetización
demonetise *v* – desmonetizar
demonetization *n* – desmonetización
demonetize *v* – desmonetizar
demonstrability *n* – demostrabilidad
demonstrate *v* – demostrar, probar, manifestar
demonstration *n* – demostración, manifestación
demonstrative *adj* – demostrativo
demonstrative evidence – prueba material
demonstrator *n* – manifestante
demur *v* – presentar excepciones
demurrable *adj* – sujeto a excepción
demurrage *n* – sobreestadía
demurral *n* – excepción, objeción
demurrant *n* – parte que interpone una excepción
demurrer *n* – excepción, excepción formal
demurrer book – expediente de un incidente de excepción
demurrer to evidence – objeción a la prueba de una de las partes
demutualisation *n* – desmutualización
demutualise *v* – desmutualizar
demutualised *adj* – desmutualizado
demutualization *n* – desmutualización
demutualize *v* – desmutualizar
demutualized *adj* – desmutualizado
denationalisation *n* – desnacionalización
denationalise *v* – desnacionalizar
denationalised *adj* – desnacionalizado
denationalization *n* – desnacionalización
denationalize *v* – desnacionalizar

denationalized adj – desnacionalizado
denaturalise v – desnaturalizar
denaturalised adj – desnaturalizado
denaturalize v – desnaturalizar
denaturalized adj – desnaturalizado
denial n – denegación, negación, negativa
denial of benefits – denegación de beneficios
denigrate v – denigrar, manchar
denigration n – denigración
denization n – naturalización
denize v – naturalizar
denizen n – extranjero naturalizado, habitante
denomination n – denominación
denote v – denotar, indicar
denouement n – desenlace, solución
denounce v – denunciar, delatar, reprobar
denouncement n – denuncia minera, denuncia
denouncer n – denunciante
density zoning – normas para el uso de la tierra en un área a través de la planificación urbana
denude v – desvestir
denumeration n – acto de pago
denunciate v – denunciar
denunciation n – denuncia, censura
denunciator n – denunciante
deny v – negar, denegar, rechazar
depart v – partir, fallecer
departed adj – fallecido, difunto
department n – departamento, territorio, ministerio
department head – jefe de departamento
Department of Agriculture – Departamento de Agricultura, Ministerio de Agricultura
Department of Commerce – Departamento de Comercio, Ministerio de Comercio
department of government – departamento de gobierno
Department of Homeland Security – Departamento de Seguridad Nacional
Department of Labor – Departamento de Trabajo, Ministerio de Trabajo
Department of Labour – Departamento de Trabajo, Ministerio de Trabajo
Department of Public Health – Departamento de Salud Pública, Ministerio de Salud Pública
department of revenue – departamento fiscal, Hacienda
department of state – departamento de estado, ministerio de relaciones exteriores
departmental adj – departamental
departmental head – jefe departamental
departmentalisation n – departamentalización
departmentalization n –

departamentalización
departure n – desviación, partida, divergencia
departure customs – aduana de salida
departure permit – permiso de salida
dependable adj – confiable, cumplidor
dependable evidence – prueba confiable
dependant adj – dependiente, sujeto a
dependant n – dependiente
dependency n – dependencia, posesión
dependent adj – dependiente, sujeto a
dependent n – dependiente
dependent child – niño dependiente
dependent conditions – condiciones dependientes
dependent contract – contrato dependiente
dependent coverage – cobertura de dependiente
dependent person – persona dependiente
depict v – describir, representar
depiction n – descripción, representación
depletable resources – recursos agotables
deplete v – agotar
depleted adj – agotado
depletion n – agotamiento, desvalorización de un bien depreciable
depone v – deponer, declarar
deponent n – deponente, declarante
depopulated adj – despoblado
deport v – deportar, expulsar
deportable adj – sujeto a deportación
deportation n – deportación
deportee n – deportado
deportment n – porte, comportamiento
depose v – deponer, testificar, atestiguar
deposit n – depósito, entrada, caución
deposit v – depositar, imponer
deposit bank – banco de depósito
deposit in court – depósito judicial
deposit in escrow – depositar en cuenta en plica
deposit of title deeds – depósito de títulos de propiedad
depositary n – depositario, depósito, depositaría
deposition n – deposición, declaración fuera del tribunal
depositor n – depositante
depository n – depósito, depositaría, depositario
depot n – depósito, almacén
depraved act – acto depravado
depreciable adj – depreciable, amortizable
depreciable property – propiedad depreciable
depreciate v – depreciar, amortizar
depreciated adj – depreciado, amortizado
depreciation n – depreciación, amortización
depreciation method – método de

depreciación
depredation *n* – depredación, saqueo, pillaje
depressed area – área deprimida
deprival value – valor equivalente a lo que
  costaría reemplazar algo que no se pudiese
  usar
deprivation *n* – privación, desposeimiento
deprivation of property – privación de
  propiedad
deprive of employment – privar de empleo
deprive of life – privar de vida
deprive of rights – privar de derechos
dept. (department) – departamento
depth interview – entrevista a profundidad
deputation *n* – diputación
deputize *v* – delegar, diputar, comisionar
deputy *n* – diputado, suplente, delegado
deputy administrator – administrador
  adjunto
deputy chair – presidente adjunto
deputy chairman – presidente adjunto
deputy chairperson – presidente adjunto
deputy chairwoman – presidenta adjunta
deputy chief executive – director ejecutivo
  adjunto
deputy chief executive officer – director
  ejecutivo adjunto
deputy executive director – director
  ejecutivo adjunto
deputy manager – administrador adjunto
deputy managing director – director gerente
  adjunto
deputy president – presidente adjunto
deputy sheriff – subalguacil
deraign *v* – probar, vindicar
deranged *adj* – loco, trastornado
derangement *n* – trastorno mental, desorden
deregulate *v* – desregular
deregulated *adj* – desregulado
deregulation *n* – desregulación
derelict property – propiedad abandonada
dereliction *n* – adquisición de tierra por el
  retiro de aguas, abandono, descuido
dereliction of duties – abandono de deberes
derisive *adj* – burlón
derisory *adj* – burlón
derivation *n* – derivación, deducción
derivative action – acción entablada por un
  accionista a beneficio de la corporación
derivative conveyances – cesiones derivadas
derivative evidence – evidencia derivada de
  otra ilegalmente obtenida
derivative suit – acción entablada por un
  accionista en nombre de la corporación
derivative tort – responsabilidad del
  mandante por daños ocasionados por el
  agente
derivatives *n* – valores derivados de otros

derive *v* – derivar, obtener
derogation *n* – derogación
derogation from grant – restricción del
  derecho que se transfiere
derogatory *adj* – despectivo
derogatory clause – cláusula de exclusión
derogatory information – información
  despectiva
descend *v* – descender, transmitir por
  sucesión
descendant *n* – descendiente
descendible *adj* – heredable, transmisible
descent *n* – sucesión hereditaria
description of goods – descripción de los
  bienes
description of person – descripción de la
  persona
description of property – descripción de la
  propiedad
description of services – descripción de los
  servicios
descriptive characteristics – características
  descriptivas
descriptive mark – marca descriptiva
desegregation *n* – desegregación
desert *v* – abandonar, desertar
desertion *n* – deserción, abandono del hogar
  conyugal
desertion of children – abandono de hijos,
  abandono de menores
desertion of minors – abandono de menores
deserve *n* – merecer
deserving *adj* – de mérito, meritorio
desertification *n* – desertificación
desertify *v* – desertificar
design *n* – intención, diseño, concepción
design *v* – diseñar, concebir
design patent – patente de diseño
designate *v* – designar, señalar
designate as a beneficiary – designar como
  beneficiario
designate as an agent – designar como
  agente
designate as an executor – designar como
  albacea
designated *adj* – designado
designated agent – agente designado
designated beneficiary – beneficiario
  designado
designated executor – albacea designado
designation *n* – designación, nombramiento
designation of agent – designación de agente
designation of beneficiary – designación de
  beneficiario
designation of executor – designación de
  albacea
designedly *adv* – intencionalmente, por
  diseño

desire to purchase – deseo de comprar
desire to sell – deseo de vender
desired outcome – resultado deseado
desist v – desistir
desistance n – desistimiento
deskilling n – reducción de destrezas de empleados
desolate adj – desolado, arruinado
desolation n – desolación, abandono
despair n – desesperación
despatch v – despachar, enviar
despatch note – nota de envío
despatch notice – aviso de envío
desperate adj – desesperado, peligroso
despoil v – despojar violentamente, despojar clandestinamente
desponsation n – acto matrimonial
despot n – déspota, autócrata
despotism n – despotismo
destabilisation n – desestabilización
destabilise v – desestabilizar
destabilised adj – desestabilizado
destabilising adj – desestabilizante
destabilization n – desestabilización
destabilize v – desestabilizar
destabilized adj – desestabilizado
destabilizing adj – desestabilizante
destination carrier – portador de destino
destination country – país de destino
destination customs – aduana de destino
destination port – puerto de destino
destitute adj – indigente, necesitado
destitute circumstances – circunstancias de necesidad extrema
destitution n – indigencia, miseria
destroy v – destruir, matar
destroy a contract – destruir un contrato
destroy a document – destruir un documento
destroy a will – destruir un testamento
destructibility n – destructibilidad
destructible trust – fideicomiso susceptible a terminación
destruction n – destrucción
destruction of records – destrucción de registros
desuetude n – desuso
desultory adj – impensado, ocasional
detached adj – desprendido, separado
detail n – detalle, pormenor
detail v – detallar, pormenorizar
detailed adj – detallado, exacto
detailed audit – auditoría detallada
detain v – detener, arrestar, apropiar
detained adj – detenido, arrestado
detainer n – detención, arresto, apropiación
detainment n – detención, arresto, apropiación
detect v – detectar, descubrir, percibir

detection n – detección, descubrimiento
detective n – detective
detention n – detención, arresto, apropiación
detention in a reformatory – detención en un reformatorio
detention of ship – secuestro de nave
deter v – disuadir, refrenar, impedir
deterrence n – disuasión
deteriorate v – deteriorarse
deteriorated adj – deteriorado
deterioration n – deterioro, desmejora
determinate adj – determinado, específico
determination n – determinación, resolución, sentencia, decisión
determination of a case – decisión de un caso
determination of boundaries – delimitación de confines
determination of facts – determinación de hechos
determine v – determinar, resolver, decidir
determined adj – determinado, decidido
deterrent measures – medidas disuasivas
deterring adj – disuasivo
detinue n – retención ilegal de propiedad
detour n – desvío, rodeo
detournement n – desvío de fondos
detract v – distraer, disminuir, reducir
detraction n – traslado de bienes a otro estado tras transmisión por sucesión
detriment n – detrimento, perjuicio, daño
detrimental adj – perjudicial
deuterogamy n – deuterogamia
devaluated adj – devaluado
devaluation n – devaluación
devalue v – devaluar
devalued adj – devaluado
devastation n – devastación, arrasamiento
devastavit n – administración inapropiada de bienes de parte de un albacea
develop land – desarrollar tierras
developed country – país desarrollado
developer n – desarrollador
developing adj – en desarrollo
developing countries – países en desarrollo
development n – desarrollo, suceso
development aid – ayuda al desarrollo
development assistance – ayuda al desarrollo
devest v – despojar, privar de, enajenar
deviant adj – desviado
deviation n – desviación, incumplimiento de labores sin justificación
deviation policy – política sobre desviaciones
device n – aparato, dispositivo, plan, estratagema
devious adj – tortuoso, desviado, dudoso
devisable adj – legable, imaginable

devise *n* – legado
devise *v* – legar, concebir, idear
devisee *n* – legatario
deviser *n* – inventor
devisor *n* – testador
devolution *n* – traspaso, transmisión, entrega
devolve *v* – transferir, transmitir, delegar
diagram *n* – diagrama
dialog *n* – diálogo
dialogue *n* – diálogo
diaphaneity *n* – diafanidad, transparencia
diaphanous *adj* – diáfano, transparente
diarchy *n* – diarquía
dichotomous *adj* – dicótomo
dichotomy *n* – dicotomía
dictate *v* – dictar, ordenar
dictation *n* – dictado, mandato
dictator *n* – dictador
dictatorship *n* – dictadura
dictum *n* – dictamen, observación incidental contenida en una sentencia judicial
die without issue – morir sin descendencia
diehard *n* – intransigente
dies a quo – día de origen de, dies a quo
dies ad quem – día de conclusión, dies ad quem
difference of opinion – diferencia de opinión
different terms – términos diferentes
differentiable *adj* – distinguible
differential rate – tasa diferencial
differentiate *v* – diferenciar, modificar
differentiated *adj* – diferenciado
differentiation *n* – diferenciación
digamy *n* – segundo matrimonio
digest *n* – digesto, compilación, compendio
digit *n* – dígito
digital *adj* – digital, dactilar
digital cash – dinero digital
digital certificate – certificado digital
digital ID (digital identification) – identificación digital
digital identification – identificación digital
digital wallet – cartera digital, billetera digital
digitise *v* – digitalizar
digitised *adj* – digitalizado
digitize *v* – digitalizar
digitized *adj* – digitalizado
digitized speech – habla digitalizada
dignified *adj* – digno, serio
dignitary *n* – dignatario
dignity *n* – dignidad, señorío
digress *v* – divagar, desviarse, apartarse
digression *n* – digresión
dijudication *n* – decisión judicial, sentencia
dilapidated *adj* – dilapidado
dilapidation *n* – dilapidación, ruina
dilation *n* – dilación
dilatory *adj* – dilatorio

dilatory exceptions – excepciones dilatorias
dilatory plea – argumentación dilatoria
diligence *n* – diligencia, esmero
diligent *adj* – diligente, esmerado
dilutive *adj* – diluente
dim *adj* – mortecino, indistinto, oscuro
diminish *v* – disminuir, menguar
diminished *adj* – disminuido
diminished liability – responsabilidad disminuida
diminished obligation – obligación disminuida
diminished responsibility – responsabilidad disminuida
diminution *n* – disminución, falta de elementos
diminution of damages – disminución de los daños
din *n* – ruido fuerte, estrépito
dinarchy *n* – gobierno de dos personas
diploma *n* – diploma
diplomacy *n* – diplomacia
diplomat *n* – diplomático
diplomatic agent – agente diplomático
diplomatic immunity – inmunidad diplomática
diplomatics *n* – diplomática
dipsomania *n* – dipsomanía
dipsomaniac *n* – dipsomaníaco
direct *adj* – directo, claro, inequívoco, exacto
direct *v* – dirigir, administrar, gestionar, gobernar, mandar
direct action – acción directa
direct attack – ataque directo
direct cause – causa directa
direct contempt – desacato
direct control – control directo
direct damages – daños directos
direct descendants – descendientes directos
direct discrimination – discriminación directa
direct estoppel – impedimento a una acción por haber sido litigada anteriormente por las partes
direct evidence – prueba directa
direct examination – interrogatorio directo
direct injury – daño directo, lesión directa
direct interest – interés directo
direct knowledge – conocimiento directo
direct labor – costo de personal directo
direct labour – costo de personal directo
direct liability – responsabilidad directa
direct line – línea directa de descendencia
direct placement – colocación directa
direct strike – huelga directa
direct subsidy – subsidio directo, subvención directa
direct testimony – testimonio directo

direct trust – fideicomiso directo
directed economy – economía dirigida
directed verdict – veredicto impuesto al jurado por parte del juez
direction *n* – dirección, orden, instrucción
directive *n* – directiva, orden
directly responsible – directamente responsable
director *n* – director, administrador, consejero
director general – director general
directorate *n* – directiva
directors' meeting – reunión de directores
directors' shares – acciones de la directiva
directors' stock – acciones de la directiva
directorship *n* – cargo de director, dirección
directory *adj* – directivo, opcional
directory *n* – guía, directorio, listado, guía telefónica
directory statute – estatuto inmaterial, ley sin provisión de penalidades
directory trust – fideicomiso en que el fideicomisario tiene que cumplir con instrucciones específicas
dirty bill of lading – carta de porte especificando defectos
dirty money – dinero sucio
disability *n* – discapacidad, minusvalía
disability benefit – beneficio por discapacidad, indemnización por discapacidad
disability compensation – compensación por discapacidad, indemnización por discapacidad
disability income – ingresos tras discapacidad
disability insurance – seguro de discapacidad
disability payment – pago por discapacidad
disability pension – pensión por discapacidad
disability retirement – jubilación por discapacidad
disabled *adj* – discapacitado, minusválido
disabled person – persona discapacitada
disabled worker – trabajador discapacitado
disablement *n* – discapacidad, minusvalidez
disablement benefit – beneficios por discapacidad
disablement insurance – seguro por discapacidad
disabling *adj* – incapacitante
disabuse *v* – desengañar
disaccord *n* – desacuerdo
disaccustom *n* – desacostumbrar
disadvantaged region – región desfavorecida
disadvantageous *adj* – desventajoso
disaffection *n* – desafecto, deslealtad
disaffirm *v* – negar, repudiar, revocar

disaffirmance *n* – repudiación, renuncia
disagree *v* – disentir, diferir, discrepar
disagreeable *adj* – desagradable
disagreement *n* – desacuerdo, discrepancia
disallow *v* – denegar, desautorizar, rechazar
disallowable *adj* – negable, inadmisible
disallowance of a claim – rechazo de una reclamación
disannulment *n* – anulación
disapproval *n* – desaprobación, censura
disapprove *v* – desaprobar, censurar
disarm *v* – desarmar
disarray *n* – desorden
disassociate *v* – desasociar, disociar
disaster area – área de desastre
disaster clause – cláusula de desastre
disaster loss – pérdida por desastre
disaster recovery – recuperación tras un desastre
disavow *v* – repudiar, desautorizar
disavowal *n* – repudiación, desautorización
disbar *v* – suspender la licencia de un abogado, revocar la licencia de un abogado
disbarment *n* – suspensión de la licencia de un abogado, revocación de la licencia de un abogado
disbursable *adj* – desembolsable
disburse *v* – desembolsar
disbursement *n* – desembolso
discerning *adj* – juicioso
discharge *v* – liberar, absolver, cancelar, eximir, despedir
discharge an obligation – cumplir una obligación
discharge by agreement – extinción de contrato por acuerdo
discharge by breach – extinción de contrato por incumplimiento
discharge by performance – extinción de contrato al cumplirse con lo acordado
discharge from liability – exoneración de responsabilidad, eximir de responsabilidad
discharge in bankruptcy – liberación de deuda por bancarrota, rehabilitación del quebrado
discharge of a bankrupt – rehabilitación del quebrado
discharge of a debt – cancelación de una deuda
discharge of an appeal – rechazo de una apelación
discharge of an employee – despido de un empleado
discharge of an injunction – levantamiento de un interdicto
discharge of an obligation – extinción de una obligación
discharge of bankruptcy – terminación de

juicio de quiebra
discharge of debts – cancelación de deudas, pago de deudas
discharge of employee – despido de empleado
discharge of jury – disolución del jurado
discharge of lien – cancelación de gravamen
discharged bankrupt – quebrado rehabilitado
disciplinary action – acción disciplinaria
disciplinary hearing – vista disciplinaria
disciplinary proceedings – procedimientos disciplinarios
discipline *n* – disciplina, orden
disclaim *v* – renunciar, renegar, negar una responsabilidad
disclaimer *n* – renuncia, declinación de responsabilidad, denegación de una responsabilidad
disclaimer clause – cláusula negando responsabilidad
disclaimer of interest – denegación de interés
disclaimer of knowledge – negación de conocimiento
disclaimer of liability – declinación de responsabilidad
disclaimer of warranties – denegación de garantías
disclose *v* – divulgar, revelar
disclose information – divulgar información
disclosed *adj* – divulgado, revelado
disclosure *n* – divulgación, revelación
disclosure of interest – divulgación de interés
disclosure requirements – requisitos de divulgación
disconcert *v* – desconcertar
discontinuance *n* – descontinuación, abandono
discontinuance of action – abandono de la acción
discontinue *v* – descontinuar, suspender
discontinued service – servicio descontinuado
discontinuous easement – servidumbre discontinua
discontinuous servitude – servidumbre discontinua
discord *n* – discordia, conflicto
discordance *n* – discordia
discordant *adj* – discordante, incompatible
discount *n* – descuento, rebaja
discount *v* – descontar, rebajar, descartar
discount rate – tasa de descuento
discounting *n* – descuento, descuento de facturas
discourage *v* – desanimar, disuadir
discourse *n* – conversación, discurso
discovery *n* – descubrimiento,

procedimientos para obtener información para un juicio
discovery of deceit – descubrimiento de engaño
discovery of error – descubrimiento de error
discovery of facts – procedimientos para obtener información para un juicio
discovery of fraud – descubrimiento de fraude
discovery of loss – descubrimiento de pérdida
discovery rule – regla que indica que un término de prescripción comienza al descubrirse algo justiciable o cuando se debió de haber descubierto
discredit a witness – desacreditar a un testigo
discredited witness – testigo desacreditado
discreet *adj* – discreto, prudente
discrepancy *n* – discrepancia
discrete *adj* – separado, distinto
discretely *adv* – separadamente
discretion *n* – discreción, prudencia
discretionary *adj* – discrecional
discretionary account – cuenta discrecional
discretionary acts – actos discrecionales
discretionary damages – monto de daños y perjuicios a discreción del jurado o juez
discretionary power – poder discrecional
discretionary trust – fideicomiso discrecional
discriminate *v* – discriminar, diferenciar
discriminating *adj* – discriminador, discerniente
discriminating duty – tarifa discriminadora
discriminating tariff – tarifa discriminadora
discrimination *n* – discriminación, diferenciación
discriminative *adj* – discriminador, parcial
discriminator *n* – discriminador
discriminatory *adj* – discriminatorio
discriminatory prices – precios discriminatorios
discriminatory taxation – imposición discriminatoria
discuss *v* – discutir, ventilar
discussion *n* – discusión, beneficio de excusión
diseconomy *n* – deseconomía
disendow *v* – privar de dote
disendowment *n* – privación de dote
disequilibrium *n* – desequilibrio
disfigurement *n* – desfiguración
disfranchise *v* – privar de derechos de franquicia
disfranchisement *n* – privación de derechos de franquicia
disgrace *n* – desgracia, deshonor
disguise *v* – ocultar, disfrazar

disguised inflation – inflación disfrazada
disguised unemployment – desempleo disfrazado
disgusting *adj* – repugnante
disherison *n* – desheredación
dishoarding *n* – desatesoramiento
dishonest *adj* – deshonesto, fraudulento
dishonestly *adv* – deshonestamente
dishonesty *n* – deshonestidad
dishonor *v* – deshonrar, rehusar pago
dishonored check – cheque rehusado
dishonour *v* – deshonrar, rehusar pago
dishonoured cheque – cheque rehusado
disincarcerate *v* – excarcelar
disinherison *n* – desheredación
disincentive *n* – desincentivo
disinflation *n* – desinflación
disinflationary *adj* – desinflacionario
disinformation *n* – desinformación
disinherit *v* – desheredar
disinheritance *n* – desheredamiento
disinter *v* – desenterrar
disinterest *v* – desinteresar
disinterested *adj* – desinteresado, imparcial
disinterested witness – testigo imparcial
disinterestedly *adv* – desinteresadamente
disinvest *v* – desinvertir
disjoin *v* – separar, desunir
disjointed *adj* – inconexo, incoherente
disjunct *adj* – descoyuntado
disjunction *n* – disyunción
disjunctive *adj* – disyuntivo
disjunctive allegations – alegaciones disyuntivas
disjunctive condition – condición disyuntiva
dislocation *n* – dislocación, desarreglo
disloyal *adj* – desleal, infiel
dismember *v* – desmembrar, despedazar
dismiss *v* – despedir, rechazar, descartar
dismissal *n* – rechazo de una acción, rechazo, despido, anulación de la instancia
dismissal and nonsuit – terminación de una acción por desistimiento o inactividad del demandante
dismissal compensation – indemnización por despido
dismissal for cause – despido justificado
dismissal of appeal – rechazo de una apelación
dismissal pay – pago adicional por despido
dismissal with cause – despido justificado
dismissal with prejudice – rechazo de la demanda sin dar oportunidad de iniciar una nueva acción
dismissal without cause – despido injustificado
dismissal without prejudice – rechazo de la demanda permitiendo iniciar nuevamente la

acción
disobedience *n* – desobediencia
disorder *n* – desorden, alboroto
disorderly conduct – desorden público
disorderly house – lugar donde hay actos contrarios al orden público
disorderly person – persona de conducta desordenada
disorderly picketing – demostraciones o piquetes que alteran el orden público
disorientation *n* – desorientación
disown *v* – repudiar, negar
disparage *v* – menospreciar, desacreditar
disparagement *n* – menosprecio, descrédito
disparagement of title – intento enjuiciable de crear dudas sobre la validez de un título
disparaging *adj* – menospreciativo, despectivo
disparaging attitude – actitud despectiva
disparaging instructions – instrucciones al jurado que denigran una de las partes del litigio
disparaging remark – comentario despectivo
disparity *n* – disparidad, desemejanza
dispatch *n* – prontitud, mensaje, envío
dispatch *v* – despachar, enviar
dispatch note – nota de envío
dispatch notice – aviso de envío
dispauper *v* – perder los derechos de demandar como indigente
dispel *v* – aclarar, disipar
dispensation *n* – dispensa, exención
dispense *v* – dispensar, repartir, eximir
displace *v* – desplazar, destituir
displaced person – persona desplazada
displacement *n* – desplazamiento, desalojamiento, reemplazo
display *n* – exhibición, demostración
display *v* – exhibir, revelar
disposable portion – la parte de la herencia del que se puede disponer sin restricciones
disposal *n* – eliminación, distribución, disposición
dispose *v* – disponer, ordenar, colocar, distribuir
disposing capacity – capacidad mental para testar
disposing mind – capacidad mental para testar
disposition *n* – disposición, sentencia penal
dispositive *adj* – dispositivo
dispositive facts – hechos jurídicos
dispossess *v* – desposeer, desalojar, privar
dispossess proceedings – procedimientos de desahucio
dispossession *n* – desahucio, desalojo, usurpación de bienes raíces
dispossessor *n* – desposeedor, desahuciador

disproof *n* – prueba contraria, refutación
disproportionate *adj* – desproporcionado
disprove *v* – refutar
disputable *adj* – disputable, controvertible
disputable presumption – presunción dudosa
dispute *n* – disputa, litigio, controversia
dispute *v* – disputar, litigar, controvertir
dispute resolution – resolución de disputas
dispute settlement – resolución de disputas
disqualification *n* – descalificación
disqualified witness – persona no calificada para atestiguar
disqualify *v* – descalificar, incapacitar
disquiet *v* – perturbar
disrate *v* – degradar
disregard *v* – hacer caso omiso de
disregardful *adj* – indiferente, negligente
disreputable *adj* – de mala fama
disrepute *n* – mala fama, desprestigio
disrespect *n* – falta de respeto
disruption *n* – interrupción, alteración
disruptive *adj* – destructor, disruptivo
disseise *v* – desposeer
disseisee *n* – quien ha sido desposeído
disseisin *n* – desposesión, desposeimiento
dissemble *v* – aparentar, disimular, ocultar
disseminate *v* – diseminar
dissemination *n* – diseminación
dissension *n* – disensión, oposición
dissent *n* – disenso, opinión disidente, disentimiento
dissent *v* – disentir
dissenter *n* – disidente
dissenting judge – juez disidente
dissenting opinion – opinión disidente
dissimilar *adj* – distinto, desigual
dissimilarity *n* – desemejanza, desigualdad
dissociation *n* – disociación
dissolution *n* – disolución, liquidación
dissolution of corporation – disolución de corporación
dissolution of marriage – disolución de matrimonio
dissolve *v* – disolver, cancelar, liquidar
dissolve a partnership – disolver una sociedad
dissuade *v* – disuadir, desaconsejar
dissuasive *adj* – disuasivo
distant *adj* – distante
distinct *adj* – distinto, preciso
distinction *n* – distinción
distinctive mark – marca distintiva
distinguish *v* – distinguir, clasificar
distinguishing mark – marca distintiva
distort *v* – distorsionar, torcer, retorcer
distort the truth – distorsionar la verdad
distorted facts – hechos distorsionados
distract *v* – distraer, afligir

distracted *adj* – distraído, afligido
distraction *n* – distracción, confusión, aflicción, pasatiempo
distrain *v* – tomar la propiedad de otro como prenda para forzarlo a cumplir algo
distrainor *n* – quien secuestra bienes
distraint *n* – secuestro de bienes
distress *n* – secuestro de bienes de parte del arrendador para forzar al arrendatario a cumplir con el pago de alquiler, aflicción, apuro
distress selling – ventas en apuro, remate
distress warrant – orden de secuestro de bienes
distressed property – propiedad en peligro de juicio hipotecario
distressed sale – venta de liquidación
distribute *v* – distribuir, dividir, clasificar
distribute quotas – distribuir cuotas
distributed resources – recursos distribuidos
distributee *n* – heredero, a quien se distribuye
distributing *adj* – distribuidor
distributing syndicate – sindicato de distribución
distribution *n* – distribución, división hereditaria
distribution in kind – distribución no monetaria
distribution of benefits – distribución de beneficios
distribution of quotas – distribución de cuotas
distribution of risk – distribución del riesgo
distributive share – participación en la distribución de bienes
distributor *n* – distribuidor
district *n* – distrito, jurisdicción, región
district attorney – fiscal de distrito
district clerk – secretario del tribunal de distrito
district courts – tribunales de distrito
district judge – juez de distrito
district school – escuela pública de distrito
distrust *n* – desconfianza, sospecha
disturb *v* – perturbar, molestar, alterar
disturbance of peace – alteración del orden público, perturbación de la paz
disturbance of possession – perturbación a la posesión
disturbance of tenure – perturbación al derecho de posesión
disturbing *adj* – perturbador
disutility *n* – desutilidad
diurnally *adv* – diariamente, de día
divagation *n* – divagación
divergence of opinion – divergencia de opinión

diversity *n* – diversidad, alegato de parte del detenido de que no es quien ha sido encontrado culpable

diversity jurisdiction – jurisdicción de los tribunales federales sobre casos donde hay diversidad de ciudadanía estatal entre el demandante y el demandado

diversity of citizenship – diversidad de ciudadanía

divert *v* – desviar, divertir

divest *v* – despojar, privar de, vender una subsidiaria

divestiture *n* – venta de subsidiaria, escisión

divestment *n* – privación de un interés antes de tiempo

divided court – falta de unanimidad en un tribunal, discrepancia entre los jueces

divided custody – custodia dividida

divided interest – intereses separados

dividend in kind – dividendo en especie

dividing *adj* – divisor

divisible contract – contrato divisible

divisible divorce – divorcio divisible

divisible offense – delito que incluye otros de menor grado

division *n* – división, sección, distribución

division wall – pared medianera

divorce a mensa et thoro – separación sin disolución matrimonial

divorce a vinculo matrimonii – divorcio, disolución del matrimonio

divorce agreement – convenio de divorcio

divorce from bed and board – separación sin disolución matrimonial

divorce suit – juicio de divorcio

divulge *v* – divulgar

dock *n* – banquillo del acusado, muelle

dock *v* – reducir, atracar en un muelle

dockage *n* – derechos por atracar

docket *n* – lista de casos a ser juzgados, lista de causas, registro

docket *v* – resumir y registrar en un libro judicial

docket fee – honorario pagado como parte de las costas de la acción

docket number – número de caso dentro de una lista de casos a ser juzgados

doctored data – datos adulterados

doctrinal interpretation – interpretación doctrinal

doctrine *n* – doctrina, doctrina jurídica

doctrine of abstention – doctrina de abstención

doctrine of alter ego – doctrina del álter ego

doctrine of clean hands – doctrina que niega remedio a demandantes que han obrado culpable o injustamente en la materia del litigio

doctrine of equivalents – doctrina de equivalentes

doctrine of fair use – doctrina concerniente al uso razonable de materiales bajo derechos de autor

doctrine of overbreadth – doctrina según la cual cualquier ley que viole los derechos constitucionales no es válida

doctrine of unclean hands – doctrina que le niega reparaciones a la parte demandante si ésta es culpable de conducta injusta en la materia del litigo

doctrine of unjust enrichment – doctrina concerniente al enriquecimiento injusto

doctrine of virtual representation – doctrina que permite entablar litigio en representación de un grupo con un interés común

document *n* – documento, instrumento

document *v* – documentar

document of title – instrumento de título

documentary *adj* – documental

documentary evidence – prueba documental

documentary proof – prueba documental

documentation clerk – oficinista de documentación

documented *adj* – documentado

documents against acceptance – documentos contra aceptación

documents against payment – documentos contra pago

dodge taxes – evadir impuestos

dogma *n* – dogma

dogmatic *adj* – dogmático

doing business as – en negocios bajo el nombre de

dole *n* – distribución, limosna, subsidio de paro

dollarisation *n* – dolarización

dollarization *n* – dolarización

domain *n* – dominio, propiedad absoluta de un inmueble, propiedad inmueble

domestic *adj* – doméstico, nacional, interno

domestic animal – animal doméstico

domestic corporation – corporación nacional

domestic courts – tribunales domésticos

domestic employee – empleado doméstico

domestic judgment – sentencia de un tribunal doméstico

domestic jurisdiction – jurisdicción local

domestic law – derecho interno

domestic subsidy – subsidio nacional

domestically prohibited goods – productos prohibidos en el país de origen

domesticated *v* – domesticado

domicile of choice – domicilio de elección

domicile of origin – domicilio de origen

domiciled *adj* – domiciliado

domiciliary *adj* – domiciliario

domiciliary administration – administración de una sucesión donde se encuentra el domicilio sucesorio
domiciliate *v* – domiciliar, establecer dominio
dominant estate – predio dominante
dominant party – parte dominante
dominant tenement – propiedad dominante
dominate a market – dominar un mercado
domineer *v* – oprimir, tiranizar
domineering *adj* – dominante
dominion *n* – dominio, propiedad
dominium *n* – dominio
donated shares – acciones donadas
donated stock – acciones donadas
donatio – donación, donativo
donatio inter vivos – donación entre vivos
donatio mortis causa – donación en anticipación a la muerte
donation *n* – donación, donativo
donative intent – intención de donar
donator *n* – donante
donee *n* – donatario, beneficiario
donor *n* – donador, donante
donor country – país donante
donors and creditors – donantes y acreedores
donors and lenders – donantes y prestamistas
doom *n* – fatalidad, sentencia
door-to-door service – servicio de puerta a puerta
dormant *adj* – inactivo, en suspenso
dormant claim – reclamación en suspenso
dormant corporation – corporación sin operar al presente
dormant execution – ejecución en suspenso
dormant judgment – sentencia no ejecutada
dormant partner – socio inactivo, socio oculto
dossier *n* – dossier
dot-com *n* – punto com, compañía cuyo funcionamiento está basado en la Internet
dotage *n* – senilidad
dotal property – bienes dotales
dotation *n* – dotación
dotted line – línea de puntos, línea punteada, línea de puntos donde se firma
double accounting – doble contabilización
double-check *v* – volver a revisar
double creditor – acreedor doble
double employment – doble empleo
double endorsement – doble endoso
double-entry accounting – contabilidad con doble registro, contabilidad por partida doble
double hearsay – prueba de referencia doble
double indemnity – doble indemnización
double indorsement – doble endoso

double insurance – doble seguro
double jeopardy – doble exposición por el mismo delito
double liability – doble responsabilidad
double patenting – obtención de una segunda patente para la misma invención por el mismo solicitante
double plea – doble defensa
double proof – doble prueba
double recovery – indemnización mas allá de los daños sufridos
double standard – doble moral
double taxation – doble imposición
double will – testamento recíproco
doubt *n* – duda
doubt *v* – dudar
doubtful account – cuenta dudosa
doubtful loan – préstamo dudoso
doubtful title – título dudoso
doubtfully *adv* – dudosamente
doubtless *adj* – indudable, sin duda, cierto
dour *adj* – severo, terco
dowable *adj* – con derechos dotales
dowager *n* – viuda con título de bienes heredados del marido
dower *n* – la parte de los bienes del esposo fallecido que le corresponden por ley a la viuda
down payment – pronto pago, pago inicial, entrada, pago de entrada, señal
down time – tiempo de inactividad por avería, tiempo de inactividad
download *v* – descargar, hacer un download
downmarket *adj* – dirigido hacia consumidores de bajos ingresos, de baja calidad
downscale *adj* – dirigido hacia consumidores de bajos ingresos, de baja calidad
downsizing *n* – redimensionamiento, reducción en busca de mayor eficiencia
downstream *adj* – actividad corporativa de matriz a subsidiaria
downswing *n* – disminución en actividad económica
downtime *n* – tiempo de inactividad por avería, tiempo de inactividad
downzoning *n* – rezonificación para reducir la intensidad de uso
dowry *n* – dote
draconian *adj* – draconiano, severo, cruel
Draconian laws – leyes draconianas, leyes extremadamente severas
draft *n* – letra de cambio, letra, giro, libramiento, proyecto, borrador
draft contract – proyecto de contrato
draft resolution – proyecto de resolución
drafter *n* – redactor, diseñador
dragnet *n* – pesquisa

dragnet clause – cláusula hipotecaria en la que el deudor garantiza deudas pasadas y futuras además de las presentes
drain v – desaguar, encañar, consumir, drenar
dram n – bebida alcohólica, traguito
Dram Shop Acts – leyes imponiéndole responsabilidad a dueños de establecimientos de bebidas alcohólicas cuyos clientes embriagados provocan daños a terceros
dram shop liability insurance – seguro de responsabilidad de establecimientos que venden bebidas alcohólicas
dramatics n – conducta melodramática
drastic measures – medidas drásticas
draw v – retirar, devengar, girar, apuntar, redactar, elegir, retirar fondos
draw a check – girar un cheque
draw a cheque – girar un cheque
draw a jury – seleccionar un jurado
drawback n – reintegro, desventaja, contratiempo
drawdown n – agotamiento, retiro gradual de fondos
drawee n – girado, librado
drawer n – girador, librador, cajón
drawing n – sorteo, dibujo
drawn adj – girado, librado
drift n – cosa llevada por la corriente, rumbo
drift v – ir a la deriva, ir sin rumbo
drifter n – persona sin rumbo
driver's license – permiso de conducir, carnet de conducir, licencia de conductor
driving adj – manejando, conduciendo
driving force – fuerza motriz
driving under the influence – manejar bajo la influencia del alcohol y/u otras drogas
driving while intoxicated – manejar bajo la influencia del alcohol y/u otras drogas
drop n – bajada, caída, reducción
drop v – desistir, omitir, bajar, caer, abandonar
drop charges – retirar una acusación
drought n – sequía
drown n – ahogar, ahogarse
drowse v – adormecer
drowsily adv – soñolientamente
drubbing n – paliza
drudgery n – algo monótono, trabajo pesado
drug abuse – abuso de drogas
drug addict – drogadicto
drug addiction – drogadicción
drug dealer – narcotraficante
drug dependence – drogadicción
drummer n – agente viajero, vendedor ambulante
drunk adj – borracho
drunk n – borracho
drunk driving – manejar bajo la influencia del alcohol

drunkard n – borracho
drunken adj – borracho
drunkenness n – embriaguez
drunkometer n – aparato para medir el nivel de alcohol en la sangre
dry adj – formal, nominal, infructífero, seco
dry lease – arrendamiento neto
dry mortgage – hipoteca donde el deudor se responsabiliza sólo por el valor del bien hipotecado
dry trust – fideicomiso pasivo
dual citizenship – doble ciudadanía
dual contract – doble contrato
dual court system – sistema en que coexisten dos regímenes judiciales
dual purpose doctrine – doctrina según la cual un empleado que viaja como parte de su trabajo está en el curso del trabajo aún cuando salga en gestiones personales
dual taxation – doble imposición
dubious adj – dudoso
dubiously adv – dudosamente
dubitable adj – dudable, dudoso
due adj – justo, legal, pagadero, debido, razonable, propio, vencido
due and payable – vencido y pagadero
due and reasonable care – cuidado debido y razonable
due and unpaid – vencido e impago
due bill – reconocimiento de una deuda por escrito, pagaré
due care – cuidado debido
due compensation – indemnización debida, compensación debida
due consideration – contraprestación adecuada, debida deliberación
due course of law – curso debido de la ley
due date – fecha de vencimiento
due diligence – diligencia debida
due in advance – pagadero por adelantado
due notice – notificación debida, debido aviso
due on demand – pagadero a la vista
due-on-sale clause – cláusula de préstamo pagadero a la venta
due process of law – debido proceso
due proof – prueba razonable
due regard – debida consideración
duel n – duelo, combate
dueling n – batirse a duelo
dues n – cargos, cuotas, tasas, impuestos
DUI (driving under the influence) – manejar bajo la influencia del alcohol y/u otras drogas
duly adj – debidamente, puntualmente
duly appointed – debidamente designado
duly assigned – debidamente asignado
duly authorised agent – agente debidamente

autorizado
duly authorized agent – agente debidamente autorizado
duly certified – debidamente certificado
duly designated – debidamente designado
duly executed – debidamente ejecutado
duly named – debidamente nombrado
duly organized – debidamente organizado
duly qualified – debidamente cualificado
duly recorded – debidamente registrado
duly registered – debidamente registrado
duly verified – debidamente verificado
dumb-bidding n – establecimiento del precio mínimo requerido en una subasta
dummy adj – falso, fingido, ficticio
dummy n – prestanombre, persona de paja
dummy corporation – corporación formada para propósitos ilícitos
dummy director – director sin funciones reales, director ficticio
dummy employee – empleado ficticio
dummy transaction – transacción ficticia
dump v – vender mercancía importada bajo costo, vender mercancía importada bajo coste
dumping n – dumping, venta de mercancía importada bajo costo, venta de mercancía importada bajo coste, saturación ilegal
dumping duties – derechos antidumping
dun n – exigencia de pago, apremio
dungeon n – mazmorra
dunning letter – carta exigiendo pago
duopoly n – duopolio
duplicate n – duplicado
duplicate v – duplicar
duplicate will – testamento duplicado
duplication of benefits – duplicación de beneficios
duplicitous adj – engañoso, dudoso, que reúne más de una acción
duplicity n – duplicidad, el reunir más de una acción en la misma causa
durable power of attorney – poder duradero, poder legal duradero
durables n – bienes duraderos
duration n – duración, término
duration of agreement – duración del convenio
duration of benefits – duración de los beneficios
duration of contract – duración del contrato
duration of obligation – duración de la obligación
duration of warranty – duración de la garantía
duress n – coacción, violencia, cautividad
Durham rule – regla que establece que una persona no es criminalmente responsable si se demuestra que sufría de una enfermedad

mental al cometer el acto
during good behavior – mientras no viole la ley
during good behaviour – mientras no viole la ley
during the trial – durante el juicio
Dutch Auction – subasta a la baja
duteous adj – obediente, sumiso
duteously adv – obedientemente, debidamente
dutiable adj – sujeto al pago de impuestos aduaneros
dutiable goods – bienes sujetos al pago de impuestos aduaneros
dutiable value – valor sujeto al pago de impuestos aduaneros
duties n – derechos de importación, derechos de aduana, deberes, obligaciones
duties and charges – derechos aduaneros y cargos
dutiful adj – cumplidor, obediente
duty n – deber, obligación, cargo, impuesto, tarifa, derechos de aduana
duty-free adj – libre de impuestos, exento de derechos, libre de derechos, franco
duty of support – el deber de proveer alimentos para menores, el deber de cumplir con la obligación alimenticia
duty paid – derechos pagados
duty to act – deber de actuar
duty to warn – deber de advertir
DVD (digital versatile disc) – DVD
DVP (delivery versus payment) – entrega contra pago
dwell v – residir, permanecer
dwelling n – vivienda, residencia
dwelling coverage – cobertura de vivienda
dwelling house – lugar de residencia
dwelling insurance – seguro de vivienda
DWI (driving while intoxicated) – manejar bajo la influencia del alcohol y/u otras drogas
dying adj – moribundo
dying declarations – declaraciones del moribundo
dying intestate – morir intestado
dying without issue – morir sin descendencia
dynamic risk – riesgo dinámico
dynamite charge – instrucción al jurado para que trate de evaluar los aspectos importantes tomando en consideración los puntos de vista de todos los integrantes
dynamite instruction – instrucción al jurado para que trate de evaluar los aspectos importantes tomando en consideración los puntos de vista de todos los integrantes
dysnomy n – legislación deficiente

E

e-banking *n* – banca electrónica
e-billing *n* – facturación electrónica
e-book *n* – libro electrónico
e-business *n* – comercio electrónico, negocio electrónico, e-business
e-business fraud – fraude de comercio electrónico
e-business scam – estafa de comercio electrónico
e-business swindle – estafa de comercio electrónico
e-card *n* – tarjeta electrónica
e-cash *n* – dinero electrónico
e-commerce *n* – comercio electrónico, e-commerce
e-commerce fraud – fraude de comercio electrónico
e-commerce records – expedientes del comercio electrónico
e-commerce regulations – reglamentos del comercio electrónico
e-commerce scam – estafa de comercio electrónico
e contra – al contrario
e converso – al contrario
e-form *n* – formulario electrónico
e.g. (exempli gratia, for example) – por ejemplo
e-government *n* – gobierno electrónico
e-mail *n* – email, correo electrónico
e-mail message – mensaje de email, email
e-money *n* – dinero electrónico
e-wallet *n* – cartera electrónica, billetera electrónica
E. & OE (errors and omissions excepted) – salvo error u omisión
each way – en cada dirección de la transacción
eager *adj* – ansioso, deseoso, impaciente
EAP (employee assistance program) – programa de asistencia a empleados
earlier *adj* – más temprano, antes
early extinguishment of debt – extinción temprana de deuda
early filing – registro temprano, presentación temprana
early retirement – retiro temprano
earmark *n* – marca, marca distintiva, señal
earmark *v* – señalar, asignar, designar
earmark rule – regla indicando que al

confundir fondos en un banco éstos pierden su identidad
earmarked *adj* – señalado, asignado, designado
earmarked beneficiary – beneficiario asignado
earmarked funds – fondos asignados
earn *v* – devengar, ganar, cobrar
earn a living – ganarse la vida
earn wages – devengar un salario
earned *adj* – devengado, ganado
earned income credit – crédito contributivo sobre ingresos devengados a cambio de trabajo
earned wages – ingresos devengados a cambio de trabajo
earner *n* – quien devenga ingresos, asalariado
earnest *adj* – serio
earnest *n* – pago anticipado, anticipo, arras
earnest money – pago anticipado, anticipo, arras
earning assets – activo rentable
earning capacity – capacidad para devengar ingresos
earning power – capacidad para devengar ingresos
earnings *n* – ingresos, réditos, salario, entradas, beneficios
earnings before taxes – ingresos antes de contribuciones
earnings statement – estado de ingresos
earshot *n* – distancia dentro de la cual se puede oír
earthly possessions – posesiones terrenales, patrimonio
earthquake insurance – seguro contra terremotos
earwitness *n* – testigo auricular
ease *n* – tranquilidad, comodidad, facilidad
ease *v* – relajar, aligerar, facilitar, reducir
easement *n* – servidumbre
easement by estoppel – servidumbre por impedimento por actos propios
easement by necessity – servidumbre de paso por necesidad
easement by prescription – servidumbre por prescripción
easement in gross – servidumbre personal
easement of access – servidumbre de acceso
easement of convenience – servidumbre de conveniencia
easement of natural support – servidumbre de apoyo lateral de propiedad
easement right – derecho de acceso
easily convinced – fácilmente convencido
easily duped – fácilmente engañado
easily fooled – fácilmente engañado
easily influenced – fácilmente influenciado

easily persuaded – fácilmente persuadido
easily understood – fácilmente entendido
easy money – dinero fácil, ambiente
  económico de intereses decrecientes que
  promueve préstamos
easy payments – facilidades de pago
easy terms – estipulaciones convenientes
eaves-drip *n* – gotereo de canalón
eavesdrop *v* – escuchar furtivamente,
  escuchar ilegalmente, interceptar una
  comunicación telefónica
eavesdropper *n* – quien escucha
  furtivamente, quien escucha ilegalmente,
  quien intercepta una comunicación telefónica
eavesdropping *n* – acción de escuchar
  furtivamente, acción de escuchar ilegalmente,
  acción de interceptar una comunicación
  telefónica
EBIT (earnings before interest and taxes) –
  ingresos antes de intereses e impuestos
**EBITDA (earnings before interest, taxes,
  depreciation, and amortization)** – ingresos
  antes de intereses, impuestos, depreciación, y
  amortización
ebiz (ebusiness) – comercio electrónico,
  negocio electrónico, e-business
EBO (employee buyout) – adquisición de
  parte de los empleados de un porcentaje de
  acciones que permita controlar la corporación
ebook *n* – libro electrónico
ebriety *n* – ebriedad
EBT (earnings before taxes) – ingresos antes
  de contribuciones
ebullient *adj* – rebosante, exaltado
ebulliently *adv* – exaltadamente
ebusiness *n* – comercio electrónico, negocio
  electrónico, e-business
ebusiness bankruptcy – quiebra de comercio
  electrónico
ebusiness scam – estafa de comercio
  electrónico
ebusiness swindle – estafa de comercio
  electrónico
EC (European Commission) – Comisión
  Europea
EC (European Community) – Comunidad
  Europea
ECB (European Central Bank) – Banco
  Central Europeo
eccentric *adj* – excéntrico, irregular
eclectic *adj* – ecléctico
eco-accounting *n* – contabilidad ecológica
eco-audit *n* – auditoría ecológica
eco-feminism *n* – ecofeminismo
eco-harm *n* – daño ecológico
eco-impact *n* – impacto ecológico
eco-justice *n* – justicia ecológica
eco-protection *n* – protección ecológica

eco-requirements *n* – requisitos ecológicos
eco-tax *n* – ecotasa, impuesto ecológico
eco-toxic *adj* – ecotóxico
ecoaccounting *n* – contabilidad ecológica
ecoaudit *n* – auditoría ecológica
ecofeminism *n* – ecofeminismo
ecoharm *n* – daño ecológico
ecoimpact *n* – impacto ecológico
ecojustice *n* – justicia ecológica
ecological audit – auditoría ecológica
ecological citizenship – responsabilidad
  ecológica
ecological considerations – consideraciones
  ecológicas
ecological contamination – contaminación
  ecológica
ecological discrimination – discrimen
  ecológico
ecological harm – daño ecológico
ecological health – salud ecológica
ecological impact – impacto ecológico
ecological impact statement – declaración
  de impacto ecológico
ecological law – derecho ecológico
ecological requirements – requisitos
  ecológicos
ecological responsibility – responsabilidad
  ecológica
ecologically friendly – ecológicamente
  amistoso
ecologically responsible – responsable
  ecológicamente
ecologically sound – prudente
  ecológicamente
ecologically sustainable – sostenible
  ecológicamente
ecologist *n* – ecólogo
ecology *n* – ecología
ecommerce *n* – comercio electrónico, e-
  commerce
ecommerce fraud – fraude de comercio
  electrónico
ecommerce records – expedientes del
  comercio electrónico
ecommerce regulations – reglamentos del
  comercio electrónico
ecommerce scam – estafa de comercio
  electrónico
ecommerce swindle – estafa de comercio
  electrónico
econometric *adj* – econométrico
econometrics *n* – econometría
economic *adj* – económico
economic aid – ayuda económica
Economic and Monetary Union – Unión
  Económica y Monetaria
economic and social policy – política social
  y económica

economic assistance – asistencia económica
economic blockade – bloqueo económico
economic development – desarrollo económico
economic discrimination – discriminación económica
economic freedom – libertad económica
economic law – derecho económico
economic planning board – junta de planificación económica
economic policy – política económica
economic power – potencia económica
economic refugee – emigrante económico
economic rent – renta económica
economic sanctions – sanciones económicas
economic strike – huelga laboral
economic war – guerra económica
economic waste – explotación excesiva de un recurso natural
economics *n* – economía
economism *n* – economismo
economist *n* – economista
economy *n* – economía
ecosystem *n* – ecosistema
ecotax *n* – ecotasa, impuesto ecológico
ecotoxic *adj* – ecotóxico
edge *n* – ventaja, borde, afueras
edict *n* – edicto
edification *n* – edificación, enseñanza
edification code – ordenanzas de construcción
edification contract – contrato de construcción
edification laws – leyes de edificación
edification line – línea de edificación
edification lot – solar
edification materials – materiales de construcción
edification permit – permiso para edificación
edification restrictions – restricciones de edificación
edifice *n* – edificio
edit *v* – corregir, repasar, revisar, preparar para la publicación
edition *n* – edición, versión
editor *n* – editor, redactor, director
editorial *n* – editorial, artículo de fondo
editorial advertising – publicidad redaccional
EDP (electronic data processing) – procesamiento electrónico de datos
education trust – fideicomiso para la educación
educational trust – fideicomiso para la educación
edutainment *n* – entretenimiento educativo
EEA (European Economic Area) – Espacio Económico Europeo
EEC (European Economic Community) – Comunidad Económica Europea
EEOC (Equal Employment Opportunity Commission) – Comisión para la Igualdad de Oportunidades en el Empleo
effect *n* – efecto, vigencia, consecuencia
effect *v* – efectuar, realizar, causar
effect a payment – efectuar un pago
effect a transaction – efectuar una transacción
effective *adj* – efectivo, eficaz, real
effective access – acceso efectivo
effective age – edad efectiva
effective agency – agencia efectiva
effective assignment – transferencia efectiva
effective authority – autoridad efectiva
effective bailment – depósito efectivo
effective change of possession – cambio de posesión efectivo
effective damages – daños y perjuicios efectivos, daños efectivos
effective date – fecha de efectividad, fecha de vigor, fecha de vigencia
effective duration – duración efectiva
effective eviction – evicción efectiva, desahucio efectivo
effective fraud – fraude efectivo
effective knowledge – conocimiento efectivo
effective management – administración efectiva
effective market – mercado efectivo
effective notice – notificación efectiva
effective occupancy – ocupación efectiva
effective possession – posesión efectiva
effective rate – tasa efectiva
effective sale – venta efectiva
effective tariff – tarifa vigente
effective time – fecha de efectividad
effective use – uso efectivo
effectiveness *n* – eficacia, vigencia
effects *n* – bienes personales, bienes, efectos
effectual *adj* – eficaz, obligatorio, válido
effectuate *v* – efectuar
efficacy *n* – eficacia, eficiencia
efficiency *n* – eficiencia, rendimiento
efficiency audit – auditoría de eficiencia
efficient cause – causa eficiente
efficient intervening cause – un hecho nuevo que interrumpe la cadena causal y que provoca el daño
effigy *n* – efigie
effluence *n* – efluencia, emanación
effluxion of time – expiración del plazo convenido
effort *n* – esfuerzo, empeño, producto
effrontery *n* – desfachatez, descaro
EFT (electronic funds transfer) – transferencia electrónica de fondos
egalitarian *adj* – igualitario

egalitarian *n* – igualitario
egalitarianism *n* – igualitarismo
eggshell skull – doctrina que responsabiliza por todos los daños subsiguientes a quien lesiona a otro inicialmente
egress *n* – salida, egreso
eight hour laws – leyes estableciendo un día de trabajo de ocho horas
ejaculate *v* – eyacular, expeler
ejaculation *n* – eyaculación
eject *v* – expeler, desalojar, expulsar
ejection *n* – expulsión, desalojo, desahucio
ejectment *n* – desahucio, expulsión
ejusdem generis – del mismo género
elaborate *adj* – detallado, complejo
elaborate *v* – elaborar, ampliar
elaborately *adv* – detalladamente
elapse *v* – pasar, transcurrir, expirar
elder *adj* – mayor
elder title – título con más antigüedad
elderly *adj* – de avanzada edad, anciano
elderly abuse – abuso de ancianos
eldest *adj* – el de mayor edad, primogénito
elect *v* – elegir
elect *v* – elegir
elected *adj* – elegido, electo
elected domicile – domicilio para efectos del contrato
election *n* – elección, nombramiento
election board – junta electoral
election contest – impugnación de elecciones
election judges – jueces electorales
election laws – leyes electorales
election of remedies – la opción de escoger entre varias formas de indemnización
election officer – funcionario electoral
election returns – resultados electorales
elective *adj* – electivo, facultativo, electoral
elective franchise – derecho de voto
elective office – cargo electivo
elective share – parte forzosa de patrimonio
elector *n* – elector
electoral *adj* – electoral
electoral college – colegio electoral
electoral court – tribunal electoral
electoral register – registro electoral
electorate *n* – electorado
electrocution *n* – electrocución
electronic business – comercio electrónico
electronic commerce – comercio electrónico
electronic cottage – local con equipos electrónicos para teletrabajo
Electronic Data Interchange – Intercambio Electrónico de Datos
electronic data processing – procesamiento electrónico de datos
electronic eavesdropping – acción de escuchar furtivamente por medios electrónicos

electronic filing – declaración electrónica, registro electrónico
electronic form – formulario electrónico
electronic funds transfer – transferencia electrónica de fondos
electronic message – mensaje electrónico
electronic money – dinero electrónico
electronic signature – firma electrónica
electronic surveillance – vigilancia por medios electrónicos
electronic transfer – transferencia electrónica
electronic wallet – cartera electrónica
eleemosynary *adj* – caritativo
eleemosynary association – asociación caritativa
eleemosynary bequest – legado caritativo
eleemosynary contributions – contribuciones caritativas
eleemosynary corporation – corporación caritativa, sociedad caritativa
eleemosynary foundation – fundación caritativa
eleemosynary gift – donación caritativa
eleemosynary organization – organización caritativa
eleemosynary trust – fideicomiso caritativo
element of risk – elemento de riesgo
elements of a case – los elementos constitutivos de un caso
elements of a crime – los elementos constitutivos de un crimen
elicit *v* – deducir, evocar, sacar, provocar
eligibility *n* – elegibilidad
eligibility authentication – certificación de elegibilidad
eligibility certification – certificación de elegibilidad
eligibility check – comprobación de elegibilidad
eligibility date – fecha de elegibilidad
eligibility evidence – prueba de elegibilidad
eligibility period – período de elegibilidad
eligibility proof – prueba de elegibilidad
eligibility qualifications – calificaciones de elegibilidad
eligibility requirements – requisitos de elegibilidad
eligibility rules – reglas de elegibilidad
eligibility test – prueba de elegibilidad
eligibility verification – verificación de elegibilidad
eligible *adj* – elegible
eligible alien – extranjero elegible
eligible applicant – solicitante elegible
eligible for aid – elegible para asistencia
eligible for assistance – elegible para asistencia

eligible for relief – elegible para alivio
eligible for subsidy – elegible para subsidio
eligible investment – inversión elegible
eligible person – persona elegible
eligible securities – valores elegibles
eliminate competition – eliminar la competencia
elimination of ambiguousness – eliminación de ambigüedad
elisors – personas designadas, personas quienes eligen
elope v – fugarse con el amante, huir
elopement n – fuga con el amante, huida
elsewhere adv – en otra parte, a otra parte
elsewhere known as – en otra parte conocido como
elucidation n – elucidación, aclaración
elucidative adj – explicativo, aclaratorio
elude v – eludir, evitar
elusion n – evasión, fuga
email n – email, correo electrónico
email v – enviar email, enviar por email, enviar correo electrónico
email message – mensaje de email, email
emancipate v – emancipar, liberar
emancipated minor – menor emancipado, menor independiente
emancipation n – emancipación, liberación
embargo n – embargo, impedimento
embargo v – embargar, detener
embargoed adj – embargado
embargoed goods – bienes embargados
embassador n – embajador
embassy n – embajada
embellishments n – adornos, exageraciones
embezzle v – desfalcar, malversar
embezzlement n – desfalco, malversación
embezzler n – desfalcador, malversador
emblements n – productos anuales de la labor agrícola
embody v – incorporar, encarnar
embrace v – abarcar, incluir, abrazar
embraceor n – sobornador
embracery n – intento criminal de sobornar a un jurado
emergency n – emergencia, situación crítica
emergency aid – ayuda de emergencia
emergency assistance – asistencia de emergencia
emergency doctrine – doctrina según la cual no se espera que una persona en una situación de emergencia use el mismo juicio que demostraría en una situación en la que hay tiempo para reflexionar
emergency legislation – legislación de emergencia
emergency protective order – orden de protección de emergencia

emergency service – servicio de emergencia
emerging market – mercado emergente
emigrant n – emigrante
emigrate v – emigrar
emigration n – emigración
emigre n – emigrado político, emigrado
eminent domain – derecho de expropiación
emissary n – emisario
emission n – emisión
emit v – emitir, expresar
emolument n – emolumento
emoney n – dinero electrónico
emotional appeal – atractivo emocional
emotional insanity – insania producida por emociones violentas
emphasis n – énfasis, fuerza
emphasise v – enfatizar, recalcar
emphasize v – enfatizar, recalcar
emphatic adj – enfático
emphatically adv – enfáticamente
emphyteusis n – enfiteusis, arrendamiento perpetuo
empire n – imperio
empiric adj – empírico
empirical evidence – evidencia empírica
emplead v – acusar, acusar formalmente, demandar
employ v – emplear, usar
employ force – usar fuerza
employ violence – usar violencia
employable adj – empleable, utilizable
employed adj – empleado
employed illegally – empleado ilegalmente
employee n – empleado
employee benefits – beneficios de empleados
employee insurance – seguro de empleados
employee participation – participación de los empleados
employee pension plan – plan de pensiones para empleados
employee profit sharing – participación en los beneficios de empleados
employee representation – representación de los empleados
Employee Retirement Income Security Act – ERISA, Ley de Seguridad de Ingresos de Retiro de Trabajadores
employer n – patrono, empleador
employer identification number – número de identificación patronal
employer interference – interferencia patronal
employer retirement plan – plan de retiro patronal
employers' insurance – seguro patronal
employers' liability – responsabilidad patronal
employment n – empleo, ocupación, uso

employment agency – agencia de empleos
Employment Appeal Tribunal – Tribunal de Apelación de Empleo
employment at will – empleo de plazo indeterminado
employment certificate – certificado de empleo
employment contract – contrato de empleo
employment discrimination – discriminación de empleo
employment environment – ambiente de empleo
employment protection – protección de empleo
employment record – historial de empleo
employment-related accident – accidente relacionado al empleo
employment-related death – muerte relacionada al empleo
employment-related injury – lesión relacionada al empleo
employment security – seguridad de empleo
employment verification – verificación de empleo
empower *v* – facultar, comisionar, autorizar
emulate *v* – emular, competir con
emulation *n* – emulación
en banc – en el tribunal, en banc
en route – en camino
enable *v* – capacitar, habilitar, autorizar
enabling clause – cláusula de autorización
enabling law – ley de autorización
enabling statute – ley de autorización
enact *v* – decretar, pasar una ley, establecer por ley
enacted law – ley escrita, ley decretada, ley
enactment *n* – promulgación, decreto, proceso para aprobar una ley, ley
encash *v* – convertir en efectivo
encashment *n* – conversión en efectivo
enceinte *adj* – encinta
encl. (enclosed) – adjunto, anexado
encl. (enclosure) – anexo
enclave *n* – enclave
enclose *v* – incluir, anexar, adjuntar, cercar
enclosed document – documento adjunto
enclosed file – archivo adjunto
enclosure *n* – anexo, encerramiento
encode *v* – codificar
encoded *adj* – codificado
encoder *n* – codificador
encompass *v* – abarcar, incluir
encounter *n* – encuentro, batalla
encourage *v* – animar, instigar, favorecer
encroach *v* – traspasar los límites, invadir, usurpar, inmiscuirse en
encroach upon – invadir, usurpar
encroachment *n* – traspaso de límites,

intrusión, invasión, usurpación
encrypt *v* – codificar
encrypted *adj* – codificado
encryption *n* – codificación
encumber *v* – gravar, recargar, impedir
encumbered *adj* – gravado
encumbrance *n* – gravamen, carga, hipoteca
encumbrancer *n* – tenedor de gravamen, acreedor hipotecario
end of month – fin de mes
end of period – fin de período
end of will – donde termina la parte dispositiva de un testamento
end of year – fin de año
end-to-end *adj* – de fin de mes a fin de mes
endamage *v* – dañar, perjudicar
endanger life – poner en peligro la vida
endanger property – arriesgar propiedad
endeavor *n* – esfuerzo, intento, actividad
endeavour *n* – esfuerzo, intento, actividad
endorsable *adj* – endosable
endorse *v* – endosar, sancionar, apoyar, avalar
endorsed *adj* – endosado, avalado, apoyado
endorsed check – cheque endosado
endorsed cheque – cheque endosado
endorsee *n* – endosatario, avalado
endorsement *n* – endoso, aval, respaldo, aprobación
endorsement date – fecha de endoso
endorser *n* – endosante, avalista
endorsing *v* – endoso
endow with authority – dotar de autoridad
endower *n* – dotador, donante
endowment *n* – dotación, dote, fundación
endowment fund – fondo de beneficencia
endowment insurance – seguro dotal
endowment policy – póliza dotal
endurance *n* – resistencia, tolerancia
endure *v* – soportar, sobrellevar, sufrir
energy conservation – conservación de la energía
energy efficiency – eficiencia en el uso de la energía
energy management – administración de energía
energy waste – desperdicio de energía
enemy alien – ciudadano de país enemigo
enemy territory – territorio enemigo
energetic denial – denegación energética
enforce *v* – hacer cumplir, ejecutar, aplicar, imponer
enforce a contract – hacer cumplir un contrato
enforce a law – hacer cumplir una ley
enforce censorship – imponer censura
enforce obedience – imponer obediencia
enforcement *n* – acción de hacer cumplir,

aplicación de la ley, cumplimiento, ejecución

enforcement of a contract – el hacer cumplir un contrato

enforcement of a judgment – ejecución de una sentencia

enforcement of a right – ejecución de un derecho

enforcement of the law – el hacer cumplir la ley

enforcement order – orden de cumplimiento

enfranchise *v* – libertar, manumitir

enfranchisement *n* – liberación, derecho de voto, el otorgar un derecho

engage *v* – comprometer, emplear, atraer

engage in conversation – conversar

engaged *adj* – comprometido, ocupado

engaged in commerce – dedicado al comercio

engaged in employment – estar empleado

engagement *n* – compromiso, promesa, obligación, acuerdo

engagement to marry – compromiso de matrimonio

engender *v* – engendrar, procrear, causar

engineer *n* – ingeniero, maquinista

engross *v* – acaparar, absorber, transcribir

engrossed bill – proyecto de ley listo para el voto

engrossment *n* – anteproyecto en su forma final, acaparamiento

enhance *v* – mejorar, realzar

enigma *n* – enigma

enjoin *v* – imponer, requerir, mandar

enjoy *v* – disfrutar de, gozar de, poseer

enjoyment *n* – disfrute, goce, uso

enlarge *v* – agrandar, aumentar, ampliar

enlargement *n* – extensión, aumento

enlist *v* – alistarse, enrolarse

enlistment *n* – alistamiento, reclutamiento voluntario

enquiry *n* – indagación, investigación

enquiry desk – mesa de información

enroll *v* – registrar, inscribir, alistar

enrolled *adj* – registrado, matriculado

enrolled bill – proyecto de ley aprobado

enrollment *n* – alistamiento, inscripción, registro

enschedule *v* – incorporar en una lista

enseal *v* – sellar

ensue *v* – resultar, seguir, suceder

ensuing liability – responsabilidad correspondiente

ensure *v* – asegurar, dar seguridad

entail *n* – vinculación, limitación de la sucesión

entail *v* – suponer, implicar, vincular, ocasionar

entailment *n* – vinculación

enter *v* – entrar, tomar posesión, registrar, anotar, asentar

enter a contract – contratar, comprometerse por contrato

enter an agreement – contratar, llegar a un acuerdo

enter illegally – entrar ilegalmente

enter in the books – anotar en los libros

enter into a contract – contratar, comprometerse por contrato

enter into negotiations – negociar, iniciar las negociaciones

enter unlawfully – entrar ilegalmente

entering *n* – registro, acto de entrar, entrada

entering judgments – registro formal de sentencias

enterprise *n* – empresa, proyecto, iniciativa

enterprise accounting – contabilidad empresarial

enterprise bankruptcy – quiebra empresarial

enterprise liability – responsabilidad empresarial

enterprise zone – zona empresarial

enterprising *adj* – emprendedor

entertain *v* – entretener, recibir invitados

entertain doubts – dudar, sospechar

entertain suspicions – sospechar, dudar

entertainment expenses – gastos de representación

entice *v* – tentar, atraer, seducir

enticement *n* – tentación, atracción

entire *adj* – entero, íntegro, completo

entire abandonment – abandono entero

entire acceptance – aceptación entera

entire actual loss – pérdida entera real

entire audit – auditoría entera

entire balance – saldo entero

entire balance of my estate – lo restante de mi patrimonio

entire blood – descendencia por vía materna y paterna

entire breach – incumplimiento entero

entire consideration – contraprestación entera

entire contract – contrato total, contrato indivisible

entire coverage – cobertura entera

entire disability – discapacidad entera

entire disclosure – divulgación entera

entire eviction – desalojo entero

entire interest – dominio absoluto

entire liquidation – liquidación entera

entire loss – pérdida entera

entire payment – pago entero

entire performance – cumplimiento entero

entire record – registro entero

entire report – informe entero, reporte entero

entire tenancy – posesión individual

entire use – derecho a uso exclusivo, uso entero
entirely *adv* – enteramente, completamente
entirely without understanding – sin entendimiento
entireness *n* – totalidad
entirety of contract – totalidad del contrato
entitle *v* – dar derecho a, autorizar, habilitar, titular
entitled *adj* – con derecho a, autorizado, habilitado, titulado
entitled to possession – con derecho a posesión
entitlement *n* – derecho, el otorgar un derecho
entity *n* – entidad, ente, ser
entrance *n* – entrada, admisión
entrance card – tarjeta de admisión
entrance exam – examen de admisión
entrap *v* – atrapar, engañar, entrampar
entrapment *n* – acción de inducir engañosamente, acción de entrampar
entreaty *n* – súplica, petición
entrepôt *n* – centro de recibo y distribución, centro de almacenamiento y distribución
entrepreneur *n* – empresario, emprendedor
entrepreneurial *adj* – empresarial, emprendedor
entrust *v* – encomendar, recomendar, confiar
entry *n* – entrada, asiento, registro, partida, anotación, apunte, ingreso
entry at customhouse – declaración aduanera
entry book – libro de registro
entry customs – aduana de entrada
entry duties – derechos de entrada, derechos de aduana
entry-level job – trabajo que requiere poca o ninguna experiencia
entry of judgment – registro de la sentencia
entry permit – permiso de entrada
entry stamp – sello de entrada
entry tax – impuesto de entrada, derechos de aduana
entry visa – visado de entrada, visa de entrada
enumerate *v* – enumerar, designar
enumerated *adj* – enumerado, designado
enumerated powers – poderes federales delegados
enumerator *n* – empadronador
enure *v* – tomar efecto, operar, beneficiar
environment *n* – ambiente, medio, circunstancias
environmental *adj* – ambiental, medioambiental
environmental accounting – contabilidad ambiental
environmental audit – auditoría ambiental

environmental citizenship – responsabilidad ambiental
environmental commitment – compromiso ambiental
environmental conditions – condiciones ambientales
environmental consequences – consecuencias ambientales
environmental considerations – consideraciones ambientales
environmental contamination – contaminación ambiental
environmental control – control ambiental
environmental damage – daño ambiental
environmental degradation – degradación ambiental
environmental depletion – agotamiento ambiental
environmental destruction – destrucción ambiental
environmental disaster – desastre ambiental
environmental discrimination – discrimen ambiental
environmental economics – economía ambiental
environmental ethics – ética ambiental
environmental footprint – huella ambiental
environmental harm – daño ambiental
environmental health – salud ambiental
environmental impact – impacto ambiental
environmental impact statement – declaración de impacto ambiental
environmental impact study – estudio de impacto ambiental
environmental indicators – indicadores ambientales
environmental issues – cuestiones ambientales
environmental justice – justicia ambiental
environmental labeling – etiquetado ambiental
environmental law – derecho ambiental
environmental liability – responsabilidad ambiental
environmental load – carga ambiental
environmental management – administración ambiental, gestión ambiental
environmental monitoring – monitoreo ambiental
environmental policy – política ambiental
environmental pollution – contaminación ambiental
environmental program – programa ambiental
environmental programme – programa ambiental
environmental protection – protección ambiental

Environmental Protection Agency – Agencia de Protección Ambiental
environmental quality – calidad ambiental
environmental racism – racismo ambiental
environmental requirements – requisitos ambientales
environmental responsibility – responsabilidad ambiental
environmental risks – riesgos ambientales
environmental revolution – revolución ambiental
environmental scenario – escenario ambiental
environmental tax – impuesto ambiental
environmental toxicology – toxicología ambiental
environmental values – valores ambientales
environmentalism *n* – ambientalismo
environmentalist *adj* – ambientalista
environmentalist *n* – ambientalista
environmentally *adv* – ambientalmente
environmentally friendly – ambientalmente amistoso
environmentally responsible – ambientalmente responsable
environmentally sound – ambientalmente prudente
environmentally sustainable – ambientalmente sostenible
envoy *n* – enviado, representante diplomático
eo instanti – en ese instante, eo instanti
EPA (Environmental Protection Agency) – Agencia de Protección Ambiental
episode *n* – episodio, incidente
equal and uniform taxation – uniformidad e igualdad contributiva
equal before the law – igual ante la ley
equal benefit – beneficio igual
equal degree – igualdad en el grado de parentesco
equal employment opportunity – igualdad de oportunidades en el empleo
Equal Employment Opportunity Commission – Comisión para la Igualdad de Oportunidades en el Empleo
equal in effect – de igual efecto
equal in force – de igual fuerza
equal in power – de igual poder
Equal Opportunities Commission – Comisión de Igualdad de Oportunidades
Equal Opportunities Policy – política de igualdad de oportunidades
equal opportunity – igualdad de oportunidades
equal opportunity employer – patrono que no discrimina
equal pay – igualdad de paga
Equal Pay Act – Acta de Igualdad de Paga

equal pay for equal work – igual salario por igual trabajo
equal protection – igualdad de protección
equal rights – igualdad de derechos
equal taxation – igualdad impositiva
equality *n* – igualdad, equidad
equalisation *n* – igualación, compensación
equalisation board – junta para la igualdad tributaria
equalisation of taxes – igualamiento de los impuestos
equalise *v* – igualar, equilibrar, compensar
equality *n* – igualdad
equalization *n* – igualación, compensación
equalization board – junta para la igualdad tributaria
equalization of taxes – igualamiento de los impuestos
equalization tax – impuesto de igualación
equalize *v* – igualar, equilibrar, compensar
equally *adv* – igualmente, equitativamente
equilibrium *n* – equilibrio
equip *v* – equipar, proveer
equipment *n* – equipo, aparatos, capacidad
equipment trust certificate – certificado de fideicomiso de equipo
equipped *adj* – equipado
equitable *adj* – equitativo, imparcial
equitable action – acción en equidad
equitable assignment – cesión en equidad
equitable charge – cargo equitativo
equitable consideration – contraprestación fundada en la equidad
equitable construction – interpretación en equidad
equitable defence – defensa basada en la equidad
equitable defense – defensa basada en la equidad
equitable distribution – distribución equitativa, distribución equitativa de bienes gananciales cuando no hay causal de divorcio
equitable election – doctrina que declara que quien acepta beneficios estipulados en un testamento no puede impugnar la validez del mismo en otros aspectos
equitable estoppel – impedimento por actos propios en equidad
equitable interest – interés equitativo, interés en equidad en una propiedad
equitable lien – gravamen equitativo
equitable mortgage – hipoteca en equidad
equitable owner – propietario en equidad
equitable redemption – rescate de una propiedad hipotecada
equitable right – derecho en equidad
equitable title – título equitativo
equitable treatment – trato equitativo

equitable waste – daños a la propiedad indemnizables bajo el régimen de equidad

equity *n* – equidad, sistema jurídico basado en la equidad, sistema jurídico basado en usos establecidos, activo neto, capital social, capital propio, patrimonio neto

equity follows the law – la equidad sigue a la ley

equity jurisprudence – las reglas y principios fundamentales en el régimen de equidad

equity of a statute – el espíritu de la ley

equity of partners – derecho de los socios a designar bienes de la sociedad para cubrir las deudas de la sociedad

equity of redemption – derecho de rescate de una propiedad hipotecada

equivalent access – acceso equivalente

equivalent act – acto equivalente

equivalents doctrine – doctrina de equivalencia

equivocal *adj* – equívoco, ambiguo, dudoso

equivocate *v* – usar lenguaje ambiguo

eradicate *v* – erradicar

erasure *n* – borradura, raspadura

erect *v* – erigir, construir, levantar

erection *n* – erección, construcción

ergo *conj* – por tanto, ergo

ergonomic design – diseño ergonómico

ergonomically designed – diseñado ergonómicamente

ergonomics *n* – ergonomía

ERISA (Employee Retirement Income Security Act) – ERISA

erosion of confidence – merma de confianza

erosion of rights – merma de derechos

erosion of trust – merma de confianza

err *v* – errar, equivocarse

errand *n* – diligencia, mandato

errant *adj* – errante, descarriado

erratum *n* – errata, error

erroneous decision – decisión errónea

erroneous information – información errónea

erroneous judgment – sentencia errónea

erroneous reasoning – razonamiento erróneo

erroneous statement – declaración errónea

error *n* – error, defecto legal, sentencia incorrecta, ofensa

error coram nobis – error ante nosotros, acción para que un tribunal considere sus propios errores de hecho

error-free *adj* – libre de errores

error of fact – error de hecho

error of judgment – error de juicio

error of law – error de derecho

error resolution – resolución de error

errors and omissions – error u omisión

errors and omissions excepted – salvo error u omisión

errors and omissions liability insurance – seguro de responsabilidad por error u omisión

errors excepted – salvo error u omisión

ersatz *n* – sustituto inferior, imitación inferior

escalate *v* – escalar, aumentar

escalating *adj* – ascendente, creciente

escalation clause – cláusula de escalamiento

escalator clause – cláusula de escalamiento

escape clause – cláusula de escape

escape period – período de baja sindical

escheat *n* – reversión al estado, reversión al estado de bienes sin herederos

escheatable *adj* – revertible al estado

escort *n* – acompañante, escolta

escrow *n* – plica, depósito que retiene un tercero hasta que se cumplan ciertas condiciones

escrow account – cuenta de plica

escrow agent – agente de plica

escrow agreement – contrato estipulando las condiciones de una cuenta de plica

escrow closing – cierre

escrow contract – contrato estipulando las condiciones de una cuenta de plica

escrow deposit – depósito en plica

escrow funds – fondos en plica

escrow officer – funcionario de plica

ESOP (employee stock ownership plan, employee stock option plan) – plan de compra de acciones de empleados

espionage activity – actividad de espionaje

espousals *n* – esponsales, compromiso de matrimonio

espouse *v* – casarse con

essence *n* – esencia, naturaleza

essence of the contract – condiciones esenciales de un contrato

essential *adj* – esencial, inherente, indispensable

essential act – acto esencial

essential care – cuidado esencial

essential clause – cláusula esencial

essential commodities – productos esenciales

essential conditions – condiciones esenciales

essential covenant – estipulación esencial

essential coverage – cobertura esencial

essential diligence – diligencia esencial

essential easement – servidumbre esencial

essential evidence – prueba esencial

essential fact – hecho esencial

essential goods – bienes esenciales

essential ignorance – ignorancia de las circunstancias esenciales

essential information – información esencial

essential insurance – seguro esencial

essential obligation – obligación esencial
essential party – parte esencial
essential products – productos esenciales
essential remuneration – remuneración esencial
essential repairs – reparaciones esenciales
essential salary – salario esencial
essential services – servicios esenciales
essential servitude – servidumbre esencial
essential stipulation – estipulación esencial
essential testimony – testimonio esencial
essential witness – testigo esencial
est. (established) – establecido
establish v – establecer, demostrar, confirmar
establish a corporation – establecer una corporación
establish boundaries – establecer límites
establish by agreement – establecer mediante acuerdo
established adj – establecido
established by custom – establecido mediante costumbre
established laws – leyes establecidas
established procedure – procedimiento establecido
established residence – residencia establecida
established trust – fideicomiso establecido
establishment n – establecimiento, institución
estate n – propiedad, patrimonio, bienes, derecho, estado, condición
estate accounting – contabilidad del patrimonio
estate administrator – administrador del patrimonio
estate agency – agencia inmobiliaria
estate agent – agente inmobiliario
estate at sufferance – posesión en virtud de la tolerancia del dueño
estate at will – derecho de uso de propiedad que el propietario puede revocar en cualquier momento
estate by purchase – derecho sobre un inmueble obtenido por cualquier medio excepto la sucesión
estate by the entirety – copropiedad de los cónyuges
estate duty – derechos de sucesión
estate executor – albacea
estate for life – derecho sobre un inmueble de por vida
estate for years – derecho de posesión por años determinados
estate from year to year – derecho de posesión que se renueva de año en año
estate in common – copropiedad sobre un inmueble

estate in expectancy – propiedad en expectativa
estate in fee simple – propiedad sobre un inmueble en pleno dominio
estate in fee tail – sucesión de bienes a descendientes directos
estate in lands – propiedad de inmuebles
estate in possession – propiedad en la que el dueño tiene derecho de posesión
estate in remainder – derechos de propiedad que entran en vigor al terminar los derechos de otros
estate in severalty – propiedad de dominio de una sola persona
estate in tail – sucesión de bienes a descendientes directos
estate income – ingresos patrimoniales
estate of freehold – propiedad de dominio absoluto
estate of inheritance – patrimonio heredable
estate planning – planificación del patrimonio
estate tax – impuesto sucesorio, contribución de herencia
estate upon condition – propiedad condicional
esteem v – estimar, considerar, juzgar
estimate n – estimado, estimación, evaluación, tasación, valoración
estimate v – estimar, evaluar, valorar, calcular, tasar
estimate of costs – estimado de costos, estimado de costes, estimado de costas
estimated adj – estimado, evaluado, valorado, calculado
estimated useful life – vida útil estimada
estimation n – estimación, opinión, evaluación, valoración, cálculo
estimation of costs – estimación de costos, estimación de costes, estimación de costas
estimator n – estimador, evaluador, valuador
estop v – impedir, prevenir
estoppel n – impedimento, impedimento por actos propios, preclusión
estoppel by acquiescence – impedimento por aquiescencia
estoppel by deed – impedimento por escritura
estoppel by election – impedimento por actos propios cuando se escogen remedios incompatibles
estoppel by judgment – impedimento por sentencia
estoppel by laches – impedimento por no haber ejercido ciertos derechos a tiempo
estoppel by negligence – impedimento por negligencia

estoppel by representation – impedimento por declaraciones propias
estoppel by silence – impedimento por silencio
estoppel by verdict – impedimento por veredicto
estoppel certificate – documento declarando el estado de ciertos hechos al momento de firmarse
estoppel in pais – impedimento por no manifestar intención de hacer valer un derecho
estover *n* – derecho del arrendatario de cortar árboles para su uso personal
estrange *v* – enajenar, separar
estrangement *n* – separación, extrañamiento
estray *n* – animal realengo
estreat *n* – extracto, copia fiel
estrepement *n* – arrasamiento de inmuebles
et al. – y otros
et alii – y otros
et alius – y otro
et cetera – y así por el estilo, etcétera
Ethernet *n* – Ethernet, Eternet
ethical behavior – conducta ética
ethical behaviour – conducta ética
ethical practice – práctica ética
ethically *adv* – éticamente
ethics *n* – ética, moral
ethnic *adj* – étnico
etiquette of the profession – ética profesional
EU (European Union) – Unión Europea
Euclidean zoning – zonificación que limita algunas áreas para usos específicos
eunomy *n* – leyes equitativas
EURATOM (European Atomic Energy Community) – EURATOM
euro *n* – euro
Euro Zone – zona euro
Eurocurrency *n* – eurodivisa
Eurodollars *n* – eurodólares
Euromoney *n* – eurodivisa, eurodinero
European Atomic Energy Community – EURATOM
European Bank for Reconstruction and Development – Banco Europeo para la Reconstrucción y el Desarrollo
European Central Bank – Banco Central Europeo
European Commission – Comisión Europea
European Community – Comunidad Europea
European Economic Area – Espacio Económico Europeo
European Economic Community – Comunidad Económica Europea
European Investment Bank – Banco Europeo de Inversiones

European Monetary Union – Unión Monetaria Europea
European Single Market – Mercado Único Europeo
European Social Fund – Fondo Social Europeo
European Union – Unión Europea
euthanasia *n* – eutanasia
evacuate *v* – evacuar, desocupar
evade *v* – evadir, evitar
evade liability – evadir responsabilidad
evade responsibility – evadir responsabilidad
evade taxes – evadir impuestos
evade the law – evadir la ley
evader *n* – evasor
evaluate the evidence – evaluar la prueba
evaluation of evidence – evaluación de la prueba
evasion *n* – evasión, fuga
evasion of liability – evasión de responsabilidad
evasion of responsibility – evasión de responsabilidad
evasion of taxation – evasión de imposición
evasion of taxes – evasión de impuestos
evasion of truth – evasión de la verdad
evasive action – acción evasiva
evasive answer – respuesta evasiva
even-tempered *adj* – calmado, sereno, plácido
evenhanded *adj* – justo, imparcial
evening *n* – vespertina, atardecer, desde la puesta del sol hasta la oscuridad
evenly *adv* – imparcialmente, equitativamente, parejo
evergreen contract – contrato que se sigue renovando
evergreen credit – crédito que se sigue renovando
evergreen funding – financiamiento que se sigue renovando
everyday activity – actividad cotidiana
everyday risks – riesgos cotidianos
evict *v* – desalojar, despojar, desahuciar
eviction *n* – desalojo, desahucio, evicción
eviction certificate – certificado de desahucio
eviction proceedings – juicio de desahucio
evidence *n* – prueba, evidencia, probanza
evidence completed – conclusión de la presentación de prueba
evidence of accounting – prueba de contabilidad
evidence of authority – prueba de autoridad
evidence of claim – prueba de reclamación
evidence of damage – prueba de daños
evidence of death – prueba de muerte
evidence of debt – prueba de deuda
evidence of disability – prueba de

discapacidad
evidence of eligibility – prueba de elegibilidad
evidence of employment – prueba de empleo
evidence of guilt – prueba de culpabilidad
evidence of health – prueba de salud
evidence of identity – prueba de identidad
evidence of incorporation – prueba de incorporación
evidence of indebtedness – prueba de deuda
evidence of injuries – prueba de lesiones
evidence of innocence – prueba de inocencia
evidence of insurability – prueba de asegurabilidad
evidence of insurance – prueba de seguro
evidence of loss – prueba de pérdida
evidence of payment – prueba de pago
evidence of purchase – prueba de compra
evidence of quality – prueba de calidad
evidence of responsibility – prueba de responsabilidad
evidence of sale – prueba de venta
evidence of title – prueba de dominio, título de propiedad, evidencia de propiedad
evidence of value – prueba de valor
evidence rules – reglas de evidencia
evident *adj* – evidente, manifiesto
evident agency – agencia evidente
evident agent – agente evidente
evident danger – peligro evidente
evident defects – defectos evidentes
evident error – error evidente
evident liability – responsabilidad evidente
evident meaning – significado evidente
evident mistake – error evidente
evident necessity – necesidad evidente
evident ownership – propiedad evidente
evident partnership – sociedad evidente
evident possession – posesión evidente
evident risk – riesgo evidente
evident sense – sentido evidente
evident title – título evidente
evident use – uso evidente
evidential *adj* – indicativo, probatorio
evidentiary *adj* – con carácter de prueba
evidentiary facts – hechos necesarios para probar otros hechos
evidentiary harpoon – introducción de prueba inadmisible a través de testigos
evil behavior – conducta malvada
evil behaviour – conducta malvada
evil deed – fechoría
evocation *n* – avocación, evocación
evolve *v* – desarrollar, deducir
ewallet *n* – cartera electrónica, billetera electrónica
ex *prep* – ex, de, en, por, sin, sin incluir
ex adverso – abogado de la parte contraria,

ex adverso
ex contractu – surgiendo por un contrato, por contrato, ex contractu
ex-convict *n* – ex presidiario
ex curia – fuera de tribunal, ex curia
ex delicto – como resultado de un delito, ilícito, dañoso
ex facto – del acto, ex facto
ex gratia payment – pago de una reclamación aun sin obligación
ex lege – de acuerdo a la ley, según la ley, ex lege
ex more – por costumbre, ex more
ex necessitate – por necesidad, sin que exista alternativa
ex officio – por virtud de su cargo, de oficio, nato, ex officio
ex parte hearing – audiencia de una de las partes, audiencia unilateral
ex parte proceeding – procedimiento para una parte, procedimiento unilateral
ex post facto – después del acto, retrospectivo, ex post facto
ex post facto law – ley después del acto, ley retrospectiva
ex proprio motu – por motivo propio, ex propio motu
ex proprio vigore – por fuerza propia, ex propio vigore
ex tempore – por el momento
exacerbate *v* – exacerbar, agravar
exact *adj* – exacto, preciso, riguroso
exact copy – copia exacta
exact meaning – significado preciso
exact moment – momento preciso
exaction *n* – exacción, extorsión
exactor *n* – exactor, recaudador de impuestos, extorsionista
exaggerated claim – reclamación exagerada
exaggerated statement – declaración exagerada
examination *n* – examen, examinación, investigación, inspección
examination in chief – primer interrogatorio por la parte que aporta al testigo
examination of bankruptcy – interrogatorio a la parte que inicia una acción de quiebra
examination of records – investigación de registros
examination of the application – examen de la solicitud
examination of the books – revisión de los libros
examination of title – revisión de título
examine *v* – examinar, revisar, investigar
examine a witness – interrogar un testigo
examined copy – copia corroborada con el original

examiner *n* – examinador, revisor, investigador, inspector
examining attorney – abogado revisor
examining board – junta examinadora
excamb – intercambio
exceed *v* – exceder, propasar
except *v* – excluir, exceptuar
except as otherwise noted – salvo disposición contraria
except as otherwise provided – salvo disposición contraria
except as otherwise specified – salvo disposición contraria
except as otherwise stated – salvo disposición contraria
exception *n* – excepción, objeción, recusación
exception clause – cláusula exonerativa
exception item – artículo de excepción
exception report – informe de excepción
exceptionable *adj* – impugnable, recusable
exceptionable title – título impugnable
exceptional circumstances – circunstancias excepcionales
excerpt *n* – extracto, resumen, cita
excess *n* – exceso
excess employment – sobreempleo
excess insurance – seguro en exceso
excess of authority – abuso de autoridad
excess of jurisdiction – extralimitación de la jurisdicción
excessive *adj* – excesivo, desmedido
excessive award – adjudicación excesiva
excessive bail – fianza excesiva
excessive damages – indemnización excesiva por daños y perjuicios
excessive drunkenness – embriaguez total
excessive fine – multa excesiva
excessive force – fuerza excesiva
excessive interest – usura
excessive punishment – pena excesiva
excessive rate – tasa excesiva
excessive sentence – sentencia excesiva
excessive speed – exceso de velocidad
excessive tax – impuesto excesivo
excessive verdict – veredicto excesivo
excessively *adv* – excesivamente, desmedidamente
excessively intoxicated – embriaguez total
exchange *n* – cambio, intercambio, permuta, canje, mercado de valores, bolsa
exchange *v* – cambiar, intercambiar, permutar, canjear
exchange of judges – intercambio de jueces
exchange of land – permuta de inmuebles
exchange of property – intercambio de propiedad
exchequer *n* – fisco

Exchequer *n* – Tesoro Público, Hacienda, Ministerio de Hacienda
excisable *adj* – sujeto a impuesto de consumo
excise duty – impuesto sobre ciertos productos tales como el alcohol y el tabaco, accisa
excise tax – impuesto sobre ciertos productos tales como el alcohol y el tabaco, accisa
excited utterance – declaración en estado de excitación
exclude from a will – excluir de un testamento
excluded peril – peligro excluido
excluded period – período excluido
excluded property – propiedad excluida
excluded risk – riesgo excluido
exclusion clause – cláusula exonerativa
exclusion of a juror – exclusión de un miembro del jurado
exclusion principle – principio de exclusión
exclusionary rule – regla de exclusión
exclusions of policy – exclusiones de la póliza
exclusive agency – agencia exclusiva
exclusive agent – agente exclusivo
exclusive contract – contrato exclusivo
exclusive control – control exclusivo
exclusive distributor – distribuidor exclusivo
exclusive economic zone – zona económica exclusiva
exclusive immunity – inmunidad exclusiva
exclusive jurisdiction – jurisdicción exclusiva
exclusive liability – responsabilidad exclusiva
exclusive licence – licencia exclusiva
exclusive license – licencia exclusiva
exclusive of taxes – sin incluir impuestos
exclusive ownership – propiedad exclusiva
exclusive possession – posesión exclusiva
exclusive privilege – privilegio exclusivo
exclusive remedy – remedio exclusivo
exclusive representative – representante exclusivo
exclusive right – derecho exclusivo
exclusive use – uso exclusivo
exclusively *adv* – exclusivamente
exculpate *v* – exculpar, disculpar, excusar
exculpatory *adj* – exculpatorio, eximente
exculpatory clause – cláusula exculpatoria
exculpatory evidence – prueba exculpatoria
exculpatory statement – declaración exculpatoria
excusable *adj* – excusable, perdonable
excusable homicide – homicidio excusable, homicidio inculpable
excusable neglect – negligencia excusable, inobservancia justificable

excuse *n* – excusa, defensa
excuse *v* – excusar, exonerar, eximir
excuss *v* – arrestar
execute *v* – ejecutar, cumplir, completar
execute a criminal – ejecutar a un criminal
execute a judgment – ejecutar una sentencia
executed *adj* – ejecutado, cumplido
executed agreements – convenios cumplidos
executed consideration – contraprestación cumplida
executed contract – contrato cumplido
executed estate – propiedad en la cual el dueño tiene derecho de posesión
executed sale – venta consumada
executed trust – fideicomiso completamente determinado
executed will – testamento firmado y en conformidad con las normas establecidas
execution *n* – ejecución, celebración, cumplimiento
execution creditor – acreedor ejecutante
execution docket – lista de ejecuciones pendientes
execution lien – embargo ejecutivo, gravamen por ejecución
execution of instrument – finalización de un documento
execution of judgment – ejecución de la sentencia
execution sale – venta judicial
executioner *n* – verdugo
executive *n* – ejecutivo, poder ejecutivo
executive act – acto de poder ejecutivo
executive assistant – asistente ejecutivo
executive audit – auditoría ejecutiva
executive board – junta ejecutiva, consejo ejecutivo, comité ejecutivo
executive body – órgano ejecutivo, cuerpo ejecutivo
executive branch – rama ejecutiva
executive chairman – presidente ejecutivo
executive chairperson – presidente ejecutivo
executive chairwoman – presidenta ejecutiva
executive clemency – clemencia ejecutiva
executive committee – comité ejecutivo
executive compensation – compensación ejecutiva
executive consultant – consultor ejecutivo
executive council – consejo ejecutivo
executive director – director ejecutivo
executive duties – deberes ejecutivos
executive employee – empleado ejecutivo
Executive Information Systems – Sistemas de Información Gerencial
executive irregularity – irregularidad ejecutiva
executive job – empleo ejecutivo
executive manager – gerente ejecutivo

executive officer – funcionario ejecutivo
executive order – orden del poder ejecutivo
executive pardon – absolución por poder ejecutivo
executive perks – beneficios adicionales ejecutivos
executive perquisites – beneficios adicionales ejecutivos
executive personnel – personal ejecutivo
executive powers – poderes ejecutivos
executive practices – prácticas ejecutivas
executive prerogatives – prerrogativas ejecutivas
executive privilege – privilegio ejecutivo
executive proceeding – procedimiento ejecutivo
executive reorganisation – reorganización ejecutiva
executive reorganization – reorganización ejecutiva
executive secretary – secretario ejecutivo, asistente ejecutivo
executive staff – personal ejecutivo
executive structure – estructura ejecutiva
executive summary – resumen ejecutivo, sumario ejecutivo
executive vice president – vicepresidente ejecutivo
executive work – trabajo ejecutivo
executor *n* – albacea, albacea testamentario
executor by substitution – albacea suplente
executor de son tort – quien actúa de albacea sin haber sido designado
executorship *n* – albaceazgo
executory *adj* – por cumplirse, por efectuarse
executory agreement – convenio por cumplirse
executory bequest – legado contingente de bienes muebles
executory consideration – contraprestación futura
executory contract – contrato por cumplirse
executory devise – legado condicional
executory estate – derecho sobre inmuebles condicional
executory instrument – instrumento por cumplirse
executory interests – derechos e intereses futuros
executory limitation – legado condicional
executory process – proceso ejecutivo
executory sale – venta concertada pero no realizada
executory trust – fideicomiso por formalizar
executrix *n* – albacea, albacea testamentario
executry *n* – la parte del patrimonio que pasa al albacea
exemplary damages – daños punitivos

exemplification *n* – copia autenticada
exemplified copy – copia autenticada
exempt *adj* – exento, franco, libre
exempt *v* – eximir, exonerar, liberar
exempt corporation – corporación exenta
exempt employees – empleados exentos
exempt from taxation – libre de impuestos
exempt organisation – organización exenta
exempt organization – organización exenta
exempt status – estado exento
exemption *n* – exención, inmunidad
exemption certificate – certificado de exención
exemption laws – leyes que excluyen ciertos bienes de ejecución o quiebra
exempts *n* – personas exentas de deberes
exequatur *n* – exequátur, que se ejecute
exercisable *adj* – ejecutable, ejercitable
exercise *n* – ejercicio, ejecución, uso
exercise *v* – ejercer, ejercitar, usar
exercise authority – ejercer autoridad
exercise discretion – usar discreción
exercise influence – usar influencia
exercise of good judgment – uso del buen juicio
exert pressure – ejercer presión, presionar
exhaustible natural resources – recursos naturales agotables
exhaustion of administrative remedies – agotamiento de recursos administrativos
exhaustive *adj* – exhaustivo, minucioso
exhaustive investigation – investigación exhaustiva
exhibit *n* – prueba instrumental, documento de prueba, prueba tangible, prueba, exhibición
exhibit *v* – exhibir, presentar, revelar, exponer, mostrar
exhibition of documents – exhibición de documentos
exhibitionism *n* – exhibicionismo
exhibitionist *n* – exhibicionista
exhort *v* – exhortar
exhumation *n* – exhumación
exigence *n* – exigencia, necesidad
exigency *n* – exigencia, necesidad
exigent circumstances – situaciones que requieren acción inmediata o poco usual
exigent search – allanamiento sin orden judicial debido a las circunstancias
exigible *adj* – exigible
exile *n* – exilio
exist *v* – existir, vivir, estar en vigor
existing claim – reclamo existente, acción ejercitable
existing condition – condición existente
existing debt – deuda existente
existing liability – responsabilidad existente

existing person – persona existente
exit *n* – salida
exit *v* – salir
exit wound – lesión de salida de un arma o proyectil
exonerate *v* – exonerar
exoneration *n* – exoneración, liberación
exoneration clause – cláusula de exoneración
exoneration from liability – exoneración de responsabilidad
exorbitant *adj* – exorbitante, desmedido
exorbitant award – adjudicación exorbitante
exorbitant bail – fianza exorbitante
exorbitant damages – indemnización exorbitante por daños y perjuicios
exorbitant fine – multa exorbitante
exorbitant jurisdiction – jurisdicción exorbitante
exorbitant punishment – pena exorbitante
exorbitant rate – tasa exorbitante
exorbitant sentence – sentencia exorbitante
exorbitant tax – impuesto exorbitante
exordium *n* – exordio
expansionary policy – política expansionista
expatriation *n* – expatriación, exilio
expect *v* – esperar, suponer
expectancy *n* – expectativa, contingencia
expectancy of life – expectativa de vida
expectant *adj* – en expectativa, aspirante, embarazada
expectant estate – derecho futuro sobre inmuebles, propiedad en expectativa
expectant heir – heredero en expectativa
expectant right – derecho en expectativa
expectation *n* – expectativa, esperanza
expected benefits – beneficios esperados
expected employment – empleo esperado
expected remuneration – remuneración esperada
expediency *n* – conveniencia, utilidad, rapidez
expedient *adj* – conveniente, útil, apropiado, rápido
expedite *v* – apresurar, despachar, facilitar
expedition *n* – expedición, despacho
expeditious *adj* – expeditivo, pronto
expel *v* – expulsar, expeler
expend *v* – consumir, gastar
expendable *adj* – prescindible, gastable
expenditure *n* – desembolso, gasto
expenditure accounting – contabilidad de gastos
expenditure verification – verificación de gastos
expense *n* – gasto, desembolso, costo, coste
expense account – cuenta para gastos
expense accounting – contabilidad de gastos

expense of litigation – costas del litigio
expense records – registros de gastos
expense verification – verificación de gastos
expenses of collection – gastos de cobranza
experience *n* – experiencia, práctica
experience rating – determinación de primas
de seguro a base de la experiencia previa del
asegurado con la compañía aseguradora
experienced mortality – mortalidad
experimentada
experimental evidence – prueba
experimental
expert *n* – experto, perito
expert evidence – prueba pericial
expert opinion – opinión pericial
expert report – informe pericial
expert testimony – testimonio pericial
expert witness – testigo perito
expertise *n* – pericia, experiencia, juicio
expiration *n* – expiración, vencimiento,
caducidad
expiration date – fecha de expiración
expiration notice – aviso de expiración
expiration of agreement – expiración de
acuerdo
expiration of contract – expiración de
contrato
expiration of copyright – expiración de
derechos de autor
expiration of lease – expiración de
arrendamiento
expiration of licence – expiración de licencia
expiration of license – expiración de licencia
expiration of patent – expiración de patente
expiration of permit – expiración de permiso
expiration of policy – expiración de póliza
expiration of sentence – expiración de
sentencia
expire worthless – expirar sin valor
expired *adj* – expirado, vencido, caducado
expired contract – contrato expirado
expired copyright – derechos de autor
expirados
expired insurance policy – póliza de seguro
expirada
expired lease – arrendamiento expirado
expired licence – licencia expirada
expired license – licencia expirada
expired patent – patente expirada
expired policy – póliza expirada
expiry *n* – expiración, vencimiento,
caducidad
explain incorrectly – explicar
incorrectamente
explanation *n* – explicación, aclaración
explanatory note – nota explicativa
explanatory remark – comentario explicativo
explicit *adj* – explícito, inequívoco

explicit agency – agencia explícita
explicit authority – autoridad explícita
explicit cause – causa explícita
explicit intent – intención explícita
explicit liability – responsabilidad explícita
explicit meaning – significado explícito
explicit notice – aviso explícito
explicit possession – posesión explícita
explicit sense – sentido explícito
explode *v* – explotar, estallar, refutar
exploit *v* – explotar
exploitation *n* – explotación,
aprovechamiento
exploitation of labor – explotación de los
trabajadores
exploitation of labour – explotación de los
trabajadores
exploitation of workers – explotación de los
trabajadores
explore *v* – explorar, investigar
explosive device – dispositivo explosivo
export *adj* – exportador, de exportación
export *n* – exportación, artículos de
exportación
export *v* – exportar
export activity – actividad exportadora
export bond – fianza de exportación
export broker – corredor exportador
export cartel – cartel exportador
export documentation – documentación de
exportación
export duties – derechos de exportación
export licence – licencia de exportación
export license – licencia de exportación
export quotas – cuotas de exportación
export regulations – reglamentos de
exportación
export restrictions – restricciones de
exportación
export subsidies – subsidios de exportación
exported goods – bienes exportados,
productos exportados
exporting country – país exportador
expose to danger – exponer a peligro
expose to disease – exponer a enfermedad
expose to risk – exponer a riesgo
exposed to danger – expuesto a peligro
exposed to disease – expuesto a enfermedad
exposed to risk – expuesto a riesgo
exposition *n* – exposición, interpretación
expositive *adj* – expositivo, explicativo
expository statute – ley aclaratoria
exposure *n* – exposición, revelación
exposure of child – exponer a un niño a
peligros
exposure to danger – exposición a peligro
exposure to disease – exposición a
enfermedad

exposure to risk – exposición a riesgo
express *adj* – expreso, exacto, claro
express *n* – transporte rápido, transporte
expreso
express *v* – expresar, formular, manifestar,
enviar por transporte rápido
express abrogation – abrogación expresa
express admission – admisión expresa
express agreement – convenio expreso
express an objection – expresar una objeción
express an opinion – expresar una opinión
express appointment – nombramiento
expreso
express assent – asentimiento expreso
express authority – autorización expresa
express condition – condición expresa
express consent – consentimiento expreso
express consideration – contraprestación
expresa, causa expresa
express contract – contrato expreso
express covenant – estipulación expresa
express error – error expreso
express guarantee – garantía expresa
express guaranty – garantía expresa
express licence – licencia expresa, patente
directa
express license – licencia expresa, patente
directa
express malice – malicia expresa
express notice – notificación expresa
express obligation – obligación expresa
express opposition – expresar oposición
express permission – permiso expreso
express promise – promesa expresa
express request – solicitud expresa
express terms – términos expresos
express trust – fideicomiso expreso
express waiver – renuncia de derecho
voluntaria
express warranty – garantía expresa
expropriate *v* – expropiar, enajenar
expropriation *n* – expropiación,
enajenamiento
expulsion *n* – expulsión
expunge *v* – destruir, borrar, suprimir
expunge records – eliminar expedientes,
destruir expedientes
expurgation *n* – expurgación
expurgator *n* – expurgador
extant *adj* – existente, sobreviviente, actual
extemporary *adj* – improvisado, provisional
extend *v* – extender, prolongar, ampliar,
aplazar
extend the contract – extender el contrato
extend the deadline – extender el plazo
extended contract – contrato extendido
extended coverage – cobertura extendida
extended warranty contract – contrato de

garantía extendida
extension *n* – extensión, prórroga,
ampliación
extension clause – cláusula de extensión
extension of contract – extensión de contrato
extension of copyright – extensión de
derechos de autor
extension of coverage – extensión de
cobertura
extension of credit – otorgamiento de
crédito, prórroga del plazo de pago
extension of lease – extensión de
arrendamiento
extension of licence – extensión de licencia
extension of license – extensión de licencia
extension of patent – extensión de patente
extension of permit – extensión de permiso
extension of policy – extensión de póliza
extensive agriculture – agricultura extensiva
extensive damages – daños considerables
extensive interpretation – interpretación
extensiva
extent *n* – alcance, extensión, amplitud
extenuate *v* – extenuar, atenuar, mitigar
extenuating circumstances – circunstancias
atenuantes
external *adj* – externo, visible, aparente
external audit – auditoría externa
external control – control externo
external evidence – prueba externa
extinction of rights – extinción de derechos
extinguish *v* – extinguir, aniquilar, cancelar
extinguishment *n* – extinción, anulación
extirpation *n* – extirpación, erradicación
extort *v* – extorsionar, quitar mediante la
fuerza
extortion *n* – extorsión
extortionate *adj* – de precio excesivo,
inmoderado, exorbitante
extortionate credit – usura
extra *adj* – extra, adicional, suplementario
extra coverage – cobertura adicional
extra-hazardous *adj* – bajo condiciones de
gran peligro
extra-official *adj* – extraoficial
extract *n* – extracto, fragmento
extract *v* – extraer, extractar, compendiar
extradite *v* – extraditar
extradition treaty – tratado de extradición
extrahazardous *adj* – condiciones de gran
peligro
extrajudicial *adj* – extrajudicial
extrajudicial confession – confesión
extrajudicial
extrajudicial evidence – prueba extrajudicial
extrajudicial identification – identificación
extrajudicial
extrajudicial oath – juramento extrajudicial

extramural *adj* – fuera de los límites, extramuros

extranational *adj* – mas allá del territorio de un país

extraneous *adj* – extraño, ajeno, externo

extraneous evidence – prueba externa

extranet *n* – extranet

extraordinary activity – actividad extraordinaria

extraordinary care – cuidados extraordinarios

extraordinary circumstances – circunstancias extraordinarias

extraordinary hazard – peligro extraordinario

extraordinary proceeding – procedimiento extraordinario

extraordinary risks – riesgos extraordinarios

extraordinary writs – recursos extraordinarios

extrapolate *v* – extrapolar

extrapolation *n* – extrapolación

extraterritorial jurisdiction – jurisdicción extraterritorial

extraterritoriality *n* – extraterritorialidad

extravagant interpretation – interpretación extravagante

extreme case – caso extremo

extreme cruelty – crueldad extrema

extreme measures – medidas extremas

extremity *n* – extremidad, extremo, situación extrema

extrinsic evidence – prueba externa

eyewitness *n* – testigo ocular, testigo de vista

eyewitness identification – identificación por testigo ocular

F

fabricate *v* – fabricar, falsificar, inventar

fabricated *adj* – fabricado, falsificado, inventado

fabricated document – documento falsificado

fabricated entry – asiento falsificado

fabricated evidence – prueba falsificada

fabricated record – registro falsificado

fabricated report – informe falsificado

fabrication *n* – fabricación, falsificación, mentira

face *n* – faz, apariencia, superficie, cara

face amount – valor nominal

face of instrument – el texto de un documento

face of judgment – valor nominal de una sentencia

face of record – expediente completo, total de los autos

face-to-face meeting – reunión cara a cara

face value – valor nominal, lo que aparece ser en vez de lo que realmente es

facet *n* – aspecto, faceta

facial disfigurement – desfiguración facial

facilitate *v* – facilitar, ayudar

facilitating agency – agencia de facilitación

facilitation *n* – facilitación, asistencia

facilitator *n* – facilitador

facilities *n* – facilidades, instalaciones, amenidades, medios

facsimile *n* – facsímil, telefacsímil

facsimile signature – firma facsimilar

fact *n* – hecho, suceso real

fact-finding *adj* – investigador

fact question – cuestión de hecho

faction *n* – facción, bando

factional *adj* – faccionario, partidario

factitious *adj* – artificial, ficticio, imitado

factor *n* – factor, agente comercial, entidad que compra a descuento cuentas por cobrar

factorage *n* – comisión, remuneración al agente comercial, labor del agente comercial

factoring *n* – venta a descuento de las cuentas por cobrar, factoraje, factorización, factoring

factorizing process – embargo de bienes en posesión de un tercero

factory *n* – fábrica, factoría, taller

factory acts – leyes que regulan las condiciones de trabajo

factory farm – granja industrial

factory inspection – inspección de fábrica

factory worker – obrero de fábrica

facts in issue – hechos controvertidos, hechos en disputa

factual *adj* – basado en hechos, cierto, real

factual error – error de hecho

factuality *n* – imparcialidad, objetividad

facultative *adj* – facultativo, contingente

faculties *n* – facultades, poderes

faculty *n* – facultad, autoridad, cuerpo docente

fad *n* – moda pasajera

fail *v* – fallar, quebrar, fracasar

fail to act – no actuar

fail to appear – no comparecer

fail to comply – no cumplir

fail to fulfill – no cumplir

fail to observe – no observar

fail to understand – no entender

failed *adj* – quebrado, insolvente, fracasado

failed bank – banco quebrado

failing circumstances – estado de insolvencia

failure *n* – fracaso, quiebra, incumplimiento, falta, abandono

failure of condition – incumplimiento de una condición

failure of consideration – disminución en el valor de la contraprestación

failure of evidence – prueba insuficiente

failure of issue – falta de descendencia

failure of justice – malogro de la justicia, injusticia, error judicial

failure of proof – prueba insuficiente

failure of record – omisión de una prueba instrumental a las alegaciones

failure of title – falta de título válido

failure of trust – ineficacia de un fideicomiso

failure to appear – incomparecencia en un juicio

failure to bargain collectively – negativa a negociar colectivamente

failure to comply – incumplimiento

failure to deliver – falta de entrega

failure to meet obligations – incumplimiento de las obligaciones

failure to perform – incumplimiento

failure to testify – incumplimiento en prestar testimonio

fair *adj* – justo, imparcial, honesto

fair and equitable – justo y equitativo

fair and impartial jury – jurado justo e imparcial

fair and reasonable consideration – contraprestación justa y razonable

fair and valuable consideration – contraprestación justa y adecuada

fair competition – competencia leal, competencia justa y equitativa

fair consideration – contraprestación justa

fair credit acts – leyes de crédito justo

fair credit reporting – informes sobre el crédito justos y equitativos

fair dealing – negociación justa, trato justo

fair employment and housing – empleo y vivienda justa

fair hearing – vista imparcial

fair housing laws – leyes de vivienda justa

Fair Labor Standards Act – Ley Federal de Normas Razonables del Trabajo

fair market price – precio justo en el mercado

fair-minded *adj* – justo, imparcial

fair notice – notificación razonable

fair offer – oferta razonable

fair on its face – aparentemente legal, aparentemente justo

fair pay – paga justa

fair play – juego limpio, trato justo

fair preponderance of evidence –

preponderancia de la prueba

fair price – precio justo

fair rent – renta razonable

fair sale – venta judicial justa e imparcial, venta justa e imparcial

fair share – parte justa

fair trade – competencia justa y razonable

fair treatment – trato justo

fair trial – juicio imparcial

fair use – uso razonable, el uso razonable de materiales bajo derechos de autor

fair use doctrine – doctrina concerniente al uso razonable de materiales bajo derechos de autor

fair value – valor justo, valor justo en el mercado

fair warning – aviso suficiente

fairly *adv* – justamente, con justicia, equitativamente, justificadamente, razonablemente

fairness *n* – imparcialidad, equidad, justicia

fait accompli – hecho consumado, fait accompli

fake *adj* – falso, falsificado, fraudulento

fake *n* – imitación, falsificación, impostor

fake *v* – falsificar, fingir, falsear

fake copy – copia falsa, copia falsificada

fake document – documento falso

fake entry – asiento falso

fake evidence – prueba falsa

fake instrument – instrumento falso

fake money – dinero falso

fake record – registro falso

fake report – informe falso

fake signature – firma falsa

faked illness – enfermedad fingida

fall due – ser pagadero, caducar, vencer

fall short – quedarse corto

fall through – fracasar, venirse abajo

fallacious *adj* – falaz, engañoso, erróneo

fallaciously *adv* – falazmente

fallacy *n* – falacia, error, falsedad, engaño

fallback *n* – reserva, recurso de emergencia

fallow *adj* – sin cultivar, no productivo

fallow-land *n* – tierra sin cultivar

false accounting – contabilidad falsa

false accusation – acusación falsa

false advertising – publicidad engañosa

false alarm – falsa alarma

false and fraudulent – falso y fraudulento

false and malicious – falso y malicioso

false and misleading – falso y engañoso

false answer – respuesta falsa

false arrest – arresto ilegal

false character – el delito de hacerse pasar por otra persona

false charge – cargo falso

false check – cheque sin fondos

false cheque – cheque sin fondos
false claim – declaración falsa
false colors – pretextos falsos
false copy – copia falsa, copia falsificada
false declaration – declaración falsa
false document – documento falso
false evidence – prueba falsa
false fact – hecho falso
false imprisonment – encarcelamiento ilegal
false information – información falsa
false invoice – factura falsa
false money – dinero falso
false motive – motivo falso
false name – nombre falso
false oath – perjurio, juramento falso
false personation – el delito de hacerse pasar por otra persona
false plea – alegación falsa, defensa dilatoria
false pretenses – falsos pretextos, falsas apariencias, declaraciones engañosas para estafar
false record – registro falso, registro falsificado
false report – informe falso, informe falsificado
false representation – representación falsa
false statement – declaración falsa
false swearing – perjurio, juramento falso
false tax return – declaración falsa de la renta, declaración falsa de ingresos
false testimony – perjurio, testimonio falso
false token – documento falso, indicación de la existencia de algo con motivos fraudulentos
false verdict – veredicto injusto, veredicto erróneo
falsehood *n* – falsedad
falsification of books – falsificación de libros
falsified document – documento falsificado
falsified entry – asiento falsificado
falsified evidence – prueba falsificada
falsified instrument – instrumento falsificado
falsified record – registro falsificado
falsified report – informe falsificado
falsified signature – firma falsificada
falsify records – falsificar registros
falsity *n* – falsedad, mentira
family allowance – asignación de fondos para mantener a la familia durante la administración de la sucesión
Family and Medical Leave Act – Ley de Ausencia Familiar y Médica
family court – tribunal de familia
family coverage – cobertura familiar
family disturbance – altercado familiar
family enterprise – empresa familiar
family law – derecho de familia
family living expenses – gastos de

subsistencia familiares
Family Medical Leave Act – Ley de Ausencia Familiar y Médica
family name – apellido
family policy – póliza familiar
family purpose doctrine – doctrina que responsabiliza a una persona que presta su auto a un familiar por las lesiones que éste pueda causar
family relationship – relación familiar
family tree – árbol genealógico
famous trademark – marca famosa
fancied *adj* – imaginado, preferido
fanciful trademark – marca fantasiosa
Fannie Mae (Federal National Mortgage Association) – Fannie Mae
FAQ (frequently asked questions) – preguntas más frecuentes
far-reaching *adj* – de gran extensión
fare *n* – tarifa, pasajero
farer *n* – viajero
farm *n* – finca, granja, cultivo
farm activity – actividad agrícola
farm cooperative – cooperativa agrícola
farm crossing – camino que cruza encima o debajo de la vía de un ferrocarril para llegar a la tierra aislada por dicha vía
farm economics – economía agrícola
farm labor – trabajo agrícola
farm laborer – obrero agrícola
farm labour – trabajo agrícola
farm labourer – obrero agrícola
farm laws – leyes agrícolas
farm subsidy – subsidio agrícola
farm worker – obrero agrícola
farming activity – actividad agrícola
farming economics – economía agrícola
farming labor – trabajo agrícola
farming labour – trabajo agrícola
farming laws – leyes agrícolas
farming subsidy – subsidio agrícola
farming workers – obreros agrícolas
farmland *n* – tierra de cultivo
farseeing *adj* – precavido, prudente
farsighted *adj* – prudente, sagaz
FAS (free alongside ship) – franco al costado de buque, libre al costado
fascism *n* – fascismo
fascist *adj* – fascista
fascist *n* – fascista
fasten *v* – atar, asegurar, abrochar
fat cat – pez gordo, persona adinerada
fatal accident – accidente mortal
fatal errors – errores fatales
fatal injury – lesión mortal
fatality *n* – fatalidad, muerto
father-in-law *n* – suegro
fault *n* – falta, culpa, negligencia, error

fault *v* – errar, culpar, hallar un defecto en
fault divorce – divorcio con culpa
faultily *adv* – defectuosamente
faultless *adj* – sin defectos, perfecto
faulty *adj* – defectuoso, incompleto
faux *adj* – falso
favor *n* – favor, parcialidad, privilegio
favor *v* – favorecer, apoyar
favorable decision – decisión favorable
favorable judgment – fallo favorable
favorable opinion – opinión favorable
favorable sentence – sentencia favorable
favorable verdict – veredicto favorable
favored nation – nación favorecida
favoritism *n* – favoritismo
favour *n* – favor, parcialidad, privilegio
favour *v* – favorecer, apoyar
favourable decision – decisión favorable
favourable judgment – fallo favorable
favourable opinion – opinión favorable
favourable sentence – sentencia favorable
favourable verdict – veredicto favorable
favoured nation – nación favorecida
favouritism *n* – favoritismo
fax *n* – fax, envió por fax, facsímil
fax *v* – enviar por fax
FDIC (Federal Deposit Insurance Corporation) – Corporación Federal de Seguros de Depósitos
fear *n* – miedo, temor, ansiedad
fearful *adj* – temeroso, miedoso
fearless *adj* – valiente
feasance *n* – cumplimiento, conducta
feasibility study – estudio de viabilidad
feasible *adj* – factible, viable, razonable
feasibleness *n* – viabilidad, factibilidad
feasor *n* – actor, quien hace
featherbedding *n* – tácticas laborales para aumentar innecesariamente la cantidad de empleados y/o el tiempo necesario para hacer un trabajo
feature *n* – característica, aspecto, rasgo
featureless *adj* – sin rasgos distintivos
feckless *adj* – ineficaz, inútil
federal actions – acciones federales
federal agency – agencia federal
federal agent – agente federal
federal aid – ayuda federal, asistencia federal
federal auditor – auditor federal
federal authority – autoridad federal
federal budget – presupuesto federal
federal citizenship – ciudadanía federal
federal courts – tribunales federales
federal crimes – delitos federales
Federal Deposit Insurance Corporation – Corporación Federal de Seguros de Depósitos
federal government – gobierno federal

federal holiday – feriado federal
Federal Home Loan Mortgage Corporation – Freddie Mac
Federal Housing Administration – Administración Federal de Viviendas
federal income taxes – impuestos sobre ingresos federales
federal judge – juez federal
federal jurisdiction – jurisdicción federal
federal lands – tierras federales
federal law – derecho federal, ley federal
federal minimum wage – salario mínimo federal, paga mínima federal
Federal National Mortgage Association – Fannie Mae, Asociación Hipotecaria Federal Nacional
federal offense – delito federal
federal police – policía federal
federal prison – prisión federal
federal question – caso federal
Federal Reserve – Reserva Federal
federal rules of appellate procedure – reglas federales de procedimiento apelativo
federal rules of civil procedure – reglas federales de procedimiento civil
federal rules of criminal procedure – reglas federales de procedimiento penal
federal rules of evidence – reglas federales en materia de prueba
federal subsidy – subsidio federal
federal taxation – imposición federal
Federal Trade Commission – Comisión Federal de Comercio
federally-controlled *adj* – controlado federalmente
federation *n* – federación
fee *n* – honorario, compensación, cargo, impuesto, derecho, dominio, pleno dominio
fee absolute – dominio absoluto, pleno dominio
fee-based *adj* – a base de pagos
fee expectant – transmisión de propiedad a un matrimonio y sus descendientes directos
fee simple – dominio simple, pleno dominio
fee simple absolute – dominio absoluto
fee simple conditional – dominio condicional
fee simple defeasible – dominio sobre un inmueble sujeto a condición resolutoria
fee tail – dominio heredable limitado a ciertos descendientes
fee tail female – dominio heredable limitado a la persona y sus descendientes directos del género femenino
fee tail male – dominio heredable limitado a la persona y sus descendientes directos del género masculino
feedback *n* – retroalimentación,

realimentación
feigned accomplice – agente encubierto que se hace pasar por cómplice
feigned disease – enfermedad fingida
feigned dispute – disputa fingida
feigned illness – enfermedad fingida
feigned injury – lesión fingida
feigned issue – cuestión artificial, litigio simulado para llegar a un veredicto concerniente a una cuestión real
fell *adj* – cruel, maligno, mortal
fell *v* – derribar, cortar
fellatio *n* – felación
fellness *n* – crueldad, malignidad
fellow *n* – compañero, socio, colega
fellow citizen – conciudadano
fellow-heir *n* – coheredero
fellow laborer – colaborador
fellow labourer – colaborador
fellow servant – coempleado
felo de se – suicidio
felon *n* – criminal
felonious *adj* – criminal, con intención criminal, malicioso
felonious act – acto criminal
felonious action – acto criminal
felonious assault – asalto criminal, violencia criminal, asalto con violencia
felonious conduct – conducta criminal
felonious entry – allanamiento de morada
felonious homicide – homicidio criminal, homicidio culpable
felonious intent – intención criminal
felonious taking – hurto con intención criminal
feloniously *adv* – criminalmente, malvadamente
felony *n* – crimen, delito grave
felony murder rule – doctrina que establece que si una persona comete homicidio involuntario mientras comete un delito grave es culpable de asesinato
femicide *n* – homicidio de una mujer
feminicide *n* – homicidio de una mujer
feminism *n* – feminismo
feminist *adj* – feminista
feminist *n* – feminista
fence *n* – perista, quien recibe objetos robados
fence *v* – cercar, traficar objetos robados
fenceless *adj* – sin cerca, indefenso
fencing patents – patentes para ampliar lo que se protege como parte de la invención
fend *v* – detener, repeler, evadir
feneration *n* – usura, devengar intereses
ferial days – días feriados
ferociously *adv* – ferozmente
ferociousness *adv* – ferocidad, brutalidad

ferocity *n* – ferocidad
ferry *n* – transbordador, barco de transporte
ferry *v* – barquear, transportar en barco
ferry franchise – concesión otorgada a un servicio de transbordador
ferryman *n* – barquero
fertile *adj* – fértil, productivo
fertilisation *n* – fertilización
fertilization *n* – fertilización
fetal death – muerte fetal
feticide *n* – feticidio
fetters *n* – grilletes, cadenas
fetus *n* – feto
feudal *adj* – feudal
feudalism *n* – feudalismo
feudalist *adj* – feudal
FHA (Federal Housing Administration) – Administración Federal de Viviendas
fiancé *n* – prometido
fiancée *n* – prometida
fiat money – dinero fiduciario
fiaunt *n* – una orden
fib *n* – mentirilla
fibber *n* – mentiroso
fiction *n* – ficción, mentira
fiction of law – ficción legal
fictional *adj* – ficticio
fictitious *adj* – ficticio, fingido, falsificado
fictitious action – acción ficticia
fictitious address – dirección ficticia
fictitious assets – activo ficticio
fictitious bidding – licitación ficticia
fictitious business name – nombre ficticio de empresa, nombre comercial ficticio
fictitious claim – reclamación ficticia
fictitious corporation – corporación ficticia
fictitious credit – crédito ficticio
fictitious debt – deuda ficticia
fictitious name – nombre ficticio
fictitious party – parte ficticia
fictitious payee – beneficiario ficticio
fictitious payment – pago ficticio
fictitious person – persona ficticia
fictitious plaintiff – demandante ficticio
fictitious promise – promesa ficticia
fictitious registration – registro ficticio
fictitious residence – residencia ficticia
fidelity *n* – fidelidad, exactitud
fidelity and guaranty insurance – seguro de fidelidad, seguro contra ciertas conductas de parte de ciertas personas
fidelity bond – caución de fidelidad, fianza de fidelidad
fidelity insurance – seguro de fidelidad, seguro contra ciertas conductas de parte de ciertas personas
fiducial *adj* – fiduciario, de confianza
fiduciary *adj* – fiduciario, de confianza

fiduciary *n* – fiduciario, persona de confianza
fiduciary accounting – contabilidad fiduciaria
fiduciary bond – caución fiduciaria, fianza
fiduciary capacity – capacidad fiduciaria
fiduciary contract – contrato fiduciario
fiduciary debt – deuda fiduciaria
fiduciary duty – deber fiduciario
fiduciary loan – préstamo fiduciario
fiduciary money – dinero fiduciario
fiduciary obligation – obligación fiduciaria
fiduciary relation – relación fiduciaria
field agent – agente de campo
field audit – auditoría de campo
field sobriety tests – pruebas para determinar la sobriedad que consisten en pedirle al conductor que salga de su vehículo y realice pruebas de coordinación
fiendish *adj* – perverso, malvado
fierce *adj* – feroz, violento
fifth amendment – quinta enmienda
fifty-fifty *adj* – dividido justamente entre dos partes
fight back – contraatacar
fighting words – palabras intencionadas a provocar violencia
fighting words doctrine – doctrina según la cual las palabras intencionadas a provocar violencia no están protegidas por la primera enmienda
figment *n* – ficción, invención
figural *adj* – figurado, que tiene figuras
figure *n* – cifra
figure of speech – forma de expresión, lenguaje figurado
filch *v* – ratear
filcher *n* – ratero
filching *n* – ratería
file *n* – archivo, fichero, expediente, registro
file *v* – archivar, registrar, presentar, declarar
file a claim – presentar una demanda, presentar una solicitud, entablar una reclamación
file a judgment – registrar una sentencia
file a lien – registrar un gravamen
file a mortgage – registrar una hipoteca
file a motion – presentar una moción
file a tax return – presentar una declaración de la renta, presentar una declaración de ingresos
file an appeal – presentar una apelación
file an application – presentar una solicitud
file clerk – archivero, archivista, archivador
file for bankruptcy – presentar una declaración de quiebra
file jointly – declarar conjuntamente
file name – nombre de archivo
file security – seguridad de archivos

file separately – declarar separadamente
file server – servidor de archivos
file suit – demandar, iniciar una acción, entablar un procedimiento, iniciar un pleito
filer *n* – quien archiva, quien registra, quien presenta
filiation proceeding – procedimiento de filiación
filibuster *n* – obstruccionista legislativo
filibustering *n* – obstruccionismo legislativo
filing *n* – presentación, registro, clasificación
filing date – fecha de registro
filing jointly – declarando conjuntamente
filing of articles of incorporation – registro del acta constitutiva de una corporación
filing receipt – recibo de registro
filing separately – declarando separadamente
fill a vacancy – llenar una vacante
fill in – rellenar, sustituir
filthy *adj* – asqueroso, obsceno
final *adj* – final, conclusivo, decisivo
final acceptance – aceptación final
final agreement – convenio final
final argument – resumen de los puntos sobresalientes de un juicio de parte de uno de los abogados, resumen de los puntos sobresalientes e instrucciones al jurado de parte del juez
final award – adjudicación final
final conviction – convicción final
final decision – decisión final, sentencia definitiva
final decree – sentencia definitiva
final determination – decisión final, resolución final
final disposition – decisión final
final hearing – vista final
final judgment – sentencia final
final notice – notificación final, aviso final
final sentence – sentencia definitiva
final settlement – conciliación final de la sucesión, liquidación final
final warning – advertencia final
finalise *v* – finalizar, concretar
finalise a contract – finalizar un contrato
finalise a loan – finalizar un préstamo
finality *n* – finalidad, carácter concluyente
finality of payment – finalidad de pago
finalize *v* – finalizar, concretar
finalize a contract – finalizar un contrato
finalize a loan – finalizar un préstamo
finance *n* – finanzas
finance *v* – financiar
Finance Act – Ley de Finanzas
finance bill – proyecto de ley financiero
finance charge – cargo por financiamiento
finance company – compañía financiera
financed premium – prima financiada

financial *adj* – financiero
Financial Accounting Standards Board –
Junta de Normas de Contabilidad Financiera
financial adviser – asesor financiero
financial advisor – asesor financiero
financial aid – ayuda financiera, asistencia
financiera, ayuda económica
financial authorities – autoridades
financieras
financial books – libros financieros
financial controls – controles financieros
financial counseling – asesoramiento
financiero
financial counselling – asesoramiento
financiero
financial crisis – crisis financiera
financial data – datos financieros
financial guarantee – garantía financiera
financial guaranty – garantía financiera
financial history – historial financiero
financial policy – política financiera
financial privacy – privacidad financiera
financial pyramid – pirámide financiera
financial records – registros financieros
financial report – informe financiero
financial repression – represión financiera
financial requirements – requisitos
financieros
financial statement – estado financiero
financial statement audit – auditoría de
estados financieros
financial structure – estructura financiera
financially sound – solvente
financier *n* – financiero, financista
financing *n* – financiamiento, financiación
financing commitment – compromiso de
financiamiento
financing requirements – requisitos de
financiamiento
financing restrictions – restricciones de
financiamiento
find *v* – encontrar, descubrir, fallar
find against – fallar en contra, decidir contra
find for – fallar a favor, decidir en favor de
find guilty – hallar culpable
finder *n* – intermediario que pone en contacto
a dos partes para una oportunidad comercial,
intermediario
finder's fee – comisión por poner en contacto
a dos partes
finding *n* – veredicto, fallo, sentencia,
descubrimiento
finding of fact – determinación de hecho
findings of jury – veredicto del jurado
fine *adj* – muy bueno, selecto, fino, refinado
fine *n* – multa
fine *v* – multar
fine print – letra pequeña, cláusulas de un

contrato escritas con letras pequeñas y
ubicadas de modo que no se noten fácilmente
fingerprint *n* – huella digital, huella dactilar
fingerprint *v* – tomar huellas digitales
finish *v* – terminar, agotar
finished goods – bienes terminados,
productos terminados
fire alarm – alarma de incendio
fire escape – escape de incendios
fire hazard – peligro de incendio
fire insurance – seguro contra incendio
fire policy – póliza de seguro contra incendio
fire regulations – reglamentos concerniente a
los incendios
fire sale – venta de liquidación
firearm *n* – arma de fuego
firearm acts – leyes que penalizan la posesión
o el uso ilegal de armas de fuego
fireboat *n* – barco para extinguir incendios
fireproof *adj* – a prueba de fuego
firewall *n* – contrafuegos
firing squad – pelotón de fusilamiento
firm *adj* – firme, en firme, estable, final
firm *n* – empresa, firma
firm bid – oferta firme, oferta en firme
firm buyer – comprador firme, comprador en
firme
firm commitment – compromiso firme
firm contract – contrato firme
firm name – nombre de empresa
firm offer – oferta firme, oferta en firme
firm price – precio firme, precio en firme
firm sale – venta firme, venta en firme
first aid – primeros auxilios
first blush – a primera impresión
first-born *adj* – primogénito
first charge – primer cargo
first class mail – correo de primera clase
first class post – correo de primera clase
first conviction – primera condena
first cousin – primo hermano
first crime – primer crimen
first criminal conviction – primera condena
criminal
first degree murder – asesinato en primer
grado
first-hand knowledge – conocimiento de
primera mano
first heir – primer heredero
first instance – primera instancia
first lien – privilegio de primer grado,
gravamen de primer rango, primer gravamen
first mortgage – primera hipoteca
first name – nombre de pila
first offender – delincuente sin antecedentes
penales
first option – primera opción
first policy year – primer año de vigencia de

una póliza
first premium – primera prima
first purchaser – comprador original de propiedad que todavía forma parte de los bienes familiares
first refusal right – derecho de prelación
first world – primer mundo
fisc *n* – fisco, hacienda pública
fiscal *adj* – fiscal, impositivo
fiscal administration – administración fiscal
fiscal affairs – asuntos fiscales
fiscal austerity – austeridad fiscal
fiscal court – tribunal fiscal
fiscal crisis – crisis fiscal
fiscal discrimination – discriminación fiscal
fiscal drag – lastre fiscal, rémora fiscal
fiscal freedom – libertad fiscal
fiscal inefficiency – ineficiencia fiscal
fiscal law – derecho fiscal
fiscal penalties – penalidades fiscales
fiscal structure – estructura fiscal
fiscal transparency – transparencia fiscal
fishery *n* – derecho de pesca, pesca, pesquería
fishing expedition – el uso de los tribunales para obtener información mas allá de lo concerniente al caso
fishing trip – el uso de los tribunales para obtener información mas allá de lo concerniente al caso
fit *adj* – apto, apropiado, correcto
fit *n* – concordancia
fit *v* – convenir a, corresponder a
fitness *n* – aptitud, conveniencia
fix *v* – fijar, establecer, determinar, arreglar
fix a price – fijar un precio
fixation *n* – fijación
fixed *adj* – fijo, establecido
fixed bail – fianza fijada
fixed rate – tasa fija
fixed rent – renta fija
fixed residence – residencia fija
fixed sentence – sentencia fija
fixed term – plazo fijo
fixing *n* – fijación, determinación
fixture *n* – instalación
fixtures and fittings – instalaciones fijas, accesorios e instalaciones
flag *v* – señalar, hacer señales con banderas
flag of convenience – bandera de conveniencia
flag of registration – bandera de registro
flag of truce – bandera de tregua
flagrant *adj* – flagrante, notorio
flagrant crime – crimen flagrante
flame *n* – llama, fuego
flash check – cheque falso
flash cheque – cheque falso

flat *adj* – fijo, uniforme, plano, sin intereses acumulados
flat *n* – apartamento, departamento, piso
flat charge – cargo fijo
flat deductible – deducible fijo
flat tax – impuesto fijo
flatly *adv* – categóricamente, totalmente
flaw *n* – imperfección, falta, defecto, tacha
flawless *adj* – impecable, intachable
flee *v* – huir, apartarse de
fleece *v* – desplumar
flee from justice – huir de la justicia
fleet *n* – flota
fleet policy – póliza sobre una flota de vehículos
flesh *n* – carne, género humano, parentesco
flexible premium – prima flexible
flexible rate – tasa flexible
flexible timetable – horario flexible
flexible working hours – horario flexible
flexitime *n* – horario flexible
flextime *n* – horario flexible
flight *n* – vuelo, fuga
flight from justice – huida de la justicia
flight of capital – fuga de capital
flimsy *adj* – débil, frágil
flipper *n* – quien busca obtener una ganancia rápida al vender acciones de una oferta pública inicial lo más rápido posible
float *n* – flotación, emisión, emisión de valores, acciones
float *v* – flotar, emitir, emitir acciones, emitir valores
floatation *n* – emisión, emisión de acciones
floater *n* – póliza de artículos sin un lugar fijo
floater policy – póliza de artículos sin un lugar fijo
floating *adj* – flotante, circulante, variante
floating zone – zonificación en la que se asigna cierta proporción del área total a usos determinados pero no lugares específicos para estos usos
flogging *n* – azotamiento, vapuleo
flood insurance – seguro contra inundaciones
floor *n* – piso, mínimo, suelo, parqué
floor rate – tasa mínima
flop *n* – fracaso
flotation *n* – emisión, emisión de acciones
flotsam *n* – restos flotantes, objetos flotantes
flow *n* – flujo, corriente
flow of funds – flujo de fondos
flow of work – flujo del trabajo
flowage *n* – inundación, corriente
flowchart *n* – organigrama, flujograma
fluctuate *v* – fluctuar
fluctuating rate – tasa fluctuante
fluctuation interval – intervalo de fluctuación

fly-by-night *adj* – cuestionable, sospechoso
flyer *n* – octavilla, pasajero aéreo
focus of attention – foco de atención
foe *n* – enemigo, adversario
foeticide *n* – feticidio
fog *n* – neblina, nebulosidad
fogbound *adj* – rodeado de neblina
fold *v* – cesar operaciones, cesar operaciones por falta de éxito
folder *n* – fólder, carpeta
folio *n* – folio, hoja, numeración de hojas
follow advice – seguir consejos
follow-up *n* – seguimiento
follower *n* – seguidor, discípulo, adherente
food aid – ayuda alimentaria
Food and Agriculture Organisation – Organización para la Agricultura y la Alimentación
Food and Agriculture Organization – Organización para la Agricultura y la Alimentación
food processing – procesamiento de alimentos
food stamps – cupones de alimentos
footage *n* – película, longitud expresada en pies
footnote disclosure – divulgación en nota al pie
footprints *n* – huellas del pie, rastro
for account of – para la cuenta de
for cause – por causa suficiente
for collection – al cobro
for deposit only – sólo para depósito
for hire – para alquiler, libre
for information purposes only – a título informativo
for lease – se arrienda
for life – vitalicio
for purpose of – para el propósito de
for rent – se alquila
for reward – por recompensa
for sale – se vende
for value received – por contraprestación recibida
for whom it may concern – a quien pueda interesar, a quien pueda corresponder
forbear *v* – desistir de, evitar, tolerar
forbearance *n* – tolerancia, tolerancia por incumplimiento de pago
forbearance agreement – acuerdo de no cobrar un dinero debido
forbidden by law – prohibido por ley
force *n* – fuerza, vigencia, violencia
force *v* – obligar, forzar, coactar
force and arms – uso de violencia
force and fear – uso de fuerza y temor
force majeure – fuerza mayor
forced *adj* – forzoso, forzado

forced arbitration – arbitraje forzoso
forced bankruptcy – quiebra forzosa
forced heir – heredero forzoso
forced labor – trabajo forzoso
forced labour – trabajo forzoso
forced liquidation – liquidación forzosa
forced sale – venta forzosa
forcible *adj* – forzado, eficaz, concluyente
forcible detainer – remedio sumario para recobrar un bien inmueble
forcible entry – posesión de un inmueble mediante la violencia, allanamiento de morada
forcible entry and detainer – proceso sumario para recobrar un bien inmueble
forcible rape – violación con violencia, estupro con violencia
forcible trespass – apropiación de bienes muebles mediante la violencia
foreclose *v* – privar del derecho de redención a un deudor hipotecario, ejecutar, impedir
foreclosure *n* – ejecución hipotecaria, juicio hipotecario, acción hipotecaria, ejecución
foreclosure decree – decreto judicial para la ejecución hipotecaria
foreclosure of a mortgage – ejecución hipotecaria
foreclosure sale – venta de un inmueble hipotecado para pagar la deuda, venta judicial
foredate *v* – antedatar
foregift *n* – pago de prima por encima del alquiler de parte de un arrendatario
foregoing *adj* – antedicho, antes escrito
foregone revenue – ingresos sacrificados
foreign *adj* – extranjero, exterior, extraño, ajeno
foreign account – cuenta exterior
foreign aid – ayuda exterior
foreign bank – banco extranjero
foreign consulate – consulado extranjero
foreign-controlled *adj* – controlado desde el exterior
foreign cooperation – cooperación extranjera
foreign copyright – derechos de autor extranjeros
Foreign Corrupt Practices Act – Ley de Prácticas Corruptas Extranjeras
foreign country – país extranjero
foreign court – tribunal extranjero
foreign currency – moneda extranjera
foreign custom – costumbre extranjera
foreign diplomatic officers – funcionarios diplomáticos extranjeros
foreign divorce – divorcio en el extranjero
foreign domicile – domicilio extranjero
foreign exchange – divisas, intercambio de divisas, moneda extranjera

foreign guardian – tutor designado por un tribunal en otra jurisdicción
foreign holiday – fiesta extranjera
foreign immunity – inmunidad extranjera
foreign judgment – sentencia extranjera
foreign jurisdiction – jurisdicción extranjera
foreign jury – jurado extranjero
foreign law – derecho extranjero
foreign laws – leyes extranjeras
foreign policy – política extranjera, póliza extranjera
foreign tax agreement – convenio extranjero sobre impuestos
foreign tax credit – crédito impositivo extranjero
foreign trade zone – zona de comercio exterior, zona franca
foreign vessel – nave extranjera
foreign waters – aguas territoriales de un país extranjero
foreigner *n* – extranjero, forastero
forejudge *v* – juzgar de antemano, privar mediante sentencia judicial
foreknow *v* – saber de antemano, prever
foreman *n* – capataz, presidente de un jurado
forename *n* – nombre de pila
forensic *adj* – forense, judicial
forensic accountant – contador forense
forensic medicine – medicina forense
foreperson *n* – capataz, presidente de un jurado
foresee *v* – prever
foreseeable danger – peligro previsible
foreseeable risk – riesgo previsible
foreshadow *v* – presagiar, anunciar
foresight *n* – previsión, prudencia
forestall *v* – impedir, excluir, acaparar
forestalling the market – acaparamiento del mercado
forestry *n* – silvicultura, selvicultura
forethought *n* – premeditación, prudencia
forewarn *v* – advertir, prevenir
forewoman *n* – capataz, presidenta de un jurado
forfeit *v* – perder, confiscar, decomisar
forfeitable *adj* – sujeto a pérdida, confiscable, decomisable
forfeiture *n* – pérdida, confiscación, decomiso
forge *v* – falsificar, fabricar, forjar
forged *adj* – falsificado
forged check – cheque falsificado
forged cheque – cheque falsificado
forged copy – copia falsificada
forged document – documento falsificado
forged endorsement – endoso falsificado
forged entry – asiento falsificado
forged instrument – instrumento falsificado

forged record – registro falsificado
forged report – informe falsificado
forged signature – firma falsificada
forger *n* – falsificador
forgery *n* – falsificación
forgery insurance – seguro contra falsificación
forgivable loan – préstamo perdonable
forgive *v* – perdonar, eximir
forgo *v* – renunciar a, perder, pasar sin
forgone income – ingresos sacrificados
form *n* – formulario, forma, modelo
form of the statute – el lenguaje de la ley
formal accusation – acusación formal
formal charges – cargos formales
formal communication – comunicación formal
formal complaint – querella formal
formal consent – consentimiento formal
formal contract – contrato formal
formal criminal charge – cargo criminal formal
formal issue – cuestión formal
formal notice – notificación formal
formal promise – promesa formal
formal questioning – interrogatorio formal
formal statement – declaración formal
formalise a contract – formalizar un contrato
formalise an agreement – formalizar un acuerdo
formality *n* – formalidad, norma, ceremonia
formalize a contract – formalizar un contrato
formalize an agreement – formalizar un acuerdo
formally declare – declarar formalmente
formation of trust – formación de fideicomiso
formed design – premeditación
former *adj* – anterior, antiguo
former convictions – condenas anteriores
former disability – discapacidad anterior
former employee – empleado anterior
former employer – patrono anterior
former employment – empleo anterior
former injury – lesión anterior
former jeopardy – disposición que prohíbe una segunda acción por el mismo delito
former marriage – matrimonio anterior
former recovery – indemnización en una acción anterior
former testimony – testimonio anterior
former will – testamento anterior
forms of action – formas de acción
fornication *n* – fornicación
forsake *v* – abandonar, dejar
forswear *v* – jurar en falso, perjurar
forth *adv* – adelante, en adelante
forthcoming *adj* – próximo, que viene

forthcoming bond – caución para recobrar bienes embargados
forthright *adj* – directo
forthright *adv* – directamente
forthwith *adv* – inmediatamente
fortnight *n* – dos semanas
fortuitous *adj* – fortuito, accidental
fortuitous collision – colisión accidental
fortuitous event – evento fortuito
forty *n* – cuarenta acres en forma cuadrada
forum *n* – foro, tribunal, jurisdicción
forum conveniens – jurisdicción conveniente
forum non conveniens – doctrina que permite que un tribunal niegue jurisdicción si hay uno más conveniente
forum shopping – la búsqueda de un tribunal o jurisdicción o juez que se estime que tratará más favorablemente un caso
forward *adj* – a plazo, a término, futuro
forward *v* – enviar, reenviar, remitir
forwarder *n* – agente expedidor, expedidor
forwarding *n* – envío, expedición
forwarding agency – agencia de envío
foster *v* – fomentar
foster child – menor al cuido de personas que no son sus padres biológicos
foster home – hogar para cuidar y criar menores
foster parent – adulto que cuida a un menor como si fuera su padre
foul *adj* – asqueroso, estropeado, grosero
foul bill of lading – conocimiento de embarque señalando faltas
foul play – traición, engaño
found *v* – fundar, fundamentar
foundation *n* – fundación, fundamento, preguntas preliminares
founder *n* – fundador
founder *v* – irse al fondo, irse a pique, fracasar
foundling *n* – expósito
foundling hospital – casa para expósitos, casa cuna
four corners – el documento completo
fourth estate – la prensa
fourth world – cuarto mundo
foxily *adv* – astutamente
fraction of a day – porción de un día
fractional ownership – propiedad fraccionaria
frame *v* – formar, concebir, formular, incriminar a una persona inocente
frame of mind – estado de ánimo
frame of reference – marco de referencia
frame-up *n* – estratagema para incriminar a una persona inocente
framework *n* – armazón, marco, estructura
framework agreement – convenio marco

framework contract – contrato marco
franchise *n* – franquicia, concesión, privilegio, derecho de voto
franchise agreement – convenio de franquicia
franchise clause – cláusula de franquicia
franchise tax – impuesto sobre franquicias, derechos de licencia
franchised dealer – concesionario, agente autorizado
franchisee *n* – quien recibe una franquicia, concesionario
franchiser *n* – quien otorga una franquicia, franquisiador
franchising services – servicios de franquicia
franchisor *n* – quien otorga una franquicia, franquisiador
frank *adj* – sincero, franco
frank *n* – franquicia postal, envío franco
frank *v* – franquear, enviar gratis por correo
franking privilege – franquicia postal
frantic *adj* – frenético, desequilibrado
fraternal benefit society – fraternidad, logia
fraternity *n* – hermandad, fraternidad
fratricide *n* – fratricidio, fratricida
fraud *n* – fraude, dolo, abuso de confianza
fraud in fact – fraude de hecho
fraud in law – fraude de derecho
fraud in the inducement – uso del fraude para inducir a firmar un documento
fraudulent *adj* – fraudulento, doloso
fraudulent act – acto fraudulento
fraudulent alienation – transferencia fraudulenta
fraudulent bankruptcy – quiebra fraudulenta
fraudulent check – cheque fraudulento
fraudulent cheque – cheque fraudulento
fraudulent claim – reclamación fraudulenta
fraudulent concealment – ocultación fraudulenta
fraudulent conversion – apropiación fraudulenta
fraudulent conveyance – transferencia fraudulenta
fraudulent document – documento fraudulento
fraudulent entry – entrada fraudulenta
fraudulent intent – intención fraudulenta
fraudulent misrepresentation – declaración fraudulenta
fraudulent practice – práctica fraudulenta
fraudulent sale – venta fraudulenta
fraudulent statement – declaración fraudulenta
fraudulently *adv* – fraudulentamente, engañosamente
Freddie Mac (Federal Home Loan Mortgage Corporation) – Freddie Mac

free *adj* – libre, exento, gratis
free alongside ship – franco al costado de buque, libre al costado
free and clear – libre de gravámenes
free and equal – libre e igual
free and open market – mercado libre y abierto
free circulation – libre circulación
free enterprise – libre empresa
free from bias – imparcial
free from blame – inocente
free from danger – a salvo
free from doubt – sin dudas
free from errors – sin errores
free from guilt – inocente
free from risk – a salvo, sin riesgo
free interpretation – interpretación libre
free-market economy – economía de libre mercado
free movement of labor – libre circulación de trabajadores
free movement of labour – libre circulación de trabajadores
free of charge – gratis
free of cost – gratis
free of customs – libre de impuestos aduaneros
free of duties – libre de derechos
free of error – sin errores
free of tax – libre de impuestos
free offer – oferta gratuita
free on board – franco a bordo, libre a bordo
free port – puerto franco
free press – prensa libre
free rate – tasa libre
free reserves – reserva disponible
free rider – quien busca aprovecharse de otros pagando y/o haciendo menos de lo que se debe
free sample – muestra gratuita
free ship – barco neutral
free-standing *adj* – independiente
free tenure – derecho de propiedad
free trade zone – zona franca, zona de libre comercio
free will – libre albedrío
freebee *n* – regalo, producto o servicio gratuito
freebie *n* – regalo, producto o servicio gratuito
freedom *n* – libertad, facilidad, privilegio
freedom of action – libertad de acción
freedom of association – libertad de asociación
freedom of choice – libertad de elección
freedom of contract – libertad de contratación
freedom of establishment – libertad de establecimiento
freedom of expression – libertad de expresión
freedom of information – libertad de información
freedom of movement – libertad de movimiento
freedom of press – libertad de prensa
freedom of religion – libertad de religión
freedom of speech – libertad de expresión
freedom of the city – inmunidad de la jurisdicción de un condado
freehold *n* – derecho de dominio absoluto, propiedad absoluta
freehold in law – derecho de dominio absoluto sin haber tomado posesión
freehold property – propiedad absoluta
freeholder *n* – dueño de propiedad inmueble, propietario, propietario absoluto
freelance worker – trabajador freelance, trabajador por cuenta propia
freelancer *n* – trabajador freelance, trabajador por cuenta propia
freely given – dado libremente
freestanding *adj* – independiente
freeze assets – congelar activos
freeze funds – congelar fondos
freeze out *v* – usar el poder corporativo para excluir a los accionistas minoritarios
freeze-out *n* – exclusión de los accionistas minoritarios mediante el uso del poder corporativo
freeze wages – congelar salarios
freezing of assets – congelación de activos
freezing of funds – congelación de fondos
freezing of wages – congelación de salarios
freezeout *n* – exclusión de los accionistas minoritarios mediante el uso del poder corporativo
freight *n* – flete, cargamento, carga, gastos de transporte
freight and insurance paid – porte y seguro pagados
freight collect – porte debido
freight forward – porte debido
freight free – porte franco
freight insurance – seguro de cargamento
freight owing – porte debido
freight paid – porte pagado
freight prepaid – porte pagado
freighter *n* – fletador, carguero, buque de carga, avión de carga, tren de carga
frenzy *n* – frenesí, locura
frequenter *n* – frecuentador, quien puede estar en un lugar de trabajo sin ser empleado ni transgresor
frequently asked questions – preguntas más frecuentes

fresh *adj* – fresco, reciente, inexperto
fresh complaint rule – regla que establece que hay credibilidad adicional si una persona acude a otra persona de su confianza inmediatamente tras alegar ser víctima de un crimen
fresh evidence – prueba nueva
fresh pursuit – derecho de la policía a cruzar líneas divisorias de jurisdicciones al perseguir a un criminal
frictional unemployment – desempleo friccional
friendly suit – acción por acuerdo común
friendly takeover – toma de control amistosa
friendly witness – testigo favorable
frighten *v* – asustar, alarmar
frigidity *n* – frigidez
fringe benefits – beneficios extrasalariales
frisk *v* – cachear
frivolous answer – respuesta frívola
frivolous appeal – apelación sin fundamento
frivolous defence – defensa sin fundamento
frivolous defense – defensa sin fundamento
frivolous suit – juicio sin fundamento
frivolous tax return – declaración frívola de la renta, declaración frívola de ingresos
frolic *n* – situación en la cual un empleado hace cosas que tienen tan poco que ver con su trabajo que el patrono está exento de responsabilidad
front *n* – frente, apariencia, apariencia falsa
front money – dinero para empezar un negocio
front office – oficinas de ejecutivos principales
frontage *n* – la parte del frente de una propiedad, fachada
frontier *n* – frontera
frontier traffic – tráfico fronterizo
fronting and abutting – colindante
frontward *adv* – hacia adelante
frozen *adj* – congelado, bloqueado, fijo
frozen assets – activo congelado
frozen funds – fondos congelados
frozen wages – salarios congelados
frugal *adj* – frugal, económico
fruitful *adj* – fructífero, fértil, productivo
fruition *adj* – fruición, cumplimiento
fruitless *adj* – infructuoso, infecundo
fruits of crime – frutos del crimen
frustrate *v* – frustrar, impedir
frustration of contract – frustración de contrato
FTC (Federal Trade Commission) – Comisión Federal de Comercio
fuddle *v* – embriagar, confundir
fugitive *n* – fugitivo, prófugo
fugitive from justice – prófugo de la justicia

fulfil *v* – cumplir, satisfacer
fulfil a contract – cumplir un contrato
fulfil a promise – cumplir una promesa
fulfil a requirement – cumplir un requisito
fulfil an obligation – cumplir una obligación
fulfill *v* – cumplir, satisfacer
fulfill a contract – cumplir un contrato
fulfill a promise – cumplir una promesa
fulfill a requirement – cumplir un requisito
fulfill an obligation – cumplir una obligación
fulfillment *n* – cumplimiento, realización
fulfilment *n* – cumplimiento, realización
full *adj* – lleno, total, completo, pleno
full abandonment – abandono total
full answer – respuesta completa
full assignment – cesión total
full audit – auditoría completa
full blood – parentesco directo
full consideration – contraprestación total
full contract – contrato total
full control – control total
full copy – transcripción completa, copia completa
full court – tribunal en pleno
full-cover insurance – seguro de cobertura total
full defence – defensa completa
full defense – defensa completa
full delivery – entrega total
full disclosure – divulgación completa
full employment – pleno empleo
full endorsement – endoso completo
full exemption – exención total
full faith and credit clause – cláusula constitucional que indica que cada estado tiene que reconocer las leyes y decisiones judiciales de los demás estados
full hearing – vista exhaustiva
full jurisdiction – jurisdicción plena
full liquidation – liquidación total
full loss – pérdida total
full name – nombre completo
full pardon – indulto incondicional
full payment – pago total
full performance – cumplimiento total
full powers – plenos poderes
full proof – prueba plena
full record – registro total
full report – informe completo
full retirement age – edad de retiro para recibir todos los beneficios
full right – derecho pleno
full satisfaction – pago total de una deuda, entera satisfacción
full-service *adj* – de servicios completos
full-time employee – empleado a tiempo completo
full-time employment – empleo a tiempo

completo
full warranty – garantía completa
fully *adv* – completamente, enteramente
fully-owned subsidiary – subsidiaria de propiedad total
fully registered – completamente registrado
fully vested – con derecho completo de pensión de retiro
fumble *v* – andar torpemente, tocar torpemente
function *n* – función, ocupación, operación
functional administration – administración funcional
functional obsolescence – obsolescencia por virtud de productos similares más recientes de utilidad superior
fund *n* – fondo, fondo de inversión, reserva
fund flow – flujo de fondos
fund raising – recaudación de fondos
fundament *n* – fundamento, base
fundamental *adj* – fundamental, esencial
fundamental breach of contract – incumplimiento esencial de un contrato
fundamental change – cambio fundamental
fundamental error – error fundamental
fundamental law – ley fundamental, constitución
fundamental rights – derechos fundamentales
funded *adj* – financiado, consolidado
funded pension plan – plan de pensión con fondos asignados
funding *n* – financiamiento, financiación
funding administration – administración de financiamiento
funding freeze – congelamiento de financiamiento
funding requirements – requisitos de financiamiento
fundraiser *n* – recaudador de fondos, evento para la recaudación de fondos
fundraising *n* – recaudación de fondos
funds administration – administración de fondos
funeral – funeral, entierro
funeral expenses – gastos funerarios
fungible *adj* – fungible, intercambiable
fungible goods – bienes fungibles
fungibles *n* – bienes fungibles, valores fungibles
furlough *n* – licencia, permiso
funnel funds – canalizar fondos
funny money – dinero falsificado
furnish *v* – proveer, procurar, aducir
furnish bail – prestar fianza
furnish evidence – suministrar prueba
furnish information – suministrar información
furnish proof – suministrar prueba

furniture and fixtures – muebles e instalaciones
further evidence – pruebas adicionales
further hearings – vistas adicionales
further instructions – instrucciones adicionales
further proceedings – procedimientos adicionales
furtherance *n* – fomento, progreso
furtherer *n* – promotor
furthermore *adv* – además, otrosí
furthermost *adj* – más lejano, más remoto
furthest *adj* – más lejano, más remoto
furtive *adj* – furtivo, secreto, disimulado
furtively *adv* – furtivamente, secretamente
fury *n* – furia, ferocidad
fuse *v* – fusionar, fundir, unir, juntar
future-acquired property – bienes adquiridos después de un determinado hecho
future delivery – entrega futura
future estate – derecho a bienes inmuebles en el futuro
future value of an annuity – valor futuro de una anualidad
futures *n* – futuros, contratos de futuros
futures contracts – contratos de futuros
fuzzy logic – lógica difusa
FYI (for your information) – para su información

G

GAAP (Generally Accepted Accounting Principles) – normas de contabilidad generalmente aceptadas
GAAS (Generally Accepted Auditing Standards) – normas de auditoría generalmente aceptadas
gag *n* – mordaza, broma
gag *v* – amordazar, hacer callar
gag order – orden judicial para que los testigos y los abogados no hablen del caso con reporteros
gage *v* – calcular, estimar, medir
gain *n* – ganancia, beneficio, utilidad, ingreso, adquisición, ventaja, provecho
gain *v* – ganar, ganarse, adquirir, obtener, beneficiarse, aumentar
gain possession – tomar posesión
gainful *adj* – lucrativo, ventajoso, provechoso

gainful activity – actividad lucrativa
gainful employment – empleo provechoso
gainful occupation – empleo provechoso
gainfully employed – con empleo provechoso
gainfully occupied – con empleo provechoso
gainless *adj* – infructuoso, desventajoso
gainsay *v* – contradecir, negar, oponerse a
gallows *n* – horca, patíbulo
gamble *n* – riesgo, apuesta
gamble *v* – apostar, jugar, arriesgar
gambler *n* – apostador, jugador
gambling house – casa de juego
gambling place – lugar de juego
game laws – leyes que regulan la caza y pesca
game license – licencia de caza
game of chance – juego de azar
gaming *n* – el acto de apostar
gang *n* – pandilla, cuadrilla, banda
gangster *n* – pandillero, pistolero
gap *n* – brecha, paso, diferencia, intervalo
garble *v* – confundir maliciosamente, distorsionar hechos
garner *v* – recopilar, acumular
garnish *v* – embargar
garnishee *n* – embargado
garnisher *n* – embargante
garnishment *n* – embargo, sentencia de embargo
gate *n* – portón, entrada
gather *v* – recoger, acumular, unir
gathering of evidence – recopilación de pruebas
gathering of information – recopilación de información
GATS (General Agreement on Trade in Services) – Acuerdo General Sobre el Comercio de Servicios
GATT (General Agreement on Tariffs and Trade) – Acuerdo General Sobre Aranceles Aduaneros y Comercio
gauge *n* – medida, norma de medida o de comparación
gauge *v* – estimar, calcular, medir
gavel *n* – martillo del juez
gazette *n* – gaceta, periódico
gazump *v* – echarse atrás de un compromiso de venta de propiedad al tener una oferta más alta que otra previamente aceptada
gazunder *v* – intentar al último momento de pagar menos por una propiedad que lo previamente acordado
GDP (gross domestic product) – producto interior bruto
GE (genetically engineered) – transgénico, modificado genéticamente
GE foods (genetically engineered foods) – alimentos transgénicos, alimentos

modificados genéticamente
genealogical tree – árbol genealógico
genealogy *n* – genealogía
gender awareness – conciencia del género
gender bias – prejuicios sexistas
gender discrimination – discriminación sexual
gender favoritism – favoritismo sexual
gender prejudice – prejuicios sexistas
genearch *n* – jefe de una familia
general acceptance – aceptación general
General Accounting Office – Oficina General de Contabilidad
general agent – agente general
General Agreement on Tariffs and Trade – Acuerdo General Sobre Aranceles Aduaneros y Comercio
General Agreement on Trade in Services – Acuerdo General Sobre el Comercio de Servicios
general appearance – comparecencia ante un tribunal aceptando su jurisdicción
general assumpsit – acción por incumplimiento de contrato
general audit – auditoría general
general bequest – legado general
general budget – presupuesto general
general challenge – recusación general
general court-martial – tribunal militar
general covenant – acuerdo general
general creditor – acreedor ordinario
general damages – daños y perjuicios generales
general demurrer – excepción general
general denial – denegación general
general devise – legado general
general disability – incapacidad jurídica, incapacidad general
general election – elección general
general estate – patrimonio
general execution – ejecución sobre los bienes en general
general executor – albacea universal
general findings – los hechos que conducen a un fallo
general guardian – tutor
general journal – libro general, libro diario
general jurisdiction – jurisdicción general
general law – ley general
general ledger – libro mayor general
general legacy – legado general
general lien – gravamen general
general malice – carácter malicioso
general objection – objeción general
general pardon – indulto general
general partner – socio general, quien tiene responsabilidad personal y se encarga del manejo de una sociedad en comandita

general partnership – sociedad colectiva
general plea – defensa general
general power of appointment – poder de nombramiento
general power of attorney – poder general, poder legal general, poder notarial general
general powers – poderes generales
general property – propiedad, derecho de dominio absoluto, propiedad general
general provisions – estipulaciones generales
general proxy – apoderado general, mandatario general, poder general
general reputation – reputación general
general strike – huelga general, paro general
general tax – impuesto general
general usage – uso general
general verdict – veredicto general
general warranty – garantía general
general welfare – bienestar general
general words – cláusulas generales
Generally Accepted Accounting Principles – normas contables generalmente aceptadas
Generally Accepted Auditing Standards – normas de auditoría generalmente aceptadas
generally known – generalmente conocido
generate employment – generar empleos
generate income – generar ingresos
generation of employment – generación de empleos
generation of income – generación de ingresos
generation-skipping transfer – traspaso en el que los bienes se transfieren no a la generación siguiente sino a la subsiguiente
generation-skipping trust – fideicomiso en el que los bienes se transfieren no a la generación siguiente sino a la subsiguiente
generational accounting – contabilidad generacional
generic mark – marca genérica, marca comercial genérica
generic trademark – marca genérica, marca comercial genérica
genericide *n* – genericidio
genetically engineered – transgénico, modificado genéticamente
genetically modified – transgénico, modificado genéticamente
genetically-modified foods – alimentos transgénicos, alimentos modificados genéticamente
genetically-modified organisms – organismos transgénicos, organismos modificados genéticamente
genitals *n* – genitales
gentleman's agreement – pacto verbal
gentlemen's agreement – pacto verbal
gentrification *n* – aburguesamiento

gentrify *v* – aburguesar
genuine and valid – genuino y válido
genuine link – relación genuina
genus *n* – género, descendientes directos
geodemographic *adj* – geodemográfico
geopolitical *adj* – geopolítico
geopolitics *n* – geopolítica
germane *adj* – pertinente, apropiado
gerrymandering *n* – trazar distritos electorales arbitrariamente con el propósito de sacar ventaja en las elecciones
gestation *n* – gestación, embarazo, desarrollo
gesture *n* – gesto, ademán, acto de cortesía
gift *n* – donación, regalo
gift causa mortis – donación por causa de muerte
gift deed – escritura de regalo
gift enterprise – ardid publicitario en el que se dan participaciones en un sorteo a cambio de la compra de ciertas cosas
gift in contemplation of death – donación en anticipación de muerte
gift in contemplation of marriage – donación en anticipación de matrimonio
gift inter vivos – donación entre vivos
gift of property – donación de propiedad
gift taxes – impuestos sobre donaciones
gilt-edged securities – valores punteros, valores de primera clase
gilts *n* – bonos de la tesorería, valores punteros
gimmick *n* – ardid, ardid publicitario
giro *n* – giro bancario, giro
gist *n* – sustancia, esencia, motivo de una acción
give and bequeath – legar
give away – regalar
give bail – prestar fianza
give color – reconocimiento de un derecho aparente de la contraparte
give credence to – dar credibilidad a
give evidence – presentar prueba
give judgment – dictar sentencia
give notice – notificar
give warning – dar advertencia, dar aviso
given name – nombre de pila
glance *v* – echar un vistazo, mirar de reojo
glass ceiling – barrera de la cual no se habla pero que impide ascensos de mujeres y/u otros grupos
glimpse *v* – vislumbrar, mirar rápidamente
global advertising – publicidad global
global agency – agencia global
global agent – agente global
global aid – ayuda global
global body – cuerpo global
global cartel – cartel global
global communications – comunicación

global
global cooperation – cooperación global
global corporation – corporación global
global coverage – cobertura global
global food aid – ayuda alimentaria global
global insurance – seguro global
global law – derecho global
global policy – política global, póliza global
global standards – normas globales
globalisation *n* – globalización
globalise *v* – globalizar
globalised *adj* – globalizado
globalization *n* – globalización
globalize *v* – globalizar
globalized *adj* – globalizado
glocalisation *n* – glocalización
glocalization *n* – glocalización
gloss *n* – glosa, observación
glove *n* – guante
glut *n* – superabundancia, plétora, exceso de oferta
GM (general manager) – gerente general
GM (genetically modified) – transgénico, modificado genéticamente
GM foods (genetically modified foods) – alimentos transgénicos, alimentos modificados genéticamente
GMO (genetically-modified organisms) – organismos transgénicos, organismos modificados genéticamente
GMT (Greenwich Mean Time) – hora media de Greenwich
go bankrupt – ir a la quiebra
go-between *n* – intermediario
go public – salir a bolsa, revelar públicamente
go-slow *n* – huelga de brazos caídos
goad *v* – incitar, provocar
goal *n* – meta, objetivo
going concern – empresa en marcha
going price – precio vigente, valor prevaleciente en el mercado
going public – salida a bolsa
going rate – tasa corriente, tasa vigente
gold-backed *adj* – respaldado por oro
gold bullion – oro en lingotes
gold certificate – certificado oro
gold standard – patrón oro
golden handcuffs – esposas de oro
golden handshake – indemnización lucrativa por despido
golden hello – bono por firmar otorgado a un nuevo empleado
golden parachute – paracaídas dorado
golden rule – regla de oro
good and valid – bueno y válido, adecuado
good and workmanlike manner – de forma hábil y profesional

good behavior – buena conducta
good behaviour – buena conducta
good cause – causa suficiente, justificación
good condition – buenas condiciones
good conduct – buena conducta
good consideration – contraprestación suficiente, contraprestación valiosa
good credit risk – buena paga
good defence – defensa válida, buena defensa
good defense – defensa válida, buena defensa
good delivery – entrega con todo en orden
good faith defence – defensa basada que el acusado o demandado actuó en buena fe
good faith defense – defensa basada que el acusado o demandado actuó en buena fe
good judgment – buen juicio
good jury – jurado seleccionado de una lista de jurados especiales
good management practices – buenas prácticas de administración
good manufacturing practices – buenas prácticas de manufactura
good moral character – buen carácter moral
good name – buena reputación
good order – buen estado
good record title – título libre de gravámenes
good reputation – buena reputación
good title – título libre de defectos
goods *n* – bienes, productos, mercancías
goods and chattels – bienes muebles
goods and services – bienes y servicios, productos y servicios
goods on approval – productos a prueba
goods on consignment – mercancías consignadas
goodwill *n* – buen nombre de una empresa, llave, plusvalía, derecho de clientela
gossip *n* – chismorreo, chismoso
gossip *v* – chismear
gossiper *n* – chismoso
govern *v* – gobernar, dirigir, determinar
governing *adj* – gobernante, dirigente
governing body – cuerpo gobernante
government *n* – gobierno, estado, autoridad
government agency – agencia gubernamental, agencia del gobierno, agencia del estado
government agent – agente gubernamental
government assistance – ayuda gubernamental
government attorney – fiscal, abogado gubernamental
government-controlled *adj* – controlado por el gobierno
government de facto – gobierno de hecho, gobierno de facto

government de jure – gobierno de derecho, gobierno de jure
government department – departamento gubernamental
Government Finance – Hacienda Pública, finanzas del gobierno
government immunity – inmunidad gubernamental
government inspector – inspector gubernamental
government lawyer – abogado del estado
government monopoly – monopolio gubernamental
government obligation – obligación gubernamental
government-owned *adj* – gubernamental, del gobierno, del estado
government property – propiedad gubernamental
government-regulated *adj* – regulado por el gobierno
government services – servicios gubernamentales
Government-Sponsored Enterprise – empresa con respaldo gubernamental
government subsidy – subsidio gubernamental, subvención gubernamental
government-supported *adj* – apoyado por el gobierno
government taxes – impuestos gubernamentales
governmental *adj* – gubernamental, estatal
governor *n* – gobernador, alcaide
govt. (government) – gobierno
grab *v* – agarrar, capturar, apropiarse de
grace *n* – gracia, indulgencia
grace days – días de gracia
grace period – período de gracia
grade *n* – grado, clase, categoría, declive
grade *v* – clasificar, nivelar
grade crossing – cruce a nivel
graded policy – póliza graduada
graded premium – prima graduada
grades of crime – grados de delito
graduated income tax – impuesto sobre la renta progresivo
graduated lease – arrendamiento escalonado
graduated tax – impuesto progresivo
graduated wages – salarios escalonados
graft *n* – abuso de poder o confianza, lo devengado tras el abuso de poder o confianza, soborno
grafter *n* – funcionario público corrupto
grand juror – miembro de un jurado de acusación
grand jury – jurado de acusación, gran jurado
grand jury investigation – investigación por un jurado de acusación

grand larceny – hurto mayor de cierta cantidad
grandaunt *n* – tía abuela
grandfather clause – cláusula de anterioridad
grandfathered *adj* – eximido por anterioridad
grandnephew *n* – sobrino nieto
grandniece *n* – sobrina nieta
granduncle *n* – tío abuelo
grange *n* – granja
grant *n* – cesión, concesión, transferencia, autorización, subsidio, donación
grant *v* – otorgar, conceder, transferir, autorizar, donar
grant a lease – otorgar un arrendamiento
grant a license – otorgar una licencia
grant a patent – conceder una patente
grant amnesty – conceder amnistía
grant asylum – otorgar asilo
grant credit – otorgar crédito
grant immunity – otorgar inmunidad
grant-in-aid *n* – subsidio gubernamental
grant of patent – concesión de una patente
grantee *n* – cesionario, adjudicatario, beneficiario
granter *n* – otorgante, cedente, donante
granting clause – cláusula de transferencia
grantor *n* – otorgante, cedente, donante
Grantor Retained Annuity Trust – estilo de fideicomiso donde el otorgante recibe beneficios por un período dado
grantor trusts – fideicomisos en los que el otorgante retiene control sobre los ingresos para efectos contributivos
graph *n* – gráfica, gráfico
grasp *v* – comprender, asir, aferrar
grass widow – mujer divorciada, mujer separada, mujer abandonada
grassroots *adj* – de la comunidad, común
gratification *n* – gratificación, premio
gratis dictum – declaración voluntaria
gratuitous *adj* – gratuito, a título gratuito, sin fundamento
gratuitous agency – agencia a título gratuito
gratuitous bailee – depositario a título gratuito
gratuitous bailment – depósito a título gratuito
gratuitous consideration – contraprestación a título gratuito
gratuitous contract – contrato a título gratuito
gratuitous deed – escritura a título gratuito
gratuitous deposit – depósito a título gratuito
gratuitous guest – invitado a título gratuito
gratuitous passenger – pasajero a título gratuito
gratuitous services – servicios gratuitos
gratuity *n* – algo a título gratuito, propina

gravamen *n* – fundamento, fundamento de una acusación
grave crime – delito grave
grave injustice – injusticia grave
graveyard shift – turno de media noche
gray market – mercado gris
gray market goods – productos del mercado gris
great aunt – tía abuela
great bodily injury – lesiones graves corporales
great care – cuidado extraordinario
great diligence – diligencia extraordinaria
great-grandchild *n* – bisnieto, bisnieta
great-grandfather *n* – bisabuelo
great-grandmother *n* – bisabuela
great-great-grandchild *n* – tataranieto, tataranieta
great-great-grandfather *n* – tatarabuelo
great-great-grandmother *n* – tatarabuela
great uncle – tío abuelo
green accounting – contabilidad con el ambiente en mente, contabilidad verde
green card – tarjeta verde
green-conscious *adj* – consciente del ambiente
green energy – energía verde, energía ecológica
Green Party – Partido Verde
green revolution – revolución verde
green tax – impuesto verde, impuesto ambiental
greenback *n* – papel moneda, billete
greenhouse effect – efecto de invernadero
greenmail *n* – pago sobre el valor del mercado que hace una compañía para recuperar acciones en manos de otra compañía e impedir una adquisición hostil
Greenwich Mean Time – hora media de Greenwich
grey market – mercado gris
grey market goods – productos del mercado gris
grievance *n* – queja, resentimiento, resentimiento por maltrato, injusticia
grieved *adj* – agraviado, perjudicado
grogshop *n* – cantina, lugar donde se vende licor
gross *adj* – total, bruto, flagrante, inexcusable
gross amount – cantidad bruta
gross domestic product – producto interior bruto
gross earnings – ingresos brutos
gross estate – patrimonio bruto
gross fault – negligencia grave, culpa grave
gross income – ingresos brutos, renta bruta
gross injustice – injusticia grave

gross lease – arrendamiento en que el arrendador paga todos los gastos
gross misdemeanor – delito serio sin llegar a ser delito grave
gross national product – producto nacional bruto
gross neglect of duty – incumplimiento grave del deber
gross negligence – negligencia grave
gross pay – paga bruta, salario bruto
gross rent – renta bruta
gross salary – salario bruto
gross wage – salario bruto
ground *n* – fundamento, motivo, terreno
ground lease – arrendamiento de terreno vacante
ground of action – motivo de una acción
ground rent – renta por el arrendamiento de un terreno vacante
ground water – aguas subterráneas
grounding *n* – entrenamiento fundamental, conocimientos fundamentales
groundless *adj* – sin fundamento, infundado
groundless accusation – acusación infundada
groundless rumor – rumor infundado
groundlessly *adv* – infundadamente
grounds for cancellation – causales de cancelación
grounds for dismissal – causales de despido
grounds for divorce – causales de divorcio
grounds for opposition – causales de oposición
groundwork *n* – trabajo preliminar
group annuity – anualidad grupal, anualidad colectiva
group disability insurance – seguro de discapacidad grupal
group health insurance – seguro de salud grupal
group life insurance – seguro de vida grupal
group training – entrenamiento grupal
group work – trabajo grupal
grouping *n* – agrupamiento
groupware *n* – groupware
growth *n* – crecimiento, apreciación
growth area – área de crecimiento
grub stake – contrato mediante el cual una parte provee el equipo necesario para minar mientras que la otra parte busca la tierra explotable
grudge *n* – rencor, resentimiento
guarantee *n* – garantía, fianza, beneficiario de una garantía
guarantee *v* – garantizar, afianzar
guarantee bond – fianza, fianza de garantía
guarantee clause – cláusula de garantía
guarantee deposit – depósito de garantía

guarantee letter – carta de garantía
guarantee of signature – garantía de firma
guaranteed contract – contrato garantizado
guaranteed debt – deuda garantizada
guaranteed deposit – depósito garantizado
guaranteed insurability – asegurabilidad
garantizada
guaranteed minimum wage – salario mínimo
garantizado
guaranteed renewable insurance – seguro
renovable garantizado
guaranteed salary – salario garantizado
guaranteed wage – salario garantizado
guarantees and commitments – garantías y
compromisos
guarantor n – garante, avalista
guaranty n – garantía, fianza
guaranty bond – fianza, fianza de garantía
guaranty clause – cláusula de garantía
guaranty company – compañía que otorga
fianzas
guaranty deposit – depósito de garantía
guaranty letter – carta de garantía
guaranty of signature – garantía de firma
guaranty period – período de garantía
guard n – guardia, vigilancia, vigilante,
carcelero
guard v – proteger, vigilar, guardar
guardage n – tutela
guardian n – guardián, tutor, curador
guardian ad litem – tutor para el juicio
guardian by nature – tutor natural
guardian of the estate – tutor en lo que se
refiere a un patrimonio
guardianship n – tutela, curatela, amparo
guest worker – trabajador invitado
guidelines n – pautas, normas
guild n – gremio, asociación
guildhall n – casa del ayuntamiento
guillotine n – guillotina
guilt n – culpabilidad, culpa
guilty adj – culpable
guilty but mentally ill – culpable pero con
enfermedad mental
guilty mind – intención de cometer un delito,
mens rea
guilty plea – admisión formal de culpabilidad,
confesión
guilty verdict – veredicto de culpabilidad
gullible adj – crédulo
gun n – pistola, escopeta, arma de fuego
gunboat diplomacy – diplomacia de cañón
gunfight n – tiroteo
gunfire n – disparo, disparos
gynarchy n – ginecocracia
gynecocracy n – ginecocracia
gynecocratic adj – ginecocrático

H

habeas corpus – hábeas corpus
habeas corpus acts – garantías
constitucionales de la libertad personal, leyes
de hábeas corpus
habendum clause – cláusula de una escritura
que define la extensión de los derechos
transferidos
habilitate v – habilitar
habitability n – habitabilidad
habitable repair – estado de habitabilidad
habitancy n – domicilio
habitant n – habitante
habitat n – hábitat, ambiente
habitation n – habitación, domicilio, morada
habitual activity – actividad habitual
habitual care – diligencia habitual
habitual cohabitation – cohabitación habitual
habitual conditions – condiciones habituales
habitual criminal – criminal habitual
habitual dangers – peligros habituales
habitual diligence – diligencia habitual
habitual drunkard – borracho habitual
habitual drunkenness – ebriedad habitual
habitual duty – deber habitual
habitual intoxication – ebriedad habitual
habitual meaning – sentido habitual
habitual method – método habitual
habitual offender – delincuente habitual
habitual practice – práctica habitual
habitual rent – renta habitual
habitual repairs – reparaciones habituales
habitual residence – residencia habitual
habitual risks – riesgos habituales
habitual services – servicios habituales
habitual session – sesión habitual
habitual spoilage – deterioro habitual
habitual time – tiempo habitual
habituation n – habituación
haggling n – regateo
hail insurance – seguro contra granizo
hair-trigger adj – muy sensible, fácil de
provocar o alterar
half blood – la relación de personas que
comparten sólo un progenitor
half brother – medio hermano
half day – medio día, media jornada
half-monthly adv – quincenalmente
half-proof n – prueba insuficiente para fundar
una sentencia
half section – área de tierra conteniendo 320

acres
half sister – media hermana
half-truth *n* – verdad a medias
half-yearly *adv* – semestralmente
halfway house – institución que sirve para ayudar a personas marginadas a reintegrarse a la sociedad
hallmark *n* – marca de legitimidad, marca de pureza, sello
hallucinogenic drug – droga alucinógena
halo effect – halo positivo laboral
halt *n* – parada, interrupción
halve *v* – dividir en dos
hammer *n* – venta forzada, subasta, martillo
hammer price – puja ganadora
hand *n* – mano, obrero, participación, firma, autoridad, ayuda
hand and seal – firma y sello
hand down a decision – emitir una sentencia
hand money – seña, señal, anticipo, depósito
hand-picked *adj* – cuidadosamente seleccionado
handbill *n* – octavilla, volante
handcuffs *n* – esposas
handicap *n* – minusvalía, impedimento
handily *adv* – hábilmente, fácilmente
handling *n* – manejo, manipulación, desenvolvimiento, tramitación, manoseo
handout *n* – octavilla, volante, limosna
handover *n* – entrega, transferencia
hands-on training – entrenamiento práctico
handwriting expert – perito caligráfico
handwriting sample – muestra de escritura
hang *v* – permanecer sin determinar, ahorcar
hanging *n* – ahorcamiento
hangman *n* – verdugo
haphazard *adj* – fortuito, casual
happening *n* – suceso, hecho
harass *v* – acosar, hostigar
harassment *n* – acosamiento, hostigamiento
harbinger *n* – precursor
harbor *n* – puerto, refugio, asilo
harbor *v* – albergar, encubrir
harbor doubts – albergar dudas
harbor suspicions – albergar sospechas
harboring *n* – encubrimiento
harboring a criminal – encubrimiento de un fugitivo
hard and fast rules – reglas inmutables
hard cases – casos difíciles
hard copy – copia impresa
hard-core cartel – cartel especialmente nocivo
hard feelings – resentimiento
hard labor – trabajo forzoso
hard labour – trabajo forzoso
hard sell – técnicas de ventas a base de la insistencia

hardened criminal – criminal habitual
hardening of prices – aumento de precios
hardly credible – apenas creíble
hardship *n* – dificultad, apuro, penuria
hardship fund – fondo de ayuda
hardware *n* – hardware, equipo físico
harm *n* – daño, lesión, perjuicio
harm *v* – dañar, lesionar, perjudicar
harmful act – acto dañino, acto perjudicial
harmful effects – efectos dañinos
harmful error – error perjudicial
harmless *adj* – inofensivo, sin daños
harmless error doctrine – doctrina según la cual un error menor o inconsecuente no es motivo suficiente para revocar un fallo
harmonisation *n* – armonización
harmonise *v* – armonizar
harmonised standards – normas armonizadas
harmonization *n* – armonización
harmonize *v* – armonizar
harmonized standards – normas armonizadas
harsh penalty – penalidad severa
harshly *adv* – severamente, duramente
haste *n* – prisa, precipitación
hasten *v* – apresurar, precipitar
hastily *adv* – apresuradamente
hastiness *n* – prisa, precipitación
hasty *adj* – apresurado, pronto
haul *v* – arrastrar, transportar, acarrear
hauler *n* – transportador, transportista
haulier *n* – transportador, transportista
have and hold – tener y poseer, tener y retener
have authority – tener autoridad
have control – tener control
have effect – tener efecto
have influence – tener influencia
have insurance – poseer seguro
have intercourse – tener relaciones
have knowledge of – tener conocimiento de
have liability – tener responsabilidad
have possession – tener posesión
have responsibility – tener responsabilidad
have suspicions – tener sospechas
haven *n* – asilo, refugio
hawker *n* – vendedor ambulante
hawking *n* – venta ambulante
hazard *n* – riesgo, peligro, azar
hazard bonus – bono por riesgo
hazard insurance – seguro contra riesgos
hazard pay – plus de peligrosidad
hazardous *adj* – peligroso, aventurado
hazardous employment – empleo peligroso
hazardous goods – mercancías peligrosas
hazardous job – trabajo peligroso
hazardous negligence – negligencia que crea

un gran peligro
hazardous waste – desperdicios peligrosos
hazardous work – trabajo peligroso
head *n* – director, cabeza, jefe, principal
head accountant – jefe de contabilidad,
contable jefe
head lease – arrendamiento principal
head money – impuesto de capitación, dinero
pagado por la cabeza de un fugitivo
head of household – cabeza de familia
head of state – jefe de estado
head office – oficina central, oficina matriz
head-on collision – choque frente a frente
head tax – impuesto de capitación, impuesto
per capita
heading *n* – encabezamiento, título
headline *n* – titular, título
headnote *n* – resumen introductorio
headquarters *n* – sede, sede central, cuartel
general
heads of agreement – borrador del acuerdo
healer *n* – curandero
healing act – ley reformadora
health *n* – salud, sanidad, bienestar
health and safety – salud y seguridad
health and social services – servicios
sociales y de salud
health authorities – autoridades de salud
pública
health benefits – beneficios de salud
health care – cuidado de la salud, atención
sanitaria
health care regulations – reglamentos para el
cuidado de la salud
health care system – sistema del cuidado de
la salud
health certificate – certificado de salud,
certificado médico
health department – departamento de salud,
departamento de sanidad
health hazard – riesgo para la salud
health inspector – inspector de salud,
inspector de sanidad
health insurance – seguro médico, seguro de
salud
health laws – leyes de salud pública
health maintenance organisation –
organización de mantenimiento de salud
health maintenance organization –
organización de mantenimiento de salud
health plan – plan de salud, plan médico
health regulations – reglamentaciones de
salud pública
health risk – riesgo para la salud
health warning – advertencia de salud
healthcare *n* – cuidado de la salud, atención
sanitaria
healthcare regulations – reglamentos para el

cuidado de la salud
healthcare system – sistema del cuidado de
la salud
healthy *adj* – saludable, sano, robusto
hearing *n* – audiencia, vista, audición
hearing de novo – nueva vista
hearing-impaired *adj* – de audición
deteriorada
hearing impairment – limitación auditiva
hearsay *n* – rumor, testimonio de referencia,
prueba de oídas
hearsay evidence – testimonio de referencia,
prueba de oídas
hearsay rule – regla contra el uso de
testimonio de referencia
heat of passion – estado de emoción violenta
heavily indebted poor countries – países
pobres altamente endeudados
heavily subsidised – con grandes subsidios
heavily subsidized – con grandes subsidios
heavy-duty *adj* – de servicio pesado
heavy work – trabajo pesado
heavy workload – carga de trabajo pesada
hectare *n* – hectárea
hedge *n* – cobertura, protección
hedge *v* – cubrirse, cubrir, protegerse
hedging *n* – cobertura, protección
heed *v* – prestar atención, atender
heedless *adj* – descuidado, negligente
heedlessness *n* – descuido, negligencia
hegemonic *adj* – hegemónico
hegemony *n* – hegemonía
heinous conduct – conducta atroz
heinous crime – crimen atroz
heinously *adv* – horrendamente
heir *n* – heredero
heir apparent – heredero forzoso, heredero
aparente
heir at law – heredero legítimo
heir beneficiary – heredero con beneficio de
inventario
heir by adoption – heredero por adopción
heir by devise – heredero quien recibe
inmuebles
heir collateral – heredero colateral
heir conventional – heredero por contrato
heir expectant – heredero en expectativa
heir forced – heredero forzoso
heir general – heredero legítimo
heir legal – heredero legal
heir of the blood – heredero por
consanguinidad
heir of the body – heredero quien es
descendiente directo
heir presumptive – heredero presunto
heir testamentary – heredero testamentario
heir unconditional – heredero incondicional
heirdom *n* – sucesión

heirless estate – sucesión vacante
heirlooms *n* – bienes sucesorios con gran valor sentimental
heirs and assigns – herederos y cesionarios
heirship *n* – condición de heredero
held in trust – tenido en fideicomiso
helm *n* – mando, timón
help *v* – ayudar, asistir, remediar
help desk – servicio de ayuda
help line – línea de ayuda
help wanted – se solicita empleado
helpdesk *n* – servicio de ayuda
helpless *adj* – indefenso, incapacitado
helplessness *n* – impotencia
helpline *n* – línea de ayuda
henceforth *adv* – de aquí en adelante
henceforward *adv* – de aquí en adelante
henchman *n* – secuaz, partidario
herbage *n* – servidumbre de pastoreo
herd instinct – instinto de manada
hereafter *adv* – en lo futuro, en adelante
hereditaments *n* – lo que puede heredarse, herencia
hereditary *adj* – hereditario
hereditary succession – sucesión hereditaria
heredity *n* – herencia
herein *n* – en esto, incluso, aquí contenido
hereinabove *adv* – más arriba, anteriormente
hereinafter *adv* – más abajo, a continuación
hereinbefore *adv* – más arriba, anteriormente
hereinbelow *adv* – más abajo, más adelante
hereof *adv* – de esto, acerca de esto
hereon *adv* – sobre esto, acerca de esto
hereto *adv* – a la presente, a esto
heretofore *adv* – hasta ahora, antes
hereunder *adv* – más abajo, a continuación, por la presente
hereunto *adv* – a la presente
hereupon *adv* – en esto, por consiguiente, sobre esto
herewith *n* – con la presente, adjunto
heritage *n* – bienes inmuebles, herencia
hermeneutics *n* – hermenéutica
hidden agenda – agenda oculta
hidden assets – activos ocultos
hidden clause – cláusula oculta
hidden costs – costos ocultos
hidden costs of crime – costos ocultos del crimen
hidden danger – peligro oculto
hidden defect – defecto oculto, vicio oculto
hidden dumping – dumping oculto
hidden inflation – inflación oculta
hidden intention – intención oculta
hidden knowledge – conocimiento oculto
hidden peril – peligro oculto
hidden reserve – reserva oculta
hidden risk – riesgo oculto

hidden subsidy – subsidio oculto
hidden tax – impuesto oculto
hide *v* – ocultar, encubrir, esconder
hideous *adj* – horrible, horroroso
hierarchical *adj* – jerárquico
hierarchy *n* – jerarquía
high degree of negligence – negligencia grave
high diligence – diligencia extraordinaria
high-grade *adj* – de primera calidad
high leverage – alto apalancamiento
high official – alto funcionario
high-pressure job – trabajo altamente estresante
high-pressure selling – técnicas de ventas a base de la insistencia
high-profile *adj* – de gran visibilidad
high-quality *adj* – alta calidad
high-risk *adj* – alto riesgo
high seas – alta mar
high-technology *adj* – de alta tecnología
high tide – marea alta
high treason – alta traición
higher education – educación superior
highest age – edad máxima
highest and best use – uso que produzca el mayor provecho de un inmueble
highest benefit – beneficio máximo
highest bidder – mejor postor
highest court – tribunal de último recurso, tribunal supremo
highest degree of care – el grado de cuidado que usaría una persona muy prudente bajo circunstancias similares
highest employment age – edad máxima de empleo
highest family benefit – beneficio de familia máximo
highest rate – tasa máxima
highest sentence – sentencia máxima
highhanded *adj* – arbitrario, tiránico
highly indebted poor countries – países pobres altamente endeudados
highly leveraged – altamente apalancado
highly skilled – altamente calificado, altamente cualificado
highway acts – leyes concernientes a las carreteras
highway crossing – cruce de ferrocarril, cruce de carreteras
highway robbery – asalto en o cerca de caminos, asalto con intimidación o fuerza
highwayman *n* – bandolero, salteador de caminos
hijack *n* – asalto de bienes en tránsito, secuestro de avión
hijacker *n* – asaltador de bienes en tránsito, secuestrador de avión

hijacking *n* – asalto de bienes en tránsito, secuestro de avión
hinder *v* – estorbar, impedir, molestar
hindrance *n* – estorbo, impedimento
hint *n* – sugestión, pista, insinuación
hire *n* – arrendamiento, alquiler
hire *v* – contratar, alquilar, arrendar
hire and fire – contratar y despedir
hire charge – arriendo, alquiler
hire out – arrendarse, alquilarse, contratarse
hire purchase – compra a plazos
hired hand – empleado pagado, peón
hirer *n* – arrendador, alquilador, locatario, contratante
hiring at will – locación por un plazo indeterminado
hiring hall – oficina de empleos
histogram *n* – histograma, gráfico de barras
historic site – lugar histórico
historical cost – costo histórico, coste histórico
hit-and-run accident – accidente en el que el conductor se da a la fuga
hit-and-run driver – conductor que tras un accidente se da a la fuga
hitchhiker *n* – quien pide viajes gratuitos en automóvil sin conocer al conductor
hither *adv* – acá, hacia acá, aquí
hithermost *adj* – lo más cercano
hitherto *adv* – hasta la fecha, hasta aquí
hitherward *adv* – hacia acá, por aquí
HMO (health maintenance organization) – organización de mantenimiento de salud
hoard *v* – acaparar
hoarded *adj* – acaparado
hoarding *n* – acaparamiento, cerca rodeando una construcción, cartelera
hoarding of commodities – acaparamiento de mercancías
hoarding of goods – acaparamiento de bienes
Hobbs Act – ley federal que hace un crimen el interferir con el comercio interestatal mediante actos de violencia o extorsión
hoc – esto, con, por, hoc
hold *n* – fortificación, cárcel, dominio
hold *v* – tener, retener, contener, sostener, detener, imponer, decidir
hold a conference – celebrar una conferencia
hold a meeting – celebrar una reunión
hold a post – tener un cargo
hold a referendum – celebrar un referendo
hold accountable – hacer responsable
hold an auction – celebrar una subasta
hold funds – retener fondos
hold harmless agreement – convenio para eximir de responsabilidad
hold harmless clause – cláusula para eximir

de responsabilidad
hold in check – controlar, mantener a raya
hold liable – hacer responsable
hold out – no ceder, persistir, resistir, mantenerse firme
hold over – retener la posesión de un inmueble tras haberse expirado el término acordado
hold pleas – juzgar una causa
hold responsible – hacer responsable
holdback *n* – retención de fondos, retención
holdback pay – paga retenida condicionalmente
holder for value – tenedor por valor
holder in due course – tenedor legítimo
holder of record – tenedor registrado
holding *n* – propiedad, posesión, el principio jurídico en el que se basa una sentencia
holding company – holding, compañía tenedora, sociedad de cartera, sociedad tenedora
holding corporation – holding, corporación tenedora
holding period – período de tenencia
holdings *n* – propiedades, posesiones, valores en cartera
holdover tenant – arrendatario quien retiene la posesión de un inmueble tras haberse expirado el término acordado
holdup *n* – atraco, robo a mano armada, asalto
holdup man – atracador, asaltador
holiday pay – paga por días festivos
holograph *n* – ológrafo, testamento ológrafo
holographic will – testamento ológrafo
home *n* – hogar, domicilio, casa, residencia
home confinement – confinamiento en el hogar
home equity – inversión neta en el hogar tras restar cualquier hipoteca del valor total
home inspector – inspector de hogares
home insurance – seguro de hogar
home loan – préstamo para la vivienda
home mortgage – hipoteca de hogar
home office – oficina central, casa matriz, oficina en el hogar
home owner – dueño de hogar
home policy – póliza de seguro de hogar
home port – puerto de origen, puerto de matrícula
home rule – autonomía
home warranty – garantía sobre la estructura e instalaciones fijas de una vivienda
home worker – quien trabaja en su casa
homeless person – persona sin hogar
homeowner *n* – dueño de hogar
homeowner insurance – seguro sobre riesgos del hogar

homeowner's association – asociación de dueños de hogar
homestead *n* – residencia familiar con su terreno circundante
homestead corporation – compañía organizada para comprar y subdividir terrenos para residencias de los accionistas
homestead exemption – exención de las residencias familiares de ejecución por deudas no relacionadas al hogar
homestead right – el derecho al uso pacífico de la residencia familiar sin reclamaciones de los acreedores
homeward *adj* – de regreso a casa
homeworker *n* – quien trabaja en su casa
homicidal *adj* – homicida
homicide *n* – homicidio, homicida
homicide by misadventure – homicidio accidental
homicide by necessity – homicidio por necesidad
homologate *v* – homologar
homologation *n* – homologación
honest *adj* – honrado, justo, legítimo
honesty *n* – honradez, integridad, sinceridad
honor *n* – honor, integridad, buen nombre
honor *v* – honrar, aceptar, pagar, cancelar
honor a check – aceptar un cheque
honor a cheque – aceptar un cheque
honor a contract – cumplir un contrato
honor a promise – cumplir una promesa
honorarium *n* – honorarios, pago gratuito
honorary trustees – fideicomisarios honoríficos
honour *n* – honor, integridad, buen nombre
honour *v* – honrar, aceptar, pagar, cancelar
honour a check – aceptar un cheque
honour a cheque – aceptar un cheque
honour a contract – cumplir un contrato
honour a promise – cumplir una promesa
hook *n* – gancho, gancho comercial
horizontal audit – auditoría horizontal
horizontal property – propiedad horizontal
horizontal union – sindicato horizontal
hornbook *n* – libro básico, cartilla, libro que resume áreas del derecho
horns effect – halo negativo laboral
hospital expense insurance – seguro de gastos hospitalarios
hospital liability insurance – seguro de responsabilidad de hospital
hospital medical insurance – seguro médico de hospital
hospitality *n* – hospitalidad
hospitalisation insurance – seguro de hospitalización
hospitalization insurance – seguro de hospitalización

host *n* – anfitrión
hostage *n* – rehén
hostile *adj* – hostil, enemigo, contrario
hostile bid – oferta pública de adquisición de una corporación que no la quiere
hostile embargo – embargo de naves enemigas
hostile encounter – encuentro hostil
hostile environment – ambiente hostil
hostile environment sexual harassment – ambiente hostil de trabajo creado por el hostigamiento sexual, ambiente de hostigamiento sexual en el trabajo que afecta la salud mental de las víctimas
hostile fire – fuego fuera de control
hostile party – parte hostil
hostile person – persona hostil
hostile possession – posesión hostil
hostile takeover – toma hostil del control corporativo
hostile witness – testigo hostil
hot blood – condición emocional en la que la persona no se puede controlar
hot money – dinero caliente, dinero obtenido ilegalmente
hot pursuit – persecución en curso de uno o más sospechosos a áreas donde normalmente no se tendría jurisdicción o permiso de ir
hot tempered – de mal temperamento
hotchpot *n* – colación de bienes, mezcolanza
hotline *n* – línea directa, línea de información, línea para llamadas urgentes
hourly pay – paga por hora, salario por hora
hourly rate – tarifa por hora, precio por hora
hourly salary – salario por hora, paga por hora
hourly wage – salario por hora, paga por hora
hours of business – horas de oficina, horas de trabajo
hours of labor – horas de trabajo
hours of labour – horas de trabajo
house *n* – casa, residencia, empresa, descendencia, cuerpo legislativo, cámara
house arrest – arresto domiciliario
house counsel – abogado interno
house of correction – reformatorio, cárcel para menores
house of delegates – cámara de delegados
house of ill fame – prostíbulo
house of legislature – cámara legislativa
house of prostitution – prostíbulo
house of refuge – reformatorio, refugio
house of representatives – cámara de representantes
houseage *n* – cargo por almacenaje
housebreaking *n* – violación de domicilio con intención de robar, robar
household *n* – familia, familia que vive

junta, hogar
household budget – presupuesto doméstico
household employee – empleado doméstico
household insurance policy – póliza de
seguro de hogar
household worker – empleado doméstico
householder *n* – dueño de casa, jefe de
familia
housing *n* – vivienda, viviendas, alojamiento
housing allowance – asignación para
vivienda, subsidio para vivienda
Housing and Urban Development –
Departamento de Vivienda y Desarrollo
Urbano
housing association – asociación de
viviendas
housing code – código de edificación,
código de la vivienda
housing cooperative – cooperativa de
viviendas
housing development – proyecto de
viviendas, urbanización
housing estate – proyecto de viviendas,
urbanización
housing loan – préstamo para viviendas
housing market – mercado de viviendas
housing project – complejo de viviendas
subsidiadas, proyecto de viviendas
housing scheme – complejo de viviendas
subsidiadas
housing subsidy – subsidio para vivienda
housing unit – unidad de vivienda
however *adv* – sin embargo, no obstante
howsoever *adv* – de cualquier modo, por
muy
HQ (headquarters) – sede, sede central,
oficina central
HR (human resources) – recursos humanos
hub *n* – eje, centro
huckster *n* – quien vende agresivamente y
deshonestamente
HUD (Housing and Urban Development) –
Departamento de Vivienda y Desarrollo
Urbano
hue and cry – vocerío, alboroto
hull insurance – seguro de casco
human capital – capital humano
human decency – decencia humana
Human Development Index – Índice del
Desarrollo Humano
human error – error humano
human resources – recursos humanos
human rights – derechos humanos
humane *adj* – humanitario, humano
humanely *adv* – humanamente
humanitarian doctrine – doctrina
humanitaria
humanity *n* – humanidad, naturaleza humana

humankind *n* – humanidad
humiliation *n* – humillación
humor *n* – humor, genio, disposición
humor *v* – complacer, seguirle la corriente
hunch *n* – presentimiento, corazonada
hung jury – jurado que no puede llegar a un
veredicto
hurricane insurance – seguro contra
huracanes
hurt *n* – daño, lesión, perjuicio
hurt *v* – lastimar, injuriar, dañar, perjudicar
hurtful *adj* – dañoso, perjudicial, injurioso
husband de facto – esposo de hecho
husband de jure – esposo legal
husband-wife immunity – derecho de
mantener confidencial las comunicaciones
entre cónyuges
husband-wife privilege – derecho de
mantener confidencial las comunicaciones
entre cónyuges
hush money – soborno, soborno para ocultar
información
hustle *v* – embaucar, obligar, hacer a la
carrera, esforzarse
hybrid securities – valores híbridos
hydroelectric power – energía hidroeléctrica
hygiene requirements – requisitos de higiene
hype *v* – promocionar exageradamente
hyperinflation *n* – hiperinflación
hyperlink *n* – hiperenlace
hypothecary action – acción hipotecaria
hypothecary debt – deuda hipotecaria
hypothecate *v* – hipotecar, pignorar
hypothecation *n* – hipoteca, pignoración
hypothesis *n* – hipótesis
hypothetical case – caso hipotético
hypothetical controversy – controversia
hipotética
hypothetical fact – hecho hipotético
hypothetical issue – cuestión hipotética
hypothetical question – pregunta hipotética
hypothetical scenario – escenario hipotético
hypothetical situation – situación hipotética
hysteria *n* – histeria

I

i.e. (id est, that is) – es decir, esto es
ID (identification) – identificación
ID card (identification card) – tarjeta de

identificación, tarjeta de identidad, cédula de identidad
idem per idem – lo mismo por lo mismo
identical goods – bienes idénticos
identical issue – cuestión idéntica
identification card – tarjeta de identificación, tarjeta de identidad, cédula de identidad
identification mark – marca de identificación
identification of goods – identificación de bienes
identification of services – identificación de servicios
identification papers – documentos de identificación, cédula de identificación
identify a suspect – identificar un sospechoso
identify an assailant – identificar un agresor
identify handwriting – identificar escritura
identify incorrectly – identificar incorrectamente
identify stolen property – identificar propiedad robada
identity authentication – autenticación de identidad
identity card – tarjeta de identificación, tarjeta de identidad, cédula de identidad
identity certificate – certificado de identidad
identity certification – certificación de identidad
identity evidence – prueba de identidad
identity proof – prueba de identidad
identity theft – robo de identidad
identity verification – verificación de identidad
idle *adj* – inactivo, desocupado, no utilizado, inútil
idle time – tiempo muerto
ignominy *n* – ignominia, deshonra, conducta ignominiosa
ignorance of the facts – desconocimiento de los hechos
ignorance of the law – desconocimiento del derecho, desconocimiento de la ley
ignore *v* – ignorar, no hacer lugar a, desconocer
ill *adj* – enfermo, mal, nulo
ill fame – mala fama
illegal *adj* – ilegal, ilícito
illegal ab initio – ilegal desde el principio
illegal act – acto ilegal
illegal action – acción ilegal
illegal agreement – acuerdo ilegal, contrato ilegal
illegal alien – extranjero ilegal
illegal arrest – arresto ilícito
illegal assembly – reunión ilegal
illegal authority – autoridad ilegal
illegal beneficiary – beneficiario ilegal

illegal business – negocio ilegal
illegal cause – causa ilegal
illegal condition – condición ilegal
illegal conduct – conducta ilegal
illegal consideration – contraprestación ilegal
illegal contract – contrato ilegal
illegal custody – custodia ilegal
illegal detainer – detención ilegal
illegal detention – detención ilegal
illegal discrimination – discriminación ilegal
illegal donation – donación ilegal
illegal entity – entidad ilegal
illegal entry – ingreso ilegal
illegal evasion – evasión ilegal
illegal exaction – exacción ilegal
illegal export – exportación ilegal
illegal gift – donación ilegal
illegal immigrant – inmigrante ilegal
illegal import – importación ilegal
illegal incentive – incentivo ilegal
illegal income – ingresos ilegales
illegal interest rate – usura, interés ilegal
illegal loan – préstamo ilegal
illegal measures – medios ilegales
illegal monopoly – monopolio ilegal
illegal notice – notificación ilegal
illegal obligation – obligación ilegal
illegal offer – oferta ilegal
illegal operation – operación ilegal
illegal pact – pacto ilegal, convenio ilegal
illegal per se – ilegal de por sí, ilegal per se
illegal picketing – piquete ilegal
illegal possession – posesión ilegal
illegal practice – práctica ilegal
illegal process – proceso ilegal
illegal profit – ganancia ilegal
illegal property – propiedad ilegal
illegal purpose – propósito ilegal
illegal rate – usura, interés ilegal
illegal reward – recompensa ilegal
illegal sale – venta ilegal
illegal search – allanamiento ilegal
illegal strike – huelga ilegal
illegal tax – impuesto ilegal
illegal trade – comercio ilegal
illegal traffic – tráfico ilegal
illegal use – uso ilegal
illegality *n* – ilegalidad, ilicitud
illegally *adj* – ilegalmente, ilícitamente
illegally adopted – adoptado ilegalmente
illegally agreed upon – acordado ilegalmente
illegally arrested – arrestado ilegalmente
illegally assembled – reunido ilegalmente
illegally authorized – autorizado ilegalmente
illegally constituted – constituido ilegalmente
illegally contracted – contratado ilegalmente
illegally detained – detenido ilegalmente

illegally donated – donado ilegalmente
illegally entered – ingresado ilegalmente
illegally established – establecido
ilegalmente
illegally evaded – evadido ilegalmente
illegally exported – exportado ilegalmente
illegally immigrated – inmigrado ilegalmente
illegally imported – importado ilegalmente
illegally incited – incitado ilegalmente
illegally incorporated – incorporado
ilegalmente
illegally loaned – prestado ilegalmente
illegally monopolized – monopolizado
ilegalmente
illegally obligated – obligado ilegalmente
illegally obtained evidence – prueba
obtenida ilegalmente
illegally offered – ofrecido ilegalmente
illegally operated – operado ilegalmente
illegally ordered – ordenado ilegalmente
illegally possessed – poseído ilegalmente
illegally practiced – practicado ilegalmente
illegally searched – allanado ilegalmente
illegally sold – vendido ilegalmente
illegally taxed – impuesto ilegalmente
illegally traded – comerciado ilegalmente
illegally trafficked – traficado ilegalmente
illegally transferred – transferido ilegalmente
illegally used – usado ilegalmente
illegible *adj* – ilegible
illegitimacy *n* – ilegitimidad
illegitimate act – acto ilegítimo
illegitimate child – hijo ilegítimo
illicit *adj* – ilícito, prohibido
illicit business – negocio ilícito
illicit contract – contrato ilícito
illicit discrimination – discriminación ilícita
illicit dividend – dividendo ilícito
illicit immigrant – inmigrante ilícito
illicit practice – práctica ilícita
illicit search – allanamiento ilícito
illicitly *adv* – ilícitamente, ilegalmente
illiteracy *n* – analfabetismo, ignorancia
illiterate *adj* – analfabeto, ignorante
illness *n* – enfermedad, mal
illogical conclusion – conclusión ilógica
illogical deduction – deducción ilógica
illogical result – resultado ilógico
illogical statement – declaración ilógica
illusion *n* – ilusión, engaño
illusory *adj* – ilusorio, engañoso
illusory agreement – contrato ficticio
illusory appointment – designación ilusoria
illusory contract – contrato ficticio
illusory promise – promesa ficticia
ILO (International Labour Organization,
International Labour Organisation,
International Labor Organization) –

Organización Internacional del Trabajo
imbibe *v* – beber, asimilar, absorber
imbroglio *n* – embrollo
IMF (International Monetary Fund) – Fondo
Monetario Internacional
immaterial *adj* – inmaterial, sin importancia
immaterial allegation – aseveración
inmaterial
immaterial alteration – alteración inmaterial
immaterial breach – incumplimiento
inmaterial
immaterial evidence – prueba inmaterial
immaterial facts – hechos inmateriales
immaterial goods – bienes inmateriales
immaterial issue – cuestión inmaterial
immaterial testimony – testimonio inmaterial
immaturity *n* – inmadurez
immediate *adj* – inmediato, cercano, urgente
immediate cause – causa inmediata
immediate consequence – consecuencia
inmediata
immediate death – muerte inmediata
immediate descent – descendencia inmediata
immediate family – familia inmediata
immediate interest – interés inmediato
immediate need – necesidad inmediata
immediate notice – notificación inmediata
immediate possession – posesión inmediata
immediate problem – problema urgente
immediate relative – pariente inmediato
immediate reply – respuesta inmediata
immediate vesting – adquisición inmediata
de derechos de pensión
immemorial custom – costumbre inmemorial
immemorial possession – posesión
inmemorial
immemorial usage – costumbre inmemorial
immigrant alien – extranjero inmigrante
immigrant visa – visa de inmigrante
immigrant worker – trabajador inmigrante
immigration *n* – inmigración
Immigration and Customs Enforcement –
Oficina de Inmigración y Control de Aduanas
Immigration and Naturalization Service –
Servicio de Inmigración y Naturalización
immigration control – control de inmigración
imminent danger – peligro inminente
imminent peril – peligro inminente
immiserate *v* – hacer miserable, empobrecer
immoderate *adj* – inmoderado
immoral act – acto inmoral, conducta inmoral
immoral agreement – contrato inmoral
immoral conduct – conducta inmoral
immoral consideration – contraprestación
inmoral
immoral contract – contrato inmoral
immovable property – propiedad inmueble
immovables *n* – inmuebles

immune *adj* – inmune, exento
immune from arrest – inmune contra arresto
immune from execution – inmune contra ejecución
immune from process – inmune contra proceso
immune from prosecution – inmune contra acción judicial
immunity *n* – inmunidad, dispensa, exención
immunity clause – cláusula de inmunidad
immunity from arrest – inmunidad contra arresto
immunity from execution – inmunidad contra ejecución
immunity from process – inmunidad contra proceso
immunity from prosecution – inmunidad contra acción judicial
immunity from taxation – exención contributiva, inmunidad fiscal
impact *n* – impacto, choque
impact on the environment – impacto sobre el ambiente
impact statement – declaración de impacto
impact study – estudio de impacto
impacted area – área impactada
impair *v* – deteriorar, perjudicar, impedir
impairing the obligation of contracts – que disminuye el valor de los contratos
impairment *n* – deterioro, impedimento
impanel *v* – elegir un jurado, elegir
imparlance *n* – el período de tiempo otorgado para que el demandado presente su defensa
impartial *adj* – imparcial, justo, desinteresado
impartial expert – perito imparcial
impartial jury – jurado imparcial
impartial trial – juicio imparcial
impartial witness – testigo imparcial
impasse *n* – punto muerto, dificultad insuperable, atascadero
impeach *v* – impugnar, acusar, recusar
impeach a witness – impugnar un testigo
impeachable *adj* – acusable, impugnable, recusable
impeachment *n* – acusación formal contra funcionarios públicos, impugnación
impeachment of a contract – impugnación de contrato
impeachment of a witness – impugnación de testigo, impugnación de testimonio
impeachment of verdict – impugnación de veredicto
impede *v* – impedir, obstruir, obstaculizar
impede negotiations – impedir negociaciones, obstruir negociaciones
impediment to marriage – impedimento matrimonial

imperative *adj* – imperativo, urgente
imperfect *adj* – imperfecto, incompleto, defectuoso
imperfect obligation – obligación moral
imperfect ownership – propiedad imperfecta
imperfect right – derecho imperfecto
imperfect title – título imperfecto
imperfect trust – fideicomiso imperfecto
imperialism *n* – imperialismo
imperialist *adj* – imperialista
imperialist *n* – imperialista
imperialistic *adj* – imperialista
impersonal *adj* – impersonal
impersonation *n* – personificación
impertinence *n* – impertinencia
impertinent question – pregunta impertinente
impignoration *n* – pignoración, empeño
implead *v* – accionar, demandar, acusar, citar a juicio a un tercero
implement *n* – implemento, utensilio, instrumento
implement *v* – implementar, poner en práctica, cumplir
implementation *n* – implementación, puesta en práctica, cumplimiento
implementation period – período de implementación
implements of the trade – instrumentos del oficio
implicate a person – implicar una persona
implicate an accomplice – implicar un cómplice
implication *n* – implicación, inferencia, consecuencia
implication of an accomplice – implicación de un cómplice
implicit *adj* – implícito, incondicional
implicit confession – confesión implícita
implicit covenant – cláusula implícita
implicit guarantee – garantía implícita
implicit guaranty – garantía implícita
implicit malice – malicia implícita
implicit trust – fideicomiso implícito
implicit warranty – garantía implícita
implied *adj* – implícito, tácito
implied abandonment – abandono implícito
implied acceptance – aceptación implícita
implied admission – admisión implícita
implied agency – agencia implícita
implied agreement – convenio implícito
implied authorisation – autorización implícita
implied authorization – autorización implícita
implied by law – inferido por ley
implied collusion – colusión implícita
implied condition – condición implícita
implied confession – confesión implícita

implied consent – consentimiento implícito
implied consideration – contraprestación
implícita
implied contract – contrato implícito
implied covenant – cláusula implícita
implied dedication – dedicación implícita
implied easement – servidumbre implícita
implied guarantee – garantía implícita
implied guaranty – garantía implícita
implied intent – intención implícita
implied knowledge – conocimiento implícito
implied licence – autorización implícita
implied license – autorización implícita
implied malice – malicia implícita
implied mortgage – hipoteca por operación
de la ley
implied notice – notificación implícita
implied obligation – obligación implícita
implied partnership – sociedad implícita
implied permission – permiso implícito
implied powers – poderes implícitos
implied price – precio implícito
implied procuration – procuración implícita
implied promise – promesa implícita
implied ratification – ratificación implícita
implied rejection – rechazo implícito
implied release – liberación implícita
implied rent – renta implícita
implied repeal – derogación implícita
implied trust – fideicomiso implícito
implied warranty – garantía implícita
implied warranty of habitability – garantía
implícita de habitabilidad
imply v – implicar, involucrar, querer decir,
significar
import n – importación, sentido, importancia
import v – importar, significar, introducir
import agent – agente de importación
import authorisation – autorización de
importación
import authorization – autorización de
importación
import broker – corredor de importación
import cartel – cartel de importación
import controls – controles de importación
import documentation – documentación de
importación
import documents – documentos de
importación
import duties – derechos de importación
import incentives – incentivos para la
importación
import income – ingresos de importación
import licence – licencia de importación,
autorización de importación
import license – licencia de importación,
autorización de importación
import permit – permiso de importación

import policy – política de importación
import quota – cuota de importación
import records – expedientes de importación
import regulations – reglamentos de
importación
import restrictions – restricciones de
importación
import subsidies – subsidios de importación
import tariffs – tarifas de importación
import tax – impuesto de importación
import taxation – imposición de importación
import treaty – tratado de importación
importation n – importación, internación
importation agent – agente de importación
importation duties – derechos de importación
importation permit – permiso de importación
importation quota – cuota de importación
importation restrictions – restricciones de
importación
importation tariffs – tarifas de importación
importation tax – impuesto de importación
imported adj – importado
imported inflation – inflación importada
imported merchandise – mercancías
importadas
imported underemployment – subempleo
importado
importer n – importador
impose v – imponer, gravar, cargar
impose a fine – imponer una multa
impose a penalty – imponer una penalidad
impose conditions – imponer condiciones
impose restrictions – imponer restricciones
imposition n – imposición, gravamen,
impuesto
imposition of sentence – imposición de
sentencia
impossibility of performance –
imposibilidad de cumplimiento
impossible adj – imposible, impracticable
impossible condition – condición imposible
impossible task – tarea imposible
impossible to alter – imposible de alterar
impostor n – impostor, engañador
imposts n – impuestos
impotence n – impotencia
impound v – incautar, confiscar, embargar,
secuestrar judicialmente
impound account – cuenta mantenida por un
prestador para encargarse de ciertos pagos
del prestatario
impounded adj – incautado, confiscado,
embargado
impounded property – propiedad confiscada,
propiedad embargada
impounding n – incautación, confiscación
impoverished adj – empobrecido
impracticability n – impracticabilidad,

imposibilidad
impracticable *adj* – impracticable, imposible
imprescriptibility *n* – imprescriptibilidad
imprescriptible rights – derechos imprescriptibles
impression *n* – impresión, efecto, marca
impressment *n* – expropiación, enganche
imprison *v* – encarcelar, aprisionar, encerrar
imprisonment *n* – encarcelamiento, reclusión
improbable *adj* – improbable, inverosímil
improbable evidence – prueba improbable
improbable testimony – testimonio improbable
improper *adj* – impropio, indebido, inadecuado
improper act – acto impropio
improper action – acción impropia
improper business practices – prácticas impropias de negocios
improper combination – combinación impropia
improper conduct – conducta impropia
improper consideration – contraprestación impropia
improper detention – detención impropia
improper discrimination – discriminación impropia
improper donation – donación impropia
improper entry – ingreso impropio
improper force – fuerza impropia
improper gain – ganancia impropia
improper gift – donación impropia
improper incentive – incentivo impropio
improper influence – influencia indebida
improper jurisdiction – jurisdicción indebida
improper offer – oferta impropia
improper pact – pacto impropio
improper picketing – piquete impropio
improper possession – posesión impropia
improper practice – práctica indebida
improper present – regalo impropio
improper professional conduct – conducta profesional impropia
improper profit – ganancia impropia, beneficio impropio
improper purpose – propósito impropio
improper sale – venta impropia
improper search – allanamiento impropio
improper strike – huelga impropia
improper tax – impuesto impropio
improper transaction – transacción impropia
improper use – uso indebido
improperly obtained evidence – prueba obtenida indebidamente
improve *v* – mejorar, beneficiar
improved land – tierras con mejoras
improved property – propiedad mejorada
improvement *n* – mejora, mejoramiento,

adelanto, desarrollo
improvement aid – ayuda para mejoras
improvement area – área de mejoras
improvement policy – política de mejoras
improvidence *n* – imprevisión, desprevención, incompetencia al administrar bienes
improvident *adj* – impróvido, desprevenido
improvidently *adv* – impróvidamente, desprevenidamente
impugn *v* – impugnar
impulse *n* – impulso, inclinación repentina
impunity *n* – impunidad
imputability *n* – imputabilidad
imputation of payment – imputación de pago
imputed consent – consentimiento imputado
imputed guilt – culpabilidad imputada
imputed income – ingresos imputados
imputed intent – intención imputada
imputed intention – intención imputada
imputed interest – interés imputado
imputed knowledge – conocimiento imputado
imputed liability – responsabilidad imputada
imputed negligence – negligencia imputada, negligencia indirecta
imputed notice – notificación implícita
in abeyance – en suspenso, en espera, pendiente
in absentia – en ausencia
in action – bien recuperable mediante acción judicial, en acción
in advance – por adelantado
in arrears – en mora, vencido
in articulo mortis – en el momento de la muerte
in black and white – en negro sobre blanco, por escrito
in blank – en blanco
in bulk – a granel
in cahoots – confabulado con
in camera – en privado, en el despacho del juez
in camera proceedings – procedimientos en privado, procedimientos en el despacho del juez
in case – en caso, por si acaso
in cash – en efectivo
in chambers – en el despacho del juez, actos judiciales fuera de sesión
in common – en común
in-company *adj* – dentro de la misma compañía, interno
in compliance with – en cumplimiento con
in conformity with – en conformidad con
in consideration of – en consideración de, como contraprestación de
in contemplation of death – en

contemplación de la muerte
in contempt – en desacato
in court – en el tribunal, ante un tribunal
in custodia legis – bajo la custodia de la ley
in custody – en custodia
in default – en mora, incumplido
in depth – a fondo, en profundidad
in disrepair – en mal estado
in due course – a su debido tiempo
in effect – en efecto, en vigor, en vigencia
in equal shares – en partes iguales
in equity – en un tribunal de equidad, en equidad
in evidence – probado
in exchange for – a cambio de
in expectation – en expectativa
in extenso – de principio a fin
in extremis – justo antes de la muerte
in fact – de hecho, en realidad, para más decir
in favor of – a favor de
in force – en vigor, en vigencia
in forma pauperis – como indigente, exento del pago de gastos legales por ser indigente
in full – completamente, totalmente
in good faith – de buena fe
in good standing – cumpliendo con todos los requisitos corrientes
in hoc – en esto
in hand – en mano, disponible, bajo control
in-house *adj* – dentro de la misma organización, interno
in issue – en disputa, en litigio, en cuestión
in judgment – ante el tribunal
in kind – en especie, de la misma categoría, de la misma clase
in-kind distribution – distribución en especie
in law – de derecho, conforme al derecho
in-laws *n* – parientes políticos
in lieu of – en vez de, en lugar de
in lieu of payment – en lugar de pago
in limine – al comienzo
in loco parentis – en lugar de un padre
in mercy – a merced de
in name only – sólo de nombre
in pais – extrajudicial, fuera de litigio
in pari delicto – con el mismo grado de culpabilidad
in pari materia – sobre la misma materia
in part – en parte
in perpetuity – en perpetuidad
in person – en persona
in personam – contra la persona
in personam jurisdiction – jurisdicción con respecto a la persona
in plain language – en lenguaje sencillo
in possession – en posesión
in pro per (in propria persona) – en nombre propio, sin abogado

in propria persona – en nombre propio, sin abogado
in re – concerniente a, con referencia a
in regard to – en relación a, en relación con
in rem – contra la cosa
in rem jurisdiction – jurisdicción con respecto a la cosa
in safe hands – en buenas manos
in service – en servicio
in-service *adj* – durante el empleo
in-state *adj* – en el mismo estado
in statu quo – de la forma que estaba
in terrorem – bajo terror
in the black – en números negros
in the course of employment – en el curso del empleo
in the event of default – en caso de incumplimiento
in the pipeline – en proceso, venidero, bajo consideración
in the presence – en la presencia, en presencia de
in the red – en números rojos
in theory – en teoría
in toto – totalmente, completamente
in trade – en el comercio
in transit – en tránsito
in-tray *n* – bandeja de entrada
in trust – en fideicomiso
in witness whereof – en testimonio de lo cual, en fe de lo cual
in writing – por escrito
inability to pay – incapacidad para pagar
inability to work – incapacidad para trabajar
inaccuracy *n* – inexactitud
inaccurate *adj* – inexacto
inaction *n* – inacción, inactividad
inactive *adj* – inactivo
inactive business – negocio inactivo
inactive employee – empleado inactivo
inactive trust – fideicomiso inactivo
inadequacy *n* – inadecuación, insuficiencia
inadequate *adj* – inadecuado, insuficiente
inadequate care – cuidado inadecuado
inadequate cause – causa insuficiente
inadequate compensation – compensación inadecuada, indemnización inadecuada
inadequate consideration – contraprestación insuficiente
inadequate damages – indemnización insuficiente, daños no equitativos
inadequate notice – notificación inadecuada
inadequate price – precio inadecuado
inadequate protection – protección inadecuada
inadequate provocation – provocación insuficiente
inadequate remedy at law – recursos

judiciales insuficientes
inadequate security – seguridad inadecuada
inadmissibility *n* – inadmisibilidad
inadmissible evidence – prueba inadmisible
inadmissible statement – declaración
 inadmisible
inadmissible testimony – testimonio
 inadmisible
inadvertence *n* – inadvertencia, descuido,
 negligencia
inadvertency *n* – inadvertencia, descuido,
 negligencia
inadvertent *adj* – inadvertido, descuidado,
 negligente
inadvertent error – error inadvertido
inadvertently *adv* – inadvertidamente,
 descuidadamente, negligentemente
inalienable interest – interés inalienable
inalienable rights – derechos inalienables
inapplicable *adj* – inaplicable
inappropriate *adj* – inapropiado, impropio
inappropriate action – acción inapropiada
inappropriate behavior – conducta
 inapropiada
inappropriate behaviour – conducta
 inapropiada
inappropriate combination – combinación
 inapropiada
inappropriate conduct – conducta
 inapropiada
inappropriate consideration –
 contraprestación inapropiada
inappropriate detention – detención
 inapropiada
inappropriate force – fuerza inapropiada
inappropriate practice – práctica inapropiada
inappropriate present – regalo inapropiado
inappropriate search – allanamiento
 inapropiado
inasmuch as – ya que, puesto que
inauguration *n* – inauguración, instalación,
 estreno
inbound common – terreno comunal abierto
inbox *n* – buzón de entrada
Inc. (incorporated) – incorporado
incapable *adj* – incapaz, sin capacidad legal
incapacitated person – persona incapacitada
incapacity benefit – beneficio por
 incapacidad
incapacity for work – incapacidad de trabajar
incarceration *n* – encarcelación
incautious *adj* – incauto, negligente
incendiary *adj* – incendiario
incentive contract – contrato con incentivos
incentive fee – pago de incentivo
incentive legislation – legislación de
 incentivo
incentive pay – salario adicional que

recompensa los incrementos en productividad
inception *n* – principio
inception date – fecha de efectividad
incest *n* – incesto
incestuous *adj* – incestuoso
inchoate *adj* – incoado, incompleto,
 imperfecto, incipiente
inchoate agreement – convenio incompleto
inchoate contract – contrato incompleto
inchoate crime – crimen incompleto que
 lleva a otro crimen
inchoate gift – donación incompleta
inchoate instrument – instrumento
 incompleto
inchoate interest – interés real revocable
inchoate lien – privilegio revocable,
 gravamen revocable
inchoate right – derecho en expectativa
incidence *n* – incidencia, efecto
incident *n* – incidente
incidental *adj* – incidental, accidental,
 concomitante
incidental admission – admisión incidental
incidental assistance – asistencia incidental
incidental authority – autoridad incidental
incidental beneficiary – beneficiario
 incidental
incidental benefit – beneficio incidental
incidental consequence – consecuencia
 incidental
incidental damages – daños incidentales
incidental jurisdiction – jurisdicción
 incidental
incidental powers – facultades inherentes
incidental question – pregunta incidental
incidentals *n* – gastos incidentales
incidents of ownership – intereses y/o
 derechos que se retienen sobre activos tales
 como propiedades o pólizas
incite *v* – incitar, instigar, estimular
incitement to commit a crime – incitación a
 cometer un crimen
incitement to riot – incitación a rebelarse
inciter *n* – incitador, instigador
incivism *n* – falta de civismo
incl. (included) – incluido, incluso
incl. (including) – incluyendo
incl. (inclusive) – inclusive
inclose *v* – cercar, encerrar, incluir
inclosed lands – tierras cercadas
inclosure *n* – cercamiento, encerramiento
include *v* – incluir, abarcar, confinar
included offense – delito incluido en uno de
 mayor gravedad
including tax – impuestos incluidos
inclusive of tax – impuestos incluidos
inclusively *adv* – inclusive
incognito *adj* – incógnito

incoherent *adj* – incoherente
income *n* – ingresos, renta, rédito, utilidad
income assignment – transferencia de
ingresos, asignación de ingresos
income continuation – continuación de
ingresos
income foregone – ingresos sacrificados
income from employment – ingresos por
empleo
income insurance – seguro de ingresos
income limit – límite de ingresos
income policy – póliza de ingresos
income-replacement insurance – seguro de
reemplazo de ingresos
income-sharing cartel – cartel en el que se
comparten las ganancias
income support – suplemento de ingresos,
subsidio de ingresos
income tax return – declaración de la renta,
declaración de ingresos, declaración de
impuestos
income taxes – impuestos sobre la renta,
impuestos sobre ingresos, contribuciones
sobre ingresos
incommunicado *adj* – incomunicado
incommutable *adj* – inconmutable,
inmutable
incompatibility *n* – incompatibilidad
incompatible use – uso incompatible
incompetence *n* – incompetencia,
incapacidad
incompetency *n* – incompetencia,
incapacidad
incompetent evidence – prueba
incompetente
incompetent person – persona incompetente
incompetent witness – testigo incompetente
incomplete *adj* – incompleto, parcial,
defectuoso
incomplete abandonment – abandono
parcial
incomplete acceptance – aceptación parcial
incomplete audit – auditoría parcial
incomplete breach – incumplimiento parcial
incomplete contract – contrato parcial
incomplete coverage – cobertura parcial
incomplete defence – defensa parcial
incomplete defense – defensa parcial
incomplete delivery – entrega parcial
incomplete eviction – desalojo parcial
incomplete evidence – prueba incompleta
incomplete information – información
parcial
incomplete insurance – seguro parcial
incomplete interest – interés parcial
incomplete liquidation – liquidación parcial
incomplete loss – pérdida parcial
incomplete monopoly – monopolio parcial

incomplete ownership – propiedad parcial
incomplete payment – pago parcial
incomplete performance – cumplimiento
parcial
incomplete record – registro parcial
incomplete transfer – transferencia parcial
incomplete waiver – renuncia de derecho
parcial
inconclusive *adj* – inconcluyente, no
convincente
inconsequential error – error inconsecuente
inconsistency *n* – inconsistencia,
incoherencia
inconsistent evidence – prueba inconsistente
inconsistent presumptions – presunciones
inconsistentes
inconsistent statement – declaración
inconsistente
inconsistent testimony – testimonio
inconsistente
incontestability clause – cláusula de
incontestabilidad
incontestability provision – cláusula de
incontestabilidad
incontestable *adj* – incontestable,
incuestionable, inatacable
incontestable clause – cláusula de
incontestabilidad
incontestable policy – póliza incontestable
incontinence *n* – incontinencia
incontrovertible fact – hecho incontrovertible
incontrovertible proof – prueba
incontrovertible
incorporate *v* – incorporar, constituir una
corporación, constituir una sociedad
incorporated *adj* – incorporado, constituido,
constituido legalmente
incorporated company – sociedad anónima,
compañía incorporada
incorporated corporation – corporación
constituida
incorporated law society – asociación de
abogados que ejerce una serie de funciones
concernientes a la práctica del derecho
incorporating state – estado en el que se
constituye una corporación
incorporation *n* – incorporación,
constitución, constitución de una
corporación, constitución de una sociedad
incorporation agreement – acta de
constitución
incorporation authentication – autenticación
de incorporación
incorporation by reference – inclusión por
referencia, incorporación por referencia
incorporation certificate – certificado de
incorporación
incorporation certification – certificación de

incorporación
incorporation evidence – prueba de
incorporación
incorporation papers – documentos de
incorporación, acto constitutivo, contrato de
sociedad
incorporation proof – prueba de
incorporación
incorporator *n* – quien incorpora, quien
constituye una corporación, quien constituye
una sociedad
incorporeal chattels – derechos sobre bienes
incorpóreos
incorporeal hereditaments – bienes
incorpóreos heredables
incorporeal property – propiedad incorpórea
incorporeal rights – derechos sobre bienes
incorpóreos
incorporeal things – cosas incorpóreas
incorrect appraisal – tasación incorrecta
incorrect statement – declaración incorrecta,
estado incorrecto
incorrigible *adj* – incorregible
incorruptible *adj* – incorruptible, íntegro
increase taxes – aumentar impuestos
increased hazard – riesgo aumentado
increased tariffs – tarifas aumentadas
increased taxes – impuestos aumentados
increased wages – salarios aumentados
increasing insurance – seguro creciente
increment *n* – incremento, acrecentamiento
incriminate *v* – incriminar, inculpar, acusar
incriminating *adj* – incriminatorio,
inculpatorio
incriminating admission – admisión
incriminatoria
incriminating circumstance – circunstancia
incriminatoria
incriminating evidence – prueba
incriminatoria
incriminating fact – hecho incriminatorio
incriminating statement – declaración
incriminatoria
incriminating testimony – testimonio
incriminatorio
incrimination *n* – incriminación, acusación
incriminatory *adj* – incriminatorio,
inculpatorio
incriminatory admission – admisión
incriminatoria
incriminatory circumstance – circunstancia
incriminatoria
incriminatory evidence – prueba
incriminatoria
incriminatory fact – hecho incriminatorio
incriminatory statement – declaración
incriminatoria
incriminatory testimony – testimonio

incriminatorio
incroachment *n* – intrusión, invasión,
usurpación
inculpate *v* – inculpar, incriminar, acusar
inculpatory *adj* – inculpatorio,
incriminatorio, acusatorio
inculpatory circumstance – circunstancia
inculpatoria
inculpatory evidence – prueba inculpatoria
inculpatory fact – hecho inculpatorio
inculpatory statement – declaración
inculpatoria
inculpatory testimony – testimonio
inculpatorio
incumbent *adj* – incumbente, funcionario,
titular
incumbered *adj* – gravado
incumbrance *n* – gravamen, carga, hipoteca
incur *v* – incurrir, contraer
incur a debt – contraer una deuda
incurable disease – enfermedad incurable
incurred losses – pérdidas incurridas
indebted *adj* – endeudado, obligado
indebtedness *n* – endeudamiento,
obligaciones
indebtedness certificate – certificado de
endeudamiento
indecent *adj* – indecente, deshonesto,
impropio
indecent assault – abusos deshonestos
indecent behavior – conducta indecente
indecent behaviour – conducta indecente
indecent exhibition – exhibición indecente
indecent exposure – exposición indecente
indecent liberties – abusos deshonestos
indecent publication – publicación indecente
indecisive *adj* – indeciso, dudoso
indefeasible *adj* – irrevocable,
inquebrantable
indefinite *adj* – indefinido, incierto,
impreciso
indefinite contract – contrato por tiempo
indefinido
indefinite failure of issue – falta de
descendientes por tiempo indefinido
indefinite imprisonment – encarcelamiento
por tiempo indefinido
indefinite legacy – legado indefinido
indefinite liability – responsabilidad
indefinida
indefinite obligation – obligación indefinida
indemnification *n* – indemnización,
compensación, reparación
indemnification agreement – convenio de
indemnización
indemnification bond – contrafianza
indemnification contract – contrato de
indemnización

indemnify *v* – indemnizar, compensar, satisfacer
indemnitee *n* – indemnizado, beneficiario de una indemnización
indemnitor *n* – indemnizador, quien paga una indemnización
indemnity *n* – indemnidad, indemnización, reparación
indemnity bond – contrafianza
indemnity insurance – seguro de indemnización
indenture *n* – instrumento formal, hipoteca, escritura, contrato
independence *n* – independencia, autonomía
independent accountant – contable independiente
independent adjuster – ajustador independiente
independent advice – asesoramiento independiente
independent agency – agencia independiente
independent agent – agente independiente
independent appraisal – tasación independiente
independent audit – auditoría independiente
independent bank – banco independiente
independent broker – corredor independiente
independent cause – causa independiente
independent condition – condición independiente
independent contractor – contratista independiente
independent contracts – contratos independientes
independent covenant – estipulación independiente
independent duty – deber independiente
independent entity – entidad independiente
independent events – eventos independientes
independent insurer – asegurador independiente
independent means – recursos económicos propios
independent negligence – negligencia independiente
independent union – unión independiente
indestructible trust – fideicomiso indestructible
indeterminate damages – daños y perjuicios sin liquidar
indeterminate obligation – obligación indeterminada
indeterminate penalty – pena indeterminada
indeterminate premiums – primas indeterminadas
indeterminate sentence – sentencia indeterminada

indexed rate – tasa indexada, tasa indizada
Indian tribal property – propiedad de tribu indígena
indicated benefits – beneficios indicados
indicated bequest – legado indicado
indicated coverage – cobertura indicada
indicated duty – deber indicado
indicated insurance – seguro indicado
indicated intent – intención indicada
indicated limit – límite indicado
indicated period – período indicado
indicated price – precio indicado
indicated rate – tasa indicada
indicated salary – salario indicado
indicated subsidy – subsidio indicado
indication of interest – indicación de interés
indicative evidence – prueba indicativa
indicia *n* – indicios, señales
indict *v* – acusar formalmente de un delito, acusar por un gran jurado, acusar
indictable *adj* – procesable, acusable, sujeto a una acusación formal
indictable offense – delito procesable
indicted *adj* – acusado penalmente
indictee *n* – acusado, procesado
indictment *n* – acusación formal de un delito, acusación por un gran jurado, acusación
indictor *n* – quien acusa formalmente
indifferent *adj* – indiferente, imparcial
indigent defendant – acusado indigente
indignity *n* – indignidad, crueldad mental hacia el cónyuge
indirect cause – causa indirecta
indirect confession – confesión indirecta
indirect control – control indirecto
indirect damages – daños indirectos
indirect discrimination – discriminación indirecta
indirect evidence – prueba indirecta
indirect injury – daño indirecto, lesión indirecta
indirect interest – interés indirecto
indirect knowledge – conocimiento indirecto
indirect liability – responsabilidad indirecta
indirect obligation – obligación indirecta
indirect result – resultado indirecto
indirect tax – impuesto indirecto
indispensable *adj* – indispensable, de rigor
indispensable coverage – cobertura indispensable
indispensable diligence – diligencia indispensable
indispensable easement – servidumbre indispensable
indispensable evidence – prueba indispensable
indispensable information – información indispensable

indispensable insurance – seguro indispensable
indispensable parties – partes indispensables
indispensable repairs – reparaciones indispensables
indispensable services – servicios indispensables
indispensable servitude – servidumbre indispensable
indispensable wages – salario indispensable
indispensable witness – testigo indispensable
indisputability *n* – indisputabilidad, incontestabilidad
indisputable *adj* – indisputable, incontestable
individual *adj* – individual, particular
individual *n* – individuo, sujeto
individual account – cuenta individual
individual bargaining – negociación individual
individual capacity – capacidad individual
individual damages – daños individuales
individual income tax – contribución sobre la renta individual
individual insurance – seguro individual
individual investor – inversionista individual
individual liability – responsabilidad individual
individual obligation – obligación individual
individual ownership – propiedad individual
individual policy – póliza individual
individual proprietorship – negocio propio
individual retirement account – cuenta de retiro individual
individual rights – derechos individuales
individual taxpayer – contribuyente individual
individually *adv* – individualmente
indivisibility *n* – indivisibilidad
indivisible contract – contrato indivisible
indivisible obligation – obligación indivisible
indorsable *adj* – endosable
indorse *v* – endosar
indorsee for collection – endosatario para cobro
indorsee in due course – endosatario de buena fe
indorsement date – fecha de endoso
indorsement for collection – endoso para cobro
indorser *n* – endosante
indubitable proof – prueba indubitable
induce *v* – inducir, instigar, provocar, efectuar
induced *adj* – inducido, instigado, provocado
inducement *n* – motivación, incentivo
inducing breach of contract – el inducir al

incumplimiento de contrato
induct *v* – instalar, iniciar, enrolar
induction *n* – inducción, ingreso, instalación
indulgence *n* – indulgencia, moratoria, extensión de plazo
industrial accident – accidente laboral
industrial accident insurance – seguro contra accidentes laborales
industrial action – acción industrial, huelga, huelga de brazos caídos
industrial agency – agencia industrial
industrial agreement – convenio industrial
industrial arbitration – arbitraje laboral
industrial bankruptcy – quiebra industrial
industrial conglomerate – conglomerado industrial
industrial court – tribunal industrial
industrial disease – enfermedad industrial, enfermedad laboral
industrial dispute – disputa laboral, disputa industrial
industrial espionage – espionaje industrial
industrial fraud – fraude industrial
industrial hygiene – higiene industrial
industrial injury – lesión industrial, lesión laboral
industrial insurance – seguro industrial
industrial intelligence – inteligencia industrial
industrial interests – intereses industriales
industrial law – derecho industrial, derecho laboral
industrial lease – arrendamiento industrial
industrial liability – responsabilidad industrial
industrial licence – licencia industrial
industrial license – licencia industrial
industrial park – parque industrial, complejo industrial
industrial policy – póliza industrial, política industrial
industrial regulations – reglamentos industriales
industrial safety – seguridad industrial
industrial treaty – tratado industrial
industrial tribunal – tribunal industrial
industrial union – unión industrial
industrial waste – residuos industriales
industrial worker – trabajador industrial
industrial zone – zona industrial
industrialisation *n* – industrialización
industrialise *v* – industrializar
industrialised *adj* – industrializado
industrialization *n* – industrialización
industrialize *v* – industrializar
industrialized *adj* – industrializado
industrious concealment – ocultación activa de un vicio

industry accounting – contabilidad de industria
industry ethics – ética de industria
industry fraud – fraude de industria
industry interests – intereses de industria
industry-oriented *adj* – orientado hacia la industria
industry park – parque industrial
industry policy – póliza de industria, política de industria
industry standards – normas de industria
inebriate *adj* – ebrio
ineffective *adj* – ineficaz, inútil, incapaz
ineffectual judgment – sentencia ineficaz
inefficiency *n* – ineficacia, incompetencia
ineligibility *n* – inelegibilidad
ineligible *adj* – inelegible
inequality *n* – desigualdad, injusticia
inequitable *adj* – injusto
inescapable peril – peligro ineludible
inevitable accident – accidente inevitable
inevitable event – evento inevitable
inevitable mistake – error inevitable
inexcusable neglect – negligencia inexcusable
infamous crime – crimen infame
infamous punishment – pena infame
infamy *n* – infamia, deshonra, oprobio
infancy *n* – infancia, minoridad
infant *n* – infante, menor
infanticide *n* – infanticidio
infer *v* – inferir, deducir, concluir
inference *n* – inferencia, deducción, conclusión
inferential facts – hechos inferidos
inferior *adj* – inferior, subordinado
inferior court – tribunal de primera instancia, tribunal inferior
inferior goods – bienes inferiores
inferior product – producto inferior
inferior quality – calidad inferior
inferred acceptance – aceptación inferida
inferred acknowledgment – reconocimiento inferido
inferred admission – admisión inferida
inferred agency – agencia inferida
inferred agreement – convenio inferido
inferred authorisation – autorización inferida
inferred authorization – autorización inferida
inferred by law – inferido por ley
inferred collusion – colusión inferida
inferred condition – condición inferida
inferred confession – confesión inferida
inferred consent – consentimiento inferido
inferred consideration – contraprestación inferida
inferred contract – contrato inferido
inferred cost – costo inferido, coste inferido

inferred covenant – cláusula inferida
inferred easement – servidumbre inferida
inferred guarantee – garantía inferida
inferred guaranty – garantía inferida
inferred intent – intención inferida
inferred knowledge – conocimiento inferido
inferred licence – autorización inferida, licencia inferida
inferred license – autorización inferida, licencia inferida
inferred malice – malicia inferida
inferred mortgage – hipoteca por operación de la ley
inferred obligation – obligación inferida
inferred partnership – sociedad inferida
inferred powers – poderes inferidos
inferred price – precio inferido
inferred promise – promesa inferida
inferred rejection – rechazo inferido
inferred rent – renta inferida
inferred trust – fideicomiso inferido
inferred warranty – garantía inferida
infidelity *n* – infidelidad, traición
infirm *adj* – débil, inestable, enfermo
infirmative *adj* – que disminuye la validez
infirmity *n* – debilidad, fragilidad
inflation-proof *adj* – a prueba de la inflación
inflationary gap – brecha inflacionaria
inflationary pressure – presión inflacionaria
inflationary spiral – espiral inflacionaria
inflict *v* – infligir, causar
influence *n* – influencia
influence *v* – influenciar, influir, persuadir
influence peddling – tráfico de influencias
influence salaries – influenciar los salarios
influence wages – influenciar los salarios
influential *adj* – influyente
info. (information) – información
infomercial *n* – publirreportaje
inform *v* – informar, comunicar
informal *adj* – informal, irregular, de confianza
informal contract – contrato verbal, contrato informal
informal hearing – vista informal
informal marriage – matrimonio informal
informal proceedings – procedimientos informales
informant *n* – informante, informador
informatics *n* – informática
information *n* – información, acusación hecha por un funcionario competente sin la intervención de un jurado de acusación
information and belief – saber y entender
information management – administración de la información
information processing – procesamiento de información

informative *adj* – informativo, instructivo
informed consent – consentimiento informado
informed decision – decisión informada
informer *n* – informador, informante
infraction *n* – infracción, violación
infrastructure *n* – infraestructura, fundamento
infringe *v* – infringir
infringement *n* – infracción, violación
infringement of copyright – violación de los derechos de autor
infringement of patent – violación de patente
infringement of privacy – violación de privacidad
infringement of right – violación de un derecho
infringement of trademark – violación de marca, violación de marca registrada
infringer *n* – infractor, violador
ingratitude *n* – ingratitud
ingress *n* – ingreso, entrada, acceso, paso
ingress, egress, and regress – derecho de entrar y salir y de volver a entrar
ingrossing *n* – preparación de la versión final de un documento
inhabit *v* – habitar, residir en
inhabitability *n* – habitabilidad
inhabitant *n* – habitante
inhere *v* – ser inherente
inherent condition – condición inherente
inherent covenant – estipulación inherente
inherent defect – defecto inherente
inherent powers – facultades inherentes
inherent right – derecho inherente
inherent risk – riesgo inherente
inherent vice – vicio inherente
inherently dangerous – inherentemente peligroso
inherit *v* – heredar
inheritance *n* – herencia, sucesión
inheritance tax – impuesto sobre la herencia
inherited *adj* – heredado
inhibit *v* – inhibir, detener, prohibir
inhibition *n* – inhibición, restricción
inhuman treatment – trato inhumano, trato brutal
initial *adj* – inicial, incipiente
initial *n* – inicial
initial *v* – poner las iniciales
initial appearance – comparecencia inicial, apariencia inicial
initial claim – reclamación inicial
initial contract – contrato inicial
initial fault – falta inicial
initial insurance – seguro inicial
initial interest rate – tasa de interés inicial
initial offer – oferta inicial

initial pay – paga inicial
initial premium – prima inicial
initial price – precio inicial
initial public offering – oferta pública inicial
initial rate – tasa inicial
initial salary – salario inicial
initial wage – salario inicial
initialise *v* – inicializar
initialize *v* – inicializar
initialling *n* – el acto de poner las iniciales
initials *n* – iniciales
initiate an action – iniciar una acción
initiation *n* – iniciación, inicio
initiative *n* – iniciativa
injunction *n* – mandamiento judicial, mandamiento judicial para prohibir algo, entredicho, interdicto
injunctive relief – desagravio por mandato judicial
injure *v* – injuriar, perjudicar, lesionar, dañar
injured *adj* – injuriado, perjudicado, lesionado, dañado
injured party – la parte perjudicada, la parte lesionada
injurious *adj* – injurioso, perjudicial, lesivo
injurious dumping – dumping perjudicial
injurious exposure – exposición a sustancias tóxicas injuriosa
injurious falsehood – calumnia injuriosa
injurious words – calumnia, difamación
injury *n* – lesión, herida, daño, perjuicio
injury on the job – lesión en el trabajo
injury to property – daño a la propiedad
injury to reputation – daño a la reputación
injustice *n* – injusticia
inland *adj* – interior, interno, tierra adentro
Inland Revenue Office – Oficina de Rentas Internas, Hacienda
Inland Revenue Service – Servicio de Rentas Internas, Hacienda
inmate *n* – recluso, paciente, inquilino
innavigable *adj* – innavegable
inner city – parte central de una ciudad grande, casco de la ciudad
innkeeper *n* – posadero, hostelero
innocence *n* – inocencia
innocent agent – agente inocente
innocent misrepresentation – falsa representación inocente
innocent of – ignorante de, inocente de
innocent party – parte inocente
innocent purchaser – comprador de buena fe
innocent third party – tercera parte inocente
innocent trespass – entrada a un inmueble ajeno de buena fe o sin querer
innominate contracts – contratos innominados
innovate *v* – innovar

innovation *n* – innovación
innovative *adj* – innovador
innuendo *n* – insinuación, indirecta, explicación del sentido de ciertas palabras
inofficious testament – testamento inoficioso
inoperative *adj* – inoperante, inválido, fuera de servicio
input *n* – entrada, aportación, contribución, insumo
inquest *n* – indagatoria, investigación, cuerpo señalado para llevar a cabo una indagatoria
inquest jury – jurado indagatorio
inquire *v* – indagar, investigar, encuestar
inquiry *n* – indagación, investigación, pregunta, estudio
inquisition *n* – inquisición, investigación
inquisitor *n* – inquisidor, investigador
inquisitorial procedure – procedimiento inquisitorial
inquisitorial process – procedimiento inquisitorial
inquisitorial system – sistema inquisitorial
INS (Immigration and Naturalization Service) – Servicio de Inmigración y Naturalización
insane delusion – alucinación por insania
insanity *n* – insania, demencia
insanity defence – defensa basada en la insania, defensa basada en la incapacidad mental
insanity defense – defensa basada en la insania, defensa basada en la incapacidad mental
insanity plea – alegación de insania, alegación de incapacidad mental
inscribe *v* – inscribir, registrar
inscribed *adj* – inscrito, registrado
inscription *n* – inscripción, registro
insecure *adj* – inseguro, peligroso, arriesgado
insecurity *n* – inseguridad, peligro, riesgo
insert *n* – encarte, algo insertado
insert *v* – insertar, introducir
inside director – director que además tiene puesto de administración en la compañía
inside information – información privilegiada
insider *n* – persona que dispone de información privilegiada
insider dealing – transacciones que aprovechan información privilegiada
insider information – información privilegiada
insider trading – transacciones que aprovechan información privilegiada
insignia *n* – insignia, distintivo, emblema
insinuation *n* – insinuación, indirecta
insinuation of a will – la presentación original de un testamento

insofar as – en lo que concierne a, en la medida en que
insolvency clause – cláusula de insolvencia
insolvency risk – riesgo de insolvencia
insolvent company – compañía insolvente
insolvent debtor – deudor insolvente
insolvent entity – entidad insolvente
insomuch as – ya que, puesto que
insomuch that – de tal modo que
insourcing *n* – contratación interna
inspect *v* – inspeccionar, revisar
inspection *n* – inspección, reconocimiento, registro
inspection by customs – inspección por aduana
inspection certificate – certificado de inspección
inspection laws – leyes de inspección
inspection of documents – inspección de documentos
inspection of records – inspección de registros
inspection receipt – recibo de inspección
inspection report – informe de inspección
inspection rights – derechos de inspección
inspection stamp – sello de inspección
inspector *n* – inspector, supervisor
inspector of taxes – inspector de impuestos, inspector de Hacienda
instability *n* – inestabilidad
installment *n* – plazo, pago parcial, pago periódico, instalación
installment contract – contrato a plazos, contrato de venta a plazos
installment credit – crédito a pagarse a plazos, crédito para compras a plazo
installment debt – deuda a plazos, deuda en cuotas
installment loan – préstamo a plazos, préstamo en cuotas
installment sale – venta a plazos
instalment *n* – plazo, pago parcial, pago periódico, instalación
instalment contract – contrato a plazos, contrato de venta a plazos
instalment credit – crédito a pagarse a plazos, crédito para compras a plazo
instalment loan – préstamo a plazos, préstamo en cuotas
instalment sale – venta a plazos
instance court – tribunal de primera instancia, tribunal a quo
instant dismissal – despido del trabajo sin previo aviso
instant message – mensaje instantáneo
instant messaging – mensajería instantánea
instantaneous crime – crimen instantáneo
instantaneous death – muerte instantánea

instanter *adv* – inmediatamente
instantly *adv* – instantáneamente
instigate *v* – instigar, incitar, promover
instigation *n* – instigación, incitación
institute *n* – instituto
institute *v* – instituir, iniciar, entablar, implementar, fundar
institute an action – entablar una acción
institution *n* – institución, establecimiento
institutional advertising – publicidad institucional
institutional investors – inversionistas institucionales
instruct *v* – instruir, ordenar
instruct the jury – instruir al jurado
instructed verdict – veredicto impuesto al jurado por el juez
instruction *n* – instrucción, orden
instruction manual – manual de instrucciones
instructions to jury – instrucciones al jurado
instructor *n* – instructor
instrument *n* – instrumento, documento
instrument for the payment of money – pagaré
instrument in writing – instrumento por escrito
instrument of acceptance – instrumento de aceptación
instrument of appeal – documento de apelación
instrument of evidence – medio de prueba, documento probatorio
instrument of fraud – instrumento para cometer fraude
instrument under seal – instrumento sellado
instrumentality *n* – agencia, medio
insubordination *n* – insubordinación, desobediencia
insufficiency of evidence – insuficiencia de la prueba
insufficient evidence – prueba insuficiente
insufficient funds – fondos insuficientes
insular *adj* – insular, aislado, separado
insulate *v* – aislar
insurability *n* – asegurabilidad
insurable *adj* – asegurable
insurable interest – interés asegurable
insurable risk – riesgo asegurable
insurable title – título asegurable
insurance *n* – seguro, garantía
insurance activity – actividad aseguradora
insurance adjuster – ajustador de seguros
insurance agency – agencia de seguros
insurance agent – agente de seguros
insurance agreement – convenio de seguros
insurance broker – corredor de seguros
insurance carrier – compañía de seguros, aseguradora

insurance certificate – certificado de seguros
insurance claim – reclamación de seguros
insurance commissioner – comisionado de seguros
insurance company – compañía de seguros, aseguradora
insurance contract – contrato de seguros
insurance corporation – corporación de seguros, aseguradora
insurance cover – cobertura de seguros
insurance coverage – cobertura de seguros
insurance evidence – prueba de seguro
insurance examiner – examinador de seguros
insurance firm – empresa aseguradora, aseguradora
insurance form – formulario de seguros
insurance limit – límite de seguros
insurance office – oficina de seguros
insurance plan – plan de seguros
insurance policy – póliza de seguros
insurance policy anniversary – aniversario de póliza de seguros
insurance policy cancellation – cancelación de póliza de seguros
insurance policy clauses – cláusulas de póliza de seguros
insurance policy condition – condición de póliza de seguros
insurance policy holder – tenedor de póliza de seguros, asegurado
insurance premium – prima de seguros
insurance product – producto de seguros
insurance proof – prueba de seguro
insurance rate – tasa de seguros
insurance regulation – regulación de la industria de seguros
insurance risk – riesgo de seguros
insurance settlement – liquidación del seguro
insurance trust – fideicomiso que usa los beneficios de una póliza de seguros
insurance underwriter – asegurador
insurance verification – verificación de seguro
insure *v* – asegurar, garantizar, afianzar
insure against all risks – asegurar contra todos los riesgos
insured *adj* – asegurado
insured *n* – asegurado
insured account – cuenta asegurada
insured bank – banco asegurado
insured deposit – depósito garantizado, depósito asegurado
insured financial institution – institución financiera asegurada
insured loan – préstamo asegurado
insured mail – correo asegurado

insured mortgage – hipoteca asegurada
insured peril – peligro asegurado
insured person – persona asegurada
insured post – correo asegurado
insured premises – propiedad asegurada
insured property – propiedad asegurada
insured risk – riesgo asegurado
insured title – título garantizado
insuree n – asegurado
insurer n – aseguradora, asegurador
insurgent adj – insurgente, insurrecto
insuring agreement – convenio de cobertura
de seguros
insuring clause – cláusula de cobertura de
seguros
insurrection n – insurrección, sedición
intangible assets – activo intangible
intangible property – bienes intangibles,
propiedad intangible
intangible value – valor intangible
intangibles n – intangibles, activo intangible,
bienes intangibles
integral part – parte integral
integrate v – integrar
integrated adj – integrado
integrated bar – colegio de abogados al que
hay que pertenecer para poder ejercer la
profesión
integration n – integración
integrity n – integridad, entereza
intellectual property – propiedad intelectual
intellectual property law – derecho de
propiedad intelectual
Intellectual Property Office – Oficina de
Propiedad Intelectual
intellectual property protection – protección
de propiedad intelectual
intellectual property rights – derechos de
propiedad intelectual
Intellectual Property Service – Servicio de
Propiedad Intelectual
intelligibility n – inteligibilidad, claridad
intelligible adj – inteligible, claro
intemperance n – intemperancia
intend v – proponerse, pensar en, querer
decir
intendant n – intendente, supervisor
intended purpose – propósito intencionado
intended use – uso intencionado
intendment of law – el propósito real de la
ley, presunción legal
intensive agriculture – agricultura intensiva
intent n – intento, intención, sentido
intent of the parties – intención de las partes
intent to commit fraud – intención de
cometer fraude
intent to defraud – intención de defraudar
intention n – intención, concepto

intentional act – acto intencional
intentional deception – decepción
intencional
intentional exaggeration – exageración
intencional
intentional homicide – homicidio intencional
intentional infringement – infracción
intencional
intentional injury – lesión intencional
intentional neglect – negligencia intencional
intentional tort – ilícito civil intencional,
daño legal intencional, agravio intencional
intentional wrong – agravio intencional
intentionally adv – intencionalmente
inter alia – entre otras cosas, inter alia
Inter-American Development Bank – Banco
Interamericano de Desarrollo
inter-bank adj – interbancario
inter-company arbitration – arbitraje entre
compañías
inter-firm adj – entre firmas, entre empresas
inter-governmental adj – intergubernamental
inter partes – entre las partes
inter-period adj – interperíodo
inter se – entre sí
inter vivos – entre vivos, inter vivos
inter vivos gift – donación entre vivos
inter vivos transfer – transferencia entre
vivos
inter vivos trust – fideicomiso entre vivos
interactive service – servicio interactivo
interbank adj – interbancario
intercept v – interceptar
interception of communications –
intercepción de comunicaciones
interchange n – intercambio
interchangeable adj – intercambiable
interchangeably adv – de forma
intercambiable, recíprocamente
intercompany adj – interempresarial, entre
compañías
intercompany arbitration – arbitraje entre
compañías
intercourse n – intercambio, comunicación,
relaciones sexuales
interdependence n – interdependencia
interdict n – interdicto, interdicción,
prohibición
interdict v – interdecir, prohibir
interdiction n – interdicto, interdicción,
prohibición
interest n – interés, intereses, título, rédito,
participación
interest-bearing adj – que devenga intereses
interest for years – derecho sobre un
inmueble por un plazo determinado
interest-free adj – sin intereses
interest group – grupo de interés, grupo de

presión

interest on arrears – interés sobre monto en mora

interest-only loan – préstamo en que sólo se pagan intereses

interest penalty – penalidad sobre intereses a pagar

interest policy – póliza de seguros en que el asegurado tiene un interés real y asignable

interest rate – tasa de interés

interest rate adjustment – ajuste de tasa de interés

interest rate ceiling – límite tasa de interés

interest rate floor – tasa mínima de interés

interest rate limit – límite de tasa de interés

interest rate lock – fijación de tasa de interés

interest rate subsidy – subsidio de tasas de interés

interest-sensitive *adj* – sensible a la tasa de interés

interest subsidy – subsidio de intereses

interested party – parte interesada

interested person – persona interesada

interested witness – testigo interesado

interface *n* – interfaz

interfere *v* – interferir, intervenir, obstruir

interference *n* – interferencia, conflicto de patentes

interference with interstate commerce – interferencia de comercio interestatal

intergovernmental transactions – transacciones intergubernamentales

interim agreement – convenio interina

interim audit – auditoría interina

interim award – laudo arbitral provisional, sentencia provisional

interim balance sheet – balance interino

interim chair – presidente interino

interim chairman – presidente interino

interim chairperson – presidente interino

interim chairwoman – presidenta interina

interim committee – comité interino

interim credit – crédito interino

interim curator – curador provisional

interim director – director interino

interim order – orden provisional

interim president – presidente interino

interim receipt – recibo provisional

interim report – informe provisional

interim statement – estado interino

interim trustee – fiduciario interino

interindustry *adj* – entre industrias

interinsurance exchange – intercambio recíproco

interior department – departamento de lo interior

interlineation *n* – interlineación

interlining *n* – transferencia de un cargamento a otro transportador para entrega

interlocking directorate – junta directiva vinculada

interlocutory decree – decreto interlocutorio, auto interlocutorio

interlocutory hearing – audiencia interlocutoria

interlocutory injunction – mandamiento judicial interlocutorio

interlocutory judgment – sentencia interlocutoria

interlocutory order – orden interlocutoria, auto interlocutorio

interlocutory sentence – sentencia interlocutoria

interloper *n* – comerciante sin licencia, intruso, entrometido

intermarket *adj* – intermercados, entre mercados

intermeddle *v* – inmiscuirse, entrometerse

intermediary bank – banco intermediario

intermediate *adj* – intermedio, medianero

intermediate *n* – intermediario, mediador

intermediate carrier – transportador intermedio

intermediate courts – tribunales intermedios

intermediate order – orden interlocutoria

intermediation *n* – intermediación

intermittent easement – servidumbre intermitente

intermixture of goods – confusión de bienes

intern *n* – interno, persona internada

intern *v* – internar, encerrar

internal *adj* – interno, inherente, doméstico

internal act – acto interno

internal affairs – asuntos internos

internal audit – auditoría interna

internal control – control interno

internal data – datos internos

internal document – documento interno

internal police – policía interna

internal report – informe interno

internal revenue – rentas internas, impuestos, ingresos interiores

Internal Revenue – Servicio de Rentas Internas, Hacienda

internal revenue code – leyes de rentas internas, leyes de impuestos

internal revenue laws – leyes de rentas internas, leyes de impuestos

Internal Revenue Service – Servicio de Rentas Internas, Hacienda

internal security – seguridad interna

internally financed – utilizando fondos internos

international accounting standards – normas internacionales de contabilidad

international agency – agencia internacional

international agreement – convenio internacional
international aid – ayuda internacional
international assets – activo internacional
international assistance – asistencia internacional
International Bank for Reconstruction and Development – Banco Internacional de Reconstrucción y Fomento
international banking – banca internacional
international body – cuerpo internacional
international cartel – cartel internacional
International Chamber of Commerce – Cámara de Comercio Internacional
international cooperation – cooperación internacional
international copyright – derechos de autor internacionales
international court – tribunal internacional
international domicile – domicilio internacional
International Energy Agency – Agencia Internacional de Energía
international food aid – ayuda alimentaria internacional
international harmonisation – armonización internacional
international harmonization – armonización internacional
international jurisdiction – jurisdicción internacional
international jury – jurado internacional
International Labor Organization – Organización Internacional del Trabajo
International Labour Organisation – Organización Internacional del Trabajo
International Labour Organization – Organización Internacional del Trabajo
international law – derecho internacional
International Monetary Fund – Fondo Monetario Internacional
International Organisation for Standardisation – ISO, Organización Internacional de Normalización
International Organization for Standardization – ISO, Organización Internacional de Normalización
International Securities Identification Number – Código ISIN
international standardisation – normalización internacional
international standardization – normalización internacional
international standards – normas internacionales
International Standards Organisation – ISO, Organización Internacional de Normalización
International Standards Organization – ISO,

Organización Internacional de Normalización
international subsidiary – subsidiaria internacional
international subsidy – subsidio internacional
international tax agreement – convenio internacional sobre impuestos
international trade – comercio internacional
international union – unión internacional
international waters – aguas internacionales
internationalisation n – internacionalización
internationalization n – internacionalización
Internet n – Internet
Internet access – acceso a Internet
Internet banking – banca por Internet, banca online
Internet crime – crimen por Internet
Internet fraud – fraude por Internet
Internet Protocol address – dirección IP
Internet security – seguridad en el Internet
Internet theft – robo por Internet
internment n – internación, internado
interoffice adj – entre oficinas de la misma empresa
interpellate v – interpelar
interpellation n – interpelación
interperiod n – interperíodo
interpersonal skills – habilidades interpersonales
interplea n – moción para obligar a reclamantes adversos a litigar entre sí
interpleader n – parte que pide al tribunal que obligue a reclamantes adversos a litigar entre sí
interpolate v – interpolar
interpose v – interponer
interposition n – interposición
interpret v – interpretar, explicar, traducir oralmente
interpretation n – interpretación, sentido, traducción oral
interpretation clause – cláusula de interpretación
interpretative regulation – reglamento interpretativo
interpreter n – intérprete, traductor oral
interregnum n – interregno, lapso
interrogate v – interrogar, preguntar
interrogation of witness – interrogación de testigo
interrogatories n – preguntas escritas a usarse en un interrogatorio
interrupt an interval – interrumpir un intervalo
interrupt possession – interrumpir posesión
interruption in service – interrupción en el servicio
interruption of possession – interrupción de

posesión
interruption of prescription – interrupción de la prescripción
intersection *n* – intersección, cruce
intersessional meeting – asamblea entre sesiones programadas
interspousal immunity – derecho a mantener confidencial las comunicaciones entre cónyuges
interstate commerce – comercio interestatal
interstate extradition – extradición interestatal
interstate laws – leyes interestatales
interstate union – unión interestatal
interval ownership – propiedad por tiempo compartido
intervene *v* – intervenir
intervening *adj* – intermedio, interpuesto
intervening act – acto de un tercero que altera los resultados de una cadena de acontecimientos
intervening agency – acto que altera los resultados de una cadena de acontecimientos
intervening cause – causa interpuesta
intervenor *n* – interventor
intervention *n* – intervención, tercería
intervention policy – política de intervención
interventionism *n* – intervencionismo
interventionist *adj* – intervensionista
interventionist *n* – intervensionista
interview *n* – entrevista
interview *v* – entrevistar
interviewee *n* – entrevistado
interviewer *n* – entrevistador
intestable *adj* – sin capacidad testamentaria
intestacy *n* – muerte intestada, estado intestado
intestate *adj* – intestado, sin testar
intestate laws – leyes concernientes a las sucesiones de personas que mueren intestadas
intestate succession – sucesión intestada
intimacy *n* – intimidad, relaciones sexuales, familiaridad
intimate *adj* – íntimo, privado, profundo
intimation *n* – intimación, notificación, insinuación
intimidate *v* – intimidar
intimidation *n* – intimidación
intolerable cruelty – crueldad intolerable
intolerable mental cruelty – crueldad mental intolerable
intoxicated *adj* – intoxicado, ebrio
intoxicating liquor – bebida embriagante
intoxication *n* – intoxicación, ebriedad
intoxilyzer *n* – aparato para medir la concentración del alcohol en la sangre
intoximeter *n* – aparato para medir la concentración del alcohol en la sangre

intra vires – dentro de las facultades o autoridad, intra vires
intranet *n* – Intranet
intransitive covenant – obligación intransferible
intraperiod *adj* – intraperíodo
intrapreneur *n* – empresario que busca nuevos proyectos para su entidad
intrastate commerce – comercio intraestatal
intrastate laws – leyes intraestatales
intrastate regulation – reglamento intraestatal
intrastate union – unión intraestatal
intrinsic evidence – prueba intrínseca
intrinsic fraud – fraude intrínseco
intrinsic value – valor intrínseco
introduce legislation – introducir legislación
introduction of evidence – presentación de prueba
introductory rate – tasa introductoria
intromission *n* – intromisión, introducción
intrude *v* – entremeterse, molestar
intruder *n* – intruso, entrometido
intrusion *n* – intrusión, entrometimiento
intrust *v* – encomendar, recomendar, confiar
inundation *n* – inundación
inure *v* – tomar efecto, operar
invalid *adj* – inválido, nulo
invalid agreement – contrato inválido
invalid contract – contrato inválido
invalid defence – defensa inválida
invalid defense – defensa inválida
invalid delegation – delegación inválida
invalid title – título inválido
invalid transfer – transferencia inválida
invalid will – testamento inválido
invalidate *v* – invalidar, anular
invalidate a will – invalidar un testamento
invalidate an election – invalidar una elección
invalidation *n* – invalidación, anulación
invalidity *n* – invalidez, nulidad
invaluable *adj* – invaluable, inestimable
invasion of privacy – invasión de privacidad
inveigle *v* – engatusar, seducir
invent *v* – inventar, idear
invention *n* – invención, invento, fabricación
inventor *n* – inventor, creador
inventory *n* – inventario, existencias
inventory *v* – inventariar, hacer inventario
inverse discrimination – discriminación inversa
invest money – invertir dinero
invest money – invertir dinero
investigate *v* – investigar, estudiar, analizar
investigate a crime – investigar un crimen
investigation *n* – investigación, estudio
investigation of title – estudio de título

investitive fact – hecho que da origen a un derecho
investiture *n* – investidura, cargo
investment account – cuenta de inversiones
investment activity – actividad de inversiones
investment adviser – asesor de inversiones
investment advisor – asesor de inversiones
investment bank – banco de inversión
investment banking – banca de inversión
investment broker – corredor de inversiones, corredor de bolsa
investment company laws – leyes de compañías de inversiones
investment consultant – asesor de inversiones
investment contract – contrato de inversiones
investment-grade securities – valores de calidad apropiada para inversiones prudentes
investment guarantee – garantía de inversión
investment guaranty – garantía de inversión
investment management – administración de inversiones
investment manager – administrador de inversiones
investment portfolio – cartera de valores, cartera de inversión
investment pyramid – pirámide de inversión
investment subsidy – subsidio para inversiones
investment trust – compañía de inversiones
investor *n* – inversionista, inversor
investor group – grupo de inversionistas
investor protection – protección de inversionistas
investor relations department – departamento de relaciones con inversionistas
invidious *adj* – injusto, ofensivo, denigrante
invidious discrimination – discriminación injusta
inviolability of contracts – inviolabilidad de contratos
inviolate *adj* – inviolado, íntegro
invisible assets – activo invisible
invisible hand – mano invisible
invitation *n* – invitación, tentación
invitation to bid – invitación a someter ofertas
invite *v* – invitar, solicitar, pedir
invite tenders – solicitar ofertas
invited error – error en el ofrecimiento de una prueba tras un error previo de la otra parte
invitee *n* – invitado
invoice *n* – factura
invoice *v* – facturar
invoice amount – importe de factura
invoice book – libro de facturas

invoice date – fecha de factura
invoice payable – factura a pagar
involuntary abandonment – abandono involuntario
involuntary admission – admisión involuntaria
involuntary alienation – pérdida de propiedad involuntaria
involuntary appearance – comparecencia involuntaria
involuntary arbitration – arbitraje involuntario
involuntary assignment – cesión involuntaria
involuntary bailment – depósito involuntario
involuntary bankruptcy – quiebra involuntaria
involuntary confession – confesión involuntaria
involuntary conversion – conversión involuntaria
involuntary conveyance – transferencia involuntaria
involuntary deposit – depósito involuntario
involuntary discontinuance – cesación involuntaria de una acción
involuntary dissolution – disolución involuntaria
involuntary ignorance – ignorancia involuntaria
involuntary intoxication – intoxicación involuntaria
involuntary lien – gravamen involuntario
involuntary liquidation – liquidación involuntaria
involuntary manslaughter – homicidio involuntario
involuntary payment – pago involuntario
involuntary sale – venta involuntaria
involuntary separation – separación involuntaria
involuntary servitude – trabajo forzado
involuntary statement – declaración involuntaria
involuntary termination – terminación involuntaria
involuntary trust – fideicomiso involuntario
involve *v* – envolver, comprometer, incluir
IOU *n* – pagaré
IP address (Internet Protocol address) – dirección IP, dirección de Internet
IPO (initial public offering) – oferta pública inicial
ipse dixit – él mismo dijo
ipso facto – por el hecho mismo, ipso facto
ipso jure – por el derecho mismo, ipso jure
IRA (individual retirement account) – cuenta de retiro individual
iron-safe clause – cláusula en algunas pólizas

de seguros que requieren que se guarden ciertas cosas en un sitio a prueba de incendios

irrational conclusion – conclusión irracional

irrational testimony – testimonio irracional

irrebuttable presumption – presunción absoluta

irreconcilable conflict – conflicto irreconciliable

irreconcilable differences – diferencias irreconciliables

irrecoverable *adj* – irrecuperable, incobrable

irrecoverable debt – deuda incobrable

irrecoverable loan – préstamo incobrable

irrecusable *adj* – irrecusable

irrefutable *adj* – irrefutable

irregular *adj* – irregular, extraño

irregular activity – actividad irregular

irregular conditions – condiciones irregulares

irregular endorsement – endoso irregular

irregular indorsement – endoso irregular

irregular judgment – sentencia irregular

irregular practice – práctica irregular

irregular process – proceso irregular

irregular succession – sucesión irregular

irregularity *n* – irregularidad, error

irrelevancy *n* – irrelevancia

irrelevant *adj* – irrelevante, no pertinente

irrelevant allegation – alegación irrelevante

irrelevant answer – contestación irrelevante

irrelevant evidence – prueba irrelevante

irrelevant statement – declaración irrelevante

irrelevant testimony – testimonio irrelevante

irreparable damages – daños irreparables, daños y perjuicios irreparables

irreparable harm – daño irreparable

irreparable injury – lesión irreparable

irresistible force – fuerza irresistible

irresistible impulse – impulso irresistible

irresponsibility *n* – irresponsabilidad

irresponsible *adj* – irresponsable

irreversible damage – daño irreversible

irrevocable *adj* – irrevocable, inalterable

irrevocable beneficiary – beneficiario irrevocable

irrevocable dedication – dedicación irrevocable

irrevocable gift – donación irrevocable

irrevocable letter of credit – carta de crédito irrevocable

irrevocable licence – licencia irrevocable

irrevocable license – licencia irrevocable

irrevocable offer – oferta irrevocable

irrevocable transfer – transferencia irrevocable

irrevocable trust – fideicomiso irrevocable

IRS (Internal Revenue Service) – Servicio de Rentas Internas, Hacienda

ISIN (International Securities Identification Number) – Código ISIN

ISIN Code – Código ISIN

ISO (International Organization for Standardization, International Standards Organization, International Standards Organisation) – ISO, Organización Internacional de Normalización

ISO standards – normas ISO

isocost *n* – isocosto, isocoste

isolate *v* – aislar

isolated transaction – transacción aislada

isolationist *adj* – aislacionista

isolationist *n* – aislacionista

issuable *adj* – pudiendo llevar a una cuestión

issuable defense – defensa de fondo

issuance *n* – emisión, expedición

issue *n* – cuestión, descendencia, emisión, expedición

issue *v* – emitir, expedir, arrojar, entregar

issue a check – emitir un cheque

issue a cheque – emitir un cheque

issue a policy – emitir una póliza

issue date – fecha de expedición

issue of fact – cuestión de hecho

issue of law – cuestión de derecho

issue shares – emitir acciones

issue stocks – emitir acciones

issued *adj* – emitido, expedido

issued and outstanding – emitido y en circulación

issued shares – acciones emitidas

issued stock – acciones emitidas

issuer *n* – emisor, otorgante

issues and profits – todo tipo de rédito devengado de un inmueble

issuing bank – banco emisor

IT (information technology) – tecnología de información, informática

it is in the mail – ya está enviado por correo, ya está de camino

it is in the post – ya está enviado por correo, ya está de camino

item *n* – ítem, partida, artículo

itemise *v* – detallar, especificar

itemised billing – facturación detallada

itemised invoice – factura detallada

itemize *v* – detallar, especificar

itemized billing – facturación detallada

itemized invoice – factura detallada

iteration *n* – iteración

itinerant *adj* – itinerante, ambulante

itinerant peddling – venta ambulante

itinerant vendor – vendedor ambulante

itinerant worker – trabajador itinerante

itinerary *n* – itinerario

J

jack-in-office *n* – funcionario que le da importancia inmerecida a cosas insignificantes
jactitation *n* – jactancia
jail *n* – prisión, cárcel
jail *v* – encarcelar
jail credit – el tiempo de encarcelación en espera del juicio que entonces se descuenta de la sentencia final
jailbreak *n* – fuga de una prisión
jailer *n* – carcelero
jailhouse lawyer – preso que estudia derecho y ofrece asesoramiento a otros presos
Jane Doe – Fulana de Tal
jar *v* – sacudir, disgustar, irritar
jargon *n* – jerga, argot
Jason Clause – Cláusula de Jason
jaywalker *n* – peatón imprudente
jaywalking *n* – cruzar calles imprudentemente
jealous *adj* – celoso, envidioso, desconfiado
jealousy *n* – celos, envidia, desconfianza
Jedburgh justice – linchamiento
jeopardize *v* – poner en peligro, arriesgar
jeopardous *adj* – peligroso, arriesgado
jeopardy *n* – peligro, riesgo
jeopardy assessment – colección de impuestos de forma inmediata si se sospecha que no será posible cobrarlos después
jerry-build *v* – fabricar mal
jerry-built *adj* – mal fabricado
jetsam *n* – echazón, desecho
jettison *n* – echazón
jettison *v* – echar al mar, desechar
jetty *n* – rompeolas, muelle
jimmy *v* – forzar una puerta
job *n* – trabajo, empleo, ocupación, acto criminal
job advancement – progreso en el trabajo
job agreement – contrato de trabajo
job application – solicitud de trabajo
job bank – banco de trabajos
job center – centro de trabajo
job centre – centro de trabajo
job classification – clasificación de trabajo
job contract – contrato de trabajo
job definition – definición de trabajo
job description – descripción de trabajo
job environment – ambiente de trabajo
job evaluation – evaluación de trabajo

job hopping – cambio de trabajo, cambio frecuente de trabajo
job hunting – búsqueda de trabajo
job loss – pérdida de trabajo
job offer – oferta de trabajo
job opening – trabajo vacante, vacante
job order – orden de trabajo
job-oriented *adj* – orientado al trabajo
job performance – ejecución del trabajo
job protection – protección del trabajo
job quotas – cuotas de trabajo
job rate – tasa por trabajo
job-related accident – accidente relacionado al trabajo
job-related death – muerte relacionada al trabajo
job-related injury – lesión relacionada al trabajo
job requirements – requisitos del trabajo
job safety – seguridad de trabajo
job security – seguridad de trabajo
job-sharing *n* – repartimiento de trabajo
job skills – destrezas del trabajo
job specification – especificación de trabajo
job stabilisation – estabilización de trabajos
job stabilization – estabilización de trabajos
job training – entrenamiento de trabajo
job vacancy – trabajo vacante, vacante
jobber *n* – corredor, corredor de bolsa
Jobcentre *n* – centro de servicios gubernamentales de empleos
jobholder *n* – empleado
jobless *adj* – desempleado, sin empleo
joblessness *n* – desempleo
John Doe – Fulano de Tal
join *v* – juntar, unir, asociarse a
joinder *n* – acumulación de acciones, unión
joinder of defendants – unión de los acusados
joinder of offenses – unión de delitos
joinder of parties – unión de las partes
joint *adj* – unido, conjunto, en común, mancomunado
joint account – cuenta conjunta, cuenta mancomunada
joint acquisition – coadquisición
joint action – acción conjunta
joint administrators – administradores conjuntos
joint adventure – empresa colectiva, empresa conjunta
joint agreement – convenio conjunto
joint and mutual will – testamento conjunto y recíproco
joint and several contract – contrato solidario
joint and several creditor – acreedor solidario

joint and several debt – deuda solidaria
joint and several debtor – deudor solidario
joint and several guarantee – garantía solidaria
joint and several guaranty – garantía solidaria
joint and several liability – responsabilidad solidaria
joint and several obligation – obligación solidaria
joint annuity – anualidad conjunta
joint appeal – apelación conjunta
joint assignee – cocesionario
joint ballot – voto conjunto
joint bank account – cuenta de banco conjunta
joint beneficiaries – beneficiarios conjuntos
joint benefits – beneficios combinados
joint bond – fianza conjunta
joint borrower – prestatario conjunto
joint cause of action – acción acumulada
joint commission – comisión conjunta
joint committee – comité conjunto
joint contract – contrato conjunto
joint control – control conjunto
joint creditor – coacreedor
joint custody – custodia conjunta
joint debtor – codeudor
joint debts – deudas conjuntas
joint defence – defensa conjunta
joint defense – defensa conjunta
joint deposit – depósito conjunto
joint director – codirector
joint donees – codonatarios
joint donors – codonantes
joint employer – compatrono
joint endorsement – endoso conjunto
joint enterprise – empresa conjunta
joint estate – copropiedad
joint executors – coalbaceas
joint fine – multa conjunta
joint guarantee – garantía conjunta
joint guarantor – cogarante
joint guaranty – garantía conjunta
joint heirs – coherederos
joint income – ingresos conjuntos
joint income tax return – declaración de la renta conjunta, declaración de ingresos conjunta
joint indictment – procesamiento conjunto
joint indorsement – endoso conjunto
joint initiative – iniciativa conjunta
joint insurance policy – póliza de seguros conjunta
joint interest – interés común
joint intervention – intervención conjunta
joint inventions – invenciones conjuntas
joint legacies – legados conjuntos

joint legal custody – custodia legal conjunta
joint legatee – colegatario
joint lessee – coarrendatario
joint lessor – coarrendador
joint liability – responsabilidad mancomunada
joint life insurance – seguro de vida en conjunto
joint litigant – colitigante
joint lives – derecho de propiedad que sigue en vigor mientras todas las partes estén vivas
joint loan – préstamo conjunto
joint management – administración conjunta
joint negligence – negligencia conjunta
joint obligation – obligación conjunta
joint offender – coautor de un delito, cómplice
joint offense – delito conjunto
joint opinion – opinión conjunta
joint owners – copropietarios, condueños
joint ownership – copropiedad
joint partnership – sociedad conjunta
joint patent – patente conjunta
joint policy – póliza conjunta
joint possession – coposesión
joint property – propiedad conjunta
joint proprietor – copropietario
joint resolution – resolución conjunta
joint responsibility – responsabilidad conjunta
joint risk – riesgo conjunto
joint sentence – sentencia conjunta
joint session – sesión conjunta
joint signature – firma conjunta
joint statement – estado conjunto
joint-stock association – empresa sin incorporar pero con acciones
joint-stock company – empresa sin incorporar pero con acciones
joint surety – cogarante
joint tax return – declaración de la renta conjunta, declaración de ingresos conjunta
joint tenancy – tenencia conjunta, tenencia mancomunada, posesión conjunta, condominio
joint tenancy with right of survivorship – tenencia conjunta con derecho de supervivencia
joint tenant – copropietario, coinquilino
joint tort – ilícito civil conjunto, daño legal conjunto, agravio conjunto
joint tortfeasors – coautores de un ilícito civil, coautores de un daño legal
joint trespass – transgresión conjunta
joint trial – juicio conjunto
joint trustees – cofiduciarios
joint venture – empresa conjunta
joint verdict – veredicto conjunto
joint will – testamento conjunto

jointist *n* – comerciante establecido en un local cuyo negocio es el vender sustancias ilícitas

jointly *adv* – conjuntamente, mancomunadamente

jointly acquired property – propiedad adquirida en común por esposos

jointly and severally – solidariamente

jointly owned property – propiedad común de esposos

jointress *n* – mujer quien tendrá cierta propiedad el tiempo que ella esté viva tras fallecer su esposo

jointure *n* – derecho de por vida que tiene una mujer a cierta propiedad tras fallecer su esposo

joker *n* – cláusula deliberadamente ambigua, disposición engañosa, bromista

jostle *v* – empujar, forcejear

journal *n* – diario, libro diario

journal entry – asiento de diario

journal voucher – comprobante de diario

journalist *n* – periodista

journalist's privilege – exención de un publicador de acciones por difamación mientras se informe juiciosamente

journalise *v* – anotar en el diario

journalize *v* – anotar en el diario

journey *n* – viaje, jornada

journeyman *n* – obrero que ha terminado su noviciado

journeywork *n* – trabajo rutinario

joyriding *n* – uso temporal de un vehículo ajeno para viajar desenfrenadamente

judge *n* – juez, magistrado, conocedor

judge *v* – juzgar, opinar

judge de facto – juez de hecho, juez de facto

judge-made law – derecho establecido por jurisprudencia

judge pro tempore – juez temporero, juez interino, juez pro tempore

judge trial – juicio sin jurado

judge's certificate – certificado judicial

judge's minutes – minutas del juez, notas tomadas por un juez durante un juicio

judge's notes – notas tomadas por un juez durante un juicio, minutas del juez

judge's order – orden judicial

judgement *n* – sentencia, fallo, decisión, juicio, opinión

judges of elections – jueces electorales

judgmatically *adv* – juiciosamente

judgment *n* – sentencia, fallo, decisión, juicio, opinión

judgment book – libro de sentencias

judgment by confession – sentencia basada en confesión

judgment creditor – acreedor que ha obtenido un fallo contra el deudor

judgment debt – deuda corroborada por fallo judicial

judgment debtor – deudor por fallo

judgment docket – registro de sentencias

judgment execution – ejecución de sentencia

judgment file – registro de sentencias

judgment filed – sentencia registrada

judgment for the plaintiff – sentencia a favor del demandante

judgment in absence – sentencia en ausencia

judgment in personam – sentencia contra una persona

judgment in rem – sentencia contra la cosa

judgment lien – privilegio judicial, embargo judicial

judgment notwithstanding the verdict – sentencia contraria al veredicto

judgment of conviction – sentencia condenatoria

judgment of dismissal – sentencia absolutoria

judgment of foreclosure – sentencia de ejecución hipotecaria

judgment of his peers – juicio por jurado

judgment on the merits – sentencia según los méritos

judgment on verdict – sentencia basada en el veredicto

judgment proof – a prueba de sentencias para cobro

judgment record – expediente judicial

judgment recovered – defensa basada en que el demandante ya ha obtenido lo que se pide de la acción

judgment roll – registro del tribunal, legajo de sentencia

judgment satisfied – sentencia cumplida

judgment seat – tribunal

judgment with costs – sentencia más las costas

judicable *adj* – juzgable

judicative *adj* – judicial

judicatory *adj* – judicial

judicature *n* – judicatura, tribunal, jurisdicción

judicial *adj* – judicial, crítico

judicial act – acto judicial

judicial action – acción judicial

judicial activism – activismo judicial

judicial administrator – administrador judicial

judicial admission – admisión judicial

judicial assistant – asistente judicial

judicial authorisation – autorización judicial

judicial authority – jurisdicción, autoridad judicial

judicial authorization – autorización judicial

judicial bond – fianza judicial
judicial branch – rama judicial
judicial business – actividades judiciales
judicial circuit – circuito judicial
judicial code – código judicial
judicial cognizance – conocimiento judicial
judicial comity – principio que requiere que unas jurisdicciones reconozcan las leyes y decisiones judiciales de otras como cuestión de cortesía
judicial command – mando judicial
judicial comment – comentario judicial
judicial conclusion – conclusión judicial
judicial confession – confesión judicial
judicial control – control judicial
judicial council – consejo judicial
judicial day – día judicial
judicial decision – decisión judicial
judicial decree – decreto judicial
judicial definition – definición judicial
judicial department – rama judicial
judicial deposit – depósito judicial
judicial determination – determinación judicial
judicial discretion – discreción judicial
judicial district – distrito judicial
judicial documents – documentos judiciales
judicial duty – deber judicial
judicial errors – errores judiciales
judicial estoppel – impedimento judicial
judicial evidence – prueba judicial
judicial examination – examen judicial
judicial foreclosure – ejecución hipotecaria judicial
judicial function – función judicial
judicial immunity – inmunidad judicial
judicial inquiry – indagación judicial
judicial interpretation – interpretación judicial
judicial intervention – intervención judicial
judicial investigation – investigación judicial
judicial knowledge – conocimiento judicial
judicial legislation – derecho establecido por jurisprudencia
judicial lien – gravamen judicial
judicial method – método judicial
judicial notice – notificación judicial
judicial oath – juramento judicial
judicial office – cargo judicial
judicial officer – funcionario judicial
judicial opinion – opinión judicial
judicial order – orden judicial
judicial partition – partición judicial
judicial power – poder judicial
judicial precedent – precedente judicial
judicial procedure – procedimiento judicial
judicial proceeding – procedimiento judicial, juicio

judicial process – proceso judicial
judicial proof – prueba judicial
judicial question – cuestión judicial
judicial reconsideration – reconsideración judicial
judicial records – registros judiciales
judicial reexamination – reexamen judicial
judicial remark – comentario judicial
judicial remedy – recurso judicial
judicial review – revisión judicial
judicial sale – venta judicial
judicial self-restraint – acción del juez de reprimir sus opiniones personales al adjudicar
judicial separation – separación judicial
judicial sequestration – secuestro judicial
judicial settlement – arreglo judicial
judicial system – sistema judicial
judicial trustee – fiduciario judicial
judicially *adv* – judicialmente
judiciary *n* – magistratura, judicatura
judiciary acts – leyes que rigen el poder judicial
judiciary police – policía judicial
judicious *adj* – juicioso, sensato
judiciously *adv* – juiciosamente
judiciousness *n* – juicio, sensatez
jump bail – fugarse al estar bajo fianza
junior *adj* – menor, subordinado, hijo
junior counsel – abogado auxiliar
junior creditor – acreedor subordinado
junior debt – deuda subordinada
junior encumbrance – gravamen subordinado
junior interest – interés subordinado
junior judgment – sentencia subordinada
junior lien – privilegio subordinado
junior management – subjefes, administradores subordinados
junior mortgage – hipoteca subordinada, hipoteca secundaria, hipoteca posterior
junior partner – socio menor
junior securities – valores subordinados
junior staff – personal subordinado
junk bond – bono de calidad inferior
junk email – spam, correo basura, email de publicidad no solicitado
junk mail – correo basura, correo de publicidad no solicitado, email de publicidad no solicitado
junket *n* – arreglo mediante el cual un casino paga ciertos gastos de un apostador para que apueste en dicho casino
jura – derechos, leyes
jural *adj* – jurídico, legal
jural act – acto jurídico
jural cause – causa jurídica
jural relationship – relación jurídica
jurat *n* – certificación de autenticidad del

notario
juratory *n* – juratorio
jure – por derecho, jure
juridic *adj* – jurídico, judicial, legal
juridical *adj* – jurídico, judicial, legal
juridical act – acto jurídico
juridical day – día judicial, día hábil
juridical person – persona jurídica
juridically *adv* – jurídicamente
juris publici – del derecho público
jurisconsult *n* – aprendido del derecho
jurisdiction *n* – jurisdicción, competencia
jurisdiction of the subject matter –
  jurisdicción sobre el asunto del litigio
jurisdiction over the person – jurisdicción
  sobre la persona
jurisdictional *adj* – jurisdiccional
jurisdictional amount – cuantía en litigio que
  determina la jurisdicción
jurisdictional clause – cláusula de
  jurisdicción
jurisdictional dispute – disputa de
  jurisdicción
jurisdictional facts – hechos que determinan
  la jurisdicción
jurisdictional limits – límites jurisdiccionales
jurisdictional plea – alegación jurisdiccional
jurisdictional requirement – requisito
  jurisdiccional
jurisprudence *n* – jurisprudencia, filosofía
  del derecho, teoría del derecho
jurisprudential *adj* – jurisprudencial
jurist *n* – jurista
juristic *adj* – jurídico, legal
juristic act – acto jurídico
juristically *adv* – jurídicamente
juror *n* – jurado, miembro de un jurado
juror designate – persona designada para
  formar parte de un jurado
juror's book – lista de las personas
  capacitadas para participar en un jurado
jury *adj* – improvisado, provisional
jury *n* – jurado
jury box – tribuna del jurado
jury challenge – impugnación de jurado
jury commissioner – funcionario encargado
  de seleccionar los integrantes de un jurado
jury fixing – soborno del jurado
jury instructions – instrucciones del juez al
  jurado
jury-list *n* – lista de las personas que integran
  un jurado
jury nullification – anulación por jurado
jury panel – grupo de personas de que se
  selecciona un jurado
jury polling – práctica de preguntarle a los
  integrantes de un jurado uno por uno su
  veredicto

jury process – proceso para convocar a un
  jurado
jury questions – preguntas que el jurado tiene
  que contestar
jury selection – selección de los miembros de
  un jurado
jury service – servir como miembro de un
  jurado
jury summation – declaraciones finales de los
  abogados al jurado
jury trial – juicio con jurado
jury wheel – dispositivo para sorteo de
  jurados
jus civile – derecho civil, jus civile
jus cogens – ley obligatoria, jus cogens
jus commune – derecho común, jus
  commune
jus gentium – derecho de las naciones, jus
  gentium
jus naturale – ley natural, derecho natural, jus
  naturale
just *adj* – justo, recto, legítimo, imparcial
just cause – causa justa
just compensation – remuneración justa,
  indemnización justa por expropiación
just consideration – contraprestación justa
just debts – deudas legalmente exigibles
just title – justo título
just value – justo valor, justo valor en el
  mercado
justice *n* – justicia, juez, magistrado
justice department – departamento de
  justicia
justice of the peace – juez de paz
justice system – sistema de justicia
justice's clerk – secretario del juez, oficial
  jurídico
justice's courts – tribunales inferiores con
  jurisdicción limitada presididos por jueces de
  paz
justiceship *n* – judicatura
justiciable *adj* – justiciable
justiciable controversy – controversia
  justiciable
justifiable *adj* – justificable, justificado
justifiable cause – causa justificada
justifiable homicide – homicidio justificado
justifiableness *n* – calidad de justificable
justifiably *adv* – justificadamente
justification *n* – justificación, vindicación
justificative *adj* – justificativo
justificatory *adj* – justificador
justified *adj* – justificado
justify *v* – justificar, vindicar
justifying bail – el requisito de demostrar que
  una fianza es adecuada
justly *adv* – justamente, debidamente
justness *n* – justicia, rectitud, exactitud

juvenile courts – tribunales de menores
juvenile crime – delincuencia juvenil
juvenile delinquency – delincuencia juvenil
juvenile delinquent – delincuente juvenil
juvenile offender – delincuente juvenil
juxtapose *v* – yuxtaponer
juxtaposition *n* – yuxtaposición

K

kangaroo court – tribunal irresponsable y prejuiciado, tribunal fingido
keep *n* – sustento, subsistencia
keep *v* – conservar, retener, mantener, continuar, proteger, tener
keep down – oprimir, reprimir, contener
keep in repair – mantener en buen estado de funcionamiento
keep in touch – mantenerse en contacto
keep out – prohibido el paso, mantenerse fuera
keep records – mantener registros, mantener expedientes
keep under – mantener sometido
keep under wraps – mantener secreto
keeper *n* – guardián, administrador, custodio
keeper of a dog – quien refugia a un perro sin ser dueño, dueño de perro
keeper of public records – funcionario a cargo de los registros públicos, registrador
keeping *n* – custodia, conservación, observación
keeping a lookout – mantenerse pendiente de los alrededores
keeping books – mantener libros contables
keeping the peace – mantener el orden público
Keogh Plan – plan Keogh
key data – datos claves
key employee – empleado clave
key employee insurance – seguro contra muerte o incapacidad de empleado clave
key job – trabajo clave
key money – dinero adicional que se paga por adelantado al alquilar una propiedad
key number system – sistema de numeración de temas claves de los casos reportados
key person – persona clave, empleado clave
key person insurance – seguro contra muerte o incapacidad de empleado clave

keynote *n* – principio fundamental
keyword *n* – palabra clave
kickback *n* – comisión ilegal, soborno
kiddie tax – impuesto usando la tasa del padre sobre los ingresos de sus hijos no devengados del trabajo personal
kidnap *v* – secuestrar, raptar
kidnapper *n* – secuestrador, raptor
kidnapping *n* – secuestro, rapto
kill *v* – matar, eliminar, descartar
kin *n* – parentela, familiar
kindred *adj* – enparentado, de naturaleza similar
kinfolk *n* – parentela
kinsfolk *n* – parentela
kinship *n* – parentesco
kinsman *n* – pariente
kinswoman *n* – parienta
kiosk *n* – kiosco
kite *n* – cheque sin fondos
kiting *n* – el girar un cheques sin fondos
kleptocracy *n* – cleptocracia
kleptomania *n* – cleptomanía
kleptomaniac *n* – cleptómano
knave *n* – ladrón, bribón
knock *v* – tocar, tocar una puerta, criticar severamente
knock and announce rule – regla que exige que en casos de arresto los funcionarios públicos toquen a la puerta y anuncien su capacidad y su propósito
knock down – asignar al mejor postor mediante un martillazo, tumbar
knockoff *n* – imitación fraudulenta
knot *n* – nudo, problema, vínculo
know all men – sépase por la presente
know all men by these presents – sépase por la presente
know-how *n* – pericia, destreza, habilidad, conocimientos especializados
know-your-customer rules – reglas de conocer ciertos datos de clientes
knowingly *adv* – a sabiendas, deliberadamente, voluntariamente
knowingly aid – ayudar a sabiendas
knowingly and willfully – consciente e intencionalmente
knowledge and belief – saber y entender
knowledge economy – economía del conocimiento
knowledge-intensive *adj* – requiriendo muchos conocimientos
knowledge management – gestión del conocimiento
knowledgeable *adj* – conocedor, informado
known heirs – herederos conocidos

L

labefaction *n* – deterioro, debilitamiento
label *n* – etiqueta, indicación, rótulo
label *v* – rotular, identificar, etiquetar
label incorrectly – rotular erróneamente
labeling laws – leyes de etiquetado
labelling laws – leyes de etiquetado
labile *adj* – lábil, inestable
labor *n* – labor, trabajo, mano de obra, faena
labor *v* – trabajar, trabajar duro, acercarse al parto, funcionar con dificultad
labor action – acción laboral
labor agreement – acuerdo laboral
labor arbitration – arbitraje laboral
labor certificate – certificado laboral
labor clause – cláusula laboral
labor code – código laboral
labor contract – contrato laboral
labor discrimination – discriminación laboral
labor dispute – conflicto laboral
labor exchange – bolsa de trabajo
labor federation – confederación de sindicatos
labor force – fuerza laboral, mano de obra
labor-intensive *adj* – con mucha mano de obra
labor jurisdiction – jurisdicción laboral
labor law – derecho laboral, ley laboral
labor leader – líder obrero, líder gremial
labor legislation – legislación laboral
labor mobility – movilidad laboral
labor monopoly – monopolio laboral
labor organisation – sindicato laboral
labor organization – sindicato laboral
labor piracy – piratería laboral
labor pool – bolsa de trabajo
labor practices – prácticas laborales
labor productivity – productividad laboral
labor regulations – reglamentos laborales
labor relations – relaciones laborales
labor standards – normas laborales
labor turnover – rotación laboral
labor union – gremio laboral
labored *adj* – trabajoso, forzado
laborer *n* – obrero, persona que labora
labour *n* – labor, trabajo, mano de obra, faena
labour *v* – trabajar, trabajar duro, acercarse al parto, funcionar con dificultad
labour action – acción laboral
labour agreement – acuerdo laboral

labour arbitration – arbitraje laboral
labour certificate – certificado laboral
labour clause – cláusula laboral
labour code – código laboral
labour contract – contrato laboral
labour discrimination – discriminación laboral
labour dispute – conflicto laboral
labour exchange – bolsa de trabajo
labour federation – confederación de sindicatos
labour force – fuerza laboral, mano de obra
labor-intensive *adj* – con mucha mano de obra
labour jurisdiction – jurisdicción laboral
labour law – derecho laboral, ley laboral
labour leader – líder obrero, líder gremial
labour legislation – legislación laboral
labour mobility – movilidad laboral
labour monopoly – monopolio laboral
labour organisation – sindicato laboral
labour organization – sindicato laboral
labour piracy – piratería laboral
labour pool – bolsa de trabajo
labour practices – prácticas laborales
labour productivity – productividad laboral
labour regulations – reglamentos laborales
labour relations – relaciones laborales
labour standards – normas laborales
labour turnover – rotación laboral, giro laboral
labour union – gremio laboral, sindicato obrero
labourer *n* – obrero, persona que labora
lacerate *v* – lacerar, herir, atormentar
laches *n* – inactividad en ejercer ciertos derechos que lleva a la pérdida de dichos derechos, negligencia
lack *n* – falta, deficiencia, carencia
lack of care – falta de cuidado
lack of caution – falta de precaución
lack of competence – falta de competencia
lack of consideration – falta de contraprestación
lack of credibility – falta de credibilidad
lack of doubt – falta de duda
lack of due care – falta del debido cuidado
lack of due process – falta del debido proceso
lack of evidence – falta de prueba
lack of intent – falta de intención
lack of interest – falta de interés
lack of issue – falta de descendencia
lack of judgment – falta de juicio
lack of jurisdiction – falta de jurisdicción
lack of knowledge – falta de conocimiento
lack of motive – falta de motivo
lack of precedent – falta de precedentes

lack of probable cause – falta de causa probable
lack of safety – falta de seguridad
lack of warning – falta de advertencia
lackadaisical *adj* – indiferente, vago, lento
lacking *adj* – deficiente, carente de
laconic *adj* – lacónico, conciso
lade *n* – desembocadura
lade *v* – cargar, echar en
laden *adj* – cargado, agobiado
lading *n* – carga, cargamento
laissez-faire *n* – política de interferir al mínimo, laissez faire
lame *adj* – lisiado, insatisfactorio
lame duck – funcionario que será reemplazado por otro ya electo
lame duck session – sesión legislativa tras la elección de nuevos miembros pero antes de que éstos asuman sus cargos
LAN (local-area network) – LAN
land *n* – tierra, tierras, terreno, suelo, país
land *v* – aterrizar, desembarcar
land administration – administración de tierras
land and buildings – terrenos y edificios
land boundaries – lindes de un terreno
land contract – contrato concerniente a un inmueble
land damages – compensación por expropiación
land description – lindes de un terreno
land development – urbanización
land economy – economía de la tierra
land grant – concesión de tierras
land holder – terrateniente
land improvement – aprovechamiento de tierras
land in abeyance – tierras sin titular
land law – derecho inmobiliario
land lease – arrendamiento de terreno vacante
land management – administración de tierras
land measures – medidas de terreno
land office – oficina para la administración de las tierras públicas de su distrito
land owner – propietario de terrenos, propietario de tierras, terrateniente
land ownership – posesión de terrenos
land patent – concesión de tierras públicas
land property – propiedad, propiedad rural
land reclamation – reclamación de tierras
land reform – reforma agraria
land registry – registro de la propiedad
land rent – renta de terreno
land revenues – rentas inmobiliarias
land sale contract – contrato de compraventa de tierras
land survey – agrimensura

land surveyor – agrimensor
land tax – impuesto inmobiliario
land tenant – dueño de tierras
land trust – fideicomiso de tierras
land use – utilización de tierras
land-use intensity – intensidad de utilización de tierras
land-use planning – las normas para planificar la utilización de tierras
land-use regulations – reglamentos sobre la utilización de tierras
land value – valor del terreno, valor de la tierra
land warrant – el documento que certifica una concesión de tierras públicas
landed cost – precio incluyendo todos los gastos tales como entrega e impuestos
landed estate – propiedad inmueble
landed interest – interés relativo a un inmueble
landed price – precio incluyendo todos los gastos tales como entrega e impuestos
landed property – propiedad inmueble
landed securities – garantías inmobiliarias
landfill *n* – vertedero
landing *n* – aterrizaje, desembarque
landless *adj* – sin tierras
landlocked country – país sin litoral
landlord *n* – arrendador, terrateniente
landlord and tenant relationship – relación arrendador-arrendatario
landlord's lien – gravamen del arrendador
landlord's warrant – orden de embargo de parte del arrendador
landmark *n* – mojón, hito, punto de referencia, acontecimiento grande, lugar histórico
landowner *n* – propietario de terrenos, propietario de tierras, terrateniente
landownership *n* – posesión de terrenos
lands, tenements, and hereditaments – bienes inmuebles
landslide *n* – derrumbe, desprendimiento de tierras, victoria masiva
language barrier – barrera lingüística
language requirements – requisitos lingüísticos
lane *n* – carril, sendero
Lanham law – ley Lanham
lappage *n* – interferencia, conflicto, superposición
lapping *n* – ocultación de escasez mediante la manipulación de cuentas
lapsable *adj* – caducable, prescriptible
lapse *n* – lapso, equivocación, caducidad
lapse *v* – decaer, caducar, prescribir
lapse of agreement – caducidad del acuerdo
lapse of contract – caducidad del contrato

lapse of copyright – caducidad de los derechos de autor
lapse of lease – caducidad del arrendamiento
lapse of license – caducidad de la licencia
lapse of offer – caducidad de la oferta
lapse of patent – caducidad del patente
lapse of permission – caducidad del permiso
lapse of permit – caducidad del permiso
lapse of policy – caducidad de la póliza
lapse of sentence – caducidad de la sentencia
lapse of time – lapso de tiempo, intervalo de tiempo
lapse of trademark – caducidad de la marca
lapse patent – nueva concesión de tierras al caducar la anterior
lapsed adj – caducado, prescrito, cumplido
lapsed agreement – acuerdo caducado
lapsed insurance policy – póliza de seguros caducada
lapsed lease – arrendamiento caducado
lapsed policy – póliza caducada
lapsed trademark – marca comercial caducada
larcener n – ladrón
larcenist n – ladrón
larcenous adj – teniendo el carácter de hurto
larcenous intent – intención de hurto
larceny n – latrocinio, hurto
larceny by deception – hurto mediante engaño
larceny by extortion – hurto mediante la extorsión
larceny by false pretenses – hurto mediante engaño
larceny by fraud – hurto mediante el fraude
larceny by trick – hurto mediante engaño
larceny of auto – hurto de carro
large-scale cultivation – cultivo a gran escala
largely adv – en gran medida, en gran parte
lascivious cohabitation – concubinato
last antecedent rule – regla que indica que al interpretar las leyes las frases calificativas se aplicarán a las palabras y frases más cercanas a ellas
last heir – la persona a quien corresponden los bienes de quien muere intestado
last illness – enfermedad mortal
last known address – último domicilio conocido
last-minute adj – de última hora
last name – apellido
last residence – última residencia
last resort – última instancia
last sickness – enfermedad mortal
last will – testamento, última voluntad
last will and testament – testamento
lata culpa – negligencia grave, culpa lata

late adj – tarde, tardío, fallecido, reciente
late charge – cargo adicional por pago atrasado
late claim – reclamación tardía
late fee – cargo adicional por pago atrasado
late filer – quien presenta tardíamente, quien registra tardíamente
late filing – declaración tardía, registro tardío
late payment – pago tardío
latency n – estado latente
latent adj – latente, oculto
latent ambiguity – ambigüedad latente
latent danger – peligro latente
latent deed – escritura ocultada por más de 20 años
latent defect – defecto oculto, vicio oculto
latent equity – derecho equitativo latente
latent fault – defecto oculto, vicio oculto
latent injury – lesión latente
latent liability – responsabilidad latente
latent reserves – reservas ocultas
latent risk – riesgo latente
latently adv – latentemente, ocultamente
lateral support – derecho del apoyo lateral de las tierras
latest date – fecha límite
latitude n – latitud, libertad
latrociny n – latrocinio, hurto
latter adj – posterior, más reciente
launch v – lanzar, botar, emprender
launching n – lanzamiento
launder money – lavar dinero
laundering n – lavado de dinero
lavishly adv – despilfarradamente
law n – ley, derecho, leyes, abogacía
law-abiding adj – observante de la ley
law and order – ley y orden
law arbitrary – derecho arbitrario
law book – libro de derecho
law charges – costas legales
law courts – tribunales de derecho
law day – día de vencimiento
law department – departamento de justicia
law enforcement – ejecución de la ley
law enforcement officer – policía
law firm – bufete, firma de abogados
law in the books – ley en el sentido formal
law journal – revista jurídica
law list – guía de abogados
law making – el procedimiento para crear una ley
law merchant – derecho comercial, derecho mercantil
law of a general nature – ley general
law of arms – acuerdos sobre condiciones de guerra
law of evidence – reglas y principios de la prueba, derecho probatorio

law of nations – derecho internacional
law of nature – derecho natural
law of shipping – derecho de la navegación
law of the case – doctrina que indica que se tiene que observar la decisión de un tribunal de apelaciones a través de los procedimientos subsiguientes del caso
law of the flag – las leyes del país de la bandera izada en una embarcación
law of the land – la ley a través de su procedimiento establecido, derecho vigente en un país
law of the jungle – ley de la selva
law of the road – las normas del uso de las vías públicas
law officer n – funcionario legal, policía
law question – cuestión de derecho
law reporters – tomos con fallos judiciales
law reports – tomos con fallos judiciales
law review – revista jurídica
law school – facultad de derecho
law sitting – sesión de un tribunal
law term – período de sesiones de un tribunal
law worthy – teniendo el beneficio y la protección de la ley
lawbreaker n – violador de la ley
lawbreaking adj – que viola la ley
lawful adj – legal, lícito, legítimo, permitido
lawful act – acto legal
lawful action – acción legal
lawful address – domicilio legal
lawful administration – administración legal
lawful age – mayoría de edad
lawful arrest – arresto legal
lawful auction – subasta legal
lawful authorisation – autorización legal
lawful authorities – autoridades legales
lawful authority – autoridad legal
lawful authorization – autorización legal
lawful beneficiary – beneficiario legal
lawful business – negocios lícitos
lawful capacity – capacidad legal
lawful capacity to sue – capacidad legal para accionar
lawful capital – capital legal
lawful cause – causa lícita
lawful claim – reclamo legal
lawful command – orden legal
lawful competence – competencia legal
lawful condition – condición lícita
lawful consideration – contraprestación legal
lawful contract – contrato legal
lawful currency – moneda de curso legal
lawful custody – custodia legal
lawful damages – daños y perjuicios determinados por ley
lawful decision – decisión legal
lawful demand – requerimiento legal

lawful description – descripción legal
lawful discharge – liberación de acuerdo al derecho de quiebra
lawful duty – obligación legal
lawful entity – entidad legal
lawful entry – ingreso lícito
lawful goods – bienes lícitos
lawful heirs – herederos legítimos
lawful interest – interés lícito
lawful investments – inversiones permitidas para ciertas instituciones financieras
lawful issue – descendencia legítima
lawful limit – límite legal
lawful maximum – máximo legal
lawful measures – medios legales
lawful minimum – mínimo legal
lawful money – moneda de curso legal
lawful monopoly – monopolio legal
lawful mortgage – hipoteca legal
lawful name – nombre legal
lawful notice – notificación legal
lawful obligation – obligación legal
lawful order – orden legal
lawful owner – propietario legal
lawful possession – posesión legítima
lawful possessor – poseedor legítimo
lawful process – proceso legal
lawful purpose – propósito legal
lawful rate of interest – tasa de interés legal
lawful remedy – recurso legal
lawful reserve – reserva legal
lawful residence – domicilio legal
lawful transfer – transferencia legal
lawful use – uso legal
lawfully adv – legalmente, lícitamente
lawfully administered – administrado legalmente
lawfully arrested – arrestado legalmente
lawfully authorized – autorizado legalmente
lawfully constituted – constituido legalmente
lawfully contracted – contratado legalmente
lawfully established – establecido legalmente
lawfully incorporated – incorporado legalmente
lawfully obligated – obligado legalmente
lawfully resided – domiciliado legalmente
lawfulness n – legalidad, legitimidad, licitud
lawgiver n – legislador
lawless adj – fuera de ley, sin ley, ilegal
lawlessly adv – ilegalmente
lawmaker n – legislador
lawmaking n – legislación
lawsuit n – litigio, demanda, proceso, proceso civil, acción legal, juicio
lawyer n – abogado, licenciado, letrado
lawyer's liability – la responsabilidad profesional de los abogados
lawyer's liability policy – póliza de seguro de

la responsabilidad profesional de los abogados

lay *adj* – no profesional

lay damages – declarar la cantidad de daños y perjuicios deseada, alegar daños

lay judge – juez no letrado

lay off – suspender un empleado, despedir un empleado

lay people – miembros de un jurado

lay witness – testigo no perito

laying foundation – el establecer un fundamento

layoff *n* – suspensión de un empleado, despido

layoff pay – paga por despido

layout *n* – arreglo, esquema, distribución

lead counsel – abogado principal

lead insurer – asegurador líder

lead partner – socio principal

leader pricing – líder en pérdida

leadership *n* – liderazgo, jefatura, dirección

leading a witness – hacer preguntas sugestivas a un testigo

leading case – precedente

leading counsel – abogado principal

leading question – pregunta sugestiva

leaflet *n* – volante, folleto

league of nations – liga de naciones

leak *n* – filtración, indiscreción

leak information – filtrar información

leakage *n* – filtración, escape, descuento en los derechos aduaneros por la pérdida de líquidos de importadores

lean *adj* – eficiente y utilizando el mínimo de personal, con poco desperdicio, económico

lean *v* – inclinarse, apoyarse

lean manufacturing – manufactura eficiente utilizando el mínimo de personal

lean production – producción eficiente utilizando el mínimo de personal

leap frog – saltar por encima de

leap year – año bisiesto

learned *adj* – versado, erudito

learning *n* – aprendizaje, saber, doctrina legal

leasable *adj* – arrendable

lease *n* – arrendamiento, contrato de arrendamiento, locación, alquiler

lease *v* – arrendar, alquilar

lease agreement – contrato de arrendamiento

lease broker – corredor de arrendamientos

lease company – compañía de arrendamiento

lease contract – contrato de arrendamiento

lease for lives – arrendamiento de por vida

lease for years – arrendamiento por un número determinado de años

lease in reversion – arrendamiento efectivo al terminarse uno existente

lease of premises – arrendamiento de local

lease option – opción de arrendamiento

lease term – período del arrendamiento

lease with option to purchase – arrendamiento con opción de compra

leaseback *n* – retroarriendo

leased *adj* – arrendado, alquilado

leased goods – bienes arrendados

leasehold *n* – derechos sobre la propiedad que tiene el arrendatario, arrendamiento

leasehold improvements – mejoras hechas por el arrendatario

leasehold interest – el interés que tiene el arrendatario en la propiedad

leasehold mortgage – hipoteca garantizada con el interés del arrendatario en la propiedad

leasehold value – el valor del interés que tiene el arrendatario en la propiedad

leaseholder *n* – arrendatario, locatario

leasing *n* – arrendamiento, locación, alquiler, leasing

leasing agreement – contrato de arrendamiento

leasing broker – corredor de arrendamientos

leasing company – compañía de arrendamiento

leasing contract – contrato de arrendamiento

leasing option – opción de arrendamiento

leasing term – período del arrendamiento

least-advanced countries – países menos adelantados

least-developed countries – países menos desarrollados

least employment age – edad mínima de empleo

least fee – honorario mínimo, cargo mínimo

least lot area – área de solar mínima

least maintenance – mantenimiento mínimo

least payment – pago mínimo

least penalty – pena mínima

least premium – prima mínima

least salary – salario mínimo

least sentence – sentencia mínima

least wage – salario mínimo

leave *n* – permiso, autorización, licencia

leave *v* – dejar, dejar estar, legar, abandonar

leave by will – legar

leave no issue – fallecer sin descendencia

leave of absence – permiso para ausentarse, licencia para ausentarse

leave of court – permiso otorgado por el tribunal

leave out – dejar fuera, omitir

lecture *n* – conferencia, reprimenda

ledger *n* – libro mayor, mayor

ledger balance – saldo del mayor

ledger entry – asiento del mayor

leer *v* – mirar de reojo

left-winger *n* – izquierdista
leftism *n* – izquierdismo
leftist *adj* – izquierdista
leftist *n* – izquierdista
legacy *n* – legado
legacy duty – impuesto sucesorio
legacy tax – impuesto sucesorio
legal *adj* – legal, lícito, jurídico, legítimo
legal abstract – resumen legal
legal act – acto legal
legal action – acción legal
legal acumen – cacumen legal, perspicacia
legal
legal address – domicilio legal
legal administration – administración legal
legal advice – asesoramiento legal
legal adviser – asesor legal, asesor jurídico
legal advisor – asesor legal, asesor jurídico
legal age – mayoría de edad
legal aid – asesoramiento jurídico gratuito
legal arrest – arresto legal
legal assets – la porción de los bienes de un
fallecido destinada legalmente a pagar deudas
y legados
legal assistance – asistencia legal
legal auction – subasta legal
legal authorisation – autorización legal
legal authority – autoridad legal
legal authorization – autorización legal
legal beneficiary – beneficiario legal
legal brief – resumen de un caso, escrito legal
legal capacity – capacidad legal
legal capacity to sue – capacidad legal para
accionar
legal capital – capital legal
legal cause – causa legal, causa próxima
legal claim – reclamo legal
legal competence – competencia legal
legal conclusion – deducción legal
legal consent – consentimiento legal
legal consideration – contraprestación legal
legal consultant – consejero jurídico
legal contract – contrato legal, acuerdo legal
legal controversy – controversia legal
legal costs – costos legales, costas legales
legal cruelty – crueldad que justificaría un
divorcio
legal custody – custodia legal, detención
legal damages – daños y perjuicios
obtenibles mediante tribunal
legal death – muerte legal
legal debts – deudas exigibles mediante
tribunal
legal decision – decisión legal
legal defence – defensa establecida en
tribunal
legal defense – defensa establecida en
tribunal

legal demand – requerimiento legal
legal dependent – dependiente por ley
legal deposit – depósito legal
legal description – descripción legal
legal detriment – detrimento legal
legal disability – incapacidad jurídica
legal discretion – discreción judicial
legal dispute – disputa legal
legal document – documento legal
legal duty – obligación legal
legal education – educación legal
legal entity – entidad legal, persona jurídica
legal estoppel – impedimento técnico
legal ethics – ética legal
legal evidence – prueba jurídicamente
admisible, prueba legal
legal excuse – excusa legal
legal expense insurance – seguro de costos
legales, seguro de costas legales
legal expenses – costos legales, costas
legales
legal father – padre legal
legal fees – costos legales, costas legales,
honorarios legales
legal fiction – ficción legal
legal firm – bufete, firma de abogados
legal force – fuerza legal
legal framework – marco legal
legal fraud – fraude implícito
legal heirs – herederos legítimos
legal holiday – día feriado oficial, día feriado
judicial
legal impediment – impedimento legal
legal imperialism – imperialismo jurídico
legal impossibility – imposibilidad legal
legal incapacity – incapacidad legal
legal injury – daño jurídico, violación de
derechos
legal insanity – insania del punto de vista
legal
legal institution – institución legal
legal instrument – instrumento legal
legal interest – interés legal
legal investigation – investigación legal
legal investments – inversiones permitidas
para ciertas instituciones financieras
legal issue – descendencia legítima, cuestión
legal
legal jeopardy – la condición de ser
procesado
legal liability – responsabilidad legal
legal limit – límite legal
legal list – lista legal, lista de inversiones
permitidas para ciertas instituciones
financieras
legal loophole – laguna legal, laguna
legal malice – malicia implícita
legal malpractice – negligencia profesional

legal
legal maxim – máxima legal
legal means – medios legales, medios jurídicos, medidas legales
legal measures – medidas legales, medidas jurídicas, medios legales
legal minimum – mínimo legal
legal monopoly – monopolio legal
legal mortgage – hipoteca legal
legal mother – madre legal
legal name – nombre legal
legal negligence – negligencia implícita
legal notice – notificación legal, notificación adecuada según la ley
legal obligation – obligación legal
legal opinion – opinión jurídica, opinión legal
legal order – orden jurídica
legal owner – propietario legal
legal periodical – revista jurídica
legal person – persona jurídica
legal personal representative – representante legal
legal possession – posesión legítima
legal possessor – poseedor legítimo
legal power – poder legal
legal practice – práctica legal
legal precedent – precedente legal
legal prejudice – prejuicio jurídico
legal presumption – presunción legal
legal principle – principio legal
legal procedure – procedimiento legal
legal proceedings – procedimientos judiciales
legal process – orden judicial, proceso judicial, vía contenciosa
legal profession – abogacía
legal purpose – propósito legal
legal rate of interest – tasa de interés legal
legal reasoning – razonamiento jurídico
legal redress – reparación jurídica
legal relevancy – relevancia jurídica, admisibilidad
legal remedy – recurso legal
legal representative – representante legal
legal rescission – rescisión
legal research – investigación jurídica
legal reserve – reserva legal
legal residence – domicilio legal
legal responsibility – responsabilidad legal
legal right – derecho legal, derecho creado por ley, derecho natural
legal rule – regla jurídica
legal separation – separación legal
legal services – servicios legales
legal staff – cuerpo de abogados de una organización
legal status – estado civil, situación jurídica

legal strike – huelga legal
legal subrogation – subrogación legal
legal succession – sucesión legal
legal suit – acción legal
legal system – sistema legal
legal tariff – tarifa legal
legal tender – moneda de curso legal
legal termination – terminación legal
legal terminology – terminología jurídica
legal theory – teoría jurídica
legal title – título perfecto de propiedad
legal tradition – tradición jurídica
legal transfer – transferencia legal
legal transplants – transplantes jurídicos
legal use – uso legal
legal usufruct – usufructo legal
legal validity – validez legal
legal voter – persona elegible para votar
legal will – testamento legal
legal year – año judicial
legalese *n* – jerga legal
legalisation *n* – legalización
legalise *v* – legalizar, legitimar
legality *n* – legalidad, licitud
legality principle – principio de la legalidad
legalization *n* – legalización
legalize *v* – legalizar, legitimar
legally *adv* – legalmente
legally adequate – adecuado legalmente
legally administered – administrado legalmente
legally adopted – adoptado legalmente
legally advised – asesorado legalmente
legally arrested – arrestado legalmente
legally assisted – asistido legalmente
legally auctioned – subastado legalmente
legally authorized – autorizado legalmente
legally binding – obligante legalmente
legally capable – capacitado legalmente
legally claimed – reclamado legalmente
legally committed – recluido legalmente
legally competent – jurídicamente capaz
legally constituted – constituido legalmente
legally contracted – contratado legalmente
legally dead – muerto para efectos legales
legally decided – decidido legalmente
legally described – descrito legalmente
legally determined – determinado legalmente
legally disabled – discapacitado para efectos legales
legally distributed – distribuido legalmente
legally documented – documentado legalmente
legally established – establecido legalmente
legally evidenced – probado legalmente
legally impossible – imposible legalmente
legally incorporated – incorporado legalmente

legally insane – insano del punto de vista legal
legally interested – interesado legalmente
legally investigated – investigado legalmente
legally liable – responsable legalmente
legally limited – limitado legalmente
legally monopolized – monopolizado legalmente
legally mortgaged – hipotecado legalmente
legally named – nombrado legalmente
legally notified – notificado legalmente
legally obligated – obligado legalmente
legally ordered – ordenado legalmente
legally possessed – poseído legalmente
legally processed – procesado legalmente
legally qualified – calificado legalmente
legally relevant – relevante legalmente
legally remedied – remediado legalmente
legally represented – representado legalmente
legally reside – domiciliarse
legally resided – domiciliado legalmente
legally responsible – responsable legalmente
legally separated – separado legalmente
legally sufficient evidence – prueba admisible y suficiente
legally transferred – transferido legalmente
legally used – usado legalmente
legally valid – válido legalmente
legalness *n* – legalidad, licitud
legatary *n* – legatario
legatee *n* – legatario
legation *n* – legación, embajada
legator *n* – testador
legibility *n* – legibilidad
legible *adj* – legible, descifrable
legislate *v* – legislar
legislation *n* – legislación
legislative *adj* – legislativo
legislative act – ley, acto legislativo
legislative assembly – asamblea legislativa
legislative body – cuerpo legislativo
legislative branch – poder legislativo, rama legislativa
legislative control – control legislativo
legislative council – consejo legislativo
legislative courts – tribunales creados por la legislatura
legislative department – rama legislativa
legislative functions – funciones legislativas
legislative immunity – inmunidad legislativa
legislative intent – intención legislativa
legislative investigations – investigaciones legislativas
legislative officer – legislador
legislative power – poder legislativo
legislative record – diario legislativo
legislatively *adv* – legislativamente

legislator *n* – legislador
legislatorial *adj* – legislativo
legislature *n* – legislatura
legitimacy *n* – legitimidad
legitimate *adj* – legítimo, lícito
legitimate heirs – herederos legítimos
legitimately *adv* – legítimamente
legitimation *n* – legitimación
legitimatise *v* – legitimar
legitimatize *v* – legitimar
legitimise *v* – legitimar
legitimism *n* – legitimismo
legitimize *v* – legitimar
lemon law – ley del limón
lend funds – prestar fondos
lender *n* – prestador, prestamista
lender liability – responsabilidad del prestador
lender of last resort – prestamista de última instancia
lending *n* – concesión de préstamos, concesión de préstamo
lending institution – institución de préstamos
lending requirements – requisitos de préstamos
length of prison sentence – duración de una sentencia de cárcel
lenity rule – regla que indica que si hay ambigüedad en las leyes concernientes a diferentes penas que se debe escoger con indulgencia
lesion *n* – lesión, daño, perjuicio
less-developed country – país menos desarrollado
lessee *n* – arrendatario, locatario
lessee's interest – el interés que tiene el arrendatario en la propiedad
lessen *v* – disminuir, decrecer
lesser *adj* – menor, inferior
lesser included offense – delito menor que incluye algunos de los elementos de un delito más grave
lessor *n* – arrendador, locador
lessor's interest – el interés que tiene el arrendador en la propiedad
lest *conj* – no sea que, a fin de que no
let *n* – arrendamiento, contrato de arrendamiento, alquiler
let *v* – alquilar, arrendar, permitir
lethal weapon – arma mortal
letter *n* – carta. letra, significado literal
letter box – buzón
letter carrier – cartero
letter drop – buzón
letter of acceptance – carta de aceptación
letter of administration – carta de administración
letter of advice – carta de aviso

letter of appointment – carta de nombramiento
letter of attorney – poder, carta de poder
letter of authorisation – carta de autorización
letter of authorization – carta de autorización
letter of comfort – carta de recomendación financiera, carta de un contador público autorizado confirmando ciertos datos
letter of commitment – carta de compromiso
letter of credence – carta credencial
letter of credit – carta de crédito
letter of demand – carta de requerimiento
letter of exchange – letra de cambio
letter of guarantee – carta de garantía
letter of guaranty – carta de garantía
letter of indication – carta de indicación
letter of intent – carta de intención
letter of licence – carta para extender el plazo de pago de un deudor
letter of license – carta para extender el plazo de pago de un deudor
letter of recall – carta enviada por un fabricante para informar sobre defectos en sus productos y sobre el procedimiento para corregirlos, carta de un gobierno a otro para informar que su representante ya no ocupa ese cargo
letter of recommendation – carta de recomendación
letter of recredentials – carta de un gobierno a otro para informar que el representante quien fuera liberado de su cargo ha vuelto a ocupar ese cargo
letter of representation – carta de representación
letter of resignation – carta de renuncia
letter of the law – la letra de la ley
letter of undertaking – carta de compromiso
letter patent – documento mediante el cual un gobierno concede una patente
letter stock – acciones que no se pueden vender al público
letterhead *n* – membrete, encabezado
letters of administration – documento mediante el cual se señala el administrador de una sucesión
letters of guardianship – documento mediante el cual se señala un tutor
letters rogatory – solicitud rogatoria, carta rogatoria
letters testamentary – documento mediante el cual un tribunal señala un albacea
letting *n* – arrendamiento
level annuity – anualidad de pagos parejos
level payments – pagos parejos
levelheaded *adj* – sensato, juicioso
leveling off – nivelación, estabilización
levelling off – nivelación, estabilización

leverage *n* – apalancamiento, nivel de endeudamiento relativo al capital, influencia
leveraged buyout – compra apalancada
leveraged lease – arrendamiento apalancado
leveraged takeover – toma del control apalancada
leviable *adj* – gravable, imponible, exigible
levier *n* – imponedor
levy *n* – embargo, impuesto, gravamen, tasación
levy *v* – embargar, imponer, gravar, tasar
levy taxes – imponer impuestos
lewdness *n* – lascivia, obscenidad
lex fori – la ley del foro, lex fori
lex loci – la ley del lugar, lex loci
lex non scripta – derecho no escrito, lex non scripta
lex scripta – derecho escrito, lex scripta
lex talionis – ley del talión, lex talionis
liability *n* – responsabilidad, obligación, deuda, pasivo
liability bond – fianza de responsabilidad civil
liability for damages – responsabilidad por daños y perjuicios
liability imposed by law – responsabilidad impuesta por ley
liability in contract – responsabilidad contractual
liability insurance – seguro de responsabilidad civil
liability limits – límites de cobertura de póliza de responsabilidad civil
liable *adj* – responsable, obligado
liable civilly – responsable civilmente
liable criminally – responsable penalmente
liaison *n* – vinculación, unión, relaciones ilícitas
libel *n* – libelo, difamación, difamación escrita
libel *v* – difamar
libel suit – acción por difamación
libelant *n* – libelista, difamador, demandante en una acción de difamación
libeler *n* – difamador
libelous *adj* – difamatorio
libelous per quod – difamatorio si hay circunstancias adicionales que le dan ese sentido
libelous per se – difamatorio de por sí
liberal *adj* – liberal, amplio, libre, aproximado, no literal
liberal *n* – liberal
liberal construction – interpretación liberal
liberal interpretation – interpretación liberal
liberalisation *n* – liberalización
liberalism *n* – liberalismo
liberalist *adj* – liberalista

liberalist *n* − liberalista
liberalization *n* − liberalización
liberate *v* − liberar, eximir
libertas − libertad, privilegio, inmunidad
liberticide − liberticida
liberty *n* − libertad, privilegio, licencia
liberty of conscience − libertad de conciencia
liberty of contract − libertad de contrato
liberty of expression − libertad de expresión
liberty of speech − libertad de expresión
liberty of the press − libertad de prensa
licence *n* − licencia, permiso, concesión, autorización
licence *v* − licenciar, autorizar, permitir
licence application − solicitud de licencia
licence bond − fianza de licencia
licence contract − contrato de licencia
licence fee − impuesto pagadero para una licencia
licence laws − leyes sobre actividades que requieren licencias
licence plate − placa de automóvil, tablilla
licence tax − impuesto pagadero para una licencia
licence to operate − licencia para operar
licenced *adj* − licenciado, autorizado
licenced lender − prestador autorizado
licenced premises − local autorizado para vender bebidas alcohólicas
licencee *n* − licenciatario, concesionario
licencer *n* − licenciador, licenciante
licencing *n* − la venta de licencias, el otorgamiento de licencias
licencing agreement − convenio de licencia
licencing authority − autoridad para otorgar licencias
licencing power − autoridad para otorgar licencias
licencing requirements − requisitos para obtener licencias
license *n* − licencia, permiso, concesión, autorización
license *v* − licenciar, autorizar, permitir
license application − solicitud de licencia
license bond − fianza de licencia
license contract − contrato de licencia
license fee − impuesto pagadero para una licencia
license laws − leyes sobre actividades que requieren licencias
license plate − placa de automóvil, tablilla
license tax − impuesto pagadero para una licencia
license to operate − licencia para operar
licensed *adj* − licenciado, autorizado
licensed lender − prestador autorizado
licensed premises − local autorizado para vender bebidas alcohólicas

licensee *n* − licenciatario, concesionario
licenser *n* − licenciador, licenciante
licensing *n* − la venta de licencias, el otorgamiento de licencias
licensing agreement − convenio de licencia
licensing authority − autoridad para otorgar licencias
licensing power − autoridad para otorgar licencias
licensing requirements − requisitos para obtener licencias
licensor *n* − licenciador, licenciante
licensure *n* − licenciamiento
licentiate *n* − licenciado, licenciada
licentiousness *n* − libertinaje
licit *adj* − lícito, permitido
licitation *n* − licitación
licitly *adv* − lícitamente, legalmente
lie *n* − mentira
lie *v* − mentir, yacer, subsistir, ser admisible
lie detector − detector de mentiras
lie to − colindar, mentir a
lien *n* − gravamen, carga, derecho de retención
lien account − declaración de los gravámenes con respecto a ciertos bienes
lien creditor − acreedor con derecho de retención
lienee *n* − deudor cuyos bienes están sujetos a un gravamen
lienholder *n* − quien se beneficia de un gravamen
lienor *n* − acreedor con derecho de retención
lieu lands − tierras dadas en lugar de otras expropiadas
lieu tax − impuesto sustitutivo
lieutenant governor − vicegobernador
life and health insurance − seguro de vida y salud
life annuity − anualidad vitalicia
life annuity certain − anualidad vitalicia con garantía de número mínimo de pagos
life assurance − seguro de vida
life beneficiary − beneficiario vitalicio
life estate − propiedad vitalicia
life expectancy − expectativa de vida
life-hold *n* − arrendamiento vitalicio
life imprisonment − cadena perpetua
life in being − lo restante de la vida de quien recibe ciertos derechos al transmitirse dichos derechos
life insurance − seguro de vida
life interest − usufructo vitalicio
life-land *n* − arrendamiento vitalicio
life member − miembro vitalicio
life of a patent − duración de una patente
life of a writ − duración de una orden judicial
life or limb − disposición que prohíbe una

segunda acción por el mismo delito
life pension – pensión vitalicia
life policy – póliza de seguro de vida
life-prolonging procedures – procedimientos que prolongan la vida de una persona quien de otro modo moriría próximamente o seguiría en coma permanente
life-prolonging treatments – tratamientos que prolongan la vida de una persona quien de otro modo moriría próximamente o seguiría en coma permanente
life-sustaining procedures – procedimientos que prolongan la vida de una persona quien de otro modo moriría próximamente o seguiría en coma permanente
life-sustaining treatments – tratamientos que prolongan la vida de una persona quien de otro modo moriría próximamente o seguiría en coma permanente
life savings – ahorros de toda la vida
life sentence – cadena perpetua
life span – duración de la vida
life tenancy – usufructo vitalicio, posesión vitalicia
life tenant – usufructuario vitalicio
life vest – chaleco salvavidas
lifelong *adj* – de toda la vida, vitalicio
lifesaving station – estación de salvamento
lifespan *n* – duración de la vida
lifestyle *n* – estilo de vida
lifetime *adj* – vitalicio
lifetime *n* – vida, curso de vida
lifetime employment – empleo de por vida
lifetime guarantee – garantía de por vida
lifetime guaranty – garantía de por vida
lifetime warranty – garantía de por vida
lift *v* – alzar, exaltar, cancelar
lifting of restrictions – levantamiento de restricciones
ligan *n* – mercancías arrojadas al mar e identificadas con una boya para ser rescatadas
light-duty *adj* – de servicio liviano
light industry – industria ligera
light sentence – sentencia leve
light work – trabajo liviano
lighter *n* – barcaza, encendedor
lighterage *n* – transporte por medio de barcazas
lighthouse *n* – faro
lightning strike – huelga relámpago
like-kind exchange – intercambio de bienes similares
likelihood *n* – probabilidad, verosimilitud
likely *adj* – probable, verosímil, idóneo
limit *n* – límite, linde, término, restricción
limit *v* – limitar, deslindar, restringir
limitable *adj* – limitable

limitation *n* – limitación, restricción, prescripción
limitation in law – dominio de duración limitada por una condición
limitation of action – prescriptibilidad de la acción
limitation of damages – limitación de los daños y perjuicios
limitation of liability – limitación de responsabilidad
limitation of prosecution – prescriptibilidad de la acción penal
limitation over – un derecho que será efectivo al expirar otro sobre los mismos bienes
limitation period – término de la prescripción
limitation title – título pleno de un inmueble
Limited (limited liability company) – sociedad de responsabilidad limitada, compañía de responsabilidad limitada
limited *adj* – limitado, circunscrito, restringido, de responsabilidad limitada
limited acceptance – aceptación limitada
limited agency – agencia limitada
limited agent – agente limitado
limited appeal – apelación limitada, apelación parcial
limited audit – auditoría limitada
limited by law – limitado por ley
limited company – sociedad de responsabilidad limitada, compañía de responsabilidad limitada
limited court – tribunal con jurisdicción limitada
limited divorce – divorcio limitado, decreto de divorcio sin considerar una pensión alimenticia
limited executor – albacea con facultades limitadas
limited fee – propiedad de dominio limitado, derecho limitado sobre un inmueble
limited guarantee – garantía limitada
limited guaranty – garantía limitada
limited interpretation – interpretación restringida
limited jurisdiction – jurisdicción limitada, competencia limitada
limited liability – responsabilidad limitada
limited liability company – sociedad de responsabilidad limitada, compañía de responsabilidad limitada
limited liability partnership – sociedad de responsabilidad limitada
limited owner – usufructuario
limited partner – socio comanditario
limited partnership – sociedad en comandita
limited personal liability – responsabilidad personal limitada
limited policy – póliza limitada

limited power – poder limitado, poder legal limitado

limited power of attorney – poder limitado, poder legal limitado

limited-purpose trust company – compañía fiduciaria con propósitos limitados

limited responsibility – responsabilidad limitada

limited trust – fideicomiso limitado

limited warranty – garantía limitada

line of business – línea de negocios

line of command – línea jerárquica

line of credit – línea de crédito

line of duty – cumplimiento del deber

lineage *n* – linaje, estirpe, raza

lineal *adj* – lineal, hereditario

lineal ascendants – ascendentes directos

lineal consanguinity – consanguinidad lineal

lineal descendant – descendiente directo

lineal descent – descendencia lineal

lineal heir – heredero directo

linear *adj* – lineal

linearity *n* – linealidad

lineation *n* – delineación

liner *n* – barco de línea, avión de línea

lines *n* – lindes, límites, líneas, demarcaciones

lines and corners – las líneas demarcadoras y los ángulos entre sí de una propiedad

lineup *n* – hilera de personas, galería de sospechosos

linger *v* – demorarse, titubear, persistir

lion's share – parte del león

liquid *adj* – líquido, corriente, disponible

liquidate *v* – liquidar

liquidated *adj* – liquidado, saldado

liquidated claim – reclamación saldada

liquidated damages – daños fijados por contrato

liquidating trust – fideicomiso de liquidación

liquidation *n* – liquidación

liquidator *n* – liquidador

liquidity *n* – liquidez

liquidity crisis – crisis de liquidez

liquidity trap – trampa de liquidez

liquor license – licencia para vender bebidas alcohólicas

liquor offenses – delitos relacionados con bebidas alcohólicas

lis alibi pendens – litispendencia en otra parte, lis alibi pendens

lis pendens – litispendencia, lis pendens

list *n* – lista, nómina, registro

list *v* – alistar, inscribir, listar, cotizar

list of charges – lista de cargos

list of creditors – lista de acreedores

list of property – lista de propiedad

listed *adj* – cotizado, listado, inscrito

listed securities – valores cotizados

listers *n* – funcionarios que hacen listas de cosas tributables

listing *n* – alistamiento, ítem, cotización en una bolsa de valores, contrato para una transacción de un inmueble con un corredor de bienes raíces

listing contract – contrato para una transacción de un inmueble con un corredor de bienes raíces

listing requirements – requisitos para la cotización de valores en una bolsa

lite pendente – mientras está pendiente el litigio, lite pendente

literacy qualification – requisito de poder leer y escribir

literal construction – interpretación literal

literal interpretation – interpretación literal

literal meaning – sentido literal

literary property – propiedad literaria

literary work – obra literaria

literate *adj* – alfabetizado

literature *n* – literatura, información escrita

litigant *n* – litigante, pleiteante

litigate *v* – litigar, pleitear, procesar, accionar

litigation *n* – litigación, litigio, pleito

litigation expenses – costas judiciales

litigiosity *adj* – litigiosidad

litigious *adj* – litigioso, contencioso

litter *n* – basura esparcida, desorden

littering *n* – el arrojar basura indebidamente

littoral *n* – litoral

littoral land – tierras litorales

livable *adj* – soportable, habitable

live birth – nacimiento con vida

live from hand to mouth – vivir al día

livelihood *n* – subsistencia, medios de vida, ocupación

livery *n* – entrega, traspaso, alquiler de vehículos

livery conveyance – vehículo para el transporte público

lives in being – las vidas en curso al crearse un interés

livestock *n* – ganado, ganadería

living *n* – vida, medios de vida

living conditions – condiciones de vida

living death – muerte en vida

living issue – descendientes vivos

living quarters – vivienda, habitaciones

living separate and apart – viviendo separadamente sin intención de volver a cohabitar

living together – conviviendo

living trust – fideicomiso entre vivos

living wage – salario de subsistencia

living will – testamento vital

LLC (limited liability company) – sociedad de

responsabilidad limitada, compañía de responsabilidad limitada
LLP (limited liability partnership) – sociedad de responsabilidad limitada
load *n* – carga, cargamento, deberes, peso
load *v* – cargar, adulterar, agobiar
loading *n* – cargamento, carga, prima adicional
loan *n* – préstamo, empréstito
loan *v* – prestar
loan acceptance – aceptación de préstamo
loan agency – agencia de préstamos
loan agreement – contrato de préstamo, convenio de préstamo
loan application – solicitud de préstamo
loan approval – aprobación de préstamo
loan broker – corredor de préstamos
loan closing – cierre
loan contract – contrato de préstamo
loan cooperative – cooperativa de préstamos
loan denial – denegación de préstamo
loan documentation – documentación de préstamo
loan for exchange – préstamo en el que una parte entrega bienes personales y la otra devuelve bienes similares en una fecha futura
loan institution – institución de préstamos
loan origination – originación de préstamo
loan requirements – requisitos de préstamos
loan reserves – reservas para préstamos
loan restrictions – restricciones de préstamos
loan shark – usurero
loan sharking – usura
loaned employee – empleado cuyos servicios se prestan temporalmente a otro patrono
loaned servant doctrine – doctrina según la cual un empleado cuyos servicios se prestan temporalmente a otro patrono se considera como empleado de este último
lobby *n* – lobby, grupo de presión, grupo de cabilderos, camarilla
lobby *v* – cabildear
lobbying *n* – cabildeo
lobbying acts – leyes las cuales regulan las actividades de cabildeo
lobbyist *n* – cabildero
local *adj* – local, regional
local act – ley local
local agency – agencia local
local agent – agente local
local aid – ayuda local
local-area network – red de área local, LAN
local chattel – mueble adherido a un inmueble
local customs – costumbres locales
local domicile – domicilio local
local government – gobierno local
local law – ley local, derecho local

local police – policía local
local union – unión local
locality of a lawsuit – el lugar donde se puede ejercer la competencia judicial
locally-controlled *adj* – controlado localmente
locally-run *adj* – operado localmente
location *n* – localización, lugar, ubicación, colocación, sitio
lock *n* – cerradura, candado
lock *v* – cerrar con llave
lock-out *n* – huelga patronal
lockout *n* – huelga patronal
lockup *n* – celda para la detención de personas en espera de un juicio
locus contractus – el lugar del contrato
locus delicti – el lugar del delito
locus in quo – el lugar en el cual
locus standi – derecho de audiencia ante un tribunal
lodge a complaint – presentar una querella
lodger *n* – inquilino, huésped
log *n* – diario, cuaderno de bitácora, registro
log *v* – registrar, anotar, recorrer, cortar
log in – registrar, contabilizar
logbook *n* – diario, cuaderno de bitácora, registro
logical inference – inferencia lógica
logical relevancy – pertinencia lógica
logical sequence – secuencia lógica
logical testimony – testimonio lógico
logistics *n* – logística
logjam *n* – estancamiento
logo *n* – logotipo, logo, marca figurativa
logotype *n* – logotipo, logo, marca figurativa
logrolling *n* – intercambio de favores, intercambio de favores políticos
loiter *v* – vagar, dilatar
loiterer *n* – vagabundo
loitering *n* – vagabundeo
lone *adj* – único, solitario, aislado
long arm statutes – estatutos que permiten que se extienda jurisdicción personal sobre personas que hacen gestiones de negocio desde otro estado
long-standing – de largos años, duradero
long-term care – cuidado a largo plazo
long-term contract – contrato a largo plazo
long-term disability – discapacidad a largo plazo
long-term employment – empleo a largo plazo
long-term lease – arrendamiento a largo plazo
long-term mortgage – hipoteca a largo plazo
long-term security – seguridad a largo plazo
long-term unemployment – desempleo a largo plazo

long-term work – trabajo a largo plazo
long weekend – puente, fin de semana largo
longevity pay – compensación por longevidad
longhand *n* – escritura
longshoreman *n* – estibador
look into – investigar, considerar
looker-on *n* – observador
lookout *n* – observación atenta, vigilancia, vigía
loophole *n* – laguna legal, laguna
loose *adj* – suelto, flojo, inexacto
loose ends – cabos sueltos, asuntos sin resolver
loose-leaf *adj* – de hojas sueltas, de hojas cambiables
loosely *adv* – libremente, aproximadamente
loot *n* – botín, presa, saqueo
loot *v* – saquear, robar
looter *n* – saqueador
looting *n* – saqueo
loquacious *adj* – locuaz
lore *n* – del saber popular
loss *n* – pérdida, daño, siniestro
loss adjustment – ajuste de pérdidas
loss assessment – evaluación de los daños
loss damage waiver – renuncia a la recuperación de daños por accidente automovilístico
loss leader – artículo vendido bajo costo para atraer clientela en espera que se hagan otras compras lucrativas para el negocio
loss limitation – limitación de pérdidas
loss of affection – pérdida de afecto
loss of identity – pérdida de identidad
loss of respect – pérdida de respeto
lost card – tarjeta perdida
lost days – días perdidos
lost in transit – perdido durante el tránsito
lost or not lost – estipulación en una póliza de seguro marítimo que si las partes envueltas no están enteradas de un siniestro existente que dicho siniestro estará cubierto
lost policy – póliza perdida
lost property – propiedad perdida
lost will – testamento perdido
lot *n* – lote, solar, parcela, grupo, suerte
lottery *n* – lotería, rifa
low-budget *adj* – de bajo presupuesto
low-cost housing – viviendas de bajo costo
low-end *adj* – de baja calidad, dirigido hacia consumidores de bajos ingresos, lo más barato
low-grade *adj* – de baja calidad
low-income *adj* – de ingresos bajos
low or slight diligence – diligencia mínima
low pay – paga baja
low quality – baja calidad
low salary – salario bajo

low wages – paga baja
lower court – tribunal inferior, tribunal de primera instancia
lower house – cámara baja
loyal *adj* – leal, legal, constante
loyalty *n* – lealtad, legalidad, constancia
LP (limited partnership) – sociedad en comandita
Ltd. (limited company, limited liability company) – sociedad de responsabilidad limitada, compañía de responsabilidad limitada
lucid interval – intervalo lúcido
lucidity *n* – lucidez
lucrative activity – actividad lucrativa
lucrative bailment – depósito a título oneroso
lucrative office – cargo remunerado
lucrative title – título gratuito
lump-sum payment – pago global
lump-sum settlement – indemnización global
lunacy *n* – insania, demencia
lunatic *n* – lunático
lure *n* – tentación, señuelo
lure *v* – atraer con engaño, seducir, tentar
lurk *v* – estar al asecho
lurker *n* – acechador, espía
luxury tax – impuesto suntuario, impuesto de lujo
lynch law – ley de linchamiento
lynching *n* – linchamiento

M

M'Naghten Rule – regla que declara que una persona no es culpable de un crimen si al cometerlo estaba insano
mace *n* – maza, aerosol altamente irritante para ahuyentar personas o animales
mace-proof *adj* – inmune a arresto
machine-readable *adj* – legible por máquina
machine scanning – exploración por máquina
macroeconomic *adj* – macroeconómico
macroeconomics *n* – macroeconomía
macroenvironment *n* – macroambiente
macromarketing *n* – macromarketing
made known – hecho saber
made-to-measure *adj* – hecho a la medida
made-to-order *adj* – hecho a la medida
mafia *n* – mafia, crimen organizado

magazine *n* – revista, boletín, cartucho
magisterial precinct – distrito judicial
magistracy *n* – magistratura
magistrate *n* – magistrado, juez
magistrate judge – magistrado, juez
magistrates' court – tribunal de magistrados, juzgado de paz
magna culpa – culpa grave, negligencia grave, magna culpa
magnetic card – tarjeta magnética
magnetic disk – disco magnético
magnetic stripe – franja magnética
maiden name – apellido de soltera
mail *n* – correo, correspondencia, email
mail *v* – enviar por correo, enviar por email
mail address – dirección de correo, dirección de email
mail contract – contrato por correspondencia
mail deposit – depósito por correo
mail fraud – fraude cometido usando el servicio postal
mail message – mensaje de correo, mensaje de email
mail offense – delito utilizando el servicio postal
mail order – giro postal, orden por correo
mailable *adj* – apto para enviarse por correo
mailbox rule – regla según la cual una aceptación de oferta es efectiva al echarse en el buzón
mailed *adj* – enviado por correo
mailing *n* – mailing, material comercial enviado por correo
mailing address – dirección postal
mailman *n* – cartero, cartera
mailperson *n* – cartero, cartera
mailshot *n* – mailing, correo basura, envío de correo basura
maim *v* – mutilar
main *adj* – principal, esencial, central
main action – acción principal
main activity – actividad principal
main allegation – alegación principal
main beneficiary – beneficiario principal
main business – negocio principal, asunto principal
main contract – contrato principal
main creditor – acreedor principal
main defendant – demandado principal
main evidence – prueba principal
main fact – hecho principal
main home – residencia principal
main issue – cuestión principal
main lease – arrendamiento principal
main liability – responsabilidad principal
main obligation – obligación principal
main office – oficina central, sede, casa matriz

main place of business – oficina central, sede
main shareholder – accionista principal
main stockholder – accionista principal
main underwriter – colocador de emisión principal
mainframe *n* – servidor grande y poderoso, computadora grande y poderosa
mainly *adv* – mayormente, principalmente
mainstream *adj* – conforme a la corriente dominante, conforme al pensamiento convencional
maintain *v* – mantener, conservar, sostener, defender, continuar una acción
maintain an action – continuar una acción
maintainor *n* – quien ayuda en un juicio ajeno ya sea con dinero o de otro modo
maintenance *n* – mantenimiento, sostenimiento, conservación, pensión alimenticia
maintenance bond – caución de mantenimiento
maintenance of children – mantenimiento de menores
maintenance payment – pago de mantenimiento, pago de pensión alimenticia
maintenance pending suit – pensión alimenticia en espera de la finalización del litigio de divorcio, alimentos provisionales
major *adj* – mayor, más grande, principal, mayor de edad
major crime – delito grave
major medical insurance – seguro para gastos médicos mayores
majority *n* – mayoría, mayoría de edad, pluralidad
majority control – control mayoritario
majority decision – decisión mayoritaria
majority holder – accionista mayoritario
majority interest – interés mayoritario
majority leader – líder de la mayoría
majority ownership – propiedad mayoritaria
majority party – partido de la mayoría
majority rule – gobierno mayoritario
majority shareholder – accionista mayoritario
majority stake – interés mayoritario
majority stockholder – accionista mayoritario
majority vote – voto mayoritario
make *n* – marca
make *v* – hacer, fabricar, celebrar, establecer, firmar, efectuar, ganar
make a bequest – hacer un legado
make a bid – hacer una oferta
make a confession – hacer una confesión
make a contract – celebrar un contrato
make a deal – hacer un negocio
make a getaway – huir
make a legacy – hacer un legado

make a loan – hacer un préstamo
make a promise – hacer una promesa
make a sale – hacer una venta
make a statement – hacer una declaración
make an award – emitir un fallo
make an entry – efectuar un asiento
make an exception – hacer una excepción
make an offer – hacer una oferta
make delivery – hacer entrega
make formal – formalizar
make illegal – hacer ilegal
make impossible – hacer imposible
make improvements – hacer mejoras
make lawful – hacer legal, legalizar
make legal – hacer legal, legalizar
make money – ganar dinero
make over – transferir título o posesión, transferir
make payment – hacer pago
maker *n* – fabricante, librador, firmante
makeshift *adj* – apropiado como sustituto provisional, provisional, improvisado
makeshift *n* – sustituto provisional pero inferior, sustituto provisional
making law – la creación de una nueva ley
mala fide – de mala fe, mala fide
mala fides – mala fe, mala fides
mala in se – malvado de por sí
mala prohibita – delitos prohibidos
maladministration *n* – administración inepta, administración fraudulenta
malady *n* – mal, enfermedad, trastorno
malconduct *n* – mala conducta, conducta ilícita
malefaction *n* – malhecho, delito, crimen
malefactor *n* – malhechor, criminal
malefic *adj* – maléfico, perjudicial, dañino
maleficence *n* – maleficio, maldad
maleficent *adj* – maléfico, dañino
malevolence *n* – malevolencia
malfeasance *n* – fechoría, acto ilegal
malfunction *n* – funcionamiento defectuoso
malice aforethought – malicia premeditada
malice in fact – malicia de hecho
malice in law – malicia implícita
malicious abandonment – abandono conyugal doloso
malicious accusation – acusación maliciosa
malicious act – acto malicioso, acto doloso
malicious arrest – arresto ilícito malicioso
malicious assault – asalto malicioso
malicious falsehood – falsedad maliciosa
malicious injury – lesión dolosa, lesión maliciosa
malicious killing – homicidio doloso
malicious mischief – daño voluntario y malicioso a propiedad ajena
malicious motive – motivo malicioso

malicious prosecution – acción penal sin fundamento, denuncia maliciosa
malicious trespass – violación de propiedad maliciosa
maliciousness *n* – malicia
malign *adj* – maligno
malign *v* – difamar, calumniar
maligner *n* – difamador
malinger *v* – fingir un impedimento o enfermedad
malingerer *n* – quien finge un impedimento o enfermedad
Mallory Rule – regla según la cual no es admisible una confesión obtenida tras una detención por un tiempo irrazonable
malpractice *n* – negligencia profesional
malpractice insurance – seguro contra negligencia profesional
malpractice liability insurance – seguro contra negligencia profesional
maltreatment *n* – maltrato
malversation *n* – malversación, delitos cometidos en la capacidad de funcionario
man-day *n* – el trabajo que hace una persona en un día
man-hour *n* – el trabajo que hace una persona en una hora
man of straw – hombre de paja
man-year *n* – el trabajo que hace una persona en un año
manacle *v* – esposar
manacles *n* – esposas
manage *v* – manejar, administrar, dirigir
manage commerce – manejar el comercio
manage poorly – manejar mal
manageable *adj* – manejable, razonable
managed *adj* – administrado, dirigido
managed commodities – mercancías administradas
management *adj* – administrativo
management *n* – manejo, administración, gestión, gerencia, dirección, cuerpo directivo
management accountancy – contabilidad administrativa
management accounting – contabilidad administrativa
management agency – agencia administrativa
management audit – auditoría administrativa
management board – junta administrativa
management buy-in – adquisición por la gerencia de una compañía de un interés mayoritario en otra
management buy-out – adquisición por la gerencia de todas las acciones de su propia compañía
management by consensus – gestión participativa

management by crisis – administración por crisis
management by exception – administración por excepciones
management by objectives – administración por objetivos
management by results – administración por resultados
management by walking around – administración incorporando contacto directo
management control system – sistema de control administrativo
Management Information Systems – Sistemas de Información Gerencial
management irregularity – irregularidad administrativa
management personnel – personal administrativo
management review – revisión administrativa
management system – sistema administrativo
manager n – administrador, gerente, gestor
manager office – oficina del administrador
manager on duty – administrador de turno
managerial adj – administrativo, gerencial, ejecutivo
managerial accounting – contabilidad administrativa
managerial audit – auditoría administrativa
managerial board – junta administrativa
managerial council – consejo administrativo
managerial effectiveness – efectividad administrativa
managerial functions – funciones administrativas
managerial irregularity – irregularidad administrativa
managerial law – derecho administrativo
managerial officer – oficial administrativo
managerial practices – prácticas administrativas
managerial rights – derechos administrativos
managerial structure – estructura administrativa
managing adj – administrador, gerencial
managing agent – gerente
managing board – junta directiva
managing committee – comité directivo
managing director – director gerente
managing partner – socio administrador
managing underwriter – colocador de emisión líder
mandamus – ordenamos, orden judicial, mandamus
mandatary n – mandatario
mandate n – mandato, orden
mandator n – mandante

mandatory adj – obligatorio, imperativo
mandatory act – acto obligatorio
mandatory agreement – convenio obligatorio
mandatory amount – cantidad obligatoria
mandatory arbitration – arbitraje obligatorio
mandatory care – cuidado obligatorio
mandatory clause – cláusula obligatoria
mandatory condition – condición obligatoria
mandatory copy – texto obligatorio
mandatory cost – costo obligatorio, coste obligatorio
mandatory coverage – cobertura obligatoria
mandatory damages – daños y perjuicios obligatorios
mandatory deposit – depósito obligatorio
mandatory diligence – diligencia obligatoria
mandatory disclosure – divulgación obligatoria
mandatory domicile – domicilio obligatorio
mandatory easement – servidumbre obligatoria
mandatory inference – inferencia obligatoria
mandatory injunction – orden judicial imperativa, requerimiento imperativo, mandamiento preceptivo
mandatory instructions – instrucciones obligatorias
mandatory insurance – seguro obligatorio
mandatory licence – licencia obligatoria
mandatory license – licencia obligatoria
mandatory limit – límite obligatorio
mandatory order – orden imperativa
mandatory parties – partes obligatorias
mandatory pay – paga obligatoria
mandatory remuneration – remuneración obligatoria
mandatory repairs – reparaciones obligatorias
mandatory reserve – reserva obligatoria
mandatory retirement – retiro obligatorio
mandatory salary – salario obligatorio
mandatory sentence – sentencia obligatoria
mandatory servitude – servidumbre obligatoria
mandatory sharing – compartimiento obligatorio
mandatory standard – norma obligatoria
mandatory statutes – leyes imperativas
mandatory testimony – testimonio obligatorio
mandatory wages – salario obligatorio
mangle v – mutilar, desfigurar
manhandle v – maltratar
manhood n – mayoría de edad
manhunt n – búsqueda de un fugitivo
mania n – manía
maniac n – maníaco
manifest adj – manifiesto, evidente, aparente

manifest *n* – manifiesto de carga, lista de pasajeros
manifest *v* – manifestar, declarar, registrar en un manifiesto de carga
manifest danger – peligro manifiesto
manifest defects – defectos manifiestos
manifest error – error manifiesto
manifest necessity – necesidad manifiesta
manifest of cargo – manifiesto de carga
manifest of passengers – lista de pasajeros
manifest risk – riesgo aparente
manifest sense – sentido manifiesto
manifest title – título manifiesto
manifestation of intent – manifestación de intención
manifesto *n* – manifiesto, declaración pública
manifold *adj* – múltiple, diverso
manipulate *v* – manipular, alterar
manipulate accounts – manipular las cuentas
manipulate commerce – manipular el comercio
manipulate markets – manipular los mercados
manipulate prices – manipular los precios
manipulate rates – manipular las tasas
manipulate shares – manipular las acciones
manipulate stock – manipular las acciones
manipulate the economy – manipular la economía
manipulated *adj* – manipulado
manipulated commodities – mercancías manipuladas
manipulated funds – fondos manipulados
manipulated trade – comercio manipulado
manipulation *n* – manipulación
manipulator *n* – manipulador
manner and form – modo y forma
manner of living – modo de vivir
manner of working – modo de trabajar
manor *n* – casa, residencia
manpower *n* – fuerza de trabajo, mano de obra, personal
mansion-house *n* – mansión, residencia
manslaughter *n* – homicidio culposo, homicidio preterintencional, homicidio impremeditado, homicidio involuntario, homicidio negligente
manual *adj* – manual
manual *n* – manual
manual delivery – entrega a mano
manual labor – trabajo manual
manual labour – trabajo manual
manual worker – trabajador manual
manufacture *n* – manufactura, elaboración, fabricación
manufacture *v* – manufacturar, elaborar, fabricar

manufacture certificate – certificado de manufactura
manufactured *adj* – manufacturado, elaborado, fabricado
manufactured goods – bienes manufacturados
manufactured housing – vivienda manufacturada
manufacturer *n* – fabricante, manufacturero, industrial
manufacturer's certificate – certificado de manufacturero
manufacturer's liability doctrine – doctrina sobre la responsabilidad del fabricante
manufacturer's liability insurance – seguro de responsabilidad del fabricante
manufacturers' association – asociación de fabricantes
manufacturing *n* – manufactura, elaboración, fabricación
manufacturing activity – actividad manufacturera
manufacturing concern – empresa manufacturera
manufacturing conditions – condiciones manufactureras
manufacturing enterprise – empresa manufacturera
manufacturing hygiene – higiene manufacturera
manufacturing liability – responsabilidad manufacturera
manufacturing licence – licencia manufacturera
manufacturing license – licencia manufacturera
manufacturing plant – planta manufacturera
manufacturing policy – póliza manufacturera, política manufacturera
manufacturing records – expedientes manufactureros
manufacturing regulations – reglamentos manufactureros
manufacturing requirements – requisitos de manufactura
manufacturing safety – seguridad manufacturera
manufacturing union – unión manufacturera
manufacturing waste – residuos manufactureros
manufacturing worker – trabajador manufacturero
manufacturing zone – zona manufacturera
manumission *n* – manumisión
manuscript *n* – manuscrito
maquila *n* – maquila
maquiladora *n* – maquiladora
mar *v* – estropear, dañar

maraud *v* – saquear
margin *n* – margen, ganancia, borde, reserva
margin account agreement – convenio de cuenta de margen
margin of error – margen de error
margin of safety – margen de seguridad
margin requirement – cantidad mínima a depositar en una cuenta de margen
marginal borrower – prestatario marginal
marginal land – tierra marginal
marginal lender – prestador marginal
marginal risk – riesgo marginal
marginalise *v* – marginalizar
marginalism *n* – marginalismo
marginalist *adj* – marginalista
marginalist *n* – marginalista
marginalize *v* – marginalizar
marine carrier – porteador marítimo
marine contamination – contaminación marítima
marine contract – contrato marítimo
marine insurance policy – póliza de seguro marítimo
marine insurer – asegurador marítimo
marine pollution – contaminación marítima
marital *adj* – marital, conyugal, matrimonial
marital agreements – capitulaciones matrimoniales
marital communications privilege – derecho de mantener confidencial las comunicaciones entre cónyuges
marital deduction – deducción matrimonial
marital infidelity – infidelidad matrimonial
marital property – propiedad matrimonial
marital relationship – relación matrimonial
marital rights and duties – derechos y deberes matrimoniales
marital settlement agreement – convenio de divorcio
marital termination agreement – convenio de divorcio
marital status – estado civil
marital trust – fideicomiso matrimonial
maritime attachment – embargo marítimo
maritime casualty – siniestro marítimo
maritime contract – contrato naval
maritime court – tribunal marítimo, tribunal de almirantazgo
maritime jurisdiction – jurisdicción del tribunal marítimo
maritime law – derecho marítimo
maritime tort – ilícito civil marítimo, daño legal marítimo
maritime trade – comercio marítimo
mark *n* – marca, señal, objetivo, distinción, huella
mark *v* – marcar, caracterizar, registrar
mark to market – evaluar el valor de valores

para asegurarse de que la cuenta cumple con los mínimos de mantenimiento
marked *adj* – marcado, notable
marked money – dinero marcado
marker *n* – marcador, señal
market *n* – mercado, bolsa, plaza
market *v* – mercadear, comerciar, vender
market collapse – colapso de mercado de valores
market crash – colapso de precios de acciones, colapso de mercado de valores
market management – administración del mercado
market price – precio de mercado
market rent – renta justa de mercado
market value – valor en el mercado
marketability *n* – comerciabilidad
marketable *adj* – vendible, comerciable, negociable
marketable title – título de propiedad transferible sin gravámenes u otras restricciones
marketeer *n* – quien vende en un mercado, quien vende
marketer *n* – quien vende en un mercado, quien vende
marketing *n* – marketing, mercadeo, mercadotecnia
marketing agency – agencia de marketing
marketing gimmick – truco de marketing
marketing ploy – estratagema de marketing
marketing vehicle – vehículo de marketing, medio de marketing
marketplace *n* – mercado, plaza del mercado
marksman *n* – quien firma documentos con una marca por no saber escribir, tirador
marriage *n* – matrimonio, boda, enlace
marriage broker – agente matrimonial
marriage ceremony – ceremonia matrimonial
marriage certificate – certificado de matrimonio
marriage licence – licencia matrimonial
marriage license – licencia matrimonial
marriage of convenience – matrimonio de conveniencia
marriage portion – dote
marriage settlement – convenio prematrimonial
married couple – matrimonio
married filing jointly – casados declarando conjuntamente
married filing separately – casados declarando separadamente
married life – vida conyugal
married state – estado conyugal
marry *v* – casar, casarse con, unir
marshal *n* – alguacil, maestro de ceremonias
marshaling assets – clasificación de

acreedores
martial law – ley marcial
Marxism *n* – marxismo
Marxist *adj* – marxista
Marxist *n* – marxista
masochism *n* – masoquismo
mass communication – comunicación de masas
mass market – mercado de masas
mass murder – asesinatos múltiples
mass production – producción en serie, producción en masa
Massachusetts rule – regla según la cual todo banco que recibe un cheque para pago sirve como agente del depositante
Massachusetts trust – ente de negocios donde los socios transfieren bienes a un fideicomiso del cual son los beneficiarios
massage data – manipular datos
massive demonstration – demostración masiva
massive protest – protesta masiva
master *adj* – maestro, experto, principal
master *n* – master, maestría, experto, patrono, jefe, maestro, original, auxiliar judicial
master agreement – contrato colectivo de trabajo
master contract – contrato maestro
master deed – escritura maestra
master key – llave maestra
master lease – arrendamiento principal
master limited partnership – inversión en que se combinan sociedades en comandita para formar unidades de mayor liquidez
master mortgage – hipoteca principal
master of a ship – comandante de una nave
Master of Accounting – Master en Contabilidad
Master of Business Administration – Master en Administración de Empresas, Master en Gestión de Empresas
master plan – plan maestro, plan principal para el desarrollo urbano de una localidad
master policy – póliza principal
master trust – fideicomiso principal
mastermind *n* – cerebro
mastermind *v* – planificar y dirigir
match *n* – igual, matrimonio, combinación
match *v* – enfrentar, emparejar, igualar
matchless *adj* – sin igual
matched *adj* – apareado
mate *n* – cónyuge, camarada, segundo oficial de una nave
matching *n* – apareamiento, armonización
matching contribution – cantidad proporcional que aporta un patrono en adición al que aporta un empleado a su plan

de retiro
material *adj* – material, pertinente, importante, esencial
material allegation – alegación material
material alteration – alteración sustancial
material amendment – enmienda material
material breach – incumplimiento sustancial
material change – cambio sustancial
material circumstance – circunstancia material
material defect – defecto material
material error – error material
material evidence – prueba material
material fact – hecho material
material false representation – representación falsa material
material injury – lesión sustancial
material interest – interés material
material misrepresentation – representación falsa material
material mistake – error sustancial
material representation – representación material
material witness – testigo clave
materialism *n* – materialismo
materialist *adj* – materialista
materialist *n* – materialista
materialman's lien – gravamen de quien provee materiales
maternal line – línea materna
maternal property – propiedad heredada por la vía materna
maternity benefits – beneficios por maternidad
maternity leave – licencia por maternidad
maternity pay – paga por maternidad
mathematical evidence – prueba matemática
matricide *n* – matricidio, matricida
matriculate *v* – matricular
matriculation *n* – matriculación
matrilineal *adj* – matrilineal
matrimonial action – acción matrimonial
matrimonial causes – causas matrimoniales
matrimonial cohabitation – cohabitación matrimonial
matrimonial domicile – domicilio matrimonial
matrimonial property – propiedad matrimonial
matrimony *n* – matrimonio
matrix *n* – matriz, protocolo
matter in controversy – cuestión en controversia
matter in deed – cuestión de hecho
matter in dispute – cuestión en controversia
matter in issue – cuestión en controversia
matter in pais – cuestión de hecho no escrito
matter of course – lo que se hace

rutinariamente
matter of fact – cuestión de hecho
matter of form – cuestión de forma
matter of law – cuestión de derecho
matter of principle – cuestión de principios
matter of record – materia de registro
matter of substance – cuestión sustancial
mature *adj* – maduro, vencido, exigible
mature *v* – madurar, vencer, expirar
matured *adj* – vencido, exigible
maturity date – fecha de vencimiento
maunder *v* – vagar, divagar
maxim *n* – máxima, principio de derecho, axioma
maximum age – edad máxima
maximum rate increase – aumento de tasa máximo
mayhem *n* – lesión incapacitante criminal, mutilación criminal
mayor *n* – alcalde, intendente
mayor's court – tribunal municipal
mayoralty *n* – alcaldía, intendencia
MBA (Master of Business Administration) – Master en Administración de Empresas
McJob *n* – trabajo de baja categoría sin oportunidades para mejoramiento
McNabb-Mallory Rule – regla según la cual no es admisible una confesión obtenida tras una detención por un tiempo irrazonable
McNaghten Rule – regla que declara que una persona no es culpable de un crimen si al cometerlo estaba insano
mean *adj* – común, inferior, vil, medio
mean *n* – media, medio
mean *v* – significar, proponerse, querer decir
meander *v* – vagar, caminar sin rumbo
meaning *n* – significado, acepción, intención
meaningful *adj* – significativo
meaningless *adj* – sin sentido
meaningly *adv* – significativamente
meanness *n* – maldad, vileza
means *n* – medios, recursos, modo
means of communication – medios de comunicación
means of support – medios de sostén
means test – prueba financiera de elegibilidad
measure *n* – medida, alcance, grado
measure *v* – medir, delimitar, señalar
measure of damages – medida de los daños
measure of value – medida del valor, norma de valor
measurement *n* – medida
mechanic's lien – gravamen del constructor
meddle *v* – entrometerse
media *n* – medios publicitarios, medios de comunicación
median income – ingreso promedio

mediate *adj* – medio, interpuesto, mediato
mediate *v* – mediar, reconciliar, arbitrar
mediate descent – descendencia mediata
mediate interest – interés mediato
mediate powers – facultades accesorias
mediate testimony – prueba secundaria, testimonio secundario
mediation *n* – mediación, arbitraje, intervención
mediation and arbitration – mediación y arbitraje
mediation board – junta de mediación, junta de arbitraje
mediator *n* – mediador, intercesor
Medicaid *n* – Medicaid
medical attention – atención médica
medical benefits – beneficios médicos
medical care – atención médica
medical certificate – certificado médico
medical directive – testamento vital
medical evidence – prueba suministrada por un perito en medicina
medical examination – examen médico, reconocimiento médico
medical examiner – médico forense
medical insurance – seguro médico
medical jurisprudence – jurisprudencia médica, medicina forense
medical malpractice – negligencia profesional médica
medical record – historial médico
medical treatment – tratamiento médico
Medicare *n* – Medicare
meditate *v* – meditar, tramar
medley *n* – riña
meet *v* – encontrarse con, enfrentarse a, conocer, satisfacer
meet an obligation – atender una obligación
meet expectations – cumplir con las expectativas
meet needs – atender las necesidades
meet obligations – cumplir con las obligaciones
meet requirements – cumplir con los requisitos
meet specifications – cumplir con las especificaciones
meeting *n* – reunión, conferencia, junta
meeting of creditors – junta de acreedores
meeting of minds – acuerdo de voluntades
meeting of shareholders – reunión de accionistas
meeting of stockholders – reunión de accionistas
megacorporation *n* – megacorporación
meliorate *v* – mejorar
meliorations *n* – mejoras
member *n* – miembro, socio, afiliado

member bank – banco miembro
member bank reserves – reservas de banco miembro
member country – país miembro
member nation – nación miembro
member of a jury – miembro de un jurado
Member of Congress – Miembro del Congreso
Member of Parliament – Miembro del Parlamento
member of the bar – miembro del cuerpo de abogados
member state – estado miembro
membership *n* – calidad de miembro, calidad de socio, número de miembros
memo (memorandum) *n* – memorándum, informe, minuta, apunte, nota
memo of agreement – memorando de acuerdo
memo of association – escritura de constitución
memo of understanding – memorando de entendimiento
memorandum *n* – memorándum, informe, minuta, apunte, nota
memorandum articles – artículos por los cuales el asegurador tiene responsabilidad limitada
memorandum clause – cláusula que limita la responsabilidad del asegurador sobre ciertas mercancías perecederas
memorandum decision – informe breve sobre una decisión judicial
memorandum in error – memorándum que alega un error de hecho
memorandum of agreement – memorando de acuerdo
memorandum of association – escritura de constitución
memorandum of understanding – memorando de entendimiento
memorandum sale – venta sujeta a la aprobación
menace *n* – amenaza
menacingly *adv* – amenazadoramente
mend *v* – enmendar, reparar, mejorar
menial job – trabajo de baja categoría
menial task – tarea de baja categoría
menial work – trabajo de baja categoría
mens legis – la intención de la ley, mens legis
mens rea – intención criminal, mens rea
mensa et thoro – una separación en vez de disolución de matrimonio, mensa et thoro
mental alienation – enajenación mental
mental anguish – angustia mental
mental capacity – capacidad mental
mental competence – competencia mental

mental cruelty – crueldad mental
mental examination – examen mental
mental health – salud mental
mental hospital – hospital psiquiátrico
mental image – imagen mental
mental impairment – deterioro mental, discapacidad mental
mental incapacity – incapacidad mental
mental incompetence – incapacidad mental
mental incompetency – incapacidad mental
mental shock – sacudida mental
mental sickness – enfermedad mental
mental state – estado mental
mental suffering – sufrimiento mental
mention *n* – mención, alusión
mention *v* – mencionar, aludir, nombrar
mentor *n* – mentor, tutor
mercable *adj* – vendible, comerciable
mercantile *adj* – mercantil, comercial
mercantile arbitration – arbitraje mercantil
mercantile bankruptcy – quiebra mercantil
mercantile court – tribunal mercantil
mercantile law – derecho mercantil
mercantile regulations – reglamentos mercantiles
mercantile trust – fideicomiso mercantil
mercantilism *n* – mercantilismo
mercative *adj* – mercantil, comercial
merchandise *n* – mercancía, mercadería
merchandise *v* – comercializar, comerciar, vender
merchandiser *n* – comercializador
merchandising *n* – merchandising, comercialización
merchandising and marketing – comercialización y marketing
merchandize *v* – comercializar, comerciar, vender
merchant *adj* – mercante, mercantil, comercial
merchant *n* – mercader, comerciante, comercializador
merchant agreement – acuerdo de comerciante
merchant application – solicitud de comerciante
merchant bank – banco mercantil
merchant banking – banca mercantil
merchant fraud – fraude de comerciante
merchant ship – buque mercante, nave comercial
merchant shipping – navegación comercial
merchantability *n* – comerciabilidad
merchantable title – título de propiedad negociable sin gravámenes u otras restricciones
merchantman *n* – buque mercante, nave comercial

merchants' accounts – cuentas comerciales
mercy *n* – misericordia, clemencia, gracia
mercy killing – eutanasia
mere licensee – quien entra a la tierra de otro con permiso o sin objeción del dueño
mere possession – mera posesión
mere right – derecho sin posesión ni título
merely *adv* – meramente, simplemente
Mercosur (Mercado Común del Sur) – Mercosur
merge companies – fusionar compañías
merged company – compañía fusionada
merger *n* – fusión, consolidación, unión
merger of rights – confusión de derechos
mergers and acquisitions – fusiones y adquisiciones
merit selection – selección por mérito
merit system – sistema de méritos
meritocracy *n* – meritocracia
meritorious *adj* – meritorio
meritorious consideration – contraprestación basada en una obligación moral, causa valiosa
meritorious defence – defensa basada en los méritos
meritorious defense – defensa basada en los méritos
merits *n* – los derechos legales de las partes, méritos
mesne assignment – cesión intermedia
mesne conveyance – cesión intermedia
mesne process – órdenes judiciales intermedias
mesne profits – beneficios obtenidos mediante posesión ilegal
message *n* – mensaje, comunicación, aviso
messaging *n* – mensajería
messenger *n* – mensajero
messuage *n* – casa con sus estructuras anexas más el terreno que las rodea
metachronism *n* – metacronismo
mete *n* – límite, mojón
meter *n* – medidor, contador, metro
meter *v* – medir, franquear con máquina
metes and bounds – límites de un inmueble, rumbos y distancias
method of assessment – método de evaluación
methodology *n* – metodología
metropolitan area – área metropolitana
Mgr. (manager) – administrador, gerente
microchip *n* – microchip
microcredit *n* – microcrédito
microeconomic *adj* – microeconómico
microeconomics *n* – microeconomía
microfilm *n* – micropelícula
micropayment *n* – micropago
microprocessor *n* – microprocesador, chip

middle management – administración intermedia
middleman *n* – intermediario
midnight deadline – vencimiento a medianoche
might *n* – poder, poderío
migrant labor – mano de obra migratoria
migrant labour – mano de obra migratoria
migrant worker – trabajador migratorio
migrate *v* – migrar
migration *n* – migración
migratory *adj* – migratorio
migratory labor – mano de obra migratoria
migratory labour – mano de obra migratoria
migratory worker – trabajador migratorio
mil *n* – milésima del valor, milésima de dólar, millón
mileage allowance – asignación para gastos de transporte en vehículo propio
milestone *n* – hito, acontecimiento importante
military courts – tribunales militares
military forces – fuerzas militares
military government – gobierno militar
military jurisdiction – jurisdicción militar
military law – derecho militar
military offense – delito militar
military service – servicio militar
military state – estado militar
militiamen *n* – soldados
mill *n* – milésima del valor, milésima de dólar, millón, molino
millage rate – tasa impositiva expresada en milésimas
million *n* – millón
millionaire *n* – millonario
mind *n* – mente, entendimiento, memoria, opinión
mind and memory – mente y memoria
minded *adj* – dispuesto, propenso
mindful *adj* – atento, cuidadoso
mindfully *adv* – atentamente
mindfulness *n* – atención, cuidado
min. (minimum) – mínimo
mineral lease – arrendamiento de minas
mineral right – derecho de explotar minas
mingle *v* – mezclar, entremezclar, asociar
mini-trial *n* – método privado e informal para la resolución de disputas en el que los abogados presentan sus alegatos y luego las partes tratan de llegar a un acuerdo
minimal contacts – contactos mínimos
minimisation *n* – minimización
minimise *v* – minimizar
minimization *n* – minimización
minimize *v* – minimizar
minimum age – edad mínima
minimum contacts – contactos mínimos

minimum employment age – edad mínima de empleo
minimum living wage – salario mínimo de subsistencia
minimum maintenance – mantenimiento mínimo
minimum quality – calidad mínima
minimum rate – tasa mínima
minimum sentence – pena mínima
minimum wage – salario mínimo
mining claim – concesión minera
mining law – derecho minero
mining lease – arrendamiento de minas
mining partnership – sociedad minera
minister *n* – enviado, delegado
minister *v* – administrar, suministrar
Minister of Agriculture – Ministro de Agricultura
Minister of Commerce – Ministro de Comercio
Minister of Finance – Ministro de Finanzas
Minister of Industry – Ministro de Industria
Minister of Labor – Ministro de Trabajo
Minister of Labour – Ministro de Trabajo
Minister of the Economy – Ministro de Economía
ministerial *adj* – administrativo, ministerial
ministerial act – acto ministerial
ministerial duty – obligación ministerial
ministerial office – oficina ministerial
ministerial officer – funcionario ministerial
ministerial trust – fideicomiso pasivo
ministry *n* – ministerio
Ministry of Agriculture – Ministerio de Agricultura
Ministry of Commerce – Ministerio de Comercio
Ministry of Finance – Ministerio de Finanzas
Ministry of Industry – Ministerio de Industria
Ministry of Labor – Ministerio de Trabajo
Ministry of Labour – Ministerio de Trabajo
Ministry of State – Ministerio de Estado
Ministry of the Economy – Ministerio de Economía
minor *adj* – menor, secundario, inferior, leve
minor *n* – menor, menor de edad
minor breach – incumplimiento menor
minor defect – defecto menor
minor error – error menor
minor fact – hecho circunstancial, hecho menor
minor loss – siniestro menor
minor offense – delito menor
minority *adj* – minoritario
minority *n* – minoría, persona de grupo minoritario, minoría de edad
minority interest – interés minoritario
minority opinion – opinión minoritaria

minority partner – socio minoritario
minority rights – derechos de las minorías
minority shareholders – accionistas minoritarios
minority stake – interés minoritario
minority stockholders – accionistas minoritarios
mint *n* – casa de la moneda, casa de amonedación
mint *v* – acuñar
mintage *n* – acuñación
minting *n* – acuñación
minute *adj* – diminuto, insignificante
minute *n* – minuta, minuto, acta, instante
minute book *n* – libro de minutas, minutario
minutes *n* – minutas, actas
minutia *n* – minucia
minutiae *n* – minucias
Miranda Rule – Regla Miranda
Miranda Warning – Advertencia Miranda
misadventure *n* – desgracia, percance
misallegation *n* – alegato falso
misallege *v* – alegar falsamente
misapplication of funds – uso indebido de fondos
misappropriate *v* – malversar, apropiar indebidamente
misappropriation *n* – malversación, apropiación indebida
misappropriation of public funds – apropiación indebida de fondos públicos
misbehavior *n* – mala conducta, conducta ilícita
misbehaviour *n* – mala conducta, conducta ilícita
misbrand *v* – rotular productos con indicaciones falsas
misbranding *n* – rotulación de productos con indicaciones falsas
misc. (miscellaneous) – misceláneo
miscalculation *n* – error de cálculo
miscarriage *n* – mala administración, aborto
miscarriage of a child – aborto
miscarriage of justice – error judicial, injusticia
miscellaneous coverage – cobertura miscelánea
mischarge *n* – instrucción errónea al jurado
mischief *n* – daño voluntario a propiedad ajena, daño, injuria, conducta ilícita, travesura
misconception *n* – concepto erróneo
misconduct *n* – mala conducta, comportamiento ilícito
misconduct in office – incumplimiento de los deberes de un funcionario público
misconduct of counsel – incumplimiento de los deberes del abogado

misconduct of judge – incumplimiento de los deberes del juez
misconduct of jury – incumplimiento de los deberes del jurado
misconstruction *n* – interpretación falsa, interpretación errónea
miscontinuance *n* – continuación indebida
miscount *v* – contar mal
miscreant *adj* – vil, inescrupuloso
misdate *n* – fecha falsa, fecha errónea
misdate *v* – fechar falsamente
misdeclaration *n* – declaración falsa
misdeed *n* – fechoría, delito
misdelivery *n* – entrega errónea
misdemeanant *n* – persona culpable de un delito menor
misdemeanor *n* – delito menor
misdescription *n* – descripción errónea
misdirection *n* – instrucciones erróneas al jurado
misdoer *n* – malhechor
misemploy *v* – emplear mal
misencode *v* – codificar mal
misencoded card – tarjeta mal codificada
miserable *adj* – miserable, abyecto
misery index – índice de miseria
misfeasance *n* – acto legal realizado ilegalmente
misfortune *n* – infortunio, percance, desgracia
misgovernment *n* – mala administración, desgobierno
misguide *v* – aconsejar mal
mishandle *v* – maltratar, manejar mal
mishap *n* – accidente, percance
misinform *v* – informar mal
misinformation *n* – información errónea
misinterpret *v* – interpretar mal
misinterpretation *n* – mala interpretación
misjoinder *n* – vinculación impropia de acciones o de las partes de un juicio
misjoinder of causes – acumulación indebida de acciones
misjudge *v* – juzgar mal, errar
mislabel *v* – rotular productos con indicaciones falsas
mislabeling *n* – rotulación de productos con indicaciones falsas
mislead *v* – engañar
misleading advertising – publicidad engañosa
misleading statement – declaración engañosa
misleadingly *adv* – engañosamente
mismanage trust funds – administrar mal fondos en fideicomiso
mismanagement *n* – mala administración
misnomer *n* – nombre equivocado, término

equivocado
misplace *v* – extraviar
mispleading *n* – errores en los alegatos
misprice *v* – fijar un precio erróneo
misprint *n* – errata
misprision *n* – rebeldía, desacato, delito sin nombre, ocultación de delitos
misprision of felony – ocultación de un delito grave
misprision of treason – ocultación de un delito de traición
misquote *v* – citar erróneamente, citar falsamente
misread *v* – malinterpretar, leer mal
misreading *n* – lectura errónea
misrecital *n* – descripción errónea
misrepresent *v* – declarar falsamente, tergiversar
misrepresentation *n* – declaración falsa, tergiversación
Miss – Srta.
miss work – faltar al trabajo
missing *adj* – desaparecido, ausente
missing payment – pago perdido
missing person – persona desaparecida, persona ausente
mission-critical *adj* – indispensable para efectuar labores
mission statement – declaración de la misión
missive *n* – misiva, carta
misstatement *n* – declaración falsa
mistake *n* – equivocación, error, falta
mistake *v* – confundir, interpretar mal, errar
mistake of fact – error de hecho
mistake of law – error de derecho
mistaken *adj* – erróneo, equivocado
mistreat *v* – maltratar
mistreatment *n* – maltrato
mistress *n* – amante, querida, señora, perita
mistrial *n* – juicio nulo
mistrust *n* – desconfianza, recelo
misunderstand *v* – entender mal
misunderstanding *n* – malentendido
misuse *n* – uso no intencionado
misuse *v* – usar mal, malversar, abusar
misuse of power – abuso de poder
misuser *n* – uso ilegal de un derecho, abuso de cargo
mitigate *v* – mitigar, atenuar, reducir
mitigating circumstances – circunstancias mitigantes
mitigation *n* – mitigación, atenuación, reducción
mitigation of damages – atenuación de daños
mitigation of punishment – reducción de la pena
mixed actions – acciones mixtas
mixed cognation – cognación mixta

mixed contract − contrato mixto
mixed duty − arancel mixto, derecho mixto
mixed feelings − sentimientos conflictivos
mixed jury − jurado mixto
mixed laws − leyes mixtas
mixed nuisance − estorbo al público en general y a personas en particular
mixed perils − peligros mixtos
mixed policy − póliza mixta, póliza combinada
mixed presumption − presunción mixta
mixed property − propiedad mixta, bienes mixtos
mixed question of law and fact − cuestión mixta de derecho y de hecho
mixed sentence − sentencia mixta
mixtion *n* − confusión de bienes
mixture *n* − mezcla
mobile communications − comunicaciones móviles
mobile home − caravana
mobility aids − ayudas para la movilidad
mobility-impaired *adj* − de movilidad deteriorada
mobility of labor − movilidad laboral
mobility of labour − movilidad laboral
mock *adj* − simulado, ficticio
mock *n* − burla, objeto de burla
mock *v* − burlarse de, desdeñar, ridiculizar
mock trial − juicio ficticio
modal legacy − legado modal
mode *n* − modo, método, forma
mode of delivery − medio de entrega
mode of living − modo de vivir
model act − ley modelo
model clause − cláusula modelo
model code − código modelo
model law − ley modelo
model penal code − código penal modelo
modeling *n* − modelado
modem *n* − módem
moderate *adj* − moderado, mediocre
moderated *adj* − moderado
moderator *n* − moderador, mediador
modification of agreement − modificación de convenio
modification of contract − modificación de contrato
modification of terms − modificación de términos
modifications and improvements − modificaciones y mejoras
modified insurance − seguro modificado
modify *v* − modificar, enmendar
modular *adj* − modular
module *n* − módulo
modus operandi − modo de operar, modus operandi

modus vivendi − modo de vivir, modus vivendi
mogul *n* − magnate
moiety *n* − la mitad de algo
molest *v* − abusar sexualmente, molestar
molestation *n* − abuso sexual, molestia
mom-and-pop shop − pequeña tienda generalmente atendida por miembros de familia
mom-and-pop store − pequeña tienda generalmente atendida por miembros de familia
monarchy *n* − monarquía
monetary analysis − análisis monetario
monetary collapse − colapso monetario
monetary community − comunidad monetaria
monetary compensation − compensación monetaria
monetary indemnity − indemnización monetaria
monetary liability − responsabilidad monetaria
monetary loan − préstamo monetario
monetary regulation − regulación monetaria
monetary sovereignty − soberanía monetaria
monetary union − unión monetaria
monetary unit − unidad monetaria
money *n* − dinero, moneda
money-back guarantee − garantía de devolución del dinero
money-back guaranty − garantía de devolución del dinero
money-grabbing *adj* − avaro, en busca constante del dinero como sea
money-grubbing *adj* − avaro, en busca constante del dinero como sea
money illusion − ilusión del dinero
money in advance − pago por adelantado
money judgment − sentencia que dispone que se pague una suma de dinero
money land − dinero en fideicomiso señalado para la compra de inmuebles
money laundering − lavado de dinero
money lender − prestador
money made − notificación de parte del alguacil al juez de que ha obtenido la suma de dinero exigida por la orden de ejecución
money-maker *n* − algo rentable, quien solo busca ganar dinero, quien devenga ingresos
money management − administración de fondos, administración de cartera de valores
money manager − administrador de fondos, administrador de cartera de valores
money market − mercado monetario
money order − giro postal, orden de pago
moneyed corporation − corporación financiera
moneylender *n* − prestador, prestamista

moneymaker n – algo rentable, quien solo busca ganar dinero, quien devenga ingresos
moneymaking adj – rentable, lucrativo
monger n – vendedor, negociante
monies received – dinero recibido
moniment n – registro
monitor progress – monitorear progreso, observar progreso
monitoring n – monitoreo, supervisión, control
monocracy n – monocracia
monocrat n – monócrata
monogamy n – monogamia
monopolisation n – monopolización
monopolise v – monopolizar
monopolised market – mercado monopolizado
monopoliser n – monopolizador
monopolist n – monopolista
monopolistic competition – competencia monopolística
monopolistic control – control monopolístico
monopolization n – monopolización
monopolize v – monopolizar
monopolized adj – monopolizado
monopolizer n – monopolizador
monopolization n – monopolización
monopolize v – monopolizar
monopoly n – monopolio
monopsony n – monopsonio
month-to-month lease – arrendamiento de mes a mes
month-to-month rent – alquiler de mes a mes
month-to-month tenancy – arrendamiento de mes a mes
monthly charges – cargos mensuales
monthly costs – costos mensuales
monthly income – ingresos mensuales
monthly installment – pago mensual
monthly interest – intereses mensuales
monthly pay – paga mensual
monthly rent – alquiler mensual
monthly salary – salario mensual
monthly statement – estado mensual
monthly wage – salario mensual
monument n – monumento, mojón, límite
moonlighter n – pluriempleado
moonlighting n – pluriempleo
moonshine n – licor elaborado ilegalmente
moor v – amarrar, anclar
moorage n – amarraje, amarradero
mooring n – amarra, amarre
moot adj – ficticio, debatible, discutible
moot case – cuestión ficticia, cuestión académica
moot court – tribunal ficticio
moot question – cuestión académica

moral v – moral, ético
moral actions – acciones morales
moral behavior – conducta moral
moral behaviour – conducta moral
moral certainty – certeza moral
moral character – carácter moral
moral conduct – conducta moral
moral consideration – contraprestación moral, causa equitativa
moral damages – daños morales
moral duty – deber moral
moral evidence – prueba verosímil
moral fraud – fraude intencional
moral hazard – riesgo moral
moral law – ética, ley moral
moral obligation – obligación moral
moral offense – delito moral
moral responsibility – responsabilidad moral
moral rights – derechos morales
moral risk – riesgo moral
moral turpitude – vileza moral
morale n – moral
moratorium n – moratoria
more favorable terms – términos más favorables
moreover – además, por otra parte
morgue n – morgue
mortal adj – mortal, humano
mortality tables – tablas de mortalidad
mortgage n – hipoteca
mortgage v – hipotecar
mortgage-backed securities – valores respaldados por hipotecas
mortgage bank – banco hipotecario
mortgage banking – banca hipotecaria
mortgage bond – bono hipotecario
mortgage broker – corredor hipotecario
mortgage clause – cláusula hipotecaria
mortgage commitment – compromiso hipotecario
mortgage company – compañía hipotecaria
mortgage deed – escritura hipotecaria
mortgage foreclosure – ejecución hipotecaria
mortgage insurance – seguro hipotecario
mortgage interest – intereses hipotecarios
mortgage lien – gravamen hipotecario
mortgage loan – préstamo hipotecario
mortgage note – pagaré hipotecario
mortgage of goods – gravamen contra bienes muebles
mortgage protection – protección hipotecaria
mortgage rate – tasa hipotecaria, tipo hipotecario
mortgage registry – registro de hipotecas
mortgage securities – valores hipotecarios
mortgage service – servicio hipotecario
mortgageable adj – hipotecable

mortgaged *adj* – hipotecado
mortgagee clause – cláusula del acreedor hipotecario
mortgagee in possession – acreedor hipotecario en posesión del inmueble
mortgager *n* – deudor hipotecario
mortgagor *n* – deudor hipotecario
mortis causa – por causa de muerte, en expectativa de la muerte, mortis causa
mortuary *n* – morgue
mortuary tables – tablas de mortalidad
most-favored nation treatment – trato de nación más favorecida
most-favoured nation treatment – trato de nación más favorecida
mother-in-law *n* – suegra
motion *n* – moción, propuesta, petición, gesto
motion *v* – proponer, indicar mediante gesto
motion carried – moción aprobada
motion defeated – moción rechazada
motion for a new trial – petición para un nuevo juicio
motion for directed verdict – petición para que el juez dicte sentencia sin uso del jurado
motion for summary judgment – petición para que el juez dicte una sentencia sumaria a favor de quien lo solicita
motion in limine – petición para la exclusión de ciertas pruebas hasta determinar con certeza si van a ser admisibles
motion rejected – moción rechazada
motion granted – moción concedida
motion to adjourn – moción para levantar la sesión
motion to dismiss – moción para que se rechace la demanda
motion to strike – petición de eliminación
motion to suppress evidence – petición para suprimir pruebas
motivating force – fuerza motivante
motive *n* – motivo, móvil
motor car – automóvil
motor impairment – limitación motriz
motor vehicle – vehículo de motor
motorist *n* – automovilista
mourn *v* – lamentarse, apesadumbrarse, enlutarse
mourning *n* – duelo, aflicción
movable estate – propiedad mueble, bienes muebles
movable property – bienes muebles
movables *n* – muebles, bienes muebles
movant *n* – peticionante, solicitante
move *n* – movimiento, mudanza, traslado
move *v* – peticionar, proponer, presentar una moción, transportar, mover, mudar
move offices – trasladarse de oficina

movement *n* – movimiento, actividad, circulación
movement of labor – movimiento de mano de obra
movement of labour – movimiento de mano de obra
movement of personnel – movimiento de personal
mover and shaker – quien tiene poder para efectuar cambios
moving papers – los documentos correspondientes a una petición
moving violation – infracción de leyes de tránsito
MP (Member of Parliament) – Miembro del Parlamento
Mr. (mister) – Sr.
Mrs. (mistress) – Sra.
Ms. – Srta., Sra.
mulct *n* – multa
mulct *v* – multar, castigar
multi-employer bargaining – negociaciones de patronos múltiples
multifamily housing – edificación de viviendas múltiples
multifarious issue – cuestión que combina aspectos que se deben litigar por separado
multifariousness *n* – combinación de acciones que se deben litigar por separado
multilateral agreement – convenio multilateral, tratado multilateral
multilateral contract – contrato multilateral
multilateral trade – comercio multilateral
multilateralism *n* – multilateralismo
multimedia *adj* – multimedia, multimedios
multimillionaire *n* – multimillonario
multinational corporation – corporación multinacional
multipartite *adj* – multipartito
multiple *adj* – múltiple
multiple counts – denuncia combinando varias acciones
multiple evidence – prueba admisible sólo para un propósito específico
multiple indemnity – indemnización múltiple
multiple location policy – póliza de locales múltiples
multiple management – administración múltiple, gestión múltiple
multiple peril insurance – seguro contra peligros múltiples
multiple recording – registro múltiple
multiple sentences – sentencias múltiples
multiple taxation – imposición múltiple
multiplicity of actions – multiplicidad de acciones
multiplier effect – efecto multiplicador
multiskilling *n* – entrenamiento de los

empleados en destrezas múltiples
municipal *adj* – municipal, local
municipal act – ley municipal
municipal affairs – asuntos municipales
municipal agency – agencia municipal
municipal assessment – impuesto
municipal, tasación para mejoras
municipal auditor – auditor municipal
municipal authorities – autoridades
municipales
municipal charter – estatuto municipal
municipal code – código municipal
municipal concern – empresa con intereses
municipales
municipal council – ayuntamiento
municipal courts – tribunales municipales
municipal improvements – mejoras públicas
municipales
municipal law – derecho municipal, ley
municipal
municipal ordinance – ordenanza municipal
municipal police – policía municipal
municipal records – registros municipales
municipal regulation – reglamento municipal
municipal statute – estatuto municipal
municipal taxes – impuestos municipales
municipality *n* – municipalidad
muniment of title – prueba documental de
título de propiedad, documento de título
muniments *n* – prueba documental de título
de propiedad
murder *n* – asesinato
murder *v* – asesinar
murder in the first degree – asesinato en
primer grado
murder in the second degree – asesinato en
segundo grado
murderer *n* – asesino
mutatis mutandis – cambiando lo que se
debe cambiar, mutatis mutandis
mute *adj* – mudo, silencioso
mutilated ballot – papeleta electoral mutilada
mutilated check – cheque mutilado
mutilated cheque – cheque mutilado
mutilated instrument – documento mutilado
mutilation *n* – mutilación
mutinous *adj* – insubordinado, rebelde
mutiny *n* – motín, revuelta
mutual *adj* – mutuo, mutual, recíproco
mutual accord – acuerdo mutuo
mutual affray – riña por acuerdo mutuo,
duelo
mutual and reciprocal wills – testamentos
recíprocos
mutual beneficiaries – beneficiarios mutuos
mutual benefit – beneficio mutuo
mutual consent – consentimiento mutuo
mutual consideration – contraprestación

recíproca
mutual contract – contrato recíproco,
contrato mutuo
mutual covenants – cláusulas recíprocas
mutual demands – demandas recíprocas
mutual easements – servidumbres recíprocas
mutual error – error recíproco
mutual guarantee – garantía mutua
mutual guaranty – garantía mutua
mutual insurance company – compañía
mutual de seguros
mutual interest – interés mutuo
mutual obligation – obligación recíproca
mutual patent – patente mutua
mutual promises – promesas recíprocas
mutual responsibility – responsabilidad
mutua
mutual testaments – testamentos recíprocos
mutual understanding – entendimiento
mutuo
mutual wills – testamentos recíprocos
mutuality *n* – mutualidad, reciprocidad
mutuality doctrine – doctrina según la cual
las obligaciones contractuales tienen que ser
recíprocas para que un contrato sea válido
mutuality of contract – requisito de que las
obligaciones contractuales sean recíprocas
para que un contrato sea válido
mutuality of obligation – requisito de que las
obligaciones contractuales sean recíprocas
para que un contrato sea válido
mutually binding – mutuamente obligante
mutuant *n* – mutuante
mutuary *n* – mutuario
mutuum *n* – préstamo de consumo
mystery *n* – misterio, secreto, oficio, arte
mystic testament – testamento sellado
mystic will – testamento sellado

N

n/a (not applicable) – no aplica, no pertinente
n/a (not available) – no disponible
nab *v* – arrestar, coger
**NAFTA (North American Free Trade
Agreement)** – Tratado de Libre Comercio
de América del Norte, TLCAN, NAFTA
naïve *adj* – ingenuo, crédulo
naked *n* – nudo, desnudo, claro
naked authority – autoridad unilateral

naked confession – confesión sin pruebas que indiquen que quien confiesa cometió el delito
naked contract – contrato sin contraprestación
naked deposit – depósito gratuito
naked possession – posesión sin título
naked power – poder sin interés en el apoderado
naked promise – promesa unilateral
naked trust – fideicomiso pasivo
name *n* – nombre, apellido, designación
name *v* – nombrar, designar, citar, fijar
name brand – nombre de marca
named insured – la persona asegurada
named plaintiffs – los que originan una acción de clase
nameless *adj* – anónimo, desconocido
namely *adv* – a saber, es decir
naming *n* – nombramiento
nanny state – papá estado
narcoanalysis *n* – narcoanálisis
narcotic substance – sustancia narcótica
narcotics *n* – narcóticos
narrate *v* – narrar, relatar
narrative evidence – prueba que consiste en una narración
narrator *n* – narrador, relator
narrow construction – interpretación restringida
narrow sense – sentido estricto
narrow view – perspectiva cerrada, perspectiva limitada, miras estrechas
nastily *adv* – ofensivamente, desagradablemente
nation *n* – nación, país
national aid – ayuda nacional
National Audit Office – Oficina Nacional de Auditoría
national bank – banco nacional
national citizenship – ciudadanía nacional
national cooperation – cooperación nacional
national copyright – derechos de autor nacionales
national currency – moneda nacional
national custom – costumbre nacional
national debt – deuda pública, deuda nacional
national defence – defensa nacional
national defense – defensa nacional
national domicile – domicilio nacional
national emergency – emergencia nacional
National Environmental Policy Act – Ley Nacional de Política Ambiental
national flag – bandera nacional
national holiday – feriado nacional, fiesta nacional
national insurer – asegurador nacional

national minimum wage – salario mínimo nacional
national patent – patente nacional
national policy – política nacional, póliza nacional
national standards – normas nacionales
national subsidy – subsidio nacional
national treasury – tesorería nacional
national union – unión nacional
nationalism *n* – nacionalismo
nationalist *adj* – nacionalista
nationalist *n* – nacionalista
nationalistic *adj* – nacionalista
nationality by birth – nacionalidad por nacimiento
nationality by naturalisation – nacionalidad por naturalización
nationality by naturalization – nacionalidad por naturalización
nationwide *adj* – por toda la nación
native *adj* – nativo, innato
natural *adj* – natural, congénito
natural allegiance – lealtad natural
natural and probable consequences – consecuencias naturales y probables
natural-born citizen – ciudadano nativo
natural-born subject – ciudadano de nacimiento
natural boundary – frontera natural
natural child – hijo natural
natural cognation – cognación natural
natural day – día natural
natural death – muerte natural
natural domicile – domicilio de origen
natural equity – justicia natural
natural guardian – tutor natural
natural heirs – herederos naturales
natural justice – justicia natural
natural law – derecho natural, ley natural
natural liberty – libertad natural
natural life – vida natural
natural monopoly – monopolio natural
natural obligation – obligación natural
natural parents – padres biológicos
natural person – persona natural
natural possession – posesión física
natural rate – tasa natural
natural resources conservation – conservación de recursos naturales
natural resources management – administración de recursos naturales
natural rights – derechos naturales
natural succession – sucesión natural
natural tendency – tendencia natural
natural unemployment rate – tasa de desempleo natural
natural wastage – agotamiento de personal natural

natural year – año natural
naturalisation papers – documentos de naturalización
naturalisation proceedings – procedimientos para la naturalización
naturalised citizen – ciudadano naturalizado
naturalization papers – documentos de naturalización
naturalization proceedings – procedimientos para la naturalización
naturalize *v* – naturalizar
naturalized citizen – ciudadano naturalizado
naturally *adv* – naturalmente
nature conservation – conservación de la naturaleza
nautical incident – incidente náutico
nautically *adv* – náuticamente
naval courts – tribunales navales
naval law – derecho naval
navigable in fact – navegable en su estado natural
navigation servitude – servidumbre de navegación
navigator *n* – navegante
navy *n* – flota marina
nay *n* – voto negativo, negación
NB (nota bene) – obsérvese, nota bene
near money – activo fácilmente convertible en efectivo
near relative – pariente cercano
near-term *adj* – a cercano plazo
nearby *adj* – cercano, próximo
nearly correct – casi correcto
nebulous *adj* – nebuloso
necessaries *n* – artículos de primera necesidad
necessaries doctrine – doctrina según la cual se le puede cobrar al esposo o padre por artículos de primera necesidad vendidos a su esposa e hijos
necessarily *adv* – necesariamente
necessarily included offense – delito menos grave que necesariamente se ha cometido al cometerse el delito en cuestión
necessary *adj* – necesario, inevitable
necessary act – acto necesario
necessary and proper – necesario y apropiado
necessary arbitration – arbitraje necesario
necessary care – cuidado necesario
necessary clause – cláusula necesaria
necessary commodities – productos necesarios
necessary condition – condición necesaria
necessary coverage – cobertura necesaria
necessary damages – daños y perjuicios generales
necessary deposit – depósito necesario

necessary diligence – diligencia necesaria
necessary disclosure – divulgación necesaria
necessary domicile – domicilio necesario
necessary easement – servidumbre necesaria
necessary inference – inferencia necesaria
necessary insurance – seguro necesario
necessary labor – mano de obra necesaria
necessary labour – mano de obra necesaria
necessary licence – licencia necesaria
necessary license – licencia necesaria
necessary litigation – litigio necesario
necessary parties – partes necesarias
necessary pay – paga necesaria
necessary payment – pago necesario
necessary products – productos necesarios
necessary remuneration – remuneración necesaria
necessary repairs – reparaciones necesarias
necessary reserve – reserva necesaria
necessary salary – salario necesario
necessary sale – venta necesaria
necessary services – servicios necesarios
necessary servitude – servidumbre necesaria
necessary stipulation – estipulación necesaria
necessary tax – impuesto necesario
necessary testimony – testimonio necesario
necessary wages – salario necesario
necessary witness – testigo necesario
necessitate *v* – necesitar, hacer necesario
necessitation *n* – obligación
necessities *n* – artículos de primera necesidad
necessitous *adj* – necesitado, indigente
necessitous circumstances – circunstancias de necesidad
necessity *n* – necesidad
necropsy *n* – necropsia, autopsia
née *adj* – nacido
needful *adj* – necesario, requerido
neediness *n* – indigencia
needless *adj* – innecesario, inútil
needs test – prueba de necesidades
needy *adj* – necesitado, indigente
nefarious *adj* – nefario, infame
negate *v* – negar, anular, invalidar
negation *n* – negación, nulidad
negative averment – alegación negativa
negative bias – sesgo negativo
negative condition – condición negativa
negative covenant – estipulación de no realizar un acto
negative easement – servidumbre negativa
negative evidence – prueba negativa
negative leverage – apalancamiento negativo
negative misprision – ocultación de un hecho que se debería denunciar

negative plea – defensa negativa
negative pregnant – negación que implica una afirmación
negative proof – prueba negativa
negative reprisals – represalias negativas
negative servitude – servidumbre negativa
negative statute – ley negativa
negative tax – impuesto negativo
negative testimony – testimonio indirecto
negative verification – verificación negativa
negatively *adv* – negativamente
neglect *n* – negligencia, descuido
neglect *v* – descuidar, desatender, incumplir
neglect of duty – incumplimiento del deber
neglected *adj* – descuidado, desatendido, incumplido
neglected child – niño descuidado
neglected minor – menor descuidado
neglecter *n* – negligente, persona negligente
neglectful *adj* – negligente, descuidado
neglectfulness *n* – negligencia, descuido
negligence *n* – negligencia, descuido
negligence in law – negligencia accionable
negligence per se – negligencia en sí misma
negligent *adj* – negligente, descuidado
negligent act – acto negligente
negligent behavior – conducta negligente
negligent behaviour – conducta negligente
negligent conduct – conducta negligente
negligent escape – fuga debida a la negligencia de un funcionario de la prisión
negligent homicide – homicidio negligente
negligent injury – lesión negligente
negligent manslaughter – homicidio negligente
negligently done – hecho negligentemente
negotiability *n* – negociabilidad
negotiable bill of exchange – letra de cambio negociable
negotiable contract – contrato negociable
negotiable document of title – título negociable
negotiable securities – valores negociables
negotiable terms – términos negociables
negotiable words – palabras y frases de negociabilidad
negotiate *v* – negociar, gestionar
negotiated *adj* – negociado, gestionado
negotiated agreement – acuerdo pactado
negotiated benefits – beneficios pactados
negotiated commission – comisión pactada
negotiated conditions – condiciones pactadas
negotiated contract – contrato pactado
negotiated cost – costo pactado
negotiated fee – cargo pactado
negotiated interest rate – tasa de interés pactada

negotiated liability – responsabilidad pactada
negotiated obligation – obligación pactada
negotiated pay – paga pactada
negotiated payment – pago pactado
negotiated period – período pactado
negotiated plea – convenio entre el acusado y el fiscal para que el acusado admita su culpabilidad a ciertos cargos a cambio de la recomendación del fiscal de que no se dicte la pena máxima
negotiated price – precio pactado
negotiated rate – tasa pactada
negotiated remuneration – remuneración pactada
negotiated rent – renta pactada
negotiated salary – salario pactado
negotiated sale – venta negociada
negotiated terms – términos pactados
negotiated wages – salarios pactados
negotiating agent – agente de negociaciones
negotiating clout – poder de negociación
negotiating control – control de negociación
negotiating group – grupo de negociación
negotiating position – posición de negociación
negotiating power – poder de negociación
negotiating rights – derechos de negociación
negotiating strength – fuerza de negociación
negotiating table – mesa de negociaciones
negotiating unit – unidad de negociaciones
negotiation *n* – negociación
negotiator *n* – negociador
neighborhood *n* – vecindario, vecindad
neither party – ninguna de las partes
nepotism *n* – nepotismo
nepotist *adj* – nepotista
nepotist *n* – nepotista
nest egg – ahorros
net 30 – a pagarse en 30 días
net amount – cantidad neta
net asset value – valor de activo neto
net balance – saldo neto
net borrowing – prestamos netos
net capital requirement – requisito neto de capital
net change – cambio neto
net charge-off – cancelaciones netas
net contribution – contribución neta
net cost – costo neto, coste neto
net credit – crédito neto
net debt – deuda neta
net earnings – ingresos netos
net effect – efecto neto
net emigration – emigración neta
net equity – capital propio neto
net estate – patrimonio neto
net ground lease – arrendamiento de terreno vacante neto

net immigration − inmigración neta
net income − ingresos netos, beneficio neto
net investment − inversión neta
net lease − arrendamiento neto
net listing − listado neto
net loss − pérdida neta
net of tax − neto tras factorizar impuestos
net operating income − ingresos operativos netos
net operating loss − pérdida operativa neta
net pay − paga neta, salario neto
net premium − prima neta
net present value − valor presente neto
net price − precio neto
net rate − tasa neta
net rent − alquiler neto
net salary − salario neto
net settlement − liquidación neta
net taxes − impuestos netos
net transaction − transacción neta
net value − valor neto
net wages − salario neto
net worth − valor neto, activo neto
nether *adj* − inferior, menor
nethermost *adj* − lo más bajo
netcasting *n* − difusión por la Internet
netiquette *n* − netiqueta
network *n* − red
network *v* − buscar y establecer contactos
network administration − administración de red
network computer − computadora de red
network security − seguridad de red
networking *n* − la búsqueda y establecimiento de contactos, interconexión de redes
neutral *adj* − neutral, imparcial, indiferente
neutral nation − nación neutral
neutrality laws − leyes de neutralidad
never used − nunca usado
nevertheless *adv* − sin embargo
new action − nueva acción
new and useful − novedoso y útil
new assignment − alegación de la parte demandante que la defensa no tiene que ver con la demanda
new cause of action − hechos nuevos que podrían dar un nuevo derecho de acción
new consideration − contraprestación adicional
new contract − nuevo contrato
new management − nueva administración
new matter − cuestión de hecho nueva, asunto nuevo
new trial − nuevo juicio
newborn *adj* − recién nacido
newly discovered evidence − prueba descubierta tras dictarse una sentencia

news agency − agencia noticiosa
news conference − conferencia de prensa, rueda de prensa
news service − servicio de noticias
newscasting *n* − transmisión de noticias
newsletter *n* − boletín
newsman's privilege − derecho del periodista a no divulgar su fuente de información
newspaper *n* − periódico
next devisee − legatario subsiguiente
next friend − funcionario del tribunal que defiende los intereses de una persona incapaz sin ser su tutor
next of kin − parientes más cercanos
nexus *n* − nexo, vínculo
NGO (non-governmental organization, non-governmental organisation) − organización no gubernamental
nickname *n* − apodo, sobrenombre
night blindness − ceguera nocturna
night court − tribunal nocturno
night deposit − depósito hecho después de horas laborables
night shift − turno nocturno, turno de noche
night stick − cachiporra
night watch − guardia nocturna
night watchman − guardián nocturno
nightfall *n* − crepúsculo, anochecer
nightwalker *n* − merodeador nocturno
nihilism *n* − nihilismo
nihilist *adj* − nihilista
nihilist *n* − nihilista
nine to five − empleo con horario regular y sueldo fijo, jornada de nueve a cinco
nisi prius − tribunal con un solo juez y jurado
no. (number) − número
no arrival, no sale − si no llegan los bienes no hay que pagar por ellos
no award − negación del perfeccionamiento de un laudo
no bill − denegación de procesamiento
no business value − sin valor comercial
no collateral − sin colateral
no commercial value − sin valor comercial
no contest − no contestaré, no disputaré, nolo contendere
no contest clause − cláusula testamentaria que indica que no se puede impugnar el testamento
no customs value − sin valor aduanero, sin valor en aduanas
no declared value − sin valor declarado
no evidence − prueba insuficiente, prueba inadecuada
no-fault auto insurance − seguro automovilístico sin culpa
no-fault divorce − divorcio sin culpa
no-frills *adj* − sólo con lo esencial, sin lujos

no funds – sin fondos
no-man's-land *n* – terreno sin dueño, tierra de nadie
no money down – sin pronto pago
no name – sin marca, sin nombre
no par – sin valor nominal, sin valor a la par
no purchase necessary – sin obligación de compra
no recourse – sin recurso
no-strike clause – cláusula de no declarar huelga
no strings attached – sin cortapisas
no trespassing – prohibido el paso
no value declared – sin valor declarado
no-win situation – situación en la cual se pierde comoquiera
nocent *adj* – culpable
nocturnal *adj* – nocturno
noise pollution – contaminación sonora
nolens volens – con o sin consentimiento, a la fuerza
nolle prosequi – abandono de proceso
nolo contendere – no contestaré, no disputaré, nolo contendere
nomad *n* – nómada
nomen – nombre
nominal *adj* – nominal
nominal amount – cantidad nominal
nominal consideration – contraprestación nominal
nominal damages – daños y perjuicios nominales
nominal defendant – demandado nominal, acusado nominal
nominal partner – socio nominal
nominal party – parte nominal
nominal plaintiff – demandante nominal
nominal rent – alquiler nominal
nominal right – derecho nominal
nominal trust – fideicomiso nominal
nominal value – valor nominal
nominal wage – salario nominal
nominate contracts – contratos nominados
nomination *n* – nominación, nombramiento
nominative *adj* – nominativo, asignado por nombramiento
nominator *n* – nominador, nombrador
nominee *n* – persona nombrada, representante, candidato, fideicomisario, hombre de paja
nomographer *n* – nomógrafo
nomography *n* – nomografía
non-ability *n* – incapacidad, incapacidad legal
non-acceptance *n* – no aceptación, rechazo
non-access *n* – falta de acceso carnal, falta de acceso
non-adherence *n* – no adherencia

non-adhering *adj* – no adherente
non-adjustable *adj* – no ajustable
non-admission *n* – no admisión
non-age *n* – minoría de edad, minoridad
non-aggressive *adj* – no agresivo
non-agricultural *adj* – no agrícola
non-amortising loan – préstamo sin amortización
non-amortizing loan – préstamo sin amortización
non-ancestral estate – bienes inmuebles no adquiridos por sucesión
non-annullable *adj* – no anulable
non-apparent easement – servidumbre discontinua
non-appearance *n* – incomparecencia
non-approved *adj* – no aprobado
non-arm's length transactions – transacciones entre partes independientes con desigualdad de condiciones
non-assessable shares – acciones no gravables
non-assessable stock – acciones no gravables
non-assignable policy – póliza no transferible
non-assumable *adj* – no asumible
non assumpsit – defensa basada en que nunca hubo compromiso de pago
non-attendance *n* – falta de asistencia
non-availability *n* – no disponibilidad
non-bailable *adj* – sin derecho de fianza
non-banking *adj* – no bancario
non-belligerant *n* – no beligerante
non-borrowed *adj* – no prestado
non-business *adj* – no de negocios, no laborable
non-business day – día no laborable
non-callable *adj* – no retirable, no redimible
non-cancelable policy – póliza no cancelable
non-cancellable policy – póliza no cancelable
non-cash *adj* – no en efectivo
non-citizen *n* – no ciudadano
non-claim *n* – abandono de derecho por no hacerlo valer dentro del período señalado por ley
non-clearing *adj* – no compensable
non-collectible debt – deuda incobrable
non-combatant *n* – no combatiente
non-commercial transaction – transacción no comercial
non-committal *adj* – evasivo
non-competition agreement – acuerdo de no competencia
non-competitive bid – oferta no competitiva
non-compliance *n* – incumplimiento
non-compliant *adj* – incumplidor

non compos mentis – incapacitado mentalmente, non compos mentis
non-compulsory *adj* – no obligatorio
non-conforming loan – préstamo no conforme a ciertas especificaciones
non-conforming lot – solar no conforme a la zonificación
non-conforming mortgage – hipoteca no conforme a ciertas especificaciones
non-conforming use – uso no conforme a la zonificación
non-conformist *n* – inconformista, disidente
non-consolidated *adj* – no consolidado
non-constitutional *adj* – inconstitucional
non-contestability clause – cláusula de incontestabilidad
non-continuous easement – servidumbre discontinua
non-contributory *adj* – sin contribuciones
non-controllable *adj* – no controlable
non-controvertible *adj* – incontrovertible
non-cooperation *n* – no cooperación
non-corporate *adj* – no corporativo
non-criminal *adj* – no criminal, civil
non-cumulative voting – votación no acumulativa
non-custodial parent – padre sin custodia
non-deductible *adj* – no deducible
non-delivery *n* – falta de entrega
non-descript *adj* – indefinido
non-destructive *adj* – no destructivo
non-direction *n* – la omisión por parte del juez en dar las instrucciones necesarias al jurado
non-dischargeable debt – deuda no cancelable mediante quiebra
non-disclosure agreement – convenio de no divulgación
non-discretionary trust – fideicomiso no discrecional
non-discrimination *n* – no discriminación
non-discriminatory *adj* – no discriminante
non-divisible contract – contrato no divisible
non-durable power of attorney – poder no duradero, poder legal no duradero
non-dutiable *adj* – no imponible
non-effective *adj* – ineficaz, no vigente
non-entity *n* – nulidad, cosa inexistente
non-essential *adj* – no esencial
non-exclusive licence – licencia no exclusiva
non-exclusive license – licencia no exclusiva
non-executive *adj* – no ejecutivo
non-exempt employee – empleado no exento
non-existent action – acción ficticia
non-existent address – dirección inexistente
non-existent assets – activo inexistente
non-existent company – compañía inexistente

non-existent party – parte inexistente
non-existent person – persona inexistente
non-expert *n* – inexperto, no experto
non-fatal *adj* – no fatal
non-feasance *n* – incumplimiento, omisión
non-filer *n* – quien no rinde declaración de la renta
non-final order – orden apelable
non-financial compensation – compensación no financiera
non-forfeitable *adj* – no sujeto a confiscación
non-fulfillment *n* – incumplimiento
non-functional *adj* – no funcional
non-fungible *adj* – no fungible
non-governmental organisation – organización no gubernamental
non-governmental organization – organización no gubernamental
non-immigrant visa – visa de no inmigrante
non-incorporated *adj* – no incorporado
non-industrial *adj* – no industrial
non-inflationary *adj* – no inflacionario
non-insurable risk – riesgo no asegurable
non-insured driver – conductor no asegurado
non-intercourse *n* – falta de comercio entre países, falta de relaciones sexuales
non-interest bearing – que no devenga intereses
non-intervention *n* – no intervención
non-intervention will – testamento autorizando al albacea a administrar sin intervención judicial
non-issuable pleas – alegaciones sin mérito
non-joinder *n* – falta de unión de una parte a la acción
non-judicial day – día feriado judicial
non-lawyer *n* – quien no es abogado
non-legal investments – inversiones no permitidas para ciertas instituciones financieras
non-leviable *adj* – inembargable
non-listed *adj* – no cotizado
non-luxury *adj* – no de lujo
non-mailable *adj* – no apto para enviarse por correo
non-mandatory *adj* – no obligatorio
non-manufacturing *adj* – no de manufactura
non-marketable security – valor no negociable
non-medical policy – póliza de seguro emitida sin examen médico
non-member bank – banco no miembro
non-member firm – empresa no miembro
non-merchantable title – título de propiedad no comerciable
non-molestation order – orden de no molestar o agredir a otra persona
non-monetary exchange – intercambio no

monetario
non-monetary transaction – transacción no monetaria
non-navigable adj – no navegable
non-negotiable check – cheque no negociable
non-negotiable cheque – cheque no negociable
non-negotiable instrument – instrumento no negociable
non-negotiable note – pagaré no negociable
non-objective adj – no objetivo
non-obligatory adj – no obligatorio
non-occupational accident – accidente no de trabajo
non-occupational disability – discapacidad no ocupacional
non-official adj – no oficial
non-operating income – ingresos que no provienen de las operaciones
non-participating policy – póliza sin participación
non-participating shares – acciones sin participación
non-participating stock – acciones sin participación
non-payment n – falta de pago
non-pecuniary adj – no pecuniario
non-penalised adj – no penalizado
non-penalized adj – no penalizado
non-performance of contract – incumplimiento de contrato
non-performing loans – préstamos en mora o de otro modo en incumplimiento
non-probate adj – propiedad que se lega a otros sin el uso de testamentos ni otros medios que podrían ser escudriñados judicialmente
non-productive loan – préstamo improductivo
non-professional adj – no profesional
non-profit organisation – organización sin fines de lucro
non-profit organization – organización sin fines de lucro
non-proportional reinsurance – reaseguro no proporcional
non prosequitur – sentencia a favor del demandado por la falta de seguimiento del demandante
non-public company – compañía no pública
non-public information – información no pública
non-qualified pension plan – plan de pensión no calificado
non-questionable adj – no cuestionable
non-reciprocal transfer – transferencia no recíproca

non-recognition n – desconocimiento
non-recourse debt – deuda sin recursos
non-recourse loan – préstamo sin recursos
non-recoverable adj – no recuperable
non-recurrent charge – cargo no recurrente
non-recurring charge – cargo no recurrente
non-recyclable adj – no reciclable
non-refundable charge – cargo no reembolsable
non-refundable deposit – depósito no reembolsable
non-renewable natural resources – recursos naturales no renovables
non-reserve adj – no de reserva
non-residence n – falta de residencia en la jurisdicción en cuestión
non-resident account – cuenta de no residente
non-resident tax – impuesto de no residentes
non-residential adj – no residencial
non-restrictive adj – sin restricción
non-reversible adj – no reversible, irreversible
non-routine decision – decisión no de rutina
non-scheduled adj – inesperado, sin itinerario fijo
non sequitur – no se sigue, conclusión errónea
non-specific adj – no específico
non-standard adj – no reglamentario, no estándar
non-stock company – compañía sin acciones
non-stock corporation – corporación sin acciones
non-sufficient funds – fondos insuficientes
non-suit n – sentencia de no ha lugar, rechazo de una acción, sobreseimiento
non-support n – falta de sostenimiento
non-tariff adj – no arancelario
non-taxable adj – no tributable
non-toxic adj – no tóxico
non-traditional reinsurance – reaseguro no tradicional
non-transferable card – tarjeta no transferible
non-union adj – no de unión, no de sindicato
non-unionised adj – no sindicalizado
non-unionized adj – no sindicalizado
non-valued adj – no valorado
non-verbal adj – no verbal
non-voting adj – sin derecho a voto
non-voting shares – acciones sin derecho a voto
non-voting stock – acciones sin derecho a voto
non vult – él no contestará, nolo contendere
non-wage income – ingresos no salariales
non-waiver agreement – acuerdo mediante el

cual se retienen los derechos a los cuales no se ha renunciado y que no se han perdido
nonchalance *n* – indiferencia
nonchalant *adj* – indiferente
nonplus *v* – dejar perplejo, confundir
norm *n* – norma, regla, guía, costumbre
normal *adj* – normal
normal and reasonable – normal y razonable
normal care – diligencia normal
normal course of business – curso normal de los negocios
normal diligence – diligencia normal
normal duty – deber normal
normal hazards – riesgos normales
normal jurisdiction – jurisdicción normal
normal law – derecho normal
normal repairs – reparaciones normales
normal session – asamblea normal, sesión normal
normal wear and tear – deterioro normal
North American Free Trade Agreement – Tratado de Libre Comercio de América del Norte, TLCAN, NAFTA
nostro account – cuenta nostro
not act – no actuar
not allowed by law – no permitido por ley
not answer – no contestar
not appear – no comparecer
not applicable – no aplica, no pertinente
not available – no disponible
not comply – no cumplir
not deliver – no entregar
not elsewhere specified – no especificado en otra parte
not exceeding – no excediendo
not for resale – no para reventa
not found – denegación de procesamiento, no hallado
not fulfill – no cumplir
not guilty – no culpable, inocente
not guilty by reason of insanity – no culpable por razones de insania
not intended – no intencionado, no premeditado
not later than – no más tarde de
not less than – no menos de
not mention – no mencionar
not negotiable – no negociable
not observe – no observar
not paid – no pagado, impago
not pay – no pagar
not possessed – defensa mediante la cual se alega la falta de posesión, no poseído
not proven – no probado
not receive – no recibir
not satisfied – impago
not sufficient funds – fondos insuficientes
not transferable – no transferible

not understand – no entender
nota bene – obsérvese, nota bene
notable *adj* – notable
notarial *adj* – notarial
notarial act – acta notarial
notarial certificate – certificado notarial
notarial seal – sello notarial
notarial will – testamento notarial
notarisation *n* – notarización, atestación notarial
notarise *v* – notarizar, hacer certificar por un notario
notarised *adj* – notarizado
notarization *n* – notarización, atestación notarial
notarize *v* – notarizar, hacer certificar por un notario
notarized *adj* – notarizado
notary *n* – notario, escribano
notary public – notario, notario público
notation *n* – anotación
note *n* – pagaré, nota, billete, aviso, anotación, advertencia
note *v* – anotar, observar, advertir
note holder – tenedor de un pagaré
note of hand – pagaré
note of protest – nota de protesto
note payable – documento por pagar
note receivable – documento por cobrar
noteholder *n* – tenedor de un pagaré
noteworthy *adj* – notable, considerable
nothingness *n* – nada, inexistencia
notice *n* – aviso, notificación, aviso de despido, advertencia, mención
notice *v* – notar, advertir, observar, mencionar, dar aviso
notice in writing – notificación por escrito
notice of abandonment – notificación de abandono
notice of acceptance – aviso de aceptación
notice of action – notificación de litispendencia, notificación de demanda
notice of appeal – notificación de apelación
notice of appearance – notificación de comparecencia
notice of arrears – aviso de mora
notice of arrival – aviso de llegada
notice of assessment – aviso de amillaramiento, aviso de imposición
notice of assignment – aviso de traspaso
notice of bankruptcy – aviso de quiebra
notice of cancellation clause – cláusula de aviso de cancelación
notice of change – aviso de cambio
notice of copyright – aviso de derechos de autor
notice of default – aviso de incumplimiento
notice of deficiency – aviso de deficiencia

notice of delay – aviso de demora
notice of dishonor – aviso de rechazo
notice of dishonour – aviso de rechazo
notice of due date – aviso de vencimiento
notice of intention – aviso de intención
notice of judgment – notificación de sentencia
notice of lis pendens – notificación de litispendencia, notificación de demanda
notice of meeting – convocatoria
notice of motion – notificación de moción
notice of non-acceptance – aviso de no aceptación
notice of non-payment – aviso de falta de pago
notice of order – notificación de orden, notificación de sentencia
notice of protest – notificación de protesto
notice of publication – notificación de publicación
notice of renewal – aviso de renovación
notice of seizure – aviso de embargo
notice of shipment – aviso de embarque
notice of strike – aviso de huelga
notice of trial – notificación de juicio
notice of withdrawal – aviso de retiro
notice period – período de notificación
notice to creditors – aviso a acreedores
notice to plead – intimación a contestar la demanda
notice to quit – notificación de desalojo
noticeable *adj* – conspicuo, notable, evidente
notifiable offence – delito grave
notification *n* – notificación, aviso, citación
notify *v* – notificar, avisar, comunicar
notion *n* – noción, opinión, teoría, intención
notoriety *n* – notoriedad
notorious possession – posesión notoria
notorious use – uso notorio
notwithstanding *adv* – sin embargo, no obstante
nourish *v* – mantener, nutrir, criar
novation *n* – novación
novel assignment – alegación de la parte demandante indicando que la contestación realizada por la parte demandada no tiene que ver con los hechos de la demanda
nowadays *adv* – hoy en día
noxious substance – sustancia nociva
nuclear energy – energía nuclear
nuclear incident – incidente nuclear
nuclear installation – instalación nuclear
nuclear operator – operador nuclear
nuclear power plant – planta nuclear
nuclear reactor – reactor nuclear
nuclear risk – riesgo nuclear
nuclear war – guerra nuclear
nuclear weapon – arma nuclear

nude *adj* – nudo, desnudo
nude contract – contrato sin contraprestación
nude matter – afirmación de hecho sin prueba
nude pact – contrato sin contraprestación, promesa unilateral
nudum pactum – contrato sin contraprestación, promesa unilateral
nugatory *adj* – nugatorio, fútil, nulo, inválido
nuisance *n* – estorbo, acto perjudicial, molestia, perjuicio
nuisance at law – estorbo en sí mismo, acto perjudicial en sí mismo
nuisance in fact – estorbo de hecho, acto perjudicial de hecho
nuisance per accidens – estorbo de hecho, acto perjudicial de hecho
nuisance per se – estorbo en sí mismo, acto perjudicial en sí mismo
nuisance tax – impuesto sobre las ventas, impuesto sólo por fastidiar
null *adj* – nulo, inexistente
null and void – nulo, sin efecto ni valor
nulla bona – no hay bienes, no hay propiedad, nulla bona
nullification of contract – anulación de contrato
nullify *v* – anular
nullifying effect – efecto anulatorio
nullity *n* – nulidad, inexistencia jurídica
nullity of marriage – nulidad de matrimonio
numbered account – cuenta numerada
nunc pro tunc – con efecto retroactivo, nunc pro tunc
nuncupative will – testamento nuncupativo
nuptial *adj* – nupcial
nurture *v* – criar, nutrir

O

O.K. *adj* – conforme, correcto, bien
O.K. *v* – aprobar, dar el visto bueno
oath *n* – juramento
oath of allegiance – juramento de fidelidad
oath of office – juramento al asumir un cargo público
obduracy *n* – obstinación, obduración
obdurate *adj* – obstinado, insensible
obedience *n* – obediencia, sumisión
obey *v* – obedecer, cumplir, acatar
obey rules – obedecer reglas

obfuscate *v* – ofuscar, confundir
obfuscation *n* – ofuscación
obiter dictum – observación incidental contenida en una sentencia judicial, obiter dictum
obituary *n* – obituario
object *n* – objeto, propósito
object *v* – objetar, impugnar
object of a statute – propósito de una ley
object of an action – objeto de una acción
objectify *v* – objetivar
objection *n* – objeción, reparo
objection to title – objeción a título
objectionable *adj* – objetable, impugnable
objectionable behavior – conducta objetable
objectionable behaviour – conducta objetable
objectionable conduct – conducta objetable
objectionable question – pregunta objetable
objective *adj* – objetivo
objective *n* – objetivo, fin
objectively *adv* – objetivamente
objectiveness *n* – objetividad
objectivity *n* – objetividad
objector *n* – impugnador, objetante
obligate *v* – obligar, comprometer
obligated *adj* – obligado
obligation *n* – obligación, pagaré, bono
obligation of a contract – obligación contractual
obligation to buy – obligación de comprar
obligation to sell – obligación de vender
obligations and commitments – obligaciones y compromisos
obligations outstanding – obligaciones pendientes
obligator *n* – obligado, deudor
obligatorily *adv* – obligatoriamente
obligatory *adj* – obligatorio, forzoso
obligatory act – acto obligatorio
obligatory agreement – convenio obligatorio
obligatory arbitration – arbitraje obligatorio
obligatory care – cuidado obligatorio
obligatory clause – cláusula obligatoria
obligatory copy – texto obligatorio
obligatory covenant – estipulación obligatoria
obligatory coverage – cobertura obligatoria
obligatory damages – daños y perjuicios obligatorios
obligatory deposit – depósito obligatorio
obligatory diligence – diligencia obligatoria
obligatory disclosure – divulgación obligatoria
obligatory domicile – domicilio obligatorio
obligatory easement – servidumbre obligatoria
obligatory inference – inferencia obligatoria

obligatory instructions – instrucciones obligatorias
obligatory insurance – seguro obligatorio
obligatory licence – licencia obligatoria
obligatory license – licencia obligatoria
obligatory order – orden obligatoria
obligatory pact – convenio obligatorio
obligatory parties – partes obligatorias
obligatory pay – paga obligatoria
obligatory payment – pago obligatorio
obligatory remuneration – remuneración obligatoria
obligatory repairs – reparaciones obligatorias
obligatory reserves – reserva obligatoria
obligatory retirement – retiro obligatorio
obligatory salary – salario obligatorio
obligatory sentence – sentencia obligatoria
obligatory servitude – servidumbre obligatoria
obligatory stipulation – estipulación obligatoria
obligatory testimony – testimonio obligatorio
obligatory wages – salario obligatorio
oblige *v* – obligar, complacer
obligee *n* – obligante, acreedor
obligor *n* – obligado, deudor
obliterate *v* – obliterar, tachar
obliteration *n* – destrucción, tachadura
oblivion *n* – olvido, amnistía
obliviously *adv* – con olvido
obloquy *n* – reproche, descrédito
obnoxious *adj* – ofensivo, odioso
obreption *n* – obrepción
obrogation *n* – abrogación, alteración a una ley
obscene publication – publicación obscena
obscenely *adv* – obscenamente
obsceneness *n* – obscenidad
obscenity *n* – obscenidad
obscure *adj* – oscuro, ambiguo, confuso
obscurely *adv* – oscuramente, confusamente
observable *adj* – observable, perceptible
observably *adv* – conspicuamente, perceptiblemente
observance *n* – observancia, cumplimiento
observant *adj* – observador, atento
observation *n* – observación, escrutinio
observe the law – cumplir con la ley, observar la ley
observer *n* – observador
obsession *n* – obsesión
obsignatory *adj* – ratificatorio
obsolescence *n* – obsolescencia, desuso
obsolescent *adj* – obsolescente
obsolete *adj* – obsoleto
obstacle *n* – obstáculo
obstruct an investigation – obstruir una investigación

obstructing justice – que obstruye la justicia
obstruction *n* – obstrucción, obstáculo
obstructive *adj* – obstructivo
obtain *v* – obtener, adquirir
obtain by force – obtener mediante fuerza
obtain credit – obtener crédito
obtain illegally – obtener ilegalmente
obtain insurance – obtener seguro
obtain lawfully – obtener legalmente
obtain legally – obtener legalmente
obtain unlawfully – obtener ilegalmente
obtest *v* – protestar
obtrusion *n* – intrusión
obtrusive *adj* – intruso, entremetido
obverse *adj* – anverso
obviate *v* – obviar
obvious cause – causa evidente
obvious danger – peligro evidente
obvious defect – defecto evidente
obvious error – error evidente
obvious meaning – significado evidente
obvious risk – riesgo evidente
occasion *n* – ocasión, oportunidad
occasion *v* – ocasionar, motivar
occasional sale – venta ocasional
occasional transaction – transacción ocasional
occasionally *adv* – ocasionalmente
occupancy *n* – ocupación, tenencia
occupancy certificate – documento certificando que un local cumple con las leyes de edificación
occupancy certification – documento certificando que un local cumple con las leyes de edificación
occupant *n* – ocupante, tenedor
occupation *n* – ocupación, trabajo, profesión, tenencia
occupation description – descripción de trabajo
occupation environment – ambiente de trabajo
occupation-oriented *adj* – orientado al trabajo
occupation-related accident – accidente relacionado al trabajo
occupation-related death – muerte relacionada al trabajo
occupation-related injury – lesión relacionada al trabajo
occupational accident – accidente ocupacional
occupational disease – enfermedad de trabajo
occupational hazard – riesgo de trabajo
occupational health – salud de trabajo
occupational injury – lesión de trabajo
occupational licence – licencia ocupacional

occupational license – licencia ocupacional
occupational pension – pensión ocupacional
occupational psychology – psicología ocupacional
occupational risk – riesgo de trabajo
occupational safety – seguridad ocupacional
Occupational Safety and Health Administration – Administración de Seguridad y Salud Ocupacional, OSHA
occupational tax – impuesto a ocupaciones
occupier *n* – ocupante
occupy *v* – ocupar
occupying claimant – quien intenta recobrar el costo de las mejoras que ha hecho a un bien inmueble tras enterarse que la tierra no es de él
occur *v* – ocurrir
occurrence *n* – ocurrencia, incidente
ocean bill of lading – conocimiento de embarque marítimo
ocean marine insurance – seguro marítimo
ochlocracy *n* – oclocracia
ocular *adj* – ocular
ocularly *adv* – ocularmente
odd jobs – trabajos diversos, trabajos varios
odd lot doctrine – doctrina según la cual se considerará que una persona está completamente incapacitada para trabajar si sus limitaciones le ponen en una desventaja competitiva muy significativa
of age – mayor de edad
of counsel – abogado colaborador
of force – en vigor
of grace – de gracia
of late – recientemente
of record – registrado, inscrito, protocolizado
of right – de derecho
off duty – no estando de turno
off-limits *adj* – prohibido
off-peak *adj* – fuera de horas pico, fuera de horas punta
off premises – no en el local, no en el local asegurado
off-season *n* – temporada baja
off-shift differential – paga adicional por jornada irregular
off-site *adj* – en otro local, en otras instalaciones
off-the-books *adj* – no en los libros, no declarado
off-the-job training – entrenamiento no en el lugar de trabajo
off-the-record *adj* – extraoficial, confidencial
off-year election – elección efectuada en un año en el cual no hay elección presidencial
offend *v* – ofender
offender *n* – ofensor, delincuente, infractor
offending act – acto ilícito, delito, infracción

offending party – parte incumplidora
offense *n* – ofensa, acto criminal, delito
offenseless *adj* – inofensivo
offensive *adj* – ofensivo, ilícito, dañino
offensive behavior – conducta ofensiva
offensive behaviour – conducta ofensiva
offensive comment – comentario ofensivo
offensive conduct – conducta ofensiva
offensive language – lenguaje ofensivo
offensive remark – comentario ofensivo
offensive statement – declaración ofensiva
offensive weapon – arma mortal
offer *n* – oferta, propuesta
offer *v* – ofrecer, proponer
offer a contract – ofrecer un contrato
offer a job – ofrecer un trabajo
offer an explanation – ofrecer una explicación
offer an opinion – ofrecer una opinión
offer and acceptance – oferta y aceptación
offer document – documento de oferta
offer for sale – ofrecer para la venta
offer in writing – oferta por escrito
offer of compromise – oferta de transacción
offer of proof – ofrecimiento de prueba
offer price – precio de oferta
offer to purchase – oferta de compra
offered price – precio ofrecido
offeree *n* – ofrecido, quien recibe una oferta
offerer *n* – oferente
offering *n* – ofrecimiento, oferta, propuesta
offeror *n* – oferente
offhand *adj* – de imprevisto, de primera impresión
office *n* – oficina, despacho, agencia, cargo
office administration – administración de oficina
office audit – auditoría de oficina
office automation – ofimática
office clerk – oficinista
office copy – copia certificada, copia para la oficina
office employee – empleado de oficina
office holder – funcionario
office hours – horas de oficina
office management – administración de oficina
Office of Fair Trading – Departamento de Protección al Consumidor
office of honor – cargo honorario
office personnel – personal de oficina
office premises – local de oficina
office staff – personal de oficina
office work – trabajo de oficina
office worker – empleado de oficina
officeholder *n* – funcionario
officer *n* – funcionario, oficial
officer de facto – funcionario de hecho

officer de jure – funcionario de derecho
officer of justice – oficial de justicia
officer's check – cheque de caja
officer's cheque – cheque de caja
officers and directors liability insurance – seguro de responsabilidad de funcionarios y directores
official *adj* – oficial, de oficio
official *n* – funcionario
official act – acto oficial
official agent – agente oficial
official ballot – papeleta electoral oficial
official bond – fianza de funcionario público
official books – libros oficiales
official business – asunto oficial
official capacity – carácter oficial
official check – cheque de caja
official cheque – cheque de caja
official classification – clasificación oficial
official document – documento oficial
official gazette – gaceta oficial
official inquiry – indagación oficial
official investigation – investigación oficial
official journal – diario oficial
official language – lenguaje oficial
official logbook – diario oficial de navegación
official misconduct – incumplimiento de los deberes de un funcionario público
official notice – notificación oficial
official oath – juramento oficial
official opinion – opinión oficial
official price – precio oficial
official proceeding – procedimiento oficial
official publication – publicación oficial
official rate – tasa oficial
official record – registro oficial
official registration – registro oficial, inscripción oficial
official reports – colección oficial de decisiones judiciales
official seal – sello oficial
official solicitor – abogado asignado para proteger ante la corte suprema los intereses de quienes no se pueden defender por alguna discapacidad oficialmente reconocida
official statement – declaración oficial
official strike – huelga oficial
official use – uso oficial
officialese *n* – lenguaje intencionalmente pomposo y confuso frecuentemente utilizado en documentos oficiales
officially *adv* – oficialmente
officious will – testamento oficioso
offload *v* – descargar
offset *n* – compensación
offset *v* – compensar
offsetting entry – asiento compensatorio

offsetting error – error compensatorio
offshore account – cuenta offshore
offshore bank – banco offshore
offshore banking – banca offshore
offshore company – compañía offshore
offshore corporation – corporación offshore
offshore investments – inversiones offshore
offspring *n* – prole, descendencia
oftentimes *adv* – a menudo
oil company – compañía de petróleo
oil crisis – crisis de petróleo
oil-exporting country – país exportador de petróleo
oil field – campo petrolífero
oil pipeline – oleoducto
oil price – precio del petróleo
oil shortage – escasez de petróleo
oil spill – vertido de petróleo
oil tanker – petrolero
oil well – pozo petrolero
oilfield *n* – campo petrolífero
okay *adj* – conforme, correcto, bien
okay *v* – aprobar, dar el visto bueno
old-age and survivors' insurance – seguro de edad avanzada y supervivientes
old-age pension – pensión de jubilación
old-boy network – red favoritista, red favoritista entre hombres
old custom – vieja costumbre
old economy – economía vieja
old-fashioned *adj* – anticuado
old hand – experto, veterano
old line life insurance – seguro de vida con pagos y beneficios fijos
old money – dinero viejo
oligarch *n* – oligarca
oligarchic *adj* – oligárquico
oligarchy *n* – oligarquía
oligopolistic competition – competencia oligopolísitca
oligopoly price – precio de oligopolio
oligopsony price – precio de oligopsonio
olograph *n* – ológrafo
ombudsman *n* – ombudsman, procurador del ciudadano
ominous *adj* – ominoso, nefasto
omission clause – cláusula de omisiones
omit *v* – omitir, excluir
omittance *n* – omisión
omitted *adj* – omitido
omnibus *n* – ómnibus
omnibus clause – cláusula ómnibus
omnibus count – cargo consolidado
on a commitment basis – en base a compromisos
on account – a cuenta, pago a cuenta
on all fours – un caso o decisión el cual es similar en todos los aspectos relevantes a otro

on approval – previa aceptación, a prueba
on behalf of – de parte de, a beneficio de
on call – a la vista, a petición
on consignment – en consignación
on credit – a crédito, a plazos
on default – en caso de incumplimiento
on delivery – a la entrega
on demand – a la vista, a solicitud
on duty – estando de turno, en servicio
on equal footing – en pie de igualdad, bajo las mismas condiciones
on equal terms – de igual a igual
on file – disponible en los archivos, registrado
on hand – presente, disponible
on-line *adj* – online, en línea
on-line banking – banca online, banca en línea
on margin – comprado en cuenta de margen
on or about – en o alrededor de, en o cerca de
on or before – en o antes de
on purpose – a propósito
on record – registrado, que consta
on sight – a la vista
on-site audit – auditoría en el local
on-site inspection – inspección en el local
on the contrary – al contrario, lo contrario
on-the-job accident – accidente en el trabajo
on-the-job training – entrenamiento en el trabajo
on the person – llevar consigo
on-the-record *adj* – oficial, a publicarse
on time – a tiempo
once in jeopardy – la condición de una persona a quien se está acusando de un delito por el cual ya estuvo en peligro de ser condenado mediante otro juicio penal
oncoming *adj* – que viene, venidero
one-person company – compañía de un solo integrante
one-person corporation – corporación de un solo integrante
one-sided contract – contrato abusivo, contrato leonino
one-stop banking – banca con servicios completos
one-time *adj* – de una sola vez
one-to-one contact – contacto uno a uno
one-way free trade – libre comercio unilateral
onerous contract – contrato oneroso
onerous title – título oneroso
ongoing *adj* – en curso, continuo
online *adj* – online, en línea
online banking – banca online
onrush *n* – embestida, ataque
onset date – fecha de inicio
onsite audit – auditoría en el local
onsite inspection – inspección en el local
OPEC (Organization of Petroleum Exporting

Countries, Organisation of Petroleum
Exporting Countries) – OPEP
onus *n* – carga, carga de la prueba,
responsabilidad
onus of proof – carga de la prueba, onus
probandi
onus probandi – carga de la prueba, onus
probandi
open *adj* – abierto, abierto al público, a
puertas abiertas, libre, sincero
open *v* – abrir, abrir al público, exponer
open 24 hours – abierto las 24 horas
open a case – iniciar un caso
open a court – iniciar las sesiones de un
tribunal
open a judgment – reconsiderar una
sentencia
open adoption – adopción abierta
open and notorious – abierto y notorio
open-and-shut *adj* – obvio, indiscutible
open bidding – licitación abierta
open contract – contrato abierto
open court – tribunal en sesión, audiencia
pública
open diplomacy – diplomacia abierta
open-door policy – política de puerta abierta
open economy – economía abierta
open-end contract – contrato en el cual
ciertos términos no se han establecido
open-end lease – arrendamiento abierto
open-end mortgage – hipoteca renovable,
hipoteca ampliable
open-ended *adj* – sin límite, sin
restricciones, sujeto a cambio
open entry – ingreso a un bien inmueble en
forma pública
open fire – abrir fuego
open form – formulario abierto
open government – gobierno abierto
open hearing – audiencia pública, vista
pública
open insurance policy – póliza de seguros
abierta
open letter – letra abierta
open listing – contrato no exclusivo para
vender un inmueble
open market – mercado abierto
open mortgage – hipoteca abierta
open offer – oferta abierta
open policy – póliza abierta
open port – puerto libre, puerto franco
open possession – posesión manifiesta
open shop – empresa la cual emplea sin
considerar si el solicitante es miembro de un
gremio
open space – espacio abierto
open to discussion – abierto a discusión
open to offers – abierto a ofertas

open to the public – abierto al público
open unemployment – desempleo abierto
open union – unión abierta
open verdict – veredicto el cual no establece
quien cometió el crimen o si realmente se
cometió un crimen
opening *n* – apertura, principio, vacante
opening balance – balance de apertura
opening hours – horas de atención al público
opening of books – apertura de libros
opening of negotiations – apertura de
negociaciones
openly *adv* – abiertamente
openness *n* – franqueza
operate *v* – operar, manejar, dirigir,
funcionar
operating *adj* – en funcionamiento, activo
operating company – compañía en operación
operating management – administración
operativa
operating officer – funcionario operativo
operating subsidies – subsidios operativos
operation *n* – operación, transacción,
vigencia
operation of law – efecto de la ley
operational *adj* – operacional, de operaciones
operational audit – auditoría operacional
operational lease – arrendamiento
operacional
operational management – administración
operacional
operations administration – administración
de operaciones
operations audit – auditoría de operaciones
operative *n* – agente secreto
operative clause – cláusula operativa
operative words – palabras claves de un
contrato
operator *n* – operador, gerente, agente
opine *v* – opinar
opinion *n* – opinión, dictamen
opinion evidence – opinión suministrada
como prueba
opinion leader – líder en opiniones
opinion of title – opinión de título
opponent *adj* – contrario, opuesto
opponent *n* – opositor, contrario
opportunist *n* – oportunista
opportunistic *adj* – oportunista
opportunity cost – costo de oportunidad
oppose *v* – oponer, oponerse a
opposer *n* – oponente
opposing party – parte contraria
opposite party – parte contraria
opposition *n* – oposición, resistencia
oppress *v* – oprimir, agobiar
oppression *n* – opresión
oppressive agreement – convenio abusivo

oppressive clause – cláusula abusiva
oppressor *n* – opresor
opprobrious *adj* – oprobioso
opprobrium *n* – oprobio
oppugn *v* – opugnar
opt *v* – optar
opt in – darse de alta, participar, aceptar una opción
opt out – darse de baja, no participar, rechazar una opción
optical character reader – lector óptico de caracteres
optical character recognition – reconocimiento óptico de caracteres
optical fiber – fibra óptica
optical fibre – fibra óptica
optical scanner – explorador óptico
optimal solution – solución óptima
optimisation *n* – optimización
optimise *v* – optimizar
optimism *n* – optimismo
optimist *adj* – optimista
optimization *n* – optimización
optimize *v* – optimizar
optimum solution – solución óptima
option *n* – opción, opción de compra, opción de venta
option contract – contrato de opciones
option exercise – ejercicio de opciones
option to buy – opción de comprar
option to lease – opción de arrendar
option to purchase – opción de comprar
option to renew – opción de renovar
option to sell – opción de vender
optional appearance – comparecencia opcional
optional benefits – beneficios opcionales
optional clause – cláusula opcional
optional credit – crédito opcional
optional payment – pago opcional
optional tax – impuesto opcional
optionee *n* – quien recibe una opción, titular de una opción
oral *adj* – oral
oral agreement – contrato oral, acuerdo oral
oral arguments – argumentos orales
oral confession – confesión oral, confesión verbal
oral contract – contrato oral, contrato verbal
oral evidence – prueba oral, prueba testimonial
oral examination – examen oral, indagación oral
oral offer – oferta oral
oral order – orden oral
oral testimony – testimonio oral
oral trust – fideicomiso constituido oralmente, fideicomiso constituido

verbalmente
oral will – testamento oral
orchestrate *v* – organizar, tramar
ordain *v* – ordenar, estatuir
ordeal *n* – ordalía
order *n* – orden, pedido, clase
order *v* – ordenar, pedir, dirigir
order book – libro de órdenes
order by Internet – ordenar por Internet
order by mail – ordenar por correo
order by phone – ordenar por teléfono
order in writing – orden por escrito
order nisi – orden provisional
order of creditors – orden de acreedores
order of filiation – orden de filiación
order of the day – orden del día
order paper – instrumento negociable pagadero a persona específica
order-taker *adj* – quien toma órdenes
order to appear – orden de comparecencia
order to pay – orden de pago
order to show cause – orden de mostrar causa
orderly market – mercado estable
orders in hand – pedidos en cartera
ordinance *n* – ordenanza, estatuto, ley
ordinarily *adv* – ordinariamente
ordinary *adj* – ordinario, normal
ordinary agency – agencia ordinaria
ordinary agent – agente ordinario
ordinary care – diligencia ordinaria
ordinary conditions – condiciones ordinarias
ordinary course of business – curso ordinario de los negocios
ordinary creditor – acreedor ordinario
ordinary diligence – diligencia ordinaria
ordinary duty – deber ordinario
ordinary election – elección ordinaria
ordinary general meeting – asamblea general ordinaria
ordinary hazards – riesgos ordinarios
ordinary insurance – seguro ordinario
ordinary jurisdiction – jurisdicción ordinaria
ordinary life insurance – seguro de vida ordinario
ordinary mail – correo ordinario
ordinary meaning – sentido ordinario
ordinary meeting – asamblea ordinaria
ordinary negligence – negligencia ordinaria
ordinary partnership – sociedad ordinaria
ordinary procedure – procedimiento ordinario
ordinary proceeding – procedimiento ordinario
ordinary process – proceso ordinario
ordinary rent – renta ordinaria
ordinary repairs – reparaciones ordinarias
ordinary risks – riesgos ordinarios

ordinary salary – salario ordinario
ordinary sale – venta ordinaria
ordinary session – sesión ordinaria
ordinary shareholder – accionista ordinario
ordinary skill in art – habilidad ordinaria en
un oficio
ordinary spoilage – deterioro ordinario
ordinary stock – acciones ordinarias
ordinary stockholder – accionista ordinario
ordinary tariff – tarifa ordinaria
ordinary tax – impuesto ordinario
ordinary term – plazo ordinario
ordinary use – uso ordinario
ordinary voting – votación ordinaria
organ n – órgano
organic adj – orgánico
organic agriculture – agricultura orgánica
organic farming – agricultura orgánica
organic food – alimentos orgánicos
organic growth – crecimiento orgánico
organic law – ley orgánica, constitución
organisation n – organización, persona
jurídica
organisation accountability –
responsabilidad de la organización
organisation accounting – contabilidad de la
organización
organisation activity – actividad de la
organización
organisation address – domicilio de la
organización
organisation administration –
administración de la organización
organisation agency – agencia de la
organización
organisation and methods – organización y
métodos
organisation bankruptcy – quiebra de la
organización
organisation bookkeeping – contabilidad de
la organización
organisation books – libros de la
organización
organisation director – director de la
organización
organisation domicile – domicilio de la
organización
organisation ethics – ética de la organización
organisation executive – ejecutivo de la
organización
Organisation for Economic Cooperation and
Development – Organización para la
Cooperación y el Desarrollo Económico
organisation fraud – fraude de la
organización
organisation interest – interés de la
organización
organisation liability – responsabilidad de la

organización
organisation management – administración
de la organización
organisation manager – gerente de la
organización
organisation objective – objetivo de la
organización
Organisation of Petroleum Exporting
Countries – Organización de Países
Exportadores de Petróleo, OPEP
organisation officers – funcionarios de la
organización
organisation owner – dueño de la
organización
organisation powers – poderes de la
organización
organisation records – registros de la
organización
organisation regulations – reglamentos de la
organización, normas de la organización
organisation seal – sello de la organización
organisation strategic planning –
planificación estratégica de la organización
organisation support services – servicios de
apoyo de la organización
organisation taxation – imposición de la
organización
organisation taxes – impuestos de la
organización
organisation treasurer – tesorero de la
organización
organisation union – unión de la
organización
organisational adj – organizacional,
organizativo
organisational analysis – análisis
organizacional
organisational change – cambio
organizacional
organisational chart – organigrama
organisational development – desarrollo
organizacional
organisational effectiveness – efectividad
organizacional
organisational efficiency – eficiencia
organizacional
organisational structure – estructura
organizacional
organise v – organizar, establecer
organised adj – organizado, establecido
organised crime – crimen organizado
organised labor – trabajadores agremiados
organised labour – trabajadores agremiados
organised strike – huelga organizada
organiser n – organizador, agenda
electrónica
organization n – organización, persona
jurídica

organization accountability – responsabilidad de la organización
organization accounting – contabilidad de la organización
organization activity – actividad de la organización
organization address – domicilio de la organización
organization administration – administración de la organización
organization agency – agencia de la organización
organization and methods – organización y métodos
organization bankruptcy – quiebra de la organización
organization bookkeeping – contabilidad de la organización
organization books – libros de la organización
organization director – director de la organización
organization domicile – domicilio de la organización
organization ethics – ética de la organización
organization executive – ejecutivo de la organización
Organization for Economic Cooperation and Development – Organización para la Cooperación y el Desarrollo Económico
organization fraud – fraude de la organización
organization interest – interés de la organización
organization liability – responsabilidad de la organización
organization management – administración de la organización
organization manager – gerente de la organización
organization objective – objetivo de la organización
Organization of Petroleum Exporting Countries – Organización de Países Exportadores de Petróleo, OPEP
organization officers – funcionarios de la organización
organization owner – dueño de la organización
organization powers – poderes de la organización
organization records – registros de la organización
organization regulations – reglamentos de la organización, normas de la organización
organization seal – sello de la organización
organization strategic planning – planificación estratégica de la organización

organization support services – servicios de apoyo de la organización
organization taxation – imposición de la organización
organization taxes – impuestos de la organización
organization treasurer – tesorero de la organización
organization union – unión de la organización
organizational *adj* – organizacional, organizativo
organizational analysis – análisis organizacional
organizational change – cambio organizacional
organizational chart – organigrama
organizational development – desarrollo organizacional
organizational effectiveness – efectividad organizacional
organizational efficiency – eficiencia organizacional
organizational structure – estructura organizacional
organize *v* – organizar, establecer
organized *adj* – organizado
organized county – condado constituido
organized crime – crimen organizado
organized labor – trabajadores agremiados
organized labour – trabajadores agremiados
organized strike – huelga organizada
organizer *n* – organizador, agenda electrónica
orientation *n* – orientación
origin authentication – certificación de origen
origin certificate – certificado de origen
original acquisition – adquisición original
original act – acto original
original action – acción original
original bill – demanda concerniente a una cuestión no litigada antes entre las mismas partes que mantienen los mismos intereses
original conveyances – cesiones originales
original decree – decreto original
original document – documento original
original entry – asiento original
original estate – propiedad original
original evidence – prueba original
original filing – presentación original, registro original
original insurance – seguro original
original inventor – inventor original
original investment – inversión original
original invoice – factura original
original jurisdiction – jurisdicción original
original language – lenguaje original

original members – miembros originales
original obligation – obligación original
original patent – patente original
original process – proceso inicial, citación a comparecer
original work of authorship – trabajo original de autoría, obra original de autoría
originality *n* – originalidad
originally *adv* – originalmente
originate a loan – originar un préstamo
originating bank – banco de origen
origination fee – cargo por originación, comisión de apertura
originator *n* – originador, emisor
orphan's deduction – deducción de huérfano
orphanage *n* – orfelinato
orphanhood *n* – orfandad
OSHA (Occupational Safety and Health Administration) – OSHA
ostensible agency – agencia aparente
ostensible authority – autoridad aparente
ostensible ownership – propiedad aparente
ostensible partner – socio aparente
ostensibly *adv* – ostensiblemente
ostensive *adj* – ostensivo
ostensively *adv* – ostensivamente
other assets – otros activos
other beneficiaries – otros beneficiarios
other charges – otros cargos
other fees – otros cargos
other from – distinto a, aparte de
other income – otros ingresos
other insured – otros asegurados
other than – otra cosa que, aparte de
otherwise *adv* – de otro modo
ought *v* – deber, deber de
oust *v* – desalojar, expulsar
ouster judgment – sentencia de desalojo
ouster of jurisdiction – pérdida de jurisdicción
out of benefit – asegurado a quien se le ha suspendido la cobertura por falta de pago de las primas
out of commission – fuera de servicio
out-of-court *adj* – extrajudicial
out-of-court settlement – arreglo extrajudicial
out-of-date *adj* – caducado, expirado
out-of-favor *adj* – desfavorecido
out of necessity – por necesidad
out-of-pocket expenses – gastos pagados en efectivo
out-of-pocket rule – regla que indica que quien compra tras representaciones fraudulentas tiene el derecho de recobrar la diferencia entre la cantidad pagada y el valor de lo comprado
out of service – fuera de servicio

out-of-state *adj* – fuera del estado
out of stock – fuera de inventario
out of term – fuera del período de actividades judiciales
out of the jurisdiction – fuera de la jurisdicción
out of time – fuera de tiempo, fuera de plazo, nave perdida
out of work – desempleado
out-tray *n* – bandeja de salida
outage *n* – interrupción
outbid *v* – presentar una mejor oferta
outbound *adj* – de salida, que sale, por salir, hacia el exterior
outbox *n* – buzón de salida
outbuilding *n* – estructura anexa, edificio anexo
outburst *n* – arranque
outdated *adj* – anticuado, obsoleto
outdo *v* – superar, mejorar
outdoor advertising – publicidad exterior
outdoors *adj* – al aire libre
outflow of capital – salida de capital
outermost *adj* – extremo, más alejado
outgoing mail – correo saliente
outgoing post – correo saliente
outhouse *n* – edificio anexo, estructura anexa
outland *n* – el extranjero
outlandish *adj* – estrafalario
outlast *v* – durar más que
outlaw *n* – fugitivo, proscrito
outlawed *adj* – prohibido
outlay *n* – desembolso, gasto
outlive *v* – sobrevivir a
outlook *n* – perspectiva, punto de vista
outlying *adj* – remoto
outmaneuver *v* – maniobrar mejor que
outpatient *n* – paciente externo
outperform *v* – superar, tener mejor rendimiento
outplacement *n* – outplacement
output *n* – producción, salida
outrage *n* – ultraje, afrenta, indignación
outrageous behavior – conducta atroz
outrageous behaviour – conducta atroz
outrageous conduct – conducta atroz
outright *adj* – entero, incondicional, franco
outright *adv* – enteramente, sin limitaciones, francamente
outright gift – donación incondicional
outright ownership – propiedad incondicional
outright purchase – compra incondicional
outset *n* – comienzo
outside director – director externo, consejero externo
outside interference – interferencia externa

outside office hours – fuera de horas de oficina, fuera de horas laborables
outside pressure – presión externa
outside working hours – fuera de horas laborables
outsider *n* – no afiliado
outsource *v* – contratar externamente
outsourcing *n* – contratación externa, outsourcing
outstanding *adj* – pendiente de pago, pendiente, sobresaliente, en circulación
outstanding account – cuenta pendiente
outstanding amount – cantidad pendiente
outstanding and open account – cuenta pendiente
outstanding balance – saldo pendiente
outstanding check – cheque sin cobrar
outstanding cheque – cheque sin cobrar
outstanding claim – reclamación pendiente
outstanding credit – crédito pendiente
outstanding debt – deuda pendiente de pago
outstanding invoice – factura pendiente
outstanding loan – préstamo pendiente
outstanding obligation – obligación pendiente
outstanding order – orden pendiente
outstanding payment – pago pendiente
outstanding premium – prima pendiente de pago
outstanding securities – valores en circulación
outstanding shares – acciones en circulación
outstanding stock – acciones en circulación
outvote *v* – tener más votos
outworker *n* – empleado de una empresa que trabaja en su casa
over and short – sobrantes y faltantes
overage *n* – exceso, superávit, excedente
overall *adj* – global, total, en conjunto
overall agreement – convenio global
overall bargaining – negociación global
overall benefits – beneficios totales
overall contract – contrato global
overall coverage – cobertura global
overall deductible – deducible total
overall effect – efecto global
overall insurance – seguro global
overall liability – responsabilidad total
overall limit – límite total
overall negotiation – negociación global
overall ownership – propiedad total
overall payment – pago total
overall policy – póliza global
overall risk – riesgo total
overall taxes – impuestos totales
overbear *v* – oprimir, dominar
overbearing *adj* – dominante
overbid *v* – ofrecer más que, ofrecer demasiado
overbill *v* – sobrefacturar
overbook *v* – reservar más allá de lo que se puede acomodar
overbooked *adj* – con reservaciones más allá de lo que se puede acomodar
overbooking *n* – aceptación de reservaciones más allá de lo que se puede acomodar
overborrow *v* – tomar demasiado prestado
overbreadth doctrine – doctrina según la cual cualquier ley que viole los derechos constitucionales no es válida
overbuilding *n* – sobreconstrucción
overburden *v* – sobrecargar
overbuy *v* – comprar de más, comprar pagando de más
overcapacity *n* – sobrecapacidad
overcapitalisation *n* – sobrecapitalización
overcapitalise *v* – sobrecapitalizar
overcapitalization *n* – sobrecapitalización
overcapitalize *v* – sobrecapitalizar
overcautious *adj* – cauteloso en exceso
overcertification *n* – sobrecertificación, certificación de un cheque sin fondos
overcertify *v* – certificar un cheque sin fondos
overcharge *n* – cargo excesivo, recargo
overcharge *v* – sobrecargar
overclass *n* – clase social que controla la economía, clase social que controla
overcollaterisation *n* – sobrecolateralización
overcollaterization *n* – sobrecolateralización
overcome *v* – superar
overcommitment *n* – asunción de demasiados compromisos
overcompensation *n* – sobrecompensación
overconsumption *n* – sobreconsumo
overcredit *v* – acreditar en exceso
overdepreciation *n* – sobredepreciación
overdraft *n* – sobregiro, descubierto
overdraw *v* – sobregirar, girar en descubierto
overdrawn account – cuenta sobregirada
overdue *adj* – vencido, en mora
overdue contributions – contribuciones vencidas
overdue payment – pago vencido, pago en mora
overdue taxes – contribuciones vencidas, contribuciones en mora
overemphasis *n* – énfasis exagerada
overemphasize *v* – acentuar demasiado
overemployment *n* – sobreempleo
overestimate *v* – sobreestimar
overestimated *adj* – sobreestimado
overexposed bank – banco sobreexpuesto
overextended *adj* – sobreextendido
overfinancing *n* – sobrefinanciamiento
overflow *n* – desbordamiento

overflow *v* – inundar
overfunded *adj* – sobrefinanciado
overfunding *n* – sobrefinanciamiento
overhaul *v* – examinar a fondo reparando lo necesario, investigar, examinar
overhead *n* – gastos generales, gastos fijos
overhead projector – retroproyector
overheated economy – economía sobrecalentada
overimprovement *n* – sobremejoramiento
overindebtedness *n* – sobreendeudamiento
overinsurance *n* – sobreseguro
overinsured *adj* – sobreasegurado
overinvestment *n* – sobreinversión
overinvoicing *n* – sobrefacturación
overissue *n* – emisión más allá de lo permitido
overlapping debt – deuda que coincide con otra
overlapping insurance – seguro que coincide con otro
overleveraged *adj* – sobreapalancado
overline *n* – cobertura más allá de la capacidad normal
overload *v* – sobrecargar
overlook *v* – pasar por alto, supervisar
overlying right – derecho de extraer aguas subterráneas
overnight delivery – entrega el siguiente día, entrega el siguiente día laborable
overpaid *adj* – pagado en exceso
overpay *v* – pagar en exceso
overpayment *n* – pago en exceso
overplus *n* – excedente
overpower *v* – abrumar
overprice *v* – cobrar en exceso, fijar un precio excesivo
overpriced *adj* – con precio excesivo
overproduce *v* – sobreproducir
overproduction *n* – sobreproducción
overprovision *n* – sobreprovisión
overrate *v* – sobrestimar
overreaching clause – cláusula de extensión
overrepresent *v* – sobrerrepresentar
override *n* – comisión adicional, comisión de ventas
override *v* – echar a un lado, pasar sobre, anular, derogar, abrogar
override commission – comisión adicional, comisión de ventas
overrider *n* – comisión adicional, comisión de ventas
overriding interest – derecho prevaleciente
overrule *v* – denegar, revocar, anular
overrun *n* – sobreproducción, sobrecostos
overrun *v* – rebasar, inundar, invadir
oversaturation *n* – sobresaturación
overseas *adj* – extranjero, exterior, de

ultramar, en ultramar, ultramar
oversee *v* – supervisar
overseer *n* – supervisor
oversell *v* – sobrevender, exagerar sobre algo en busca de venderlo
overshoot *v* – exceder
oversight *n* – descuido, vigilancia
oversold *adj* – sobrevendido, infravalorado
overspeculation *n* – sobreespeculación
overspend *v* – gastar de más
overstaff *v* – contratar exceso de personal
overstaffed *adj* – con exceso de personal
overstate *v* – declarar de más, exagerar
overstock *v* – mantener existencias excesivas
oversubscribe *v* – sobresuscribir
oversubscription *n* – sobresuscripción
oversupply *n* – sobreoferta
overt act – acto manifiesto, acto hostil
overt words – palabras claras
overtake *v* – alcanzar
overtax *v* – cobrar exceso de impuestos, sobrecargar
overtime *n* – horas extras, sobretiempo
overtime pay – paga por horas extras
overtime salary – salario por horas extras
overtime wage – salario por horas extras
overtime work – trabajo de horas extras
overtone *n* – sugestión, alusión
overtrading *n* – transacciones excesivas
overture *n* – propuesta, insinuación
overturn *v* – derrocar, volcar, revocar
overurbanisation *n* – sobreurbanización
overurbanization *n* – sobreurbanización
overuse *v* – uso excesivo
overvaluation *n* – sobrevaloración, sobrevaluación
overvalue *v* – sobrevalorar
overvalued *adj* – sobrevalorado
overwork *v* – trabajar en exceso
owe *v* – deber, adeudar
owelty *n* – igualdad
owing *adj* – pendiente de pago
own *adj* – propio
own *v* – tener, poseer
own resources – recursos propios
owner *n* – dueño, propietario
owner financing – financiamiento por el dueño
owner-manager *n* – dueño-gerente
owner-occupied *adj* – ocupado por el dueño
owner of record – titular registrado
owner-operator *n* – dueño-operador
owner's risk – riesgo del dueño
ownership *n* – propiedad, titularidad
ownership authentication – certificación de propiedad
ownership certification – certificación de propiedad

ownership form – forma de propiedad
ownership interest – interés propietario
ownership in common – copropiedad
ownership rights – derechos de propiedad
ownership structure – estructura de la propiedad
oyez *int* – ¡oíd!

P

p. (page) – página
P.S. (postscript) – posdata
pacesetter *n* – quien marca la pauta
pacification *n* – pacificación
pacifism *n* – pacifismo
pacifist *adj* – pacifista
pacifist *n* – pacifista
pack *n* – paquete, envase, manada
pack *v* – engañar, usar recursos engañosos para seleccionar un jurado parcial, empacar
package *n* – paquete, envase
package deal – acuerdo global
package insurance policy – póliza de seguro global
package mortgage – hipoteca que incluye mobiliario
packaged goods – mercancías empaquetadas
packaging and labeling – embalaje y etiquetado
packaging laws – leyes sobre empaquetado
packet *n* – paquete pequeño, paquete, dineral
packing instructions – instrucciones de empaque
packing list – lista de empaque
packing note – albarán
packing slip – albarán
pact *n* – pacto, convenio, acuerdo, compromiso
pactional *adj* – concerniente a un pacto
pactions *n* – pacto entre países a ejecutarse en un solo acto
pactitious *adj* – determinado por contrato
pactum *n* – pacto
page *v* – llamar por buscapersonas, llamar por altavoz
pager *n* – buscapersonas
paging device *n* – buscapersonas
paid *adj* – pagado, pago, remunerado
paid check – cheque pagado
paid cheque – cheque pagado

paid employment – empleo remunerado
paid for – pagado
paid holidays – vacaciones pagadas
paid in full – pagado en su totalidad
paid-in shares – acciones pagadas
paid-in stock – acciones pagadas
paid on delivery – pago a la entrega
paid status – estado de pagado
paid to date – pagado hasta la fecha
paid-up *adj* – pagado totalmente
paid-up shares – acciones pagadas
paid-up stock – acciones pagadas
paid vacations – vacaciones pagadas
pain and suffering – dolor y sufrimiento
pair-off *v* – aparear
pairing-off *n* – apareamiento, acuerdo entre miembros de distintos partidos de abstenerse de votar
palimony *n* – pensión alimenticia tras la separación de personas no casadas
palm off – engañar, defraudar
palm prints – huellas de las palmas de las manos
palmtop *n* – computadora de mano
palpable *adj* – palpable, evidente
paltry *adj* – exiguo, ínfimo
pamphlet *n* – panfleto, octavilla
pan-European *adj* – paneuropeo
pander *n* – alcahuete
pander *v* – alcahuetear
panderer *n* – alcahuete
pandering *n* – alcahuetería
panel *n* – panel, lista, lista de los integrantes de un jurado
panel of arbitrators – panel arbitral
panel of experts – panel de expertos
panic *n* – pánico
panic selling – ventas por pánico
pannellation *n* – elección de jurado
paper *n* – papel, documento, periódico
paper currency – papel moneda
paper patent – invención la cual no ha sido explotada comercialmente
paper shredder – destructora de documentos
paper title – título dudoso
paperless *adj* – sin papel, electrónico
paperless office – oficina sin papel
paperless processing – procesamiento sin papeles, procesamiento electrónico
paperwork *n* – papeleo
par *adj* – a la par, nominal
par *n* – par, paridad, valor nominal, igualdad
par delictum – igual culpa
par value – valor nominal, valor a la par
par-value shares – acciones a la par
par-value stock – acciones a la par
parachronism *n* – paracronismo
paradigm *n* – paradigma

paradox *n* – paradoja
paragraph *n* – párrafo, parágrafo
paralegal *n* – paralegal, asistente legal
parallel citation – cita paralela
parallel economy – economía paralela
parallel market – mercado paralelo
parallel standard – patrón paralelo
parameter *n* – parámetro
paramount clause – cláusula superior
paramount equity – derecho superior
paramount title – título superior
paramour *n* – amante
paraphernal property – bienes parafernales
paraphernalia *n* – parafernalia
paraprofessional *n* – paraprofesional
parcel *n* – parcela, paquete, lote
parcel *v* – dividir, empaquetar
parcel post – servicio de paquetes del correo
parcels *n* – descripción y límites de un inmueble
parcenary *n* – herencia conjunta
parcener *n* – coheredero
parchment *n* – pergamino
pardon *n* – perdón, indulto, gracia
pardon *v* – perdonar, indultar, amnistiar
pardon attorney – oficial del Ministerio de Justicia que hace recomendaciones para indultos presidenciales
pardonable *adj* – perdonable
pare down – reducir gradualmente
parens patriae – patria potestad
parent application – solicitud anterior de parte del mismo inventor para el mismo invento
parent bank – banco controlador
parent-child contact – contacto entre un padre y su hija o hijo, contacto entre una madre y su hija o hijo
parent company – compañía controladora, compañía matriz, sociedad matriz
parent corporation – corporación controladora, corporación matriz, sociedad matriz
parentage *n* – ascendencia, paternidad, maternidad
parental *adj* – paternal, maternal
parental authority – autoridad de los padres
parental consent – consentimiento de los padres
parental duties – deberes de los padres
parental liability – responsabilidad de los padres
parental responsibilities – responsabilidades de los padres
parental rights – derechos de los padres
parenticide *n* – parricidio, matricidio, parricida, matricida
Pareto's Principle – Principio de Pareto

pari causa – con igual derecho
pari delicto – con igual culpa
pari materia – la materia misma
pari passu – igualmente, equitativamente
parity clause – cláusula de paridad
parity principle – principio de paridad
parliament *n* – parlamento
parliamentary government – gobierno parlamentario
parliamentary law – derecho parlamentario
parliamentary privilege – privilegio parlamentario
parliamentary rules – reglas parlamentarias
parol agreement – contrato verbal
parol contract – contrato verbal
parol evidence – prueba oral, prueba extrínseca
parol evidence rule – regla que excluye acuerdos orales los cuales alteran un contrato escrito
parol lease – arrendamiento oral
parol will – testamento oral
parole *n* – libertad condicional, libertad bajo palabra
parole board – junta de libertad condicional
parole officers – funcionarios encargados de las personas bajo libertad condicional
parolee *n* – persona bajo libertad condicional
parricide *n* – parricidio, parricida
parsimony *n* – parsimonia
part *n* – parte, porción, uno de los originales de un instrumento
part exchange – canje parcial
part ownership – copropiedad
part payment – pago parcial, abono parcial
part performance – cumplimiento parcial
part-time employee – empleado a tiempo parcial
part-time employment – empleo a tiempo parcial
part-time job – empleo a tiempo parcial
part-time work – trabajo a tiempo parcial
part-time worker – trabajador a tiempo parcial
partial *adj* – parcial, sin objetividad
partial abandonment – abandono parcial
partial acceptance – aceptación parcial
partial armistice – armisticio parcial
partial assignment – cesión parcial
partial audit – auditoría parcial
partial breach – incumplimiento parcial
partial contract – contrato parcial
partial coverage – cobertura parcial
partial defence – defensa parcial
partial defense – defensa parcial
partial delivery – entrega parcial
partial disability – discapacidad parcial
partial eviction – desalojo parcial

partial evidence – prueba parcial
partial incapacity – incapacidad parcial
partial insanity – insania parcial
partial insurance – seguro parcial
partial interest – interés parcial
partial invalidity – invalidez parcial
partial limitation – limitación parcial
partial liquidation – liquidación parcial
partial ownership – propiedad parcial
partial pardon – indulto parcial
partial payment – pago parcial
partial performance – cumplimiento parcial
partial possession – posesión parcial
partial record – registro parcial
partial release – liberación parcial
partial reversal – revocación parcial
partial summary judgment – sentencia
  sumaria parcial
partial taking – expropiación parcial
partial transfer – transferencia parcial
partial verdict – veredicto parcial
partial waiver – renuncia de derecho parcial
partiality *n* – parcialidad
partible lands – tierras divisibles
particeps criminis – cómplice
participant *n* – participante, partícipe
participate *v* – participar, compartir
participate in a conspiracy – participar en
  una conspiración
participate in a crime – participar en un
  crimen
participating annuity – anualidad con
  participación
participating insurance – seguro con
  participación
participating interest – interés participante
participating policy – póliza con
  participación
participating preferred shares – acciones
  preferidas con participación
participating preferred stock – acciones
  preferidas con participación
participation certificate – certificado de
  participación
participation in crime – participación en un
  delito
participation proof – prueba de participación
participation verification – verificación de
  participación
participative leadership – liderazgo con
  participación
participative management – administración
  con participación
particular *adj* – particular, individual,
  exigente
particular *n* – detalle, pormenor
particular estate – derecho limitado relativo a
  un inmueble

particular lien – gravamen específico
particular malice – malicia dirigida hacia un
  individuo
particular partnership – sociedad para un
  negocio predeterminado
particular tenant – quien tiene derecho
  limitado relativo a un inmueble
particularity *n* – particularidad,
  meticulosidad
particularize *v* – particularizar, detallar
particulars of sale – descripción detallada de
  propiedades a subastarse
parties *n* – las partes
parties and privies – las partes de un contrato
parties to crime – los participantes en un
  crimen
partisan *n* – partidario, secuaz
partition *n* – partición, repartición,
  separación
partition *v* – partir, repartir, separar
partition order – orden de partición
partly paid – parcialmente pago
partner *n* – socio, asociado, compañero
partner countries – países socios
partnership *n* – sociedad, asociación,
  consorcio
partnership agreement – contrato de
  sociedad
partnership articles – contrato para formar
  una sociedad
partnership assets – activo social
partnership association – sociedad con
  responsabilidad limitada
partnership at will – sociedad sin un período
  fijo de tiempo
partnership capital – capital social
partnership certificate – certificado de
  sociedad
partnership contract – contrato de sociedad
partnership debt – deuda de la sociedad
partnership deed – escritura de sociedad
partnership in commendam – sociedad en
  comandita
partnership life insurance – seguro de vida
  sobre socios
partnership property – propiedad de la
  sociedad
party *n* – parte, partido, grupo, fiesta
party aggrieved – la parte agraviada
party and party costs – costas que una parte
  tiene que pagarle a la otra
party at fault – la parte responsable
party in breach – la parte incumplidora
party to be charged – demandado, la parte
  contra la cual se alega incumplimiento
party wall – pared medianera
pass *n* – pase, autorización, paso, pasada
pass *v* – aprobar, adoptar, pasar, fallecer

pass a resolution – adoptar una resolución
pass counterfeit money – circular dinero falsificado
pass judgment – dictar sentencia
pass legislation – aprobar una ley
pass sentence – sentenciar
pass-through entity – entidad cuyas contribuciones pasan sin cobrar hasta llegar a los dueños
pass title – transferir título
passage *n* – pasaje, paso, aprobación, transcurso
passbook *n* – libreta de banco, libreta de ahorros
passenger list – lista de pasajeros
passing *adj* – pasajero, transitorio, pasante, aprobatorio
passing judgment – el dictar sentencia
passing of property – transferencia de propiedad
passing of title – transferencia de título
passion *n* – pasión, emoción violenta
passive *adj* – pasivo, sumiso, inactivo
passive activity – actividad pasiva
passive income – ingresos pasivos
passive investor – inversionista pasivo
passive management – administración pasiva
passive negligence – negligencia pasiva
passive trust – fideicomiso pasivo
passport *n* – pasaporte
password protected – protegido por contraseña
past consideration – contraprestación anterior
past convictions – condenas previas
past debt – deuda preexistente
past due – vencido, en mora
past performance – resultados anteriores, rendimiento anterior, antecedentes
past recollection recorded – relación de un asunto del cual un testigo tenía conocimiento pero que en el momento presente no recuerda bien
past service credit – crédito por servicio previo
past service liability – responsabilidad por servicio previo
pat. pend. (patent pending) – patente pendiente
patent *adj* – patente, manifiesto, evidente, patentado
patent *n* – patente, privilegio, documento de concesión
patent *v* – patentar
patent agent – agente de patentes
patent ambiguity – ambigüedad evidente
patent and copyright clause – cláusula de patentes y derechos de autor
Patent and Trademark Office – Registro de Marcas y Patentes
patent application – solicitud de patente
patent applied for – patente solicitada
patent attorney – abogado de patentes
patent certificate – certificado de patente
patent claim – reclamación de patente
patent defect – vicio evidente
patent holder – tenedor de patente
patent infringement – infracción de patente
patent law – derecho de patentes, ley de patentes
patent licence – licencia de patente
patent license – licencia de patente
patent life – vigencia de la patente
patent office – oficina de patentes
patent pending – patente pendiente
patent pooling – combinación de derechos de patentes
patent protection – protección de patentes
patent right – derecho de patente
patent royalties – regalías de la patente
patent suit – demanda por infracción de patente
patent term – duración de la patente
patentability *n* – patentabilidad
patentable *adj* – patentable
patented *adj* – patentado
patented article – artículo patentado
patented process – proceso patentado
patented product – producto patentado
patentee *n* – patentado, poseedor de patente
patently *adv* – patentemente, evidentemente
patents and trademarks – marcas y patentes
paternal authority – autoridad paterna
paternal line – línea paterna
paternal power – patria potestad
paternal property – propiedad heredada por la vía paterna
paternity leave – licencia por paternidad
paternity suit – demanda de paternidad
paternity test – prueba de paternidad
patient-physician privilege – comunicaciones entre un médico y su paciente las cuales el paciente no tiene que divulgar ni permitir que el médico revele tampoco
patient's bill of rights – declaración de los derechos del paciente
patria potestas – patria potestad
patricide *n* – parricidio, parricida
patrilineal *adj* – patrilineal
patrimonial *adj* – patrimonial
patrimony *n* – patrimonio
patrol *n* – ronda, patrulla
patrol *v* – rondar, patrullar
patrol boat – bote patrullero
patroller *n* – patrullero, policía

patrolman *n* – patrullero, policía
patron *n* – patrocinador, cliente, protector
patronage *n* – patrocinio, clientela
pattern *n* – patrón, modelo, ejemplo, diseño
pauper *n* – indigente
pawn *n* – empeño, pignoración, prenda
pawn *v* – empeñar, pignorar, prendar
pawnbroker *n* – prestamista sobre prendas
pawnee *n* – acreedor prendario
pawnor *n* – deudor prendario
pawnshop *n* – casa de empeños
pay *n* – paga, sueldo, salario, honorarios, remuneración
pay *v* – pagar, abonar, remunerar, saldar, rendir
pay agreement – convenio salarial
pay and conditions – salario y condiciones
pay-as-you-earn – impuestos retenidos
pay as you go – pague al utilizar
pay assignment – cesión salarial
pay at sight – pagar a la vista
pay attention – prestar atención
pay back – reembolsar, devolver, cobrar venganza
pay bargaining – negociación de salario
pay cash – pagar en efectivo
pay ceiling – techo salarial
pay check – cheque de salario
pay cheque – cheque de salario
pay claim – reclamación de salario
pay compression – compresión salarial
pay continuation plan – plan de continuación salarial
pay control – control salarial
pay cut – recorte de salario, recorte de sueldo
pay day – día de pago
pay decrease – disminución salarial
pay dispute – disputa salarial
pay down – efectuar un depósito, hacer un pago inicial, pagar a cuenta
pay earner – quien devenga un salario
pay envelope – sobre que contiene la paga
pay floor – mínimo salarial
pay freeze – congelación de salario
pay garnishment – embargo salarial
pay in – pagar, efectuar un depósito, pagar a cuenta
pay in advance – pagar por adelantado
pay in cash – pagar en efectivo
pay in full – pagar totalmente
pay in installments – pagar a plazos
pay in kind – pagar en especie
pay in lieu of notice – paga en vez de notificación
pay increase – aumento de salario
pay index – índice salarial
pay inflation – inflación salarial
pay level – nivel salarial

pay minimum – mínimo salarial
pay monthly – pagar mensualmente
pay negotiations – negociaciones salariales
pay off – saldar, pagar, despedir a un empleado tras pagarle lo que se le debe, sobornar
pay on account – pagar a cuenta
pay on death – pagar al morir, transferir al morir
pay out – desembolsar, pagar
pay packet – sobre que contiene la paga
pay parity – paridad salarial
pay period – período de pago
pay quarterly – pagar trimestralmente
pay raise – aumento de salario
pay rate – tasa salarial
pay reduction – reducción salarial
pay review – revisión salarial
pay rise – alza salarial
pay scale – escala salarial
pay settlement – convenio salarial
pay slip – hoja de salario, recibo de salario
pay statement – estado de salario
pay structure – estructura salarial
pay tax – impuesto sobre salarios
pay to bearer – pagar al portador
pay to the order of – pagar a la orden de
pay under protest – pagar bajo protesta
pay up – saldar, liquidar, pagar
payable *adj* – pagadero, vencido, pagable
payable at sight – pagadero a la vista
payable in advance – pagadero por adelantado
payable in installments – pagadero a plazos
payable monthly in arrears – pagadero por mes vencido
payable on delivery – pagadero a la entrega
payable on demand – pagadero a la vista
payable to bearer – pagadero al portador
payable to holder – pagadero al portador
payable to order – pagadero a la orden
payback *n* – restitución, retribución, venganza
paycheck *n* – cheque de salario, salario
paycheque *n* – cheque de salario, salario
payday *n* – día de pago
paydown *n* – pago parcial de deuda
payee *n* – tenedor, portador, beneficiario de pago
payer *n* – pagador
paying *adj* – pagador
paying agent – agente pagador
payload *n* – carga útil
paymaster *n* – pagador
payment *n* – pago, abono, sueldo, remuneración, plazo
payment against documents – pago contra documentos

payment authorisation – autorización de pago
payment authorization – autorización de pago
payment before delivery – pago antes de entrega
payment bond – fianza de pago
payment by check – pago por cheque
payment by cheque – pago por cheque
payment cap – máximo de ajuste de pago
payment capacity – capacidad de pago
payment card – tarjeta de pago
payment conditions – condiciones de pago
payment date – fecha de pago
payment delay – demora de pago
payment for services – pago por servicios
payment guarantee – garantía de pago
payment guaranteed – pago garantizado
payment guaranty – garantía de pago
payment history – historial de pagos
payment holiday – permiso para aplazar pagos
payment in advance – pago por adelantado
payment in arrears – pago atrasado
payment in full – pago total
payment in installments – pago a plazos
payment in kind – pago en especie
payment into court – pago judicial
payment is due – el pago se ha vencido
payment method – método de pago
payment of debt – pago de deuda
payment of interest – pago de intereses
payment of principal – pago del principal
payment of salary – pago de salario
payment of taxes – pago de impuestos
payment of wages – pago de salario
payment on account – pago a cuenta
payment order – orden de pago
payment out of court – pago extrajudicial
payment plan – plan de pagos
payment processing – procesamiento de pago
payment receipt – recibo de pago
payment received – pago recibido
payment record – registro de pago
payment refused – pago rechazado
payment schedule – programa de pagos, tabla de pagos
payment terms – términos de pago
payment under protest – pago bajo protesta
payoff *n* – pago, liquidación, recompensa, resultado
payoff statement – declaración del prestador en cuanto los términos del préstamo y lo que falta por cancelarlo
payola *n* – soborno para promover algo
payor bank – banco pagador
payout *n* – pago, rendimiento

payroll *n* – nómina, planilla de sueldos
payroll audit – auditoría de nómina
payroll office – oficina de nómina
payroll records – registros de nómina
payroll tax – impuesto sobre la nómina
peace and quietude – paz y tranquilidad
peace officers – agentes del orden público
peace treaty – tratado de paz
peaceable entry – ingreso a un inmueble sin usar la fuerza
peaceful picketing – piquete pacífico
peaceful possession – posesión pacífica
peaceful protest – protesta pacífica
peak *n* – pico, punta, máximo
peak hours – horas pico, horas punta
peak price – precio durante horas o temporada pico
peak season – temporada pico, temporada punta
peck order – jerarquía entre personas
pecking order – jerarquía entre personas
peculation *n* – peculado, desfalco
peculiar *adj* – peculiar, particular, singular
peculiar behavior – conducta peculiar
peculiar behaviour – conducta peculiar
pecuniary *adj* – pecuniario, monetario
pecuniary damages – daños y perjuicios pecuniarios
pecuniary injury – daños y perjuicios pecuniarios
pecuniary legacy – legado pecuniario
peddle *v* – practicar el oficio de buhonero
peddler *n* – buhonero
pederast *n* – pederasta
pederasty *n* – pederastia
pedestrian *n* – peatón
pedigree *n* – linaje, genealogía
pedlar *n* – buhonero
peer group – grupo paritario
peer review – revisión por grupo paritario
Peeping Tom – voyerista
peerless *adj* – sin igual
peg *n* – estabilización de precios mediante intervención
peg *v* – fijar, estabilizar, clasificar
pegged currency – moneda cuyos ajustes en tipo de cambio están basados en otra
pegging *n* – estabilización de precios mediante intervención
penal action – acción penal
penal bond – obligación penal
penal clause – cláusula penal
penal code – código penal
penal institutions – instituciones penales
penal law – derecho penal, ley penal
penal obligation – obligación penal
penal offense – delito penal
penal servitude – reclusión con trabajos

forzados
penal statute – ley penal
penal suit – juicio penal
penal sum – penalidad, multa
penalisable *adj* – penalizable
penalise *v* – penalizar, penar, multar
penalizable *adj* – penalizable
penalize *v* – penalizar, penar, multar
penalty *n* – penalidad, multa, pena
penalty charge – cargo adicional en caso de incumplimiento
penalty clause – cláusula penal
penalty duty – arancel punitivo, derecho punitivo
penalty interest – tasa de interés mayor en caso de incumplimiento
penalty phase – fase penal
penalty rate – tasa de interés mayor en caso de incumplimiento
pendency *adj* – suspensión
pendency of action – litispendencia
pendent jurisdiction – jurisdicción discrecional
pendente lite – durante el litigio, mientras el caso está pendiente, pendente lite
pending *adj* – pendiente, inminente
pending action – acción pendiente
pending arbitration – arbitraje pendiente
pending business – negocios pendientes
pending case – caso pendiente
pending claim – reclamo pendiente
pending litigation – litigio pendiente
pending proceeding – procedimiento pendiente
pending suit – acción pendiente
penetration *n* – penetración
penitentiary *n* – penitenciaría
penology *n* – penología, criminología
pension *n* – pensión, jubilación, retiro
pension adjustment – ajuste de la pensión
pension contributions – cuotas hacia la pensión
pension fund management – administración de fondo de pensiones
pension income – ingresos de pensiones
pension payments – pagos de la pensión
pension plan – plan de pensiones
pension rights – derecho a una pensión
pension scheme – plan de pensiones
pension shortfall – déficit en la pensión
pension trust – fideicomiso de pensiones
pensionable *adj* – con derecho a una pensión
pensioner *n* – pensionado, pensionista, jubilado
people-intensive *adj* – que requiere muchas personas
peppercorn rent – alquiler nominal, alquiler simbólico

per accident limit – límite por accidente
per annum – por año
per autre vie – durante la vida de otra persona
per capita – por cabeza, per cápita
per cent – por ciento
per consequens – por consecuencia
per curiam – por el tribunal, per curiam
per diem – por día
per head – por cabeza, per cápita
per incuriam – mediante inadvertencia
per minas – mediante amenazas
per procuration – por poder
per quod – mediante el cual
per sample – mediante muestra
per se – en sí mismo, de por sí, per se
per stirpes – por estirpe
per-unit subsidy – subsidio por unidad, subsidio unitario
perceived risk – riesgo percibido
percent *adv* – por ciento
percentage lease – arrendamiento con participación basada en las ventas
percentage of alcohol – porcentaje de alcohol
percentage rent – pago de alquiler incluyendo una cantidad adicional basada en las ventas
perceptible *adj* – perceptible
perception *n* – percepción
percolating waters – aguas filtradas
perdurable *adj* – perdurable, duradero
peremption *n* – rechazo de una acción
peremptory *adj* – perentorio, decisivo, inderogable, absoluto
peremptory challenge – recusación perentoria
peremptory defence – defensa perentoria
peremptory defense – defensa perentoria
peremptory exceptions – excepciones perentorias
peremptory instruction – instrucción perentoria
peremptory notice – notificación perentoria
peremptory order – orden perentoria
peremptory plea – excepción perentoria
peremptory rule – regla perentoria
peremptory writ – orden judicial perentoria
perfect *adj* – perfecto, completo, cumplido
perfect *v* – perfeccionar, completar, cumplir
perfect delegation – delegación perfecta
perfect equity – título completo en equidad
perfect instrument – instrumento registrado
perfect obligation – obligación legal
perfect ownership – dominio perfecto
perfect title – título perfecto
perfect trust – fideicomiso perfecto
perfected lien – gravamen perfeccionado
perfidy *n* – perfidia, traición

perforce *adv* – a la fuerza, inevitablemente
perform *v* – cumplir, ejecutar, ejercer
performance *n* – cumplimiento, ejecución, desempeño, rendimiento
performance audit – auditoría del rendimiento, auditoría de ejecución
performance bond – fianza de cumplimiento, garantía de cumplimiento
performance contract – contrato basado en el rendimiento, contrato basado en la ejecución
performance monitoring – supervisión del rendimiento, supervisión de ejecución
performance of services – prestación de servicios
performance review – evaluación del rendimiento, evaluación de ejecución
perils of the sea – peligros del mar
period *n* – período, plazo, etapa
period certain – período cierto
period of delivery – período de entrega
period of detention – período de detención
period of grace – período de gracia
period of notification – período de notificación
period of redemption – período de rescate de una propiedad hipotecada
periodic audit – auditoría periódica
periodic statement – estado periódico
periodical *n* – periódico
peripheral activity – actividad periférica
periphrasis *n* – perífrasis
perish *v* – perecer, fallecer
perishable goods – bienes perecederos
perjury *n* – perjurio
perks *n* – beneficios adicionales, pequeños beneficios, complementos salariales
permanent *adj* – permanente, fijo, estable
permanent abode – residencia permanente
permanent address – dirección permanente
permanent alimony – pagos permanentes de pensión alimenticia
permanent contract – contrato permanente
permanent damage – daño permanente
permanent disability – discapacidad permanente
permanent disability benefits – beneficios por discapacidad permanente
permanent employee – empleado permanente
permanent employment – empleo permanente
permanent financing – financiamiento permanente
permanent fixtures – instalaciones permanentes
permanent home – residencia permanente
permanent income – ingresos permanentes
permanent injunction – mandamiento

judicial permanente
permanent injury – lesión permanente
permanent insurance – seguro permanente
permanent law – ley permanente
permanent location – ubicación permanente
permanent mortgage – hipoteca permanente
permanent nuisance – estorbo permanente, acto perjudicial permanente
permanent partial disability – discapacidad parcial permanente
permanent personnel – personal permanente
permanent residence – residencia permanente
permanent resident – residente permanente
permanent staff – personal permanente
permanent total disability – discapacidad total permanente
permanently *adv* – permanentemente
permissible activities – actividades permisibles
permission *n* – permiso, licencia
permissive waste – deterioro de inmuebles por omisión
permit *n* – permiso, licencia
permit *v* – permitir, autorizar
permit bond – fianza de licencia
permit for transit – permiso para tránsito
permitted activities – actividades permitidas
permutation *n* – permutación
pernancy *n* – percepción
perpetrate *v* – perpetrar
perpetration *n* – perpetración, comisión
perpetrator *n* – perpetrador
perpetual *adj* – perpetuo, vitalicio, continuo
perpetual annuity – anualidad perpetua
perpetual contract – contrato perpetuo
perpetual easement – servidumbre perpetua
perpetual injunction – mandamiento judicial perpetuo
perpetual insurance – seguro perpetuo
perpetual lease – arrendamiento perpetuo
perpetual lien – gravamen perpetuo
perpetual servitude – servidumbre perpetua
perpetual statute – ley perpetua
perpetual succession – sucesión vitalicia
perpetual trust – fideicomiso perpetuo
perpetuity *n* – perpetuidad
perplex *v* – dejar perplejo, embrollar
perquisites *n* – beneficios adicionales, pequeños beneficios, complementos salariales
persecute *v* – perseguir, acosar, atormentar
persistent violator – reincidente, criminal habitual
person aggrieved – persona agraviada
person charged – persona acusada
person in loco parentis – quien asume el cargo de padre sin adoptar

person of full age – persona mayor de edad
person under disability – persona con discapacidad
persona non grata – persona no grata, persona non grata
personable *adj* – legitimado para actuar ante un tribunal, agradable
personal *adj* – personal, privado
personal action – acción personal
personal assets – bienes personales, bienes muebles, bienes muebles e intangibles
personal assistant – asistente personal
personal automobile policy – póliza de automóvil personal
personal belongings – propiedad personal
personal bias – sesgo personal
personal bond – fianza personal
personal chattel – bienes muebles
personal check – cheque personal
personal cheque – cheque personal
personal contract – contrato personal
personal crime – crimen personal
personal damages – daños contra una persona
personal defence – defensa personal
personal defense – defensa personal
personal digital assistant – asistente digital personal
personal disability – discapacidad personal
personal effects – efectos personales
personal estate – bienes muebles de una persona
personal guardian – tutor en lo que se refiere a niños
personal guarantee – garantía personal
personal guaranty – garantía personal
personal history – historial personal
personal holding company – compañía tenedora controlada por pocas personas
personal identification number – número de identificación personal
personal identity – identidad personal
personal income – ingresos personales
personal injury – lesión personal
personal judgment – sentencia la cual impone responsabilidad personal, opinión personal
personal jurisdiction – jurisdicción sobre la persona
personal knowledge – conocimiento personal
personal law – ley personal
personal liability – responsabilidad personal
personal liberty – libertad personal
personal loan – préstamo personal
personal notice – notificación personal
personal obligation – obligación personal
personal pension – pensión personal

personal property – propiedad personal, bienes muebles
personal recognizance – libertad bajo palabra
personal representative – representante personal
personal residence – residencia personal
personal rights – derechos personales
personal savings – ahorros personales
personal service – notificación personal
personal services – servicios personales
personal servitude – servidumbre personal
personal statutes – leyes personales
personal tax – impuesto personal
personal things – efectos personales
personal tort – acto perjudicial contra una persona, ilícito civil contra una persona
personal trust – fideicomiso personal
personal use – uso personal
personal warranty – garantía personal
personal wealth – riqueza personal, patrimonio personal
personalised service – servicio personalizado
personality *n* – personalidad
personalized service – servicio personalizado
personally *adv* – personalmente
personalty *n* – bienes muebles, bienes muebles e intangibles
personate *v* – hacerse pasar por otra persona
personation *n* – representación engañosa
personnel *n* – personal, plantel
personnel administration – administración de personal
personnel agency – agencia de personal
personnel audit – auditoría de personal
personnel cuts – recortes de personal
personnel management – administración de personal
personnel office – oficina de personal
personnel policy – política de personal
personnel reductions – reducciones de personal
personnel representative – representante de personal
personnel turnover – movimiento de personal, giro de personal
perspective *n* – perspectiva
persuade *v* – persuadir, urgir
persuasion *n* – persuasión
persuasive arguments – argumentos persuasivos
persuasive testimony – testimonio persuasivo
persuasive witness – testigo persuasivo
pertain *v* – pertenecer, concernir
pertinence *n* – pertinencia

pertinent circumstance – circunstancia pertinente
pertinent error – error pertinente
pertinent evidence – prueba pertinente
pertinent fact – hecho pertinente
pertinent testimony – testimonio pertinente
perturb *adj* – perturbar
perverse verdict – veredicto en que el jurado no le presta atención a las instrucciones del juez sobre un punto de la ley
pesticides *n* – pesticidas
petit jury – jurado ordinario
petit larceny – hurto menor
petition *n* – petición, demanda, pedido
petition for divorce – petición para divorcio
petition for name change – petición para cambio de nombre
petition for rehearing – petición para una nueva audiencia
petition for probate – petición para la legalización de un testamento
petition for review – petición para revisión
petition in bankruptcy – petición de quiebra
petition in insolvency – petición de quiebra
petitioner *n* – peticionante, demandante, apelante
petitioning creditor – acreedor solicitante
petitory action – acción petitoria
pettifogger *n* – picapleitos
petty *adj* – menor, trivial
petty cash – caja chica
petty juror – miembro de un jurado ordinario
petty jury – jurado ordinario
petty larceny – hurto menor
petty offender – delincuente menor
petty offense – delito menor, contravención
petty thief – ratero
pg. (page) – página
phase in – introducir gradualmente
phase out – retirar gradualmente
philosophy of law – filosofía del derecho
phishing *n* – phishing
phone message – mensaje telefónico
phone number – número telefónico
photo *n* – foto, fotografía
photocopy *n* – fotocopia
photograph *n* – foto, fotografía
physical *adj* – físico, corporal
physical abuse – abuso físico
physical condition – condición física
physical cruelty – crueldad física
physical custody – custodia física
physical damage insurance – seguro de daños físicos
physical delivery – entrega física
physical disability – discapacidad física
physical fact – hecho material
physical features – características físicas

physical force – fuerza física, violencia física
physical handicap – impedimento físico
physical harm – daño físico
physical impairment – limitación física
physical impossibility – imposibilidad física
physical incapacity – incapacidad física, incapacidad de tener relaciones sexuales
physical injury – lesión corporal
physical inspection – inspección física
physical possession – posesión efectiva
physical protection – protección física
physical shock – choque físico
physical special needs – necesidades especiales físicas
physical suffering – sufrimiento físico
physical verification – verificación física
physical violence – violencia física
physician-patient privilege – comunicaciones entre un médico y su paciente las cuales el paciente no tiene que divulgar ni permitir que el médico revele tampoco
picaroon *n* – pícaro
picket *n* – piquete, piquete de huelga
picket *v* – hacer un piquete
picketer *n* – miembro de un piquete
picketing *n* – hacer piquete
pickpocket *n* – carterista
picture *n* – fotografía, imagen
pie chart – gráfico circular
piece of advice – consejo
piece of information – información
piece of news – noticia
piece rate – salario por parte, tarifa por pieza, tarifa a destajo
piece wage – salario a destajo, salario por pieza
piece work – trabajo a destajo, destajo
piece worker – trabajador a destajo, trabajador por pieza
piecework *n* – trabajo a destajo, destajo
pieceworker *n* – trabajador a destajo, trabajador por pieza
piechart *n* – gráfico circular
pierce the veil – desestimar la personalidad jurídica
piercing the corporate veil – desestimación de la personalidad jurídica
piercing the veil – desestimación de la personalidad jurídica
pigeonhole *n* – casillero
pignorative *adj* – pignoraticio
pilfer *v* – hurtar, ratear
pilferage *n* – hurto, ratería
pilferer *n* – ratero
pillage *n* – pillaje, saqueo
pilot project – proyecto piloto
pimp *n* – alcahuete
PIN (personal identification number) –

número de identificación personal
pin money – dinero para gastos casuales o menores
PIN number – número de identificación personal
pink-collar work – trabajo mal remunerado tradicionalmente efectuado por mujeres
pink slip – notificación de despido
pioneer patent – patente pionera
pipeline *n* – conducto, oleoducto, canal de información
piracy *n* – piratería
pirated *adj* – pirateado
piscary *n* – derecho de pesca
pistol *n* – pistola
pitch *n* – lo que dice un vendedor quien quiere vender algo
pitfall *n* – peligro, peligro no evidente
pittance *n* – miseria
placard *n* – cartel, letrero, edicto, anuncio
place *n* – lugar, local, puesto
place *v* – poner, establecer, dar empleo
place of abode – residencia, domicilio
place of birth – lugar de nacimiento
place of business – domicilio comercial
place of contract – lugar del contrato
place of death – lugar de defunción
place of delivery – lugar de entrega
place of employment – lugar de empleo
place of incorporation – lugar donde se ha constituido una corporación
place of performance – lugar de cumplimiento
place of registration – lugar de registro
place of residence – lugar de residencia
place of work – lugar de trabajo
placement agency – agencia de colocaciones
placement office – oficina de colocaciones
placer claim – pertenencia de un depósito mineral superficial
placit *n* – decreto
plagiarism *n* – plagio
plagiarist *n* – plagiario
plagiarize *v* – plagiar
plagium *n* – secuestro
plain *adj* – simple, sencillo, evidente
plain error rule – regla que indica que se debe revocar una sentencia si hubo errores evidentes durante el juicio
plain language – lenguaje sencillo
plainly *adv* – evidentemente
plaint *n* – demanda, querella
plaintiff *n* – demandante, querellante, accionante
plaintiff in error – apelante
plan *n* – plan, plano, proyecto
plan *v* – planificar
plan administration – administración de plan

planned economy – economía planificada
planning board – junta de planificación
planning commission – comisión de planificación
plant *n* – planta, fábrica
plant and equipment – planta y equipo
plant manager – gerente de planta, gerente de fábrica
plant patent – patente sobre una planta nueva
plat *n* – plano, diseño, parcela
platform *n* – plataforma
plausible *adj* – verosímil, razonable
player *n* – jugador, persona influyente en un ámbito dado
PLC (public limited company) – sociedad anónima, compañía pública de responsabilidad limitada
plea *n* – alegato, alegación, defensa
plea agreement – acuerdo en que el acusado reconoce su culpabilidad de delito inferior
plea bargaining – alegación de culpabilidad de delito inferior
plea deal – acuerdo en que el acusado reconoce su culpabilidad de delito inferior
plea in bar – excepción perentoria
plea in reconvention – reconvención
plea of guilt – alegación de culpabilidad
plea of guilty – alegación de culpabilidad
plea of innocence – alegación de inocencia
plea of innocent – alegación de inocencia
plea of insanity – alegación de insania
plea of nolo contendere – alegación en la cual no se contesta a la acusación, nolo contendere
plea of not guilty – alegación de inocencia
plead *v* – alegar, abogar, defender
plead a cause – defender una causa
plead guilty – declararse culpable
plead not guilty – declararse no culpable
plead over – no aprovecharse de un error de procedimiento de la parte contraria
pleader *n* – quien alega, abogado
pleading *n* – alegato, alegación, defensa
pleading the fifth – ampararse bajo la quinta enmienda constitucional
please forward – favor de enviar, favor de reenviar
plebiscite *n* – plebiscito
pledge *n* – prenda, pignoración, garantía, promesa, compromiso
pledged account – cuenta pignorada
pledgee *n* – acreedor prendario
pledger *n* – deudor prendario
pledgor *n* – deudor prendario
plenary *adj* – pleno, completo, plenario
plenary action – juicio ordinario
plenary admission – admisión plena
plenary confession – confesión plena

plenary jurisdiction – jurisdicción plena
plenary powers – plenos poderes
plenary session – sesión plenaria
plene administravit – defensa de parte de un
  administrador en que se alega que se han
  administrado todos los bienes
plenipotentiary adj – plenipotenciario
plot n – lote, solar, plano, complot, trama
plot v – delinear, conspirar
plot plan – plano del lote, plano del solar
plottage n – valor adicional que tienen los
  lotes urbanos al ser parte de una serie
  contigua
plottage value – valor adicional que tienen
  los lotes urbanos al ser parte de una serie
  contigua
plough back – reinvertir
plug v – hacer propaganda
plunder n – botín, pillaje
plunder v – rapiñar, saquear, pillar
plunderage n – pillaje a bordo de una nave
plundering n – rapiña, saqueo
plural marriage – bigamia, poligamia
PO Box (post office box) – apartado de
  correos
poach v – cazar furtivamente
poaching n – caza furtiva
pocket veto – veto indirecto presidencial
  resultando de su inactividad concerniente a
  un proyecto de ley
point of entry – punto de entrada
point of law – cuestión de derecho
point of view – punto de vista
point reserved – cuestión de derecho
  decidida provisionalmente para estudiarla
  más a fondo
point system – sistema de puntos
poison n – veneno
poison pill – píldora venenosa
poisonous tree doctrine – doctrina según la
  cual si se obtienen pruebas tras un arresto o
  allanamiento ilegal que estas pruebas podrían
  ser inadmisibles aunque se hayan obtenido
  debidamente
polar star rule – regla según la cual un
  documento ambiguo se debe interpretar
  conforme a la intención de quien lo creó
police n – policía
police action – acción policial
police authorities – autoridades policiales
police brutality – brutalidad policial
police court – tribunal policial
police department – departamento de policía
police headquarters – jefatura de policía
police justice – juez de paz
police officer – policía, oficial de policía
police power – poder de policía
police questioning – interrogatorio policial

police record – antecedentes penales
policeman n – policía
policewoman n – mujer policía
policy n – póliza, política
policy anniversary – aniversario de póliza
policy cancellation – cancelación de póliza
policy clauses – cláusulas de póliza
policy condition – condición de póliza
policy date – fecha de póliza
policy declaration – declaración de póliza
policy expiration date – fecha de expiración
  de póliza
policy face – valor nominal de póliza
policy fee – cargo por procesar una póliza,
  cargo adicional de póliza
policy guidelines – directrices de políticas
policy limit – límite de póliza
policy loan – préstamo garantizado con una
  póliza de seguros
policy number – número de póliza
policy of insurance – póliza de seguros
policy of the law – la intención de la ley
policy owner – tenedor de póliza, asegurado
policy period – período de póliza
policy provisions – cláusulas de póliza
policy requirement – requisito de póliza
policy stipulation – estipulación de póliza
policy terms – términos de póliza
policy year – aniversario de la emisión de una
  póliza
policyholder n – asegurado
policymakers n – quienes establecen
  políticas
policymaking n – establecimiento de política
political adj – político
political assemblies – asambleas políticas
political bias – parcialidad política
political cooperation – cooperación política
political corporation – ente público
political correctness – corrección política
political corruption – corrupción política
political crime – crimen político
political donation – contribución política
political influence – influencia política
political law – derecho político, ciencias
  políticas
political liberty – libertad política
political offenses – delitos políticos
political office – cargo político
political party – partido político
political rights – derechos políticos
political risk – riesgo político
political subdivision – subdivisión política
political system – sistema político
politically correct – políticamente correcto
politically incorrect – políticamente
  incorrecto
politician n – político

politics *n* – política
polity *n* – gobierno establecido, constitución política, estado
poll *n* – encuesta, sondeo, escrutinio, votación, listado electoral
poll *v* – cuestionar uno a uno los integrantes de un jurado para confirmar su veredicto
poll tax – impuesto de capitación
polling *n* – sondeo
polling the jury – cuestionar uno a uno los integrantes de un jurado para confirmar su veredicto
pollutant *adj* – contaminante
pollute *v* – contaminar, corromper
polluter pays principle – principio de quien contamina debe pagar el resultante costo social
polluting *adj* – contaminador
pollution *n* – contaminación
pollution reduction – reducción de la contaminación
polyandry *n* – poliandria
polygamous *adj* – polígamo
polygamy *n* – poligamia
polygraph *n* – polígrafo
polypoly *n* – polipolio
Ponzi scheme – esquema de Ponzi
pool *n* – fondo común, fondo, agrupación, consorcio, piscina
pooling *n* – el combinar fondos, el agrupar
pooling of interests – agrupamiento de intereses
poor man's oath – juramento de pobreza
popular assemblies – asambleas populares
popular opinion – opinión popular
popular sense – sentido popular
population census – censo de población
populist *adj* – populista
populist *n* – populista
pornographic material – material pornográfico
port authority – autoridad portuaria
port of entry – puerto de entrada
port of exit – puerto de salida
port of registry – puerto de matriculación
port of shipment – puerto de embarque
port-reeve *n* – funcionario portuario
port-to-port *adj* – de puerto a puerto
port-warden *n* – funcionario portuario
portable mortgage – hipoteca transferible a otra propiedad
portable pension – pensión transferible a otro patrono
portfolio *n* – cartera de valores, valores en cartera, portafolio
portfolio administration – administración de cartera de valores
portion *n* – porción

position *n* – posición, colocación, punto de vista, posición en el mercado, empleo
position of authority – posición de autoridad
position of power – posición de poder
position of trust – posición de confianza
positioning *n* – posicionamiento
positive bias – sesgo positivo
positive discrimination – discriminación positiva
positive evidence – prueba directa, prueba positiva
positive fraud – fraude real
positive identification – identificación positiva
positive law – ley positiva
positive misprision – mala administración en un cargo público
positive proof – prueba directa, prueba positiva
positive testimony – testimonio directo
positive wrong – acto ilícito intencional
posse *n* – posibilidad, personas actuando bajo el comando de un funcionario policial para efectuar un arresto
posse comitatus – el conjunto de las personas de una sociedad las cuales pueden ser requeridas a ayudar a los funcionarios policiales para efectuar arrestos
possess *v* – poseer, posesionar
possessio – posesión
possession *n* – posesión
possessions proceedings – procedimientos judiciales para la recuperación de propiedad y/o bienes
possessor *n* – poseedor
possessory *adj* – posesorio
possessory action – acción posesoria
possessory lien – privilegio de retención
possibility *n* – posibilidad
possibility of reverter – posibilidad de reversión
possible claim – posible reclamación
post *n* – puesto, cargo, correo, entrega de correo, nota, puesto militar
post *v* – asentar, anunciar, situar, enviar por correo, colocar una nota, destinar
post-act *n* – acto posterior
post-audit *adj* – post-auditoría
post bail – prestar fianza
post-bankruptcy *adj* – post-bancarrota
post card – tarjeta postal
post-consumer *adj* – postconsumidor
post diem – después del día, post diem
post facto – después del hecho, post facto
post fraud – fraude cometido usando el servicio postal
post-free *adj* – con franqueo pagado
post hoc – después de esto, post hoc

post-mortem examination – autopsia
post-nuptial agreement – convenio
  postnupcial
post-nuptial settlement – convenio
  postnupcial
post-obit bond – garantía a pagarse tras la
  muerte de un tercero
post office – oficina de correos, oficina postal
post office box – apartado de correos
post-paid adj – con franqueo pagado
postage and packing – franqueo y embalaje
postal adj – postal
postal address – dirección postal
postal money order – giro postal
postal order – giro postal
postbox n – buzón
postcard n – tarjeta postal
postcode n – código postal
postdate v – posfechar
postdated adj – posfechado
postdated check – cheque posfechado
postdated cheque – cheque posfechado
posted price – precio anunciado, precio
  publicado, precio de lista
posted waters – aguas con avisos del dueño
  de que no se pueden usar por nadie más
poster n – cartel, póster
posteriority n – posterioridad
posterity n – posteridad
postfactum – un hecho posterior
postgraduate adj – posgraduado
posthumous child – hijo póstumo
posthumous work – obra póstuma
posting n – asiento, entrada, anuncio,
  colocación de nota
posting date – fecha de asiento, fecha de
  entrada
posting error – error de asiento, error de
  entrada
postliminium n – postliminio
postmark n – matasellos
postmark v – matasellar
postmaster n – jefe de correos
postpaid adj – con franqueo pagado
postpone v – posponer, aplazar, diferir
postpone a case – posponer un caso
postponed adj – aplazado, diferido
postponement n – aplazamiento
postponement of trial – aplazamiento de un
  juicio
postscript n – postdata
potable adj – potable
potentate n – potentado
potential danger – peligro potencial
pound n – corral municipal, prisión, libra
pound v – aporrear, golpear
pound breach – el romper un corral o
  depósito para llevarse el contenido

pour-over will – testamento donde se pasa la
  propiedad a un fideicomiso al morirse
pourparty n – repartición
poverty affidavit – declaración jurada de
  pobreza
poverty line – línea de pobreza
poverty trap – trampa de pobreza
power n – poder, poderío, potencia, fuerza,
  capacidad
power coupled with an interest – poder
  combinado con un interés de parte del
  apoderado
power of alienation – poder de disposición
power of appointment – facultad de
  nombramiento
power of arrest – poder de arrestar
power of attorney – poder, poder legal, poder
  notarial
power of disposition – facultad de
  disposición
power of revocation – facultad de revocación
power of sale – poder de venta
power politics – política del poder
power struggle – lucha por el poder
pp. (pages) – páginas
PR (public relations) – relaciones públicas
practicable adj – factible
practical impossibility – imposibilidad
  práctica
practice n – práctica, costumbre, ejercicio de
  una profesión
practice v – practicar, ejercer
practice acts – leyes procesales
practice law – ejercer la abogacía
practice of law – ejercicio de la abogacía
practise n – práctica, costumbre, ejercicio de
  una profesión
practise v – practicar, ejercer
practitioner n – profesional
praecipe n – orden, orden judicial
praxis n – práctica
prayer for relief – petitorio
pre-approved loan – préstamo preaprobado
pre-arrange v – arreglar de antemano
pre-audience n – el derecho de ser
  escuchado antes que otro
pre-audit n – preauditoría
pre-authorised adj – preautorizado
pre-authorized adj – preautorizado
pre-bankruptcy adj – prebancarrota,
  prequiebra
pre-condition n – precondición
pre-contract n – precontrato
pre-contractual adj – precontractual
pre-filing adj – antes de la presentación, antes
  del registro
pre-judgment adj – antes del fallo, antes de
  la sentencia

pre-judgment interest – intereses acumulados antes del fallo

pre-marital agreement – pacto antenupcial, convenio premarital

pre-notification *n* – prenotificación

pre-owned *adj* – usado

pre-paid *adj* – prepagado, pagado por adelantado

pre-paid charges – cargos prepagados

pre-pay *v* – prepagar, pagar por adelantado

pre-payment *n* – prepago, pago adelantado

pre-sale *n* – preventa, venta de inmuebles antes de construirse las edificaciones

pre-sentence report – informe al juez antes de la determinación de una sentencia

pre-sentencing *adj* – antes de la determinación de una sentencia

pre-settlement *adj* – antes del convenio, antes de la liquidación

pre-tax income – ingresos antes de impuestos

pre-trial *adj* – antes de iniciar el juicio

pre-trial conference – conferencia antes de iniciar el juicio

pre-trial discovery – procedimientos para obtener información o pruebas antes de un juicio

pre-trial diversion – sistema en el cual un acusado sirve un período en probatoria y al cumplirse dicho período de forma satisfactoria se podría abandonar la acusación

pre-trial intervention – programa mediante el cual se permite que ciertos acusados se rehabiliten en vez de tener que ir a juicio

preamble *n* – preámbulo

preappointed evidence – prueba preestablecida por ley

prearrange *v* – arreglar de antemano

prearranged *adj* – preestablecido, anteriormente arreglado

preaudience *n* – el derecho de ser escuchado antes que otro

preaudit *n* – preauditoría

preauthorised *adj* – preautorizado

preauthorized *adj* – preautorizado

preauthorized charge – cargo preautorizado

precarious loan – préstamo precario

precarious possession – posesión precaria

precarious right – derecho precario

precatory trust – fideicomiso implícito

precatory words – palabras de solicitud

precaution *n* – precaución, prudencia

precautionary measures – medidas preventivas

precede *v* – preceder, tener prioridad

precedence *n* – precedencia, antelación

precedent *n* – precedente, antecedente, jurisprudencia

precept *n* – precepto, orden, orden judicial

precinct *n* – recinto

precipitation *n* – precipitación

précis *n* – resumen

preclude *v* – prevenir, impedir, evitar

preclusion *n* – preclusión, prevención

preconceived malice – premeditación

precondition *n* – precondición

precontractual *adj* – precontractual

predate *v* – prefechar, antedatar

predated *adj* – prefechado, antedatado

predator *n* – depredador, predador

predatory *adj* – predatorio, depredador

predatory dumping – dumping predatorio

predatory pricing – precios predatorios

predatory rate – tasa predatoria

predecease *v* – morir antes que otra persona

predecessor *n* – predecesor

predestined interpretation – interpretación predestinada

predetermined *adj* – predeterminado

predial servitude – servidumbre predial

predictable *adj* – predecible, previsible

predispose *v* – predisponer

predisposition *n* – predisposición

predominant *adj* – predominante

preemption *n* – prioridad

preemptive rights – derechos prioritarios

preexisting condition – condición preexistente

preexisting debt – deuda preexistente

prefabricated house – casa prefabricada

prefer *v* – dar prioridad, entablar una acción judicial, preferir

preference *n* – preferencia, prioridad

preferential treatment – trato preferencial

preferred shareholder – accionista preferido

preferred shares – acciones preferidas

pregnancy *n* – embarazo

pregnant *adj* – embarazada

pregnant affirmative – afirmación que a su vez implica una negación favorable al adversario

pregnant negative – negación la cual además implica una afirmación

prejudge *v* – prejuzgar

prejudgment *adj* – antes del fallo, antes de la sentencia

prejudgment interest – intereses acumulados antes del fallo

prejudice *n* – prejuicio, parcialidad

prejudicial error – error perjudicial

prelease *n* – prearrendamiento

preliminary agreement – convenio preliminar, contrato preliminar

preliminary audit – auditoría preliminar

preliminary contract – contrato preliminar

preliminary evidence – prueba preliminar

preliminary examination – examen

preliminar de una causa
preliminary hearing – vista preliminar
preliminary injunction – mandamiento judicial preliminar, requerimiento provisional
preliminary measures – medidas preliminares
preliminary negotiations – negociaciones preliminares
preliminary notice – notificación preliminar
preliminary proof – prueba preliminar
preliminary restraining order – inhibitoria preliminar
preliminary statement – declaración preliminar
preliminary warrant – orden de arresto preliminar
premarital agreement – pacto antenupcial, convenio premarital
premature birth – nacimiento prematuro
premeditate *v* – premeditar
premeditated act – acto premeditado
premeditated malice – malicia premeditada
premeditated murder – asesinato premeditado
premeditation *n* – premeditación
premise *n* – premisa, observaciones preliminares
premises *n* – premisas, local, instalaciones
premises liability – responsabilidad de local
premium *adj* – superior, de calidad superior
premium *n* – prima, premio, recargo
premium notice – aviso de fecha de pago de prima
premium paid – prima pagada
prenatal injuries – lesiones prenatales
prenuptial agreement – pacto antenupcial, convenio premarital
preowned *adj* – usado
prepackaged bankruptcy – bancarrota con un plan de reorganización negociado antes del juicio de quiebra
prepaid charges – cargos prepagados
prepaid legal services – servicios legales prepagados
preparation *n* – preparación
prepared *adj* – preparado
prepay *v* – prepagar, pagar por adelantado
prepayment *n* – prepago, pago adelantado
prepayment of insurance – prepago de seguro
prepayment penalty – penalidad por prepago
prepayment privilege – privilegio de prepago
prepense *adj* – premeditado
preponderance of evidence – preponderancia de la prueba
prequalification *n* – precalificación, precualificación
prerecorded *adj* – pregrabado

prerequisite *n* – requisito previo
prerogative *n* – prerrogativa
presale *n* – preventa
prescribable *adj* – prescriptible
prescribe *v* – prescribir, ordenar, recetar
prescribed *adj* – prescrito
prescription *n* – prescripción, receta
prescriptive easement – servidumbre adquirida mediante la prescripción
prescriptive period – período de prescripción
presence of an officer – en presencia de un oficial de la ley
presence of the court – en presencia del tribunal
presence of the testator – en presencia del testador
present *adj* – presente, actual, corriente
present *n* – regalo, donación
present *v* – presentar, mostrar, plantear
present a check – presentar un cheque
present a cheque – presentar un cheque
present age – edad actual
present an offer – presentar una oferta
present consideration – contraprestación corriente
present conveyance – cesión con efecto inmediato
present debt – deuda actual
present enjoyment – posesión y uso presente
present evidence – presentar evidencia
present facts – presentar hechos
present for collection – presentar al cobro
present formally – presentar formalmente
present heirs – los herederos de una persona el día de su fallecimiento
present holdings – cartera de inversiones actual, posesiones actuales
present interest – interés actual
present liability – responsabilidad corriente
present licence – licencia actual
present license – licencia actual
present member – miembro actual
present occupancy – ocupación actual
present occupation – ocupación actual
present offer – oferta actual
present owner – dueño actual
present policy – póliza actual, política actual
present possession – posesión actual
present price – precio corriente
present rate – tasa actual
present responsibility – responsabilidad corriente
present salary – salario actual, sueldo actual
present state – estado actual
present status – estado actual
present terms – términos actuales
present value – valor actual
presentation *n* – presentación

presentation of documents – presentación de documentos

presentation of evidence – presentación de evidencia

presentation of testimony – presentación de testimonio

presentence investigation – investigación de los antecedentes de un convicto antes de dictar la sentencia

presentencing *adj* – antes de la determinación de una sentencia

presently *adv* – presentemente, dentro de poco

presentment *n* – presentación

preservation of resources – conservación de recursos

preserve *v* – preservar, conservar

preserved *adj* – preservado, conservado

preset *adj* – preestablecido

preset conditions – condiciones preestablecidas

preset rent – renta preestablecida

presettlement *n* – preconvenio, preliquidación

preside *v* – presidir

preside over – presidir

presidency *n* – presidencia

president and chief executive – presidente y director ejecutivo

president and chief executive officer – presidente y director ejecutivo

president and managing director – presidente y director ejecutivo, presidente y director gerente

president of the board – presidente de la junta directiva

president of the board of directors – presidente de la junta directiva

president of the executive board – presidente de la junta directiva

president of the executive committee – presidente de la junta directiva

president of the management board – presidente de la junta directiva

presidential election – elección presidencial

presidential powers – poderes presidenciales

presold *adj* – prevendido

press *n* – prensa

press advertisement – anuncio de prensa

press agency – agencia de prensa

press agent – agente de prensa

press association – asociación de prensa

press campaign – campaña de prensa

press charges – acusar formalmente

press conference – conferencia de prensa

press coverage – cobertura de prensa

press secretary – secretario de prensa

press statement – declaración de prensa

pressure group – grupo de presión

pressure selling – ventas bajo presión

prestige *n* – prestigio

presumably *adv* – presumiblemente

presume innocence – presumir inocencia

presumed agency – agencia presunta

presumed guilt – culpabilidad presunta

presumed innocence – inocencia presunta

presumed intent – intención presunta

presumption *n* – presunción, conjetura

presumption of access – presunción de acceso

presumption of death – presunción de fallecimiento

presumption of fact – presunción de hecho

presumption of guilt – presunción de culpa

presumption of innocence – presunción de inocencia

presumption of knowledge – presunción de conocimiento

presumption of legitimacy – presunción de legitimidad

presumption of marriage – presunción de matrimonio

presumption of paternity – presunción de paternidad

presumption of sanity – presunción de cordura

presumption of survivorship – presunción de supervivencia

presumptions of law – presunciones de derecho

presumptive *adj* – presunto

presumptive damages – daños y perjuicios presuntos

presumptive death – muerte presunta

presumptive disability – discapacidad presunta

presumptive evidence – prueba presunta

presumptive heir – heredero presunto

presumptive notice – notificación presunta

presumptive ownership – propiedad presunta

presumptive proof – prueba presunta

presumptive title – título presunto

presumptive trust – fideicomiso presunto

pretax *adj* – preimpuestos, antes de impuestos

pretend *v* – fingir, aparentar, afirmar

pretended *adj* – supuesto, presunto

pretense *n* – pretensión, simulación

preterlegal – ilegal

pretermission *n* – preterición

pretermitted heir – heredero omitido

pretext *n* – pretexto

pretrial *adj* – antes de iniciar el juicio

pretrial conference – conferencia antes de iniciar el juicio

pretrial discovery – procedimientos para obtener información o pruebas antes de un juicio
pretrial diversion – sistema en el cual un acusado sirve un período en probatoria y al cumplirse dicho período de forma satisfactoria se podría abandonar la acusación
pretrial intervention – programa mediante el cual se permite que ciertos acusados se rehabiliten en vez de tener que ir a juicio
pretrial review – revisión antes de iniciar el juicio
prevail *v* – prevalecer, estar en vigor
prevailing *adj* – prevaleciente, corriente
prevailing terms – términos prevalecientes
prevarication *n* – prevaricato
prevent *v* – prevenir, impedir, evitar
preventative *adj* – preventivo
prevention *n* – prevención, impedimento
preventive action – acción preventiva
preventive detention – detención preventiva
preventive injunction – orden judicial preventiva, interdicto preventivo
preventive justice – justicia preventiva
preventive maintenance – mantenimiento preventivo
preventive measure – medida preventiva
preview *n* – preestreno, avance, vista previa
previous *adj* – previo, anterior
previous adjudication – adjudicación previa
previous convictions – condenas previas
previous deposit – depósito previo
previous disability – discapacidad previa
previous employment – empleo previo
previous history – historial previo
previous inconsistent statements – declaraciones previas de un testigo inconsistentes con sus declaraciones presentes
previous injury – lesión previa
previous job – empleo previo
previous marriage – matrimonio previo
previous order – orden previa
previous terms – términos previos
previous testimony – testimonio anterior
prey *v* – explotar, aprovecharse de
price *n* – precio, cotización, valor
price *v* – poner un precio, fijar un precio
price cartel – cartel de precios
price deregulation – desregulación de precios
price dumping – dumping de precios
price-fixing agreement – acuerdo de fijación de precios
price freeze – congelación de precios
price rigging – manipulación de precios
price subsidies – subsidios de precios
priceless *adj* – inestimable
pricing *n* – fijación de precio, cómputo de precios

primacy *n* – primacía
prima facie – a primera vista, presumiblemente, prima facie
prima facie case – causa la cual prevalecerá a menos que se pruebe lo contrario
prima facie evidence – prueba adecuada a primera vista
primary *adj* – primario, fundamental, principal
primary account – cuenta principal
primary action – acción principal
primary allegation – alegación inicial
primary beneficiary – beneficiario principal
primary boycott – boicot principal
primary contract – contrato original, contrato principal
primary conveyances – cesiones originarias
primary creditor – acreedor principal
primary custody – custodia principal
primary defendant – demandado principal
primary election – elección primaria
primary evidence – prueba directa
primary fact – hecho principal
primary insurance – seguro primario
primary insurer – asegurador primario
primary jurisdiction – jurisdicción primaria
primary liability – responsabilidad directa
primary obligation – obligación principal
primary physical custody – custodia física principal
primary place of business – oficina central, sede
primary powers – poderes principales
primary residence – residencia principal
primary rights – derechos primarios
prime *adj* – primario, de primera calidad, principal
prime contractor – contratista principal
prime interest rate – tasa de interés preferencial
prime minister – primer ministro
prime rate – tasa de interés preferencial
primogeniture *n* – primogenitura
principal *adj* – principal, esencial
principal *n* – principal, mandante, causante, poderdante, capital
principal action – acción principal
principal activity – actividad principal
principal beneficiary – beneficiario principal
principal contract – contrato principal
principal creditor – acreedor principal
principal defendant – demandado principal
principal fact – hecho principal
principal in the first degree – autor principal de un crimen
principal in the second degree – cómplice
principal insurance – seguro principal

principal, interest, taxes, and insurance – principal, interés, impuestos, y seguro
principal lease – arrendamiento principal
principal obligation – obligación principal
principal office – sede
principal officer – representante principal
principal place of business – sede
principal register – registro principal
principal residence – residencia principal
principle of legality – principio de la legalidad
print *v* – imprimir, publicar
printed *adj* – impreso, publicado
printed form – formulario impreso
prior acts coverage – cobertura por actos previos
prior adjudication – sentencia anterior
prior approval – aprobación previa
prior art – conocimientos y patentes previos concernientes al invento en cuestión, arte anterior
prior conviction – condena previa
prior creditor – acreedor privilegiado
prior deposit – depósito previo
prior employment – empleo previo
prior inconsistent statements – declaraciones previas de un testigo inconsistentes con sus declaraciones presentes
prior injury – lesión previa
prior job – empleo previo
prior knowledge – conocimiento previo
prior lien – privilegio superior, gravamen superior
prior mortgage – hipoteca superior, hipoteca precedente
prior notice – notificación previa
prior obligation – obligación previa
prior order – orden previa
prior registration – registro previo, inscripción previa
prior rights – derechos previos
prior terms – términos previos
prior testimony – testimonio anterior
prior use – uso previo
prioritise *v* – priorizar
prioritize *v* – priorizar
priority *n* – prioridad, precedencia
priority claim – reclamo preferencial
priority debt – deuda preferencial
priority mail – correo preferencial
priority of liens – prioridad de privilegios
priority post – correo preferencial
prison breach – fuga de una prisión mediante el uso de la violencia
prison breaking – fuga de una prisión mediante el uso de la violencia
prison escape – fuga de una prisión

prison rule – regla de prisión
prison sentence – condena, condena de prisión
prison term – término de prisión
prisoner *n* – prisionero
prisoner at the bar – el acusado ante el tribunal
privacy *n* – privacidad, intimidad
privacy concerns – preocupaciones sobre la privacidad
privacy laws – leyes sobre la privacidad
privacy statement – declaración sobre la privacidad
privacy violations – violaciones de la privacidad
private *adj* – privado, personal, secreto
private act – ley aplicable a determinadas personas o grupos
private activity – actividad privada
private affairs – asuntos privados
private agent – agente privado
private agreement – convenio privado
private annuity – anualidad privada
private auction – subasta privada
private auditor – auditor privado
private authority – autoridad privada
private bank – banco sin incorporar
private banking – banca privada
private bill – proyecto de ley concerniente a determinadas personas o grupos
private boundary – límite artificial
private business – empresa privada
private capacity – carácter privado
private capital – capital privado
private carrier – transportador privado
private company – compañía privada, sociedad privada
private conduit – conducto privado
private contract – contrato privado
private corporation – corporación privada, persona jurídica privada
private deposits – depósitos privados
private detective – detective privado
private documents – documentos privados
private domain – dominio privado
private dwelling – vivienda privada
private easement – servidumbre privada
private enterprise – empresa privada
private ferry – transbordador privado
private gain – ganancia privada
private guard – guardia privado
private hospital – hospital privado
private household – vivienda privada
private income – ingresos privados
private individual – individuo privado
private injuries – daños a los derechos privados
private institution – institución privada

private insurance – seguro privado
private interest – interés privado
private international law – derecho internacional privado
private investigator – investigador privado
private investment – inversión privada
private investor – inversionista privado
private issue – emisión privada
private land grant – concesión de tierras públicas a un individuo
private lands – tierras privadas
private law – derecho privado
private lender – prestador privado
private liability – responsabilidad privada
private limited company – sociedad limitada privada, compañía limitada privada
private limited partnership – sociedad en comandita privada
private means – fortuna personal
private meeting – reunión privada
private mortgage insurance – seguro hipotecario privado
private nuisance – estorbo privado, estorbo que perjudica a un número limitado de personas
private offer – oferta privada
private offering – ofrecimiento privado
private office – oficina privada
private ownership – propiedad privada
private pension plan – plan de pensiones privado
private person – persona privada
private place – lugar privado
private placement – la entrega de hijos para adopción sin el uso de organizaciones intermediarias, colocación privada
private property – propiedad privada
private prosecutor – acusador privado
private purpose – propósito privado
private record – registro privado
private rights – derechos privados
private road – camino privado
private sale – venta privada
private seal – sello privado
private school – escuela privada
private secretary – secretario privado, secretario personal
private sector – sector privado
private session – sesión privada
private statute – ley aplicable a determinadas personas o grupos
private stream – arroyo privado
private treaty – tratado privado
private trust – fideicomiso privado
private use – uso privado
private waters – aguas privadas
private way – derecho de paso
private wharf – muelle privado

private wrong – violación de derechos privados
privately *adv* – privadamente
privation *n* – privación
privatisation *n* – privatización
privatise *v* – privatizar
privatised *adj* – privatizado
privatization *n* – privatización
privatize *v* – privatizar
privatized *adj* – privatizado
privies *n* – partes con interés común, partes con relación entre si, copartícipes
privilege *n* – privilegio, inmunidad, exención
privilege against self-incrimination – derecho a no autoincriminarse
privilege from arrest – inmunidad de arresto
privilege of jurisdiction – inmunidad de jurisdicción
privilege of parliament – inmunidad parlamentaria
privilege tax – impuesto sobre negocios requiriendo licencias o franquicias
privileged *adj* – privilegiado, inmune, exento, confidencial
privileged communications – comunicaciones privilegiadas
privileged creditor – acreedor privilegiado
privileged debts – deudas privilegiadas
privileged from arrest – con inmunidad de arresto
privileged information – información privilegiada
privileges and immunities clause – cláusula constitucional concerniente a los privilegios e inmunidades
privity *n* – relación jurídica, relación contractual
privity of contract – relación contractual
privity of estate – relación jurídica concerniente a un inmueble
privy *n* – persona con interés común, parte interesada, copartícipe
Privy Council – Consejo Privado, Consejo de la Corona
privy verdict – veredicto privado
prize *n* – premio, presa
prize courts – tribunales de presas
prize law – derecho de presas
prize money – dinero de presas
prize of war – presa de guerra
pro and con – a favor y en contra
pro bono – por el bien, para el bienestar, servicios gratuitos, pro bono
pro bono publico – por el bien público, para el bienestar público, pro bono publico
pro confesso – como confesado, pro confesso
pro forma – de mera formalidad, pro forma

pro hac vice – para esta ocasión, por esta vez, pro hac vice
pro rata distribution – distribución prorrateada
pro rate – prorratear
pro se – por uno mismo, pro se
pro socio – por un socio, pro socio
pro tem – provisoriamente, interino, pro tem
pro tempore – provisoriamente, interino, pro tempore
proactive *adj* – proactivo
probability *n* – probabilidad
probable cause – causa probable
probably *adv* – probablemente
probate *n* – legalización de un testamento, verificación de un testamento, homologación de testamento
probate bond – fianza requerida como parte de los procedimientos de sucesiones y tutelas
probate code – código de sucesiones y tutelas
probate court – tribunal de sucesiones y tutelas, tribunal sucesorio
probate duty – impuesto de sucesión
probate jurisdiction – jurisdicción en asuntos de sucesiones y tutelas, jurisdicción en asuntos testamentarios
probate proceeding – juicio concerniente a una sucesión, juicio concerniente a una tutela
probation *n* – libertad condicional, período de prueba, prueba
probation officer – funcionario el cual supervisa a quienes están bajo libertad condicional
probation period – período de prueba
probationary *adj* – probatorio
probationary employee – empleado probatorio
probationary period – período probatorio
probationer *n* – quien está en un período de prueba, quien está en libertad condicional
probative facts – hechos probatorios
probative value – valor probatorio
probe *n* – investigación, interrogatorio
probe *v* – investigar, interrogar
probity *n* – probidad, rectitud
problem bank – banco con alta proporción de préstamos de algún modo en incumplimiento
problematic *adj* – problemático, incierto
procedendo – auto del tribunal superior con devolución del caso, auto ordenando la continuación de procesos
procedural audit – auditoría de procedimientos
procedural law – derecho procesal
procedure *n* – procedimiento, enjuiciamiento
proceeding *n* – procedimiento, proceso
proceeds *n* – productos, resultados, beneficios, ganancias

process *n* – proceso, procedimiento
process *v* – procesar, tramitar
process of law – la ley a través de su procedimiento establecido
process patent – patente de procedimiento
process server – funcionario autorizado a hacer notificaciones de actos procesales
processed food – alimentos procesados
processing *n* – procesamiento, tramitación
processing of a loan – tramitación de un préstamo
processing of an application – tramitación de una solicitud
processing of waste – procesamiento de desperdicios
prochein ami – funcionario del tribunal que defiende los intereses de una persona incapaz sin ser su tutor
proclaim *v* – proclamar, promulgar
proclamation *n* – proclamación, promulgación
procreation *n* – procreación
proctor *n* – procurador, abogado, apoderado
procuracy *n* – procuraduría
procuration *n* – procuración, poder, apoderamiento
procurator *n* – procurador, apoderado
procure *v* – procurar, adquirir, contratar, instigar, causar
procurement *n* – adquisición, contratación, instigación
procurement contract – contrato mediante el cual un gobierno obtiene bienes o servicios
procurement requirements – requisitos de compras
procurer *n* – alcahuete, procurador
procuring cause – causa próxima
prodigal *adj* – pródigo
produce *n* – productos agrícolas, producto
produce *v* – producir, fabricar, exhibir
produce a document – exhibir un documento
produce evidence – producir pruebas
producer *n* – productor, fabricante
producer price index – índice de precios de productores
product *n* – producto, resultado
product advertising – publicidad del producto
product defect – defecto de producto
product guarantee – garantía del producto
product guaranty – garantía del producto
product liability – responsabilidad por los productos vendidos en el mercado
product origin – origen del producto
product safety – seguridad del producto
product testing – pruebas del producto
product warranty – garantía del producto
production *n* – producción, presentación

production job – trabajo de producción
production line – línea de producción
production standards – normas de
  producción
production subsidy – subsidio de producción
productive activity – actividad productiva
productiveness n – productividad
productivity n – productividad
products for export – productos para la
  exportación
products for import – productos para la
  importación
profess v – profesar, reconocer, declarar,
  confesar
profession-related adj – relacionado a la
  profesión
professional advancement – progreso
  profesional
professional association – asociación
  profesional, colegio profesional
professional capacity – capacidad
  profesional
professional corporation – asociación de
  profesionales
professional ethics – ética profesional
professional judgment – parecer profesional
professional liability – responsabilidad
  profesional
professional licence – licencia profesional
professional license – licencia profesional
professional negligence – negligencia
  profesional
professional responsibility – responsabilidad
  profesional
professional secret – secreto profesional
professional services – servicios
  profesionales
professionalism n – profesionalismo
proffer v – ofrecer
proffer evidence – ofrecer prueba
proficiency n – pericia, habilidad, destreza
profit n – beneficio, ganancia, utilidad,
  provecho
profit a prendre – derecho de tomar de las
  tierras
profit after taxes – beneficio después de
  impuestos
profit and loss – pérdidas y ganancias
profit before taxes – beneficio antes de
  impuestos
profit corporation – corporación con fines de
  lucro
profit motive – ánimo de lucro
profit-seeking adj – con fines de lucro
profit-sharing plan – plan de participación en
  los beneficios
profit-sharing scheme – plan de
  participación en los beneficios

profit tax – impuesto sobre beneficios
profitability n – rentabilidad
profitable adj – rentable, lucrativo
profiteer n – logrero, estraperlista
profiteering n – logrería, estraperlo
progeny n – prole
program management – administración de
  programa
program trading – transacciones
  programadas
programme n – programa
programme trading – transacciones
  programadas
programmed decisions – decisiones
  programadas
progress n – progreso, avance, desarrollo
progressive taxation – imposición progresiva
prohibit v – prohibir, impedir
prohibited adj – prohibido
prohibited degrees – grados de
  consanguinidad dentro de los cuales los
  matrimonios están prohibidos
prohibition n – prohibición
prohibition writ – proceso mediante el cual
  un tribunal superior impide que uno inferior
  se exceda de su jurisdicción
prohibitive impediment – impedimento
  prohibitivo
prohibitory injunction – mandamiento
  judicial prohibiendo cierta conducta
project n – proyecto, plan, complejo de
  viviendas subsidiadas
project v – proyectar, pronosticar
projected adj – proyectado, pronosticado
projection n – proyección, pronóstico
proletarianisation n – proletarización
proletarianization n – proletarización
proletariat n – proletariado
prolicide n – matar la prole
prolixity n – verbosidad
prolong v – prolongar
prolongation n – prolongación
promise of marriage – promesa de
  matrimonio
promisee n – a quien se promete
promiser n – prometedor
promisor n – prometedor
promissory adj – promisorio
promissory estoppel – impedimento por
  promesa propia
promissory note – pagaré, nota promisoria
promote v – promover, fomentar, ascender
promoter n – promotor
promotion n – promoción, fomento, ascenso
promotion agency – agencia de promoción
promotional adj – promocional, de
  promoción
promotion vehicle – vehículo de promoción

prompt payment – pronto pago
promptly adv – rápidamente, prontamente
promulgate v – promulgar
promulgation n – promulgación
pronounce judgment – dictar sentencia
pronunciation n – sentencia
proof n – prueba, comprobación
proof beyond a reasonable doubt – prueba más allá de duda razonable
proof of authority – prueba de autoridad
proof of claim – prueba de reclamación
proof of damages – prueba de daños
proof of death – prueba de muerte
proof of debt – prueba de deuda, comprobante de deuda
proof of delivery – prueba de entrega
proof of deposit – prueba de depósito
proof of disability – prueba de discapacidad
proof of eligibility – prueba de elegibilidad
proof of employment – prueba de empleo
proof of guilt – prueba de culpabilidad
proof of health – prueba de salud
proof of identity – prueba de identidad
proof of indebtedness – prueba de deuda
proof of injuries – prueba de lesiones
proof of innocence – prueba de inocencia
proof of insurability – prueba de asegurabilidad
proof of insurance – prueba de seguro
proof of loss – prueba de pérdida
proof of payment – prueba de pago
proof of purchase – prueba de compra
proof of quality – prueba de calidad
proof of sale – prueba de venta
proof of service – prueba de la notificación judicial
proof of title – prueba de dominio
proof of use – prueba de uso
proof of value – prueba de valor
proof of will – validación de un testamento
propaganda n – propaganda
propensity n – propensión
proper adj – apropiado, debido, justo
proper care – precaución adecuada
proper endorsement – endoso regular
proper evidence – prueba admisible
proper indorsement – endoso regular
proper lookout – vigilancia adecuada
proper party – parte interesada
property n – propiedad, derecho de propiedad, inmueble, dominio, posesión, bienes
property administration – administración de propiedad
property administrator – administrador de propiedad
property and assets – bienes y haberes, bienes y activos

property and liability insurance – seguro de propiedad y responsabilidad
property appraisal – tasación de propiedad
property assessment – avalúo catastral
property catastrophe – catástrofe de propiedad
property coverage – cobertura de seguro de propiedad
property damage – daño de propiedad
property damage insurance – seguro de daño de propiedad
property developer – promotor inmobiliario, desarrollador inmobiliario
property development – desarrollo inmobiliario
property development and management – desarrollo y administración inmobiliaria
property dividend – dividendo de propiedad
property guardian – tutor en lo que se refiere a un patrimonio
property insurance – seguro de propiedad
property line – lindero de propiedad
property loan – préstamo inmobiliario
property management – administración de propiedades
property manager – administrador de propiedad
property of another – propiedad ajena
property register – registro de la propiedad
property registry – registro de la propiedad
property rights – derechos de propiedad
property settlement – acuerdo entre cónyuges sobre los bienes
property tax – impuesto sobre bienes inmuebles
property torts – daño a la propiedad, daño legal a la propiedad
propinquity n – propincuidad
proponent n – proponente
proportion n – proporción
proportional distribution – distribución proporcional
proportional taxation – imposición proporcional
proportionately adv – proporcionalmente
proposal n – propuesta, proposición
propose v – proponer, proponerse
proposed resolution – resolución propuesta
proposer n – proponente
proposition n – proposición, propuesta
proposition of law – cuestión de derecho
propound n – proponer
propounder n – proponente
proprietary adj – de propiedad exclusiva, de propiedad
proprietary information – información de propiedad exclusiva
proprietary interest – derecho de propiedad

proprietary rights – derechos de propiedad
proprietor *n* – propietario
proprietorship *n* – derecho de propiedad, negocio propio
propriety *adj* – idoneidad, corrección
prorate *v* – prorratear
prorogation *n* – prórroga
prorogue *v* – terminar una sesión
pros and cons – pros y contras
proscribe *v* – proscribir
proscribed *adj* – proscrito
prosecute *v* – enjuiciar, encausar, entablar una acción judicial
prosecuting attorney – fiscal, abogado acusador
prosecuting witness – testigo de la acusación
prosecution *n* – acción criminal, acción judicial, enjuiciamiento, proceso, fiscal, querellante
prosecutor *n* – fiscal, acusador público, abogado acusador, abogado del estado
prospect *n* – perspectiva, expectativa, prospecto, cliente en perspectiva
prospecting *n* – prospección, búsqueda de nuevos clientes
prospective *adj* – prospectivo, eventual
prospective damages – daños eventuales, daños anticipados
prospector *n* – prospector
prospectus *n* – prospecto, folleto de emisión
prosperity *n* – prosperidad
prostitute *n* – prostituta
prostitution *n* – prostitución
protect interests – proteger intereses
protected *adj* – protegido, amparado
protected check – cheque protegido
protected cheque – cheque protegido
protected economy – economía protegida
protected person – persona amparada
protection order – orden de protección
protectionism *n* – proteccionismo
protectionist *adj* – proteccionista
protective custody – custodia judicial por su propio bien
protective order – orden de protección
protective tariffs – tarifas proteccionistas
protective trust – fideicomiso con la intención de controlar los gastos de una persona que derrocha dinero
protest *n* – protesta, protesto, objeción
protest *v* – protestar
protest letter – carta de protesta
protest strike – huelga de protesta
protestation *n* – protesta
protested *adj* – protestado
protester *n* – quien protesta
prothonotary *n* – secretario de un tribunal

protocol *n* – protocolo, registro
prototype *n* – prototipo
prototyping *n* – creación de prototipos
protract *v* – prolongar
provable *adj* – demostrable
prove *v* – probar, demostrar, verificar
prove guilt – probar culpabilidad
prove identity – probar identidad
prove innocence – probar inocencia
proven *adj* – probado, demostrado, verificado
provide *adj* – proveer, suministrar, proporcionar, disponer
provide a subsidy – proveer un subsidio
provide against – tomar precauciones contra
provide aid – proveer asistencia
provide assistance – proveer asistencia
provided by law – dispuesto por ley
provident fund – fondo de previsión
province *n* – provincia
provider *n* – proveedor
provision *n* – provisión, disposición
provision for bad debts – provisión para deudas incobrables
provisional *adj* – provisional
provisional acceptance – aceptación provisional
provisional agreement – acuerdo provisional
provisional commitment – compromiso provisional
provisional contract – contrato provisional
provisional court – tribunal provisional
provisional coverage – cobertura provisional
provisional employment – empleo provisional
provisional government – gobierno provisional
provisional injunction – orden judicial provisional
provisional insurance coverage – cobertura de seguro provisional
provisional invoice – factura provisional
provisional judgment – sentencia provisional
provisional measure – medida provisional
provisional offer – oferta provisional
provisional order – orden provisional
provisional patent application – solicitud de patente provisional
provisional permit – permiso provisional
provisional policy – póliza provisional
provisional receipt – recibo provisional
provisional remedy – recurso provisional
provisional will – testamento provisional
provisionally *adv* – provisionalmente
proviso *n* – condición, restricción, estipulación
provocation *n* – provocación
provoke *v* – provocar

provost-marshall *n* – capitán preboste
proximate cause – causa inmediata
proximate consequence – consecuencia natural
proximate damages – daños y perjuicios inmediatos
proximate result – resultado natural
proximity *n* – proximidad, parentela
proxy *n* – poder, apoderado, mandatario
proxy fight – lucha por control mediante una mayoría de votos por poder
proxy holder – apoderado
proxy marriage – matrimonio por poder
proxy statement – declaración para accionistas antes de que voten por poder
proxy vote – voto por poder
prudence *n* – prudencia, discreción
prudent *adj* – prudente, discreto
prudent investment – inversión prudente
pseudonym *n* – seudónimo
psychological manipulation – manipulación psicológica
puberty *n* – pubertad
public access – acceso público
public accountancy – contabilidad pública
public accounting – contabilidad pública
public administration – administración pública
public affairs – asuntos públicos, relaciones públicas
public agency – agencia pública
public attorney – abogado
public auction – subasta pública
public audit – auditoría pública
public authority – autoridad pública
public bank – banco público
public body – organismo público
public building – edificio público
public carrier – transportista público
public charge – indigente mantenido por el gobierno
public company – compañía pública
public contract – contrato público
public convenience and necessity – conveniencia y necesidad pública
public corporation – corporación pública, persona jurídica pública, ente municipal
public debt – deuda pública
public defender – defensor público
public document – documento público
public domain – dominio público
public drunkenness – embriaguez pública
public easement – servidumbre pública
public emergency – emergencia pública
public employee – empleado público
public enemy – enemigo público
public entity – entidad pública
public ferry – transbordador público

public finance – finanzas públicas
public funds – fondos públicos
public good – bienestar público
public health – salud pública
public hearing – audiencia pública, vista pública
public highway – autopista pública, carretera pública
public holiday – día feriado oficial
public housing – vivienda pública
public information – información pública
public injuries – lesiones públicas, perjuicios públicos
public institution – institución pública
public interest – interés público
public international law – derecho internacional público
public knowledge – de conocimiento público
public lands – tierras públicas
public law – derecho público, ley pública
public liability – responsabilidad pública
public limited company – sociedad anónima, compañía pública de responsabilidad limitada
public meeting – reunión pública
public minister – representante diplomático de alto rango
public monopoly – monopolio público
public notary – notario público
public notice – aviso público, notificación pública
public nuisance – estorbo público
public offense – delito público
public offer – oferta pública
public offering – ofrecimiento público
public office – cargo público, oficina pública
public officer – funcionario público
public opinion – opinión pública
public order – orden público
public peace – orden público
public place – lugar público
Public-Private Partnership – sociedad entre los sectores públicos y privados
public property – propiedad pública, dominio público
public prosecutor – fiscal
public purpose – propósito público
public record – registro público
public relations – relaciones públicas
public relief – asistencia pública
public responsibility – responsabilidad pública
public revenues – ingresos públicos
public road – camino público
public safety – seguridad pública
public sale – venta pública
public school – escuela pública
public seal – sello de la autoridad pública
public sector – sector público

public servant – empleado público
public service – servicio público
public spending – gastos públicos
public tax – impuesto público
public tender – licitación pública
public transport – transporte público
public treasury – tesoro público, tesorería
public trial – juicio público
public trust – fideicomiso público, confianza pública
public trustee – fideicomisario público
public use – uso público
public utility – empresa de servicio público
public verdict – veredicto público
public warehouse – almacén público
public warning – advertencia pública
public waters – aguas públicas
public welfare – bienestar público, beneficencia pública, asistencia pública
public works – obras públicas
publication *n* – publicación
publicise *v* – hacer público, promocionar
publicist *n* – publicista, especialista en derecho público
publicity *n* – publicidad
publicity standards – normas de publicidad
publicity stunt – truco de publicidad
publicize *v* – hacer público, promocionar
publicly funded – financiado públicamente
publicly held corporation – corporación pública
publicly traded corporation – corporación pública con acciones
publicly traded partnership – sociedad en comandita con unidades que se pueden transaccionar públicamente
publish *v* – publicar, anunciar
published work – obra publicada, trabajo publicado
publisher *n* – editor
puerility *n* – puerilidad
puffer *n* – postor simulado en una subasta
puffing *n* – exageración por parte de quien vende un producto de sus beneficios
puisne *adj* – mas joven, de menor rango
puisne judge – juez de menor rango
puisne justice – juez de menor rango
pulsator *n* – demandante
punch in – registrar la hora de entrada
punch out – registrar la hora de salida
punctual *adj* – puntual
punctuality *n* – puntualidad
punish *v* – penar, castigar
punishable *adj* – punible, castigable
punishment *n* – pena, castigo
punitive *adj* – punitivo, excesivo
punitive damages – daños punitivos
punitive measures – medidas punitivas

punitive statute – ley penal
punitive tariffs – tarifas punitivas
punitory *n* – punitivo
pur autre vie – durante la vida de otro, pur autre vie
purchase *n* – compra, adquisición
purchase *v* – comprar, adquirir
purchase agreement – contrato de compraventa
purchase and sale – compra y venta
purchase certificate – certificado de compra
purchase contract – contrato de compraventa
purchase invoice – factura de compra
purchase money – pago anticipado, precio de compra
purchase-money mortgage – hipoteca otorgada para la compra de una propiedad
purchase outright – comprar enteramente, comprar al contado
purchase price – precio de compra
purchaser for value – comprador con contraprestación
purchaser in bad faith – comprador de mala fe
purchaser in good faith – comprador de buena fe
purchasing *n* – compra
purchasing agent – agente de compras
purchasing contract – contrato de compras
purchasing cooperative – cooperativa de compras
pure accident – accidente inevitable
pure annuity – anualidad pura
pure chance – pura casualidad
pure monopoly – monopolio puro
pure obligation – obligación pura
pure risk – riesgo puro
purgation *n* – purgación
purge *v* – purgar
purification plant – planta depuradora
purity *n* – pureza
purpart *n* – una parte
purport *v* – implicar, significar
purpose *n* – propósito, objeto, intención
purpose of the statute – propósito de una ley
purpose statement – declaración de propósito
purposely *adv* – a propósito, intencionalmente
purse *n* – cantidad de dinero disponible, caudal, premio en dinero, cartera
purser *n* – contador
pursuant to – conforme a
pursue *v* – perseguir, seguir, encausar, ejercer
pursuer *n* – perseguidor, actor
pursuit *n* – persecución, profesión
pursuit of happiness – derecho

constitucional de tomar las decisiones para vivir de la forma deseada

purvey *v* – proveer

purveyor *n* – proveedor

purview *n* – parte dispositiva de una ley

push money – pagos a vendedores que efectúa un fabricante para que impulsen sus productos

pusher *n* – quien vende drogas ilícitamente, quien fomenta el vicio de las drogas

put forward – presentar, exponer, proponer

put into practice – poner en práctica

put off – aplazar, posponer, disuadir

put to a vote – someter a votación

putative father – padre putativo

putative spouse – cónyuge putativo

pyramid scheme – ventas en pirámide

pyramiding – método de comprar más acciones al usar como garantía las que ya están en cartera

Q

quack *n* – curandero, matasanos

quadruple indemnity – indemnización cuádruple

quadruplicate form – formulario en cuadruplicado

qualification *n* – calificación, cualificación, condición, requisito, limitación

qualification requirements – requisitos de calificación

qualified *adj* – calificado, cualificado, condicional, competente, limitado

qualified acceptance – aceptación condicional

qualified approval – aprobación condicional

qualified bank – banco calificado

qualified borrower – prestatario calificado

qualified candidate – candidato calificado

qualified charity – organización caritativa calificada

qualified consent – consentimiento condicional

qualified conveyance – traspaso condicional

qualified debt – deuda calificada

qualified delivery – entrega condicional

qualified distribution – distribución calificada

Qualified Domestic Relations Order – orden judicial para el uso de fondos de retiro o de participación en ganancias para pagar una pensión alimenticia

qualified employee – empleado calificado

qualified estate – derecho condicional respecto a un inmueble

qualified for assistance – calificado para asistencia

qualified guarantee – garantía condicional

qualified guaranty – garantía condicional

qualified investment – inversión calificada

qualified legacy – legado condicional

qualified lender – prestador calificado

Qualified Medical Child Support Order – orden judicial para que bajo ciertas condiciones el padre sin custodia tenga que proveer alimentos para menores

qualified obligation – obligación condicional

qualified offer – oferta condicional

qualified opinion – opinión condicional

qualified organisation – organización calificada

qualified organization – organización calificada

qualified owner – dueño condicional

qualified pension plan – plan de pensiones calificado

qualified permit – permiso condicional

qualified person – persona calificada

qualified personnel – personal calificado

qualified plan – plan calificado

qualified property – derecho condicional a propiedad, propiedad calificada

qualified report – informe calificado

qualified residence – residencia calificada

qualified retirement plan – plan de retiro calificado

qualified right – derecho condicional

qualified securities – valores calificados

qualified stock option plan – plan de opción de compra de acciones calificado

Qualified Terminal Interest Property Trust – estilo de fideicomiso que permite posponer impuestos sucesorios

qualified transfer – transferencia calificada

qualified trust – fideicomiso calificado

qualified voter – elector habilitado

qualified warranty – garantía condicional

qualified worker – trabajador calificado

qualify *v* – calificar, capacitar, limitar

qualifying plan – plan calificado

qualitative analysis – análisis cualitativo

quality *n* – calidad, cualidad

quality assurance – comprobación de calidad

quality audit – auditoría de calidad

quality certification – certificación de calidad

quality check – revisión de calidad

quality control – control de calidad

quality evidence – prueba de calidad
quality management – administración de calidad
quality of estate – plazo y modo según los cuales se tiene derecho sobre un inmueble
quality of life – calidad de vida
quality of work – calidad de trabajo
quality proof – prueba de calidad
quality requirements – requisitos de calidad
quality standards – normas de calidad
quandary *n* – dilema, apuro
quantifiable *adj* – cuantificable
quantified *adj* – cuantificado
quantify *v* – cuantificar
quantitative analysis – análisis cuantitativo
quantitatively *adv* – cuantitativamente
quantity *n* – cantidad
quarantine *n* – cuarentena
quarrel *v* – altercado, riña
quarrelsome *n* – pleitista, pendenciero
quarter *n* – trimestre, cuarta parte, cuarto
quarter section – una cuarta parte de una milla cuadrada
quarterly activity – actividad trimestral
quarterly premium – prima trimestral
quarterly report – informe trimestral
quarterly statement – estado trimestral
quartile *n* – cuartil
quash *v* – anular, dominar
quasi *adj* – cuasi, casi
quasi affinity – cuasiafinidad
quasi-community property – bienes que bajo ciertas circunstancias son gananciales
quasi contract – cuasicontrato
quasi corporation – cuasicorporación
quasi crimes – cuasicrímenes
quasi estoppel – cuasiimpedimento
quasi-fiscal *adj* – cuasifiscal
quasi judicial – cuasijudicial
quasi monopoly – cuasimonopolio
quasi possession – cuasiposesión
quasi-public *adj* – cuasipúblico
quasi rent – cuasirenta
quench *v* – extinguir, dominar
querulous *adj* – quejumbroso
query *n* – pregunta, consulta, cuestión, duda
query *v* – preguntar, consultar
quest *n* – indagación
question *n* – pregunta, cuestión, duda
question of fact – cuestión de hecho
question of law – cuestión de derecho
questionable *adj* – cuestionable, discutible
questionable ethics – ética cuestionable
questioning *n* – interrogatorio
questionless *adj* – incuestionable
questionnaire *n* – cuestionario
quibble *n* – objeción superficial, objeción verbal, evasiva

quick decision – decisión rápida
quickly executed – rápidamente ejecutado
quid pro quo – algo por algo, quid pro quo
quiet enjoyment – goce tranquilo
quiet period – período en que no se permite publicidad
quiet possession – posesión pacífica
quiet title action – acción para resolver reclamaciones opuestas en propiedad inmueble
quintuplicate form – formulario en quintuplicado
quit *v* – abandonar, renunciar, dejar
quitclaim *n* – renuncia a un título, renuncia a un derecho, renuncia, finiquito
quitclaim *v* – renunciar a un título, renunciar a un derecho, renunciar, finiquitar
quitclaim deed – transferencia de propiedad mediante la cual se renuncia a todo derecho sin ofrecer garantías
quittance *n* – quitanza, finiquito
quorate *adj* – con quórum
quorum *n* – quórum
quota-based *adj* – basado en cuotas
quota restrictions – restricciones de cuota
quota system – sistema de cuotas
quotation *n* – cotización, cita
quote *n* – cotización, cita
quote *v* – cotizar, citar, alegar
quoted *adj* – cotizado, citado
quotient verdict – veredicto en que se promedia lo que los miembros del jurado consideran a lo que deben ascender los daños

R

race discrimination – discriminación racial
race prejudice – prejuicio racial
racial discrimination – discriminación racial
racial harassment – hostigamiento racial
racial prejudice – prejuicio racial
racism *n* – racismo
racist *n* – racista
rack rent – alquiler exorbitante
racket *n* – actividad ilícita continua con el propósito de ganar dinero, chanchullo
racketeer *n* – quien se dedica a actividades ilícitas continuas con el propósito de ganar dinero

**Racketeer Influenced and Corrupt
Organizations laws** – leyes federales para
combatir el crimen organizado
racketeering *n* – actividades ilícitas
continuas con el propósito de ganar dinero,
crimen organizado
radiation *n* – radiación
radical *adj* – radical
radio broadcast – emisión de radio
radioactive *n* – radioactivo
raffle *n* – rifa
raft *n* – balsa
rage *n* – cólera, exaltación
raging *adj* – feroz, violento
raid *n* – redada, irrupción, intento de tomar
control de una corporación mediante la
adquisición de una mayoría sus acciones
raid *v* – hacer una redada, intentar tomar
control de una corporación mediante la
adquisición de una mayoría sus acciones
raider *n* – tiburón
rail carrier – transportador ferroviario
railing *n* – baranda, barrera
railroad *v* – apresurar la legislación,
apresurar
railway carrier – transportador ferroviario
rain insurance – seguro contra contratiempos
ocasionados por lluvia
rainmaker *n* – abogado que atrae mucha
clientela nueva a su bufete
raise *n* – aumento, subida, aumento de
salario
raise *v* – alzar, subir, aumentar, plantear,
reunir, criar
raise a check – ampliar un cheque
raise a cheque – ampliar un cheque
raise an objection – presentar una objeción
raise taxes – aumentar impuestos
raised check – cheque al cual se le ha
aumentado el valor fraudulentamente
raised cheque – cheque al cual se le ha
aumentado el valor fraudulentamente
rake-off *v* – participar en ganancias obtenidas
ilícitamente
ramble *v* – vagabundear
rambler *n* – vagabundo
rambling *adj* – vagueante, divagador
ramification *n* – ramificación
rampant inflation – inflación galopante
rancor *n* – rencor
rancorous *adj* – rencoroso
random *adj* – aleatorio, al azar, fortuito
random check – revisión aleatoria
randomly *adv* – aleatoriamente
range *n* – margen, intervalo, gama, clase,
rango, serie
ranger *n* – guardabosques, vigilante
rank *n* – rango, grado, orden, posición,
clasificación, categoría
rank and file – los miembros regulares de una
entidad, los empleados regulares de una
entidad
ranking *n* – orden, posición, clasificación,
categoría
ranking of claims – orden de prioridad de las
reclamaciones
ranking of creditors – orden de prioridad de
los acreedores
ransom *n* – rescate
ransom demand – demanda de dinero de
rescate
ransom money – dinero de rescate
rape *n* – violación, estupro
rape *v* – violar, estuprar
rape shield laws – leyes cuyo propósito es
proteger a víctimas de violación de ser
revictimizadas durante el proceso penal
rapid judgment – fallo rápido, sentencia
rápida
rapine *n* – rapiña
rapist *n* – violador, estuprador
rasure *n* – raspadura
rat race – ajetreo constante de la vida
moderna
ratable *adj* – proporcional, tasable, imponible
ratable distribution – distribución
proporcional
ratable property – propiedad imponible,
propiedad tasable
ratably *adv* – proporcionalmente, a prorrata
ratchet effect – efecto trinquete
rate *n* – tipo, tasa, tarifa, precio, proporción
rate *v* – clasificar, estimar, valorar
rate basis – base de tasa
rate cap – límite de tasa
rate ceiling – tasa tope
rate cut – recorte de tasa
rate decrease – disminución de tasa
rate discrimination – discriminación de tasas
rate fixing – fijación de tasa
rate floor – tasa mínima
rate increase – incremento de tasa
rate lock – fijación de tasa
rate of change – tasa de cambio
rate of employment – tasa de empleo
rate of inflation – tasa de inflación
rate of interest – tasa de interés
rate of tax – tasa de impuesto
rate of unemployment – tasa de desempleo
rate regulation – regulación de tasas
rate schedule – baremo
rate-sensitive *adj* – sensible a tasas
rate setting – fijación de tasas
rate table – baremo
rateable property – propiedad imponible,
propiedad tasable
ratification *n* – ratificación

ratified *adj* – ratificado
ratify *v* – ratificar
rating *n* – clasificación, calificación, categoría, valoración
rating agency – agencia de clasificación
rating bureau – negociado de clasificación
rating service – servicio de clasificación
ratio *n* – ratio, razón, relación, proporción
rational basis – fundamento razonable
rational doubt – duda razonable
rationale *n* – lógica, razones, fundamento
rationalisation *n* – racionalización
rationalization *n* – racionalización
rationalize *v* – explicar racionalmente
rationing of goods – racionamiento de productos
rationing system – sistema de racionamiento
rattening *n* – práctica de efectuar actos contra la propiedad o materiales de trabajo de un obrero para obligarlo a unirse a un sindicato
ravish *v* – violar, arrebatar
ravisher *n* – violador, arrebatador
ravishment *n* – violación, arrebato
raw data – datos sin procesar
raw land – terreno sin mejoras
rcvd. (received) – recibido
re. (regarding) – concerniente a, con referencia a
reach *n* – alcance, extensión
reach *v* – alcanzar, extender, comunicarse con
reach a decision – llegar a una decisión
reach a verdict – llegar a un veredicto
reacquisition *n* – readquisición
react *v* – reaccionar
reaction *n* – reacción, respuesta
reactionary *adj* – reaccionario
reactivate *v* – reactivar
readable *adj* – legible
reader *n* – lector
readiness *n* – estado de preparación, destreza
readjustment *n* – reajuste
readmission *n* – readmisión
ready *adj* – listo, dispuesto, disponible, rápido
ready and willing – listo y dispuesto
ready cash – dinero en efectivo
ready-made *adj* – prefabricado, idóneo, trillado
ready money – dinero en efectivo
reaffirm *v* – reafirmar, confirmar
reaffirmation *n* – reafirmación, confirmación
reafforestation *n* – reforestación
real *adj* – real, auténtico, verdadero
real action – acción real
real agency – agencia real

real assets – bienes inmuebles, activo inmobiliario
real authorisation – autorización real
real authorization – autorización real
real claim – reclamo justificado
real contract – contrato real
real controversy – controversia real
real cost – costo real, coste real
real damages – daños reales
real debt – deuda real
real delivery – entrega real
real estate – inmuebles, bienes inmuebles, bienes raíces, propiedad inmueble
real estate administration – administración inmobiliaria
real estate administrator – administrador inmobiliario
real estate agency – agencia inmobiliaria, inmobiliaria
real estate agent – agente inmobiliario
real estate appraisal – tasación inmobiliaria
real estate assessment – valuación fiscal inmobiliaria
real estate broker – corredor inmobiliario
real estate closing – cierre, cierre de transacción inmobiliaria
real estate contract – contrato inmobiliario
real estate damage – daño inmobiliario
real estate depreciation – depreciación inmobiliaria
real estate development – desarrollo inmobiliario
real estate financing – financiamiento inmobiliario
real estate insurance – seguro inmobiliario
real estate investment trust – compañía formada para la inversión inmobiliaria
real estate law – derecho inmobiliario
real estate listing – contrato para una transacción inmobiliaria con un corredor de bienes raíces
real estate loan – préstamo inmobiliario
real estate management – administración inmobiliaria
real estate mortgage investment conduit – conducto de inversión en valores hipotecarios
real estate partnership – sociedad para la compra y venta de inmuebles
Real Estate Settlement Procedures Act – ley federal la cual impone que se declaren los gastos de cierre en una transacción inmobiliaria
real estate taxes – impuestos inmobiliarios
real estate trust – fideicomiso inmobiliario
real evidence – prueba material
real fixture – instalación fija en un inmueble
real guarantee – garantía real
real guaranty – garantía real

real holdings – propiedades reales
real imports – importaciones reales
real injury – perjuicio material, lesión material
real interest rate – tasa de interés real
real issue – controversia real, cuestión real
real law – derecho inmobiliario
real money – moneda en metálico
real obligation – obligación real
real offer – oferta real
real owner – dueño real
real party in interest – parte interesada
real policy – política real, póliza real
real possession – posesión real
real property – inmuebles, bienes inmuebles, bienes raíces, propiedad inmueble
real rate – tasa real
real salary – salario real, sueldo real
real security – garantía hipotecaria, garantía real
real servitude – servidumbre real
real statutes – leyes concernientes a los bienes inmuebles
real things – bienes inmuebles
real-time transaction – transacción en tiempo real
real value – valor real
real wages – salario real, sueldo real
realistic *adj* – realista
realisation *n* – realización
realise *v* – comprender, realizar
realization *n* – realización
realize *v* – comprender, realizar
reallocated *adj* – reasignado
reallocation *n* – reasignación
realm *n* – reino, dominio, región
realpolitik *n* – política real
realtime *adj* – en tiempo real
Realtor *n* – agente inmobiliario
realty *n* – bienes inmuebles, bienes raíces, propiedad inmueble
reappear *v* – reaparecer
reapply *v* – volver a solicitar
reappoint *v* – volver a designar, volver a nombrar
reapportionment *n* – redistribución de los distritos legislativos
reappraisal *n* – revaluación
reappraise *v* – revaluar, volver a tasar
reargument *n* – nuevo alegato
rearraignment *n* – nuevo procesamiento de un acusado
rearrest *v* – volver a arrestar
reason *n* – razón, argumento
reasonable *adj* – razonable, justo
reasonable act – acto razonable
reasonable and customary charge – cargo razonable y acostumbrado

reasonable and customary fee – cargo razonable y acostumbrado
reasonable and probable cause – causa razonable y probable
reasonable belief – creencia razonable
reasonable care – cuidados razonables, prudencia razonable
reasonable consideration – contraprestación razonable
reasonable diligence – diligencia razonable
reasonable doubt – duda razonable
reasonable force – fuerza apropiada
reasonable grounds – fundamentos razonables
reasonable inference – inferencia razonable
reasonable investment – inversión razonable
reasonable length of time – plazo razonable
reasonable notice – aviso razonable
reasonable person – persona razonable
reasonable precaution – precaución razonable
reasonable presumption – presunción razonable
reasonable provocation – provocación suficiente
reasonable rate – tasa razonable
reasonable rent – renta razonable
reasonable suspicion – sospecha razonable
reasonable time – plazo razonable
reasonable treatment – trato razonable
reasonable warning – advertencia razonable
reasonableness *n* – racionabilidad
reasonably *adv* – razonablemente
reasoning *n* – razonamiento, argumentación
reasonless *adj* – sin razón
reassess *v* – volver a estimar, retasar, volver a amillarar
reassessment *n* – reestimación, retasación, nuevo amillaramiento
reassign *v* – reasignar, volver a repartir
reassignment *n* – reasignación, cesión de parte de un cesionario
reassurance *n* – reaseguro, seguridad
reassure *v* – reasegurar, tranquilizar
rebate *n* – rebaja, reembolso, descuento
rebellion *n* – rebelión
rebuilding *n* – reconstrucción
rebuke *n* – censurar
rebut *n* – refutar, rebatir
rebuttable presumption – presunción rebatible
rebuttal *n* – refutación, rechazo
rebuttal evidence – prueba presentada para refutar aquella ofrecida por la otra parte
rebutter *n* – respuesta a la tríplica, refutación
recalcitrant *adj* – recalcitrante
recalculate *v* – recalcular
recall *n* – revocación, retirada, retirada del

mercado
recall *v* – revocar, retirar, retirar del mercado
recall a judgment – revocar una sentencia
recall a witness – volver a hacer comparecer a un testigo
recallable *adj* – revocable, retirable
recant *v* – retractar, revocar
recapitalisation *n* – recapitalización
recapitalise *v* – recapitalizar
recapitalization *n* – recapitalización
recapitalize *v* – recapitalizar
recapitulation *n* – recapitulación
recaption *n* – recuperación, rescate
recapture *v* – recobrar, recuperar, recapturar
recd. (received) – recibido
receipt *n* – recibo, recepción
receipt book – libro de recibos
receipt for payment – recibo por pago
receipt for services – recibo por servicios
receipt in full – recibo por la cantidad total
receipt of goods – recibo de las mercancías
receivable account – cuenta por cobrar
receive *v* – recibir, aceptar, tomar
receive against payment – recibir contra pago
receive versus payment – recibir contra pago
received *adj* – recibido
receiver *n* – recibidor, administrador judicial, liquidador, síndico, destinatario
receiver pendente lite – administrador judicial durante el litigio
receiver's certificate – certificado del administrador judicial, certificado del liquidador
receivership *n* – liquidación judicial, nombramiento de un administrador judicial
receiving bank – banco receptor
recent *adj* – reciente, novedoso
reception *n* – recepción, recibimiento, acogida
receptionist *n* – recepcionista
receptive *adj* – receptivo
recess *n* – receso, cesación
recession *n* – recesión, retroceso
recidivism *n* – reincidencia
recidivist *n* – reincidente, criminal habitual
recipient *n* – recibidor, receptor
reciprocal *adj* – recíproco
reciprocal agreement – acuerdo recíproco
reciprocal arrangement – arreglo recíproco
reciprocal commitment – compromiso recíproco
reciprocal contract – contrato recíproco
reciprocal covenants – estipulaciones recíprocas
reciprocal easement – servidumbre recíproca
reciprocal exchange – intercambio recíproco
reciprocal insurance – seguro recíproco

reciprocal laws – leyes recíprocas
reciprocal legislation – legislación recíproca
reciprocal promises – promesas recíprocas
reciprocal statutes – leyes recíprocas
reciprocal tax treaty – tratado contributivo recíproco
reciprocal trade agreement – acuerdo comercial recíproco
reciprocal transaction – transacción recíproca
reciprocal trusts – fideicomisos recíprocos
reciprocal wills – testamentos recíprocos
reciprocality *n* – reciprocidad
reciprocally *adv* – recíprocamente
reciprocity agreement – acuerdo de reciprocidad
recital *n* – preámbulo, recitación
recite *v* – recitar, citar
reckless *adj* – imprudente, temerario
reckless behavior – conducta imprudente
reckless behaviour – conducta imprudente
reckless conduct – conducta imprudente
reckless driving – conducción imprudentemente
reckless homicide – homicidio por negligencia
reckless misconduct – conducta imprudente
recklessness *n* – imprudencia, temeridad
reckon *v* – calcular, computar, contar
reckoning *n* – cálculo, cómputo, cuenta
reclaim *v* – reclamar, recuperar
reclamation *n* – reclamación, recuperación
reclassification *n* – reclasificación
reclassify *v* – reclasificar
recognisance *n* – obligación judicial, caución judicial
recognise *v* – reconocer, admitir, confesar, distinguir
recognition *n* – reconocimiento, ratificación, admisión
recognizance *n* – obligación judicial, caución judicial
recognize *v* – reconocer, admitir, confesar, distinguir
recognizee *n* – beneficiario de una obligación judicial
recognizor *n* – quien asume una obligación judicial
recollection *n* – recuerdo
recommend *v* – recomendar, proponer
recommendation *n* – recomendación
recommendatory *adj* – recomendatorio
recommended *adj* – recomendado
recommit *v* – volver a encarcelar, volver a cometer
recompense *n* – recompensa, compensación
recomputation *n* – recómputo
reconcile *v* – reconciliar, conciliar, ajustar

reconciliation *n* – reconciliación, ajuste
recondition *v* – reacondicionar
reconduction *n* – reconducción
reconsider *v* – reconsiderar
reconsideration *n* – reconsideración
reconsign *v* – reconsignar
reconsignment *n* – nueva consignación
reconstruct *v* – reconstruir
reconstruction *n* – reconstrucción
reconvene *v* – reanudar una sesión
reconvention *n* – reconvención, contrademanda
reconventional demand – demanda reconvencional
reconversion *n* – reconversión
reconveyance *n* – retraspaso
record *n* – récord, registro, inscripción, historial, antecedentes, expediente
record *v* – registrar, inscribir, anotar, grabar
record a deed – registrar una escritura
record a mortgage – registrar una hipoteca
record commission – junta encargada de los registros
record date – fecha de registro
record-keeping system – sistema de registro, sistema de inscripción
record owner – titular registrado
record title – título registrado
recordable *adj* – registrable, inscribible
recordation *n* – registro, inscripción
recorded *adj* – registrado, inscrito
recorded deed – escritura inscrita
recorded information – información inscrita
recorded mortgage – hipoteca inscrita
recorded title – título inscrito
recorder *n* – registrador, magistrado
recording *n* – registro, inscripción, anotación, grabación
recording acts – leyes concernientes a los registros
recording fee – cargo de registro
recording of a judgment – registro de una sentencia
recording of a lien – registro de un gravamen
recording of a mortgage – registro de una hipoteca
recording system – sistema de registro, sistema de inscripción
records administration – administración de registros
records administrator – administrador de registros
records management – administración de registros
records manager – administrador de registros
records of a corporation – libros corporativos

recoup *v* – recuperar, reembolsar
recoupment *n* – recuperación, reembolso, deducción
recourse *n* – recurso
recover *v* – recuperar, recobrar, obtener una sentencia favorable
recoverable *adj* – recuperable
recoverer *n* – quien ha obtenido una sentencia favorable para obtener un pago
recovery *n* – recuperación, sentencia favorable para obtener un pago
recovery of judgment – obtener una sentencia favorable
recreational *adj* – recreativo
recriminate *v* – recriminar
recrimination *n* – recriminación
recross examination – segundo contrainterrogatorio
recruit *v* – reclutar, contratar
recruitment *n* – reclutamiento, contratación
rectifiable *adj* – rectificable
rectification entry – asiento de rectificación
rectify *v* – rectificar
recuperate *v* – recuperar
recuperation *n* – recuperación
recurrent disability – discapacidad recurrente
recurring charge – cargo recurrente
recusal *n* – recusación
recusation *n* – recusación
recuse *v* – recusar
recycle *v* – reciclar
recycling *n* – reciclaje
red handed – con las manos en la masa
red herring – folleto informativo preliminar de una emisión de valores, pista falsa
red tape – trámites burocráticos excesivos, burocratismo
redaction *n* – redacción
redeem *v* – redimir, rescatar, canjear, compensar
redeemable *adj* – redimible, rescatable, canjeable, compensable
redeemed *adj* – redimido, retirado, rescatado, canjeado, compensado
redelivery *n* – devolución
redemption *n* – redención, rescate, canje, reembolso, compensación
redeposit *v* – volver a depositar, redepositar
redesign *v* – rediseñar
redetermination *n* – redeterminación
redevelop *v* – redesarrollar
redevelopment *n* – redesarrollo
redhibition *n* – redhibición
redhibitory *adj* – redhibitorio
redhibitory action – acción redhibitoria
redhibitory defect – vicio redhibitorio
redhibitory vice – vicio redhibitorio
redirect examination – interrogatorio

redirecto
rediscount *n* – redescuento
redistribute *v* – redistribuir
redistribution *n* – redistribución
redlining *n* – práctica ilegal de negar crédito
en ciertas áreas sin tener en cuenta el historial
de crédito de los solicitantes de dichas áreas
redraft *n* – resaca
redraft *v* – volver a redactar
redress *v* – reparar, remediar
redress *n* – reparación, remedio
reduce *v* – reducir, cambiar, someter
reduce benefits – reducir beneficios
reduced *adj* – reducido
reduced benefits – beneficios reducidos
reduction *n* – reducción
reduction of benefits – reducción de
beneficios
redundancy *n* – redundancia, despido
redundancy insurance – seguro de
desempleo
redundancy payment – compensación por
desempleo
redundant *adj* – redundante, despedido
reeducate *v* – reeducar
reelect *v* – reelegir
reemploy *v* – reemplear
reemployment *n* – reempleo
reenact *v* – reconstruir
reestablish *v* – reestablecer
reevaluate *v* – reevaluar
reevaluation *n* – reevaluación
reexamination proceeding – procedimiento
de reexaminación
reexamine *v* – reexaminar
refection *n* – reparación
refer *v* – referir, remitir, atribuir
referee *n* – árbitro, ponente
reference *n* – referencia, el someterse a
arbitraje
reference statutes – leyes que incorporan
otras mediante referencia
referendum *n* – referéndum
referral *n* – referido, referencia
referred *adj* – referido
refinance *v* – refinanciar, volver a financiar
refinanced loan – préstamo refinanciado
refinancing *n* – refinanciamiento
refine *v* – refinar, pulir
reforestation *n* – reforestación
reform *v* – reformar, corregir
reformation *n* – reforma, corrección
reformatory *n* – reformatorio
refresher course – curso de actualización
refreshing recollection – refrescarse la
memoria
refreshing the memory – refrescarse la
memoria

refuge *n* – refugio, amparo
refugee *n* – refugiado
refund *n* – reembolso, reintegro, devolución
refund *v* – reembolsar, reintegrar, devolver
refund annuity – anualidad en que se paga al
pensionado lo que él anteriormente aportó
refund of premium – reembolso de prima
refundable deposit – depósito reembolsable
refunding *n* – reintegro, reembolso,
refinanciación
refurbish *v* – renovar, rejuvenecer
refurbishment *n* – renovación,
rejuvenecimiento
refusal *n* – rechazo, denegación, negativa
refusal date – fecha de rechazo
refusal of a check – rechazo de un cheque
refusal of a cheque – rechazo de un cheque
refusal of a contract – rechazo de un contrato
refusal of benefits – rechazo de beneficios
refusal to answer – rehusarse a contestar
refusal to comply – rehusarse a cumplir
refusal to obey – rehusarse a obedecer
refuse *n* – desechos, desperdicios, basura
refuse *v* – rechazar, denegar, rehusar
refuse to acknowledge – rehusarse a
reconocer
refuse to admit – rehusarse a admitir
refuse to consider – rehusarse a considerar
refuse to disclose – rehusarse a divulgar
refuse to obey – rehusarse a obedecer
refused *adj* – rehusado
refused claim – reclamación rehusada
refused condition – condición rehusada
refused contract – contrato rehusado
refused obligation – obligación rehusada
refused offer – oferta rehusada
refutation *n* – refutación
refute *v* – refutar, impugnar
regain *v* – recobrar, recuperar
regard *n* – consideración, estima, respeto
regarding *prep* – concerniente a
regency *n* – regencia
regent *n* – regente
regicide *n* – regicidio, regicida
regime *n* – régimen
region *n* – región, lugar
regional *adj* – regional
regional customs – costumbres regionales
regional government – gobierno regional
regional policy – política regional
regional union – unión regional
regionally *adv* – regionalmente
register *n* – registro, inscripción, lista, caja
registradora, archivo
register *v* – registrar, registrarse, inscribir,
matricular, mandar por correo certificado
register of companies – registro de
compañías

register of deeds – registrador de la propiedad

register of patents – registro de patentes

register of shareholders – registro de accionistas

register of ships – registro de navíos

register of stockholders – registro de accionistas

register of wills – registrador de testamentos

register office – oficina de registros, oficina de inscripciones

registered *adj* – registrado, inscrito, inscrito oficialmente, matriculado

registered address – domicilio social, dirección registrada

registered check – cheque certificado

registered cheque – cheque certificado

registered investment company – compañía de inversiones registrada

registered letter – carta certificada, carta registrada

registered mail – correo certificado, correo registrado

registered mark – marca registrada

registered name – nombre registrado

registered office – domicilio social, oficina registrada

registered owner – dueño registrado

registered patent – patente registrada

registered pension plan – plan de pensiones registrado

registered post – correo certificado, correo registrado

registered proprietor – dueño registrado

registered representative – representante registrado

registered securities – valores registrados

registered title – título registrado

registered trademark – marca registrada

registered unemployed – desempleados registrados

registered user – usuario registrado

registered voter – votante empadronado

registrable *adj* – registrable

registrant *n* – registrante

registrar *n* – registrador

Registrar of Deeds – registrador de la propiedad

registration *n* – registro, inscripción, matrícula

registration fee – cargo por registro, cargo por inscripción

registration form – formulario de registro, formulario de inscripción

registration office – oficina de registros, oficina de inscripciones

registration statement – declaración del propósito de una emisión de valores

registry *n* – registro, inscripción

registry certificate – certificado de registro

registry of deeds – registro de propiedad

registry of ships – registro de navíos

registry office – oficina de registros, oficina de inscripciones

regnant *adj* – reinante

regrant *v* – volver a ceder

regress *v* – regresar, retroceder

regression *n* – regresión

regressive tax – impuesto regresivo

regressive taxation – imposición regresiva

regular *adj* – regular, constante, legal

regular activity – actividad regular

regular agency – agencia regular

regular care – cuidado ordinario

regular contract – contrato regular

regular course of business – curso regular de los negocios

regular creditor – acreedor regular

regular diligence – diligencia ordinaria

regular election – elección ordinaria

regular insurance – seguro regular

regular mail – correo regular

regular meeting – asamblea ordinaria

regular on its face – aparentemente proveniente de un ente autorizado por ley

regular place of business – lugar regular de negocios

regular procedure – procedimiento regular

regular proceeding – procedimiento regular

regular session – sesión ordinaria

regular succession – sucesión regular

regular voting – votación regular

regular-way delivery – entrega en el tiempo acostumbrado

regular work – trabajo regular

regularly *adv* – regularmente, comúnmente

regulate *adj* – regular, reglamentar

regulated commodities – mercancías reguladas

regulated currency – moneda regulada

regulated economy – economía planificada, economía dirigida

regulated investment company – compañía de inversiones regulada

regulated prices – precios regulados

regulated securities – valores regulados

regulated wages – salarios regulados

regulation *n* – regulación, regla, norma

regulatory *n* – regulador, reglamentario

regulatory agency – agencia reguladora

regulatory body – organismo regulador

regulatory power – poder regulador

rehabilitate *v* – rehabilitar

rehabilitation *n* – rehabilitación

rehabilitation clause – cláusula de rehabilitación

rehearing *n* – nueva audiencia
rehire *v* – volver a emplear
rehypothecate *v* – rehipotecar
rehypothecation *n* – rehipotecación
reimbursable *adj* – reembolsable,
indemnizable
reimburse *v* – reembolsar, indemnizar
reimbursement *n* – reembolso,
indemnización
reimbursement of charges – reembolso de
cargos
reinforce *v* – reforzar
reinscription *n* – reinscripción
reinstall *v* – reinstalar
reinstate *v* – reinstalar, reintegrar, restablecer
reinstate a case – restablecer una causa
reinstated *adj* – reinstalado, reestablecido
reinstatement clause – cláusula de
reinstalación
reinstatement of policy – reinstalación de
una póliza
reinsurance *n* – reaseguro
reinsurance business – negocio de
reaseguro
reinsurance clause – cláusula de reaseguro
reinsurance coverage – cobertura de
reaseguro
reinsurance policy – póliza de reaseguro
reinsure *v* – reasegurar
reinsured *adj* – reasegurado
reinsurer *n* – reasegurador
reintermediation *n* – reintermediación
reinvent *v* – reinventar
reinvestment *n* – reinversión
reissuance *n* – reemisión, reimpresión
reissued patent – patente modificada
REIT (real estate investment trust) –
compañía formada para la inversión
inmobiliaria
reject *n* – algo rechazado, algo descartado
reject *v* – rechazar, descartar
reject a check – rechazar un cheque
reject a cheque – rechazar un cheque
reject a claim – rechazar una reclamación
reject an offer – rechazar una oferta
reject liability – rechazar responsabilidad
rejected claim – reclamación rechazada
rejected policy – póliza rechazada
rejection letter – carta de rechazo
rejection date – fecha de rechazo
rejection of a proposal – rechazo de una
propuesta
rejoin *v* – presentar una dúplica, reingresar
rejoinder *n* – dúplica, contrarréplica
related *adj* – relacionado, emparentado
related parties – partes relacionadas
related party transaction – transacción entre
partes relacionadas

relation *n* – relación, pariente, parentesco
relation back – regla que indica que no se
puede presentar una defensa nueva la cual no
esté basada en la original
relational database – base de datos relacional
relations degree – grado de parentela
relationship *n* – relación, parentesco
relative *n* – pariente
relative fact – hecho relativo
relative impossibility – imposibilidad relativa
relative rights – derechos relativos
relator *n* – relator
release *n* – liberación, descargo, finiquito,
renuncia
release *v* – liberar, relevar, hacer público,
descargar, renunciar, finiquitar, volver a
arrendar
release clause – cláusula de liberación
release conditionally – liberar
condicionalmente
release from liability – relevo de
responsabilidad
release of lien – liberación de gravamen
release of mortgage – liberación de hipoteca
release of prisoner – liberación de prisionero
release on bail – liberar bajo fianza
release on own recognizance – libertad bajo
palabra
releasee *n* – beneficiario de una renuncia
releaser *n* – quien renuncia, quien libera
releasor *n* – quien renuncia, quien libera
relet *v* – realquilar
relevance *n* – relevancia, pertinencia
relevancy *n* – relevancia, pertinencia
relevant *adj* – relevante, pertinente
relevant circumstance – circunstancia
relevante
relevant error – error relevante
relevant evidence – prueba relevante
relevant fact – hecho relevante
relevant misrepresentation – representación
falsa relevante
relevant testimony – testimonio relevante
reliability *n* – confiabilidad, fiabilidad
reliable *adj* – confiable, fidedigno
reliance *n* – confianza, dependencia,
resguardo
relict *n* – viuda, viudo
reliction *n* – terreno obtenido por el retroceso
permanente de aguas
relief *n* – alivio, desagravio, ayuda, asistencia
social, reparación
relieve *v* – relevar, reemplazar, exonerar,
aliviar
religious freedom – libertad religiosa
religious liberty – libertad religiosa
religious organisation – organización
religiosa

religious organization – organización religiosa
relinquish v – abandonar, renunciar a
relinquishment n – abandono, renuncia
relocate v – reubicar, trasladar, recolocar
relocation n – reubicación, recolocación, traslado
rely on – confiar en
remain v – permanecer, continuar, quedar
remainder n – remanente, resto, saldo, interés residual en una propiedad
remainder interest – interés residual en una propiedad
remainderman n – propietario de un interés residual en una propiedad
remainderperson n – propietario de un interés residual en una propiedad
remand v – devolver, reenviar
remanet n – caso remanente
remarry v – volver a casarse
remedial measures – medidas remediadoras
remedial statutes – leyes reparadoras
remedies for breach of contract – sanciones por incumplimiento de contrato
remedies for infringement – sanciones por infracción
remedy n – remedio, recurso
REMIC (real estate mortgage investment conduit) – conducto de inversión en valores hipotecarios
reminder letter – carta de recordatorio
remise v – renunciar
remission n – remisión, perdón
remissness n – negligencia, morosidad
remit n – autoridad, autorización, competencia
remit v – remitir, remesar, perdonar, anular
remitment n – anulación, acto de volver a poner bajo custodia
remittance n – remesa, envío
remitted adj – remitido
remittee n – beneficiario de una remesa
remitter n – remitente, restitución
remitting bank – banco remitente
remittitur n – procedimiento mediante el cual se reduce un veredicto excesivo del jurado
remittor n – remitente
remnant n – remanente, residuo, resto
remodel v – remodelar
remonetisation n – remonetización
remonetization n – remonetización
remonstrance n – protesta
remote adj – remoto, apartado
remote cause – causa remota
remote damages – daños remotos
remote worker – teletrabajador
remote working – teletrabajo
remoteness n – lejanía, improbabilidad

removal n – remoción, destitución, transferencia, eliminación
removal bond – fianza para exportación de mercancías almacenadas
removal from office – destitución de un cargo
removal of causes – la transferencia de una causa a otro tribunal
remove v – remover, tachar, eliminar, despedir
remove restrictions – remover restricciones
remove tariffs – remover tarifas
remunerated adj – remunerado
remuneration n – remuneración, recompensa
remuneration package – paquete de remuneración
rename v – renombrar
render v – rendir, prestar, ceder, abandonar
render a service – prestar un servicio
render a verdict – emitir un veredicto
render an account – rendir una cuenta
render invalid – invalidar
render judgment – dictar sentencia
rendering n – rendición, prestación, pago
rendering of services – prestación de servicios
rendezvous n – lugar designado para reunirse, reunión
rendition n – rendición, extradición, pronunciamiento
rendition of judgment – pronunciamiento de una sentencia
rendition warrant – orden de extradición
renege v – no cumplir una promesa, no cumplir con un compromiso
renegociate v – renegociar
renegociation n – renegociación
renegotiable terms – términos renegociables
renegotiate v – renegociar
renegotiated loan – préstamo renegociado
renegotiated terms – términos renegociados
renegotiation n – renegociación
renegue v – no cumplir una promesa, no cumplir con un compromiso
renew v – renovar, reanudar, extender
renew a contract – renovar un contrato
renew a lease – renovar un arrendamiento
renew a policy – renovar una póliza
renewable contract – contrato renovable
renewable energy – energía renovable
renewable insurance – seguro renovable
renewable lease – arrendamiento renovable
renewable policy – póliza renovable
renewable term – término renovable
renewal n – renovación
renewal certificate – certificado de renovación
renewal clause – cláusula de renovación
renewal notice – aviso de renovación

renewal of contract – renovación de un contrato

renewal of copyright – renovación de derechos de autor

renewal of lease – renovación de arrendamiento

renewal of licence – renovación de licencia

renewal of license – renovación de licencia

renewal of patent – renovación de patente

renewal of policy – renovación de póliza

renewal of trademark – renovación de marca comercial

renewal provision – cláusula de renovación

renewed *adj* – renovado

renounce *v* – renunciar, repudiar

renovated *adj* – renovado

renovation *n* – renovación

rent *n* – renta, alquiler, arrendamiento

rent *v* – rentar, alquilar, arrendar

rent control – control de alquileres

rent day – día de pago de alquiler

rent due – alquiler vencido

rent-free *adj* – libre de pagos de alquiler

rent freeze – congelación de alquileres

rent payable – alquiler a pagar

rent receipt – recibo de alquiler

rent receivable – alquiler a cobrar

rent-roll *n* – registro de propiedades alquiladas, ingresos por propiedades alquiladas

rent strike – instancia en la cual los arrendatarios se organizan y no pagan el alquiler hasta que el arrendador cumpla con sus exigencias

rentable *adj* – alquilable

rental *n* – alquiler, arriendo

rental agreement – contrato de alquiler

rental contract – contrato de alquiler

rental costs – costos de alquiler

rental housing – viviendas de alquiler

rental period – período del alquiler

rental rate – tasa de alquiler

rental term – período del alquiler

rented *adj* – alquilado, arrendado

renter *n* – alquilante, arrendatario

renter's insurance – seguro de arrendatario

rentier *n* – rentista

rents, issues and profits – los beneficios provenientes de las propiedades

renunciation *n* – renunciación, renuncia

renunciation of a claim – renuncia a un reclamo

renunciation of citizenship – renuncia a la ciudadanía

renunciation of property – abandono de propiedad

renvoi *n* – reenvío

reopen *v* – reabrir, reanudar, reabrirse, reanudarse

reopen a case – reabrir un caso, reabrir una causa

reorder *v* – reordenar, volver a pedir

reorganisation *n* – reorganización

reorganization *n* – reorganización

rep. (representative) – representante

repair *v* – reparar, remediar

repairs *n* – reparaciones

reparable *adj* – reparable

reparable injury – daños reparables

reparation *n* – reparación, indemnización

repatriate *v* – repatriar

repatriation *n* – repatriación

repay *v* – reembolsar, reintegrar, devolver, pagar

repayable *adj* – reembolsable, reintegrable

repayment *n* – reembolso, reintegro, pago

repeal *n* – derogación, revocación, anulación

repeal *v* – derogar, revocar, anular

repeated demands – demandas repetidas

repeaters *n* – reincidentes

repertory *n* – libro notarial, repertorio

repetition *n* – repetición, reiteración

repetitive strain injury – lesión por movimientos repetitivos

replace *v* – reemplazar, sustituir, reponer

replacement *n* – reemplazo, sustituto

replacement cost – costo de reposición, costo de reemplazo

replead *v* – presentar un nuevo alegato

repleader *n* – un nuevo alegato

repleviable *adj* – reivindicable

replevin *n* – reivindicación

replevin bond – fianza en una acción reivindicatoria

replevisor *n* – reivindicador, demandante en una acción reivindicatoria

replevy *n* – entrega al demandante de los bienes muebles en cuestión ante la posibilidad de una acción reivindicatoria

repliant *n* – replicante

replicant *n* – replicante

replication *n* – réplica

reply *n* – respuesta, contestación, réplica

reply *v* – responder, contestar, replicar

report *n* – informe, relación, reportaje

report *v* – informar, relatar, reportar, anunciar, denunciar

reportable event – acontecimiento reportable

reporter *n* – relator, reportero, colección de jurisprudencia, estenógrafo del tribunal

reporting agency – agencia de informes

reporting requirements – requisitos de informes

reporting standards – normas de informes

reports *n* – colección de jurisprudencia

reposition *v* – reposicionar

repository *n* – depósito
repossession *n* – reposesión, recobro de una posesión, recuperación
reprehensible *adj* – reprensible
represent *v* – representar
representation *n* – representación, manifestación
representation by counsel – representación por abogado
representative *adj* – representativo
representative *n* – representante, delegado
repressive tax – impuesto represivo
repricing opportunities – oportunidades para cambiar términos
reprieve *n* – suspensión temporal
reprimand *n* – reprimenda, censura
reprisal *n* – represalia
reprivatisation *n* – reprivatización
reprivatised *adj* – reprivatizado
reprivatization *n* – reprivatización
reprivatized *adj* – reprivatizado
reproach *v* – reprochar, censurar
reprocess *v* – reprocesar
reprocessing *n* – reprocesado
reproduce *v* – reproducir, duplicar
reproduction cost – costo de reproducción
republic *n* – república
republican *n* – republicano
republican government – gobierno republicano
republication *n* – republicación, revalidación de un testamento
republish *v* – republicar
repudiate *v* – repudiar, rechazar, negar
repudiation *n* – repudio, rechazo, incumplimiento de una obligación contractual
repugnancy *n* – incompatibilidad, contradicción, repugnancia
repugnant *adj* – incompatible, contradictorio, repugnante
repurchase *n* – recompra, readquisición
repurchase *v* – recomprar, readquirir
reputable *adj* – respetable, acreditado
reputation *n* – reputación
repute *n* – reputación
reputed owner – dueño aparente
request *n* – solicitud, petición
request *v* – solicitar, peticionar, pedir
request for admission – solicitud a la parte contraria de reconocer que algo es cierto
request for proposals – solicitud de propuestas
request to admit – solicitud a la parte contraria de reconocer que algo es cierto
require *v* – requerir, exigir, necesitar
required *adj* – requerido, exigido, necesario
required arbitration – arbitraje requerido

required by law – requerido por la ley
required care – cuidado requerido
required coverage – cobertura requerida
required diligence – diligencia requerida
required disclosure – divulgación requerida
required distribution – distribución requerida
required easement – servidumbre requerida
required insurance – seguro requerido
required licence – licencia requerida
required license – licencia requerida
required parties – partes requeridas
required repairs – reparaciones requeridas
required reserve – reserva requerida
required retirement – retiro forzado
required services – servicios requeridos
required servitude – servidumbre requerida
required tax – impuesto requerido
required testimony – testimonio requerido
required wages – salario requerido
required witness – testigo requerido
requirement *n* – requisito, exigencia
requirement contract – contrato de suministro
requisite *n* – requisito, exigencia
requisition *n* – requisición, solicitud, requerimiento, pedido de extradición
requisitionist *n* – solicitante
reregistration *n* – reinscripción
res communes – cosas comunes, propiedad común, res communes
res gestae – cosas hechas, res gestae
res integra – cuestión sin precedente, algo completo, res integra
res ipsa loquitur – la cosa habla por sí misma, res ipsa loquitur
res judicata – cosa juzgada, res judicata
res nova – una nueva cuestión, res nova
res nullius – cosa de nadie, propiedad de nadie, res nullius
res publica – cosa pública, república, res publica
resale price – precio de reventa
rescind *v* – rescindir
rescission of contract – rescisión de contrato
rescissory *adj* – rescisorio
rescript *n* – rescripto, decreto
rescue *n* – rescate, salvamento
rescue *v* – rescatar
rescue doctrine – doctrina según la cual una persona quien por su negligencia pone en peligro a otra es responsable por las lesiones sufridas por un tercero ayudando al segundo
research and development – investigación y desarrollo
resell *v* – revender
reseller *n* – revendedor
reservation *n* – reservación, reserva
reservation of rights – reserva de derechos

reservation wage – paga mínima aceptable para un trabajador
reserve *n* – reserva, restricción
reserve *v* – reservar, retener
reserve account – cuenta de reserva
reserve banks – bancos de la Reserva Federal
reserve currency – moneda de reserva
reserve deficiency – deficiencia de reserva
reserve for bad debts – reserva para deudas incobrables
reserve fund – fondo de reserva
reserve requirement – requisito de reservas
reserve rights – reservar derechos
reserved land – tierras reservadas
reserved powers – poderes reservados
resettlement *n* – reasentamiento
reshuffle *v* – reorganizar, redistribuir
reside *v* – residir, vivir
residence *n* – residencia
residence of corporation – domicilio de una corporación
residence permit – permiso de residencia
residence visa – visa de residencia
residency requirements – requisitos de residencia
resident agent – persona autorizada a recibir notificaciones en una jurisdicción
resident alien – extranjero residente
residential construction – construcción residencial
residential mortgage – hipoteca residencial
residential property – propiedad residencial
residential schedule – el tiempo programada para que el padre sin custodia vea su hijo
residential time – el tiempo programada para que el padre sin custodia vea su hijo
residual disability – discapacidad residual
residual interest – interés residual
residual value – valor residual
residuary *adj* – residual, remanente
residuary account – declaración de la sucesión residual
residuary beneficiary – beneficiario residual
residuary bequest – legado residual
residuary clause – cláusula concerniente a la disposición de los bienes residuales de una sucesión
residuary devise – legado residual
residuary devisee – legatario residual
residuary estate – bienes residuales de una sucesión, sucesión residual
residuary legacy – legado residual
residuary legatee – legatario residual
residue *n* – bienes residuales de una sucesión, sucesión residual, residuo, remanente
residuum *n* – residuo, activo neto de la sucesión

resign *v* – renunciar, dimitir
resignation *n* – resignación, renuncia
resignation letter – carta de renuncia
resist *v* – resistir, tolerar
resistance *n* – resistencia
resisting an officer – resistirse a la autoridad
reskill *v* – entrenar para desempeñar nuevas tareas
resolution *n* – resolución, decisión
resolve *v* – resolver, decidir, acordar
resource *v* – proveer recursos, proveer apoyo
resource management – administración de recursos
resources *n* – recursos
resources and expenditures – recursos y gastos
RESPA (Real Estate Settlement Procedures Act) – ley federal la cual impone que se declaren los gastos de cierre en una transacción inmobiliaria
respect *n* – respeto
respect *v* – respetar
respectable *adj* – respetable, considerable
respective *adj* – respectivo, individual
respite *n* – suspensión, aplazamiento, prórroga
respond *v* – responder
respondeat superior – doctrina según la cual el patrono es responsable por las acciones de su empleado
respondent *n* – demandado, apelado
response *n* – respuesta, reacción
responsibility *n* – responsabilidad
responsible person – persona responsable
responsive *adj* – que responde, que responde rápidamente
responsive pleadings – alegatos que hace un demandado respondiendo a una querella
rest *n* – descanso, residuo
rest *v* – terminar la presentación de las pruebas
restate *v* – repetir, volver a declarar, replantear
resting a case – terminar la presentación de las pruebas
restitutio in integrum – beneficio de restitución, restitución a la condición previa
restitution *n* – restitución, restablecimiento
restock *v* – reaprovisionar, reabastecer
restoration *n* – restauración, rehabilitación
restorative justice – justicia restaurativa
restore *v* – restaurar, rehabilitar, restituir
restrain *v* – restringir, refrenar, impedir
restraining order – inhibitoria, orden de restricción
restraint *n* – restricción, prohibición, limitación, moderación
restraint of trade – restricción al comercio

restrict *v* – restringir, limitar
restricted *adj* – restringido, limitado
restricted account – cuenta restringida
restricted assets – activo restringido
restricted by law – restringido por ley
restricted interpretation – interpretación restringida
restricted jurisdiction – jurisdicción restringida
restricted liability – responsabilidad restringida
restricted policy – póliza restringida
restricted sale – venta restringida
restricted shares – acciones con restricciones en cuanto a la transferencia
restricted stock – acciones con restricciones en cuanto a la transferencia
restricted trust – fideicomiso restringido
restriction *n* – restricción, limitación
restrictive *adj* – restrictivo, limitante
restrictive covenant – estipulación restrictiva, pacto restrictivo
restrictive policy – política restrictiva
restrictive practices – prácticas restrictivas
restructure *v* – reestructurar
restructured loan – préstamo reestructurado
restructuring of debt – reestructuración de deuda
resubmit *v* – volver a presentar
result *n* – resultado, efecto
result-driven *adj* – impulsado por resultados
resulting trust – fideicomiso resultante, fideicomiso inferido por ley
résumé *n* – currículum vitae, currículo
resume *v* – reasumir, reanudar
resummons *n* – un segundo emplazamiento
retail *adj* – minorista, al por menor, al detalle
retail *n* – venta minorista, venta al por menor
retail *v* – vender al por menor, vender al detalle
retail banking – banca minorista, banca al por menor
retail business – comercio minorista, comercio al por menor
retail sale – venta al por menor
retailer *n* – detallista, minorista, quien vende al por menor
retailing *n* – venta minorista, venta al por menor, venta al detalle
retain *v* – retener, contratar, contratar los servicios de un abogado
retainage *n* – cantidad retenida en un contrato de construcción hasta un período acordado
retained tax – impuesto retenido
retainer *n* – contrato para los servicios de un abogado, iguala, anticipo
retaining fee – anticipo al abogado

retaliation *n* – represalia
retaliatory duty – arancel de represalia
retaliatory eviction – evicción como represalia
retaliatory law – ley recíproca, ley del talión
retaliatory tariff – arancel de represalia
retention requirement – requisito de retención
retire *v* – retirar, retirarse, jubilar, redimir
retired *adj* – retirado, jubilado
retiree *n* – jubilado
retirement *n* – jubilación, retiro
retirement age – edad de jubilación
retirement annuity – anualidad de jubilación, pensión de jubilación
retirement benefits – beneficios de jubilación
retirement fund – fondo de jubilación
retirement income – ingresos de jubilación
retirement of jury – retiro del jurado de la sala para deliberar
retirement pension – pensión de jubilación
retirement plan – plan de jubilación
retirement savings – ahorros para la jubilación
retirement scheme – plan de jubilación, plan de retiro
retirement system – sistema de retiro, sistema de jubilación
retorsion *n* – retorsión
retract *v* – retractar
retractable *adj* – retractable
retraction *n* – retracción
retrain *v* – reentrenar, recapacitar
retraining *n* – reentrenamiento, recapacitación
retraxit *n* – él ha desistido, desistimiento de la acción
retreat *v* – retroceder
retreat rule – regla que indica que una víctima de agresión debe primero tratar de escapar antes de recurrir a la violencia si lo puede hacer con toda seguridad
retreat to the wall – agotar todos los recursos razonables antes de tener que matar a un agresor en defensa propia
retrench *v* – economizar, reducir
retrial *n* – nuevo juicio
retribution *n* – retribución
retributive *adj* – retributivo
retrieval *n* – recuperación, rescate
retrieve *v* – recuperar, rescatar
retro *adj* – anterior
retroactive adjustment – ajuste retroactivo
retroactive decision – fallo retroactivo
retroactive insurance – seguro retroactivo
retroactive law – ley retroactiva
retroactive pay – paga retroactiva
retroactive salary – salario retroactivo

retroactive wages – salario retroactivo
retroactively *adv* – retroactivamente
retroactivity *n* – retroactividad
retrocession *n* – retrocesión
retrospective analysis – análisis
retrospectivo
retrospective law – ley retrospectiva
return *n* – retorno, devolución, declaración
de la renta, declaración de ingresos,
declaración de impuestos, respuesta,
beneficio
return *v* – volver, devolver, reciprocar,
retornar, rendir
return a verdict – emitir un veredicto
return address – dirección del remitente
return day – día del informe del funcionario
judicial sobre el trámite a su cargo
return of process – informe del funcionario
judicial sobre el trámite a su cargo
return of service – confirmación que se ha
entregado una notificación judicial
debidamente
return to sender – devolver al remitente
returnable *adj* – devolutivo, restituible
returned check – cheque devuelto
returned cheque – cheque devuelto
returned letter – carta devuelta
revalorisation *n* – revalorización
revalorization *n* – revalorización
revaluate *v* – revaluar, revalorizar, retasar
revaluation *n* – revaluación, revalorización
revalue *v* – revaluar, revalorizar, retasar
revamp *v* – restaurar, renovar, reparar
revendication *n* – reivindicación
revenue *n* – ingresos, renta, entradas,
entradas brutas
revenue agent – agente fiscal, agente de
Hacienda
revenue bills – proyectos de ley tributarias
revenue collection – recaudación de ingresos
revenue law – ley tributaria, ley fiscal
revenue office – Hacienda
revenue officer – funcionario de Hacienda,
funcionario fiscal
revenue ruling – decisión tributaria
revenue stamp – estampilla fiscal, timbre
fiscal
revenue tariff – tarifa fiscal, arancel fiscal
reversal *n* – revocación, anulación, inversión
reversal of judgment – revocación de
sentencia
reverse *n* – dorso, reverso
reverse *v* – invertir, revocar, anular, derogar
reverse annuity mortgage – hipoteca de
anualidad invertida
reverse discrimination – discriminación
inversa
reverse mortgage – hipoteca inversa

reverse takeover – adquisición inversa,
absorción inversa
reversed *adj* – revocado, anulado
reversible error – error que justifica una
revocación
reversion *n* – reversión
reversionary *adj* – de reversión
reversionary interest – derecho de reversión
reversionary lease – arrendamiento a tomar
efecto al expirar uno existente
reversioner *n* – quien tiene el derecho de
reversión
revert *v* – revertir
reverter *n* – reversión
revest *v* – reponer, reinstalar, restablecer
revictimization *n* – revictimización
review *n* – revisión, examen, reexaminación,
estudio, reseña
review *v* – revisar, examinar, reexaminar,
estudiar, reseñar
review and adjustment – revisión y ajuste
review board – junta de revisión
review body – cuerpo de revisión
reviewable *adj* – apelable, revisable
revise *v* – revisar, enmendar, modificar,
reexaminar
revised *adj* – revisado, enmendado,
modificado
revised statutes – estatutos revisados
revision *n* – revisión, modificación,
enmienda
revision of statutes – revisión de estatutos
revisionism *n* – revisionismo
revisionist *adj* – revisionista
revival *n* – restablecimiento, renovación
revive *v* – revivir, renovar, restablecer
revocable beneficiary – beneficiario
revocable
revocable living trust – fideicomiso
revocable entre vivos
revocable transfer – transferencia revocable
revocable trust – fideicomiso revocable
revocation *n* – revocación, cancelación
revocation of agency – revocación de
agencia
revocation of gift – revocación de donación
revocation of offer – revocación de oferta
revocation of power of attorney –
revocación de poder, revocación de poder
legal
revocation of probate – revocación de la
legalización de un testamento
revocation of will – revocación de testamento
revoke *v* – revocar, cancelar
revolt *n* – revuelta
revolution *n* – revolución
revolving account – cuenta rotatoria
revolving credit – crédito rotatorio, crédito

renovable

revolving loan – préstamo rotatorio

reward *n* – recompensa

reward *v* – recompensar

rewrite *v* – reescribir

rezone *v* – rezonficicar

rezoning *n* – rezonificación

RFID (radio-frequency identification) – identificación por radiofrecuencia

rhadamanthine *adj* – justo de forma desmedida y terca

Richard Roe – Fulano de Tal

ricochet *n* – rebote

rider *n* – cláusula adicional, anexo

rig *v* – manipular o controlar para beneficio propio

right *adj* – justo, correcto, cierto, legítimo, recto, apropiado

right *n* – derecho, justicia, título, propiedad, privilegio, derecha

right *v* – corregir, hacer justicia

right against self-incrimination – derecho de no tener que contestar preguntas o de otro modo hacer declaraciones autoincriminatorias

right and wrong test – determinación de si la persona estaba insana al cometer un crimen

right in action – derecho de acción

right in personam – derecho de una obligación personal

right in rem – derecho real

right-minded *adj* – justo, recto

right of action – derecho de acción

right of allocution – derecho de alocución

right of appeal – derecho de recurso, derecho de apelación

right of approach – derecho de revisar una nave

right of assembly – derecho de reunión, libertad de organización

right of asylum – derecho de asilo

right of audience – derecho de audiencia

right of choice – derecho de selección

right of conscience – libertad de conciencia

right of conversion – derecho de conversión

right of drainage – servidumbre de drenaje

right of entry – derecho de ingreso, derecho de entrada

right of first refusal – derecho de prelación

right of foreclosure – derecho de ejecución hipotecaria

right of habitation – derecho de habitar

right of local self-government – derecho a un gobierno autónomo para asuntos locales

right of ownership – derecho de posesión

right of possession – derecho de posesión

right of privacy – derecho a la privacidad

right of priority – derecho de prioridad

right of property – derecho de propiedad

right of recovery – derecho de recuperación

right of redemption – derecho de redención

right of representation – derecho de representación

right of reproduction – derecho de reproducción

right of rescission – derecho de rescisión

right of restitution – derecho a restitución

right of retainer – derecho de retención

right of retention – derecho de retención

right of return – derecho de devolución

right of sale – derecho de venta

right of search – derecho de allanar, derecho de registrar naves ajenas

right of survivorship – derecho de supervivencia

right of way – derecho de paso, servidumbre de paso

right to attend – derecho de asistir

right to attorney – derecho a abogado defensor

right to be heard – derecho de ser escuchado

right to be informed – derecho de ser informado

right to be treated fairly – derecho de ser tratado justamente

right to cancel – derecho de cancelar

right to counsel – derecho a abogado defensor

right to enforcement – derecho de que se haga cumplir la ley

right to information – derecho de información

right to live decently – derecho de vivir decentemente

right to light – servidumbre de luz

right to marry – derecho a contraer matrimonio

right to notice – derecho de notificación

right to privacy – derecho a la privacidad

right to protection – derecho de protección

right to restitution – derecho de restitución

right to retainer – derecho de retención

right to sell – derecho de vender

right to strike – derecho de huelga

right to vote – derecho al voto

right to work – derecho al trabajo

right-to-work laws – leyes sobre los derechos al trabajo

right-winger *n* – derechista

rightful *adj* – justo, apropiado, legítimo

rightful owner – dueño legítimo

rightfully *adv* – legítimamente, correctamente

rightfulness *n* – legalidad, justicia

rightly *adv* – justamente, apropiadamente

rightness *n* – justicia, rectitud, exactitud

rights *n* – derechos de suscripción, derechos

rightsizing *n* – el buscar tener la cantidad idónea de empleados para la empresa
rigor mortis – rigidez del cadáver
ring *n* – camarilla
ring-fence *v* – el reservar fondos para un uso específico y prohibir sus uso para otros fines
ringleader *n* – cabecilla
riot *n* – motín, tumulto
riot exclusion – exclusión por motines
rioter *n* – amotinador
rip-off *n* – estafa
riparian rights – derechos ribereños
ripe for judgment – listo para la sentencia
ripoff *n* – estafa
rise in rent – aumento del alquiler
rising unemployment – desempleo creciente
risk *n* – riesgo, peligro
risk *v* – arriesgar, poner en peligro
risk administration – administración de riesgos
risk analysis – análisis del riesgo
risk assessment – evaluación del riesgo
risk assignment – transferencia de riesgo
risk aversion – aversión al riesgo
risk avoidance – evitación de riesgos
risk category – categoría de riesgo
risk disclosure – divulgación de riesgos
risk exposure – exposición al riesgo
risk factor – factor de riesgo
risk-free *adj* – sin riesgo
risk identification – identificación de riesgos
risk management – administración de riesgos
risk-oriented *adj* – orientado al riesgo
risk premium – prima por riesgo
risk taking – toma de riesgos
riskless *adj* – sin riesgo
risks of navigation – riesgos de la navegación
rival *n* – rival, competidor
rival interests – intereses conflictivos
road accident – accidente en un camino
road rage – violencia vial
roadblock *n* – barricada, obstáculo
roadside *n* – orilla de un camino
roam *v* – vagar
roamer *n* – vagabundo
rob *v* – robar, atracar
robber *n* – ladrón, atracador
robbery *n* – robo, atraco
robbery insurance – seguro contra robos
robot *n* – robot
robotics *n* – robótica
robotisation *n* – robotización
robotization *n* – robotización
rogatory letters – solicitud rogatoria, carta rogatoria
rogue *n* – bribón, pillo, vago
roll *n* – registro, nómina, lista

roll *v* – robar, robar con el uso de la fuerza
roll over – transferir, renovar
rollover *n* – transferencia, renovación
roomer *n* – inquilino
root of title – el primer título en un resumen de título
roster *n* – registro, nómina
rotate *v* – rotar
rotating shift – turno rotatorio, turno rotativo
rotation of crops – rotación de cultivos
Roth IRA (Roth Individual Retirement Account) – cuenta de retiro individual Roth
rough copy – borrador
rough draft – borrador
rough estimate – aproximación estimada
round *n* – ronda, sesión, tiro, bala
round off – redondear
round-the-clock *adj* – día y noche, veinticuatro horas al día
round trip – viaje ida y vuelta
rounding error – error de redondeo
roundly *adv* – rotundamente, completamente
roundup *n* – resumen, redada
route *n* – ruta, itinerario, rumbo
routine *n* – rutina
routine notification – notificación rutinaria
royal prerogative – prerrogativa real
royalty *n* – regalía, royalty, realeza
royalty payment – pago de regalías
RSVP (*répondez s'il vous plait*) – se ruega contestación
rubber check – cheque devuelto, cheque rebotado
rubber cheque – cheque devuelto, cheque rebotado
rubber stamp – visto bueno, sello de goma, quien autoriza sin verificar el mérito o la autenticidad de algo
rubber-stamp *v* – autorizar, dar el visto bueno, autorizar sin verificar el mérito o la autenticidad de algo
rubric *n* – rúbrica, título de una ley, título
rudeness *n* – rudeza, violencia
ruin *v* – arruinar
rule *n* – regla, norma, orden judicial, fallo
rule *v* – ordenar, decidir, fallar, gobernar
rule absolute – orden judicial absoluta, fallo final
rule against – fallar en contra de
rule against perpetuities – regla que prohíbe crear un interés futuro si no existe la posibilidad de que se transfiera dentro de los 21 años más período de gestación de haberse creado
rule nisi – fallo final tentativo, orden judicial provisional la cual se hará definitiva e imperativa a menos que se puedan dar razones suficientes en su contra

rule of apportionment – regla de la distribución
rule of court – regla procesal
rule of doubt – regla de la duda
rule of law – principio de derecho
rule of lenity – principio de la clemencia
rule of presumption – principio de presunción
rule of reason – principio de la razón
rule of thumb – regla general
rule out – excluir la posibilidad, excluir, impedir
rules and practices – reglas y prácticas
rules and regulations – reglas y reglamentos
rules of appellate procedure – reglas del procedimiento apelativo
rules of civil procedure – reglas del procedimiento civil
rules of court – reglamento procesal, normas procesales
rules of criminal procedure – reglas del procedimiento penal
rules of descent – reglas de sucesión
rules of evidence – reglas en materia de prueba
rules of professional conduct – normas del comportamiento profesional
ruling *adj* – predominante, imperante
ruling *n* – fallo, decisión
rumor *n* – rumor
rumour *n* – rumor
run *n* – retiro masivo y general de fondos de un banco a causa del pánico, clase
run *v* – tener vigencia, tener efecto legal, administrar, ejecutar, correr, huir
run down – agotar, atropellar, disminuir gradualmente, encontrar tras buscar
run-down *adj* – en mal estado
run-of-the-mill *adj* – común y corriente
run on a bank – retiro masivo y general de fondos de un banco a causa del pánico
run out – agotar, agotarse, terminar, vencer
run up – acumular, acumular deudas, acumular deudas rápidamente, agrandar
run-up *n* – alza, alza en precios, período que precede algo
runaway inflation – inflación galopante
rundown *n* – resumen, resumen minucioso
runner *n* – mensajero, persona que atrae clientes para abogados de entre las víctimas de accidentes
running *n* – administración, gestión, manejo
running account – cuenta corriente
running costs – costos de mantener un negocio en marcha, costos de operación, costos de explotación
running days – días corridos
running of the statute of limitations – expiración del término de prescripción
running policy – póliza corriente
running with the land – derechos que se transfieren junto al inmueble en cuestión
rural development – desarrollo rural
rural servitude – servidumbre rural
rurban *adj* – que combina aspectos de la vida urbana y rural
rush *v* – hacer a la carrera, apurar
rush hour – hora pico, hora punta

S

S Corporation – corporación la cual ha elegido que se le impongan contribuciones como personas naturales
S & L (savings and loan association) – asociación de ahorro y préstamo
sabotage *n* – sabotaje
sabotage *v* – sabotear
sadism *n* – sadismo
sadist *n* – sádico
safe *adj* – seguro, salvo, prudente, leal
safe *n* – caja fuerte
safe deposit box – caja de seguridad
safe deposit company – compañía que alquila cajas de seguridad
safe harbor rule – regla que ampara a quien ha tratado de cumplir en buena fe
safe haven – inversión segura, lugar seguro
safe place to work – lugar seguro para trabajar
safeguard *n* – salvaguardia, salvoconducto
safeguard *v* – salvaguardar, proteger
safekeeping *n* – custodia, depósito
safely *adv* – sin peligro, sin accidentes
safety *n* – seguridad, seguro de arma de fuego
safety audit – auditoría de seguridad
safety belt – cinturón de seguridad
safety check – revisión de seguridad, cheque con medidas especiales de seguridad
safety cheque – cheque con medidas especiales de seguridad
safety deposit box – caja de seguridad
safety hazard – riesgo de seguridad
safety margin – margen de seguridad
safety net – red de protección
safety paper – papel de seguridad
safety precaution – medida de seguridad

safety regulations – reglamentos de seguridad
safety requirements – requisitos de seguridad
safety rules – reglas de seguridad
safety standards – normas de seguridad
safety statutes – leyes concernientes a la seguridad en el trabajo
salable *adj* – vendible
salaried *adj* – asalariado
salary *n* – salario, sueldo, paga
salary adjustment – ajuste salarial
salary administration – administración salarial
salary agreement – convenio salarial
salary arbitration – arbitraje salarial
salary assignment – cesión de salario
salary bracket – escala salarial
salary check – cheque salarial
salary cheque – cheque salarial
salary claim – reclamación salarial
salary compression – compresión salarial
salary continuation plan – plan de continuación salarial
salary control – control salarial
salary cut – recorte salarial
salary decrease – disminución salarial
salary deduction – deducción salarial
salary dispute – disputa salarial
salary earner – asalariado, quien devenga ingresos
salary equalisation – equiparación salarial
salary equalization – equiparación salarial
salary floor – salario mínimo
salary freeze – congelación salarial
salary garnishment – embargo de salario
salary increase – aumento salarial
salary index – índice salarial
salary inflation – inflación salarial
salary minimum – salario mínimo
salary negotiations – negociaciones salariales
salary payment – pago salarial
salary policy – política salarial
salary raise – aumento salarial
salary rate – tasa salarial
salary receipt – recibo salarial
salary reduction – reducción salarial
salary regulation – regulación salarial
salary review – revisión salarial
salary rise – alza salarial
salary round – ronda de negociaciones salariales
salary settlement – convenio salarial
salary stabilisation – estabilización salarial
salary stabilization – estabilización salarial
salary structure – estructura salarial
salary subsidy – subsidio salarial

salary tax – impuesto salarial
sale *n* – venta, compraventa
sale and leaseback – venta de propiedad seguida del arrendamiento de dicha propiedad a quien la vendió
sale and purchase – compraventa
sale and return – venta con derecho de devolución
sale at retail – venta minorista, venta al por menor
sale by auction – venta mediante subasta
sale by the court – venta judicial
sale in gross – venta en conjunto
sale-note *n* – nota de venta
sale on account – venta a cuenta
sale on approval – venta sujeta a la aprobación
sale on condition – venta condicional
sale on credit – venta a crédito
sale or return – venta con derecho de devolución
sale price – precio de venta
sale proof – prueba de venta
sale verification – verificación de venta
sale with all faults – venta en que no se ofrecen garantías
saleable *adj* – vendible
sales agent – agente de ventas
sales agreement – contrato de compraventa
sales brochure – folleto de ventas
sales commission – comisión de venta
sales conditions – condiciones de venta
sales contract – contrato de compraventa
sales invoice – factura de venta
sales journal – libro de ventas
sales literature – información escrita de ventas
sales manager – gerente de ventas
sales pitch – lo que dice un vendedor quien quiere vender algo
sales receipt – recibo de venta
sales representative – representante de ventas
sales talk – lo que dice un vendedor quien quiere vender algo
sales tax – impuesto sobre las ventas
salesman *n* – vendedor, dependiente
salesmanship *n* – el arte de vender
salesperson *n* – vendedor, dependiente
salesroom *n* – sala de ventas
saleswoman *n* – vendedora, dependienta
salient *adj* – saliente, sobresaliente
salvage *n* – salvamento, objetos rescatados
salvage charges – gastos de salvamento
salvage loss – diferencia entre el valor de los bienes rescatados menos el valor original de dichos bienes
salvage value – valor residual

salvor *n* – quien ayuda en un salvamento sin previo convenio

same-day delivery – entrega el mismo día

same offense – el mismo delito

same sex civil union – unión civil entre personas del mismo sexo

same sex marriage – matrimonio entre personas del mismo sexo

sameness *n* – igualdad, uniformidad

sample *n* – muestra, modelo

sampling *n* – muestra, muestreo, catadura

sanction *n* – sanción, ratificación, autorización

sanction *v* – sancionar, ratificar, autorizar

sanctuary *n* – asilo

sandwich lease – arrendamiento del arrendatario que subarrienda a otro

sane *adj* – cuerdo, sensato

sanitarily *adv* – sanitariamente

sanitary *adj* – sanitario, higiénico

sanitary certificate – certificado de sanidad

sanitary code – código sanitario

sanity *n* – cordura, sensatez

sanity hearing – indagación para determinar si la persona está mentalmente capacitada para ser enjuiciada

satisfaction *n* – satisfacción, cumplimiento

satisfaction guaranteed – satisfacción garantizada

satisfaction guaranteed or your money back – si no queda satisfecho le devolvemos su dinero

satisfaction of judgment – documento que certifica que se ha cumplido con una sentencia

satisfaction of lien – documento mediante el cual se libera un gravamen

satisfaction of mortgage – documento que certifica que se ha liquidado una hipoteca

satisfactory evidence – prueba suficiente

satisfactory proof – prueba suficiente

satisfactory title – título satisfactorio

satisficing *n* – la búsqueda de un nivel satisfactorio en vez del más alto posible

satisfied *adj* – satisfecho, cumplido, liquidado

satisfy *v* – satisfacer, cumplir, liquidar

saturate *v* – saturar

saturation of market – saturación de mercado

Saturday night special – pistola fácil de ocultar frecuentemente usada en robos a mano armada

savagely – salvajemente, cruelmente

save *v* – salvar, exceptuar, eximir, ahorrar, economizar, guardar

save as you earn – plan de ahorros con contribuciones mensuales a base de ingresos retenidos

save harmless clause – cláusula de indemnidad

saver *n* – ahorrista

saving *adj* – rescatador, ahorrativo

saving *n* – ahorro, reserva, economía

saving clause – cláusula que indica que si se invalida una parte de una ley o de un contrato que no se invalidarán las demás

savings *n* – ahorros

savings account – cuenta de ahorros

savings and loan association – sociedad de ahorro y préstamo

savings and loan bank – banco de ahorro y préstamo

savings bank – banco de ahorros

savings institution – entidad de ahorros

scab *n* – rompehuelgas, esquirol

scalability *n* – escalabilidad

scale *n* – escala, tarifa, báscula

scale down – reducir, disminuir

scale of fees – escala de cargos

scale of wages – escala de salarios

scale up – ampliar, aumentar

scalp *v* – revender taquillas a espectáculos en exceso del valor nominal

scalper *n* – quien revende taquillas a espectáculos en exceso del valor nominal

scalping *n* – reventa de taquillas a espectáculos en exceso del valor nominal

scam *n* – chanchullo

scan *v* – recorrer con la mirada, escudriñar, explorar, revisar someramente

scandal *n* – escándalo, deshonra

scandalize *v* – escandalizar

scandalous matter – asunto escandaloso

scanner *n* – escáner

scar *n* – cicatriz

scarcity *n* – escasez, insuficiencia

scarcity rent – renta por escasez

scare *v* – asustar, intimidar

scenario analysis – análisis del panorama

scene *n* – escena, escándalo

scent *n* – olor, indicio, pista

schedule *n* – programa, horario, calendario, anejo, lista

schedule *v* – programar, planificar

schedule of fees – lista de cargos

schedule rating – método de calcular primas de seguros dependiendo de las características especiales del riesgo

scheduled *adj* – programado, previsto

scheduled coverage – cobertura de acuerdo a una lista de bienes con sus valores respectivos

scheduled maintenance – mantenimiento programado

scheduled policy – póliza para cobertura de acuerdo a una lista de bienes con sus valores

respectivos
scheduled property – lista de bienes asegurados con sus valores respectivos
scheduling order – orden judicial que establece las fechas límites para cada paso del caso
scheme *n* – plan, proyecto, esquema, idea, estratagema, sistema
scheme to defraud – treta para defraudar
scholarship *n* – beca, erudición
school age – edad escolar
school board – junta escolar
scilicet *adv* – es decir
scintilla of evidence – la menor cantidad de prueba
scold *n* – quien es una molestia pública, reñidor, regañón
scope *n* – alcance, ámbito, intención
scope of a patent – alcance de una patente
scope of authority – alcance del poder
scope of employment – actividades que lleva a cabo un empleado al cumplir con sus deberes del trabajo
scorched-earth policy – política de tierra quemada
scorn *n* – desdén, menosprecio
scorn *v* – desdeñar, menospreciar
scot-free *adj* – impune, ileso
scrambling possession – posesión disputada
scrap *v* – abandonar, descartar, chatarrear
scream *n* – grito
screen *n* – pantalla
screen *v* – cribar, seleccionar
screen candidates – seleccionar candidatos
screened *adj* – cribado, seleccionado
screening *n* – cribado, selección
scrimp *v* – hacer economías, escatimar
scrip *n* – vale, certificado, certificado provisional
scrip dividend – dividendo consistente en acciones en sustitución de dinero
script *n* – manuscrito, original, escritura
scroll *n* – rollo de pergamino
scruple *n* – escrúpulo, duda
scrupulous *adj* – escrupuloso
scrutinize *v* – escudriñar
scrutiny *n* – escrutinio
scurrilous *adj* – grosero, vulgar
se defendendo – en defensa propia
sea carrier – cargador marítimo
sea damage – daño en alta mar
sea freight – flete marítimo
sea insurance – seguro marítimo
sea laws – leyes marítimas
sea perils – riesgos de alta mar
sea risks – riesgos de alta mar
sea trade – comercio marítimo
sea transport – transporte marítimo

seal *n* – sello, timbre
seal *v* – sellar, concluir, cerrar, determinar
seal of approval – sello de aprobación
seal of corporation – sello corporativo
sealed *adj* – sellado, cerrado, concluido
sealed and delivered – sellado y entregado
sealed bid – oferta en sobre sellado
sealed instrument – instrumento sellado
sealed verdict – veredicto en sobre sellado
sealer *n* – sellador
sealing *n* – el acto de sellar
séance *n* – sesión
seaport *n* – puerto marítimo
search *n* – búsqueda, allanamiento, registro
search *v* – buscar, registrar, allanar, examinar
search and seizure – allanamiento y secuestro, registros y secuestros
search engine – motor de búsqueda
search of title – búsqueda de título, estudio de título
search warrant – orden de allanamiento, auto de registro
season *n* – estación, temporada
seasonal employment – empleo estacional
seasonal labor – mano de obra estacional
seasonal labour – mano de obra estacional
seasonal work – trabajo estacional
seasonally *adv* – estacionalmente
seat *n* – sede, residencia, asiento, escaño
seat belt – cinturón de seguridad
seat of court – sede de un tribunal
seat of government – sede del gobierno
seated land – terreno ocupado o cultivado
seaworthy *adj* – apropiado para la navegación
SEC (Securities and Exchange Commission) – Comisión del Mercado de Valores, Comisión de Valores y Bolsa
sec. (secretary) – secretario
secede *v* – separarse
secession *n* – secesión
second *adj* – segundo, subordinado, alternado
second *v* – secundar, apoyar, ayudar
second cousin – primo segundo, prima segunda
second degree crime – crimen en el segundo grado
second degree murder – asesinato en el segundo grado
second delivery – entrega de la escritura por el depositario
second generation – segunda generación
second-guess *v* – criticar algo ya sabiéndose el resultado, intentar adivinar las intenciones o acciones de otro
second-hand evidence – prueba por

referencia
second lien – segundo privilegio, segundo gravamen
second offense – segundo delito
second-rate *adj* – de calidad inferior
second the motion – secundar la moción
secondarily *adv* – secundariamente
secondary action – acción secundaria
secondary beneficiary – beneficiario secundario
secondary boycott – boicot secundario
secondary contract – contrato secundario
secondary conveyances – cesiones derivadas
secondary creditor – acreedor secundario
secondary employment – empleo secundario
secondary evidence – prueba secundaria
secondary income – ingresos secundarios
secondary labor market – mercado laboral secundario
secondary labour market – mercado laboral secundario
secondary liability – responsabilidad secundaria
secondary meaning – significado secundario
secondary parties – partes secundarias
secondary right – derecho secundario
secondary strike – huelga secundaria
secondary use – uso condicional
secondary victimization – victimización secundaria
seconder *n* – quien secunda, quien apoya
secondhand *adj* – de segunda mano
secondment *n* – traslado temporal
seconds *n* – artículos imperfectos o defectuosos
secrecy *n* – secreto, encubrimiento, silencio
secret *adj* – secreto, oculto, escondido
secret *n* – secreto, misterio
secret agent – agente secreto
secret ballot – escrutinio secreto, voto secreto
secret communication – comunicación secreta
secret lien – gravamen secreto
secret meeting – reunión secreta
secret partner – socio secreto
secret payment – pago secreto
secret service – servicio secreto
secret trust – fideicomiso secreto
secret vote – voto secreto
secret warranty – garantía secreta
secretarial *adj* – secretarial, de secretario
secretary *n* – secretario
secretary general – secretario general
Secretary of Agriculture – Ministro de Agricultura
Secretary of Commerce – Ministro de Comercio

secretary of corporation – secretario de una corporación
Secretary of Embassy – Secretario de Embajada
Secretary of Health – Ministro de Salud
Secretary of Industry – Ministro de Industria
Secretary of Labor – Ministro de Trabajo
Secretary of Labour – Ministro de Trabajo
Secretary of State – Secretario de Estado
Secretary of the Treasury – Ministro de Hacienda, Ministro del Tesoro, Secretario de Hacienda
secrete *v* – ocultar, encubrir, secretar
secretly *adv* – secretamente, ocultamente
section *n* – sección, sector, párrafo, artículo
section 8 housing – vivienda sección 8
section administrator – administrador de sección
section chief – jefe de sección
section director – director de sección
section head – jefe de sección
section manager – gerente de sección
section of land – una milla cuadrada de terreno
sectional *adj* – parcial, regional
sector *n* – sector
secular *adj* – secular
secure *adj* – seguro, cierto
secure *v* – asegurar, garantizar, obtener
secure electronic transaction – transacción electrónica segura
secure server – servidor seguro
secure transaction – transacción segura
secured account – cuenta garantizada
secured bond – bono garantizado
secured claim – reclamación garantizada
secured credit – crédito garantizado
secured creditor – acreedor garantizado
secured debt – deuda garantizada
secured loan – préstamo garantizado
secured note – pagaré garantizado
secured transaction – transacción garantizada
securely *adv* – seguramente
secureness *n* – seguridad, certeza
securities *n* – valores
securities account – cuenta de valores
securities act – ley de inversiones
Securities and Exchange Commission – Comisión del Mercado de Valores
securities broker – corredor de valores
securities dealer – corredor de valores
securities exchange – bolsa de valores
securities fraud – fraude de valores
securities house – casa de valores
securities laws – leyes de valores
securities lending – préstamo de valores
securities listing – cotización de valores

securities loan – préstamo de valores
securities market – mercado de valores
securities offering – oferta de valores
securities portfolio – cartera de valores
securities rating – clasificación de valores
securities taxes – impuestos sobre valores
securities underwriting – colocación de valores, suscripción de valores
securitisation *n* – conversión a valores
securitised *adj* – convertido en valores
securitization *n* – conversión a valores
securitized *adj* – convertido en valores
security *n* – garantía, seguridad, fianza
security agreement – acuerdo de garantía
security audit – auditoría de seguridad
security certificate – certificado de seguridad
security check – revisión de seguridad, cheque con medidas especiales de seguridad
security cheque – cheque con medidas especiales de seguridad
security council – consejo de seguridad
security deposit – depósito de garantía
security failure – falla de seguridad
security for costs – fianza para costas, fianza para costos
security hazard – riesgo de seguridad
security interest – derecho de vender un inmueble para satisfacer una deuda
security management – administración de seguridad
security margin – margen de seguridad
security measure – medida de seguridad
security precaution – precaución de seguridad
security regulations – reglamentos de seguridad
security requirements – requisitos de seguridad
security restrictions – restricciones de seguridad
security risk – riesgo de seguridad
security rules – reglas de seguridad
security standards – normas de seguridad
sedition *n* – sedición
seditious libel – libelo sedicioso
seduce *v* – seducir
seduction *n* – seducción
seek employment – buscar empleo
segment *n* – segmento, división
segmentation *n* – segmentación
segmented *adj* – segmentado
segregate *v* – segregar
segregated funds – fondos segregados
segregation *n* – segregación
seignorage *n* – señoreaje, monedaje
seisin *n* – posesión
seisin in fact – posesión de hecho
seisin in law – posesión de derecho

seize *v* – asir, tomar, capturar, embargar, confiscar, secuestrar, incautar, decomisar
seized *adj* – secuestrado, embargado, confiscado, detenido, tomado, incautado, decomisado
seizure *n* – secuestro, embargo, allanamiento, confiscación, detención, incautación, decomisado
select committee – comité selecto
selection of jurors – selección de los miembros de un jurado
selective incapacitation – incapacitación selectiva
Selective Service System – agencia federal encargada del proceso de reclutamiento de soldados
self-accusation *n* – autoacusación
self-accusatory *adj* – autoacusatorio
self-addressed stamped envelope – sobre predirigido con sello
self-adjustment *n* – autoajuste
self-administered *adj* – autoadministrado
self-amortizing *adj* – autoamortizable
self-appointed *adj* – autoproclamado, autonombrado
self-assessment *n* – autoevaluación
self-certification *n* – autocertificación
self-consistent *adj* – autoconsistente
self-consumption *n* – autoconsumo
self-contradictory *adj* – autocontradictorio
self-control *n* – autocontrol
self-dealing *n* – transacciones en que una persona actúa como fiduciario para su propio beneficio
self-defence *n* – defensa propia
self-defense *n* – defensa propia
self-destruction *n* – suicidio
self-determination *n* – autodeterminación
self-discipline *n* – autodisciplina
self-employed *adj* – autoempleado, quien tiene negocio propio, empleado autónomo
self-employment *n* – autoempleo, negocio propio
self-executing *adj* – de efecto automático, de implementación automática
self-financed *adj* – autofinanciado
self-funded *adj* – autofinanciado
self-generated *adj* – autogenerado
self-governing *adj* – autónomo
self-help *n* – ayuda propia
self-imposed *adj* – autoimpuesto
self-incrimination *n* – autoincriminación
self-inflicted *adj* – autoinfligido
self-insurance *n* – autoseguro
self-interest *n* – interés propio
self-liquidating *adj* – autoliquidante
self-management *n* – autoadministración
self-motivated *adj* – automotivado

self-murder *n* – suicidio
self-preservation *n* – autopreservación
self-regulating *adj* – autorregulador
self-regulation *n* – autorregulación
self-regulatory *adj* – autorregulador
self-reliance *n* – autosuficiencia
self-restraint *n* – autocontrol
self-selection *n* – autoselección
self-service *n* – autoservicio
self-serving declaration – declaración para beneficio propio
self-sufficiency *n* – autosuficiencia
self-sufficient *adj* – autosuficiente
self-supporting *adj* – autosostenido
self-sustained *adj* – autosostenido
sell *v* – vender, convencer
sell at auction – vender mediante subasta
sell direct – vender directamente
sell on account – vender a cuenta
sell on credit – vender a crédito
sell out – venta de valores de un cliente por un corredor para compensar por falta de pago, agotarse, liquidarse, traicionar
sell-out *n* – venta total, agotamiento, liquidación, traición
sell short – vender al descubierto
seller *n* – vendedor
seller financing – financiamiento por el vendedor
seller's lien – gravamen del vendedor
selling agency – agencia de ventas
selling agent – agente de ventas
selling broker – corredor de ventas
selling group – grupo de ventas
selling licence – licencia de venta
selling license – licencia de venta
selling price – precio de venta
selling rights – derechos de venta
selling syndicate – sindicato de ventas
semaphore *n* – semáforo
semblance *n* – semejanza, apariencia
semen *n* – semen
semester *n* – semestre
semi-annual *adj* – semianual, semestral
semi-annual audit – auditoría semianual
semi-detached house – casa dúplex
semi-fixed *adj* – semifijo
semi-industrialised *adj* – semiindustrializado
semi-industrialized *adj* – semiindustrializado
semi-monthly *adj* – quincenal
semi-official *adj* – semioficial
semi-private *adj* – semiprivado
semi-public *adj* – semipúblico
semi-skilled labor – mano de obra semicalificada
semi-skilled labour – mano de obra semicalificada

semi-skilled worker – trabajador semicalificado
semi-variable *adj* – semivariable
semiannual *adj* – semianual, semestral
semiannual audit – auditoría semianual
semidetached house – casa dúplex
semimonthly *adj* – quincenal
seminar *n* – seminario
semiofficial *adj* – semioficial
semiprivate *adj* – semiprivado
semipublic *adj* – semipúblico
semiskilled labor – mano de obra semicalificada
semiskilled labour – mano de obra semicalificada
semiskilled worker – trabajador semicalificado
semivariable *adj* – semivariable
senate *n* – senado
senator *n* – senador
senatorial *adj* – senatorial
send *v* – mandar, enviar, transmitir
send back – devolver
send by courier – enviar por mensajero
send by email – enviar por email
send by fax – enviar por fax
send by mail – enviar por correo, enviar por email
send by messenger – enviar por mensajero
send by post – enviar por correo
sender *n* – remitente
sending bank – banco que envía
senile *adj* – senil
senility *n* – senilidad
senior *adj* – superior, mayor, principal, de rango superior, padre
senior auditor – auditor principal
senior citizen – persona de edad avanzada
senior counsel – abogado principal
senior creditor – acreedor de rango superior
senior debt – deuda de rango superior
senior employees – empleados de rango superior
senior executive – alto ejecutivo
senior interest – derecho de rango superior
senior judge – juez decano
senior lien – gravamen de rango superior
senior loan – préstamo de rango superior
senior management – alta gerencia
senior mortgage – hipoteca de rango superior
senior officer – funcionario de rango superior
senior official – funcionario de rango superior
senior partner – socio principal
senior personnel – empleados de rango superior
senior secretary – secretario de rango superior

senior securities – valores de rango superior
senior staff – empleados de rango superior
senior vice-president – vicepresidente principal
seniority n – antigüedad, prioridad
seniority system – sistema basado en la antigüedad
sense n – sentido, significado
senseless adj – sin sentido, insensato
sensible adj – sensible, susceptible
sensitive adj – sensible, delicado, confidencial
sensitive information – información confidencial
sensitivity n – sensibilidad
sensitivity training – entrenamiento de sensibilidad
sentence n – sentencia, fallo, condena
sentence in absentia – sentencia en ausencia
sentence of death – sentencia de muerte, pena de muerte
sentence report – informe al juez antes de la determinación de una sentencia
sentencing n – determinación de una sentencia
sentencing guidelines – normas para usarse al determinar una sentencia
sentimental value – valor sentimental
separability clause – cláusula de separabilidad
separable adj – separable, divisible
separable contract – contrato divisible
separable controversy – controversia separable
separate adj – separado, distinto
separate v – separar, dividir
separate accounting – contabilidad separada
separate action – acción separada
separate contract – contrato separado
separate estate – bienes privativos
separate examination – interrogatorio por separado
separate maintenance – pensión para una esposa que no vive con su esposo
separate offenses – delitos separados
separate tax return – declaración de la renta separada, declaración de ingresos separada
separate trial – juicio separado
separately adv – separadamente, por separado
separateness n – estado de separación
separation n – separación, clasificación, separación matrimonial
separation agreement – convenio de separación matrimonial
separation from bed and board – separación sin disolución matrimonial
separation of jury – separación de los miembros de un jurado
separation of patrimony – separación del patrimonio
separation of powers – separación de poderes
separation of spouses – separación matrimonial
separation of witnesses – aislamiento de los testigos
separation order – orden de separación matrimonial
separatism n – separatismo
sequel n – secuela, consecuencia
sequence n – secuencia
sequential adj – secuencial
sequester v – secuestrar, confiscar, aislar
sequestered account – cuenta confiscada, cuenta congelada
sequestration n – secuestro, confiscación, aislamiento
sequestration of jury – aislamiento del jurado
sequestrator n – secuestrador, embargador
sergeant-at-arms n – ujier
serial adj – serial, de serie, consecutivo
serial number – número de serie
serially adv – en serie
seriatim adv – en serie
series n – serie, colección
serious adj – serio, grave
serious accident – accidente grave
serious bodily harm – daño corporal grave, lesiones corporales graves
serious bodily injury – daño corporal grave, lesiones corporales graves
serious breach of contract – incumplimiento grave de contrato
serious crime – delito grave
serious damage – daños graves
serious illness – enfermedad grave
serious injury – lesión seria
serjeant-at-arms n – ujier
servant n – sirviente, empleado
serve v – servir, entregar, notificar, desempeñar, atender
serve a sentence – cumplir una condena
serve a summons – presentar un emplazamiento, presentar una citación
server n – servidor
service n – servicio, notificación judicial, notificación de actos procesales, emplazamiento, ayuda
service agreement – contrato de servicios
service bureau – empresa de servicios
service by mail – notificación mediante el correo
service by publication – notificación mediante publicaciones
service charge – cargo por servicios

service company – compañía de servicio
service fee – cargo por servicios
service level agreement – acuerdo de nivel de servicio
service life – vida útil
service of a loan – servicio de un préstamo
service of notice – notificación judicial
service of process – notificación de actos procesales, notificación judicial, emplazamiento
service provider – proveedor de servicios
service real – servidumbre real
services rendered – servicios prestados
servicing agreement – contrato de servicio
servient estate – predio sirviente
servient tenement – predio sirviente
serving sentence – cumpliendo una sentencia
servitude *n* – servidumbre
session *n* – sesión
session laws – leyes aprobadas durante una sesión legislativa
session of court – sesión de un tribunal
set *adj* – establecido, fijo
set *n* – conjunto, serie, tendencia
set *v* – poner, establecer, fijar, ajustar
set annuity – anualidad fija
set bail – fianza fijada, fijar la fianza
set costs – costos fijos, costas fijas
set-dollar annuity – anualidad de cantidad fija
set forth – presentar
set off – desencadenar, comenzar, causar
set-off *n* – compensación, contrarreclamación
set pay – paga fija
set period – período fijo
set premium – prima fija
set price – precio fijo
set rate – tasa fija
set rent – renta fija
set residence – residencia fija
set salary – salario fijo
set tax – impuesto fijo
set term – plazo fijo
set trust – fideicomiso fijo
set-up *v* – establecer, convocar, preparar, proponer, alegar, intentar incriminar a otros
set wage – salario fijo
setback *n* – la distancia mínima de un linde dentro de la cual se puede edificar
settle *v* – transar, acordar, convenir, establecer, liquidar, decidir, pagar, ajustar
settle accounts – ajustar cuentas
settle out-of-court – transar extrajudicialmente
settled *adj* – transado, convenido, decidido, liquidado, pagado, ajustado
settled account – cuenta liquidada

settlement *n* – transacción, acuerdo, decisión, cierre, liquidación, pago, ajuste, establecimiento
settlement agreement – contrato documentando lo que se ha transado entre las partes
settlement conference – conferencia antes del juicio con un juez donde se busca que las partes transen
settlement costs – gastos de cierre, costos de cierre
settlement date – fecha de pago, fecha de entrega, fecha del cierre
settlement in full – pago completo
settlement of accounts – liquidación de cuentas
settlement statement – declaración del cierre, estado del cierre
settlement terms – términos de liquidación
settler *n* – residente en un terreno
settlor *n* – fideicomitente
setup *v* – establecer, convocar, preparar, alegar, tramar, intentar incriminar a otros
setup costs – costos de establecimiento
sever *v* – cortar, separar, dividir
severability *adv* – divisibilidad
severability clause – cláusula que indica que si se invalida una parte en una ley o contrato no se invalidarán las demás
severable contract – contrato divisible
several *adj* – separado, independiente, varios
several actions – acciones separadas
several counts – combinación de causas
several covenants – estipulaciones que obligan a cada parte individualmente
several liability – responsabilidad independiente
several obligation – obligación independiente
several ownership – propiedad independiente
severally *adv* – separadamente, independientemente
severally liable – responsable independientemente
severalty *n* – propiedad individual
severance *n* – separación, división, indemnización por despido, cesantía
severance benefit – beneficio por despido, indemnización por despido, cesantía
severance indemnity – indemnización por despido, cesantía
severance of actions – separación de acciones
severance of diplomatic relations – rompimiento de relaciones diplomáticas
severance of issues – separación de cuestiones

severance package – indemnización por despido, cesantía
severance pay – indemnización por despido, cesantía
severance tax – impuesto sobre la explotación de recursos naturales
severe *n* – severo, riguroso
sewage pollution – contaminación por aguas residuales
sewage treatment – tratamiento de aguas residuales
sex *n* – sexo, acto sexual
sex bias – prejuicios sexistas
sex crimes – crímenes sexuales
sex discrimination – discriminación sexual
sex offender – delincuente sexual
sex offender registry – registro de delincuentes sexuales
sexism *n* – sexismo
sexist *adj* – sexista
sexual abuse – abuso sexual
sexual assault – asalto sexual
sexual bias – prejuicios sexistas
sexual discrimination – discriminación sexual
sexual favoritism – favoritismo sexual
sexual favouritism – favoritismo sexual
sexual harassment – hostigamiento sexual
sexual intercourse – relaciones sexuales
sexual offender – delincuente sexual
sexual offender registry – registro de delincuentes sexuales
sexual organs – órganos sexuales
sexual relations – relaciones sexuales
sexy advertising – publicidad sexy
shadow economy – economía sombra
shady dealings – transacciones dudosas, negocios dudosos
shakeout *n* – reorganización drástica
shakeup *n* – reorganización drástica
shall *v* – deberá, podrá
sham *adj* – falso, ficticio, fingido, engañoso
sham *n* – imitación, falsificación, engaño
sham answer – respuesta falsa
sham defence – defensa falsa, defensa de mala fe
sham defense – defensa falsa, defensa de mala fe
sham plea – defensa con la intención de ocasionar demoras, alegación falsa
sham transaction – transacción falsa
share and share alike – por partes iguales
share capital – capital accionario
share certificate – certificado de acciones
share split – split de acciones
sharecropper *n* – aparcero
sharecropping *n* – aparcería
shared *adj* – compartido

shared account – cuenta compartida
shared action – acción compartida
shared contract – contrato compartido
shared control – control compartido
shared custody – custodia compartida
shared debts – deudas compartidas
shared income – ingresos compartidos
shared insurance – seguro compartido
shared interest – interés compartido
shared lease – arrendamiento compartido
shared liability – responsabilidad compartida
shared management – administración compartida
shared monopoly – monopolio compartido
shared obligation – obligación compartida
shared ownership – posesión compartida
shared patent – patente compartida
shared payment – pago compartido
shared physical custody – custodia física compartida
shared policy – póliza compartida, política compartida
shared possession – coposesión, posesión compartida
shared responsibility – responsabilidad compartida
shared risk – riesgo compartido
shared tenancy – tenencia compartida, tenencia mancomunada, arrendamiento compartido
shared undertaking – empresa compartida
shareholder *n* – accionista
shareholder of record – accionista registrado
shareholders' meeting – asamblea de accionistas, reunión de accionistas, junta de accionistas
shareholders' register – registro de accionistas
shareholding *n* – tenencia de acciones
shares certificate – certificado de acciones
shares issue – emisión de acciones
shares offer – oferta de acciones
shares purchase plan – plan de compra de acciones
shares record – registro de acciones
shares register – registro de acciones
shares transfer agent – agente de transferencia de acciones
shares warrant – derecho generalmente vigente por varios años para la compra de acciones a un precio específico
sharp *n* – cláusula que le permite al acreedor entablar una acción rápida y sumaria en caso de incumplimiento
sheet *n* – hoja
shelf company – compañía sin actividades ni nada que sólo existe con la expectativa de ser comprada para obtener su fecha de

establecimiento

shelf corporation – corporación sin actividades ni nada que sólo existe con la expectativa de ser comprada para obtener su fecha de establecimiento

shelf registration – registro de acciones que no se emitirán de inmediato

shell company – compañía sin actividades o activos significativos

shell corporation – corporación sin actividades o activos significativos

shell out – desembolsar, repartir

shelter *n* – refugio, amparo, abrigo tributario, amparo contributivo

sheltered *adj* – refugiado, amparado, protegido, protegido contra impuestos

shelterer *n* – amparador, protector

sheriff *n* – alguacil

sheriff's sale – venta o subasta judicial

Sherman Antitrust Act – ley federal antimonopolio

shield laws – leyes que le permiten a los periodistas mantener en secreto cierta información y las fuentes de dicha información

shift *n* – turno, jornada, movimiento, cambio

shift *v* – mover, desplazar, cambiar, trasladar

shift differential – paga adicional por jornada irregular

shift employees – empleados de turno

shift personnel – personal de turno

shift staff – personal de turno

shift work – trabajo por turnos

shift workers – trabajadores por turnos

shifting *n* – traslado, variación

shifting the burden of proof – trasladar la carga de la prueba

shifting trust – fideicomiso en el cual los beneficiarios pueden variar condicionalmente

shifting use – transferencia de uso condicional

shiftwork *n* – trabajo por turnos

shiftworkers *n* – trabajadores por turnos

ship *n* – nave, embarcación

ship *v* – enviar, embarcar

ship's papers – documentación de la nave

ship's registry – registro naval

shipbroker *n* – corredor naviero, consignatario

shipmaster *n* – capitán mercante

shipment *n* – cargamento, embarque, envío

shipowner *n* – naviero

shipper *n* – cargador

shipping *n* – envío, embarque

shipping agency – agencia naviera

shipping agent – agente naviero

shipping company – compañía naviera

shipping costs – costos de embarque

shipping date – fecha de embarque

shipping documents – documentos de embarque

shipping instructions – instrucciones de embarque

shipping line – línea naviera

shipping notice – aviso de embarque

shipping order – copia del conocimiento de embarque con detalles adicionales sobre la entrega

shipping papers – documentos de embarque

shipping terms – condiciones de embarque

shipwreck *n* – naufragio

shire *n* – condado

shock *n* – choque, sacudida

shock incarceration – período corto de encarcelación donde se intenta sacudir a los reos con la expectativa de reducir la reincidencia

shock probation – libertad condicional otorgada antes de lo esperado con la expectativa de reducir la reincidencia

shocking *adj* – chocante, espantoso

shoot *v* – disparar, disparar y lesionar o matar a una persona

shop *n* – oficio, tienda, taller

shop assistant – dependiente

shop-books *n* – libros de cuentas

shop owner – dueño de tienda, tendero

shop soiled *adj* – deteriorado por estar demasiado tiempo en una tienda

shop steward – representante sindical

shopaholic *n* – adicto a las compras

shopkeeper *n* – tendero

shoplifter *n* – quien hurta mercancías en una tienda o negocio

shoplifting *n* – hurto de mercancías en una tienda o negocio

shopowner *n* – dueño de tienda, tendero

shopper *n* – comprador, pequeño periódico local con fines publicitarios

shopworn *adj* – deteriorado por estar demasiado tiempo en una tienda

shore *n* – costa, litoral

short *adj* – corto, al descubierto

short *v* – vender valores que no se poseen corrientemente en cartera

short cause – causa breve

short delivery – entrega incompleta

short form – forma corta, forma simplificada

short-handed *adj* – corto de trabajadores

short lease – arrendamiento a corto plazo

short message service – servicio de mensajes cortos, SMS

short notice – poco aviso

short selling – ventas al descubierto

short summons – notificación de comparecer en un plazo corto de tiempo

short supply − escasez, escasez de oferta
short-term *adj* − a corto plazo
short-term disability − discapacidad a corto plazo
short-term employment − empleo a corto plazo
short-term lease − arrendamiento a corto plazo
short-term liability − responsabilidad a corto plazo
short-term work − trabajo a corto plazo
short time − jornada reducida por falta de trabajo
short ton − tonelada corta
shortage *n* − escasez, déficit
shortchange *v* − dar menos cambio que el debido, dar menos de lo debido
shorten *v* − acortar, reducir
shortfall *n* − déficit, insuficiencia
shorthand *n* − taquigrafía
shorthanded *adj* − corto de trabajadores
shortlist *n* − lista con los mejores candidatos
shortly *adv* − en breve, brevemente
shot *adj* − disparado
shot *n* − disparo, bala
shoulder responsibility − cargar con la responsabilidad
shout *v* − gritar
shove *v* − empujar
show *n* − indicación, demostración, apariencia
show *v* − mostrar, demostrar, marcar, exponer
show cause order − citación para demostrar por qué el tribunal no debe tomar cierta medida
show of hands − votación a mano alzada
show-up *n* − confrontación entre un sospechoso y el testigo de un crimen
shower *n* − quien le señala al jurado objetos relevantes en el lugar de los hechos, mostrador
showing *n* − exposición, demostración
shred *v* − triturar papeles
shredder *n* − trituradora de papeles
shut down − cesar operaciones
shutdown *n* − cese de operaciones
shuttle trade − comercio transfronterizo
shyster *n* − leguleyo, picapleitos
sic *adv* − así, de este modo
sick benefits − beneficios por enfermedad
sick leave − licencia por enfermedad
sick-out *n* − protesta laboral en la cual los empleados se declaran enfermos y no van al trabajo
sick pay − paga durante enfermedad
sickness benefit − beneficio por enfermedad
sickness coverage − cobertura por enfermedad
sickness insurance − seguro de enfermedad
sickness leave − licencia por enfermedad
sickness pay − paga durante enfermedad
side business − negocio secundario
side collateral − colateral parcial
side reports − colección de precedentes judiciales extraoficial
sidebar *n* − conferencia entre la juez y los abogados
sidebar conference − conferencia entre la juez y los abogados
sideline *n* − línea de productos secundaria, línea secundaria de negocios
siege *n* − sitio, asedio
sight unseen − sin verse
sign *n* − signo, señal, indicación, rótulo
sign *v* − firmar, hacer señas
sign a check − firmar un cheque
sign a cheque − firmar un cheque
sign a contract − firmar un contrato
sign a document − firmar un documento
sign a lease − firmar un arrendamiento
sign a receipt − firmar un recibo
sign an agreement − firmar un convenio
sign in − matricularse, firmar para confirmar la llegada
sign language − lenguaje de señas
sign off − despedirse, terminar una transmisión, dar la aprobación
sign on − contratar, firmar un contrato, unirse a, registrarse como desempleado
sign out − darse de alta, firmar para confirmar que se retira algo
sign up − matricularse, contratar
signal *n* − señal, aviso
signal *v* − señalar
signatory *n* − signatario, firmante
signature *n* − firma, rúbrica
signature authentication − certificación de firma
signature by mark − firma mediante una marca
signature by proxy − firma por un apoderado
signature card − tarjeta de firmas
signature check − comprobación de firma
signature loan − préstamo sin colateral
signature on file − la firma está en los expedientes
signature verification − verificación de firma
signed agreement − contrato firmado
signed check − cheque firmado
signed contract − contrato firmado
signed document − documento firmado
signed lease − arrendamiento firmado
signer *n* − firmante
significance *n* − significación, importancia
significant *adj* − significativo, considerable

signify *v* – significar, manifestar, importar
signing bonus – bono por firmar, bono al firmar
silence of the accused – silencio del acusado
silencer *n* – silenciador
silent partner – socio oculto
SIM card (subscriber identity module card) – tarjeta SIM
similar offer – oferta similar
similarity of marks – similitud de marcas
similitude *n* – similitud
simple *adj* – simple, puro, sencillo
simple assault – asalto simple
simple battery – agresión simple
simple bond – obligación de pagar sin pena por incumplimiento
simple confession – confesión simple
simple contract – contrato simple
simple interest – interés simple
simple kidnapping – secuestro sin agravantes
simple larceny – hurto simple
simple licence – licencia simple
simple license – licencia simple
simple majority – mayoría simple
simple negligence – negligencia simple
simple obligation – obligación simple
simple trust – fideicomiso simple
simplification *n* – simplificación
simplified employee pension plan – plan de pensiones de empleados simplificado
simulate *v* – simular, fingir, falsificar
simulated illness – enfermedad simulada
simulation *n* – simulación, imitación
simultaneous death – conmoriencia
simultaneous sentences – sentencias simultáneas
sin tax – impuesto sobre vicios como el tabaco o alcohol
sincerely *adv* – sinceramente
sine qua non – sin la cual no, sine qua non
sinecure *n* – sinecura
single *adj* – único, solo, soltero
single bond – garantía de pago incondicional en una fecha determinada
Single Administrative Document – Documento Único Administrativo
single creditor – acreedor único
single currency – moneda única
single entry – partida única, partida simple
single-family dwelling – vivienda de familia única
single-family home – hogar de familia única
single-family housing – vivienda de familia única
single-handed *adj* – sólo, hecho sin ayuda
single-handedly *adv* – a solas, sin ayuda
single interest insurance – seguro que sólo protege al prestador

single obligation – obligación sin pena por incumplimiento
single original – original único
single payment – pago único
single premium – prima única
single proprietorship – negocio propio
single rate – tasa única, tarifa única
single subject – tema único
single tax – impuesto único
single taxpayer – persona no casada para efectos contributivos
single undertaking – requisito de aceptar o rechazar todo lo negociado en vez de hacerlo por partes
single-use *adj* – con un solo uso, desechable
singular *adj* – singular, individual, solo
singularity *n* – singularidad, individualidad
singularly *adv* – singularmente
sinister *adj* – siniestro, malo
sinking fund – fondo de amortización
sister companies – compañías filiales, empresas hermanas
sister corporations – corporaciones filiales, empresas hermanas
sister-in-law *n* – cuñada
sit *v* – celebrar sesión, reunirse, sentar
sit-down strike – huelga de brazos caídos
sit-in strike – huelga de brazos caídos
site *n* – sitio, local, emplazamiento, solar
site audit – auditoría in situ
site licence – licencia del local
site license – licencia del local
sitting *n* – sesión
sitting tenant – arrendatario que permanece tras cambio de dueño
situation *n* – situación, ubicación
situational management – administración situacional
situations vacant – puestos vacantes
situs *n* – ubicación
six-monthly *adj* – semestral
skeleton bill – documento en blanco
skeleton staff – personal mínimo, personal reducido
sketch *n* – esbozo, bosquejo
skid *v* – patinar, resbalar
skill *n* – destreza, habilidad, pericia
skill-intensive *adj* – intensivo en habilidad
skill obsolescence – obsolescencia de habilidades
skilled *adj* – diestro, hábil, calificado, perito
skilled labor – mano de obra calificada
skilled labour – mano de obra calificada
skilled manpower – mano de obra calificada, personal calificado
skilled worker – trabajador calificado
skim *v* – leer someramente, remover lo mejor
slack *adj* – inactivo, lento, flojo, negligente

slack *n* − período inactivo
slack off − tomarlo suave, holgazanear en el trabajo
slack period − período inactivo
slander *n* − calumnia, difamación oral
slander *v* − calumniar, difamar oralmente
slander of title − declaración falsa concerniente al título de propiedad de otro
slanderer *n* − difamador, calumniador
slanderous *adj* − difamatorio, calumnioso
slanderous per quod − expresiones difamatorias al haber hechos adicionales que le dan ese sentido
slanderous per se − palabras difamatorias en sí mismas
slant *n* − sesgo, enfoque
slate *n* − lista de candidatos
slaughter *n* − matanza, masacre
slay *v* − matar
sleeping partner − socio oculto
slick seller − vendedor marrullero
slight alteration − alteración leve
slight defect − defecto leve
slight error − error leve
slight evidence − prueba insuficiente
slight negligence − negligencia leve
slip *n* − hoja, comprobante
slip law − ley la cual se publica en seguida en forma de panfleto
slippery *adj* − resbaladizo
slot *n* − puesto, espacio
slowdown *n* − ralentización, retraso
sluggish *adj* − lento, inactivo, vago
slum *n* − sección pobre y superpoblada de una ciudad
slush fund − fondo para usos ilícitos
small arms − armas portátiles
small business − pequeña empresa, pequeño negocio
Small Business Administration − administración de pequeñas empresas
small change − cambio, menudo, vuelta, pequeño cambio
small claims court − tribunal con jurisdicción sobre controversias de cuantía menor
small enterprise − pequeña empresa
small investor − pequeño inversionista
small loan acts − leyes las cuales establecen ciertos términos de los préstamos envolviendo pequeñas cantidades
small office/home office − pequeña oficina/oficina en el hogar
small print − letra pequeña
small-scale *adj* − a pequeña escala
smart card − tarjeta inteligente
smart-money *n* − daños punitivos
smash *v* − destrozar, destruir
smoking *n* − fumar

smooth-running *adj* − sobre ruedas
SMS (short message service) − SMS
smuggle *v* − contrabandear
smuggled goods − artículos de contrabando
smuggler *n* − contrabandista
smuggling *n* − contrabando
smut *n* − obscenidad, lenguaje grosero
snail mail − correo regular, correo caracol
snap decision − decisión instantánea
snapshot statement − estado interino
sobriety check − prueba de alcoholemia
sobriety checkpoint − punto de control donde se hacen pruebas de alcoholemia
social *adj* − social
social accountability − responsabilidad social
social accounting − contabilidad social
social aid − asistencia social
social audit − auditoría social
social benefit − beneficio social
Social Charter − Carta Social
Social Contract − Contrato Social
social cost − costo social, coste social
social dumping − dumping social
social economics − economía social
social good − bien social
social impact statement − declaración del impacto social
social infrastructure − infraestructura social
social insurance − seguro social
social marketing − marketing social, mercadeo social
social policy − política social
social responsibility − responsabilidad social
social safety net − red de protección social
social security − seguridad social, seguro social
social security administration − administración de la seguridad social
social security benefits − beneficios de la seguridad social
social security scheme − sistema de la seguridad social
social security system − sistema de la seguridad social
social services − servicios sociales
social welfare − bienestar social, asistencia social
socialism *n* − socialismo
socialist *adj* − socialista
socialist *n* − socialista
sociocultural *adj* − sociocultural
socioeconomic *adj* − socioeconómico
society *n* − sociedad, asociación
sodomize *v* − sodomizar
sodomy *n* − sodomía
soft loan − préstamo con términos muy favorables para países en desarrollo económico

soft money – papel moneda, moneda débil, donaciones políticas efectuadas de modo que se eviten ciertos reglamentos o límites
software *n* – software, programas
sojourn *n* – estadía
solar energy – energía solar
solar power – energía solar
solatium *n* – compensación por daños morales
sold *adj* – vendido
sold out – agotado, vendido, liquidado, traicionado
sole *adj* – único, individual, exclusivo
sole agency – agencia exclusiva
sole agent – agente exclusivo
sole cause – causa única
sole copy – copia única
sole corporation – corporación con sólo un miembro
sole custody – custodia única
sole heir – heredero único
sole legal custody – custodia legal única
sole owner – dueño único
sole ownership – propiedad exclusiva
sole proprietor – dueño único
sole proprietorship – sociedad unipersonal, negocio propio
sole tenant – dueño exclusivo
solely *adv* – solamente, exclusivamente
solemn declaration – declaración solemne
solemn oath – juramento solemne
solemn promise – promesa solemne
solemnize *v* – solemnizar, formalizar
solicit *v* – solicitar, peticionar
solicit bids – abrir la licitación
solicitation *n* – solicitación, petición
solicitation of bribes – inducir a sobornar
solicited *adj* – solicitado
soliciting prostitution – ofrecimiento de servicios de prostitución
solicitor *n* – abogado, solicitador
solicitor general – procurador general
solid offer – oferta firme
solid support – apoyo firme, apoyo unánime
solidarity *n* – solidaridad
solitary confinement – confinamiento solitario
solve *v* – resolver, solucionar, esclarecer
solvent corporation – corporación solvente
son-in-law *n* – yerno
sororicide *n* – sororicidio, sororicida
sort *n* – clase, tipo, índole
sort *v* – clasificar, ordenar, organizar
sound *adj* – sano, ileso, íntegro, sólido, sensato
sound and disposing mind and memory – capacidad testamentaria
sound business practice – práctica comercial sana
sound footing – base sólida
sound health – buena salud
sound mind – mente sana
sound pollution – contaminación sonora
sound title – título de propiedad transferible sin gravámenes u otras restricciones
soundness *adj* – buena salud, solidez, solvencia
source *n* – fuente, origen
source and application of funds – origen y aplicación de fondos
source country – país de origen
source document – documento fuente
source of income – fuente de ingresos
source of information – fuente de información
sources of the law – fuentes del derecho
sovereign immunity – inmunidad soberana
sovereign people – pueblo soberano
sovereign power – poder soberano
sovereign right – derecho soberano
sovereign states – estados soberanos
sovereignty *n* – soberanía
spam *n* – spam, correo basura
spammer *n* – spammer, quien envía correo basura
spamming *n* – spamming, envío de correo basura
spare no expense – no reparar en gastos
spare time – tiempo libre
speaker *n* – portavoz, interlocutor, conferenciante, presidente de un cuerpo legislativo
speaking order – orden judicial que incluye información ilustrativa
special *adj* – especial, específico
special agent – agente especial
special allocation – asignación especial
special assessment – contribución especial
special attorney – abogado designado por el estado el cual se emplea para un caso específico
special audit – auditoría especial
special bail – fianza especial
special bailiff – alguacil ayudante que se encarga de un asunto específico
special case – caso especial
special charge – cargo especial
special contract – contrato especial, contrato sellado
special counsel – abogado designado por el estado el cual se emplea para un caso específico
special count – alegación especial
special coverage – cobertura especial
special damages – daños y perjuicios especiales

special delivery – entrega especial
special demurrer – excepción especial
special diligence – diligencia especial
special disability – discapacidad específica
special election – elección extraordinaria
special executor – albacea con facultades limitadas
special finding – descubrimiento especial
special guardian – tutor especial
special interest group – grupo de interés, grupo de presión
special judge – juez alterno
special judgment – sentencia contra la cosa
special jurisdiction – jurisdicción especial
special jury – jurado especial
special law – ley especial
special legacy – legado específico
special lien – privilegio especial
special malice – malicia dirigida hacia un individuo
special meeting – asamblea extraordinaria
special order – orden especial
special partnership – sociedad en comandita
special plea – excepción perentoria especial
special power of attorney – poder especial, poder legal especial
special powers – poderes especiales
special privilege – privilegio especial
special proceeding – procedimiento especial
special property – derecho de propiedad condicional
special prosecutor – fiscal especial
special purpose – propósito especial
special report – informe especial
special reprisals – represalias específicas
special resolution – resolución especial
special risk – riesgo especial
special rule – regla especial
special seal – sello especial
special session – sesión extraordinaria
special statute – ley especial
special tax – impuesto especial
special traverse – negación especial
special trust – fideicomiso especial
special-use permit – permiso de uso especial
special verdict – veredicto emitido basado en ciertos hechos
special warranty – garantía especial
specialisation n – especialización
specialised work – trabajo especializado
specialist n – especialista
speciality n – especialidad
specialization n – especialización
specialized work – trabajo especializado
specially adv – especialmente
specialty n – especialidad, contrato sellado, edificio destinado a usos específicos
specie n – moneda sonante

specific adj – específico, explícito
specific bequest – legado específico
specific claim – reclamación específica
specific covenant – estipulación específica
specific coverage – cobertura específica
specific deterrence – disuasión específica
specific devise – legado de inmuebles específicos
specific duty – arancel específico, deber específico
specific insurance – seguro específico
specific intent – intención específica
specific legacy – legado específico
specific lien – gravamen específico
specific limit – límite específico
specific offer – oferta específica
specific payment – pago específico
specific performance – ejecución de lo estipulado en un contrato
specific subsidy – subsidio específico
specific tariff – arancel específico
specific tax – tasa de imposición fija, impuesto específico
specification of services – especificación de servicios
specified adj – especificado
specified amount – cantidad especificada
specified benefits – beneficios especificados
specified coverage – cobertura especificada
specified performance – ejecución de lo estipulado en un contrato
specify v – especificar
specimen n – espécimen, muestra, ejemplar
specimen signature – firma de muestra
specs (specifications) – especificaciones
spectrogram n – espectrograma
spectrograph n – espectrógrafo
speculate v – especular
speculation n – especulación
speculative bubble – burbuja especulativa
speculative builder – constructor especulativo
speculative damages – daños y perjuicios especulativos
speculator n – especulador
speech n – habla, discurso, palabra
speech impairment – limitación del habla
speech recognition – reconocimiento de voz
speed limit – límite de velocidad
speed-up n – esfuerzo de aumentar la producción sin aumentar la paga
speed-up work – acelerar el trabajo
speeding n – exceso de velocidad
speedy adj – pronto, rápido, veloz
speedy remedy – recurso rápido
speedy trial – juicio sin demoras injustas
spending n – gastos, gasto
spendthrift n – pródigo, derrochador

spendthrift trust – fideicomiso para un pródigo
sphere of activity – esfera de actividad
sphere of expertise – esfera de pericia
sphere of influence – esfera de influencia
sphere of knowledge – esfera de conocimientos
spin *v* – girar, contar algo sesgadamente
spin doctor – quien busca influenciar la opinión pública al ponerle el giro deseado a alguna información o acontecimiento
spin-off *n* – escisión
spinoff *n* – escisión
spite *n* – despecho, mala voluntad
spite fence – cerca cuyo propósito es molestar al vecino
split *n* – split de acciones, división, escisión
split custody – custodia dividida
split deductible – deducible dividido
split dollar insurance – seguro cuyos beneficios se pagan al patrono y un beneficiario escogido por el empleado
split fee – honorario dividido, cuota dividida
split income – ingresos divididos
split-off *n* – escisión, división
split sentence – sentencia en la cual se hace cumplir la parte de la multa y en que se perdona parte o todo el tiempo de prisión
split shift – jornada dividida, turno dividido
split-up *n* – escisión, disolución de una corporación al dividirse en dos o más entes corporativos
spoil *v* – arruinar, averiar
spoiled ballot – papeleta arruinada
spoils system – sistema de colocar a amistades y miembros del mismo partido en cargos públicos
spokesman *n* – portavoz, representante
spokesperson *n* – portavoz, representante
spokeswoman *n* – portavoz, representante
spoliation *n* – destrucción o alteración de material probatorio
sponsions *n* – convenios hechos por funcionarios en nombre de su gobierno mas allá del alcance del poder de dichos funcionarios
sponsor *n* – garante, patrocinador, proponente
sponsor *v* – garantizar, patrocinar, auspiciar, respaldar, proponer
sponsorship *n* – patrocinio, respaldo, auspicio
spontaneous *adj* – espontáneo, voluntario
sporadic activity – actividad esporádica
spot check – revisión al azar
spot zoning – otorgamiento de una clasificación de zonificación que no corresponde al de los terrenos en el área

inmediata y que no imparte un beneficio público
spousal maintenance – pensión alimenticia
spousal support – pensión alimenticia
spouse allowance – deducción por cónyuge
spouse deduction – deducción por cónyuge
spread *n* – margen, extensión, gama
spread costs – repartir costos
spread rumors – hacer correr rumores
spread rumours – hacer correr rumores
spreadsheet *n* – hoja de cálculo
springing use – derecho de uso condicional
spurious *adj* – espurio, falso, falsificado
spurious allegations – alegaciones falsas
spurious statements – declaraciones falsas
spy *n* – espía
spy *v* – espiar, divisar
spyware *n* – spyware, programas espía
squander money – derrochar dinero
squander resources – despilfarrar recursos
squander time – desperdiciar tiempo
square block – cuadra, manzana
square feet – pies cuadrados
square footage – área en pies cuadrados
square kilometers – kilómetros cuadrados
square meters – metros cuadrados
square miles – millas cuadradas
squatter *n* – ocupante ilegal, intruso, okupa
squatter's right – derecho al título ajeno adquirido al mantener la posesión y transcurrir la prescripción adquisitiva
squeeze *v* – restringir, apretar
squeeze out – eliminar un interés minoritario en una corporación, forzar a otro a irse
St. (street) – calle
stabile *adj* – estable, fijo
stabilisation *n* – estabilización
stabilised *adj* – estabilizado
stability *n* – estabilidad, firmeza, resolución
stabilization *n* – estabilización
stabilized *adj* – estabilizado
stable *adj* – estable, firme, permanente
staff *n* – personal, empleados
staff *v* – proveer de personal
staff audit – auditoría de personal
staff cuts – recortes de personal
staff member – miembro del personal
staff reductions – reducciones de personal
staff representative – representante de personal
stage *n* – etapa
stagflation *n* – estanflación
stagger *v* – tambalear, titubear, escalonar
stagnation *n* – estancamiento
stake *n* – participación, interés, apuesta, depósito, estaca
stake-out *n* – vigilancia con la intención de detectar actividad criminal

stakeholder *n* – accionista, interesado, depositario
staking *n* – la identificación de los linderos de un terreno mediante el uso de estacas
stale check – cheque vencido
stale cheque – cheque vencido
stale-dated *adj* – presentado más allá del tiempo razonable, vencido
stale demand – demanda presentada mas allá del tiempo razonable
stalemate *n* – atascadero, estancamiento
stalk *v* – acosar
stalker *n* – acosador
stalking *n* – acoso
stamp *n* – sello, estampilla, timbre, estampado
stamp *v* – sellar, franquear, poner sellos
stamp duty – impuesto de sellos
stamp tax – impuesto de sellos
stamped-addressed envelope – sobre predirigido con sello
stand *n* – posición, opinión, stand, puesto, expositor, estrado
stand *v* – permanecer, seguir vigente, mantenerse, comparecer, someterse, sufrir
stand-alone *adj* – independiente, autónomo
stand by – estar de reserva, estar en espera, mantenerse firme
stand firm – mantenerse firme, no vacilar
standard *adj* – estándar, normal, habitual, oficial
standard *n* – estandarte, patrón, criterio, nivel, norma
standard account – cuenta estándar
standard agency – agencia estándar
standard agreement – convenio estándar
standard business practices – prácticas habituales de negocios
standard contract – contrato estándar
standard employment – empleo habitual
standard established by law – norma establecida por ley
standard form – forma estándar, política en cuanto al trato de ciertos riesgos
standard insurance – seguro habitual
standard meeting – asamblea ordinaria
standard of care – el grado de cuidado que usaría una persona prudente bajo circunstancias similares
standard of living – nivel de vida
standard of proof – estándar de la prueba
standard partnership – sociedad estándar
standard place of business – lugar habitual de negocios
standard policy – póliza estándar
standard practice – práctica habitual
standard practise – práctica habitual
standard provisions – cláusulas habituales

standard rent – renta habitual
standard risk – riesgo aceptable, riesgo habitual
standard voting – votación habitual
standard wage – salario habitual, sueldo habitual
standard wear and tear – deterioro estándar
standardisation *n* – estandarización, normalización
standardise *v* – estandarizar, normalizar
standardised production – producción estandarizada
standardization *n* – estandarización, normalización
standardize *v* – estandarizar, normalizar
standardized production – producción estandarizada
standby *adj* – de reserva, de emergencia, en espera
standby commitment – compromiso de reserva
standby credit – crédito de reserva
standby list – lista de reserva
standing agreement – acuerdo vigente, contrato vigente
standing committee – comité permanente
standing contract – contrato vigente
standing mortgage – hipoteca en que sólo se pagan intereses hasta el vencimiento
standing mute – no responder a una acusación
standing order – orden mantenida, orden a repetirse hasta nuevo aviso
standing orders – reglamentos de tribunales particulares
standing to be sued – capacidad de ser demandado
standing to sue – capacidad para accionar
standoff *n* – atascadero, estancamiento
standstill *n* – detención
staple *n* – artículo de primera necesidad, materia prima, producto principal
stare decisis – acatarse a los precedentes judiciales, stare decisis
start *n* – inicio, comienzo, principio, ventaja
start of period – inicio del período
starter home – vivienda apropiada para quien compra por primera vez
starting expenses – gastos iniciales, gastos de organización
starting pay – paga inicial
starting rate – tasa inicial
starting salary – salario inicial
starting wage – salario inicial
startup *n* – establecimiento de negocio
startup *v* – establecer un negocio
stash *v* – esconder
state *adj* – estatal

state *n* – estado, condición
state *v* – declarar, exponer, formular
state act – ley estatal, acto estatal
state affairs – asuntos estatales
state agency – agencia estatal
state aid – ayuda estatal
state assistance – asistencia estatal
state auditor – auditor estatal
state authority – autoridad estatal
state bank – banco estatal
state bar – colegio de abogados estatal
state commerce – comercio estatal
state contract – contrato estatal
state-controlled *adj* – controlado estatalmente
state courts – tribunales estatales
state domicile – domicilio estatal
state emergency – emergencia estatal
state falsely – declarar falsamente
state government – gobierno estatal
state holiday – fiesta estatal
state income taxes – impuestos estatales sobre la renta
state incorrectly – declarar incorrectamente
state inspector – inspector estatal
state insurance – seguro estatal, seguro social
state intervention – intervención estatal
state laws – leyes estatales
state minimum wage – salario mínimo estatal
state misleadingly – declarar engañosamente
state monopoly – monopolio estatal
state of affairs – estado de cosas
state of emergency – estado de emergencia
state of mind – estado mental
state of the case – estado de la causa
state of war – estado de guerra
state officers – funcionarios estatales
state-owned *adj* – estatal, del estado
state paper – documento oficial, boletín oficial
state pension – pensión estatal
state police – policía estatal
state police power – poder de policía estatal
state prison – prisión estatal
state regulation – reglamento estatal
state-run *adj* – estatal, operado por el estado
state seal – sello oficial
state secret – secreto de estado
state statute – estatuto estatal
state subsidy – subsidio estatal
state union – unión estatal
state's attorney – fiscal
state's evidence – prueba que incrimina a cómplices a cambio de inmunidad o una sentencia reducida
state's rights – derechos estatales
stated *adj* – dicho, declarado, admitido, establecido, fijado
stated account – acuerdo de balance para cancelación
stated meeting – asamblea ordinaria, junta ordinaria
stated term – sesión ordinaria, término establecido
stateless *adj* – sin estado, sin nacionalidad
statement *n* – declaración, estado de cuenta, extracto de cuenta, extracto
statement of account – estado de cuenta, extracto de cuenta
statement of affairs – informe sobre el estado financiero
statement of changes – informe sobre cambios
statement of claim – declaración de la causa
statement of condition – declaración de condición
statement of defence – declaración de la defensa
statement of defense – declaración de la defensa
statement of income – declaración de ingresos
statement of objectives – declaración de objetivos
statement of opinion – declaración de opinión
statement of principles – declaración de principios
statement of use – declaración del uso
static *adj* – estático
station *n* – estación, puesto, posición
station house – estación de policía
statism *n* – estatismo
statist *n* – estatista
statistical *adj* – estadístico
statistics *n* – estadística
status *n* – estatus, estado, situación, estado civil, posición social
status adjustment – ajuste de estado
status crime – crimen que proviene del estado de una persona y no por sus acciones
status quo – statu quo
statutable *adj* – estatutario
statute *n* – estatuto, ley
statute of frauds – ley indicando que ciertos contratos orales no son válidos
statute of limitations – ley de prescripción
statutes of distribution – leyes sobre la distribución de los bienes de un intestado
statutory *adj* – estatutario
statutory accounting – contabilidad estatutaria
statutory actions – acciones basadas en una ley
statutory audit – auditoría estatutaria

statutory bond – fianza estatutaria
statutory construction – interpretación de las leyes
statutory copyright – derechos de autor estatuarios
statutory crimes – crímenes estatuarios
statutory damages – indemnización estatutaria
statutory declaration – declaración estatutaria
statutory dedication – dedicación de un terreno al uso público mediante una ley
statutory exemption – exención estatutaria
statutory exposition – ley que incluye una interpretación de una ley anterior
statutory foreclosure – ejecución hipotecaria estatutaria
statutory guardian – tutor asignado por testamento conforme a las leyes pertinentes
statutory holidays – días feriados por ley
statutory instruments – normas administrativas
statutory law – derecho estatutario, ley escrita
statutory liability – responsabilidad estatutaria
statutory lien – privilegio estatutario, gravamen estatutario
statutory limit – límite establecido por ley
statutory meeting – asamblea estatutaria, junta estatuaria
statutory minimum wage – salario mínimo establecido por ley
statutory notice – notificación exigida por ley
statutory obligation – obligación estatutaria
statutory penalty – penalidad estatutaria
statutory presumption – presunción estatutaria
statutory provisions – estipulaciones estatutarias
statutory rape – relaciones sexuales con una joven menor de la edad del consentimiento, estupro
statutory regulations – reglamentos estatutarios
statutory requirements – requisitos estatutarios
statutory reserves – reservas estatutarias
statutory restriction – restricción estatutaria
statutory rights – derechos estatutarios
statutory share – parte estatutaria
statutory sick pay – paga por enfermedad requerida
statutory successor – sucesor estatutario
statutory voting – regla de un voto por una acción
stay *n* – suspensión, aplazamiento, apoyo, estancia
stay *v* – suspender, aplazar, sostener, permanecer
stay-away order – orden judicial prohibiendo contacto y/o comunicación directa o indirecta con alguien
stay-in strike – huelga de brazos caídos
stay laws – leyes concernientes a la suspensión de procesos
stay of action – suspensión de una acción
stay of arbitration – suspensión de arbitraje
stay of execution – suspensión de una ejecución
stay of proceedings – suspensión de los procedimientos
steal *v* – hurtar, robar
stealing *n* – hurto, robo
stealing children – secuestro de niños
stealth *n* – sigilo
steer *v* – guiar, dirigir, encaminar
steering *n* – dirección, práctica ilegal de mostrar ciertas propiedades a ciertos grupos étnicos
steering committee – comité de dirección
stellionate *n* – estelionato
stenographer *n* – estenógrafo
stenography *n* – estenografía
step-by-step *adj* – paso a paso
stepbrother *n* – hermanastro
stepchild *n* – alnado, alnada, hijastro, hijastra
stepdaughter *n* – alnada, hijastra
stepfather *n* – padrastro
stepmother *n* – madrastra
stepparent *n* – padrastro, madrastra
stepped-up basis – base impositiva ajustada al valor del mercado al pasarse propiedad a un heredero
stepsister *n* – hermanastra
stepson *n* – alnado, hijastro
stereotype *n* – estereotipo
stereotypic *adj* – estereotípico
sterilisation *n* – esterilización
sterilization *n* – esterilización
stevedore *n* – estibador
steward *n* – sustituto, representante sindical
stick up – robo a mano armada
sticking point – punto de contención
stickler *n* – árbitro, rigorista
stiff penalty – penalidad severa
stifle *v* – sofocar, reprimir
stillbirth *n* – parto de un niño muerto
stillborn child – nacido sin vida, nacido sin la capacidad de continuar viviendo
stimulant *n* – estimulante
stimulation *n* – estímulo
stipend *n* – estipendio, salario
stipendiary magistrate – magistrado asalariado
stipendium *n* – estipendio

stipital *n* – por estirpe
stipulate *v* – estipular, convenir
stipulated *adj* – estipulado
stipulated conditions – condiciones estipuladas
stipulated damages – pena convencional, daños convencionales
stipulated obligation – obligación estipulada
stipulated pay – paga estipulada
stipulated premium – prima estipulada
stipulated rent – renta estipulada
stipulated salary – salario estipulado
stipulation *n* – estipulación, convenio, acuerdo de aceptación de hechos sin necesidad de pruebas
stipulator *n* – estipulante
stipulatory *adj* – estipulante
stirpes *n* – estirpe
stochastic *adj* – estocástico
stock *n* – acciones, acción, capital comercial, inventario, existencias, stock, ganado
stock *v* – abastecer, almacenar
stock brokerage – corretaje de bolsa, corretaje bursátil
stock brokerage firm – firma de corretaje de bolsa, firma de corretaje bursátil
stock certificate – certificado de acciones, certificado de inventario
stock company – compañía por acciones, sociedad por acciones, sociedad anónima
stock corporation – corporación por acciones, sociedad por acciones, sociedad anónima
stock dividend – dividendo en acciones
stock exchange – bolsa de valores
stock issue – emisión de acciones
stock ledger – libro de accionistas
stock option – opción de compra de acciones
stock portfolio – cartera de acciones
stock record – registro de acciones
stock register – registro de acciones
stock split – split de acciones, split
stock transfer – transferencia de acciones
stock-transfer agent – agente de transferencia de acciones
stockbreeding *n* – ganadería
stockbroker *n* – corredor de bolsa, corredor bursátil
stockholder *n* – accionista, accionario
stockholder of record – accionista registrado
stockholder's liability – responsabilidad del accionista
stockholders' meeting – asamblea de accionistas, reunión de accionistas
stockholders' register – registro de accionistas
stockholding *n* – tenencia de acciones
stockist *n* – proveedor, distribuidor

stockjobber *n* – intermediario de bolsa, corredor de bolsa inescrupuloso, especulador
stockjobbing *n* – especulación
stockpile *n* – reservas, reserva
stocktaking *n* – toma de inventario, evaluación de la situación corriente
stolen *adj* – hurtado
stolen card – tarjeta hurtada
stolen goods – bienes hurtados
stop *n* – detención, suspensión, cesación
stop *v* – parar, detener, detenerse, suspender, cancelar
stop a check – detener el pago de un cheque
stop a cheque – detener el pago de un cheque
stop and frisk – detener y cachear
stop at nothing – perseguir despiadadamente un objetivo
stop-gap measure – medida de emergencia, medida provisional
stop-loss reinsurance – reaseguro para limitar las pérdidas por varias reclamaciones combinadas que excedan un cierto porcentaje de ingresos por primas
stop payment – detener el pago
stop work – detener el trabajo, dejar de trabajar
stoppage *n* – parada, huelga, cesación, interrupción, suspensión
stoppage in transit – embargo por el vendedor de mercancías en tránsito
stoppage of work – paro de trabajo
stopped payment – pago detenido
storage *n* – almacenamiento, almacén
store *n* – tienda, negocio, almacén, reserva
store *v* – almacenar
storehouse *n* – almacén
storekeeper *n* – tendero
storeowner *n* – dueño de tienda, tendero
stow *v* – almacenar, estibar
stowage *n* – almacenamiento, estiba
stowaway *n* – polizón
straight *adj* – derecho, honesto, directo, exacto, fidedigno
straight bill of lading – conocimiento de embarque no negociable
straight debt – deuda regular
straight-line depreciation – depreciación lineal
straight time – número de horas acostumbrado por un período de trabajo
straightforward explanation – explicación honesta y clara
strand *v* – encallar, abandonar
stranger *n* – extraño, quien no es una parte de una transacción
stranger in blood – persona quien no tiene vínculo de parentesco
strangle *v* – estrangular, sofocar

strangulation *n* – estrangulación
stratagem *n* – estratagema
strategic alliance – alianza estratégica
strategic analysis – análisis estratégico
strategic industry – industria estratégica
Strategic Lawsuit Against Public Participation – litigio estratégico contra la participación pública
Strategic Management Accounting – Contabilidad de Dirección Estratégica
strategic partnership – sociedad estratégica
strategic planning – planificación estratégica
strategy *n* – estrategia
stratification *n* – estratificación
stratified *adj* – estratificado
stratocracy *n* – gobierno militar
straw bail – fianza nominal, fianza sin valor
straw man – prestanombre
straw party – prestanombre
straw person – prestanombre
stray *n* – niño extraviado, animal extraviado
stray *v* – perderse, desviarse
streamline *v* – hacer algo más eficiente y/o sencillo
street name – valores de una persona que están a nombre del corredor
street vendor – vendedor callejero, buhonero
stress *n* – estrés, énfasis
stress *v* – estresar, enfatizar
stress-related illness – enfermedad relacionada al estrés
stressful work environment – ambiente de trabajo estresante
strict *adj* – estricto, severo, exacto, preciso
strict construction – interpretación estricta
strict foreclosure – sentencia que indica que tras incumplimiento de pago la propiedad se transfiere al acreedor hipotecario sin venta ni derecho de rescate
strict instructions – instrucciones precisas
strict law – derecho estricto
strict liability – responsabilidad objetiva
strict terms – términos precisos
strictest confidentiality – máxima confidencialidad
strictly construed – interpretado estrictamente
strike *n* – huelga, paro, golpe, descubrimiento
strike *v* – hacer huelga, declarar huelga, cerrar, golpear, atacar
strike a deal – llegar a un acuerdo
strike action – acción de huelga
strike a jury – seleccionar un jurado mediante la eliminación de candidatos por las partes hasta que quede el número requerido
strike ballot – voto de huelga
strike benefits – beneficios por huelga

strike-bound *adj* – obstaculizado o imposibilitado por huelga
strike clause – cláusula de huelga
strike fund – fondo de huelga
strike insurance – seguro contra huelgas
strike notice – aviso de huelga
strike off – remover un caso de la lista de casos a ser juzgados por falta de jurisdicción
strike pay – paga durante huelga
strike suit – acción entablada por accionistas sin intención de que se beneficie la corporación
strike threat – amenaza de huelga
strike vote – voto de huelga
strikebound *adj* – obstaculizado o imposibilitado por huelga
strikebreaker *n* – rompehuelgas
strikebreaking *n* – romper huelgas
striker *n* – huelguista
striking evidence – eliminación de pruebas inadmisibles
striking off the roll – suspensión de la licencia de un abogado
stringent conditions – condiciones estrictas
strip *v* – tomar de o dañar ilegalmente una propiedad de la cual no se es dueño absoluto, desnudar, desnudarse
strong *adj* – fuerte, resistente
strong-arm tactics – tácticas empleando coerción y/o violencia
strong box – caja fuerte
strong hand – fuerza criminal, fuerza o violencia
strong room – cámara acorazada
strongbox *n* – caja fuerte
struck jury – jurado seleccionado mediante la eliminación de candidatos por las partes hasta que quedó el número requerido
structural *adj* – estructural
structural change – alteración estructural
structural damage – daño estructural
structural defect – vicio estructural
structural reform – reforma estructural
structural unemployment – desempleo estructural
structured settlement – transacción judicial en la cual se hacen pagos periódicos
struggle *v* – forcejear, luchar
stub *n* – talón
stultify *v* – alegar insania, probar insania
stumbling block – obstáculo
stunt *n* – algo hecho solo para llamar la atención o hacer propaganda
sub-administrator *n* – subadministrador
sub-agency *n* – subagencia
sub-agent *n* – subagente
sub-contract *v* – subcontratar
sub-contracting *n* – subcontratación

sub-contractor *n* – subcontratista
sub judice – ante el tribunal, sub judice
sub-manager *n* – subgerente
sub-prime crisis – crisis subprime
sub-prime lending – concesión de préstamos subprime
sub rosa – de forma secreta, sub rosa
suable *adj* – demandable
subagent *n* – subagente
subaltern *n* – subalterno
Subchapter S Corporation – corporación pequeña la cual ha elegido que se le impongan contribuciones como personas naturales
subcommittee *n* – subcomité
subcontract *n* – subcontrato
subcontract *v* – subcontratar
subcontractor *n* – subcontratista
subdirector *n* – subdirector
subdivide *v* – subdividir
subdivision *n* – subdivisión
subemployed *adj* – subempleado
subemployment *n* – subempleo
subjacent support – derecho del apoyo subterráneo de las tierras
subject *n* – asunto, materia, sujeto, súbdito
subject matter – asunto a considerar, cuestión en controversia
subject matter of the statute – propósito de la ley
subject to approval – sujeto a aprobación
subject to argument – sujeto a argumento
subject to cancellation – sujeto a cancelación
subject to change – sujeto a cambio
subject to controversy – sujeto a controversia
subject to examination – sujeto a examinación
subject to investigation – sujeto a investigación
subject to opinion – sujeto a opinión
subject to penalty – sujeto a penalidad
subject to redemption – sujeto a redención
subject to restriction – sujeto a restricción
subject to revision – sujeto a revisión
subject to sale – sujeto a venta previa
subject to tax – imponible
subjection *n* – sujeción, dependencia
subjective risk – riesgo subjetivo
subjectively *adv* – subjetivamente
subjectivity *n* – subjetividad
subjugate *v* – subyugar
sublease *n* – subarriendo
sublease *v* – subarrendar
subleased *adj* – subarrendado
sublessee *n* – subarrendatario
sublessor *n* – subarrendador

sublet *n* – subarriendo
sublet *v* – subarrendar
subletter *n* – subarrendador
subletting *n* – subarrendamiento
sublicence *n* – sublicencia
sublicense *n* – sublicencia
subliminal advertising – propaganda subliminal
submerged lands – tierras sumergidas
submission *n* – sumisión, presentación, sometimiento, convenio de someterse a arbitraje
submission of bids – presentación de ofertas
submission to a vote – sometimiento a voto
submission to arbitration – sometimiento a arbitraje
submission to jury – sometimiento al jurado
submit *v* – someter, someterse, proponer
submit an offer – someter una oferta
submit to arbitration – someterse a arbitraje
submitted *adj* – sometido, presentado
subordinate *adj* – subordinado
subordinate *n* – subordinado
subordinate *v* – subordinar
subordinated debt – deuda subordinada
subordination *n* – subordinación
suborn *v* – sobornar, instigar
subornation *n* – soborno, instigación
subornation of perjury – sobornar para instigar a cometer perjurio
suborner *n* – sobornador, instigador
subpar *adj* – inferior, bajo la par
subpartner *n* – subsocio
subpartnership *n* – subsociedad
subpena *n* – citación, carta de citación, carta de emplazamiento, orden judicial de comparecencia
subpoena *n* – citación, carta de citación, carta de emplazamiento, orden judicial de comparecencia
subpoena ad testificandum – orden judicial para testificar, citación para testificar, subpoena ad testificandum
subpoena duces tecum – orden judicial de presentar documentación, subpoena duces tecum
subprime crisis – crisis subprime
sub-prime lending – concesión de préstamos subprime
subreption *n* – subrepción
subrogate *v* – subrogar
subrogation clause – cláusula de subrogación
subrogee *n* – subrogatario
subrogor *n* – subrogante
subscribe *v* – suscribir, firmar, adherirse
subscribed *adj* – suscrito
subscriber *n* – suscriptor, abonado, firmante

subscribing witness – testigo firmante
subscription *n* – suscripción, firma
subscription agreement – convenio de
suscripción
subscription certificate – certificado de
suscripción
subscription contract – contrato de
suscripción
subscription right – derecho de suscripción
subscription warrant – derecho generalmente
vigente por varios años para la compra de
acciones a un precio específico
subsection *n* – subsección
subsector *n* – subsector
subsequent *adj* – subsiguiente
subsequent endorsement – endoso
subsiguiente
subsequent sale – venta subsiguiente
subsidiarity *n* – subsidiaridad
subsidiary *adj* – subsidiario, auxiliar
subsidiary *n* – filial, sucursal
subsidiary company – compañía subsidiaria
subsidiary corporation – corporación
subsidiaria
subsidiary enterprise – empresa subsidiaria
subsidiary trust – fideicomiso auxiliar
subsidisation *n* – subvención, subsidiación
subsidise *v* – subsidiar, subvencionar
subsidised *adj* – subsidiado, subvencionado
subsidization *n* – subvención, subsidiación
subsidize *v* – subsidiar, subvencionar
subsidized *adj* – subsidiado, subvencionado
subsidized company – compañía subsidiada
subsidized goods – productos subsidiados
subsidized housing – vivienda subsidiada
subsidized interest rate – tasa de interés
subsidiada
subsidized loan – préstamo subsidiado
subsidized mortgage – hipoteca subsidiada
subsidized payment – pago subsidiado
subsidized price – precio subsidiado
subsidized rate – tasa subsidiada
subsidized rent – renta subsidiada
subsidy *n* – subsidio, subvención
subsist *v* – subsistir, mantener
subsistence *n* – subsistencia
subsistence agriculture – agricultura de
subsistencia
subsistence economy – economía de
subsistencia
subsistence income – ingresos de
subsistencia
subsistence minimum – mínimo de
subsistencia
subsistence pay – paga de subsistencia
subsistence salary – salario de subsistencia
subsistence wage – paga de subsistencia
subsoil *n* – subsuelo

substance *n* – sustancia, naturaleza, esencia
substandard *adj* – de calidad inferior
substandard risk – riesgo más allá de lo
usualmente aceptable
substantial *adj* – substancial, importante,
real
substantial capacity test – prueba para
determinar la capacidad de entender que una
conducta fue criminal
substantial compliance – cumplimiento con
lo esencial
substantial damages – daños substanciales,
indemnización substancial
substantial destruction – destrucción
substancial
substantial equivalent – equivalente
substancial
substantial error – error substancial
substantial evidence – prueba suficiente
substantial income – ingresos considerables
substantial justice – justicia substancial
substantial performance – cumplimiento con
lo esencial
substantial possession – posesión efectiva
substantially *adv* – sustancialmente,
considerablemente
substantially equivalent – sustancialmente
equivalente
substantiate *v* – substanciar, corroborar,
probar, justificar
substantive *adj* – sustantivo, esencial
substantive change – cambio sustantivo
substantive compliance – cumplimiento
sustantivo
substantive criminal law – derecho penal
sustantivo
substantive due process – debido proceso
sustantivo
substantive evidence – prueba con el
propósito de probar un hecho
substantive felony – delito grave
independiente
substantive law – derecho sustantivo
substantive laws – leyes sustantivas
substantive offense – delito independiente
substantive reasons – razones sustantivas
substantive rights – derechos sustantivos
substitute *n* – sustituto, substituto
substitute *v* – sustituir, substituir
substitute defendant – demandado sustituto
substitute judge – juez alterno
substitute trustee – fideicomisario sustituto
substituted executor – albacea substituto
substituted service – notificación judicial
distinta a la personal
substitution *n* – sustitución, substitución,
subrogación
substitution effect – efecto de sustitución

substitution of parties – sustitución de las partes
subtenancy *n* – subarriendo
subtenant *n* – subinquilino, subarrendatario
subterfuge *n* – subterfugio
subterranean waters – aguas subterráneas
subtotal *n* – subtotal
subtraction *n* – defraudación
subvention *n* – subvención, subsidio
subversion *n* – subversión
subversive *adj* – subversivo
successful bidder – postor ganador
succession *n* – sucesión, serie
succession duty – impuesto sucesorio
succession tax – impuesto sucesorio
successive *adj* – sucesivo
successive actions – acciones sucesivas
successor *n* – sucesor, causahabiente
successor in interest – dueño de propiedad quien sigue a otro
successor trustee – fideicomisario quien sigue a otro
successors and assigns – sucesores y cesionarios
succinct *adj* – sucinto
sudden emergency – emergencia repentina
sudden heat of passion – ataque repentino de emoción violenta
sue *v* – demandar, accionar, pleitear, procesar
sue for damages – accionar por daños y perjuicios
suffer consequences – sufrir consecuencias
suffer damages – sufrir daños
suffer losses – sufrir pérdidas
sufferance *n* – consentimiento, tolerancia
suffering *n* – sufrimiento
sufficiency of coverage – suficiencia de cobertura
sufficiency of evidence – suficiencia de la prueba
sufficiency of insurance – suficiencia de cobertura
sufficient amount – cantidad suficiente
sufficient care – cuidado suficiente
sufficient cause – causa suficiente
sufficient consideration – contraprestación suficiente
sufficient evidence – prueba suficiente
sufficient coverage – cobertura suficiente
sufficient disclosure – divulgación suficiente
sufficient funds – fondos suficientes
sufficient income – ingresos suficientes
sufficient notice – notificación suficiente
sufficient pay – paga suficiente
sufficient protection – protección suficiente
sufficient provocation – provocación suficiente

sufficient quality – calidad suficiente
sufficient remuneration – remuneración suficiente
sufficient salary – salario suficiente
suffrage *n* – sufragio, voto
suggest *v* – sugerir, indicar
suggested price – precio sugerido
suggestion *n* – sugerencia, sugestión
suggestive question – pregunta sugestiva
sui generis – único, sui generis
sui juris – persona completamente capaz, sui juris
suicide clause – cláusula de suicidio
suit *n* – acción, juicio, pleito, procedimiento
suit filed – acción entablada
suit for damages – acción por daños y perjuicios
suit for libel – acción por libelo
suit in equity – acción en el régimen de equidad
suit money – honorarios legales otorgados a una parte por el tribunal, alimentos provisionales durante un juicio matrimonial
suitability *n* – idoneidad
suitable *adj* – apropiado, adecuado, idóneo
suitor *n* – actor, demandante
sum *n* – suma de dinero, suma, total, importe, resumen
sum at risk – suma en riesgo, capital bajo riesgo
sum insured – suma asegurada
sum of subsidy – suma del subsidio
sum up – resumir
summarily *adv* – sumariamente
summarise *v* – resumir
summarize *v* – resumir
summary *adj* – conciso, breve
summary *n* – sumario, resumen
summary assessment – determinación de las costas tras una audiencia o juicio
summary adjudication of issues – decisión parcial de parte de un juez sobre ciertas cuestiones
summary conviction – condena sin jurado
summary judgment – sentencia sumaria
summary jurisdiction – jurisdicción sumaria
summary offence – delito menor, delito menor enjuiciable sin jurado, falta
summary proceeding – procedimiento sumario
summary process – proceso sumario, proceso de desalojo
summary trial – juicio sumario
summation *n* – resumen de los puntos sobresalientes de un juicio de parte de uno de los abogados
summing up – resumen, resumen de los puntos sobresalientes de un juicio de parte de

uno de los abogados
summit *n* – cumbre
summit conference – conferencia cumbre
summon *n* – citar, citar a comparecer, emplazar, convocar
summoner *n* – emplazador, oficial notificador
summoning *n* – citación, convocatoria, emplazamiento
summons *n* – citación, auto de comparecencia, emplazamiento, aviso emplazatorio, notificación, carta de citación, convocatoria
sumptuary goods – artículos suntuarios
sumptuary laws – leyes sobre artículos suntuarios
Sunday closing laws – leyes que prohíben las operaciones comerciales los domingos
sundries *n* – artículos diversos
sundry expenses – gastos diversos
sunk costs – desembolsos que no tienen forma de recuperarse
sunrise industry – industria naciente que crece aceleradamente
sunset act – ley que expira a menos que se renueve formalmente
sunset clause – cláusula que estipula que una ley expirará a menos que se renueve formalmente
sunset industry – industria ya en sus postrimerías
sunset law – ley que expira a menos que se renueve formalmente
sunshine laws – leyes para la transparencia de gestiones gubernamentales
sunset legislation – leyes que incorporan cláusulas estipulando que expirarán a menos que se renueven formalmente
sunset provision – cláusula que estipula que una ley expirará a menos que se renueve formalmente
superannuate *v* – retirar, hacer retirar, descartar por obsoleto
superannuation *n* – retiro, retiro forzado, aportaciones a un plan de retiro
superfluous *adj* – superfluo
superintend *v* – vigilar, dirigir
superintendent *n* – superintendente
superior courts – tribunales superiores
superior force – fuerza mayor
superior lien – privilegio de rango superior, gravamen de rango superior
superior title – título superior
supermajority *n* – mayoría cualificada
superpower *n* – superpoder
supersede *v* – reemplazar, anular
supersedeas *n* – auto de suspensión
superseding cause – causa que altera los

resultados de una cadena de acontecimientos
superstructure *n* – superestructura
supertax *n* – impuesto adicional
supervening cause – causa sobreviniente
supervise *v* – supervisar, vigilar
supervision *n* – supervisión
supervisor *n* – supervisor, miembro de la junta del condado
supervisory board – junta supervisora
supervisory control – control ejercido por los tribunales superiores sobre los inferiores
supplement *n* – suplemento, recargo
supplement *v* – suplementar
supplemental *adj* – suplementario
supplementary *adj* – suplementario
supplementary agreement – convenio suplementario
supplementary beneficiary – beneficiario suplementario
supplementary benefits – beneficios suplementarios
supplementary clause – cláusula suplementaria
supplementary collateral – colateral suplementario
supplementary consideration – contraprestación suplementaria
supplementary contract – contrato suplementario
supplementary costs – costos suplementarios
supplementary coverage – cobertura suplementaria
supplementary deed – escritura suplementaria
supplementary financing – financiamiento suplementario
supplementary income – ingresos suplementarios
supplementary information – información suplementaria
supplementary liability insurance – seguro de responsabilidad suplementario
supplementary medical insurance – seguro médico suplementario
supplementary pay – paga suplementaria
supplementary payments – pagos suplementarios
supplementary pension – pensión suplementaria
supplementary policy – póliza suplementaria
supplementary proceedings – procedimientos suplementarios
supplementary salary – salario suplementario
supplementary statement – estado suplementario
supplementary tax – impuesto suplementario
supplementary wages – salario

suplementario
supplementary work – trabajo suplementario
supplier *n* – proveedor
supplies *n* – suministros, existencias
supplies and equipment – materiales y equipos
supply *n* – oferta, abastecimiento, abasto
supply *v* – proveer, abastecer, suministrar, suplir
supply and demand – oferta y demanda
supply goods – proveer productos
supply goods and services – proveer bienes y servicios
support *n* – mantenimiento, ayuda, sostén, apoyo
support *v* – mantener, ayudar, sostener, apoyar
support hotline – línea de apoyo
support level – nivel de apoyo
support of child – mantenimiento de un niño
support of family – mantenimiento de una familia
support personnel – personal de apoyo
support services – servicios de apoyo
support staff – personal de apoyo
support system – sistema de apoyo
support trust – fideicomiso en que se le da al beneficiario sólo lo necesario para mantenerse
supported *adj* – con servicio de apoyo, mantenido, sostenido, apoyado
supposition *n* – suposición
suppress *v* – suprimir, reprimir, ocultar
suppressed *adj* – suprimido, reprimido, ocultado
suppression *n* – supresión, represión, ocultación
suppression of evidence – exclusión de prueba, negarse a testificar o a suministrar pruebas
supraprotest *n* – supraprotesto
supremacy clause – cláusula de la supremacía de la constitución
Supreme Court – Tribunal Supremo
Supreme Court of Judicature – Tribunal Supremo de Judicatura
supreme power – poder supremo
surcharge *n* – recargo, sobreprecio, impuesto abusivo
surcharge *v* – recargar, imponer un impuesto adicional, imponer responsabilidad personal a un fiduciario quien administra mal
surety *n* – fiador, fianza, garante, garantía, seguridad
surety bond – fianza
surety company – compañía que otorga fianzas
surety contract – contrato de fianza

surety insurance – seguro de fidelidad
suretyship *n* – fianza, garantía
suretyship bond – fianza
surface waters – aguas superficiales
surgeon *n* – cirujano
surgery *n* – cirugía
surmise *v* – conjeturar
surname *n* – apellido
surplus *n* – superávit, excedente, sobrante
surplusage *n* – alegato innecesario o no pertinente, excedente
surprise *n* – sorpresa
surrejoinder *n* – tríplica
surrender *n* – renuncia, abandono, cesión
surrender *v* – renunciar, abandonar, ceder
surrender by operation of law – conducta de parte del arrendador y arrendatario que implica que ya no existe un arrendamiento
surrender of criminals – extradición
surrender of property – entrega de propiedad
surrender value – valor de rescate
surrenderee *n* – a quien se renuncia
surrenderor *n* – renunciante
surreptitious *adj* – subrepticio
surrogate *n* – sustituto, oficial judicial con jurisdicción sobre asuntos de sucesiones y tutelas
surrogate court – tribunal de sucesiones y tutelas
surrogate parent – padre sustituto, madre sustituta
surround *v* – rodear
surrounding circumstances – circunstancias las cuales rodean un hecho
surtax *n* – impuesto adicional, sobretasa
surtax *v* – imponer impuestos adicionales
surveillance *n* – vigilancia, superintendencia
survey *n* – agrimensura, apeo, encuesta, investigación, inspección, peritaje
survey *v* – encuestar, investigar, medir, peritar, contemplar, inspeccionar
surveyor *n* – agrimensor, investigador, medidor, perito, inspector
survival *n* – supervivencia
survival actions – acciones las cuales sobreviven a la persona lesionada
survive *v* – sobrevivir
surviving children – hijos sobrevivientes
surviving company – compañía sobreviviente
surviving partner – socio sobreviviente, pareja sobreviviente
surviving spouse – cónyuge sobreviviente
survivor benefits – beneficios para sobrevivientes
survivorship *n* – supervivencia
survivorship annuity – anualidad con pagos a los beneficiarios sobrevivientes
survivorship clause – cláusula de

supervivencia
suspect *n* – sospechoso
suspect *v* – sospechar
suspend *v* – suspender
suspended *adj* – suspendido
suspended coverage – cobertura suspendida
suspended payment – pago suspendido
suspended policy – póliza suspendida
suspended sentence – condena condicional, condena suspendida
suspense *n* – suspensión, interrupción
suspense account – cuenta transitoria
suspension *n* – suspensión
suspension of a right – suspensión de un derecho
suspension of a statute – suspensión de una ley
suspension of action – suspensión de una acción
suspension of arms – suspensión de hostilidades
suspension of business – suspensión de las operaciones de negocios
suspension of coverage – suspensión de cobertura
suspension of payment – suspensión de pago
suspension of policy – suspensión de póliza
suspension of sentence – suspensión de la pena
suspension of statute of limitations – suspensión del término de prescripción
suspension of work – suspensión de trabajo
suspensive condition – condición suspensiva
suspicion *n* – sospecha, desconfianza
suspicious character – persona sospechosa
sustain *v* – sostener, mantener, sufrir
sustain damages – sufrir daños
sustain injuries – sufrir lesiones
sustain losses – sufrir pérdidas
sustainability *n* – sostenibilidad
sustainable agriculture – agricultura sostenible
sustainable debt – deuda sostenible
sustained inflation – inflación sostenida
sustenance *n* – sustento, subsistencia, apoyo
swamp *n* – pantano
swap *n* – intercambio, swap
swap *v* – intercambiar
swear *v* – jurar, prestar juramento, usar lenguaje ofensivo
swearing in – administrar juramento
sweat equity – equidad obtenida a través del trabajo del dueño en la propiedad
sweatshop *n* – lugar de trabajo donde se explota excesivamente a los empleados
sweating *n* – interrogatorio forzado o bajo

amenazas
sweatshop-free *adj* – sin uso de lugares de trabajo donde se explota excesivamente a los empleados
sweeping changes – cambios drásticos
sweeping reorganisation – reorganización drástica
sweeping reorganization – reorganización drástica
sweeten the offer – mejorar la oferta
sweetener *n* – algo que mejora una oferta
sweetheart agreement – convenio colectivo que favorece al patrono y al sindicado a expensas de los empleados
sweetheart contract – convenio colectivo que favorece al patrono y al sindicado a expensas de los empleados
sweetheart deal – transacción colusoria que favorece a unos pocos a expensas de los demás
SWIFT Code (Society for Worldwide Interbank Financial Telecommunications Code) – Código SWIFT
swift witness – testigo parcial
swindle *n* – estafa
swindle *v* – estafar
swindler *n* – estafador
swindling *n* – estafa
swing shift – turno de tarde
swipe a card – pasar una tarjeta por un lector o sensor
swipe card – tarjeta que se pasa por un lector o sensor
switch *n* – cambio, intercambio
switch *v* – cambiar, intercambiar
switchboard *n* – centralita
sworn *adj* – jurado
sworn affidavit – declaración jurada escrita
sworn copy – copia certificada bajo juramento
sworn evidence – ofrecimiento de prueba bajo juramento
sworn statement – declaración jurada
syllabus *n* – resumen, compendio
syllogism *n* – silogismo
symbol *n* – símbolo
symbolic delivery – entrega simbólica
symbolic possession – posesión simbólica
sympathetic strike – huelga de solidaridad
sympathy strike – huelga de solidaridad
synallagmatic contract – contrato sinalagmático
syndic *n* – síndico
syndical *adj* – sindical
syndicalism *n* – sindicalismo
syndicalist *adj* – sindicalista
syndicalist *n* – sindicalista
syndicate *n* – sindicato, consorcio, agencia

que vende material de prensa, consorcio criminal

syndicate *v* – sindicar, distribuir, vender material de prensa

syndicated *adj* – sindicado, distribuido

syndication *n* – sindicación

syndicator *n* – sindicador

synopsis *n* – sinopsis

synergism *n* – sinergismo

synergy *n* – sinergia

synopsis *n* – sinopsis

synthetic lease – arrendamiento sintético

synthetic securities – valores sintéticos

system administration – administración del sistema

system management – administración del sistema

systematic *adj* – sistemático

systematise *v* – sistematizar

systematize *v* – sistematizar

systemic risk – riesgo sistémico

systems analysis – análisis de sistemas

T

tab *n* – cuenta

table *n* – tabla, diagrama, lista, índice, mesa

table *v* – presentar, proponer, posponer, postergar

table of cases – lista alfabética de casos juzgados que aparecen en un texto legal

tabloid *n* – tabloide

tabulation *n* – tabulación

tacit *adj* – tácito, implícito

tacit abandonment – abandono tácito

tacit acceptance – aceptación tácita

tacit acknowledgment – reconocimiento tácito

tacit admission – reconocimiento tácito

tacit agency – agencia tácita

tacit agent – agente tácito

tacit agreement – convenio tácito

tacit authorisation – autorización tácita

tacit authorization – autorización tácita

tacit collusion – colusión tácita

tacit confession – confesión tácita

tacit consent – consentimiento tácito

tacit contract – contrato tácito

tacit covenant – cláusula tácita

tacit intent – intención tácita

tacit knowledge – conocimiento tácito

tacit mortgage – hipoteca por operación de ley

tacit notice – notificación tácita

tacit permission – permiso tácito

tacit powers – poderes tácitos

tacit price – precio tácito

tacit procuration – procuración tácita

tacit rejection – rechazo tácito

tacit relocation – tácita reconducción

tacit renewal – renovación tácita

tacit rent – renta tácita

tacit repeal – derogación tácita

tacit trust – fideicomiso tácito

tacit warranty – garantía tácita

tacitly *adv* – tácitamente, implícitamente

tacitness *n* – carácter tácito

tack *v* – unir un gravamen de rango inferior con el de primer rango para obtener prioridad sobre uno intermedio

tacking *n* – el unir un gravamen de rango inferior con el de primer rango para obtener prioridad sobre uno intermedio

tactful *adj* – discreto

tactics *n* – tácticas

tactless *adj* – indiscreto, falto de tacto

tail *adj* – limitado, reducido

tail female – dominio heredable limitado a la persona y sus descendientes directos del género femenino

tail male – dominio heredable limitado a la persona y sus descendientes directos del género masculino

tailor-made *adj* – hecho a la medida

tailspin *n* – caída en picado

taint *v* – corromper, contaminar

tainted food – comida contaminada

tainted water – agua contaminada

take *n* – ingresos, comisión, toma

take *v* – tomar, apropiar, arrestar, robar, hurtar, cobrar, asumir, llevar, llevar a cabo

take aim – apuntar

take away – llevarse, llevarse con propósitos de prostitución

take back – retractar, retomar, retirar, recibir devuelto

take bids – recibir ofertas

take by force – tomar a la fuerza

take control – tomar el control

take delivery – aceptar entrega

take effect – entrar en vigencia, surtir efecto

take exception – oponerse a

take-home pay – paga neta, salario neto

take legal action – tomar acción legal

take note – tomar nota, tomar razón

take oath – prestar juramento

take office – asumir un cargo

take on – encargarse de, asumir, contratar

take-or-pay contract – contrato firme de compra
take out insurance – asegurar, asegurarse
take over – tomar control, asumir, absorber
take possession – tomar posesión
take stock – hacer inventario, estimar
take testimony – recibir testimonio
take title – adquirir título
takeover *n* – toma del control, adquisición, absorción
takeover bid – oferta pública de adquisición
takeover laws – leyes sobre las adquisiciones corporativas
takeover offer – oferta pública de adquisición
takeover regulations – reglamentos sobre las adquisiciones corporativas
taker *n* – tomador, adquiriente
taking *n* – toma, captura, detención
taking delivery – aceptación de entrega
taking of property – hurto de propiedad
taking the fifth – ampararse bajo la quinta enmienda constitucional
takings *n* – entradas, ingresos, ventas
tales *n* – personas seleccionadas para completar un jurado
talks *n* – charlas, negociaciones
tally *n* – cuenta, anotación contable, etiqueta
tally *v* – contar, cuadrar, etiquetar
tame *adj* – manso, domesticado, sumiso
tamper *v* – alterar, interferir, falsificar
tamper-evident *adj* – que evidencia cualquier alteración, que evidencia cualquier adulteración
tamper-proof *adj* – a prueba de alteración, a prueba de adulteración
tamper with – interferir, alterar, falsificar, sobornar
tampering with jury – intento criminal de sobornar a un jurado
tangible assets – activo tangible
tangible cost – costo tangible
tangible evidence – prueba tangible
tangible goods – bienes tangibles
tangible personal property – propiedad personal tangible
tangible property – propiedad tangible
tangibleness *n* – tangibilidad
tank *n* – tanque, depósito
tantalize *v* – tentar, provocar
tantamount *adj* – equivalente
tap *v* – explotar, utilizar, desviar, pinchar, interceptar señales de telecomunicaciones
tape *n* – cinta, cinta magnética
tape *v* – grabar en cinta, pegar con cinta
tape recording – grabación en cinta
taper off – disminuir gradualmente
tapping *n* – intercepción de señales de telecomunicaciones

tardy *adj* – tardío, moroso
tare weight – tara
target *n* – objetivo, objeto, diana
target company – compañía objeto
target firm – empresa objeto
target offense – el delito que se conspira cometer
target witness – testigo clave
tariff *n* – tarifa, arancel, derecho de importación
tariff agreement – acuerdo arancelario
tariff barrier – barrera arancelaria
tariff exemption – exención arancelaria
tariff regulation – reglamentación arancelaria
tariff system – sistema arancelario
tariff war – guerra arancelaria
task *n* – tarea, deber
task force – fuerza de tareas
task group – grupo de tareas
tattoo *n* – tatuaje
taunt *n* – burla, befa
taunt *v* – provocar, befar
tautology *n* – tautología
tax *n* – impuesto, contribución, gravamen
tax *v* – imponer, gravar
tax administration – administración tributaria
tax adviser – asesor fiscal
tax advisor – asesor fiscal
tax agency – agencia fiscal
tax agreement – acuerdo fiscal
tax amnesty – amnistía fiscal
tax assessment – valuación fiscal
tax attorney – abogado fiscal
tax audit – auditoría fiscal
tax auditor – auditor fiscal
tax authorities – autoridades fiscales
tax avoidance – elusión de impuestos, evitación de impuestos
tax bracket – categoría contributiva, clasificación impositiva
tax break – desgravación fiscal, beneficio impositivo
tax burden – carga tributaria, carga impositiva
tax calendar – calendario fiscal
tax certificate – certificado impositivo
tax code – código impositivo
tax collection – recaudación fiscal, recaudación de impuestos
tax collector – recaudador fiscal, recaudador de impuestos
tax commission – comisión fiscal
tax consultant – consultor fiscal
tax court – tribunal fiscal
tax crime – crimen fiscal
tax data – datos fiscales
tax declaration – declaración impositiva, declaración de la renta

tax deduction – desgravación fiscal, deducción fiscal, deducción impositiva

tax deed – escritura del comprador de un inmueble mediante una venta por incumplimiento de los deberes impositivos

tax deferral – aplazamiento de impuestos

tax-deferred *adj* – de impuestos diferidos

tax dodging – evasión fiscal

tax domicile – domicilio fiscal

tax duty – obligación fiscal

tax election – elección de trato impositivo

tax equity – equidad fiscal

tax evader – evasor de impuestos

tax evasion – evasión fiscal

tax exempt – exento de impuestos

tax exemption – exención fiscal

tax fairness – equidad fiscal

tax foreclosure – ejecución fiscal

tax forms – formularios fiscales

tax fraud – fraude fiscal, fraude impositivo

tax-free *adj* – libre de impuestos

tax gain – ganancia contributiva

tax guidelines – directrices fiscales

tax harmonisation – armonización fiscal

tax harmonization – armonización fiscal

tax haven – paraíso fiscal, paraíso impositivo

tax holiday – exoneración temporal de impuestos

tax incentive – incentivo fiscal

tax inspection – auditoría fiscal

tax inspector – inspector de impuestos, inspector de Hacienda

tax jurisdiction – jurisdicción fiscal

tax law – ley impositiva, derecho fiscal

tax lease – instrumento que se otorga en una venta por incumplimiento de los deberes impositivos cuando lo que se vende es el derecho de posesión por un tiempo determinado

tax legislation – legislación fiscal

tax levy – imposición fiscal

tax liability – obligación fiscal, obligación contributiva

tax lien – privilegio fiscal, gravamen por impuestos no pagados

tax list – lista de contribuyentes

tax loophole – laguna fiscal

tax loss – pérdida contributiva

tax notice – aviso de imposición

tax obligation – obligación fiscal

tax offense – delito fiscal

tax office – oficina fiscal, oficina de impuestos

tax payment – pago de impuestos

tax penalty – penalidad impositiva

tax policy – política fiscal

tax purchaser – quien adquiere en una venta por incumplimiento de los deberes

impositivos

tax rate – tasa impositiva

tax record – registro fiscal

tax regulations – regulaciones fiscales

tax relief – alivio fiscal

tax return – declaración de la renta, declaración de ingresos, declaración de impuestos

tax return preparer – preparador de declaraciones de la renta, preparador de declaraciones de ingresos

tax revenue – ingresos fiscales, ingresos impositivos

tax roll – registro fiscal, registro de contribuyentes

tax rules – reglas fiscales

tax sale – venta de propiedad por incumplimiento de los deberes impositivos

tax settlement – liquidación fiscal

tax shelter – refugio fiscal, abrigo tributario

tax shield – escudo tributario

tax stamp – timbre fiscal

tax system – sistema fiscal

tax take – la cantidad que se recauda en impuestos

tax title – título de quien compra en una venta por incumplimiento de los deberes impositivos

tax treaty – tratado fiscal

tax valuation – valuación fiscal

tax withholding – retención fiscal

tax year – año fiscal, ejercicio fiscal

tax yield – recaudación fiscal

taxability *n* – imponibilidad

taxable *adj* – imponible, tributable, gravable

taxable estate – patrimonio imponible

taxable income – ingresos imponibles

taxation *n* – tributación, imposición, impuestos

taxation policy – política fiscal

taxation system – sistema fiscal

taxing power – poder fiscal

taxman *n* – entidad o persona que cobra impuestos

taxpayer *n* – contribuyente

taxpayer identification number – número de identificación de contribuyente

taxpayer number – número de identificación de contribuyente

taxpayer rights – derechos de contribuyentes

TBA (to be announced) – a ser anunciado

team *n* – equipo, grupo

teamwork *n* – trabajo en equipo

teamster *n* – camionero

tear *v* – arrancar, desgarrar

tear gas – gas lacrimógeno

teardown *n* – demolición

tearing of will – rotura de un testamento con

la intención de anularlo
teaser rate – tasa introductoria baja en busca de engatusar, tasa introductoria baja
technical bankruptcy – bancarrota técnica
technical errors – errores técnicos
technical interpretation – interpretación técnica
technical support – apoyo técnico
technicality *n* – tecnicismo
technique *n* – técnica
technocracy *n* – tecnocracia
technological *adj* – tecnológico
technological gap – brecha tecnológica
technological unemployment – desempleo tecnológico
technology transfer – transferencia de tecnología
tedious *adj* – tedioso
tel. (telephone) – teléfono
tel. num. (telephone number) – número telefónico
telebank *n* – telebanco
telebanking *n* – telebanca
telecast *n* – teledifusión
telecom *n* – empresa de telecomunicaciones
telecommunications network – red de telecomunicaciones
telecommunications services – servicios de telecomunicaciones
telecommuting *n* – teletrabajo
teleconferencing *n* – teleconferencia
telecottage *n* – estructura rural incorporando equipos de telecomunicación
telegram *n* – telegrama
telephone banking – banca telefónica
telephone extension – extensión telefónica
telephone message – mensaje telefónico
telephone number – número telefónico
telephone selling – ventas telefónicas
telephone support – apoyo por teléfono
telephone tapping – intercepción de señales telefónicas
telephony *n* – telefonía
telesales *n* – televentas
teleshopping *n* – telecompras
teletext *n* – teletexto
televise *v* – televisar
television advertising – publicidad de televisión
television network – red de televisión
telework *v* – teletrabajo
teleworker *n* – teletrabajador
teleworking *n* – teletrabajo
telex *n* – télex
tell *v* – decir, revelar
teller *n* – cajero, cajero de banco, escrutador de votos
teller's check – cheque de caja

teller's cheque – cheque de caja
teller's stamp – sello de cajero
temp *n* – empleado temporal
temp *v* – trabajar como empleado temporal
temper *n* – genio, disposición
temperament *n* – temperamento, disposición
temperamental *adj* – temperamental, emocional
temperance *n* – temperancia, moderación
temping *n* – trabajo como empleado temporal
temporary *adj* – temporal, temporero, provisional
temporary *n* – empleado temporal
temporary acceptance – aceptación temporal
temporary account – cuenta temporal
temporary agreement – acuerdo temporal
temporary alimony – pensión alimenticia temporal
temporary commitment – compromiso temporal
temporary contract – contrato temporal
temporary coverage – cobertura temporal
temporary custody – custodia provisional
temporary detention – detención temporal
temporary disability – discapacidad temporal
temporary employee – empleado temporal
temporary employment – empleo temporal
temporary home – residencia temporal
temporary injunction – mandamiento judicial provisional
temporary insanity – insania temporal
temporary insurance – seguro temporal
temporary job – trabajo temporal
temporary judge – juez sustituto
temporary measure – medida temporal
temporary offer – oferta temporal
temporary order – orden provisional
temporary permit – permiso temporal
temporary rate – tasa temporal
temporary remedy – recurso temporal
temporary residence – residencia temporal
temporary resident – residente temporal
temporary restraining order – orden de restricción temporal, inhibitoria provisional
temporary staff – personal temporal
temporary statute – ley temporal
temporary total disability – discapacidad total temporal
temporary unemployment – desempleo temporal
temporary work – trabajo temporal
temporary worker – trabajador temporal
tempt *v* – tentar, instigar
temptable *adj* – susceptible a la tentación
temptation *n* – tentación
tenacious *adj* – tenaz, persistente
tenacity *n* – tenacidad
tenancy *n* – tenencia, arrendamiento

tenancy agreement – contrato de arrendamiento

tenancy at sufferance – posesión de un inmueble tras la expiración del arrendamiento

tenancy at will – arrendamiento por un período indeterminado

tenancy by the entirety – tenencia conjunta entre cónyuges

tenancy contract – contrato de arrendamiento

tenancy for life – arrendamiento de un inmueble por vida

tenancy for years – arrendamiento de un inmueble por un número determinado de años

tenancy from month to month – arrendamiento renovable de mes a mes

tenancy in common – tenencia en conjunto

tenancy in partnership – tenencia en sociedad

tenant *n* – tenedor de un inmueble, arrendatario, inquilino

tenant at sufferance – quien mantiene posesión tras la expiración del arrendamiento

tenant at will – arrendatario por un período indeterminado

tenant farmer – agricultor arrendatario

tenant for life – tenedor de un inmueble por vida

tenant for years – tenedor de un inmueble por un número determinado de años

tenant from month to month – arrendatario en un arrendamiento renovable de mes a mes

tenant in common – tenedor en conjunto, coinquilino, coarrendatario

tenant in fee simple – propietario absoluto

tenant in severalty – tenedor exclusivo

tenant in tail – quien tiene derechos sobre un inmueble que sólo se pueden transmitir a herederos determinados

tenant's fixtures – instalaciones fijas en un inmueble las cuales el tenedor tiene derecho a remover

tend *v* – atender, cuidar

tendency *n* – tendencia, inclinación

tender *n* – oferta, oferta de pago, oferta de cumplir, moneda de curso legal

tender *v* – ofrecer, ofrecer pagar, proponer

tendering *n* – licitación

tenement *n* – edificio de alquiler de poca calidad y renta baja, edificio de alquiler

tenement house – edificio de alquiler de poca calidad y renta baja

tenements *n* – bienes inmuebles

tenor *n* – las palabras exactas de un documento, copia exacta, significado

tentative offer – oferta tentativa

tentative trust – fideicomiso en que una persona hace un depósito en un banco en nombre propio como fiduciario para otro

tenure *n* – posesión, tenencia, ejercicio de un cargo, empleo por un tiempo indefinido

tenured *adj* – permanente

tergiversate *v* – tergiversar

tergiversation *n* – tergiversación

term *n* – término, palabra, frase, plazo, plazo fijo, condición

term assurance – seguro de vida por un término fijo

term for years – derecho de posesión por un tiempo determinado

term insurance – seguro de vida por un término fijo

term investment – inversión a plazo fijo

term life insurance – seguro de vida por un término fijo

term of court – sesión de un tribunal

term of lease – término del arrendamiento

term policy – seguro de vida por un término fijo

terminability *n* – terminabilidad

terminable interest – interés en un inmueble el cual termina bajo las condiciones estipuladas

terminal *adj* – terminal, último, final

terminate *v* – terminar, finalizar, despedir, limitar

termination *n* – terminación, conclusión, expiración, limitación, despido

termination allowance – indemnización por despido, cesantía

termination benefits – beneficios por despido

termination notice – aviso de terminación, aviso de despido

termination of agreement – terminación de acuerdo

termination of contract – terminación de contrato, rescisión de contrato

termination of copyright – terminación de derechos de autor

termination of employment – despido de empleo, terminación de empleo

termination of instrument – terminación de instrumento

termination of lease – terminación de arrendamiento

termination of licence – terminación de licencia

termination of license – terminación de licencia

termination of patent – terminación de patente

termination of permit – terminación de permiso

termination of policy – terminación de póliza

termination of sentence – terminación de sentencia

termination of trademark – terminación de marca comercial
termination pay – indemnización por despido, cesantía
terminology n – terminología
terminus n – término, límite, fin
termite clause – cláusula de termitas
termor n – ocupante por un plazo fijo
terms n – términos, condiciones
terms and conditions – términos y condiciones
terms of acceptance – condiciones de aceptación
terms of credit – condiciones de crédito
terms of employment – condiciones de empleo
terms of loan – condiciones de préstamo
terms of purchase – condiciones de compra
terms of sale – condiciones de venta
terms of shipment – condiciones de transporte
terms of trade – condiciones de comercio
terms of use – condiciones de uso
terrify v – aterrorizar
territorial courts – tribunales territoriales
territorial jurisdiction – jurisdicción territorial
territorial property – tierras y aguas territoriales
territorial waters – aguas territoriales
terror n – terror, pánico
terrorism n – terrorismo
terrorist n – terrorista
terrorist act – acto terrorista
terrorist alert – alerta terrorista
terrorist attack – ataque terrorista
terrorist group – grupo terrorista
terrorist organisation – organización terrorista
terrorist organization – organización terrorista
terrorist plot – complot terrorista
terrorist scare – susto terrorista
terrorist threat – amenaza terrorista
terrorist warning – advertencia terrorista
terrorize adj – aterrorizar
tertiary economy – sector terciario
tertiary sector – sector terciario
test n – examen, prueba, experimento
test action – acción determinativa
test audit – auditoría de prueba
test case – caso determinativo
test oath – juramento de fidelidad
test on animals – efectuar pruebas utilizando animales
test tube baby – bebé probeta
testable adj – con capacidad testamentaria
testacy n – el estado de ser testado

testament n – testamento
testamentary adj – testamentario
testamentary capacity – capacidad testamentaria
testamentary disposition – disposición testamentaria
testamentary executor – albacea testamentario
testamentary guardian – tutor designado mediante testamento
testamentary heir – heredero testamentario
testamentary instrument – instrumento de carácter testamentario
testamentary power – capacidad testamentaria
testamentary power of appointment – facultad de nombramiento sólo mediante testamento
testamentary succession – sucesión testamentaria
testamentary trust – fideicomiso testamentario
testamentary trustee – fiduciario testamentario
testate adj – testado, habiendo muerto testado
testate succession – sucesión testamentaria
testation n – el transferir propiedad mediante testamento
testator n – testador
testify v – testificar, atestiguar, declarar
testimonial adj – testimonial
testimonial evidence – prueba testimonial
testimonium clause – cláusula de certificación
testimony n – testimonio, declaración
testing and inspection – pruebas e inspección
text message – mensaje de texto, enviar mensajes de texto
textbook n – libro de texto, libro cubriendo un aspecto o tema del derecho
theft n – hurto, robo, sustracción
theft insurance – seguro contra hurtos y robos
theft loss – pérdidas debido a hurtos o robos
then and there – en el lugar y en el momento
thence adv – de allí, por lo tanto
thenceforth adv – desde entonces, de allí en adelante
thenceforward adv – desde entonces, de allí en adelante
theocracy n – teocracia
theocrat n – teócrata
theoretical value – valor teorético
theoretically adv – teóricamente
theorize v – teorizar, especular
theory of case – el fundamento de una acción

theory of law – el fundamento legal de una acción

therapy *n* – terapia

thereabout *adv* – por ahí, aproximadamente

thereafter *adv* – en adelante, después de

thereat *adv* – ahí, luego, por eso

thereby *adv* – en consecuencia, por medio de

therefor *adv* – por eso, para eso

therefore *adv* – por lo tanto, en consecuencia

therefrom *adv* – de allí, de eso

therein *adv* – adentro, en eso

thereinafter *adv* – posteriormente, después

thereinbefore *adv* – anteriormente, antes

thereinto *adv* – dentro de eso

thereof *adv* – de eso, de esto

thereon *adv* – encima

thereto *adv* – a eso

theretofore *adv* – hasta entonces

thereunder *adv* – bajo eso, debajo

thereupon *adv* – sin demora, encima de eso, por consiguiente

therewith *adv* – con esto, con eso

therewithal *adv* – con esto, con eso

thief *n* – hurtador, ladrón

thin capitalisation – capitalización escasa

thin capitalization – capitalización escasa

thin corporation – corporación con capitalización escasa

things in action – derecho de acción

things personal – bienes muebles

things real – bienes inmuebles

think tank – grupo de expertos reunido para resolver problemas complejos y/o generar nuevas ideas

third conviction – tercera condena

third degree – interrogatorio abusivo

third party – tercero

third party action – proceso de envolver a un tercero en una demanda

third party beneficiary – tercero beneficiario

third party check – cheque de un tercero

third party cheque – cheque de un tercero

third party complaint – demanda dirigida a un tercero

third party credit – crédito de un tercero

third party guarantee – garantía por un tercero

third party guaranty – garantía por un tercero

third party insurance – seguro a terceros

third party payment – pago por un tercero

third party practice – demanda contra un tercero

third party summons – citación de un tercero

third party transfer – transferencia por un tercero

third possessor – quien compra una propiedad hipotecada sin asumir una hipoteca existente

third-rate *adj* – de calidad inferior

third shift – tercer turno

Third World Country – país del Tercer Mundo

thither *adv* – allá, mas allá

thorough *adj* – minucioso, cabal, completo

thoroughfare *n* – vía pública, carretera

thoroughgoing *adj* – esmerado, cabal, minucioso

thoroughly *adv* – minuciosamente, cabalmente, completamente

thoroughness *n* – minuciosidad, cumplimiento

thought *n* – pensamiento, noción, reflexión

thoughtful *adj* – atento, cuidadoso, pensativo

thoughtlessly *adv* – imprudentemente, descuidadamente, negligentemente

thrashing *n* – paliza

thread *n* – línea divisoria, línea medianera

threat *n* – amenaza

threat by mail – amenazas a través del sistema postal

threaten *v* – amenazar

threatened cloud – imperfección de título anticipada

threatening *adj* – amenazador

threateningly *adv* – amenazantemente

three-judge court – tribunal con tres jueces

three-mile limit – límite de tres millas

three-strikes legislation – legislación mediante la cual se imponen penas significativamente más severas a quienes son condenados una tercera vez por delitos graves

threshold *n* – umbral, comienzo

thrift *n* – economía, ahorro, institución de ahorros

thrift institution – institución de ahorros

throng *n* – multitud

through lot – lote el cual tiene una calle en cada extremo

throughout *adj* – a lo largo de, por todo

throughway *n* – autopista

throw away – botar, desperdiciar, malgastar

throw out – botar, rechazar, expulsar

throwaway *adj* – desechable

throwaway society – sociedad orientada alrededor de los productos desechables y de la generación de desperdicios en general

thrust *n* – embestida, empujón

thus *adv* – así, de este modo, por esto

thwart *adj* – frustrar, impedir

tick *n* – marca en una casilla, marca

tick off – marcar en una casilla, marcar

ticket *n* – billete, boleto, pasaje, entrada, multa, boleto por infracción de tránsito

ticket scalping – reventa de taquillas a espectáculos en exceso del valor nominal

ticket touting – reventa de taquillas a espectáculos en exceso del valor nominal

tickler file – archivo utilizado para recordatorios de lo pendiente

tidal current – corriente de la marea

tide *n* – marea

tide over – sacar de un apuro

tie *n* – empate, vínculo, unión

tie-in promotion – promoción vinculada

tie-in sale – venta vinculada

tie up – atar, obstaculizar, inmovilizar, entretener, vincular estrechamente, finalizar exitosamente

tie vote – voto empatado

tied *adj* – atado, vinculado, empatado

tied aid – ayuda vinculada

tied product – producto que se puede comprar siempre y cuando el cliente acuerde comprar otro determinado

tier *n* – nivel

tight credit – situación económica en que es difícil obtener crédito

tight security – seguridad cuidadosamente controlada

till-tapping *n* – hurto de dinero de una caja registradora

tillage *n* – tierra cultivada, tierra bajo cultivo

time-and-a-half pay – paga por tiempo y medio

time bar – prohibir por haber expirado el tiempo límite

time barring – prohibición por haber expirado el tiempo límite

time bill – letra de cambio a fecha cierta

time card – ficha

time charter – contrato de fletamento por un término determinado

time clock – reloj registrador

time for appealing – plazo dentro del cual apelar

time immemorial – tiempo inmemorial

time is of the essence – estipulación contractual que fija un plazo dentro del cual se tiene que cumplir con lo acordado

time limit – límite de tiempo

time loan – préstamo por un término determinado

time off – tiempo libre

time out of memory – tiempo inmemorial

time policy – póliza por un término determinado

time rate – pago por horas, pago por un plazo dado de tiempo

time sheet – ficha

time span – intervalo de tiempo

time wage – paga por hora, salario por hora

time work – trabajo remunerado por hora, trabajo remunerado por día

time zone – huso horario, zona de tiempo

timeframe *n* – intervalo de tiempo

timely *adv* – puntual, oportuno

timescale *n* – escala de tiempo

timeshare *n* – multipropiedad

timesharing *n* – multipropiedad

timetable *n* – horario, programa, calendario

tip *n* – comunicación de información sobre una corporación la cual no es del conocimiento público, indicio, propina, consejo

tippees *n* – quienes obtienen información sobre una corporación la cual no es del conocimiento público, quienes obtienen propinas

tipper *n* – quien divulga información sobre una corporación la cual no es del conocimiento público, quien da un propina, quien da consejos

tipstaff *n* – alguacil

title *n* – título

title abstract – resumen de título

title authentication – certificación de título

title bond – garantía de título

title by adverse possession – título adquirido al mantener la posesión y transcurrir la prescripción adquisitiva

title by descent – título adquirido como heredero

title by prescription – título adquirido al mantener la posesión y transcurrir la prescripción adquisitiva

title by purchase – título obtenido por cualquier método menos herencia

title certification – certificación de título

title company – compañía de títulos

title deeds – escrituras evidenciando título de propiedad

title defect – defecto de título

title documents – documentos de título

title evidence – prueba de título

title guarantee – garantía de título

title guaranty – garantía de título

title guaranty company – compañía que garantiza títulos

title in fee simple – propiedad absoluta

title insurance – seguro de título

title of record – título registrado

title proof – prueba de dominio

title report – informe de título

title retention – privilegio de retención de título

title search – estudio de título

title verification – verificación de título

titular *adj* – titular, nominal

TM (trademark) – marca, marca comercial

to be announced – a ser anunciado

to close the books – cerrar los libros

to have and to hold – tener y retener, tener y poseer

to let – se alquila, alquilar

to the best of my knowledge and belief – según mi leal saber y entender

to whom it may concern – a quien corresponda, a quien pueda interesar

to wit – es decir, a saber

token *n* – signo, señal, indicación, símbolo, ficha

token money – moneda fiduciaria

token of gratitude – muestra de agradecimiento

token payment – pago parcial, pago nominal

tolerable *adj* – tolerable, sufrible, aceptable

tolerance *n* – tolerancia

tolerant *adj* – tolerante

tolerate *v* – tolerar

toleration *n* – tolerancia

toll *n* – peaje, tarifa por llamadas a larga distancia, número de víctimas

toll *v* – suspender, impedir

toll call – llamada con cargos, llamada a larga distancia

toll-free call – llamada sin cargos, llamada sin cargos de larga distancia

toll-free number – número de teléfono gratuito

tollage *n* – peaje

tolling of the statute of limitations – suspensión de la prescripción

tomb *n* – tumba

tome *n* – tomo

tonnage tax – impuesto sobre el tonelaje

tonne *n* – tonelada métrica

tontine *n* – tontina

tools of the trade – herramientas del oficio

top *n* – tope, límite superior

top brass – alta gerencia

top drawer – de la más alta calidad, de la mayor importancia

top executive – alto ejecutivo

top lease – arrendamiento que se establece antes de expirar uno anterior

top-level talks – conversaciones entre funcionarios del más alto nivel

top management – alta gerencia

top quality – la más alta calidad

top-secret *adj* – de alto secreto

top-up insurance – seguro suplementario

topic *n* – tópico, asunto, tema

topography *n* – topografía

torment *v* – atormentar, hostigar

torpedo doctrine – doctrina que responsabiliza a quien mantiene un peligro atrayente en su propiedad

Torrens System – Sistema Torrens

tort *n* – ilícito civil, daño legal, daño legal extracontractual, agravio, tuerto, entuerto, perjuicio

tort-feasor *n* – autor de un ilícito civil, autor de un daño legal, autor de un agravio

tortfeasor *n* – autor de un ilícito civil, autor de un daño legal, autor de un agravio

tortious act – acto dañoso, acto ilícito

tortious interference – interferencia ilícita para evitar que otro cumpla con un contrato u otra obligación legal

torture *n* – tortura

total *adj* – total, entero, rotundo

total acceptance – aceptación total

total assignment – cesión total

total audit – auditoría total

total breach – incumplimiento total

total contract – contrato total

total coverage – cobertura total

total disclosure – divulgación total

total eviction – desalojo total

total insurance – seguro total

total liability – responsabilidad total

total liquidation – liquidación total

total loss – pérdida total

total performance – cumplimiento total

total physical disability – discapacidad física total

Total Quality Management – administración de calidad total

total record – registro total

totalise *v* – totalizar

totality *n* – totalidad

totalize *v* – totalizar

totally *adv* – totalmente, enteramente

Totten trust – fideicomiso en que una persona hace un depósito en un banco en nombre propio como fiduciario para otro

touch *v* – tocar, tocar un puerto

tough policy – política dura

tout *v* – promocionar energéticamente, persuadir insistentemente

tow *n* – remolque, remolcador

towage service – servicio de remolque

toward *prep* – hacia, con respecto a, cerca de

towboat *n* – remolcador

town *n* – pueblo, población

town-clerk *n* – secretario municipal

town collector – recaudador municipal

town commissioner – miembro de la junta municipal

town council – consejo municipal

town hall – ayuntamiento

town order – orden de pago dirigida a un tesorero municipal

town planning – urbanismo

township *n* – medida de terreno en forma de cuadrado conteniendo 36 millas cuadradas, municipio

township trustee – miembro de la junta municipal
toxic tort – daño legal por exposición a agentes químicos tóxicos
toxic waste – desperdicios tóxicos
toxicant *n* – agente tóxico, intoxicante
toxicity *n* – toxicidad
toxicology *n* – toxicología
toxin *n* – toxina
trace *n* – rastro, pista, indicio
tracing *n* – rastreo, calco
track *n* – huella, pisada, curso, riel
track record – historial
tract *n* – parcela, lote, trecho, zona, región
tract house – una de múltiples casas similares construidas en el mismo lote
tradability *n* – comerciabilidad
tradable *adj* – comerciable
trade *n* – comercio, industria, negocio, oficio
trade *v* – comerciar, cambiar
trade agreement – acuerdo comercial
trade and commerce – actividad comercial
trade barrier – barrera comercial
trade bloc – bloc comercial
trade contract – contrato comercial
trade dispute – disputa laboral, disputa comercial
trade embargo – embargo comercial
trade imbalance – desequilibrio comercial
trade law – derecho comercial
trade libel – declaraciones escritas comercialmente difamantes
trade monopoly – monopolio comercial
trade name – nombre comercial, razón social
trade policy – política comercial
trade regulations – reglamentos comerciales
trade sanctions – sanciones comerciales
trade secret – secreto comercial, secreto industrial
trade union – sindicato, unión obrera
trade unionism – sindicalismo
trade war – guerra comercial
tradeability *n* – comerciabilidad
tradeable *adj* – comerciable
trademark *n* – marca, marca comercial
trademark counterfeiting – falsificación de marca comercial
trademark licence – licencia de marca comercial
trademark license – licencia de marca comercial
trademark office – oficina de marcas comerciales
trademark ownership – propiedad de marca comercial
trademark protection – protección de marca comercial
trademark registration – registro de marcas comerciales
trademark registry – registro de marcas comerciales
trader *n* – comerciante, negociante, corredor
tradesman *n* – comerciante, detallista, negociante, trabajador cualificado, trabajador diestro
trading *n* – comercio, transacciones, operaciones
trading authorisation – autorización para transacciones
trading authorization – autorización para transacciones
trading with the enemy – comercio con el enemigo
tradition *n* – entrega, tradición
traditional *adj* – tradicional
traditionalism *n* – tradicionalismo
traditionalist *n* – tradicionalista
traffic *n* – tráfico, tránsito, movimiento, circulación, comercio, negocio
traffic *v* – traficar, comerciar
traffic accident – accidente de tránsito
traffic collision – choque de tránsito
traffic court – juzgado de tránsito
traffic mishap – percance de tránsito
traffic offense – infracción de tránsito
traffic regulations – reglamentos de tránsito
traffic sign – señal de tránsito, semáforo
traffic violation – infracción de tránsito
trafficker *n* – traficante, comerciante
trafficking *n* – tráfico de drogas ilícitas, tráfico
tragedy of the commons – tragedia de los comunes
train *v* – entrenar, capacitar, formar
trainee *n* – aprendiz
trainer *n* – entrenador, capacitador
training *n* – entrenamiento, capacitación, formación
training program – programa de entrenamiento, programa de capacitación, programa de formación
training programme – programa de entrenamiento, programa de capacitación, programa de formación
trait *n* – rasgo
traitor *n* – traidor
traitorously *adv* – traicioneramente
tramp *n* – vagabundo
tramp corporation – corporación o ente jurídico el cual se constituye en un estado sin intenciones de comerciar en dicho estado
transact *v* – tramitar, negociar, gestionar
transacting business – llevando a cabo operaciones comerciales
transaction *n* – transacción, negocio, gestión
transaction report – informe de transacción

transactional *adj* – transaccional
transactor *n* – tramitador, negociante
transcribe *v* – transcribir
transcript *n* – transcripción, copia
transcript of record – transcripción de los procesos judiciales
transcription *n* – transcripción
transfer *n* – transferencia, traspaso, cesión
transfer *v* – transferir, traspasar, ceder
transfer agent – agente de transferencias
transfer deed – escritura de traspaso
transfer electronically – transferir electrónicamente
transfer of assets – transferencia de activo
transfer of jurisdiction – traslado de jurisdicción
transfer of title – transferencia de título
transfer ownership – transferir posesión
transfer possession – transferir posesión
transfer property – transferir propiedad
transfer tax – impuesto a las transferencias
transfer title – transferir título
transferability *n* – transferibilidad
transferable loan – préstamo transferible
transferee *n* – cesionario
transference *n* – transferencia, cesión
transferer *n* – cedente, transferidor
transferor *n* – cedente, transferidor
transferred ownership – propiedad transferida
transformation *n* – transformación
transgress *v* – transgredir, infringir
transgression *n* – transgresión, infracción
transgressive trust – fideicomiso que viola la regla prohibiendo crear un interés futuro si no existe la posibilidad de que se transfiera dentro de los 21 años más período de gestación de haberse creado
transgressor *n* – transgresor, infractor
tranship *v* – transbordar, trasbordar
transhipment *n* – transbordo, trasbordo
transient *adj* – transeúnte, pasajero, efímero
transient person – transeúnte
transient worker – trabajador transitorio, trabajador ambulante
transit *n* – tránsito, transporte
transition government – gobierno de transición
transitional government – gobierno de transición
transitive covenant – convenio transferible
transitorily *adv* – transitoriamente
transitory action – acción transitoria
translate *v* – traducir
translated *adj* – traducido
translation *n* – traducción
translator *n* – traductor, intérprete
transmissible *adj* – transmisible

transmission *n* – transmisión, sucesión
transmit *v* – transmitir
transmittal letter – carta de transmisión, carta de remisión
transnational enterprise – empresa transnacional
transnational law – derecho transnacional
transparency *n* – transparencia
transparent price – precio transparente
transport agency – agencia de transporte
transport agent – agente de transporte
transport company – compañía de transporte
transport documents – documentos de transporte
transport insurance – seguro de transporte
transport papers – documentos de transporte
transportation agency – agencia de transporte
transportation agent – agente de transporte
transportation company – compañía de transporte
transportation documents – documentos de transporte
transportation insurance – seguro de transporte
transportation papers – documentos de transporte
transship *v* – transbordar, trasbordar
transshipment *n* – transbordo, trasbordo
trap *n* – trampa, artimaña
trashy *adj* – de bajísima calidad, sin valor alguno
trauma *n* – trauma
traumatic *adj* – traumático
traumatize *v* – traumatizar
travel allowance – reembolso de gastos de viaje
travel documentation – documentación de viaje
travel insurance – seguro de viaje
travel restrictions – restricciones de viaje
traveling documentation – documentación de viaje
traveling restrictions – restricciones de viaje
travelling documentation – documentación de viaje
travelling restrictions – restricciones de viaje
traversable *adj* – negable, impugnable, atravesable
traverse *n* – negación, contradicción, impugnación
traverse *v* – negar, contradecir, impugnar, impedir
traverse jury – jurado de juicio
traverser *n* – quien niega, quien impugna
treachery *n* – traición
treason *n* – traición
treasure-trove *n* – tesoro encontrado

treasurer *n* – tesorero
treasurer's check – cheque de caja, cheque de tesorería
treasurer's cheque – cheque de caja, cheque de tesorería
treasuries *n* – valores de tesorería
treasury *n* – tesorería, fisco, Tesoro, Departamento del Tesoro, Departamento de Hacienda, Ministerio de Hacienda, Hacienda
treasury bill – letra del Tesoro, obligación del Tesoro a corto plazo
treasury bond – bono del Tesoro, obligación del Tesoro a largo plazo
Treasury Department – Departamento del Tesoro, Departamento de Hacienda, Ministerio de Hacienda, Hacienda
treasury note – nota del Tesoro, obligación del Tesoro a mediano plazo
treasury offering – ofrecimiento del Tesoro
treasury officer – funcionario de Hacienda
treasury securities – valores de tesorería
treat *v* – tratar, invitar
treat wastewater – tratar aguas residuales
treatise *n* – tratado
treatment of sewage – tratamiento de aguas residuales
treaty *n* – tratado, convenio
treaty of peace – tratado de paz
treble *adj* – triple
treble damages – daños y perjuicios triplicados
trend *n* – dirección, tendencia
trespass *n* – transgresión, violación de propiedad, violación de derechos ajenos
trespass *v* – transgredir, entrar o permanecer ilegalmente o sin autorización en una propiedad
trespass to chattels – violación grave de los derechos de posesión de bienes muebles de otra persona
trespass to land – entrada sin autorización a un bien inmueble
trespasser *n* – transgresor, quien entra ilícitamente a una propiedad ajena
triable *adj* – enjuiciable
trial *n* – juicio, proceso, prueba, ensayo
trial brief – notas del abogado con los datos pertinentes de un caso
trial by court – juicio ante un juez sin jurado
trial by judge – juicio ante un juez sin jurado
trial by jury – juicio por jurado
trial by the country – juicio con jurado
trial court – tribunal de primera instancia
trial de novo – un nuevo juicio
trial jury – jurado en un juicio
trial list – lista de causas
trial period – período de prueba
tribal lands – propiedad de tribu indígena

tribunal *n* – tribunal
tributary *n* – tributario, subordinado
tribute *n* – tributo, imposición
trick *n* – truco, ardid, trampa
trick *v* – engañar, embaucar
trickle-down economics – economía de la filtración
trifurcated trial – juicio trifurcado
trigger *n* – gatillo
trimestral *adj* – trimestral
trip *n* – viaje, traspié
tripartite *adj* – tripartito
tripartition *n* – tripartición
triple indemnity – triple indemnización
triple-net lease – arrendamiento en que el arrendatario paga todos los gastos de la propiedad
triplicate *n* – triplicado, triple
trite *adj* – trivial
trivia *n* – trivialidades
trivial *adj* – trivial, insignificante
triviality *n* – trivialidad
triweekly *adj* – trisemanal
trouble *n* – problemas, problema, líos, molestia, estorbo, preocupación, perturbación
trouble-free *adj* – sin problemas, sin contratiempos
troubled *adj* – preocupado, agitado
troublemaker *n* – perturbador, camorrista
troubleshoot *v* – buscar averías y arreglarlas
trover *n* – acción para la recuperación de bienes muebles tomados ilícitamente
troy ounce – onza troy
troy weight – peso troy
truancy *n* – ausencia sin justificación del trabajo, ausencia sin justificación de la escuela
truce *n* – tregua
truculent *adj* – truculento
true *adj* – cierto, verdadero, genuino, real
true *adv* – verídicamente, con exactitud
true admission – reconocimiento de un hecho presentado por la parte contraria como cierto
true and fair – verdadero y equitativo
true bill – aprobación de una acusación por un gran jurado, acusación formal de un delito
true controversy – controversia real
true copy – copia exacta, copia fiel
true meaning – sentido real
true owner – dueño verdadero, propietario legítimo
true verdict – veredicto voluntario
truly *adv* – verdaderamente, genuinamente, honestamente
trumped-up *adj* – fraudulentamente concebido
truncation *n* – truncamiento, retención de

cheques cancelados

trust *n* – fideicomiso, fundación, trust, confianza, expectación

trust account – cuenta fiduciaria

trust agreement – acuerdo de fideicomiso

trust certificate – certificado de fideicomiso de equipo

trust company – compañía fiduciaria

trust corpus – la propiedad que se transfiere en un fideicomiso

trust deed – escritura fiduciaria

trust department – departamento de fideicomisos

trust deposit – depósito en un fideicomiso

trust estate – los bienes en fideicomiso

trust fund – fondos en fideicomiso, fondos destinados a formar parte de un fideicomiso

trust indenture – escritura de fideicomiso

trust instrument – instrumento formal mediante el cual se crea un fideicomiso

trust legacy – legado a través de un fideicomiso

trust officer – funcionario de una compañía fiduciaria encargado de los fondos de los fideicomisos

trust property – la propiedad objeto del fideicomiso

trust receipt – recibo fiduciario

trust territory – territorio en fideicomiso

trusted third party – tercero de confianza

trustee *n* – fiduciario, fideicomisario, persona en una capacidad fiduciaria

trustee in bankruptcy – síndico concursal

trustee powers – poderes del fiduciario, poderes del fideicomisario

trusteeship *n* – fideicomiso, cargo fiduciario

trustful *adj* – confiado

trustor *n* – fiduciante, quien crea un fideicomiso

trustworthiness *n* – confiabilidad, honradez

trustworthy *adj* – confiable, digno de confianza, fidedigno

truth *n* – verdad, veracidad, fidelidad, realidad, exactitud

Truth-in-Lending Act – ley federal que dispone que se divulgue la información pertinente al otorgar crédito

truth-in-sentencing laws – leyes que disponen que el tiempo en prisión se acerque lo más posible a la sentencia

truthful *adj* – veraz

truthfully *adv* – verazmente

try *v* – juzgar, probar, tratar, exasperar

turf war – guerra territorial

tumultuous *adj* – tumultuoso

turn away – rechazar

turn down – rechazar

turn in – entregar, realizar

turn over – entregar, transferir, invertir

turnabout *n* – inversión completa de situación o circunstancias

turnaround *n* – inversión completa de situación o circunstancias

turncoat witness – testigo que ofrece testimonio perjudicial a la parte quien lo presentó

turndown *n* – rechazo

turning point – punto crítico

turning state's evidence – rendir prueba que incrimina a cómplices a cambio de inmunidad o una sentencia reducida

turnkey *n* – carcelero, llavero de cárcel

turnkey contract – contrato llave en mano

turnover *n* – movimiento, movimiento de mercancías, producción, facturación, giro

turpitude *n* – vileza, ruindad

tutelage *n* – tutela

tutor *n* – tutor

tutorage *n* – tutoría

tutorship *n* – tutela

twelve-man jury – jurado de doce integrantes

twelve-person jury – jurado de doce integrantes

twenty-four hour service – servicio las veinticuatro horas

twice in jeopardy – doble exposición por el mismo delito

twilight *n* – crepúsculo

twilight shift – turno vespertino

twin *n* – gemelo, doble

twist *v* – torcer, viciar

twisting *n* – tergiversación, búsqueda de parte de un corredor de valores deshonesto que un cliente efectúe transacciones excesivas y/o innecesarias

two-witness rule – regla que indica que en ciertos casos se requieren dos testigos o uno al haber circunstancias corroborantes

tying arrangement – arreglo mediante el cual se puede obtener un producto siempre que se compre otro determinado

tying contract – contrato mediante el cual se puede obtener un producto siempre que se compre otro determinado

type *n* – tipo, clase, distintivo

typical *adj* – típico, característico, ordinario

typical agency – agencia típica

typical corporation – corporación típica

typical insurance – seguro típico

typical partnership – sociedad típica

typical remuneration – remuneración típica

typical rent – renta típica

typical wage – salario típico, sueldo típico

typical workweek – semana laboral típica

typify *v* – tipificar, simbolizar

typing error – error mecanográfico

typographical error – error tipográfico
tyranny *n* – tiranía
tyrant *n* – tirano

U

uberrima fides – buena fe absoluta, ubérrima
fides
ulterior motive – motivo ulterior, motivación
oculta
ultimate beneficiary – beneficiario final
ultimate consumer – consumidor final
ultimate facts – hechos esenciales
controvertidos
ultimate issue – cuestión decisiva
ultimate payment – pago final, abono final
ultimate result – resultado final
ultimatum *n* – ultimátum
ultra vires – ultra vires, actos más allá de los
poderes autorizados
umbrella fund – fondo colectivo reuniendo
varios fondos diferentes
umbrella liability insurance – seguro de
responsabilidad suplementario para aumentar
la cobertura
umbrella policy – póliza suplementaria para
aumentar la cobertura
umpirage *n* – arbitraje, laudo arbitral
umpire *n* – árbitro
umpire *v* – arbitrar
unabated *adj* – no disminuido
unable *adj* – incapaz, imposibilitado
unable to be altered – incapaz de ser alterado
unable to be investigated – incapaz de ser
investigado
unable to be shown – incapaz de ser
demostrado
unable to earn – incapaz de obtener ingresos
unable to improve – incapaz de mejorar
unable to pay – incapaz de pagar
unable to remedy – incapaz de remediar
unable to withstand – incapaz de tolerar
unable to work – incapaz de trabajar
unabridged *adj* – completo, íntegro
unacceptable bid – oferta inaceptable
unacceptable conditions – condiciones
inaceptables
unacceptable quality – calidad inaceptable
unacceptable terms – términos inaceptables
unaccessible *adj* – inaccesible

unaccompanied *adj* – desacompañado
unaccounted *adj* – faltando, inexplicado
unaccustomed *adj* – desacostumbrado
unacknowledged *adj* – no reconocido
unadaptability *n* – inadaptabilidad
unadjusted *adj* – no ajustado, inadaptado
unadmitted *adj* – no admitido
unadoptable *adj* – inadoptable
unadopted *adj* – no adoptado
unadulterated *adj* – no adulterado, natural
unadvertised *adj* – no anunciado
unadvised *adj* – imprudente, indiscreto
unadvisedly *adv* – imprudentemente,
indiscretamente
unaffiliated union – unión no afiliada
unaided *adj* – sin ayuda
unalienable *adj* – inalienable
unallocated *adj* – no asignado, no destinado
unallotted *adj* – no asignado, no destinado
unallowable *adj* – inadmisible
unambiguous *adj* – inequívoco
unamortised *adj* – no amortizado
unamortized *adj* – no amortizado
unanimity *n* – unanimidad
unanimous decision – decisión unánime
unanimously *adv* – unánimemente
unannounced *adj* – no anunciado
unanswerable *adj* – incontestable
unanswered *adj* – no contestado
unanticipated *adj* – no anticipado
unappealable *adj* – inapelable
unapplied *adj* – no aplicado
unappropriated *adj* – no apropiado, no
asignado
unapproved *adj* – no aprobado
unapt *adj* – inadecuado, inepto
unarmed *adj* – desarmado
unarranged *adj* – no convenido
unascertainable *adj* – indeterminable
unascertained *adj* – indeterminado
unassignable *adj* – intransferible
unassisted *adj* – sin ayuda
unassociated *adj* – no asociado
unassured *adj* – no asegurado
unattached *adj* – no embargado
unattainable *adj* – inalcanzable, irrealizable
unaudited *adj* – no auditado
unauthenticated *adj* – no autenticado
unauthorised *adj* – no autorizado
unauthorized *adj* – no autorizado
unavailability *n* – indisponibilidad
unavailable *adj* – no disponible, inaccesible
unavailing *adj* – inútil, ineficaz
unavoidable *adj* – inevitable
unavoidably *adv* – inevitablemente
unaware *adj* – ignorante, ajeno
unbacked *adj* – no respaldado
unbalanced *adj* – desbalanceado, no

cuadrado

unbearable *adj* – inaguantable, insoportable

unbeknown *adj* – desconocido, ignorado

unbending *adj* – inflexible, riguroso

unbiased *adj* – imparcial, no sesgado

unbilled *adj* – no facturado

unblock *v* – desbloquear, descongelar

unblocking *adj* – desbloqueo, descongelación

unborn child – niño no nacido, niña no nacida

unbranded *adj* – sin marca

unbridled competition – competencia desenfrenada

unbroken *adj* – continuo, intacto

unbusinesslike *adj* – poco profesional, informal, sin instintos de negocios

uncallable *adj* – no retirable, no redimible

uncanceled *adj* – no cancelado

uncancelled *adj* – no cancelado

uncashed *adj* – no cobrado, no canjeado

unceasingly *adv* – incesantemente

uncertain *adj* – incierto, dudoso, indeterminado

uncertainty *n* – incertidumbre, indecisión

unchanged *adj* – sin cambios, igual

unclaimed *adj* – no reclamado

unclean hands doctrine – doctrina que le niega reparaciones a la parte demandante si ésta es culpable de conducta injusta en la materia del litigio

uncleared *adj* – no compensado, sin haber cumplido los requisitos de aduana

uncognizant *adj* – sin conocimiento de

uncollectable *adj* – incobrable

uncollectible *adj* – incobrable

uncommitted *adj* – no comprometido, disponible, imparcial

uncommon *adj* – no usual, poco común

uncompensable *adj* – incompensable

unconditional *adj* – incondicional

unconditional acceptance – aceptación incondicional

unconditional commitment – compromiso incondicional

unconditional contract – contrato incondicional

unconditional guaranee – garantía incondicional

unconditional guaranty – garantía incondicional

unconditional obligation – obligación incondicional

unconditional offer – oferta incondicional

unconditional pardon – perdón incondicional

unconditional promise – promesa incondicional

unconditional purchase – compra incondicional

unconditional sale – venta incondicional

unconditional transfer – transferencia incondicional

unconditionally *adv* – incondicionalmente

unconfirmed *adj* – no confirmado

unconformity *n* – inconformidad

unconscionable *adj* – desmedido, abusivo, falto de escrúpulos

unconscionable contract – contrato abusivo

unconscious *adj* – inconsciente

unconsciousness *n* – inconsciencia

unconsolidated *adj* – no consolidado

unconstitutional *adj* – inconstitucional

unconstitutionality *n* – inconstitucionalidad

unconstitutionally *adv* – inconstitucionalmente

uncontemplated *adj* – impensado, no contemplado

uncontested *adj* – incontestado

uncontested divorce – divorcio incontestado

uncontrollable *adj* – incontrolable

uncontrolled *adj* – no controlado

uncorrected *adj* – sin corregir

uncorroborated *adj* – no corroborado

uncover *v* – revelar, descubrir

uncovered *adj* – descubierto

undated *adj* – sin fecha

undecided *adj* – irresoluto, indeciso

undecisive *adj* – no decisivo

undeclared *adj* – no declarado

undefended *adj* – sin defensa, indefenso

undeferrable *adj* – inaplazable

undefined *adj* – indefinido

undeliberate *adj* – indeliberado

undeliverable *adj* – no entregable

undelivered *adj* – sin entregar

undeniable *adj* – indisputable

under advisement – bajo consideración

under arrest – bajo arresto

under bond – bajo fianza, bajo garantía

under color of law – so color de la ley

under construction – bajo construcción

under-consumption *n* – subconsumo

under consideration – bajo consideración

under contract – bajo contrato, contratado

under control – bajo control

under new management – bajo nueva administración

under oath – bajo juramento

under par – bajo la par

under penalty of – so pena de

under protest – bajo protesto

under seal – bajo sello

under-the-counter *adj* – vendido o traspasado ilegalmente

under the influence – bajo la influencia de,

ebrio
under the influence of an intoxicant – bajo la influencia de una sustancia intoxicante, ebrio
under the influence of intoxicating liquor – bajo la influencia del alcohol, ebrio
under-the-table *adj* – vendido o traspasado ilegalmente
under wraps – secreto, oculto
underbid *v* – hacer una oferta más baja
undercapitalisation *n* – subcapitalización
undercapitalization *n* – subcapitalización
undercharge *v* – cobrar de menos
undercharged *adj* – cobrado de menos
underclothing *n* – ropa interior
undercover agent – agente encubierto
undercut *v* – vender a un precio más bajo que un competidor, socavar
underdeveloped country – país subdesarrollado
underdevelopment *n* – subdesarrollo
underemployed *adj* – subempleado
underemployment *n* – subempleo
underestimate *v* – subestimar, infravalorar
underestimation *n* – subestimación, infravaloración
underfinanced *adj* – subfinanciado
undergo *v* – sufrir, experimentar, someterse a
underground *adj* – subterráneo, clandestino
underground economy – economía clandestina
underhanded *adj* – traicionero, solapado, deshonesto, clandestino, escaso de personal
underinsurance *n* – infraseguro
underinsured *adj* – infraasegurado
underlease *n* – subarriendo
underlessee *n* – subarrendatario
underlessor *n* – subarrendador
underlying *adj* – fundamental, implícito, subyacente
underlying assets – activo subyacente
underlying cause – causa subyacente
underlying lien – gravamen subyacente
underlying securities – valores subyacentes
undermanned *adj* – escaso de personal
undermost *adj* – último
underpaid *adj* – pagado insuficientemente
underpay *v* – pagar insuficientemente
underpayment *n* – pago insuficiente
underpriced *adj* – con un precio muy bajo
underproduction *n* – subproducción
underrate *v* – subestimar, infravalorar
underrated *adj* – subestimado, infravalorado
underreport *v* – informar menos de lo devengado
underrepresent *v* – representar menos de lo debido
underrepresented *adj* – representado menos

de lo debido
undersecretary *n* – subsecretario
undersell *v* – vender por menos que competidores, vender por menos que lo usual
undersigned *adj* – abajo firmado, infrascrito
understaff *v* – tener menos personal que lo necesario, tener menos personal que lo debido
understaffed *adj* – con menos personal que lo necesario, con menos personal que lo debido
understand *v* – entender, saber, sobrentender
understanding *n* – entendimiento, interpretación, convenio
understated *adj* – subestimado, subdeclarado
understatement *n* – subestimación, declaración incompleta
understood *adj* – entendido, convenido, sobrentendido
undertake *v* – emprender, garantizar, intentar, comprometerse, asumir
undertaker *n* – empresario, funerario
undertaking *n* – empresa, promesa
undertax *v* – imponer de menos
underutilisation *n* – subutilización
underutilization *n* – subutilización
undervaluation *n* – subvaloración
undervalue *v* – subvalorar
undervalued *adj* – infravalorado, subvalorado
underway *adj* – en marcha
underwrite *v* – suscribir, asegurar, financiar, escribir abajo de
underwrite a risk – asegurar un riesgo
underwriter *n* – suscriptor, asegurador, colocador de emisión
underwriting *n* – suscripción, aseguramiento, financiación
undescribable *adj* – indescriptible
undeservedly *adv* – inmerecidamente
undeterminable *adj* – indeterminable
undetermined *adj* – indeterminado
undeveloped *adj* – no desarrollado, menos desarrollado que otros
undisbursed *adj* – sin desembolsar
undischarged *adj* – no pagado, no cumplido
undisclosed *adj* – oculto
undisputed *adj* – indisputable, indiscutible
undistributed *adj* – no distribuido
undivided *adj* – indiviso, completo
undo *v* – deshacer, anular, enmendar
undocumented *adj* – indocumentado
undone *adj* – sin hacer, desligado
undue *adj* – indebido, ilegal, abusivo, no pagadero, no vencido
undue hardship – dificultades u obstáculos enormes, grandes apuros
undue influence – coacción, influencia

abusiva

unduly *adv* – indebidamente, excesivamente
unearned *adj* – no ganado, no devengado
uneasy *adj* – intranquilo, preocupado
uneconomical *adj* – no económico
uneducated *adj* – no educado
unemployable *adj* – quien no puede ser empleado, incapacitado para trabajar
unemployed *adj* – desempleado, sin utilizar
unemployment *n* – desempleo, paro
unemployment benefit – compensación por desempleo
unemployment compensation – compensación por desempleo
unemployment insurance – seguro de desempleo
unemployment pay – paga por desempleo
unencumbered property – propiedad libre de gravámenes
unending *adj* – interminable
unendorsed *adj* – no endosado, no apoyado, no promovido
unenforceable *adj* – lo cual no se puede hacer cumplir, inexigible, no ejecutable
unequal *adj* – desigual, injusto, discriminatorio
unequal treatment – trato desigual
unequivocal *adj* – inequívoco
unerring *adj* – infalible
unessential *adj* – no esencial
unethical *adj* – no ético
unethical conduct – conducta no ética
uneven *adj* – desigual
uneventful *adj* – sin acontecimientos
unexampled *adj* – sin ejemplo, sin precedente
unexceptionable *adj* – irrecusable
unexecuted *adj* – sin ejecutar
unexpected *adj* – inesperado
unexpired *adj* – no vencido
unexplainable *adj* – inexplicable
unfair *adj* – injusto, desleal
unfair advantage – ventaja injusta
unfair competition – competencia desleal
unfair dismissal – despido injustificado
unfair hearing – audiencia en que no se usó el procedimiento de ley establecido
unfair labor practice – práctica laboral desleal
unfair labour practice – práctica laboral desleal
unfair practices – prácticas desleales
unfair trade – competencia desleal
unfair treatment – trato injusto
unfaithful *adj* – infiel, desleal, inexacto
unfaithful employee – empleado desleal
unfaithful partner – pareja infiel
unfaithful spouse – cónyuge infiel

unfaithfulness *n* – infidelidad, deslealtad
unfamiliarity *n* – desconocimiento
unfavorable *adj* – desfavorable, contrario
unfavorable decision – decisión desfavorable
unfavorable judgment – fallo desfavorable
unfavorable opinion – opinión desfavorable
unfavorable sentence – sentencia desfavorable
unfavorable verdict – veredicto desfavorable
unfavourable *adj* – desfavorable, contrario
unfavourable balance of trade – balanza comercial desfavorable
unfavourable judgment – fallo desfavorable
unfavourable opinion – opinión desfavorable
unfavourable sentence – sentencia desfavorable
unfavourable verdict – veredicto desfavorable
unfinished *adj* – incompleto, imperfecto
unfinished business – asuntos pendientes
unfit *adj* – inadecuado, incapaz, incapacitado
unforced *adj* – no forzado, voluntario
unforeseeable *adj* – imprevisible
unforeseen *adj* – imprevisto
unfortunate *adj* – desafortunado, malaventurado
unfounded *adj* – infundado
unfreeze *v* – descongelar, desbloquear
unfriendly *adj* – hostil, enemigo
unfulfilled *adj* – incumplido, insatisfecho, no despachado
unfunded *adj* – sin fondos, flotante
ungrounded *adj* – infundado
unharmed *adj* – ileso, intacto
unhealthy *adj* – insalubre, enfermo
unhedged *adj* – sin cobertura, sin protección
unhurt *adj* – ileso
unification *n* – unificación
unified *adj* – unificado
unified credit – crédito unificado
uniform *adj* – uniforme
uniform accounting – contabilidad uniforme
uniform accountancy – contabilidad uniforme
uniform acts – leyes uniformes
uniform code – código uniforme
Uniform Commercial Code – Código Uniforme de Comercio
uniform custom – costumbre uniforme
uniform forms – formularios uniformes
Uniform Gifts to Minors Act – ley uniforme de regalos a menores
uniform laws – leyes uniformes
uniform statement – declaración uniforme, declaración del cierre uniforme, estado uniforme
Uniform Transfers to Minors Act – ley uniforme de transferencias a menores

uniformity *n* – uniformidad
uniformly *adv* – uniformemente
unify *v* – unificar, unir
unigeniture *n* – unigenitura
unilateral *adj* – unilateral
unilateral agreement – convenio unilateral
unilateral contract – contrato unilateral
unilateral free trade – libre comercio unilateral
unilateral mistake – error unilateral
unilateral record – registro unilateral
unilaterally *adv* – unilateralmente
unimpeachable *adj* – intachable, irrecusable
unimportance *n* – insignificancia
unimportant *adj* – insignificante
unimproved land – tierras sin mejoras
unimproved property – propiedad sin mejoras
unincorporated *adj* – no incorporado
unincorporated enterprise – empresa no incorporada
uninfected *adj* – sin infectar, sin contaminar
uninhabitable *adj* – inhabitable
uninheritable *adj* – inheredable
uninjured *adj* – ileso
uninsurable *adj* – no asegurable
uninsurable interest – interés no asegurable
uninsurable property – propiedad no asegurable
uninsurable risk – riesgo no asegurable
uninsurable title – título no asegurable
uninsured *adj* – sin seguro, no asegurado
uninsured motorist – conductor no asegurado
uninsured property – propiedad no asegurada
unintelligible *adj* – incomprensible
unintentional *adj* – no intencionado
uninterested *adj* – desinteresado, indiferente
uninterruptable *adj* – ininterrumpible
uninterrupted *adj* – ininterrumpido
uninterruptible *adj* – ininterrumpible
uninvested *adj* – no invertido
union *n* – unión, asociación, gremio laboral, sindicato
union affiliation – afiliación sindical
union agreement – convenio sindical
union card – tarjeta sindical
union certification – certificación de un sindicato
union contract – contrato sindical, convenio colectivo
union delegate – delegado sindical
union dues – cuotas sindicales
union member – sindicalista, miembro de unión
union membership – afiliación sindical
union official – oficial sindical

union rate – salario mínimo postulado por un sindicato
union representative – representante sindical
union security clause – cláusula sindical en un contrato laboral
union shop – taller agremiado
unionisation *n* – sindicalización
unionise *v* – sindicalizar, agremiar
unionised *adj* – sindicalizado, agremiado
unionization *n* – sindicalización
unionize *v* – sindicalizar, agremiar
unionized *adj* – sindicalizado, agremiado
unissued *adj* – no emitido
unit *n* – unidad
unitary *adj* – unitario
unite *v* – unir
united in interest – partes con el mismo interés
unitrust *n* – fideicomiso en que se le paga anualmente a los beneficiarios un porcentaje fijo del valor justo en el mercado del activo
unity *n* – unidad, concordia
unity of command – unidad de mando
unity of interest – unidad de intereses
unity of possession – unidad de posesión
unity of spouses – unidad jurídica de cónyuges
unity of time – unidad de tiempo
unity of title – unidad de título
universal *adj* – universal
universal agency – agencia general, representación general, poder general
universal agent – agente general, representante general, apoderado general
universal legacy – legado universal
universal life insurance – seguro de vida universal
Universal Product Code – Código Universal de Productos
universal succession – sucesión universal
universal variable life insurance – seguro de vida variable universal
unjoin *v* – dividir
unjust *adj* – injusto
unjust enrichment – enriquecimiento injusto
unjust dismissal – despido injusto
unjust firing – despido injusto
unjust enrichment doctrine – doctrina concerniente al enriquecimiento injusto
unjustifiable *adj* – injustificable
unjustified *adj* – injustificado
unknown *adj* – desconocido, ignorado
unknown persons – personas desconocidas
unlawful *adj* – ilegal, ilícito
unlawful act – acto ilegal
unlawful action – acción ilegal
unlawful agreement – acuerdo ilegal
unlawful arrest – arresto ilegal

unlawful assembly − reunión ilegal
unlawful business − negocio ilegal
unlawful cause − causa ilegal
unlawful conduct − conducta ilegal
unlawful consideration − contraprestación ilegal
unlawful conspiracy − conspiración para llevar a cabo un acto ilegal
unlawful contract − contrato ilegal
unlawful custody − custodia ilegal
unlawful detainer − detención ilegal
unlawful detention − detención ilegal
unlawful discharge − despido ilegal
unlawful discrimination − discriminación ilegal
unlawful dismissal − despido ilegal
unlawful dividend − dividendo ilegal
unlawful duty − obligación ilegal
unlawful entry − entrada ilegal
unlawful firing − despido ilegal
unlawful force − fuerza ilegal
unlawful gift − donación ilegal
unlawful interest rate − usura, interés ilegal
unlawful loan − préstamo ilegal
unlawful measures − medios ilegales
unlawful notice − notificación ilegal
unlawful obligation − obligación ilegal
unlawful operation − operación ilegal
unlawful order − orden ilegal
unlawful pact − pacto ilegal, convenio ilegal
unlawful picketing − piquete ilegal
unlawful possession − posesión ilegal
unlawful practice − práctica ilegal
unlawful present − regalo ilegal
unlawful rate − usura, interés ilegal
unlawful sale − venta ilegal
unlawful search − allanamiento ilegal
unlawful strike − huelga ilegal
unlawful tax − impuesto ilegal
unlawful trade − comercio ilegal
unlawful traffic − tráfico ilegal
unlawful transaction − transacción ilegal
unlawful transfer − transferencia ilegal
unlawful use − uso ilegal
unlawfully adv − ilegalmente, ilícitamente
unlawfully arrested − arrestado ilegalmente
unlawfully detained − detenido ilegalmente
unlawfully imported − importado ilegalmente
unlawfully operated − operado ilegalmente
unless conj − a no ser que, a menos que
unless otherwise agreed − salvo que se acuerde lo contrario
unless otherwise indicated − salvo que se indique lo contrario
unless otherwise provided − salvo que se disponga lo contrario
unless otherwise specified − salvo que se especifique lo contrario

unleveraged adj − no apalancado
unlicenced adj − sin licencia, sin autorizar
unlicensed adj − sin licencia, sin autorizar
unlimited adj − ilimitado
unlimited authority − autorización ilimitada
unlimited company − sociedad de responsabilidad ilimitada
unlimited guarantee − garantía ilimitada
unlimited guaranty − garantía ilimitada
unlimited liability − responsabilidad ilimitada
unlimited risk − riesgo ilimitado
unlimited warranty − garantía ilimitada
unliquidated adj − no liquidado, sin determinar
unliquidated damages − daños y perjuicios sin determinar
unlisted adj − no cotizado, no inscrito
unlivery n − descarga del cargamento en el puerto señalado
unload v − descargar, salir de
unloading n − descarga
unmailable adj − no apto para enviarse por correo
unmanageable adj − inmanejable
unmarked adj − sin marcar
unmarketable adj − incomerciable, invendible, innegociable
unmarketable title − título incierto
unmarried adj − soltero, no casado
unmeant adj − sin intención, no intencionado
unmistakable adj − inconfundible, evidente
unmortgaged adj − no hipotecado
unnamed adj − sin nombre, sin nombrar
unnecessary adj − innecesario
unnecessary care − cuidado innecesario
unnecessary clause − cláusula innecesaria
unnecessary condition − condición innecesaria
unnecessary cruelty − crueldad innecesaria
unnecessary diligence − diligencia innecesaria
unnecessary hardship − penuria innecesaria
unnecessary insurance − seguro innecesario
unnecessary litigation − litigio innecesario
unnecessary parties − partes innecesarias
unnecessary repairs − reparaciones innecesarias
unnecessary services − servicios innecesarios
unnecessary stipulation − estipulación innecesaria
unnecessary tax − impuesto innecesario
unnegotiable adj − innegociable
unobservant adj − distraído, descuidado
unoccupied adj − vacante, no ocupado
unofficial adj − no oficial, extraoficial, no autorizado
unofficial strike − huelga sin la autorización

del sindicato
unofficially *adv* – extraoficialmente
unowned *adj* – mostrenco, sin dueño
unpaid *adj* – no pagado, impago, sin paga, no
remunerado
unpaid balance – saldo deudor
unpaid bill – cuenta no pagada
unpaid check – cheque no pagado
unpaid cheque – cheque no pagado
unpaid debt – deuda no pagada
unpaid time – tiempo no pagado
unpaid work – trabajo no pagado
unpardonable *adj* – imperdonable
unpatented *adj* – no patentado
unpayable *adj* – impagable
unplanned *adj* – no planificado, no
premeditado
unprecedented *adj* – sin precedente
unprecise *adj* – impreciso, indefinido
unprejudiced *adj* – sin prejuicios, imparcial
unpremeditated *adj* – impremeditado
unprepared *adj* – desprevenido, sin preparar
unproductive *adj* – improductivo
unprofessional *adj* – no profesional, no ético
unprofessional conduct – conducta no
profesional
unprofitable *adj* – no provechoso, no
lucrativo
unproved *adj* – no probado
unpunctual *adj* – impuntual
unqualified *adj* – incondicional, sin reservas,
absoluto, incompetente, no cualificado
unqualified opinion – opinión sin reservas
unquestionable *adj* – incuestionable
unread *adj* – sin leer, sin leer todavía
unrealised *adj* – no realizado
unrealized *adj* – no realizado
unreasonable *adj* – irrazonable, absurdo,
arbitrario, injusto, inapropiado
unreasonable belief – creencia arbitraria
unreasonable conditions – condiciones
injustas
unreasonable diligence – diligencia excesiva
unreasonable doubt – duda arbitraria
unreasonable force – fuerza inapropiada
unreasonable grounds – fundamentos
injustos
unreasonable inference – inferencia
arbitraria
unreasonable notice – aviso insuficiente
unreasonable person – persona irrazonable
unreasonable precaution – precaución
excesiva
unreasonable search – allanamiento
arbitrario, registro arbitrario
unreasonable search and seizure – registro
y secuestro arbitrario
unreasonable seizure – secuestro arbitrario

unreasonable suspicion – sospecha
arbitraria
unreceipted *adj* – sin recibo, sin acuse de
recibo
unrecorded *adj* – sin registrar, no registrado,
no inscrito
unrecorded deed – escritura sin registrar
unrecoverable *adj* – irrecuperable
unredeemable *adj* – irredimible, no
redimible
unredeemed *adj* – no redimido
unregistered *adj* – no registrado
unrelated *adj* – no relacionado
unrelated offenses – delitos no relacionados
unreliable *adj* – no confiable, no fidedigno
unrepealed *adj* – no derogado, no revocado
unreported *adj* – sin informar
unreported income – ingresos sin informar
unresolved *adj* – no resuelto, no aclarado
unrestricted *adj* – sin restricción, ilimitado
unrestricted authority – autoridad sin
restricciones
unrestricted by law – sin restricciones por ley
unrestricted interpretation – interpretación
libre
unrestricted policy – póliza sin restricciones
unrestricted shares – acciones sin
restricciones
unrestricted stock – acciones sin
restricciones
unrestricted trust – fideicomiso sin
restricciones
unrestricted use – uso sin restricciones
unsafe *adj* – inseguro, peligroso
unsalable *adj* – invendible
unsaleable *adj* – invendible
unsatisfactory *adj* – insatisfactorio
unsatisfied *adj* – insatisfecho
unscheduled *adj* – no programado,
imprevisto, no listado
unscheduled property – propiedad que no
está en una lista de bienes asegurados con sus
valores respectivos
unscrupulousness *n* – inescrupulosidad
unseaworthy *adj* – no apto para navegar
unsecured *adj* – sin garantía
unsecured debt – deuda sin garantía
unsecured loan – préstamo sin garantía
unseen *adj* – no visto
unsegregated *adj* – no segregado
unsettled *adj* – agitado, sin resolver, sin
saldar
unsigned *adj* – sin firmar
unskilled *adj* – no diestro, no hábil, no
calificado
unskilled labor – mano de obra no calificada
unskilled labour – mano de obra no
calificada

unskilled worker – trabajador no calificado
unsold *adj* – no vendido
unsolicited *adj* – no solicitado
unsolicited e-mail – spam, correo basura, email no solicitado
unsolicited mail – correo no solicitado, correo basura, spam, email no solicitado
unsolicited offer – oferta no solicitada
unsolved *adj* – sin resolver
unsound mind – insano
unspeakable *adj* – inexpresable, atroz
unspecified *adj* – no especificado
unspent *adj* – sin gastar, sin agotar
unstable *adj* – inestable, fluctuante
unstamped *adj* – sin sellar
unsubordinated debt – deuda no subordinada
unsubsidised *adj* – no subsidiado
unsubsidized *adj* – no subsidiado
unsuccessful bid – oferta infructuosa
unsuitable *adj* – inapropiado, no adecuado
unsupported *adj* – sin servicio de apoyo, no mantenido, no apoyado
unsustainable *adj* – insostenible
unsystematic risk – riesgo no sistemático
untapped resources – recursos sin explotar
untargeted *adj* – indiscriminado, no intencionado
untaxed *adj* – sin impuestos
untested *adj* – sin probar, sin comprobar
untick *v* – quitar la marca de una casilla
untied aid – ayuda no vinculada
untimely *adv* – inoportuno
untrained *adj* – sin entrenar, sin capacitación
untransferable *adj* – intransferible
untrue *adj* – falso, infiel, impreciso
untruth *n* – mentira
unused *adj* – sin usar, no utilizado
unusual *adj* – inusual, atípico, insólito
unvalued policy – póliza en que no se establece el valor de los bienes asegurados
unverified *adj* – sin verificar
unvoiced *adj* – no expresado
unwaged *adj* – sin paga, sin salario, desempleado
unwarned *adj* – sin aviso
unwarrantable *adj* – injustificable, insostenible
unwarranted *adj* – injustificado, no garantizado
unwholesome *adj* – insalubre
unwilling *adj* – reacio, maldispuesto
unwillingly *adv* – de mala gana
unwise *adj* – imprudente, indiscreto
unworthy *adj* – desmerecedor, indigno
unwritten *adj* – no escrito, verbal
up-and-coming *adj* – prometedor, empresarial, ambicioso

up front – por adelantado, pagado por adelantado, honestamente, abiertamente
up to and including – hasta e incluyendo
up-to-date *adj* – al día, actualizado
up-to-the-minute *adj* – de última hora
upcoming *adj* – venidero, próximo
update *n* – actualización, puesta al día
update *v* – actualizar, poner al día
updated *adj* – actualización, puesto al día
updating *n* – actualización, puesta al día
uphold *v* – sostener, defender
upgrade *n* – ascenso, subida de categoría, mejora, actualización
upkeep costs – costos de mantenimiento
upload *v* – cargar, hacer un upload
upon condition – bajo condición
ups and downs – altibajos
upselling *n* – venta de algo más caro que lo que pidió o intencionó un cliente
upset price – precio mínimo en subasta
upsizing *n* – aumento en busca de mayor eficiencia, aumento de personal
uptime *n* – tiempo de funcionamiento normal
upwardly mobile – moviéndose hacia una posición más alta social o económica
urban development – desarrollo urbano
urban planning – planificación urbana
urban renewal – renovación urbana
urbanisation *n* – urbanización
urbanise *v* – urbanizar
urbanised *adj* – urbanizado
urbanization *n* – urbanización
urbanize *v* – urbanizar
urbanized *adj* – urbanizado
urge *v* – exhortar, incitar
urgency *n* – urgencia
urgent *adj* – urgente
urine *n* – orina
usable *adj* – usable, servible
usage *n* – uso, costumbre
usance *n* – usanza, uso, vencimiento, plazo
use *n* – uso, goce, costumbre, utilidad, empleo, consumo
use *v* – usar, emplear, consumir
use certificate – certificado de uso
use tax – impuesto sobre bienes comprados en otro estado
used *adj* – usado, empleado, consumido
useful life – vida útil
usefulness *n* – utilidad
user *n* – usuario, consumidor
user-friendly *adj* – amigable con el usuario, fácil de usar y/o manejar
user guide – guía para usuarios
user instructions – instrucciones para usuarios
user-oriented *adj* – orientado al usuario
user-unfriendly *adj* – difícil de usar y/o

manejar
username *n* – nombre de usuario
usual *adj* – usual, habitual, acostumbrado
usual activity – actividad usual
usual and reasonable – usual y razonable
usual care – diligencia usual
usual conditions – condiciones usuales
usual contract – contrato usual
usual course of business – curso usual de los negocios
usual covenants – cláusulas usuales, garantías usuales
usual diligence – diligencia usual
usual duty – deber usual
usual employment – empleo usual
usual hazards – riesgos usuales
usual insurance – seguro usual
usual interpretation – interpretación usual
usual meaning – sentido usual
usual meeting – asamblea usual
usual period – período usual
usual place of abode – lugar habitual de residencia
usual place of business – lugar usual de negocios
usual place of residence – lugar habitual de residencia
usual practice – práctica usual
usual process – proceso usual
usual rent – renta usual
usual repairs – reparaciones usuales
usual risks – riesgos usuales
usual session – asamblea usual, sesión usual
usual spoilage – deterioro usual
usual tariff – tarifa usual
usual tax – impuesto usual
usual term – plazo usual
usual time – tiempo usual
usual use – uso usual
usual voting – votación usual
usual wage – salario usual, sueldo usual
usual wear and tear – deterioro usual
usual work – trabajo usual
usufruct *n* – usufructo
usufructuary *n* – usufructuario
usurer *n* – usurero
usurious *adj* – usurario
usurious rate – tasa usuraria
usurp *v* – usurpar
usurpation *n* – usurpación
usurped power – poder usurpado
usurper *n* – usurpador
usury *n* – usura
usury laws – leyes concernientes a la usura
usury rate – tasa usuraria
uterine *adj* – uterino
utilisation *n* – utilización, empleo
utilise *v* – utilizar, emplear

utilitarianism *n* – utilitarismo
utilitarianist *adj* – utilitarista
utilitarianist *n* – utilitarista
utility *n* – utilidad, empresa que provee un servicio básico tal como agua o electricidad a la comunidad
utility company – empresa que provee un servicio básico tal como agua o electricidad a la comunidad
utility easement – servidumbre de compañías de servicio público
utility patent – patente de utilidad
utility services – servicios públicos
utilization *n* – utilización, empleo
utilize *v* – utilizar, emplear
utmost *adj* – máximo, extremo
utmost care – cuidados extremos, cuidado máximo
utter *v* – decir, emitir, ofrecer un documento falsificado o sin valor con intención de defraudar
utterance *n* – declaración, pronunciación
uttering a forged instrument – ofrecer un instrumento falsificado o sin valor con intención de defraudar
uxoricide *n* – uxoricidio, uxoricida

v-mail (video e-mail) – videocorreo
vacancy *n* – vacancia, alojamiento vacante
vacancy position – puesto vacante
vacant *adj* – vacante, desocupado
vacant land – tierra vacante
vacant lot – solar vacante
vacant possession – posesión vacante
vacate *v* – dejar vacante, anular, revocar
vacation *n* – vacación, suspensión, receso
vacation of judgment – revocación de sentencia
vacillate *v* – vacilar, titubear
vacillation *n* – vacilación, titubeo
vacuity *n* – vacuidad, vacancia
vacuous *adj* – vacuo, vacío
vadium *n* – prenda
vagabond *n* – vagabundo
vagabondage *n* – vagabundaje
vagrancy laws – leyes concernientes al vagabundeo
vagrant *n* – vagabundo

vague *adj* – vago, impreciso
vaguely *adv* – vagamente, imprecisamente
vagueness *n* – vaguedad, imprecisión
vagueness doctrine – doctrina según la cual es inconstitucional cualquier ley que no indique claramente lo que se ordena o prohíbe
vainly *adv* – vanamente, en vano
valid *adj* – válido, vigente, fundado
valid agreement – contrato válido
valid claim – reclamación válida
valid contract – contrato válido
valid date – fecha de validez
valid defence – defensa válida
valid defense – defensa válida
valid reason – razón válida
valid title – título válido
validate *v* – validar, confirmar, convalidar
validated *adj* – validado, confirmado, convalidado
validating statute – ley de convalidación
validation *n* – validación, confirmación, convalidación
validation period – período de validación
validity of a will – validez de un testamento
validness *n* – validez
valorisation *n* – valorización
valorise *v* – valorar
valorization *n* – valorización
valorize *v* – valorar
valuable *adj* – valioso, apreciable
valuable consideration – contraprestación suficiente
valuable improvements – mejoras de valor
valuables *n* – posesiones de valor
valuate *v* – valuar, tasar
valuation *n* – valuación, valoración, evaluación, tasación
valuator *n* – evaluador, tasador
value *n* – valor, contraprestación, mérito
value *v* – valorar, tasar, preciar
value-added service – servicio de valor agregado, servicio de valor añadido
value-added tax – impuesto al valor agregado, impuesto de plusvalía
value certificate – certificado de valor
valued *adj* – valorado, tasado, preciado
valued policy – póliza valorada
valueless *adj* – sin valor, inservible
valuer *n* – tasador
vandal *n* – vándalo
vandalism *n* – vandalismo
vandalistic *adj* – vandálico
vanish *v* – desaparecer
vantage *n* – ventaja
variability *n* – variabilidad
variable *adj* – variable, inconstante
variable annuity – anualidad variable

variable depreciation – depreciación variable
variable life insurance – seguro de vida variable
variable mortgage rate – tasa variable de hipoteca
variable premium – prima variable
variable rate – tasa variable
variable-rate loan – préstamo con tasa de interés variable
variable-rate mortgage – hipoteca con tasa de interés variable
variable rent – renta variable
variable salary – salario variable
variable tax – impuesto variable
variable trust – fideicomiso variable
variable wage – salario variable
variably *adv* – variablemente
variance *n* – varianza, variación, diferencia, disputa, desviación, permiso especial para una desviación de los reglamentos de zonificación
variation *n* – variación
various *adj* – varios, diverso
vary *v* – variar, cambiar, discrepar
varying *n* – variable
vast *adj* – vasto
VAT (value-added tax) – impuesto al valor agregado, impuesto de plusvalía
vault *n* – bóveda, caja fuerte, cámara acorazada
veer *v* – desviarse, virar
vehement *adj* – vehemente
vehicle *n* – vehículo, medio
vehicle coverage – cobertura de vehículo
vehicular *adj* – vehicular, de vehículos
vehicular homicide – homicidio vehicular
venal *adj* – venal
venality *n* – venalidad
vend *v* – vender, divulgar
vendee *n* – comprador
vender *n* – vendedor
vendetta *n* – vendetta
vendibility *n* – posibilidad de venderse
vendible *adj* – vendible
vendition *n* – venta
vendor *n* – vendedor
venereal disease – enfermedad venérea
vengeance *n* – venganza
vengeful *adj* – vengativo
vengefully *adv* – vengativamente
venire *n* – panel del cual se escogerá un jurado
venire facias – orden judicial para convocar un jurado, venire facias
venireman *n* – miembro de jurado en perspectiva
venireperson *n* – miembro de jurado en perspectiva

venomous *adj* – venenoso
ventilate *v* – ventilar, divulgar
venture *n* – empresa, negocio, negocio arriesgado, aventura
venture capital – capital riesgo, capital arriesgado en una empresa
venue *n* – jurisdicción, competencia
venue jurisdiction – jurisdicción territorial de un tribunal
veracious *adj* – veraz
veraciousness *n* – veracidad
veracity *n* – veracidad
verbal abuse – abuso verbal
verbal agreement – acuerdo verbal
verbal assault – amenaza verbal
verbal attack – ataque verbal
verbal contract – contrato verbal
verbal note – memorándum sin firmar
verbal offer – oferta verbal
verbalize *v* – verbalizar
verbally *adv* – verbalmente
verbatim *adj* – palabra por palabra, textualmente, usando las mismas palabras, al pié de la letra
verbose *adj* – verboso
verbosity *n* – verbosidad
verdict *n* – veredicto
verdict of guilty – veredicto de culpabilidad
verdict of not-guilty – veredicto de inocencia
veridical *adj* – verídico
verifiable *adj* – verificable
verification *n* – verificación
verification of claim – verificación de reclamación
verification of eligibility – verificación de elegibilidad
verification of employment – verificación de empleo
verification of health – verificación de salud
verification of identity – verificación de identidad
verification of insurance – verificación de seguro
verification of signature – verificación de firma
verification of title – verificación de título
verificative *adj* – verificativo
verified *adj* – verificado
verified copy – copia autenticada
verify *v* – verificar, confirmar bajo juramento
verily *adv* – verdaderamente, realmente
verity *n* – verdad
vermin *n* – sabandija
versatile *adj* – versátil, polifacético
version *n* – versión
versus *prep* – contra
vertical *n* – vertical
vertical management – administración

vertical
vertical union – sindicato vertical
very important person – persona muy importante
vest *v* – investir, dar posesión, transferir un derecho, conferir
vested *adj* – efectivo, absoluto, fijado, transferido, conferido
vested estate – propiedad en dominio pleno
vested in interest – con derecho de goce futuro incondicional
vested in possession – con derecho de goce presente
vested interest – interés adquirido
vested legacy – legado incondicional
vested pension – derecho de pensión adquirido
vested remainder – derecho sobre un inmueble el cual se adquirirá al extinguirse el derecho de otro sobre dicho inmueble
vested rights – derechos adquiridos
vestigial words – palabras superfluas
vesting *n* – adquisición de derechos de pensión
veteran *n* – veterano, experto
veto *n* – veto
veto *v* – vetar
veto power – poder de veto
vex *v* – hostigar, irritar, vejar
vexed question – cuestión sin resolver
viability *n* – viabilidad, capacidad para sobrevivir
viable *adj* – viable, capaz de vivir
vicarious *n* – vicario, indirecto, sustituto
vicarious liability – responsabilidad indirecta, responsabilidad vicaria
vice *n* – vicio, defecto
vice-chair *n* – vicepresidente
vice-chairman *n* – vicepresidente
vice-chairperson *n* – vicepresidente
vice-chairwoman *n* – vicepresidenta
vice-consul *n* – vicecónsul
vice-consulate *n* – viceconsulado
vice crimes – crímenes relacionados con vicios
vice-governor *n* – vicegobernador
vice-president *n* – vicepresidente
vice-principal *n* – empleado a quien se le delegan varias responsabilidades de supervisión y control sobre empleados
vice-secretary *n* – vicesecretario
vice versa – viceversa
vicinage *n* – vecindad, vecindario
vicinal *adj* – vecinal, adyacente
vicinity *n* – vecindad, proximidad
vicious *adj* – atroz, fiero, inmoral, malicioso, vicioso
vicious animal – animal agresivo

vicious circle – círculo vicioso
vicious cycle – círculo vicioso
viciously *adv* – atrozmente, brutalmente, inmoralmente, maliciosamente, viciosamente
victim *n* – víctima
victim impact statement – declaración de los efectos del crimen sobre la víctima y/o su familia
victim's compensation – compensación de la víctima
victim's help – ayuda de la víctima
victim's rehabilitation – rehabilitación de la víctima
victim's restitution – restitución de la víctima
victim's rights – derechos de la víctima
victimisation *n* – victimización
victimise *v* – victimizar
victimised *adj* – victimizado
victimization *n* – victimización
victimize *v* – victimizar
victimized *adj* – victimizado
victimless *adj* – sin víctimas
victimless crimes – crímenes sin víctimas
victimologist *n* – victimólogo
victimology *n* – victimología
videlicet *adv* – es decir, a saber
video e-mail – videocorreo
video terminal – terminal de video
videocamera *n* – videocámara
videoconference *n* – videoconferencia
videophone *n* – videoteléfono
videotape *n* – videocinta
viduity *n* – viudez
view *n* – vista, inspección, perspectiva
view ordinances – leyes para proteger paisajes
viewers *n* – inspectores
vigilance *n* – vigilancia, cuidado
vigilant *adj* – vigilante, atento
vigilante *n* – vigilante
vile *adj* – vil, detestable
vileness *n* – vileza, bajeza
village *n* – aldea
villain *n* – villano, maleante
vindicate *v* – vindicar
vindictive *adj* – vengativo
vindictively *adv* – vindicativamente
violate *v* – violar, infringir
violation *n* – violación, infracción
violence *n* – violencia
violent *adj* – violento
violent behavior – conducta violenta
violent behaviour – conducta violenta
violent conduct – conducta violenta
violent death – muerte violenta
violent means – medios violentos
violent offenses – delitos en los cuales se usa la violencia

violent presumption – presunción violenta
violently *adv* – violentamente
VIP (very important person) – persona muy importante
virtual *adj* – virtual
virtual bank – banco virtual
virtual office – oficina virtual
virtual reality – realidad virtual
virtue *n* – virtud
virus *n* – virus
virus-free *adj* – sin virus
vis a vis – cara a cara, vis a vis
vis major – fuerza mayor
visa *n* – visa, visado
visa exemption – exención de visado
visa waiver – exención de visado
visa waiver program – programa de exención de visados
visibility *n* – visibilidad
visible *adj* – visible, manifiesto
visible means of support – medios aparentes de mantenimiento
visibly *adv* – visiblemente
visit *n* – visita, derecho de verificar la bandera de una nave
visitation *n* – inspección, visita, derecho del padre sin custodia de ver a su hijo
visitation rights – derechos del padre sin custodia de ver a su hijo
visiting card – tarjeta de visita
visitor *n* – visitante, inspector
visual acuity – agudeza visual
visual aids – ayudas visuales
visual impairment – limitación visual, minusvalía visual
visualize *v* – imaginarse, planear
visually-impaired *adj* – de visión deteriorada
vital *adj* – vital, mortal
vital statistics – estadística demográfica
vitiate *v* – viciar, anular
vitiated *adj* – viciado
vividly *adv* – claramente, gráficamente
viz *adv* – es decir, a saber
vocation *n* – vocación, profesión
vocational *adj* – vocacional, profesional
vocational rehabilitation – rehabilitación vocacional
voice an opinion – expresar una opinión
voice identification – identificación de voz
voice mail – correo de voz
voice recognition – reconocimiento de voz
voiceprint *n* – gráfica que muestra características de la voz
void *adj* – nulo, sin fuerza legal, inválido
void *v* – anular, invalidar, dejar sin fuerza legal
void ab initio – nulo desde el principio
void contract – contrato nulo

void judgment – sentencia nula
void marriage – matrimonio nulo
void transaction – transacción nula
voidable *adj* – anulable
voidance *n* – anulación, estado de desocupación
voided *adj* – anulado
voided check – cheque anulado
voided cheque – cheque anulado
voir dire – decir la verdad
vol. (volume) – volumen, tomo
volatile *adj* – volátil
volatility *n* – volatilidad
volenti non fit injuria – doctrina que establece que quien se pone voluntariamente en una situación peligrosa no puede luego reclamar lesiones y/o daños
volition *n* – volición, voluntad
volume *n* – volumen, tomo
voluntarily *adv* – voluntariamente
voluntarism *n* – voluntarismo
voluntary *adj* – voluntario
voluntary abandonment – abandono voluntario
voluntary acknowledgment – reconocimiento voluntario
voluntary admission – admisión voluntaria
voluntary appearance – comparecencia voluntaria
voluntary arbitration – arbitraje voluntario
voluntary assignment – cesión voluntaria
voluntary association – asociación voluntaria
voluntary bankruptcy – quiebra voluntaria
voluntary compliance – cumplimiento voluntario
voluntary confession – confesión voluntaria
voluntary controls – controles voluntarios
voluntary conversion – conversión voluntaria
voluntary conveyance – transferencia voluntaria
voluntary discontinuance – desistimiento voluntario
voluntary exchange – intercambio voluntario
voluntary insurance – seguro voluntario
voluntary intoxication – intoxicación voluntaria
voluntary lien – gravamen voluntario
voluntary liquidation – liquidación voluntaria
voluntary manslaughter – homicidio impremeditado cometido voluntariamente
voluntary payment – pago voluntario
voluntary redundancy – baja voluntaria
voluntary retirement – retiro voluntario
voluntary sale – venta voluntaria
voluntary separation – separación voluntaria
voluntary statement – declaración voluntaria

voluntary termination – terminación voluntaria
voluntary trust – fideicomiso voluntario
voluntary unemployment – desempleo voluntario
voluntary work – trabajo voluntario
voluntary worker – trabajador voluntario
volunteer *n* – voluntario
vote *n* – voto, sufragio
vote *v* – votar
vote against – votar en contra
vote by proxy – voto por poder
vote in favor – votar a favor
vote in favour – votar a favor
vote of confidence – voto de confianza
voter *n* – votante, elector
voting *n* – votación
voting ballot – papeleta electoral
voting booth – cabina electoral
voting power – poder electoral
voting rights – derechos de voto
voting slip – papeleta electoral
voting trust – fideicomiso para votación
voting trust certificate – certificado de fideicomiso para votación
vouch *v* – responder por, comprobar, afirmar, citar para defender un título
vouchee *n* – por quien se responde, quien defiende un título
voucher *n* – comprobante, vale, recibo, quien responde por algo o alguien
voucher check – cheque con comprobante
voucher system – sistema de comprobantes
VP (vice-president) – vicepresidente
vulgar *adj* – vulgar
vulnerable *adj* – vulnerable
vulture fund – fondo buitre

W

wage *n* – salario, sueldo, remuneración, paga
wage agreement – convenio salarial
wage and hours laws – leyes concernientes al máximo de horas de trabajo y al salario mínimo
wage arbitration – arbitraje salarial
wage assignment – cesión de salario
wage control – control salarial
wage dispute – disputa salarial
wage equalisation – equiparación salarial

wage equalization – equiparación salarial
wage freeze – congelación salarial
wage garnishment – embargo de salario
wage minimum – salario mínimo, mínimo salarial
wage negotiations – negociaciones salariales
wage policy – política salarial
wage regulation – regulación salarial
wage restraint – moderación salarial
wage round – ronda de negociaciones salariales
wage scale – escala salarial
wage settlement – convenio salarial
wage stabilisation – estabilización salarial
wage stabilization – estabilización salarial
wage structure – estructura salarial
wage subsidy – subsidio salarial
wage tax – impuesto sobre salarios
waged *adj* – asalariado, remunerado
wageless *adj* – no pagado
wager *n* – apuesta
wager policy – póliza de seguro en la que el asegurado no tiene un interés asegurable
wages *n* – salario, sueldo, remuneración, paga
wages and salaries – sueldos y salarios
wageworker *n* – asalariado, trabajador
waif *n* – niño abandonado, persona sin hogar, bien mostrenco
waif property – bienes mostrencos
wait *n* – espera, demora
wait list – lista de espera
waiting *n* – espera, período de espera
waiting list – lista de espera
waiting period – período de espera
waive *v* – renunciar a, abandonar, eximir
waiver *n* – renuncia, abandono, exención
waiver clause – cláusula de renuncia
waiver of exemption – renuncia de exención
waiver of immunity – renuncia de inmunidad
waiver of notice – renuncia a la notificación
waiver of premiums – cancelación de primas
waiver of rights – renuncia de derechos
waiver of tort – elección de no accionar por ilícito civil sino por incumplimiento de contrato
walking possession – posesión temporal de bienes embargados que luego serán vendidos judicialmente
walkout *n* – huelga laboral
wallet *n* – cartera
WAN (wide-area network) – WAN
wander *v* – vagar, disparatar
wanderer *n* – vagabundo
wane *n* – mengua, disminución
want *n* – falta, necesidad
want *v* – necesitar, requerir, querer, faltar
want of ability – falta de habilidad

want of attention – falta de atención
want of authority – falta de autoridad
want of capacity – falta de capacidad
want of care – falta de cuidado
want of caution – falta de precaución
want of certainty – falta de certidumbre
want of consideration – falta de contraprestación
want of control – falta de control
want of doubt – falta de duda
want of due care – falta del debido cuidado
want of due process – falta del debido proceso
want of evidence – falta de prueba
want of honesty – falta de honestidad
want of integrity – falta de integridad
want of interest – falta de interés
want of issue – falta de descendencia
want of jurisdiction – falta de jurisdicción
want of knowledge – falta de conocimiento
want of maintenance – falta de mantenimiento
want of motive – falta de motivo
want of probable cause – falta de causa probable
want of protection – falta de protección
want of safety – falta de seguridad
want of warning – falta de advertencia
wantage *n* – deficiencia
wanted *adj* – buscado, se busca, se solicita
wanting *n* – falto, deficiente
wanton *adj* – perverso, gravemente negligente, malicioso, imperdonable, lascivo
wanton act – acto perverso, acto gravemente negligente
wanton injury – lesión ocasionada por conducta gravemente negligente
wanton negligence – negligencia grave intencional, imprudencia temeraria
wantonly *adv* – perversamente, maliciosamente, cruelmente, lascivamente
wantonness *n* – perversidad, crueldad, lascivia
war clauses – cláusulas concernientes a las guerras
war crimes – crímenes de guerra
war criminal – criminal de guerra
war damages – daños de guerra
war department – departamento de guerra
war economy – economía de guerra
war exclusion clauses – cláusulas concernientes a los efectos de las guerras sobre los beneficios de pólizas de seguros
war power – poderes gubernamentales concernientes a las guerras
war risks insurance – seguro contra los riesgos de guerra
ward *n* – tutela, protección, pupilo, distrito

ward of court – menor bajo la tutela del tribunal
warden *n* – tutor, guardián, alcaide
wardship *n* – tutela, pupilaje
warehouse *n* – almacén, depósito
warehouse receipt – recibo de almacenaje
warehouseman *n* – almacenero, almacenista
warehouser *n* – almacenero, almacenista
wares *n* – mercancías, bienes
warfare *n* – guerra, contienda
warily *adv* – cautelosamente
wariness *n* – cautela
warn *v* – avisar, advertir
warning *n* – aviso, advertencia
warning bulletin – boletín de aviso
warning sign – señal de advertencia
warning signal – señal de advertencia
warrant *n* – orden, orden judicial, auto, mandamiento, certificado, garantía, comprobante, libramiento, autorización, justificación, warrant
warrant *v* – garantizar, certificar, autorizar, justificar
warrant of arrest – orden de arresto
warrant of attorney – poder
warrant of commitment – orden de confinamiento
warrant of execution – orden de ejecución
warrantable *adj* – garantizable, justificable
warranted *adj* – garantizado, justificado
warrantee *n* – beneficiario de una garantía
warranter *n* – garante
warrantless arrest – arresto sin orden judicial
warrantor *n* – garante
warranty *n* – garantía, justificación
warranty deed – escritura con garantías de título
warranty of habitability – garantía de habitabilidad
warranty of title – garantía de título
warship *n* – buque de guerra
wary *adj* – cauteloso
wastage *n* – despilfarro, pérdida
waste *n* – desperdicios, residuos, derroche, daños negligentes a la propiedad
waste *v* – derrochar, despilfarrar, desperdiciar, malgastar
waste management – administración de residuos
waste prevention – prevención de residuos
waste recycling – reciclaje de residuos
waste treatment – tratamiento de residuos
wasteful *adj* – derrochador, despilfarrador, pródigo, ruinoso
wastefulness *n* – prodigalidad
wasting asset – activo consumible, recurso natural agotable
wasting property – propiedad agotable

wasting trust – fideicomiso agotable
watch *n* – vigilancia, guardia, reloj
watch *v* – vigilar, velar, observar, mirar, custodiar
watchdog *n* – vigilante, organismo de control, perro guardián
watchful *adj* – vigilante, atento
watchfulness *n* – vigilancia
watchlist *n* – lista de acciones bajo vigilancia especial
watchman *n* – vigilante
water conservation – conservación del agua
water damage insurance – seguro contra daño por agua
water-logged *adj* – inundado
water pollution – contaminación del agua
water purification – purificación del agua
water rights – derechos del uso de aguas
water supply – abastecimiento de agua
water treatment – tratamiento del agua
watercraft *n* – embarcación
waterfront *n* – terrenos que están frente al agua, zona portuaria
waterlogged *adj* – inundado, saturado de agua
watermark *n* – filigrana
watermarked *adj* – filigranado
waterproof *adj* – impermeable
waterway *n* – vía de agua, canal navegable
way *n* – vía, rumbo, modo, costumbre
way-going crop – cosecha tras la expiración del arrendamiento
way of necessity – servidumbre de paso por necesidad
waybill *n* – hoja de ruta, guía, carta de porte
wayleave *n* – servidumbre a cambio de contraprestación, servidumbre minera
ways and means – medios y arbitrios
ways and means committee – comisión de medios y arbitrios
weak *adj* – débil, enfermizo
wealth *n* – riqueza, abundancia
wealth distribution – distribución de la riqueza
wealthy *adj* – rico, adinerado
weapon *n* – arma
weaponless *adj* – desarmado
wear *v* – gastar, desgastar
wear and tear – deterioro, deterioro esperado
weather a crisis – sobrellevar una crisis
Web *n* – Web, red
Web address – dirección Web
Web banking – banca online
Web payment – pago online
Webcast *n* – transmisión por la Web
Webmaster *n* – administrador de Web
Website *n* – página Web, sitio Web
wed *v* – casarse con, unir

wedlock *n* – estado matrimonial, matrimonio
weed-out *v* – cribar, seleccionar, descartar
weekday *n* – día de semana, día laborable
weekend *n* – fin de semana
weekly *adj* – semanal
weekly *adv* – semanalmente
weekly income – ingresos semanales
weekly installment – pago semanal
weep *v* – llorar
weigh *v* – pesar, considerar
weigh up – considerar, evaluar, ponderar
weight *n* – peso, importancia
weight of evidence – preponderancia de la prueba
weighted *adj* – ponderado
welfare *n* – bienestar, asistencia social, prestaciones sociales, bienestar social
welfare agency – agencia de asistencia social
welfare benefits – beneficios de asistencia social
welfare economics – economía del bienestar
welfare office – oficina de asistencia social
welfare payment – pago de asistencia social
welfare program – programa de asistencia social
welfare programme – programa de asistencia social
welfare recipient – beneficiario de la asistencia social
welfare services – servicios de asistencia social
welfare society – sociedad del bienestar
welfare state – estado del bienestar
well-established *adj* – bien establecido
well-informed *adj* – bien informado
well-off *adj* – acomodado
well-positioned *adj* – bien colocado
welsh *v* – no cumplir con una promesa de pago, estafar en una apuesta
welshing *n* – el hacer apuestas sin intención de pagar
westernisation *n* – occidentalización
westernised *adj* – occidentalizado
westernization *n* – occidentalización
westernized *adj* – occidentalizado
what-if scenario – escenario hipotético
wheel and deal – trapichear
wheelage *n* – peaje
wheeler-dealer *n* – trapichero
whenever *adv* – cuando quiera que, tan pronto como
whensoever *adv* – cuando quiera que
whereabouts *adv* – donde, por donde
whereabouts *n* – paradero
whereas *conj* – por cuanto, en tanto que
whereas *n* – preámbulo
whereat *adv* – a lo cual
whereby *adv* – por medio del cual, según el cual

wherefore *adv* – por lo cual
wherefrom *conj* – desde donde
wherein *adv* – en qué, en donde
whereinto *conj* – en donde, en que
whereof *adv* – de lo que, de que
whereon *adv* – en que, sobre que
wheresoever *adv* – dondequiera que
wherethrough *conj* – a través de lo cual
whereto *adv* – adonde
whereunto *adv* – adonde
whereupon *adv* – después de lo cual, sobre que
wherever *conj* – dondequiera que
wherewith *conj* – con lo cual
wherewithal *conj* – con lo cual
whether *conj* – si
whichever *pron* – cualquiera
whichsoever *pron* – cualquiera
while *conj* – mientras
whim *n* – capricho
whiplash injury – lesión ocasionada por un movimiento brusco del cuello
whisper *n* – susurro
whistle blower – empleado que informa sobre actividades ilícitas en su empresa
white-collar crime – crimen de cuello blanco
white-collar job – trabajo de oficina
white-collar work – trabajo de oficina
white-collar worker – empleado de oficina
white elephant – elefante blanco
white knight – caballero blanco
whither *adv* – adonde
whithersoever *adv* – adondequiera
whitherward *adv* – hacia donde
whittle away – reducir lentamente, deteriorar lentamente
WHO (World Health Organization, World Health Organisation) – Organización Mundial de la Salud, OMS
whole *adj* – entero, intacto, sano
whole blood – personas nacidas de los mismos padres
whole life insurance – seguro de vida entera
wholehearted *adj* – sincero
wholesale *adj* – al por mayor, mayorista
wholesale *v* – vender al por mayor
wholesale business – comercio mayorista, negocio mayorista
wholesale trade – comercio mayorista, comercio al por mayor
wholesaler *n* – mayorista
wholesaling *n* – venta al por mayor, mayoreo
wholesome *adj* – salubre
wholly *adv* – enteramente, totalmente
wholly disabled – totalmente discapacitado
wholly-owned subsidiary – subsidiaria integral

whom *pron* – a quien, al cual
whomever *pron* – a quienquiera, a cualquiera
whomsoever *pron* – a quienquiera, a cualquiera
whose *adj* – cuyo, cuyos
whosesoever *pron* – de quienquiera
whosoever *pron* – quien, quienquiera que
wide-area network – WAN
wide range – amplia gama, amplio alcance
wide-ranging *adj* – de amplio alcance, de amplia gama
widely available – disponible por todas partes
widely recognised – muy reconocido
widely recognized – muy reconocido
widespread *adj* – difundido, extenso
widow *n* – viuda
widowed *adj* – viudo, viuda
widower *n* – viudo
widowhood *n* – viudez
wild *adj* – salvaje, bravo
wild animals – animales salvajes
wild lands – tierras sin cultivo o mejoras
wildcat *adj* – ilícito, no autorizado
wildcat strike – huelga salvaje
wildly *adv* – violentamente, alocadamente
wilful *adj* – intencional, premeditado, malicioso, terco
wilful act – acto intencional
wilful and malicious injury – lesión intencionada y maliciosa, daño intencionado y malicioso
wilful and wanton misconduct – conducta intencionadamente perversa
wilful default – incumplimiento intencional
wilful injury – lesión intencional, daño intencional
wilful misconduct – mala conducta intencional
wilful misstatement – declaración falsa intencional
wilful neglect – negligencia intencional
wilful tort – ilícito civil intencional, daño intencional, daño legal intencional
wilfully *adv* – intencionalmente, premeditadamente, tercamente
wilfulness *n* – intención, premeditación, voluntariedad
will *n* – testamento, voluntad, intención
will contest – impugnación de testamento
willful *adj* – intencional, premeditado, malicioso, terco
willful act – acto intencional
willful and malicious injury – lesión intencionada y maliciosa, daño intencionado y malicioso
willful and wanton misconduct – conducta intencionadamente perversa
willful default – incumplimiento intencional

willful injury – lesión intencional, daño intencional
willful misconduct – mala conducta intencional
willful misstatement – declaración falsa intencional
willful neglect – negligencia intencional
willful tort – ilícito civil intencional, daño intencional, daño legal intencional
willfully *adv* – intencionalmente, premeditadamente, tercamente
willfulness *n* – intención, premeditación, voluntariedad
willing *adj* – dispuesto, voluntario
willingly *adv* – voluntariamente
win over – convencer
win support – ganarse apoyo
win-win situation – situación en que de igual forma se sale ganando
wind down – ir terminando, terminar gradualmente, reducir gradualmente
wind energy – energía eólica
wind power – energía eólica
wind up – terminar, concluir, liquidar, cesar operaciones
windfall profits – beneficios inesperados
winding-up *n* – disolución, liquidación, finalización, cese de operaciones
window of opportunity – ventana de oportunidad
windup *n* – conclusión, final
winning bid – oferta ganadora
winning tender – oferta ganadora
wipe out – eliminar, liquidar, borrar
wire *v* – mandar por transferencia electrónica
wire house – casa de corretaje con sucursales
wire transfer – transferencia electrónica
wireless *adj* – inalámbrico
wiretapping *n* – escucha, escucha telefónica, intercepción de señales telefónicas
with all faults – en el estado en que está
with compliments – como obsequio
with consent – con consentimiento
with malice aforethought – con malicia premeditada
with prejudice – sin la oportunidad de iniciar una nueva acción
with premeditation – con premeditación
with recourse – con recurso
with right of survivorship – con derecho de supervivencia
withal *adv* – además, también, sin embargo
withdraw *v* – retirar, retractar, cancelar
withdraw a bid – retirar una propuesta
withdraw a motion – retirar una moción
withdraw an application – retirar una solicitud
withdraw an offer – retirar una oferta

withdraw charges – retirar las acusaciones
withdraw support – retirar apoyo
withdrawal *n* – retiro
withdrawal of a bid – retiro de una propuesta
withdrawal of a motion – retiro de una moción
withdrawal of an application – retiro de una solicitud
withdrawal of an offer – retiro de una oferta
withdrawal of charges – retiro de las acusaciones
withdrawal of support – retiro de apoyo
withhold *v* – retener, rehusar
withholding *n* – retención, retención de impuestos, impuesto retenido
withholding agent – agente de retención, retenedor
withholding of evidence – suprimir pruebas, destruir pruebas
withholding tax – retención de impuestos, impuesto retenido
within *adv* – dentro, dentro de
without *adv* – sin, fuera
without authority – sin autoridad
without blame – sin culpa
without cause – sin causa
without caution – sin precaución
without consent – sin consentimiento
without day – sin día designado para continuar
without due process – sin el procedimiento establecido por ley
without expense – sin gastos
without jurisdiction – sin jurisdicción
without justification – sin justificación
without legal recourse – sin recurso legal
without liability – sin responsabilidad
without notice – sin notificación, sin aviso
without obligation – sin obligación
without prejudice – sin perjuicio, permitiendo iniciar una nueva acción
without prior notice – sin previo aviso
without protest – sin protesta
without recourse – sin recurso
without reserve – sin reserva
without stint – sin límite, sin restricción
without warning – sin advertencia, sin aviso
withstand *v* – resistir, sufrir
witness *n* – testigo, testigo de algo firmado, testigo firmante
witness *v* – testificar, atestiguar, presenciar, atestiguar una firma, firmar como testigo
witness against himself – testigo contra sí mismo
witness for the defence – testigo de la defensa
witness for the defense – testigo de la defensa

witness for the prosecution – testigo de la acusación
witness list – lista de testigos
witness to a will – testigo testamentario
witnesseth – conste, se hace constar
wittingly *adv* – a sabiendas
women's abuse – abuso de mujeres
women's exploitation – explotación de mujeres
women's lib – liberación de mujeres, liberación femenina
women's liberation – liberación de mujeres, liberación femenina
women's oppression – opresión de mujeres
women's rights – derechos de mujeres
woodland *n* – tierra forestada, zona forestada
word *n* – palabra, promesa, aviso, mandato
word-of-mouth *adj* – de boca en boca
wording *n* – formulación, términos usados
words of limitation – palabras que limitan los derechos sobre lo que se traspasa
work *n* – trabajo, empleo, ocupación, obra
work *v* – trabajar, funcionar
work accident – accidente laboral
work bank – banco de trabajos
work crew – equipo de trabajo, cuadrilla
work cycle – ciclo de trabajo
work day – día laborable, jornada
work environment – ambiente de trabajo
work flow – flujo de trabajo
work for hire – trabajo por encargo
work force – fuerza laboral, personal
work full time – trabajar a tiempo completo
work group – grupo de trabajo, cuadrilla
work history – historial de trabajo
work in shifts – trabajar por turnos
work made for hire – trabajo por encargo
work of necessity – trabajo de necesidad
work off – pagar mediante trabajo, amortizar
work order – orden de trabajo
work-oriented *adj* – orientado al trabajo
work out – resolver, formular, lograr mediante esfuerzos, funcionar
work overtime – trabajar horas extras
work part time – trabajar a tiempo parcial
work permit – permiso de trabajo
work placement – colocación de trabajo
work preferences – preferencias de trabajo
work rate – tasa por trabajo
work-related accident – accidente relacionado al trabajo
work-related death – muerte relacionada al trabajo
work-related injury – lesión relacionada al trabajo
work rotation – rotación de trabajo
work security – seguridad de trabajo
work shift – turno de trabajo

work stoppage – paro laboral
work team – equipo de trabajo, cuadrilla
work ticket – ficha, tarjeta para registrar las horas de trabajo
work-to-rule strike – huelga de celo
work training – entrenamiento de trabajo
work unit – unidad de trabajo, cuadrilla
work week – semana laboral
workaholic *n* – adicto al trabajo
workaholism *n* – adicción al trabajo
workday *n* – día laborable, jornada
worker *n* – trabajador, obrero, empleado
workers' compensation – compensación por accidentes y enfermedades del trabajo
workers' compensation insurance – seguro de accidentes y enfermedades del trabajo
workers' compensation laws – leyes sobre la compensación por accidentes y enfermedades del trabajo
workers' union – unión de trabajadores, sindicato de trabajadores, gremio laboral
workfare *n* – programa que exige trabajo de alguna índole para poder recibir asistencia social
workforce *n* – fuerza laboral, personal
workhouse *n* – correccional
working *adj* – que trabaja, trabajador, obrero, que funciona
working age – en edad para trabajar
working class – clase obrera, clase trabajadora
working conditions – condiciones de trabajo
working environment – ambiente de trabajo
working hours – horas de trabajo
working papers – permiso oficial de trabajo, documentos de trabajo
working partner – socio activo
working week – semana laboral
workload *n* – carga de trabajo
workman *n* – obrero, trabajador
workout *n* – plan diseñado para resolver problemas de deudas sin recurrir a medios tales como la bancarrota o ejecución hipotecaria
workplace *n* – lugar de trabajo
worksheet *n* – hoja de trabajo
workstation *n* – estación de trabajo
workweek *n* – semana laboral
workwoman *n* – obrera, trabajadora
world agency – agencia mundial
world agent – agente mundial
world agreement – convenio mundial
world aid – ayuda mundial
World Bank – Banco Mundial
world cooperation – cooperación mundial
world corporation – corporación mundial
world coverage – cobertura mundial
World Health Organisation – Organización

Mundial de la Salud
World Health Organization – Organización Mundial de la Salud
World Intellectual Property Organisation – Organización Mundial de la Propiedad Intelectual
World Intellectual Property Organization – Organización Mundial de la Propiedad Intelectual
world policy – política mundial, póliza mundial
World Trade Organisation – Organización Mundial del Comercio
World Trade Organization – Organización Mundial del Comercio
World Wide Web – la Web, Telaraña Mundial
worldwide *adj* – mundial
worldwide agency – agencia mundial
worldwide agent – agente mundial
worldwide agreement – convenio mundial
worldwide aid – ayuda mundial
worldwide cooperation – cooperación mundial
worldwide corporation – corporación mundial
worldwide coverage – cobertura mundial
worldwide insurance coverage – cobertura de seguro mundial
worldwide policy – política mundial, póliza mundial
worst-case scenario – escenario más desfavorable
worthily *adv* – merecidamente
worthless *adj* – sin valor
worthless check – cheque sin fondos
worthless cheque – cheque sin fondos
worthlessness *n* – inutilidad
worthwhile *adj* – que vale la pena
worthy *adj* – digno, meritorio
wound *n* – lesión, herida
woundless *adj* – ileso
wrap up – concluir, concluir con éxito
wrap-up *n* – resumen, resumen informativo
wraparound mortgage – hipoteca que incorpora otra hipoteca existente
wrath *n* – ira
wreck *n* – naufragio, restos de un naufragio, siniestrado, fracaso
wreck *v* – destruir, dañar
writ *n* – orden judicial, orden, auto, mandamiento judicial, mandamiento, decreto, despacho, providencia
writ of attachment – mandamiento de embargo
writ of certiorari – auto de certiorari, auto de avocación
writ of delivery – ejecutoria para la entrega de bienes muebles

writ of error – auto de casación
writ of execution – ejecutoria, mandamiento de ejecución
writ of habeas corpus – auto de comparecencia, auto de hábeas corpus
writ of mandamus – orden judicial, mandamus
writ of possession – auto de posesión
writ of prevention – providencia preventiva
writ of prohibition – inhibitoria
writ of replevin – auto de reivindicación
writ of restitution – auto de restitución
writ of review – auto de revisión
writ of summons – emplazamiento
write down – reducir el valor contable, amortizar parcialmente, apuntar
write-off *n* – cancelación, pérdida total, eliminación, anulación, deuda incobrable
write off *v* – reducir el valor contable a cero, eliminar, amortizar completamente, cancelar
write up – aumentar el valor contable, escribir sobre algo
writer *n* – girador, quien vende opciones
writing *n* – escrito, escritura
writing obligatory – fianza
written agreement – convenio escrito, contrato escrito
written consent – consentimiento escrito
written contract – contrato escrito
written down – con el valor contable reducido, parcialmente amortizado, escrito
written evidence – prueba documental
written guarantee – garantía escrita
written guaranty – garantía escrita
written instrument – instrumento
written law – derecho escrito, ley escrita
written notice – notificación por escrito, aviso por escrito
written off – eliminado, cancelado, amortizado completamente, con el valor contable reducido a cero
written offer – oferta escrita
written warning – aviso escrito, advertencia escrita
written warranty – garantía escrita
wrong *n* – daño, daño legal, perjuicio, agravio, injusticia
wrong *v* – hacerle daño a, causar perjuicio a, agraviar, ofender
wrong entry – asiento equivocado
wrongdoer *n* – malhechor, autor de un daño legal, criminal
wrongdoing *n* – acto malévolo, acto criminal, conducta malévola, conducta criminal
wrongful *adj* – ilegal, ilícito, indebido, perjudicial, injusto
wrongful act – acto ilícito

wrongful arrest – arresto ilegal
wrongful attachment – embargo ilegal
wrongful birth – acción en la cual se reclama que el nacimiento de un niño con discapacidades mentales o físicas se pudo haber evitado por consejos o tratamientos del médico
wrongful death – homicidio culposo
wrongful death action – acción por homicidio culposo
wrongful detention – detención ilegal
wrongful dishonor – rehúso indebido de pago
wrongful imprisonment – encarcelamiento ilegal
wrongful life – acción en la cual se reclama que el nacimiento de un niño con discapacidades mentales o físicas se pudo haber evitado por consejos o tratamientos del médico
wrongfully *adv* – ilegalmente, ilícitamente, perjudicialmente
wrongly *adv* – equivocadamente, injustamente
WTO (World Trade Organization, World Trade Organisation) – Organización Mundial del Comercio
WWW (World Wide Web) – la Web, Telaraña Mundial

X

x (extension) – extensión, extensión telefónica
X *n* – lugar donde se firma, firma utilizada por quien no sabe escribir, cantidad desconocida
x rays – rayos x
xenodochy *n* – hospitalidad
xenophobe *n* – xenófobo
xenophobia *n* – xenofobia
xenophobic *adj* – xenófobo

Y

Z

yardstick *n* – norma para comparar, norma para medir

yea *n* – voto afirmativo, sí

year-end *adj* – fin de año, fin de ejercicio

year-end audit – auditoría de fin de año

year-to-date *adj* – año hasta la fecha, ejercicio hasta la fecha

year-to-year *adj* – interanual

yearly adjustment – ajuste anual

yearly amortisation – amortización anual

yearly amortization – amortización anual

yearly audit – auditoría anual

yearly cap – límite anual

yearly closing – cierre anual

yearly depreciation – depreciación anual

yearly exclusion – exclusión anual

yearly fee – cargo anual

yearly income – ingresos anuales

yearly limit – límite anual

yearly meeting – reunión anual, asamblea anual, junta anual

yearly payment – pago anual

yearly policy – póliza anual

yearly premium – prima anual

yearly rate – tasa anual, tipo anual

yearly rent – renta anual

yearly report – informe anual, reporte anual, memoria anual

yearly salary – salario anual, sueldo anual

yearly statement – estado anual

yearly wage – salario anual, sueldo anual

years of service – años de servicio

yeas and nays – votos afirmativos y negativos

yellow-dog contract – contrato mediante el cual el empleado pierde su trabajo si se une a un sindicato

yellow journalism – periodismo amarillo

yield *n* – rendimiento, cosecha

yield *v* – ceder, rendir, rendirse, renunciar

yielding *adj* – productivo, complaciente

young offenders – delincuentes juveniles

youthful offenders – delincuentes juveniles

yr. (year) – año

yrs. (years) – años

zealous witness – testigo parcial

zero balance – balance cero, saldo cero

zero defects – cero defectos

zero inflation – inflación cero

zero rate – tasa cero, tipo cero

zip code – código postal

zonal *adj* – zonal

zone *n* – zona

zone *v* – dividir en zonas

zone of employment – zona de empleo

zoning *n* – zonificación

zoning laws – leyes de zonificación

zoning map – mapa de zonificación

zoning ordinance – ordenanza de zonificación

zoning regulations – reglamentos de zonificación

zoning restrictions – restricciones de zonificación

zoning rules – reglamentos de zonificación

Español a Inglés
_____

Spanish to English

A

a **beneficio de inventario** – benefit of
inventory
a **bocajarro** – pointblank
a **cargo de** – in charge of, payable by
a **ciegas** – blindly
a **condición que** – provided that
a **contrario sensu** – in the other sense, a
contrario sensu
a **crédito** – on credit
a **destajo** – by the job
a **día fijo** – on a set date
a **discreción** – left to the discretion
a **escondidas** – in a secret manner, privately
a **favor de** – in favor of
a **fondo** – in depth
a **fortiori** – much more so, a fortiori
a **jornal** – by the day
a **la entrega** – on delivery
a **la fuerza** – by force, with violence
a **la letra** – to the letter, literally
a **la par** – at par, simultaneously
a **la presentación** – at sight
a **la vez** – at the same time
a **la vista** – at sight, in sight
a **mano** – by hand
a **mano armada** – armed
a **mansalva** – without risk, without danger
a **medias** – partially
a **mi leal saber y entender** – to the best of my
knowledge and belief
a **muerte** – to death
a **pagar** – payable, outstanding
a **pedimento** – on request
a **plazo fijo** – fixed-term
a **plazos** – in installments
a **posteriori** – from the effect to the cause, a
posteriori
a **presentación** – on presentation
a **primera vista** – at first glance, prima facie
a **priori** – from the cause to the effect, a priori
a **propósito** – on purpose, deliberately, by the
way
a **prorrata** – proportionately
a **prueba** – on approval
a **puerta cerrada** – behind closed doors
a **quemarropa** – pointblank
a **quien corresponda** – to whom it may
concern
a **riesgo** – at risk
a **sabiendas** – knowingly

a **salvamano** – safely
a **salvo** – safe
a **tiempo completo** – full-time
a **tiempo parcial** – part-time
a **título gratuito** – gratuitous
a **título informativo** – for information
purposes only
a **título oneroso** – based on valuable
consideration
a **título precario** – for temporary use and
enjoyment
a **traición** – traitorously
a **vista de** – in the presence of, in view of
ab initio – from the beginning, ab initio
ab intestat – intestate, ab intestat
ab intestato – from an intestate, ab intestato
abacorar v – to attack, to harass
abajo firmado – undersigned
abajo firmante – undersigned
abajo mencionado – undermentioned
abajofirmante m/f – undersigned
abaldonar v – to insult, to affront
abalear v – to shoot
abanderamiento m – registration of a ship
abanderar v – to register a vessel
abandonado adj – abandoned, neglected,
careless
abandonamiento m – abandonment,
carelessness
abandonar v – to abandon, to waive, to abort
abandonar tierra – to abandon land
abandonar un hijo – to abandon a child
abandono m – abandonment, waiver,
desertion
abandono completo – complete
abandonment
abandono de apelación – abandonment of
appeal
abandono de buque – abandonment of ship
abandono de cargo – abandonment of office
abandono de contrato – abandonment of
contract
abandono de cónyuge – abandonment of
spouse
abandono de derechos – abandonment of
rights
abandono de domicilio – abandonment of
domicile
abandono de esposa – abandonment of wife
abandono de esposo – abandonment of
husband
abandono de familia – abandonment of
family
abandono de hijos – abandonment of
children
abandono de hogar – abandonment of
domicile
abandono de la acción – abandonment of

action
abandono de la instancia – abandonment of action
abandono de menores – abandonment of minors
abandono de niños – abandonment of children
abandono de propiedad – abandonment of property
abandono de querella – abandonment of the complaint
abandono de tierra – abandonment of land
abandono del hogar conyugal – desertion
abandono entero – entire abandonment
abandono implícito – implied abandonment
abandono parcial – partial abandonment
abandono total – total abandonment
abandono voluntario – voluntary abandonment
abandono y deserción – abandonment and desertion
abanico salarial – salary range, wage scale
abaratamiento *m* – cheapening, reduction, price cut
abaratar *v* – to cheapen, to reduce, to cut prices
abaratarse *v* – to become cheaper, to be reduced
abarcador *m* – monopolizer, embracer
abarcador *adj* – comprehensive
abarcar *v* – to embrace, to contain, to monopolize
abarraganamiento *m* – concubinage
abarrajar *v* – to overwhelm, to throw with force and violence
abarrar *v* – to throw, to shake hard, to strike
abarrotado *adj* – saturated, completely full, monopolized
abarrotar *v* – to stock completely, to monopolize, to bar up
abastecedor *m* – purveyor, supplier
abastecer *v* – to supply
abastecimiento *m* – supply, supplying
abastecimiento de energía – energy supply
abasto *m* – supply, supplying
abasto de energía – energy supply
abastos *m* – supplies
abatatado *adj* – intimidated
abatatar *v* – to intimidate
abatido *adj* – dejected, contemptible
abatir *v* – to demolish, to humiliate
abdicación *f* – abdication
abdicar *v* – to abdicate, to relinquish
abducción *f* – abduction
aberración *f* – aberration, error
abertura *f* – openness, opening
abiertamente *adv* – openly
abierto *adj* – open, evident, unobstructed,

sincere
abierto a discusión – open to discussion
abierto a ofertas – open to offers
abierto al público – open to the public
abierto las 24 horas – open 24 hours
abismar *v* – to overwhelm, to confuse, to ruin
abjuración *f* – abjuration, recantation
abjurar *v* – to abjure, to recant, to renounce
abnegación *f* – abnegation
abnegar *v* – to abnegate
abogable *adj* – pleadable
abogacía *f* – law, the legal profession, legal staff
abogadear *v* – to practice law unethically
abogado *m* – attorney, lawyer, advocate, barrister
abogado acusador – prosecutor
abogado asociado – associate counsel
abogado auxiliar – junior counsel
abogado civilista – civil attorney
abogado consultor – consulting attorney, legal adviser
abogado criminalista – criminal attorney
abogado de empresa – corporate attorney, in-house attorney
abogado de oficio – court-appointed counsel, state-appointed counsel
abogado de patentes – patent attorney, patent lawyer
abogado de sociedad – corporate attorney
abogado defensor – defense attorney
abogado del estado – public prosecutor, government attorney, state attorney
abogado del gobierno – government attorney
abogado designado – assigned counsel
abogado director – lead counsel
abogado fiscal – prosecutor
abogado laboral – labor attorney
abogado laboralista – labor attorney
abogado litigante – trial attorney, litigating attorney
abogado mercantilista – corporate attorney, commercial attorney
abogado notario – attorney who is also a notary public
abogado penal – criminal attorney
abogado penalista – criminal attorney
abogado principal – lead counsel
abogado privado – private attorney
abogado procesalista – litigation attorney
abogado secundario – junior counsel
abogar *v* – to defend, to advocate, to plead
abolengo *m* – ancestry, inheritance from grandparents
abolición *f* – abolition, repeal, abrogation
abolicionismo *m* – abolitionism
abolir *v* – to abolish, to repeal, to revoke

abonable *adj* – payable
abonado *m* – subscriber, customer
abonado *adj* – trustworthy, paid, credited
abonado al contado – paid in cash
abonado en efectivo – paid in cash
abonado por adelantado – paid in advance
abonador *m* – surety, guarantor
abonamiento *m* – surety, guarantee, guaranty, guaranteeing
abonar *v* – to pay, to guarantee, to bail, to credit
abonar al contado – to pay cash
abonar en cuenta – to credit an account
abonaré *m* – promissory note, due bill
abono *m* – payment, credit, guarantee, guaranty, allowance
abono a cuenta – payment on account
abono a plazos – payment in installments
abono adelantado – advance payment, prepayment
abono al contado – cash payment
abono anticipado – prepayment, advance payment
abono anual – annual payment
abono aplazado – deferred payment, installment payment
abono automático – automatic payment
abono compensatorio – compensating payment
abono condicional – conditional payment
abono conjunto – copayment
abono contra entrega – cash on delivery
abono contratado – contracted payment
abono de alquiler – rent payment
abono de anualidad – annuity payment
abono de arrendamiento – lease payment
abono de entrada – down payment
abono de facturas – bill payment
abono de impuestos – tax payment
abono de mantenimiento – maintenance payment
abono de prima – premium payment
abono de servicios – payment of services
abono del IVA – payment of the value-added tax
abono del tiempo de prisión – credit for time already spent in jail
abono directo – direct payment
abono electrónico – electronic payment
abono en cuotas – payment in installments
abono en efectivo – cash payment
abono en mora – overdue payment
abono especial – special payment
abono extraviado – missing payment
abono fijo – fixed payment
abono final – final payment, final installment
abono global – lump-sum payment
abono hipotecario – mortgage payment

abono inicial – down payment
abono insuficiente – underpayment
abono íntegro – full payment
abono mensual – monthly payment
abono mínimo – minimum payment
abono obligatorio – obligatory payment
abono periódico – periodic payment
abono por adelantado – payment in advance
abono por horas – payment per hour
abono por otro – payment of the debts of another
abono recibido – payment received
abono regular – regular payment
abono subsidiado – subsidized payment
abono subvencionado – subsidized payment
abono tardío – late payment
abono único – single payment
abono vencido – overdue payment
abordado *adj* – boarded
abordaje *m* – collision of vessels, naval attack, boarding
abordar *v* – to collide vessels, to board
abordar un tema – to deal with a topic
abordo *m* – collision of vessels, naval attack, boarding
aborrecer *v* – to abhor, to detest
abortar *v* – to abort, to abandon, to fail
aborto *m* – abortion
abrasar *v* – to burn, to consume
abreviación *f* – abbreviation, abridgment
abreviadamente *adv* – briefly, succinctly
abreviar *v* – to abbreviate
abrigar *v* – to protect, to harbor
abrigo contributivo – tax shelter
abrir *v* – to open, to begin
abrir a pruebas – to begin taking testimony
abrir el juicio – to open the case
abrir fuego – to open fire
abrir la asamblea – to call the meeting to order
abrir la junta – to call the meeting to order
abrir la licitación – to open the bidding
abrir la reunión – to call the meeting to order
abrir la sesión – to call the meeting to order
abrir propuestas – to open bids
abrogable *adj* – annullable, repealable
abrogación *f* – abrogation, annulment, repeal
abrogar *v* – to abrogate, to annul, to repeal
abrogatorio *adj* – abrogative
abrumar *v* – to overwhelm, to annoy
absentismo *m* – absenteeism
absentismo laboral – employee absenteeism
absentista *m/f* – absentee
absolución *f* – acquittal, absolution, pardon
absolución judicial – dismissal, acquittal
absolución libre – acquittal, verdict of not guilty
absolución perentoria – summary dismissal

absoluta e incondicionalmente – absolutely and unconditionally
absolutamente *adv* – absolutely
absolutismo *m* – absolutism
absolutista *adj* – absolutist
absoluto *adj* – absolute, unconditional
absolutorio *adj* – absolving, acquitting
absolvente *m/f* – the person who replies to interrogatories
absolvente *adj* – absolving
absolver *v* – to acquit, to absolve, to release
absolver de la instancia – to acquit due to a lack of evidence
absorber *v* – to absorb, to take over
absorbido *adj* – absorbed, taken over
absorción *f* – absorption, takeover
absque hoc – without this, absque hoc
abstemio *m* – abstainer
abstemio *adj* – abstemious
abstención *f* – abstention
abstencionismo electoral – refusal to vote
abstencionista *m/f* – abstainer
abstenerse *v* – to abstain
abstinencia *f* – abstinence
abstracto *m* – abstract
absuelto *adj* – absolved, acquitted
abuelastra *f* – stepgrandmother
abuelastro *m* – stepgrandfather
abusado y descuidado – abused and neglected
abusar *v* – to abuse, to abuse sexually, to rape, to misuse, to take advantage
abusión *f* – abuse, absurdity
abusivo *adj* – abusive, misapplied
abuso *m* – abuse, misuse, imposition
abuso carnal – carnal abuse
abuso de cargo – misuse of office
abuso de confianza – breach of trust
abuso de derecho – abuse of right, abuse of process
abuso de drogas – abuse of drugs
abuso de menores – abuse of minors
abuso de poder – abuse of authority
abuso físico – physical abuse
abuso sexual – sexual abuse
abuso verbal – verbal abuse
abusos deshonestos – indecent assault
acabado *adj* – completed, finished, exhausted
acabar *v* – to complete, to finish, to exhaust
acabildar *v* – to call together, to unite
acantilar *v* – to run a ship aground
acaparado *adj* – monopolized, hoarded, cornered
acaparador *m* – monopolizer, hoarder, cornerer
acaparamiento *m* – monopolization, hoarding, cornering

acaparar *v* – to monopolize, to hoard, to corner
acaparrarse *v* – to reach an agreement, to close a transaction
acarrear *v* – to carry, to transport, to cause
acarreo *m* – carriage, transport
acatamiento *m* – compliance, respect, observance, acknowledgment
acatar *v* – to comply with, to obey, to respect
acceder *v* – to accede, to gain access to
accesibilidad *f* – accessibility
accesible *adj* – accessible, attainable, available
accesión *f* – accession, access
acceso *m* – access, admittance
acceso carnal – carnal access
acceso forzoso – forcible entry, rape
acceso violento – forcible entry, rape
accesorias legales – secondary claims
accesorios e instalaciones – fixtures and fittings
accidentado *m* – the victim of an accident
accidental *adj* – accidental, incidental, temporary
accidente *m* – accident
accidente de circulación – traffic accident
accidente de empleo – occupational accident
accidente laboral – occupational accident
accidente mortal – fatal accident
acción *f* – action, act, lawsuit, right of action, stock share, stock, share, stock certificate
acción accesoria – accessory action
acción administrativa – administrative action
acción cautelar – action for a provisional remedy
acción civil – civil action
acción colectiva – collective action
acción constitutiva – test action
acción contractual – action of contract
acción criminal – criminal prosecution, criminal act
acción de apremio – summary process for the collection of taxes, action of debt
acción de clase – class action
acción de condena – prosecution
acción de desahucio – action of ejectment, ejectment action
acción de desalojo – action of ejectment, ejectment action
acción de despojo – ejectment action
acción de divorcio – divorce action
acción de indemnización – remedial action
acción de jactancia – action of jactitation
acción de nulidad – action to declare void
acción de paternidad – paternity suit
acción ejecutiva – executive action, action of debt
acción estimatoria – quanti minoris

acción hipotecaria – foreclosure proceedings
acción ilegal – illegal action
acción incompatible – incompatible action
acción industrial – industrial action
acción inmobiliaria – action concerning real estate
acción judicial – lawsuit, legal action
acción jurídica – lawsuit, legal action
acción laboral – labor action
acción legal – legal action, lawsuit
acción litigiosa – lawsuit, legal action
acción local – local action
acción mancomunada – joint action
acción mixta – mixed action
acción ordinaria – ordinary proceeding
acción penal – criminal proceeding
acción petitoria – petitory action
acción plenaria – ordinary proceeding
acción policial – police action
acción por daños y perjuicios – suit for damages, tort action
acción por incumplimiento de contrato – action of contract, action of assumpsit
acción por libelo – action for libel
acción posesoria – possessory action
acción prescriptible – action which has a statute of limitations
acción principal – main action
acción privada – private action
acción procedente – action which lies
acción procesal – lawsuit, legal action
acción pública – public action, criminal proceeding
acción redhibitoria – redhibitory action
acción sin lugar – action which does not lie
acción sostenible – action which lies
acción sumaria – summary proceeding
accionable *adj* – actionable
accionante *m/f* – plaintiff, prosecutor
accionar *v* – to litigate, to bring suit
accionariado *m* – shareholders
accionario *m* – shareholder
acciones *f* – shares, stocks, stock shares, stock certificates
acciones comunes – common stock
acciones preferenciales – preferred stock
acciones preferentes – preferred stock
acciones preferidas – preferred stock
acciones privilegiadas – preferred stock
accionista *m/f* – stockholder, shareholder
accisa *f* – excise tax
acechador *m* – ambusher, lookout
acechar *v* – to lie in ambush, to observe
acecho *m* – lying in ambush, observation
acefalía *f* – lack of a ruling leader
acensar *v* – to tax, to take a census, to establish an annuity contract which runs with the land

acensuar *v* – to tax, to take a census, to establish an annuity contract which runs with the land
aceptación *f* – acceptance, approbation
aceptación absoluta – absolute acceptance
aceptación comercial – trade acceptance
aceptación condicionada – conditional acceptance
aceptación condicional – conditional acceptance
aceptación contractual – acceptance of contract
aceptación entera – entire acceptance
aceptación especial – special acceptance
aceptación formal – formal acceptance
aceptación ilimitada – unlimited acceptance
aceptación incondicional – unconditional acceptance, absolute acceptance
aceptación legal – legal acceptance
aceptación libre – general acceptance, clean acceptance
aceptación limitada – limited acceptance
aceptación restringida – restricted acceptance
aceptación sin restricciones – unrestricted acceptance
aceptación tácita – implied acceptance
aceptación total – total acceptance
aceptado *adj* – accepted, honored
aceptante *m/f* – acceptor, accepter
aceptar *v* – to accept, to approve
aceptar condicionalmente – to accept conditionally
aceptar entrega – to accept delivery
aceptar formalmente – to formally accept
aceptar responsabilidad – to accept responsibility
aceptar tarjetas – to accept cards
acepto *m* – acceptance
acepto *adj* – acceptable, accepted
acerbamente *adv* – cruelly, severely
acercamiento *m* – approach
acertadamente *adv* – correctly, accurately
acertado *adj* – correct, accurate, on target
acertar *v* – to determine a question of law, to hit the mark, to be correct
acervo *m* – undivided assets, undivided estate, common property
aclaración *f* – clarification, illustration, explanation, inquiry
aclaración de sentencia – clarification of a decision
acobardar *v* – to intimidate, to daunt
acoger *v* – to accept, to harbor, to receive
acogida *f* – acceptance, reception, asylum
acometedor *m* – assailant, aggressor, enterpriser
acometer *v* – to assault, to attack, to

undertake
acometimiento *m* – assault, attack
acometimiento y agresión – assault and battery
acomodación *f* – accommodation, adjustment
aconfesional *adj* – non-denominational
acongojar *v* – to anguish, to distress
aconsejar *v* – to advise, to counsel, to recommend
acontecer *v* – to come about, to happen
acontecimiento *m* – incident, happening
acopiar *v* – hoard, gather
acoquinar *v* – to intimidate
acordada *f* – resolution, decision, order
acordado *adj* – agreed, decided, settled
acordar *v* – to agree, to decide, to settle
acorde *adj* – in agreement, agreed
acosar *v* – to harass, to pursue
acoso *m* – harassment
acoso sexual – sexual harassment
acostumbradamente *adv* – customarily
acotamiento *m* – delimitation, boundary
acotar *v* – to annotate, to mark the boundaries of, to observe
acracia *f* – anarchy
ácrata *f* – anarchist
acrecentamiento *m* – increase, accrual
acrecimiento *m* – increase, accrual
acreción *f* – accretion, increase
acreditación *f* – accreditation, crediting
acreditar *v* – to credit, to accredit, to prove, to authorize
acreditar a una cuenta – credit an account
acreedor *m* – creditor
acreedor alimentario – the recipient of alimony
acreedor anticresista – antichresis creditor
acreedor común – general creditor
acreedor concursal – creditor in an insolvency proceeding
acreedor embargante – lien creditor
acreedor hipotecario – mortgage creditor
acreedor ordinario – ordinary creditor, general creditor
acreedor preferente – preferred creditor
acreedor quirografario – general creditor
acreedor real – secured creditor
acreedor refaccionario – creditor who advances money for construction
acreencia *f* – amount due, credit balance
acriminación *f* – incrimination, accusation
acriminado *m* – the person accused
acriminador *m* – accuser
acriminador *adj* – incriminating
acriminar *v* – to accuse, to incriminate
acta *f* – record, minutes, document, memorandum, legislative act, law, act

acta constitutiva – articles of incorporation, certificate of incorporation, act of incorporation
acta de constitución – articles of incorporation, certificate of incorporation, act of incorporation
acta de defunción – death certificate
acta de deslinde – certificate stating a boundary line, description of a boundary line
acta de disolución – articles of dissolution
acta de fundación – articles of association
acta de organización – articles of incorporation, certificate of incorporation, act of incorporation
acta de matrimonio – marriage certificate
acta de nacimiento – birth certificate
acta de organización – articles of incorporation
acta de protesto – protest of a commercial document
acta de sesión – minutes
acta electoral – election certificate
acta judicial – court record
acta legalizada – authentic act
acta legislativa – legislative act
acta notarial – notarial certificate, notarial act
actas *f* – minutes, proceedings, docket, papers
actitar *v* – to perform notarial functions, to file a suit
actitud *f* – attitude, frame of mind
activado por voz – voice-activated
activar *v* – to activate
actividad *f* – activity
actividad bancaria – banking activity
actividad comercial – commercial activity
actividad corporativa – corporate activity
actividad de auditoría – audit activity
actividad empresarial – business activity
actividad lucrativa – lucrative activity
actividad mercantil – commercial activity
activismo judicial – judicial activism
activo *m* – assets
activo abandonado – abandoned assets
activo bloqueado – blocked assets
activo comercial – business assets
activo corporativo – corporate assets
activo ficticio – fictitious assets
activo fijo – fixed assets
activo imponible – taxable assets
activo inmobiliario – real assets
activo intangible – intangible assets
activo oculto – hidden assets
activo social – partnership assets, corporate assets
activo tangible – tangible assets
acto *m* – act, action
acto a título gratuito – gratuitous act

acto a título oneroso – act based upon valuable consideration
acto administrativo – administrative act
acto bélico – act of war
acto de cesión – act of cession, act of transfer
acto de desfalco – act of embezzlement
acto de documentación – court records
acto de ejecución – execution proceeding
acto de insolvencia – act of insolvency
acto de la naturaleza – act of nature
acto de otorgamiento – execution
acto de quiebra – act of bankruptcy
acto de última voluntad – will
acto extrajudicial – extrajudicial act
acto gravable – taxable act
acto ilegal – illegal act
acto judicial – judicial act
acto jurídico – legal act, legal proceeding
acto legal – legal act
acto legislativo – legislative act
acto lícito – licit act
acto notarial – notarized document, notarial act
acto nulo – void act
acto procesal – lawsuit, legal action, court action
acto solemne – formal act
actor m – plaintiff, complainant, actor
actor civil – plaintiff
actor criminal – prosecutor
actos m – acts, actions
actos extintivos – acts that extinguish
actos nulos – void acts
actos prejudiciales – pre-trial acts
actos propios – voluntary acts
actuable adj – actionable
actuación f – proceeding, performance, behavior
actuaciones judiciales – judicial proceedings
actual adj – actual, current, present
actualidad f – present time, present situation
actualización f – updating, update
actualizar v – to update, to bring up to date
actuar v – to act, to litigate, to discharge a duty, to perform judicial acts
actuarial adj – actuarial
actuario m – actuary, clerk of court
acuciosidad f – meticulousness, diligence
acuchillar v – to stab
acudir v – to appear, to attend, to help
acudir a la ley – to resort to the law
acuerdo m – agreement, understanding, decree, decision, settlement
acuerdo administrativo – management agreement
acuerdo aduanero – tariff agreement
acuerdo agrícola – agricultural agreement

acuerdo antidumping – antidumping agreement
acuerdo arancelario – tariff agreement
acuerdo arbitral – arbitral agreement
acuerdo bilateral – bilateral agreement
acuerdo colectivo – collective agreement
acuerdo comercial – trade agreement, business agreement
acuerdo concursal – creditors' agreement
acuerdo contractual – contractual agreement
acuerdo criminal – criminal conspiracy
acuerdo de compraventa – sale agreement, bargain and sale agreement
acuerdo de confidencialidad – confidentiality agreement
acuerdo de fideicomiso – trust agreement
acuerdo de gestión – management agreement
Acuerdo de Libre Comercio – Free Trade Agreement
acuerdo de licencia – licensing agreement
acuerdo de marketing – marketing agreement
acuerdo de negocios – business agreement
acuerdo de no competencia – non-competition agreement
acuerdo de voluntades – meeting of minds
acuerdo escrito – written agreement
acuerdo extrajudicial – out-of-court settlement
Acuerdo General Sobre Aranceles Aduaneros y Comercio – General Agreement on Tariffs and Trade
Acuerdo General Sobre el Comercio de Servicios – General Agreement on Trade in Services
acuerdo laboral – labor agreement
acuerdo mercantil – commercial agreement
acuerdo multilateral – multilateral agreement
acuerdo mutuo – mutual agreement
acuerdo para fijar precios – price-fixing agreement
acuerdo por escrito – agreement in writing
acuerdo prematrimonial – prenuptial agreement
acuerdo prenupcial – prenuptial agreement
acuerdo salarial – wage agreement
acuerdo sindical – union agreement
acuerdo verbal – verbal agreement, parol agreement
acumulación f – accumulation, accrual, backlog, joinder
acumulación de acciones – joinder of actions
acumulación de autos – joinder of actions to be decided by a single decree
acumulación de delitos – joinder of crimes
acumulación de penas – cumulative sentences

acumular

acuñación *f* – mintage, coinage
acuñar *v* – to mint, to coin, to affix a seal
acusable *adj* – accusable, indictable, impeachable
acusación *f* – accusation, indictment, arraignment, impeachment
acusación falsa – false accusation
acusación fiscal – criminal indictment
acusación formal – formal accusation
acusado *m* – defendant, accused
acusado ausente – absent defendant
acusador *m* – accuser, prosecutor, complainant
acusante *adj* – accusing, prosecuting
acusar *v* – to accuse, to indict, to arraign, to impeach
acusar formalmente – to formally accuse
acusar recibo – to acknowledge receipt
acusar recibo de pago – to acknowledge receipt of payment
acusativo *adj* – accusatory, incriminating
acusatorio *adj* – accusatory, incriminating
acuse *m* – acknowledgment
acuse de recibo – acknowledgment of receipt
achaque *m* – indisposition, excuse
achocar *v* – to stun, to strike, to throw against a wall
ad hoc – for this, ad hoc
ad infinitum – without limit, ad infinitum
ad judicium – to the judgment, ad judicium
ad litem – for the suit, ad litem
ad perpetuam – perpetually, ad perpetuam
ad quem – to which, ad quem
ad rem – to the thing, ad rem
ad valorem – according to value, ad valorem
ad vitam – for life, ad vitam
ad voluntatem – at will, ad voluntatem
adaptabilidad *f* – adaptability
adatar *v* – to date, to credit
adecuado *adj* – adequate, proper, appropriate
adehala *f* – extra, gratuity
adelantadamente *adv* – in advance
adelantar *v* – to advance, to pay in advance, to speed up, to move up
adelanto *m* – advance, advance of money, progress
además *adv* – furthermore, moreover, besides
adención *f* – ademption
adeudamiento *m* – indebtedness
adeudar *v* – to owe, to debit
adeudo *m* – debt, obligation, indebtedness, debit, customs duty
adherencia *f* – adherence
adherir *v* – to adhere, to affix, to support, to concur

adherirse a la apelación – to join in the appeal
adhesión *f* – adhesion, adherence, support, membership, agreement
adiar *v* – to set a day
adición de la herencia – acceptance of the inheritance
adicto *m* – addict, supporter
adicto a drogas – addicted to drugs
adicto al alcohol – addicted to alcohol
adiestramiento *m* – training
adinerado *adj* – wealthy, rich
adir *v* – to accept an inheritance
adjudicación *f* – award, adjudication, sale
adjudicación al mejor postor – award to the best bidder
adjudicación de contrato – award of contract
adjudicación procesal – decision
adjudicador *m* – awarder, adjudicator, seller
adjudicar *v* – to award, to adjudicate, to sell
adjuntar *v* – to enclose, to attach
adjunto *m* – adjunct, one of the judges in a court
adjunto *adj* – enclosed, attached, assistant
adminicular *v* – to corroborate
adminículo *m* – corroboration, support
administración *f* – administration, management, administration office, management office
administración activa – active management, active administration
administración ambiental – environmental management
administración centralizada – centralized management, centralized administration
administración consultiva – body of advisers
administración de banco – bank administration, bank management
administración de bienes inmuebles – real property management
administración de bienes raíces – real estate management
administración de empresas – business administration, business management
administración de energía – energy management, energy administration
Administración de Hacienda – tax administration, tax authorities
administración de impuestos – tax administration
administración de justicia – administration of justice
administración de la quiebra – administration of a bankrupt's estate
administración de la sociedad – administration of a partnership, administration of a corporation
administración de la sucesión –

34

administration of an estate
administración de personal – personnel administration
administración de recursos – resource management
administración de tierras – land management
administración ecológica – eco-management, ecological management
administración fiscal – fiscal management
administración judicial – judicial administration, receivership
administración laboral – labor administration, labour administration
administración pública – public administration
administrador *m* – administrator, manager, guardian
administrador aduanero – customs administrator
administrador de auditoría – audit manager
administrador de bienes – estate manager
administrador de cartera – portfolio manager, money manager
administrador de crédito – credit manager
administrador de fondos – funds manager, money manager, cash administrator, cash manager
administrador de impuestos – tax collector
administrador de propiedad – property manager
administrador de registros – records manager
administrador fiduciario – trustee
administrador judicial – judicial administrator, receiver
administrar *v* – to administer, to manage, to care for
administrar bienes inmuebles – to manage real estate
administrar el comercio – to manage commerce, to manage trade
administrar empresas – to manage businesses
administrar justicia – to administer justice
administrar mal – to mismanage
administrativo *adj* – administrative
admisibilidad *f* – admissibility
admisión *f* – admission, confession, acceptance
admisión completa – full admission
admisión de culpabilidad – admission of guilt
admisión gratuita – free admission
admisión judicial – judicial admission
admitir *v* – to admit, to accept, to acknowledge, to allow
admitir culpabilidad – to admit guilt

admitir responsabilidad – to admit liability
admonición *f* – admonition, warning
adolescencia *f* – adolescence
adonde *adv* – where
adondequiera *adv* – wherever, anywhere
adopción *f* – adoption
adoptado *adj* – adopted
adoptar *v* – to adopt
adquiridor *m* – acquirer, purchaser
adquiriente *m/f* – acquirer, purchaser
adquirir *v* – to acquire, to take over
adquisición *f* – acquisition, procurement, takeover
adquisición a título gratuito – acquisition by gift
adquisición a título oneroso – purchase for value
adrede *adv* – on purpose, premeditated
adrollero *m* – cheat, fraud
adscribir *v* – to appoint, to attach, to assign
aduana *f* – customs, customhouse
aduanar *v* – to pay customs, to clear customs
aduanero *m* – customs official
aducir *v* – to adduce, to produce
adueñarse *v* – to become owner, to take possession
adulteración *f* – adulteration, falsification, tampering
adulterar *v* – to adulterate, to falsify
adulterio *m* – adultery
advenimiento del plazo – maturity
adverar *v* – to attest, to certify, to confirm
adversario *m* – adversary
advertencia *f* – warning, notice
advertencia final – final warning
advertir *v* – to warn, to give notice, to observe
afección *f* – pledging, mortgaging, charge
afección de bienes – pledging of goods, mortgaging
afectar *v* – to affect, to encumber, to appropriate, to allocate
afecto *m* – affection, emotion
afecto *adj* – pledged, encumbered, allocated
affidávit *m* – affidavit
afianzado *adj* – bonded, on bail, guaranteed
afianzador *m* – surety, guarantor
afianzamiento *m* – bonding, bond, guarantee
afianzar *v* – to bond, to bail, to guarantee
afidávit *m* – affidavit
afiliación *f* – affiliation, association
afiliado *adj* – affiliated
afiliado *m* – member
afiliado del sindicato – union member
afiliar *v* – to affiliate, to join
afinidad *f* – affinity, kinship, similarity
afirmación bajo juramento – affirmation under oath

afirmar *v* – to affirm, to ratify
aflorar *v* – to declare what was formerly hidden
aforado *adj* – appraised, leased, privileged
aforador *m* – appraiser
aforamiento *m* – appraising, measuring
aforar *v* – to appraise, to estimate
aforo *m* – appraisal, measurement
afrenta *f* – affront, dishonor
afrontar *v* – to confront, to defy
agarrar *v* – to grab, to capture
agarrotar *v* – to choke, to execute by garrote
agencia *f* – agency, bureau, branch
agencia acostumbrada – customary agency
agencia activa – active agency
agencia administrativa – administrative agency
agencia aduanera – customs agency
agencia aseguradora – insurance agency
agencia clandestina – clandestine agency
agencia comercial – commercial agency
agencia corporativa – corporate agency
agencia de bienes raíces – real estate agency, estate agency
agencia de colocaciones – employment agency
agencia de comercio – commerce agency, trade agency
agencia de empleos – employment agency
agencia de noticias – news agency
agencia de prensa – press agency
Agencia de Protección Ambiental – Environmental Protection Agency, EPA
Agencia de Protección de Datos – Data Protection Agency
agencia de publicidad – advertising agency
agencia de seguros – insurance agency
agencia de trabajos – employment agency
agencia del estado – government agency, state agency
agencia del gobierno – government agency
agencia empresarial – business agency
agencia federal – federal agency
agencia financiera – financial agency
agencia fiscal – fiscal agency
agencia inmobiliaria – real estate agency, estate agency
Agencia Internacional de Energía – International Energy Agency
agencia mercantil – commercial agency
agencia noticiosa – news agency
agencia oficial – official agency
agenciar *v* – to obtain, to negotiate
agenda *f* – agenda, organizer
agente *m* – agent, broker, police officer
agente aduanal – customs agent, customhouse broker, customs broker
agente aduanero – customs agent,

customhouse broker, customs broker
agente autorizado – authorized agent
agente consular – consular agent
agente de bienes raíces – real estate agent, estate agent
agente de cobros – collection agent
agente de comercio – commercial agent, commerce agent, broker
agente de la autoridad – police officer
agente de negocios – business agent
agente de policía – police officer
agente de prensa – press agent
agente de seguros – insurance agent
agente diplomático – diplomatic agent
agente encubierto – undercover agent
agente federal – federal agent
agente fiduciario – fiduciary agent
agente mercantil – commercial agent
agente naviero – shipping agent
agente no autorizado – unauthorized agent
agente secreto – secret agent
agio *m* – agio, usury, speculation, profit margin
agiotaje *m* – agiotage, usury, speculation
agiotista *m* – usurer, profiteer, speculator
agitación *f* – agitation, disturbance
agitador *m* – agitator
agitar *v* – to agitate, to disturb
agnación *f* – agnation
agnado *m* – agnate
agnóstico *adj* – agnostic
agnóstico *m* – agnostic
agobiar *v* – harass, stress
agonía *f* – agony
agotable *adj* – depletable, exhaustible
agotado *adj* – sold out, out of stock, depleted
agotamiento *m* – depletion, exhaustion
agotar *v* – to deplete, to exhaust, to sell out
agrario *adj* – agrarian
agravación *f* – aggravation
agravador *adj* – aggravating
agravante *m* – aggravation, aggravating circumstance
agravante *adj* – aggravating
agravar *v* – to aggravate, to increase, to impose a tax
agravatorio *adj* – aggravating, compulsory, requiring compliance with a prior order
agraviado *m* – aggrieved party
agraviador *m* – offender, injurer, tort-feasor
agraviante *m/f* – offender, injurer, tort-feasor
agraviante *adj* – offending, injuring
agraviar *v* – to injure, to wrong, to overtax
agravio *m* – injury, tort, offense
agredir *v* – to attack, to assault
agregado *m* – attaché
agregado *adj* – aggregated, added, additional
agregar *v* – to add, to incorporate

agremiación *f* – unionization, union
agremiado *m* – union member
agremiar *v* – to unionize
agresión *f* – aggression, battery
agresión sexual – sexual assault, sexual attack, sexual aggression
agresión simple – simple battery
agresivo *adj* – aggressive
agresor *m* – aggressor, assailant
agrícola *adj* – agricultural
agricultor *m* – farmer
agricultura de subsistencia – subsistence agriculture
agricultura sostenible – sustainable agriculture, sustainable farming
agrimensor *m* – surveyor
agroindustria *f* – agribusiness, agrobusiness, agroindustry
agropecuario *adj* – related to agriculture and/or stockbreeding
agroturismo *m* – agrotourism
agrupación de fincas – merging of properties
agrupamiento *m* – group
agrupar *v* – to group, to bunch
aguantar *v* – to endure, to contain oneself
aguas jurisdiccionales – jurisdictional waters
aguas residuales – wastewater, sewage
aguinaldo de navidad – Christmas bonus
ahogar *v* – to drown, to choke, to oppress
ahorcadura *f* – a hanging
ahorcamiento *m* – a hanging
ahorcar *v* – to hang
ahorcarse *v* – to hang oneself
ahorrar *v* – to save
ahorro *m* – saving
aislacionismo *m* – isolationism
aislacionista *adj* – isolationist
aislamiento *m* – isolation
ajeno *adj* – foreign, belonging to another
ajeno a la voluntad – beyond the control
ajuar *m* – household goods, dowry
ajetreo *m* – hustle and bustle, drudgery
ajustable *adj* – adjustable
ajustador *m* – adjuster, claims adjuster
ajustador de seguros – insurance claims adjuster
ajustar *v* – to adjust, to reconcile, to settle
ajustar cuentas – to settle accounts, to get even
ajuste *m* – adjustment, agreement, settlement
ajuste contable – accounting adjustment
ajuste de cuentas – account adjustment, an instance of getting even
ajuste de tasa – rate adjustment
ajuste fiscal – tax adjustment, fiscal adjustment
ajusticiado *m* – executed criminal

ajusticiamiento *m* – execution
ajusticiar *v* – to execute
al año – per year
al azar – at random
al contado – cash
al corriente – up to date, current
al detal – retail
al detalle – retail
al día – up to date, current
al mejor postor – to the best bidder
al menudeo – retail
al pie de la letra – to the letter, literally, verbatim, exactly as indicated
al por mayor – wholesale
al por menor – retail
al portador – bearer
al respecto – in regard to the matter
al tanteo – approximately
al unísono – unanimously, in unison
al valor – according to value, ad valorem
alargar el plazo – to extend a time period
alarma de incendios – fire alarm
alba *f* – daybreak
albacea *m/f* – executor
albacea testamentario – testamentary executor
albaceazgo *m* – executorship
albarán *f* – delivery slip, packing slip
albedrío *m* – free will
albergar *v* – to lodge, to harbor
alborotador *m* – agitator, rioter
alborotar *v* – to agitate, to riot
alboroto *m* – disturbance, riot
alcahuete *m* – pimp
alcahuetear *v* – to pimp
alcaide *m* – warden
alcaidía *f* – wardenship
alcalde *m* – mayor, magistrate
alcaldesa *f* – mayor, mayoress
alcaldía *f* – city hall, mayoralty
alcance *m* – scope, reach, capacity
alcantarillado *m* – sewer system
alcanzar *v* – to reach, to attain, to achieve
alcohólico *m* – alcoholic
alcoholismo *m* – alcoholism
alcurnia *f* – lineage
aldea *f* – village
aleatorio *adj* – aleatory, random, contingent
alegable *adj* – pleadable
alegación *f* – allegation, plea, affirmation
alegación de culpabilidad – plea of guilty
alegación de inocencia – plea of not guilty
alegaciones *f* – pleadings
alegado *adj* – alleged
alegar *v* – to allege, to plead, to affirm
alegato *m* – allegation, pleading, affirmation, summing up, brief
alegato de bien probado – summing up

alegatos *m* – pleadings, briefs
alerta *f* – alert, warning
alertar *v* – to alert, to warn
alevosía *f* – treachery
alfabetización *f* – teaching literacy, literacy
alguacil *m* – bailiff
alguacil mayor – sheriff
aliado *m* – ally
aliado *adj* – allied
alianza *f* – alliance, pact
aliar *v* – to ally, to agree
alias *m* – alias
alicate *m* – accomplice
aliciente *m* – incentive
alícuota *f* – aliquot
alienable *adj* – alienable
alienación *f* – alienation
alienado *m* – an insane person
alienado *adj* – insane, transferred
alienar *v* – to alienate
alijar *v* – to jettison, to unload
alijo *m* – unloading
alimentador *m* – provider, a person who pays alimony
alimentante *m/f* – provider, a person who pays alimony
alimentar *v* – to provide for, to pay alimony to, to feed
alimentario *m* – recipient of alimony
alimentista *m/f* – recipient of alimony
alimentos *m* – food, alimony, support
alimentos modificados genéticamente – genetically modified foods, genetically engineered foods
alimentos transgénicos – genetically modified foods, genetically engineered foods
alindar *v* – to mark the boundaries of
alistamiento *m* – registration, enlistment
alistarse *v* – to sign-up, to enroll, to register
aliviar la carga – to alleviate the burden
alivio *m* – relief
alivio fiscal – tax relief, fiscal relief
alma del testador – the implied intent of the testator
almacén *m* – warehouse, storehouse, store
almacenador *m* – warehouser
almacenaje *m* – storage
almacenamiento *m* – storage, warehousing
almacenar *v* – to store, to stock
almacenero *m* – warehouser
almacenista *m/f* – warehouser
almirantazgo *m* – admiralty, admiralty court
almoneda *f* – public auction, auction
almonedar *v* – to auction, to auction off
almonedear *v* – to auction, to auction off
alnada *f* – stepdaughter
alnado *m* – stepson, stepchild
alocución *f* – allocution, address

alodial *adj* – allodial
alodio *m* – allodium
alojamiento *m* – lodging, hosting
alojar *v* – to lodge, to host
alongar *v* – to lengthen, to extend
alquilable *adj* – rentable, leasable, hirable
alquilado *adj* – rented, leased, hired
alquilador *m* – lessor, lessee, renter, rentee, hirer
alquilante *m/f* – lessor, lessee, renter, rentee, hirer
alquilar *v* – to rent, to lease, to hire
alquiler *m* – rent, rental, lease, hire, rent payment, lease payment
alquiler anual – annual rent, annual rental
alquiler contratado – contracted rent, contracted rental
alquiler convenido – agreed-upon rent
alquiler fijo – fixed rent
alquiler mensual – monthly rent, monthly rental
alquiler razonable – reasonable rent
alquiler subvencionado – subsidized rent, subsidized rental
alta *f* – membership, registration, registration with tax authorities, discharge
alta corte de justicia – high court of justice
alta gerencia – top management, brass
altamente calificado – highly qualified
altas finanzas – high finance
álter ego – alter ego
alterable *adj* – alterable
alteración *f* – alteration, adulteration, commotion
alteración de contrato – alteration of contract
alteración de fideicomiso – alteration of trust
alteración de la paz – breach of the peace
alteración del orden público – breach of the peace
alterar *v* – to alter, to adulterate, to change, to modify, to disturb the peace
altercación *f* – altercation
altercado *m* – altercation
alternar *v* – to alternate
alternativa *f* – alternative, option
alterno *adj* – alternate, alternating
alto riesgo – high-risk
alto secreto – top secret
alucinación *f* – hallucination
alucinar *v* – to hallucinate
alumbramiento *m* – childbirth
aluvión *m* – alluvion
alza *f* – rise, upturn
alzada *f* – appeal
alzado *m* – fraudulent bankrupt
alzado *adj* – fraudulently bankrupt
alzamiento *m* – uprising, higher bid, fraudulent bankruptcy, hiding of assets by a

bankrupt
alzamiento de bienes – fraudulent bankruptcy, hiding of assets by a bankrupt
alzar *v* – to appeal, to raise, to fraudulently enter bankruptcy
alzarse *v* – to appeal, to fraudulently enter bankruptcy, to rebel
allanamiento *m* – search with a court order, search, unlawful entry, trespass
allanamiento a la demanda – acceptance of the other party's claim
allanamiento de morada – unlawful entry, trespass
allanar *v* – to enter and search, to raid, to break and enter, to trespass
allanarse *v* – to abide by, to yield to
allegado *m* – relative, a close person
amagar *v* – to feign, to make threatening gestures
amago *m* – threat
amalgamar *v* – to amalgamate, to merge
amancebado *m* – paramour
amancebamiento *m* – concubinage
amante *m/f* – paramour
amanuense *m* – notary's clerk, clerk
amañar *v* – to fix, to tamper with, to become accustomed
amartillar *v* – to cock a gun
amasar *v* – to amass
ambición *f* – ambition
ambiental *adj* – environmental, ambient
ambientalismo *m* – environmentalism
ambientalista *adj* – environmentalist
ambientalista *m/f* – environmentalist
ambientalmente responsable – environmentally responsible
ambientalmente sostenible – environmentally sustainable
ambiente *m* – environment, atmosphere
ambiente laboral – job environment
ambiguamente *adv* – ambiguously
ambigüedad *f* – ambiguity
ambiguo *adj* – ambiguous
ámbito *m* – domain, field, scope
ambulancia *f* – ambulance
amedrentar *v* – to scare, to intimidate
amenaza *f* – threat, menace
amenazador *adj* – threatening, menacing
amenazar *v* – to threaten
amenidades *f* – amenities
amigable *adj* – friendly, amicable
amigable componedor – friendly mediator
amigable composición – settlement through a friendly mediator
amiguismo *m* – cronyism
amillaramiento *m* – tax assessment
amillarar *v* – to assess a tax, to assess
amnesia *f* – amnesia

amnistía *f* – amnesty, pardon
amnistía fiscal – tax amnesty
amnistiar *v* – to grant amnesty, to pardon
amo *m* – head of household, proprietor
amodorrecer *v* – to make drowsy
amojonamiento *m* – delimitation, demarcation
amojonar *v* – to delimit, to mark the boundaries of
amonedación *f* – minting
amonedar *v* – to mint
amonestación *f* – admonition, order
amonestador *adj* – admonishing, ordering
amonestar *v* – to admonish, to order
amoratado *adj* – black and blue
amortizable *adj* – amortizable, depreciable, redeemable
amortización *f* – amortization, depreciation, redemption
amortización acelerada – accelerated depreciation
amortización fija – fixed depreciation, fixed amortization
amortización variable – variable depreciation
amortizar *v* – to amortize, to depreciate, to redeem
amotinador *m* – rioter, agitator
amotinar *v* – to riot, to mutiny
amovible *adj* – movable, transferable
amovilidad *f* – removability, transferability
ampara *f* – attachment
amparar *v* – to protect, to support, to attach, to pardon
ampararse *v* – to obtain protection, to protect oneself
amparo *m* – protection, support, shelter, pardon, exemption
amparo social – social security
ampliación *f* – extension, enlargement, increase
ampliamente reconocido – widely recognized
ampliar *v* – to develop, to enlarge, to extend, to expand
amplificar *v* – to enlarge, to extend, to develop
amugamiento *m* – delimitation
añadir *v* – to add, to add up, to append
analfabetismo *m* – illiteracy
analfabeto *m* – illiterate
analfabeto *adj* – illiterate
análisis *m* – analysis
análisis de decisiones – decision analysis
análisis de trabajo – job analysis
análisis organizacional – organizational analysis
análisis profesional – professional analysis
analista *m/f* – analyst

analítico *adj* – analytical
analizar *v* – to analyze
análogamente *adv* – analogously
analogía *f* – analogy, similarity, resolution of a case based on the guidelines used in analogous matters
analogía jurídica – resolution of a case based on the guidelines used in analogous matters
analógico *adj* – analogical
análogo *adj* – analogous, similar
anarquía *f* – anarchy
anarquismo *m* – anarchism
anarquista *adj* – anarchist
anarquista *m/f* – anarchist
anata *f* – yearly income
ancestral *adj* – ancestral
ancianidad *f* – old age
anciano *adj* – aged, elderly
anejar *v* – to annex, to attach
anejo *m* – annex, attached document, enclosure
anexar *v* – to annex, to attach, to append
anexidades *f* – accessories, adjuncts, incidental rights or things
anexión *f* – annexation
anexionar *v* – to annex
anexo *m* – annex, attached document, enclosure
angaria *f* – angary
angustias mentales – mental anguish
animal peligroso – dangerous animal
animar *v* – to encourage, to stimulate
ánimo *m* – intent, intention, encouragement
ánimo criminal – criminal intent
ánimo de lucro – intention to profit
animosidad *f* – animosity
aniquilación *f* – annihilation
aniquilador *m* – annihilator
aniquilar *v* – to annihilate
aniversario de la póliza – policy anniversary
anomalía *f* – anomaly
anómalo *adj* – anomalous, abnormal, irregular
anonadar *v* – to annihilate, to dishearten completely
anonimato *f* – anonymity
anónimo *m* – anonymous
anormal *adj* – abnormal, irregular
anotación *f* – annotation, note, filing, entry
anotar *v* – to annotate, to note, to file, to enter
antagonismo *m* – antagonism
ante *prep* – before, in the presence of
ante la sala – in open court
ante mi – before me
ante todo – before all, above all
antecedente *adj* – antecedent, preceding
antecedentemente *adv* – previously

antecedentes *m* – record, precedent, history
antecedentes crediticios – credit history
antecedentes criminales – criminal record
antecedentes laborales – employment history
antecedentes penales – criminal record
antecedentes policiales – police history, arrest record
antecesor *m* – predecessor
antecesor *adj* – previous, preceding
antecontrato *m* – preliminary agreement
antedata *f* – antedate, backdate
antedatado *adj* – antedated, backdated
antedatar *v* – to antedate, to backdate
antedicho *adj* – aforesaid, aforenamed, aforementioned
antefechar *v* – to predate
antefirma *f* – title of the person signing
antejuicio *m* – pre-trial conference
antelación *f* – previousness, precedence
antemano *adv* – beforehand
antemencionado *adj* – aforesaid, aforementioned
antenacido *adj* – prematurely born
antenada *f* – stepdaughter
antenado *m* – stepson
antenupcial *adj* – antenuptial
antepagar *v* – to prepay, to pay beforehand
antepasado *m* – ancestor
anteponer *v* – to give priority to, to place ahead of
anteposición *f* – anteposition
anteprocesal *adj* – pre-trial
anteproyecto *m* – preliminary draft, blueprint
anteproyecto de contrato – preliminary draft of a contract
anteproyecto de ley – draft bill
anterioridad *f* – anteriority, priority
anteriormente *adv* – previously, heretofore
antes citado – aforementioned, before-cited
antes de impuestos – pretax, before-tax
antes del juicio – before trial
antes escrito – above-written
antes mencionado – above-mentioned
anticipación *f* – anticipation, prepayment
anticipadamente *adv* – in advance
anticipado *adj* – in advance, anticipated
anticipar dinero – to advance money
anticipatorio *adj* – anticipatory
anticipo *m* – advance payment, advance, anticipation, bargain money
anticompetitivo *adj* – anticompetitive
anticonstitucional *adj* – anticonstitutional
anticontaminación *adj* – antipollution
anticresis *f* – antichresis
anticresista *m* – antichresis creditor
anticrético *adj* – antichretic

antidisturbios *adj* − anti-riot
antidroga *adj* − anti-drug
antidumping *adj* − antidumping
antieconómico *adj* − uneconomic
antifernales *m* − property transferred to a wife in a marriage contract
antigubernamental *adj* − antigovernment
antigüedad *f* − seniority, antiquity, bumping
antigüedad en la empresa − seniority
antihigiénico *adj* − unhygienic
antiinflacionario *adj* − anti-inflationary
antiinflacionista *adj* − anti-inflationary
antijurídico *adj* − unlawful
antilegal *adj* − unlawful
antilogía *f* − antilogy
antilógico *adj* − antilogical
antimonopólico *adj* − antitrust, antimonopoly
antimonopolio *adj* − antitrust, antimonopoly
antimonopolista *adj* − antitrust, antimonopoly
antimoral *adj* − immoral
antinomia *f* − antinomy
antipoca *f* − deed acknowledging a lease, deed acknowledging an annuity contract that runs with the land
antipocar *v* − to acknowledge a lease in writing, to acknowledge an annuity contract that runs with the land in writing
antiprofesional *adj* − unprofessional
antirreglamentario *adj* − against the rules
antirrobo *adj* − anti-theft
antisexista *adj* − anti-sexist
antisocial *adj* − antisocial
antitabaco *adj* − anti-tobacco, anti-smoking
antiterrorista *adj* − anti-terrorist
antor *m* − seller of stolen goods
antoría *f* − right of recovery against the seller of stolen goods
antropología criminal − criminal anthropology
antropometría *f* − anthropometry
anual *adj* − annual, yearly
anualidad *f* − annuity, annual charge, annual occurrence
anualidad fija − fixed annuity
anualidad grupal − group annuity
anualidad variable − variable annuity
anualizado *adj* − annualized
anualizar *v* − to annualize
anualmente *adv* − annually
anuencia *f* − consent
anuente *adj* − consenting
anulabilidad *f* − voidability, annullability
anulable *adj* − voidable, cancelable, annullable
anulación *f* − annulment, nullification, cancellation

anulación de contrato − nullification of contract
anulación de matrimonio − annulment of marriage
anulación de póliza − cancellation of policy
anulado *adj* − voided, annulled, cancelled, defeated
anulador *adj* − annulling, canceling
anular *v* − to void, to cancel, to annul, to defeat, to reverse
anulativo *adj* − nullifying, annulling, voiding
anunciado *adj* − advertised, announced
anunciante *m/f* − advertiser, announcer
anunciar *v* − to advertise, to announce
anuncio *m* − announcement, notice, advertisement, commercial
anuncio de empleo − job advertisement
anuncio de oferta − invitation to bid
anuncio engañoso − false advertisement
anverso *m* − obverse, front, face of a document
añadido *m* − allonge, addition
añadir *v* − to add, to increase
añagaza *f* − trick, bait
año bisiesto − leap year
año civil − civil year, calendar year
año comercial − commercial year, business year
año en curso − current year
año fiscal − fiscal year
año judicial − judicial year
año jurídico − legal year
año muerto − year of grace
año natural − calendar year, natural year
año social − corporate year
apalabrar *v* − to agree to verbally, to contract verbally
apalancamiento *m* − leverage
apalancar *v* − to leverage
apando *m* − solitary confinement
aparcería *f* − sharecropping, partnership
aparcero *m* − sharecropper, partner
aparecer *v* − to appear
aparente *adj* − apparent, fitting
apariencia *f* − appearance, probability
apartado *m* − paragraph, section, Post Office Box
Apartado de Correos − Post Office Box
apartamento *m* − apartment, flat
apartamiento *m* − separation, withdrawal, apartment
apartar *v* − to separate, to sort
apátrida *adj* − stateless
apear *v* − to survey
apelable *adj* − appealable
apelación *f* − appeal
apelación con efecto devolutivo − appeal which does not suspend execution of

judgment

apelación con efecto suspensivo – appeal which suspends execution of judgment

apelación extraordinaria – appeal for annulment

apelado *m* – appellee, decision subject to appeal

apelado *adj* – appealed

apelador *m* – appellant

apelante *m/f* – appellant

apelar *v* – to appeal

apellido *m* – surname

apellido de soltera – maiden name

apeo *m* – survey

apercibido *adj* – warned, cautioned

apercibimiento *m* – warning, caution, notification

apercibir *v* – to warn, to caution, to provide, to receive

apersonado *m* – a party to an action

apersonamiento *m* – appearance

apersonarse *v* – to appear, to become a party to an action

apertura *f* – opening

apertura de audiencia – opening of trial

apertura de las propuestas – opening of bids

apertura de negociaciones – opening of negotiations

apertura de propuestas – opening of bids

apertura del testamento – reading of a will

apiadarse *v* – to take pity on, to grant amnesty, to pardon

aplazable *adj* – postponable

aplazada *f* – extension of time

aplazado *adj* – deferred, subject to a term

aplazamiento *m* – deferment, postponement, adjournment, summons

aplazar *v* – to defer, to postpone, to adjourn, to summon

aplicación *f* – application, enforcement, implementation

aplicación de una ley – enforcement of a law

aplicación del derecho – enforcement of a law

aplicar *v* – to apply, to impose, to impose a penalty, to enforce a law, to award

aplicarse *v* – to apply, to work hard, to be applicable

ápoca *f* – receipt

apócrifo *adj* – apocryphal

apoderado *m* – representative, agent, attorney, proxy

apoderado general – general agent, managing partner

apoderado judicial – attorney

apoderamiento *m* – empowerment, power of attorney, appropriation

apoderar *v* – to empower, to grant power of

attorney, to give possession

apodo *m* – nickname

apógrafo *m* – copy, transcript

apolítico *adj* – apolitical

apologia *f* – justification, apology

aportación *m* – contribution, dowry

aportar *v* – to contribute, to arrive into port, to bring a dowry

aporte jubilatorio – payment to a retirement fund

apostar *v* – to bet, to post

apostilla *f* – annotation, footnote

apoyar *v* – to support, to confirm, to help, to aid, to back, to second

apoyar la moción – to second the motion

apoyo *m* – support, backup

apreciable *adj* – appreciable, considerable

apreciación *f* – appreciation, appraisal

apreciación de las pruebas – weighing of the evidence

apreciador *m* – appraiser

apreciar *v* – to appraise, to appreciate

aprehender *v* – to apprehend, to arrest, to conceive

aprehensión *f* – apprehension, arrest, seizure

aprehensor *m* – apprehender

apremiar *v* – to urge, to compel

apremio *m* – court order, decree, legal proceedings for debt collection, pressure

apremio personal – legal proceedings for debt collection involving personal property

aprendiz *m/f* – apprentice, trainee

aprendizaje *m* – learning, apprenticeship

apresamiento *m* – capture, arrest, imprisonment

apresar *v* – to capture, to arrest, to imprison

aprisionar *v* – to imprison, to capture

aprobación *f* – approval, ratification, approbation

aprobación de un contrato – approval of a contract

aprobación final – final approval

aprobación legal – legal approval

aprobación total – total approval

aprobado *adj* – approved

aprobar *v* – to approve, to ratify, to pass

aprobar la moción – to carry the motion

aprontar *v* – to comply with an obligation promptly, to pay immediately

apropiación *f* – appropriation

apropiado *adj* – appropriate, appropriated

apropiador *m* – appropriator

apropiar *v* – to appropriate

aprovechamiento *m* – utilization, enjoyment

aprovecharse de – to take advantage of

aprovisionamiento *m* – supply

aprovisionar *v* – to supply

aproximación *f* – approximation

aptitud *f* – aptitude, competency, capability
apto *adj* – apt, capable
apuesta *f* – bet
apuntamiento *m* – annotation, summary
apuntar *v* – to aim, to note
apunte *m* – note, entry
apuñalar *v* – to stab
apuro *m* – legal proceedings for collection, difficult situation, haste
aquiescencia *f* – acquiescence, consent
aquiescer *v* – to acquiesce
arancel *m* – tariff, tariff schedule, duty, schedule of fees
arancel ad valorem – ad valorem tariff, ad valorem duty
arancel aduanero – customs tariff, tariff, schedule of customs duties
arancel notarial – schedule of notary's fees
arancelario *adj* – tariff, pertaining to tariffs
arbitrable *adj* – arbitrable
arbitración *f* – arbitration
arbitrador *m* – arbitrator, arbiter
arbitraje *m* – arbitration, arbitrage
arbitraje comercial – commercial arbitration
arbitraje extrajudicial – out-of-court arbitration
arbitraje judicial – arbitration which follows rules of court procedure
arbitraje laboral – labor arbitration
arbitrajista *m/f* – arbitrageur
arbitral *adj* – arbitral
arbitramento *m* – arbitration, arbitration award
arbitrar *v* – to arbitrate
arbitrariamente *adv* – arbitrarily, through arbitration
arbitrariedad *f* – arbitrariness
arbitrario *adj* – arbitrary, arbitral
arbitrativo *adj* – arbitrative
arbitrio *m* – arbitrament, decision, tax, free will, discretion
arbitrio judicial – judicial decision
arbitrios *m* – taxes, resources
arbitrista *m/f* – crank politician, a person who promotes economically unsound schemes
arbitro *m* – arbitrator, arbiter, arbitration judge
árbol genealógico – genealogical tree
archivador *m* – archivist, file clerk
archivar *v* – to file, to archive
archivero *m* – archivist, file clerk
archivista *m/f* – archivist, file clerk
archivo *m* – file, archive, archives, record
archivo adjunto – attached file, attachment
archivo anexo – attached file, attachment
archivo confidencial – confidential file
archivo contable – accounting file
ardid *f* – scheme, ruse, plot, stratagem

área aduanera – customs area
área de desastre – disaster area
área de libre comercio – free-trade area
área de moneda común – common currency area
área impactada – impacted area
argucia *f* – ruse
argüir *v* – to argue, to reason, to allege
argumentación *f* – argumentation, reasoning
argumentar *v* – to argue
argumento *m* – argument, reasoning, summary
aristocracia *f* – aristocracy
aristócrata *m/f* – aristocrat
aristodemocracia *f* – aristo-democracy
arma *m* – weapon
arma asesina – murder weapon
arma blanca – cold steel
arma de fuego – firearm
arma homicida – murder weapon
arma mortal – lethal weapon
arma mortífera – lethal weapon
armada *f* – navy
armado *adj* – armed
armador *m* – ship owner
armamento *m* – armaments
armar *v* – to arm, to cock, to supply
armisticio *m* – armistice
armonización *f* – harmonization
armonizar *v* – to harmonize
arquear *v* – to audit, to measure a ship's capacity
arqueo *m* – audit, a ship's capacity, tonnage
arquero *m* – teller
arquetipo *m* – archetype
arraigado *m* – a person released on bail
arraigado *adj* – released on bail, settled
arraigar *v* – to put up a bond, to purchase real estate, to establish firmly
arraigo *m* – bailment, bail, real estate
arras *f* – security, earnest money, down payment, dowry
arrebato *m* – fury, heat of passion
arreglado *adj* – settled, agreed upon, orderly
arreglador *m* – adjuster
arreglar *v* – to arrange, to fix, to settle, to adjust
arreglarse *v* – to settle, to compromise
arreglarse con – to agree with, to conform to
arreglo *m* – arrangement, settlement, agreement, compromise, adjustment
arreglo extrajudicial – out-of-court settlement
arremeter *v* – to attack, to assault
arremetida *f* – attack, assault
arrendable *adj* – leasable
arrendación *f* – lease
arrendado *adj* – leased
arrendador *m* – lessor, lessee, landlord

arrendamiento *m* – lease, leasing, lease contract, renting, hiring
arrendante *m/f* – lessor, lessee
arrendar *v* – to lease, to let, to hire
arrendatario *m/f* – lessee, tenant
arrendaticio *adj* – pertaining to a lease
arrepentimiento espontáneo – spontaneous repentance, spontaneous confession
arrepentirse *v* – to repent, to reconsider, to revoke
arrestado *m* – arrestee, an arrested person
arrestar *v* – to arrest, to imprison, to detain
arresto *m* – arrest, imprisonment, detention
arresto domiciliario – house arrest
arriba mencionado – abovementioned
arribada *f* – arrival of a vessel to port, arrival
arriendo *m* – lease, hire
arriesgado *adj* – risky, hazardous
arriesgar *adj* – to risk
arroba (@) *f* – at sign, @
arrogación *f* – arrogation
arrogar *v* – to arrogate
arrogarse *v* – to usurp
arrojar *v* – to throw, to expel
arrollar *v* – to run over, to defeat, to ignore
arruinado *adj* – ruined, bankrupt
arruinarse *v* – to go bankrupt, to become ruined
arsenal *m* – arsenal, shipyard
arte *m/f* – art, profession, skill
articulación *f* – articulation, question
articulado *m* – sections of a statute, series of articles, series of clauses
articular *v* – to articulate, to formulate, to divide into articles
artículo *m* – article, item, clause, section, a question during an interrogatory
artículo patentado – patented article
artículos de contrabando – smuggled goods
artículos y servicios – goods and services
artificial *adj* – artificial
artificio *m* – artifice
artimaña *f* – stratagem
asalariado *m* – salaried worker, wage earner
asalariado *adj* – salaried
asalariar *v* – to pay a salary, to pay wages
asaltador *m* – assailant, attacker
asaltante *m/f* – assailant, attacker
asaltar *v* – to assail, to assault, to attack, to rob
asalto *m* – assault, attack, robbery
asalto a mano armada – assault with a deadly weapon
asalto simple – simple assault
asalto y agresión – assault and battery
asamblea *f* – assembly, meeting
asamblea anual – annual meeting
asamblea constituyente – constitutional convention
asamblea consultiva – advisory body
asamblea de accionistas – shareholders' meeting
asamblea de acreedores – creditors' meeting
asamblea extraordinaria – special meeting
asamblea general – general meeting
asamblea legislativa – legislature
asamblea plenaria – plenary meeting
asambleísta *m/f* – member of an assembly
ascendencia *f* – ancestry, authority
ascender *v* – to promote, to rise
ascendiente *m/f* – ascendant, ancestor
ascenso *m* – promotion, rise
asechanza *f* – entrapment
asegurabilidad *f* – insurability
asegurable *adj* – insurable, assurable
aseguración *f* – insurance
asegurado *m* – insured, insured person
asegurado *adj* – insured, assured
asegurador *m* – insurer, underwriter, assurer
aseguradora *f* – insurer, insurance company, underwriter
aseguramiento *m* – assurance, insuring, insurance, securing
aseguranza *f* – insurance
asegurar *v* – to insure, to underwrite, to assure, to affirm, to secure, to reassure
asegurarse *v* – to obtain insurance, to become certain
aseguro *m* – insurance, assurance
asentamiento *m* – recording, settlement, establishment, attachment
asentar *v* – to make an entry, to record, to enter, to post, to write down, to set firmly, to affirm
asentimiento *m* – assent
asentir *v* – to assent, to acquiesce
aserción *f* – assertion
asertorio *adj* – assertory
asesinar *v* – to assassinate, to murder
asesinato *m* – assassination, murder
asesinato a sangre fría – cold-blooded murder
asesinato en primer grado – murder in the first degree
asesinato en segundo grado – murder in the second degree
asesino *m* – assassin, murderer
asesor *m* – adviser, legal adviser, counselor, consultant
asesor comercial – commercial advisor
asesor de finanzas – financial adviser
asesor de seguros – insurance consultant
asesor fiscal – tax adviser
asesor jurídico – legal advisor
asesor legal – legal advisor
asesor letrado – legal adviser

asesorado jurídicamente – legally advised
asesorado legalmente – legally advised
asesoramiento *m* – advice, counsel, counseling
asesoramiento jurídico – legal counseling
asesoramiento legal – legal counseling
asesorar *v* – to advise, to counsel
asesoría *f* – advice, counseling, consultant, consultant's office, consultant's fee
asesoría jurídica – legal counseling
asesoría legal – legal counseling
aseveración *m* – asseveration, affirmation, averment
aseverar *v* – to asseverate, to affirm
aseverativo *adj* – affirmative
asiento *m* – seat, entry, posting
asiento compensatorio – offsetting entry
asiento contable – accounting entry, book entry
asiento del mayor – ledger entry
asiento equivocado – wrong entry
asiento falsificado – falsified entry, false entry
asignable *adj* – assignable, allocable
asignación *f* – assignment, allotment, assignation, allowance, allocation, appropriation
asignación familiar – family allowance
asignación y distribución – allocation and distribution
asignado *adj* – assigned, allocated, allotted
asignado *m* – allottee
asignar *v* – to assign, to allocate, to allot, to establish, to designate
asignatario *m* – beneficiary, legatee
asilado *m* – a person who has been given asylum
asilamiento *m* – granting of asylum
asilar *v* – to grant asylum
asilo *m* – asylum, home
asilo diplomático – diplomatic asylum
asilo político – political asylum
asimilación *f* – assimilation
asistencia *f* – assistance, attendance, aid
asistencia del estado – government assistance, state assistance
asistencia del gobierno – government assistance
asistencia económica – economic assistance
asistencia jurídica – legal aid, legal services, legal assistance
asistencia legal – legal aid, legal services, legal assistance
asistencia médica – medical assistance
asistencial *adj* – pertaining to public assistance, pertaining to assistance
asistencias *f* – allowance, alimony
asistente *m/f* – attendee, assistant

asistente judicial – judicial assistant
asistido legalmente – legally assisted
asistir *v* – to attend, to assist, to aid
asistir a una reunión – to attend a meeting
asociación *f* – association, organization
asociación afiliada – affiliated association
asociación anónima – corporation
asociación benéfica – charitable association
asociación de empleados – employee association
asociación delictiva – criminal conspiracy
asociación gremial – trade association, labor union, labour union
asociación personal – partnership
asociación profesional – professional association
asociación sin fines de lucro – nonprofit organization
asociación sindical – labor union, labour union
asociado *m* – associate, partner
asociarse *v* – to join, to become associated, to incorporate, to form a partnership
asocio *m* – association, corporation
asonada *m* – disturbance, riot
aspirante *m/f* – applicant, candidate
astucia *f* – astuteness, cunning, shrewdness
asueto *m* – time off, day off, half-day off
asumible *adj* – assumable
asumido *adj* – assumed
asumir *v* – to assume, to take
asumir control – to assume control, to take over
asunción *f* – assumption
asunción de responsabilidad – assumption of liability
asuntar *v* – to litigate
asunto *m* – matter, issue, lawsuit
asunto administrativo – administrative matter
asunto bancario – banking matter
asunto clandestino – clandestine business
asunto contencioso – matter in dispute, matter of litigation
asunto criminal – criminal intent, criminal matter
asunto empresarial – business matter, enterprise matter
asunto fiscal – fiscal matter
asunto ilegal – illegal matter
asunto legal – legal matter
asunto mercantil – commercial matter
asuntos de la agenda – agenda items
asustar *v* – to scare
atacable *adj* – refutable
atacante *m/f* – assailant, attacker
atacar *v* – to attack, to assault, to challenge, to contest

ataque *m* – attack, assault
ataque a mano armada – assault with deadly
weapon
ataque mortal – deadly attack
ataque verbal – verbal attack
atascadero *m* – impasse
atasco *m* – impasse
ateísmo *m* – atheism
atemorizar *v* – to terrify, to frighten
atención *f* – attention, courtesy, service,
interest
atenciones *f* – obligations, affairs, courtesies
atender *v* – to attend to, to pay attention to,
to deal with, to be aware of
atenerse a – to comply with, to abide by
atentado *m* – attempt, attack, threat, abuse of
authority
atentado al pudor – indecent assault,
indecency
atentado contra la vida – attempt to kill
atentamente *adv* – with care, sincerely
atentar *v* – to attempt, to attempt a criminal
action
atentatorio *adj* – which constitutes an
attempt, illegal
atenuación *f* – extenuation, mitigation
atenuado *adj* – extenuated, mitigated
atenuante *f* – extenuating circumstance
atenuante *adj* – extenuating, mitigating
atenuar *v* – to extenuate, to mitigate
ateo *adj* – atheistic
ateo *m* – atheist
atesorar *v* – to hoard, to collect valuables
atestación *f* – attestation, testimony, affidavit
atestado *m* – affidavit, certification,
statement
atestado *adj* – witnessed, certified
atestar *v* – to attest, to testify, to witness, to
vouch for, to depose, to certify
atestiguación *f* – testimony, affidavit,
attestation, deposition
atestiguamiento *m* – testimony, affidavit,
attestation, deposition
atestiguar *v* – to attest, to testify, to witness,
to depose, to certify
atinado *adj* – relevant, correct
atinente *adj* – relevant, pertinent
atípico *adj* – atypical
atolladero *m* – impasse
atolondrado *adj* – reckless
atormentar *v* – to torment
atracador *m* – stickup person, robber,
assailant
atracar *v* – to stickup, to rob, to assault, to
moor
atraco *m* – stickup, robbery, assault
atrasado *adj* – in arrears, behind, back, late,
delinquent

atrasar *v* – to delay, to postpone
atraso *m* – delay, arrearage
atrasos *m* – arrears, back pay
atribución *f* – attribution, obligation,
function
atribuir *v* – to attribute, to confer
atrocidad *f* – atrocity
atropellar *v* – to violate, to run over, to abuse
atropello *m* – violation, running down, abuse
audición *f* – audition, hearing
audiencia *f* – hearing, trial, court, day of
hearing, audience
audiencia administrativa – administrative
hearing
audioconferencia *f* – audio conference
audiovisual *adj* – audiovisual
auditabilidad *f* – auditability
auditable *adj* – auditable
auditado *adj* – audited
auditar *v* – to audit
auditor *m* – auditor, judge, judge advocate
auditor autorizado – authorized auditor
auditor bancario – bank auditor
auditor estatal – state auditor
auditor externo – external auditor
auditor fiscal – tax auditor
auditor independiente – independent auditor
auditor interno – internal auditor
auditoría *f* – audit, auditing, auditing firm,
office of judge advocate
auditoría administrativa – administrative
audit
auditoría anual – annual audit
auditoría completa – complete audit
auditoría contable – accounting audit
auditoría de campo – field audit
auditoría de cuentas – auditing of accounts
auditoría externa – external audit
auditoría fiscal – tax audit, fiscal audit
auditoría interna – internal audit
aumentado *adj* – increased
aumentar *v* – to increase
aumento *m* – increase, gain
aunar *v* – join, unify, pool, harmonize
ausencia *f* – absence
ausencia de herederos – absence of heirs
ausencia de negligencia – absence of
negligence
ausencia por enfermedad – sick leave
ausentado *adj* – absent
ausentado *m* – absentee
ausente *m* – absentee, missing person
ausentismo *m* – absenteeism
auspiciar *v* – to sponsor
auspicio *m* – sponsorship
austeridad económica – economic austerity
autarquía *f* – autarchy
autárquico *adj* – autarchic, autarchical

auténtica *f* – attestation, certification
autenticación *f* – authentication, attestation
autenticado *adj* – authenticated, attested
autenticar *v* – to authenticate, to attest
autenticidad *f* – authenticity
auténtico *adj* – authentic, certified
autentificación *f* – authentication, attestation
autentificar *v* – to authenticate, to attest
auto *m* – decree, writ, court order, order, decision, car
auto acordado – a supreme court decision where all justices or branches participate
auto bomba – car bomb
auto de comparecencia – summons
auto de detención – warrant of arrest
auto de ejecución – writ of execution
auto de embargo – writ of attachment
auto de enjuiciamiento – decision
auto de pago – official demand for payment
auto de posesión – writ of possession
auto de prisión – order for incarceration, warrant of arrest
auto de procesamiento – indictment
auto de quiebra – declaration of bankruptcy
auto de sobreseimiento – stay of proceedings
auto de sustanciación – order to proceed
autoacusación *f* – self-accusation, confession
autoacusatorio *adj* – self-accusatory
autoadministrado *adj* – self-administered
autoasegurador *m* – self-insurer
autoayuda *f* – self-help
autocomposicion *f* – out-of-court settlement
autoconsistente *adj* – self-consistent
autoconsumo *m* – consumption or utilization of that which the same person or entity produces or provides
autocontradictorio *adj* – self-contradictory
autocontrato *m* – contract where one party acts on behalf of both parties
autocontrol *m* – self-control
autocopiar *v* – to copy
autocracia *f* – autocracy
autócrata *m/f* – autocrat
autodefensa *f* – self-defense, self-representation
autodespido *m* – resignation
autodeterminación *f* – self-determination
autodirección *f* – self-management
autoejecutable *adj* – self-executing
autoempleo *m* – self-employment
autoevaluación *f* – self-evaluation
autofinanciamiento *m* – self-financing
autogestión *f* – self-management
autogobernado *adj* – self-governed
autogobierno *m* – self-government
autógrafo *m* – autograph

autoincriminación *f* – self-incrimination
autoinfligido *adj* – self-inflicted
autolesión *f* – self-inflicted injury
autoliquidación *f* – self-liquidation, self-assessment
automatización *f* – automation
automatizado *adj* – automated
automutilación *f* – self-mutilation
autonomía *f* – autonomy
autonomía de la voluntad – free will
autónomo *adj* – autonomous
autonotificación *f* – service by an interested party
autopreservación *f* – self-preservation
autoprotección *f* – self-protection
autopsia *f* – autopsy
autor *m* – author, perpetrator
autoridad *f* – authority
autoridad absoluta – absolute authority
autoridad judicial – judicial authority
autoridad legal – legal authority
autoridades *f* – authorities
autoridades civiles – civil authorities
autoridades jurídicas – legal authorities
autoridades policiales – police authorities
autoritativo *adj* – authoritative
autorización *f* – authorization, authority
autorización de contrato – contract authorization
autorización judicial – judicial authority, judicial authorization
autorización legal – legal authorization
autorización legislativa – legislative authority
autorizado *adj* – authorized, official
autorizado por ley – authorized by law
autorizar *v* – to authorize, to certify, to witness, to legalize
autorregulación *f* – self-regulation
autos *f* – court proceedings
autoseguro *m* – self-insurance
autosuficiencia *f* – self-sufficiency
auxiliar *adj* – assistant, auxiliary
auxiliatorio *m* – an order by a superior court to compel compliance with another court's decree
auxilio marítimo – assistance at sea
aval *m* – aval, guarantee, endorsement
avalado *m* – guarantee, endorsee
avalar *v* – to guarantee, to support, to endorse
avalista *m/f* – guarantor, endorser, backer
avalorar *v* – to value, to appraise
avaluación *f* – appraisal, valuation
avaluador *m* – appraiser
avaluar *v* – to value, to appraise
avalúo *m* – appraisal, valuation, assessment
avalúo catastral – real estate appraisal,

property assessment
avalúo fiscal – appraisal for taxation purposes
avecinar v – to domicile, to approach
avecindar v – to domicile
avenencia f – agreement, settlement
avenidor m – mediator, arbitrator
avenimiento m – agreement, mediation
avenir v – to reconcile, to arbitrate
aventura f – adventure, risk
avería f – damage, failure, average
avería gruesa – general average
averiado adj – out of order, broken, damaged
averiar v – to damage
averiguación f – ascertainment, inquiry
averiguamiento m – ascertainment, inquiry
averiguar v – to ascertain, to inquire
aviar v – to finance, to supply, to prepare
avisar v – to notify, to give notice, to announce, to warn, to counsel
aviso m – notice, announcement, note, formal notice, warning, advertisement
aviso de comparecencia – notice of appearance
aviso de derechos de autor – copyright notice
aviso de despido – notice, dismissal notice
aviso de huelga – strike notice
aviso de incumplimiento – notice of default
aviso de quiebra – bankruptcy notice
aviso escrito – written notice
aviso formal – formal notice
aviso judicial – judicial notice
aviso legal – legal notice
avisos comerciales – trademark
avocación f – removal of a case from a lower to a superior court
avulsión f – avulsion
ayuda f – help, aid, assistance
ayuda alimentaria – food aid
ayuda alimenticia – food aid
ayuda del estado – government assistance, state assistance
ayuda del gobierno – government assistance
ayuda estatal – government assistance, state assistance
ayuda fiscal – tax assistance
ayuda gubernamental – government assistance
ayudante m/f – helper, assistant
ayudar v – to help, to assist, to aid
ayuntamiento m – municipal council, city hall, sexual intercourse
azar m – chance, misfortune

B

bache económico – economic slump
back office – back office
baja f – drop, decrease, withdrawal, discharge, casualty, leave, deregistration with tax authorities
baja calidad – low quality, bad quality
baja categoría – low category, demeaning
baja incentivada – voluntary redundancy
baja por enfermedad – sick leave
baja por maternidad – maternity leave
baja por paternidad – paternity leave
baja voluntaria – voluntary redundancy
bajeza f – baseness
bajo amenaza – under threat
bajo apercibimiento – under penalty
bajo arresto – under arrest
bajo consideración – under consideration
bajo contrato – under contract
bajo fianza – on bail
bajo juramento – under oath
bajo mano – clandestinely
bajo obligación – under obligation
bajo observación – under observation
bajo palabra – on one's recognizance, on parole
bajo pena de – under penalty of
bajo protesta – under protest
bajo sello – under seal
bala f – bullet
balacera f – shooting, shootout, shots
balance m – balance, balance sheet, asset and liability statement
balance de comercio – trade balance
balance de poder – balance of power
balance fiscal – tax balance sheet, balance sheet for tax purposes, fiscal balance
balanza f – balance, comparison
balanza cambista – balance of payments
balanza comercial – trade balance
balazo m – shot, bullet wound
baldío adj – unimproved, uncultivated, idle, vacant, unfounded
balear v – to shoot at, to shoot down
balística f – ballistics
balota f – ballot
balotaje m – voting
banalidad f – banality
banc – bench, banc
banca f – banking, bench
banca central – central banking

banca electrónica – electronic banking, e-banking
banca empresarial – enterprise banking, business banking
banca mercantil – merchant banking, commercial banking
bancario *adj* – banking, financial
bancarización *f* – extent to which the inhabitants of a given country or area have access to bank services
bancarrota *f* – bankruptcy
bancarrota fraudulenta – fraudulent bankruptcy
banco *m* – bank, bench
banco agrario – land bank
Banco Central Europeo – European Central Bank
banco de trabajos – job bank
banco estatal – government bank, state bank
Banco Europeo de Inversiones – European Investment Bank
banco gubernamental – government bank
banco hipotecario – mortgage bank
Banco Interamericano de Desarrollo – Inter-American Development Bank
Banco Mundial – World Bank
banda *f* – gang, band, faction
bandeja de entrada – inbox
bandeja de salida – outbox
bandera de conveniencia – flag of convenience
bandera nacional – national flag
bandidaje *m* – banditry
bandido *m* – bandit, outlaw
bando *m* – faction, proclamation
bandolero *m* – bandit, outlaw
banner publicitario – banner advertisement
banquero *m* – banker
banquillo *m* – defendant's seat, gallows
baratería *f* – barratry, fraud
baratero *m* – barrator, grafter
barato *adj* – inexpensive, cheap
barbárico *adj* – barbaric
barbaridad *f* – barbarity
barbecho *m* – fallow
barcaje *m* – transport by vessel, fee for transport by vessel
baremo *m* – rate table, rate schedule
barraca *f* – warehouse, cabin, hut, worker's hut
barraquero *m* – warehouser
barrera *f* – barrier
barreras de comunicación – communication barriers
barrio *m* – district, quarter
barruntar *v* – to guess, to conjecture
basarse en – to rely on, to be based on
base *f* – base, basis, foundation

base ajustada – adjusted basis
base amortizable – depreciable basis
base de datos – database
bases *f* – terms and conditions, bases, fundamentals
bases constitutivas – articles of incorporation
bastantear *v* – to officially accept the credentials of an attorney
bastanteo *m* – the official acceptance of the credentials of an attorney
bastantero *m* – the official who verifies the credentials of an attorney
bastardear *v* – to falsify, to adulterate
belicismo *m* – bellicosity
beligerancia *f* – belligerence
beneficencia *f* – beneficence, charity organization, social welfare
beneficencia social – social welfare
beneficiado *m* – beneficiary
beneficiar *v* – to benefit, to develop
beneficiario *m* – beneficiary, payee
beneficiario de una póliza – beneficiary of a policy
beneficiario del fideicomiso – beneficiary of trust
beneficiencia *f* – beneficence, charity organization, social welfare
beneficio *m* – benefit, profit, gain, return
beneficio de pobreza – right of an indigent to appear in court without paying expenses or fees
beneficio fiscal – taxable profit, taxable benefit
beneficios jubilatorios – retirement benefits
beneficios marginales – fringe benefits, marginal profits
beneficios médicos – medical benefits
beneficioso *adj* – beneficial, profitable
benéfico *adj* – benevolent
benevolencia *f* – benevolence
beodez *f* – drunkenness
beodo *m* – drunkard
beodo *adj* – drunk
bestia *m/f* – beast
bianual *adj* – biannual
bicameral *adj* – bicameral
bien común – common good
bien de familia – homestead
bien informado – well-informed
bien preparado – well-prepared
bien público – public good
bienal *adj* – biennial
bienalmente *adv* – biennially
bienes *m* – property, assets, estate, goods, commodities
bienes abandonados – abandoned property
bienes hereditarios – inherited property,

decedent's estate
bienes inmuebles – real estate, real property
bienes intangibles – intangible assets
bienes muebles – personal property
bienes raíces – real estate, real property
bienes reales – real estate, real property
bienes tangibles – tangible goods
bienes y activos – property and assets, goods and assets
bienes y servicios – goods and services
bienestar *m* – welfare, well-being
bienestar social – social welfare
bienhechuría *f* – improvements
bienquerencia *f* – goodwill
bigamia *f* – bigamy
bígamo *m* – bigamist
bilateral *adj* – bilateral
bilateralismo *m* – bilateralism
bilateralmente *adv* – bilaterally
bilingüe *adj* – bilingual
billete *m* – bill, note, ticket
billetera *f* – wallet
billetero *f* – wallet
billón *m* – billion, trillion
bimensual *adj* – bimonthly
bimestral *adj* – bimestrial, bimonthly
bimestre *m* – bimester
bínubo *m* – a person who has married a second time
bioagricultura *f* – bioagriculture
bioeconomía *f* – bioeconomics
biotecnología *f* – biotechnology
bipartidario *adj* – bipartisan
bipartidismo *m* – two party system
bipartito *adj* – bipartite
bisabuela *f* – great-grandmother
bisabuelo *m* – great-grandfather
bisemanal *adj* – biweekly
bisexual *adj* – bisexual
bisiesto *m* – leap year
bisnieta *f* – great-granddaughter
bisnieto *m* – great-grandson, great-grandchild
blanquear *v* – launder
blanqueo de dinero – money laundering
bloque comercial – trading bloc
bloqueado *adj* – blocked, frozen
bloquear *v* – to block, to freeze, to blockade, to obstruct
bloqueo *m* – blockade, freezing
bochinche *m* – riot, tumult
bochinchero *m* – troublemaker, rioter
boda *f* – wedding
bodega *f* – cellar, storehouse, hold, barroom
boicot *m* – boycott
boicotear *v* – to boycott
boicoteo *m* – boycott, boycotting
boleta *f* – ticket, ballot, certificate, permit

boletín *m* – bulletin, ticket, voucher, journal, magazine, gazette, newsletter
boletín judicial – law journal, law reporter
boletín oficial – official magazine, official journal, official gazette
boleto *m* – ticket, bill, preliminary contract
bolsa *f* – stock exchange, exchange, purse
bolsa de valores – securities exchange, stock exchange
bolsista *m/f* – market investor, market speculator
bomba *f* – bomb, pump
bona fide – in good faith, bona fide
bona fides – good faith, bona fides
bonificación *f* – bonus, allowance, rebate, discount
bonificar *v* – to give a bonus, to grant an allowance, to rebate, to discount
bonista *m/f* – bondholder
bono *m* – bond, bonus, voucher
bono del estado – government bond, state bond
bono del gobierno – government bond
borrachera *f* – drunkenness
borrachez *f* – drunkenness
borracho *m* – drunkard, habitual drunkard
borracho habitual – habitual drunkard
borrador *m* – rough draft, draft, daybook
borradura *f* – erasure, deletion
borrar *v* – to erase, to delete
borrón *m* – blot, erasure, rough draft
botín *m* – booty
bóveda *f* – vault
bracero *m* – laborer, day laborer
brazo *m* – branch, arm
brazos *m* – laborers, backers
brecha comercial – trade gap
brigada *f* – brigade, squad
broker *m* – broker
browser *m* – browser
brutalidad *f* – brutality, savagery
brutalidad policíaca – police brutality
brutalidad policial – police brutality
brutalmente *adv* – brutally, savagely
bruto *adj* – gross, stupid
buen comportamiento – good behavior
buen nombre – goodwill, good reputation
buena fama – good reputation
buena fe – good faith
buena paga – good credit risk, good pay
buenas prácticas de administración – good management practices
buenas prácticas de manufactura – good manufacturing practices
bueno y válido – good and valid
buenos oficios – mediation
bufete *m* – law firm, law office, clientele of a law firm

buhonería *f* – peddling
buhonero *m* – peddler
buque *m* – ship, vessel, hull
burdel *m* – brothel
burocracia *f* – bureaucracy
burócrata *m/f* – bureaucrat
burocrático *adj* – bureaucratic
burocratización *f* – bureaucratization
burocratizar *v* – to bureaucratize
bursátil *adj* – pertaining to stock exchange transactions, pertaining to a stock exchange
busca *f* – search, pursuit
buscador *m* – search engine
buscapersonas *m* – pager
búsqueda *f* – search, research
butrón *m* – hole made by robbers in a ceiling or wall
buzón de entrada – inbox
buzón de salida – outbox
buzón de voz – voice mailbox
buzonear *v* – to send junk mail, to send advertisements to private homes

C

cabal *adj* – right, complete, exact
cabalmente *adv* – completely, exactly
cabecera *f* – capital, heading, header, headline
cabecero *m* – lessee, head of household
cabecilla *m/f* – leader, ringleader, spokesperson
cabeza *f* – head, seat of local government, leader of a locality, cattle head
cabeza de proceso – court order to begin a criminal investigation
cabezalero *m* – executor
cabida *f* – expanse
cabildante *m/f* – member of a city council
cabildear *v* – to lobby
cabildeo *m* – lobbying
cabildero *m* – lobbyist
cabildo *m* – city council, city hall, meeting, meeting of a city council
cabildo municipal – city council
cabotaje *m* – cabotage, coasting trade, coastal trading, coastal sailing
cacicada *f* – abuse of authority, abuse of power
cacique *m* – local person wielding excessive

power, local political boss, despot, autocrat
caco *m* – thief, robber
cachear *v* – to frisk, to search
cacheo *m* – frisking, search
cachiporra *f* – bludgeon
cadáver *m* – corpse
cadena *f* – chain
cadena de circunstancias – chain of circumstances
cadena de custodia – chain of custody
cadena de mando – chain of command
caducable *adj* – forfeitable, lapsable
caducado *adj* – forfeited, expired, lapsed
caducar *v* – to expire, to lapse, to be forfeited, to become void
caducidad *f* – caducity, expiration, lapse, forfeiture, invalidity
caducidad de la instancia – nonsuit
caduco *adj* – expired, lapsed, void
caer *adj* – to fall, to drop, to lose, to decline, to diminish, to lose value, to understand
caído *adj* – due, fallen
caídos *m* – arrears, perquisites
caja *f* – box, safe, cash, cash desk, checkout, cash register, window, fund
caja chica – petty cash
caja de compensación – clearinghouse
caja fiscal – national treasury
caja fuerte – safe
caja registradora – cash register
cajear *v* – to take on a debt knowing that it can not be paid
cajero *m* – teller, cashier, peddler
cajero automático – automatic teller machine, automated teller machine, cash dispenser
cajilla de seguridad – safety deposit box
calabozo *m* – jail, cell
calculadamente *adj* – calculatedly, deliberately
calculador *adj* – calculating
calcular *v* – to calculate, to compute
cálculo *m* – calculation, computation
cálculo de subsidio – calculation of subsidy
calendario *m* – calendar, docket, schedule, agenda
calendario fiscal – fiscal calendar, tax calendar
calendario judicial – court calendar
calidad *f* – quality, condition, nature, manner
calidad de vida – quality of life
calificación *f* – qualification, assessment, judgment, evaluation, rating
calificación crediticia – credit rating
calificación del delito – classification of the crime to determine the penalty
calificación registral – verification of suitability for filing in public registry

calificaciones profesionales – professional qualifications

calificado *adj* – qualified, skilled, conditional

calificar *v* – to classify, to qualify, to rate, to evaluate, to judge, to certify

caligrafía *f* – handwriting

calumnia *f* – calumny, slander

calumniador *m* – calumniator, slanderer

calumniar *v* – to calumniate, to slander, to defame

calumnioso *adj* – calumnious, slanderous

callar *v* – to silence, to remain silent, to conceal

cámara *f* – chamber, legislative body, room, camera

cámara arbitral – board of arbitration

cámara de apelación – court of appeals

cámara de comercio – chamber of commerce

cámara de representantes – house of representatives

cámara de senadores – senate

cámara del juez – judge's chambers

camarilla *f* – lobby, power group, entourage

camarista *m/f* – appellate judge, council member

cambalache *m* – bartering

cambiador *m* – barterer

cambial *m* – bill of exchange

cambiar *v* – to change, to exchange, to negotiate

cambiario *adj* – pertaining to a bill of exchange, pertaining to exchange

cambio *m* – change, exchange, exchange rate, barter

cambio de domicilio – change of domicile

cambio de nombre – change of name

cambio social – amendment to the articles of incorporation, social change

cambista *m/f* – cambist

camino *m* – road, route

camino crítico – critical path

camino de servidumbre – right of way

campaña *f* – campaign, period of employment

campo *m* – field, land, country, faction

campo petrolero – oil field

campo petrolífero – oil field

camuflaje *m* – camouflage

canal *m* – canal, waterway, channel

canalizar fondos – to channel funds

canalla *m/f* – despicable person, gangster

canasta familiar – average family monthly expenditures for a given list of items including food and health expenses

cancelable *adj* – cancelable, annullable

cancelación *f* – cancellation, annulment, charge-off

cancelado *adj* – cancelled, annulled, paid off, written off

cancelar *v* – to cancel, to annul, to revoke, to pay off, to write off

cancelar un contrato – to cancel a contract

cancerígeno *adj* – carcinogenic

canciller *m* – chancellor, secretary of state

cancillería *f* – chancellorship, department of state

candidamente *adv* – candidly

candidato *m* – candidate

candidatura *f* – candidature, list of candidates

candor *m* – candor

canje *m* – exchange, conversion, barter, clearing of checks, clearing of cheques

canjeable *adj* – exchangeable, convertible, redeemable

canjear *v* – to exchange, to convert, to clear checks, to redeem

canon *m* – canon, rate, rent, royalty

canon de arrendamiento – rent payment

cantidad *f* – quantity, sum, amount, figure

cantidad a pagar – amount payable, amount due

cantidad del daño – amount of damage

cantón *m* – canton

cantonalismo *m* – cantonalism

caótico *adj* – chaotic

capacidad *f* – capacity, ability, capability, legal capacity, opportunity, competency

capacidad administrativa – administrative capacity, executive capacity

capacidad civil – legal capacity

capacidad crediticia – creditworthiness

capacidad criminal – criminal capacity

capacidad de contratar – ability to contract

capacidad de ganar dinero – earning capacity

capacidad de las partes – capacity of parties

capacidad de pago – capacity to pay, ability to pay, credit rating

capacidad de trabajo – working capacity

capacidad fiduciaria – fiduciary capacity

capacidad jurídica – legal capacity

capacidad legal – legal capacity

capacidad mental – mental capacity

capacidad para contratar – capacity to contract

capacidad para demandar – capacity to sue

capacidad para pagar – ability to pay

capacidad para testar – capacity to make a will

capacidad para trabajar – capacity to work

capacidad penal – criminal capacity

capacitación *f* – capacitation, training, qualification

capacitación profesional – professional training

capacitado *adj* – capable, trained, qualified
capacitado jurídicamente – legally capable
capacitado legalmente – legally capable
capacitar *v* – to capacitate, to train, to qualify, to empower
caparra *f* – earnest money, down payment, partial payment, bargain money
capataz *m* – foreperson, foreman, overseer
capaz *adj* – able, capable
capaz de trabajar – able to work
capciosamente *adv* – trickily
capcioso *adj* – tricky
capita – heads, persons, capita
capitación *f* – capitation
capital *m* – capital, principal
capital *adj* – capital, principal, fundamental
capital accionario – capital stock
capital asegurado – insured capital
capital humano – human capital
capital líquido – liquid assets, net worth
capitalismo *m* – capitalism
capitalista *m/f* – capitalist
capitalización *f* – capitalization, compounding
capitalizar *v* – to capitalize, to compound, to convert
capitán *m* – captain, leader, ringleader
capitán de buque – captain of a vessel
capitán preboste – provost-marshal
capitulación *f* – capitulation, agreement, settlement
capitulaciones matrimoniales – prenuptial agreement, antenuptial agreement, marriage articles
capitulante *adj* – capitulating
capitular *v* – to capitulate, to settle, to impeach
capitulear *v* – to lobby
capituleo *m* – lobbying
capitulero *m* – lobbyist
capítulo *m* – chapter, title, subject, assembly, charge
caprichoso *adj* – capricious
captación *m* – captation, understanding, reception
captura *f* – capture, apprehension, arrest
capturar *v* – to capture, to apprehend, to arrest
carácter *m* – character, disposition, type
carácter moral – moral character
características *f* – characteristics, features
cárcel *f* – jail, prison
cárcel estatal – state prison
cárcel federal – federal prison
carcelaje *m* – imprisonment, detention
carcelario *adj* – pertaining to a jail
carcelería *f* – imprisonment, forced imprisonment, detention

carcelero *m* – jailer
carear *v* – to confront, to compare
carencia *f* – lack, absence, shortage
careo *m* – confrontation, comparison
carestía *f* – shortage, high cost of staples
carga *m* – cargo, charge, encumbrance, burden, tax, obligation
carga abandonada – abandoned cargo
carga de la prueba – burden of proof
carga fiscal – tax burden
cargador *m* – loader, carrier
cargamento *m* – cargo, load, freight
cargar *v* – to load, to impose, to charge, to encumber, to burden, to obligate
cargar con la responsabilidad – shoulder the responsibility
cargareme *m* – receipt
cargas de familia – family expenses
cargo *m* – charge, fee, post, position, duty, debit, count, load, cargo
cargo adicional – additional charge
cargo de confianza – fiduciary position
cargo ejecutivo – executive position
cargo falso – false charge
cargo fiduciario – fiduciary position
cargo público – public office
cargos judiciales – judicial offices, accusations, charges
cargos regulares – regular charges, regular fees
caritativo *adj* – charitable
carnal *adj* – carnal, related by blood
carnalidad *f* – carnality
carné *m* – identity card, card, identification document
carné de conducir – driver's license, driver's licence
carné de identidad – identity card, identification document
carné de identificación – identity card, identification document
carnet *m* – identity card, card, identification document
carnet de conducir – driver's license, driver's licence
carnet de identidad – identity card, identification document
carnet de identificación – identity card, identification document
carnicería *f* – carnage
carpeta *f* – folder
carrera *f* – career, race
carro bomba – car bomb
carta *f* – letter, document, charter
carta constitucional – charter, articles of incorporation
carta constitutiva – corporate charter
carta credencial – credentials

carta de crédito – letter of credit, bill of credit

carta de despido – letter of dismissal, pink slip

carta de naturaleza – naturalization papers

carta de naturalización – naturalization papers

carta de porte – bill of lading, bill of freight, waybill

carta de recomendación – letter of recommendation

carta de rechazo – denial letter

carta de vecindad – certificate of residence

carta devuelta – returned letter

carta fundamental – constitution

carta orgánica – corporate franchise

carta poder – power of attorney, proxy

carta registrada – registered letter

Carta Social – Social Charter

cartel *m* – cartel, poster

cartel de precios – cartel for price fixing

cartel de productos – commodities cartel

cartelera *f* – billboard, hoarding

cartelización *f* – cartelization

cartera *f* – portfolio, office of a cabinet minister, briefcase, purse, wallet

cartera de inversiones – investment portfolio

cartera electrónica – electronic wallet, e-wallet, electronic portfolio

carterista *m* – purse snatcher, cutpurse, pickpocket

cartular *adj* – of record

cartulario *m* – notary public, registry

casa *f* – house, home, firm, company, family

casa bancaria – banking house, bank

casa cuna – foundling hospital

casa de ayuntamiento – city hall

casa de corrección – reformatory

casa de correos – post office

casa de corretaje – brokerage house

casa de custodia – detention center

casa de depósito – warehouse

casa de detención – detention center

casa de empeños – pawnshop

casa de expósitos – foundling hospital

casa en común – condominium

casa matriz – home office, head office, headquarters

casación *f* – cassation, repeal, annulment

casado *adj* – married

casamiento *m* – wedding, marriage

casar *v* – to marry, to repeal, to annul

casco urbano – built-up area of a city or urban area

casilla postal – post-office box

casillero *m* – pigeonhole

caso *m* – case, action, suit, event, question

caso civil – civil case

caso determinativo – test case

caso fortuito – superior force, act of nature

caso hipotético – hypothetical case

caso pendiente – pending case

castidad *f* – chastity, fidelity

castigable *adj* – punishable

castigador *adj* – punishing, punitive

castigar *v* – to punish, to penalize, to write off

castigo *m* – punishment, penalty, write off

castigo corporal – corporal punishment

casual *adj* – casual, accidental, unpremeditated

casualidad *f* – coincidence, accident, casualty

casualmente *adv* – casually, by chance

cataclismo *m* – cataclysm

catalogar *v* – to catalog, to categorize

catálogo *m* – catalog, catalogue

catastral *adj* – cadastral

catastro *m* – cadastre

catástrofe *f* – catastrophe

catastrófico *adj* – catastrophic

categoría *f* – category, class, bracket

categórico *adj* – categorical

categorización *f* – classification, categorization

categorizado *adj* – categorized

categorizar *v* – to categorize

cateo *m* – search

caución *f* – bond, surety, guarantee, bail, security deposit, pledge, caution

caución de garantía – surety bond, guarantee bond

caución juratoria – release on own recognizance

caucionable *adj* – bailable

caucionado *adj* – bonded, secured, guaranteed, pledged

caucionar *v* – to bond, to secure, to guarantee, to bail, to pledge

caudal *m* – estate, capital, wealth, bankroll

caudal hereditario – a decedent's estate

caudal relicto – a decedent's estate

caudillo *m* – chief, leader

causa *f* – cause, consideration, case, action, suit, prosecution, purpose of entering a contract

causa apelada – appealed case

causa arreglada – settled case

causa civil – civil lawsuit, civil case

causa contribuyente – contributing cause

causa criminal – criminal prosecution

causa de acción – cause of action

causa de divorcio – divorce case, grounds for divorce

causa de insolvencia – act of bankruptcy, bankruptcy proceedings

causa debida – due consideration
causa del contrato – purpose of entering a contract, consideration
causa enjuiciada – case on trial
causa instrumental – test case
causa justa y razonable – fair and reasonable consideration, just and reasonable cause
causa justificada – just cause
causa legal – legal consideration, legal cause
causa probable – probable cause
causa y efecto – cause and effect
casualidad *f* – causation
causahabiente *m/f* – assignee, successor
causal *f* – cause, motive, grounds
causal *adj* – causal
causal de despido – grounds for dismissal
causal de divorcio – grounds for divorce
causal de recusación – grounds for challenge
causante *m/f* – assignor, predecessor, originator, constituent
causar *v* – to cause, to sue
causar estado – to definitely end a case
causas matrimoniales – matrimonial causes
causativo *adj* – causative
causídico *adj* – pertaining to litigation
cautela *f* – caution, care, guaranty
cautelar *adj* – protecting, precautionary
cautelar *v* – to protect, to prevent
cautelosamente *adv* – cautiously
cauteloso *adj* – cautious
cautivo *adj* – captive, imprisoned
cauto *adj* – cautious, wise, prudent
caveat emptor – let the buyer beware, caveat emptor
caveat venditor – let the seller beware, caveat venditor
cazarrecompensas *m/f* – bounty hunter
cazatalentos *m/f* – headhunter
cedente *m/f* – assignor, transferor, cedent, grantor, endorser
ceder *v* – to assign, to transfer, to cede, to leave, to relinquish
cedible *adj* – assignable, transferable
cédula *f* – identification document, document, order, certificate, official document, scrip, bond
cédula catastral – cadastral document which describes a property
cédula de citación – subpoena, summons
cédula de ciudadanía – citizenship papers
cédula de emplazamiento – subpoena, summons
cédula de identidad – identification document, identity card
cédula de notificación – official notice of a cause of action
cédula fiscal – taxpayer identification document
cedulación *f* – registration, publication
cedular *v* – to register, to enroll
cedulón *m* – edict, public notice
celda *f* – cell
celebración *f* – celebration, formalization, execution
celebrar *v* – to celebrate, to formalize, to execute, to hold
celebrar asamblea – to hold a meeting
celebrar elecciones – to hold an election
celebrar un juicio – to hold a trial
celebrar un matrimonio – to solemnize a wedding
celebrar una audiencia – to hold a hearing
celebrar una vista – to hold a hearing
celibato *m* – celibacy
celoso *adj* – jealous, zealous
cementerio *m* – cemetery
censalista *m/f* – annuitant, lessor, recipient of an annuity contract which runs with the land
censar *v* – to take a census, to prepare a taxpayer list
censario *m* – payer of an annuity contract which runs with the land, payer of ground rent
censatario *m* – payer of an annuity contract which runs with the land
censo *m* – census, lease, tax, annuity contract which runs with the land
censo de contribuyentes – taxpayer list
censo de población – population census
censo demográfico – population census
censo electora – voting list
censo poblacional – population census
censor *m* – censor
censual *adj* – pertaining to an annuity contract which runs with the land, censual
censualista *m/f* – annuitant, lessor, recipient of an annuity contract which runs with the land
censuario *m* – payer of an annuity contract which runs with the land
censura *f* – censure
censurar *v* – to censure
censurable *adj* – censurable
céntimo *m* – cent, one hundredth part
central *adj* – central, main, head, principal
central *f* – central office, head office, power station
centralismo *m* – centralism
centralista *adj* – centralist
centralita *f* – switchboard
centralización *f* – centralization
centralización política – political centralization
centralizado *adj* – centralized

centrismo *m* – centrism
centrista *adj* – centrist
centro comercial – shopping center, commercial center, shopping centre, commercial centre
centro de formación – training center, training centre
centro de salud – health center, health centre
centro mercantil – commercial center, commercial centre
centro penitenciario – penitentiary
cercanías *f* – commuter belt
ceremonia *f* – ceremony, formalization
ceremonia civil – civil ceremony
ceremonia matrimonial – marriage ceremony
cerrado *adj* – closed, obscure, restricted, hidden
cerrado al público – closed to the public
cerrar *v* – to close, to close down, to conclude, to lock, to surround
cerrar un caso – to close a case
cerrar un contrato – to close a deal
cerrar un negocio – to close a deal, to close a business, to close down
cerrojo *m* – bolt
certeza *f* – certainty
certeza absoluta – absolute certainty
certeza moral – moral certainty
certidumbre *f* – certainty
certidumbre absoluta – absolute certainty
certificación *f* – certification, attestation, sworn declaration
certificación de autoridad – certification of authority
certificación de calidad – certification of quality
certificación de conformidad – conformity certificate
certificación de cheque – certification of check, certification of cheque
certificación de empleo – certification of employment
certificación de firma – certification of signature, signature verification
certificación de identidad – certification of identity
certificación de origen – certification of origin
certificación de salud – certification of health
certificación del registro de la propiedad – certificate of title
certificado *m* – certificate, certified mail, attestation, warrant
certificado *adj* – certified, registered
certificado catastral – catastral certificate
certificado de acciones – stock certificate
certificado de auditoría – audit certificate

certificado de buena conducta – certificate of good conduct
certificado de calidad – certificate of quality
certificado de ciudadanía – citizenship papers
certificado de cobertura – coverage certificate
certificado de daños – certificate of damage
certificado de defunción – death certificate
certificado de elegibilidad – certificate of eligibility
certificado de empleo – certificate of employment
certificado de identidad – certificate of identity
certificado de incorporación – certificate of incorporation
certificado de matrimonio – marriage certificate
certificado de muerte – death certificate
certificado de nacimiento – birth certificate
certificado de necesidad – certificate of necessity
certificado de origen – certificate of origin
certificado de patente – patent certificate
certificado de propiedad – ownership certificate
certificado de registro – certificate of registry
certificado de salud – certificate of health, bill of health
certificado de seguro – certificate of insurance
certificado de título – certificate of title
certificado de trabajo – work certificate, certificate of services rendered
certificado médico – medical certificate
certificado sanitario – certificate of health, bill of health
certificador *m* – certifier
certificar *v* – to certify, to attest, to warrant
certificar una firma – to certify a signature, to witness a signature
certificatorio *adj* – certifying
cesación *f* – cessation, discontinuance, suspension, abandonment
cesación de hostilidades – cessation of hostilities
cesación de la acción – discontinuance of the action
cesamiento *m* – cessation, discontinuance, suspension, abandonment
cesante *m/f* – unemployed person, dismissed person, laid off person
cesante *adj* – unemployed, dismissed, laid off
cesantía *f* – unemployment, dismissal, severance pay

cesar *v* – to cease, to stop, to suspend, to resign
cese *m* – ceasing, discontinuance, suspension, abandonment, stoppage
cese de operaciones – winding up
cesibilidad *f* – transferability, assignability
cesible *adj* – transferable, assignable
cesión *f* – cession, transfer, conveyance, assignment, grant
cesión absoluta – absolute assignment
cesión de bienes – assignment of goods
cesión de contrato – assignment of contract
cesión de derechos – assignment of rights
cesionario *m* – cessionary, assignee, transferee, grantee
cesionista *m/f* – assignor, transferor, grantor
chanchullo *m* – swindle, scam, racket, political corruption
chanciller *m* – chancellor
chantaje *m* – blackmail
chantajear *v* – to blackmail
chantajista *m/f* – blackmailer
charlatán *m* – charlatan
charlatanismo *m* – charlatanism
chasco *m* – trick, ruse
chatarra *f* – trash, junk
chauvinismo *m* – chauvinism
chauvinista *adj* – chauvinist
cheque *m* – check, cheque, bank check, bank cheque
cheque a favor de – check payable to, cheque payable to
cheque a la orden de – check to the order of, cheque to the order of
cheque abierto – open check, open cheque
cheque aceptado – accepted check, accepted cheque
cheque al portador – bearer check, bearer cheque
cheque bancario – bank check, banker's check, bank cheque, banker's cheque
cheque cancelado – cancelled check, cancelled cheque
cheque certificado – certified check, certified cheque
cheque cobrado – cashed check, collected check, cashed cheque, collected cheque
cheque cruzado – check for deposit only, crossed check, cheque for deposit only, crossed cheque
cheque de caja – cashier's check, bank check, cashier's cheque, bank cheque
cheque de gerencia – cashier's check, cashier's cheque
cheque de salario – pay check, salary check, pay cheque, salary cheque
cheque de sueldo – pay check, salary check, pay cheque, salary cheque

cheque devuelto – returned check, bad check, returned cheque, bad cheque
cheque mutilado – mutilated check, mutilated cheque
cheque pagado – paid check, paid cheque
cheque personal – personal check, personal cheque
cheque postal – postal money order, post money order, postal check, postal cheque
cheque registrado – registered check, registered cheque
cheque sin fondos – bad check, bad cheque
chequear *v* – to check, to inspect
chequera *f* – checkbook, chequebook
chicanero *m* – shyster attorney
chicanero *adj* – cunning, tricky
chillar *v* – to scream, to shriek
chip *m* – chip, microprocessor
chivo expiatorio – scapegoat
chocar *v* – to crash, to collide, to clash
choque *m* – crash, collision, shock, clash
choque cultural – culture shock
chovinismo *m* – chauvinism
chovinista *m/f* – chauvinist
chozna *f* – great-great-great granddaughter
chozno *m* – great-great-great grandson
Cía. (compañía) – company
cicatriz *f* – scar
cibercrimen *m* – cybercrime
ciclo *m* – cycle
ciclo contable – accounting cycle, bookkeeping cycle
ciego *adj* – blind, blinded
ciencia ambiental – environmental science
ciencias administrativas – administrative sciences
ciencias empresariales – management sciences
ciencias jurídicas – jurisprudence
cierre *m* – closure, closing, shut-down, lock-out
cierre comercial – commercial closure
cierre contable – accounting closing
cierre empresarial – lockout
cierre fiscal – end of fiscal year, end of tax year
cierre patronal – lockout
cierto *adj* – certain, true
cifra *f* – figure, cipher
cifrado *adj* – encrypted, encoded
cifrar *v* – to encrypt, to encode
cifras ajustadas – adjusted figures
cinta de video – videotape
cinta magnética – magnetic tape
cinturón de seguridad – safety belt
circuito judicial – judicial circuit
circulación *f* – circulation, traffic
circular *f* – circular, notice, communication

circular *v* – to circulate
círculo vicioso – vicious circle
círculos empresariales – business circles
circunscribir *v* – to circumscribe
circunscripción *f* – circumscription, district, limitation
circunscripción judicial – judicial district
circunspección *f* – circumspection
circunspecto *adj* – circumspect
circunstancia *f* – circumstance
circunstancial *adj* – circumstantial
circunstancias agravantes – aggravating circumstances
circunstancias atenuantes – extenuating circumstances
circunstancias excepcionales – exceptional circumstances
circunstancias extraordinarias – extraordinary circumstances
cirujano *m* – surgeon
cisma *f* – schism, dissension
cita *f* – meeting, appointment, engagement, summons, subpoena, reference
citación *f* – citation, summons, subpoena, reference, notification of a meeting
citación a comparecer – summons, subpoena
citación a juicio – summons
citación para sentencia – summons to hear the judgment
citación por edicto – service by publication
citación y emplazamiento – summons
citar *v* – to cite, to summon, to subpoena, to give notice, to arrange a meeting
citar a asamblea – to call a meeting
citar un caso – to cite a case
citatorio *m* – summons, subpoena
ciudad natal – birthplace
ciudadanía *f* – citizenship, citizens
ciudadanía corporativa – corporate citizenship
ciudadano *m* – citizen
ciudadano de segunda clase – second-class citizen
cívico *adj* – civic
civil *adj* – civil
civilista *m/f* – an attorney specializing in civil law
civilista *adj* – pertaining to civil law, specialized in civil law
civilización *f* – civilization
civismo *m* – civism
clandestinamente *adv* – clandestinely
clandestino *adj* – clandestine
claridad *f* – clarity
clarificación *f* – clarification
clarificar *v* – to clarify
claro *adj* – clear, evident, intelligible
claro y expedito – free and clear

claro y puro – free and clear
clase *f* – class, type, grade
clase alta – upper class
clase baja – lower class
clase capitalista – capitalist class
clase dominante – ruling class
clase media – middle class
clase obrera – working class
clase social – social class
clase trabajadora – working class
clases pasivas – pensioners, retirees
clasificable *adj* – classifiable
clasificación *f* – classification, categorization, rating
clasificación crediticia – credit rating
clasificado *adj* – classified, categorized
clasificar *v* – to classify, to grade
clasismo *m* – classism
clasista *adj* – classist
cláusula *f* – clause, article
cláusula arbitral – arbitration clause
cláusula arbitraria – arbitrary clause
cláusula compromisoria – arbitration clause
cláusula condicional – conditional clause
cláusula de arbitraje – arbitration clause
cláusula de contrato – contract clause
cláusula de exclusión – exclusion clause
cláusula de exención – exemption clause
cláusula de garantía – guarantee clause
cláusula de no competencia – noncompetition clause
cláusula de penalización – penalty clause
cláusula de salvaguardia – safeguard clause
cláusula liberatoria – release clause
cláusula penal – penalty clause
cláusula rescisoria – rescission clause
cláusula resolutiva – defeasance clause
clausulado *m* – series of clauses, series of articles
clausura *f* – closing, closure, adjournment
clave *f* – key, code, cipher
clave de acceso – access code, password
clemencia *f* – clemency
clemente *adj* – clement
cleptomanía *f* – kleptomania
cleptómano *m* – kleptomaniac
cleptocracia *f* – kleptocracy
clerical *adj* – clerical
cliente *m* – client, customer
clientela *f* – clientele, protection
clima organizacional – organizational climate
coacción *f* – coaction, coercion, duress
coaccionar *v* – to coerce, to compel
coacreedor *m* – joint creditor, co-creditor
coactar *v* – to coerce, to compel
coactivo *adj* – coactive, coercive, compelling
coactor *m* – joint plaintiff

coacusado *m* – joint defendant, co-defendant
coacusar *v* – to accuse jointly
coadjutor *m* – coadjutor
coadministración *f* – co-administration
coadministrador *m* – co-administrator
coadministrar *v* – to co-administrate
coadquisición *f* – joint acquisition
coadyuvante *m* – third party to an action
coadyuvar *v* – to contribute, to join
coagente *m* – co-agent, joint agent
coalición *f* – coalition
coarrendador *m* – co-lessor, joint lessor
coarrendatario *m* – co-lessee, joint lessee, joint tenant
coartación *f* – limitation, restriction
coartada *f* – alibi
coaseguro *m* – coinsurance
coasociado *m* – partner, associate
coasociar *v* – to associate
coautor *m* – co-author, accomplice
cobardía *f* – cowardice
cobertura *f* – coverage
cobertura adecuada – adequate coverage
cobertura completa – complete coverage
cobertura de colisión – collision insurance
cobertura de seguros – insurance coverage
cobertura de todo riesgo – all-risks coverage
cobertura de vehículo – vehicle coverage
cobertura de vivienda – dwelling coverage
cobertura del riesgo – coverage of risk
cobertura del seguro – insurance coverage
cobertura extendida – extended coverage
cobertura múltiple – blanket coverage
cobertura necesaria – necessary coverage
cobertura obligatoria – mandatory coverage
cobertura parcial – partial coverage
cobertura provisional – provisional coverage
cobertura total – total coverage
cobrable *adj* – collectible, cashable
cobradero *adj* – collectible, cashable
cobrado *adj* – collected, cashed
cobrador *m* – collector, payee, collection agent
cobranza *f* – collection
cobrar *v* – to collect, to charge, to cash, to earn, to recuperate
cobrar impuestos – to collect taxes
cobro *m* – collection, charge, charging, cashing, earning
cobro automático – automatic collection
cobro coactivo – aggressive collection
cobro excesivo – overcharge
coche *m* – car, coach
coche bomba – car bomb
codelincuencia *f* – complicity
codelincuente *m/f* – accomplice, accessory
codemandado *m* – joint defendant, co-defendant

codeudor *m* – joint debtor, co-debtor
codex – code, codex
codicilio *m* – codicil
codicilo *m* – codicil
codicioso *adj* – greedy
codificación *f* – coding, encoding, codification, encryption
codificado *adj* – encoded
codificador *m* – codifier, encoder
codificar *v* – to codify, to encode
código *m* – code, digest
código civil – civil code
código comercial – commercial code
código de autorización – authorization code
código de circulación – traffic laws
código de comercio – commercial code
código de edificación – building code
código de enjuiciamiento – code of trial procedure
código de ética – code of ethics
código de policía – police regulations
código de prácticas – code of practice, code of procedure
código de procedimiento civil – code of civil procedure
código de procedimiento penal – code of criminal procedure
código de procedimientos – code of procedure, code of practice
código de pruebas – laws of evidence
código fiscal – tax code
código fundamental – constitution
código judicial – judicial code
código laboral – labor code, labour code
código mercantil – commercial code
código municipal – municipal code
código penal – penal code
código postal – postal code, zip code
código procesal civil – code of civil procedure
código procesal penal – code of criminal procedure
código tributario – tax code
código uniforme – uniform code
codirección *f* – co-management
codirector *m* – co-director, joint director, co-manager
codirigir *v* – to co-direct, to co-manage
codueño *m* – co-owner, joint owner
coercer *v* – to coerce
coercible *adj* – coercible, restrainable
coerción *f* – coercion, restriction
coercitivo *adj* – coercive, restrictive
coetáneo *adj* – contemporary
cofiador *m* – co-surety
cofinanciación *f* – cofinancing
cofinanciamiento *m* – cofinancing

cofinanciar *v* – to cofinance
cofirmante *m/f* – co-signer
cofirmar *v* – to cosign
cogestión *f* – co-management, participation of employee representatives in management
cognación *f* – cognation
cognado *m* – cognate
cognaticio *adj* – cognatic
cognición *f* – cognition, knowledge
cognomen *m* – surname
cohabitación *f* – cohabitation
cohabitar *v* – to cohabit
cohechador *m* – briber
cohechar *v* – to bribe
cohecho *m* – bribe, bribery, graft
coheredar *v* – to inherit jointly
coheredero *m* – co-heir, joint heir
coherencia *f* – coherence
coherente *adj* – coherent
coherentemente *adv* – coherently
cohesión *f* – cohesion
cohesivo *adj* – cohesive
coima *f* – graft, bribe, bribery, concubine
coimear *v* – to bribe
coincidencia *f* – coincidence
coincidente *adj* – coincident
coincidir *v* – to coincide
coinquilino *m* – co-lessee, joint tenant
cointeresado *adj* – jointly interested
coinversión *f* – joint venture, joint investment
coito *m* – coitus
colaboración *f* – collaboration
colaborador *m* – collaborator
colaborar *v* – to collaborate
colaborativo *adj* – collaborative
colación *f* – collation, comparison
colación de bienes – hotchpotch
colacionar *v* – to collate, to compare
colateral *m* – collateral
colateralizado *adj* – collateralized
colateralizar *v* – to collateralize
colateralmente *adv* – collaterally
colección *f* – collection, gathering
coleccionable *adj* – collectible
colecta *f* – collection, tax collection
colectar *v* – to collect
colectiva e individualmente – joint and several
colectivamente *adv* – collectively, jointly
colectividad *f* – collectivity, community
colectivismo *m* – collectivism
colectivista *m/f* – collectivist
colectivización *f* – collectivization
colectivo *adj* – collective, joint
colector *m* – collector
colecturía *f* – tax office
colega *m/f* – colleague

colegatario *m* – joint legatee
colegiación *f* – professional association, joining a professional association
colegiado *m* – member of a professional association, member of the bar
colegiarse *v* – to join a professional association, to become a member of the bar
colegio *m* – professional association, bar, college, school
colegio de abogados – bar association
colegio de leyes – law school
colegio electoral – electoral college
colegislador *adj* – colegislative
cólera *f* – rage, anger
coligación *f* – colligation, alliance, link
coligarse *v* – to unite, to associate
colindante *m* – adjoining property, adjoining owner
colindante *adj* – adjoining, abutting
colindar *v* – to adjoin, to abut
colisión *f* – collision, conflict
colitigante *m/f* – co-litigant
colocación *f* – placing, placement, post, employment, job
colocar *v* – to place, to employ
colonialismo *m* – colonialism
colonialista *adj* – colonialist
colonización *f* – colonization
colonizar *v* – to colonize
color *m* – color, pretext, faction
coludir *v* – to collude
colusión *f* – collusion
colusor *m* – colluder
colusorio *adj* – collusive
comandancia *f* – headquarters, position of a commander
comandante *m* – commander
comandita *f* – special partnership, limited partnership
comandita simple – limited partnership
comanditado *m* – general partner
comanditario *m* – special partner, limited partner
comarca *f* – region, province
combinación *f* – combination, cartel
combinar recursos – to pool resources
comentario *m* – comment, commentary
comenzar una acción – to commence an action
comerciabilidad *f* – marketability
comerciable *adj* – marketable
comercial *adj* – commercial, advertisement
comercialidad *f* – commerciality
comercialismo *m* – commercialism
comercializable *adj* – merchantable, marketable, saleable
comercialización *f* – commercialization, marketing

comercializador *m* – merchant
comercializar *v* – to commercialize, to market
comercialmente *adv* – commercially
comerciante *m/f* – merchant, businessperson, trader, dealer
comerciar *v* – to trade, to market, to do business, to deal
comercio *m* – commerce, trade, business, business establishment, store
comercio al detal – retail business
comercio al detalle – retail business
comercio al menudeo – retail business
comercio al por mayor – wholesale business
comercio al por menor – retail business
comercio clandestino – clandestine trade, illegal trade
comercio equitativo – fair trade
comercio franco – duty-free trade
comercio fronterizo – border trade
comercio ilegal – illegal trade
comercio internacional – international trade
comercio legal – legal trade
comercio libre – free trade
comestibles *m* – food
cometer *v* – to commit, to commission, to entrust
cometer asesinato – to commit murder
cometer suicidio – to commit suicide
cometer un crimen – to commit a crime
cometido *m* – commission, duty
comicios generales – general elections
comienzo *m* – commencement, beginning
comisar *v* – to forfeit, to confiscate
comisaría *f* – station, police station, office of a commissioner
comisaría de policía – police station
comisario *m* – commissioner, commissary, shareholders' representative
comisario de policía – police commissioner
comisión *f* – commission, committee, order
comisión administradora – administrative commission
comisión administrativa – administrative commission
comisión asesora – advisory committee
comisión bancaria – banking commission, bank commission, banking fee
comisión central – central commission
comisión directiva – executive committee, steering committee
comisión ejecutiva – executive committee
comisión fiscal – tax commission
comisión gestora – management committee
comisionado *m* – commissioner, agent
comisionar *v* – to commission, to empower
comisionista *m/f* – agent, commission agent, a person working on a commission basis

comiso *m* – confiscation, forfeiture
comisorio *adj* – valid for a specified time
comité *m* – committee, commission, board
comité administrativo – administrative committee, executive committee, managing committee
comité arbitral – arbitration board
comité asesor – advisory committee, consulting board, advisory board
comité de accionistas – shareholders' meeting
comité de acreedores – creditors' committee, creditors' meeting
comité de administración – administrative committee, executive committee, managing committee
comité de arbitraje – board of arbitration, arbitration committee
comité de auditoría – audit committee, board of audit
comité de dirección – board of directors, administrative board, executive committee, steering committee
comité directivo – board of directors, administrative board, executive committee, steering committee
comité ejecutivo – executive committee
comitente *m* – principal, shipper
commoriencia *f* – simultaneous death
comodante *m/f* – gratuitous lender, gratuitous bailer
comodar *v* – to lend gratuitously, to bail gratuitously
comodatario *m* – gratuitous borrower, gratuitous bailee
comodato *m* – gratuitous loan, gratuitous bailment
comodidades *f* – amenities
compañero *m* – companion, partner
compañía *f* – company, corporation
compañía administradora – management company, administrative company
compañía afiliada – affiliated company
compañía anónima – stock company
compañía aseguradora – insurance company
compañía constructora – construction company
compañía controlada – controlled company, subsidiary
compañía de préstamos – loan company
compañía de responsabilidad limitada – limited liability company, limited company
compañía de seguros – insurance company
compañía de servicio – service company
compañía fiduciaria – trust company
compañía filial – affiliated company, sister company, subsidiary
compañía inmobiliaria – real estate company,

property company
compañía naviera – shipping company
compañía privada – private company
compañía pública – publicly held company, public company
compañía subsidiaria – subsidiary company
compañía tenedora – holding company
comparabilidad *f* – comparability
comparable *adj* – comparable
comparación *f* – comparison
comparado *adj* – comparative
comparar *v* – to compare
comparativamente *adv* – comparatively
comparativo *adj* – comparative
comparecencia *f* – appearance in court, appearance
comparecencia en juicio – court appearance
comparecer *v* – to appear in court, to appear
compareciente *m* – a person who appears, a person who appears in court
compareciente *adj* – appearing, appearing in court
comparendo *m* – summons, subpoena
comparte *m/f* – joint party, accomplice
compasión *f* – compassion
compatibilidad *f* – compatibility
compatible *adj* – compatible, consistent
compatrono *m* – joint employer
compeler *v* – to compel, to constrain
compendiar *v* – to condense, to summarize
compendio *m* – condensation, summary, extract, digest
compensable *adj* – compensable
compensación *f* – compensation, reparation, indemnification, remuneration, clearing, offset
compensación adecuada – adequate compensation
compensación anual – annual compensation, annual remuneration, annual salary, annual wage
compensación bancaria – bank clearing
compensación contractual – contractual compensation
compensación de pérdidas – loss compensation
compensación extraordinaria – extra compensation, bonus, overtime compensation, overtime pay
compensación garantizada – guaranteed compensation
compensación justa – just compensation
compensación mensual – monthly compensation, monthly salary, monthly wage
compensación mínima – minimum wage
compensación por daños – compensation for damages
compensación por desempleo –

unemployment compensation
compensación por despido – dismissal compensation
compensación y beneficios – compensation and benefits
compensaciones *f* – clearings
compensado *adj* – compensated, cleared, offset
compensador *adj* – compensating
compensar *v* – to compensate, to repair, to clear, to indemnify, to offset
compensativo *adj* – compensative, offsetting
compensatorio *adj* – compensatory, offsetting
competencia *f* – competency, jurisdiction, competition, authority, field
competencia de jurisdicción – conflict of jurisdictions
competencia desleal – unfair competition
competencia injusta – unfair competition
competencia justa – fair competition
competencia leal – fair competition
competencia monopolística – monopolistic competition
competente *adj* – competent, capable, appropriate, competitive, authoritative
competentemente *adv* – competently
competer *v* – to pertain to, to have jurisdiction over
competir *v* – to compete
compilación *f* – compilation, compilation of laws
compilador *m* – compiler, reporter
compilar *v* – to compile
complacencia *f* – complacency
complaciente *adj* – complacent
complejidad *f* – complexity
complejo *adj* – complex
complejo *m* – complex
complejo industrial – industrial complex
complejo residencial – residential complex
complementario *adj* – complementary, supplementary
complemento *m* – complement
complemento salarial – perquisite
completamente *adj* – completely, fully
completar *v* – to complete, to fill-in
completo *adj* – complete, comprehensive
complicación *f* – complication
complicado *adj* – complicated
complicar *v* – to complicate
cómplice *m/f* – accomplice, accessory
cómplice de los hechos – accomplice
cómplice encubridor – accessory after the fact
complicidad *f* – complicity
complot *m* – conspiracy, scheme
complotado *m* – conspirator

complotar *v* – to conspire
componedor *m* – mediator, arbitrator
componenda *f* – arbitration, settlement
componente esencial – essential component
componente obligatorio – obligatory component
componer *v* – to mediate, to arbitrate, to settle, to compose
componible *adj* – arbitrable, reconcilable
comportamiento *m* – behavior
compos mentis – of sound mind, compos mentis
composición *f* – composition, settlement
compostura *f* – repair, settlement, composure
compra *f* – purchase, purchasing, buy, buying
compra a crédito – credit purchase
compra a plazos – installment purchase
compra al contado – cash purchase
compra en efectivo – cash purchase
compra y venta – sale, bargain and sale, buying and selling
comprable *adj* – purchasable, bribable
comprador *m* – purchaser, buyer, shopper
comprar *v* – to buy, to purchase, to bribe
comprar a crédito – to buy on credit
comprar al contado – to buy outright, to buy in cash
compraventa *f* – buying and selling, sale, purchase, bargain and sale, sales contract
comprendido *adj* – understood, included
comprensibilidad *f* – comprehensibility
comprensible *adj* – comprehensible
comprensión *f* – comprehension
comprensivamente *adv* – comprehensively
compresión salarial – salary compression
comprobable *adj* – provable, demonstrable
comprobación *f* – verification, check, proof, audit
comprobante *m* – voucher, proof, receipt
comprobante *adj* – verifying, proving
comprobante de venta – sales slip, bill of sale
comprobar *v* – to verify, to check, to prove, to audit
comprobatorio *adj* – verifying, proving
comprometedor *adj* – compromising
comprometer *v* – to obligate, to commit, to bind, to compromise, to submit to arbitration
comprometerse *v* – to obligate oneself, to become engaged
comprometido *adj* – obligated, engaged, committed, compromised, bound
compromisario *m* – arbitrator, mediator
compromiso *m* – commitment, obligation, arbitration, agreement, engagement
compromiso absoluto – absolute

commitment
compromiso ambiental – environmental commitment
compromiso arbitral – agreement to submit to arbitration
compromiso colectivo – collective commitment, joint commitment
compromiso conjunto – joint commitment
compromiso de confidencialidad – confidentiality commitment
compromiso de préstamo – loan commitment
compromiso de venta – commitment to sell
compromiso del estado – government commitment, state commitment
compromiso del gobierno – government commitment
compromiso ecológico – ecological commitment
compromiso en firme – firm commitment
compromiso ético – moral commitment
compromiso financiero – financial commitment
compromiso firme – firm commitment
compromiso incondicional – unconditional commitment, absolute commitment
compromiso legal – legal commitment
compromiso matrimonial – engagement
compromiso personal – personal commitment
compromiso unilateral – unilateral commitment
compromisorio *adj* – pertaining to arbitration, pertaining to a commitment
compulsa *f* – authenticated copy, compared document, audit, comparison
compulsación *f* – comparison
compulsar *v* – to compare, to make authenticated copies, to compel
compulsión *f* – compulsion
compulsivamente *adv* – compulsively
compulsivo *m* – writ
compulsivo *adj* – compulsive, compelling
compulsorio *m* – court order for the copying of a document
computación *f* – computing
computación empresarial – business computing
computador *m* – computer
computadora *f* – computer
computadorizado *adj* – computerized
computar *v* – to compute, to calculate
computarizado *adj* – computerized
computarizar *v* – to computerize
computerizado *adj* – computerized
cómputo *m* – computation
común *adj* – common, held in common
comuna *f* – municipality

comunal *adj* – communal
comunero *m* – joint tenant
comunicabilidad *f* – communicability
comunicable *adj* – communicable
comunicación *f* – communication, disclosure
comunicación confidencial – confidential communication
comunicación judicial – judicial communication
comunicaciones móviles – mobile communications
comunicado *m* – communiqué, official announcement
comunicar *v* – to communicate, to announce, to inform
comunicatividad *f* – communicativeness
comunicativo *adj* – communicative
comunidad *f* – community, association
comunidad de bienes – community property, joint ownership
comunidad de pastos – common pasture, common of pasture
comunidad de propietarios – homeowners' association, residents' association
Comunidad Económica Europea – European Economic Community
Comunidad Europea – European Community
comunidad legal – legal community
comuníquese – let it be known
comunismo *m* – communism
comunista *adj* – communist
con ánimo de lucro – for-profit, profit-seeking
con antelación – beforehand
con autoridad – with authority
con compensación – with compensation
con consentimiento – with consent
con fines de lucro – for-profit, profit-seeking
con las manos en la masa – red-handed
con lugar – accepted
con perjuicio – with prejudice
con premeditación – with premeditation
con recurso – with recourse
con tal que – provided that
con todo incluido – all-inclusive
con todos los defectos – with all faults
conativo *adj* – conative
conato *m* – attempt, attempted crime
concatenación *f* – concatenation
concausa *f* – joint cause
concebible *adj* – conceivable
concebido *adj* – conceived, born
concebir *v* – to conceive
concedente *m* – grantor, conceder
conceder *v* – to concede, to grant, to admit
conceder amnistía – to grant amnesty
conceder crédito – to grant credit
concejal *m* – council member

concejalía *f* – position of a council member
concejo *m* – city council, city hall
concejo municipal – city council
concentración *f* – concentration, consolidation
concentración de empresas – consolidation of corporations
concentrar *v* – to concentrate
concepción *f* – conception
concepto *m* – concept
conceptual *adj* – conceptual
concertado *adj* – concerted, agreed
concertar *v* – to agree, to settle, to contract, to close, to coordinate, to concert, to reach
concertar una cita – to make an appointment
concesible *adj* – grantable, concedable
concesión *f* – concession, grant, franchise, authorization, allowance
concesionario *m* – concessionaire, franchisee, licensee, authorized dealer, grantee
concesivo *adj* – concessible, grantable
conciencia *f* – conscience, awareness, equity
conciencia ecológica – ecological awareness
conciencia social – social awareness
concierto *m* – agreement, settlement, accord, contract, plot
conciliación *f* – conciliation, reconciliation, settlement
conciliación laboral – labor arbitration, labour arbitration
conciliador *m* – conciliator
conciliar *m* – council member
conciliar *v* – to conciliate, to reconcile
conciliativo *adj* – conciliative
conciliatorio *adj* – conciliatory
concilio *m* – council
concisamente *adv* – concisely
conciso *adj* – concise
conciudadano *m* – fellow citizen
cónclave *m* – conclave
concluir *v* – to conclude, to complete
conclusión judicial – judicial conclusion
conclusiones *f* – conclusions, findings submitted by the prosecutor, findings submitted by the plaintiff's attorney
concluso *adj* – closed
concluyente *adj* – conclusive, convincing
concomitancia *f* – concomitance
concomitante *adj* – concomitant
concordancia *f* – agreement, conformity
concordar *v* – to conciliate, to agree, to tally
concordato *m* – agreement between debtor and creditors, concordat
concretar *v* – to concretize, to set, to specify, to agree
concubina *f* – concubine
concubinario *m* – he who lives with a

concubine
concubinato *m* – concubinage
concúbito *m* – sexual intercourse
conculcador *m* – infringer, violator
conculcar *v* – to infringe, to violate
concupiscencia *f* – concupiscence
concupiscente *adj* – concupiscent
concurrencia *f* – concurrence, gathering, assistance, equality
concurrentemente *adv* – concurrently
concurrir *v* – to concur, to attend, to meet
concursado *m* – bankrupt
concursal *adj* – pertaining to bankruptcy
concursante *m/f* – bidder, competitor
concursar *v* – to declare bankruptcy, to compete
concurso *m* – competition, contest, tender, meeting, concurrence, bankruptcy proceedings
concurso civil – bankruptcy proceedings
concurso de acreedores – creditors' meeting, bankruptcy proceedings
concurso de leyes – conflict of laws
concusión *f* – extortion, graft, concussion
concusionario *m* – extortioner
condado *m* – county
condena *f* – sentence, punishment, prison term, conviction
condena a muerte – death sentence
condena de prisión – prison sentence
condena en costas – order to pay court costs
condena en suspenso – suspended sentence
condena judicial – judicial sentence
condena perpetua – life sentence
condenable – condemnable
condenación *f* – condemnation, sentence, punishment
condenado *m* – convict
condenado *adj* – condemned, sentenced, convicted
condenar *v* – to condemn, to sentence, to convict
condenar en costas – to order to pay court costs
condenarse *v* – to incriminate oneself
condenatorio *adj* – condemnatory
condensar *v* – to condense
condescender *v* – to accommodate, to acquiesce
condición *f* – condition
condición constitutiva – essential condition
condición de trabajo – condition of employment
condición esencial – essential condition
condición financiera – financial condition
condición física – physical condition
condición legal – lawful condition
condición resolutoria – condition subsequent

condición sine qua non – indispensable condition
condicionado *adj* – conditioned, conditional
condicional *adj* – conditional
condicionalmente *adv* – conditionally
condicionar *v* – to condition, to qualify
condiciones acordadas – agreed-upon conditions
condiciones ambientales – environmental conditions
condiciones contractuales – contractual conditions
condiciones de aceptación – terms of acceptance
condiciones de aprobación – conditions of approval
condiciones de compra – terms of purchase
condiciones de crédito – terms of credit
condiciones de elegibilidad – eligibility conditions
condiciones de empleo – employment conditions
condiciones de licitación – bidding conditions
condiciones de trabajo – work conditions
condiciones de uso – terms of use
condiciones de venta – terms of sale
condiciones de vida – living conditions
condómine *m* – joint owner
condominio *m* – condominium, joint ownership, common ownership
condómino *m* – joint owner
condonación *f* – condoning, pardoning, remission
condonación de la deuda – debt forgiveness
condonante *adj* – condoning, pardoning, remitting
condonar *v* – to condone, to pardon, to forgive, to cancel, to remit
conducción *f* – conveyance, running, behavior, driving
conducente *adj* – conductive, relevant
conducta *f* – behavior, conduct, conveyance, direction
conducta criminal – criminal behavior
conducta ética – ethical behavior
conducta ilegal – illegal behavior
conducta impropia – improper behavior, misconduct
conducta imprudente – reckless behavior
conducta negligente – negligent behavior
conducta sospechosa – suspicious behavior
conducta violenta – violent behavior
conducto *m* – conduit, channel
conductor *m* – conductor, driver
condueño *m* – joint owner
conexidades *f* – incidental rights, appurtenances

conexión *f* – connection
conexión causal – causal connection
conexo *adj* – related
confabulación *f* – confabulation, conspiracy, collusion
confabulador *m* – conspirator
confabular *v* – to confabulate, to conspire, to discuss
confederación *f* – confederation, alliance
confederación de sindicatos – labor union, labour union
conferencia *f* – conference, lecture, assembly
conferencia comercial – business conference
conferencia corporativa – corporate conference
conferencia de prensa – press conference, news conference
conferencia telefónica – telephone conference
conferenciar *v* – to confer, to consult
conferido *m* – conferee
conferir *v* – to confer, to award, to bestow
conferir poderes – to confer powers upon
confesado *adj* – confessed, admitted
confesante *m/f* – confessor
confesar *v* – to confess, to acknowledge
confesión *f* – confession, admission, acknowledgment
confesión calificada – qualified confession
confesión del delito – confession of the crime, judicial confession
confesión en juicio – deposition
confesión judicial – judicial confession, deposition, responses to interrogatories
confeso *m* – confessor, person who admits
confiable *adj* – trustworthy, reliable
confianza *f* – trust, confidence, reliance
confiar *v* – to confide, to trust, to entrust, to rely upon
confidencial *adj* – confidential
confidencialmente *adv* – confidentially
confidente *adj* – trustworthy, faithful
configuración *f* – configuration
configuración administrativa – management configuration
configuración organizativa – organizational configuration
configurar *v* – to configure
confín *m* – boundary, limit, abutment
confinación *f* – confinement
confinado *m* – prisoner
confinado *adj* – confined
confinamiento *m* – confinement, contiguousness
confinamiento solitario – solitary confinement
confinar *v* – to confine
confirmación *f* – confirmation, acknowledgment

confirmación de la sentencia – affirmance of judgment
confirmar *v* – to confirm, to affirm, to acknowledge
confirmatorio *adj* – confirmatory, affirming
confiscable *adj* – confiscable
confiscación *f* – confiscation, expropriation
confiscado *adj* – confiscated
confiscar *v* – to confiscate, to expropriate
confiscatorio *adj* – confiscatory
conflictivo *adj* – conflictive
conflicto *m* – conflict, dispute
conflicto de atribuciones – conflict of venue
conflicto de competencia – conflict of jurisdiction
conflicto de derechos – conflict of rights
conflicto de intereses – conflict of interest
conflicto de jurisdicción – conflict of jurisdiction
conflicto de leyes – conflict of laws
conflicto de poderes – conflict of powers
conflicto de trabajo – labor dispute, labour dispute
conflicto jurisdiccional – conflict of jurisdiction
conflicto laboral – labor dispute, labour dispute
confluencia *f* – confluence
conformabilidad *f* – conformability
conformar *v* – to conform, to comply, to correlate, to verify, to authorize, to agree, to shape
conformarse *v* – to settle for
conforme *m* – approval, acknowledgment
conforme *adj* – agreed, adequate, in order, in compliance
conforme a derecho – according to law
conformidad *f* – conformity, acceptance, agreement, approval, similarity
confronta *f* – comparison
confrontación *f* – confrontation, comparison
confrontar *v* – to confront, to compare
confundir *v* – to confuse, to mix
confusamente *adv* – confusedly
confusión *f* – confusion, commingling, intermingling
confusión de derechos – confusion of rights
confutación *f* – confutation
confutar *v* – to confute
congelación *f* – freezing, blocking
congelación de alquileres – rent control
congelación de fondos – freezing of funds, funds freeze
congelación de precios – price freeze
congelación de rentas – rent control
congelado *adj* – frozen, blocked
congelamiento *f* – freezing, blocking

congelar *v* – to freeze, to block
congenial *adj* – congenial
congénito *adj* – congenital
congestión *f* – congestion
conglomeración *f* – conglomeration
conglomerado financiero – financial conglomerate
congregación *f* – congregation
congregar *v* – to congregate
congresista *m/f* – congressmember, a person who attends a convention
congreso *m* – congress, convention, conference
congruencia *f* – congruity, coherence
congruente *adj* – congruent
congruidad *f* – congruity
conjetura *f* – conjecture, circumstantial evidence
conjetural *adj* – conjectural
conjuez *m* – alternate judge, associate judge
conjunción *f* – conjunction
conjuntamente *adv* – jointly
conjunto *adj* – joint, common, mixed
conjunto *m* – set, group, body
conjunto de reglas – body of rules
conjura *f* – conspiracy
conjurador *m* – conspirator
conjuramentar *v* – to administer an oath
conjuramentarse *v* – to take an oath
conjurar *v* – to conjure, to conspire
conmemorar *v* – to commemorate
conminación *f* – commination, admonition, threat
conminador *m* – admonisher, threatener
conminar *v* – to admonish, to threaten
conminatorio *m* – admonishment, threat
conminatorio *adj* – admonishing, threatening
conmoción civil – civil commotion
conmutable *adj* – commutable, exchangeable
conmutación de la pena – commutation
conmutar *v* – to commute, to exchange
connatural *adj* – connatural
connivencia *f* – connivance
connotación *f* – connotation
conocedor *adj* – expert, knowing
conocer *v* – to know, to be familiar with, to understand
conocer de – to take cognizance of
conocer de la apelación – to hear the appeal
conocimiento *m* – knowledge, understanding, notice, bill of lading, ocean bill of lading, bill
conocimiento de carga – bill of lading
conocimiento de causa – understanding of the basic facts
conocimiento de embarque – bill of lading
conocimiento de primera mano – personal knowledge

conocimiento judicial – judicial knowledge
consanguinidad *f* – consanguinity
conscripción *f* – conscription
consecuencias *f* – consequences, repercussions
consecuencias ambientales – environmental consequences
consecuencias ecológicas – eco-consequences, ecological consequences
consecuente *adj* – consequent, consistent
consecutivamente *adv* – consecutively
consecutivo *adj* – consecutive
consejero *m* – advisor, consultant, director, counselor, attorney, member of a board
consejero financiero – financial advisor
consejero jurídico – legal advisor, attorney
consejero laboral – labor advisor, labour advisor
consejero legal – legal advisor, attorney
consejeros directores – board of directors
consejo *m* – council, counsel, board, advice
consejo administrativo – administrative council, board of directors
consejo asesor – advisory council
consejo consultivo – advisory board
consejo de administración – board of directors
consejo de arbitraje – council of arbitration
consejo de auditoría – advisory board
consejo de dirección – board of directors
consejo de directores – board of directors
Consejo de Europa – Council of Europe
consejo de gabinete – cabinet
consejo de gobierno – council of state
consejo de la ciudad – city council
consejo de ministros – cabinet
Consejo de Ministros – Council of Ministers
consejo de seguridad – security council
consejo directivo – board of directors
consejo ejecutivo – executive board
Consejo Europeo – European Council
consejo jurídico – legal advice
consejo legal – legal advice
consejo legislativo – legislative council
consejo municipal – city council
consenso *m* – consensus, agreement
consensual *adj* – consensual
consentimiento *m* – consent, acquiescence
consentimiento del paciente – patient's consent
consentimiento escrito – written consent
consentimiento expreso – express consent
consentimiento matrimonial – marital consent
consentimiento mutuo – mutual consent
consentir *v* – to consent, to acquiesce
conservación *f* – conservation, preservation, custodianship

conservacionista *m/f* – conservationist
conservador *m* – conservative, conservator, custodian
conservadurismo *m* – conservatism
conservar *v* – to conserve
considerable *adj* – considerable
consideración *f* – consideration, motive
consideraciones ambientales – environmental considerations
consideraciones comerciales – commercial considerations
consideraciones ecológicas – eco-considerations, ecological considerations
considerandos *m* – whereas clauses, legal foundations
considerar *v* – to consider
consignación *f* – consignment, deposit, destination, payment, allotment
consignación judicial – judicial deposit
consignado *adj* – consigned
consignador *m* – consignor
consignar *v* – to consign, to earmark, to deposit, to remand
consignatario *m* – consignee, depositary, trustee
consiliario *m* – counselor
consistencia *f* – consistency
consistente *adj* – consistent
consocio *m* – partner, copartner, associate
consolación *f* – consolation
consolidación *f* – consolidation, funding
consolidación de deudas – consolidation of debts
consolidar *v* – to consolidate, to combine, to fund
consonancia *f* – consonance
consorcio *m* – consortium, cartel, syndicate
consorte *m/f* – consort, spouse, partner
consortes *m* – co-litigants, joint defendants
conspicuo *adj* – conspicuous
conspiración *f* – conspiracy
conspirador *m* – conspirator
conspirar *v* – to conspire
constancia *f* – record, evidence, certainty
constancia escrita – written evidence, written record
constancias *f* – records, vouchers
constar *v* – to be recorded, to be evident, to consist of, to demonstrate
constatar *v* – to confirm, to prove, to affirm
conste por el presente documento – know all men by these presents, know all people by these presents
constitución *f* – constitution, establishing
constitucionalmente *adv* – constitutionally
constituido *adj* – constituted
constituir una sociedad – to form a company, to form a partnership

constituyente *m/f* – constituent
constreñimiento *m* – constraint
constreñir *v* – to constrain
construcción *f* – construction
constructor *m* – builder, contractor
construir *v* – to construct
consuetudinario *adj* – common, customary, consuetudinary
cónsul *m* – consul
consulado *m* – consulate, consulship
consular *adj* – consular
consulta *f* – consultation, opinion, legal opinion, legal advice
consultación *f* – consultation
consultar *v* – to consult, to consider, to advise
consultaría *f* – consultancy
consultativo *adj* – consultative, consulting
consultivo *adj* – consultative
consultor *m* – consultant
consultor de seguros – insurance consultant
consultor empresarial – business consultant
consultor financiero – financial consultant
consultor fiscal – tax consultant
consultor jurídico – legal consultant
consultorio *m* – the office of a professional
consumación del delito – consummation of a crime
consumación del matrimonio – consummation of a marriage
consumar el matrimonio – to consummate the marriage
consumidor *m* – consumer
consumir *v* – to consume, to expend
consumismo *m* – consumerism
consumista *adj* – consumeristic
consumista *m/f* – consumerist
consumo personal – personal consumption
contabilidad *f* – accounting, accountancy, bookkeeping
contabilidad ambiental – environmental accounting, green accounting
contabilidad bancaria – bank bookkeeping, bank accounting
contabilidad comercial – commercial accounting
contabilidad de empresas – business accounting
contabilidad de la sociedad – corporate accounting
contabilidad empresarial – company accounting, enterprise accounting
contabilidad fiscal – tax accounting, fiscal accounting
contabilización *f* – accounting
contabilizar *v* – to enter, to post, to record
contable *adj* – pertaining to accounting, countable

contable *m* – accountant, bookkeeper
contable público – public accountant, Certified Accountant, Certified Public Accountant
contacto *m* – contact
contacto corporal – bodily contact
contactos mínimos – minimum contacts
contador *m* – accountant, bookkeeper
contador autorizado – Certified Accountant, Certified Public Accountant, qualified accountant
contador público – public accountant, Certified Accountant, Certified Public Accountant
contador público autorizado – Certified Public Accountant
contador público titulado – Certified Public Accountant
contaduría *f* – accounting, accountancy, accountant's office, accounting office, bookkeeping
contaminación *f* – contamination, pollution
contaminación ambiental – environmental pollution, pollution, environmental contamination
contaminante *adj* – contaminating, polluting
contaminar *v* – to contaminate, to pollute
contango *m* – contango
contante y sonante – cash
contemplación *f* – contemplation
contemplar *v* – to contemplate
contemporáneo *adj* – contemporary
contención *f* – contention, lawsuit
contencioso *adj* – contentious, litigious
contencioso administrativo – pertaining to administrative litigation
contender *v* – to contend, to litigate
contenedor *m* – litigant, opponent
contenta *f* – endorsement, receipt
contérmino *adj* – conterminous
contestable *adj* – contestable, litigable
contestación a la demanda – plea, answer to the complaint
contestador *m* – answering machine
contestar *v* – to answer, to contest, to corroborate
contestar la demanda – to answer the complaint
conteste *m/f* – witness whose testimony confirms another's
contexto *m* – context
contienda *f* – lawsuit, litigation, dispute
contienda judicial – litigation
contigüidad *f* – contiguity, contiguousness
contiguo *adj* – contiguous
continencia de la causa – unity of the proceedings
contingencia *f* – contingency

contingente *adj* – contingent, incidental
continuación de beneficios – continuation of benefits
continuidad *f* – continuity
continuismo *m* – preservation of the current political and/or social system
continuo *adj* – continuous
contra documentos – against documents
contra el orden público – against the peace
contra la ley – against the law
contra la voluntad – against the will
contra todo riesgo – against all risks
contraatacar *v* – to fight back, to counterattack
contrabandear *v* – to smuggle
contrabandeo *m* – smuggling
contrabandista *m/f* – smuggler
contrabando *m* – smuggling, contraband
contracción *f* – contraction
contractual *adj* – contractual
contradecir *v* – to contradict
contradeclaración *f* – counterdeclaration
contrademanda *f* – counterclaim, cross-demand
contrademandar *v* – to counterclaim
contradenuncia *f* – counterclaim
contradicción *f* – contradiction
contradictorio *adj* – contradictory
contraer *v* – to contract, to incur, to assume an obligation, to join
contraer matrimonio – to marry
contraescritura *f* – public document which contradicts another
contraespionaje *m* – counterespionage
contrafianza *f* – indemnity bond
contrafianza *f* – backbond
contrafirma *f* – countersignature
contragarantía *f* – counterguaranty
contrahacer *v* – to forge, to counterfeit
contrahecho *adj* – forged, counterfeit
contrainterrogar *v* – to cross-examine
contrainterrogatorio *m* – cross-examination
contralor *m* – comptroller, controller, auditor
contraloría *f* – comptrollership, controllership
contramandato *m* – countermand
contramedida *f* – countermeasure
contraoferta *f* – counteroffer, counterbid
contraorden *f* – countermand
contraparte *f* – counterpart, opposing party
contrapartida *f* – balancing entry, balancing item, contra entry
contraposición *f* – contraposition, opposition
contraprestación *f* – consideration
contraprestación contractual – contractual consideration
contraprobar *v* – to refute

contraproducente *adj* – counter-productive
contraproposición *f* – counteroffer, counterproposal
contrapropuesta *f* – counteroffer, counterproposal
contraprueba *f* – counterevidence
contrariar *v* – to contradict, to oppose
contrario *m* – opposing party
contrario a la ley – contrary to law
contrarréplica *f* – rejoinder
contrarrestar *v* – to counteract, to oppose
contraseguro *m* – reinsurance
contrasellar *v* – to counterseal
contrasello *m* – counterseal
contrasentido *m* – opposite meaning, contradiction, nonsense
contraseña *f* – password, countersign
contrata *f* – contract made with a government, contract, agreement
contratable *adj* – contractable
contratación *f* – contracting, hiring, preparation of a contract, procurement
contratación colectiva – collective bargaining
contratación externa – outsourcing
contratado *adj* – contracted, agreed
contratante *m/f* – contractor, contracting party
contratar *v* – to contract, to hire
contratar y despedir – to hire and fire
contratista *m/f* – contractor
contratista independiente – independent contractor
contrato *m* – contract, agreement
contrato a plazo fijo – fixed-term contract
contrato a término – forward contract
contrato a tiempo completo – full-time contract
contrato a tiempo parcial – part-time contract
contrato abierto – open contract, non-exclusive contract
contrato bilateral – bilateral contract
contrato blindado – ironclad contract
contrato colectivo de trabajo – collective bargaining agreement
contrato de adhesión – adhesion contract
contrato de administración – management contract
contrato de agencia – agency contract, agency agreement
contrato de alquiler – rental contract
contrato de aparcería – sharecropping contract
contrato de arrendamiento – lease, lease contract
contrato de arrendamiento de servicios – service contract

contrato de arriendo – lease
contrato de bienes raíces – real estate contract
contrato de compraventa – sales contract, bargain and sale contract
contrato de construcción – construction contract, building contract
contrato de crédito – credit contract
contrato de depósito – bailment contract
contrato de empleo – employment contract
contrato de fianza – contract of surety
contrato de fideicomiso – trust agreement
contrato de fiducia – trust agreement
contrato de fletamento – charter party, charter agreement
contrato de incorporación – incorporation agreement
contrato de inversiones – investment contract
contrato de leasing – lease, lease contract
contrato de locación – lease, contract of hire
contrato de locación de servicios – service contract
contrato de organización – incorporation agreement
contrato de préstamo – loan contract
contrato de seguro – insurance contract
contrato de servicios – service contract
contrato de servicios personales – personal service contract
contrato de sociedad – partnership agreement, incorporation agreement
contrato de temporada – seasonal contract
contrato de trabajo – employment contract, labor contract, labour contract
contrato de venta – contract of sale
contrato ejecutado – executed contract
contrato en exclusiva – exclusive contract
contrato escrito – written contract
contrato exclusivo – exclusive contract
contrato expirado – expired contract
contrato expreso – express contract
contrato firmado – signed contract
contrato formal – formal contract
contrato individual de trabajo – individual employment contract
contrato informal – informal contract
contrato inválido – void contract
contrato laboral – labor contract, labour contract
contrato legal – legal contract
contrato leonino – unconscionable contract
contrato-ley *m* – union contract covering an entire industry made official by the government
contrato llave en mano – turnkey contract
contrato marco – framework contract
contrato matrimonial – prenuptial agreement,

antenuptial agreement, marriage contract
contrato mercantil – mercantile contract, commercial contract, business contract
contrato modelo – model contract
contrato nulo – void contract
contrato oneroso – onerous contract
contrato oral – oral contract
contrato por escrito – written contract
contrato preliminar – preliminary contract
contrato sinalagmático – synallagmatic contract
contrato social – partnership agreement, incorporation agreement
Contrato Social – Social Contract
contrato tácito – implied contract
contrato unilateral – unilateral contract
contrato válido – valid contract
contrato verbal – parol contract, oral contract
contravalor *m* – collateral, counter-value
contravención *f* – contravention, infringement, violation, breach
contravenir *v* – to contravene, to infringe, to violate, to breach
contraventor *m* – infringer, violator, breacher
contrayente *m/f* – contracting party, a person engaged to be married
contribución *f* – contribution, tax, tax assessment
contribución al consumo – consumption tax
contribución al valor agregado – value added tax
contribución estimada – estimated tax
contribución inmobiliaria – real estate tax
contribución política – political contribution
contribución retenida – retained tax
contribución sobre ingresos – income tax
contribución sobre inmuebles – real property tax
contribuciones atrasadas – back taxes
contribuciones de campaña – campaign contributions
contribuciones de empleados – employee contributions
contribuciones de la empresa – enterprise taxes
contribuciones retenidas – withheld taxes
contribuido *adj* – contributed
contribuir *v* – to contribute, to pay taxes
contributivo *adj* – pertaining to taxes
contribuyente *m* – contributor, taxpayer
contrición *f* – contrition
contrito *adj* – contrite
control *m* – control
control absoluto – absolute control
control administrativo – administrative control, management control
control aduanero – customs control

control ambiental – environmental control
control centralizado – centralized control
control de acceso – access control
control de calidad – quality control
control de daños – damage control
control de fronteras – border control
control de inmigración – immigration control
control de la junta – board control
control de precios – price control
control de salarios – wage control, salary control
control del consejo – board control
control ecológico – eco-control, ecological control
control ejecutivo – managerial control
control fronterizo – border control
control judicial – judicial control
control legislativo – legislative control
control mayoritario – majority control
control salarial – wage control, salary control
controlable *adj* – controllable
controlado *adj* – controlled
controlado por ordenador – computer-controlled
controlador *m* – controller
controlar *v* – control, check
controlar el comercio – control commerce, control trade
controlar la economía – control the economy
controles de exportación – export controls
controles de importación – import controls
controles financieros – financial controls
controversia *f* – controversy, litigation
controversia legal – legal controversy
controvertible *adj* – controvertible, actionable
controvertir *v* – to controvert, to litigate
contubernio *m* – cohabitation, concubinage
contumacia *f* – contumacy, contempt of court, default
contumaz *adj* – contumacious
convalidación *f* – confirmation, validation
convalidar *v* – to confirm, to validate
convencer *v* – to convince
convencimiento *m* – conviction, proof
convención *f* – convention, agreement, assembly
convención colectiva de trabajo – collective bargaining agreement
convención constituyente – constitutional convention
convención de trabajo – labor agreement, labour agreement
convencional *adj* – conventional, contractual
convenido *m* – defendant
convenido *adj* – agreed, convened
conveniente *adj* – convenient, appropriate
convenio *m* – agreement, contract,

settlement, deal, bargain

convenio administrativo – management agreement, administrative agreement

convenio arbitral – arbitral agreement

convenio bilateral – bilateral agreement

convenio colectivo – collective agreement

convenio colectivo de trabajo – collective bargaining agreement

convenio comercial – trade agreement, business agreement, commercial agreement

convenio concursal – creditors' agreement

convenio de cooperación – cooperation agreement

convenio de crédito – credit agreement

convenio de fideicomiso – trust agreement

convenio de indemnización – indemnity agreement

convenio de negociación colectiva – collective bargaining agreement

convenio de negocios – business agreement

convenio de reciprocidad – reciprocity agreement

convenio del cliente – customer's agreement

convenio escrito – written agreement

convenio laboral – labor agreement, labour agreement

convenio marco – framework agreement

convenio multilateral – multilateral agreement

convenio oral – oral agreement

convenio por escrito – agreement in writing

convenio preliminar – preliminary agreement

convenio salarial – wage agreement

convenio verbal – oral agreement, parol agreement

convenir *v* – to agree, to be advisable, to convene, to correspond, to bargain

convenirse *v* – to reach an agreement, to convene

convergencia *f* – convergence

conversable *adj* – conversable

conversación *f* – conversation, illicit dealings

conversión *f* – conversion

convertibilidad *f* – convertibility

convertible *adj* – convertible

convertir *v* – to convert

convicción *f* – conviction, certainty

convicto *m* – convict

convicto *adj* – convicted

convincente *adj* – convincing

convocación *f* – convocation

convocador *m* – convener

convocante *m/f* – convener

convocar *v* – to convoke, to call together, to summon

convocar a licitación – to call for bids

convocar una asamblea – to call a meeting

convocar una junta – to call a meeting

convocar una reunión – to call a meeting

convocar una sesión – to call a meeting

convocatoria *f* – summons, notice of a meeting, announcement

convocatoria de acreedores – creditors' meeting

conyúdice *m* – alternate judge, associate judge

conyugal *adj* – conjugal

cónyuge *m/f* – spouse

cónyuge culpable – culpable spouse

cónyuge inocente – innocent spouse

cónyuge sobreviviente – surviving spouse

cónyuge supérstite – surviving spouse

conyugicida *m/f* – a spouse who murders the other

conyugicidio *m* – murder of a spouse by the other

cooperación *f* – cooperation

cooperación política – political cooperation

cooperador *adj* – cooperating, cooperative

cooperador necesario – accessory

cooperar *v* – to cooperate

cooperativa *f* – cooperative, co-op

cooperativa agrícola – agricultural cooperative, farmer's cooperative

cooperativa de consumidores – consumers' cooperative

cooperativa de consumo – consumers' cooperative

cooperativa de crédito – credit union, credit cooperative

cooperativa de productores – producers' cooperative

cooperativa de seguros – insurance cooperative

cooperativa de trabajadores – workers' cooperative

cooperativa de vivienda – housing cooperative

cooperativista *adj* – cooperative

cooperativo *adj* – cooperative, cooperating

cooptación *f* – co-optation

coordinador *m* – coordinator

coordinar esfuerzos – coordinate efforts

copar *v* – to monopolize

coparticipación *f* – partnership

copartícipe *m/f* – accomplice, partner

copia *f* – copy, transcript

copia adjunta – attached copy

copia anexa – attached copy

copia auténtica – true copy

copia auténtica certificada – certified true copy

copia carbón – carbon copy

copia certificada – certified copy

copia de archivo – file copy

copia de seguridad – backup copy, backup
copia exacta – exact copy
copia fiel – true copy
copia legalizada – certified copy
copia original – original copy
copia única – sole copy
copiadora f – copier, photocopier
copiar v – to copy, to photocopy
copioso adj – copious
coposesión f – joint ownership, joint
 possession
copresidente m – co-chairperson
copropiedad f – joint tenancy, joint
 ownership, co-ownership
copropietario m – joint owner, joint tenant,
 co-owner
cópula f – union, sexual intercourse
copulación f – copulation
copyright m – copyright
corazonada f – hunch, impulse
corolario m – corollary
corporación f – corporation, company, legal
 entity, entity
corporación bancaria – banking corporation
corporación comercial – commercial
 corporation
corporación con fines de lucro – for-profit
 corporation
corporación cooperativa – cooperative
corporación de construcción – building
 corporation
corporación de derecho – corporation
 created fulfilling all legal requirements
corporación de hecho – corporation in fact
corporación de petróleo – oil corporation
corporación de transportes – transport
 corporation, shipping corporation, carrier
corporación estatal – government
 corporation, state corporation
corporación inmobiliaria – real estate
 corporation, property corporation
corporación privada – private corporation
corporación pública – public corporation
corporación sin fines de lucro – nonprofit
 corporation, benevolent corporation
corporal adj – corporal, corporeal
corporativismo m – corporatism
corporativista adj – corporatist
corporativo adj – corporate
corpóreo adj – corporeal
corpus delicti – the body of the crime, corpus
 delicti
corpus juris – the body of the law, corpus
 juris
corrección f – correction, adjustment,
 amendment, punishment
corrección política – political correctness
correccional f – correctional institution

correcciones disciplinarias – sanctions for
 civil contempt of court, sanctions for
 misbehavior by an officer of the court in an
 official matter
correctivo adv – corrective
corredor m – broker, commercial broker,
 trader
corredor aduanero – customs broker
corredor comercial – commercial broker
corredor de aduanas – customs broker
corredor de apuestas – bookmaker
corredor de bienes raíces – real estate
 broker
corredor de bolsa – broker, trader,
 stockbroker
corredor de comercio – merchandise broker,
 commerce broker, business broker
corredor de negocios – business broker
corredor de seguros – insurance broker
corredor inmobiliario – real estate broker
correduría f – brokerage
correduría de seguros – insurance brokerage
corregido adj – corrected
corregidor m – magistrate
corregir v – to correct
correlación f – correlation
correo m – mail, correspondence, post office,
 courier
correo asegurado – insured mail
correo basura – junk mail
correo certificado – certified mail, registered
 mail
correo comercial – business mail,
 commercial mail
correo corporativo – corporate mail
correo de negocios – business email
correo electrónico – email, e-mail, electronic
 mail
correo empresarial – business mail
correo entrante – incoming mail
correo expreso – express mail
correo mercantil – commercial mail
correo no asegurado – uninsured mail
correo registrado – registered mail
correo saliente – outgoing mail
correo urgente – urgent mail, special delivery
 mail
correr v – to run, to run out
correspondencia f – correspondence, mail,
 reciprocity
correspondencia comercial – business
 correspondence, commercial correspondence
correspondencia registrada – registered
 mail
corresponder v – to correspond
correspondiente adj – corresponding
corresponsal extranjero – foreign
 correspondent

corretaje *m* – brokerage
corrida bancaria – bank run
corriente *adj* – current, running, standard
corriente *f* – trend, stream
corrientemente *adv* – currently, ordinarily
corroboración *f* – corroboration, ratification
corroborar *v* – to corroborate, to ratify
corromper *v* – to corrupt, to seduce, to bribe
corrupción *f* – corruption, bribery
corrupción de menores – corruption of minors
corrupción política – political corruption
corruptamente *adv* – corruptly
corruptela *f* – corruption, malpractice, abuse of power
corruptibilidad *f* – corruptibility, perishability
corruptible *adj* – corruptible, bribable, perishable
corrupto *adj* – corrupt
corruptor *m* – corrupter, seducer, briber
cortabolsas *m/f* – pickpocket, cutpurse
corte *f* – court
corte administrativa – administrative court
corte arbitral – court of arbitration
corte civil – civil court
corte constitucional – constitutional court
corte criminal – criminal court
corte de apelación – court of appeals
corte de arbitraje – court of arbitration
corte de casación – court of cassation, court of appeals
corte de circuito – circuit court
corte de comercio – commercial court
corte de conciliación – court of conciliation
corte de derecho – court of law
corte de distrito – district court
corte de justicia – court of justice
corte de menores – juvenile court
corte de quiebras – bankruptcy court
corte de trabajo – labor court, labour court
corte electoral – electoral court
corte estatal – state court
corte federal – federal court
corte inferior – lower court
corte internacional – international court
corte laboral – labor court, labour court
corte local – local court
corte marcial – military court
corte militar – military court
corte municipal – municipal court
corte nacional – national court
corte nocturna – night court
corte penal – criminal court
corte plena – full court
corte policial – police court
corte superior – superior court
corte suprema – supreme court

corte suprema de justicia – supreme court
cortesía *f* – courtesy, grace period
cosa *f* – thing, something, matter
cosa abandonada – abandoned property
cosa ajena – property of another
cosa corporal – corporeal thing
cosa de nadie – property of nobody
cosa gravada – encumbered thing
cosa incorporal – incorporeal thing
cosa inmueble – real property
cosa juzgada – matter decided, res judicata
cosa litigiosa – subject of litigation
cosa mueble – movable thing
coseguro *m* – coinsurance
cosolicitante *m/f* – co-applicant
costa *f* – cost, price, coast
costas *f* – court costs, court fees
costas procesales – court costs
coste *m* – cost, price
costear *v* – to finance, to pay for
costeo *m* – costing
costo *m* – cost, price
costo de administración – administration cost
costo de compra – cost of purchase
costo de constitución – organization cost
costo de financiamiento – financing cost
costo de vida – cost of living
costo entero – entire cost
costo fijo – fixed cost, overhead
costo laboral – labor cost, labour cost
costo, seguro y flete – cost, insurance, and freight
costos administrativos – administrative costs
costos de construcción – building costs
costos de explotación – operating costs
costos de personal – personnel costs, labor cost, labour cost
costos fijos – fixed costs, overhead
costos financieros – financial costs
costos generales – overhead
costos generales fijos – overhead
costos legales – legal costs
costos operacionales – operational costs
costos operativos – operating costs
costoso *adj* – costly, expensive
costumbre *f* – custom, routine
costumbres comerciales – business customs, commercial customs
costumbres de trabajo – labor customs, labour customs, work customs
costumbres internacionales – international customs
costumbres laborales – labor customs, labour customs
costumbres locales – local customs
costumbres y prácticas – customs and practices

cota de referencia – benchmark
cotejar *v* – to collate, to compare
cotejo *m* – comparison, comparison of documents, contrast
cotización de precio – price quote, price quotation
cotizado *adj* – quoted, listed
cotizar *v* – to quote, to list
cotutor *m* – co-guardian
coyuntura económica – economic situation
craso *adj* – crass
creación de empleos – job creation
creado por ley – created by law
crear *v* – to create
crear una deuda – to create a debt
crecimiento *m* – growth, increase
crecimiento económico equilibrado – balanced economic growth
crecimiento sostenible – sustainable growth
credencial *f* – credential, identification
credenciales *f* – credentials
credibilidad *f* – credibility
crédito *m* – credit, debt, loan, installment, solvency, reputation, credit rating, claim
crédito a corto plazo – short-term credit, short-term loan
crédito a largo plazo – long-term credit, long-term loan
crédito agrícola – farm credit, agricultural credit, farm loan, agricultural loan
crédito al consumo – consumer credit, consumer loan
crédito bancario – bank credit, bank loan
crédito comercial – commercial credit, business credit, commercial loan, business loan, goodwill
crédito contributivo – tax credit
crédito corporativo – corporate credit, corporate loan
crédito de consumo – consumer credit, consumer loan
crédito documentario – documentary credit
crédito empresarial – business credit, business loan
crédito fiscal – tax credit
crédito garantizado – guaranteed credit, secured credit, guaranteed loan
crédito hipotecario – mortgage credit, mortgage
crédito incobrable – uncollectible debt, bad debt, uncollectible loan, bad loan
crédito irrevocable – irrevocable credit
crédito mercantil – commercial credit, commercial loan
crédito personal – personal credit, personal loan
crédito preferencial – preferential credit, preferential loan, preferential debt

crédito prendario – chattel credit
crédito privado – private credit, private loan
crédito privilegiado – privileged credit, privileged loan, privileged debt
crédito público – public credit, public loan, public debt
crédito puente – bridge credit, bridge loan
crédito quirografario – unsecured credit, unsecured loan
crédito refaccionario – agricultural loan, commercial loan
crédito tributario – tax credit
creíble *adj* – credible
cremación *f* – cremation
crematística *f* – pecuniary interest
crepúsculo *m* – dusk
crimen *m* – crime, felony
crimen capital – capital crime
crimen corporativo – corporate crime
crimen de guerra – war crime
crimen estatuario – statutory crime
crimen oculto – concealed crime
crimen organizado – organized crime
crimen pasional – crime of passion
crimen político – political crime
criminación *f* – incrimination, accusation, charge
criminal *m/f* – criminal, felon, delinquent, offender
criminal *adj* – criminal, felonious, delinquent
criminal de guerra – war criminal
criminal peligroso – dangerous criminal
criminal reincidente – habitual criminal
criminalidad *f* – criminality
criminalista *m/f* – criminalist, criminologist
criminalística *f* – criminology
criminalización *f* – criminalization
criminalmente *adv* – criminally
criminar *v* – to incriminate, to accuse, to charge
criminología *f* – criminology
criminológico *adj* – criminological
crisis *f* – crisis
crisis bancaria – banking crisis
crisis de liquidez – liquidity crisis
crisis económica – economic crisis
crisis financiera – financial crisis
crisis laboral – labor crisis, labour crisis
crisis monetaria – monetary crisis
criterio *m* – criterion, judgment, opinion
crítica *f* – criticism
crítico *adj* – critical
crónicamente *adv* – chronically
cronología *f* – chronology
cronológico *adj* – chronological
cruce *m* – crossing, crossroad
crucial *adj* – crucial
cruel *adj* – cruel

crueldad *f* – cruelty
crueldad contra animales – cruelty to animals
crueldad extrema – extreme cruelty
crueldad física – physical cruelty
crueldad intolerable – intolerable cruelty
crueldad mental – mental cruelty
cta. (cuenta) – account
cuaderno de bitácora – logbook
cuadrante *m* – quadrant, quarter of an inheritance
cuadrar *v* – to square, to balance, to tally
cuadrilla *f* – work group, work team, work unit, gang, squad
cuadro *m* – chart, table, schedule, panel
cuadro directivo – board of directors
cuádruple *adj* – quadruple
cuadruplicado *adj* – quadruplicate
cualificado *adj* – qualified, skilled, conditional
cualificar *v* – to classify, to rate, to qualify
cualitativamente *adv* – qualitatively
cuantía *f* – quantity, amount, importance
cuantía de la subvención – amount of the subsidy
cuantía del préstamo – amount of the loan
cuantía del subsidio – amount of the subsidy
cuantificación *f* – quantification
cuantitativamente *adv* – quantitatively
cuarentena *f* – quarantine
cuartel *m* – quarter, zone, lot
cuartel de policía – police station
cuarto mundo – fourth world
cuasicontrato *m* – quasi contract
cuasidelito *m* – quasi crime
cuasidinero *m* – quasi-money
cuasijudicial *adj* – quasi judicial
cuasimonopolio *m* – quasi monopoly
cuasiposesión *f* – quasi possession
cuasiusufructo *m* – quasi usufruct
cuatrimestre *m* – a four month period
cubierta *f* – coverage, cover
cubierto *adj* – covered
cubrir *v* – to cover, to cover up, to pay
cubrir costes – to cover costs
cubrir costos – to cover costs
cuchillada *f* – slash, stab
cuello de botella – bottleneck
cuenta *f* – account, bill, report, accounting, calculation
cuenta a la vista – demand account
cuenta bloqueada – blocked account
cuenta cancelada – cancelled account
cuenta cerrada – closed account, account closed
cuenta comercial – commercial account, business account
cuenta conjunta – joint account

cuenta corporativa – corporate account
cuenta corriente – commercial account, current account, checking account
cuenta de ahorros – savings account
cuenta de banco – bank account
cuenta de caja – cash account
cuenta de comercio – commercial account, commerce account
cuenta de crédito – credit account, charge account
cuenta de custodia – custody account, custodian account
cuenta de cheques – checking account
cuenta de depósito – deposit account
cuenta de inversiones – investment account
cuenta de liquidación – settlement account
cuenta de margen – margin account
cuenta de nómina – payroll account
cuenta de reserva – reserve account
cuenta de valores – securities account
cuenta detallada – itemized account
cuenta fiduciaria – trust account
cuenta incobrable – uncollectible account, bad account
cuenta mancomunada – joint account
cuenta numerada – numbered account
cuenta personal – personal account
cuenta privada – private account
cuentacorrentista *m/f* – account holder
cuentahabiente *m/f* – account holder
cuerdo *adj* – sane, prudent
cuerpo *m* – body, corpse, corps, volume
cuerpo administrativo – administrative body
cuerpo arbitral – arbitral body
cuerpo consular – consular staff
cuerpo consultivo – consultative body, consulting body
cuerpo de bienes – total assets
cuerpo de leyes – body of laws
cuerpo del delito – body of the crime
cuerpo diplomático – diplomatic corps
cuerpo electoral – electoral body
cuerpo legal – body of laws
cuerpo legislativo – legislative body
cuerpo municipal – municipal entity
cuerpo policiaco – police force
cuerpo profesional – professional body
cuestión *f* – question, matter, issue, controversy
cuestión criminal – criminal matter
cuestión de competencia – conflict of venue
cuestión de derecho – question of law, issue of law
cuestión de hecho – question of fact, issue of fact
cuestión de jurisdicción – conflict of jurisdiction
cuestión de procedimiento – question of

procedure
cuestión de puro derecho – question of law
cuestión federal – federal matter
cuestión fiscal – fiscal matter
cuestión incidental – incidental matter
cuestión legal – legal matter, legal issue
cuestión prejudicial – questions which must be resolved prior to hearing the case
cuestión principal – main matter
cuestionable *adj* – questionable
cuestionar *v* – to question, to interrogate, to debate
cuestionario *m* – questionnaire, interrogatory
cuestiones ambientales – environmental issues
cuidado *m* – care, caution, charge
cuidado a largo plazo – long-term care
cuidado de salud – health care
cuidado debido – due care
cuidado médico – medical care
cuidado paliativo – palliative care
cuidado suficiente – sufficient care
cuidadosamente *adv* – carefully
cuidadoso *adj* – careful, attentive
culpa *f* – fault, guilt, negligence
culpa civil – noncriminal negligence
culpa concurrente – comparative negligence
culpa consciente – foreseen fault
culpa contractual – breach of contract
culpa extracontractual – tortious negligence
culpa grave – gross negligence
culpa lata – gross negligence
culpa leve – ordinary negligence
culpa penal – criminal negligence
culpa profesional – professional negligence
culpabilidad *f* – guilt, culpability
culpable *m/f* – culprit
culpable *adj* – guilty, culpable
culpablemente *adv* – guiltily, culpably
culpar *v* – to blame, to accuse, to find guilty
culparse *v* – to confess
culposo *adj* – guilty, culpable
cultivo *m* – cultivation, crop
cultivo industrial – industrial farming, factory farming
cultura corporativa – corporate culture
cumbre de comercio – business summit, commerce summit
cumplido *adj* – complete, reliable, courteous
cumplidor *adj* – reliable, trustworthy
cumplimentación *f* – fulfillment
cumplimiento *m* – fulfillment, completion, performance, compliance, observance, expiration date
cumplimiento de la condena – service of the sentence
cumplimiento de la ley – compliance with the law

cumplimiento de la obligación – performance of an obligation
cumplimiento de un deber – fulfillment of a duty
cumplimiento del contrato – fulfillment of the contract
cumplimiento específico – specific performance
cumplimiento fiscal – tax compliance
cumplir *v* – to fulfill, to carry out, to perform, to comply, to observe
cumplir con – to abide by
cumplir con las especificaciones – to meet the specifications
cumplir la palabra – to keep one's word
cumplir un contrato – to fulfill a contract
cumplir una promesa – to fulfill a promise
cumplir una sentencia – to serve a sentence
cumulativo *adj* – cumulative
cundir *v* – to spread, to increase
cunnilingus *m* – cunnilingus
cuñada *f* – sister-in-law
cuñado *m* – brother-in-law
cuota *f* – quota, share, payment, installment, fee, allocation, allotment
cuota inicial – initial payment, down payment
cuota litis – contingent fee
cuota mortuoria – death benefit
cuota patronal – employer's share
cuotas sindicales – union dues
cupo *m* – quota, share, tax share
cupón *m* – coupon
cúpula *f* – leadership
curador *m* – curator, guardian, conservator, administrator
curador ad litem – guardian for the suit, guardian ad litem
curaduría *f* – guardianship, curatorship
curandero *m* – quack doctor
curatela *f* – guardianship, curatorship
curia *f* – bar, court
curial *m* – attorney, court clerk
currículo *m* – curriculum vitae, curriculum
currículum vitae – curriculum vitae
curso *m* – course, flow, circulation, trend
curso de acción – course of action
curso de formación – training course
curso de habilitación – qualification course
curso de orientación – orientation course
curso legal – legal tender
custodia *f* – custody, custodianship, guard, guardianship
custodia conjunta – joint custody
custodia de hijos – custody of children
custodia de menores – custody of children, custody of minors
custodia de niños – custody of children
custodia legal – legal custody

custodia temporal – temporary custody
custodia y control – custody and control
custodial *adj* – custodial
custodiar *v* – to have custody of, to guard, to protect, to watch
custodio *m* – custodian, guardian

D

D. (Don) – Mr.
dación *f* – dation, delivery, giving, surrender
dación en pago – dation in payment, payment in lieu of that accorded
dactilar *adj* – digital
dactilograma *m* – fingerprint, dactylogram
dádiva *f* – gift, donation, grant
dador *m* – giver, donor, grantor, drawer
damnificado *m* – injured party, victim
damnificado *adj* – injured, damaged
damnificar *v* – to injure, to damage
dañado *adj* – injured, damaged, spoiled
dañador *m* – injurer, damager
dañador *adj* – injurious, damaging
dañar *v* – to injure, to damage, to spoil
dañino *adj* – injurious, damaging
daño *m* – damage, injury, loss, nuisance
daño a la persona – damage to person
daño a la propiedad – damage to property
daño a la reputación – injury to reputation
daño accidental – accidental damage
daño ambiental – environmental damage
daño civil – civil damage
daño considerable – considerable damage
daño corporal – bodily harm
daño ecológico – eco-damage, ecological damage
daño extensivo – extensive damage
daño intencional – intentional damage
daño marítimo – average
daño material – physical damage
daño moral – pain and suffering, injury of reputation
daño personal – bodily injury, personal harm
daños acumulados – accumulated damages
daños compensatorios – compensatory damages
daños consecuentes – consequent damages
daños corporales – bodily injuries
daños directos – direct damages
daños e intereses – damages plus interest

daños ejemplares – punitive damages
daños indirectos – indirect damages
daños pecuniarios – pecuniary damages
daños punitivos – punitive damages
daños sobrevenidos – subsequent damages
daños y perjuicios – damages
dañosamente *adv* – injuriously
dañoso *adj* – injurious, damaging
dar *v* – to give, to grant, to convey, to provide, to donate, to furnish, to offer, to extend, to bestow
dar a conocer – to make known
dar audiencia – to give a hearing
dar aviso – to give notice
dar carpetazo – to shelve
dar conocimiento – to make known, to report, to serve notice
dar de alta – to register a person, to incorporate into inventory
dar de baja – to remove a person from a register, to discharge
dar en prenda – to pledge
dar fe – to attest, to swear to, to certify
dar fianza – to post bail
dar la palabra – to promise
dar lugar – to approve
dar órdenes – to order
dar parte – to notify, to report
dar poder – to empower, to give a power of attorney
dar por perdido – to consider lost
dar por terminado – to adjourn
dar por vencido – to cause to become due and payable, to give up
dar prórroga – to grant a time extension
dar un veredicto – to return a verdict
dar vista – to give a hearing
darse de alta – to join, to register
darse de baja – to resign, to leave a given line of work or industry
data *f* – data, item, date and place, date
datar *v* – to date, to enter
dato *m* – datum, fact
datos *m* – data, facts
datos básicos – basic data
datos del censo – census data
datos digitales – digital data
datos fiscales – tax data, fiscal data
datos personales – personal data
datos privados – private data
datos públicos – public data
datos restringidos – restricted data
de acuerdo a lo convenido – as per agreement
de acuerdo al contrato – as per contract
de antemano – beforehand
de derecho – of right, lawful, de jure
de facto – in fact, de facto

de gracia – free, by favor
de hecho – in fact, de facto
de jure – by right, valid in law, de jure
de mancomún – jointly
de oídas – by hearsay
de por vida – for life
de primera mano – first-hand
de público y notorio – public knowledge
de rigor – prescribed by the rules
de segunda mano – second-hand
de turno – on duty
deambular *v* – to wander aimlessly
debacle *f* – debacle, catastrophe
debatir *v* – to debate, to discuss
debe y haber – debit and credit
debenture *m* – debenture
deber *m* – duty, obligation, debt
deber *v* – to owe
deber condicional – conditional obligation
deber contractual – contractual obligation
deber contratado – contracted obligation
deber contributivo – tax obligation
deber de asistencia – duty of assistance
deber de confidencialidad – confidentiality
obligation
deber de hacer – obligation to do
deber de pagar – obligation to pay
deber de socorro – duty of assistance
deber del estado – government obligation,
state obligation
deber del gobierno – government obligation
deber estatal – government obligation, state
obligation
deber fiscal – tax obligation
deber gubernamental – government
obligation
deber judicial – judicial duty
deber jurídico – legal duty, legal obligation
deber legal – legal duty, legal obligation
deber moral – moral obligation, moral duty
debida diligencia – due diligence
debidamente *adv* – duly
debidamente autorizado – duly authorized
debidamente juramentado – duly sworn
debidamente registrado – duly registered
debido *adj* – due, owed, proper
debido aviso – due notice
debido proceso – due process
debiente *adj* – owing
debitar *v* – to debit
débito *m* – debit, debit entry
decadencia *f* – decadence, lapsing
decaer *v* – to decline, to diminish, to wane
decano *m* – dean, president of an
organization, senior member of an
organization
decapitación *f* – decapitation
decencia humana – human decency

decenio *m* – decade
decepción *f* – deception, disappointment
deceso *m* – death
decidido *adj* – decided
decidir *v* – to decide, to settle, to determine
decir *v* – to say, to testify
decisión *f* – decision, judgment, verdict,
finding, determination
decisión judicial – judicial decision
decisión legal – legal decision
decisivo *adj* – decisive
declamación *f* – declamation
declamar *v* – to declaim
declarable *adj* – declarable
declaración *f* – declaration, statement,
deposition, determination, report, tax return
declaración aduanera – customs declaration
declaración confidencial – confidential
statement
declaración contributiva – tax return
declaración de bienes – statement of
property owned, declaration of assets
declaración de concurso – declaration of
bankruptcy
declaración de contribuciones – tax return
declaración de culpabilidad – guilty plea,
confession
declaración de derechos – bill of rights
declaración de fallecimiento – judicial
certification of presumed death
declaración de guerra – declaration of war
declaración de impacto ambiental –
environmental impact statement
declaración de impuestos – tax return
declaración de inconstitucionalidad –
declaration of unconstitutionality
declaración de ingresos – income statement,
earnings statement
declaración de inocencia – plea of not guilty
declaración de insolvencia – declaration of
insolvency, declaration of bankruptcy
declaración de la renta – income statement,
income tax return
declaración de nulidad – annulment
declaración de quiebra – declaration of
bankruptcy
declaración de rebeldía – finding of
contempt of court, declaration of default
declaración de renta – income tax return
declaración de solvencia – declaration of
solvency
declaración de testigos – witnesses'
testimony
declaración de voluntad – expression of
consent, expression of will
declaración extrajudicial – extrajudicial
declaration
declaración fiscal – tax return

declaración formal – formal statement
declaración inadmisible – inadmissible statement
declaración incriminante – incriminatory statement
declaración individual – individual statement, individual tax return
declaración judicial – court order, decree
declaración jurada – sworn statement, affidavit, deposition
declaración por escrito – statement in writing
declaración testimonial – testimony
declarado *adj* – declared, stated, manifested
declarador *m* – declarant, deponent, witness, filer
declarante *m/f* – declarant, deponent, witness, filer
declarar *v* – to declare, to depose, to state, to testify, to determine, to file a tax return
declarar bajo juramento – to declare under oath
declarar culpable – to find guilty
declarar huelga – to declare a strike
declarar inocente – to acquit
declarar la quiebra – to declare bankruptcy
declarar sin lugar – to dismiss, to overrule
declararse culpable – to plead guilty
declararse inocente – to plead not guilty
declarativo *adj* – declaratory
declaratoria *f* – declaration
declaratoria de herederos – declaration of heirs
declaratoria de quiebra – declaration of bankruptcy
declaratorio *adj* – declaratory
declinar *v* – to decline, to refuse
declinatoria de jurisdicción – refusal of jurisdiction, jurisdictional plea
decodificar *v* – to decode, to decipher
decomisar *v* – to confiscate, to forfeit
decomiso *m* – confiscation, forfeit
decoro *m* – decorum, honor
decretar *v* – to decree, to decide
decrétase – be it enacted
decreto *m* – decree, order, writ
decreto-ley *m* – executive order having the force of law
decreto judicial – judicial decree, judicial order
dedicación *f* – dedication
dedicar *v* – to dedicate
deducción *f* – deduction, allowance, inference
deducción contributiva – tax deduction
deducción fiscal – tax deduction
deducible *adj* – deductible, inferable
deducir *v* – to deduce, to deduct

defecto *m* – defect, absence, insufficiency
defecto de fábrica – manufacturing detect
defecto de forma – defect of form
defecto de manufactura – manufacturing detect
defecto de producto – product defect
defecto de título – title detect
defecto formal – defect of form
defecto legal – legal defect
defectuoso *adj* – defective
defendedero *adj* – defensible
defendedor *m* – defense attorney, defender
defender *v* – to defend, to prohibit, to impede
defenderse *v* – to defend oneself
defendido *m* – defendant
defensa *f* – defense, defence, answer, plea, aid, protection
defensa civil – civil defense
defensa de oficio – public defense
defensa dilatoria – dilatory plea
defensa legítima – legal defense, legitimate defense
defensa letrada – legal defense, legal assistance
defensor *m* – defense attorney, defender
defensor de oficio – public defender
defensor del pueblo – ombudsman
defensor judicial – public defender
defensor público – public defender
defensoría *f* – function of a defender
defensoría de oficio – legal aid
deferir *v* – to submit to
deficiencia *f* – deficiency, fault
déficit *m* – deficit
déficit público – public deficit
definición judicial – judicial definition
definido por ley – defined by law
definir *v* – to define, to decide
definitivo *adj* – definite, final, decisive
deflación *f* – deflation
defraudación *f* – fraud, defraudation, defrauding, swindle
defraudación fiscal – tax evasion
defraudador *m* – defrauder, swindler
defraudar *v* – to defraud, to cheat
defunción *f* – death
degollación *f* – decapitation
degradación *f* – degradation, humiliation
degradar *v* – to degrade, to humiliate
dejación *f* – abandonment, renunciation
dejadez *f* – abandonment, neglect
dejamiento *m* – abandonment, negligence
dejar *v* – to leave, to bequeath, to allow
dejar a salvo – to hold harmless
dejar sin efecto – to annul
delación *f* – accusation
delatante *m/f* – informer, accuser

delatar *v* – to inform on, to accuse
delator *m* – informer, accuser
delegación *f* – delegation, agency, authorization
delegación de autoridad – delegation of authority
Delegación de Hacienda – tax office
delegado *m* – delegate, agent, representative, assignee, deputy
delegado gremial – union representative, union delegate
delegado sindical – union representative, union delegate
delegante *m* – principal, assignor
delegar *v* – to delegate, to assign, to authorize, to depute
delegatorio *adj* – delegatory
deliberación *f* – deliberation
deliberadamente *adv* – deliberately, premeditatedly
deliberante *m/f* – deliberator
deliberar *v* – to deliberate, to confer
delictivo *adj* – criminal, delinquent
delimitar *v* – to delimit
delincuencia *f* – delinquency, criminality
delincuencia de menores – juvenile delinquency
delincuencia juvenil – juvenile delinquency
delincuente *m/f* – delinquent, criminal
delincuente habitual – habitual criminal
delincuente juvenil – juvenile delinquent
delinear *v* – to delineate
delinquir *v* – to commit a crime, to break a law
delito *m* – offense, crime, felony
delito calificado – aggravated crime
delito casual – unpremeditated crime
delito civil – civil injury
delito consumado – completed crime
delito contra el honor – crime against honor
delito contra la propiedad – property crime
delito culposo – crime committed through negligence
delito de omisión – crime of omission
delito doloso – deceitful crime, intentional crime
delito electoral – electoral crime
delito fiscal – tax crime
delito flagrante – crime discovered while in progress
delito grave – felony, serious crime
delito mayor – felony
delito menor – misdemeanor, minor crime
delito menos grave – misdemeanor, minor crime
delito militar – military crime
delito penal – criminal offense
delito político – political crime

demagogia *f* – demagogy
demagogo *m* – demagogue
demanda *f* – claim, complaint, lawsuit, action, demand, request, order
demanda colectiva – class action
demanda de daños y perjuicios – claim for damages, tort claim
demanda de pobreza – request to file a suit without having to pay costs
demanda judicial – judicial complaint
demanda laboral – labor demand, labour demand, labor suit, labour suit
demanda por daños y perjuicios – claim for damages, tort claim
demandado *m* – defendant, respondent
demandador *m* – complainant, claimant, demandant, plaintiff
demandante *m/f* – complainant, claimant, demandant, plaintiff
demandar *v* – to claim, to complain, to sue, to demand, to petition
demandar en juicio – to sue
demarcación *f* – demarcation
demasía *f* – excess, audacity
demencia *f* – dementia, insanity
demente *adj* – demented, insane
democracia *f* – democracy
demócrata *m/f* – democrat
democrático *adj* – democratic
demografía *f* – demography
demográfico *adj* – demographic
demoler *v* – to demolish
demolición *f* – demolition
demora *f* – delay, demurrage, arrearage
demorado *adj* – delayed
demorar *v* – to delay, to hold
demoroso *adj* – overdue, in default
demostrable *adj* – demonstrable
demostración *f* – demonstration
demostrar *v* – to demonstrate
demostrativo *adj* – demonstrative
denegación *f* – denial, refusal
denegación de justicia – denial of justice
denegar *v* – to deny, to refuse, to overrule
denegatorio *adj* – denying, negatory, rejecting
denigración *f* – denigration
denigrar *v* – to denigrate, to defame, to slander
denominación *f* – denomination, title
denominación comercial – trade name, commercial name, business name
Denominación de Origen – Designation of Origin
Denominación de Origen Protegida – Protected Designation of Origin
denominación social – firm name, company name

denuncia *f* – denunciation, accusation, presentment, report, announcement, termination

denuncia falsa – false accusation

denunciable *adj* – terminable, that may be denounced

denunciación *f* – denunciation, accusation, presentment, report, announcement, termination

denunciado *m* – accused person

denunciador *m* – denouncer, accuser, informer, person who files a report, claimant

denunciante *m/f* – denouncer, accuser, informer, person who files a report, claimant

denunciar *v* – to denounce, to accuse, to arraign, to report, to announce

denuncio *m* – denouncement

deontología jurídica – legal ethics

departamentalización *f* – departmentalization

departamento *m* – department, branch, district, bureau, apartment

departamento administrativo – administrative department

departamento de asuntos exteriores – state department

departamento de auditoría – audit department

departamento de bienestar social – social welfare department

departamento de crédito – credit department

departamento de cumplimiento – compliance department

departamento de educación – department of education

departamento de estado – state department

departamento de gobernación – department of the interior

departamento de gobierno – government department

departamento de guerra – war department, department of defense

departamento de hacienda – department of the treasury

departamento de justicia – department of justice

departamento de marina – department of the navy

departamento de patentes – patent department

departamento de personal – personnel department, personnel

departamento de recursos humanos – human resources department

departamento de salud – health department

departamento de salud pública – health department

departamento de sanidad – health department

Departamento de Seguridad Nacional – Department of Homeland Security

departamento de seguro social – social security department

Departamento del Interior – Department of the Interior

Departamento del Tesoro – Treasury Department

departamento fiscal – tax department

departamento gubernamental – governmental department

departamento jurídico – legal department

departamento legal – legal department

dependencia *f* – dependence, dependency, branch, agency

dependencia gubernamental – governmental agency

dependencia pública – governmental agency, public agency

dependiente *m/f* – dependent, agent, employee, clerk

dependiente legal – legal dependent

deponente *m/f* – deponent, witness, declarant, depositor, bailor

deponer *v* – to depose, to testify, to declare, to put aside

deportación *f* – deportation

deportado *m* – deportee

deportar *v* – to deport

deposición *f* – deposition, testimony, affirmation, removal from office

depositante *m/f* – depositor, bailor

depositar *v* – to deposit, to entrust

depositaría *f* – depository

depositario de plica – escrow agent

depositario judicial – receiver

depósito *m* – deposit, warehouse, trust agreement, bailment, down payment, bargain money

depósito aduanero – customs deposit

depósito de cadáveres – morgue

depósito en garantía – guarantee deposit

depósito judicial – judicial deposit

depósito legal – legal deposit

depravación *f* – depravation

depreciación *f* – depreciation

depreciación acelerada – accelerated depreciation

depreciar *v* – to depreciate

depredación *f* – depredation, embezzlement

depredador *m* – predator

depresión económica – depression, economic depression

depuración de aguas residuales – sewage treatment, waste-water treatment

derechismo *m* – rightism

derechista *adj* – rightist

derechista *m/f* – rightist
derecho *m* – right, law, franchise
derecho a abogado – right to counsel, right to attorney
derecho a la asistencia letrada – right to counsel, right to legal assistance
derecho a la huelga – right to strike
derecho a la intimidad – right to privacy
derecho a la privacidad – right to privacy
derecho a la propiedad – property rights
derecho a no declarar – right to remain silent
derecho a sufragio – right to vote
derecho a trabajar – right to work
derecho adjetivo – adjective law
derecho administrativo – administrative law
derecho al trabajo – right to work
derecho al voto – right to vote
derecho ambiental – environmental law
derecho civil – civil law
derecho comercial – commercial law, business law
derecho comparado – comparative law
derecho común – common law, general law
derecho constitucional – constitutional right
derecho consuetudinario – common law, unwritten law, consuetudinary law
derecho contractual – contractual right
derecho corporativo – corporate law
derecho criminal – criminal law
derecho de acción – right in action
derecho de apelación – right of appeal
derecho de arrendamiento – leasehold
derecho de asilo – right of asylum
derecho de asistencia legal – right to legal assistance
derecho de asociación – right of association
derecho de audiencia – right of audience
derecho de comercio – commercial law, business law
derecho de defensa – right of self-defense
derecho de disfrute – right of enjoyment
derecho de dominio – right of fee simple ownership
derecho de familia – family law
derecho de gentes – international law
derecho de guerra – war law
derecho de hogar seguro – homestead right
derecho de huelga – right to strike
derecho de inmunidad – right to immunity
derecho de información – right to information
derecho de ingreso – right of entry
derecho de insolvencia – bankruptcy law
derecho de las sucesiones – law of successions
derecho de legítima defensa – right of self-defense
derecho de navegación – admiralty law

derecho de no responder – right to silence
derecho de paso – right of way, easement of access
derecho de patente – patent right
derecho de posesión – right of possession, right of ownership
derecho de privacidad – right to privacy
derecho de propiedad – property rights, real estate law
derecho de propiedad intelectual – intellectual property law
derecho de recurso – right of appeal
derecho de recusación – right to challenge
derecho de reproducción – copyright, right of reproduction
derecho de reunión – right of assembly
derecho de ser escuchado – right to be heard
derecho de sociedades – corporate law
derecho de sufragio – right to vote
derecho de supervivencia – right of survivorship
derecho de trabajo – labor law
derecho de vía – right of way
derecho de visita – right to visit
derecho de voto – right to vote
derecho ecológico – ecological law
derecho escrito – written law
derecho estatutario – statute law
derecho estricto – strict law
derecho federal – federal law
derecho fiscal – tax law
derecho foral – local law
derecho formal – adjective law
derecho fundamental – constitutional law, fundamental right
derecho futuro – future interest
derecho industrial – labor law, labour law
derecho inmobiliario – real estate law
derecho intelectual – copyright
derecho internacional – international law
derecho internacional del trabajo – international labor law, international labour law
derecho judicial – laws governing the judiciary
derecho jurisprudencial – case law
derecho justicial – law of procedure
derecho laboral – labor law, labour law
derecho legal – legal right, statutory law
derecho marcario – trademark law, trademark right
derecho marítimo – admiralty law
derecho matrimonial – marital law
derecho mercantil – commercial law, business law, mercantile law
derecho militar – military law
derecho natural – natural law, natural right

derecho notarial – laws pertaining to notaries public
derecho obrero – labor law, labour law
derecho orgánico – organic law
derecho parlamentario – parliamentary law
derecho penal – criminal law
derecho político – political science, political right
derecho privado – private law
derecho procesal – procedural law
derecho público – public law
derecho romano – Roman law
derecho vigente – law in effect
derechohabiente *m/f* – holder of a right, successor
derechos *m* – taxes, duties, tariffs, rights, fees, laws
derechos ad valorem – ad valorem tariffs, ad valorem duties
derechos adquiridos – acquired rights
derechos aduaneros – customs duties, customs tariffs, tariffs, schedule of customs duties
derechos aéreos – air rights
derechos agrícolas – agricultural tariffs
derechos al valor – ad valorem tariffs, ad valorem duties
derechos antidumping – antidumping tariffs, antidumping duties
derechos arancelarios – customs duties
derechos civiles – civil rights
derechos de aduana – customs duties, customs tariffs, tariffs, schedule of customs duties
derechos de autor – copyright
derechos de licencia – license fees, licence fees
derechos de patente – patent rights, patent royalties
derechos de propiedad intelectual – intellectual property rights
derechos de timbre – stamp taxes
derechos del arrendatario – renter's rights
derechos del consumidor – consumer rights
derechos del empleado – workers' rights
derechos del trabajador – workers' rights
derechos humanos – human rights
derechos innatos – natural rights
derechos judiciales – court fees
derechos portuarios – port duties, dock duties
derechos y acciones – rights and actions
derivados *m* – derivatives
derivar *v* – to derive
derogable *adj* – repealable, annullable
derogación *f* – repeal, annulment, derogation
derogar *v* – to repeal, to annul
derogatorio *adj* – repealing, annulling

derrama *f* – apportionment
derramar *v* – to apportion
derrelicto *m* – derelict, abandoned ship
derribar *v* – to knock down, to overthrow
derrocamiento *m* – coup, overthrow
derrocar *v* – to overthrow, to knock down
derroche *m* – waste, squandering
desacato *m* – contempt, disrespect
desacato al tribunal – contempt of court
desacato civil – civil contempt
desacato criminal – criminal contempt
desaconsejar *v* – to dissuade, to advise against
desacreditar *v* – to discredit
desacuerdo *m* – disagreement, discrepancy
desadeudar *v* – to free from debt
desafianzar *v* – to release a bond
desafiar *v* – to challenge
desafío *m* – challenge, defiance, competition
desaforado *adj* – excessive, lawless, imprudent
desaforar *v* – to deprive of a right, to disbar
desaforo *m* – disbarment, rage
desafuero *m* – violation, deprivation of rights, excess, illegal act, lawlessness
desagraviar *v* – to indemnify, to redress
desagravio *m* – indemnity, redress
desaguisado *m* – offense, injury, outrage
desaguisado *adj* – illegal, unjust, outrageous
desahogado *adj* – unencumbered
desahuciar *v* – to evict, to dispossess
desahucio *m* – eviction, dispossession, severance pay, notice of termination of lease
desairar *v* – to dishonor, to refuse
desalojamiento *m* – eviction, dispossession
desalojar *v* – to evict, to dispossess
desalojo *m* – eviction, dispossession
desalquilar *v* – to vacate, to evict
desamortizar *v* – to disentail
desamparar *v* – to abandon, to relinquish
desaparecer *v* – to disappear
desaparición *f* – disappearance
desapoderar *v* – to cancel a power of attorney, to dispossess, to remove from office
desaposesionar *v* – to dispossess
desapoyar *v* – to withdraw support from
desaprisionar *v* – to release
desaprobar *v* – to disapprove, to disallow
desapropiamiento *m* – transfer of property, surrender of property
desapropiar *v* – to transfer property
desapropio *m* – transfer of property, surrender of property
desarmar *v* – to disarm
desarrendar *v* – to terminate a lease
desarrollado *adj* – developed
desarrollador *m* – developer
desarrollar *v* – to develop, to promote

desarrollo *m* – development, growth
desarrollo agrario – agrarian development
desarrollo educativo – educational development
desarrollo inmobiliario – property development, real estate development
desarrollo insostenible – unsustainable development
desarrollo rural – rural development
desarrollo sostenible – sustainable development
desarrollo urbano – urban development
desasegurar *v* – to cancel insurance
desasociar *v* – to dissociate
desastre ambiental – environmental disaster
desastre ecológico – eco-disaster, ecological disaster
desastre económico – economic disaster
desastroso *adj* – disastrous
desatender *adj* – to neglect, to disregard
desautorización *f* – privation of authority
desautorizado *adj* – unauthorized
desautorizar *v* – to deprive of authority
desavenencia *m* – discord
desaventajado *adj* – disadvantaged
desbalanceado *adj* – unbalanced
desbloquear *v* – to unblock, to lift a blockade, to unfreeze, to release
desbloqueo *m* – unblocking, unfreezing, releasing
descalificar *v* – to disqualify
descapitalización *f* – decapitalization
descarga *f* – unloading, discharge
descargar *v* – to unload, to fire, to discharge, to download
descargarse *v* – to resign, to free oneself of responsibility, to answer an accusation
descargo *m* – unloading, release, answer, acquittal
descartar *v* – to discard, to reject
descendencia *f* – descent, descendants
descendiente *m/f* – descendant
descentralización *f* – decentralization
descentralizar *v* – to decentralize
descifrado *adj* – decoded, deciphered
descifrar *v* – to decode, to decipher
descodificador *m* – decoder, decipherer
descodificar *v* – to decode, to decipher
descolonización *f* – decolonization, decolonisation
descolonizar *v* – to decolonize, to decolonise
desconcertar *v* – to disconcert
desconectar *v* – to disconnect
desconfianza *f* – lack of confidence, suspicion, distrust
desconfiar *v* – to distrust, to suspect
desconformar *v* – to object, to disagree
desconforme *adj* – disagreeing, objecting

descongelar *v* – to unfreeze
desconocer *v* – to disavow, to disclaim, to ignore
desconocimiento *m* – ignorance, disregard
desconsolidar *v* – to deconsolidate
descontado *adj* – discounted
descontar *v* – to discount, to deduct
descontinuación *f* – discontinuance
descontinuado *adj* – discontinued
descontinuar *v* – to discontinue, to suspend
descrédito *m* – discredit
describir *v* – to describe
descripción *f* – description, inventory
descripción legal – legal description
descriptivo *adj* – descriptive
descrito *adj* – described
descuadre *m* – imbalance
descubierto *m* – overdraft, shortage
descubierto *adj* – uncovered, unprotected
descubrimiento *m* – discovery
descubrir *v* – to discover
descuento *m* – discount
descuidadamente *adj* – carelessly
descuidado *adj* – careless, negligent
descuidar *v* – to neglect, to abandon
descuido *m* – carelessness, neglect, inadvertence, mistake
desdecir *v* – to deny
desdecirse *v* – to retract a statement
desechar *v* – to discard, to dismiss, to reject
desechos industriales – industrial waste
desembarcar *v* – to disembark, to unload
desembargar *v* – to lift an embargo, to remove a lien
desembargo *m* – lifting of an embargo, removal of a lien
desembolsar *v* – to disburse, to pay
desembolso *m* – expenditure, disbursement, outlay, payment
desemejanza *f* – dissimilarity
desempeñar *v* – to carry out, to perform, to comply with, to redeem
desempeño *m* – carrying out, performance, fulfillment, compliance with
desempleado *adj* – unemployed
desempleado *m* – unemployed person
desempleo *m* – unemployment
desempleo creciente – growing unemployment
desempleo crónico – chronic unemployment
desempleo permanente – permanent unemployment
desempleo temporal – temporary unemployment
desencarcelar *v* – to free
desequilibrado *adj* – imbalanced, unbalanced
desequilibrio económico – economic

imbalance

deserción *f* – desertion, abandonment

desertar *v* – to desert, to abandon

desertificación *f* – desertification

desertificar *v* – to desertify

desertor *m* – deserter

desesperación *f* – despair

desestabilizar *v* – to destabilize

desestimación *f* – denial of a motion, disrespect

desestimar *v* – to dismiss, to overrule, to reject, to underestimate

desestructurado *adj* – unstructured

desfalcador *m* – embezzler, defaulter

desfalcar *adj* – to defalcate, to embezzle

desfalco *m* – defalcation, embezzlement

desfavorable *adj* – unfavorable

desfigurar *v* – to disfigure, to distort

desforestación *f* – deforestation

desgaste por uso – wear and tear, wear

desglosar *v* – to remove, to remove from a court file, to itemize, to break down

desglose *m* – removal, removal from a court file, itemization, breakdown

desgobierno *m* – misgovernment

desgracia *f* – disgrace, mishap

desgravación *f* – tax reduction, deduction

desgravar *v* – to reduce taxes, to deduct, to disencumber, to remove a lien

deshabitado *adj* – uninhabited

deshacer *v* – to undo, to violate, to destroy, to annul

desheredación *f* – disinheritance

desheredamiento *m* – disinheritance

desheredar *v* – to disinherit

deshipotecar *v* – to pay off a mortgage

deshonestidad *f* – dishonesty, indecency

deshonesto *adj* – dishonest, indecent

deshonor *m* – dishonor

deshonrar *v* – to dishonor, to disgrace

desidia *f* – carelessness, negligence

desierto *adj* – deserted

designación *f* – designation, appointment

designar *v* – to designate, to appoint, to specify, to indicate, to nominate

desigualdad *f* – inequality

desincentivo *m* – disincentive

desincorporar *v* – to dissolve a corporation, to divide

desindustrialización *f* – deindustrialization

desinflación *f* – disinflation

desinformación *f* – disinformation

desinteresadamente *adv* – disinterestedly

desinvestidura *f* – disqualification

desistimiento *m* – abandonment, desistance

desistimiento de la acción – abandonment of action

desistimiento de la demanda – abandonment

of action

desistir *v* – to desist, to abandon, to waive

desleal *adj* – disloyal, unfair, false

desligar *v* – to free, to separate, to excuse

deslindar *v* – to delimit

deslinde *m* – survey, delimitation

deslinde y amojonamiento – survey and demarcation

desmandar *v* – to revoke, to revoke a power of attorney, to countermand

desmedro *m* – injury, prejudice, deterioration

desmembrar *v* – to dismember, to dissolve

desmembrarse *v* – to dissolve, to dissolve a partnership

desmentir *v* – to contradict, to disprove, to conceal

desmoralizar *v* – to demoralize

desmotivar *v* – to demotivate

desnacionalización *f* – denationalization

desnacionalizado *adj* – denationalized

desnacionalizar *v* – to denationalize, to corrupt

desnaturalizar *v* – to denaturalize, to vitiate

desobedecer *v* – to disobey

desobediencia *f* – disobedience, noncompliance

desobediencia civil – civil disobedience

desobligar *v* – to release from an obligation

desocupación *f* – unemployment, idleness, unoccupancy, eviction

desocupado *adj* – unoccupied, idle, unemployed

desocupar *v* – to vacate, to evict

desocuparse *v* – to quit a job, to become available after completion of a task

desolación *f* – desolation

desorden público – disorderly conduct

desorganización *f* – disorganization

desorientación *f* – disorientation

despachar *v* – to dispatch, to settle, to take care of quickly, to send, to ship

despacho *m* – office, court order, writ, judge's chambers, shipment, dispatch, clearance

despacho aduanero – customs clearance, customhouse clearance

Despacho de Hacienda – tax office

despedido *adj* – fired, dismissed

despedir *v* – to dismiss, to fire, to hurl

desperdicios tóxicos – toxic waste

despiadadamente *adv* – ruthlessly

despiadado *adj* – ruthless, merciless

despido *m* – dismissal, firing, layoff

despido colectivo – mass dismissal

despido injustificado – dismissal without cause

despido justificado – dismissal with cause

despilfarro *m* – waste, wastefulness
desplazado *adj* – displaced, moved
desplazar *v* – to displace, to move
desplome bursátil – market crash
despoblado *adj* – unpopulated, desert
despoblar *v* – to depopulate
despojante *m/f* – despoiler
despojar *v* – to despoil, to evict, to dispossess, to dismiss
despojo *m* – plundering, plunder, dispossession, forceful eviction
desposado *m* – recently married, handcuffed
desposarse *v* – to wed
desposeer *v* – to dispossess, to evict, to divest
desposeerse *v* – to disown
desposeimiento *m* – dispossession, divestiture
desposorios *m* – marriage vows
déspota *m/f* – despot
despotismo *m* – despotism, autocracy
despreciar *v* – to reject, to despise, to slight
desprestigio *m* – discredit, loss of prestige
desproporción *f* – disproportion
desproveer *v* – to deprive of necessities
después del hecho – after the fact
desquite *m* – revenge, retaliation, compensation
desreglamentación *f* – deregulation
desregulación *f* – deregulation
desregular *v* – to deregulate
destajista *m/f* – pieceworker
destajo *m* – piecework
desterrar *v* – to deport, to exile
destierro *m* – exile, deportation
destinación *f* – destination, assignment
destinado *adj* – destined, designated, allocated, allotted
destinar *v* – to destine, to designate, to allocate, to allot
destinatario *m* – addressee, consignee, recipient
destino *m* – destination, post
destitución *f* – destitution, dismissal from office, abandonment, deprivation
destituir *v* – to deprive, to dismiss
destrozo *m* – damage, destruction
destrucción *f* – destruction, damage, deterioration
destrucción ambiental – environmental destruction
destructora de documentos – paper shredder
destructibilidad *f* – destructibility
destruir *v* – to destroy, to waste
desuso *m* – disuse, obsolescence
desvalijar *v* – to rob, to swindle
desvalijo *m* – robbery

desvalijamiento *m* – robbery
desvalorar *v* – devalue
desvalorizar *v* – to devalue
desvaluación *f* – devaluation
desventaja *f* – disadvantage
desventajoso *adj* – disadvantageous
desviación *f* – deviation, diversion
desviación de poder – color of law
desviar fondos – divert funds
desvincular *v* – to disentail, to separate
desvío *m* – detour, diversion
detallado *adj* – detailed
detallar *v* – to itemize, to specify in detail
detalle *m* – detail, particular, item
detalles de pago – details of payment
detallista *adj* – meticulous, retail
detallista *m/f* – retailer
detective *m/f* – detective
detectivismo *m* – detective service
detector de mentiras – lie detector
detención *f* – detention, arrest, restraint, distraint, deadlock
detención ilegal – illegal detention
detención preventiva – preventive detention
detener *v* – to detain, to arrest, to retain, to delay, to distrain
detenidamente *adv* – thoroughly, cautiously
detenido *adj* – detained, arrested, retained, delayed
detenido *m* – detained person, arrested person
detenido ilegalmente – illegally detained
detentación *f* – deforcement
detentador *m* – deforciant
detentar *v* – to detain, to deforce
deterioro *m* – deterioration, spoilage, damage, impairment
determinación *f* – determination, decision, assessment
determinación de los daños – determination of damages
determinación judicial – judicial determination
determinar *v* – to determine, to fix
detrimento *m* – detriment, damage, loss, injury
deuda *f* – debt, indebtedness, obligation, liability
deuda corporativa – corporate debt
deuda del estado – government debt, state debt
deuda del gobierno – government debt
deuda fiscal – tax debt, fiscal debt
deuda hipotecaria – mortgage debt
deudor *m* – debtor, obligor
deudor alimentario – payer of alimony
deudor hipotecario – mortgage debtor
deudor insolvente – insolvent debtor

deudor moroso – delinquent debtor
deudos *m* – relatives
devaluar *v* – to devalue
devengado *adj* – accrued, earned, due
devengar *v* – to accrue, to draw, to earn
devengo *m* – accrual
devolución *f* – devolution, return, refund, rebate, restitution
devolución fiscal – tax refund
devolver *v* – to return, to refund, to remand
día ante el tribunal – day in court
día dado – day certain
día de asueto – day off
día de cierre – closing date, final date
día de comparecencia – appearance day
día de efectividad – effective date
día de ejecución – date of exercise
día de entrada en vigor – effective date
día de expiración – expiration date
día de fiesta nacional – national holiday, official holiday, legal holiday
día de gracia – day of grace
día de presentación – filing date, presentation date
día de publicación – publication date
día de registro – date of record, date of registration, filing date
día de trabajo – working day
día de vencimiento – expiration date, due date, deadline, final date, maturity date
día feriado nacional – national holiday, official holiday, legal holiday
día festivo nacional – national holiday, official holiday, legal holiday
día fijo – day certain
día hábil – working day, business day
día judicial – judicial day
día laborable – working day, business day
día libre – day off
diagnóstico ambiental – environmental assessment
diagrama *m* – diagram, chart
diálogo *m* – dialog
diariamente *adv* – daily
diario *m* – daily, journal, newspaper
diarquía *f* – diarchy
días de gracia – days of grace
dicente *m/f* – sayer, deponent
dicotomía *f* – dichotomy
dictado *m* – dictation
dictador *m* – dictator
dictadura *f* – dictatorship
dictamen *m* – opinion, judgment, decision, ruling, advice
dictamen de auditoría – auditor's certificate, auditor's opinion
dictamen judicial – judicial decision
dictaminar *v* – to pass judgment, to express

an opinion, to rule
dictar *v* – to dictate, to issue, to issue a verdict, to sentence, to pronounce
dictar sentencia – to sentence, to pronounce judgment
dictar un decreto – to issue a decree
dictógrafo *m* – dictograph
dicho *m* – declaration, statement
dieta *f* – allowance, daily allowance, daily stipend, legislative assembly, diet
difamación *f* – defamation, libel, slander
difamado *adj* – defamed
difamador *m* – defamer
difamar *v* – to defame, to libel, to slander
difamatorio *adj* – defamatory, calumnious, libelous, slanderous
diferencia salarial – salary difference, wage gap
diferencial de inflación – inflation differential
diferenciar *v* – to differentiate
diferencias culturales – cultural differences
diferencias irreconciliables – irreconcilable differences
diferido *adj* – deferred
diferir *v* – to defer, to adjourn, to delay, to differ
difunto *m* – deceased, decedent
digesto *m* – digest
digitales *f* – fingerprints
digitalizar *v* – to digitize
dignatario *m* – dignitary
dignidad *f* – dignity, decorum
digno *adj* – deserving, meritorious
digno de confianza – trustworthy
digresión *f* – digression
dilación *f* – dilation, delay, procrastination
dilación probatoria – period allowed for answering a complaint
dilapidado *adj* – dilapidated
dilatar *v* – to delay, to defer, to extend
dilatorio *adj* – dilatory
diligencia *f* – diligence, task, care, measure, proceeding, promptness
diligencia debida – due diligence, proper task
diligencia requerida – required diligence, required task
diligenciador *m* – agent, negotiator
diligenciar *v* – to conduct, to deal with, to take care of, to serve process, to prosecute
diligencias judiciales – judicial proceedings
diligencias para mejor proveer – proceedings to obtain more evidence
diligenciero *m* – agent, representative
diligente *adj* – diligent, careful, prompt
diligentemente *adv* – diligently
dilogía *f* – ambiguity
dilucidación *f* – elucidation, explanation

dimisión *f* – resignation, waiver
dimitir *v* – to resign, to waive
dinámica económica – economic dynamics
dinero *m* – money, currency, cash
dinero contante y sonante – cash
dinero en efectivo – cash
dinero en mano – cash in hand
dinero en metálico – cash
dinero falso – counterfeit money
dinero fiduciario – fiduciary money
dinero lavado – laundered money
dinero negro – illegally obtained money,
  undeclared money
dinero pagado – money paid
diplomacia *f* – diplomacy
diplomático *adj* – diplomatic
diplomado *m* – professional
diplomado *adj* – licensed
diplomático *adj* – diplomatic
dipsomanía *f* – dipsomania, alcoholism
dipsomaníaco *m* – dipsomaniac, alcoholic
dipsómano *m* – dipsomaniac, alcoholic
diputación *f* – delegation, post of a
  congressmember, post of a member of
  parliament
diputado *m* – delegate, representative,
  deputy, congressmember, Member of
  Congress, Member of Parliament
diputado propietario – regular member of a
  board
diputado suplente – alternate member of a
  board
diputar *v* – to delegate, to deputize, to
  designate
dirección *f* – direction, address, domicile,
  guidance, management
dirección comercial – commercial address,
  business address
dirección de correo electrónico – email
  address
dirección de empresas – business
  administration
dirección de operaciones – operations
  management
dirección de proyectos – project
  management
dirección de recursos humanos – human
  resource management
dirección ficticia – fictitious address
dirección permanente – permanent address
dirección postal – mailing address
dirección profesional – professional address
directamente responsable – directly
  responsible
directiva *f* – directorate, management, board
  of directors, guideline
directivo *adj* – directive, executive, managing
director *m* – director, executive, manager,
representative
director adjunto – assistant director
director administrativo – administrative
  director
director asociado – associate director
director contable – accounting director
director corporativo – corporate director
director de departamento – department
  manager
director de empresa – company director
director de la compañía – company director
director de la corporación – corporate
  director
director de la empresa – company director,
  enterprise director
director de la sociedad – corporate director
director de oficina – office manager, branch
  manager
director de operaciones – operations
  manager, chief operations officer
director de personal – personnel manager
director de planta – plant manager
director de ventas – sales director
director ejecutivo – executive director, chief
  executive officer, chief executive
director general – director general, chief
  executive officer, chief operating officer
director gerente – managing director
director interino – acting director
directorio *m* – directorate, directory
directorio comercial – commercial directory
directrices de seguridad – security
  guidelines, safety guidelines
directriz *f* – guideline
dirigente *m/f* – leader, manager, director
dirigente obrero – labor leader, labour leader
dirigido *adj* – directed, managed, targeted
dirigir *v* – to direct, to manage, to run, to
  target
dirigirse al tribunal – to address the court
dirigismo *m* – government intervention
dirimente *m* – circumstance which annuls a
  marriage, impediment to marriage
dirimir *v* – to settle, to annul
discapacidad *f* – disability
discapacidad absoluta – total disability
discapacidad física – physical disability
discapacidad laboral – work disability
discapacidad parcial – partial disability
discapacidad permanente – permanent
  disability
discapacidad temporal – temporary
  disability
discapacidad total – total disability
discapacitado *adj* – disabled
discernible *adj* – discernible
discernimiento *m* – appointment, judicial
  appointment, discernment

discernir *v* – to appoint, to swear in, to discern
disciplinario *adj* – disciplinary
disco *m* – disc, disk
disco compacto – compact disc
disco óptico – optical disc
disconformidad *f* – disagreement, dissent
discontinuar *v* – to discontinue, to suspend
discordancia *f* – difference, dissent
discordia *f* – discord, dissension
discreción *f* – discretion, prudence
discreción absoluta – absolute discretion
discreción judicial – judicial discretion
discrecional *adj* – discretionary
discrepancia *f* – discrepancy, dissent
discretamente *adv* – discreetly
discrimen *m* – discrimination
discriminación *f* – discrimination
discriminación económica – economic discrimination
discriminación laboral – labor discrimination, labour discrimination
discriminación por edad – age discrimination, ageism
discriminación racial – race discrimination
discriminación religiosa – religious discrimination
discriminación sexual – sex discrimination, gender discrimination
discriminador *m* – discriminator
discriminar *v* – to discriminate
discriminatorio *adj* – discriminatory
disculpa *f* – apology, excuse
disculpar *v* – to apologize, to excuse, to exonerate
discurso *m* – speech, presentation, conversation, statement
discusión *f* – discussion, dispute
discutir *v* – to discuss, to debate
diseminar *v* – to disseminate
disenso *m* – dissent, waiver
disentir *v* – to dissent
diseño *m* – design
disfamación *f* – defamation, libel, slander
disfrute *m* – enjoyment, use, benefit, possession
disidencia *f* – dissidence, disagreement
disidente *adj* – dissident, dissenting
disimulo *m* – dissimulation, pretense
dislocación *f* – dislocation
disminución *f* – diminution, reduction
disminución salarial – salary reduction
disminuir *v* – to diminish, to decrease
disociación *f* – dissociation
disolución *f* – dissolution, liquidation, breakup, conclusion
disolución de la sociedad conyugal – separation of marital property

disolución de sociedad – dissolution of corporation, dissolution of partnership
disolución del matrimonio – dissolution of marriage
disolver *v* – to dissolve, to break up, to adjourn, to terminate, to settle
disolver la asamblea – to adjourn the meeting
disparar *v* – to shoot, to discharge
disparo de arma de fuego – discharge of a firearm
dispensa *f* – dispensation, exemption
dispensación *f* – dispensation, exemption
dispensar *v* – to dispense, to exempt, to pardon, to confer
disponer *v* – to dispose, to order, to prepare, to arrange
disponibilidad de fondos – funds availability
disponible *adj* – available, liquid, disposable
disponible comercialmente – commercially available
disponiéndose *adv* – provided that
disposición *f* – disposition, requirement, order, provision, decision, clause, disposal, specification
disposición judicial – judicial disposition
disposición testamentaria – testamentary disposition
disposiciones *f* – requirements, provisions, clauses
disposiciones legales – statutory clauses
disposiciones procesales – rules of procedure
disposiciones sustantivas – substantive law
dispositivo explosivo – explosive device
dispositivo policial – police operation
disputa *f* – dispute, contest
disputa legal – legal dispute
disputable *adj* – disputable, contestable
disputar *v* – to dispute, to contest, to discuss
distinguir *v* – to distinguish
distintivo *adj* – distinctive
distorsionar la verdad – to distort the truth
distracción *f* – distraction, misappropriation
distraer *v* – to distract, to divert, to misappropriate
distribución *f* – distribution, allocation, allotment
distribución de la responsabilidad – apportionment of liability
distribución de los daños – apportionment of damages
distribución del riesgo – risk distribution
distribuible *adj* – distributable
distribuido *adj* – distributed, allocated, allotted
distribuidor en exclusiva – exclusive distributor

distribuidor exclusivo – exclusive distributor
distribuir *v* – to distribute, to allocate, to allot
distrito *m* – district, region
distrito comercial – commercial district, business district
distrito electoral – electoral district
distrito judicial – judicial district
distrito residencial – residential district
disturbio *m* – disturbance
disuadir *v* – to dissuade
disyunción *f* – disjunction
dita *f* – guarantee, debt, guarantor
divagación *f* – divagation
divergencia *f* – divergence
diversificación *f* – diversification
diversificación del riesgo – risk diversification
diversificar *v* – to diversify
dividendo *m* – dividend
dividendo en acciones – stock dividend
dividendo en efectivo – cash dividend
dividendo por acción – dividend per share
dividido *adj* – divided
dividir *v* – to divide
dividuo *adj* – divisible
divisa *f* – emblem, slogan, foreign currency
divisas *f* – foreign currency, foreign exchange
divisibilidad *f* – divisibility
división *f* – division, partition
división administrativa – administrative division
división comercial – commercial division
división de sanidad – health division
división fiduciaria – trust division
división jurídica – legal division
división legal – legal division
divorciar *v* – to divorce, to separate
divorcio *m* – divorce, separation
divorcio contencioso – contested divorce
divorcio internacional – international divorce
divorcio por consentimiento mutuo – divorce by consent
divulgación *f* – disclosure, publication
divulgación adecuada – adequate disclosure
divulgación completa – full disclosure
divulgar *v* – to divulge, to disclose
divulgar información – to disclose information
DNI (Documento Nacional de Identidad) – National Identity Card
doble empleo – double employment, moonlighting
doble imposición – double taxation
doble indemnización – double indemnity
doble ingreso – double income
doble nacionalidad – dual citizenship
docente *adj* – pertaining to education

doctor en derecho – attorney, doctor of jurisprudence, doctor of laws
doctorado *m* – doctorate
doctrina *f* – doctrine
doctrina fiscal – tax doctrine, fiscal doctrine
doctrina legal – legal doctrine
doctrinal *adj* – doctrinal
documentación *f* – documentation, document, documents, identification
documentación justificativa – supporting documents
documentado legalmente – legally documented
documentador *m* – court clerk
documental *adj* – documentary
documentar *v* – to document, to provide documentation, to furnish documents
documentario *adj* – documentary
documento *m* – document, bill
documento adjunto – affixed document, attachment
documento anexo – affixed document, attachment
documento anónimo – unsigned document, anonymous document
documento auténtico – authentic document, notarized document
documento certificado – certified document
documento constitutivo – incorporation papers
documento de antecedentes – background document, background paper
documento de constitución – incorporation papers
documento falsificado – forged document
documento formal – formal document
documento judicial – judicial document
documento justificativo – supporting document
Documento Nacional de Identidad – National Identity Card
documento notarial – notarial document
documento oficial – official document
documento original – original document
documentos *m* – documents, papers
documentos legales – legal documents
dogmático *adj* – dogmatic
dolarización *f* – dollarization
dolo *m* – deceit, fraud, lie
dolo civil – intent to deceive
dolo penal – criminal intent
dolor y sufrimiento – pain and suffering
dolosamente *adv* – fraudulently, deceitfully
doloso *adj* – fraudulent, deceitful
doméstico *adj* – domestic, internal
domiciliación *f* – direct debit, automatic payment, domiciliation
domiciliado *adj* – domiciled

domiciliarse *v* – to domicile
domicilio *m* – domicile, residence, address
domicilio comercial – commercial domicile, business address
domicilio constituido – legal residence
domicilio conyugal – matrimonial domicile
domicilio de origen – domicile of origin
domicilio fijo – fixed residence
domicilio fiscal – tax domicile
domicilio legal – legal residence, legal domicile, necessary domicile
domicilio social – corporate address, corporate domicile, partnership address
dominante *adj* – dominant, domineering
dominar *v* – to dominate, to influence
dominical *adj* – proprietary
dominio *m* – dominion, ownership, control, domain, mastery
dominio absoluto – fee simple
dominio del estado – state property
dominio eminente – eminent domain
dominio fiduciario – possession in trust
dominio fiscal – government ownership
dominio imperfecto – imperfect ownership
dominio perfecto – perfect ownership
dominio pleno – fee simple
dominio privado – private domain
dominio público – public domain, public property
don *m* – donation, gift, ability. Mr.
doña *f* – Ms., Mrs., Miss
donación *f* – donation, gift, bestowal
donación en vida – gift between living persons
donado *adj* – donated, given
donador *m* – donor, giver
donante *m/f* – donor, giver
donar *v* – to donate, to give
donatario *m* – donee, recipient
donativo *m* – donation, gift, contribution
dopar *v* – to dope, to drug
doparse *v* – to take performance-enhancing drugs, to take drugs
dorso *m* – back, back of a document
dossier *m* – dossier
dotación *f* – dowry, endowment, personnel
dotación de personal – staffing
dotal *adj* – pertaining to a dowry, dotal
dotante *m* – donor, endower
dotar *v* – to provide, to endow, to staff
dote *f* – dowry, endowment, talent
doy fe – I attest to, I certify
draconiano *adj* – Draconian
drogadicción *f* – drug addiction
drogadicto *m* – drug addict
drogarse *v* – to drug oneself
drogodependencia *f* – drug addiction
dubio *m* – doubt

duda razonable – reasonable doubt
dudable *adj* – doubtful
dudosamente *adv* – doubtfully
duelo *m* – sorrow, mourning, duel
dueño *m* – owner, property owner, head of household
dueño absoluto – absolute owner
dueño de hogar – home owner
dueño único – sole owner
dumping *m* – dumping
dumping social – social dumping
duopolio *m* – duopoly
dúplica *f* – rejoinder
duplicación de beneficios – duplication of benefits
duplicado *m* – duplicate, copy
duplicidad *f* – duplicity
duración *f* – duration, life
duración de los beneficios – duration of the benefits
duración del contrato – duration of contract
duradero *adj* – durable
durante ausencia – during the absence

E

e-mail *m* – e-mail
ebriedad *f* – ebriety, inebriation
ebrio *m* – drunkard
ebrio *adj* – inebriated
echarse atrás – to go back on one's word, to go back
eco-amistoso *adj* – eco-friendly
ecoauditoría *f* – environmental audit
ecofeminismo *m* – eco-feminism
ecoindustria *f* – eco-industry
ecológicamente amistoso – ecologically friendly
ecológico *adj* – ecological, ecologic
ecologismo *m* – environmentalism
economato *m* – trusteeship, guardianship
econometría *f* – econometrics
economía *f* – economy, economics
economía abierta – open economy
economía agraria – agricultural economics
economía agrícola – agricultural economy, agricultural economics
economía ambiental – environmental economics
economía capitalista – capitalist economy

economía cerrada – closed economy
economía clandestina – black economy
economía controlada – controlled economy
economía de consumo – consumption
economy
economía de guerra – war economy
economía del bienestar – welfare economics
economía dirigida – directed economy,
managed economy
economía libre – free economy
economía planificada – planned economy,
centrally planned economy, managed
economy
economía procesal – procedural economy
económicamente viable – economically
viable
económico adj – economic, economical
economista m/f – economist
economizar v – to economize, to save
ecónomo m – trustee, guardian, curator
ecosistema m – ecosystem
ecotasa f – ecotax
ecotóxico adj – ecotoxic
ecuanimidad f – equanimity
echar v – to expel, to throw out, to dismiss
echazón f – jettison, jettisoning
edad actual – present age
edad de consentimiento – age of consent
edad de jubilación – retirement age
edad de retiro – retirement age
edad madura – maturity
edición f – edition, publication
edicto m – edict, decree, proclamation
edicto emplazatorio – summons
edictos judiciales – notification of a judicial
summons through publication
edictos matrimoniales – banns of matrimony
edificación f – edification, building
edificado adj – built upon, built
edificar v – to build
edificio de los tribunales – courthouse
edil m – municipal officer
edilicio adj – municipal
editor m – editor, publisher
editorial f – publisher
educación legal – legal education
educación obligatoria – compulsory
education
educir v – to educe, to deduce
efectivamente adv – effectively, really
efectivar v – to cash, to negotiate, to collect
efectividad f – effectiveness
efectivo m – cash
efectivo adj – effective, actual
efecto m – effect, bill, objective, negotiable
instrument, article, article of merchandise
efecto completo – full effect
efecto devolutivo – appeal during which

there is no stay of execution
efecto jurídico – legal effect
efecto legal – legal effect
efecto retroactivo – retroactive effect
efecto suspensivo – appeal during which
there is a stay of execution
efectos m – effects, chattels, merchandise,
goods, negotiable instruments, bills
efectos del delito – effects of the offense
efectos jurídicos – legal effects, legal
purposes
efectos personales – personal property,
personal effects
efectos timbrados – stamped documents
efectuar v – to effectuate, to make, to carry
out, to comply with
efectuar un cambio – to effect a change
efectuar un pago – to make a payment
efectuar una reunión – to hold a meeting
efeméride f – important event, anniversary of
an important event
eficacia probatoria – probative value
eficaz adj – efficient, effective
eficiencia laboral – labor efficiency, labour
efficiency
efímero adj – ephemeral
efracción f – effraction
efugio m – evasion
egreso m – departure, expenditure
ejecución f – execution, enforcement,
performance, carrying-out, compliance with,
attachment, foreclosure, judgment
ejecución capital – capital punishment
ejecución coactiva – foreclosure
ejecución de hipoteca – mortgage
foreclosure
ejecución de la ley – enforcement of the law
ejecución de la pena capital – carrying out
the death penalty
ejecución de sentencia – execution of
sentence, execution of judgment
ejecución definitiva – final process
ejecución hipotecaria – mortgage foreclosure
ejecutable adj – executable, enforceable,
workable
ejecutado m – a debtor whose property is
attached, an executed person
ejecutado adj – executed, carried out,
complied with, perfect
ejecutante m/f – executant, performer
ejecutar v – to execute, to perform, to carry
out, to foreclose
ejecutivamente adv – promptly, efficiently,
summarily, executively
ejecutividad f – right of foreclosure, right of
execution
ejecutivo en jefe – chief executive
ejecutor testamentario – executor

ejecutoria *f* – writ of execution, final judgment
ejecutorio *adj* – executory, executable, final
ejemplar *m* – sample, copy, precedent
ejemplar duplicado – duplicate copy
ejemplo *m* – example
ejercer *v* – to practice, to practice law, to exercise
ejercer la abogacía – to practice law
ejercer un derecho – to exercise a right
ejercer una acción – to bring an action
ejercicio *m* – exercise, practice, fiscal year, tax year, year, test
ejercicio anual – business year
ejercicio comercial – business year, trading year
ejercicio contable – accounting year, accounting period
ejercicio fiscal – fiscal year, financial year
ejercicio social – fiscal year, corporate year
ejercitar un derecho – to exercise a right
ejercitar una acción – to bring an action
ejército *m* – army, armed forces
ejido *m* – common grazing land, common land
elaboración *f* – manufacture
elaborar *v* – to manufacture, to elaborate
elasticidad *f* – elasticity
elección *f* – election, choice
elección ordinaria – ordinary election
elecciones *f* – elections
electivo *adj* – elective
elector *m* – elector, voter
electorado *m* – electorate
electrocutar *v* – to electrocute
elegibilidad *f* – eligibility
elegible para asistencia – eligible for aid
elegir un jurado – to select a jury
elemento *m* – element, aspect
elemento de prueba – element of proof
elemento probatorio – element of proof
elementos comunes – common elements
elevar *v* – to elevate, to increase
elevar a escritura pública – to convert into a public document
elevar a ley – to enact a law
elevar el proceso – to refer to a higher court
eliminación *f* – elimination, exclusion
eliminar restricciones – to remove restrictions
elucidación *f* – elucidation
eludir impuestos – to evade taxes, to avoid taxes
elusión de impuestos – tax avoidance, tax evasion
email *m* – e-mail
emancipación *f* – emancipation
emancipar *v* – to emancipate

embajada *f* – embassy, ambassadorship
embajador *m* – ambassador, emissary
embalaje *m* – packing, package
embalar *v* – to pack, to package
embarazada *adj* – pregnant
embarazo *m* – pregnancy, difficulty
embarcación *f* – vessel, ship
embarcadero *m* – dock
embargable *adj* – attachable
embargado *m* – garnishee, lienee
embargado *adj* – embargoed, attached, garnished
embargador *m* – garnishor, lienor
embargante *m/f* – garnishor, lienor
embargar *v* – to embargo, to attach, to garnish, to impede
embargo *m* – embargo, attachment, garnishment, impediment
embargo de bienes – attachment of assets, attachment of goods
embargo de propiedad – attachment of property
embargo preventivo – attachment of property to ensure the satisfaction of a judgment
embarque *m* – shipment, embarkation
embaucador *m* – swindler, cheat
embaucar *v* – to swindle, to cheat
embeleco *m* – fraud, trick
embestida *f* – attack, assault
embestir *v* – to attack, to assault
emblema *m* – emblem
emboscada *f* – ambush, trap
embotellamiento *m* – bottleneck
embrazar *v* – to commit embracery
embriagar *v* – to intoxicate
embriaguez *f* – drunkenness
embuste *m* – lie, fraud
embustero *m* – liar, trickster
emergencia pública – public emergency
emigración *f* – emigration, migration
emigrado *m* – emigrant
emigrante *m/f* – emigrant, migrant
emigrar *v* – to emigrate
eminente *adj* – eminent
emisario *m* – emissary
emisión *f* – emission, issuance, broadcast
emisión de valores – issuance of securities
emisor *m* – issuer, broadcaster, transmitter
emitente *m/f* – drawer of a check, drawer of a bill
emitido *adj* – emitted, issued, broadcasted
emitir *v* – to issue, to emit, to broadcast
emitir acciones – to issue shares
emitir el fallo – to pronounce the judgment
emoción violenta – heat of passion, hot blood
emolumento *m* – emolument
empadronamiento *m* – census, census-taking, tax list, voting list

empadronar *v* – to register
empaque *m* – packaging
empaquetamiento *m* – packaging, bundling
empaquetar *v* – to package, to bundle
emparejado *adj* – coupled
emparentar *v* – to join a family through marriage
empecer *v* – to damage, to injure, to obstruct
empeñado *adj* – pledged, pawned
empeñar *v* – to pledge, to pawn, to undertake
empeño *m* – pledge, pawn, commitment, pledge contract, pawnshop
empeorar *v* – to worsen
empezar a regir – to take effect
emplazador *m* – summoner
emplazamiento *m* – summons, subpoena, citation, service of process, location
emplazamiento a huelga – strike call
emplazar *v* – to summons, to subpoena, to locate
empleable *adj* – employable
empleado *m* – employee, clerk
empleado administrativo – administrative employee
empleado fijo – permanent employee
empleado permanente – permanent employee
empleador *m* – employer
emplear *v* – to employ, to utilize
empleo *m* – employment, job, occupation, position, use
empleo a corto plazo – short-term employment, short-term job
empleo a largo plazo – long-term employment, long-term job
empleo a tiempo completo – full-time employment, full-time job
empleo a tiempo parcial – part-time employment, part-time job
empleo administrativo – administrative employment, administrative job
empleo de medio tiempo – part-time employment
empleo de menores – child labor
empleo en el sector privado – private sector employment, private sector job
empleo en el sector público – public sector employment, public sector job
empleo fijo – steady employment, steady job
empleo por cuenta propia – self-employment, independent work
empleo seguro – secure employment, steady employment
empobrecer *v* – impoverish
emporio *m* – emporium
empozar *v* – to shelve
emprender *v* – to undertake, to embark on
empresa *f* – enterprise, business, company,

firm, concern, undertaking, intention
empresa administradora – management enterprise, management company
empresa aseguradora – insurance firm, insurance company
empresa bancaria – banking enterprise
empresa colectiva – joint venture, partnership
empresa comercial – business enterprise, business concern, business venture, commercial firm
empresa constructora – construction firm
empresa de administración – administration company
empresa de derecho – company created fulfilling all legal requirements
empresa de hecho – de facto company
empresa de seguros – insurance firm
empresa de servicios públicos – public utility company
empresa en marcha – going concern
empresa estatal – government enterprise, state enterprise
empresa exenta – exempt company
empresa explotadora – operating company
empresa fiduciaria – trust company
empresa filial – affiliated company, subsidiary company
empresa gubernamental – government enterprise
empresa integrada – integrated enterprise
empresa naviera – shipping company
empresariado *m* – enterprise group, entrepreneur group
empresarial *adj* – entrepreneurial
empresas vinculadas – related enterprises
empresario *m* – entrepreneur, contractor, businessperson, employer
empréstito *m* – loan, loan contract
emular *v* – to emulate
en atraso – in arrears
en ausencia – in absence
en bancarrota – bankrupt
en blanco – blank
en cuestión – in issue
en custodia – in custody
en desacato – in contempt
en fe de lo cual – in witness whereof
en fianza – on bail
en fideicomiso – in trust
en huelga – on strike
en lo venidero – hereafter
en mora – in arrears, delinquent
en nombre de – on behalf of
en plena vigencia – in full effect
en quiebra – in bankruptcy
en rebeldía – in default, in contempt
en testimonio de lo cual – in witness

whereof
en vigencia – in force
enajenable *adj* – alienable
enajenación *f* – alienation
enajenación mental – insanity
enajenado *adj* – alienated, insane
enajenar *v* – to alienate, to sell, to drive insane
encabezamiento *m* – header, headline
encabezar *v* – to draw up a list, to register, to agree
encadenamiento *m* – connection, chain of events, nexus
encaje legal – legal reserve
encallar *v* – to run aground
encanallar *v* – to corrupt
encante *m* – auction
encañonado – at gun point
encarcelación *f* – imprisonment, confinement
encarcelado *adj* – imprisoned, confined
encarcelamiento *m* – imprisonment, confinement
encarcelar *v* – to imprison, to confine
encargado *m* – manager, person in charge, representative
encargado de administración – administration manager
encargado general – general manager
encargar *v* – to entrust, to order
encargo *m* – post, entrustment, assignment, order, errand
encargo fiduciario – fiduciary assignment
encarnizar *v* – to infuriate
encarpetar *v* – to defer, to file
encartar *v* – to summon, to register
encausable *adj* – indictable
encausado *m* – defendant
encausar *v* – to prosecute
encierro *m* – confinement, solitary confinement, enclosure
encinta *adj* – pregnant
encomendar *v* – to entrust, to commission, to recommend
encomendero *m* – agent
encomienda *f* – commission, protection
encontronazo *m* – crash
encriptar *v* – to encrypt
encubierta *f* – fraud, deceit
encubiertamente *adv* – clandestinely, fraudulently
encubierto *adj* – concealed, secret
encubridor *m* – accessory after the fact, concealer
encubrimiento *m* – concealment, cover-up, harboring
encubrir *v* – to conceal, to harbor
enderezar *v* – to rectify, to put in order

endeudado *adj* – indebted
endeudamiento *m* – indebtedness
endeudarse *v* – to become indebted
endorsar *v* – to endorse, to indorse
endorso *m* – endorsement, indorsement
endosable *adj* – endorsable, indorsable
endosado *adj* – endorsed, indorsed
endosado *m* – endorsee, indorsee
endosador *m* – endorser, indorser
endosante *m/f* – endorser, indorser
endosar *v* – to endorse, to back
endosatario *m* – endorsee
endose *m* – endorsement, indorsement
endoso *m* – endorsement, indorsement
endoso en blanco – blank endorsement
enemigo público – public enemy
energético *adj* – energetic
energía *f* – energy, power
energía alternativa – alternative energy
energía atómica – atomic energy
energía renovable – renewable energy
énfasis *m* – emphasis
enfatizar *v* – to emphasize
enfermedad *f* – illness, disease
enfermedad laboral – occupational disease
enfermedad mental – mental illness
enfiteusis *f* – emphyteusis
enfiteuta *m/f* – beneficiary of an emphyteusis
enfitéutico *adj* – pertaining to an emphyteusis
enfrentamiento *m* – confrontation
enfrentar *v* – to confront
enfriar *v* – to cool down, to cool
engañar *v* – to deceive, to defraud
engaño *m* – deception, fraud
engañosamente *adv* – deceptively, misleadingly, fraudulently
engañoso *adj* – deceptive, misleading, fraudulent
engendrar *v* – to produce, to cause
enjuague *m* – plot, stratagem
enjuiciable *adj* – indictable, chargeable
enjuiciado *m* – defendant, accused
enjuiciamiento *m* – legal procedure, procedure, trial, prosecution, judgment
enjuiciamiento civil – civil procedure
enjuiciamiento criminal – criminal procedure
enjuiciamiento penal – criminal procedure
enjuiciar *v* – to prosecute, to bring an action, to try, to pass judgment
enlace *m* – link, nexus, union, marriage
enmendable *adj* – amendable, revisable
enmendado *adj* – amended, revised
enmendadura *f* – amendment, revision, correction, compensation, indemnification
enmendar *v* – to amend, to revise, to correct, to compensate, to indemnify
enmendatura *f* – amendment, revision,

correction, compensation, indemnification
enmienda *f* – amendment, revision,
correction, compensation, indemnification
enriquecimiento injusto – unjust enrichment
ensañamiento *m* – brutality, aggravation
ensañar *v* – to be brutal, to enrage
ensayo *m* – trial, assay, test
enseres *m* – chattels, fixtures, appliances
entablar *v* – to initiate, to begin, to bring
entablar demanda – to bring suit
ente *m* – entity, body, being
ente administrativo – management entity
ente autónomo – autonomous entity
ente comercial – business entity, business
concern, commercial concern
ente de derecho privado – private
corporation
ente de derecho público – public company
ente estatal – government entity, state entity
ente gubernamental – governmental entity
ente jurídico – legal entity
ente legal – legal entity
ente privado – private entity
ente público – public entity
entenada *f* – stepdaughter
entenado *m* – stepson
entendimiento mutuo – mutual
understanding
enterado *adj* – informed
enteramente *adv* – entirely
enterar *v* – to inform, to pay, to satisfy
entero *m* – payment, point
entero *adj* – whole, honest
enterrar *v* – to bury, to shelve
entidad *f* – entity, institution, agency,
company, corporation, being
entidad administrativa – management entity,
managing entity
entidad aseguradora – insurance entity
entidad comercial – business entity, business
concern, commercial concern
entidad de derecho privado – private
company
entidad de derecho público – public
company
entidad de seguros – insurance entity
entidad de servicios públicos – utility
entidad estatal – government entity, state
entity
entidad exenta – exempt entity
entidad fiduciaria – trust entity
entidad fusionada – merged entity
entidad gubernamental – governmental
entity
entidad jurídica – legal entity
entidad legal – legal entity
entidad política – political entity
entidad privada – private entity

entidad pública – public entity
entorno *m* – environment
entorno de trabajo – work environment
entorno económico – economic environment
entorno laboral – work environment, labor
environment, labour environment
entrada *f* – entry, entrance, admittance, down
payment, deposit, cash receipts, input, ticket
entrada de datos – data entry
entrada libre – free admission
entradas *f* – income, revenue, entries
entradas y salidas – income and expenditure
entrampar *v* – to entrap
entrar *v* – to enter, to begin, to attack
entrar a trabajar – to start work
entrar en vigor – to take effect
entrar ilegalmente – to enter illegally
entre sí – between themselves
entre tanto – in the interim
entre vivos – between living persons
entredecir *v* – to prohibit
entredicho *m* – injunction, prohibition
entrega *f* – delivery, dedication, payment,
surrender
entrega a domicilio – home delivery
entrega contra reembolso – cash on delivery
entrega en mano – hand delivery
entrega en persona – hand delivery
entrega inmediata – immediate delivery, cash
settlement
entrega real – actual delivery
entregado *adj* – delivered
entregador *m* – deliverer
entregamiento *m* – delivery
entregar *v* – to deliver, to surrender, to pay
entregarse *v* – to surrender, to surrender
oneself sexually
entrelinear *v* – to interline
entrelineas *f* – interlineation
entrenamiento *m* – training
entrenamiento de empleo – job training
entrenamiento vocacional – vocational
training
entrerrenglonadura *f* – interlineation
entretenimiento *m* – entertainment, upkeep
entrevista *f* – interview
entuerto *m* – wrong, injury, injustice
enumerar *v* – to enumerate
enunciar *v* – to enunciate, to declare
envenenamiento *m* – poisoning
envenenar *v* – to poison
enviado *m* – envoy
enviar *v* – to send, to ship, to deliver, to remit
enviar por correo – to send by mail, to send
by post
enviar por correo electrónico – to send by
email
enviar por email – to send by email

enviar por fax – to send by fax
enviciar *v* – to vitiate
envío *m* – sending, shipping, delivery, remittance
envío urgente – urgent delivery
enviudar *v* – to survive the spouse
epidemia *f* – epidemic
epígrafe *f* – epigraph, heading, caption
epiqueya *f* – equity
epístola *f* – epistle
época *f* – epoch, period, date
equidad *f* – equity, justice, equality
equidad fiscal – tax equity
equilibrio *m* – equilibrium, balance
equilibrio fiscal – fiscal balance
equilibrio mental – mental equilibrium
equiparable *adj* – comparable
equiparar *v* – to compare
equipo *m* – equipment, team
equipo administrativo – administrative team
equipo físico – hardware, equipment
equitativamente *adv* – equitably, justly
equitativo *adj* – equitable, just
equivalente *adj* – equivalent
equivocación *f* – mistake
equivocar *v* – to mistake
equívoco *adj* – equivocal
erario *m* – treasury, exchequer
ergonomía *f* – ergonomics
erogar *v* – to distribute
erradicar *v* – to eradicate
errata *f* – misprint
erróneo *adj* – erroneous
error *m* – error
error contable – accounting error
error de cálculo – calculation error
error de derecho – error of law
error de hecho – error of fact
error de pluma – clerical error
error fatal – fatal error
error fundamental – fundamental error
error grosero – gross error
error judicial – judicial error
error leve – slight error
error tipográfico – typographical error
errores y omisiones – errors and omissions
escala *f* – scale, port of call, stopover
escala de salarios – salary scale, pay scale
escalabilidad *f* – scalability
escalador *m* – burglar
escalafón *m* – rank within a company, promotion ladder, wage scale, seniority
escalamiento *m* – breaking and entering, housebreaking, burglary
escalar *v* – to break and enter, to burglarize
escalo *m* – breaking and entering, housebreaking, burglary
escamotar *v* – to swindle, to steal

escamoteador *m* – swindler, pickpocket
escamotear *v* – to swindle, to steal
escamoteo *m* – swindling, stealing
escandallo *m* – document detailing how a price was arrived at, pricing, sampling, sample
escándalo *m* – scandal, commotion
escándalo público – public scandal
escaño *m* – seat
escapar *v* – to escape, to evade
escasez *f* – scarcity, shortage
escasez de crédito – credit crunch
escasez de mano de obra – labor shortage, labour shortage
escasez de personal – personnel shortage
escasez de petróleo – oil shortage
escasez de viviendas – housing shortage
escenario hipotético – hypothetical scenario
escenario más desfavorable – worst-case scenario
escenario más favorable – best-case scenario
esciente *adj* – knowing
escisión *f* – split
esclarecer *v* – to clarify
esclarecimiento *m* – clarification
escolaridad obligatoria – compulsory education
escoliar *v* – to annotate
escolio *m* – succinct treatise, annotation
escopeta *f* – shotgun
escribanía *f* – notary public's office, court clerk's office
escribanil *adj* – notarial
escribano *m* – notary public, court clerk
escribano público – notary public
escribiente *m/f* – clerk
escrito *m* – document, bill, writ, brief
escrito *adj* – written
escrito de acusación – bill of indictment
escrito de ampliación – supplemental complaint
escrito de apelación – bill of complaint
escrito de calificación – indictment
escrito de demanda – complaint
escrito de presentación – initial brief
escritorio *m* – office, desk
escritura *f* – deed, contract, document, instrument, legal instrument, writing, handwriting
escritura constitutiva – articles of incorporation, charter, articles of association, act of incorporation
escritura de cancelación – document evidencing the cancellation of a debt
escritura de cesión – deed of assignment
escritura de compraventa – bill of sale, deed, act of sale, bargain and sale deed
escritura de constitución – articles of

incorporation, charter, articles of association, act of incorporation

escritura de hipoteca – mortgage deed

escritura de propiedad – title deed

escritura de venta – bill of sale, deed

escritura matriz – original document which remains in the notary's formal registry

escritura notarial – notarized document

escritura privada – private document

escritura pública – public document, notarized document

escriturar *v* – to register a deed, to register publicly

escriturario *adj* – notarial

escrutar *v* – to scrutinize, to tally votes

escrutinio *m* – scrutiny, vote count

escucha *f* – wiretapping

escucha telefónica – wiretapping

escudriñable *adj* – investigable

escudriñar *v* – to scrutinize

escuela de derecho – law school

esencial *adj* – essential

esfera de influencia – sphere of influence

eslabón *f* – link

espacio aéreo – air space

espacio ambiental – environmental space

especialidad *f* – specialty, special contract

especialista *m/f* – specialist

especialización *f* – specialization

especializar *v* – to specialize

especie *f* – sort, kind, event

especies valoradas – revenue stamps

especificación *f* – specification

especificar *v* – to specify

espécimen *m* – specimen

espectrógrafo *m* – spectrograph

espectrograma *m* – spectrogram

especulación bursátil – stock speculation

especulación inmobiliaria – real estate speculation

especulador *m* – speculator

especular *v* – to speculate

espera *f* – wait, stay, recess, term, grace period

esperanza de vida – life expectancy

espía *f* – spy

espiar *v* – to spy

espión *m* – spy

espionaje *m* – espionage

espionaje industrial – industrial espionage

espíritu de una ley – spirit of a law

esponsales *m* – engagement

esposado *adj* – handcuffed, newly wed

esposar *v* – to handcuff

esposas *f* – handcuffs

espurio *adj* – spurious

esquela *f* – note, notice, short letter

esquema *m* – scheme, diagram, outline

esquema comercial – business scheme, commercial scheme, commerce scheme

esquema de apoyo – aid scheme

esquema de comercio – business scheme, commercial scheme, commerce scheme

esquema de pensiones – pension scheme

esquema de seguros – insurance scheme

esquilmar *v* – to exhaust, to milk, to exploit

esquirol *m* – scab

esquizofrenia *f* – schizophrenia

estabilidad financiera – financial stability

estabilidad política – political stability

estabilización política – political stabilization

estabilizar *v* – to stabilize

estable *adj* – stable

establecer *v* – to establish, to set up, to set, to enact

establecer la sede – to set up headquarters

establecido *adj* – established, set, set up, enacted

establecido legalmente – legally established

establecimiento *m* – establishment, enterprise, foundation

establecimiento comercial – business enterprise, business concern, commercial enterprise

establecimiento de negocios – business enterprise, business concern

establecimiento de servicios – services enterprise

establecimiento gubernamental – government enterprise

establecimiento penal – penal institution

estaca *f* – stake

estación *f* – station, season

estación de policía – police station

estación de trabajo – workstation

estadía *f* – stay, time in port beyond that necessary

estadidad *f* – statehood

estadísticas criminales – crime statistics

estado *m* – state, condition, government, statement, report

estado anual – annual statement

estado civil – marital status

estado contable – accounting statement

estado corporativo – corporate state

estado corriente – current state, current status

estado de bienestar – welfare state

estado de cosas – state of affairs

estado de cuenta – statement, account statement, account status

estado de derecho – rule of law

estado de emergencia – state of emergency

estado de excepción – state of emergency

estado de guerra – state of war

estado de ingresos – earnings statement, income statement

estado de necesidad – extenuating circumstances

estado de origen y aplicación de fondos – statement of source and application of funds

estado de paz – state of peace

estado de posición financiera – statement of financial condition

estado de quiebra – state of bankruptcy

estado de sitio – state of siege

estado final – final statement, final state

estado financiero – financial statement

estado interino – interim statement

estado legal – legal status, marital status

estado mensual – monthly statement

estado miembro – member state

estado soberano – sovereign state

estafa *f* – scam, swindle, fraud

estafador *m* – scammer, swindler, defrauder

estafar *v* – to scam, to swindle, to defraud

estagnación *f* – stagnation

estallar *v* – to explode, to break out

estampar *v* – to stamp, to rubber stamp, to affix

estampilla *f* – stamp, rubber stamp

estampillado *adj* – stamped, rubber stamped

estancamiento *m* – deadlock, stagnation

estancamiento económico – economic stagnation

estanco *m* – monopoly, state monopoly

estándar *m* – standard

estandarización *f* – standardization

estanflación *f* – stagflation

estanquero *m* – retailer of goods under state monopoly

estante *adj* – extant

estar a derecho – to appear in court, to be involved in an action

estar en sesión – to be in session

estatal *adj* – state, pertaining to a state, government, pertaining to a government

estatismo *m* – statism

estatista *m/f* – statist

estatuido *adj* – enacted, provided

estatuir *v* – to enact, to provide

estatutario *adj* – statutory

estatuto *m* – statute, law, ordinance, by-law

estatuto de limitaciones – statute of limitations

estatuto formal – law of procedure

estatuto orgánico – organic law

estatutos sociales – by-laws

estelionato *m* – stellionate

estenografía *f* – stenography

estenógrafo *m* – stenographer

estereotipación *f* – stereotyping

estereotipo *m* – stereotype

esterilidad *f* – sterility

esterilización *f* – sterilization

estilar *v* – to draft

estilo *m* – style, method

estilo administrativo – management style

estilo de administración – management style

estilo de vida – lifestyle

estimación *f* – estimation, estimate, appraisal

estimado *m* – estimate

estimador *m* – estimator, appraiser

estimar *v* – to estimate, to appraise, to hold in esteem

estimatoria *f* – action by the buyer against the seller to obtain a reduction in price due to defects

estimular *v* – to stimulate

estímulo *m* – stimulation, stimulus, incentive

estímulo fiscal – fiscal stimulus

estipendio *m* – stipend, compensation

estipulación *f* – stipulation, provision, specification, covenant

estipulaciones generales – general provisions

estipulado *adj* – stipulated

estipulante *m/f* – stipulator

estipular *v* – to stipulate, to specify, to agree

estirpe *f* – descendants, lineage, stirpes

estorbo *m* – nuisance, obstacle

estrado *m* – stand, platform

estrados *m* – courtrooms

estragos *m* – devastation

estrangulación *f* – strangulation

estrangular *v* – to strangle

estraperlo *m* – black market

estratagema *f* – stratagem, ploy

estrategia *f* – strategy

estrategia empresarial – business strategy

estratégico *adj* – strategic

estratificación social – social stratification

estrés *m* – stress

estrés laboral – work-related stress

estrictamente *adv* – strictly

estricto *adj* – strict, stringent

estructura *f* – structure

estructura administrativa – management structure

estructura corporativa – corporate structure

estructura de capital – capital structure

estructura empresarial – enterprise structure

estructura financiera – financial structure

estructura fiscal – fiscal structure

estructura orgánica – organizational structure

estructuración *f* – structuring

estructurar *v* – to structure

estudio *m* – study, studio, office, law office

estudio de caso – case study

estudio de impacto ambiental –

environmental impact study
estudio de título – title search
estudios empresariales – business studies
estupefaciente *adj* – stupefacient
estuprador *m* – statutory rapist, rapist
estuprar *v* – to commit statutory rape, to rape
estupro *m* – statutory rape, rape
et al. – and others, et al.
etapa crítica – critical stage
Ethernet *m* – Ethernet
ética *f* – ethics
ética ambiental – environmental ethics
ética del trabajo – work ethic
ética en el comercio – commerce ethics, business ethics
ética en los negocios – business ethics
ética legal – legal ethics
ética profesional – professional ethics
éticamente *adv* – ethically
ético *adj* – ethical
etiqueta *m* – label, tag, etiquette
etiqueta comercial – commercial etiquette, business etiquette
etiqueta corporativa – corporate etiquette
etiquetado *m* – labeling
etiquetado ecológico – green labeling, ecological labeling
étnico *adj* – ethnic
euro *m* – euro
euromercado *m* – Euromarket
europeísmo *m* – Europeanism
eutanasia *f* – euthanasia
evacuado *adj* – evacuated
evacuar *v* – to evacuate, to carry out, to conclude, to fulfill, to transact
evacuar un informe – to make a report
evadir *v* – to evade
evadir impuestos – to evade taxes
evadir la ley – to evade the law
evadirse *v* – to abscond
evaluación *f* – evaluation, assessment, appraisal
evaluación ambiental – environmental appraisal
evaluación de calidad – quality assessment
evaluación de los daños – assessment of the damages
evaluación de tareas – task analysis
evaluación del impacto ambiental – environmental impact assessment
evaluación del riesgo – risk assessment
evaluación profesional – professional evaluation
evaluador *m* – evaluator, assessor, appraiser
evaluar *v* – to evaluate, to assess, to appraise
evaluar la prueba – to evaluate the evidence
evasión *f* – evasion
evasión contributiva – tax evasion

evasión fiscal – tax evasion
evasión impositiva – tax evasion
evasión tributaria – tax evasion
evasiva *f* – evasion
evasivo *adj* – evasive
evasor *m* – evader
evento *m* – event, contingency, accident
evento fortuito – fortuitous event
eventual *adj* – eventual, contingent, temporary, incidental
evicción *f* – eviction, dispossession
evidencia *f* – evidence, proof
evidencia absoluta – full proof
evidencia circunstancial – circumstantial evidence
evidencia concluyente – conclusive evidence
evidencia contraria – conflicting evidence
evidencia contundente – conclusive evidence
evidencia convincente – convincing proof
evidencia de auditoría – evidence of auditing
evidencia de culpabilidad – proof of guilt
evidencia de cumplimiento – evidence of compliance, evidence of performance
evidencia de daños – evidence of damage
evidencia de identidad – evidence of identity
evidencia de inocencia – proof of innocence
evidencia de muerte – proof of death
evidencia de pérdida – evidence of loss
evidencia de responsabilidad – evidence of responsibility
evidencia decisiva – conclusive evidence
evidencia del estado – state's evidence
evidencia directa – direct evidence
evidencia documental – documentary evidence
evidencia escrita – documentary evidence
evidencia fabricada – fabricated evidence
evidencia incontrovertible – incontrovertible proof
evidencia insuficiente – insufficient evidence
evidencia judicial – judicial evidence
evidencia legal – legal evidence
evidencia material – material evidence
evidencia plena – full proof
evidencia por escrito – documentary evidence
evidencia prima facie – evidence sufficient on its face, prima facie evidence
evidencia procesal – evidence presented during a trial
evidencia testimonial – testimonial evidence
evidencial *adj* – evidentiary
evidenciar *v* – to evidence, to prove
evidente *adj* – evident, proven
evitable *adj* – avoidable
evitación de pérdidas – loss avoidance
evitar *v* – to avoid, to evade

ex contractu – arising from a contract, ex
  contractu
ex curia – out of court, ex curia
ex-empleado *m* – ex-employee
ex gratia – out of grace, ex gratia
ex officio – by virtue of office, ex officio
ex parte – of one part, ex parte
ex post facto – after the act, ex post facto
exacción *f* – exaction, levy
exactitud *f* – accuracy
exactor *m* – tax collector
exageración *f* – exaggeration
exagerar *v* – to exaggerate
examen *m* – examination, exam, test,
  investigation, interrogatory
examen de auditoría – audit examination
examen de testigos – examination of
  witnesses
examen médico – medical examination
examinación *f* – examination
examinador *m* – examiner
examinar *v* – to examine, to investigate
excarcelación *f* – release from jail
excarcelar *v* – to release from jail
excedente *m* – excess, surplus
exceder *v* – to exceed
excepción *f* – exception, demurrer, defense,
  plea
excepción de cosa juzgada – defense based
  on a previous decision
excepción de defecto legal – defense based
  on a legal defect
excepción de derecho – demurrer
excepción de excusión – benefit of
  discussion
excepción de falta de acción – demurrer
excepción de hecho – defense based on fact
excepción de incompetencia – defense
  based on a lack of jurisdiction
excepción de litispendencia – defense based
  on that the claims are already under litigation
excepción de prescripción – defense based
  on the statute of limitations having run
excepción dilatoria – dilatory defense,
  dilatory exception
excepción perentoria – peremptory
  exception, peremptory defense
excepción procesal – defense based on
  defect of procedure
excepcionable *adj* – demurrable, defensible
excepcionar *v* – to except, to demur, to
  defend
exceptuar *v* – to except
excesivo *adj* – excessive
exceso *m* – excess, overage, offense
exceso de velocidad – speeding
excluible *adj* – excludable
excluir *v* – to exclude

exclusión *f* – exclusion, prohibition, estoppel
exclusiva *f* – exclusive, exclusive right
exclusivismo *m* – exclusivism
exclusivista *m/f* – exclusivist
excluyente *adj* – excluding, justifying
exculpar *v* – to exculpate
exculpatorio *adj* – exculpatory
excusa *f* – excuse, exception
excusa absolutoria – absolving excuse
excusa barata – lame excuse
excusa legal – legal excuse
excusable *adj* – excusable
excusación *f* – excuse, self-disqualification
  by a judge
excusado *adj* – excused, exempt
excusar *v* – to excuse, to exempt
excusarse *v* – to disqualify oneself
excusas absolutorias – justifying
  circumstances
excusión de bienes – benefit of discussion
exégesis *f* – interpretation, interpretation of
  law
exención *f* – exemption, immunity, waiver
exención arancelaria – exemption from
  customs duties
exención contributiva – tax exemption
exención de responsabilidad – exemption
  from liability
exención de visado – visa waiver, visa
  exemption
exención fiscal – tax exemption
exención impositiva – tax exemption
exención tributaria – tax exemption
exencionar *v* – to exempt, to excuse
exentar *v* – to exempt, to excuse
exento de impuestos – tax exempt
exequátur *m* – exequatur
exhaustivo *adj* – exhaustive
exheredación *f* – disinheritance
exheredar *v* – to disinherit
exhibición *f* – exhibition, exhibit,
  production, discovery, partial payment
exhibición de documentos – production of
  documents
exhibicionista *m/f* – exhibitionist
exhibidor *m* – exhibitor
exhibir *v* – to exhibit, to demonstrate, to
  make a partial payment
exhortar *v* – to exhort, to issue letters
  rogatory
exhorto *m* – letters rogatory, request
exhumación *f* – exhumation
exhumar *v* – to exhume
exigencia *f* – exigency, demand, requirement
exigible *adj* – exigible, demandable, due
exigido por la ley – required by law
exigir *v* – to demand, to require, to charge, to
  levy

exiliado *adj* – exiled
exiliar *v* – to exile
exilio *m* – exile
eximente *adj* – exempting, justifying, excusing
eximir *v* – to exempt, to excuse
existencias *f* – inventory, stock, actuals
exoneración *f* – exoneration, acquittal, exemption, release
exonerar *v* – to exonerate, to acquit, to exempt, to release
exonerar de responsabilidad – to release from liability
exorbitante *adj* – exorbitant
exordio *m* – exordium
expansión *f* – expansion
expansionismo *m* – expansionism
expansionista *m/f* – expansionist
expatriación *f* – expatriation
expectación *f* – expectation
expectante *adj* – expectant
expectativa *f* – expectation, expectancy
expectativa de vida – expectancy of life
expedición *f* – expedition, remittance, shipment, issuance
expedidor *m* – shipper, drawer
expediente *m* – file, record, recourse, proceeding, motive
expediente de apremio – proceeding for collection
expediente de construcción – file pertaining to a request for a building permit
expediente de regulación de empleo – workforce adjustment plan
expediente de reintegro – replevin
expediente judicial – court file
expedientes personales – personal records
expedir *v* – to ship, to send, to issue
expedir sentencia – to pronounce judgment
expender *v* – to expend, to sell, to circulate counterfeit money
expensas *f* – costs, expenses
experiencia laboral – work experience
experimentar *v* – to experiment, to experience, to try out, to suffer
experticia *f* – expertise, expert testimony, expert advice, expert appraisal
experto *m* – expert
expiración *f* – expiration
expirado *adj* – expired
expirar *v* – to expire, to die
explicación *f* – explanation
explícito *adj* – explicit
explotación *f* – exploitation, use, operation
explotación agrícola – agricultural exploitation
explotación de trabajadores – exploitation of workers

explotación sexual – sexual exploitation
explotador *m* – exploiter, user
explotar *v* – to exploit, to use, to explode
expoliación *f* – spoliation, violent dispossession
expolio *m* – spoliation, violent dispossession
exponente *m/f* – explainer, deponent
exponente *adj* – explanatory
exponer *v* – to expose, to declare, to explain, to exhibit, to put forward, to risk
exportación *f* – exportation, export
exportado *adj* – exported
exportador *m* – exporter
exportar *v* – to export
exposición *f* – exposition, exhibition, show, display, clarification, statement
exposición de motivos – preliminary recitals
exposición de niños – abandonment of children
expósito *m* – foundling
expósito *adj* – abandoned
expresamente *adv* – expressly
expresar *v* – to express, to show
expresar agravios – to plead
expreso *adj* – express, evident, specific
expropiable *adj* – expropriable
expropiación *f* – expropriation, appropriation of land, condemnation
expropiación forzosa – condemnation
expropiado *m* – condemnee
expropiado *adj* – expropriated
expropiador *m* – expropriator, condemner
expropiante *m/f* – expropriator, condemner
expropiar *v* – to expropriate, to condemn
expulsar *v* – to expel, to evict
expulsión *f* – expulsion, eviction, deportation
expulsión de extranjeros – deportation of foreigners
expurgación *f* – expurgation
extender *v* – to extend, to make out, to issue
extender el contrato – to extend the contract
extender el plazo – to extend the term
extender la garantía – to extend the warranty
extender las actas – to write up the minutes
extensión *f* – extension, scope, length
extensión agrícola – agricultural extension
extensión de contrato – extension of contract
exterior *adj* – foreign, exterior
externalización *f* – outsourcing
externalizar *v* – outsource
externo *adj* – external, foreign
extinción *f* – extinguishment, termination, liquidation, paying off
extinción de derechos – termination of legal rights
extinción de deudas – extinguishment of debts
extinción de los contratos – termination of

contracts
extinguir *v* – to extinguish, to terminate, to
pay off
extinguirse *v* – to expire, to lapse
extintivo *adj* – extinguishing
extorno *m* – refund, drawback
extorsión *f* – extortion, blackmail
extorsionador *m* – extortioner
extorsionar *v* – to extort, to blackmail
extorsionista *m/f* – extortioner, profiteer
extorsivo *adj* – extortionate
extra judicium – out of court, extra judicium
extra legem – out of the law, out of the
protection of the law, extra legem
extra vires – beyond the powers, extra vires
extracción *f* – withdrawal, extraction
extracontable – not in the books
extracontractual *adj* – not in the contract
extracta *f* – true copy
extracto *m* – excerpt, abstract, summary,
statement, extract
extracto de cuenta – statement of account,
account statement
extradición *f* – extradition
extraditar *v* – to extradite
extrajudicial *adj* – extrajudicial
extrajudicialmente *adv* – extrajudicially
extrajurídico *adj* – extralegal
extralimitación *f* – breach of trust
extramatrimonial *adj* – extramarital
extranjería *f* – alienage
extranjero *m* – foreigner, alien, foreign
countries
extranjero residente – resident alien
extraño *m* – alien, stranger
extraoficial *adj* – unofficial, off-the-record,
extra-official
extraprocesal *adj* – out of court
extraterritorial *adj* – extraterritorial
extravío *m* – loss
extremista *m/f* – extremist
extremos de la acción – grounds of action
extrínseco *adj* – extrinsic

F

fábrica *f* – factory
fabricación en serie – mass production
fabricante *m/f* – manufacturer
fabricar *v* – to fabricate, to manufacture

fabril *adj* – manufacturing
facción *f* – faction, gang
faceta *f* – facet
facilidades de pago – credit terms
facilitar *v* – to facilitate, to furnish
fácilmente entendido – easily understood
facineroso *m* – criminal, habitual criminal,
wicked person
facistol *m* – lectern
facsímil *m* – facsimile, fax
factibilidad *f* – feasibility
fáctico *adj* – factual
factor *m* – factor, agent
factor de riesgo – risk factor
factor de seguridad – safety factor, security
factor
factor determinante – determining factor
factoraje *m* – factorage, agency
factores incontrolables – uncontrollable
factors
factoría *f* – factory, agency, factorage
factótum *m* – agent
factual *adj* – factual
factura *f* – invoice, bill, account
factura de venta – sales invoice, bill of sale
facturación *f* – billing, invoicing
facturado *adj* – billed
facturador *m* – biller
facturar *v* – to invoice, to bill, to check-in
facultad *f* – faculty, authority, power, right
facultad de derecho – law school
facultad de disponer – right of disposal
facultad de juzgar – power to decide
facultad de nombrar – power of appointment
facultar *v* – to empower, to authorize
facultativo *adj* – facultative, optional,
concerning a power
falacia *f* – deceit, deceitfulness, fallacy
falaz *adj* – fallacious, deceiving
falencia *f* – deceit, bankruptcy
falsa alarma – false alarm
falsa denuncia – false accusation
falsa representación – false representation
falsamente *adv* – falsely
falsario *m* – falsifier, liar
falsas apariencias – false pretenses
falseamiento de datos – data falsification
falsear datos – to falsify data
falsedad *f* – falsehood, misrepresentation,
forgery
falsedad de documentos – forgery, forged
documents
falsedad material – forgery, material
misrepresentation
falsía *f* – falseness, duplicity
falsificación *f* – forgery, falsification,
counterfeiting
falsificación de libros – falsification of books

falsificación de moneda – counterfeiting
falsificado *adj* – forged, falsified, counterfeited
falsificador *m* – forger, falsifier, counterfeiter
falsificar *v* – to forge, to falsify, to counterfeit
falsificar documentos – falsify documents
falso *adj* – false, forged, counterfeit
falso testimonio – false testimony, perjury
falsos pretextos – false pretenses
falta *f* – fault, failure, lack, defect, absence, shortage, breach, infraction, misdemeanor
falta de asistencia – absenteeism, lack of help
falta de autoridad – lack of authority
falta de aviso – failure to notify
falta de cumplimiento – failure of consideration, nonperformance, noncompliance, nonfeasance
falta de ejecución – failure of consideration, nonperformance, noncompliance, nonfeasance
falta de fondos – lack of funds
falta de jurisdicción – lack of jurisdiction
falta de justificación – lack of justification
falta de pago – nonpayment, dishonor
falta de prueba – lack of evidence
falta grave – major offense, felony
falta leve – minor offense, misdemeanor
faltante *m* – non-appearing party
faltante *adj* – lacking
faltar *v* – to fail, to default, to breach, to be short, to be lacking
faltas *f* – minor offenses, misdemeanors
faltista *m/f* – habitual defaulter
falto *adj* – lacking, scarce
falla *f* – fault, failure, defect
fallar *v* – to render judgment, to rule, to sentence, to fail, to be lacking, to err
fallecimiento *m* – death
fallido *m* – bankrupt
fallido *adj* – bankrupt, frustrated
fallir *v* – to fail
fallo *m* – judgment, finding, verdict, decision, ruling, arbitration award, failure, shortcoming
fallo administrativo – administrative ruling
fallo arbitral – arbitration award
fallo condenatorio – conviction
fallo definitivo – final judgment
fallo del jurado – jury verdict
fallo judicial – judicial decision
fallo plenario – plenary decision
fama pública – reputation
familia adoptiva – adoptive family
familia monoparental – single-parent family
familiar *m* – relative
familiar *adj* – pertaining to a family, familiar
fanático *m* – fanatic

faro *m* – lighthouse
farsa *f* – farce, sham
fascismo *m* – fascism
fascista *m/f* – fascist
fatal *adj* – fatal, obligatory, final
fatalmente *adv* – fatally
fatiga laboral – industrial fatigue
fautor *m* – abettor, helper
favor *m* – favor, favour, accommodation, assistance
favorable *adj* – favorable, favourable
favorecedor *m* – endorser of an accommodation bill, client
favoritismo *m* – favoritism, favouritism
fax *m* – fax
fdo. (firmado) – signed
fe *f* – testimony, certification, affirmation, credence
fe de conocimiento – verification of the identity of a person
fe de vida – official certificate attesting to a person being alive
fe notarial – the authority of a notary's certification
fe pública – authority to attest documents
fecundación artificial – artificial insemination
fecha *f* – date, moment
fecha de anuncio – announcement date
fecha de aviso – date of notification
fecha de caducidad – expiration date
fecha de efectividad – effective date
fecha de ejecución – date of execution
fecha de entrada en vigor – effective date
fecha de expiración – expiration date
fecha de pago – payment date
fecha de presentación – filing date, presentation date
fecha de publicación – publication date
fecha de registro – date of record, date of registration, filing date
fecha de vencimiento – expiration date, due date, deadline, final date, maturity date
fecha de venta – sales date
fecha de vigencia – effective date
fecha del fallo – date of judgment
fechado *adj* – dated
fechar *v* – to date
fecho *adj* – executed, issued
fechoría *f* – malfeasance, misdeed
fedatario *m* – notary public, one who attests, one who certifies
federación *f* – federation, association
federalismo *m* – federalism
federalista *m/f* – federalist
federarse *v* – to form a federation, to form an association
fehaciente *adj* – evidencing, certifying,

attesting, authentic, credible
felación f – fellatio
felón m – felon, villain
felón adj – felonious, treacherous
felonía f – treachery, disloyalty
feminismo m – feminism
feminista m/f – feminist
fenecer v – to finish, to die
fenecimiento m – finishing, death
feria f – holiday, legal holiday, fair
feria judicial – legal holiday, nonjudicial day
feriado m – holiday, nonjudicial day
feriado nacional – national holiday
feriado oficial – national holiday
feticida m/f – feticide
feticidio m – feticide
feto m – fetus
feudal adj – feudal
feudalismo m – feudalism
feudalista m/f – feudalist
fiabilidad f – reliability, trustworthiness
fiable adj – reliable, responsible, trustworthy
fiado m – person under bond
fiado adj – purchased on credit
fiador m – surety, bailor, guarantor
fianza f – bail, bond, guarantee, deposit
fianza de cumplimiento – performance bond
fianza de garantía – surety bond, guarantee bond
fianza de pago – payment bond
fianza de seguridad – surety bond
fianza judicial – judicial bond
fiar v – to grant credit, to bond for, to bail for
ficción jurídica – fiction of law
ficticio adj – fictitious
ficto adj – fictitious, implied
ficha dactiloscópica – record of fingerprints
fichar v – to prepare a record with personal particulars, to prepare a dossier on, to size up, to file
fichero m – file, filing cabinet, card index
fichero adjunto – attached file, attachment
ficticio adj – fictitious
fidedigno adj – trustworthy, reliable
fideicomisario m – trustee, beneficiary of a trust, legal representative of debenture holders
fideicomiso m – trust
fideicomiso ciego – blind trust
fideicomiso convencional – conventional trust
fideicomiso especial – special trust
fideicomiso irrevocable – irrevocable trust
fideicomiso revocable – revocable trust
fideicomiso testamentario – testamentary trust
fideicomisor m – trustee
fideicomitente m/f – trustor

fidelidad f – fidelity, loyalty
fiduciante m/f – trustor
fiduciario m – trustee
fiduciario adj – fiduciary
fiel m – public inspector
fiel adj – faithful, accurate
fiel copia – true copy
fiel cumplimiento – faithful performance
fielato m – position of a public inspector
fieldad f – surety, guaranty
fiesta internacional – international holiday
fijación de precios – price-fixing, price setting
fijación de tasas – rate setting, rate fixing
fijar v – to determine, to fix, to set
fijo adj – fixed, certain, set, determined
filiación f – filiation
filial adj – filial, affiliated, subordinated, subsidiary
filial f – affiliated entity, affiliated company, agency, subsidiary, branch
filicida m/f – filicide
filicidio m – filicide
filigrana f – watermark
filosofía corporativa – corporate philosophy
filosofía del derecho – jurisprudence, philosophy of law
filtrar información – leak information
fin m – end, objective, goal, aim
fin de mes – end of month
finado m – deceased
finalidad f – finality, objective, goal
finalizar un contrato – to finalize a contract
financiable adj – financeable, that can be financed
financiación f – financing, funding
financiación empresarial – business financing
financiación hipotecaria – mortgage financing
financiado por el gobierno – government-financed
financiamiento m – financing, funding
financiamiento bancario – bank financing
financiamiento de capital – capital financing
financiamiento empresarial – business financing
financiamiento hipotecario – mortgage financing
financiar v – to finance, to fund, to back
financiera f – finance company
financiero m – financier
financiero adj – financial
financista m/f – financier
finanzas del estado – government finance, state finance
finanzas del gobierno – government finance
finanzas públicas – public finances

finar *v* – to die
finca *f* – plot, farm, property, real estate, estate
finca raíz – real estate
finca rústica – rural property
finca urbana – urban property
fincar *v* – to purchase real estate
fines caritativos – charitable purposes
fines comerciales – business ends, commercial ends
fines de lucro – profit-seeking
fines fiscales – tax purposes
fingir *v* – to fake, to pretend
finiquitar *v* – to extinguish, to close an account, to settle, to end
finiquito *m* – extinction, release, closing of an account, quitclaim, settlement
firma *f* – signature, firm, company, company name
firma autógrafa – autograph signature
firma autorizada – authorized signature
firma certificada – certified signature, attested signature
firma comercial – company, company name, business firm, commercial firm
firma conjunta – cosignature, joint signature
firma de corretaje – brokerage firm
firma de letrado – attorney's signature
firma del cliente – client's signature
firma digital – digital signature
firma electrónica – electronic signature
firma en blanco – blank signature
firma entera – signature of the full name
firma facsimilar – facsimile signature
firma falsificada – forged signature
firma no autorizada – non-authorized signature
firma y sello – hand and seal
firmado y sellado por – signed and sealed by
firmante *m/f* – signer, signatory, maker of a document
firmar *v* – to sign, to execute
firmar en blanco – to sign a document with blank portions, to sign anything without prior review
firmar y sellar – to sign and seal
firme *adj* – final, firm
firmón *m* – signer of documents drafted by others, professional who will sign anything
fiscal *m* – prosecutor, prosecuting attorney, state attorney, auditor
fiscal *adj* – fiscal, tax
fiscal de cuentas – auditor
fiscal de distrito – district attorney
fiscal de estado – government attorney, state attorney
fiscal especial – special prosecutor
Fiscal General – Attorney General

Fiscal General del Estado – Attorney General
fiscalía *f* – prosecutor's office, government attorney's office, inspector's office, auditor's office
fiscalidad *f* – tax system, tax code
fiscalista *adj* – fiscal, tax
fiscalización *f* – control, supervision, monitoring, investigation, inspection
fiscalización aduanera – customs supervision
fiscalización ambiental – environmental supervision
fiscalizador *m* – inspector
fiscalizar *v* – to control, to inspect
fiscalmente *adv* – fiscally
fisco *m* – fisc, exchequer, treasury
fisco municipal – municipal treasury, municipal government
flagicioso *adj* – flagitious
flagrante *adj* – flagrant
flagrante delito – crime detected while being perpetrated
flecos *m* – loose ends
fletador *m* – charterer
fletamento *m* – chartering, charter party
fletante *m* – charterer
fletar *v* – to charter, to freight, to hire
flete *m* – freight, carriage
fletear *v* – to charter, to freight, to hire
fletero *m* – freighter, freight carrier
flexibilidad laboral – labor flexibility, labour flexibility
flota *f* – navy, fleet
flotilla *f* – fleet
fluctuación *f* – fluctuation
flujo monetario – monetary flow, money flow
flujograma *m* – flowchart
foja *f* – page, folio, sheet
foliar *v* – to number pages
folio *m* – folio
folleto *m* – brochure, leaflet, pamphlet
fomentador *m* – encourager, promoter, developer
fomentar *v* – to encourage, to promote, to develop
fomento *m* – development, encouragement, promotion
fondo *m* – fund, background, essence, bottom
fondo de bienestar – welfare fund
fondo de contingencia – contingency fund
fondo de fideicomiso – trust fund
fondo de huelga – strike fund
fondo de inversión – investment fund, mutual fund
fondo de jubilación – retirement fund
fondo de la cuestión – heart of the matter
fondo de pensión – retirement fund

fondo de previsión social – social security fund
fondo de retiro – retirement fund
fondo educativo – educational fund
fondo fiduciario – trust fund
Fondo Monetario Internacional – International Monetary Fund
fondo mutuo – mutual fund
Fondo Social Europeo – European Social Fund
fondos administrados – managed funds, administered funds
fondos asignados – allocated funds
fondos estatales – state funds
fondos privados – private funds
fondos públicos – public funds
forajido *m* – fugitive from justice
foral *adj* – statutory, jurisdictional, legal
foralmente *adv* – judicially
forense *adj* – forensic
forero *adj* – jurisdictional, statutory, legal
forjador *m* – forger
forjar *v* – to forge, to shape
forma *f* – form, manner, method, shape
forma de los actos jurídicos – legal formalities
forma judicial – judicial method
forma legal – legal form
formación *f* – formation, training
formación de empresa – company formation, enterprise formation
formación de las leyes – enactment
formación profesional – professional training, vocational training
formación vocacional – vocational training
formal *adj* – formal, procedural, serious, responsible, dependable
formalidad *f* – formality, dependability, excessive bureaucracy
formalismo *m* – formalism
formalizar *v* – to formalize
formalmente *adv* – formally, seriously, responsibly, dependably
formar *v* – to form
formas legales – legal formalities
formas procesales – procedure
formato *m* – format
fórmula *f* – formula, settlement agreement
formular *v* – to formulate, to form
formular cargos – to bring charges
formular denuncia – to make an accusation, to make a complaint
formular oposición – to object
formulario *m* – questionnaire, blank form, form, formulary
formulario de solicitud – application form
formulismo *m* – formalism, excessive bureaucracy

fornicación *f* – fornication
foro *m* – forum, bar, lease, leasehold
Foro Económico Mundial – World Economic Forum
fortuitamente *adv* – fortuitously
fortuito *adj* – fortuitous
fórum *m* – forum
forzadamente *adv* – forcibly
forzado *adj* – forced, compulsory, unavoidable
forzador *m* – forcer, rapist
forzar *v* – to force, to rape
forzoso *adj* – forced, compulsory, unavoidable
fotocopia *f* – photocopy
fotocopiar *v* – to photocopy
fotostático *adj* – photostatic
fracasar *v* – to fail, to break down
fracaso *m* – failure
fraccionar *v* – to break up, to divide
fragante *adj* – flagrant
fraguar *v* – to falsify, to forge, to plot
franco *adj* – free, duty-free, exempt, frank, honest
franco a bordo – free on board
francotirador *m* – sniper, sharpshooter
franja magnética – magnetic stripe
franquear *v* – to prepay, to pay postage, to frank, to clear, to exempt
franqueo *m* – postage, prepayment, franking, clearance
franqueo pagado – postage paid
franquicia *f* – franchise, exemption
franquicia aduanera – exemption from customs duties
franquicia arancelaria – exemption from customs duties
franquiciado *m* – franchisee
franquiciador *m* – franchiser
fratricida *m/f* – fratricide
fratricidio *m* – fratricide
fraude *m* – fraud, deceit
fraude comercial – business fraud, commercial fraud
fraude corporativo – corporate fraud
fraude electoral – electoral fraud
fraude empresarial – business fraud
fraude fiscal – tax fraud
fraude procesal – procedural fraud
fraudulencia *f* – fraudulence
fraudulentamente *adv* – fraudulently
fraudulento *adj* – fraudulent
frente *m* – front, face of a document
frente obrero – labor association, labour association
frívolo *adj* – frivolous
frontera *f* – frontier, border
fructuoso *adj* – successful, productive

frustración *f* – frustration
frutos *m* – fruits, benefits, products, results
frutos e intereses – fruits and interest
frutos industriales – industrial products, emblements
fuego accidental – accidental fire
fuente confiable – reliable source
fuente de información – source of information
fuente de ingresos – source of income
fuente fidedigna – reliable source
fuentes de las obligaciones – sources of obligations
fuentes del derecho – sources of the law
fuentes jurídicas – sources of the law
fuera de duda razonable – beyond a reasonable doubt
fuera de horas de oficina – outside office hours
fuera de horas laborables – outside work hours
fuera de juicio – extrajudicial, insane
fuera de la ley – outside of the law, illegal
fuera de lugar – irrelevant, inappropriate, out of place
fuera de orden – out of order
fuero *m* – jurisdiction, venue, court, privilege, code of laws, common law
fuero civil – civil jurisdiction
fuero comercial – commercial code
fuero criminal – criminal jurisdiction
fuero laboral – labor jurisdiction, labour jurisdiction
fuerza *f* – force, strength, power
fuerza de cosa juzgada – force and effect of a decision
fuerza de ley – force of law
fuerza de trabajo – work force, labor force, labour force
fuerza laboral – work force, labor force, labour force
fuerza legal – legal force, force of law
fuerza mayor – force majeure, act of God
fuerza mortal – deadly force
fuerza pública – police power
fuerzas armadas – armed forces
fuga *f* – escape
fugarse *v* – to escape, to jump bail
fugitivo *m* – fugitive
Fulana de Tal – Jane Doe
Fulano de Tal – John Doe
fullería *f* – swindling
fullero *m* – swindler
función *f* – function, performance
función administrativa – administrative function
función gubernamental – governmental function

función judicial – judicial function
función legislativa – legislative power
funcionamiento *m* – function, performance
funcionario *m* – officer, functionary
funcionario administrativo – administrative officer
funcionario bancario – bank officer
funcionario de Hacienda – revenue officer, treasury officer
funcionario de inmigración – immigration officer
funcionario ejecutivo – executive officer
funcionario federal – federal officer
funcionario judicial – judicial officer
funcionario municipal – municipal officer
funcionario público – government employee, civil servant, public officer, public servant
funcionarismo *m* – bureaucracy
fundación *f* – foundation, endowment, establishment
fundación benéfica – charitable foundation
fundación privada – private foundation
fundación pública – public foundation
fundadamente *adv* – with good reason
fundado *adj* – founded, well-founded
fundador *m* – founder
fundamental *adj* – fundamental
fundamentar *v* – to establish, to lay the foundations of
fundamento *m* – foundation, reason
fundamento jurídico – legal grounds, legal foundation
fundamentos de derecho – legal grounds, legal foundation
fundar *v* – to found, to endow, to establish
fundir *v* – to merge, to unite
fundirse *v* – to go bankrupt, to fail, to merge
fundo *m* – rural property
fungible *adj* – fungible
fungir *v* – to substitute
furtivamente *adj* – furtively
furtivo *adj* – furtive
fusilamiento *m* – execution by firing squad
fusilar *v* – to execute by firing squad
fusión *f* – merger, amalgamation
fusión bancaria – bank merger
fusionar *v* – to merge, to unite, to amalgamate
fusiones y adquisiciones – mergers and acquisitions
futuros financieros – financial futures

G

gabarro *m* – mistake, nuisance
gabela *f* – tax
gabinete *m* – cabinet, office, department
gabinete de prensa – press office
gabinete jurídico – law office
gaceta *f* – gazette, official publication of laws and affairs of state
gaje *m* – remuneration, additional remuneration, perquisites
gajes del oficio – hazards of the trade
gama *f* – range, scale, line
ganadería *f* – stockbreeding, livestock
ganado *m* – livestock
ganado *adj* – earned, won
ganancia *f* – profit, gain, earnings, benefit
ganancial *adj* – pertaining to community property, pertaining to profit
gananciales *m* – community property
ganancias y pérdidas – profit and loss
ganar *v* – to earn, to gain, to win, to make
ganar dinero – to earn money
ganarse la vida – to earn a living
ganga *f* – gang, bargain
gangsterismo *m* – gangsterism
garante *m* – guarantor, backer, surety, guarantee
garantía *f* – guarantee, guaranty, warranty, security, backing, collateral, bond, assurance
garantía absoluta – absolute guarantee, absolute guaranty, absolute warranty
garantía adicional – additional warranty, additional security, additional collateral
garantía bancaria – bank guarantee
garantía completa – full warranty
garantía condicional – conditional guarantee
garantía de calidad – quality guarantee
garantía de devolución del dinero – money-back guarantee
garantía de por vida – lifetime warranty, lifetime guarantee
garantía de título – title guarantee
garantía del constructor – builder's warranty
garantía del producto – product guarantee, product warranty
garantía escrita – written warranty, written guarantee
garantía especial – special warranty
garantía financiera – financial guarantee
garantía hipotecaria – mortgage security, mortgage

garantía ilimitada – unlimited warranty
garantía incondicional – unconditional guarantee, absolute guarantee, absolute warranty
garantía limitada – limited guarantee, limited warranty
garantía por escrito – written warranty, written guarantee
garantía provisional – provisional guarantee, binder
garantías constitucionales – constitutional rights
garantías del acusado – constitutional rights of the accused
garantías procesales – procedural due process
garantir *v* – to guarantee
garantizado *adj* – guaranteed, warranted, assured
garantizador *m* – guarantor, surety
garantizar *v* – to guarantee, to warrant, to assure
garita *f* – sentry box
garito *m* – gambling house
garrote *m* – garrote
gas lacrimógeno – tear gas
gastar *v* – to expend, to spend
gasto fiscal – fiscal expenditure
gastos *m* – expenses, expenditures, charges, costs
gastos administrativos – administrative expenses
gastos autorizados – authorized expenses
gastos de cierre – closing costs
gastos de hospitalización – hospital expenses
gastos de justicia – legal expenses
gastos del estado – government expenditures, state expenditures
gastos del gobierno – government expenditures
gastos educativos – education expenses
gastos familiares – family expenses
gastos fijos – fixed expenses, overhead
gastos generales – overhead, general expenses
gastos judiciales – legal expenses
gastos legales – legal expenses
gastos médicos – medical expenses
gastos operativos – operating expenses
gastos públicos – public spending
gemelo *m* – twin
genealogía *f* – genealogy
generación *f* – generation
generales de la ley – standard questions for witnesses which include asking their name and age and so on
generalmente aceptado – generally accepted

generalmente conocido – generally known
generar ingresos – to generate income
genérico *adj* – generic
género *m* – kind, manner
géneros *m* – goods, merchandise
genitales *m* – genitals
genocidio *m* – genocide
gente *f* – people, nation, crew
genuino *adj* – genuine
geografía económica – economic geography
geopolítica *f* – geopolitics
gerencia *f* – management, management office
gerencia comercial – business management
gerencia corporativa – corporate management
gerencia de la sociedad – management of a partnership, management of a corporation
gerencia de operaciones – operations management
gerencia financiera – financial management
gerencial *adj* – managerial
gerente *m* – manager
gerente administrativo – administrative manager
gerente comercial – business manager, commercial manager
gerente corporativo – corporate manager
gerente de operaciones – operations manager
gerente ejecutivo – executive manager
gestación *f* – gestation
gestión *f* – management, administration, handling, dealing, action, effort, step, negotiation
gestión centralizada – centralized management
gestión corporativa – corporate management
gestión de empresas – business administration, business management
gestión de fondos – money management, funds management, cash management
gestión de la sociedad – management of a partnership, management of a corporation
gestión de sistemas – systems management
gestión fiscal – fiscal management
gestión general – general management, general manager's office
gestión inmobiliaria – property management
gestión judicial – judicial proceeding
gestión laboral – labor management, labour management
gestión procesal – court proceeding
gestionar *v* – to manage, to administrate, to negotiate, to handle, to take measures, to arrange
gestor *m* – manager, administrator, negotiator, promoter, agent
gestor administrativo – administrative manager
gestor comercial – business manager, commercial manager
gestor empresarial – company manager, enterprise manager
gestor judicial – judicial representative
gestoría *f* – office that handles administrative tasks
ginecocracia *f* – gynecocracy
girado *m* – drawee
girado *adj* – drawn
girador *m* – drawer, maker
girante *m/f* – drawer, maker
girar *v* – to draw, to write, to remit, to do business
giro *m* – draft, money order, turnover, line of business, turn
giro comercial – commercial draft
giro postal – money order
global *adj* – global, blanket, comprehensive
globalización *f* – globalization
globalizar *v* – to globalize
glocalización *f* – glocalization
glosa *f* – gloss
glosador *m* – glossator, legal commentator
glosar *v* – to gloss
gnoseología jurídica – jurisprudence
gobernación *f* – government, governor's office, governor's jurisdiction, management
gobernador *m* – governor
gobernante *m/f* – governor
gobernantes *m* – governing body
gobernar *v* – to govern, to manage
gobierno *m* – government, direction
gobierno abierto – open government
gobierno central – central government
gobierno de derecho – de jure government
gobierno de facto – de facto government
gobierno de hecho – de facto government
gobierno de jure – de jure government
gobierno en funciones – interim government
gobierno estable – stable government
gobierno inestable – unstable government
gobierno local – local government
gobierno municipal – municipal government
gobierno nacional – national government
gobierno provisional – provisional government
gobierno títere – puppet government
goce *m* – enjoyment, possession
golpe *m* – blow, coup d'état, coup
golpe de estado – coup d'état, coup
golpear *v* – to strike
golpista *m/f* – person involved in a coup, person in favor of a coup
golpiza *f* – beating
gozar *v* – to enjoy, to have possession
gozar de un derecho – to have a right

grabación *f* – recording
grabadora *f* – recorder
gracia *f* – pardon, grace period, favor, gift, remission
gradación *f* – classification, marshalling assets
grado *m* – degree, grade, step
grado de afinidad – degree of relationship by affinity
grado de certidumbre – degree of certainty
grado de consanguinidad – degree of relationship by consanguinity
grado de discapacidad – degree of disability
graduación *f* – classification, graduation
graduación de acreedores – ordering of creditors' priority
graduación de la pena – determination of the punishment
gradual *adj* – gradual
gradualismo *m* – gradualism
gráfico *m* – graph, chart, graphic
grafología *f* – graphology
gran jurado – grand jury
granja industrial – factory farm
gratificación *f* – gratification, bonus, perquisite
gratis *adj* – free, gratuitous, gratis
gratuito *adj* – free, gratuitous, gratis
gravable *adj* – taxable, assessable, liable
gravado *adj* – taxed, assessed, encumbered
gravamen *m* – encumbrance, lien, tax
gravamen fiscal – tax
gravamen hipotecario – mortgage
gravamen judicial – judicial lien
gravar *v* – to tax, to levy, to encumber, to assess, to pledge
grave *adj* – serious, grave
gravedad de las penas – seriousness of the punishment
gravoso *adj* – onerous, expensive
gremial *adj* – pertaining to labor unions, pertaining to labour unions, pertaining to guilds
gremio *m* – union, labor union, labour union, trade union, guild
gremio de trabajadores – workers' union
gremio independiente – independent union
gremio industrial – industrial union
gremio laboral – labor union, labour union
grilletes *m* – shackles
groseramente *adj* – grossly, coarsely
grupo *m* – group, unit
grupo asesor – advisory group
grupo bancario – banking group
grupo corporativo – corporate group
grupo de consumidores – consumer group
grupo de empresas – group of enterprises
grupo de presión – pressure group, lobby

grupo de trabajo – workgroup
guarda *f* – guardianship, guardian, custodianship, custodian, observance
guardacostas *m* – coast guard
guardador *m* – guardian, observer
guardaespaldas *m/f* – bodyguard
guardar *v* – to comply with, to serve as a guardian, to care for, to conserve
guardia *f* – guard, custody, protection, police force
guardián *m* – guardian, custodian, police officer
guarecer *v* – to shelter, to hide
gubernamental *adj* – governmental
gubernativo *adj* – governmental
guerra civil – civil war
guerra comercial – trade war
guerra de clases – class war
guerra económica – economic war
guerrilla *f* – guerrilla, band of guerrillas
guerrillero *m* – guerrilla
guía *f* – guide, customs permit, directory, waybill
guía *m/f* – guide, adviser
guía de transporte – waybill
guiar *v* – to guide, to drive, to advise
guindar *v* – to hang

H

habeas corpus – habeas corpus
haber *m* – property, credit, credit side, estate, salary
haber *v* – to possess
haber hereditario – decedent's estate
haber jubilatorio – pension
haber lugar – to lie, to be admissible
haber social – corporate capital, partnership's assets
haberes *m* – property, assets, wages
habiente *adj* – possessing
hábil *adj* – competent, skillful
habilidades interpersonales – interpersonal skills
habilitación *f* – authorization, qualification, training, profit sharing
habilitación de edad – partial emancipation
habilitado *m* – official who handles money, employee sharing in the profits, representative

habilitado *adj* – enabled, authorized, trained, legally competent
habilitar *v* – to habilitate, to authorize, to enable, to train, to validate, to equip, to share in the profits
habitabilidad *f* – habitability
habitante *m* – inhabitant
habitar *v* – to inhabit
habitualmente *adv* – habitually
hacedero *adj* – feasible, practicable
hacendado *m* – landowner
hacendístico *adj* – fiscal
hacer *v* – to do, to make, to provide
hacer acto de presencia – to attend
hacer constar – to put on record, to demonstrate
hacer cumplir – to enforce
hacer juramento – to take an oath
hacer mejoras – to make improvements
hacer negocios – to do business
hacer responsable – to hold responsible
hacer saber – to notify, to make known
hacer una confesión – to make a confession
hacer uso de la palabra – to take the floor
hacer valer – to enforce, to put into effect
hacienda *f* – treasury, finance, estate, property, rural property, livestock, hacienda
Hacienda *f* – Internal Revenue Service, Inland Revenue, Inland Revenue Office, Exchequer
Hacienda Pública – treasury, Government Finance, public revenues, public funds, public assets
hágase saber – let it be known
hallar *v* – to find
hallazgo *m* – finding
hampa *f* – underworld, gangland
hampón *m* – gangster, criminal
hectárea *f* – hectare
hecho *m* – fact, deed, act, event
hecho de guerra – act of war
hecho jurídico – juristic act
hecho notorio – notorious act
hecho saber – made known
hechos esenciales – essential facts
hechos litigiosos – facts in issue
hechos procesales – procedural acts, juristic acts
hechos sobrevenidos – events occurring once the litigation is commenced
hegemonía *f* – hegemony
heredad *f* – estate, plot, property, rural property
heredado *m* – heir, property owner
heredado *adj* – inherited, owning property
heredamiento *m* – tenement, bequest
heredar *v* – to inherit
heredero *m* – heir, legatee, owner of rural property
heredero aparente – apparent heir
heredero beneficiario – heir beneficiary
heredero condicional – conditional heir
heredero fideicomisario – fidei-commissary heir
heredero fiduciario – fiduciary heir
heredero forzoso – forced heir
heredero incierto – heir uncertain
heredero instituido – heir testamentary
heredero legal – legal heir
heredero legítimo – legal heir
heredero presunto – heir presumptive
heredero preterido – legal heir removed from a will
heredero putativo – apparent heir
heredero testamentario – heir testamentary
hereditable *adj* – inheritable
hereditario *adj* – hereditary
herencia *f* – inheritance, estate, hereditaments, legacy
herencia yacente – inheritance which has not been taken over by the heirs
herida *f* – wound, injury
herido *m* – wounded person, injured person
herido *adj* – wounded, injured
herir *v* – to wound, to injure, to strike
hermana política – sister-in-law
hermanastra *f* – stepsister
hermanastro *m* – stepbrother
hermano político – brother-in-law
hermenéutica legal – legal hermeneutics
heurística *f* – heuristics
higiene industrial – industrial hygiene
higiene pública – public hygiene
higiénico *adj* – hygienic
hija política – daughter-in-law
hijastra *f* – stepdaughter
hijastro *m* – stepson
hijo abandonado – abandoned child, abandoned son
hijo adoptivo – adopted child, adopted son
hijo dependiente – dependent child
hijo ilegítimo – illegitimate child, illegitimate son
hijo político – son-in-law
hijo póstumo – posthumous child, posthumous son
hijuela *f* – portion of an estate, inventory of the portion due to each heir
hipoteca *f* – mortgage, hypothecation
hipoteca asegurada – insured mortgage
hipoteca convencional – conventional mortgage
hipoteca de tasa ajustable – adjustable-rate mortgage
hipoteca de tasa variable – variable-rate mortgage

hipoteca de tipo ajustable – adjustable-rate mortgage
hipoteca de tipo variable – variable-rate mortgage
hipoteca en primer grado – first mortgage
hipotecable adj – mortgageable
hipotecado adj – mortgaged
hipotecante m/f – mortgagor
hipotecar v – to mortgage, to jeopardize
hipotecario m – mortgagee
hipotecario adj – pertaining to mortgages
hipótesis f – hypothesis
hipotético adj – hypothetical
histograma m – histogram, bar chart
historial m – history, record
historial crediticio – credit history
historial criminal – criminal record
historial de crédito – credit history
historial de empleo – employment history
historial médico – medical history
hito m – landmark, milestone
Hnos (hermanos) – Bros, Brothers
hogar m – home, homestead
hoja f – leaf, page
hoja de asistencia – time sheet
hoja de balance – balance sheet
hoja de cálculo – spreadsheet
hoja de delincuencia – criminal record
hoja de depósito – deposit slip
hoja de ruta – waybill
hoja de trabajo – worksheet
hoja electrónica de cálculo – spreadsheet
hoja sellada – stamped sheet
holding m – holding company
hológrafo m – holograph
hombre bueno – arbitrator, citizen in good standing
homicida m/f – murderer, killer
homicidio m – homicide, murder
homicidio calificado – aggravated homicide
homicidio culposo – felonious homicide, manslaughter
homicidio doloso – murder
homicidio frustrado – attempted murder
homicidio intencional – intentional homicide
homicidio involuntario – involuntary manslaughter, accidental killing
homicidio negligente – negligent homicide, manslaughter
homicidio por negligencia – negligent homicide
homicidio premeditado – premeditated murder, first degree murder
homicidio preterintencional – manslaughter
homicidio sin premeditación – manslaughter, second degree murder
homologación f – homologation
homologar v – to homologate

honestidad f – honesty, decency
honesto adj – honest, decent
honorabilidad f – good repute, honesty
honorable adj – honorable
honorario m – honorarium, fee
honorario fijo – fixed fee
honorarios m – fees, honorariums
honorarios de abogado – attorney's fees
honorarios profesionales – professional fees
honradez f – honesty, integrity, decency
honrado adj – honest, reputable, decent
honrar v – to honor, to meet, to pay
hora de apertura – opening time
hora de cierre – closing time
hora-hombre f – man-hour
horario m – schedule, timetable
horario bancario – banking hours
horario de apertura – opening hours, business hours
horario de atención – business hours, opening hours
horario de entrega – delivery time
horario de oficina – office hours, business hours
horario de trabajo – work schedule, working hours
horario flexible – flexitime, flexible hours
horario laboral – work schedule, working hours
horario regular – regular hours, regular schedule
horas de atención al público – opening hours, business hours
horas de comercio – business hours
horas de oficina – office hours, business hours
horas de trabajo – working hours, business hours
horas extraordinarias – overtime
horas extras – overtime
horas hábiles – working hours
horas laborables – working hours
horca f – gallows
horrorizar v – to horrify
horticultura f – horticulture
hospital privado – private hospital
hospital público – public hospital
hostigador m – harasser
hostigamiento m – harassment
hostigamiento sexual – sexual harassment
hostigar v – to harass
hostil adj – hostile
hostilidad f – hostility
huelga f – strike
huelga de brazos caídos – sit-down strike, go-slow
huelga de celo – work-to-rule, work-to-rule strike

huelga de hambre – hunger strike
huelga general – general strike
huelga ilegal – illegal strike
huelga legal – legal strike
huelga patronal – lockout
huelga salvaje – wildcat strike
huelguista *m/f* – striker
huella *f* – footprint
huella dactilar – fingerprint
huella digital – fingerprint
huella ecológica – eco-footprint, ecological
   footprint
huérfano *m* – orphan
huésped *m* – guest
huida *f* – escape
huir *v* – to escape
hurtado *adj* – stolen, robbed
hurtador *m* – thief, robber
hurtar *v* – to steal, to rob
hurtarse *v* – to abscond
hurto *m* – larceny
hurto agravado – aggravated larceny
hurto calificado – aggravated larceny

I

ibídem *adv* – in the same place
idear *v* – to think up, to design, to plan
idem – the same, idem
identidad corporativa – corporate identity
identidad cultural – cultural identity
identidad de causa – identity of the cause of
   action
identidad de partes – identity of parties
identidad del imputado – identity of the
   accused
identidad personal – personal identity
identificación de bienes – identification of
   goods
identificación del cadáver – identification of
   the corpse
identificación positiva – positive
   identification
ideología *f* – ideology
idoneidad *f* – suitability, competence
idóneo *adj* – suitable, competent
ignorancia de la ley – ignorance of the law
ignorar *v* – to ignore
igual ante la ley – equal before the law
igual salario por igual trabajo – equal pay

for equal work
igual protección ante la ley – equal
   protection of the law
iguala *f* – retainer, fee, contract for services,
   agreement, settlement
igualación *f* – equalization
igualar *v* – to equalize, to adjust, to agree, to
   settle
igualdad *f* – equality
igualdad ante la ley – equal protection of the
   law
igualdad de condiciones – equal conditions
igualdad de oportunidades de empleo –
   equal employment opportunity
igualdad frente a la ley – equal protection of
   the law
igualdad salarial – equal pay for equal work
igualitarismo *m* – egalitarianism
igualmente *adv* – equally
ilegal *adj* – illegal
ilegalidad *f* – illegality
ilegalizar *v* – to make illegal, to outlaw
ilegalmente *adv* – illegally, unlawfully
ilegislable *adj* – that which cannot be
   legislated
ilegitimar *v* – to make illegitimate, to make
   illegal
ilegitimidad *f* – illegitimacy, illegality
ilegítimo *adj* – illegitimate, illegal
ileso *adj* – unharmed
ilícito *adj* – illicit
ilicitud *f* – illicitness
iliquidez *f* – illiquidity
ilógico *adj* – illogical
ilusión *f* – illusion
ilusorio *adj* – illusory
ilustrativo *adj* – illustrative
imagen *f* – appearance, image
imagen corporativa – corporate image
imagen mental – mental image
imbele *adj* – defenseless
imitación de marca – imitation of a
   trademark
imitar *v* – to imitate
impacto ambiental – environmental impact
impacto ecológico – ecological impact
impagable *adj* – unpayable
impagado *adj* – unpaid
impago *adj* – unpaid
imparcial *adj* – impartial
imparcialidad *f* – impartiality
impedido *m* – disabled person
impedido *adj* – disabled
impedimento *m* – impediment, estoppel,
   disability
impedimento dirimente – diriment
   impediment
impedimento judicial – judicial estoppel

impedimento legal – legal impediment
impedir v – to impede, to estop
impensa f – expense
imperativo legal – legal requirement
imperdonable adj – unpardonable
imperfecto adj – imperfect
imperialismo m – imperialism
imperialista m/f – imperialist
impericia f – lack of expertise, inexperience
imperio m – jurisdiction, imperium, empire
impermutable adj – unchangeable
impertinencia f – impertinence
impertinente adj – impertinent, irrelevant
ímpetu m – impulse, impetus
implantar v – to implant, to impose, to install
implementación f – implementation
implementar v – to implement
implicación f – implication
implicar v – to implicate, to imply
implicar un cómplice – to implicate an accomplice
implícito adj – implicit
imponedor m – assessor
imponente adj – imposing, obligating
imponer v – to impose, to tax, to obligate, to levy, to invest, to deposit
imponer condiciones – to impose conditions
imponer contribuciones – to impose taxes, to levy taxes
imponer restricciones – to impose restrictions
imponer una multa – to impose a fine
imponible adj – taxable, assessable, dutiable
importación f – importation, importing, import
importación y exportación – import-export
importado adj – imported
importador m – importer
importancia legal – legal importance
importante adj – important, material
importar v – to import, to be important
importe m – amount, total, price, value
importe de la subvención – amount of subsidy
importe debido – amount due
importe pagado – amount paid
importunar v – to harass, to demand payment
imposibilidad f – impossibility, disability
imposibilidad física – physical impossibility
imposibilidad legal – legal impossibility
imposibilidad material – physical impossibility
imposibilitado adj – disabled
imposibilitar v – to make impossible, to prohibit, to disable
imposición f – taxation, assessment, imposition, deposit
imposición fiscal – taxation, national taxation

impositivas f – taxes
impositivo adj – pertaining to taxation, fiscal
impostergable adj – not postponable
impostor m – impostor, calumniator
impostura f – imposture, calumny
impotencia f – impotence, helplessness
impracticabilidad f – impracticability
impracticable adj – impracticable
impremeditación f – unpremeditation
impremeditado adj – unpremeditated
imprescindible adj – indispensable
imprescriptibilidad f – imprescriptibility
imprescriptible adj – imprescriptible
impresión f – impression, fingerprint
impresiones dactilares – fingerprints
impresiones digitales – fingerprints
impreso adj – printed
imprevisibilidad f – unforeseeableness
imprevisible adj – unforeseeable
imprevisión f – improvidence
imprevisto adj – unforeseen
imprevistos m – incidental expenses
improbable adj – improbable
improbar v – to disapprove
improbidad f – improbity
ímprobo adj – dishonest
improcedencia f – lack of foundation, illegality
improcedente adj – unfounded, illegal
impropio adj – improper, inappropriate
improrrogable adj – unpostponable, not extendible
imprudencia f – imprudence, negligence
imprudencia criminal – criminal negligence
imprudencia grave – gross negligence
imprudencia leve – slight negligence
imprudencia profesional – malpractice
imprudencia temeraria – gross negligence
imprudente m/f – imprudent person, negligent person
impúber adj – below the age of puberty
impuesto adj – taxed, assessed
impuesto m – tax, assessment
impuesto a la renta – income tax
impuesto al consumo – consumption tax, excise tax
impuesto al valor agregado – value-added tax
impuesto de consumo – excise tax, consumption tax
impuesto de sellos – stamp tax
impuesto de sociedades – corporate tax
impuesto de timbres – stamp tax
impuesto estatal – state tax, government tax
impuesto federal – federal tax
impuesto gubernamental – government tax
impuesto progresivo – progressive tax

impuesto regresivo − regressive tax
impuesto retenido − retained tax
impuesto revolucionario − a tribute exacted by certain non-government entities
impugnable adj − impugnable, impeachable, challengeable
impugnación f − impugnation, impeachment, challenge
impugnador m − impugner
impugnar v − to impugn, to challenge
impulsar v − to drive
impulsivo adj − impulsive
impulso incontrolable − uncontrollable impulse
impulso procesal − burden to advance the legal proceedings
impune adj − unpunished
impunemente adv − without punishment
impunidad f − impunity
imputabilidad f − imputability
imputable adj − imputable, chargeable, allocable
imputación f − imputation, charge, allocation
imputación del pago − debtor's choice of which debt a payment should be credited to
imputado adj − imputed, charged, allocated
imputador m − accuser
imputar v − to impute, to charge, to allocate
inabrogable adj − indefeasible
inacción f − inaction
inaceptable adj − unacceptable
inactivo adj − inactive, idle
inadecuado adj − inadequate
inadmisibilidad f − inadmissibility
inadmisible adj − inadmissible
inadmisión f − nonadmission
inadoptable adj − unadoptable
inadvertencia f − inadvertence, negligence
inajenable adj − inalienable
inalienabilidad f − inalienability
inalienable adj − inalienable
inamovible adj − unremovable, irremovable
inamovilidad f − unremovability, irremovability
inapelable adj − unappealable
inaplazable adj − not postponable
inaplicabilidad f − inapplicability
inaplicable adj − inapplicable
inapreciable adj − invaluable, imperceptible
inasistencia f − absence
inasistente adj − absent
inatacable adj − incontestable
inatención f − inattention
inauguración f − inauguration
incapacidad f − incapacity, inability, disability, lack of qualification
incapacidad a corto plazo − short-term disability

incapacidad a largo plazo − long-term disability
incapacidad absoluta − total disability
incapacidad civil − civil disability
incapacidad definitiva − permanent disability
incapacidad física − physical disability
incapacidad jurídica − legal disability
incapacidad laboral − work disability
incapacidad legal − legal disability
incapacidad mental − mental disability
incapacidad para trabajar − work disability
incapacidad parcial − partial disability
incapacidad particular − personal disability
incapacidad permanente − permanent disability
incapacidad perpetua − permanent disability
incapacidad temporal − temporary disability
incapacidad total − total disability
incapacidad transitoria − transitory disability
incapacitado adj − incapacitated, disabled, unqualified
incapacitar v − to incapacitate, to disable
incapacitarse v − to become disabled
incapaz adj − incapable, not qualified
incapaz de pagar − unable to pay
incapaz de tolerar − unable to endure
incapaz de trabajar − unable to work
incautación f − attachment, expropriation, seizure, impoundment, confiscation
incautación de bienes − attachment of property, attachment of goods, seizure of property
incautamente adv − without caution
incautar v − to attach, to expropriate, to seize, to impound, to confiscate
incendiar v − to set fire to
incendiario m − arsonist
incendio m − fire
incendio doloso − arson
incendio intencional − arson
incendio provocado − arson
incentivo fiscal − tax incentive
incertidumbre financiera − financial uncertainty
incesto m − incest
incidencia f − incidence
incidental adj − incidental
incidente m − incident, event
incidente de nulidad − motion for dismissal
incierto adj − uncertain, untrue
incineración f − incineration
incinerar v − to incinerate
incipiente adj − incipient
inciso m − paragraph, clause, section
incitación f − incitation, provocation
incitador m − instigator, provoker
incitamiento m − incitation, provocation
incitar v − to incite, to provoke

incluido

incluido *adj* – included, enclosed, attached
incluir *v* – to include
inclusive *adj* – inclusive
inclusivo *adj* – inclusive
incluso *adj* – including
incoación *f* – initiation
incoar *v* – to initiate, to start
incobrable *adj* – uncollectible
incoercible *adj* – incoercible
incógnito *adj* – incognito
incoherencia *f* – incoherence
incoherente *adj* – incoherent
incomerciable *adj* – unmarketable
incomparecencia *f* – nonappearance
incompatibilidad *f* – incompatibility
incompatible *adj* – incompatible
incompensable *adj* – unindemnifiable
incompetencia *f* – incompetence, lack of jurisdiction
incompetente *adj* – incompetent
incomunicación *f* – isolation, lack of communication
incomunicar *v* – to isolate
inconcluso *adj* – inconclusive
inconcuso *adj* – incontestable
incondicionado *adj* – unconditional
incondicional *adj* – unconditional, absolute
incondicionalmente *adv* – unconditionally
inconducente *adj* – useless
inconexo *adj* – unrelated
inconforme *adj* – dissenting
incongruencia *f* – incongruence
inconmutable *adj* – incommutable
inconsciencia *f* – unawareness, unconsciousness
inconsciente *adj* – unaware, unconscious
inconsecuencia *f* – inconsequence, inconsistency
inconsecuente *adj* – inconsequent, inconsistent
inconsistente *adj* – inconsistent
inconstitucional *adj* – unconstitutional
inconstitucionalidad *f* – unconstitutionality
incontestabilidad *f* – incontestability
incontestable *adj* – incontestable
incontestación *f* – failure to answer
incontestado *adj* – unanswered, uncontested
incontinuo *adj* – discontinuous
incontrolable *adj* – uncontrollable
incontrovertible *adj* – incontrovertible
inconveniente *adj* – inconvenient, unsuitable
inconveniente *m* – inconvenience, drawback, objection
inconvertible *adj* – inconvertible
incorporable *adj* – that which can be incorporated
incorporación *f* – incorporation, joining
incorporación por referencia – incorporation

by reference, annexation by reference
incorporado *adj* – incorporated, joined, built-in
incorporal *adj* – incorporeal
incorporar *v* – to incorporate, to join
incorpóreo *adj* – incorporeal
incorrecto *adj* – incorrect
incorregibilidad *f* – incorrigibility
incorregible *adj* – incorrigible
incorruptibilidad *f* – incorruptibility
incorruptible *adj* – incorruptible
incosteable *adj* – that which is too expensive
incremental *adj* – incremental
incrementar *v* – to increase, to increment
incremento *m* – increase, increment
incriminación *f* – incrimination
incriminar *v* – to incriminate
inculpabilidad *f* – innocence
inculpable *adj* – innocent
inculpación *f* – inculpation, accusation
inculpado *m* – accused person, defendant
inculpar *v* – to inculpate, to accuse
inculpatorio *adj* – inculpatory, accusatory
incumbencia *f* – duty, concern
incumbir a – to be the duty of
incumplido *adj* – unfulfilled
incumplimiento *m* – breach, breach of contract, nonfulfillment, noncompliance, default
incumplimiento de contrato – breach of contract
incumplimiento de deberes – breach of duty
incumplimiento de garantía – breach of warranty
incumplimiento de la palabra – breach of promise
incumplimiento de pago – default of payment
incumplimiento del deber – breach of duty
incumplir *v* – to breach, to fail to comply
incurable *adj* – incurable
incuria *f* – negligence
incurrir *v* – to incur
incurrir en gastos – to incur expenses
incurrir en mora – to be late in a payment, to become delinquent on a loan
incurso *adj* – liable
indagación *f* – investigation
indagado *m* – person under investigation
indagador *m* – investigator
indagar *v* – to investigate, to question
indagatoria *f* – investigation, questioning
indagatorio *adj* – investigatory
indebidamente *adv* – improperly, illegally
indecencia *f* – indecency
indecisión *f* – indecision
indeciso *adj* – undecided
indeclinable *adj* – undeclinable

indefendible *adj* – indefensible
indefensamente *adv* – defenselessly
indefensión *f* – defenselessness
indefenso *adj* – defenseless
indefinido *adj* – undefined
indelegable *adj* – unable to be delegated
indeliberación *f* – lack of premeditation
indeliberado *adj* – unpremeditated
indemne *adj* – indemnified, unharmed
indemnidad *f* – indemnity, state of being unharmed
indemnizable *adj* – indemnifiable
indemnización *f* – indemnity, indemnification, damages, compensation, benefit, allowance
indemnización compensatoria – compensatory damages
indemnización de daños y perjuicios – damages
indemnización de perjuicios – damages
indemnización diaria – daily indemnity, daily benefit
indemnización doble – double indemnity, double damages
indemnización justa – fair compensation, adequate damages
indemnización monetaria – monetary indemnity
indemnización pecuniaria – pecuniary indemnity
indemnización por accidente – accident benefits
indemnización por daños y perjuicios – damages
indemnización por desempleo – unemployment benefits
indemnización por despido – severance pay
indemnización por muerte – death benefits
indemnizado *m* – indemnitee
indemnizado *adj* – indemnified, compensated
indemnizador *m* – indemnitor
indemnizar *v* – to indemnify, to compensate
indemnizatorio *adj* – indemnifying
independencia económica – economic independence
independencia judicial – judicial independence
independista *m/f* – independent
independizarse *v* – to become independent
inderogable *adj* – unrepealable
indeterminable *adj* – indeterminable
indeterminado *adj* – indeterminate
indicación *f* – indication
indicado *adj* – indicated, suitable
indicador *m* – indicator, gage
indicadores ambientales – environmental indicators

indicar *adj* – to indicate
indicativo *adj* – indicative
índice *m* – index, rate, ratio
índice de absentismo – absenteeism rate
índice de cobertura – index of coverage
índice de costo de vida – cost-of-living index
índice de criminalidad – crime rate
índice de desempleo – unemployment index
índice de precios – price index
índice de precios al consumidor – consumer price index
índice de precios al consumo – consumer price index
índice salarial – wage index
indiciado *m* – suspect
indiciar *v* – to suspect, to suggest
indicio *m* – indication, presumption, circumstantial evidence
indicio claro – conclusive presumption
indicio de prueba – scintilla of evidence
indigencia *f* – indigence
indigente *m/f* – indigent
indignidad *f* – indignity
indigno *adj* – undignified, unqualified
indiligencia *f* – carelessness, negligence
indirectamente *adv* – indirectly
indirecto *adj* – indirect
indisciplina *f* – lack of discipline
indiscreto *adj* – indiscreet
indisculpable *adj* – inexcusable
indiscutible *adj* – indisputable
indisolubilidad *f* – indissolubility
indisolubilidad del matrimonio – indissolubility of the marriage
indisoluble *adj* – indissoluble
indispensable *adj* – indispensable
indisponible *adj* – unavailable
indisputabilidad *f* – indisputability
indisputable *adj* – indisputable
individual *adj* – individual
individualismo *m* – individualism
individualista *m/f* – individualist
individuo *m* – individual
individuo *adj* – individual, indivisible
indivisibilidad *f* – indivisibility
indivisible *adj* – indivisible
indivisiblemente *adv* – indivisibly
indivisión *f* – indivision
indiviso *adj* – undivided
indocumentado *adj* – undocumented
indubitable *adj* – indubitable
inducción *f* – induction
inducido *adj* – induced
inducir *v* – to induce
inductor *m* – inducer
indulgencia *f* – indulgence, leniency
indultado *adj* – pardoned

indultar *v* – to pardon, to grant amnesty
indulto *m* – pardon, amnesty
indulto general – general pardon, general amnesty
indulto parcial – partial pardon
industria *f* – industry
industrial *adj* – industrial
industrialismo *m* – industrialism
industrialista *m/f* – industrialist
industrialización *f* – industrialization
industrializado *adj* – industrialized
industrializar *v* – to industrialize
ineficacia jurídica – nullity
ineficaz *adj* – ineffective
ineficiencia *f* – inefficiency
ineficiente *adj* – inefficient
inejecución *f* – nonperformance
inelegibilidad *f* – ineligibility
inelegible *adj* – ineligible
inembargabilidad *f* – unattachability
inembargable *adj* – that which can not be attached
inenajenable *adj* – inalienable
ineptitud *f* – ineptitude
inepto *adj* – inept
inequitativo *adj* – inequitable
inequívoco *adj* – unequivocal
inerme *adj* – unarmed, defenseless
inescrupuloso *adj* – unscrupulous
inestabilidad *f* – instability
inestable *adj* – unstable
inevitable *adj* – inevitable
inexactitud *f* – inexactitude, inaccuracy
inexcusable *adj* – inexcusable, mandatory
inexigible *adj* – inexigible
inexistencia jurídica – nullity
inexistente *adj* – nonexistent
infalibilidad *f* – infallibility
infamación *f* – calumny
infamador *m* – calumniator
infamante *adj* – calumnious
infamar *v* – to calumniate
infamativo *adj* – calumnious
infamatorio *adj* – calumnious
infame *adj* – infamous
infamia *f* – infamy
infancia *f* – infancy
infanticida *m/f* – infanticide
infanticidio *m* – infanticide
infecundidad *f* – sterility
inferencia *f* – inference
inferencia legal – legal inference
inferido por ley – inferred by law
inferir *v* – to infer
infidelidad conyugal – marital infidelity
infidencia *f* – disloyalty, breach of trust
infidente *adj* – disloyal
infiel *adj* – unfaithful

infirmar *v* – to invalidate
inflación *f* – inflation
inflacionario *adj* – inflationary
inflar precios – to inflate prices
infligir *v* – to inflict, to impose
influencia política – political influence
influenciar *v* – to influence
influir *v* – to influence
influyente *adj* – influential
infonomía *f* – Webonomics, Web economics
información *f* – information, investigation, report
información asimétrica – asymmetric information
información confidencial – confidential information, privileged information
información fiscal – fiscal information
información privada – private information
información privilegiada – privileged information, confidential information
información pública – public information
información sumaria – summary proceeding
informado *adj* – informed, advised
informador *m* – informer
informal *adj* – informal
informalmente *adv* – informally
informante *m/f* – informer, adviser
informar *v* – to inform, to advise
informática *f* – informatics, computing, information technology
informativo *adj* – informative
informatización *f* – computerization
informatizado *adj* – computerized, computer-based
informatizar *v* – to computerize
informe *m* – report, opinion, information
informe anual – annual report
informe confidencial – confidential report
informe crediticio – credit report
informe de auditoría – audit report
informe de crédito – credit report
informe de inspección – inspection report
informe de la directiva – directors' report
informe de título – title report
informe del auditor – auditor's report
informe fiscal – fiscal report
infortunio *m* – misfortune
infracción *f* – infraction
infracción de ley – violation of law
infracción de patente – patent infringement
infracción penal – criminal violation
infractor *m* – infringer, transgressor
infraestructura *f* – infrastructure
infrascripto *m* – undersigned, subscriber
infrascrito *m* – undersigned, subscriber
infraseguro *m* – underinsurance
infrautilización *f* – underutilization
infravalorado *adj* – undervalued

infravalorar *v* – to undervalue
infringir *v* – to infringe
infringir la ley – to break the law
infructuoso *adj* – fruitless, useless
ingerencia *f* – interference
ingresado ilegalmente – illegally entered
ingresar *v* – to enter, to admit, to input, to deposit, to pay, to join
ingreso *m* – income, revenue, entry, admission, deposit, payment
ingreso bruto – gross income, gross revenue
ingreso en prisión – imprisonment
ingreso gravable – taxable income
ingreso ilegal – illegal income
ingresos *m* – receipts, income, earnings, revenue
ingresos devengados – earned income
ingresos fiscales – fiscal revenues, tax revenues
ingresos laborales – occupational earnings
ingresos mensuales – monthly earnings, monthly income
ingresos y egresos – income and expenditure, ingress and egress
ingresos y gastos – income and expenses, receipts and expenditures
inhábil *adj* – unable, unqualified, nonworking
inhabilidad *f* – inability, incompetence, disability
inhabilidad física – physical disability
inhabilidad mental – mental disability
inhabilidad permanente – permanent disability
inhabilidad total – total disability
inhabilitación *f* – disablement, disability, disqualification, disbarment
inhabilitar *v* – to disqualify, to disbar
inhabitable *adj* – uninhabitable
inhabitado *adj* – uninhabited
inherente *adj* – inherent
inhibición *f* – inhibition, prohibition
inhibir *v* – to inhibit, to prohibit
inhibirse *v* – to inhibit oneself, to disqualify oneself
inhibitoria *f* – restraining order, motion to dismiss for lack of jurisdiction
inhibitorio *adj* – inhibitory
inhonesto *adj* – dishonest
inhumanamente *adv* – inhumanely
inhumanidad *f* – inhumanity
iniciación *f* – initiation
inicial *adj* – initial
iniciar el juicio – to open the case
iniciar la sesión – to open court
iniciar las negociaciones – to enter negotiations
iniciar una acción – to bring an action

iniciativa *f* – initiative
iniciativa de ley – proposed law
inicio *m* – beginning, commencement
inicio del año – beginning of the year
inicuo *adj* – inequitable
inimpugnable *adj* – not exceptionable
ininteligible *adj* – unintelligible
ininterrumpido *adj* – uninterrupted
injuria *f* – injury, wrong, defamation
injuriador *m* – injurer, offender
injuriar *v* – to injure, to wrong, to defame
injurias graves – serious injuries, serious defamation
injurioso *adj* – injurious, defamatory
injustamente *adv* – unjustly, illegally
injusticia *f* – injustice
injustificable *adj* – unjustifiable
injustificado *adj* – unjustified
injusto *adj* – unjust, unfair
inmadurez *f* – immaturity
inmaterial *adj* – immaterial, incorporeal
inmaterialidad *f* – immateriality
inmatriculación *f* – registration
inmediación *f* – immediacy
inmemorial *adj* – immemorial
inmigración *f* – immigration
inmigrado *adj* – immigrated
inmigrante *m/f* – immigrant
inmigrante ilegal – illegal immigrant
inmigrar *v* – to immigrate
inmigratorio *adj* – pertaining to immigration
inminencia *f* – imminence
inminente *adj* – imminent
inmobiliaria *f* – real estate agency, real estate firm, real estate company
inmoderado *adj* – immoderate
inmoral *adj* – immoral
inmoralidad *f* – immorality
inmotivado *adj* – unmotivated
inmovilismo *m* – resistance to change, ultraconservatism
inmovilista *m/f* – person that resists change, ultraconservative
inmovilizado *adj* – immobilized, frozen
inmovilizar *v* – to immobilize, to freeze
inmueble *m* – property, real estate, building
inmueble asegurado – insured property
inmueble comercial – commercial property, business property
inmueble corporativo – corporate property
inmueble embargado – attached property
inmueble gravado – property subject to a lien, taxed property
inmune *adj* – immune
inmunidad *f* – immunity
inmunidad diplomática – diplomatic immunity
inmunidad fiscal – tax exemption

inmunidad judicial – judicial immunity
inmunidad parlamentaria – congressional immunity, parliamentary immunity
inmunidad soberana – sovereign immunity
inmunización f – immunization
innato adj – innate
innavegable adj – unseaworthy, unnavigable
innecesario adj – unnecessary
innegable adj – undeniable
innegociable adj – nonnegotiable
innominado adj – unnamed
innovación f – innovation
innovar v – to innovate
inobservancia f – nonobservance
inocencia f – innocence
inocente adj – innocent
inoficioso adj – inofficious
inquilinato m – tenancy, lease, leasehold
inquilino m – tenant, lessee, sharecropper
inquiridor m – investigator, interrogator
inquirir v – to question, to investigate
inquisición f – inquisition
inquisidor m – investigator, interrogator
insaculación f – balloting
insacular v – to ballot
insalubridad f – insalubrity, unsanitariness
insanable adj – incurable
insania f – insanity
insano adj – insane
insatisfecho adj – unsatisfied
inscribible adj – registrable, recordable
inscribir v – to inscribe, to register, to record
inscripción f – inscription, registration, recording
inscripción de nacimiento – birth record
inscripto adj – registered, recorded
inscrito adj – registered, recorded
inseguridad f – insecurity
inseguro adj – insecure
inseminación artificial – artificial insemination
inseparabilidad f – inseparability
inseparable adj – inseparable
inserción f – insertion
insignia f – insignia
insinuación f – insinuation, petition
insinuar v – to insinuate, to petition
insistencia f – insistence, pressuring
ínsito adj – inherent
insoluto adj – unpaid
insolvencia f – insolvency, bankruptcy
insolvencia fraudulenta – fraudulent bankruptcy
insolvente adj – insolvent
insostenible adj – unsustainable, indefensible
inspección f – inspection, examination, survey

inspección aduanera – customs inspection
inspección catastral – cadastral survey
inspección fiscal – fiscal inspection, tax inspection
inspección física – physical inspection
inspección judicial – judicial inspection
inspeccionar v – to inspect, to examine, to survey
inspector m – inspector, examiner, surveyor
inspector aduanero – customs inspector
inspector gubernamental – government inspector
instalación f – installation, fixture, plant
instalaciones permanentes – permanent fixtures
instalar v – to install, to set up
instancia f – instance, stage of a judicial process, the complete judicial process, petition
instancia de arbitraje – arbitration proceedings
instancia de parte agraviada – petition of the injured party
instante m – instant, petitioner
instar v – to petition, to prosecute, to instigate, to urge
instigación f – instigation, abetment
instigador m – instigator, abettor
instigar v – to instigate, to abet
institución f – institution
institución autorizada – authorized institution, admitted institution
institución bancaria – banking institution
institución de herederos – designation of heirs
institución fiduciaria – trust institution, trust company
institución financiera – finance institution
institución gubernamental – governmental institution
institución jurídica – legal institution
institución legal – legal institution
institución penal – penal institution
institución política – political institution
institucional adj – institutional
instituido adj – instituted
instituir v – to institute
instituto m – institution, institute
instrucción f – instruction, education, training, proceeding, order
instrucción criminal – criminal proceeding
instrucción privada – private education
instrucción pública – public education
instrucciones al jurado – jury instructions
instructivo m – court order
instructor m – instructor, prosecutor
instruir v – to instruct, to educate, to train, to inform

instruir un expediente – to prepare a file
instrumento *m* – instrument, document
instrumento constitutivo – articles of
  incorporation, partnership's agreement
instrumento derivado – derivative instrument
instrumento legal – legal instrument
instrumento negociable – negotiable
  instrument
insubordinación *f* – insubordination
insubordinado *adj* – insubordinate
insubsanable *adj* – irreparable
insubsistencia *f* – groundlessness, nullity
insubsistente *adj* – groundless, null
insubstituible *adj* – irreplaceable
insuficiencia *f* – insufficiency, shortage
insuficiencia de la prueba – insufficiency of
  evidence
insuficiencia de las leyes – area not covered
  adequately by laws
insuficiente *adj* – insufficient
insular *adj* – insular
insultar *v* – to insult
insulto *m* – insult, offense
insumiso *m* – rebellious person, disobedient
  person
insurgente *m/f* – insurgent
insurrección *f* – insurrection
insurrecto *m* – insurgent
intachable *adj* – unimpeachable
intangible *adj* – intangible
integración *f* – integration, payment
integrado *adj* – integrated
integrantes *m* – members, partners
integrar *v* – to integrate, to pay, to reimburse
integridad *f* – integrity, wholeness
íntegro *adj* – complete
inteligencia artificial – artificial intelligence
inteligibilidad *f* – intelligibility
inteligible *adj* – intelligible
intemperancia *f* – intemperance
intempestivamente *adv* – without proper
  notice, without due process, inopportunely
intención *f* – intention
intención criminal – criminal intent
intención de los contratantes – intent of the
  contracting parties
intención fraudulenta – fraudulent intent
intención hostil – hostile intention
intención legislativa – legislative intent
intencionadamente *adv* – intentionally
intencionado *adj* – intended
intencional *adj* – intentional
intencionalidad *f* – premeditation
intendencia *f* – intendance, intendancy
intendencia municipal – city hall
intendente *m* – intendant
intendente de policía – chief of police
intensivo *adj* – intensive

intentar *v* – to attempt
intento *m* – attempt, intention
intento de asesinar – attempt to murder
intento de monopolizar – attempt to
  monopolize
intento de matar – attempt to kill
intentona golpista – coup attempt
inter vivos – between the living, inter vivos
interacción *f* – interaction
interactividad *f* – interactivity
interactivo *adj* – interactive
interanual *adj* – year-to-year
interbancario *adj* – interbank
intercalación *f* – intercalation
intercalar *v* – to intercalate
intercambiable *adj* – interchangeable
intercambiar *v* – to interchange, to exchange,
  to swap, to trade
intercambio *m* – interchange, exchange,
  swap, trade
intercambio bilateral – bilateral trade
intercambio comercial – commerce, trade,
  trading
interceder *v* – to intercede, to intervene
intercepción de comunicaciones –
  interception of communications
interceptación *f* – interception
interceptar *v* – to intercept
interconectado *adj* – interconnected
interconectar *v* – to interconnect
interdependencia *f* – interdependence
interdependiente *adj* – interdependent
interdicción *f* – interdiction, prohibition
interdicto *m* – interdict, interdiction, writ,
  injunction, restraining order
interdicto de obra nueva – action against
  further construction
interdicto de recuperar – writ of possession
interdicto de retener – restraining order
interés *m* – interest
interés asegurable – insurable interest
interés comercial – business interest,
  commercial interest
interés común – common interest, joint
  interest
interés financiero – financial interest
interés ilegal – illegal interest
interés mayoritario – majority interest,
  majority stake
interés minoritario – minority interest,
  minority stake
interés privado – private interest
interés procesal – interest in a litigation
interés público – public interest
interés usurario – usury
interés variable – variable interest
interesado *m* – party, interested party,
  contracting party

intereses creados – vested interests
intereses hipotecarios – mortgage interest
interestatal *adj* – interstate
interfaz *f* – interface
interfaz de usuario – user interface
interfecto *m* – murder victim
interfecto *adj* – murdered
interferencia *f* – interference
intergubernamental *adj* – intergovernmental
ínterin *m* – interim
interinamente *adv* – provisionally
interinidad *f* – temporariness
interino *adj* – interim, provisional,
   temporary, acting
interior *adj* – internal, domestic, inland
interiormente *adv* – internally, domestically
interlineación *f* – interlineation
interlinear *v* – to interlineate
interlocutoriamente *adv* – interlocutorily
interlocutorio *adj* – interlocutory
intérlope *adj* – interloping
intermediación *f* – intermediation
intermediar *v* – to intermediate, to mediate
intermediario *m* – intermediary, middleman,
   mediator, broker, dealer
internación *f* – interment, imprisonment,
   commitment, detention
internacionalismo *m* – internationalism
internacionalización económica – economic
   internationalization
internacionalmente *adv* – internationally
internado *adj* – committed, hospitalized
internamente *adj* – internally, domestically
internamiento *m* – interment, imprisonment,
   commitment, detention
internar *v* – to intern, to imprison, to commit,
   to detain
Internet móvil – mobile Internet
interno *adj* – internal, domestic, in-house
internuncio *m* – envoy
interpelación *f* – interpellation, order to pay
   a debt, writ, summons, citation, request
interpelado *m* – recipient of an order to pay a
   debt, recipient of a summons
interpelador *m* – interpellator, the person
   who orders the payment of a debt, requester
interpelante *m/f* – interpellator, the person
   who orders the payment of a debt, requester
interpelar *v* – to interpellate, to order to pay a
   debt, to summon, to request
interperíodo *adj* – interperiod
interpolación *f* – interpolation
interpolar *v* – to interpolate
interponer *v* – to interpose, to intervene, to
   file, to present
interponer recurso de apelación – to file an
   appeal
interposición *f* – interposition, intervention,

interference, mediation
interpósita persona – agent, apparent agent
interpretación *f* – interpretation, construction
interpretación amplia – extensive
   interpretation
interpretación consistente – consistent
   interpretation
interpretación de las leyes – interpretation of
   the law
interpretación de los hechos – interpretation
   of the facts
interpretación del contrato – interpretation
   of the contract
interpretación del derecho – interpretation
   of the law
interpretación doctrinal – doctrinal
   interpretation
interpretación estricta – strict interpretation
interpretación judicial – judicial
   interpretation
interpretación legislativa – legislative
   interpretation
interpretación liberal – liberal interpretation
interpretación libre – free interpretation
interpretación literal – literal interpretation
interpretación usual – usual interpretation
interpretador *m* – interpreter
interpretar *v* – to interpret
intérprete *m/f* – interpreter
interpuesta persona – agent, intermediary
interregno *m* – interregnum
interrogación *f* – interrogation, inquiry
interrogación de testigo – interrogation of
   witness
interrogado *m* – person being interrogated
interrogador *m* – interrogator
interrogante *m/f* – interrogator, uncertainty
interrogar *v* – to interrogate
interrogativo *adj* – questioning
interrogatorio *m* – interrogatory
interrogatorio cruzado – cross-examination
interrogatorio directo – direct examination
interrogatorio formal – formal questioning
interrumpir *v* – to interrupt
interrupción *f* – interruption
interrupción de la prescripción –
   interrupting the statute of limitations
interrupción del trabajo – work interruption,
   work stoppage
interruptivo *adj* – interrupting
intervalo *m* – interval
intervalo lúcido – lucid interval
intervención *f* – intervention, participation,
   mediation, audit, auditing
intervención de tercero – intervention
intervención económica – economic
   intervention
intervención estatal – government

intervention, state intervention
intervención federal – federal intervention
intervención fiscal – tax audit
intervención gubernamental – government
intervention, state intervention
intervención judicial – judicial intervention
intervención militar – military intervention
intervención policial – police intervention
intervenidor *m* – intervener, auditor,
supervisor
intervenir *v* – to intervene, to mediate, to
audit, to supervise
intervensionismo *m* – interventionism
intervensionista *adj* – interventionist
interventor *m* – intervener, auditor,
inspector, supervisor
intestado *m* – intestate, intestate's estate
intestado *adj* – intestate
intimación *f* – intimation, notification,
warning
intimación de pago – demand for payment
intimar *v* – to intimate, to notify, to warn
intimatorio *adj* – notifying, cautioning
intimidación *f* – intimidation
intimidad *f* – intimacy
intimidar *v* – to intimidate
íntimo *adj* – intimate
intolerable *adj* – intolerable
intolerante *adj* – intolerant
intolerante *m/f* – intolerant, intolerant person
intoxicación *f* – intoxication
intoxicado *adj* – intoxicated
intra vires – within the powers, intra vires
intracomunitario *adj* – intracommunity
Intranet *m/f* – intranet
intransferible *adj* – nontransferable
intransmisible *adj* – non-transmissible
intraperíodo *adj* – intraperiod
intrasmisible *adj* – non-transmissible
intraspasable *adj* – nontransferable
intrínseco *adj* – intrinsic
introducción de datos – data input
introductorio *adj* – introductory
intromisión *f* – intromission
intrusarse *v* – to encroach
intrusión *f* – intrusion
intrusismo *m* – professional activity by an
unauthorized person
intruso *m* – intruder
inútil *adj* – useless
inutilidad *f* – uselessness
inutilizable *adj* – unusable
invalidación *f* – invalidation
invalidar *v* – to invalidate, to quash
invalidez *f* – invalidity, disability
invalidez física – physical disability
invalidez laboral – work disability
invalidez parcial – partial disability

invalidez permanente – permanent disability
invalidez permanente total – permanent total
disability
invalidez temporal – temporary disability
invalidez total – total disability
inválido *adj* – invalid
invariable *adj* – fixed, steady, constant
invasión de privacidad – invasion of privacy
invención *f* – invention
invendible *adj* – unsalable
inventar *v* – to invent
inventario físico – physical inventory
invento *m* – invention
inventor *m* – inventor
inversión *f* – investment, inversion
inversión estatal – state investment
inversión gubernamental – government
investment
inversión legal – legal investment
inversión pública – public investment
inversionista *m/f* – investor
inverso *adj* – inverse
inversor *m* – investor
invertido *adj* – invested, inverted
invertir *v* – to invest, to reverse
investidura *f* – investiture
investigable *adj* – investigable
investigación *f* – investigation, research
investigación de campo – field research
investigación judicial – judicial investigation
investigación jurídica – legal research, legal
investigation
investigación legal – legal research, legal
investigation
investigador *m* – investigator
investigador privado – private investigator
investigar un crimen – to investigate a crime
investir *v* – to vest, to confer
inviolabilidad de la propiedad – inviolability
of property
inviolabilidad del domicilio – inviolability of
domicile
inviolable *adj* – inviolable
invitar *v* – to invite
invocar *v* – to invoke
involucrar *v* – to involve, to implicate
involuntariamente *adv* – involuntarily
involuntario *adj* – involuntary
ir a la bancarrota – to go into bankruptcy
ir a la quiebra – to go into bankruptcy
ira *f* – ire, wrath, anger
irracional *adj* – irrational
irrazonable *adj* – unreasonable
irreconciliable *adj* – irreconcilable
irrecuperable *adj* – irrecoverable
irrecurrible *adj* – not appealable
irrecusable *adj* – irrecusable,
unchallengeable, unimpeachable

irredimible *adj* – irredeemable
irreemplazable *adj* – irreplaceable
irreformable *adj* – unchangeable
irrefutable *adj* – irrefutable
irregular *adj* – irregular
irregularidad administrativa – administrative
 irregularity, administration deviation
irreivindicable *adj* – irrecoverable
irrelevancia *f* – irrelevancy
irrelevante *adj* – irrelevant
irremediable *adj* – irremediable
irremisible *adj* – irremissible
irremplazable *adj* – irreplaceable
irremunerado *adj* – unremunerated
irrenunciable *adj* – unavoidable
irreparable *adj* – irreparable
irrescindible *adj* – non-rescindable
irresistible *adj* – irresistible
irresoluble *adj* – unsolvable
irresolución *f* – irresolution
irrespetuoso *adj* – disrespectful
irresponsabilidad *f* – irresponsibility
irresponsable *adj* – irresponsible
irretroactividad *f* – non-retroactivity
irreversible *adj* – irreversible
irrevisable *adj* – not revisable
irrevocabilidad *f* – irrevocability
irrevocable *adj* – irrevocable
irritable *adj* – voidable, irritable
irritar *v* – to void, to irritate
írrito *adj* – void
irrogación *f* – causing, causing of damage
irrogar *v* – to cause, to cause damage
irrumpir *v* – to break into
irrupción *f* – irruption
ítem *m* – item, article
itemizar *v* – to itemize
iteración *f* – iteration
itinerario *m* – itinerary
IVA (impuesto al valor agregado, impuesto
 sobre el valor añadido) – value-added tax
izquierdismo *m* – leftism
izquierdista *adj* – leftist
izquierdista *m/f* – leftist

J

jactancia *f* – jactitation
jefatura *f* – headquarters, division,
 directorship

jefatura de policía – police headquarters
jefa *f* – boss, chief, head, manager, leader
jefe *m* – boss, chief, head, manager, leader
jefe de auditoría – audit manager
jefe de estado – head of state
jefe de oficina – office manager
jefe de operaciones – chief operating officer
jefe ejecutivo – chief executive officer, chief
 executive
jefe general – general manager
jerarquía *f* – hierarchy
jerárquico *adj* – hierarchical
jerga *f* – jargon
jornada *f* – work period, work shift, work
 day, day, journey
jornada completa – full-time
jornada continua – continuous shift
jornada de trabajo – work period, work day,
 work shift
jornada diurna – day shift
jornada intensiva – shift during which there
 are no breaks, shift during which there are
 very short breaks
jornada laboral – work period, work day,
 work shift
jornada nocturna – night shift
jornada parcial – part-time
jornada partida – split shift
jornal *m* – daily pay, daily wage, wages, daily
 work
jornalero *m* – day laborer, day labourer,
 laborer, labourer
jubilación *f* – retirement, pension
jubilación anticipada – early retirement
jubilación obligatoria – mandatory retirement
jubilación por invalidez – disability
 retirement, disability pension
jubilación voluntaria – voluntary retirement
jubilado *m* – retiree, pensioner
jubilado *adj* – retired
jubilarse *v* – to retire, to retire with a pension
jubilatorio *adj* – pertaining to retirement
judicatura *f* – judicature, judgeship
judicial *adj* – judicial
judicialmente *adv* – judicially
judiciario *adj* – judicial
juego *m* – game, gambling, play
juegos comerciales – business games
juez *m* – judge, justice
juez a quo – judge from whom an appeal is
 taken
juez administrativo – administrative judge
juez árbitro – arbitrator
juez asociado – associate judge
juez civil – civil court judge
juez competente – competent judge
juez de apelaciones – appeals court judge
juez de circuito – circuit judge

juez de derecho – judge who only considers questions of law
juez de distrito – district judge
juez de fondo – trial judge
juez de hecho – judge who only considers questions of fact
juez de instrucción – trial judge
juez de la causa – trial judge
juez de letras – judge who is an attorney
juez de lo civil – civil court judge
juez de lo criminal – criminal court judge
juez de menores – juvenile court judge
juez de paz – justice of the peace
juez de policía – police magistrate
juez de primera instancia – judge of the first instance
juez de quiebras – bankruptcy court judge
juez de sala – trial judge
juez de segunda instancia – judge to whom an appeal is taken
juez de turno – judge whose turn it is
juez del conocimiento – presiding judge
juez del crimen – criminal court judge
juez del trabajo – labor court judge, labour court judge
juez federal – federal judge
juez incompetente – judge without jurisdiction, incompetent judge
juez inferior – lower court judge
juez instructor – trial judge
juez interino – judge pro tempore, acting judge
juez letrado – judge who is an attorney
juez menor – justice of the peace
juez mixto – judge who tries both civil and criminal matters
juez municipal – municipal court judge
juez penal – criminal court judge
juez presidente – presiding judge, chief judge, chief justice
juez primero – chief justice
juez provincial – provincial court judge
juez substituto – substitute judge
juez superior – superior court judge, appellate court judge, supreme court justice
juez suplente – judge pro tempore
juez tercero – arbitrator
juez y parte – judge and party
jugador *m* – player, gambler
juicio *m* – trial, judgment, litigation, opinion
juicio administrativo – administrative trial
juicio arbitral – arbitration proceedings
juicio civil – civil trial
juicio contencioso – litigation
juicio contradictorio – contested case
juicio criminal – criminal trial
juicio de alimentos – suit for alimony
juicio de amparo – proceeding pertaining to

constitutional protections
juicio de apelación – appellate proceeding
juicio de desahucio – eviction proceedings, dispossess proceedings
juicio de desalojo – eviction proceedings, dispossess proceedings
juicio de divorcio – divorce proceedings
juicio de ejecución – executory process
juicio de embargo – attachment proceedings
juicio de garantías – proceeding pertaining to constitutional protections
juicio de mayor cuantía – proceeding concerning a large claim
juicio de menor cuantía – proceeding concerning a small claim
juicio de nulidad – proceeding for annulment
juicio de primera instancia – trial court proceeding
juicio de quiebra – bankruptcy proceedings
juicio de sucesión – probate proceeding
juicio declarativo – declaratory judgment
juicio en rebeldía – proceeding in absentia
juicio hipotecario – foreclosure on a mortgage
juicio imparcial – impartial trial
juicio militar – court-martial
juicio penal – criminal trial
juicio político – impeachment proceedings
juicio por jurado – jury trial
juicio sucesorio – probate proceeding
juicio sumario – summary proceeding
juicio testamentario – testamentary proceeding
junta *f* – board, meeting, assembly, committee
junta administradora – management board, administrative board
junta administrativa – management board, administrative board
junta anual – annual meeting
junta arbitral – arbitration board
junta asesora – consulting board, advisory board
junta de accionistas – stockholders' meeting
junta de apelaciones – board of appeals
junta de arbitraje – board of arbitration
junta de directores – board of directors
junta de educación – board of education
junta de elecciones – board of elections
junta de gobierno – board of governors
junta directiva – board of directors, administrative board
junta electoral – board of elections
junta examinadora – examining board
junta general – general meeting
junto *adj* – together
jura *f* – oath, act of taking oath
jurado *m* – jury, juror

jurado *adj* – sworn
jurado de acusación – grand jury
jurado designado – juror designate
juraduría *f* – jury service
juramentar *v* – to swear in, to be sworn in
juramentarse *v* – to take an oath
juramento *m* – oath
juramento de fidelidad – oath of allegiance
juramento falso – false oath
juramento solemne – solemn oath
jurar *v* – to swear, to take an oath
juratorio *adj* – juratory
juricidad *f* – legality
jurídicamente *adv* – juridically
juridicidad *f* – legality
jurídico *adj* – juridical
jurídico-laboral *adj* – pertaining to labor law, pertaining to labour law
jurisconsulto *m* – jurisconsult
jurisdicción *f* – jurisdiction, venue
jurisdicción administrativa – administrative jurisdiction
jurisdicción civil – civil jurisdiction
jurisdicción contencioso-administrativa – administrative jurisdiction
jurisdicción criminal – criminal jurisdiction
jurisdicción extranjera – foreign jurisdiction
jurisdicción federal – federal jurisdiction
jurisdicción internacional – international jurisdiction
jurisdicción judicial – court jurisdiction
jurisdicción laboral – labor jurisdiction, jurisdiction over matters concerning labor law
jurisdicción militar – military jurisdiction
jurisdicción penal – criminal jurisdiction
jurisdiccional *adj* – jurisdictional
jurispericia *f* – jurisprudence
jurisperito *m* – legal expert
jurisprudencia *f* – jurisprudence, case law
jurisprudencia judicial – judge-made law
jurisprudencia procesal – procedural law
jurisprudencia sentada – established legal precedent
jurisprudencial *adj* – jurisprudential
jurista *m* – jurist
juro *m* – right to permanent ownership
jus civile – civil law, jus civile
jus naturale – natural law, jus naturale
justa causa – just cause
justa compensación – just compensation
justicia *f* – justice, judiciary, court, equity, death penalty, jurisdiction
justicia *m* – judge
justicia ambiental – environmental justice
justicia civil – civil court, civil jurisdiction
justicia criminal – criminal court, criminal jurisdiction

justicia de paz – small claims court, justice of the peace
justicia federal – federal court, federal jurisdiction
justicia restaurativa – restorative justice
justicia social – social justice
justiciable *adj* – justiciable, actionable
justicial *adj* – pertaining to justice
justiciar *v* – to convict
justiciazgo *m* – judgeship
justiciero *adj* – just, equitable, righteous, vengeful
justificable *adj* – justifiable
justificación *f* – justification
justificadamente *adv* – justifiably
justificado *adj* – justified
justificador *m* – justifier
justificante *m* – justifier, receipt, written proof, voucher
justificante *adj* – justifying
justificante de pago – receipt for payment
justificar *v* – to justify
justificativo *m* – voucher
justificativo *adj* – justifying
justipreciación *f* – appraisal, estimation
justipreciar *v* – to appraise, to value
justiprecio *m* – appraisal, valuation
justo título – just title
juvenil *adj* – juvenile
juzgado *m* – court, courtroom, judiciary, court of one judge
juzgado *adj* – adjudged
juzgado administrativo – administrative court
juzgado civil – civil court
juzgado correccional – correctional court
juzgado de circuito – circuit court
juzgado de comercio – commercial court
juzgado de derecho – court of law
juzgado de distrito – district court
juzgado de guardia – police court
juzgado de justicia – court of justice
juzgado de letras – court of first instance
juzgado de lo civil – civil court
juzgado de lo penal – criminal court
juzgado de menores – juvenile court
juzgado de paz – magistrates' court
juzgado de policía – police court
juzgado de primera instancia – court of first instance, lower court
juzgado de trabajo – labor court, labour court
juzgado electoral – electoral court
juzgado en lo civil – civil court
juzgado en lo criminal – criminal court
juzgado federal – federal court
juzgado local – local court
juzgado municipal – municipal court
juzgado nacional – national court

juzgado penal − criminal court
juzgado promiscuo − court of general
   jurisdiction
juzgador *m* − judge
juzgamiento *m* − judgment
juzgar *v* − to adjudge, to try a case

K

kilometraje *m* − mileage, allowance per
   kilometer, distance in kilometers
kiosco *m* − kiosk

L

labor *f* − labor, labour, work
laborable *adj* − workable, working, work
laboral *adj* − labor, labour, working
laboralista *m/f* − labor lawyer, labour lawyer
laborante *adj* − laboring, labouring
laborar *v* − to labor, to labour, to work
laboratorio forense − forensic laboratory
laborío *m* − labor, labour, work
laborioso *adj* − laborious, hardworking
laborismo *m* − laborism, labourism
laborista *adj* − labor, labour
labrar *v* − to farm, to work, to cause
labrar un acta − to draw up a document
laceración *f* − laceration
lacerar *v* − to lacerate
lacrar *v* − to seal with wax
lacre *m* − sealing wax
ladrón *m* − robber, thief
ladronamente *adv* − stealthily
ladronería *f* − robbery, larceny
ladronicio *m* − robbery, larceny
laguna *f* − matter not covered by a statute,
   loophole, important omission, blank space
lagunas legales − matters not covered by
   statutes
laissez faire − laissez-faire, political
   philosophy of not interfering

lance *m* − throw, impasse, incident, quarrel
lanchada *f* − full load of a vessel
lanchaje *m* − lighterage
lanzamiento *m* − eviction, ouster, launch
lanzar *v* − to evict, to oust, to launch
lapso *m* − lapse
larga distancia − long-distance
largamente *adv* − liberally, at length
lascivia *f* − lasciviousness
lastar *v* − to pay for another
lastimado *adj* − hurt
lastimadura *f* − injury
lastimar *v* − to injure
lasto *m* − receipt given to the person who
   pays for another
latamente *adv* − liberally
latente *adj* − latent
latifundio *m* − very large property,
   latifundium
latifundismo *m* − ownership of a very large
   property
latifundista *m/f* − owner of a very large
   property
lato *adj* − liberal, lengthy
latrocinio *m* − robbery
laudar *v* − to award, to render a decision
laudo *m* − award, decision
laudo arbitral − arbitration award, arbitration
   decision
lavar dinero − to launder money
lazareto *m* − quarantine station
lealtad *f* − loyalty, allegiance
leasing *m* − leasing
lector *m* − reader, scanner
lector de documentos − document reader,
   document scanner
lector de tarjetas − card reader, card swipe
lector magnético − magnetic scanner,
   magnetic reader
lector óptico − optical scanner, optical reader
lectura *f* − reading
lectura del testamento − reading of the will
lecho conyugal − marital bed
lecho de muerte − deathbed
legación *f* − legation
legado *m* − legacy, devise, bequeathment,
   bequest, chief foreign minister
legado alternativo − alternate legacy,
   alternate devise
legado universal − universal legacy,
   universal devise
legajo *m* − file, bundle of papers
legal *adj* − legal, lawful
legalidad *f* − legality
legalismo *m* − legality, legal technicality
legalista *adj* − legalistic
legalización *f* − legalization, authentication,
   certification

legalizar *v* – to legalize, to authenticate, to certify
legalmente *adv* – legally
legalmente establecido – legally established
legalmente responsable – legally liable
legar *v* – to bequeath, to devise, to delegate
legatario *m* – legatee, devisee, beneficiary
legibilidad *f* – legibility
legible *adj* – legible, readable
legible por máquina – machine readable
legislable *adj* – subject to legislation
legislación *f* – legislation
legislación antimonopolio – antitrust legislation
legislación comparada – comparative law
legislación de emergencia – emergency legislation
legislación de fondo – substantive law
legislación declaratoria – declaratory legislation
legislación del trabajo – labor legislation, labour legislation
legislación económica – economic legislation
legislación fiscal – fiscal legislation, tax legislation
legislación judicial – judge-made law
legislación laboral – labor legislation, labour legislation
legislador *m* – legislator
legislar *v* – to legislate
legislativo *adj* – legislative
legislatura *f* – legislature, legislative term
legislatura extraordinaria – special session
legisperito *m* – legal expert, legisperitus
legista *m/f* – legalist, law student
legítima *f* – legitime
legítima defensa – self-defense, defense of others
legitimación *f* – legitimation
legitimación en la causa – legal capacity
legitimación procesal – legal capacity
legitimado *adj* – legitimated
legítimamente *adv* – legitimately
legitimar *v* – to legitimize
legitimario *m* – forced heir
legitimidad *f* – legitimacy, genuineness
legitimismo *m* – legitimism
legítimo *adj* – legitimate
lego *m* – layperson
leguleyo *m* – shyster
lenguaje ofensivo – offensive language
lema *m* – slogan
lenguaje corporal – body language
lenidad *f* – leniency
leonino *adj* – leonine
lesa majestad – high treason
lesión *f* – injury, damage

lesión accidental – accidental injury
lesión corporal – bodily injury
lesión fatal – fatal injury
lesión física – physical injury
lesión jurídica – tort
lesión laboral – occupational injury
lesión psicológica – psychological injury
lesionado *m* – injured person
lesionado *adj* – injured
lesionador *m* – injurer, damager
lesionar *v* – to injure, to damage
lesiones graves – serious injuries
lesiones leves – slight injuries
lesivo *adj* – injurious, damaging
leso *adj* – injured, damaged
letal *adj* – lethal
letra *f* – draft, bill, letter, handwriting
letra abierta – open letter of credit, open letter
letra chica – fine print, small print
letra de cambio – bill of exchange, bill, draft
letra de crédito – letter of credit, credit bill
letra de la ley – letter of the law
letra de mano – handwriting
letra menuda – fine print, small print
letra muerta – dead letter
letras patentes – letters patent
letrado *m* – attorney
letrado asesor – legal adviser
letrero *m* – sign, notice
levantador *adj* – rebellious
levantamiento *m* – lifting, rebellion, raising, survey
levantamiento de restricciones – lifting of restrictions
levantar *v* – to lift, to raise, to adjourn, to build, to boost, to rebel
levantar acta – to take minutes, to put in writing
levantar el embargo – to release the attachment, to lift the embargo
levantar la sesión – to adjourn
leve *adj* – slight
ley *f* – law, statute, act, code
ley administrativa – administrative law, administrative statute
ley agraria – agricultural law, agricultural statute
ley básica – constitutional law
ley civil – civil law, civil statute, civil code
ley comercial – commercial law, commercial statute, commercial code
ley común – common law
ley constitucional – constitutional law
ley contributiva – tax law
Ley de Derechos Civiles – Civil Rights Act
ley de derechos de autor – copyright law
ley de emergencia – emergency law

ley de empleo – employment law
ley de enjuiciamiento civil – law of civil procedure, rules of civil procedure
ley de enjuiciamiento criminal – law of criminal procedure, rules of criminal procedure
ley de extranjería – immigration law
ley de inmigración – immigration law
ley de la legislatura – legislative act
ley de la selva – law of the jungle
ley de patentes – patent law, patent statute
ley de prescripción – statute of limitations
ley de procedimiento – procedural law
Ley de Protección Ambiental – Environmental Protection Act
ley de quiebras – bankruptcy law, bankruptcy code
ley de sociedades – corporate law, partnership law
ley del embudo – unequal treatment under the law
ley del talión – law of retaliation, talio
ley del trabajo – labor law, labor statute, labour law, labour statute
ley derogada – repealed statute
ley electoral – electoral statute
ley escrita – written law
ley estatal – state law, state statute
ley federal – federal law, federal statute
ley fiscal – tax law, tax statute
ley formal – statute
ley fundamental – constitutional law
ley hipotecaria – law of mortgages
ley inconstitucional – unconstitutional statute
ley internacional – international law
ley judicial – judge-made law, judiciary law
ley laboral – labor law, labour law
ley marcial – martial law
ley mercantil – commercial law, commercial statute, commercial code
ley modelo – model law, model code
ley municipal – municipal statute, municipal law, municipal code
ley natural – natural law
ley no escrita – unwritten law
ley notarial – notarial law
ley orgánica – organic law
ley penal – criminal law, criminal statute, criminal code
ley privada – special law, special statute
ley procesal – procedural law
ley suprema – supreme law
ley tributaria – tax law, tax statute
ley uniforme – uniform law
ley vigente – law in effect
libelar *v* – to libel, to bring suit, to file a complaint
libelista *m/f* – libelist

libelo *m* – libel, petition, complaint
liberación *f* – liberation, release, exemption, exoneration, discharge
liberación condicional – parole, conditional release, conditional discharge
liberación de obligaciones – discharge of obligations
liberación de prisioneros – liberation of prisoners
liberado *adj* – liberated, released, exempt, exonerated, discharged, deregulated
liberador *m* – liberator
liberador *adj* – liberating, deregulating
liberal *adj* – liberal
liberalismo económico – economic liberalism
liberalista *m/f* – liberalist
liberalización *f* – liberation, deregulation
liberalizar *v* – to liberalize, to deregulate
liberar *v* – to free, to exempt, to issue
liberatorio *adj* – releasing, exempting
libertad *f* – liberty, freedom, right, license
libertad bajo fianza – release on bail
libertad bajo palabra – parole
libertad caucional – release on bail
libertad condicional – parole, probation
libertad contractual – freedom of contract
libertad de acción – freedom of action
libertad de asociación – freedom of association
libertad de circulación – freedom of movement
libertad de comercio – freedom of trade
libertad de conciencia – liberty of conscience
libertad de contratación – freedom of contract
libertad de culto – freedom of religion
libertad de establecimiento – freedom of establishment
libertad de expresión – freedom of expression
libertad de imprenta – freedom of press
libertad de información – freedom of information
libertad de movimiento – freedom of movement
libertad de navegación – freedom of navigation
libertad de opinión – freedom of speech
libertad de organización – right of assembly
libertad de palabra – freedom of speech
libertad de prensa – freedom of press
libertad de reunión – freedom of association
libertad de trabajo – right to work
libertad de tránsito – freedom of movement
libertad económica – economic freedom
libertad individual – civil liberty

libertad natural – natural liberty
libertad personal – civil liberty
libertad política – political liberty
libertad provisional – parole, release on bail
libertad religiosa – freedom of religion
libertad sin fianza – release without bail
libertad vigilada – parole
libertades civiles – civil liberties
libertar *v* – to liberate, to exonerate, to exempt
librado *adj* – drawn
librado *m* – drawee
librador *m* – drawer
libramiento *m* – order of payment, draft
librante *m/f* – drawer
libranza *f* – order of payment, draft
librar *v* – to liberate, to free, to draw, to issue
libre *adj* – free, absolved, exempt
libre acceso – free access
libre albedrío – free will
libre arbitrio – free will
libre circulación – free movement
libre comercio – free trade
libre competencia – free competition
libre de contribuciones – tax-free
libre de culpa – innocent
libre de derechos – duty-free
libre de deudas – free of debts
libre de gastos – free of charges
libre de gravamen – free and clear
libre de impuestos – tax-free
libre economía – free economy
libre empresa – free enterprise
libre plática – pratique
librecambio *m* – free trade
libreta *f* – notebook, bank book, agenda
libro *m* – book
libro de accionistas – stock ledger
libro de actas – minutes book
libro de contabilidad – account book
libro de derecho – law book
libro de minutas - minute book
libro de navegación – ship's logbook
libro de sentencias – judgment docket, judgment book
libro diario – day book, journal
libro general – general journal
libro maestro – ledger
libro mayor – ledger, bank ledger
libros contables – books of account, accounting books
libros corporativos – corporate books
licencia *f* – license, licence, permit, leave of absence
licencia autorizada – authorized leave of absence
licencia comercial – commercial license, commercial licence

licencia de apertura – opening permit
licencia de armas – gun license, gun licence
licencia de conductor – driver's license
licencia de construcción – building permit
licencia de exportación – export license, export licence
licencia de importación – import license, import licence
licencia de marca – brand license, brand licence
licencia de obras – planning permission
licencia de patente – patent license, patent licence
licencia exclusiva – exclusive license, exclusive licence
licencia expirada – expired license, expired licence
licencia fiscal – business license, business licence
licencia matrimonial – marriage license, marriage licence
licencia para casarse – marriage license
licencia para operar – license to operate, licence to operate
licencia por maternidad – maternity leave
licencia por paternidad – paternity leave
licencia profesional – professional license, professional licence
licenciado *adj* – licensed, licenced
licenciado *m* – attorney, licentiate, licensee, released person, graduate, esquire
Licenciado en Derecho – attorney
licenciamiento *m* – licensing
licenciante *m/f* – licensor
licenciarse *v* – to become licensed, to become licenced, to graduate
licenciatario *m* – licensee
licitación *f* – bidding, licitation, bid, tender
licitación abierta – open bidding
licitación publica – public bidding
licitador *m* – bidder
lícitamente *adv* – legally
licitante *m/f* – bidder
licitar *v* – to bid, to tender, to auction
lícito *adj* – legal
licitud *f* – lawfulness, legality
licurgo *m* – legislator
lid *f* – fight, dispute
líder *m* – leader
liderazgo *m* – leadership
lidia *f* – battle, litigation
lidiador *m* – combatant, litigant
lidiar *v* – to battle, to litigate
liga *f* – league, relationship
ligamen *m* – diriment impediment
ligar *v* – to link, to commit
limitable *adj* – limitable
limitación *f* – limitation, district

limitación de responsabilidad – limitation of liability
limitaciones constitucionales – constitutional limitations
limitado legalmente – legally limited
limitar la competencia – to limit competition
límite *m* – limit, cap, end, boundary
límite anual – annual limit, annual cap
límite de edad – age limit
límite de responsabilidad – limit of liability
límite legal – legal limit
limítrofe *adj* – bordering
limpiar *v* – to clean, to exonerate
limpio *adj* – clean, clear, net
linaje *m* – lineage
linchamiento *m* – lynching
linchar *v* – to lynch
lindar *v* – to adjoin, to abut
linde *m* – boundary, abutment, landmark
lindero *adj* – adjoining
lindero *m* – boundary, abutment, landmark
línea *f* – line, boundary
línea ascendente – ascending line
línea colateral – collateral line
línea de crédito – credit line
línea de edificación – building line
línea de navegación – navigation route, shipping company
línea de pobreza – poverty line
línea descendiente – descending line
línea férrea – railroad line, railroad company
línea naviera – shipping line
lineal *adj* – lineal
lingote *m* – ingot
lipidia *f* – indigence, impertinence
liquidable *adj* – liquefiable
liquidación *f* – liquidation, settlement, distribution, winding-up, clearance, killing
liquidación completa – complete liquidation
liquidación de activos – asset liquidation
liquidación de corporación – dissolution of corporation
liquidación de la herencia – distribution of the estate
liquidación de siniestro – claim settlement
liquidación de sociedad – liquidation of partnership, liquidation of corporation
liquidación parcial – partial liquidation
liquidado *adj* – liquidated, settled, cleared, killed
liquidador *m* – liquidator
liquidar *v* – to liquidate, to sell off, to settle, to clear, to wind up, to kill
liquidez *f* – liquidity
liquidez bancaria – bank liquidity
líquido *adj* – liquid, net
lisiado *adj* – disabled, injured
lisiar *v* – to disable, to injure

lista aprobada – approved list
lista de acreedores – list of creditors
lista de contribuyentes – tax list, assessment list
lista de cotejo – checklist
lista de espera – waiting list
lista de jurados – jury-list
lista de litigios – docket
lista de morosos – delinquent list
lista de testigos – witness list
lista de pleitos – docket
lista legal – legal list
lista negra – black list
listado *adj* – listed
listado *m* – listing, list
listar *v* – to list
listín *m* – small list, newspaper
lite pendente – pending the suit, lite pendente
literal *adj* – literal
literalmente *adv* – literally
literatura jurídica – legal literature
litigación *f* – litigation
litigador *m* – litigant, litigator
litigante *m/f* – litigant, litigator
litigar *v* – to litigate
litigio *m* – litigation, lawsuit
litigiosidad *f* – litigiosity
litigioso *adj* – litigious, under litigation
litis *f* – lawsuit
litisconsorcio *m* – joinder
litisconsorte *m/f* – joint litigant
litiscontestación *f* – contestation of suit
litisexpensas *f* – costs of litigation
litispendencia *f* – a pending suit, same cause of action pending in another court
llamada *f* – call, signal
llamada de socorro – distress call
llamamiento *m* – call, summons
llamamiento a juicio – summons, indictment
llamar *v* – to call, to summon
llamar a concurso – to call for bids
llamar a juicio – to summon, to bring to trial
llamativo *adj* – attention-getting, eye-catching
llave *f* – goodwill, key
llave maestra – master key
llegar a un acuerdo – to reach an agreement
llenar *v* – to fill, to fill in, to comply with
llenar los requisitos – to fulfill the requirements
llenero *adj* – complete
llevado a cabo – carried out, completed
llevanza *f* – leasing
llevar *v* – to carry, to transfer, to care for, to manage, to run, to tolerate, to lease
llevar a cabo – to carry out, to complete
llevar a la quiebra – to bankrupt
lobby *m* – lobby

locación *f* – lease, employment
locación de cosas – lease of goods
locación de servicios – employment
locador *m* – lessor, employer
local alquilado – rented premises
local arrendado – leased premises
local comercial – commercial premises, business premises, commercial locale
local de empleo – place of employment
local de trabajo – worksite
localidad *f* – locality
localizar *v* – to locate
locatario *m* – lessee
locativo *adj* – pertaining to leasing, pertaining to employment
loco *m* – insane person
loco *adj* – insane
locuaz *adj* – loquacious
locura criminal – criminal insanity
lógica *f* – logic
lógicamente *adv* – logically
lógico *adj* – logical
logística *f* – logistics
logo *m* – logo
logo corporativo – corporate logo
logotipo *m* – logo
logotipo corporativo – corporate logo
lograr *v* – to achieve, to possess, to enjoy
logrear *v* – to profiteer, to lend money
logrería *f* – profiteering, usury, moneylending
logrero *m* – profiteer, usurer, moneylender
logro profesional – professional achievement
longuería *f* – dilatoriness
lonja *f* – market, exchange, commodities exchange
los pro y los contra – pros and cons
lote *m* – lot
lotear *v* – to parcel
loteo *m* – parceling, parcelling
lotería *f* – lottery
lucha de clases – class war
lucidez mental – lucidity
lucrar *v* – to profit
lucrativo *adj* – lucrative, profitable
lucro *m* – profit
lucro cesante – lost profits
luego del hecho – after the fact
lugar *m* – place, position, post, reason, occasion
lugar de constitución – place of incorporation
lugar de los hechos – place of the events, place of the offense
lugar de registro – place of registration
lugar de residencia – place of residence
lugar de trabajo – workplace
lugar del delito – place of the offense

lugar público – public place
luir *v* – to pay off
luz de tránsito – traffic light

M

machismo *m* – machismo, male chauvinism
machista *m/f* – male chauvinist
macroeconomía *f* – macroeconomics
macular *v* – to defame
machucho *adj* – judicious
madrastra *f* – step-mother
madre adoptiva – adoptive mother
madre biológica – biologic mother
madre de crianza – adoptive mother
madre política – mother-in-law
madre soltera – single mother
madrugada *f* – dawn
madurar *v* – to mature
maestranza *f* – arsenal
Maestría en Derecho – Master of Law
Maestría en Leyes – Master of Law
maestro *adj* – master, main
maestro de obras – foreperson
magancería *f* – trickery
magancia *f* – trick
magistrado *m* – magistrate, justice
magistrado ponente – judge who writes the opinion of the court where there is more than one justice
magistrado suplente – judge pro tempore
magistratura *f* – magistracy
magna culpa – gross negligence
magnate *m/f* – magnate
magnicida *m/f* – assassin of a head of state, assassin of a public figure, assassin
magnicidio *m* – assassination of a head of state, assassination of a public figure, assassination
magullar *v* – to batter and bruise
mal *m* – evil, illegality, damage, harm, wrong, illness
mal carácter – bad character
mal mayor – greater harm
mal menor – lesser harm
mal negocio – bad deal
mal nombre – bad reputation
mala administración – bad administration
mala conducta – bad behavior
mala fama – bad reputation

mala fe – bad faith
mala fides – bad faith, mala fides
mala paga – credit risk
mala reputación – bad reputation
mala voluntad – bad intention
malaventura *f* – misfortune
malaventurado *adj* – unfortunate
malbaratador *m* – spendthrift, underseller
malbaratar *v* – to squander, to dump, to undersell
malbarato *m* – squandering, dumping, underselling
malcaso *m* – treachery
maldad *f* – malice
maldecir *v* – to defame, to curse
maldiciente *m* – defamer, curser
maldispuesto *adj* – indisposed, reluctant
maleador *m* – hoodlum
maleante *m/f* – hoodlum
malear *v* – to harm, to corrupt
maledicencia *f* – defamation, verbal abuse
maleficiar *v* – to damage, to injure
maléfico *adj* – malicious
malentendido *m* – misunderstanding
malévolamente *adv* – malevolently
malevolencia *f* – malevolence
malformación *f* – malformation
malfuncionamiento *m* – malfunction
malgastador *m* – spendthrift
malgastar *v* – to squander
malhecho *m* – misdeed
malhechor *m* – malefactor
malherido *adj* – badly injured
malherir *v* – to injure seriously
malicia *f* – malice
maliciar *v* – to suspect, to ruin
malicioso *adj* – malicious
malignidad *f* – malice
maligno *adj* – malignant
malintencionado *adj* – with bad intentions
malogramiento *m* – failure, frustration
malograrse *v* – to fail, to be frustrated
malogro *m* – failure, frustration
malos antecedentes – criminal records
malos tratos – mistreatment, abuse
malos tratos a mujeres – women abuse
malparar *v* – to harm
malparir *v* – to abort
malparto *m* – abortion
malrotador *m* – squanderer
malrotar *v* – to squander
malsano *adj* – noxious
maltratamiento *m* – maltreatment
maltratar *v* – to maltreat
maltrato *m* – maltreatment, abuse
maltrato de mujeres – women abuse
malvadamente *adv* – maliciously
malvado *adj* – wicked

malversación *f* – misappropriation, embezzlement
malversador *m* – embezzler, peculator
malversar *v* – to misappropriate, to embezzle
mallete *m* – mallet
mamandurria *f* – sinecure
mancamiento *m* – maiming, lack
manceba *f* – concubine
mancebía *f* – brothel
mancipación *f* – conveyance, transfer
mancomunada y solidariamente – joint and severally
mancomunadamente *adv* – jointly
mancomunado *adj* – joint
mancomunar *v* – to compel joint obligation, to join
mancomunarse *v* – to become jointly obligated, to join
mancomunidad *f* – joint liability, association
manda *f* – legacy
mandado *m* – mandate
mandamiento *m* – mandate, mandamus, writ, injunction, command
mandamiento judicial – writ, court order
mandante *m/f* – mandator
mandar *v* – to order, to bequeath, to offer, to govern, to send
mandar pagar – to order payment
mandatario *m* – mandatary, agent, representative, attorney, proxy, leader
mandatario judicial – judicial representative, attorney
mandato *m* – mandate, writ, order, agency, power of attorney, term, charge
mandato de arresto – arrest warrant
mandato de detención – arrest warrant
mandato ejecutivo – executive order
mandato judicial – judicial order, court order, writ
mandato legal – legal agency, legal order
mando *m* – command, control, authority
mandrache *m* – gambling house
manejar *v* – to manage, to direct, to handle, to drive, to use
manejo *m* – management, direction, handling, driving
manejo centralizado – centralized management
manejo de cartera – portfolio management, money management
manejo de registros – records management
manejo descentralizado – decentralized management
manera *f* – manner, type
manganilla *f* – ruse, stratagem
mangonear *v* – to graft
mangoneo *m* – graft
maníaco *m* – maniac

maniatar *v* – to handcuff
maniático *m* – maniac
manifestación *f* – manifestation, demonstration, declaration
manifestación de la voluntad – manifestation of intention
manifestación política – political manifestation
manifestador *adj* – manifesting
manifestante *m/f* – demonstrator
manifestar *v* – to manifest, to express, to declare, to show, to demonstrate
manifiestamente *adv* – manifestly
manifiesto *m* – manifest, manifesto
manifiesto *adj* – manifest, obvious
manilla *f* – handcuff
maniobra publicitaria – advertising ploy
maniobrar *v* – to maneuver
manipulación de la bolsa – manipulation
manipular *v* – to manipulate, to handle
manipuleo *m* – manipulation
manirroto *adj* – spendthrift, wasteful
mano de obra – labor, labour, work force
mano de obra calificada – skilled labor, skilled labour
mano de obra no calificada – unskilled labor, unskilled labour
mano derecha – right hand
manopla *f* – brass knuckles
manos limpias – clean hands, integrity
manos muertas – mortmain
manoteo *m* – larceny, gesticulation with the hands
mantención *f* – maintenance
mantenedor *m* – provider, defender
mantenencia *f* – maintenance
mantener *v* – to maintain, to sustain
mantener a raya – to hold in check
mantenerse *v* – to keep, to support oneself
mantenerse firme – to stand firm
mantenido *m* – dependent
mantenimiento *m* – maintenance
mantenimiento básico – basic maintenance
mantenimiento correctivo – corrective maintenance
mantenimiento del orden público – preservation of public order
mantenimiento mínimo – minimum maintenance
manual de contabilidad – accounting manual
manufactura *f* – manufacture, manufactured article
manufacturación *f* – manufacturing
manufacturado *adj* – manufactured
manufacturar *v* – to manufacture
manufacturero *m* – manufacturer
manuscribir *v* – to write by hand
manuscrito *m* – manuscript

manuscrito *adj* – written by hand
manutención *f* – maintenance, support
manutención económica – economic maintenance
manutener *v* – to maintain, to support
manzana *f* – block
maña *f* – cunning, custom
mañosamente *adv* – cunningly
mañoso *adj* – cunning
mapa de cobertura – coverage map
maquila *f* – maquila, factory for export
maquiladora *f* – maquiladora, factory for export
máquina *f* – machine, apparatus
maquinación *f* – machination
maquinador *m* – machinator
maquinalmente *adv* – mechanically
maquinar *v* – to scheme
maquinaria peligrosa – dangerous machinery
mar jurisdiccional – jurisdictional waters
mar territorial – territorial waters
maraña *f* – trick, scheme
marañero *m* – trickster, schemer
marbete *m* – tag, label, sticker
marca *f* – mark, brand, make
marca comercial – trademark, trade brand
marca corporativa – corporate brand
marca de agua – watermark
marca de comercio – trademark
marca industrial – trademark
marca registrada – registered trademark
marcación *f* – marking
marcado *adj* – marked
marcador *m* – marker
marcar *v* – to mark, to dial, to check, to tick
marcario *adj* – pertaining to trademarks
marcha *f* – velocity, progress, operation
marchamar *v* – to stamp
marchamero *m* – customs official who stamps
marchamo *m* – customs stamp, stamp
marchante *m* – merchant, customer
marchar *v* – to march, to leave, to proceed
marcial *adj* – martial
marco de referencia – frame of reference
mareaje *m* – ship's route
mareante *adj* – skilled in navigation
marear *v* – to navigate, to sell, to confuse, to vex
marfuz *adj* – deceiving
margen *m* – margin, spread, range, border, annotation
margen de error – margin of error
marginal *adj* – marginal
marginalismo *m* – marginalism
marginalista *m/f* – marginalist
marginar *v* – to write marginal notes, to relegate

maridaje *m* – union, marital bond
maridar *v* – to unite, to marry
marina *f* – navy, art of navigation
marina de guerra – navy
marinaje *m* – ship's crew
marinería *f* – art of navigation, ship's crew
marinero *m* – mariner
marinero *adj* – seaworthy
marino *adj* – marine
marital *adj* – marital
marítimo *adj* – maritime
marketing *m* – marketing, advertising
maromero *m* – political opportunist
marro *m* – error
martillar *v* – to hammer, to auction off, to oppress
martillero *m* – auctioneer
martillo *m* – hammer, auction house, oppressor
martingala *f* – stratagem
marxismo *m* – Marxism
marxista *m/f* – Marxist
más allá de duda razonable – beyond a reasonable doubt
más allá de la jurisdicción – beyond the jurisdiction
masa *f* – mass, estate, assets
masa de acreedores – creditors
masa de bienes – estate
masacrar *v* – to massacre
masacre *f* – massacre
masoquismo *m* – masochism
masoquista *m/f* – masochist
Master en Leyes – Master of Law
matador *m* – killer
matanza *f* – slaughter, slaughtering
matar *v* – to kill, to murder, to slaughter, to cancel
matarse *v* – to commit suicide
matasanos *m* – quack
matasellos *m* – postmark
materia *f* – matter
materia comercial – business matter, commercial matter
materia criminal – criminal matter
materia de autos – matter of record
materia de estado – matter of state
materia del litigio – litigation matter
materia esencial – essential matter
materia fiscal – fiscal matter
materia legal – legal matter
material *adj* – material
material pornográfico – pornographic material
materiales de construcción – construction materials
materialidad *f* – materiality
materialismo *m* – materialism

materialismo histórico – historical materialism
materialista *m/f* – materialist
materializar *v* – to materialize
materialmente *adv* – materially
maternal *adj* – maternal
maternidad *f* – maternity
materno *adj* – maternal
matón *m* – thug
matricida *m/f* – matricide
matricidio *m* – matricide
matrícula *f* – matriculation, registration, register, license plate, licence plate, number plate
matriculación *f* – matriculation
matriculado *adj* – matriculated, registered
matriculador *m* – matriculator, registrar
matricular *v* – to matriculate, to register
matricularse *v* – to matriculate oneself, to register oneself
matrimonial *adj* – matrimonial
matrimonialmente *adv* – matrimonially
matrimoniar *v* – to marry
matrimonio *m* – marriage
matrimonio abierto – open marriage
matrimonio civil – civil marriage
matrimonio de conveniencia – marriage of convenience
matrimonio de hecho – common-law marriage
matrimonio entre personas del mismo sexo – same sex marriage
matrimonio por poder – proxy marriage
matriz *adj* – principal, original
matriz de decisión – decision matrix
matute *m* – smuggling, smuggled goods
matutear *v* – to smuggle
matutero *m* – smuggler
máxima *f* – maxim
máximamente *adv* – chiefly
máxime *adv* – chiefly
maximizar *v* – to maximize
máximo *adj* – maximum
máximo *m* – maximum, limit, cap
máximo anual – annual limit
máximo de edad – age limit
máximo de póliza – policy limit
máximo legal – legal limit
mayor *m* – ledger
mayor *adj* – greater, bigger, older, eldest, adult, principal
mayor cuantía – involving a large amount, of great importance
mayor de edad – major
mayor edad – majority
mayorazga *f* – eldest daughter, primogeniture
mayorazgo *m* – eldest son, primogeniture
mayordomear *v* – to administer

mayordomo *m* – administrator, overseer, butler
mayoreo *m* – wholesaling
mayores *m* – ancestors
mayoría *f* – majority
mayoría absoluta – absolute majority
mayoría de edad – majority
mayoría relativa – relative majority
mayoridad *f* – majority
mayorista *m/f* – wholesaler
mayoritario *adj* – pertaining to a majority
mayormente *adv* – mainly
mazmorra *f* – dungeon
mazorca *f* – tyranny
mecanizado *adj* – mechanized
mechero *m* – shoplifter
media *f* – mean, average
media hermana – half sister
media jornada – half-day, part time
mediación *f* – mediation
mediación internacional – international mediation
mediación laboral – labor mediation, labour mediation
mediación y arbitraje – mediation and arbitration
mediador *m* – mediator, intermediary
medianería *f* – party wall, dividing fence, dividing hedge
medianero *m* – one of the owners of a party wall, one of the owners of adjoining properties
mediante escritura – by deed
mediar *v* – to mediate, to intervene, to be halfway
mediatamente *adv* – mediately
mediato *adj* – mediate
medible *adj* – measurable, appraisable
medicación *f* – medication
medicamento *m* – medicine
medicastro *m* – quack
medicina forense – medical jurisprudence
medicina legal – medical jurisprudence
medicinal *adj* – medicinal
medicinante *m* – quack
medición *f* – measurement
médico forense – coroner
médico legista – expert in medical jurisprudence
medicucho *m* – quack
medida *f* – measure, measurement
medidamente *adv* – moderately
medidas antidumping – antidumping measures
medidas cautelares – precautionary measures
medidas de fuerza – means of force
medidas de seguridad – safety measures, security measures
medidas drásticas – drastic measures
medidas fiscales – fiscal measures, tax measures
medidas jurídicas – legal measures
medidas legales – legal measures
mediería *f* – sharecropping
medio ambiente – environment
medio hermano – half brother
medioambiental *adj* – environmental
mediocre *adj* – mediocre
medios *m* – means, mediums, resources, circles
medios de comunicación – means of communication, mass media, communications media
medios de derecho – legal steps
medios de masas – mass media
medios de prueba – means of proof
medios de publicidad – advertising media, advertising vehicles
medios de vida – means of livelihood
medios ilegales – illegal measures
medios políticos – political circles, political means
medios violentos – violent means
medios y arbitrios – ways and means
mediquillo *m* – quack
medir *v* – to measure, to consider
medra *f* – increase, improvement
medrar *v* – to thrive
medro *m* – increase, improvement
medroso *adj* – frightening
megalomanía *f* – megalomania
mejor oferta – best offer, best bid
mejor postor – best bidder, highest bidder
mejora *f* – improvement, betterment, better bid, additional bequest
mejora permanente – permanent improvement
mejorable *adj* – improvable
mejorado *adj* – improved, increased
mejorador *m* – improver
mejoramiento *m* – improvement, betterment, enhancement
mejorar *v* – to improve, to increase, to enhance
mejores intereses – best interests
mejoría *f* – improvement
mella *f* – injury
mellar *v* – to injure
mellizo *m* – twin
membresía *f* – membership
membrete *m* – letterhead, heading, memo
memorando *m* – memorandum, memo, memo book
memorándum *m* – memorandum, memo, memo book

memorar *v* – to remember
memoria *f* – memory, report
memoria anual – annual report
memorial *m* – memorial, memo book
menaje *m* – furniture
mención *f* – mention
mencionar *v* – to mention
mendacidad *f* – mendacity
mendaz *adj* – mendacious
mendigar *v* – to beg
mendigo *m* – beggar
mendosamente *adv* – lyingly, wrongly
mendoso *adj* – lying, wrong
menester *m* – necessity, occupation
menesteroso *m* – indigent
mengua *f* – decrease, decay, discredit, need
menguar *v* – to decrease, to decay, to discredit
menor abandonado – abandoned minor
menor de edad – minor
menor edad – minority
menor emancipado – emancipated minor
menoría *f* – minority, subordination
menorista *m* – retailer
menorista *adj* – retail
menoscabador *adj* – damaging, reducing, discrediting
menoscabar *v* – to damage, to reduce, to discredit
menoscabo *m* – damage, reduction, discredit
menoscuenta *f* – partial payment
menospreciable *adj* – contemptible
menospreciar *v* – to undervalue, to underestimate, to disparage, to despise
menosprecio *m* – contempt, disparagement, underestimation, undervaluation
mens rea – a guilty mind, mens rea
mensaje *m* – message, communication
mensajería *f* – messaging
mensajero *m* – messenger, carrier
mensual *adj* – monthly
mensualidad *f* – monthly installment, monthly salary
mensualmente *adv* – monthly
mensura *f* – measurement
mensurable *adj* – measurable
mensurador *m* – surveyor, measurer
mensurar *v* – to measure, to survey
mentar *v* – to mention
mente sana – sound mind
mentidero *m* – place where people go to gossip for a lack of anything better to do
mentido *adj* – false, deceiving
mentir *v* – to lie, to falsify
mentira *f* – lie, falsification
mentirosamente *adv* – lyingly, falsely
mentiroso *m* – liar
mentís *m* – complete refutation

menudamente *adv* – minutely
menudear *v* – to retail, to go into detail
menudencia *f* – minuteness, trifle
menudeo *m* – detailed account, retail
menudero *m* – retailer
menudo *adj* – minute, meticulous
mera posesión – naked possession
meramente *adv* – merely
mercachifle *m* – peddler
mercadear *v* – to market, to do business
mercadeo *m* – marketing, advertising, business
mercader *m* – merchant, dealer
mercader de calle – street vendor
mercadería *f* – merchandise, commodity, goods, commerce
mercaderías y servicios – goods and services
mercado *m* – market
mercado abierto – open market
mercado bursátil – stock market
mercado común – common market
mercado crediticio – credit market
mercado gris – gray market
mercado hipotecario – mortgage market
mercado impactado – impacted market
mercado inmobiliario – property market, real estate market
mercado laboral – job market, labor market, labour market
mercado libre – free market
mercado negro – black market
mercadotecnia *f* – marketing, advertising
mercancía *f* – merchandise, commodity, goods, commerce
mercancías peligrosas – dangerous goods
mercancías y servicios – goods and services
mercante *m* – merchant
mercantil *adj* – mercantile
mercantilismo *m* – mercantilism
mercantilista *m/f* – mercantilist
mercantilizar *v* – to commercialize
mercar *v* – to purchase, to trade
merced *f* – mercy, grace, gift
mercenario *m* – mercenary, hired worker
merchante *m* – merchant, jobber
Mercosur (Mercado Común del Sur) – Mercosur
merecer *v* – to deserve, to obtain
merecimiento *m* – merit
meretricio *adj* – meretricious
mérito probatorio – probative value
meritocracia *f* – meritocracy
meritorio *adj* – meritorious
méritos del proceso – merits of the case
merma de derechos – erosion of rights
mermar *v* – to diminish, to erode
merodeador *m* – marauder, prowler
merodear *v* – to maraud, to prowl

merodeo *m* – marauding, prowling
merodista *m/f* – marauder, prowler
mes *m* – month, month's pay
mes en curso – current month
mesa *f* – table, desk, board
mesa de entradas – office within a governmental department which receives correspondence and documents
mesa de negociaciones – bargaining table
mesa directiva – board of directors
mesa ejecutiva – board of directors
mesa electoral – polling place, board of elections
mesada *f* – monthly payment
mesocracia *f* – mesocracy
mesurado *adj* – restrained, prudent
mesurarse *v* – to control oneself
meta *f* – goal, target, objective
metedor *m* – smuggler
meteduría *f* – smuggling
meter *m* – to put into, to invest, to smuggle
meticuloso *adj* – meticulous
método *m* – method
método de pago – payment method
método de valoración – valuation method
metodología *f* – methodology
metrópoli *f* – metropolis
metrópolis *f* – metropolis
metropolitano *adj* – metropolitan
mezclado *adj* – commingled
mezclar *v* – to mix, to commingle
microbiológico *adj* – microbiological
microcrédito *m* – microcredit
microeconomía *f* – microeconomics
micrófono oculto – hidden microphone, bug
microfilm *f* – microfilm
micropelícula *f* – microfilm
miedo cerval – dreadful fear
miembro *m* – member
miembro asociado – associate member
miembro corporativo – corporate member
miembro de unión – union member
Miembro del Congreso – Member of Congress
miembro del jurado – juror, jury member
miembro del directorio – boardmember
Miembro del Parlamento – Member of Parliament
miembro propietario – permanent member, owning member
miembro viril – penis
miembro vitalicio – life member
migración *f* – migration
milicia *f* – militia
militante *adj* – militant
militar *adj* – military
militarismo *m* – militarism
militarista *m/f* – militarist

militarizar *v* – to militarize
millaje *m* – mileage
millar *m* – one thousand units, large indeterminate number
millardo *m* – billion
millón *m* – million
mina *f* – mine, underground passage, concubine
minería de datos – data mining
minifundio *m* – small farmstead
minimización de riesgos – minimization of risks
minimizar riesgos – to minimize risks
mínimo legal – legal minimum
ministerial *adj* – ministerial
ministerio *m* – ministry, post
Ministerio de Agricultura – Department of Agriculture, Ministry of Agriculture
Ministerio de Asuntos Exteriores – Department of State
Ministerio de Comercio – Department of Commerce, Ministry of Commerce
Ministerio de Economía – Treasury Department, Exchequer
Ministerio de Economía y Hacienda – Treasury Department, Exchequer
Ministerio de Educación – Department of Education
Ministerio de Estado – Department of State
Ministerio de Gobernación – Department of the Interior
Ministerio de Guerra – Department of Defense, Department of War
Ministerio de Hacienda – Treasury Department, Exchequer
Ministerio de Justicia – Department of Justice
Ministerio de Marina – Department of the Navy
Ministerio de Negocios Extranjeros – Department of State
Ministerio de Relaciones Exteriores – Department of State
Ministerio de Salud – Department of Health, Department of Health and Human Services, Ministry of Health
Ministerio de Salud Pública – Department of Public Health, Ministry of Public Health
Ministerio de Sanidad – Department of Health, Department of Health and Human Services, Ministry of Health
Ministerio de Trabajo – Department of Labor, Ministry of Labour
Ministerio del Interior – Department of the Interior
Ministerio Fiscal – Office of the Attorney General, Prosecutors' Office
ministrador *m* – professional

ministrar *v* – to administer, to hold office, to practice a profession, to provide
ministril *m* – petty court officer
ministro *m* – minister, diplomat, cabinet minister, judge
Ministro de Agricultura – Secretary of Agriculture, Minister of Agriculture
Ministro de Comercio – Secretary of Commerce, Minister of Commerce
Ministro de Economía – Secretary of Treasury, Chancellor of the Exchequer
Ministro de Economía y Hacienda – Secretary of Treasury, Chancellor of the Exchequer
Ministro de Educación – Secretary of Education
Ministro de Estado – Secretary of State
Ministro de Hacienda – Secretary of Treasury, Chancellor of the Exchequer
Ministro de Labor – Secretary of Labor, Minister of Labour
Ministro de Salud – Secretary of Health, Secretary of Health and Human Services, Minister of Health
Ministro de Salud Pública – Secretary of Public Health, Minister of Public Health
Ministro de Trabajo – Secretary of Labor, Minister of Labour
Ministro del Despacho – Cabinet Minister
Ministro del Tribunal – judge
Ministro Delegado – Deputy Minister
Ministro Exterior – Foreign Minister
Ministro Plenipotenciario – Minister Plenipotentiary
Ministro Secretario – Cabinet Minister
minoración *f* – diminution
minorar *v* – to diminish
minoría de edad – minority
minoridad *f* – minority
minorista independiente – independent retailer
minoritario *adj* – minority
minuciosamente *adv* – meticulously
minucioso *m* – meticulous
minusvalía *f* – disability, depreciation, reduction in value
minusvalía física – physical disability
minusvalía laboral – work disability
minusvalía mental – mental disability
minusvalía total – total disability
minusválido *adj* – disabled
minusválido *m/f* – disabled person
minuta *f* – minute, note, rough draft, summary, attorney's bill
minutar *v* – to take the minutes of, to make a rough draft of, to summarize
minutario *m* – minutes book
minutas *f* – minutes

mira *f* – sight, aim, watchtower
miradero *m* – watchtower, lookout
miseria absoluta – absolute poverty
misión diplomática – diplomatic mission
misiva *f* – missive
misoginia *f* – misogyny
misógino *m* – misogynist
mitigación de la pena – mitigation of punishment
mitigadamente *adv* – less rigorously
mitigador *adj* – mitigating
mitigante *adj* – mitigating
mitigar *v* – to mitigate
mitin *m* – political meeting, rally
mobiliario *m* – furniture, chattel
mobiliario y equipo – furniture and fixtures
moblaje *m* – furniture and fixtures
moción *f* – motion, tendency
moción de censura – motion of no confidence
mocionar *v* – to present a motion
modalidades *f* – types, formalities
modelo *m* – model, blank form
modelo contable – accounting model
modelo empresarial – business model, company model, enterprise model
moderación salarial – wage moderation, salary moderation
moderado *adj* – moderate
moderador *adj* – moderating
moderar *v* – to moderate
modernizar *v* – to modernize
modificable *adj* – modifiable, amendable
modificación *f* – modification, amendment
modificación de contrato – contract modification
modificación genética – genetic modification
modificaciones y mejoras – modifications and improvements, alterations and improvements
modificado genéticamente – genetically modified, genetically engineered
modificar *v* – to modify, to amend
modificativo *adj* – modifying, amending
modo *m* – manner, mode
modos de adquirir – means of acquisition
modus operandi – method of operation, modus operandi
modus vivendi – mode of living, modus vivendi
mohatra *f* – fraud
mohatrar *v* – to defraud
mohatrero *m* – defrauder
mojón *m* – landmark
mojona *f* – surveying
mojonación *f* – delimitation, demarcation
mojonar *v* – to delimit, to mark the boundaries of

mojonera *f* – landmark site
molestar *v* – to bother
molestia pública – public nuisance
moneda *f* – coin, currency
moneda de curso legal – legal tender
moneda de reserva – reserve currency
moneda legal – legal tender
monedaje *m* – coinage
monedería *f* – mintage
monetario *adj* – monetary
monetarismo *m* – monetarism
monetarista *adj* – monetarist
monetización *f* – monetization
monetizar *v* – to mint
monición *f* – admonition
monipodio *m* – illegal agreement
monitor *m* – monitor, supervisor
monitoreo *m* – monitoring, supervision
monitoreo ambiental – environmental monitoring
monitorio *adj* – monitory
monocracia *f* – monocracy
monócrata *m/f* – monocrat
monogamia *f* – monogamy
monógamo *adj* – monogamous
monopólico *adj* – monopolistic
monopolio *m* – monopoly
monopolio absoluto – absolute monopoly
monopolio comercial – commercial monopoly
monopolio estatal – government monopoly, state monopoly
monopolista *adj* – monopolistic
monopolístico *adj* – monopolistic
monopolización *f* – monopolization
monopolizado *adj* – monopolized
monopolizador *adj* – monopolizing
monopolizar *v* – to monopolize
monopsónico *adj* – monopsonic
monopsonio *m* – monopsony
monta *f* – importance, sum, total
montante *m* – amount, sum, total
montante a pagar – amount payable, amount due
monte de piedad – pawnshop
montepío *m* – public assistance office, widows' and orphans' fund, pawnshop
monto *m* – amount, sum, total, quantity
monto a pagar – amount payable, amount due
monto de la reclamación – claim amount
monto de la subvención – amount of subsidy
monto debido – amount due
monto del daño – amount of damage
monto del subsidio – amount of subsidy
montonero *m* – troublemaker, person who only fights when surrounded by cronies
moquete *m* – punch in the nose

mora *f* – delay, default
morada *f* – dwelling, sojourn
morador *m* – dweller, sojourner
moral *f* – morals
moral *adj* – moral
moralidad *f* – morality
morar *v* – to dwell, to sojourn
moratoria de la deuda – debt moratorium
morbosidad *f* – morbidity
mordaza *f* – gag
morder *v* – to bite, to wear away
mordida *f* – bribe, bite
moreteado *adj* – bruised
moretón *m* – bruise
morgue *f* – morgue
moribundo *m* – dying person
morir *v* – to die, to end
morosamente *adv* – tardily
morosidad *f* – delay, delinquency
moroso *adj* – tardy, delinquent
mort civile – civil death, mort civile
mortal *adj* – mortal, dying
mortalmente *adv* – mortally
mortandad *f* – death toll
mortífero *adj* – deadly
mortificación *f* – mortification
mortificar *v* – to mortify
mortis causa – in contemplation of death, mortis causa
mostrar *v* – to exhibit, to explain
mostrenco *adj* – ownerless, without a known owner
mote *m* – alias, error
motete *m* – parcel, nickname
motín *m* – mutiny, riot
motivación *f* – motivation
motivado *adj* – motivated, justified
motivador *adj* – motivating
motivar *v* – to motivate, to explain
motivo *m* – motive, cause, reason
motivo de despido – grounds for dismissal
motorista *m/f* – motorist
mover *v* – to move, to induce
móvil *m* – motive, inducement, mobile phone
movilidad laboral – labor mobility, labour mobility
movilización *f* – mobilization
movimiento *m* – movement, change
movimiento ambiental – environmental movement
movimiento obrero – labor movement, labour movement
movimiento sindical – union movement
muchedumbre *f* – multitude
mudanza *f* – moving, changeableness
mudar *v* – to move, to change
mudez *f* – muteness, stubborn silence
mudo *adj* – mute, silent

mueblaje *m* – furniture, moveables
muebles *m* – furniture, moveables
muebles y enseres – furniture and fixtures
muebles y útiles – furniture and fixtures
muellaje *m* – wharfage
muelle *m* – pier
muerte *f* – death, end
muerte accidental – accidental death
muerte asistida – assisted death
muerte cerebral – brain death
muerte civil – civil death
muerte legal – legal death
muerte natural – natural death
muerte piadosa – euthanasia
muerto *m* – dead person, buoy
muestra *f* – sample, model, sign
muestrario *m* – sample book, sample collection
muestreo *m* – sampling
mujer encinta – pregnant woman
multa *f* – fine, mulct
multa penal – criminal penalty
multable *adj* – finable
multar *v* – to fine, to mulct
multilateral *adj* – multilateral
multimedia *adj* – multimedia
multimedios *adj* – multimedia
multinacional *f* – multinational, multinational company
multiplicidad de acciones – multiplicity of actions
multipropiedad *f* – timeshare, timesharing
mundialización *f* – globalization
municiones *f* – munitions
municipal *m* – city police officer
municipal *adj* – municipal
municipalidad *f* – municipality, city hall
municipio *m* – municipality, city hall
murcio *m* – robber
murmuración *f* – slander, malicious gossip, backbiting
murmurador *m* – slanderer, gossiper, backbiter
murmurar *v* – to slander, to gossip, to backbite
muro medianero – party wall
mutabilidad *f* – mutability
mutable *adj* – mutable
mutación *f* – mutation, transfer
mutilación *f* – mutilation
mutilado *adj* – mutilated
mutilar *v* – to mutilate
mutismo *m* – mutism, silence
mutua *f* – mutual company, mutual benefit association
mutua de seguros – mutual insurance company
mutual *f* – mutual company, mutual benefit association
mutualidad *f* – mutuality, mutual company, mutual benefit association
mutualista *m/f* – member of a mutual company, member of a mutual benefit association
mutuamente *adv* – mutually
mutuante *m/f* – mutuant, lender
mutuario *m* – mutuary, borrower
mutuo *m* – loan for consumption, mutuum
mutuo acuerdo – mutual agreement

N

nacer *v* – to be born, to appear, to originate from
nacimiento *m* – birth, descent, origin
nación *f* – nation, race, ethnic group
nación más favorecida – most favored nation
nacional *adj* – national, domestic
nacionalidad *f* – nationality, citizenship
nacionalismo económico – economic nationalism
nacionalista *m/f* – nationalist
nacionalización *f* – nationalization, naturalization
nacionalizar *v* – to nationalize, to naturalize, to import paying duties
nada jurídica – nullity
nadería *f* – triviality
naonato *adj* – born on a ship
narcoanálisis *f* – narcoanalysis
narcótico *m* – narcotic
narcotráfico *m* – drug trafficking
narración *f* – narration, account
narrador *m* – narrator
narrar *v* – to narrate, to tell
natal *adj* – natal, native
natalicio *m* – birthday
natalidad *f* – natality
nativo *adj* – native, natural
nato *adj* – born, by virtue of office
natura *f* – nature
natural *adj* – natural, native
naturaleza *f* – nature, nationality, citizenship
naturaleza de las obligaciones – nature of the obligations
naturalidad *f* – naturalness, nationality, citizenship
naturalización *f* – naturalization

naturalizar *v* – to naturalize
naufragar *v* – to be shipwrecked, to be wrecked
naufragio *m* – shipwreck, wreck
náufrago *m* – shipwrecked person
navaja *f* – razor, knife
navajada *f* – slash
navajazo *m* – slash
nave *f* – ship, vessel
navegación *f* – navigation, art of navigation, browsing
navegador *m* – navigator
navegante *m/f* – navigator
navegar *v* – to navigate, to steer, to browse
naviero *m* – shipowner
naviero *adj* – pertaining to shipping
navío *m* – ship, vessel
neblina *f* – fog
nebulosidad *f* – nebulousness
nebuloso *adj* – nebulous
necesidad *f* – necessity, want
necesidad de probar – burden of proof
necesidad económica – economic necessity
necesidad legal – legal necessity
necesidades básicas – basic needs
necesitar *v* – to need, to want
necrocomio *m* – morgue
necrología *f* – necrology
necropsia *f* – necropsy, autopsy
necroscopia *f* – necropsy, autopsy
nefandario *adj* – abominable
nefando *adj* – abominable
nefariamente *adv* – nefariously
nefario *adj* – nefarious
negable *adj* – deniable
negación *f* – negation, denial
negador *m* – denier, disclaimer
negante *m/f* – denier
negar *v* – to negate, to deny, to disclaim, to prohibit
negarse *v* – to decline to do, to refuse, to deny oneself
negarse a aceptar – to refuse to accept
negativa *f* – refusal, denial
negativa a aceptar – refusal to accept
negatoria *f* – action to quiet title
negligencia *f* – negligence, neglect, carelessness
negligencia crasa – gross negligence
negligencia criminal – criminal negligence
negligencia culpable – culpable negligence
negligencia grave – gross negligence
negligencia inexcusable – inexcusable negligence
negligencia leve – slight negligence
negligente *m* – neglecter
negligente *adj* – negligent, careless
negligentemente *adv* – negligently, carelessly

negociable *adj* – negotiable
negociación *f* – negotiation, bargaining, transaction, clearance
negociaciones colectivas – collective bargaining
negociaciones salariales – pay negotiations
negociado *m* – bureau, department, office, transaction, illegal transaction
negociador *m* – negotiator, bargainer
negociante *m/f* – negotiator, bargainer
negociar *v* – to negotiate, to bargain
negociar colectivamente – to bargain collectively
negocio *m* – business, occupation, trade, transaction, bargain
negocio asegurador – insurance business
negocio bancario – banking business
negocio conjunto – joint venture
negocio diversificado – diversified business
negocio familiar – family business
negocio fiduciario – fiduciary transaction, trust business
negocio ilegal – illegal business, business organized for illegal purposes
negocio inmobiliario – real estate business
negocio jurídico – juristic act
nema *f* – seal
nepotismo *m* – nepotism
nepotista *m/f* – nepotist
netiqueta *f* – netiquette
nervioso *adj* – nervous, excitable
neto *adj* – net, genuine
neuma *m* – body language
neutralidad fiscal – tax neutrality, fiscal neutrality
neutralismo *m* – neutralism
neutralista *adj* – neutralist
neutralizar *v* – to neutralize
neutralizarse *v* – to be neutralized
neutralmente *adv* – neutrally
neutro *adj* – neutral
nexo *m* – nexus
niebla *f* – fog
nieta *f* – granddaughter
nietastra *f* – step granddaughter
nietastro *m* – step grandson, step grandchild
nieto *m* – grandson, grandchild
nihilismo *m* – nihilism
nihilista *m/f* – nihilist
nimiedad *f* – excessive care, excessive detail
niñera *f* – baby sitter
niñez *f* – childhood
niño abandonado – abandoned child
niño abusado – abused child
nitidez *f* – clarity
nítido *adj* – clear
nivel *m* – level, standard

nivel de alcohol en la sangre – blood alcohol count
nivel de empleo – level of employment
nivel de vida – standard of living
nivelar *v* – to level
no aceptamos devoluciones – we do not accept returns, no returns
no culpable – not guilty
no ha lugar – case dismissed, petition denied, overruled
nocente *adj* – noxious
nocible *adj* – noxious
noción *f* – notion
nocividad *f* – noxiousness
nocivo *adj* – noxious
nocturnidad *f* – aggravation of an offense for perpetration at night
nocturno *adj* – nocturnal
noche *f* – night, darkness
nolición *f* – nolition, unwillingness
nolo contendere – I will not contest it, nolo contendere
noluntad *f* – nolition, unwillingness
nómada *m/f* – nomad
nombradamente *adv* – expressly
nombrado *m* – appointee
nombrado *adj* – named, appointed, renowned
nombramiento *m* – appointment, naming
nombrar *v* – to name, to elect, to appoint
nombre *m* – name, renown
nombre comercial – trade name
nombre corporativo – corporate name
nombre de familia – surname, last name, family name
nombre de marca – brand name, trade name
nombre de pila – first name
nombre de soltera – maiden name
nombre ficticio – fictitious name
nombre legal – legal name
nombre supuesto – fictitious name
nombre y apellidos – full name, full name including mother's maiden name
nomenclatura *f* – nomenclature, list
nómina *f* – payroll, payslip, pay, salary, list
nominación *f* – nomination, election
nominado *adj* – named
nominador *m* – nominator
nominal *adj* – nominal, face
nominalmente *adv* – nominally
nominar *v* – to name, to elect
nominativo *adj* – nominative, registered
nominilla *f* – voucher
nómino *m* – nominee
non compos mentis – not sound of mind, non compos mentis
nonato *adj* – unborn, nonexistent, born though a Cesarean section
norma *f* – norm, regulation, rule, standard, model

normalización *f* – normalization, standardization
normalizar *v* – to normalize, to standardize
normas ambientales – environmental standards, environmental regulations
normas contables – accounting standards, accounting policies
normas de auditoría – auditing standards
normas de auditoría generalmente aceptadas – Generally Accepted Auditing Standards
normas de calidad – quality standards, quality regulations
normas de contabilidad – accounting standards, accounting policies
normas de seguridad – security standards, security requirements, security regulations
normas deontológicas – standards of professional conduct
normas fundamentales del trabajo – core labor standards, core labour standards
normas ISO – ISO standards
normas medioambientales – environmental standards, environmental regulations
normas procesales – rules of procedure
normas profesionales – professional standards, professional regulations
normas sanitarias – health regulations, health standards, sanitary standards
normas vigentes – current regulations, current standards
normas y reglamentos – rules and regulations
normativa *f* – rules, regulations
normativa ambiental – environmental rules
normativa establecida – established rules
normativa laboral – labor rules, labour rules
normativa medioambiental – environmental rules
normativa sanitaria – health rules, sanitary rules
normativa vigente – current rules
normativo *adj* – normative
nota *f* – note, bill
nota al calce – footnote
nota bene – observe, nota bene
nota de protesto – note of protest
notación *f* – annotation
notar *v* – to note, to discredit
notaría *f* – office of a notary public, profession of a notary public
notariado *m* – profession of a notary public, body of notaries
notariado *adj* – notarized
notarial *adj* – notarial
notariato *m* – certificate of a notary public, practice of a notary public

notario *m* – notary public
notario autorizante – attesting notary
notario público – notary public
notarizado *adj* – notarized
notarizar *v* – to notarize
notas *f* – notes, records of a notary public
noticia *f* – news, notice, notion
noticiar *v* – to notify
noticiero *m* – newscast, news reporter
notificación *f* – notification, notice, service of process
notificación adecuada – adequate notice
notificación anticipada – advance notice
notificación escrita – written notice
notificación final – final notice
notificación formal – formal notice
notificación judicial – judicial notice
notificación legal – legal notice
notificación oficial – official notice
notificación personal – personal notice
notificación por escrito – written notice
notificación pública – public notice
notificado *adj* – notified
notificador *m* – notifier, process server
notificante *adj* – notifying
notificar *v* – to notify, to serve
notificativo *adj* – notifying
noto *adj* – widely known
notoriamente *adv* – notoriously
notoriedad *f* – notoriety
notorio *adj* – notorious
novación *f* – novation
novador *m* – innovator
novar *v* – to novate
novato *m* – novice
novator *m* – innovator
novedad *f* – novelty, news item
novelar *v* – to lie
novia *f* – fiancée
noviazgo *m* – engagement
novio *m* – fiancé
núbil *adj* – nubile
nubilidad *f* – nubility
nuca *f* – nape
nuda propiedad – bare legal title
nudo propietario – bare owner
nuera *f* – daughter-in-law
nueva audiencia – rehearing
nuevo juicio – new trial
nugatorio *adj* – nugatory
nulamente *adv* – invalidly
nulidad *f* – nullity
nulidad ab initio – nullity from the beginning
nulidad absoluta – absolute nullity
nulidad de los contratos – nullity of the contracts
nulidad de los procedimientos – nullity of the proceedings

nulidad de pleno derecho – absolute nullity
nulidad legal – legal nullity
nulificar *v* – to nullify
nulo *adj* – null
nulo y sin valor – null and void
numerario *adj* – long-standing, pertaining to numbers
numerario *m* – minted money, currency, long-standing employee or member
número de autorización – authorization number
número de cuenta – account number
número de identificación – identification number
número de identificación bancaria – bank identification number
número de identificación fiscal – tax identification number, taxpayer identification number
número de póliza – policy number
número de referencia – reference number
número de registro – registration number
número de teléfono – telephone number
numo *m* – money
nuncupativo *adj* – pertaining to a nuncupative will
nupcial *adj* – nuptial
nupcias *f* – nuptials

Ñ

ñapa *f* – bonus, tip

O

obcecación *f* – obsession
obcecar *v* – to obfuscate, to obsess
obedecer reglas – to obey rules
obedecimiento *m* – obedience
obediencia debida – due obedience
óbito *m* – death
obitorio *m* – morgue

obituario *m* – obituary
objeción *f* – objection
objeción general – general objection
objetable *adj* – objectionable
objetante *m/f* – objector
objetar *v* – to object
objetivamente *adv* – objectively
objetividad *f* – objectivity
objetivo *adj* – objective, impartial
objetivo *m* – objective, target
objeto *m* – object, subject matter, aim
objeto de la acción – object of the action
objeto del acto jurídico – subject matter of a
    legal act
objeto material del delito – subject matter of
    the offense
objeto social – corporate purpose,
    partnership purpose
objetor de conciencia – conscientious
    objector
oblación *f* – payment
oblar *v* – to pay off
obligación *f* – obligation, liability, bond,
    debenture
obligación absoluta – absolute obligation
obligación alimentaria – obligation to
    provide support
obligación alimenticia – obligation to
    provide support
obligación contractual – contractual
    obligation
obligación de confidencialidad –
    confidentiality obligation
obligación de probar – burden of proof
obligación ética – moral obligation
obligación fiscal – tax duty
obligación legal – legal obligation
obligación moral – moral obligation
obligacional *adj* – obligational
obligaciones *f* – bonds, debentures,
    obligations, liabilities
obligaciones estatales – government bonds,
    state bonds, government obligations, state
    obligations
obligaciones gubernamentales –
    government bonds, government obligations
obligaciones hipotecarias – mortgage bonds
obligacionista *m/f* – bondholder
obligado *m* – obligor, debtor
obligado legalmente – legally obligated
obligador *m* – binder
obligante legalmente – legally binding
obligar *v* – to oblige, to obligate, to force, to
    bind
obligar a pagar – to force to pay
obligativo *adj* – obligatory
obligatoriedad *f* – obligatoriness
obligatorio *adj* – obligatory, compulsory,

binding
obliterar *v* – to obliterate
obra *f* – work, construction, building site,
    deed
obra por piezas – piecework
obra publicada – published work
obra social – social work, social welfare,
    health insurance
obrador *m* – worker
obraje *m* – manufacturing
obrar *v* – to work, to construct
obrar en juicio – to be a party to a suit
obras públicas – public works
obrepción *f* – obreption
obrerismo *m* – labor, laborism, labour,
    labourism
obrero *m* – worker, laborer, labourer
obrero asalariado – salaried worker
obrero calificado – qualified worker, skilled
    worker
obrero industrial – industrial worker
obrero inmigrante – immigrant worker
obrero manual – manual laborer, blue-collar
    worker
obrero no calificado – unskilled worker
obscenidad *f* – obscenity
obsceno *adj* – obscene
obscurecer *v* – to obscure, to darken
obscuridad *f* – obscurity, darkness
obscuro *adj* – obscure, dark
obsecuencia *f* – obedience
obsecuente *adj* – obedient
obsequiador *m* – giver
obsequiar *v* – to give
obsequio *m* – gift
observable *adj* – observable
observación *f* – observation, monitoring,
    comment
observador *m* – observer, monitor
observancia *f* – observance
observar *v* – to observe
obsesión *f* – obsession
obsesivo *adj* – obsessive
obseso *adj* – obsessed
obsolescencia *f* – obsolescence
obsolescente *adj* – obsolescent
obsoleto *adj* – obsolete
obstaculizar *v* – to obstruct
obstáculo *m* – obstacle
obstar *v* – to obstruct
obstrucción de la justicia – obstructing
    justice
obstruccionismo *m* – obstructionism
obstructor *adj* – obstructing, blockading
obstruir *v* – to obstruct, to blockade
obtemperar *v* – to obey
obtención *f* – obtaining, procurement
obtener *v* – to obtain

obtener crédito – to obtain credit
obtener seguro – to obtain insurance
obtenido ilegalmente – illegally obtained
obvención *f* – perquisite
obviar *v* – to obviate
obvio *adj* – obvious
ocasión *f* – occasion, opportunity, risk
ocasionado *adj* – occasioned, risky
ocasionalmente *adv* – occasionally, accidentally
ocasionar *v* – to occasion, to endanger
occidentalizado *adj* – westernized
occidentalizar *v* – to westernize
occidentalizarse *v* – to become westernized
occisión *f* – violent death
occiso *m* – person who has died by violent means, murdered person
occiso *adj* – killed by violent means, murdered
ocio *m* – inactivity, leisure
oclocracia *f* – ochlocracy
octavilla *f* – flyer, pamphlet
ocular *adj* – ocular
ocularmente *adv* – ocularly
ocultación *f* – concealment
ocultación de bienes – concealment of property
ocultación de pruebas – concealment of evidence
ocultador *m* – concealer
ocultamente *adv* – stealthily
ocultar hechos – to conceal facts
ocultar información – to conceal information
oculto *adj* – hidden
ocupa *m/f* – squatter
ocupable *adj* – occupiable, employable
ocupación *f* – occupation, employment, occupancy
ocupación actual – present occupation
ocupación de menores – child labor
ocupación fija – steady occupation
ocupación profesional – professional occupation
ocupacional *adj* – occupational
ocupado *adj* – occupied, in use, busy, engaged, working
ocupante *m/f* – occupier, occupant
ocupar *v* – to occupy, to use, to employ, to annoy, to engage
ocurrencia *f* – occurrence
ocurrir *v* – to occur, to appear
ocurso *m* – petition, demand
odiosamente *adv* – hatefully
odioso *adj* – hateful
ofendedor *m* – offender
ofender *v* – to offend, to infringe
ofendido *m* – offended person
ofensa *f* – offense

ofensa grave – serious offense
ofensa leve – minor offense
ofensivamente *adv* – offensively
ofensivo *adj* – offensive
ofensor *m* – offender
oferente *m/f* – offerer, bidder, tenderer
oferta *f* – offer, proposal, bid, tender, supply, special offer
oferta comercial – business offer, commercial offer
oferta de adquisición – takeover bid
oferta de compra – offer to purchase
oferta de empleo – employment offer
oferta de trabajo – job offer, employment offer
oferta de valores – securities offering
oferta firme – firm offer
oferta formal – formal offer
oferta ilegal – illegal offer
oferta laboral – labor supply, labour supply
oferta por escrito – offer in writing
oferta pública – public offering, public offer
oferta verbal – verbal offer
oferta y aceptación – offer and acceptance
oferta y demanda – supply and demand
ofertado *adj* – offered, bid, tendered
ofertante *adj* – offering, bidding, tendering
ofertante *m/f* – offerer, bidder, tenderer
ofertar *v* – to offer at a reduced price, to offer, to bid, to tender
oficial *m* – official, officer, clerk
oficial *adj* – official
oficial administrativo – administrative officer, executive officer
oficial de inmigración – immigration officer
oficial de justicia – judicial officer
oficial del juzgado – clerk of the court
oficial ejecutivo – executive officer
oficial financiero – financial officer
oficialía *f* – clerkship
oficialidad *f* – body of officers
oficializar *v* – to make official
oficialmente *adv* – officially
oficiar *v* – to officiate, to communicate officially
oficina *f* – office
oficina administrativa – administrative office
oficina central – headquarters, head office, central office
oficina corporativa – corporate office, head office
oficina de administración – administration office
oficina de auditoría – audit office
oficina de bienestar – welfare office
oficina de cobros – collection office
oficina de contribuciones – tax office
oficina de correos – post office

oficina de crédito – credit office
oficina de gobierno – government office
Oficina de Hacienda – tax office
oficina de negocios – business office
oficina de personal – personnel office
oficina de seguros – insurance office
oficina de ventas – sales office
oficina electrónica – electronic office
oficina matriz – headquarters, head office, main office
oficina postal – post office
oficina virtual – virtual office
oficinista *m/f* – office worker, clerk
oficio *m* – occupation, profession, office, trade, written communication
oficio público – public office
oficiosamente *adv* – officiously, diligently
oficiosidad *f* – officiousness, diligence
oficioso *adj* – officious, diligent, unofficial
ofimática *f* – office automation
ofrecedor *m* – offerer, bidder, presenter
ofrecer *v* – to offer, to bid, to present
ofrecido *m* – offeree
ofrecimiento *m* – offer, offering, bid, proposal
ofuscación *f* – obfuscation
ofuscamiento *m* – obfuscation
ofuscar *v* – to obfuscate
oír *v* – to listen to, to pay attention to, to understand
ojeada *f* – glimpse
okupa *m/f* – squatter
oleada *f* – wave, surge
oleoducto *m* – oil pipeline
oligarca *m/f* – oligarch
oligarquía *f* – oligarchy
oligárquico *adj* – oligarchic
oligopolio *m* – oligopoly
oligopsonio *m* – oligopsony
oliscar *v* – to investigate
ológrafo *m* – holograph
ológrafo *adj* – holographic
olvido *m* – oblivion, forgetfulness, negligence
ombudsman *m* – ombudsman
ominoso *adj* – ominous
omisible *adj* – omissible
omisión *f* – omission, neglect
omisión dolosa – culpable neglect
omiso *adj* – neglectful, careless
omitido *adj* – omitted
omitir *v* – to omit
omnímodo *adj* – all-embracing
onerosidad *f* – onerousness
oneroso *adj* – onerous
onomástico *adj* – onomastic
onus probandi – burden of proof, onus probandi

opción *f* – option
opción de compra – option to purchase, call option
opción de venta – option to sell, put option
opcional *adj* – optional
operación *f* – operation, transaction
operación administrativa – management operation
operación bancaria – banking operation
operación clandestina – clandestine operation
operación inmobiliaria – real estate operation
operación legal – legal operation
operacional *adj* – operational
operador *m* – operator
operador aéreo – aircraft operator
operar *v* – to operate, to deal
operario *m* – operator, worker, laborer, labourer
operario de fábrica – factory worker
operativo *adj* – operative
opinable *adj* – debatable
opinar *v* – to opine, to believe
opinión *f* – opinion
opinión adversa – adverse opinion
opinión concurrente – concurrent opinion
opinión del auditor – auditor's opinion
opinión disidente – dissenting opinion
opinión favorable – favorable opinion
opinión informada – informed opinion
opinión judicial – judicial opinion
opinión jurídica – legal opinion
opinión legal – legal opinion
opinión profesional – professional opinion
opinión pública – public opinion
oponente *m* – opponent
oponer *v* – to oppose, to object
oponibilidad *f* – opposability
oponible *adj* – opposable
oportunamente *adv* – opportunely
oportunidad de empleo – employment opportunity
oportunismo *m* – opportunism
oportunista *m/f* – opportunist
oportuno *adj* – opportune, timely, appropriate
oposición *f* – opposition, objection, juxtaposition
opositor *m* – opponent, objector
opresión *f* – oppression
opresor *m* – oppressor
oprimir *v* – to oppress
oprobiar *v* – to defame
oprobio *m* – opprobrium
optante *m/f* – chooser
optar *v* – to choose, to opt
optativo *adj* – optional
óptimas condiciones – optimal conditions

optimismo *m* – optimism
optimización *f* – optimization
optimizar *v* – to optimize
óptimo *adj* – optimal, optimum
opuestamente *adv* – oppositely
opuesto *adj* – opposite
opugnación *f* – oppugnancy
opugnador *m* – oppugner
opugnante *m/f* – oppugner
opugnar *v* – to oppugn
orador *m* – orator, speaker
oral *adj* – oral
oralidad *f* – orality
oralmente *adv* – orally
orden *f* – order, command
orden *m* – order, sequence
orden de allanamiento – search warrant
orden de arresto – arrest warrant
orden de citación – subpoena, summons
orden de comparecencia – subpoena, summons
orden de detención – arrest warrant
orden de ejecución – death warrant
orden de pago – payment order
orden de prisión – order for imprisonment
orden de protección – protective order
orden de registro – search warrant
orden ejecutiva – executive order
orden jerárquico – hierarchical order
orden judicial – judicial order, court order
orden jurídico – sources of the law
orden legal – lawful order
orden perentoria – peremptory order
orden público – public order
ordenación *f* – order, arrangement
ordenación territorial – zoning, land distribution
ordenadamente *adv* – in an orderly fashion
ordenado *adj* – orderly
ordenador *m* – computer, controller, arranger
ordenador central – central computer
ordenador de red – network computer
ordenamiento *m* – ordering, order, legislation, body of laws, code of laws, law
ordenanza *f* – ordinance, order, method
ordenanza *m/f* – clerk
ordenanza municipal – municipal ordinance
ordenar *v* – to order, to regulate, to arrange
ordinariamente *adv* – ordinarily, uncouthly
ordinario *m* – ordinary judge, regular mail
ordinario *adj* – ordinary, uncouth
orfandad *f* – orphanhood, neglect
organigrama *m* – organizational chart, flowchart
organismo *m* – organization, entity, body
organismo administrativo – management organization, managing organization
organismo autónomo – autonomous entity

organismo de control – controlling organization
organismo estatal – government organization, state organization
organismo gubernamental – government organization, government agency
organismo jurídico – legal organization
organismo legal – legal organization
organismo político – political organization
organización *f* – organization
organización administrativa – management organization
organización autorreguladora – self-regulatory organization
organización bancaria – banking organization
organización benéfica – charitable organization
organización caritativa – charitable organization
organización comercial – business organization, commercial organization, trade organization
Organización de Países Exportadores de Petróleo – Organization of Petroleum Exporting Countries, OPEC
organización estatal – government organization, state organization
organización gubernamental – government organization
Organización Internacional de Normalización – International Standards Organization, ISO
Organización Internacional del Trabajo – International Labor Organization, International Labour Organization, ILO
organización jurídica – legal organization
Organización Mundial de la Propiedad Intelectual – World Intellectual Property Organization, WIPO
Organización Mundial de la Salud – World Health Organization, WHO
Organización Mundial del Comercio – World Trade Organization, WTO
Organización para la Cooperación y el Desarrollo Económico – Organization for Economic Cooperation and Development, OECD
organización política – political body
organización sin ánimo de lucro – nonprofit organization
organización sin fines de lucro – nonprofit organization
organización sindical – labor organization, labor union, labour organization, labour union
organizacional *adj* – organizational
organizador electrónico – electronic organizer

organizar *v* – to organize
organizativo *adj* – organizational
órgano *m* – organ, body, committee, agency
órgano administrativo – administrative
   committee
órgano arbitral – arbitral body
órgano directivo – executive committee
órgano ejecutivo – executive committee
órgano estatal – government body,
   government agency, state body, state agency
orientación profesional – professional
   orientation
orientado al trabajo – job-oriented, work-
   oriented
orientado hacia el trabajo – job-oriented,
   work-oriented
orientar *v* – to orient, to advise, to direct, to
   position
origen *m* – origin, source
origen de fondos – source of funds
origen y aplicación de fondos – source and
   application of funds
originación *f* – origination
original *adj* – original, authentic
original *m* – original
originalmente *adv* – originally
originar *v* – to originate
originario *adj* – originating
orillar *v* – to settle, to skirt
oriundez *f* – origin
oriundo *adj* – originating
osadía *f* – audacity
osado *adj* – audacious
oscitancia *f* – negligence, carelessness
oscuridad *f* – obscurity, darkness
ostensible *adj* – ostensible
ostentación *f* – ostentation
ostentar *v* – to display, to flaunt
otear *v* – to scan, to watch
otorgador *m* – grantor
otorgador *adj* – granting
otorgamiento *m* – granting, bestowal,
   authorization, will
otorgante *m/f* – grantor
otorgar *v* – to grant, to award, to agree to, to
   execute
otorgar ante notario – to execute before a
   notary
otorgar asilo – to grant asylum
otorgar crédito – to grant credit
otorgar fianza – to furnish bail
otorgar inmunidad – to grant immunity
otorgar una patente – to grant a patent
otrosí *m* – petition after the original one
outplacement *m* – outplacement
outsourcing *m* – outsourcing

P

p. ej. (por ejemplo) – for example
pabellón *m* – national flag, protection
pacificación *f* – pacification, peace
pacificador *m* – peacemaker
pacíficamente *adv* – peacefully
pacificar *v* – to pacify
pacifismo *m* – pacifism
pacifista *m/f* – pacifist
pactado *adj* – agreed to
pactante *m/f* – contracting party
pactar *v* – to make a pact, to agree to, to
   contract
pacto *m* – pact, agreement, contract
pacto antenupcial – prenuptial agreement
pacto bilateral – bilateral agreement
pacto colectivo – collective agreement
pacto de no agresión – non-aggression treaty
pacto de no competencia – non-competition
   agreement, covenant not to compete
pacto económico – economic agreement
pacto entre caballeros – gentlemen's
   agreement
pacto fiscal – tax agreement
pacto laboral – labor agreement, labour
   agreement
padrastro *m* – stepfather, obstacle
padre abusivo – abusive father, abusive
   parent
padre adoptivo – adoptive father, adoptive
   parent
padre biológico – biologic father, biologic
   parent
padre de crianza – adoptive father, adoptive
   parent
padre de familia – head of household
padre político – father-in-law
padre putativo – putative father
padre soltero – single father
padrón *m* – census register, voters list,
   model, blemish on a reputation
pág. (página) – page
paga *f* – pay, salary, wages, payment,
   compensation
paga anual – annual salary, annual pay,
   annual wages
paga base – base pay
paga contractual – contractual pay
paga fija – fixed pay, set pay
paga igual – equal pay
paga justa – just pay

paga mensual – monthly salary, monthly pay, monthly wage
paga mínima – minimum wage
paga y señal – initial payment, binder
pagable *adj* – payable, owing
pagadero *adj* – payable, owing
pagado *m* – stamp indicating payment
pagado *adj* – paid
pagado al contado – paid in cash
pagado en efectivo – paid in cash
pagador *m* – payer
pagaduría *f* – disbursement office
pagamento *m* – payment
pagamiento *m* – payment
pagar *v* – to pay, to pay back, to repay, to return
pagar a cuenta – to pay on account
pagar a plazos – to pay in installments
pagar al contado – to pay cash
pagar daños – to pay damages
pagar en efectivo – to pay cash
pagaré *m* – promissory note, note, bill of debt, IOU
pagaré a la vista – demand note
página de Internet – Web page, Internet page
página Web – Web page
páginas amarillas – yellow pages
pago *adj* – paid
pago *m* – payment
pago a cuenta – payment on account
pago a la entrega – paid on delivery
pago a plazos – payment in installments
pago al contado – cash payment
pago atrasado – late payment, overdue payment, payment in arrears
pago con tarjeta – credit card payment, debit card payment
pago contra entrega – cash on delivery
pago contractual – contractual payment
pago de alquiler – rent payment
pago de arrendamiento – lease payment
pago del IVA – payment of the value-added tax
pago electrónico – electronic payment
pago en cuotas – payment in installments
pago en efectivo – cash payment
pago hipotecario – mortgage payment
pago igual – equal pay
pago inicial – down payment
pago judicial – forced payment
pagote *m* – scapegoat
país *m* – country, nation, region
país acreedor – creditor country
país anfitrión – host country
país de origen – country of origin, country of birth
país de residencia – country of residence
país del tercer mundo – third-world country

país hegemónico – hegemonic country
país imperialista – imperialist country
país menos desarrollado – least-developed country, less-developed country
país miembro – member country
país subdesarrollado – underdeveloped country
países en vías de desarrollo – developing countries
paisanaje *m* – civilians
paisano *m* – civilian, compatriot
paisano *adj* – of the same country, of the same region
pajarear *v* – to loiter
palabra clave – keyword
palabra de honor – word of honor
palabra por palabra – word for word
palabrada *f* – swearword
palabras gruesas – strong words
palabras mayores – offensive words
palacio *m* – palace, courthouse
palacio de justicia – courthouse
palacio de los tribunales – courthouse
palacio municipal – city hall
paladinamente *adv* – publicly, clearly
paladino *adj* – public, clear
paliar *v* – to palliate
palinodia *f* – palinode
paliza *f* – beating
palmar *v* – to die
palmario *adj* – evident
palpito *m* – hunch
panacea *f* – panacea
pancarta *f* – banner, sign, billboard, hoarding
pandemonio *m* – pandemonium
pandilla *f* – gang
pandillero *m* – gangster
panel de expertos – panel of experts
panfleto *m* – pamphlet, lampoon, libel
pánico colectivo – collective panic
panorama *m* – panorama, outlook
papá estado – nanny state
papel *m* – paper, document
papel comercial – commercial paper, business paper
papel de comercio – commercial paper
papel de seguridad – safety paper
papel mojado – worthless document
papel sellado – stamped paper
papel timbrado – stamped paper
papeleo *m* – red tape, paperwork
papeles de trabajo – working papers
papeleta *f* – ticket, ballot, ballot paper, form, slip of paper
papelista *m/f* – archivist
papelote *m* – worthless document
papelucho *m* – worthless document
paquete *m* – package, parcel, packet, lie

par *f* – par
par *m* – pair, peer
para su información – for your information
paracronismo *m* – parachronism
parada *f* – stop, shutdown, pause, end, stake, rebuff
paradero *m* – whereabouts, stopping place, end
paradigma *f* – paradigm
parado *adj* – unemployed, arrested, idle
parado *m* – unemployed person
paradoja *f* – paradox
paradójico *adj* – paradoxical
paraestatal *adj* – semi-state
parafernales *m* – paraphernal property
parafraseador *adj* – paraphrasing, annotating
paráfrasis *f* – paraphrase, annotation
parafuego *m* – firewall
paraíso fiscal – tax haven
paralización del proceso – paralyzation of the legal proceeding
paralizar *v* – to paralyze, to stop
paralogismo *m* – paralogism
paralogizar *v* – to attempt to convince with specious arguments
parámetros de calificación – qualification parameters
paramilitar *adj* – paramilitary
paranoia *f* – paranoia
paranoico *adj* – paranoid
parar *v* – to stop, to detain, to arrest, to strike, to end, to bet, to prepare, to alter
parásito social – social parasite
parcela *f* – parcel
parcelación *f* – parceling
parcelar *v* – to parcel
parcial *adj* – partial, biased
parcialidad *f* – partiality, bias, friendship, faction
parcialmente *adv* – partially
parcionero *m* – partner
parecencia *f* – resemblance
parecer *m* – opinion, looks
parecer *v* – to appear, to opine
parecido *adj* – similar
pareciente *adj* – resembling
pareja *f* – couple
pareja de hecho – common-law couple
parejo *adj* – even, alike
parénesis *f* – admonition, exhortation
parenético *adj* – admonitory, exhortative
parentela *f* – relations
parentesco *m* – relationship, tie
parentesco civil – civil relationship
parentesco consanguíneo – blood relationship
parentesco de afinidad – in-law relationship
parentesco directo – direct relationship

parentesco legal – legal relationship
parentesco natural – blood relationship
parentesco político – in-law relationship
parentesco por afinidad – in-law relationship
parentesco por consanguinidad – blood relationship
paridad *f* – parity
pariente *m* – relative
pariente consanguíneo – blood relative
parientes más próximos – next of kin
parificación *f* – exemplification
parificar *v* – to exemplify
parigual *adj* – very similar
parir *v* – to give birth to, to originate
parlamentario *m* – member of parliament, congressmember
parlamentario *adj* – parliamentary
parlamentarismo *m* – parliamentarianism
parlamento *m* – parliament, congress, legislative body, speech
paro *m* – stop, strike, lockout, unemployment, unemployment compensation
paro de brazos caídos – sit-down strike
paro estructural – structural unemployment
paro forzoso – layoff, lockout
paro general – general strike
paro laboral – work stoppage
paro obrero – strike
paro patronal – lockout
paro técnico – unemployment resulting from technology replacing workers
paroxismo *m* – paroxysm
parque *m* – park, station
parqué *m* – trading floor, floor
parque comercial – business park, commercial park
parque empresarial – business park
parque industrial – industrial park
párrafo *m* – paragraph
parricida *m/f* – parricide
parricidio *m* – parricide
parte *f* – part, party, share, side
parte *m* – urgent notice, note, report, notification of marriage
parte actora – plaintiff
parte agraviada – aggrieved party
parte beneficiada – accommodated party
parte contraria – opposing party
parte del accidente – accident report
parte demandada – defendant
parte demandante – plaintiff
parte interesada – interested party
parte médico – health report, médical report
parte policíaco – police report
partible *adj* – divisible
partición *f* – partition, division
partición de la herencia – partition of the succession, distribution of the decedent's

estate
partición judicial – judicial partition
participación *f* – participation, share,
communication
participación criminal – criminal
participation
participación cruzada – reciprocal
participation
participación de los empleados – employee
participation
participación en las ganancias – profit
sharing
participación en los beneficios – profit
sharing
participación financiera – financial
participation
participante activo – active participant
participar *v* – to participate, to inform, to
share
participar en una conspiración – to
participate in a conspiracy
participativo *adj* – participative
partícipe *m/f* – participant, partner
particular *adj* – particular, private, personal,
individual, peculiar
particular *m* – individual, matter
particularizar *v* – to particularize, to pay
special attention to
particularmente *adv* – particularly, privately
partida *f* – departure, entry, item, shipment,
consignment, certificate, band, death
partida de defunción – death certificate
partida de matrimonio – marriage certificate
partida de nacimiento – birth certificate
partida doble – double entry
partida única – single entry
partidamente *adv* – separately
partidario *m* – follower, supporter, guerrilla
member
partidista *adj* – partisan
partido *m* – party, advantage, means,
backing, pact, contract
partido judicial – judicial district
partido político – political party
Partido Socialista – Socialist party
Partido Verde – Green party
partidor *m* – executor, partitioner
partija *f* – partition, division
partimiento *m* – partition, division
partir *v* – to divide, to depart
parto *m* – parturition, product
parturición *f* – parturition
parturienta *adj* – parturient
pasador *m* – smuggler
pasaje *m* – passage, fare
pasajero *m* – passenger
pasajero *adj* – passing
pasante *m/f* – law clerk

pasantía *f* – law clerkship, apprenticeship
pasaporte *m* – passport
pasaporte diplomático – diplomatic passport
pasar *v* – to pass
pasar a disposición judicial – to be brought
before a court
pasar la lista – to call the roll
pasavante *m* – safe-conduct
pase *m* – pass
pasivo *m* – liability, liabilities
pasivo *adj* – passive, retirement
pasivo social – partnership liabilities,
corporate liabilities
paso *m* – step, passage, access
paso a nivel – grade crossing
pastos comunes – common pasture lands
patentable *adj* – patentable
patentado *m* – patentee
patentado *adj* – patented
patentar *v* – to patent
patente *f* – patent, license, licence, permit
patente *adj* – patent
patente de invención – patent, letters patent
patente de mejora – patent on an
improvement
patente de navegación – ship's papers
patente internacional – international patent
patente nacional – national patent
patente original – basic patent
patente pendiente – patent pending
patente solicitada – patent pending
patentes y marcas – patents and trademarks
patentizar *v* – to patent
paternal *adj* – paternal
paterno *adj* – paternal
patíbulo *m* – gallows
patota *f* – gang
patria *f* – native land, country
patria potestad – parental authority
patrimonial *adj* – patrimonial
patrimonio *m* – patrimony, estate,
inheritance, wealth, net assets, net worth
patrimonio bruto – gross estate, gross assets
patrimonio cultural – cultural heritage
patrimonio empresarial – corporate assets,
enterprise assets
patrimonio familiar – family estate, family
assets
patrimonio personal – personal wealth,
personal assets
patrimonio social – corporate assets
patriotismo *m* – patriotism
patriota *m/f* – patriot
patrocinador *m* – sponsor, backer
patrocinar *v* – to sponsor, to back
patrocinio *m* – sponsorship, backing
patrón *m* – patron, pattern, employer, boss,
lessor, standard

patrón monetario – monetary standard, currency standard
patronal *adj* – pertaining to employers
patronato *m* – trusteeship, trust, employers' association, association
patronazgo *m* – trusteeship, trust, employers' association, association
patrono *m* – patron, employer, lessor
patrulla *f* – squad, police squad, squad car, gang
patrullar *v* – to patrol
patrullero *adj* – patrolling
pauperismo *m* – pauperism
pauta *f* – rule, guideline
pautar *v* – to rule, to give guiding principles for
pautas comerciales – business guidelines, commercial guidelines
pautas de auditoría – auditing guidelines
pautas de calidad – quality guidelines
pautas de comercio – commerce guidelines
pautas de cumplimiento – performance guidelines, compliance guidelines, fulfillment guidelines
pautas de seguridad – security guidelines, safety guidelines
pautas de trabajo – labor guidelines, labour guidelines
pautas publicitarias – advertising guidelines
pautas sanitarias – health guidelines, sanitary guidelines
pavoroso *adj* – frightful
pavura *f* – fright
paz armada – armed peace
paz pública – public peace
peaje *m* – toll
peatón *m* – pedestrian
pecorea *f* – marauding
pecorear *v* – to maraud
peculado *m* – peculation, embezzlement, graft
peculiaridad *f* – peculiarity
peculio *m* – private money, private property, peculium
pecuniariamente *adv* – pecuniarily
pecuniario *adj* – pecuniary
pechar *v* – to pay a tax, to assume a responsibility, to put up with
pecho *m* – tax, spirit
pederasta *m* – pederast
pederastia *f* – pederasty
pedido *m* – order, purchase, petition
pedido de anulación – petition for annulment
pedido de trabajo – work order, job order
pedido urgente – urgent order, rush order
pedimento *m* – petition, request, motion, bill, claim
pedir *v* – to ask, to request, to order, to demand
pegar *v* – to strike, to stick, to fasten, to pass on, to fire
pegar un tiro – to fire a shot
pegujal *m* – peculium
pelea *f* – fight
pelear *v* – to fight
peligrar *v* – to be in danger
peligro *m* – danger, hazard
peligro de incendio – fire hazard
peligro de muerte – mortal danger
peligro grave – serious danger
peligro oculto – hidden danger
peligro para la salud – health hazard, health risk
peligrosamente *adv* – dangerously
peligrosidad *f* – dangerousness
peligroso *adj* – dangerous
pelotón de fusilamiento – firing squad
pena *f* – penalty, punishment, pain, grief
pena accesoria – cumulative punishment
pena administrativa – administrative punishment
pena aflictiva – afflictive punishment
pena capital – capital punishment
pena complementaria – additional punishment
pena contractual – contractual penalty
pena corporal – corporal punishment
pena correccional – jail, corrective punishment
pena criminal – criminal punishment
pena cruel – cruel punishment
pena de la vida – capital punishment
pena de multa – fine
pena de muerte – capital punishment
pena infamante – infamous punishment
pena leve – slight punishment
pena máxima – maximum penalty
pena mínima – minimum penalty
pena pecuniaria – fine
pena privativa de libertad – punishment which restricts freedom
penable *adj* – punishable
penado *m* – convict, prisoner
penado *adj* – grieved, arduous
penal *m* – prison
penal *adj* – penal
penalidad *f* – penalty, suffering
penalidad civil – civil penalty, civil sanction
penalista *m/f* – criminal attorney
penalización *f* – penalty
penalización pecuniaria – pecuniary penalty
penalizar *v* – to penalize, to punish
penar *v* – to penalize, to punish, to suffer
pendencia *f* – quarrel, pending suit
pendenciar *v* – to quarrel
pendenciero *m* – troublemaker

pendente lite – pending the litigation, during the litigation, pendente lite
pendiente *adj* – pending, outstanding
penetración *f* – penetration
penitenciaría *f* – penitentiary
penitenciario *adj* – penitentiary
penología *f* – penology
pensado *adj* – premeditated
pensamiento criminal – criminal intent
pensión *f* – pension, annuity, support, board
pensión a la vejez – old-age pension
pensión alimentaria – alimony, support
pensión alimenticia – alimony, support
pensión de alimentos – alimony, maintenance
pensión de invalidez – disability benefits, disability pension
pensión de jubilación – pension, retirement annuity, old-age pension
pensión de retiro – pension, retirement annuity
pensión de vejez – old-age pension
pensión del estado – government pension, state pension
pensión del gobierno – government pension
pensión por discapacidad – disability pension
pensión por incapacidad – disability pension
pensión por invalidez – disability pension
pensión vitalicia – life pension, life annuity, annuity
pensionado *m* – pensioner, annuitant, boarder
pensionado *adj* – pensioned
pensionar *v* – to pension
pensionario *m* – payer of a pension, attorney
pensionista *m/f* – pensioner, annuitant, boarder
peño *m* – foundling
peón *m* – hired hand, laborer, unskilled laborer, labourer, unskilled labourer
peonada *f* – day's work of a laborer
pequeña empresa – small business
pequeñas y medianas empresas – small and medium size enterprises
per cápita – per capita, by the head
percance *m* – mishap
percance de tránsito – traffic mishap
percance laboral – occupational mishap
percance mortal – fatal mishap
percatarse *v* – to notice
percepción *f* – perception, collection
percepción de derechos – collection of duties
percepción del salario – receipt of salary
perceptible *adj* – perceptible, collectible
perceptor *m* – perceiver, collector
percibir *v* – to perceive, to collect

percibo *m* – collecting
percusor *m* – striker
percutir *v* – to strike
perder *v* – to lose, to spoil
perder el empleo – to lose one's job
perder el juicio – to lose one's reason
perder la vida – to lose one's life
perderse *v* – to lose, to get lost, to be spoiled
pérdida *f* – loss, waste, damage
pérdida de capital – capital loss
pérdida de empleo – loss of employment
pérdida de la nacionalidad – loss of nationality
pérdida fiscal – tax loss, fiscal loss
pérdida personal – personal loss
pérdida total – total loss, dead loss
pérdidas y ganancias – profit and loss
perdido *adj* – lost, wasted, stray
perdido o no perdido – lost or not lost
perdón *m* – pardon, amnesty, remission
perdón condicional – conditional pardon
perdón de la deuda – forgiveness of the debt
perdón incondicional – unconditional pardon
perdón judicial – judicial pardon
perdonable *adj* – pardonable
perdonar *v* – to pardon, to forgive, to grant amnesty, to exempt
perdulario *adj* – sloppy, debauched
perdurable *adj* – perdurable, lasting
perdurar *v* – to perdure, to last
perecedero *adj* – perishable, needy
perecer *v* – to perish, to end
perecimiento *m* – perishing, end
perención *f* – prescription
perenne *adj* – perennial
perennidad *f* – perpetuity
perentoriamente *adv* – peremptorily
perentoriedad *f* – peremptoriness
perentorio *adj* – peremptory
perfección *adj* – perfection, completion
perfección del contrato – perfection of contract
perfeccionado *adj* – perfected, completed
perfeccionar *v* – to perfect, to complete
perfecto *adj* – perfect, complete
perfidia *f* – perfidy
perfil *m* – profile
pergamino *m* – parchment, document
pericia *f* – expertness, skill
pericial *adj* – expert
pericialmente *adv* – expertly
periódicamente *adv* – periodically
periodicidad *f* – periodicity
periódico *m* – periodical, newspaper
periódico *adj* – periodic
periodificación *f* – allocation by period
período *m* – period
período contable – accounting period

período de gracia – grace period
período de prescripción – prescription period
período de prueba – trial period
período estipulado – stipulated period
período excluido – excluded period
período fiscal – fiscal period, taxation period
perista *m/f* – fence
peritación *f* – work of an expert, expert testimony
peritaje *m* – work of an expert, expert testimony
peritar *v* – to work as an expert
peritazgo *m* – work of an expert, expert testimony
perito *m* – expert, appraiser
perito tasador – expert appraiser
perjudicado *m* – prejudiced party, injured party, wronged party
perjudicado *adj* – prejudiced, injured, damaged, wronged
perjudicar *v* – to prejudice, to injure, to damage, to wrong
perjudicial *adj* – prejudicial, harmful, injurious, damaging
perjuicio *m* – injury, damage, wrong, loss
perjuicio material – physical damage
perjurador *m* – perjurer
perjurador *adj* – perjurious
perjurar *v* – to perjure
perjurarse *v* – to perjure oneself
perjurio *m* – perjury
perjuro *m* – perjurer
perjuro *adj* – perjured
permanecer *v* – to remain
permanencia *f* – permanence, stay
permisible *adj* – permissible, allowable
permisión *f* – permission, permit, license, licence, leave
permisionario *m* – licensee, licencee
permisivamente *adv* – permissively
permisivo *adj* – permissive
permiso *m* – permission, permit, license, licence, leave
permiso de apertura – opening permit
permiso de armas – gun license
permiso de conducción – driver's license, driver's licence
permiso de conducir – driver's license, driver's licence
permiso de construcción – building permit
permiso de edificación – building permit
permiso de exportación – export permit
permiso de importación – import permit
permiso de negocios – business permit
permiso de paso – right of way
permiso de residencia – residence permit
permiso de trabajo – work permit

permiso de venta – sales permit
permiso expirado – expired permit
permiso para operar – permit to operate
permiso provisional – provisional permit
permiso temporal – temporary permit
permitido *adj* – permitted, allowed
permitido por ley – allowed by law
permitir *v* – to permit, to allow, to tolerate
permuta *f* – exchange, swap, permutation
permutable *adj* – permutable
permutación *f* – permutation
permutar *v* – to permute, to barter, to swap
perniciosamente *adv* – perniciously
pernicioso *adj* – pernicious
peroración *f* – peroration
perorar *v* – to perorate
perpetración *f* – perpetration
perpetrador *m* – perpetrator
perpetrar *v* – to perpetrate
perpetuación *f* – perpetuation
perpetuar *v* – to perpetuate
perpetuidad *f* – perpetuity
perpetuo *adj* – perpetual
persecución *f* – persecution, pursuit
persecutorio *adj* – persecuting, pursuing
perseguido *adj* – pursued, persecuted
perseguidor *m* – pursuer, persecutor
perseguimiento *m* – pursuit, persecution
perseguir *v* – to pursue, to persecute
perseverancia *f* – perseverance
perseverar *v* – to persevere
persistencia *f* – persistence
persistente *adj* – persistent
persistir *v* – to persist
persona a cargo – person in charge, dependent
persona agraviada – aggrieved person
persona autorizada – authorized person
persona clave – key person
persona corporal – natural person
persona desaparecida – missing person
persona interpuesta – intermediary
persona jurídica – artificial person
persona legal – artificial person
persona moral – artificial person
persona natural – natural person
persona non grata – a person not wanted
persona razonable – reasonable person
persona responsable – accountable person
personal *m* – personnel, staff
personal *adj* – personal, private
personal administrativo – administrative personnel, administrative staff
personal asalariado – salaried personnel
personal calificado – qualified personnel, skilled personnel
personal clave – key personnel
personal contratado – contracted personnel

personal de alta dirección – top management
personal de campo – field staff
personal de oficina – office personnel, office staff
personal directivo – management, management staff
personal discapacitado – disabled personnel
personal fijo – permanent personnel
personal jerárquico – senior staff, senior personnel
personal obrero – workforce
personal permanente – permanent personnel, permanent staff
personal profesional – professional personnel, professional staff
personal sindicalizado – unionized personnel
personal temporal – temporary personnel, temporary staff
personal temporario – temporary personnel, temporary staff
personalidad f – personality, capacity
personalmente adv – personally
personarse v – to appear, to appear in court
personería f – representation, personality, capacity
personería gremial – recognition of a union by the proper authorities
personería jurídica – legal capacity to sue
personero m – representative
perspectiva f – perspective, outlook, prospect
persuadir v – to persuade
persuasión f – persuasion
persuasivo adj – persuasive
pertenencia f – property, ownership, mining claim, accessory, membership, belonging
pertinencia f – pertinence, relevancy
pertinente adj – pertinent, relevant, admissible
perturbación f – disturbance, perturbance, perturbation, mental illness
perturbación de la paz – breach of the peace, disturbance of the peace
perturbación del orden público – breach of the peace, disturbance of the peace
perturbar v – to disturb, to perturb, to breach the peace
perversidad f – perversity
perversión f – perversion
pervertidor m – perverter
pervertir adj – to pervert, to breach public order
pesadumbre f – grief, trouble, injury, harm
pesas y medidas – weights and measures
pesca f – fishing, fishing industry
peso m – weight, influence
peso de la prueba – burden of proof

pesquisa f – inquiry
pesquisa m – detective
pesquisar v – to inquire into, to inquire
pesquisidor m – inquirer
peste f – plague, epidemic, corruption, stench
pestilencia f – pestilence
petición f – petition, claim, complaint
petición de herencia – petition to be declared an heir, petition for probate
petición de patente – patent application
peticionante m/f – petitioner
peticionario m – petitioner
petitorio adj – petitionary
petrodólares m – petrodollars
petrolero m – oil tanker
phishing m – phishing
picapleitos m – pettifogger, ambulance chaser, barrator, troublemaker
picardía f – mischievousness, knavery, ruse
pie m – foot, basis, cause, partial payment
piedad f – mercy, pity
pieza f – piece, part, room, period, plot
pieza de convicción – material evidence
pieza de prueba – piece of evidence
pignoración f – pignoration, pawning
pignorar v – to pignorate, to hypothecate, to pledge
pignoraticio adj – pignorative, secured
pigre adj – lazy, negligent
pigricia f – laziness, negligence
pilotaje m – piloting, pilotage
pilotar v – to pilot
pilotear v – to pilot
piloto m – pilot, driver, navigator
pillaje m – theft, pillaging
pillar v – to pillage, to steal
pillo m – thief, rouge
piquete m – picket
piquete de huelga – picket
piramidación f – pyramiding
pirámide financiera – financial pyramid
pirata m – pirate, brute
pirateado adj – pirated
piratear v – to pirate
piratería f – piracy, robbery
piratería aérea – hijacking
piromanía f – pyromania
pirómano m – pyromaniac
piscicultura f – fish farming
piscifactoría f – fish farm
piso m – floor, apartment, flat
pista f – trail, track, clue, runway
pistola f – pistol
pistolera f – holster
pistoletazo m – pistol shot
placa f – badge, license plate, licence plate, number plate
plagiar v – to plagiarize

plagiario *m* – plagiarist
plagio *m* – plagiarism
plan *m* – plan, project, diagram
plan corporativo – corporate plan
plan de beneficios – benefit plan
plan de capacitación – training plan
plan de formación – training plan
plan de pagos – payment plan
plan de pensiones – pension plan
plan de retiro – retirement plan
plan de salud – health insurance plan
Plan General Contable – general accounting plan
Plan General de Contabilidad – general accounting plan
plan médico – health insurance plan
plana *f* – side, page, roster
planes de pensión – pension plans
planeamiento *m* – planning
planificación *f* – planning
planificación a corto plazo – short-range planning, short-term planning
planificación a largo plazo – long-range planning, long-term planning
planificación administrativa – administrative planning
planificación centralizada – centralized planning
planificación económica – economic planning
planificación fiscal – tax planning, fiscal planning
planificación rural – rural planning
planificación urbana – urban planning
planificación urbanística – urban planning
planificación y control – planning and control
planificado *adj* – planned
planificador *m* – planner
planificar *v* – to plan
planilla *f* – tax return, payroll, list, ballot
planilla de impuestos – tax return
planilla de sueldos – payroll
plano *m* – plan, plane, diagram, map
planta *f* – plant, floor, power plant
planta de fabricación – manufacturing plant
planta de manufactura – manufacturing plant
planta de producción – production plant
plantar *v* – to plant, to establish, to place
plantarse *v* – to take a stand, to arrive
planteamiento *m* – outlining, setting up, argument
plantear *v* – to set forth, to set up
plantear un caso – to present a case
plantear una demanda – to bring suit
planteo *m* – layout, outlining, setting up
plantificar *v* – to establish, to place
plantilla *f* – staff, personnel

plantilla administrativa – administrative staff
plantilla de administración – administration staff
plantilla directiva – management staff, management
plantilla fija – permanent staff
plata *f* – silver, money
plataforma electoral – political platform
plaza *f* – plaza, market, stronghold, place, post, vacancy
plaza comercial – marketplace, shopping center, shopping centre
plazo *m* – period, term, installment, deadline
plazo acordado – agreed-upon period
plazo contractual – contractual period, contract period
plazo convenido – agreed-upon period
plazo de aviso – notice period, warning period
plazo de garantía – guarantee period
plazo de gracia – grace period
plazo de las obligaciones – period within which to fulfill an obligation
plazo de prescripción – limitation, prescription period
plazo estipulado – stipulated period
plazo fatal – deadline
plazo fijo – fixed period, fixed term, established term
plazo final – deadline, final payment, final installment
plazo improrrogable – deadline
plazo legal – legal term
plazo límite – deadline
plazos y condiciones – terms and conditions
plazos y términos – terms and conditions
plebiscitario *adj* – pertaining to a plebiscite
plebiscito *m* – plebiscite
pleiteador *m* – litigious person, litigator, barrator, attorney who will litigate under any pretense
pleiteador *adj* – litigious, troublemaking
pleiteante *adj* – litigating
pleitear *v* – to litigate, to sue
pleitista *m* – litigious person, litigator, barrator, attorney who will litigate under any pretense
pleitista *adj* – litigious, troublemaking
pleito *m* – suit, lawsuit, action, litigation, fight
pleito civil – civil action
pleito criminal – criminal prosecution
pleito de clase – class action
pleito de daños y perjuicios – suit for damages, tort action
pleito de divorcio – divorce action
pleito inmobiliario – action concerning real estate

pleito judicial – lawsuit, legal action
pleito jurídico – lawsuit, legal action
pleito laboral – action based on labor law
pleito penal – criminal proceeding
plena capacidad – full capacity
plenariamente adv – plenarily
plenario adj – plenary
plenipotencia f – full powers
plenipotenciario m – plenipotentiary
pleno adj – complete, full, absolute, plenary
pleno dominio – fee simple
pleno empleo – full employment
plenos poderes – full powers
plica f – escrow, sealed document to be opened at a specified time and under certain conditions
pliego m – sheet, sealed document
pliego de cargos – list of charges
pliego de condiciones – specifications, bid specifications, list of conditions
pluralidad f – plurality, majority
pluralidad absoluta – majority
pluralismo m – pluralism
pluralista m/f – pluralist
pluriempleo m – moonlighting
plus m – bonus, extra pay
plus de peligrosidad – hazard pay
pluspetición f – excessive demand for damages
plusvalía f – increased value, goodwill, capital gain, added value
plutocracia f – plutocracy
plutócrata m/f – plutocrat
PNB (producto nacional bruto) – gross national product, GNP
población f – population, city, village
población activa – active population
población civil – civilian population
población de derecho – legal population
población de hecho – actual population
población trabajadora – working population
poblador m – settler, inhabitant
poblar v – to populate, to settle
pobre m/f – poor person, indigent
pobre adj – poor, indigent
pobreza f – poverty, indigence
pobreza absoluta – abject poverty, absolute poverty
pobreza total – abject poverty, total poverty
poder m – power, power of attorney, authority, proxy, possession
poder absoluto – absolute power
poder administrativo – administrative power, administrative branch
poder aparente – apparent authority
poder arbitrario – arbitrary power
poder constituyente – constitutional power
poder de imposición – taxing power

poder de nombramiento – appointing power
poder de policía – police power
poder general – general power of attorney
poder judicial – judiciary branch, judicial power
poder legal – legal power, legal capacity
poder legislativo – legislative branch, legislative power
poder obrero – labor power, labour power
poder público – sovereign power, police power
poder regulador – regulating power
poder regulatorio – regulating power
poder soberano – sovereign power
poderdante m/f – constituent
poderes del estado – powers of the state
poderhabiente m/f – proxy holder
poderío m – power
polémica f – polemic
polemizar v – to argue
poliandria f – polyandry
poliarquía f – polyarchy
poliárquico adj – polyarchic
policentrismo m – polycentrism
policía f – police, police organization
policía m – police officer
policía aduanera – customs police
policía aérea – air patrol
policía antidisturbios – riot police
policía de circulación – traffic police
policía estatal – state police
policía federal – federal police
policía interna – internal police
policía internacional – international police
policía judicial – judiciary police
policía local – local police
policía marítima – maritime police
policía militar – military police
policía municipal – municipal police
policía nacional – national police
policía sanitaria – health inspectors
policía secreta – secret police
policía vial – highway police
policiaco adj – pertaining to police
policial adj – pertaining to police
policitación f – policitation
poligamia f – polygamy
polígamo m – polygamist
poliginia f – polygyny
polígono industrial – industrial zone
poligrafía f – polygraphy
polígrafo m – polygraph
polipolio m – polypoly
política f – politics, policy, politeness
política a corto plazo – short-term policy
política a largo plazo – long-term policy
política aduanera – tariff policy
política agraria – agricultural policy

Política Agraria Común – Common Agricultural Policy
política agrícola – agricultural policy, farm policy
Política Agrícola Común – Common Agricultural Policy
política ambiental – environmental policy
política comercial – trade policy, business policy, commercial policy
política contable – accounting policy
política crediticia – credit policy
política de comercio – commerce policy, trade policy
política de comercio exterior – foreign trade policy
política de explotación – exploitation policy
política de igualdad de oportunidades – Equal Opportunities Policy
política de intervención – intervention policy
política de la guerra – war policy
política de negocios – business policy
política de no intervención – non-intervention policy
política de represión – repression policy
política de tierra quemada – scorched-earth policy
política de uso aceptable – Acceptable Use Policy
política del poder – power politics
política ecológica – eco-policy, ecopolicy
política económica – economic policy
política empresarial – business policy, company policy, enterprise policy
política expansionista – expansionist policy, expansionary policy
política exterior – foreign policy
política fiscal – fiscal policy, tax policy
política hegemónica – hegemonic policy
política imperialista – imperialist policy
política intervensionista – interventionist policy
política laboral – labor policy, labour policy
política medioambiental – environmental policy
política mercantil – commercial policy
política militar – military policy
política monetaria – monetary policy
política social – social policy
política social y económica – economic and social policy
políticamente *adv* – politically, politely
políticamente correcto – politically correct
politicastro *m* – politicaster
político *m* – politician
político *adj* – political, in-law, polite
póliza *f* – policy, customs clearance certificate, tax stamp, contract, draft
póliza a todo riesgo – comprehensive policy

póliza abierta – floater policy, open policy
póliza contra accidentes – accident policy
póliza contra todo riesgo – comprehensive policy
póliza de crédito – credit policy
póliza de fianza – surety bond
póliza de seguro – insurance policy
póliza familiar – family policy
póliza flotante – floater policy
polizón *m* – stowaway, vagabond
polución *f* – pollution, contamination
polución ambiental – environmental pollution, pollution, contamination
polución del agua – water pollution, water contamination
polución del aire – air pollution, air contamination
poluto *adj* – polluted
pólvora *f* – gunpowder, bad temper
ponderado *adj* – weighted, considered
ponderación *f* – consideration, balance, exaggeration
ponderar *v* – to ponder, to weigh, to consider, to balance, to exaggerate
ponencia *f* – report, post of a reporter, opinion, proposal, judgment, post of a chairperson
ponente *m* – proposer, reporter, justice who submits an opinion, arbitrator, chairperson
poner *v* – to put, to suppose
poner a disposición judicial – to be brought before a court
poner en claro – to clarify
poner en conocimiento – to make known
poner en libertad – to liberate
poner la firma – to sign
poner por escrito – to put in writing
poner una demanda – to file a claim
populista *m/f* – populist
por adelantado – in advance, anticipated, early
por anticipado – in advance, anticipated, early
por cabeza – by the head, per capita
por ciento – percent
por consentimiento mutuo – by mutual consent
por consiguiente – consequently
por contrato – by contract
por cuanto – whereas
por cuenta y riesgo de – for account and risk of
por el libro – by the book
por encargo – by authority
por estirpe – by representation, per class, per stripes
por forma – as a matter of form, pro forma
por gracia – by favor

por hora – hourly, by hour
por la presente – hereby
por ministerio de la ley – by operation of law
por oídas – hearsay
por poder – by proxy, by power of attorney
por procuración – by proxy, by power of attorney
por unanimidad – unanimously
porcentaje de alcohol – percentage of alcohol
porcentual *adj* – percentage
porciento *m* – percentage
porción *f* – portion, share
porción legítima – legitime
porcionero *m* – participant
porcionista *m/f* – shareholder
pormenor *m* – detail
pormenorizar *v* – to itemize, to go into detail
pornografía *f* – pornography
pornográfico *adj* – pornographic
portadocumentos *m* – briefcase
portador *m* – bearer, carrier
portafolio *m* – portfolio, briefcase
portafolio de acciones – stock portfolio
portafolio de valores – investment portfolio
portal *m* – portal
portal de comercio – e-commerce portal, e-business portal, commerce portal, business portal
portar *v* – to bear
portar armas – to bear arms
portavoz *m/f* – speaker
portavoz del jurado – jury foreperson, jury foreman
portazgar *v* – to charge a toll
portazgo *m* – toll, tollhouse
portazguero *m* – toll collector
porte *m* – behavior, bearing, transporting, transport charge, capacity, postage
porte debido – freight owing
porte pagado – freight prepaid, freight paid
porteador *m* – carrier
portear *v* – to carry, to transport
porteo *m* – carrying
portero *m* – porter, janitor
portuario *adj* – pertaining to a port
posdata *f* – postscript
posdatar *v* – to postdate
poseedor *m* – possessor
poseedor de buena fe – holder in good faith, holder in due course, bona fide holder for value
poseedor de mala fe – holder in bad faith
poseer *v* – to possess, to hold
poseer seguro – to have insurance, to carry insurance
poseerse *v* – to control oneself
poseído *adj* – possessed

posesión *f* – possession, property, enjoyment, taking office
posesión civil – civil possession
posesión de buena fe – possession in good faith
posesión de mala fe – possession in bad faith
posesión exclusiva – exclusive possession
posesión ilegal – illegal possession
posesión jurídica – constructive possession
posesión legal – legal possession
posesión nuda – naked possession
posesión pacífica – peaceable possession
posesional *adj* – possessional
posesionar *v* – to give possession to, to install
posesionarse *v* – to take possession of, to take office
posesor *m* – possessor
posesorio *adj* – possessory
posfecha *f* – postdate
posfechado *v* – postdated
posfechar *v* – to postdate
posibilidad *f* – possibility, chance, capacity
posibilitar *v* – to make possible
posición *f* – position, interrogatory, supposition
posición desfavorable – unfavorable position
posición económica – economic position
posición favorable – favorable position
posición financiera – financial position
posición negociadora – bargaining position
posicionamiento *m* – positioning, position
posiciones *f* – interrogatory
positivamente *adv* – positively
positivista *m/f* – positivist
posliminio *m* – postliminy
posponer *v* – to postpone, to place after
posposición *f* – postponement, subordination
post – after, post
post mortem – after death, post mortem
postal *adj* – postal
postdata *f* – postscript
postdatar *v* – to postdate
postergación *f* – postponement, passing over, holding back
postergado *adj* – postponed, passed over, held back
postergar *v* – to postpone, to pass over, to hold back
posteridad *f* – posterity
posterioridad *f* – posteriority
posteriormente *adv* – subsequently
postliminio *m* – postliminy
postor *m* – bidder
postrar *v* – to prostrate, to overthrow, to debilitate

postremo adj – last
postrero adj – last
póstula f – request, application, nomination
postulación f – request, application, nomination
postulante m/f – requester, applicant, nominee
postular v – to request, to apply, to nominate
póstumo adj – posthumous
postura f – posture, stance, bid, stake
posventa adj – after-sales
potencia económica – economic power
potencia militar – military power
potencialidad f – potentiality
potencialmente adv – potentially
potente adj – potent
potestad f – authority, jurisdiction
potestad administrativa – administrative authority
potestad paterna – paternal authority
potestad pública – public authority
potestativo adj – facultative
práctica f – practice, custom, method, apprenticeship
práctica deshonesta – dishonest practice
práctica engañosa – deceptive practice
práctica forense – practice of law, clerkship
práctica profesional – professional practice
practicable adj – practicable
practicante m/f – apprentice
practicar v – to practice, to carry out
practicar una autopsia – to perform an autopsy
prácticas aceptadas – accepted practices
prácticas administrativas – administrative practices
prácticas ambientales – environmental practices
prácticas anticompetitivas – anticompetitive practices
prácticas antidumping – antidumping practices
prácticas colusorias – collusive practices
prácticas comerciales – trade practices, business practices, commercial practices
prácticas contables – accounting practices, accounting conventions
prácticas corporativas – corporate practices
prácticas de calidad – quality practices
prácticas de contabilidad – accounting practices, accounting conventions
prácticas de seguridad – security practices, safety practices
prácticas de trabajo – labor practices, labour practices
prácticas delictivas – criminal activity, criminal practices
prácticas desleales – unfair competition

prácticas empresariales – business practices
prácticas laborales – labor practices, labour practices
prácticas medioambientales – environmental practices
prácticas profesionales – professional practices
prácticas publicitarias – advertising practices
prácticas sanitarias – health practices, sanitary practices
prácticas vigentes – current practices
práctico m – pilot
práctico adj – practical, expert
pragmática f – decree, law
pragmático m – interpreter of laws
pragmático adj – pragmatic
pragmatismo jurídico – legal pragmatism
preacuerdo m – agreement awaiting execution
preámbulo m – preamble, digression
preaprobado adj – pre-approved
prearrendar v – to pre-lease
preautorizado adj – preauthorized
preavisar v – to give notice
preaviso m – advance notice, notice
precariamente adv – precariously
precario adj – precarious
precaución f – precaution
precaución razonable – reasonable precaution
precaucionarse v – to take precautions
precautelar v – to take precautions against
precautorio adj – precautionary
precaver v – to provide against, to prevent
precavidamente adv – cautiously
precavido adj – cautious
precedencia f – precedence
precedente m – precedent
precedente adj – preceding
precedente judicial – judicial precedent
precedente legal – legal precedent
preceder v – to precede
preceptivo adj – preceptive, mandatory
precepto m – precept, rule
precepto de ley – legal precept
precepto legal – legal precept
preceptor m – preceptor
preceptuar v – to issue as a precept, to command
preciado adj – esteemed, valuable
preciador m – appraiser
preciar v – to appraise, to price
precinta f – revenue stamp
precintar v – to seal
precinto m – seal, sealing
precio m – price, worth, consideration
precio abusivo – abusive price
precio contratado – contracted price

precio de compra – purchase price
precio de oferta – bid price, offering price, offer price
precio de subasta – auction price
precio de venta – sales price
precio justo – fair price
precio legal – price set by law
precio oficial – official price
precio político – political price
precio subsidiado – subsidized price
precio subvencionado – subsidized price
precipitación *f* – precipitation
precipitadamente *adv* – precipitately
precipuamente *adv* – principally
precisamente *adj* – precisely
precisar *v* – to state precisely, to compel
precisión *f* – precision, necessity
preciso *adj* – precise, indispensable, distinct
precitado *adj* – above-mentioned
preclusión *f* – preclusion, estoppel
preclusivo *adj* – preclusive
precocidad *f* – precocity
preconcebir *v* – to preconceive
precondición *f* – precondition
precontractual *adj* – precontractual
precontrato *m* – precontract, letter of intent
precontribuciones *adj* – pretax
precoz *adj* – precocious
precursor *m* – precursor
predador *m* – predator
predecesor *m* – predecessor
predefinido *adj* – predefined
predefinir *v* – predefine
predestinado *adj* – predestined
predeterminado *adj* – predetermined
predeterminar *v* – to predetermine
predial *adj* – predial
predicción *f* – prediction
predilecto *adj* – preferred
predio *m* – real estate, property, estate, lot
predio ajeno – another's real estate
predio dominante – dominant tenement
predio rural – rural property
predio rústico – rural property
predio sirviente – servient tenement
predio urbano – urban property
predisponer *v* – to predispose, to prearrange
predisposición *f* – predisposition
predispuesto *adj* – predisposed
predominación *f* – predominance
predominante *adj* – predominant
predominar *v* – to predominate, to prevail
preelegir *v* – to elect beforehand
preeminencia *f* – preeminence, privilege
preeminente *adj* – preeminent, privileged
preestablecido *adj* – preestablished, preset
preexistencia *f* – preexistence
preexistente *adj* – preexistent

prefabricado *adj* – prefabricated
prefabricar *v* – to prefabricate
prefecto *m* – prefect
prefectura *f* – prefecture
prefectura de policía – police headquarters
preferencia *f* – preference, priority
preferencial *adj* – preferential
preferente *adj* – preferred, preferential
preferentemente *adj* – preferably
prefijar *v* – to prearrange
prefinir *v* – to set a term for
pregón *m* – public proclamation
pregonar *v* – to proclaim, to proclaim publicly, to peddle, to prohibit
pregonero *m* – street vendor, town-crier
pregunta *f* – question
pregunta capciosa – captious question
pregunta hipotética – hypothetical question
pregunta impertinente – impertinent question, irrelevant question
preguntar *v* – to ask, to interrogate
preimpuestos *adj* – pretax
preinserto *adj* – previously inserted
prejubilación *f* – early retirement
prejudicial *adj* – pre-judicial, requiring a preliminary decision, requesting a preliminary decision
prejuicio *m* – prejudice, bias, prejudgment
prejuicios raciales – racial prejudice, racial discrimination, racial bias
prejuicios sexistas – sexual prejudice, gender prejudice, sexual discrimination, gender discrimination, sexual bias, gender bias
prejuzgamiento *m* – prejudice, prejudgment
prejuzgar *v* – to prejudge
prelación *f* – priority, marshaling
prelación de créditos – marshaling assets
preliminar *adj* – preliminary
preliminarmente *adv* – preliminarily
prelusión *f* – preface
premarital *adj* – premarital
prematuro – premature
premeditación *f* – premeditation, malice aforethought
premeditadamente *adj* – premeditatedly, with malice aforethought
premeditado *adj* – premeditated
premeditar *v* – to premeditate
premiar *v* – to award
premio *m* – prize, award, premium, bonus
premisa *f* – premise, indication
premiso *adj* – preceding
premoriencia *f* – predecease
premoriente *adj* – predeceasing
premorir *v* – to predecease
premostrar *v* – to preview
premuerto *adj* – predeceased

prenatal *adj* – prenatal
prenda *f* – pledge, pledge agreement, security, guarantee, chattel mortgage, garment, jewel
prendado *adj* – pledged
prendador *m* – pledger
prendamiento *m* – pledging
prendar *v* – to pledge, to give as security
prendario *adj* – pertaining to a pledge
prender *v* – to detain, to arrest, to secure
prendimiento *m* – detention, arrest
prenombrado *adj* – above-mentioned
prensa amarilla – yellow press
prenupcial *adj* – prenuptial
preñar *v* – to impregnate
preñada *adj* – pregnant
preñado *m* – pregnancy
preñez *f* – pregnancy, impending trouble, confusion
preocupación *f* – preoccupation
preocupar *v* – to preoccupy
prepagado *adj* – prepaid
prepagar *v* – to prepay
prepago *m* – prepayment
preparación *f* – preparation, qualifications
preparado *adj* – prepared
preparar *v* – to prepare
preparativo *adj* – preparative
preponderancia *f* – preponderance
preponderante *adj* – preponderant
preponderar *v* – to preponderate
prerrequisito *m* – prerequisite
prerrogativa *f* – prerogative
presa *f* – capture, booty, dam, sluice
presagio *m* – presage
prescindencia *f* – omission
prescindible *adj* – dispensable
prescindir *v* – to omit, to dispense with, to do without
prescribir *v* – to prescribe, to acquire by prescription, to acquire by adverse possession, to lapse
prescripción *f* – prescription, extinguishment, adverse possession, limitation, lapsing
prescripción adquisitiva – adverse possession, prescription
prescripción de la acción – limitation of action
prescripción del dominio – adverse possession, prescription
prescripción extintiva – extinction of an obligation through prescription
prescripción liberatoria – limitation of action
prescripción negativa – negative prescription
prescripción ordinaria – adverse possession, prescription
prescripción penal – criminal statute of limitations
prescripción positiva – positive prescription
prescriptible *adj* – prescriptible, lapsable
prescriptivo *adj* – prescriptive
prescripto *adj* – prescribed, lapsed, barred by statute of limitations
prescrito *adj* – prescribed, lapsed, barred by statute of limitations
presencia *f* – presence
presencialmente *adv* – in person
presenciar *v* – to attend, to witness
presentable *adj* – presentable
presentación *f* – presentation, petition, filing, layout
presentación de credenciales – presentation of credentials
presentación de documentos – presentation of documents
presentador *m* – presenter
presentar *v* – to present, to introduce, to submit, to hand in, to file, to propose, to show
presentar evidencia – to present evidence
presentar prueba – to produce proof, to produce evidence
presentar un recurso – to file an appeal
presentar una moción – to present a motion
presentar una oferta – to present an offer
presentarse *v* – to appear, to appear in court, to introduce oneself, to arise, to come up
presente *adj* – present, current, by hand
presentemente *adv* – presently, currently
preservación *f* – preservation, conservation, custody
preservar *v* – to preserve
presidencia *f* – presidency, presidential term, office of a chairperson
presidencial *adj* – presidential
presidenta *f* – president, chair, chairperson, chairwoman, presiding officer, speaker
presidenta actuante – acting president
presidenta adjunta – deputy president, deputy chair, deputy chairperson, deputy chairwoman
presidenta de la junta – presiding officer, chairperson of the board, chairwoman of the board
presidenta de la junta directiva – chair of the board, chairperson of the board, chairperson of the board of directors, chairperson of the executive board
presidenta de la nación – president of the nation
presidenta de la república – president of the nation
presidenta de mesa – presiding officer
presidenta del consejo – presiding officer, chairperson of the board, chairwoman of the

board
presidenta del jurado – president of the jury
presidenta interina – interim president,
acting president, interim chair, interim
chairwoman, acting chair, acting chairwoman
presidenta y directora ejecutiva –
chairperson and chief executive, chairwoman
and chief executive, chairperson and
managing director
presidente *m* – president, chair, chairperson,
chairman, presiding officer, speaker,
presiding judge
presidente actuante – acting president
presidente adjunto – deputy president,
deputy chair, deputy chairperson, deputy
chairman
presidente de facto – president in fact, de
facto president
presidente de la corte suprema – chief
justice
presidente de la junta – presiding officer,
chairperson of the board, chairman of the
board
presidente de la junta directiva – chair of the
board, chairperson of the board, chairman of
the board, chairperson of the board of
directors, chairperson of the executive board
presidente de la nación – president of the
nation
presidente de la república – president of the
nation
presidente de mesa – presiding officer
presidente del consejo – presiding officer,
chairperson of the board, chairman of the
board
presidente del jurado – president of the jury
presidente del tribunal supremo – chief
justice
presidente electo – president-elect
presidente interino – interim president,
acting president, interim chair, interim
chairman, acting chair, acting chairman
presidente y director ejecutivo – chairperson
and chief executive, chairman and chief
executive, chairperson and managing director
presidiable *adj* – imprisonable
presidiario *m* – convict
presidio *m* – presidio, prison, imprisonment,
convicts collectively
presidio perpetuo – life imprisonment
presidir *v* – to preside, to chair
presión demográfica – demographic pressure
presión fiscal – fiscal pressure, tax pressure
presionar *v* – to pressure
preso *m* – prisoner, convict
preso *adj* – imprisoned, arrested
prestación *f* – lending, consideration,
provision, aid, service, rendering, benefit,

loan, payment
prestación adecuada – adequate
consideration
prestación de servicios – rendering of
services
prestación legal – legal consideration
prestaciones sanitarias – health services
prestado *adj* – borrowed, loaned
prestador *m* – lender
prestamente *adv* – promptly
prestamista *m/f* – lender
préstamo *m* – loan, loan contract, lending
préstamo a corto plazo – short-term loan
préstamo a la gruesa – bottomry
préstamo a largo plazo – long-term loan
préstamo comercial – commercial loan,
business loan
préstamo conforme – conforming loan
préstamo convencional – conventional loan
préstamo de tasa fija – fixed-rate loan
préstamo garantizado – guaranteed loan
préstamo hipotecario – mortgage loan
préstamo puente – bridge loan, bridging loan
préstamo quirografario – unsecured loan
prestanombre *m* – straw party
prestar *v* – to loan, to render, to assist, to
borrow, to give
prestar fianza – to furnish bail
prestar garantía – to offer a guarantee
prestar juramento – to take oath
prestatario *m* – borrower
prestigio *m* – prestige, cachet, deception
prestigioso *adj* – prestigious, deceptive
presumible *adj* – presumable
presumir *v* – to presume
presunción *f* – presumption
presunción absoluta – conclusive
presumption
presunción de ausencia – presumption of
absence
presunción de culpa – presumption of guilt
presunción de culpabilidad – presumption of
guilt
presunción de derecho – presumption of law
presunción de fallecimiento – presumption
of death
presunción de hecho – presumption of fact
presunción de inocencia – presumption of
innocence
presunción de ley – presumption of law
presunción de muerte – presumption of
death
presunción de pago – presumption of
payment
presunción de paternidad – presumption of
paternity
presunción judicial – judicial presumption
presunción legal – presumption of law

presunción razonable – reasonable presumption
presunción refutable – rebuttable presumption
presuntamente *adv* – presumably
presunto heredero – heir presumptive
presuponer *v* – to presuppose, to budget
presuposición *f* – presupposition
presupuestación *f* – budgeting
presupuestar *v* – to budget
presupuestario *adj* – budgetary
presupuesto *m* – budget, estimate, quote, supposition, motive
presupuesto *adj* – presupposed, estimated
presupuesto familiar – family budget
presupuestos procesales – rules of procedure
pretender *v* – to try, to claim
pretendiente *m* – claimant, candidate
pretensión *f* – pretension, cause of action, intention
preterición *f* – pretermission
preterintencional *adj* – unintentional, unpremeditated
preterintencionalidad *f* – result of a crime which exceeds the intentions of the perpetrator
preterir *v* – to pretermit
pretérito *adj* – pretermitted
pretermisión *f* – pretermission
pretermitir *v* – to pretermit
pretexto *m* – pretext
prevalecer *v* – to prevail
prevaleciente *adj* – prevailing
prevaler *v* – to prevail
prevaricación *f* – prevarication, breach of duty, breach of trust
prevaricador *m* – prevaricator, person who commits a breach of duty
prevaricar *v* – to prevaricate, to commit a breach of duty, to commit a breach of trust
prevaricato *m* – prevarication, breach of duty, breach of trust
prevención *f* – prevention, warning, prejudice, police jail, preliminary hearing
prevención de accidentes – accident prevention
prevención de residuos – waste prevention
prevención social – social security
prevenido *adj* – warned, prepared, cautious
prevenidamente *adv* – with preparation, with prevention, previously
prevenido *adj* – warned, prepared, cautious
prevenir *v* – to warn, to prevent, to prejudice, to conduct a preliminary hearing
prevenirse *v* – to take precautions, to get ready
preventiva *f* – preventive detention,

temporary detention
preventivamente *adv* – preventively
preventivo *adj* – preventive
prever *v* – to forecast, to project, to anticipate, to plan
previa inscripción – prior registration
previamente *adv* – previously
previo acuerdo – previous agreement, subject to agreement
previo aviso – prior warning, prior notice
previsibilidad *f* – foreseeability
previsible *adj* – foreseeable
previsión *f* – prevision, foresight, forecast, forecasting, precaution
previsión social – social security
previsor *adj* – foresighted, prudent
previsto *adj* – foreseen
prima *f* – premium, bonus, female cousin
prima anual – annual premium, yearly premium, annual bonus, yearly bonus
prima del seguro – insurance premium
prima facie – at first sight, presumably, prima facie
prima variable – variable premium
primacía *f* – primacy
primariamente *adv* – primarily
primario *adj* – primary, first
primazgo *m* – cousinship
primer aviso – first notification
primer mundo – first world
primera condena – first conviction
primera hipoteca – first mortgage
primeramente *adv* – firstly, before
primero *adj* – first, foremost, original
primo *m* – cousin, male cousin
primo carnal – first cousin
primo hermano – first cousin
primo segundo – second cousin
primogénito *m* – first born, eldest
primordial *adj* – primordial
principada *f* – abuse of authority
principal *m* – principal, capital, chief
principal *adj* – principal, main, foremost
principalidad *f* – preeminence
principalmente *adv* – principally
principio *m* – principle, beginning
principio de exclusión – exclusion principle
principio de la legalidad – principle of legality, legality principle
principio de no discriminación – non-discrimination principle
principio legal – legal principle
principios de contabilidad generalmente aceptados – Generally Accepted Accounting Principles
principios generales del derecho – general principles of law
prioridad *f* – priority, seniority

prioridad de paso – right of way
priorizar *v* – to prioritize
prisa *f* – haste, promptness, wild fight
prisión *f* – prison, imprisonment, capture, arrest
prisión de estado – state prison
prisión estatal – state prison
prisión federal – federal prison
prisión incomunicada – solitary confinement
prisión militar – military imprisonment, military prison
prisión perpetua – life imprisonment
prisión preventiva – preventive detention, temporary detention
prisión vitalicia – life imprisonment
prisionero *m* – prisoner
prisionero de guerra – prisoner of war
privacidad de datos – data privacy
privación *f* – privation, deprivation, want, dispossession
privación de derechos – deprivation of rights
privación de libertad – deprivation of freedom
privadamente *adv* – privately
privado *adj* – private, personal, unconscious
privar *v* – to deprive, to prohibit, to impede, to dispossess, to knock unconscious
privar de derechos – to deprive of rights
privar de empleo – to deprive of employment
privar de vida – to deprive of life
privarse *v* – to deprive oneself, to abstain, to lose consciousness
privatista *m* – expert in private law
privativamente *adv* – privately, exclusively, personally
privativo *adj* – privative, exclusive, personal
privatización *f* – privatization
privatizado *adj* – privatized
privatizar *v* – to privatize
privilegiado *adj* – privileged, patented
privilegiar *v* – to privilege, to grant a privilege to, to grant a patent, to create a lien
privilegio *m* – privilege, lien, patent, copyright
pro *m/f* – profit, benefit
pro bono – for the good, services rendered for free, pro bono
pro bono publico – for the public good, pro bono publico, pro bono
pro forma – as a matter of form, pro forma
pro fórmula – as a matter of form, pro forma
pro indiviso – undivided, in common, pro indiviso
pro rata – proportionately, pro rata
pro se – for one's self, pro se
pro tempore – temporarily, pro tempore
proactivo *adj* – proactive
probabilidad *f* – probability, provability

probable *adj* – probable, provable
probablemente *adv* – probably
probado legalmente – legally evidenced
probanza *f* – proof, proving, evidence
probar *v* – to prove, to test
probatoria *f* – probative period
probatorio *adj* – probative, probatory
probidad *f* – probity
problemas ambientales – environmental problems
problemas económicos – economic problems
problemático *adj* – problematic
probo *adj* – upright
procacidad *f* – impudence
procaz *adj* – impudent
procedencia *f* – origin, legal basis, justification
procedente *adj* – originating, lawful, justified, according to custom
proceder *m* – behavior, procedure
proceder *v* – to proceed, to be lawful, to be proper
procedimental *adj* – procedural
procedimiento *m* – procedure, process, proceeding
procedimiento administrativo – administrative proceeding
procedimiento anómalo – anomalous proceeding
procedimiento arbitral – arbitration proceeding
procedimiento civil – civil proceeding, civil procedure
procedimiento contencioso administrativo – administrative proceeding
procedimiento criminal – criminal proceeding, criminal procedure
procedimiento disciplinario – disciplinary procedure
procedimiento ejecutivo – executory process
procedimiento informal – informal proceeding
procedimiento judicial – judicial procedure, judicial proceeding, court procedure
procedimiento legal – legal procedure
procedimiento legislativo – legislative proceeding
procedimiento parlamentario – parliamentary proceeding
procedimiento penal – criminal proceeding, criminal procedure
procedimiento sumario – summary proceeding, summary procedure
procedimiento usual – usual procedure
procesado *m* – accused, defendant
procesado *adj* – processed, accused, indicted, prosecuted, arraigned

procesal *adj* – procedural
procesamiento *m* – processing, indictment, prosecution, arraignment
procesamiento de alimentos – food processing
procesamiento de datos – data processing
procesamiento de información – information processing
procesar *v* – to process, to indict, to prosecute, to sue, to arraign
proceso *m* – process, proceedings, course, processing, trial, suit, action, criminal action, litigation
proceso acusatorio – accusatory process
proceso arbitral – arbitration proceedings
proceso cautelar – provisional remedy
proceso civil – civil action, civil proceedings
proceso colectivo – joint action
proceso conjunto – joint proceeding
proceso concursal – bankruptcy proceedings
proceso contencioso – contested proceedings
proceso criminal – criminal action, criminal proceedings
proceso de apelación – appellate proceedings
proceso de auditoría – auditing process
proceso de conciliación – conciliation process
proceso de concurso – bankruptcy proceedings
proceso de condena – criminal action
proceso de cheques – check processing, cheque processing
proceso de datos – data processing
proceso de datos electrónico – electronic data processing
proceso de desahucio – eviction proceedings, dispossess proceedings
proceso de desalojo – eviction proceedings, dispossess proceedings
proceso de despido – dismissal process
proceso de divorcio – divorce proceedings
proceso de ejecución – executory proceedings
proceso de embargo – attachment proceedings
proceso de información – information processing
proceso de negociación – negotiation process
proceso de quiebra – bankruptcy proceedings
proceso de sucesión – probate proceedings
proceso declarativo – declaratory action
proceso ejecutivo – executory proceedings
proceso electoral – electoral process
proceso en rebeldía – process in absentia

proceso ilegal – illegal process
proceso imparcial – impartial proceedings
proceso inicial – original process
proceso judicial – judicial process
proceso jurisdiccional – jurisdictional process
proceso laboral – action based on labor law, action based on labour law
proceso legal – lawful process
proceso patentado – patented process
proceso penal – criminal action, criminal process
proceso sucesorio – probate proceedings
proceso sumario – summary proceedings
proclama *f* – proclamation
proclamación *f* – proclamation, public acclaim
proclamar *v* – to proclaim, to acclaim
proclividad *f* – proclivity
procomún *m* – public welfare
procreación *f* – procreation
procuración *f* – procuration, proxy, power of attorney, law office, diligent management
procurador *m* – procurator, attorney, barrister, agent, town-clerk, town treasurer
procurador de tribunales – attorney, barrister, attorney at law, legal representative
procurador fiscal – prosecutor, prosecuting attorney
procurador general – attorney general
procurador judicial – attorney, barrister, attorney at law, legal representative
procuraduría *f* – law office, attorneyship
procuraduría general – office of an attorney general
procurar *v* – to procure, to endeavor, to represent, to manage for another, to produce
prodición *f* – betrayal, treason
prodigalidad *f* – prodigality, lavishness
prodigar *v* – to squander, to lavish
pródigo *adj* – prodigal, lavish
producción *f* – production, output, throughput
producción agrícola – agricultural production
producción en masa – mass production
producido comercialmente – commercially produced
producir *v* – to produce, to yield
producir prueba – to produce evidence, to produce proof
productividad laboral – labor productivity, labour productivity
productivo *adj* – productive
producto *m* – product, result, commodity, yield
producto bruto interno – gross national product, GNP

producto bruto nacional – gross national product, GNP
producto defectuoso – defective product
producto del país – domestic product, domestic commodity
producto doméstico bruto – gross domestic product
producto duradero – durable product
producto industrial – industrial product
producto interior bruto – gross domestic product, GDP
producto manufacturado – manufactured product
producto nacional bruto – gross national product
productor *m* – producer
productos básicos – basic commodities, basic products
productos de primera necesidad – essential commodities, essential products
profecticio *adj* – profectitious
proferir *v* – to express
profesar *v* – to profess
profesión *f* – profession, occupation, declaration
profesión actual – present profession
profesión administrativa – administrative profession
profesión clave – key profession
profesional *adj* – professional
profesional *m/f* – professional
profesional calificado – qualified professional, qualifying professional
profesional en derecho – attorney
profesionalidad *f* – professionalism
profesionalismo *m* – professionalism
profiláctico *m* – prophylactic
prófugo *m* – fugitive, escapee
profundizar *v* – to delve deeply, to deepen
profusión *f* – profusion
progenie *f* – progeny
progenitor *m* – progenitor
progenitura *f* – progeny
programa *m* – program, programme, scheme, schedule, platform, proclamation
programa ambiental – environmental program, environmental scheme
programa calificado – qualified program, qualified scheme
programa de asistencia – assistance program, assistance scheme
programa de auditoría – audit program, audit programme
programa de ayuda – aid program, aid scheme
programa de beneficios – benefit program, benefit scheme
programa de jubilación – retirement

program, retirement scheme
programa de pensiones – pension program, pension scheme
programa de privatización – privatization program, privatization scheme
programa de retiro – retirement program, retirement scheme
programa de salud – health insurance program, health insurance scheme
programa de seguros – insurance program, insurance scheme
programa económico – economic program, economic scheme
programa social – social program, social programme
programación *f* – programming, scheduling
programado *adj* – programmed, planned, scheduled
programar *v* – to program, to plan, to schedule
programas de computadora – computer software
programas espía – spyware
progresar *v* – to progress
progresismo *m* – progressivism
progresista *m/f* – progressive
progresivo *adj* – progressive
progreso económico – economic progress, economic advancement
progreso social – social progress
prohibición *f* – prohibition, ban
prohibición judicial – judicial prohibition, injunction
prohibicionismo *m* – prohibitionism
prohibicionista *adj* – prohibitionist
prohibida la entrada – no admittance
prohibido *adj* – prohibited, banned
prohibido el paso – no thoroughfare, no entry
prohibido entrar – no admittance
prohibido fumar – no smoking
prohibido por ley – forbidden by law
prohibir *v* – to prohibit, to ban, to impede
prohibitivo *adj* – prohibitive
prohibitorio *adj* – prohibitory
prohijación *f* – adoption
prohijador *m* – adopter
prohijador *adj* – adopting
prohijamiento *m* – adoption
prohijar *v* – to adopt
proindivisión *f* – state of being undivided
prole *f* – progeny
proletariado *m* – proletariat
proletarización *f* – proletarianization
proliferación *f* – proliferation
prolífico *adj* – prolific
prólogo *m* – prologue
prolongación *f* – prolongation

prolongamiento *m* – prolongation
prolongar *v* – to prolong
promediar *v* – to average, to mediate, to divide equally
promedio *m* – average
promesa *f* – promise, offer, assurance
promesa de compra – promise to purchase
promesa de contrato – letter of intent
promesa de matrimonio – promise of marriage
promesa de pago – promise to pay
promesa de venta – promise to sell
promesa formal – formal promise
promesa implícita – implied promise
promesa solemne – solemn promise
promesa unilateral – unilateral contract
prometer *v* – to promise, to offer, to assure
prometerse *v* – to become engaged
prometida *f* – fiancée
prometido *m* – fiancé
prometido *adj* – promised, offered, assured
prometiente *m/f* – promisor, offeror
prominencia *f* – prominence
prominente *adj* – prominent
promiscuidad *f* – promiscuity
promiscuo *adj* – promiscuous
promisorio *adj* – promissory
promitente *m/f* – promisor, offeror
promoción *f* – promotion, special offer
promoción engañosa – deceptive promotion
promocional *adj* – promotional
promocionar *v* – to promote
promotor *m* – promoter, developer
promotor comercial – commercial developer
promotor financiero – financial backer
promotor inmobiliario – property developer, real estate developer
promovedor *m* – promoter
promover *v* – to promote, to develop, to instigate
promover juicio – to bring suit
promover una acción – to bring suit
promulgación *f* – promulgation
promulgador *m* – promulgator
promulgar *v* – to promulgate
pronosticación *f* – forecasting
pronosticación económica – economic forecasting
pronóstico *m* – forecast, prognostication
pronóstico económico – economic forecast
prontamente *adv* – promptly
pronto pago – down payment, prompt payment
prontuario *m* – manual, summary, dossier
pronunciamiento *m* – pronouncement, rebellion
pronunciar *v* – to pronounce, to deliver, to rebel

pronunciar sentencia – to pronounce judgment
pronunciar un auto – to issue a writ
pronunciar veredicto – to return a verdict
pronunciarse *v* – to rebel, to go on record with an opinion
propaganda *f* – propaganda, advertising, publicity
propaganda corporativa – corporate advertising
propaganda de imagen – image advertising
propaganda de servicio público – public service advertising
propaganda engañosa – false advertising, deceptive advertising
propagar *v* – to propagate
propasar *v* – to go beyond the limits
propasarse *v* – to go too far, to exceed one's authority
propender a – to tend towards
propensión *f* – propensity
propensión a consumir – propensity to consume
propensión al delito – criminal propensity
propiamente *adv* – properly
propiciar *v* – to propitiate, to propose
propicio *adj* – propitious
propiedad *f* – property, ownership, proprietorship, estate, propriety
propiedad abandonada – abandoned property
propiedad absoluta – absolute ownership, absolute property, freehold
propiedad adyacente – adjacent property
propiedad alquilada – rented property, leased property
propiedad arrendada – leased property, rented property
propiedad asegurada – insured property
propiedad colectiva – collective ownership
propiedad colindante – abutting property
propiedad comercial – commercial property, business property
propiedad compartida – shared property, time share
propiedad común – common property, public property, community property
propiedad comunal – common property, public property, community property, joint ownership
propiedad condicional – conditional ownership, qualified estate
propiedad conjunta – joint property
propiedad contigua – contiguous property
propiedad corporativa – corporate property
propiedad cruzada – cross-ownership
propiedad de comercio – commerce property
propiedad de familia – homestead

propiedad de la sociedad conyugal – community property
propiedad de renta – income property
propiedad empresarial – business property
propiedad en condominio – condominium property, condominium ownership
propiedad estatal – government property, state property
propiedad exclusiva – exclusive ownership
propiedad exenta – exempt property
propiedad federal – federal property
propiedad ganancial – community property
propiedad gravada – property subject to a lien, taxed property
propiedad hipotecada – mortgaged property
propiedad horizontal – condominium property, condominium ownership, horizontal property
propiedad ilegal – illegal property
propiedad imperfecta – imperfect ownership
propiedad inalienable – inalienable property
propiedad incorporal – intangible property, incorporeal property
propiedad individual – individual ownership
propiedad indivisible – indivisible property
propiedad industrial – industrial property
propiedad inmaterial – intangible property
propiedad inmobiliaria – real estate, real property, real estate ownership
propiedad inmueble – real estate, real property, real estate ownership
propiedad intangible – intangible property
propiedad intelectual – intellectual property, copyright
propiedad literaria – literary property, copyright
propiedad mancomunada – joint ownership, joint property, common property
propiedad matrimonial – matrimonial property
propiedad mayoritaria – majority ownership
propiedad mercantil – commercial property
propiedad mobiliaria – personal property
propiedad mueble – personal property
propiedad para alquiler – rental property
propiedad parcial – partial ownership
propiedad particular – private property
propiedad personal – personal property, personal estate
propiedad presente – property in possession
propiedad privada – private property, private ownership
propiedad privativa – separate property of each spouse
propiedad propia – separate property of each spouse, unencumbered property
propiedad pública – public property
propiedad raíz – real estate, real property, real estate ownership
propiedad real – real estate, real property, real estate ownership
propiedad residencial – residential property
propiedad rural – rural property, rural ownership
propiedad rústica – rural property, rural ownership
propiedad social – partnership property, corporate property
propiedad tangible – tangible property
propiedad total – total ownership
propiedad urbana – urban property, urban ownership
propiedad vacante – vacant property
propiedad vitalicia – life estate
propietario *m* – proprietor, owner, homeowner
propietario *adj* – proprietary
propietario absoluto – absolute owner
propietario ausente – absentee owner
propietario conjunto – joint owner
propietario de hogar – home owner
propietario de negocio – business owner
propietario inscrito – record owner
propietario registrado – registered owner, record owner
propietario único – sole owner
propina *f* – tip
propincuidad *f* – propinquity
propio *m* – courier
propio *adj* – one's own, genuine, proper, typical
proponedor *m* – proponent
proponente *m/f* – proponent
proponer *v* – to propose, to offer, to nominate
proponer una moción – to offer a motion
proporción *f* – proportion, ratio, occasion
proporcionadamente *adv* – proportionally
proporcional *adj* – proportional
proporcionalmente *adv* – proportionally
proporcionar *v* – to provide, to supply, to apportion, to make proportionate
proposición *f* – proposition, proposal, offer, motion
proposición comercial – business proposal
proposición de ley – bill
propósito *m* – purpose, intention, aim
propósito comercial – business purpose, commercial purpose
propósito corporativo – corporate purpose
propósito criminal – criminal intent
propósito de comercio – commerce purpose
propósito designado – designated purpose
propósito doméstico – domestic purpose
propósito empresarial – business purpose
propósito ilegal – illegal purpose

propósito ilícito – illicit purpose
propósito intencionado – intended purpose
propósito legal – legal purpose
propósito lícito – licit purpose
propósito mercantil – commercial purpose
propósito privado – private purpose
propósito público – public purpose
propósito ulterior – ulterior purpose
propósitos caritativos – charitable purposes
propósitos contables – accounting purposes
propuesta f – proposal, offer, nomination
propuesta comercial – business proposal,
  commercial proposal
propuesta de empleo – employment offer
propuesta empresarial – business proposal
propuesta en firme – firm proposal
propuesta por escrito – written proposal
propuesta verbal – verbal proposal
propuesta y aceptación – offer and
  acceptance
propuestas selladas – sealed bids
propuesto adj – proposed
propugnar v – to defend
propulsar v – to propel
propulsión f – propulsion
propulsor adj – propelling
prorrateado adj – prorated, apportioned
prorratear v – to prorate, to apportion
prorrateo m – proration, apportionment
prórroga f – extension, deferment,
  prorogation
prórroga de jurisdicción – extension of
  jurisdiction
prórroga de plazo – extension of time
prorrogable adj – that can be extended, that
  can be deferred
prorrogación f – prorogation, extension,
  deferment
prorrogar v – to extend, to defer, to
  postpone, to prorogue
prosapia f – lineage
proscribir v – to proscribe, to ban, to banish,
  to annul
proscripción f – proscription, banishment,
  annulment
proscripto m – proscript, exile
proscripto adj – proscribed, banished,
  annulled
proscriptor m – proscriber, banisher,
  annuller
proscriptor adj – proscribing, banishing,
  annulling
proscrito adj – proscribed, banned, annulled
prosecución f – prosecution, pursuit,
  continuation
proseguible adj – pursuable
proseguir v – to prosecute, to continue
prosélito m – proselyte

proselitismo m – proselytism
prospección f – prospecting, survey
prospectivo adj – prospective
prospecto m – prospectus, booklet, leaflet
prospecto final – final prospectus
prospecto preliminar – preliminary
  prospectus
prosperar v – to prosper
prosperidad f – prosperity
prostíbulo m – brothel
prostitución f – prostitution
prostituir v – to prostitute
prostituta f – prostitute
protagonista m/f – protagonist
protección f – protection, hedge
protección adecuada – adequate protection
protección administrativa – administrative
  protection
protección al consumidor – consumer
  protection
protección ambiental – environmental
  protection
protección arancelaria – tariff protection
protección civil – civil defense
protección de archivos – file protection
protección de datos – data protection
protección de empleo – employment
  protection
protección de la frontera – border protection
protección de los derechos de autor –
  copyright protection
protección de patente – patent protection
protección del ambiente – environmental
  protection
protección del consumidor – consumer
  protection
protección del medioambiente –
  environmental protection
protección ecológica – eco-protection,
  ecological protection
protección judicial – judicial protection
protección medioambiental – environmental
  protection
proteccionismo m – protectionism
proteccionista adj – protectionist
protector m – protector, patron
protector adj – protecting, protective
protectorado m – protectorate
protectoría f – protectorate, protectorship
protectorio adj – protective
proteger v – to protect, to secure, to hedge
protegido adj – protected, secured, hedged
protesta f – protest, complaint, declaration
protesta diplomática – diplomatic protest
protesta masiva – massive protest
protesta pacífica – peaceful protest
protestable adj – protestable
protestado adj – protested

protestante *m/f* – protester
protestar *v* – to protest, to complain, to declare
protestar una letra – to protest a draft
protesto *m* – protest
protocolar *adj* – protocolar, formal
protocolar *v* – to protocolize, to register formally, to notarize
protocolario *adj* – protocolar, formal
protocolización *f* – protocolization, formal registration, notarization
protocolizar *v* – to protocolize, to register formally, to notarize
protocolo *m* – protocol, formal registry, formal registry of a notary public
protocolo notarial – formal registry of a notary public
protonotario *m* – chief notary public
prototipo *m* – prototype
protutor *m* – guardian
provecho *m* – benefit, profit
provechoso *adj* – beneficial, profitable
proveedor *m* – provider, supplier, dealer
proveedor de acceso – access provider
proveedor de contenido – content provider
proveedor de fondos – financial backer
proveeduría *f* – post of a provider, warehouse
proveer *v* – to provide, to supply, to grant, to decide, to settle, to appoint, to accommodate
proveído *m* – decision, writ
proveído *adj* – provided, decided
proveniencia *f* – origin
proveniente *adj* – proceeding
provenir *v* – to proceed from
providencia *f* – providence, decision, order, writ
providencia de secuestro – writ of attachment
providencia judicial – judicial decision
providenciar *v* – to decide, to take measures
provincia *f* – province
provincial *adj* – provincial
provinciano *adj* – provincial
provisión *f* – provision, supplying, reserve, precautionary measure, measure, warehouse
provisión de fondos – provision of funds
provisión para incobrables – bad debt reserve
provisión para insolvencias – provision for insolvencies
provisión para pérdidas – loss provision
provisión para riesgos – risk provision
provisional *adj* – provisional
provisionalmente *adv* – provisionally
provisor *m* – provider
provisorio *adj* – provisional
provisto *adj* – provided

provocación *f* – provocation, challenge
provocación suficiente – sufficient provocation
provocado *adj* – provoked
provocador *m* – provoker, challenger
provocar *v* – to provoke, to challenge
provocativo *adj* – provocative
proxeneta *m/f* – procurer
proxenetismo *m* – procuring
próximamente *adv* – soon
proximidad *f* – proximity
proyección económica – economic projection
proyectar *v* – to project, to plan
proyectil *m* – projectile
proyecto *m* – project, plan
proyecto agrícola – agricultural project
proyecto corporativo – corporate project
proyecto de apoyo – aid project
proyecto de asistencia – aid project
proyecto de ayuda – aid project
proyecto de ley – bill
proyecto de pensiones – pension project
proyecto de retiro – retirement project
proyecto de seguros – insurance project
proyecto económico – economic project
proyecto social – social project
proyector de video – video projector
prudencia *f* – prudence, care
prudencialmente *adv* – prudentially, carefully
prudente *adj* – prudent, careful
prudentemente *adv* – prudently, carefully
prueba *f* – proof, evidence, test, trial, sample
prueba absoluta – full proof
prueba acumulativa – cumulative evidence
prueba admisible – admissible evidence
prueba anticipada – pre-trial evidence
prueba circunstancial – circumstantial evidence
prueba concluyente – conclusive evidence
prueba contable – accounting evidence
prueba contradictoria – contradictory evidence
prueba contraria – conflicting evidence
prueba convincente – convincing evidence
prueba corroborante – corroborating evidence
prueba creíble – credible evidence
prueba de alcoholemia – sobriety check
prueba de análisis – proof of analysis
prueba de autoridad – proof of authority
prueba de calidad – proof of quality, quality test
prueba de cargo – evidence for the prosecution
prueba de compra – proof of purchase
prueba de contabilidad – accounting

evidence
prueba de culpabilidad – proof of guilt
prueba de cumplimiento – compliance test
prueba de daños – proof of damage
prueba de descargo – evidence for the
  defense
prueba de deuda – proof of debt
prueba de dominio – evidence of title, proof
  of title, title papers, title
prueba de elegibilidad – proof of eligibility,
  eligibility test
prueba de empleo – proof of employment,
  employment test
prueba de entrega – proof of delivery
prueba de fuego – acid test
prueba de identidad – proof of identity
prueba de indicios – circumstantial evidence
prueba de inocencia – proof of innocence
prueba de muerte – proof of death
prueba de pago – proof of payment
prueba de participación – proof of
  participation
prueba de pérdida – proof of loss
prueba de peritos – expert evidence
prueba de peso – proof of weight
prueba de referencia – hearsay evidence,
  benchmark test
prueba de responsabilidad – proof of
  responsibility
prueba de salud – proof of health
prueba de sangre – blood test
prueba de seguro – proof of insurance
prueba de validez – validity test
prueba de valor – proof of value
prueba de venta – proof of sale
prueba decisiva – conclusive evidence
prueba del estado – state's evidence
prueba demostrativa – demonstrative
  evidence
prueba directa – direct evidence
prueba documental – documentary evidence
prueba en contrario – conflicting evidence
prueba escrita – documentary evidence
prueba esencial – essential evidence
prueba impertinente – irrelevant evidence
prueba inadmisible – inadmissible evidence
prueba incontrovertible – incontrovertible
  evidence
prueba indirecta – indirect evidence
prueba indiscutible – conclusive evidence
prueba indispensable – indispensable
  evidence
prueba inmediata – direct evidence
prueba instrumental – documentary evidence
prueba insuficiente – insufficient evidence
prueba judicial – judicial evidence
prueba legal – legal evidence
prueba literal – documentary evidence

prueba matemática – mathematical evidence
prueba material – material evidence
prueba moral – moral evidence
prueba negativa – negative evidence
prueba oral – oral evidence, parol evidence
prueba original – original evidence
prueba parcial – partial evidence
prueba pericial – expert evidence
prueba pertinente – pertinent evidence
prueba plena – full proof
prueba por escrito – documentary evidence
prueba por presunciones – presumptive
  evidence
prueba por testigos – testimonial evidence
prueba positiva – direct evidence, positive
  proof
prueba preconstituida – pre-trial evidence
prueba preliminar – preliminary evidence
prueba prima facie – evidence sufficient on
  its face, prima facie evidence
prueba primaria – primary evidence
prueba procesal – evidence presented during
  a trial
prueba real – real evidence
prueba satisfactoria – satisfactory evidence
prueba secundaria – secondary evidence
prueba suficiente – sufficient evidence,
  satisfactory evidence
prueba tangible – tangible evidence
prueba tasada – legal evidence
prueba testifical – testimonial evidence
prueba testimonial – testimonial evidence
prueba verbal – oral evidence
psicográficos *m* – psychographics
psicología industrial – industrial psychology
psicología organizativa – organizational
  psychology
psicólogo *m* – psychologist
psicosis *m* – psychosis
psiquiatra *m/f* – psychiatrist
púber *adj* – pubescent
púbero *adj* – pubescent
pubertad *f* – puberty
pública voz y fama – common knowledge
publicación *f* – publication, proclamation
publicación comercial – trade publication
publicación electrónica – electronic
  publication
publicación oficial – official publication
publicador *m* – publisher
públicamente *adv* – publicly
publicar *v* – to publish, to proclaim
publicidad *f* – publicity, advertising
publicidad agresiva – aggressive advertising
publicidad de imagen – image advertising
publicidad de servicio público – public
  service advertising
publicidad desleal – deceptive advertising,

disparaging advertising, advertising in bad faith

publicidad engañosa – false advertising, deceptive advertising

publicista *m/f* – publicist

publicitario *adj* – advertising

público *adj* – public, open

público cautivo – captive audience

publíquese – be it known

publireportaje *m* – advertorial

pucherazo *m* – ballot rigging

pueblo *m* – town, nation, people

puente *m* – bridge, long weekend, extended weekend

puericia *f* – childhood

puerta abierta – open door, free trade

puerto *m* – port, harbor, harbour, asylum

puerto a puerto – port-to-port

puerto aduanero – port of entry

puerto aéreo – airport

puerto de amarre – home port

puerto de descarga – port of discharge

puerto de destino – port of destination

puerto de embarque – port of departure

puerto de entrada – port of entry

puerto de entrega – port of delivery

puerto de escala – port of call

puerto de matrícula – home port

puerto de origen – port of departure

puerto de partida – port of departure

puerto de refugio – port of refuge

puerto de salida – port of departure

puerto final – port of delivery

puerto fluvial – river port

puerto franco – free port

puerto libre – free port

puerto terminal – port of delivery

puesta *f* – higher bid, putting, stake

puesta al día – updating

puesta en marcha – startup

puesto *adj* – put

puesto *m* – post, position, job, place

puesto a tiempo completo – full-time position, full-time job

puesto administrativo – administrative position, administrative job

puesto clave – key position, key job

puesto de campo – field job

puesto de trabajo – job post

puesto directivo – management position, management job

puesto fijo – steady position, steady job

puesto gerencial – management position, management job

puesto permanente – permanent position, permanent job

puesto profesional – professional position, professional job

puesto público – public job

puesto seguro – secure job, steady job

puesto temporal – temporary position, temporary job

puesto temporario – temporary position, temporary job

puesto temporero – temporary position, temporary job

puesto vacante – job vacancy

puesto vitalicio – lifetime position, lifetime job

pugna *f* – fight, conflict

pugnante *adj* – fighting, opposing

pugnar *v* – to fight, to conflict with

puja *f* – bid, higher bid

pujador *m* – bidder, outbidder

pujar *v* – to struggle, to hesitate, to bid, to outbid

punguista *m/f* – pickpocket

punibilidad *f* – punishability

punible *adj* – punishable

punición *f* – punishment

punidor *m* – punisher

punir *v* – to punish

punitivo *adj* – punitive

punto *m* – point, matter, issue, integrity

punto de contacto – contact point

punto de derecho – legal issue

punto de entrada – point of entry

punto de hecho – factual issue

punto de inspección – checkpoint

punto de orden – order point

punto de origen – point of origin

punto de presencia – point of presence

punto de referencia – reference point

punto de salida – point of departure

punto de venta – point of sale, retail outlet

punto de vista – point of view

punto muerto – deadlock, impasse

puntuación de crédito – credit scoring, credit score

puntual *adj* – punctual, exact

puntualidad *f* – punctuality, exactness

puntualizar *v* – to detail, to stamp, to finish

puntualmente *adv* – punctually, exactly

puñal *m* – dagger

puñalada *f* – stab

puñetazo *m* – punch

puño *m* – punch, fist, handle

pupilaje *m* – pupilage, boarding house

pupilar *adj* – pupillary

pupilo *m* – pupil, boarder

puramente *adv* – purely, unqualifiedly

pureza *f* – purity, genuineness

purgar *v* – to clear of guilt, to clear of a criminal charge, to exonerate

putativo *adj* – putative

Q

quebradizo *adj* – fragile
quebrado *m* – bankrupt person
quebrado *adj* – bankrupt, broken, weakened
quebrado fraudulento – fraudulent bankrupt
quebrador *m* – breaker, violator
quebrantable *adj* – fragile
quebrantado *v* – broken, violated
quebrantador *m* – breaker, violator
quebrantadura *f* – breaking, violation, breach
quebrantamiento *m* – breaking, violation, breach
quebrantamiento de forma – breach of procedural rules
quebrantar *v* – to break, to break out of, to breach, to violate, to annul, to weaken
quebranto *m* – breaking, violation, breach, damage, weakness
quebrar *v* – to go bankrupt, to bankrupt, to break, to interrupt
queda *f* – curfew
quedar *v* – to remain, to get, to end, to agree, to arrange, to become
quedar obsoleto – to become obsolete
quehacer *m* – work, occupation, chore
queja *f* – complaint, accusation, protest, appeal
quejarse *v* – to complain
quejoso *adj* – complaining
quema *f* – fire
quemadura *f* – burn
quemar *v* – to burn, to sell cheaply
quemazón *f* – burning, bargain sale
querella *f* – complaint, accusation, charge, quarrel, dispute
querella criminal – criminal charge
querella formal – formal complaint
querella penal – criminal charge
querellado *m* – accused, defendant
querellador *m* – complainant, accuser, plaintiff
querellante *m/f* – complainant, accuser, plaintiff
querellarse *v* – to accuse, to file a complaint, to bewail
quid pro quo – something for something, quid pro quo
quiebra *f* – bankruptcy, failure, break, damage
quiebra bancaria – bank failure

quiebra culpable – bankruptcy due to negligence
quiebra culposa – bankruptcy due to negligence
quiebra empresarial – business bankruptcy, business failure
quiebra forzosa – forced bankruptcy
quiebra fraudulenta – fraudulent bankruptcy
quiebra voluntaria – voluntary bankruptcy
quienquiera *pron* – whoever, whomever, anyone
quimérico *adj* – chimerical
químico *adj* – chemical
quincena *f* – fifteen days, pay for fifteen days of work, half-month, half-month's pay
quincenal *adj* – every fifteen days, biweekly
quinquenio *m* – five year period, increase in salary each fifth anniversary on a job
quintuplicado *adj* – quintuplicate
quiñón *m* – share, plot of land
quiosco *m* – kiosk
quirografario *m* – unsecured debt, general creditor
quirografario *adj* – unsecured, handwritten
quirógrafo *m* – chirograph, promissory note, acknowledgment of debt
quirógrafo *adj* – unsecured, handwritten
quita *f* – release, acquittance, reduction of a debt, cancellation of a debt
quita y espera – arrangement with creditors
quitación *f* – release, acquittance, quitclaim, income
quitamiento *m* – release, acquittance, reduction of a debt
quitanza *f* – release, acquittance
quitar *v* – to remove, to steal, to abrogate, to exempt
quitarse *v* – to withdraw, to remove
quitarse la vida *v* – to commit suicide
quito *adj* – free, exempt
quórum *m* – quorum

R

rabia *f* – rage, rabies
rábula *m* – shyster, pettifogger
racial *adj* – racial
raciocinar *v* – to reason
raciocinio *m* – reason, reasoning
ración *f* – ration, share

racionalmente *adv* − rationally
racionamiento *m* − rationing
racionar *v* − to ration
racismo *m* − racism
racista *m/f* − racist
racista *adj* − racist
radiación *f* − radiation, radio broadcast
radiactivo *adj* − radioactive
radiado *adj* − radiated, broadcast
radiar *v* − to broadcast
radicación *f* − settling, location, filing
radical *adj* − radical
radicalismo *m* − radicalism
radicar *v* − to live, to settle, to be located, to file
radioactividad *f* − radioactivity
radioactivo *adj* − radioactive
raíz del problema − root of the problem
ralentización *f* − slowdown
ralentizar *v* − to slow down
rama ejecutiva − executive branch
rama judicial − judicial branch
ramera *f* − prostitute
ramificación *f* − ramification
ramplonería *f* − vulgarity
rango *m* − rank, class, level, standing
ranking *m* − ranking
rapaz *m* − rapacious person, thief, robber, youngster
rapaz *adj* − rapacious, thievish
rápidamente ejecutado − quickly executed
rapiña *f* − pillage
rapiñador *adj* − pillaging
rapiñar *v* − to pillage
raptar *v* − to kidnap, to abduct, to rape
rapto *m* − kidnapping, abduction, rape, rapture
raptor *m* − kidnapper, abductor, rapist, robber
raquetero *m* − racketeer
raramente *adv* − rarely, oddly
rasgadura *f* − rip, ripping
rasgo *m* − trait, characteristic, feature, deed, flourish
rasguño *m* − scratch
raspadura *f* − scraping, erasure
raspar *v* − to scrape, to erase, to steal
rastra *f* − vestige, trail, outcome
rastrear *v* − to trace, to investigate, to drag
rastro *m* − vestige, trail
ratear *v* − to distribute proportionally, to reduce proportionally, to steal
rateo *m* − proration, apportionment
ratería *f* − petty theft, dishonesty
ratero *m* − petty thief, pickpocket
ratificación *f* − ratification, confirmation
ratificación de contratos − ratification of contracts

ratificación de tratados − ratification of treaties
ratificado *adj* − ratified
ratificar *v* − to ratify, to confirm
ratificatorio *adj* − ratifying, confirming
ratihabición *f* − ratification, confirmation
rating *m* − rating
ratio *m* − ratio
rato *adj* − unconsummated
raza *f* − race, lineage
razón *f* − reason, reasonableness, ratio, information
razón comercial − firm name, trade name
razón social − firm name, company name, business name, trade name, corporate name
razón suficiente − sufficient reason
razonable *adj* − reasonable, affordable, equitable
razonablemente *adv* − reasonably, equitably
razonadamente *adv* − in a reasoned manner
razonar *v* − to reason, to explain, to justify
razones económicas − economic ratios, economic reasons
razones personales − personal reasons
razzia *f* − razzia, police raid
reabrir *v* − to reopen
reacción *f* − reaction
reaccionario *m* − reactionary
reaceptación *f* − reacceptance
reacio *adj* − reluctant
reacondicionado *adj* − reconditioned, refurbished
reacondicionamiento *m* − reconditioning, refurbishing
reacondicionar *v* − to recondition, to refurbish
reactivación *f* − reactivation, recovery, revival
reactivar *v* − to reactivate
readaptar *v* − to readapt
readmisión *f* − readmission
readmitir *v* − to readmit
readquirir *v* − to reacquire
readquisición *f* − reacquisition
reafirmación *f* − reaffirmation
reafirmar *v* − to reaffirm
reagravar *v* − to make worse
reagrupar *v* − to regroup
reajustar *v* − to readjust
reajuste *m* − readjustment, adjustment, reorganization
reajuste salarial − salary adjustment, wage adjustment
real *adj* − real, actual, royal, splendid
real decreto − royal decree
realengo *adj* − ownerless, owned by the state, lazy
realidad *f* − reality, truth

realimentación *f* – feedback
realismo *m* – realism, royalism
realista *adj* – realistic, royalist
realizable *adj* – realizable, feasible, salable
realización *f* – realization, carrying out, performance, sale, achievement, fulfillment
realizado *adj* – realized, carried out, performed, sold, achieved, fulfilled
realizar *v* – to realize, to carry out, to perform, to sell, to achieve, to fulfill
realquilar *v* – to sublease
realzar *v* – to enhance, to highlight
reanudación *f* – renewal, resumption
reanudar *v* – to renew, to resume
reaparecer *v* – to reappear
reapertura de la causa – reopening of the case
reaprovisionar *v* – to restock
reargüir *v* – to reargue
rearmar *v* – to rearm
rearmarse *v* – to rearm oneself
rearme *m* – rearmament
reasegurar *v* – to reinsure
reaseguro *m* – reinsurance
reasignación *f* – reassignment, reallocation
reasumir *v* – to resume
reasunción *f* – resumption
reavivar *v* – to revive, to renew
rebaja *f* – reduction, discount, decrease, cut, rebate
rebaja salarial – salary reduction
rebajado *adj* – reduced
rebajamiento *m* – reduction, humiliation
rebajar *v* – to reduce, to discount, to rebate, to humiliate
rebasar *v* – to exceed, to overflow
rebate *m* – fight, dispute, encounter
rebatible *adj* – disputable
rebatimiento *m* – refutation
rebatir *v* – to refute, to ward off, to reinforce, to deduct
rebelarse *v* – to rebel, to resist, to disobey
rebelde *m* – rebel, disobedient person, defaulter, person in contempt of court
rebelde *adj* – rebellious, disobedient, defaulting, stubborn, in contempt
rebeldía *f* – rebelliousness, disobedience, default, stubbornness, contempt of court
rebelión *f* – rebellion
rebusca *f* – careful search
rebuscador *m* – searcher
rebuscar *v* – to search carefully
recabar *v* – to request, to obtain
recadero *m* – messenger
recado *m* – message, errand, gift
recaer *v* – to fall again, to relapse
recaída *f* – relapse
recalcar *v* – to emphasize, to emphasize

repeatedly, to cram
recalcular *v* – to recalculate
recambiar *v* – to change again, to redraw
recapacitar *v* – to reconsider
recapitulación *f* – recapitulation, consolidated statement
recapitular *v* – to recapitulate
recapturar *v* – to recapture
recargar *v* – to reload, to overload, to load, to surcharge, to overcharge, to mark up, to increase
recargo *m* – surcharge, increase, additional load, surtax, overcharge, markup
recargo a la importación – import surcharge
recatar *v* – to conceal
recatarse *v* – to act prudently, to act indecisively
recato *m* – prudence, discretion
recatón *adj* – retail
recaudación *f* – collection, earnings, receipts, amount collected, office of a collector
recaudación de impuestos – collection of taxes
recaudador *m* – collector, tax collector
recaudador de impuestos – tax collector
recaudamiento *m* – collection, earnings, receipts, post of a collector, office of a collector
recaudar *v* – to collect, to collect taxes, to raise, to look after
recaudatorio *adj* – pertaining to collections
recaudo *m* – collection, care, custody, bail, bond
recelamiento *m* – mistrust, suspicion, fear
recelar *v* – to mistrust, to suspect, to fear
recelo *m* – mistrust, suspicion, fear
recepción *f* – reception, receipt, admission, examination of witnesses, greeting
recepcionista *m/f* – receptionist
receptación *f* – concealment, aiding and abetting, harboring a criminal
receptador *m* – accessory after the fact, aider and abettor, person who harbors a criminal
receptar *v* – to conceal, to aid and abet, to harbor a criminal
receptivo *adj* – receptive
recepto *m* – refuge
receptor *m* – receiver, recipient
receptoría *f* – receiver's office, collector's office, receivership
recesar *v* – to recess, to adjourn, to withdraw
recesión económica – economic recession, recession
receso *m* – recess, adjournment, withdrawal
recetoría *f* – receiver's office, collector's office
recibí *m* – payment received

recibido *adj* – received
recibidor *m* – receiver, receiving teller
recibimiento *m* – receipt, reception, acceptance
recibir *v* – to receive, to accept, to admit, to welcome, to obtain
recibir depósitos – to receive deposits
recibir entrega – to receive delivery
recibir pago – to receive payment
recibirse de abogado – to be admitted to the bar, to graduate from law school
recibo *m* – receipt, bill, receiving
recibo de entrega – delivery receipt
reciclaje *m* – recycling, retraining
reciclaje de residuos – waste recycling
reciclar *v* – to recycle, to retrain
recién nacido – newborn
reciente *adj* – recent
reciprocidad *f* – reciprocity
recíproco *adj* – reciprocal
reclamación *f* – claim, complaint, remonstrance
reclamación judicial – judicial claim
reclamado *adj* – claimed
reclamador *m* – claimer, claimant, complainer
reclamante *m/f* – claimer, claimant, complainer
reclamar *v* – to reclaim, to claim, to demand, to object, to seek a fugitive
reclamar daños y perjuicios – to claim damages
reclamo *m* – claim, complaint, advertisement
reclamo legal – legal claim
reclasificación *f* – reclassification
recluir *v* – to confine, to imprison
reclusión *f* – reclusión, imprisonment
reclusión mayor – long-term imprisonment
reclusión menor – short-term imprisonment
reclusión perpetua – life imprisonment
reclusión solitaria – solitary confinement
recluso *m* – inmate
recluso *adj* – confined, imprisoned
reclusorio *m* – place of confinement, prison
recluta *m* – recruit
reclutador *m* – recruiter
reclutamiento *m* – recruitment, conscription
reclutar *v* – to recruit, to draft
recobrar *v* – to recover
recobro *m* – recovery
recogedor *m* – collector
recoger *v* – to retrieve, to collect, to withdraw, to shelter, to suspend
recogida *f* – collecting, withdrawal, retrieval
recolección *f* – collection, summary
recolectar *v* – to collect, to summarize
recolector *m* – collector
recolocación *f* – relocation

recomendación *f* – recommendation, reference, request
recomendar *v* – to recommend, to advise, to request
recompensa *f* – reward, recompense, remuneration, award
recompensación *f* – recompense, remuneration, award
recomponer *v* – to repair again
recompra *f* – repurchase, buyback
reconciliable *adj* – reconcilable
reconciliación *f* – reconciliation
reconciliarse *v* – to be reconciled
recondenar *v* – to reconvict, to resentence
reconducción *f* – reconduction, extension, renewal
reconducir *v* – to extend, to renew
reconocedor *m* – recognizer, admitter, inspector
reconocer *v* – to recognize, to acknowledge, to admit, to inspect
reconocido *adj* – recognized, acknowledged, admitted, inspected
reconocimiento *m* – recognition, acknowledgment, admission, inspection
reconocimiento de culpabilidad – acknowledgment of guilt
reconocimiento de deuda – acknowledgment of debt
reconocimiento diplomático – diplomatic recognition
reconocimiento judicial – judicial examination
reconsideración *f* – reconsideration
reconsiderar *v* – to reconsider
reconstitución *f* – reconstitution, reorganization
reconstituir *v* – to reconstitute, to reorganize
reconstrucción *f* – reconstruction
reconstrucción de los hechos – reconstruction of the facts
reconstruir *v* – to reconstruct
recontar *v* – to recount
reconvención *f* – reconvention, counterclaim, cross-claim, remonstrance
reconvencional *adj* – reconventional, pertaining to a counterclaim, pertaining to a cross-claim
reconvenir *v* – to counterclaim, to cross-claim, to remonstrate
reconversión *f* – reconversion, restructuring
recopilación *f* – compilation, collection, digest, summary
recopilador *m* – compiler, writer of a digest, summarizer
recopilar *v* – to compile, to collect, to write a digest, to summarize
récord *m* – record

recordar v − to recollect, to remind, to commemorate
recordatorio m − reminder
recortar v − to cut, to cut back, to reduce
recorte m − cut, cutback, reduction
recortes de personal − personnel cuts
recriminación f − recrimination
recriminador adj − recriminating
recriminar v − to recriminate
recriminarse v − to exchange recriminations
recrudecimiento m − recrudescence
rectamente adv − honestly
rectificable adj − rectifiable, amendable
rectificación f − rectification, correction, amendment
rectificado adj − rectified, corrected, amended
rectificar v − to rectify, to amend
rectificativo adj − rectifying
rectitud f − rectitude
recto adj − straight, honest
recuento m − recount, count, inventory
recuerdo m − remembrance, memory
recuesta f − request, demand, warning
recuperación f − recuperation, recovery, retrieval
recuperador m − recuperator
recuperar v − to recuperate, to recoup, to retrieve
recurrente m/f − appellant, petitioner
recurrente adj − recurring
recurrible adj − appealable
recurrido m − appellee, respondent
recurrido adj − appealed
recurrir adj − to appeal, to petition, to resort to
recurso m − recourse, resource, remedy, means, appeal, petition, motion
recurso administrativo − administrative recourse
recurso contencioso administrativo − appeal against an administrative act
recurso de aclaración − petition for clarification
recurso de alzada − appeal
recurso de amparo − petition pertaining to constitutional protections
recurso de anulación − appeal for annulment
recurso de apelación − appeal
recurso de casación − appeal to a supreme court for violations of procedural law
recurso de habeas corpus − appeal for habeas corpus
recurso de nulidad − appeal for annulment
recurso de queja − appeal where the lower court delays an appeal unfairly
recurso de reconsideración − petition for the court to reconsider its own decision

recurso de reforma − petition for the court to reconsider its own decision
recurso de reposición − petition for the court to reconsider its own decision
recurso de revisión − petition for review
recurso de revocación − petition for the court to reconsider its own decision
recurso de revocatoria − petition for the court to reconsider its own decision
recurso de súplica − petition for the court to reconsider its own decision
recurso extraordinario − extraordinary appeal
recurso judicial − judicial remedy
recurso preventivo − preventive remedy
recursos humanos − human resources
recursos legales − legal remedies
recursos naturales − natural resources
recursos renovables − renewable resources
recusable adj − recusable
recusación f − recusation, challenge, rejection, objection
recusación con causa − challenge for cause
recusación de un juez − objection to a judge
recusación sin causa − peremptory challenge
recusado adj − recused, rejected, objected to
recusante m/f − challenger, rejector, objector
recusar v − to recuse, to challenge, to reject, to object to
rechazado adj − rejected, dishonored
rechazamiento m − rejection, denial, non-acceptance
rechazar v − to reject, to dishonor, to deny
rechazo m − rejection, denial
red f − net, network, Internet, chain
red de computadoras − computer network
red de comunicaciones − communications network
red de datos − data network
red de espionaje − spy ring, spy network
red de ordenadores − computer network
redacción f − redacting, writing, editing, editors
redaccional adj − in writing
redactar v − to redact, to write, to edit, to draw up
redactar un contrato − to draw up a contract
redactor m − redactor, writer, editor
redada f − police raid, gang
redada policial − police raid
redargüir v − to impugn, to refute
redención f − redemption, restitution, repayment
redepositar v − to redeposit
redesarrollo m − redevelopment
redespachar v − to resend
redhibición f − redhibition

redhibir *v* – to rescind by right of redhibition
redhibitorio *adj* – redhibitory
redimensionamiento *m* – downsizing, rightsizing
redimible *adj* – redeemable, callable
redimir *v* – to redeem, to free, to exempt, to call in, to pay off
rediseñar *v* – to redesign
redistribución de ingresos – income redistribution
redistribuir *v* – to redistribute
rédito *m* – revenue, income, return, profit, interest
redituable *adj* – revenue-yielding, profitable, interest bearing
reditual *adj* – revenue-yielding, profitable, interest bearing
redituar *v* – to yield, to draw
redondear *v* – to round off, to complete
redondearse *v* – to clear oneself of all debts
redondeo *m* – rounding
reducción *f* – reduction, rebate, downsizing
reducción de la pena – reduction of the sentence
reducción de personal – personnel reduction, personnel downsizing, layoffs
reducción de plantilla – personnel reduction, personnel downsizing, layoffs
reducción de salario – salary reduction
reducido *adj* – reduced, downsized
reducir *v* – to reduce, to lower, to subdue
redundancia *f* – redundancy
redundante *adj* – redundant
reedición *f* – republication
reedificación *f* – rebuilding
reedificar *v* – to rebuild
reeditar *v* – to republish
reeducación *f* – reeducation
reeducar *v* – to reeducate, to retrain
reelección *f* – reelection
reelecto *adj* – reelected
reelegir *v* – to reelect
reembargar *v* – to reattach
reembargo *m* – reattachment
reembolsable *adj* – reimbursable, redeemable, refundable
reembolsar *v* – to reimburse, to redeem, to refund
reembolso *m* – reimbursement, redemption, refund, drawback
reemplazable *adj* – replaceable
reemplazante *m/f* – replacement
reemplazar *v* – to replace
reemplazo *m* – replacement
reemplear *v* – to reemploy
reempleo *m* – reemployment
reentrenamiento *m* – retraining
reenviar *v* – to return, to resend, to forward, to remand
reenvío *m* – return, forwarding, remand
reestructuración *f* – restructuring
reestructuración administrativa – administrative restructuring
reestructuración política – political restructuring
reestructurar *v* – to restructure
reevaluar *v* – to reevaluate
reexaminar *v* – to reexamine
reexpedir *v* – to reship, to forward
reexportar *v* – to reexport
refacción *f* – bonus, repair, maintenance expense
refaccionar *v* – to renovate, to repair, to maintain, to finance
referencia *f* – reference, report, narration
referéndum *m* – referendum
referente *adj* – referring
referido *adj* – referred, said
referir *v* – to refer, to relate, to report, to narrate
refinanciación *f* – refinancing
refinanciado *adj* – refinanced
refinanciamiento *m* – refinancing
refinanciar *v* – to refinance
refinar *v* – to refine
refirmar *v* – to support, to ratify
reforestación *f* – reforestation
reforestar *v* – to reforest
reforma *f* – reform, amendment, revision, innovation
reforma agraria – agrarian reform
reforma constitucional – constitutional reform
reforma fiscal – tax reform
reforma social – social reform
reformar *v* – to reform, to amend, to revise, to innovate, to repair
reformatorio *m* – reformatory
reformatorio *adj* – reforming, amending
reformismo *m* – reformism
reformista *adj* – reforming
reforzar *v* – to reinforce, to boost
refractario *adj* – refractory, unwilling
refrenar *v* – to curb
refrendación *f* – countersignature, authentication, legalization, stamping
refrendar *v* – to countersign, to authenticate, to legalize, to stamp
refrendario *m* – countersigner, authenticator
refrendata *f* – countersignature, authentication, legalization
refrendo *m* – countersignature, authentication, legalization, stamp
refrescar la memoria – refresh the memory
refriega *f* – affray
refuerzo *m* – reinforcement, aid

refugiado *m* – refugee
refugiar *v* – to give refuge
refugiarse *v* – to take refuge
refugio *m* – shelter, haven, refuge, bomb shelter
refugio fiscal – tax haven
refutable *adj* – refutable
refutación *f* – refutation, rebuttal
refutar *v* – to refute, to rebut
regalador *m* – giver
regalar *v* – to give, to sell cheaply
regalía *f* – royalty, privilege, exemption, perquisite, goodwill, gift
regalo *m* – gift, luxury
regatear *v* – to haggle, to bargain, to be sparing, to deny
regateo *m* – haggling, bargaining
regencia *f* – regency, management
regentar *v* – to rule, to manage
regente *m/f* – regent
regente *m* – manager, foreperson, magistrate
regente *adj* – ruling
regentear *v* – to rule, to manage
regidor *m* – ruler, city council member
régimen *m* – regime, system
régimen administrativo – management system, administrative system
régimen carcelario – prison system
régimen de jubilación – retirement system
régimen del seguro social – social security system
régimen penal – prison system
régimen penitenciario – prison system
régimen político – political system
regimentar *v* – to regiment
regimiento *m* – regiment, government, office of a city council member, city council members
regionalismo *m* – regionalism
regir *v* – to rule, to govern, to manage, to be in force
registrable *adj* – registrable
registración *f* – registration
registrado *adj* – registered
registrador *m* – register, registrar, inspector
registrador de la propiedad – register of real estate, register of deeds
registral *adj* – pertaining to registry
registrante *m/f* – registrant
registrar *v* – to register, to record, to file, to inspect, to search, to enter
registrarse *v* – to register, to check in, to sign in
registro *m* – registry, register, registration, record, search, docket, inspection, entry, tonnage
registro civil – civil registry
registro de actas – minute book

registro de buques – registry of ships
registro de contabilidad – accounting records
registro de defunciones – registry of deaths
registro de empleo – employment record
registro de hipoteca – recording of mortgage
registro de la propiedad – land registry, registry of real estate
registro de la propiedad industrial – registry of industrial property
registro de la propiedad intelectual – registry of intellectual property
registro de la sentencia – entry of judgment
registro de marcas – trademark registry
Registro de Marcas y Patentes – Patent and Trademark Office
registro de nacimientos – registry of births
registro de patentes – register of patents
registro de sentencia – entry of judgment
registro demográfico – registry of vital statistics
registro electoral – electoral register
registro fiscal – tax registry
registro judicial – judicial record
registro oficial – official record
registro público – public record
regla *f* – rule, principle, law, moderation
regla especial – special rule
regla jurídica – legal rule
Regla Miranda – Miranda Rule
regla perentoria – peremptory rule
regladamente *adv* – moderately
reglado *adj* – moderate, ruled
reglamentación *f* – regulation, regulations
reglamentación de tránsito – traffic rules
reglamentación urbanística – zoning rules
reglamentado *adj* – regulated
reglamentar *v* – to regulate, to rule, to establish rules
reglamentario *adj* – regulatory, regulation
reglamento *m* – regulation, regulations, rules, by-laws
reglamento de edificación – building code
reglamento de trabajo – work guidelines, labor laws, labour laws
reglamento municipal – municipal regulation
reglamento procesal – rules of procedure
reglamentos de zonificación – zoning regulations
reglamentos vigentes – current regulations
reglar *v* – to regulate
reglas comerciales – business rules, commercial rules
reglas vigentes – current rules
regresivo *adj* – regressive
regulable *adj* – regulable, regulatable, adjustable
regulación *f* – regulation, control, adjustment

regulación administrativa – administrative regulation, management regulation
regulación ambiental – environmental regulation
regulación fronteriza – border regulation
regulado *adj* – regulated, adjusted
regulador *m* – regulator
regular *v* – to regulate, to control, to adjust
regularidad *f* – regularity
regularmente *adv* – regularly
regulativo *adj* – regulative
rehabilitación *f* – rehabilitation, restoration, discharge
rehabilitación del penado – rehabilitation of a prisoner
rehabilitado *adj* – rehabilitated, restored, discharged
rehabilitar *v* – to rehabilitate, to restore, to discharge
rehacer *v* – to redo, to repair
rehén *m/f* – hostage
reherir *v* – to repulse
rehuir *v* – to flee, to avoid, to deny
rehusar *v* – to refuse
reimportación *f* – reimportation
reimportar *v* – to reimport
reimpresión *f* – reprint, reprinting
reimprimir *v* – to reprint
reinar *v* – to reign, to predominate
reincidencia *f* – recidivism, relapse
reincidente *m/f* – repeat offender
reincidir *v* – to repeat an offense, to relapse
reincorporación *f* – reincorporation
reincorporado *adj* – reincorporated
reincorporar *v* – to reincorporate
reingresar *v* – to re-enter
reingreso *m* – reentering
reiniciar *v* – to reopen
reinstalación *f* – reinstallation, reinstatement
reinstalar *v* – to reinstall
reintegrable *adj* – refundable, repayable, restorable
reintegrar *v* – to reintegrate, to refund, to repay, to restore
reintegro *m* – reintegration, refund, restitution, repayment, restoration
reintroducción *f* – reintroduction
reinvertir *v* – to reinvest
reiteración *f* – reiteration
reiteradamente *adv* – repeatedly
reiterante *m/f* – repeat offender
reiterar *v* – to reiterate, to repeat
reivindicable *adj* – repleviable, recoverable
reivindicación *f* – replevin, recovery, claim
reivindicador *m* – replevisor, claimer
reivindicar *v* – to replevy, to recover, to claim
reivindicativo *adj* – pertaining to replevin, pertaining to recovery
reivindicatorio *adj* – replevying, recovering
rejas *f* – bars
relación *f* – relation, relationship, ratio, report, narration
relación fiduciaria – fiduciary relation
relación jurídica – legal relationship
relación matrimonial – marital relationship
relacionado al trabajo – job-related
relacionar *v* – to relate, to report
relaciones humanas – human relations
relaciones sexuales – sexual intercourse
relajación *f* – relaxation, mitigation
relajar *v* – to relax, to release, to jeer
relapso *m* – relapse
relatar *v* – to relate, to report
relativamente *adv* – relatively
relativo *adj* – relative
relato *m* – report, narration
relator *m* – reporter, narrator, court reporter
relatoria *f* – post of a court reporter
relegación *f* – relegation, exile
relegar *v* – to relegate, to exile
relevación *f* – release, exemption, pardon
relevancia *f* – relevance
relevante *adj* – relevant, outstanding
relevar *v* – to relieve, to exempt, to pardon
relicto *adj* – left at death
relictos *m* – decedent's estate
rellenar *v* – to fill-in
relocalización *f* – relocation
relucir *v* – to shed light on
remandar *v* – to send repeatedly, to remand
remanente *m* – remainder, residue, surplus
remanente *adj* – residuary
rematadamente *adv* – absolutely
rematado *adj* – auctioned
rematador *m* – auctioneer
rematante *m/f* – successful bidder
rematar *v* – to auction, to auction off, to terminate
remate *m* – auction, termination
remate judicial – judicial auction
remediable *adj* – remediable
remediado *adj* – remedied, helped
remediar *v* – to remedy, to help, to prevent
remedio *m* – remedy, help, appeal
remedio administrativo – administrative remedy
rememorar *v* – to remember
rememorativo *adj* – reminding
remesa *f* – remittance
remesar *v* – to remit
remirar *v* – to view again, to view carefully
remisible *adj* – remissible
remisión *f* – remission, remittance, reference
remisivo *adj* – reference
remiso *adj* – remiss

remisor *m* – remitter
remisoria *f* – remand
remisorio *adj* – remissory, remitting
remite *m* – return address
remitente *m/f* – remitter, sender, addresser
remitido *adj* – remitted
remitir *v* – to remit, to refer, to send
remoción *f* – removal, dismissal
remodelado *adj* – remodeled, reorganized
remodelar *v* – to remodel, to reorganize
remorderse *v* – to show remorse, to show
   anguish
remordimiento *m* – remorse
remover *v* – to remove, to disturb
removimiento *m* – removal
remuneración *f* – remuneration, pay
remuneración igual – equal remuneration
remunerado *adj* – remunerated
remunerador *adj* – remunerating, paying
remunerar *v* – to remunerate, to pay
remunerativo *adj* – remunerative, paying
remuneratorio *adj* – remunerative, paying
rencilla *f* – quarrel, squabble
rencillas *f* – bickering, quarreling
rencor *m* – rancor
rendición *f* – rendition, surrender, rendering,
   yield
rendición de cuentas – rendering of accounts
rendimiento *m* – yield, return, earnings,
   performance, output, submission, exhaustion
rendir *v* – to render, to yield, to surrender, to
   return, to exhaust, to perform, to earn
rendir cuentas – to render accounts, to
   explain accounts
rendir pruebas – to adduce evidence
rendir un informe – to submit a report
rendirse *v* – to surrender, to become
   exhausted
renegociación *f* – renegotiation
renegociar *v* – to renegotiate
renitencia *f* – renitency
renombrado *adj* – renowned
renombrar *v* – to rename
renombre *m* – surname, fame
renovable *adj* – renewable
renovación *f* – renovation, renewal,
   updating, upgrading, replacement
renovación de contrato – renewal of contract
renovación de licencia – renewal of license,
   renewal of licence
renovación urbana – urban renewal
renovado *adj* – renovated, renewed, updated,
   upgraded, replaced
renovar *v* – to renovate, to renew, to update,
   to upgrade, to replace
renta *f* – rent, income, annuity, public debt,
   government debt obligation
renta de jubilación – retirement income

renta de la tierra – ground rent
renta de reajuste – readjustment income
renta de retiro – retirement income
renta mensual – monthly rent, monthly
   income
renta ordinaria – ordinary income
renta subsidiada – subsidized rent
rentabilidad *f* – rentability, profitability, cost-
   effectiveness, capability of producing an
   income
rentable *adj* – rentable, profitable, cost-
   effective income-producing
rentar *v* – to rent, to yield, to produce a profit
rentas *f* – receipts, income, revenue,
   revenues, earnings
rentas comerciales – business income,
   commercial income
rentas fiscales – fiscal revenue
rentas internas – internal revenue, domestic
   revenue
rentero *m* – lessee, farm lessee
rentero *adj* – taxpaying
renting *m* – renting, leasing
rentista *m/f* – bondholder, annuitant, person
   who lives off personal investments, renter,
   financier
rentístico *adj* – pertaining to revenues,
   financial
rentoso *adj* – income-producing
renuencia *f* – reluctance
renuente *adj* – reluctant
renuncia *f* – renunciation, resignation,
   waiver, disclaimer, abandonment
renuncia a la ciudadanía – renunciation of
   citizenship
renuncia voluntaria – express waiver
renunciable *adj* – renounceable, that can be
   waived, that can be disclaimed
renunciación *f* – renunciation, resignation,
   waiver, disclaimer, abandonment
renunciamiento *m* – renunciation,
   resignation, waiver, disclaimer, abandonment
renunciante *m/f* – renouncer, resigner,
   waiver, disclaimer, abandoner
renunciar *v* – to renounce, to resign, to
   waive, to disclaim, to abandon
renunciatario *m* – beneficiary of something
   that is renounced
reo *m* – convict, prisoner, defendant, criminal
reo *adj* – guilty
reorganización administrativa –
   administrative reorganization
reorganizar *v* – to reorganize
reorientación *f* – reorientation
repagar *v* – to repay
reparable *adj* – repairable, indemnifiable
reparación *f* – repair, indemnity
reparación del daño – indemnity

reparaciones necesarias − necessary repairs
reparado *adj* − repaired, indemnified
reparador *m* − repairer, indemnifier
reparamiento *m* − repair, indemnity, objection, observation
reparar *v* − to repair, to indemnify
reparativo *adj* − reparative, indemnifying
reparo *m* − objection, observation, repair
repartición *f* − distribution, partition, delivery
repartición equitativa − equitable distribution
repartido *adj* − distributed, partitioned, delivered
repartidor *m* − distributor, partitioner, deliverer
repartimiento *m* − distribution, partition, delivery
repartir *v* − to distribute, to partition, to deliver
reparto *m* − distribution, partition, delivery
reparto de beneficios − profits distribution
reparto equitativo − equitable distribution
repasar *v* − to repass, to review, to peruse
repaso *m* − review
repatriación *f* − repatriation
repatriar *v* − to repatriate
repeler *v* − to repel, to refute
repensar *v* − to rethink
repentino *adj* − sudden
repercusión *f* − repercussion
repertorio *m* − repertory, digest
repertorio de legislación − legislative digest
repetición *f* − repetition, action for unjust enrichment, action for recovery
repetir *v* − to repeat, to start again, to bring an action for unjust enrichment
réplica *f* − reply, replication, rejoinder
replicación *f* − reply, replication
replicador *m* − replier, argumentative person
replicante *m/f* − replier, argumentative person
replicar *v* − to reply, to answer, to contradict, to object
reponer *v* − to replace, to replenish, to reinstate, to reply, to object
reponerse *v* − to recover, to calm down
reportar *v* − to report, to curb, to achieve, to produce, to yield
reporte *m* − report, news
reporte anual − annual report
reporte de accidente − accident report
reporte de crédito − credit report
reporto *m* − repurchase agreement
reposesión *f* − repossession
reposición *f* − replacement, recovery, reinstatement
repositorio *m* − repository
repregunta *f* − cross-examination

repreguntar *v* − to cross-examine
reprender *v* − to reprehend, to caution
reprendido *adj* − reprehended, cautioned
reprensible *adj* − reprehensible
reprensión *f* − reprehension, caution
reprensor *m* − reprehender
represalia *f* − reprisal
representación *f* − representation
representación administrativa − administrative representation
representación falsa − false representation
representación legal − legal representation
representado *m* − principal
representado *adj* − represented
representador *adj* − representing
representante *m/f* − representative, agent
representante autorizado − authorized representative
representante comercial − commercial representative
representante exclusivo − exclusive representative, sole representative
representante fiscal − fiscal representative, revenue representative
representante legal − legal representative
representar *v* − to represent, to declare, to appear tobe
represión *f* − repression
represión policial − police repression
represión política − political repression
reprimenda *f* − reprimand
reprimir *v* − to repress
reprivatización *f* − reprivatization
reprivatizar *v* − to reprivatize
reprobable *adj* − reprehensible
reprobar *v* − to reprove
reprobatorio *adj* − reprobative
reprochabilidad *f* − reproachableness
reprochable *adj* − reproachable
reprochar *v* − to reproach
reproducción *f* − reproduction
reproducir *v* − to reproduce
reprogramación *f* − reprogramming, rescheduling
reprogramar *v* − to reprogram, to reschedule
repromisión *f* − renewed promise
república federal − federal republic
republicanismo *m* − republicanism
republicano *m* − republican
república *m* − patriot, leading citizen
repudiación *f* − repudiation
repudiar *v* − to repudiate
repudio *m* − repudiation
repugnante *adj* − repugnant, inconsistent
repulsa *f* − repulse, refusal
repulsar *v* − to repulse, to refuse
repulsión *f* − repulsion, refusal
reputación establecida − established

reputation
reputar *v* – to repute
requerido por la ley – required by law
requeridor *m* – requirer, summoner
requerimiento *m* – requirement, injunction, summons, demand, request
requerimiento judicial – mandatory injunction
requerimientos de elegibilidad – eligibility requirements
requerimientos de empleo – job requirements
requerimientos legales – legal requirements
requerir *v* – to require, to enjoin, to summon, to notify, to demand, to investigate, to persuade
requirente *m/f* – requirer, summoner
requisa *f* – requisition, inspection
requisar *v* – to requisition, to inspect
requisición *f* – requisition, inspection
requisito *m* – requirement
requisitoria *f* – arrest warrant
requisitorio *m* – requisition
requisitos de empleo – job requirements
requisitos de residencia – residency requirements
requisitos de seguridad – safety requirements, security requirements
requisitos legales – legal requirements
res gestae – things done, res gestae
res ipsa loquitur – the thing speaks for itself, res ipsa loquitur
res judicata – the thing has been decided, res judicata
resaca *f* – redraft, hangover
resacar *v* – to redraw
resarcible *adj* – indemnifiable, compensable
resarcimiento *m* – indemnification, compensation
resarcir *v* – to indemnify, to compensate
rescatable *adj* – exchangeable, redeemable, callable
rescatar *v* – to rescue, to ransom, to free, to exchange, to redeem, to call
rescate *m* – rescue, ransom, release, exchange, redemption, call, bailout
rescindible *adj* – rescindable, cancelable
rescindir *v* – to rescind, to cancel
rescisión *f* – rescission, cancellation
rescisión de contrato – rescission of contract
rescisorio *adj* – rescissory, canceling
rescontrar *v* – to offset
rescripto *m* – rescript
rescuentro *m* – offset
resellar *v* – to reseal, to restamp
resello *m* – resealing, restamping
resentimiento *m* – resentment
reseña *f* – description, description of the

scene of a crime, review, account, brief account
reseñar *v* – to describe, to describe the scene of a crime, to give an account of, to review
reserva *f* – reserve, reservation, prudence, exception, allowance
reserva de capital – capital reserve
Reserva Federal – Federal Reserve, Federal Reserve System
reserva legal – legal reserve, reserve required by law
reservación *f* – reservation
reservadamente *adv* – reservedly, cautiously
reservado *adj* – reserved, cautious, booked
reservados todos los derechos – all rights reserved
reservar *v* – to reserve, to postpone, to exempt, to conceal, to book
reservar derechos – to reserve rights
reservativo *adj* – reservative
resguardar *v* – to defend, to shelter
resguardo *m* – protection, security, guarantee, frontier guard, receipt
resguardo provisional – binder
residencia *f* – residence, residency, inquiry
residencia permanente – permanent residence, permanent residency
residenciar *v* – to inquire
residente permanente – permanent resident
residir *v* – to reside, to lie
residual *adj* – residual
residuo *m* – residue
residuos industriales – industrial waste
residuos tóxicos – toxic waste
resignación *f* – resignation, relinquishment
resignar *v* – to resign, to relinquish
resistencia a la autoridad – resisting an officer, resistance to authority
resistir *v* – to resist
resobrina *f* – grandniece
resobrino *m* – grandnephew
resoluble *adj* – resolvable
resolución *f* – resolution, decision, annulment, cancellation, termination
resolución de disputas – dispute resolution
resolución judicial – judicial decision
resolutivamente *adv* – resolutely
resolutivo *adj* – resolutive
resoluto *adj* – resolute, succinct, expert
resolver *v* – to resolve, to solve, to decide, to settle, to annul, to analyze
respaldar *v* – to endorse, to support, to back
respaldo *m* – backing, endorsement, support, backup
respectivamente *adv* – respectively
respectivo *adj* – respective
respetabilidad *f* – respectability
respetable *adj* – respectable, considerable

respetar *v* – to respect, to observe, to obey
respeto de personas – respect toward others
respetuosamente *adv* – respectfully
respetuoso *adj* – respectful
respiro *m* – extension of time, respite, breather, respiration
responder *v* – to respond, to answer, to correspond, to be responsible
respondiente *m/f* – responder
responsabilidad *f* – responsibility, liability
responsabilidad administrativa – administrative liability
responsabilidad ambiental – environmental responsibility, environmental liability
responsabilidad civil – civil liability, public liability
responsabilidad contractual – contractual liability
responsabilidad criminal – criminal responsibility, criminal liability
responsabilidad fiscal – tax liability
responsabilidad ilimitada – unlimited liability
responsabilidad judicial – judicial liability
responsabilidad legal – legal responsibility, legal liability
responsabilidad penal – criminal liability
responsabilidad personal – personal liability
responsabilidad social – social responsibility
responsabilizarse *v* – to take the responsibility
responsable legalmente – legally liable
responsivo *adj* – pertaining to an answer
respuesta evasiva – evasive answer
restablecer *v* – to reestablish, to reinstate
restablecimiento *m* – reestablishment, reinstatement
restante *m* – remainder
restante *adj* – remaining
restauración *f* – restoration, reinstatement
restaurado *adj* – restored, reinstated
restaurar *v* – to restore, to reinstate
restitución *f* – restitution, return
restituible *adj* – restorable, returnable
restituidor *adj* – restoring, returning
restituir *v* – to restore, to return
restitutorio *adj* – restitutive
resto *m* – rest, residue
restos mortales – mortal remains
restricción *f* – restriction
restricciones al comercio – restraint of trade
restricciones y limitaciones – restrictions and limitations
restrictivo *adj* – restrictive
restringido *adj* – restricted
restringir *v* – to restrict
resuelto *adj* – determined, prompt, solved

resuélvase – be it resolved
resulta *f* – result, final decision, vacancy
resultado *m* – result, match, bottom line, profits, earnings
resultando *m* – clause, whereas clause
resultante *adj* – resulting
resultar *v* – to result, to be successful
resumen *m* – summary, abstract, digest
resumen de cuenta – account summary, abstract of account
resumir *v* – to summarize, to abstract
retardar *v* – to retard
retasa *f* – reappraisal
retasación *f* – reappraisal
retasar *v* – to reappraise, to reduce the price of items not auctioned
retazo *m* – remnant, fragment
retención *f* – retention, detention, withholding, holdback
retención a cuenta – tax withholding
retención de impuestos – tax withholding
retención fiscal – tax withholding
retenedor *m* – retainer, detainer, withholder
retener *v* – to retain, to detain, to withhold, to hold back
retenido *adj* – retained, detained, withheld
retentor *m* – withholding agent
reticencia *f* – insinuation, reticence
retirada *f* – withdrawal, retreat, shelter
retiradamente *adv* – secretly
retirado *m* – retiree
retiramiento *m* – withdrawal, retreat, retirement, pension
retirar *v* – to retire, to withdraw, to draw, to retreat, to call
retirar una oferta – to withdraw an offer
retirarse *v* – to retire, to leave, to withdraw
retiro *m* – retirement, withdrawal, retreat, pension
retiro forzoso – forced retirement
retiro obligatorio – mandatory retirement
retiro temprano – early withdrawal, early retirement
reto *m* – challenge, threat
retorcer *v* – to twist, to distort
retornar *v* – to return
retorno *m* – return, reward, exchange
retorsión *f* – retorsion, twisting
retracción *f* – retraction
retractación pública – public retraction
retractar *v* – to retract, to redeem
retracto legal – constructive revocation
retraer *v* – to bring back, to repurchase, to exercise the right of repurchase, to dissuade
retransferir *v* – to retransfer
retransmisión *f* – retransfer, rebroadcast
retrasado *adj* – delayed, in arrears
retrasar *v* – to delay, to lag

retraso *m* – delay, lag
retrato *m* – photograph, description, right of repurchase
retrayente *m/f* – exerciser of the right of repurchase
retribución *f* – remuneration, pay, reward
retribución anual – annual remuneration, annual pay
retribución igual – equal remuneration, equal pay
retribución mínima – minimum wage, minimum remuneration, minimum pay
retribuir *v* – to remunerate, to pay, to reward
retributivo *adj* – retributory, rewarding
retroacción *f* – retroaction
retroactivamente *adv* – retroactively
retroactividad de la ley – retroactivity of the law
retroactivo *adj* – retroactive
retroalimentación *f* – feedback
retrocesión *f* – retrocession
retrospección *f* – retrospection
retrospectivo *adj* – retrospective
retroproyector *m* – overhead projector
retrotracción *f* – antedating
retrotraer *v* – to antedate
retrovender *v* – to sell back to the original vendor
retrovendición *f* – repurchase by the original seller
retroventa *f* – repurchase by the original seller
reubicación *f* – relocation
reubicar *v* – to relocate
reunión *f* – reunion, meeting, assembly
reunión anual – annual meeting
reunión convocada – called meeting
reunión corporativa – corporate meeting
reunión cumbre – summit meeting, summit
reunión extraordinaria – special meeting
reunión general – general meeting
reunir *v* – to unite, to reunite, to gather
reunir los requisitos – to meet the requirements
reutilizar *v* – to reuse
reválida *f* – revalidation, bar exam, exam required to obtain a professional license
revalidación *f* – revalidation, confirmation
revalidar *v* – to revalidate, to pass a bar exam, to pass an exam required to obtain a professional license
revaloración *f* – revalorization, revaluation, reappraisal
revalorar *v* – to revalue, to reappraise
revalorización *f* – revalorization, revaluation, reappraisal
revalorizar *v* – to revalue, to reappraise
revaluación *f* – revaluation, reappraisal

revaluar *v* – to revalue, to reappraise
revalúo *m* – reappraisal
reveedor *m* – revisor, inspector
revelación *f* – revelation, disclosure
revelar *v* – to reveal, to develop
revendedor *m* – reseller, retailer
revender *v* – to resell, to retail
revenir *v* – to return
reventa *f* – resale, retail
rever *v* – to review, to retry
reversibilidad *f* – reversibility
reversible *adj* – reversible, reversionary
reversión *f* – reversion
reversión al estado – escheat
reverso *m* – reverse, reverse of a sheet
revertir *v* – to revert
revés *m* – reverse, reversal
revictimización *f* – revictimization
revisable *adj* – revisable, reviewable, auditable
revisado *adj* – revised, reviewed, audited, inspected, checked
revisar *v* – to revise, to audit, to inspect, to check
revisión *f* – revision, review, audit, inspection, check
revisión judicial – judicial review
revisión médica – medical examination
revisionismo *m* – revisionism
revisionista *m/f* – revisionist
revisor *m* – revisor, auditor, inspector
revisor *adj* – revising, auditing, inspecting
revisor de cuentas – auditor of accounts, auditor, inspector of accounts
revisoría *f* – inspector's office, auditor's office
revista *f* – review, inspection, rehearing, magazine, journal
revista jurídica – law journal
revivir *v* – to revive
revocabilidad *f* – revocability
revocable *adj* – revocable, abrogable, reversible
revocación *f* – revocation, abrogation, reversal
revocador *m* – revoker, abrogator, reverser
revocante *adj* – revoking, abrogating, reversing
revocar *v* – to revoke, to abrogate, to reverse
revocatorio *adj* – revocatory, abrogating, reversing
revolución *f* – revolution
revolución verde – green revolution
revolucionar *v* – to revolt, to revolutionize
revolucionario *adj* – revolutionary
revolver *v* – to mix, to upset, to ponder
revólver *m* – revolver
revuelta *f* – revolt, fight, disturbance, change

reyerta *f* – quarrel, row
rezonificar *v* – to rezone
rezonificación *f* – rezoning
ribereño *adj* – riparian
riesgo *m* – risk, hazard
riesgo cubierto – covered risk
riesgo físico – physical hazard
riesgo ocupacional – occupational hazard, occupational risk
riesgo para la salud – health hazard, health risk
riesgo político – political risk
rifa *f* – raffle
rigidez *f* – rigidity
rígido *adj* – rigid
rigor *m* – rigor, exactness
rigor mortis – rigor mortis
rigorismo *m* – rigorism
rigorista *m/f* – rigorist
riguroso *adj* – rigorous, exact
riña *f* – quarrel
riqueza nacional – national wealth
ritmo de vida – lifestyle
ritualidad *f* – formality
robado *adj* – robbed, stolen
robador *m* – robber, thief
robar *v* – to rob, to steal
robo *m* – robbery, theft
robo a mano armada – armed robbery
robo agravado – aggravated robbery, theft with aggravating circumstances
rodada *f* – wheel track
rodear *v* – to surround, to beat around the bush
rogación *f* – request
rogatorio *adj* – rogatory
rol *m* – role, roll
rompehuelgas *m* – strikebreaker
romper *v* – to break, to break off
rompimiento *m* – breaking, quarrel
ronda *f* – round, session, night patrol
rondar *v* – to patrol, to prowl
rostro *m* – face
rotación *f* – rotation, turnover, shift
rotación laboral – labor turnover, labour turnover
roto *adj* – broken, debauched
rotular *v* – to label
rótulo *m* – sign, title
rotura *f* – breakage, breakup, breaking
royalty *m* – royalty
rúbrica *f* – flourish, rubric, signature
rubricar *v* – to sign and seal, to sign, to initial, to attest
rubro *m* – title, heading
rudo *adj* – rude, crude
rueda de prensa – press conference, news conference

ruego *m* – request, plea
ruegos y preguntas – any other business
rufián *m* – ruffian, pimp
ruido ambiental – environmental noise
ruin *adj* – despicable, petty
ruina *f* – ruin
rumbo *m* – direction
rumor *m* – rumor
rumorear *v* – to rumor
ruptura de negociaciones – rupture of negotiations
ruralmente *adv* – rurally
rústico *adj* – rustic, rural
ruta *f* – route
rutina *f* – routine
rutinario *adj* – routine

S

SA (sociedad anónima) – company, limited company, public limited company, stock company, incorporated company, corporation
saber *m* – knowledge
saber *v* – to know, to learn
saber y entender – knowledge and belief
sabiamente *adv* – wisely
sabido *adj* – known, well-informed, learned
sabiduría *f* – wisdom
sabotaje *m* – sabotage
saboteador *m* – saboteur
sabotear *v* – to sabotage
sabueso *m* – bloodhound, sleuth
saca *f* – removal, exportation, certified copy, notarized copy
sacada *f* – separated territory, removal
sacar *v* – to remove, to take out, to release, to deduce, to get, to draw, to make, to cite
sacudimiento *m* – jolt
sacudir *v* – to jolt
sádico *m* – sadist
sádico *adj* – sadistic
sadismo *m* – sadism
sadomasochismo *m* – sadomasochism
sagaz *adj* – sagacious
sala *f* – court, room, meeting room, auditorium
sala civil – civil court
sala de apelaciones – appellate court, court of appeals
sala de audiencia – courtroom

sala de conferencias – conference room
sala de juntas – boardroom
sala de justicia – court, courtroom
sala de lo civil – civil court
sala de lo criminal – criminal court
sala de sesiones – board room
sala de ventas – salesroom
sala del tribunal – courtroom
sala penal – criminal court
salariado *adj* – salaried
salarial *adj* – pertaining to a salary, salary-related
salariar *v* – to pay a salary, to assign a salary
salario *m* – salary, wage, pay
salario a destajo – piece wage
salario de bolsillo – take-home pay, net pay
salario de subsistencia – living wage, subsistence wage
salario igual – equal salary
salario legal – salary established by law
salario mensual – monthly salary, monthly wage
salario mínimo – minimum wage
salario por hora – hourly salary, hourly wage
salario y condiciones – pay and conditions
saldado *adj* – paid, settled
saldar *v* – to pay off, to sell off, to settle
saldista *m/f* – remnant seller
saldo *m* – balance, settlement, payment, amount outstanding, remainder, remnant, clearance sale
salida *f* – exit, output, outflow, expenditure, market, publication, departure, conclusion
salida a bolsa – initial public offering, going public
salidizo *m* – projection
saliente *adj* – salient, outgoing
salir *v* – to exit, to go out, to come out, to appear, to occur, to dispose of, to project, to depart
salir a bolsa – to go public
salón *m* – room, hall, salon
salón de sesiones – board room
salteador *m* – highway robber, robber
salteamiento *m* – highway robbery, robbery
saltear *v* – to rob, to rob on highways, to assault, to take by surprise, to do in fits and starts
salteo *m* – highway robbery, robbery
salto *m* – jump, attack, omission
salubre *adj* – salubrious
salubridad pública – public health
salud *f* – health, welfare
salud ambiental – environmental health
salud ocupacional – occupational health
salud pública – public health
salud y seguridad – health and safety
saludable *adj* – healthy

salva *f* – oath, greeting
salvable *adj* – savable
salvaguarda *f* – safeguard, safe-conduct, security, protection
salvaguarda *m* – guard
salvaguardar *v* – to safeguard
salvaguardia *f* – safeguard, safe-conduct, security, protection
salvaguardia *m* – guard
salvajada *f* – savagery
salvaje *adj* – savage, wild
salvaje *m/f* – savage
salvamente *adv* – safely
salvamento marítimo – maritime rescue
salvante *adj* – saving
salvar *v* – to save, to rescue, to overcome, to certify corrections, to prove innocence
salvavidas *m* – lifesaver, lifeguard
salvedad *f* – proviso, exception, reservation
salvo *adj* – safe, excepted
salvo *prep* – except
salvo error u omisión – errors and omissions excepted
salvoconducto *m* – safe-conduct
sana crítica – methodology for the appreciation of evidence, healthy criticism
sanción *f* – sanction, statute, punishment, approval
sanción administrativa – administrative sanction
sanción disciplinaria – disciplinary sanction
sanción penal – criminal sanction
sancionable *adj* – sanctionable
sancionado *adj* – sanctioned
sancionador *adj* – sanctioning
sancionar *v* – to sanction, to legislate, to punish, to approve
sanciones económicas – economic sanctions
saneado *adj* – unencumbered, cured
saneamiento *m* – disencumbrance, clearing of title, indemnification, reparation, guarantee, cleaning up
saneamiento económico – economic restructuring
sanear *v* – to disencumber, to clear title, to indemnify, to repair, to guarantee, to clean up
sangrar *v* – to bleed, to drain
sangre caliente – hot blood
sangre completa – full blood
sangre fría – cold blood
sangrientamente *adv* – bloodily
sangriento *adj* – bloody
sanguinariamente *adv* – sanguinarily
sanguinario *adj* – sanguinary
sanidad pública – public health
sanitario *adj* – sanitary
sano *adj* – healthy, sound, honest, discreet
sano y salvo – safe and sound

saña *f* – rage, cruelty
saqueador *m* – plunderer
saqueamiento *m* – plundering
saquear *v* – to plunder
saqueo *m* – plundering
sargento de armas – sergeant-at-arms
sarracina *f* – wild fight, fight resulting in injuries
satisdación *f* – bail, bond, guarantee
satisfacción *f* – satisfaction, amends, excuse
satisfacer *v* – to satisfy, to pay off, to settle, to make amends for, to indemnify, to explain
satisfacerse *v* – to be satisfied, to convince oneself
satisfactorio *adj* – satisfactory
satisfecho *adj* – satisfied
saturación *f* – saturation
saturado *adj* – saturated
saturar *v* – to saturate
se acuerda – resolved
se prohíbe fumar – no smoking
se prohíbe la entrada – no admittance
se reservan todos los derechos – all rights reserved
se vende – for sale
sección *f* – section, division
sección comercial – commercial division
sección jurídica – legal division
sección legal – legal division
seccionar *v* – to section
secesión *f* – secession
secesionista *m/f* – secessionist
secreta *f* – secret investigation
secretamente *adv* – secretly
secretaría *f* – secretaryship, secretary's office, government department, administrative division
Secretaría de Agricultura – Department of Agriculture, Ministry of Agriculture
Secretaría de Comercio – Department of Commerce, Ministry of Commerce
Secretaría de Economía – Treasury Department, Exchequer
Secretaría de Economía y Hacienda – Treasury Department, Exchequer
Secretaría de Estado – State Department, Ministry of State
Secretaría de Hacienda – Treasury Department, Exchequer
Secretaría de Salud – Department of Health, Department of Health and Human Services, Ministry of Health
Secretaría de Salud Pública – Department of Public Health, Ministry of Public Health
Secretaría de Trabajo – Department of Labor, Ministry of Labour
secretarial *adj* – secretarial
secretario *m* – secretary, assistant, clerk

secretario actuario – clerk
Secretario de Agricultura – Secretary of Agriculture, Minister of Agriculture
Secretario de Comercio – Secretary of Commerce, Minister of Commerce
Secretario de Economía – Secretary of Treasury, Chancellor of the Exchequer
Secretario de Economía y Hacienda – Secretary of Treasury, Chancellor of the Exchequer
Secretario de Embajada – Secretary of Embassy
Secretario de Estado – Secretary of State
Secretario de Hacienda – Secretary of Treasury, Chancellor of the Exchequer
secretario de sala – clerk
Secretario de Salud – Secretary of Health, Secretary of Health and Human Services, Minister of Health
Secretario de Salud Pública – Secretary of Public Health, Minister of Public Health
Secretario de Trabajo – Secretary of Labor, Minister of Labour
secretario ejecutivo – executive secretary, executive assistant
secretario interino – acting secretary
secretario judicial – clerk
secretario particular – private secretary
secretario personal – personal secretary
secretario privado – private secretary, personal secretary
secreto comercial – trade secret
secreto de estado – state secret
secreto industrial – industrial secret
secreto profesional – professional secret, trade secret, professional secrecy
sector *m* – sector
sector bancario – banking sector
sector comercial – business sector, commercial sector
sector corporativo – corporate sector
sector privado – private sector
sector público – public sector
secuela *f* – sequel, consequence
secuelas físicas – physical after-effects
secuencia *f* – sequence
secuestrable *adj* – sequestrable, attachable
secuestración *f* – sequestration, attachment, kidnapping, abduction
secuestrador *m* – sequestrator, kidnapper, abductor
secuestrar *v* – to sequester, to attach, to kidnap, to abduct
secuestro *f* – sequestration, attachment, kidnapping, abduction
secuestro de bienes – sequestration of goods, attachment of goods
secuestro de personas – kidnapping,

abduction
secuestro judicial – judicial sequestration, attachment
secundar *v* – to second, to aid
secundariamente *adv* – secondarily
secundario *adj* – secondary
securitización *f* – securitization
sede *f* – seat, headquarters, principal office
sede central – headquarters
sede de gobierno – seat of government
sede principal – headquarters
sede social – headquarters, corporate domicile, partnership domicile
sedición *f* – sedition
sedicioso *adj* – seditious
seducción *f* – seduction
seducir *v* – to seduce
segmentar *v* – to segment
segregación *f* – segregation
segregación racial – racial segregation
segregado *adj* – segregated
segregar *v* – to segregate
seguimiento *m* – follow-up
seguir *v* – to follow, to continue, to track
según derecho – according to law
según el valor – ad valorem
según mi leal saber y entender – to the best of my knowledge and belief
según y conforme – exactly as
segunda instancia – first appeal
segunda repregunta – recross examination
segunda ronda – second round
segundariamente *adv* – secondarily
segundario *adj* – secondary
segundo mundo – second world
seguramente *adv* – surely, securely
seguridad *f* – security, safety, certainty, confidence, guarantee, warranty
seguridad ciudadana – public security, public safety
seguridad de datos – data security
seguridad de empleo – job security, employment security
seguridad de trabajo – job security, work security
seguridad e higiene – health and safety
seguridad jurídica – legal certainty
seguridad laboral – occupational safety, employment security
seguridad ocupacional – occupational safety
seguridad personal – personal security
seguridad pública – public safety
seguridad social – social security
Seguridad Social – Social Security, National Health Service
seguro *m* – insurance, insurance policy, assurance, security, safety catch
seguro *adj* – safe, certain, sure, reliable

seguro a todo riesgo – all-risk insurance, comprehensive insurance
seguro colectivo – collective insurance
seguro compulsorio – compulsory insurance, mandatory insurance
seguro contra riesgos – hazard insurance
seguro contra robo – insurance against theft, insurance against robbery, burglary insurance
seguro contra todo riesgo – all-risk insurance, comprehensive insurance
seguro de accidentes – accident insurance, casualty insurance
seguro de automóvil – automobile insurance
seguro de carro – automobile insurance
seguro de coche – automobile insurance
seguro de crédito – credit insurance
seguro de desempleo – unemployment insurance
seguro de discapacidad – disability insurance
seguro de enfermedad – health insurance
seguro de gastos médicos – medical expense insurance
seguro de hipoteca – mortgage insurance
seguro de incendios – fire insurance
seguro de invalidez – disability insurance
seguro de muerte – life insurance
seguro de propiedad – property insurance
seguro de responsabilidad – liability insurance
seguro de responsabilidad civil – liability insurance
seguro de salud – health insurance
seguro de término – term insurance
seguro de título – title insurance
seguro de vida – life insurance
seguro de vida y salud – life and health insurance
seguro de vivienda – dwelling insurance
seguro global – blanket insurance, comprehensive insurance
seguro grupal – group insurance
seguro hipotecario – mortgage insurance
seguro médico – medical insurance, health insurance
seguro obligatorio – obligatory insurance
seguro social – social security, social insurance
selección *f* – selection, choice
seleccionar *v* – to select
selectivo *adj* – selective
sellado *m* – stamping, sealing
sellado *adj* – sealed, stamped
sellador *m* – sealer, stamper
sellar *v* – to seal, to stamp
sello *m* – stamp, seal
sello de aprobación – seal of approval
sello de certificación – certification stamp

sello de goma – rubber stamp
sello de la compañía – company seal
sello de la corporación – corporate seal
sello de la empresa – corporate seal
sello de la sociedad – corporate seal
sello notarial – notarial seal
selvicultura *f* – forestry
semáforo *m* – semaphore, traffic light
semana *f* – week, work week, a week's pay
semana de trabajo – workweek
semana inglesa – work week from Monday to Saturday at noon
semana laboral – workweek
semanal *adj* – weekly
semanalmente *adj* – weekly
semanario *m* – weekly publication
semanario *adj* – weekly
semanería *f* – work by the week
semanero *m* – worker on a weekly basis
semblante *m* – countenance, face
semejanza *f* – similarity
semen *m* – semen
semestral *adj* – semestral, semiannual, biannual
semestralmente *adv* – semiannually, biannually, biyearly
semestre *m* – semester, semester's pay
semifijo *adj* – semi-fixed
seminario *m* – seminar
semioficial *adj* – semiofficial
semiplena prueba – half proof
senatorial *adj* – senatorial
senilidad *f* – senility
sensacionalista *adj* – sensationalist
sensatez *f* – good sense
sensibilidad cultural – cultural sensitivity
sentada *f* – sit-in, sit-down
sentar *v* – to seat, to set, to assert
sentencia *f* – sentence, judgment, verdict, opinion, award, maxim
sentencia absolutoria – acquittal
sentencia acordada – consent judgment
sentencia arbitral – arbitral judgment
sentencia complementaria – clarifying judgment
sentencia condenatoria – verdict of guilty
sentencia condicional – conditional judgment
sentencia confirmatoria – affirming judgment
sentencia consentida – consent judgment
sentencia contradictoria – contradictory judgment
sentencia de alzada – appellate court judgment
sentencia de condena – verdict of guilty
sentencia de divorcio – decree of divorce
sentencia de fondo – judgment on the merits

sentencia de muerte – death sentence
sentencia de primera instancia – lower court judgment
sentencia de prisión vitalicia – life sentence
sentencia declarativa – declaratory judgment
sentencia declaratoria – declaratory judgment
sentencia definitiva – definite sentence, final judgment
sentencia desestimatoria – dismissal
sentencia desfavorable – unfavorable sentence
sentencia ejecutoriada – final judgment, nonappealed judgment, nonappealable judgment
sentencia en ausencia – judgment in absence
sentencia en rebeldía – default judgment
sentencia extranjera – foreign judgment
sentencia favorable – favorable sentence
sentencia final – final judgment
sentencia firme – final judgment, nonappealed judgment, nonappealable judgment
sentencia interlocutoria – interlocutory judgment
sentencia máxima – maximum sentence
sentencia provisional – interlocutory judgment
sentencia sumaria – summary judgment
sentencia suspendida – suspended sentence
sentenciado *adj* – sentenced
sentenciador *adj* – sentencing
sentenciar *v* – to sentence, to pass judgment on, to issue a verdict
sentido *m* – sense, meaning
sentido habitual – habitual meaning
sentido legal – legal sense
sentido usual – usual meaning
senado *m* – senate
senador *m* – senator
senaduría *f* – senatorship
seña *f* – sign, mark, watchword
señal *f* – signal, mark, landmark, earnest money, down payment, scar
señaladamente *adv* – particularly
señalamiento *m* – designation, summons
señalar *v* – to point out, to designate, to fix, to mark, to summon
señales de tráfico – traffic signals
señas *f* – address
señas particulares – personal description
separable *adj* – separable
separación *f* – separation, division, removal
separación conyugal – marital separation
separación de bienes – separation of marital property
separación de hecho – separation in fact

separación de poderes – separation of powers
separación judicial – judicial separation
separación legal – legal separation
separado legalmente – legally separated
separar *v* – to separate, to divide, to remove
separarse *v* – to separate, to withdraw, to waive
separatista *m/f* – separatist
sépase – be it known
sepultar *v* – to bury, to conceal
sepultura *f* – tomb, burial
seriedad *f* – seriousness, reliability, severity
serio *adj* – serious, reliable, severe
serventía *f* – public road passing through private property
servicio al cliente – customer service
servicio civil – civil service
servicio de apoyo – support service
servicio de atención al cliente – customer service
servicio de banca electrónica – electronic banking service, e-banking service
servicio de cobros – collection service
servicio de consulta – consultation service, consultancy service
servicio de consultoría – consultation service, consultancy service
servicio de correos – postal service
servicio de emergencia – emergency service
servicio de empleo – employment service
servicio de mantenimiento – maintenance service
servicio de mensajería – courier service
Servicio de Propiedad Intelectual – Intellectual Property Service
servicio de seguridad – security service
servicio de utilidad pública – public utility service
servicio de valor agregado – value-added service
servicio de ventas – sales service
servicio doméstico – domestic service
servicio exterior – foreign service
servicio financiero – financial service
servicio militar – military service
servicio postal – postal service
servicio público – public service, public utility
servicio secreto – secret service
servicio social – social service
servicios bancarios – banking services
servicios básicos – basic services
servicios de apoyo – support services
servicios de seguros – insurance services
servicios legales – legal services
servidero *adj* – serviceable
servidor *m* – server, servant

servidor seguro – secure server
servidumbre *f* – servitude, easement, right of way
servidumbre activa – positive servitude
servidumbre continua – continuous easement
servidumbre convencional – easement by agreement
servidumbre de acceso – easement of access
servidumbre de aguas – water rights
servidumbre de desagüe – drainage rights
servidumbre de luces y vistas – light and air easement
servidumbre de paso – right of way, access easement
servidumbre de tránsito – right of way
servidumbre de vistas – light and air easement
servidumbre pública – public easement
servidumbre real – appurtenant easement, real servitude
servidumbre rural – rural servitude
servir *v* – to serve, to be suitable
sesgo *m* – bias
sesión *f* – session, meeting
sesión a puerta cerrada – closed session, closed meeting
sesión anual – annual meeting
sesión conjunta – joint session
sesión constitutiva – organizational meeting
sesión de accionistas – shareholders' meeting
sesión de la directiva – board meeting
sesión de la junta – board meeting
sesión ordinaria – regular session, regular meeting
sesión plenaria – full session, full meeting
seudo *adj* – pseudo
seudónimo *m* – pseudonym
severidad *f* – severity
severo *adj* – severe
sevicia *f* – extreme cruelty
sexismo *m* – sexism
sexista *adj* – sexist
sexista *m/f* – sexist
sicario *m* – hired assassin, hired killer
SIDA (síndrome de inmunodeficiencia adquirida) – AIDS
siempre y cuando – so long as
sigilación *f* – concealment, sealing, stamping, seal, stamp
sigilar *v* – to conceal, to seal, to stamp
sigilo *m* – stealth, secrecy, concealment, prudence, seal
sigilo profesional – professional secrecy
sigiloso *adj* – secretive, silent, prudent
sigla *f* – acronym
siglo *m* – century

signar *v* – to sign
signatario *m/f* – signatory, signer
signatario *adj* – signatory
signatura *f* – signature
significación *f* – significance
significado *adj* – prominent
significado *m* – meaning
significado legal – legal meaning
significar *v* – to signify, to mean, to indicate
significativo *adj* – significant
signo *m* – sign, flourish
signos de vida – signs of life
sílabo *m* – syllabus, index
silenciador *m* – silencer
silenciar *v* – to silence, to be silent about
silencio del acusado – silence of the accused
silla de los testigos – witness stand
silla eléctrica – electric chair
silvicultura *f* – forestry
simbolizar *v* – to symbolize
símil *adj* – similar
simple *adj* – simple, absolute, single
simple tenencia – simple holding
simplemente *adv* – simply, absolutely
simplificación *f* – simplification
simulación *f* – simulation
simulacro *m* – simulacrum, semblance
simulado *adj* – simulated
simular *v* – to simulate
simultáneamente *adv* – simultaneously
simultanear *v* – to carry out simultaneously
simultaneidad *f* – simultaneity
simultáneo *adj* – simultaneous
sin barreras – barrier-free
sin causa – without cause, without consideration
sin certificado – certificateless
sin cesar – nonstop
sin culpa – without blame
sin domicilio fijo – without a fixed residence
sin efecto ni valor – null and void
sin fines de lucro – nonprofit
sin fundamento – baseless
sin justa causa – without just cause
sin lugar – case dismissed, petition denied, overruled, rejected
sin notificación – without notice
sin obligación – without obligation
sin perjuicio – without prejudice
sin perjuicio a terceros – without prejudice to third parties
sin previo aviso – without prior warning, without prior notice
sin prole – without issue
sin recurso – without recourse, without appeal, without remedy
sin reserva – without reserve, openly
sin riesgo – riskless

sin salvedades – without exceptions
sin sellar – unsealed, unstamped
sin solución de continuidad – uninterruptedly, without interruption, smoothly
sin tacha – flawless
sin testamento – intestate
sinalagmático *adj* – synallagmatic
sinceramente *adv* – sincerely
sincero *adj* – sincere
sindéresis *f* – good judgment
sindicación *f* – syndication, unionization, accusation
sindicado *m* – syndicate, accused person
sindicado *adj* – syndicated, unionized, accused
sindicador *m* – syndicator
sindical *adj* – syndical
sindicalismo *m* – syndicalism, unionism
sindicalista *m/f* – syndicalist, unionist
sindicalización *f* – syndication, unionization
sindicalizar *v* – to syndicate, to unionize
sindicar *v* – to syndicate, to unionize, to accuse
sindicato *m* – syndicate, union, labor union, trade union, labor organization, labour union
sindicato de bancos – bank syndicate
sindicato de empleados – employees' union
sindicato de oficio – trade union
sindicato gremial – trade union
sindicato laboral – labor union, labour union
sindicato obrero – trade union, labor union, labour union
sindicato patronal – employers' association
sindicatura *f* – trusteeship, receivership, post of a syndic
síndico *m* – trustee, receiver, shareholders' representative, comptroller, syndic
síndico de quiebra – receiver
síndrome de inmunodeficiencia adquirida – acquired immunodeficiency syndrome, AIDS
sine qua non – without which not, indispensable condition, sine qua non
sinecura *f* – sinecure
sinergia *f* – synergy
singularidad *f* – singularity
siniestrado *m* – accident victim
siniestrado *adj* – injured in an accident
siniestro *m* – loss, disaster, accident, perversity
siniestro *adj* – sinister, unlucky
siniestro total – total loss
sinnúmero *m* – vast number
sinopsis *f* – synopsis
sinrazón *f* – injustice, wrong, illogical statement
síntesis *f* – synthesis
sintético *adj* – synthetic, artificial

sirviente *adj* – servient
sisa *f* – petty theft
sistema *m* – system
sistema abierto – open system
sistema acusatorio – accusatory system
sistema administrativo – management system, administrative system
sistema bancario – banking system
sistema contable – accounting system
sistema contributivo – tax system
sistema de auditoría – auditing system
sistema de bienestar social – welfare system
sistema de contabilidad – accounting system
sistema de gabinete – cabinet system
sistema de gestión ambiental – environmental management system
sistema de imposición – taxation system
sistema de justicia – justice system
sistema de retiro – retirement system
sistema experto – expert system
sistema fiscal – fiscal system, tax system
sistema judicial – judicial system
sistema legal – legal system
sistema monetario – monetary system, coinage, coinage system
sistema parlamentario – parliamentary system
sistema penitenciario – prison system
sistema político – political system
Sistemas de Información Gerencial – Management Information Systems
sistematizar *v* – to systematize
sitiado *adj* – surrounded, besieged
sitial *m* – seat of honor, seat
sitiar *v* – to surround, to besiege
sitio *m* – place, site, siege, country estate
sitio de empleo – place of employment
situación *f* – situation, condition, circumstances, assignment of funds, fixed income
situación de empleo – employment situation, job situation
situación económica – economic situation
situación financiera – financial situation, financial position
situación hipotética – hypothetical situation
situación laboral – labor situation, labour situation, employment situation
situación peligrosa – dangerous condition
situación política – political situation
situado *m* – fixed income
situar *v* – to situate, to assign funds
SL (sociedad limitada) – limited company
slogan *m* – slogan
so pena de – under penalty of
soberanía *f* – sovereignty
soberano *adj* – sovereign
sobordo *m* – comparison of a ship's cargo

with the freight list, freight list, bonus
sobornable *adj* – able to be suborned, bribable
sobornador *m* – suborner, briber
sobornar *v* – to suborn, to bribe
soborno *m* – bribe, suborning, bribing, subornation, bribery
sobrancero *adj* – unemployed, surplus
sobrante *adj* – surplus, excess, remaining
sobrante *m* – surplus, excess, remainder
sobrar *v* – to be surplus, to remain, to exceed
sobre *m* – envelope
sobrecapacidad *f* – overcapacity
sobrecarga *f* – overload, extra load, overcharge, extra charge
sobrecargar *v* – to overload, to overcharge
sobrecarta *f* – envelope
sobredicho *adj* – above-mentioned
sobredosis *f* – overdose
sobreendeudamiento *m* – overindebtedness, debt overhang
sobreestadía *f* – demurrage
sobreestimar *v* – to overestimate
sobrefacturación *f* – overinvoicing
sobregirado *adj* – overdrawn
sobregirar *v* – to overdraw
sobregiro *m* – overdraft
sobreherido *adj* – slightly injured
sobreimposición *f* – surtax
sobreimpuesto *m* – surtax
sobrenombre *m* – nickname, name added to distinguish from those with the same surname
sobrentender *v* – to understand something implied
sobrepaga *f* – increased pay, extra pay
sobrepasar *v* – to surpass
sobreprecio *m* – surcharge, overcharge
sobreprima *f* – extra premium
sobreproducción *f* – overproduction
sobrepujar *v* – to surpass, to outbid
sobresaliente *adj* – outstanding, conspicuous, projecting
sobresaturación *f* – oversaturation
sobrescrito *m* – address
sobreseer *v* – to supersede, to acquit, to dismiss, to abandon, to desist, to yield
sobreseguro *m* – overinsurance
sobreseimiento *m* – stay of proceedings, acquittal, dismissal, abandonment, nonsuit
sobreseimiento provisional – dismissal without prejudice, temporary stay
sobreseimiento temporal – dismissal without prejudice, temporary stay
sobresello *m* – second seal
sobrestadía *f* – demurrage
sobrestante *m* – supervisor
sobresueldo *m* – extra pay, allowance
sobresuscrito *adj* – oversubscribed

sobretasa *f* – surtax, surcharge
sobrevaloración *f* – overvaluation
sobrevalorado *adj* – overvalued
sobrevalorar *v* – to overvalue
sobrevaluar *v* – to overvalue
sobrevenir *v* – to supervene, to occur suddenly
sobreviniente *adj* – supervening
sobrevivencia *f* – survival
sobreviviente *m/f* – survivor
sobreviviente *adj* – surviving
sobrevivir *v* – to survive
sobrinazgo *m* – nepotism, relationship of nephew, relationship of niece
socaliña *f* – trick
socaliñero *m* – trickster
social *adj* – social, pertaining to a partnership, corporate, pertaining to a company
socialdemocracia *f* – social democracy
socialdemócrata *m/f* – social democrat
socialismo *m* – socialism
socialista *m/f* – socialist
socialista *adj* – socialist
sociedad *f* – society, company, partnership, firm, corporation
sociedad absorbente – absorbing company
sociedad accidental – joint venture
sociedad agrícola – farm company, farming company
sociedad anónima – company, limited company, public limited company, stock company, incorporated company, corporation
sociedad asociada – associated company, affiliated company
sociedad civil – civil partnership, civil corporation
sociedad colectiva – general partnership
sociedad comanditaria – limited partnership
sociedad comanditaria simple – limited partnership
sociedad comercial – business association, commercial company, trading company
sociedad constructora – construction company
sociedad conyugal – community property
sociedad cooperativa – cooperative
sociedad cotizada – listed company
sociedad de ahorro y préstamo – savings and loan association
sociedad de arrendamiento – leasing partnership, leasing company
sociedad de beneficencia – benefit society, beneficial association, benevolent association
sociedad de capital riesgo – venture capital company
sociedad de cartera – holding company, investment trust

sociedad de comercio – business association, commerce company
sociedad de consumo – consumer society
sociedad de control – holding company
sociedad de crédito – credit union
sociedad de derecho – corporation created fulfilling all legal requirements, corporation de jure
sociedad de gananciales – community property
sociedad de hecho – corporation in fact, corporation de facto
sociedad de responsabilidad limitada – limited liability company, limited company
sociedad de seguros – insurance company
sociedad del bienestar – welfare society
sociedad en comandita – limited partnership
sociedad en marcha – going concern
sociedad estatal – government company, state company
sociedad familiar – family corporation, family partnership
sociedad fiduciaria – trust company
sociedad filial – affiliated company, sister company, subsidiary
sociedad gremial – trade union, labor organization, labour organization
sociedad holding – holding company
sociedad inmobiliaria – real estate company, property company
sociedad insolvente – insolvent company
sociedad limitada – limited company
sociedad matriz – parent company
sociedad mercantil – business association, commercial company, trading company
sociedad por acciones – stock company
sociedad privada – private corporation, private company
sociedad pública – publicly held company, public company
sociedad quebrada – bankrupt corporation
sociedad sin fines de lucro – nonprofit company
sociedad tenedora – holding company
sociedad unipersonal – sole proprietorship, corporation sole
socio *m* – partner, member
socio activo – active partner
socio capitalista – capital partner
socio comanditado – general partner
socio comanditario – limited partner
socio gerente – managing partner, general partner
socio limitado – limited partner
socio liquidador – liquidating partner
socio mayoritario – senior partner
socio menor – junior partner
socio minoritario – junior partner

socio oculto – silent partner, sleeping partner
socio principal – senior partner
socio responsable – general partner
socio vitalicio – life member
socioeconómico adj – socioeconomic
socolor m – pretense, under color
socorredor m – helper
socorredor adj – helping
socorrer v – to help, to pay on account
socorro m – help
socorros mutuos – mutual help
sodomía f – sodomy
sodomita m/f – sodomite
sodomizar v – to sodomize
soez adj – crude, indecent
sofisma m – sophism
sofistería f – sophistry
sofocar v – to suffocate, to harass, to
  extinguish
software m – software, programs
solapadamente adv – deceitfully
solapado adj – deceitful
solapar v – to overlap, to conceal
solar m – lot, building lot, plot, tenement,
  lineage, ancestral home
solariego adj – held in fee simple, ancestral,
  old
soldada f – salary
soldado m – soldier
solemne adj – solemn
solemnizar v – to solemnize
soler v – to usually do
solercia f – shrewdness
solerte adj – shrewd
solicitación f – solicitation
solicitado adj – solicited
solicitador m – petitioner, applicant
solicitante m/f – petitioner, applicant
solicitar v – to petition, to apply, to request
solicitar un préstamo – to apply for a loan
solicitar un trabajo – to apply for a job
solicitar una patente – to apply for a patent
solicitud f – solicitude, application, petition,
  request
solicitud de crédito – credit application
solicitud de empleo – job application
solicitud de préstamo – loan application
solicitud de registro – application for
  registration
solicitud de subsidio – application for
  subsidy
solicitud de subvención – application for
  subsidy
solicitud de trabajo – job application
solidariamente adv – jointly and severally,
  with solidarity
solidaridad f – solidarity
solidario adj – solidary, jointly, jointly and

severally
solidarismo m – solidarism, solidarity
solidarizar v – to make jointly liable, to make
  jointly and severally liable
sólo de nombre – in name only
soltar v – to free, to pardon, to solve
soltero adj – unmarried
soltura f – release, release from prison, ease
solución f – solution, satisfaction
solución alternativa – alternative solution
solución de continuidad – interruption, lack
  of continuity
solvencia f – solvency, creditworthiness,
  reliability, soundness, payment, settlement
solventar v – to satisfy, to settle, to pay, to
  solve
solvente adj – solvent, creditworthy, reliable,
  sound
somero adj – superficial, brief
someter v – to subject, to quell, to submit
someter a arbitraje – to submit to arbitration
someter a votación – to put to a vote
someterse v – to submit oneself to, to
  surrender
someterse a arbitraje – to submit to
  arbitration
sondear v – to sound, to poll, to canvass
sondeo m – sounding, polling, canvassing
soplo m – instant, tipping off, informer,
  breath
soplón m – informer
soplonear v – to inform on
soplonería f – informing
soporte m – support, medium
sordera f – deafness
sordez f – deafness
sórdido adj – sordid
sordo m – deaf person
sordo adj – deaf
sordomudez f – deaf-muteness
sordomudo m – deaf-mute
sorprender v – to surprise, to discover, to
  catch
sorprendido adj – surprised, discovered,
  caught
sorteo m – drawing, evasion
sorteo de jurados – impanelment of a jury
soslayar v – to evade, to incline
sospecha fundada – well-founded suspicion
sospecha razonable – reasonable suspicion
sospechable adj – suspicious
sospechar v – to suspect
sospechoso m – suspect
sospechoso adj – suspicious
sostener v – to support, to sustain, to hold,
  to maintain
sostenibilidad f – sustainability
sostenible adj – sustainable

Sr. (señor) – Mr.

Sra. (señora) – Mrs.

Sres. (señores) – Sirs, gentlemen, Mr. and Mrs., Messrs

Srs. (señores) – Sirs, gentlemen, Mr. and Mrs., Messrs

Srta. (señorita) – Miss

status quo – the existing state, status quo

stock *m* – stock, inventory

sub judice – before the court, sub judice

subadministrador *m* – assistant administrator, subadministrator

subagente *m* – subagent

subalquilar *v* – to sublease

subalquiler *m* – sublease

subalterno *m/f* – subordinate

subarrendador *m* – sublessor

subarrendamiento *m* – sublease, under-lease

subarrendar *v* – to sublease

subarrendatario *m* – sublessee, subtenant

subarriendo *m* – sublease, subleasing, under-lease, underleasing

subasta *f* – auction

subasta judicial – judicial auction

subastado *adj* – auctioned

subastador *m* – auctioneer

subastar *v* – to auction, to auction off

subcomisario *m* – subcommissioner

subcomisión *f* – subcommission

subcomisionado *m* – assistant commissioner

subcomité *m* – subcommittee

subcontralor *m* – assistant controller

subcontratación *f* – subcontracting, contracting out

subcontratar *v* – to subcontract, to contract out

subcontratista *m/f* – subcontractor

subcontrato *m* – subcontract

subdelegar *v* – to subdelegate

subdesarrollado *adj* – underdeveloped

subdirector *m* – assistant director, subdirector

súbdito *m* – subject

subdividir *v* – to subdivide

subejecutor *m* – assistant executor, subagent

subempleado *adj* – underemployed

subempleo *m* – underemployment

subentender *v* – to understand something implied

subestimar *v* – to underestimate

subfiador *m* – sub-guarantor

subfletar *v* – to subcharter

subgerente *m/f* – assistant manager

subgobernador *m* – lieutenant governor

subinciso *m* – subparagraph

subinquilino *m* – subtenant

subinspector *m* – subinspector

súbitamente *adv* – suddenly, unexpectedly

subjefe *m/f* – second in command

subjetivamente *adv* – subjectively

subjetividad *f* – subjectivity

sublevación *f* – rebellion

sublevar *v* – to rebel

sublicencia *f* – sublicense

sublicenciar *v* – to sublicense

sublocación *f* – sublease

subordinación *f* – subordination

subordinado *adj* – subordinated

subrepción *f* – subreption

subrepticiamente *adv* – surreptitiously

subrepticio *adj* – surreptitious

subrogación *f* – subrogation

subrogación legal – legal subrogation

subrogación real – substitution of a thing

subrogado *adj* – subrogated

subrogar *v* – to subrogate

subsanable *adj* – repairable, excusable

subsanación *f* – reparation, exculpation

subsanar *v* – to repair, to excuse

subscribir *v* – to subscribe

subscriptor *m* – subscriber, underwriter

subsección *f* – subsection

subsecretaría *f* – post of an assistant secretary, office of an assistant secretary

subsecretario *m* – subsecretary, assistant secretary, undersecretary

subsecuente *adj* – subsequent

subsidiado *adj* – subsidized

subsidiar *v* – to subsidize

subsidiaria *f* – subsidiary

subsidiario *adj* – subsidiary

subsidio *m* – subsidy, allowance, benefit

subsidio agrario – agricultural subsidy, farm subsidy

subsidio agrícola – agricultural subsidy, farm subsidy

subsidio de desempleo – unemployment benefits

subsidio estatal – government subsidy, state subsidy

subsidio familiar – family subsidy, family allowance

subsidio para vivienda – housing subsidy

subsidio por desempleo – unemployment benefits

subsidio por enfermedad – sickness benefits

subsidio por maternidad – maternity benefits

subsiguiente *adj* – subsequent

subsistencia *f* – subsistence

subsistir *v* – to subsist

substancia toxica – toxic substance

substanciación *f* – substantiation, proceedings of a case

substancialmente *adv* – substantially

substanciar *v* – to substantiate, to abridge, to try a case

substantivo *adj* – substantive
substitución *f* – substitution
substituidor *m/f* – substitute
substituir *v* – to substitute
substracción *f* – subtraction, removal, theft, robbery, misappropriation
substraer *v* – to subtract, to remove, to steal, to rob, to misappropriate
subsuelo *m* – subsoil
subterfugio *m* – subterfuge, excuse
subtesorero *m* – assistant treasurer
subtítulo *m* – subtitle
suburbano *adj* – suburban
subutilización *f* – underutilization
subvalorar *v* – to undervalue
subvaluar *v* – to undervalue
subvención *f* – subsidy, subvention
subvención estatal – government subsidy, state subsidy
subvencionado *adj* – subsidized
subvencionar *v* – to subsidize
subversión *f* – subversion
subversivo *adj* – subversive
subversivo *m/f* – subversive
subvertir *v* – to subvert
subyacente *adj* – underlying
subyugar *v* – to subjugate
sucedáneo *adj* – succedaneous
suceder *v* – to succeed, to inherit, to occur
sucediente *adj* – succeeding
sucesible *adj* – inheritable
sucesión *f* – succession, inheritance, issue
sucesión ab intestato – intestate succession
sucesión del estado – escheat
sucesión forzosa – forced succession
sucesión hereditaria – hereditary succession
sucesión intestada – intestate succession
sucesión legal – legal succession
sucesión legítima – legal succession
sucesión mortis causa – transfer in contemplation of death, causa mortis transfer
sucesión natural – natural succession
sucesión testada – testate succession
sucesivo *adj* – successive
suceso *m* – event, outcome, lapse
sucesor *m* – successor
sucesor *adj* – succeeding
sucesor particular – singular successor
sucesor singular – singular successor
sucesor universal – universal successor
sucesores y cesionarios – successors and assigns
sucesorio *adj* – successional
sucumbir *v* – to succumb, to lose a suit
sucursal *f* – subsidiary, branch, branch office
sucursal bancaria – bank branch
suegra *f* – mother-in-law
suegro *m* – father-in-law

sueldo *m* – salary, wage, pay
sueldo anual – annual salary
sueldo básico – base salary
sueldo bruto – gross salary
sueldo fijo – fixed salary, set wage
sueldo igual – equal salary
sueldo legal – salary established by law
sueldo mínimo – minimum wage
sueldo neto – net salary, net wage
sueldo por pieza – piece rate
sueldo vital – living wage
sueldos y salarios – wages and salaries
suelo *m* – ground, soil, base, earth
suelto *adj* – loose, free
suerte *f* – luck, chance, lot
suficiencia *f* – sufficiency, adequacy
sufragar *v* – to pay, to defray, to help, to vote
sufragio *m* – suffrage, help
sufrible *adj* – sufferable
sufrimiento físico – physical suffering
sufrimiento mental – mental suffering
sufrir *v* – to suffer, to tolerate, to allow
sui generis – unique, sui generis
suicida *m/f* – suicide
suicida *adj* – suicidal
suicidarse *v* – to commit suicide
suicidio *m* – suicide
sujeción *f* – subjection, submission
sujetar *v* – to subject, to secure
sujeto *m* – subject, individual
sujeto a cambio – subject to change
sujeto a recurso – appealable
sujeto del derecho – legal person
sujeto pasivo – taxpayer, obligated party
suma *f* – sum, amount, addition, essence
suma a pagar – amount payable, amount due
suma de la pérdida – amount of loss
sumar *v* – to add, to amount to, to summarize
sumaria *f* – preliminary proceedings, written proceedings
sumariamente *adv* – summarily
sumariar *v* – to conduct a preliminary proceeding
sumario *m* – summary, summary proceeding, preliminary proceeding, abstract
sumarísimo *m* – accelerated summary proceeding
suministración *f* – supply
suministrador *m* – supplier
suministrar *v* – to supply
suministro *m* – supply
sumisión *f* – submission, obedience
sumiso *adj* – submissive, obedient
suntuario *adj* – luxury
supeditación *f* – subjection
supeditar *v* – to subject
superar *v* – overcome, exceed
superávit *m* – surplus

superávit comercial – trade surplus
superávit de la balanza – trade surplus
supercapacidad f – overcapacity
superchería f – fraud, trickery
superchero m – deceiver, trickster
superentender v – to superintend
supererogación f – supererogation
superestructura f – superstructure
superficiario m – superficiary
superficie f – surface, area
superfluo adj – superfluous
superintendencia f – superintendence, jurisdiction
superintendente m – superintendent
superior adj – superior, upper
superioridad f – superiority, higher court
superpoblación f – overpopulation
superpotencia f – superpower
superproducción f – overproduction
supérstite m/f – survivor
supérstite adj – surviving
supervención f – supervention
superveniencia f – supervention
superveniente adj – supervening
supervenir v – to supervene
supervisar v – to supervise
supervisión f – supervision, monitoring
supervisión bancaria – bank supervision
supervisión de recursos humanos – human resources supervision
supervisor m – supervisor
supervisor bancario – bank supervisor
supervisor de recursos humanos – human resources supervisor
supervivencia f – survivorship, survival
superviviente m/f – survivor
superviviente adj – surviving
suplantable adj – supplantable, falsifiable
suplantación f – supplantation, falsification
suplantador m – supplanter, falsifier
suplantador adj – supplanting, falsifying
suplantar v – to supplant, to falsify
suplemental adj – supplemental
suplementar v – to supplement
suplementario adj – supplementary
suplemento m – supplement, addendum
suplencia f – substitution
suplente m/f – substitute, replacement
supletorio adj – supplementary, additional
súplica f – petition, plea
suplicación f – petition, plea
suplicar v – to petition, to appeal, to plead
suplicatoria f – formal communication from a court to a higher one, letters rogatory
suplicatorio m – petition to initiate legal proceedings against a member of the same legislative body
suplicatorio adj – petitioning, pleading

suplicio m – torture, execution, place of execution, agony
suplir v – to fulfill, to supplement, to substitute, to overlook, to replace, to make up for, to supply
suponer v – to suppose
suposición f – supposition, falsehood, authority
supradicho adj – above-mentioned
suprema corte – supreme court
suprema corte de justicia – supreme court of justice
supremamente adv – supremely
supresión f – suppression, omission, abolition
suprimir v – to suppress, to omit, to abolish
supuesto m – supposition
supuesto adj – supposed
surtir efecto – to take effect, to have the desired effect
suscitar v – to cause
suscribir v – to subscribe, to subscribe to, to sign, to underwrite
suscripción f – subscription, signing, underwriting
suscripto adj – subscribed, signed, underwritten
suscriptor m – subscriber, signer, underwriter
suscrito adj – subscribed, signed, underwritten
suscritor m – subscriber, signer, underwriter
susodicho adj – aforementioned, aforedescribed, aforenamed, aforestated
suspender v – to suspend, to adjourn, to astound
suspendido adj – suspended, adjourned
suspensión f – suspension, adjournment, abeyance
suspensión de armas – truce
suspensión de cobertura – suspension of coverage
suspensión de condena – suspension of sentence
suspensión de empleo y sueldo – suspension without pay
suspensión de garantías constitucionales – suspension of constitutional rights
suspensión de hostilidades – truce
suspensión de la prescripción – tolling of the statute of limitations
suspensión de la sentencia – suspension of the sentence
suspensión y restablecimiento – abatement and revival
suspensivo adj – suspensive
suspenso adj – suspended, astounded
suspicacia f – suspiciousness, distrust

suspicaz *adj* – suspicious, distrustful
sustanciación *f* – substantiation, proceedings of a case
sustancial *adj* – substantial
sustanciar *v* – to substantiate, to abridge, to try a case
sustancias peligrosas – hazardous substances
sustantivo *adj* – substantive
sustentable *adj* – sustainable, defensible
sustentación *f* – sustenance, support
sustentador *m* – sustainer, supporter
sustentar *v* – to sustain, to support
sustento *m* – sustenance, support
sustituidor *adj* – substitute
sustituir *v* – to substitute
sustituto *m* – substitute
sustracción *f* – subtraction, removal, theft, robbery, misappropriation
sustraer *v* – to subtract, to remove, to steal, to rob, to misappropriate
sutileza *f* – subtlety, cunning

T

tabique *m* – partition wall, partition
tabla *f* – table, schedule, list
tabla de amortización – amortization schedule, depreciation schedule
tabla de casos – table of cases
tabla de salarios – salary table
tablilla *f* – license plate
tablón de anuncios – bulletin board, notice board
tabular *v* – to tabulate
tacha *f* – flaw, disqualification, challenge
tacha de testigos – disqualification of witnesses
tachable *adj* – exceptionable, that may be crossed out
tachador *m* – challenger
tachadura *f* – erasure, crossing out
tachar *v* – to cross out, to challenge, to object to
tachón *m* – crossing out
tácita reconducción – tacit relocation
tácitamente *adv* – tacitly
tácito *adj* – tacit
tácticas dilatorias – delaying tactics
tagarote *m* – notary's clerk

taha *f* – district, jurisdiction
tahúr *m* – gambler
tahurería *f* – gambling, gambling house
tajante *adj* – definitive, cutting
tajo *m* – slash, cut
tal y como está – as is
tala *f* – destruction, felling of trees
talador *m* – destroyer, feller
tálamo *m* – conjugal bed
talante *m* – countenance, manner, disposition, appearance
talar *v* – to destroy, to fell trees
talión *m* – talion
talionar *v* – to retaliate against
talmente *adv* – in this manner
talón *m* – check, cheque, receipt, coupon, stub
talonario *m* – checkbook, chequebook
talonario de cheques – checkbook, chequebook
talla *f* – height, size, stature, intellectual and/or moral worth, reward
taller *m* – workshop, factory, shop
tambalear *v* – to stagger
también conocido como – also known as
tan pronto como sea posible – as soon as possible
tanda *f* – shift, task, lot
tangible *adj* – tangible
tantear *v* – to size up, to compare, to estimate
tanteo *m* – sizing up, comparison, estimate
tapado *adj* – concealed
tapadura *f* – concealing, obstruction
tapar *v* – to cover, to conceal, to obstruct
tapiar *v* – to wall up
tara *f* – tare, defect
tarar *v* – to tare
tardanza *f* – tardiness, dalliance
tardar *v* – to be tardy, to be slow
tardíamente *adv* – tardily, belatedly
tardío *adj* – tardy, late, slow
tardo *adj* – tardy, late, slow
tarea *f* – task, employment
tarea profesional – professional task
tarifa *f* – tariff, duty, rate schedule, fare, toll
tarifa aduanera – customs tariff, tariff
tarifa por hora – hourly rate
tarifar *v* – to set a tariff, to fall out
tarjeta *f* – card
tarjeta bancaria – bank card
tarjeta con chip – chip card, smart card
tarjeta de crédito – credit card, charge card
tarjeta de débito – debit card
tarjeta de identidad – identity card
tarjeta de identificación – identification card
tarjeta de negocios – business card
tarjeta de visitas – business card
tarjeta magnética – magnetic card

tarjeta verde – green card
tasa *f* – rate, measure, assessment, tax, fee
tasa aduanera – customs rate
tasa ajustable – adjustable rate
tasa anual – annual rate
tasa anual equivalente – annual percentage rate, annual equivalent rate
tasa contributiva – tax rate
tasa de accidentes – accident rate
tasa de alquiler – rental rate
tasa de cambio – exchange rate
tasa de descuento – discount rate
tasa de desempleo – unemployment rate
tasa de empleo – employment rate
tasa de hipoteca – mortgage rate
tasa de impuesto – tax rate
tasa de inflación – inflation rate
tasa de interés – interest rate
tasa de interés legal – legal interest rate
tasa de interés variable – variable interest rate
tasa de natalidad – birth rate
tasa de ocupación – occupation rate
tasa de paro – unemployment rate
tasa de préstamos – lending rate
tasa efectiva – effective rate
tasa fija – fixed rate
tasa fiscal – tax rate
tasa flotante – floating rate
tasa hipotecaria – mortgage rate
tasa impositiva – tax rate
tasa inflacionaria – inflation rate
tasa legal – legal rate
tasa límite – rate cap
tasa natural de desempleo – natural unemployment rate
tasa oficial – official rate
tasa variable – variable rate
tasa vigente – going rate
tasable *adj* – appraisable, taxable
tasación *f* – appraisal, price regulation
tasación de costas – assessment of litigation costs
tasación pericial – expert appraisal
tasado *adj* – appraised, assessed
tasador *m* – appraiser, assessor
tasar *v* – to appraise, to value, to assess, to regulate, to tax
tasas consulares – consular fees
tatarabuela *f* – great-great-grandmother
tatarabuelo *m* – great-great-grandfather, great-great-grandparent
tataranieta *f* – great-great-granddaughter
tataranieto *m* – great-great-grandson, great-great-grandchild
tatuaje *m* – tattoo
tautología *f* – tautology
tautológico *adj* – tautological

taxativamente *adv* – restrictively
taxativo *adj* – restrictive
tecla *f* – key, delicate matter
técnica *f* – technique, technology
tecnicidad *f* – technicality
tecnicismo *m* – technicality, technical term
técnico *m* – expert
tecnocracia *f* – technocracy
tecnócrata *m/f* – technocrat
tecnología *f* – technology
tecnología agraria – agrarian technology
tecnología asistiva – assistive technology
tecnología de información – information technology
techo *m* – ceiling, cap
tela *f* – lie, trick, subject matter
telecomunicaciones *f* – telecommunications
teleconferencia *f* – teleconference
telef. (teléfono) – telephone, phone
telefonía celular – cellular telephony
telefonía móvil – mobile telephony
teléfono celular – cellular phone, mobile phone
teléfono móvil – mobile phone, cellular phone
teleinformática *f* – computer communications, computer telecommunications
telemática *f* – telematics
telemercadeo *m* – telemarketing
teletrabajador *m* – telecommuter
teletrabajar *v* – to telecommute
teletrabajo *m* – telecommuting
televentas *f* – telesales
televisar *v* – to televise
televisión de circuito cerrado – Closed-Circuit Television
télex *m* – telex
tema *f* – obstinacy, obsession, grudge
tema *m* – subject
temario *m* – agenda
temedero *adj* – fearful
temer *v* – to fear, to suspect
temerario *adj* – temerarious
temeridad *f* – temerity
temor *m* – fear, suspicion
temperación *f* – tempering
temperamento *m* – temperament, compromise
temperancia *f* – temperance
temperar *v* – to temper
tempestividad *f* – timeliness
tempestivo *adj* – timely
templadamente *adv* – temperately
templado *adj* – temperate, severe, able
templanza *f* – temperance
templar *v* – to temper, to thrash, to kill
temporalmente *adv* – temporarily,

temporally
temporáneo *adj* – temporary, temporal
temporero *adj* – temporary, seasonal
temporero *m* – temporary worker, seasonal
worker
tendencia *f* – tendency, trend
tendencias políticas – political trends
tendero *m* – shopkeeper
tendiente *adj* – tending to
tenedor *m* – holder, possessor, bearer, owner,
tenant
tenedor de libros – bookkeeper
tenedor registrado – registered holder,
holder of record
teneduría de libros – bookkeeping
tenencia *f* – tenancy, holding, possession,
tenure
tenencia conjunta – joint tenancy, cotenancy
tenencia de armas – possession of arms
tenencia ilícita de armas – illegal possession
of arms
tener *v* – to have, to possess, to own, to take,
to consider
tener autoridad – to have authority
tener bajo control – to have under control
tener control – to have control
tener efecto – to have effect
tener lugar – to be accepted, to lie, to occur
tener vigencia – to be in force
teniente *m/f* – deputy
teniente *adj* – possessing, holding, owning
tenor *m* – literal meaning
tenso *adj* – tense, strained
tentar *v* – to touch, to attempt, to tempt, to
examine
tentativa *f* – attempt, experiment
tentativa de asesinato – murder attempt
tentativa de robo – robbery attempt
tentativa de violación – rape attempt
teocracia *f* – theocracy
teócrata *m/f* – theocrat
teorético *adj* – theoretical
teoría *f* – theory
teoría del caso – theory of the case
teoría jurídica – legal theory
teóricamente *adv* – theoretically
teorizar *v* – to theorize
terapia *f* – therapy
tercena *f* – state monopoly store
tercer mercado – third market
tercer mundo – third world
tercer poseedor – third possessor
tercer turno – third shift
tercera hipoteca – third mortgage
tercera instancia – second appeal
tercera persona – third party, arbitrator
tercerear *v* – to mediate, to arbitrate
tercería *f* – mediation, arbitration,

intervention
tercería de dominio – intervention in a suit
by a third party claiming ownership
tercería de mejor derecho – intervention in a
suit by a third party claiming a preferred right
tercerista *m/f* – intervenor
tercermundista *adj* – pertaining to the third
world
tercero *m* – third party, mediator, arbitrator,
intervenor
tercero en discordia – mediator, arbitrator
terceros en el proceso – intervenors
terciador *m* – mediator, arbitrator
terciador *adj* – mediating, arbitrating
terciar *v* – to mediate, to arbitrate, to
intervene
tergiversable *adj* – that can be
misrepresented, that can be twisted
tergiversación *f* – misrepresentation, twisting
tergiversar *v* – to misrepresent, to twist
terminación *f* – termination
terminación de contrato – termination of
contract
terminal de ordenador – computer terminal
terminante *adj* – definite
terminantemente *adv* – definitely
terminar *v* – to terminate
término *m* – term, period, duration, deadline,
conclusion, boundary, condition, state,
position
término contractual – contractual period
término de gracia – grace period
término de prescripción – prescription
period
término de prisión – prison term
término fatal – deadline
término judicial – judicial term
término legal – legal term
término procesal – procedural term
terminología jurídica – legal terminology
términos amistosos – friendly terms
términos del contrato – contract terms
términos del préstamo – loan terms
términos y condiciones – terms and
conditions
terrateniente *m/f* – landowner
terreno *m* – land, plot, lot, field
terreno edificado – developed plot
terreno lindante – abutting land
terreno yermo – wasteland, uninhabited land
territorial *adj* – territorial
territorio *m* – territory, zone
terrorismo *m* – terrorism
terrorista *m/f* – terrorist
tesis *f* – thesis, theory, proposition
tesón *m* – tenacity, firmness
tesorería *f* – treasury, public treasury, post of
a treasurer, bursary

tesorería nacional – national treasury
tesorero *m* – treasurer, bursar
tesoro *m* – treasure, treasury
Tesoro *m* – Treasury, Exchequer
Tesoro Público – Treasury, Exchequer
testado *adj* – testate
testador *m* – testator
testaferro *m* – straw man, straw party, front, front man, figurehead
testamentaría *f* – testamentary proceeding, testamentary execution, decedent's estate, testamentary documents, meeting of executors
testamentario *m* – executor
testamentario *adj* – testamentary
testamento *m* – testament, will
testamento abierto – nuncupative will
testamento cerrado – sealed will, mystic will
testamento común – common will
testamento escrito – written will
testamento legal – legal will
testamento mancomunado – joint will
testamento notarial – notarial will
testamento ológrafo – holographic will
testamento oral – oral will
testamento solemne – solemn will
testamento vital – living will, advance directive, advance health care directive
testar *v* – to make a will, to erase, to cancel
testificación *f* – testification, attestation
testifical *adj* – pertaining to a witness
testificante *adj* – testifying, witnessing, attesting
testificar *v* – to testify, to witness, to attest
testificata *f* – affidavit
testificativo *adj* – witnessing, attesting
testigo *m/f* – witness, attestor, evidence, testimony
testigo cómplice – accomplice witness
testigo de cargo – witness for the prosecution
testigo de conocimiento – attestor of identity
testigo de descargo – witness for the defense
testigo de oídas – earwitness
testigo de vista – eyewitness
testigo esencial – essential witness
testigo falso – false witness
testigo hábil – competent witness
testigo hostil – hostile witness
testigo idóneo – competent witness
testigo imparcial – impartial witness
testigo inhábil – incompetent witness
testigo instrumental – attesting witness
testigo judicial – witness during a trial
testigo ocular – eyewitness
testigo perito – expert witness
testigo presencial – eyewitness
testimonial *adj* – testimonial

testimoniales *m* – documentary evidence
testimoniar *v* – to testify, to bear witness to, to attest
testimoniero *m* – false witness
testimonio *m* – testimony, attestation, evidence, affidavit
testimonio de oídas – hearsay evidence, hearsay
testimonio de referencia – hearsay evidence, hearsay
testimonio directo – direct testimony
testimonio falso – false testimony
testimonio oral – oral testimony
testimonio pericial – expert testimony
testimoñero *m* – false witness
texto legal – collection of laws, legal text
tía abuela – great-aunt
tiburón *m* – raider, corporate raider
tiempo *m* – time, weather
tiempo de efectividad – effective period
tiempo de espera – waiting time
tiempo extra – overtime
tiempo muerto – dead time, idle time
tienda *f* – store, shop
tienda al por mayor – wholesale store
tienda al por menor – retail store
tienda familiar – family store
tienda libre de impuestos – duty-free shop
tienda mayorista – wholesale store
tienda minorista – retail store
tierra *f* – earth, land, ground
tierra abandonada – abandoned land
tierra adyacente – adjacent land
tierra colindante – abutting land
tierra quemada – scorched earth
timador *m* – swindler
timar *v* – to swindle
timbrado *adj* – stamped, sealed
timbrado *m* – stamped paper
timbrar *v* – to stamp, to seal
timbre *m* – stamp, tax stamp, tax stamp revenue, seal, buzzer
timbre fiscal – revenue stamp
timo *m* – swindle, scam
timocracia *f* – timocracy
tinglado *m* – shed, ruse
tino *m* – common sense, ability
tío abuelo – great-uncle
tipo *m* – type, kind, rate, standard, appearance
tipo anual – annual rate
tipo de cambio – exchange rate
tipo de contrato – contract rate, type of contract
tipo de hipoteca – mortgage rate, type of mortgage
tipo de interés – interest rate
tipo de interés fijo – fixed interest rate

tipo de interés variable – variable interest rate
tipo de préstamo – loan rate, type of loan
tipo hipotecario – mortgage rate
tipo impositivo – tax rate
tirada *f* – distance, period, throw
tiranamente *adv* – tyrannically
tiranía *f* – tyranny
tiránico *adj* – tyrannical
tirano *m* – tyrant
tirante *adj* – tense
tirantez *f* – tenseness
tirar *v* – to throw, to fire, to waste, to transport
tiro *m* – shot, throw, injury, theft, robbery
tiro al aire – shot in the air
tiro de gracia – coup de grâce
tirotear *v* – to fire at
tiroteo *m* – exchange of shots, shootout, shooting, skirmish
titubeante *adj* – hesitant, staggering
titubear *v* – to hesitate, to stagger
titubeo *m* – hesitation, staggering
titulación *f* – title documents
titulado *m* – titled person
titular *m* – headline
titular *m/f* – owner of record, owner, holder, holder of title
titular de cuenta – account holder
titular de derechos – rights holder
titularidad *f* – ownership
titulización *f* – securitization
título *m* – title, certificate of title, deed, certificate, qualification, heading, bond, license, licence
título al portador – bearer instrument, bearer security, bearer bond
título colorado – color of title
título de adquisición – bill of sale
título de crédito – credit instrument
título de cuenta – account title
título de deuda – debt instrument, evidence of indebtedness
título de dominio – title, title deed
título de patente – letters patent
título de propiedad – title, title deed
título ejecutivo – document which grants a right of execution
título gratuito – gratuitous title
título hábil – perfect title
título hipotecario – mortgage bond
título inscribible – registrable title
título inscrito – recorded title
título inválido – invalid title
título legal – legal title
título limpio – clear title
título lucrativo – lucrative title
título nominativo – registered instrument, registered bond
título nulo – void title
título oneroso – onerous title
título originario – original title
título perfecto – perfect title
título posesorio – possessory title
título primordial – original title
título profesional – professional license, professional licence, professional title
título registrado – title of record
título seguro – marketable title
título válido – valid title
título valor – credit instrument
TLCAN (Tratado de Libre Comercio de América del Norte) – NAFTA
tocamiento *m* – touching, unwanted physical contact of a sexual nature, unwanted physical contact
tocar *v* – to touch, to touch upon
tocayo *m* – namesake
toda pérdida – all loss
todas las costas – all court costs
todas los costes – all costs
todas los costos – all costs
todo incluido – all-inclusive
todo riesgo – all risks
todos los defectos – all faults
todos los derechos reservados – all rights reserved, copyright reserved
todos y cada uno – all and singular
tolerante *adj* – tolerant
tolerar *v* – to tolerate, to overlook
toma *f* – taking, receiving
tomador *m* – taker, drawee, payee, drinker, pickpocket
tomar *v* – to take, to take on, to drink
tomar control – to take control
tomar una resolución – to make a resolution
tomo *m* – tome, importance
tonelada *f* – ton
tonelaje *m* – tonnage, tonnage dues
tontina *f* – tontine
tope *m* – cap, ceiling, limit
tope anual – annual cap
tope de edad – age cap
tope legal – legal cap
toque *m* – touch, essence
toque de queda – curfew
torcer *v* – to twist, to corrupt
tormento *m* – torment
tornadura *f* – return
torno *m* – turn, granting of auctioned property to the second highest bidder upon the first failing to meet the stipulated conditions
torsión *f* – twisting
torticeramente *adv* – unjustly, illegally
torticero *adj* – unjust, illegal

tortuguismo *m* – slowdown
tortura *f* – torture
torturar *v* – to torture, to torment
total *m* – total, total number
total de crédito – total of credit
total de la subvención – total of subsidy
total del daño – total of damage
total del subsidio – total of subsidy
totalidad *f* – totality
totalidad del acuerdo – entirety of agreement, entirety of contract
totalidad del contrato – entirety of contract
totalidad del convenio – entirety of agreement, entirety of contract
totalitario *adj* – totalitarian
totalitarismo *m* – totalitarianism
totalizar *v* – to total, to add up
totalmente *adv* – totally, fully
totalmente nulo – absolutely void
toxicidad *f* – toxicity
tóxico *adj* – toxic
toxicómano *m* – drug addict
traba *f* – tie, obstacle, seizure, attachment
trabacuenta *f* – error in an account, dispute
trabajador *adj* – working, laborious, labourious
trabajador *m* – worker, laborer, labourer, employee
trabajador a destajo – pieceworker
trabajador a distancia – teleworker
trabajador a sueldo – salaried worker
trabajador a tiempo completo – full-time worker
trabajador a tiempo parcial – part-time worker
trabajador asalariado – salaried employee
trabajador autónomo – self-employed worker
trabajador calificado – qualified worker, skilled worker
trabajador cualificado – qualified worker, skilled worker
trabajador del estado – government employee, state employee
trabajador del gobierno – government employee
trabajador dependiente – employee
trabajador discapacitado – disabled worker
trabajador eventual – temporary worker
trabajador fronterizo – cross-border worker, border worker
trabajador incapacitado – disabled worker
trabajador inmigrante – immigrant worker
trabajador manual – manual worker, blue-collar worker
trabajador permanente – permanent worker
trabajador por horas – hourly worker
trabajador sindicalizado – unionized worker
trabajador temporal – temporary worker,

casual worker
trabajar *v* – to work, to be employed, to labor, to labour, to handle, to carry, to disturb
trabajar a destajo – to do piecework
trabajar a tiempo parcial – to work part-time
trabajar horas extras – to work overtime
trabajar por turnos – to work in shifts
trabajo *m* – work, job, labor, labour, employment, task, effort, report, bother
trabajo a destajo – piecework
trabajo a distancia – telework, teleworking
trabajo a largo plazo – long-term job, long-term work
trabajo a tiempo completo – full-time job, full-time work
trabajo a tiempo parcial – part-time job, part-time work
trabajo bajo contrato – contract labor, contract labour, contract work
trabajo calificado – qualified work, skilled work
trabajo contratado – contract labor, contract labour, contract work
trabajo cualificado – qualified work, skilled work
trabajo de medio tiempo – part-time work
trabajo de menores – child labor, child labour
trabajo diurno – day work
trabajo en el sector privado – private-sector work
trabajo en el sector público – public-sector work
trabajo estacional – seasonal work
trabajo extra – overtime work, overtime, extra work
trabajo fijo – steady job, secure job
trabajo forzado – forced labor, forced labour, indentured labor, indentured labour, slave labor
trabajo forzoso – forced labor, forced labour, indentured labor, indentured labour, slave labor
trabajo manual – manual labor, manual labour
trabajo nocturno – night work
trabajo pagado – paid work
trabajo peligroso – dangerous work, hazardous work
trabajo por cuenta ajena – work as an employee
trabajo por cuenta propia – self-employment, independent work
trabajo por turnos – shift work
trabajo seguro – secure job, steady job
trabajo sumergido – underground work
trabajo temporal – temporary job, temporary work, casual work, casual labor, casual

labour
trabajo voluntario – voluntary work
trabajoso *adj* – laborious, labourious, labored, laboured
trabar *v* – to join, to seize, to initiate
trabazón *f* – connection
trabucación *f* – confusion, mistake
trabucar *v* – to confuse, to upset
tracto *m* – space, interval
tradición *f* – tradition, delivery, transfer
tradición de la propiedad – transfer of property
tradicional *adj* – traditional
tradicionalismo *m* – traditionalism
tradicionalista *m/f* – traditionalist
traducción *f* – translation
traducción simultanea – simultaneous translation
traducir *v* – to translate
traductor *m* – translator
traer *v* – to bring, to bring about, to compel
traficante *m/f* – trafficker
traficar *v* – to traffic, to travel
tráfico *m* – traffic
tráfico de drogas – drug traffic
tráfico de influencias – influence peddling
tragedia *f* – tragedy
trago *m* – drink
traición *f* – treason, treachery
traicionar *v* – to betray
traicionero *m* – traitor
traicionero *adj* – traitorous, treacherous
traidor *m* – traitor
trajín *m* – hectic activity, chore, transport
trama *f* – plot
tramar *v* – to plot
tramitación *f* – processing, procedure, transaction, negotiation
tramitación de una solicitud – processing of an application
tramitador *m* – transactor, negotiator
tramitar *v* – to transact, to negotiate, to process, to proceed with
trámite *m* – step, procedure, proceeding, negotiation
trámite legal – legal procedure
trámites judiciales – judicial proceedings, judicial procedures, court procedures
tramo *m* – section, passage, bracket
trampa *f* – trap, cheating
trampear *v* – to cheat
trampería *f* – cheating
tramposo *m* – cheat
trance *m* – crucial moment, trance
tranquilidad pública – public tranquility
transacción *f* – transaction, settlement
transacción bancaria – banking transaction
transacción comercial – business

transaction, business deal, commercial transaction
transacción inmobiliaria – real estate transaction
transaccional *adj* – transactional
transactional *adj* – transactional
transar *v* – to settle
transbordar *v* – to transfer, to transship, to switch
transbordo *m* – transfer, transshipment, switch
transcendencia *f* – transcendence
transcribir *v* – to transcribe
transcripción *f* – transcription
transcrito *adj* – transcribed
transcurrir *v* – to elapse
transcurso *m* – passage
transeúnte *m/f* – pedestrian, transient
transeúnte *adj* – transient
transferencia *f* – transfer, transference, assignment, assignation
transferencia bancaria – banking transfer
transferencia de bienes – transfer of goods
transferencia de contrato – transfer of contract, assignment of contract
transferencia de crédito – credit transfer
transferencia de datos – data transfer
transferencia de derechos – assignment of rights
transferencia de deudas – novation, transfer of debts, assignment of debts
transferencia de fondos – transfer of funds, assignment of funds
transferencia de ingresos – transfer of income, assignment of income, income shifting
transferencia de poderes – transfer of authority
transferencia de propiedad – transfer of property
transferencia de título – transfer of title
transferencia del dominio – transfer of ownership
transferencia electrónica – electronic transfer
transferencia ilegal – illegal transfer
transferencia legal – legal transfer
transferibilidad *f* – transferability
transferible *adj* – transferable, alienable
transferido *adj* – transferred, assigned
transferidor *m* – transferor, transferrer, assignor, cedent
transferir *v* – to transfer, to cede, to postpone
transformar *v* – to transform
transfronterizo *adj* – cross-border
tránsfuga *m/f* – fugitive
transfundir *v* – to transmit
transgénico *adj* – genetically modified,

genetically engineered
transgredir *v* – to transgress, to trespass
transgresión *f* – transgression, trespass
transgresor *m* – transgressor, trespasser
transición *f* – transition
transigencia *f* – compromise, tolerance
transigente *adj* – compromising, tolerant
transigir *v* – to compromise, to settle
transitar *v* – to transit
transitivo *adj* – transitive
tránsito *m* – transit, traffic, way, transition
transitoriamente *adv* – transitorily
transitoriedad *f* – transitoriness
transitorio *adj* – transitory, temporary
translación *f* – transfer, translation, transcription
translimitar *v* – to trespass
translinear *v* – to pass from one line of heirs to another
transmigración *f* – transmigration
transmisibilidad *f* – transmissibility, transferability
transmisible *adj* – transmissible, transferable
transmisión *f* – transmission, transfer, communication, broadcast
transmisión de datos – data transfer, data transmission
transmisión de derechos – assignment of rights
transmisión de propiedad – transfer of property, transfer of ownership
transmisión de título – transfer of title
transmisión electrónica – electronic transfer
transmisión hereditaria – inheritance
transmisor *m* – transmitter
transmitir *v* – to transmit, to transfer, to communicate, to broadcast
transmudar *v* – to transmute, to transfer, to persuade
transmutar *v* – to transmute
transnacional *adj* – transnational
transparencia del estado – government transparency, state transparency
transparencia del gobierno – government transparency
transparencia fiscal – fiscal transparency
transponer *v* – to transfer
transportable *adj* – transportable
transportador *m* – transporter
transportar *v* – to transport, to carry, to ship
transporte *m* – transport, transportation
transporte de cabotaje – cabotage transport
transporte de personas – transportation of people
transporte público – public transportation, public transport
transporte urgente – express delivery
transportista *m/f* – carrier, transporter

transposición *f* – transposition
transversal *f* – cross street
transversal *m/f* – collateral relative
transversal *adj* – transversal, cross, collateral
tranza *f* – attachment
trapaza *f* – trick, fraud
traquido *m* – crack of a firearm
trasbordar *v* – to transfer, to transship, to switch
trasbordo *m* – transfer, transshipment, switch
trascendencia *f* – transcendence
trascendental *adj* – transcendent
trascendente *adj* – transcendent
trascender *v* – to transcend, to become known
trascribir *v* – to transcribe
trascripción *f* – transcription
trascrito *adj* – transcribed
trascurrir *v* – to elapse
trascurso *m* – passage
trasferencia *f* – transference, transfer
trasferible *adj* – transferable
trasferir *v* – to transfer, to assign
trasfondo *f* – background
trasfundir *v* – to transmit
trasgredir *v* – to transgress
trasgresor *m* – transgressor
traslación *f* – transfer, translation, transcription
traslación de dominio – transfer of ownership
trasladar *v* – to transfer, to translate, to transcribe
traslado *m* – transfer, move, change, communication, notification, transcript
traslado de bienes – goods transfer
traslado de débito – debit transfer
traslado de derechos – rights transfer
traslado de jurisdicción – jurisdiction change
traslado de propiedad – property transfer
traslativo *adj* – translative, transferring
traslucir *v* – to deduce
traslucirse *v* – to be transparent, to be revealed, to be deduced
trasmigración *f* – transmigration
trasmigrar *v* – to transmigrate
trasmisible *adj* – transmissible, transferable
trasmisión *f* – transmission, transfer, communication
trasmitir *v* – to transmit, to transfer, to communicate
trasmudación *f* – transmutation
trasmudar *v* – to transmute, to transfer, to persuade
trasmutación *f* – transmutation
trasnombrar *v* – to confuse names, to change names

trasoír v – to mishear
traspapelar v – to misplace among papers
trasparencia f – transparency
traspasable adj – transferable, transportable, passable
traspasador m – transgressor
traspasar v – to transfer, to move, to convey, to transgress, to go beyond limits
traspaso m – transfer, move, conveyance, transgression, trick, anguish
traspaso de contrato – contract assignment
traspaso de propiedad – ownership transfer, property transfer, conveyance of property
traspaso del dominio – ownership transfer
traspaso electrónico – electronic transfer
traspaso legal – legal transfer
trasplantar v – to transplant
trasplantarse v – to migrate
trasplante m – transplantation
trasponer v – to transfer
trasportador m – transporter
trasportar v – to transport
trasporte m – transport, transportation
trasposición f – transposition
trastienda f – back office
trastornador m – upsetter
trastornador adj – upsetting
trastornar v – to upset, to derange
trastorno m – upset, derangement
trastorno mental – mental derangement, insanity
trastrocar v – to alter
trasuntar v – to transcribe, to abridge
trasunto m – transcription, imitation
trata de esclavos – slave trade
tratado m – treaty, agreement, treatise
tratado comercial – commercial treaty, trade agreement
tratado de extradición – extradition treaty
Tratado de Libre Comercio – Free Trade Agreement
Tratado de Libre Comercio de América del Norte – NAFTA
tratado de paz – peace treaty
tratado político – political treaty
tratamiento m – treatment, processing, style
tratamiento de aguas – water treatment
tratamiento de residuos – waste treatment
tratante m/f – dealer
tratar v – to treat, to address as, to deal, to deal with, to try
trato m – treatment, agreement, deal, contract, trade, treaty, form of address, manner
trato cruel – cruel treatment
trato equitativo – equitable treatment, equitable dealing, equitable deal
trato hecho – done deal, we have a deal

trauma m – trauma
travesía f – voyage, distance between points, cross-road
travesura f – antic
trayecto m – journey, distance, road
trayectoria f – trajectory
traza f – appearance, sign, plan
trazar v – to plan, to describe, to sketch
trecho m – stretch, period
tregua f – truce, rest
treintañal adj – of thirty years
tresdoblar v – to triple
tresdoble adj – triple
treta f – trick
tribulación f – tribulation
tribuna f – tribune, stand
tribunal m – tribunal, court, courthouse, courtroom, board
tribunal a quo – lower court, court a quo
tribunal ad quem – court of appeals, court ad quem
tribunal administrativo – administrative court
tribunal arbitral – arbitration court, arbitration board
tribunal civil – civil court
tribunal colegiado – court having three or more judges
tribunal constitucional – constitutional court
tribunal correccional – correctional court
tribunal criminal – criminal court
tribunal de aduanas – customs court
tribunal de alzadas – court of appeals
tribunal de apelación – court of appeals
tribunal de arbitraje – arbitration court, arbitration board
tribunal de casación – court of cassation
tribunal de circuito – circuit court
tribunal de comercio – commercial court
tribunal de conciliación – court of conciliation
Tribunal de Cuentas – Court of Auditors, Court of Accounts, General Accounting Office
tribunal de derecho – court of law
tribunal de distrito – district court
tribunal de elecciones – board of elections
tribunal de equidad – court of equity
tribunal de examen – board of examiners
tribunal de garantías constitucionales – constitutional court
tribunal de justicia – court of justice
tribunal de lo criminal – criminal court
tribunal de menores – juvenile court
tribunal de primera instancia – court of first instance
tribunal de quiebras – bankruptcy court
tribunal de registro – court of record
tribunal de segunda instancia – court of

appeals
tribunal de trabajo – labor court, labour court
tribunal de última instancia – court of last resort
tribunal electoral – electoral court
tribunal estatal – state court
tribunal federal – federal court
tribunal inferior – lower court
tribunal internacional – international court
tribunal laboral – labor court, labour court
tribunal militar – military court
tribunal municipal – municipal court
tribunal nacional – national court
tribunal penal – criminal court
tribunal regional – regional court
tribunal superior – superior court
tribunal supremo – supreme court
tribunal unipersonal – court having one judge
tributable *adj* – taxable
tributación *f* – tax, taxation, tax payment, tax system
tributación fiscal – tax, national tax
tributante *m/f* – taxpayer
tributar *v* – to pay taxes, to pay
tributario *adj* – tax, tributary, fiscal
tributo *m* – tribute, tax
tributo fiscal – tax, national tax
trimestral *adj* – trimestrial, quarterly
trimestralmente *adv* – trimestrially, quarterly
trimestre *m* – trimester, quarter, quarterly payment
trimestre fiscal – fiscal quarter
tripartición *f* – tripartition
tripartito *adj* – tripartite
triplica *f* – surrejoinder
triplicación *f* – triplication
triplicado *adj* – triplicate
triplicar *v* – to triple, to answer a rejoinder
tripulación *f* – crew
tripulante *m/f* – crew member
trisemanal *adj* – triweekly
triunfar *v* – to triumph
trivialidad *f* – triviality
trocable *adj* – exchangeable
trocado *adj* – distorted, changed
trocador *m* – exchanger, changer
trocamiento *m* – exchange, change, distortion
trocar *v* – to exchange, to change, to confuse
trocarse *v* – to change one's habits, to become changed
troncalidad *f* – passing of an estate to the ascendants
tropa *f* – troop, troops
tropas de policía – police force
truco *m* – trick, gimmick
truculencia *f* – truculence

truculentamente *adv* – truculently
truculento *adj* – truculent
trueque *m* – barter, exchange
truhán *m* – cheat, knave
truhanear *v* – to cheat, to clown about
truhanería *f* – cheating, clowning, gang of cheats
truncado *adj* – truncated
truncamiento *m* – truncation
truncar *v* – to truncate
trust *m* – trust
tuerto *m* – wrong
tuición *f* – protection, defense
tuitivo *adj* – protective, defensive
tullir *v* – to disable, to maim
tumba *f* – tomb
tumulto *m* – tumult, mob
tumultuar *v* – to agitate
turba *f* – mob
turbación *f* – disturbance, confusion
turbante *adj* – disturbing, confusing
turbar *v* – to disturb, to confuse
turbulencia *f* – turbulence
turbulento *adj* – turbulent
turno *m* – turn, shift
turno de día – day shift
turno de noche – night shift
turno de trabajo – work shift
turno diurno – day shift
turno nocturno – night shift
turno rotativo – rotating shift
turno rotatorio – rotating shift
tutela *f* – tutelage, guardianship, protection
tutela dativa – court-appointed guardianship
tutela de hecho – guardianship in fact, de facto guardianship
tutela de los menores – guardianship of minors
tutela testamentaria – testamentary guardianship
tutelar *adj* – tutelary
tutor *m* – tutor, guardian, protector
tutor dativo – court-appointed guardian
tutor legítimo – guardian appointed by law
tutor testamentario – testamentary guardian
tutoría *f* – guardianship, tutorage

U

ubicación *f* – location
ubicar *v* – to locate

ubicarse *v* – to be located, to orient oneself, to become employed
ubicuidad *f* – ubiquity
ubicuo *adj* – ubiquitous
ucase *m* – arbitrary proclamation
ujier *m* – usher
ulterior *adj* – ulterior, subsequent
ulteriormente *adv* – ulteriorly
última advertencia – final warning
última instancia – last resort
última orden – last order
última pena – capital punishment
última residencia – last residence
última voluntad – last will
ultimación *f* – conclusion
ultimar *v* – to conclude, to kill
últimas palabras – last words
ultimátum *m* – ultimatum
último *adj* – last, latest, best, farthest, final
último aviso – final notification
último domicilio conocido – last known domicile
último pago – last payment
ultra vires – beyond the powers, ultra vires
ultraderecha *adj* – extreme right
ultraderechista *m/f* – extreme right winger
ultraizquierda *adj* – extreme left
ultraizquierdista *m/f* – extreme left winger
ultrajador *m* – rapist, injurer, offender
ultrajar *v* – to rape, to injure, to offend
ultraje *m* – rape, injury, offense
ultrajoso *adj* – offensive, injurious
ultramar *m* – overseas
umbral *m* – threshold
umbral de pobreza – poverty line, poverty threshold
umbral de rentabilidad – break-even point
unánime *adj* – unanimous
unánimemente *adv* – unanimously
unanimidad *f* – unanimity
únicamente *adv* – only, solely
unicameral *adj* – unicameral
unicidad *f* – uniqueness
único delito – only crime, only offense
único dueño – sole proprietor
único propietario – sole proprietor
unidad *f* – unity, unit
unidad administrativa – administrative unit
unidad de acumulación – accumulation unit
unidad de apoyo – support unit
unidad de atención al cliente – customer service unit
unidad de auditoría – audit unit
unidad de contabilidad – accounting unit
unidad de crédito – credit unit
unidad de cuenta – account unit
unidad de cumplimiento – compliance unit
unidad de formación – training unit

unidad de mantenimiento – maintenance unit
unidad de operaciones – operations unit
unidad de personal – personnel unit
unidad de reclamaciones – claims unit
unidad de recursos humanos – human resources unit
unidad de relaciones públicas – public relations unit
unidad de salud – health unit
unidad de sanidad – health unit
unidad de seguros – insurance unit
unidad de servicio – service unit
unidad del acto – unity of the act
unidad estatal – governmental unit, state unit
unidad familiar – family unit
unidad financiera – finance unit
unidad fiscal – tax unit
unidad gubernamental – governmental unit
unidad monetaria – monetary unit, currency unit
unidad política – political unit
unifamiliar *adj* – single-family
unificación *f* – unification
unificado *adj* – unified
unificar *v* – to unify
uniformar *v* – to standardize
uniforme *adj* – uniform
uniformidad *f* – uniformity
unigénito *m* – only child
unilateral *adj* – unilateral
unilateralmente *adv* – unilaterally
unión *f* – union, merger, unity
unión aduanera – customs union
unión civil – civil union
unión civil entre personas del mismo sexo – same sex civil union
unión de crédito – credit union
unión de empleados – employees' union
unión de trabajadores – workers' union
unión económica – economic union, economic community
Unión Europea – European Union
unión gremial – labor union, labour union, trade union
unión independiente – independent union
unión industrial – industrial union
unión laboral – labor union, labour union
unión monetaria – monetary union
unión obrera – trade union, labor union, labour union
unión política – political union
unión profesional – professional organization
unión sindical – labor union, labour union
unipersonal *adj* – unipersonal
unir *v* – to unite, to confuse
unitarismo *m* – unitarianism
universalidad *f* – universality, all of the

property and obligations of an estate
universalidad de derecho – nondivisible
group of property and obligations of an estate
universalidad de hecho – divisible group of
property of an estate
unívoco *adj* – univocal
untar *v* – to bribe
urbanamente *adv* – urbanely
urbanidad *f* – urbanity
urbanismo *m* – urban development, city
planning
urbanización *f* – urbanization, development,
city planning
urbanizar *v* – to urbanize, to develop
urbano *adj* – urban, urbane
urbe *f* – metropolis
urdiembre *f* – scheme
urdimbre *f* – scheme
urdir *v* – to scheme, to plan
urgencia *f* – urgency
urgente *adj* – urgent, express
urgentemente *adj* – urgently
urna *f* – ballot box
urna electoral – ballot box
usado *adj* – used, customary
usanza *f* – custom
usar *v* – to use, to be accustomed
uso *m* – use, usage, custom
uso autorizado – authorized use
uso de la fuerza – use of force
uso de razón – use of reason
uso designado – designated use
uso doméstico – domestic use
uso ilegal – illegal use
uso judicial – judicial custom
uso legal – lawful use
uso no autorizado – unauthorized use
uso privado – private use
uso público – public use
uso y desgaste – wear and tear
uso y ocupación – use and occupation
uso y habitación – use and occupation
usos comerciales – commercial customs
usos forenses – rules of court
usos locales – local customs
usos y costumbres – customs and practices
usuario *m* – user, usufructuary
usuario final – final user
usuario registrado – registered user
usucapión *f* – usucapion
usucapir *v* – to acquire by usucapion
usufructo *m* – usufruct, use
usufructo legal – legal usufruct
usufructo vitalicio – usufruct for life
usufructuante *m/f* – usufructuary
usufructuar *v* – to usufruct, to be profitable
usufructuario *m* – usufructuary
usura *f* – usury, profiteering, interest, profit

usurar *v* – to practice usury, to profiteer, to
charge interest, to profit
usurariamente *adv* – usuriously
usurario *adj* – usurious
usurear *v* – to practice usury, to profiteer, to
charge interest, to profit
usurero *m* – usurer, profiteer, moneylender,
pawnbroker
usurpación *f* – usurpation, encroachment
usurpación de autoridad – usurpation of
authority
usurpación de funciones públicas –
impersonation of a government official,
impersonation of a public servant
usurpador *m* – usurper, person that
misappropriates, encroacher
usurpador *adj* – usurping
usurpar *v* – to usurp, to misappropriate, to
encroach
útil *adj* – useful, working, interest-bearing,
legal
utilidad *f* – utility, usefulness, benefit, profit,
interest
utilidad bruta – gross profit
utilidad neta – net profit, clear profit
utilitarismo *m* – utilitarianism
utilitarista *m/f* – utilitarian
utilizable *adj* – utilizable, available
utilización de la capacidad – capacity
utilization
utilizado *adj* – utilized, used
utilizar *v* – to utilize, to use
útilmente *adv* – usefully, profitably
uxoricida *m* – uxoricide
uxoricidio *m* – uxoricide

V

VB (visto bueno) – approval
vacación *f* – vacation, holiday
vacaciones anuales – annual vacation
vacaciones pagadas – paid vacation
vacaciones retribuidas – paid vacation
vacancia *f* – vacancy
vacante *adj* – vacant, available
vacante *f* – vacancy, opening
vacar *v* – to become vacant, to be
unoccupied, to be unemployed
vaciar *v* – to empty, to excavate, to explain at
length, to transcribe

vaciedad *f* – emptiness
vacilación *f* – vacillation
vacilante *adj* – vacillating
vacilar *v* – to vacillate, to hesitate
vacío *adj* – empty, vacant, uninhabited, useless, idle
vacío *m* – vacuum, gap
vacío legal – legal vacuum, loophole
vaco *adj* – vacant
vacuidad *f* – vacuity
vagabundaje *m* – vagabondage, vagrancy
vagabundear *v* – to roam, to loiter, to be a vagrant
vagabundo *m* – vagabond, vagrant
vagamente *adv* – vaguely
vagancia *f* – vagrancy, idleness
vagante *adj* – vagrant, idle
vagar *v* – to roam, to be idle
vago *m* – vagrant, idler
vago *adj* – vague, vagrant, idle
vaguear *v* – to roam, to be idle
vaguedad *f* – vagueness, vague comment
vaivén *m* – fluctuation, changeableness, risk
vale *m* – promissory note, scrip, IOU, voucher, receipt, token, certificate of good behavior
valedero *adj* – valid, binding
valedor *m* – protector, companion
valentía *f* – valor, heroic deed, boast
valer *v* – to be worth, to be of value, to cost, to be valid, to have authority, to get, to protect
valeroso *adj* – valiant, valuable, efficient
valía *f* – value, worth, influence, faction
validación *f* – validation, validity
validar *v* – to validate
validez *f* – validity
validez de los actos jurídicos – validity of legal acts
validez de los contratos – validity of contracts
validez legal – legal validity
válido *adj* – valid, favored, esteemed, influential
válido legalmente – legally valid
valiente *m* – valiant, fine, strong, boasting
valija *f* – valise, mailbag, mail
valija diplomática – diplomatic pouch
valijero *m* – mail carrier
valor *m* – value, valor, nerve, importance, effectiveness, yield
valor aduanero – customs value
valor ajustado – adjusted value
valor añadido – value added, added value
valor catastral – cadastral value, assessed valuation
valor cívico – civic-mindedness
valor comercial – fair market value, commercial value
valor contable – book value, accounting value
valor contractual – contract value
valor corriente – current value
valor equitativo – equitable value, fair value
valor fiscal – assessed value, fiscal value, taxable value
valor gravable – taxable value
valor imponible – taxable value
valor inmobiliario – real estate value, property value
valor intangible – intangible value
valor justo – fair value
valor llave – goodwill
valor oficial – official value
valor razonable – reasonable value
valor residual – residual value, salvage value
valor tangible – tangible value
valor tasado – appraised value
valoración *f* – valuation, appraisal, assessment, increase in value
valoración actual – actual valuation, present valuation
valoración actuarial – actuarial valuation
valoración aduanera – customs valuation
valoración catastral – assessed valuation, cadastral valuation
valoración contable – book valuation, accounting valuation
valoración fiscal – assessed valuation, fiscal valuation, taxable valuation
valoración justa – fair valuation
valoración razonable – reasonable valuation
valorado *adj* – valued, assessed
valorar *v* – to value, to appraise, to assess, to increase the value of, to mark-up
valorear *v* – to value, to appraise, to assess, to increase the value of, to mark-up
valores *m* – securities, valuables, assets, values
valores al portador – bearer securities
valores ambientales – environmental values
valores cotizados – listed securities, quoted securities
valores del estado – government securities, state securities
valores del gobierno – government securities
valores derivados – derivative securities
valores ecológicos – ecological values
valores elegibles – eligible securities
valores en cartera – portfolio
valores en custodia – securities in custody
valores exentos – exempt securities
valores garantizados – guaranteed securities
valores gubernamentales – government securities
valores hipotecarios – mortgage securities

valores líquidos – liquid securities
valores negociables – negotiable securities
valores registrados – registered securities
valores respaldados por hipotecas –
mortgage-backed securities
valoría f – value, appraised value
valorización f – valuation, appraisal,
assessment, increase in value
valorizar v – to value, to appraise, to increase
the value of, to mark-up
valuación f – valuation, appraisal,
assessment, increase in value
valuación fiscal – fiscal valuation, tax
valuation
valuador m – valuator, appraiser, assessor
valuar v – to value, to appraise
valla f – fence, obstacle
valla publicitaria – billboard, hoarding
valladar m – fence, obstacle
vallar v – to fence, to fence in
vanamente adv – vainly
vandálico adj – vandalistic
vandalismo m – vandalism
vándalo m – vandal
vano adj – vain, frivolous
vapulación f – thrashing
vapulamiento m – thrashing
vapular v – to thrash
vapulear v – to thrash
vapuleo m – thrashing
varadero m – dry dock
varar v – to run aground, to get stuck
variación f – variation, variance
varianza f – variance
variar v – to vary
vario adj – varied, variable
varonía f – male issue
vástago m – offspring
vasto adj – vast
véase – see
vecinal adj – vicinal
vecinamente adv – nearby, contiguously
vecindad f – vicinity, neighborhood, legal
residence
vecindario m – vicinity, neighborhood
vecino m – neighbor, resident, tenant
vecino adj – neighboring, similar
veda f – prohibition, interdiction
vedado adj – prohibited, interdicted
vedamiento m – prohibition, interdiction
vedar v – to prohibit, to hinder
veedor m – supervisor, inspector, busybody
veeduría f – inspectorship, inspector's office
vehemencia f – vehemence
vehemente adj – vehement
vehículo m – vehicle, carrier, means
vehículo de motor – motor vehicle
vehículo de publicidad – advertising vehicle

vejación f – abuse, insult
vejador adj – abusive, insulting
vejamen m – abuse, insult
vejar v – to abuse, to insult
vejatorio adj – abusive, insulting
vejez f – old age
vela f – watch, night sentry, night work
velador m – watcher, night-guard
velar v – to watch, to guard, to work at night
velo corporativo – corporate veil
venal adj – venal
venalidad f – venality
vencedero adj – maturing
vencedor m – victor
vencer v – to mature, to expire, to defeat
vencido adj – due, expired, in arrears,
defeated
vencido y pagadero – due and payable
vencimiento m – maturity, expiration,
victory, defeat
vencimiento contractual – contractual
maturity
vendedor m – seller, salesperson, salesman,
saleswoman, sales clerk, bargainer
vendedor a domicilio – door-to-door seller
vendedor ambulante – traveling seller,
peddler, pedlar
vendedor callejero – street vendor, peddler,
pedlar
vendeja f – public sale
vender v – to sell, to sell out
vender a crédito – to sell on credit
vender al por mayor – to wholesale
vender al por menor – to retail
vender al público – to sell to the public
vendetta f – vendetta
vendí m – bill of sale
vendible adj – salable, marketable
vendido adj – sold, betrayed
venduta f – auction
vendutero m – auctioneer
veneno m – poison, wrath
venenoso adj – poisonous
venéreo adj – venereal
vengador m – avenger
venganza f – vengeance
vengar v – to avenge
vengarse v – to take revenge
vengativo adj – vengeful
venia f – pardon, permission, authority given
to minors to handle their own property
venia judicial – court authority given to
minors to handle their own property
venial adj – venial
venialidad f – veniality
venidero adj – coming, forthcoming,
upcoming
venideros m – successors, heirs, future

generations
venir *v* − to come, to come from, to arrive, to occur, to approach, to suit
venta *f* − sale, sales, selling, contract, inn
venta a crédito − credit sale
venta a plazos − installment sale
venta agresiva − hard sale
venta al contado − cash sale
venta al detal − retailing, retail sale
venta al detalle − retailing, retail sale
venta al menudeo − retailing, retail sale
venta al por mayor − wholesaling
venta al por menor − retailing, retail sale
venta clandestina − clandestine sale
venta comercial − commercial sale
venta compulsiva − compulsory sale, forced sale
venta de liquidación − clearance sale, liquidation sale
venta de negocios − business sale
venta de saldos − remnant sale, clearance sale
venta en almoneda − auction
venta en cuotas − installment sale
venta en remate − auction
venta ficticia − simulated sale
venta final − final sale
venta firme − firm sale
venta forzada − forced sale
venta forzosa − forced sale
venta fraudulenta − fraudulent sale
venta hipotecaria − foreclosure sale
venta ilegal − illegal sale
venta incondicional − unconditional sale, absolute sale
venta judicial − judicial sale
venta mayorista − wholesaling
venta minorista − retailing, retail sale
venta particular − private sale
venta piramidal − pyramid selling
venta privada − private sale
venta pública − public sale, public auction
venta pura y simple − absolute sale
ventaja *f* − advantage, profit, additional pay
ventaja comercial − commercial advantage
ventaja comparativa − comparative advantage
ventaja competitiva − competitive advantage
ventaja fiscal − tax advantage
ventaja injusta − unfair advantage
ventajosamente *adv* − advantageously
ventajoso *adj* − advantageous, profitable
ventana de oportunidad − window of opportunity
ventanilla *f* − window, small window, counter
ventilar *v* − to ventilate
ver *v* − to see, to look, to try, to consider, to

examine, to decide, to talk over, to foresee
ver una causa − to try a case
veracidad *f* − veracity
veras *f* − truth, reality, fervor, earnestness
veraz *adj* − truthful
verbal *adj* − verbal
verbalizar *v* − to verbalize
verbalmente *adv* − verbally
verbigracia *adv* − for instance
verdad *f* − truth
verdaderamente *adv* − truly
verdadero *adj* − true, real, genuine
verdugo *m* − executioner
veredicto *m* − verdict
veredicto absolutorio − verdict of not-guilty
veredicto adverso − adverse verdict
veredicto de culpabilidad − verdict of guilty
veredicto de inculpabilidad − verdict of not-guilty
veredicto de inocencia − verdict of not-guilty
veredicto desfavorable − unfavorable verdict
veredicto favorable − favorable verdict
veredicto injusto − unfair verdict, false verdict
veredicto público − public verdict
veredicto sellado − sealed verdict
vergüenza *f* − shame, embarrassment, shyness, integrity
verídico *adj* − veridical
verificable *adj* − verifiable
verificación *f* − verification, check, inspection, fulfillment
verificación de auditoría − audit verification
verificación de calidad − quality verification
verificación de crédito − credit verification
verificación de daños − damage verification
verificación de elegibilidad − eligibility verification
verificación de empleo − employment verification
verificación de firma − signature verification
verificación de identidad − identity verification
verificación de valor − value verification
verificación registral − property registry verification
verificado *adj* − verified, inspected, fulfilled
verificador *m* − verifier, inspector
verificar *v* − to verify, to inspect, to fulfill
verificar el pago − to make the payment, to verify the payment
verificar la identidad − to verify the identity
verificativo *adj* − verificative
verosímil *adj* − verisimilar, credible
verosimilitud *f* − verisimilitude, credibility
versátil *adj* − versatile, changeable
versatilidad *f* − versatility, changeableness
versión *f* − version, translation

versión electrónica – electronic version
vertedero *m* – landfill, garbage dump
vertido de petróleo – oil spill
vesania *f* – insanity, fury
vesánico *adj* – insane, furious
vestigio *m* – vestige
vetar *v* – to veto
veterano *m* – veteran
veto *m* – veto
veto de bolsillo – pocket veto
vía *f* – way, procedure, recourse, means, jurisdiction, track
vía administrativa – administrative recourse
vía contenciosa – judicial recourse
vía crítica – critical path
vía de apremio – legal procedure for debt collection
vía ejecutiva – execution
vía judicial – legal procedure
vía ordinaria – ordinary legal procedure
vía pública – public thoroughfare
vía sumaria – summary procedure
viabilidad *f* – viability, feasibility
viabilidad económica – economic viability
viable *adj* – viable, feasible
viajante *m/f* – traveller, travelling seller
viajante de comercio – travelling seller, commercial traveller
viaje *m* – voyage, trip, travel, way, load
viaje de negocios – business trip, business travel
viajero *m* – traveller, passenger
vial *adj* – pertaining to thoroughfares
vialidad *f* – thoroughfare service
vías de derecho – legal recourses
vías de hecho – non-legal recourses, violence
viático *m* – travel allowance
vicecónsul *m* – vice-consul
viceconsulado *m* – vice-consulate
vicegobernador *m* – vice-governor
vicepresidencia *f* – vice-presidency
vicepresidenta *f* – vice president, vice chair, vice-chairwoman, vice-chairperson
vicepresidenta ejecutiva – executive vice president
vicepresidente *m* – vice president, vice chair, vice-chairman, vice-chairwoman, vice-chairperson
vicepresidente ejecutivo – executive vice president
vicesecretaría *f* – assistant secretaryship
vicesecretario *m* – assistant secretary
vicetesorero *m* – vice-treasurer
viceversa *adv* – vice versa
viciado *adj* – vitiated, polluted
viciar *v* – to vitiate, to pollute, to adulterate, to falsify, to misconstrue
viciarse *v* – to become vitiated, to become

polluted, to become addicted, to become warped
vicio *m* – vice, defect, addiction, overindulgence
vicio aparente – apparent defect
vicio de construcción – construction defect
vicio de fondo – substantive defect
vicio de forma – procedural defect
vicio inherente – inherent defect
vicio intrínseco – intrinsic defect
vicio oculto – latent defect
vicio redhibitorio – redhibitory defect
vicios procesales – procedural defects
vicioso *adj* – defective, addicted, depraved, overindulged
vicisitud *f* – vicissitude
víctima *f* – victim
victimización *f* – victimization
victimizado *adj* – victimized
victimizar *v* – to victimize
victimología *f* – victimology
victimólogo *m* – victimologist
victorioso *adj* – victorious
vida *f* – life, living
vida activa – working life
vida económica – economic life
vida privada – private life
vida pública – public life
vida útil – useful life, economic life
vidente *adj* – sighted
videocámara *f* – videocamera
videoconferencia *f* – videoconference
vidrioso *adj* – delicate
vidual *adj* – pertaining to widowhood
vigencia *f* – force, validity, legal effect, duration, life
vigencia de la garantía – duration of the guaranty
vigencia de la patente – patent life
vigencia de la póliza – term of the policy
vigente *adj* – in force, valid, prevailing, current
vigía *f* – lookout post
vigía *m* – lookout
vigiar *v* – to keep a lookout on
vigilancia *f* – vigilance, surveillance, monitoring
vigilancia continua – continuous surveillance, continuous monitoring, continuous vigilance
vigilante *m/f* – guard, police officer
vigilante de seguridad – security guard
vigilante jurado – security guard
vigilar *v* – to watch, to guard, to oversee
vigilia *f* – vigil, night work, wakefulness
vigor *m* – vigor, force
vil *adj* – vile
vileza *f* – vileness

vilipendiador *adj* − reviling, denigrating
vilipendiar *v* − to revile, to denigrate
vilipendio *m* − revilement, denigration
vilmente *adv* − vilely
villano *m* − villain
vinculable *adj* − that can be linked, entailable
vinculación *f* − link, entailment, tie
vinculado *adj* − linked, entailed, tied
vincular *v* − to link, to entail, to tie, to peg, to continue
vínculo *m* − link, entail, entailment, bond, tie
vínculo de parentesco − family tie
vínculo familiar − family tie
vínculo jurídico − legal relationship
vínculo matrimonial − matrimonial relationship
vindicable *adj* − vindicable
vindicación *f* − vindication
vindicador *adj* − vindicative
vindicar *v* − to vindicate
vindicativo *adj* − vindicating
vindicatorio *adj* − vindicatory
vindicta *f* − vengeance
violación *f* − violation, rape, infringement, transgression, breach
violación de contrato − breach of contract
violación de deberes − breach of duty
violación de domicilio − breaking and entering, unauthorized entry into a domicile
violación de garantía − breach of warranty
violación de la ley − violation of the law
violación de patente − infringement of patent
violación de propiedad − breaking and entering
violación de seguridad − security breach
violador *m* − violator, rapist, infringer, transgressor
violar *v* − to violate, to rape, to infringe, to transgress
violar la ley − to break the law
violencia *f* − violence, force, rape
violencia en el matrimonio − marital violence
violencia física − physical violence
violencia moral − coercion
violentamente *adv* − violently
violento *adj* − violent, severe
virtual *adj* − virtual
virtualmente *adv* − virtually
virtud *f* − virtue
virulencia *f* − virulence
virulento *adj* − virulent
virus *m* − virus
vis-a-vis − face-to-face, vis-à-vis
visa *f* − visa
visa consular − consular visa
visa de entrada − entry visa
visa de residencia − residence visa

visa diplomática − diplomatic visa
visado *m* − visa
visado de entrada − entry visa
visado de residencia − residence visa
visar *v* − to stamp with a visa, to visa, to endorse, to certify
visible *adj* − visible, evident
visita *f* − visit, inspection, visitor
visita a los hijos − visit to the children
visita comercial − business visit, business call, commercial visit, commerce call
visita de negocios − business visit, business call
visita de ventas − sales visit, sales call
visitador *m* − visitor, inspector, judicial inspector
visitar *v* − to visit, to inspect
vislumbrar *v* − to see vaguely, to surmise
visorio *m* − inspection by an expert
visorio *adj* − visual
víspera *f* − eve
vista *f* − vision, hearing, trial, sight, view, look
vista *m* − customs official
vista administrativa − administrative hearing
vista completa − full hearing
vista de aduana − customs inspector
vista disciplinaria − disciplinary hearing
vista informal − informal hearing
vista preliminar − preliminary hearing
vistas *f* − meeting
vistazo *m* − glance
visto *adj* − seen, awaiting sentence or resolution, closed, decided, unoriginal, clear
visto bueno − approval
visto para sentencia − ready for judgment
visto que − in view of the fact that, since
visto y aprobado − seen and approved
visura *f* − visual inspection, inspection by an expert
vital *adj* − vital
vitalicio *m* − life annuity, life insurance policy
vitalicio *adj* − for life
vitalicista *m/f* − holder of a life annuity, holder of a life insurance policy
vitrina *f* − showcase, shop window
vituperación *f* − vituperation
vituperador *m* − vituperator
vituperante *adj* − vituperating
vituperar *v* − to vituperate
vituperio *m* − vituperation
viuda *f* − widow
viudal *adj* − pertaining to a widow, pertaining to a widower
viudedad *f* − widowhood, widow's pension
viudez *f* − widowhood
viudo *m* − widower

víveres *m* – food, provisions
viveza *f* – quickness, brightness, vehemence, thoughtless remark
vividero *adj* – habitable
vividor *m* – enterprising person, sponger
vividor *adj* – living, long-living, enterprising
vivienda *f* – housing, dwelling, way of life
vivienda de precio tasado – housing which meets specific requirements for government incentives
vivienda de protección oficial – housing which meets specific requirements for government incentives
vivienda familiar – family housing
vivienda justa – fair housing
vivienda multifamiliar – multifamily housing
vivienda prefabricada – prefabricated housing
vivienda pública – public housing
vivienda subsidiada – subsidized housing
vivienda subvencionada – subsidized housing
viviente *adj* – living
vivir *v* – to live, to live in, to endure
vivo *adj* – living, live, lively, bright
vocación *f* – vocation
vocacional *adj* – vocational
vocal *m/f* – board member
vocear *v* – to shout out, to publish, to acclaim
vocero *m* – speaker, attorney, representative, spokesman, spokesperson, spokeswoman
volante *m* – flier, steering wheel
volátil *adj* – volatile
volatilidad *f* – volatility
volición *f* – volition
volitivo *adj* – volitional
voltear *v* – to turn, to turn over, to overturn, to change
volumen *m* – volume
volumen comercial – commercial volume, trade volume
voluntad *f* – will, desire, consent, affection
voluntad común – meeting of minds
voluntad expresa – express will
voluntad libre – free will
voluntariamente *adv* – voluntarily
voluntario *m* – volunteer
voluntario *adj* – voluntary
voluntariosamente *adv* – willfully
volver *v* – to turn, to return
volver a girar – to redraw
votación *f* – voting, vote, ballot
votación secreta – secret ballot
votador *m* – voter, swearer
votador *adj* – voting
votante *m/f* – voter
votar *v* – to vote, to swear

voto *m* – vote, voter, promise, swearword
voto a favor – vote in favor
voto activo – right to vote
voto afirmativo – affirmative vote
voto de calidad – casting vote
voto de censura – vote of no confidence, vote of censure
voto de confianza – vote of confidence
voto decisivo – casting vote
voto en contra – vote against
voto facultativo – optional vote
voto indirecto – indirect vote
voto mayoritario – majority vote
voto negativo – negative vote
voto nulo – invalid ballot
voto obligatorio – obligatory vote
voto por correo – vote by mail
voto por correspondencia – vote by mail
voto por poder – vote by proxy
voto público – public vote
voto secreto – secret vote, secret ballot
voz *f* – voice, say, term, vote, rumor
voz activa – right to vote
vuelo chárter – charter flight
vuelta *f* – turn, return, restitution, reverse, change, compensation, beating
vulgar *adj* – vulgar
vulgaridad *f* – vulgarity
vulgarmente *adv* – vulgarly
vulgo *m* – common people, uninformed people, masses
vulnerabilidad *f* – vulnerability
vulnerable *adj* – vulnerable
vulnerar *v* – to harm, to injure, to violate

warrant *m* – warrant
website *m* – Website

X

xenofobia *f* – xenophobia
xenófobo *adj* – xenophobic
xenófobo *m* – xenophobe
xenófilo *m* – xenophile
xenófilo *adj* – xenophilous

Y

y/o – and/or
y otros – and others
ya dicho – aforesaid
ya mencionado – abovementioned, aforementioned
yacer *v* – to lie, to lie buried, to have sexual intercourse
yacimiento de petróleo – oilfield
yacimiento mineral – mineral deposit
yacimiento petrolero – oilfield
yapa *f* – bonus, tip
yermo *adj* – deserted, barren
yerno *m* – son-in-law
yerro *m* – error
yuppie *m* – yuppie, yuppy
yuxtaponer *v* – to juxtapose
yuxtaposición *f* – juxtaposition

Z

zacapela *f* – row
zafar *v* – to free, to loosen
zafarse *v* – to escape, to evade, to hide, to break loose
zalagarda *f* – ambush, trap
zanjar *v* – to surmount, to settle
zona *f* – zone, region

zona aduanera – customs zone
zona aérea – flight zone
zona comercial – commercial zone, business district
zona de comercio exterior – foreign trade zone
zona de empleo – zone of employment
zona de ensanche – development zone
zona de guerra – war zone
zona de influencia – zone of influence
zona de libre comercio – free-trade zone
zona de negocios – business district
zona de peligro – danger zone
zona de ventas – sales region, sales zone, sales district
zona empresarial – enterprise zone
zona euro – Euro zone
zona fiscal – tax district
zona franca – duty-free zone, customs-free area
zona fronteriza – border zone, frontier zone
zona industrial – industrial zone, industrial park
zona libre de impuestos – duty-free zone
zona monetaria – common currency zone, currency zone
zona residencial – residential area, residential district
zona restringida – restricted area
zona rural – rural area
zona urbana – urban area
zona urbanizada – urbanized area, built-up area
zona verde – green space
zonificación *f* – zoning
zonificar *v* – to zone
zozobra *f* – capsizing, worry, anxiety
zozobrar *v* – to capsize, to fail, to worry, to be anxious, to be in jeopardy
zurriagazo *m* – whiplash, unexpected misfortune, unexpected rebuff